Die Bibliothek – The Library – La Bibliothèque

# Miscellanea Mediaevalia

Veröffentlichungen des Thomas-Instituts
der Universität zu Köln

Herausgegeben
von Andreas Speer

Band 41
Die Bibliothek – The Library – La Bibliothèque

De Gruyter

# Die Bibliothek — The Library — La Bibliothèque

Herausgegeben
von Andreas Speer und Lars Reuke

De Gruyter

ISBN 978-3-11-070039-8
e-ISBN (PDF): 978-3-11-070050-3
e-ISBN (EPUB): 978-3-11-070057-2
ISSN 0544-4128

Library of Congress Control Number: 2020935899

*Bibliografische Information der Deutschen Nationalbibliothek*
Die Deutsche Nationalbibliothek verzeichnet diese Publikation in der Deutschen Nationalbibliografie; detaillierte bibliografische Daten sind im Internet über http://dnb.dnb.de abrufbar.

© 2020 Walter de Gruyter GmbH, Berlin/Boston
Einbandentwurf: Christopher Schneider, Berlin
Satz: Meta Systems Publishing & Printservices GmbH, Wustermark
Druck und buchbinderische Verarbeitung: Hubert & Co. GmbH & Co. KG, Göttingen
www.degruyter.com

# Vorwort

Der vorliegende 41. Band der ‚Miscellanea Mediaevalia' geht auf die 41. Kölner Mediaevistentagung zurück, die vom 10. bis 14. September 2018 stattfand. Gegenstand der Tagung wie dieses Bandes ist die Bibliothek: nicht bloß als eine Ansammlung von Büchern, die auf ihre Nutzer warten, sondern als Raum des Denkens und als Institution geordneten Wissens. Im Grunde geht es auch nicht um die Bibliothek im Singular, sondern um Bibliotheken im Plural. Denn selbst wenn aus philosophischer Perspektive die definitorische Frage erlaubt sein darf, was eine Bibliothek ausmacht, welche Merkmale sie insbesondere auszeichnet, so wird auch eine solche ideale Bibliothek erst lebendig durch die Vielzahl der Bibliotheken. Es sind die konkreten, historischen Bibliotheken, welche die Fragen ihrer Zeit spiegeln und auch für künftige Zeiten bewahren. Auf diese Weise werden Bibliotheken zu privilegierten Orten der Teilhabe an jenem Wissen, zu dem wir mit unseren Büchern – gleich in welchem Medium – selbst etwas beitragen. Im Begriff der Bibliothek zeigt sich somit die Interdependenz von ideeller und materieller Kultur, die Verflechtung von Wissensgeschichte und institutionellen Kontextbedingungen. Diesem Zusammenhang gilt auch dieser neue Band der ‚Miscellenea Mediaevalia'.

Der Gegenstand dieses Bandes: die Bibliothek, hat bereits während der Tagung zu einem besonders intensiven interdisziplinären Austausch zwischen den eingeladenen Fachwissenschaften geführt. Zwar haben wir wie stets für die Kölner Mediaevistentagung eine möglichst große Bandbreite von mediävistischen Fachwissenschaftlerinnen und Fachwissenschaftlern aus Philosophie und Theologie, den Geschichtswissenschaften und Philologien, den Literatur- und Kulturwissenschaften sowie den Kunst- und dieses Mal auch besonders aus den Bibliothekswissenschaften eingeladen, sich mit der Fragestellung unserer Tagung aus der Sicht ihres Fachbereichs zu beteiligen. Doch die unterschiedlichen fachlichen Perspektiven wurden durch und in dem gemeinsamen Gegenstand im produktiven Sinne aufgehoben, ohne die besonderen Sichtweisen und methodischen Annäherungen zu nivellieren. Diese interdisziplinäre Intensität ist – so hoffen wir – auch in diesem Band spürbar.

Offensichtlich hatte das Thema einen Nerv getroffen, denn erneut erhielten wir eine beeindruckende Zahl an Vorschlägen, die es uns ermöglichten, nicht nur ein attraktives Tagungsprogramm zusammenzustellen, sondern auch den nunmehr vorliegenden Band. Allen Kolleginnen und Kollegen, die einen Themenvorschlag eingereicht haben, sei an dieser Stelle ausdrücklich gedankt, insbesondere aber allen, die zu diesem Band der ‚Miscellanea Mediaevalia' beigetragen haben. Ein Ideenlabor wie die Kölner Mediaevistentagung braucht einen weitgespannten Freundeskreis, der unsere Ideen aufgreift und weiterspinnt, und aus dessen Mitte nicht zuletzt alle zwei Jahre mehr als zweihundert Wissenschaftlerinnen und Wissenschaftler aus allen Teilen Europas und der Welt nach Köln kommen. Auf diese Weise ist die Kölner Mediaevistentagung selbst zur Plattform für zahllose Forschungsaktivitäten geworden. Dies gilt im besonderen Maße für Wissenschaftlerinnen und Wissenschaftler am Beginn ihrer Laufbahn. Hierfür steht exemplarisch die European Graduate School for Ancient and Medieval Philosophy (EGSAMP), die 2006 in Köln gegründet wurde und deren Vertreter sich alle zwei Jahre am Vorabend der Mediaevistentagung in Köln für künftige Planungen treffen. Wie wichtig diese Idee eines offenen europäischen Forschungsraums ist, und wie sehr diese Idee aktiv verteidigt und fortentwickelt werden muss, zeigt sich gerade gegenwärtig, wo wir unter dem noch frischen Eindruck und den Folgen des „lock down" und geschlossener Grenzen stehen. Insofern ist der Blick zurück auf die 41. Kölner Mediaevistentagung auch ein Blick auf eine Normalität, die es wiederzugewinnen gilt.

Zu einer normalen Tagung gehört die persönliche Begegnung während der Vorträge, in den Pausen und bei den abendlichen Veranstaltungen. Eine besondere Abendveranstaltung fand während der 41. Kölner Mediaevistentagung in der Erzbischöflichen Diözesan- und Dombibliothek statt, die in ihren Ursprüngen auf eine Handschriftensammlung von Erzbischof Hildebald (gest. 818) zurückgeht und somit die älteste Kölner Bibliothek ist. Im ältesten Katalog von 833 sind 175 Bücher verzeichnet, von denen 35 heute noch dort erhalten sind. Ein besonderer Dank gilt dem Direktor der Erzbischöflichen Diözesan- und Dombibliothek Marcus Stark und dem Handschriftenbibliothekar Dr. Harald Horst für die Gastfreundschaft und für die besondere Buchausstellung liturgischer Preziosen, die für diesen Anlass eigens gezeigt wurde.

Wenn von persönlichen Begegnungen als Voraussetzung für die erfolgreiche Durchführung der Kölner Mediaevistentagung die Rede ist, so ist hierfür eine zureichende Tagungsförderung die unerlässliche Voraussetzung. Wir möchten uns auch im Namen aller Teilnehmerinnen und Teilnehmer für die großzügige Unterstützung der Tagung durch die Deutsche Forschungsgemeinschaft und durch die Otto Wolff-Stiftung bedanken. Diese Förderung stellt letztlich auch einen wichtigen Beitrag für das Zustandekommen dieses Bandes der ‚Miscellanea Mediaevalia' dar.

Auch bei der 41. Kölner Mediaevistentagung lagen Vorbereitung und Durchführung unserer mediävistischen Biennale wiederum in den ebenso engagierten wie bewährten Händen der Mitarbeiterinnen und Mitarbeiter des Thomas-Instituts. Stellvertretend gilt unser Dank Frau Petra Abendt, die seit vielen Jahren das Tagungssekretariat leitet, und Herrn Dipl.-Bibliothekar Wolfram Klatt, der während der Tagung nicht nur die Bücherausstellung organisiert.

Wir möchten die Gelegenheit wahrnehmen, an dieser Stelle unserem Bibliothekar Wolfram Klatt noch einmal zu seinem 65. Geburtstag zu gratulieren, den wir kurz vor der Mediaevistentagung gefeiert haben. Seit inzwischen mehr als

40 Jahren ist Wolfram Klatt Bibliothekar des Thomas-Instituts und somit bibliothekarischer Zeuge vielfältiger Dynamiken hinsichtlich der Forschung, des Verständnisses unseres Faches und neuer Methoden und Medien. Unsere Bibliothek hat – so darf man mit Fug und Recht sagen – Schritt gehalten, und das verdanken wir nicht zuletzt Wolfram Klatt, der nicht wie der Büchernarr in Sebastian Brants Narrenschiff ein ungelehrter Sammler ist, der keine Weisheit aus seinen Büchern zu schöpfen imstande ist, für den die geordnete, brav abgestaubte Bibliothek als bloße Dekoration im Grunde wertlos ist. Wir können uns glücklich preisen, einen weisen Bibliothekar zu haben, der seine Bibliothek nicht nur von den Buchdeckeln kennt und daher ein Wegweiser für die Besucher und Nutzer ist, der es liebt, wenn die Bibliothek genutzt wird. Nicht zu vergessen ist sein Einsatz bei der Mediaevistentagung als Verantwortlicher für die Bücherausstellung, für Kaffee und ein perfekt gezapftes Kölsch. Die 41. Kölner Mediaevistentagung war seine zwanzigste und letzte in dieser Funktion. Der Nachfolger als wissenschaftlicher Bibliothekar ist Dr. Maxime Mauriège, Mitveranstalter der 40. Mediaevistentagung und Mitherausgeber des 40. Bandes der ‚Miscellanea Mediaevalia', der somit für die erforderliche Kontinuität am Thomas-Institut sorgen wird.

Auch bei den redaktionellen Arbeiten für diesen Band konnten wir uns als Herausgeber auf die Expertise und auf den Einsatz der Mitarbeiterinnen und Mitarbeiter des Thomas-Instituts stets verlassen. Namentlich gedankt sei Lee Klein für die englische Sprachkorrektur. Dass ein Band zum Thema „Bibliothek" besonders umfangreiche Indices besitzt, wird niemanden verwundern. Die Registerarbeiten haben Lukas Chronz, David Metternich, Juan David Montejo Olano und Luca Paschen übernommen, denen wir für diese aufwendige Arbeit herzlich danken.

Auch dieses Mal gilt unser abschließender Dank dem Verlag Walter de Gruyter, namentlich Herrn Dr. Marcus Böhm, für die stets gute Zusammenarbeit und für die hervorragende, klassische Ausstattung des Bandes.

Köln, im Juni 2020
Andreas Speer
Lars Reuke

# Inhaltsverzeichnis

Vorwort . . . . . . . . . . . . . . . . . . . . . . . . . . . . . . . . . . . . . .   V

Inhaltsverzeichnis . . . . . . . . . . . . . . . . . . . . . . . . . . . . . . .   IX

Andreas Speer (Köln)
   Die Bibliothek – Denkräume und Wissensordnungen . . . . . . . . . .   XV

## I. Karolingische Bibliotheken

Johanna Jebe (Tübingen)
   Bücherverzeichnisse als Quellen der Wissensorganisation: Ordnungspraktiken und Wissensordnungen in den karolingerzeitlichen Klöstern Lorsch und St. Gallen . . . . . . . . . . . . . . . . . . . . . . . . . . . .   3

Ernst Tremp (St. Gallen/Freiburg i. Ü.)
   Wie ein frühmittelalterlicher Gelehrter mit seiner Klosterbibliothek umgeht: Ekkehart IV. von St. Gallen (um 980 – um 1060) . . . . . . .   29

Dominik Trump (Köln) und Karl Ubl (Köln)
   *Bibliotheca legum*: Das Wissen über weltliches Recht im Frankenreich des 9. Jahrhunderts . . . . . . . . . . . . . . . . . . . . . . . . . . . . . .   46

## II. Klosterbibliotheken

Katharina Kaska (Wien)
   Schreiber und Werke: ein Vergleich paläographischer und textlicher Beziehungen am Beispiel der österreichischen Zisterzienserklöster Heiligenkreuz und Baumgartenberg als methodischer Zugang zur Untersuchung monastischer Netzwerke . . . . . . . . . . . . . . . . . . . . .   61

Jindra Pavelková (Brno)
   Mittelalterliche Handschriften der Bibliothek des Klosters Velehrad .   96

Harald Horst (Köln)
   Wissensraum am Niederrhein im Wandel. Die Bibliothek des Kreuzherrenklosters Hohenbusch zwischen Spiritualität und Verweltlichung   121

ANDREA COLLI (Cologne/Vercelli)
  *Boni libri* or *scartafacia*? An Inventory of the Commentaries on the 'Sentences' as a Mirror of Theological Education at the Dominican *Studium* at Bologna (14$^{th}$ c.) . . . . . . . . . . . . . . . . . . . . . . . . . . 135
HANS-JOACHIM SCHMIDT (Freiburg. i. Ü.)
  Bücher im Privatbesitz und im Besitz der Konvente: Regelungen der Bettelorden . . . . . . . . . . . . . . . . . . . . . . . . . . . . . . . . . . . . . . 157
MARTINA WEHRLI-JOHNS (Zürich)
  *Libri in cella*: Beobachtungen zu den Privatbibliotheken observanter Dominikaner aus dem Basler Predigerkloster . . . . . . . . . . . . . . . 172

### III. Universitätsbibliotheken

STEVEN J. LIVESEY (Oklahoma)
  Monastic Library and University Classroom: the Scholar-Monks of Saint-Bertin . . . . . . . . . . . . . . . . . . . . . . . . . . . . . . . . . . . . . . 189
GILBERT FOURNIER (Paris/Freiburg i. Br.)
  Une bibliothèque universitaire avant la lettre ? La *libraria communis* du collège de Sorbonne (XIII$^e$–XVI$^e$ siècle) . . . . . . . . . . . . . . . . . . 206
MAREK GENSLER (Łódź) and MONIKA MANSFELD (Łódź)
  A Young Master and His Library: Walter Burley's Sources for Commenting the 'Parva naturalia' . . . . . . . . . . . . . . . . . . . . . . . . . 238
KENT EMERY, JR. (Notre Dame)
  Recourse to the Library and the Bookishness of Medieval Thought: Three Illustrative Examples from the Later Middle Ages . . . . . . . . 250

### IV. Hofbibliotheken

MARCEL BUBERT (Münster)
  Karl V. von Frankreich (1364–1380), die Louvre-Bibliothek und die Eigenlogik höfischer Kultur. Wissensordnungen und Kulturtransfer im französischen Spätmittelalter . . . . . . . . . . . . . . . . . . . . . . . . 305
VANINA KOPP (Paris)
  Sammeln, lesen, übersetzen: Die Pariser Louvrebibliothek im späten Mittelalter als Denk- und Wissensraum . . . . . . . . . . . . . . . . . . . 321
BRITTA MÜLLER-SCHAUENBURG (München)
  Die päpstliche Bibliothek von Avignon in der Zeit Benedikts [XIII.] / Pedro de Lunas: Spiegelt sich der Besitzer in der Bibliothek? Bibliotheksanalyse als bildgebendes Verfahren . . . . . . . . . . . . . . . . 339
CHRISTINE GRAFINGER (Gmunden)
  Die Vatikanische Bibliothek. Von der päpstlichen Privatsammlung zum Ort der wissenschaftlichen Kommunikation . . . . . . . . . . . . . 359

## V. Stadtbibliotheken

SABRINA CORBELLINI (Groningen) and MARGRIET HOOGVLIET (Groningen)
Late Medieval Urban Libraries as a Social Practice: Miscellanies, Common Profit Books and Libraries (France, Italy, the Low Countries) . . 379

CHRISTIAN SCHEIDEGGER (Zürich)
Die Stadtbibliothek Zürich und ihre Donatoren im 17. und 18. Jahrhundert . . . . . . . . . . . . . . . . . . . . . . . . . . . . . . . . . . . . . . . . . 399

## VI. Privatbibliotheken

JENS OLE SCHMITT (Munich)
A Library of al-Ǧāḥiẓ . . . . . . . . . . . . . . . . . . . . . . . . . . . . . . . 411

VALÉRIE CORDONIER (Paris)
In the Footsteps of a "Singular Treatise" ('De Fato' III,3). Two Items to be Added to the Catalogue of Coluccio Salutati's Library . . . . . . 431

FRANK FÜRBETH (Frankfurt a. M.)
Der Bücherkatalog des Jakob Püterich von Reichertshausen im Kontext spätmittelalterlicher Adelsbibliotheken: Ordnungsprinzipien und Literaturkritik . . . . . . . . . . . . . . . . . . . . . . . . . . . . . . . . . . . 457

MICHAEL STOLZ (Bern)
Transversale Lektüren. Die Bibliothek des Frühhumanisten Sigmund Gossembrot . . . . . . . . . . . . . . . . . . . . . . . . . . . . . . . . . . . . . 484

## VII. Missionsbibliotheken

JACOB LANGELOH (Freiburg i. Br.) und JULIANE HAUSER (Koblenz)
Bücher für die Mission. Johannes von Ragusa und die Schriften über den Islam im Basler Predigerkloster des 15. Jahrhunderts . . . . . . . . 511

ROBERTO HOFMEISTER PICH (Porto Alegre)
Books and Libraries in South American Colonial Convents and Universities: How, Why, and What? . . . . . . . . . . . . . . . . . . . . . . . 534

## VIII. Bibel und Liturgie

MATTHIAS M. TISCHLER (Barcelona)
„Bibliotheca". Die Bibel als transkulturelle Bibliothek von Geschichte und Geschichten . . . . . . . . . . . . . . . . . . . . . . . . . . . . . . . . . 559

HANNS PETER NEUHEUSER (Köln)
„*Evangelium est reportatur ad locum suum*". Der Hort des liturgischen Buches angesichts von Dignität und Performativität . . . . . . . . . . . 581

ANDREW J. M. IRVING (Groningen)
The Library in the Liturgy. The Liturgy in the Library . . . . . . . . .  596

## IX. Bibliotheca mystica

MARIEKE ABRAM (Freiburg i. Br.), GILBERT FOURNIER (Freiburg i. Br.) und BALÁZS J. NEMES (Freiburg i. Br.)
Making Mysticism. *Theologia mystica* als historische Kategorie der Wissensordnung in der Katalogisierungspraxis der Erfurter Kartause . . .  621

STEPHEN M. METZGER (Vatican City)
How to Use a Well-Stocked Library: Erfurt Carthusians on the *Industriae* of Mystical Theology . . . . . . . . . . . . . . . . . . . . . . . . . . . . . . .  656

MIKHAIL KHORKOV (Moscow)
Between Mystical Theology and a New Model of Knowledge: The Works of Nicholas of Cusa in the Library of the Erfurt Charterhouse  676

MARCO BRÖSCH (Bernkastel-Kues/Trier)
Herz und Geist vereint: Die Bibliothek des Nikolaus von Kues als Memorialraum . . . . . . . . . . . . . . . . . . . . . . . . . . . . . . . . . . . . . .  691

## X. Virtuelle Bibliotheken

DANIEL ZIEMANN (Budapest)
Eine virtuelle Bibliothek der Karolingerzeit: Die Fälscherwerkstatt Pseudo-Isidors . . . . . . . . . . . . . . . . . . . . . . . . . . . . . . . . . . . . . .  721

CHARLES BURNETT (London)
Imagined and Real Libraries in the Case of Medieval Latin Translators from Greek and Arabic . . . . . . . . . . . . . . . . . . . . . . . . . . . . . . .  735

MARIE BLÁHOVÁ (Prag)
Die virtuelle Bibliothek des Cosmas von Prag. Ein Beitrag zu den Anfängen der Bibliothek des Prager Domkapitels . . . . . . . . . . . .  746

SAVERIO CAMPANINI (Bologna)
Tedacus Levi. The Many Lives of a Bibliographic Ghost . . . . . . . .  759

## XI. Fortleben der Bibliotheken

MAXIMILIAN DE MOLIÈRE (München)
Ex Bibliotheca Aegidiana. Das Fortleben der Bücher Kardinal Egidio da Viterbos in der hebraistischen Bibliothek Johann Albrecht Widmanstetters . . . . . . . . . . . . . . . . . . . . . . . . . . . . . . . . . . . . . . . . .  775

BERND ROLING (Berlin)
Vom geplünderten Frauenkloster zur Genese der Mediävistik: Die Bibliothek der Academia Julia und der Beginn der Mittelalterstudien in Helmstedt . . . . . . . . . . . . . . . . . . . . . . . . . . . . . . . . . . 793

CHRISTOPH FLÜELER (Freiburg i. Ü.)
Ein europäisches Handschriftenportal. Ein Plan für das 21. Jahrhundert . . . . . . . . . . . . . . . . . . . . . . . . . . . . . . . . . . . . . . . 819

Summaries . . . . . . . . . . . . . . . . . . . . . . . . . . . . . . . . . . . 835

Anhang

Verzeichnis der Handschriften . . . . . . . . . . . . . . . . . . . . . . 857

Verzeichnis der Wiegen- und Frühdrucke . . . . . . . . . . . . . . . 867

Namenregister . . . . . . . . . . . . . . . . . . . . . . . . . . . . . . . . 879

Abbildungen

Abbildungsnachweise . . . . . . . . . . . . . . . . . . . . . . . . . . . 917

# Die Bibliothek – Denkräume und Wissensordnungen

Andreas Speer (Köln)

## I. Die Bibliothek – eine Problemanzeige

Welche Bedeutung haben heute noch Bibliotheken? Als Repositorien in Büchern kodifizierten Wissens scheinen Bibliotheken nicht erst in Zeiten der Corona-Pandemie ihre exklusive Stellung verloren zu haben, die sie in früheren Zeiten besaßen. Nicht nur in jenem langen Jahrtausend, das wir für gewöhnlich Mittelalter nennen, sondern noch bis weit in das letzte Viertel des letzten Jahrhunderts waren Bibliotheken der exklusive Hort von durch Menschen zusammengetragenen Wissens. Doch schon längst sind die Bibliotheken nicht mehr die zentralen Orte auf dem Campus einer Universität, und öffentliche Bibliotheken haben es schwer, sich im Gerangel um öffentliche Unterstützung die gebührende Aufmerksamkeit und ein zureichendes Budget zu sichern. Nicht erst die Zugangsbeschränkungen und zeitweisen Schließungen in Zeiten der Pandemie haben also dazu geführt, dass die Bibliotheken – zumindest in der Form, in der wie sie kannten – ihre Stellung als exklusive Institutionen des Wissens verloren zu haben scheinen.

Neue Zugangsweisen von permanenter Ubiquität treten in Konkurrenz zur lokalen Bibliothek mit ihren Öffnungsbeschränkungen. So scheint auf dem World Wide Web eine beinahe unbegrenzte Fülle an Informationen und Digitalisaten zur Verfügung zu stehen. Auch Bücher werden – fragt man Bibliothekare an Universitätsbibliotheken – vermehrt, oftmals sogar überwiegend digital als e-books konsultiert und folglich angeschafft.

So scheint uns im digitalen Zeitalter langsam, aber unaufhaltsam die Erfahrung zu entgleiten, was einmal eine Bibliothek war: ein Zugang zu einer beträchtlichen, aber begrenzten Menge an Büchern, die nur an einem bestimmten Ort, zu einer bestimmten Zeit und unter bestimmten Bedingungen verfügbar waren; eine gewissen Kriterien unterliegende Sammlung, die einer sinnvollen und feststehenden Ordnung bedarf, damit dort überhaupt etwas gefunden werden kann. Alle diese Einschränkungen des unmittelbaren Zugriffs auf jedes beliebige Buch werden angesichts globaler Suchmaschinen und weit ausgreifender Suchalgorithmen mehr und mehr aufgehoben. Wie sehr sich dadurch unsere Lese- und Arbeitsbedingungen praktisch verändern, erfahren wir jeden Tag. Welche Folgen sich daraus für unsere Konzeptionen des Wissens und Forschens ergeben, ist jedoch erst in vagen Umrissen erkennbar. Wie fügen sich Bibliotheken in ihren verschiedenen Gestalten und Erscheinungsformen in die intellektuellen Prozesse und ihre sozialen und materiellen Bedingungen ein und wie wirken sie in diese hinein?

## II. Die Sphäre des Geistigen

Es stellt sich mithin die grundsätzliche Frage nach dem Verhältnis von Bibliothek und Wissen. Hierbei geht es nicht zuletzt um ein angemessenes Verständnis der geschichtlichen Verfasstheit jener kulturellen Sphäre, die wir gemeinhin als Sphäre des Geistigen bestimmen. Mit geistig bezeichnen wir den Bereich des Noetischen, des Intellektuellen, der Vernunft. Damit meinen wir eine besondere Weise, die Welt zu begreifen, deren Teil wir zugleich sind. Die genaue Bestimmung dessen, was die Sphäre des Geistigen ausmacht, stand von Anfang an im Zentrum von Philosophie, Psychologie und Epistemologie. Was das geistige Erkennen von anderen Formen des Erkennens unterscheidet, ist die Möglichkeit, von den konkreten, situativen und materiellen Bedingungen des Erkennens abzusehen, zu abstrahieren. Erst diese Fähigkeit der Abstraktion ermöglicht die Gewinnung und Weitergabe von Erkenntnissen, die über die unmittelbare Orientierung in konkreten Situationen hinausgehen. Bereits Aristoteles hat diese Besonderheit an der Differenz zwischen *techne* und *episteme*, zwischen Handwerk, Technik und Kunst im Unterschied zum Wissen festgemacht[1]. Schon auf der technisch-künstlerischen Ebene formulieren wir Regeln und suchen nach Gesetzmäßigkeiten, doch bleibt die Meisterschaft an den konkreten Handlungsrahmen und seine situativen und materiellen Bedingungen gebunden. Von diesen situativen und materiellen Bedingungen vermögen wir jedoch zu abstrahieren, wenn wir die konkreten Bedingungen auf ihre allgemeineren Gesetzmäßigkeiten, auf die den Phänomenen zugrundeliegenden Strukturen befragen. Dieses Verfahren der Wissensgenese nennen wir Wissenschaft, die somit eine der paradigmatischen Ausdrucksformen des Geistes ist.

Das Wissen ist nicht mehr exklusiv an einen Träger gebunden. Anders als unsere Sinneseindrücke, die letztlich individuell bleiben und an das jeweilige Organ gebunden sind, vermag der Geist im Modus des Wissens diese Gebundenheit zu überschreiten, hinter sich zu lassen. Selbst über unsere Wahrnehmungen verständigen wir uns auf der abstrakten Ebene noetischer Repräsentationen. Der Geist überschreitet Zeiten und Räume und verbindet diese zugleich. Die Wissenschaften sind hierfür ein Paradebeispiel. Sie sind die Objektivation jener umfassenden Abstraktionsleistung, die unserem Geist, unserer Vernunft gelingt. Daran haben alle teil, die sich der wissenschaftlichen Methodik auf angemessene Weise bedienen.

---

[1] Aristoteles, Metaphysica A 1 (981a24–981b9); siehe hierzu A. Speer, Fragile Konvergenz. 3 Essays zu Fragen metaphysischen Denkens (édition questions 7), Köln 2010, 13–15.

Und doch schwebt der Geist (das gilt auch für den wissenschaftlichen Geist) nicht frei über den Wassern – er braucht stets Träger: Subjekte, Institutionen, Codes. Dass wir etwas über die Kultur der Maya oder die der klassischen Antike wissen, verdanken wir allein dem Umstand, dass der Geist nicht abstrakt, sondern nur in und durch seine Träger lebt: prähistorische und archäologische Zeugnisse, Steintafeln und Papyri, Pergament und Papier, analoge und digitale Datenträger aller Art. Schon früh wurden diese Träger des Geistigen an Orten gesammelt, wo sie aufbewahrt, studiert und vervielfältigt werden konnten. Dies waren Archive aller Art und vor allem Bibliotheken. Diese gewährten und gewähren je nach Größe und Konzeption Zugang zu einer bestimmten und zugleich begrenzten Menge an Trägern von Wissen: seien es Schriftrollen, Handschriften oder Bücher, Mikrofilme oder Databases. Alle diese Wissensträger tragen kein abstraktes Wissen, das für seine Fortdauer lediglich eines materiellen Trägers bedarf, vielmehr wirken sie zurück auf das Wissen und auf den Geist, der es hervorbringt.

Der Geist lebt vom Buchstaben – so pointiert konnte noch 1980 Wolfgang Kluxen sein Plädoyer für die Notwendigkeit philosophischer Editionen überschreiben[2]. Selbstverständlich hatte er Editionen in Buchform im Sinn, so wie sie in unseren Bibliotheken nach wie vor die Regalmeter füllen – ein Anachronismus in Zeiten digitaler Editionen und des omnipräsenten World Wide Web? Ist der Buchstabe nicht längst durch Bit oder Byte ersetzt? Und was bedeutet dies für das Selbstverständnis und für unser Verständnis der Bibliothek?

### III. Was ist eine Bibliothek?

Was also ist eine Bibliothek? Das scheint heute weniger eindeutig als noch bei der ersten Kölner Mediaevistentagung, die vom 11.–13. Oktober 1950 stattfand. Der ersten Bibliothekarin des Thomas-Instituts stand ihr Gegenstand und auch das Ziel ihrer Arbeit klar vor Augen: so viele Bücher wie möglich anzuschaffen, welche die Arbeitsgrundlage für das soeben gegründete und im Aufbau befindliche „Forschungsstelle für besondere philosophische Aufgaben" bildeten[3]. Am Ende ihrer Amtszeit verzeichnet das „Inventarverzeichnis I" die Zahl von 2.415 Büchern. Diese Bücher kann man noch kennen und studieren, wenn man lange genug in einer Bibliothek arbeitet und forscht. Unsere erste

---

[2] W. Kluxen, Der Geist lebt vom Buchstaben: Über Texte und Texteditionen als Träger geschichtlicher Kontinuität der Philosophie, in: Allgemeine Zeitschrift für Philosophie 5 (1980), 7–19; Wiederabdruck in: W. Kluxen, Aspekte und Stationen der mittelalterlichen Philosophie, edd. L. Honnefelder/H. Möhle, Paderborn–München–Wien–Zürich 2012, 457–468.

[3] Zur Gründungsgeschichte des Thomas-Instituts siehe die Beiträge von Erich Meuthen, Wolfgang Kluxen und Albert Zimmermann anlässlich des 50jährigen Bestehens des Thomas-Instituts, das anlässlich der 32. Kölner Mediaevistentagung begangen wurde, in dem entsprechenden Tagungsband: J. A. Aertsen/M. Pickavé (eds.), Ende und Vollendung. Eschatologische Perspektiven im Mittelalter (Miscellanea Mediaevalia 29), Berlin–New York 2002, 3–35.

Bibliothekarin wie auch ihre Nachfolgerinnen und Nachfolger haben das getan, was bereits Isidor von Sevilla im sechsten Buch seiner ‚Etymologiae' als Wesensmerkmal einer Bibliothek beschreibt: Bücher zu sammeln und aufzubewahren, zu ordnen und verfügbar zu halten.

Es lohnt sich, am Anfang eines Bandes über ‚Die Bibliothek' einmal einen genaueren Blick auf die mehrteilige Definition und Erläuterung des Isidor zu werfen.

1. Isidor beginnt mit einer Nominaldefinition: Die Bibliothek habe ihren Namen aus dem Griechischen aufgrund der Tasache, dass dort Bücher aufbewahrt werden. Denn „βιβλίων" bedeute „Bücher" (im Genitiv Plural) und „θήκη" stehe für Repositorium[4]. Die Bibliothek als Bücherrepositorium, so lautet also die Auflösung der Etymologie.

2. Als erstes Beispiel führt Isidor sodann die Bibliothek des Alten Testaments an, die der Schreiber Esra, nachdem das Gesetz von den Chaldäern verbrannt worden war, inspiriert vom Heiligen Geist wiederhergestellt habe, als die Juden nach Jerusalem zurückkehrten. Dabei habe Esra alle von den Heiden verderbten Bände des Gesetzes und der Propheten korrigiert und das gesamte Alte Testament in 22 Büchern angeordnet, so dass es ebenso viele Bücher im Gesetz wie Buchstaben gäbe[5]. Hintergrund dieses Berichts ist die Rückkehr der jüdischen Gemeinde aus der babylonischen Gefangenschaft und die Bemühungen des Esra, ausgestattet mit Vollmachten des persischen Königs Artaxerxes I. (465–424 v. Chr.) in Jerusalem den Kult sowie Gesetz und Ordnung in der neu formierten Jerusalemer Gemeinde wieder herzustellen. Hierbei hatte er, wie in dem nach ihm benannten Buch Esra berichtet wird, wesentlichen Einfluss auf die Auswahl und die Redaktion der heiligen Schriften und des mosaischen Rechts.

3. Das nächste Beispiel führt uns nach Griechenland, wo der Athenische Tyrann Peisistratos (um 600–528/527 v. Chr.) der erste gewesen sei, der eine Bibliothek eingerichtet habe. Diese von den Athenern in der Folge erweiterte Bibliothek habe der Perserkönig Xerxes (485–465 v. Chr.), als er Athen in Brand steckte, nach Persien gebracht. Dieses Ereignis bezieht sich auf den ersten Feldzug gegen die Griechen, der mit der Schlacht bei Salamis scheiterte. Doch nicht dieses Ereignis interessiert Isidor, vielmehr die Tatsache, dass Seleukos Nikanor, der bei der Aufteilung von Alexanders Reich unter den Diadochen Babylon erhielt, nach einer langen Zeit die Bibliothek wieder nach Athen zurückgebracht hat[6].

---

[4] Isidori Hispalensi Episcopi Etymologicarum sive Originum Libri XX (hinfort ‚Etymologiae'), lib. VI, iii, 1, ed. W. M. Lindsay, tom. I, Oxford 1911, 224: *„Bibliotheca a Graeco nomen accepit, eo quod ibi recondantur libri. Nam βιβλίων librorum, θήκη repositio interpretatur."*

[5] Etymologiae, lib. VI, iii, 2, ed. Lindsay (nt. 4), 224sq.: *„Bibliothecam Veteris Testamenti Esdras scriba post incensam Legem a Chaldaeis, dum Iudaei regressi fuissent in Hierusalem, divino afflatus Spiritu reparavit, cunctaque Legis ac Prophetarum volumina quae fuerant a gentibus corrupta correxit, totumque Vetus Testamentum in viginti duos libros constituit, ut tot libri essent in Lege quot habebantur et litterae."*

[6] Etymologiae, lib. VI, iii, 3, ed. Lindsay (nt. 4), 225: *„Apud Graecos autem bibliothecam primus instituisse Pisistratus creditur, Atheniensium tyrannus, quam deinceps ab Atheniensibus auctam Xerxes, incensis Athenis, evexit in Persas, longoque post tempore Seleucus Nicanor rursus in Graeciam rettulit."*

4. Es schließt sich eine – so ist man geneigt zu sagen – hermeneutische Zwischenbemerkung an. Denn Isidor spricht von dem entstehenden Eifer (*studium*) bei Königen und Städten, die Bücher verschiedener Völker miteinander zu vergleichen und durch Übersetzer und Übersetzungen in die griechische Sprache zu übertragen[7]. Für Isidor ist dies ein Schlüsselerlebnis.

5. Denn, so stellt er fest, seit damals richteten Alexander der Große und seine Nachfolger ihre ganze Aufmerksamkeit darauf, Bibliotheken einzurichten, die alle Bücher enthalten sollten. Hier ist sie, die Idee einer Universalbibliothek. Insbesondere der ägyptische König Ptolemaios Philadelphos (309–247 v. Chr.), der in allen Bereichen der Literatur höchst belesen und scharfsinnig gewesen sei, habe, indem er Peisistratos hinsichtlich seines Eifers für Bibliotheken nachahmte, in seiner Bibliothek nicht nur die Schriften paganer Autoren, sondern auch göttliche Schriften gesammelt. Zu seiner Zeit umfasste die Bibliothek von Alexandria die unfassbare Anzahl von 70.000 Büchern.

Diese umfassende Definition und Bestimmung der Bibliothek durch Isidor beinhaltet unterschiedliche formale Aspekte dessen, was unter einer Bibliothek verstanden werden kann. Vor allem drei dieser Aspekte seien hervorgehoben. (i) Die Nominaldefinition der Bibliothek als Bücherrepositorium verweist auf die bis heute wohl unbestrittene Grundfunktion einer Bibliothek, ihre Bücher bzw. Medien verlässlich vorzuhalten. (ii) Die folgenden historisch eingebundenen narrativen Bestimmungen verbinden die Suche nach dem historischen Ursprung der Bibliothek mit der Entfaltung ihrer Funktionen und ihrer darüber hinausgehenden symbolischen Bedeutung, etwa am Beispiel der Rückkehr einer exilierten Bibliothek oder am Beispiel eines exilierten Volkes, das nur noch seine Bibliothek besitzt, wenngleich beschädigt und teilweise zerstört. Es ist die Bibliothek, die nach der Rückkehr in die Heimat den Schlüssel bildet für den Wiederaufbau einer auf Ritus und Gesetz gegründeten gesellschaftlichen Ordnung. Hierzu müssen die Bücher rekonstruiert, korrigiert und neu geordnet werden. Diese Arbeit setzt eine kanonbildende Dynamik frei, die gleichermaßen von inhaltlichen wie von formalen Kriterien ausgeht. (iii) Schließlich weitet sich der Horizont. Bücher verschiedener Völker und Sprachen werden verglichen, gelesen und zu diesem Zweck übersetzt. Wer vergleicht, ist nicht länger nur auf seine Welt fixiert; er ist gezwungen, in Alternativen zu denken. Wer liest, tritt ein in eine neue, andere Welt, die er womöglich auf keine andere Weise als durch das Buch kennenlernen wird. Das Buch zeigt seine Kraft als ein universales Medium, das nicht nur neue Beziehungen zwischen Kulturen und Staaten, ja selbst zwischen Religionen stiften kann, sondern die Welt als Ganze zu repräsentieren vermag – zumindest insoweit als wir ein Wissen von der Welt haben.

---

[7] Ibid.: "*Hinc studium regibus urbibusque ceteris natum est conparandi volumina diversarum gentium, et per interpretes in Graecam linguam vertendi.*"

## IV. Denkraum und Wissensordnung

Der Eintrag in Isidors ‚Etymologiae' erweist sich bei aller Kürze als eine wahrlich umfassende Bestimmung, die weit über die Nominaldefinition einer Bibliothek als Buchrepositorium hinausgeht. Ein solcher erweiterter Begriff von Bibliothek liegt auch diesem Band zugrunde. Dieser sei anhand von sechs Punkten näher erläutert.

1. Eine Bibliothek ist nicht bloß eine Ansammlung von Büchern, die auf ihre Nutzer warten. Bibliotheken sind Räume des Denkens und Institutionen geordneten Wissens, Denkräume und Wissensordnungen. Sie spiegeln die Fragen ihrer Zeit und bewahren sie für künftige Zeiten. Bibliotheken sind demnach privilegierte Orte der Teilhabe an jenem Wissen, zu dem wir – auch mit unseren Büchern – selbst etwas beitragen. Von je her wurden die medialen Träger des Wissens an Orten gesammelt, an denen sie aufbewahrt, studiert und gegebenenfalls vervielfältigt wurden. Dies waren neben den Archiven vor allem die Bibliotheken. Diese bilden und gewähren den Zugang zu den vielgestaltigen Trägern von Wissen. Dass wir etwas über vergangene Kulturen und Zeiten wissen, verdanken wir allein dem Umstand, dass der Geist nicht abstrakt, sondern nur in seinen und durch seine Träger lebt.

2. Im Begriff der Bibliothek zeigt sich die Interdependenz von ideeller und materieller Kultur sowie die Verflechtung der Wissensgeschichte mit ihren institutionellen Kontextbedingungen[8]. So stehen am Anfang aller großen Rezeptionsbewegungen Bücher oder Textcorpora. In diesem und in anderen Zusammenhängen bilden Bibliotheken jene Denkräume, welche die gedanklichen Entwürfe zum einen widerspiegeln, zum anderen erst eröffnen. So manche Wissensordnung entspringt gar bibliothekarischer Praxis, die wiederum – implizit oder explizit – Ausdruck einer theoretisch fundierten Wissensordnung sein kann, die sich uns erst über dieses Praxiswissen erschließt.

3. Als Ensembles von Texten sind Bibliotheken nicht notwendig an einen bestimmten Ort und an eine konkrete materielle Gestalt gebunden. Wir rekonstruieren auch ideelle Bibliotheken und erforschen dabei, was ein Autor gelesen haben mag, welche Quellen einem Leser zur Verfügung gestanden haben, wie zu einer bestimmten Zeit eine inzwischen verlorene Bibliothek ausgesehen haben könnte. Das digitale Zeitalter eröffnet völlig neue Möglichkeiten für die Erschaffung idealer Bibliotheken, die als Forschungsplattformen hinsichtlich ihres Anspruchs auf Vollständigkeit und Präsenz über historische Vorbilder mitunter weit hinausgehen und für die Forschung bisher nicht gekannte Perspektiven eröffnen[9]. Von einer Mobilisierung der Objekte hat Bruno Latour gesprochen

---

[8] Siehe hierzu den Sammelband: Y. Lehmann (ed.), Savoir/Pouvoir. Les bibliothèques, de l'Antiquité à la modernité (Recherches sur les rhétoriques religieuse, 29), Turnhout 2018.
[9] Von einem solchen Beispiel, nämlich dem Plan eines europäischen Handschriftenportals, handelt der Beitrag von Christoph Flüeler in diesem Band, 819–833; es sei ferner ein Hinweis auf das Digital Averroes Research Environment (DARE) erlaubt: URL: <https://dare.uni-koeln.de/> (Stand: 12.06.2020).

und damit auf die neuen Möglichkeiten des Zugangs, der Gleichzeitigkeit und Kopräsenz verwiesen[10]. Hierbei erschließt die Rekonstruktion der Bibliothek eines Autors nicht nur dessen geistigen Kosmos, sondern vermittelt auch einen Einblick in den Gang seines Forschens, der Suche nach bestimmten Texten, deren Auswahl und Zusammenstellung sowie die wahrgenommenen Lücken, die dann durch die eigene Produktion ergänzt werden.

4. Bibliotheken sind von alters her Orte des Medientransfers: von der Schriftrolle zum Pergament und zum Papier, vom Manuskript zum Buchdruck und zum digitalen Speichermedium. Transferprozesse bergen stets die Gefahr von Verlusten. Nur selten werden Bestände vollständig von einem Medium in das andere überführt. Das können wir im historischen Rückblick beim Übergang von der Handschrift zur Inkunabel studieren. Auch google books wird am Vollständigkeitsanspruch scheitern, wenn dieser je erhoben werden sollte, einmal ganz abgesehen von der getroffenen Auswahl: Man wundert sich bisweilen, welche Textausgaben man angezeigt bekommt. Doch nicht nur Bücher, auch Handschriften werden nicht nur gegenwärtig, sondern auch künftig neben und zusammen mit ihren Digitalisaten existieren. Und auch das Buch koexistiert mit den unterschiedlichen digitalen Datenträgern. Diese komplexe Situation erfordert unterschiedliche Lesekompetenzen, die es zu erhalten und zu vermitteln gilt.

5. Zum Verständnis einer Bibliothek gehören die Klassifizierung, der Lektüreleitfaden, die Leseordnung, das Ausbilden von Systemen. Nimmt man beispielsweise die aristotelischen und platonischen Textcorpora, so sind Bibliothek und Wissenschaftseinteilung oftmals eng miteinander verbunden. Es gibt ferner eine Bibliothek der scholastischen und der mystischen Theologie, für Mediziner, Juristen und Astronomen. Auf diese Weise wird zugleich ein Kanon gebildet, gelehrt, überliefert, gewandelt, ersetzt.

Hierbei lassen sich Bibliothekstypen in disziplinärer Hinsicht sowohl getrennt als auch in möglicher Verbindung betrachten: Klosterbibliotheken, Universitätsbibliotheken, Hofbibliotheken, die Bibliotheken von Gelehrten – etwa die Erfurter Bibliotheca Amploninana, die auf Amplonius Ratingk de Berka zurückgeht, und die Bibliothek des Nikolaus von Kues, die noch heute im Cusanusstift in Bernkastel-Kues besteht. Diese Bibliotheken ebenso wie die Bibliotheken von Ratsherren, Rabbinern oder reisenden Scholaren reflektieren stets auch die Interessen ihrer Nutzer und Sammler.

6. Auch die größte und umfassendste Bibliothek basiert auf einer Auswahl. Das gilt letztlich auch für die Bibliothek von Alexandria, die erste Universalbibliothek der Antike, ebenso wie für die Library of Congress in Washington. Doch was sind die Auswahlkriterien und wie werden diese festgesetzt. Welchem Paradigma folgen wir? Dem des gelehrten Bibliothekars, gar nach dem Vorbild von

---

[10] B. Latour, Die Hoffnung der Pandora. Untersuchungen zur Wirklichkeit der Wissenschaft, Frankfurt a. M. 2002, 119–136 (engl.: Pandora's Hope: An Essay on the Reality of Science Studies, Cambridge 1999); id., Le métier de chercheur regard d'un anthropologue. Un conférence-débat à l'INRA, Paris, le 22 septembre 1994, 22–31.

Gottfried Wilhelm Leibniz, der 1691 zum Bibliothekar der Herzog August Bibliothek in Wolfenbüttel ernannt wurde? Oder einem der gegenwärtig meist diskutierten Modelle wie Patron-Driven-Acquisition oder Demand-Driven-Acquisition?

Weitere Selektionskriterien sind die feststehende Ordnung und die Zugänglichkeit. So hat Aby Warburg seine berühmte Bibliothek, die heute Bestandteil des Warburg Institute in London ist, zum Leidwesen seiner Freunde, die diese Bibliothek nutzen durften, regelmäßig neu geordnet, um Pfadabhängigkeiten zu vermeiden und neue Sichtweisen zu erzeugen oder zuzulassen. Denn Bibliotheken sind die Grundlage von Intertextualität. Das Gesagte gilt im Übrigen auch für digitale Bibliotheken. Denn auch diese basieren auf vorgegebenen Ordnungsmodellen und Suchalgorithmen und moderieren über Navigations- und Suchfunktionen die Zugänglichkeit. Jeder Bibliothekar, jeder Nutzer eines universitären Intranet kennt zudem die mannigfachen Zugangsbedingungen und Zugangsbeschränkungen, die wir uns stets bewusst machen müssen. Auch in der digitalen Welt ist nicht alles stets für alle zugänglich!

## V. Zwei Paradoxien

Doch wäre dies überhaupt wünschenswert? Wäre eine Universalbibliothek als *totum integrale* des Geistes, die jederzeit für jeden Leser frei zugänglich ist, ein erstrebenswertes Ziel? Jorge Luis Borges hat in seiner Erzählung ‚Die Bibliothek von Babel' die Vision einer Universalbibliothek entworfen, die – so lautet das erste Axiom – *ab aeterno* existiert und deren Umfang unzugänglich ist[11]. Die Bibliothek entbehrt einer vorgegebenen Selektion und Ordnung und beruht gemäß dem zweiten Axiom auf den Kombinationsmöglichkeiten des Alphabets aus fünfundzwanzig orthographischen Symbolen[12]. Doch eine solche Bibliothek, auch oder gerade weil sie alle Bücher in sämtlichen Sprachen umfasst, einschließlich die bis ins einzelne gehende Geschichte der Zukunft, erweist sich für die Benutzer als nur schwer lesbar, zumal keine Sachordnung gegeben ist. Aber auch diese wäre im konkreten Fall keine große Hilfe, da sie sich ebenfalls bis ins Unendlich verästeln müsste. Der erhoffte „Aufschluss über die Grundgeheimnisse der Menschheit: den Ursprung der Bibliothek und der Zeit" schlägt in Verzagtheit um[13]. Sie können von Glück reden, ein Buch mit einem sinnvollen Satz darin zu finden. Zumindest der menschliche Geist ist auf Ordnung angewiesen, wie sie Spezialbibliotheken bieten – seien diese eigenständig oder Teile größerer Bibliotheken. Denn auch der Aberglauben an den „Mann des Buches", der um

---

[11] J. L. Borges, Die Bibliothek von Babel. Erzählungen, transl. K. A. Horst/C. Meyer-Clason, Stuttgart 1974, 53–63, hier 54–55.
[12] Ibid., 55–56.
[13] Ibid., 58–59.

ein Buch weiß, das Inbegriff und Auszug aller Bücher ist, ein Bibliothekar, der es geprüft hat und daher Gott ähnlich ist, ist trügerisch[14].

Ein solches Buch gliche womöglich dem ‚Sandbuch', dem Borges eine andere Erzählung gewidmet hat. In deren Mittelpunkt steht ein frisch pensionierter Bibliothekar, der Bibeln sammelt und dem von einem Händler ein besonderes Buch angeboten wird, das sich schon beim ersten Durchblättern als außergewöhnlich, ja ungeheuerlich erweist: geschrieben in einer fremden Schrift auf unendlich dünnen Seiten kann man das Buch nie an derselben Stelle erneut aufschlagen, das einmal Gelesene nicht noch einmal lesen[15]. Dieses Buch nimmt seinen Besitzer gefangen, etwa bei den vergeblichen Versuchen, die kleinen Illustrationen, die tausend Seiten voneinander entfernt waren, in ein alphabetisches Notizbuch einzutragen, das sich zwar schnell füllt, doch – so Borges – die Seiten wiederholten sich nie, und damit scheitert jeder Versuch, dieses ungeheuerliche Buch zu entziffern oder zumindest seine elementare Struktur zu erforschen[16]. Ein solches Buch ist subversiv. Man muss es loswerden, etwa in einem Meer von neunhunderttausend Büchern einer Nationalbibliothek, wo der Bibliothekar unserer Geschichte es versteckt, ohne sich den Standort zu merken[17].

Den beiden Erzählungen liegt im Grunde das Urverlangen der Menschen zugrunde, alles wissen zu wollen. Darauf hat bereits Aristoteles an prominenter Stelle, nämlich gleich zu Beginn seiner ‚Metaphysik' hingewiesen[18]. Die Bibliotheken sind Abbilder dieses Verlangens. Ihnen wohnt der Drang nach Vollständigkeit inne: die vollständige Sammlung, das außergewöhnliche Buch, die ideale Ordnung, der allwissende Bibliothekar. Die dystopischen Erzählungen von Borges artikulieren diese Idee und ihr notwendiges Scheitern. Wir bleiben rückbezogen auf das, was Menschen in einer bestimmten Zeitspanne erschaffen können. Bibliotheken sind keine göttlichen, sondern menschliche Schöpfungen. Sie repräsentieren ein Wissen nach menschlichem Maß. Daher gibt es auch keinen göttlichen Panoramapunkt, von dem aus man alles im Blick haben könnte, sondern nur einen historischen Gesichtspunkt, um dieses dem Menschen eigentümliche Streben nach Wissen zu dokumentieren, zu bezeugen, zu ermöglichen und voranzutreiben. Denn auch das lehrt uns schon Aristoteles: Mit Recht müsse man „nicht bloß gegenüber denjenigen dankbar sein, deren Ansichten man zustimmt, sondern auch gegenüber denen, die ihre Lehren mehr an der Oberfläche gehalten haben. Denn auch sie trugen dadurch etwas zur Wahrheit bei, dass

---

[14] Ibid., 60.
[15] J. L. Borges, Das Sandbuch, in: id., Spiegel und Maske. Erzählungen 1970–1983 (Werke in 20 Bänden 13), edd. G. Haefs/F. Arnold, transl. C. Meyer-Clason/D. E. Zimmer/G. Haefs, 182–187, hier 182–183. Siehe hierzu L. Reuke, Der Bibliothekar als Buch. Wolfrum Klatt zum 65. Geburtstag, in: *Pro captu lectoris…* Festschrift für Wolfram Klatt zum 65. Geburtstag. Herausgegeben vom Thomas-Institut der Universität zu Köln, Köln 2018, 75–87.
[16] J. L. Borges, Das Sandbuch (nt. 15), 186.
[17] Ibid., 186–187.
[18] Aristoteles, Metaphysica A 2 (982a8–25).

sie unsere Fähigkeiten übten und vorbildeten"[19]. Das gilt – darauf hat Robin George Collingwood hingewiesen – auch für jene absoluten Annahmen (*absolute presuppositions*), die Voraussetzungen für Fragen sind, wie sie von den Wissenschaften gestellt werden, aber keineswegs Antworten auf diese Fragen. Sie können daher selbst nicht ohne die historisch aufzuklärenden Fragen verstanden werden, auf die sie eine Antwort formulieren[20].

Eine Schlüsselfunktion in diesem Rekurs auf die historischen Bedingungen und die historische Erscheinungsweise des von uns selbst erzeugten oder von anderen gelernten Wissens nimmt die Bibliothek ein: als materielles Repositorium ebenso wie als Denkraum und Wissensordnung. Dabei wird die Bibliothek selbst zum Gegenstand der Forschung – so wie in diesem Band.

## VI. Zu diesem Band

Gemessen an der Universalbibliothek und an dem ungeheuerlichen Buch nehmen wir uns in diesem Band etwas Begrenztes vor, auch wenn wir ein ganzes Millennium und dessen Nachleben in den Blick nehmen. Wir denken in diesem Band über Bibliotheken in einem historischen Kontext nach, der vor allem ein langes Jahrtausend umfasst, das wir gewöhnlich Mittelalter nennen. Der historische Blick eröffnet zugleich die kritische Distanz auf die Gegenwart und zeigt uns wie in einem Laboratorium in gleicher Weise zentrale ideelle und materielle Bedingungen unserer heutigen Bibliotheken in der ganzen Breite des skizzierten Verständnisses.

Bei der Zuordnung der 39 Beiträge zu 11 Sektionen haben wir eine Einteilung gewählt, die sich zunächst an einem institutionellen Besitzkriterium orientiert. Wer besitzt Bibliotheken und zu welchem Zweck: Klöster, Universitäten, Höfe, Städte, Privatleute. Die Übergänge sind mitunter fließend, etwa zwischen Kloster- und Universitätsbibliothek, zwischen Privat-, Hof- und Universitätsbibliothek. Ein bestimmter Gebrauch einer Bibliothek bildet ein weiteres Einteilungskriterium: für Mission, Liturgie oder als Referenzbibliothek für eine intellektuelle Formation wie etwa die Mystische Theologie. Schließlich geht es um virtuelle Bibliotheken: diese sind nicht auf die Gegenwart und auf digitale Plattformen beschränkt, sondern finden sich bereits in fränkischer Zeit und auch fortan als unverzichtbares hermeneutisches Tool zur Rekonstruktion oder Konstruktion eines durch eine Bibliothek repräsentierten Wissenszusammenhangs. Ebenso ist das Fortleben der Bibliotheken nicht nur eine aktuelle Fragestellung, sondern stellt sich in unterschiedlichen historischen Kontexten immer dann, wenn eine Bibliothek transformiert wird.

---

[19] Aristoteles, Metaphysica α 1 (993b11–14). Hierzu A. Speer, "*qui prius philosophati sunt de veritate ...*" Mittelalterhistoriographie im Wandel, in: A. Speer/M. Mauriège (eds.), Irrtum – Error – Erreur (Miscellanea Mediaevalia 40), Berlin–Boston 2018, 783–809, hier 784–786.

[20] R. G. Collingwood, An Essay on Metaphysics, Revised Edition ed. by R. Martin, Oxford 1998, 34–57.

Ein Blick auf die Beiträge zeigt, dass andere Zuordnungen ohne weiteres möglich sind. Ja, sie sind erwünscht: nach Themen, Disziplinen, Sprachen, Medien, Netzwerken. Die Annäherung an das Thema erfolgt in möglichst großer interdisziplinärer Bandbreite aus der Perspektive von Philosophie und Theologie, den Geschichtswissenschaften und Philologien, den Literatur-, Kultur- und Kunstwissenschaften. Der vorliegende Band ist offensichtlich keine Bibliotheksgeschichte im eigentlichen Sinne. Er begreift die Bibliothek als Denk- und Diskursraum, d.h., er wirft Fragen auf. Was macht es mit Gesellschaften, wenn immer mehr Mitglieder Zugang zu Bibliotheken haben und an deren Wissensbeständen partizipieren? Wie verändern sich Bibliotheken als Orte der Produktion, der Nutzung und des Besitzes von Büchern im historischen Verlauf, und welche Bedeutung kommt den jeweiligen Medien zu? Man denke hier etwa an den bereits thematisierten Übergang vom Pergament zum Papier, von der Handschrift zum Druck, und natürlich an die digitalen Medien.

Dass der Band seine Beschränkungen hat, ist offenkundig, aber nicht überraschend, wenn man angesichts des Gegenstandes von einem Verständnis einer Wissenschaft nach menschlichem Maß ausgeht. Das zeigt sich am deutlichsten im primär abendländischen Blick auf die Bibliothek. Dessen sind wir uns bewusst. Dass es nicht mehr Ausblicke auf Bibliotheken anderer Sprachen und Kulturen gibt, ist aber nicht zuletzt deren Umfang geschuldet. Man kann nicht alle Räume einer Bibliothek zugleich betreten! Jedoch stehen die Türen offen.

I. Karolingische Bibliotheken

Bücherverzeichnisse als Quellen der Wissensorganisation:
Ordnungspraktiken und Wissensordnungen in den
karolingerzeitlichen Klöstern Lorsch und St. Gallen

JOHANNA JEBE (Tübingen)

## I. Bücherverzeichnisse als Quellen für Wissensorganisation und Wissensordnungen

„Die mittelalterliche Bibliotheksgeschichte kommt erst dann zu ihrer vollen Bedeutung, wenn die Bibliotheken als Niederschlag und Depot des Wissens und der wissenschaftlichen Bestrebungen ihrer Zeit erkannt werden. Daraus folgt, daß der Inhalt der Bibliothek das Wichtigste ist, demgegenüber die Fragen der Bibliotheksverwaltung und des äußeren Geschehens zurücktreten [...]."[1]

Mit dieser Positionsbestimmung versuchte am Ende der 1930er Jahre Karl Christ, damaliger Direktor der Handschriftenabteilung der Preußischen Staatsbibliothek (1932–1943) und einer der besten Kenner der mittelalterlichen Bibliotheksgeschichte, einer vorangegangenen dynamischen, länderübergreifenden Forschungsphase zu mittelalterlichen Bibliotheken auch in Hinblick auf Methode und Zielsetzungen einen soliden und gleichzeitig zukunftsweisenden Rahmen zu geben. Und tatsächlich lässt sich sein Programm heute als eine zentrale Scharnierstelle für die wissenschaftliche Beschäftigung mit Bibliotheksbeständen und ihren Verzeichnissen erkennen: Vorwärts gerichtet verortete Christ als einer der ersten Forscher ‚Bibliotheken' als direkten Untersuchungsgegenstand der Wissen(schaft)sgeschichte und zeichnete damit bereits einen der einflussreichsten wissenschaftlichen Verständnisrahmen bis in die Gegenwart vor, indem er sie als Quellen für das intellektuelle Umfeld ihrer Zeit beschrieb. Zugleich ist das Zitat in umgekehrter Richtung den Denkschemata des ausgehenden 19. Jahrhunderts verpflichtet, wenn es den wissensgeschichtlich aussagerelevanten Gegenstand ausschließlich über den „Inhalt" einer Bibliothek im Sinne ihrer Buchbestände fasst[2]. Die Anordnung und Organisation von Wissen in mittelalterlichen

---

[1] K. Christ, Bibliotheksgeschichte des Mittelalters. Zur Methode und zur neuesten Literatur, in: Zentralblatt für Bibliothekswesen 61 (1947), 38–55, 149–165, 233–251, hier 53. Christ selbst wollte diesen Aufsatz als programmatische Einleitung (39) zu seinem Grundlagenartikel über mittelalterliche Bibliotheken in Milkaus und Leyhs „Handbuch der Bibliothekswissenschaft" (Leipzig 1940) verstanden wissen.

[2] Zur Einordnung cf. die umfassenden Forschungsüberblicke bei W. Milde, Mittelalterliche Bibliotheken in der neueren Bibliotheksgeschichtsschreibung. Ein Abriß, in: id., Mediaevalia et Lessingiana. Kleine Schriften, ed. W. Maaz e.a. (Spolia Berolinensia 19), Hildesheim 2001, 24–51, bes. 26, 47–51; Christ, Bibliotheksgeschichte (nt. 1), bes. 53–56, 162–166, 233–242, 247–252;

Bücherverzeichnissen, auf denen der Fokus des vorliegenden Beitrags liegt, wurden dagegen von Christ mit Theodor Gottlieb noch unter das weniger einschlägige Feld der „Bibliotheksverwaltung" subsummiert[3].

Der vorliegende Aufsatz möchte dagegen genau diese Quellengruppe der Bücherverzeichnisse, die im Sinne Christs lange vor allem als Zugang zu den dahinterstehenden Bibliotheksbeständen gefasst worden sind, in ihrem Eigenwert als Quellen für den Umgang mit Wissen erst nehmen. Er setzt also – gedanklich an das Eingangszitat anknüpfend – auf derjenigen Erkenntnisebene an, auf der die Ordnungen der Verzeichnisse selbst zum inhaltlich aussagekräftigen Gegenstand für Wissensverständnisse in mittelalterlichen Gesellschaften werden. Dabei verorten sich meine Fragestellungen innerhalb der neueren Kultur- und Wissensgeschichte: Speziell für frühmittelalterliche Bibliotheken haben bereits seit Ende der 1980er Jahre die Arbeiten Rosamond McKittericks dazu angeleitet, Wissensbestände als kulturelle Produkte ihrer Zeit zu historisieren und sie entsprechend in Wechselwirkung mit ihrem sozialen und gedanklichen Umfeld zu untersuchen[4]. Die Praktiken der Bücherverzeichnisse bei der Organisation dieses Wissens haben aber nur selektiv Interesse erfahren[5], obwohl sich durch die Frage

---

D. Nebbiai-Dalla Guarda, I documenti per la storia delle biblioteche medievali (secoli IX–XV) (Materiali e ricerche. Nuova Serie 15), Rom 1992, 9–22; für ähnliche Tendenzen innerhalb der Neuansätze der 1960er/70er Jahre siehe unten, nt. 4 dieses Beitrags.

[3] Cf. e.g. Christ, Bibliotheksgeschichte (nt. 1), 152 sq. („Aufstellungsschemas" als Teil der „Bibliotheksverwaltung"), sowie Th. Gottlieb, Über mittelalterliche Bibliotheken, Leipzig 1890, unveränd. Nachdruck Graz 1955, 301–329, der die thematische Gliederung der Kataloge in einer Argumentationslinie mit Sonderstandorten, Aufstellungen nach Größenformaten und Signatursystemen diskutiert (bes. 302–315).

[4] Cf. R. McKitterick, The Carolingians and the Written Word, Cambridge 1989, 165–210; cf. auch das Fragespektrum bei D. Frioli, Gli inventari medievali di libri come riflesso degli interessi di lettura. Scandagli sparsi, in: s. ed., Scrivere e leggere nell'alto medioevo. Spoleto, 28 aprile–4 maggio 2011, vol. 2 (Settimane di studio della Fondazione Centro Italiano di Studi sull'Alto Medioevo 59), Spoleto 2012, 855–943, bes. 855–864 (Bücherverzeichnisse als „specchio e voce di esigenze spirituali e culturali specifiche" [858 und 864]), die allerdings eher an den Aussagewert der in den Verzeichnissen repräsentierten Bestände denkt, als an die Möglichkeiten, die Organisation von Wissen durch die Kataloge als Spiegel ihres kulturellen Umfelds zu lesen. Mit einem solchen Fokus auf den verzeichneten Büchern hat bereits die Forschung der 1960er/70er Jahre Bibliothekskataloge als Quellen für deren geistige Umwelt im Sinne einer mittelalterlichen Bildungs- bzw. Geistesgeschichte profiliert, cf. u.a. die umfangreichen Arbeiten J. Dufts, wie: Bibliothekskataloge als Quellen der Geistesgeschichte, in: P. Ochsenbein/E. Ziegler (eds.), Die Abtei St. Gallen, vol. 1: Beiträge zur Erforschung ihrer Manuskripte. Ausgewählte Aufsätze in überarbeiteter Fassung von J. Duft, Sigmaringen 1990, 192–201, hier 192, 196–199 (Forschungsskizze); id., Die Klosterbibliotheken von Lorsch und St. Gallen als Quellen mittelalterlicher Bildungsgeschichte, in: Konstanzer Arbeitskreis für Mittelalterliche Geschichte (ed.), Lorsch und St. Gallen in der Frühzeit. Zwei Vorträge von Heinrich Büttner und Johannes Duft (Vorträge und Forschungen, Sonderbd. 3), Konstanz 1965, 21–45, hier 34–41 (quellenbasiert).

[5] Im Zusammenhang zu karolingerzeitlichen Gegenwartsdeutungen ist Organisationsprinzipien bisher in drei Kontexten Aufmerksamkeit zugekommen: 1.) Auch R. McKitterick betitelt ihr richtungsweisendes Kapitel zu Katalogen „The organization of written knowledge", worunter sie allerdings vor allem die Gliederung in Abteilungen, deren Anordnung, Bestandsbesprechungen und den Austausch zwischen den Bibliotheken versteht. Ihr Hauptinteresse gilt den grundsätzlichen gedanklichen Bezugssystemen („intellectual framework", 210) für karolingerzeitliche

nach zeitgenössischen Wahrnehmungsweisen und Sinnstiftungen eine ungemein fruchtbare Aussageebene für diese Quellengruppe eröffnet, die zudem geeignet ist, deren Quellenwert über die problembeladenen Bestandsrekonstruktionen hinaus zu führen. Liest man Bücherverzeichnisse nicht primär als Zeugen für die repräsentierten Buchbestände, sondern nimmt sie aktiver in ihrem ursprünglichen Sitz im Leben ernst, sind sie ihrem ureigenen Charakter nach nämlich zuerst Instrumente der Wissensorganisation: Sie setzen Wissen sowohl auf der Ebene einzelner Wissensträger als auch geordnet in größeren Sachgruppen zueinander in Beziehung und strukturieren so ganze Wissensbestände gemäß denjenigen Ordnungslogiken, die in ihrer Zeit als reflektierte Systematisierungen oder auch praktisch intuitiv sinnhaft erschienen sein müssen. Entsprechend müssten sich ihre Ordnungspraktiken auch umgekehrt für den jeweiligen kulturellen Kontext auswerten lassen, in dessen Rahmen sie funktionieren, denn sie transportieren nicht nur die Denkmöglichkeiten, Kategorien und Bedeutungszuschreibungen ihres Umfelds, sondern konstituieren und formen sie gleichzeitig wieder neu mit[6]. Zwar lässt sich bei den frühmittelalterlichen Verzeichnissen nicht immer eindeutig differenzieren, in welchem Verhältnis sie aktiv Strukturen

---

Klassifikationen von schriftlichem Wissen, zu denen sie mit dem Verweis auf spätantike Orientierungsschriften zum christlichen Textkanon Grundlagenarbeit leistet, cf. McKitterick, Written Word (nt. 4), 165–210, bes. 166, 169, 196 sqq., 205, 209 sq. Organisationsprinzipien als eigene Quellen zu Bedeutungszuschreibungen an dieses Wissen berücksichtigt sie entsprechend noch nicht. 2.) Einzelne Katalogeditionen haben sich mit möglichen Vorbildern für ihre Anordnung beschäftigt, so e.g. W. Milde, Der Bibliothekskatalog des Klosters Murbach aus dem 9. Jahrhundert. Ausgabe und Untersuchung von Beziehungen zu Cassiodors ‚Institutiones' (Beihefte zum Euphorion 4), Heidelberg 1968. 3.) Gegenwärtig führen Fragestellungen zur zeitgenössischen Rezeption einzelner Autoren oder zur Verortung des intellektuellen Schaffens historischer Akteure dazu, Kataloge als Teilzeugnisse für das geistige Umfeld im jeweiligen Entstehungskloster auszuwerten, so etwa bei M. I. Allen, Bede and Frechulf at Medieval St Gallen, in: L. A. J. R. Houwen/A. A. MacDonald (eds.), Beda Venerabilis. Historian, Monk & Northumbrian (Mediaevalia Groningana 19), Groningen 1996, 61–80 oder M.-A. Aris, Hrabanus Maurus und die Bibliotheca Fuldensis, in: F. J. Felten (ed.), Hrabanus Maurus. Gelehrter, Abt von Fulda und Erzbischof von Mainz, Mainz 2006, 51–69. Für die neuere Wissensgeschichte ist das eigenständige Potential der Verzeichnisse bisher noch nicht hinreichend berücksichtigt worden. Mögliche Frageansätze finden sich e.g. bei S. Steckel, Wissensgeschichten. Zugänge, Probleme und Potentiale in der Erforschung mittelalterlicher Wissenskulturen, in: M. Kintzinger/S. Steckel (eds.), Akademische Wissenskulturen. Praktiken des Lehrens und Forschens vom Mittelalter bis zur Moderne, ed. unter Mitarbeit von J. Crispin, Basel 2015, 9–59, hier 37–40 und 43 sqq. sowie bei F. Fürbeth, Sachordnungen mittelalterlicher Bibliotheken als Rekonstruktionshilfen, in: A. Rapp/ M. Embach (eds.), Rekonstruktion und Erschließung mittelalterlicher Bibliotheken. Neue Formen der Handschriftenpräsentation (Beiträge zu den Historischen Kulturwissenschaften 1), Berlin 2008, 87–103, hier 88, 90 sq., 93–98 (allerdings mit einem Forschungsinteresse an der Nutzbarmachung für die Rekonstruktion von Bibliotheken und Sammlungsinteressen).

[6] Für die wissenssoziologischen und kulturgeschichtlichen Grundlegungen cf. u.a. P. L. Berger/ T. Luckmann, Die gesellschaftliche Konstruktion der Wirklichkeit. Eine Theorie der Wissenssoziologie, Frankfurt a. M. 1980, $^{25}$2013, bes. 1–3, 15 sqq., 21–29 und A. Reckwitz, Die Transformationen der Kulturtheorien. Zur Entwicklung eines Theorieprogramms. Mit einem Nachwort zur Studienausgabe 2006: Aktuelle Tendenzen der Kulturtheorien, Göttingen 2000, $^2$2008, 147–157, 161 sq., 164–168, 589, 609 sqq.

stiften oder vorangegangene Ordnungsakte der Bibliotheksaufstellung widerspiegeln, doch bezeugen sie diese Strukturgebungen und bereiten sie außerdem in dem ihnen eigenen Medium der Schrift weiter auf[7].

Wenn ich also im Folgenden Bücherverzeichnisse als Quellen für den Umgang mit Wissen lese, möchte ich sie daraufhin befragen, welche Einblicke sie in gedankliche Ordnungsmuster ihrer Zeit und in gegebenenfalls alteritäre Bedeutungszuschreibungen und Erwartungshaltungen gegenüber einzelnen Wissensfeldern und schriftlichem Wissen an sich ermöglichen. Beide Aspekte kommen im Begriff der „Wissensordnungen" zu tragen, den ich daher im Weiteren mit zwei Schwerpunkten innerhalb seines breiten Bedeutungsspektrums verwenden werde[8]: Zum einen interessiert mich tatsächlich die ganz konkrete Anordnung einzelner Texte und Gruppen in den Bücherverzeichnissen hinsichtlich ihrer wechselseitigen Verhältnisbestimmungen und Positionierungen innerhalb der Ordnungslogiken ihrer Zeit, soweit sie sich über die Sortierung von Büchern erschließen lassen[9]. Zum anderen transportiert der Ordnungsbegriff auch eine Vielzahl möglicher Beziehungsstiftungen und Sinnzuschreibungen, deren Alterität innerhalb historischer Wissensformationen besonders einflussreich durch die Arbeiten Foucaults profiliert worden ist[10]. Ordnungen sind dann im Sinne von gegebenenfalls unterschiedlichen Hierarchisierungen, Geltungsansprüchen und Abgrenzungen innerhalb einer epistemischen Formation zu verstehen, wie auch

---

[7] Dazu im Kontext der Quelleninterpretation unten, p. 17 dieses Beitrags.

[8] Der Begriff der Wissensordnung wird gegenwärtig in kaum noch klarer terminologischer Spannbreite in Anspruch genommen, von grundlegenden sozialen Vereinbarungen über die Grenzen von Wissen und Nicht-Wissen über wirklichkeitskonstituierende kulturelle Schemata und Wahrnehmungsweisen hin zu Hierarchisierungen, Rechtsverhältnissen oder medialen Gliederungsstrukturen. Sichtbar ist dies u.a. im Spiegel jüngerer Handbücher, cf. e.g. das Kapitel M. Huber, Wissensgeschichte und Wissensordnungen, in: R. Schützeichel (ed.), Handbuch Wissenssoziologie und Wissensforschung (Erfahrung – Wissen – Imagination. Schriften zur Wissenssoziologie 15), Konstanz 2007, 795–856, bes. 797 sqq. (M. Huber, Wissensordnung) und 836–842 (H. Zedelmaier, Wissensordnungen der Neuzeit); cf. außerdem U. Friedrich, Ordnungen des Wissens. Ältere deutsche Literatur, in: C. Benthien/H. R. Velten (eds.), Germanistik als Kulturwissenschaft. Eine Einführung in neue Theoriekonzepte, Reinbek 2002, 83–102, bes. 86–98.

[9] Die Systematisierungsmöglichkeiten von Wissen durch Bücherverzeichnisse sind angesichts der faktisch vorgegebenen Bestände und des praktischen Funktionskontextes noch stärker durch pragmatische und utilitäre Rahmenbedingungen geprägt, als es Chr. Meier-Staubach selbst für mittelalterliche Enzyklopädien betont hat, cf. Chr. Meier, Enzyklopädischer Ordo und sozialer Gebrauchsraum. Modelle der Funktionalität einer universalen Literaturform, in: ead. (ed.), Die Enzyklopädie im Wandel vom Hochmittelalter bis zur Frühen Neuzeit. Akten des Kolloquiums des Projekts D im Sonderforschungsbereich 231 (29. 11.–1. 12. 1996) (Münstersche Mittelalter-Schriften 78), München 2002, 511–532, bes. 511 sq., 519 sq. und Steckel, Wissensgeschichten (nt. 5), 10 sq., 36–40. Gerade ihre breite habituell-intuitive Prägung und Prägekraft an der Schnittstelle zwischen alltagspraktischer Verankerung und gelehrter Reflexion machen die Verzeichnisse aber als Komplement für die Wissensgeschichte interessant.

[10] Cf. M. Foucault, Die Ordnung der Dinge. Eine Archäologie der Humanwissenschaften, Frankfurt a. M. 1974, u.a. 17–28, bes. 17 sq., 22, 25; W. Detel, Einleitung: Ordnungen des Wissens, in: A. Honneth/M. Saar (eds.), Michel Foucault. Zwischenbilanz einer Rezeption. Frankfurter Foucault-Konferenz 2001, Frankfurt a. M. 2003, 181–191, bes. 182–185.

im Sinne andersartiger Bewertungen von einzelnen Texten, Gattungsdefinitionen und generell gegenüber schriftlichem Wissen. Auch solche Zuschreibungen sollen, wo fassbar, berücksichtigt werden[11].

Mein Beitrag konzentriert sich auf die großen systematischen Kataloge der Karolingerzeit, die als erste erhaltene Gesamtverzeichnisse in der Forschung zu mittelalterlichen Bibliotheksordnungen wichtige Referenzpunkte darstellen. Sie treten im 9. Jahrhundert verhältnismäßig unvermittelt mit einem hohen Systematisierungsgrad auf und gelten als stilbildend für die Katalogisierungspraxis bis hinein ins 12. und 13. Jahrhundert[12]. Für diese Form der Verzeichnisse verwende ich im Folgenden bewusst den Begriff des „Kataloges", den ich angesichts ihrer elaborierten Systematik und ihres dezidierten Anspruches, die Gesamtbestände einer Bibliothek für eine praktische Benutzung aufzubereiten, für gerechtfertigt halte[13]. Die Quellenlage ist übersichtlich, vollständige oder fragmentarische Kataloge sind nach gegenwärtigem Forschungsstand überhaupt nur aus

---

[11] Die dem Aufsatz zu Grunde liegende terminologische Bestimmung von Wissensordnungen zielt damit nicht in systematischer Rezeption Foucaults auf eine einzige, das Zeitalter bestimmende Episteme, sondern vielmehr auf die enger gedachten lokalen oder auch gruppentypischen Wissensformationen in der jeweiligen Herkunftsinstitution der Kataloge, die als „Bedingungsrahmen des Wissens" (Friedrich, Ordnungen des Wissens [nt. 8], 86) im Spiegel der Verzeichnungstechniken als prägend für spezifische Denkmuster in ihrem soziokulturellen Umfeld und breiter für karolingerzeitliche Verstehensmodelle diskutiert werden können. Wissensordnungen sind in diesem Sinne Ausdruck der geschichtswissenschaftlich auch als „imaginäre Seite" der Wirklichkeit verhandelten Wahrnehmungsweisen und Deutungsmuster mit wirklichkeitskonstituierender Kraft, cf. e.g. F. Rexroth, Wissen, Wahrnehmung, Mentalität. Ältere und jüngere Ansätze in der Geschichtswissenschaft, in: L. Grenzmann e.a. (eds.), Wechselseitige Wahrnehmung der Religionen im Spätmittelalter und in der frühen Neuzeit, vol. 1: Konzeptionelle Grundfragen und Fallstudien (Heiden, Barbaren, Juden) (Abhandlungen der Akademie der Wissenschaften zu Göttingen N. F. 4), Berlin–New York 2009, 1–22, bes. 13–22 sowie die konzise Durchdringung hermeneutischer Konsequenzen aus der kulturwissenschaftlich-wissenssoziologisch angestoßenen Einsicht in die Alterität historischer Deutungsrahmen von M. Hilgert, ,Text-Anthropologie'. Die Erforschung von Materialität und Präsenz des Geschriebenen als hermeneutische Strategie, in: Mitteilungen der deutschen Orientgesellschaft 142 (2010), 87–126, bes. 87–106; cf. außerdem die kulturtheoretischen Grundlegungen bei Reckwitz, Kulturtheorien (nt. 6), 149 sqq., 156 sq., 160 sqq., 164 sqq. Da diese Wissensordnungen auch die Handlungsweisen von Akteuren bewusst und unbewusst bestimmen, stehen sie selbstverständlich ebenfalls implizit und performativ in Wechselwirkung mit dem spezifischen An-Ordnen, das für diesen Aufsatz in der ersten Teildefinition bereits separat als ein Untersuchungsinteresse an Wissensordnungen benannt worden ist.

[12] Zuvor sind aus dem 8. Jh. nur fünf kleinere Bücherlisten überliefert, cf. W. Berschin, An Unpublished Library Catalogue from Eighth-Century Lombard Italy, in: The Journal of Medieval Latin 11 (2001), 201–209, bes. 202 sq. und M. M. Gorman, The Oldest Lists of Latin Books, in: Scriptorium 58 (2004), 48–63, bes. 55–62; zur Periodisierung von Katalogisierungspraktiken cf. D. Nebbiai-Dalla Guarda, Classifications et classements, in: A. Vernet (ed.), Histoire des bibliothèques françaises, vol. [1]: Les bibliothèques médiévales du VIe siècle à 1530, Paris 1989, 373–393, hier 379 sqq.; Fürbeth, Sachordnungen (nt. 5), 90 sq.

[13] Cf. G. Ouy, Bibliothèques, in: C. Samaran (ed.), L'histoire et ses méthodes (Encyclopédie de la Pléiade 11), Paris 1961, 1061–1108, hier 1099; A. Derolez, Les catalogues de bibliothèques (Typologie des sources du moyen âge occidental 31), Turnhout 1979, 15 sq.; Nebbiai-Dalla Guarda, Documenti (nt. 2), 45; kritisch zur undifferenzierten Verwendung des Katalogbegriffs auch Gorman, Oldest Lists (nt. 12), 49 sq., 54 sq.

acht karolingerzeitlichen Wissenszentren bekannt: von der Reichenau (821/822), aus Lorsch (vier Verzeichnisse zwischen 830–860), Saint-Riquier (831, überliefert im 12. Jh.), Fulda (2/4 9. Jh.), Murbach (um 840, Abschrift 15. Jh.), St. Gallen (2/2 9. Jh.), Bobbio (2/2 9. Jh. o. 10. Jh., Druck 18. Jh.) und als einzigem Bischofssitz aus Köln (833, Druck 19. Jh.)[14]. Dass in dieser Liste die ostfränkischen Klöster auffällig dominieren, scheint mir daher auch weniger ein symptomatischer Befund, als durch die außergewöhnlich schlechte Überlieferungschance von Bücherverzeichnissen bedingt. Als praktisches Arbeitsinstrument machte jeder neue Katalog oder jede starke Bestandsveränderung das vorherige Verzeichnis obsolet. Entsprechend sind auch die einzigen noch original erhaltenen Kataloghandschriften des 9. Jahrhunderts nur dank zweier Sonderfälle überliefert, nämlich vor allem über nur eine zentrale Sammelhandschrift, den Codex Vat. Pal. lat. 1877 (Lorsch und Fulda)[15], sowie im Falle St. Gallens durch die überlieferungsgeschichtliche Besonderheit, dass ein geschlossener Bibliotheksbestand bis in die Gegenwart vor Ort erhalten werden konnte.

Ich möchte im Folgenden für die Detailanalyse mit den Katalogen aus Lorsch und St. Gallen zwei der Fälle herausgreifen, zu denen noch die originalen Hand-

---

[14] Reichenau: ed. P. Lehmann, Mittelalterliche Bibliothekskataloge Deutschlands und der Schweiz, vol. 1: Die Bistümer Konstanz und Chur, München 1969, 240–262 (Nr. 49–53); Lorsch: ed. A. Häse, Mittelalterliche Bücherverzeichnisse aus Kloster Lorsch. Einleitung, Edition und Kommentar (Beiträge zum Buch- und Bibliothekswesen 42), Wiesbaden 2002; Saint-Riquier: überliefert bei Hariulf, Chronicon Centulense, 3, 3, ed. F. Lot, Chronique de l'abbaye de Saint-Riquier (V$^e$ siècle–1104), Paris 1894, 86–94; Fulda: edd. G. Schrimpf/M. Leinweber/Th. Martin, Mittelalterliche Bücherverzeichnisse des Klosters Fulda und andere Beiträge zur Geschichte der Bibliothek des Klosters Fulda im Mittelalter (Fuldaer Studien 4), Frankfurt a. M. 1992; Murbach: ed. W. Milde (nt. 5); sowie das als Ergänzung diskutierte Iskar-Verzeichnis bei K. E. Geith/ W. Berschin, Die Bibliothekskataloge des Klosters Murbach aus dem IX. Jahrhundert, in: Zeitschrift für Kirchengeschichte 83 (1972), 61–87, hier 65–87; St. Gallen: ed. Lehmann (wie oben nt. 14), 55–82 (Nr. 16); Bobbio: ed. G. Becker, Catalogi bibliothecarum antiqui, Bonn 1885, erw. Nachdruck Hildesheim 1973, 64–73 (Nr. 32) und M. Esposito, The Ancient Bobbio Catalogue, in: The Journal of Theological Studies 32 (1931), 337–344; Köln: Onlinetranskription (Codices Electronici Ecclesiae Coloniensis), auf Grundlage von A. Decker, Die Hildebold'sche Manuskriptsammlung des Kölner Domes, in: Festschrift der 43. Versammlung deutscher Philologen und Schulmänner, Bonn 1895, URL: <http://www.ceec.uni-koeln.de/> (Stand: 30.01.2019, Zugriff über die Kapitel „Die historische Bibliothek" – „Die Dombibliothek in karolingischer Zeit" – „Synopse der bisherigen Forschung zum Katalog der Dombibliothek von 833"). Daneben sind eine Reihe weiterer Bücherlisten u.a. aus Saint-Wandrille, Staffelsee, Freising oder Würzburg überliefert, die als Leihlisten, Besitz- und Teilverzeichnisse jedoch nicht im Kontext von Katalogen behandelt werden können.

[15] Neben dieser nachträglich als Katalogsammlung angelegten vatikanischen Handschrift hat sich jenseits St. Gallens nur noch ein einziges weiteres Katalog-Original des 9. Jahrhunderts erhalten, der Lorscher Kurzkatalog Häse D in Vatikan, Bibliotheca Apostolica Vaticana, Vat. Pal. lat. 57, foll. 1r–7v. Auch dessen Überlieferung verdankt sich aber demselben speziellen Fall wie alle vier anderen originalen Kataloge außerhalb des St. Galler Überlieferungskreises, nämlich über die weitgehend geschlossene Überführung der Heidelberger Pfalzbibliothek, in die Pfalzgraf Ottheinrich um 1550 bereits die Lorscher Klosterbibliothek eingegliedert hatte, in den Vatikan im Zuge des Dreißigjährigen Krieges, cf. Häse, Bücherverzeichnisse (nt. 14), 47–51, 53 sqq., 76 sqq. und W. Berschin, Die Palatina in der Vaticana. Eine deutsche Bibliothek in Rom, Stuttgart-Zürich 1992, 10–13.

schriften des 9. Jahrhunderts vorliegen[16]. Nur sie bieten die Möglichkeit, zusätzliche Einsichten angesichts der vielseitig eingesetzten graphischen Gestaltung von Ordnungssystemen zu gewinnen sowie zu Nachtragsstufen und Umorganisationen, die in den späteren Drucken meist unzureichend erfasst sind. In einem ersten Schritt soll für das Beispiel Lorsch wegen der elaborierten Aufbereitung der eigenen Bestände besonders im ersten der vier erhaltenen Verzeichnisse der Fokus auf den Erwartungshaltungen an schriftlich gefasstes Wissen liegen. Die innere Systematik dieser Kataloge wird aber zusammen mit den anderen genannten Textzeugen des 9. Jahrhunderts auch im zweiten Fallbeispiel zu St. Gallen als Vergleichsinstanz berücksichtigt, wenn in diesem Teil die Ordnungsmuster und Bedeutungszuschreibungen innerhalb der Wissensformationen eines Kataloges in seiner Gesamtheit im Zentrum stehen. In beiden Teilen wähle ich einen Ansatz, der zum Beispiel über Anordnungskriterien oder optische Gliederungstechniken dezidiert die Praktiken in den Blick nimmt, mit denen einzelne Werke in den Verzeichnissen zueinander in Beziehung gesetzt und Wissensbestände aufbereitet werden. Indem dieser Zugang also nicht ausschließlich die Binnengliederung der Kataloge durch Abteilungsüberschriften berücksichtigt, eröffnet er gegenüber der bisherigen Forschung zu frühmittelalterlichen Bücherverzeichnissen eine wichtige Chance: Bislang gelten die Sachordnungen von Katalogen nämlich bis mindestens ins 12. Jahrhundert hinein als weitgehend statisch und als stereotype Repräsentanten einer monastisch-kirchlichen bzw. vorscholastischen Ordnungssystematik[17]. Dieses Bild geht in seiner Zuspitzung jedoch wesentlich als methodische Begleiterscheinung aus der mehrheitlichen Behandlung von Katalogisierungsordnungen in komparatistischer Perspektive hervor: Das Interesse an Ordnungssystemen im diachronen Wandel oder in der Gegenüberstellung unterschiedlicher Institutionen, wie zwischen Klöstern und Universitäten, hat dazu geführt, dass man die Struktur von Bibliotheksbeständen ganz überwiegend von den Überschriften einzelner Katalogabteilungen aus erschlossen hat. Aus diesen werden in der Regel übergeordnete Vergleichskategorien abstrahiert, die die frühmittelalterlichen Kataloge maßgeblich durch eine Trias

---

[16] Ausführlichere Analysen mit einem ähnlichen methodischen Ansatz werden zum St. Galler ‚Breviarium librorum' in Cod. Sang. 728 sowie vor allem zu dem Katalog aus Fulda und einer weiteren Bücherliste des ausgehenden 8. Jh.s (Basel, Universitätsbibliothek, F III 15a, foll. 17v–18r) im Rahmen meiner Doktorarbeit zu Diskussionen über Mönchtum im Spiegel der Schriftproduktion in den Klöstern Fulda und St. Gallen erscheinen (gegenwärtig in Arbeit an der Eberhard Karls Universität, Tübingen).

[17] Cf. J. Duft, Die Handschriften-Katalogisierung in der Stiftsbibliothek St. Gallen vom 9. bis zum 19. Jahrhundert, in: B. M. von Scarpatetti (ed.), Die Handschriften der Stiftsbibliothek St. Gallen. Beschreibendes Verzeichnis. Codices 1726–1984 (14.–19. Jh.), St. Gallen 1983, 9*–99*, hier 17*; Gottlieb, Bibliotheken (nt. 3), 302; Nebbiai-Dalla Guarda, Classifications (nt. 12), 379 sqq.; Fürbeth, Sachordnungen (nt. 5), 90 sq., 93; W. Umstätter/R. Wagner-Döbler, Einführung in die Katalogkunde. Vom Zettelkatalog zur Suchmaschine. Dritte Aufl. des Werkes von Karl Löffler – völlig neu bearbeitet, Stuttgart $^3$2005, 29 sq.

aus Bibel, Patristik und „Profanliteratur"[18] gekennzeichnet sehen. Zwar sind derartige Grundlinien nicht zu leugnen, mit ihrem hohen und auf problematische Weise durch moderne Ordnungsvorstellungen geprägten Abstraktionsgrad sind sie heuristisch jedoch wenig hilfreich, um Wissensordnungen in einzelnen Katalogen bzw. in ihrem konkreten zeitspezifischen Umfeld zu verstehen. Der Blick auf die Praktiken, mit denen Wissen mittels des Kataloges zugänglich gemacht wird und zusätzlich zu den Abteilungsüberschriften Beziehungen zwischen einzelnen Wissensträgern gestiftet werden, kann dagegen den Eindruck solcher Stereotype überwinden. Die flexiblere Perspektive wird vielmehr Eigenheiten der einzelnen Bibliothekskataloge in ihrem spezifischen Umfeld freilegen, welche die Quellengruppe wieder zu einem interessanteren Ansprechpartner für die Geschichte der Karolingerzeit wie auch für die aktuelle Wissensforschung machen sollen.

## II. Die Lorscher Kataloge – Erwartungshaltungen und Bedeutungszuschreibungen an Wissen im Spiegel der Aufbereitung der lokalen Bibliotheksbestände

Das Königskloster Lorsch zählt mit seinem leistungsstarken Skriptorium und einer in der ersten Hälfte des 9. Jahrhunderts wohl um die 450 Handschriftenbände fassenden Bibliothek zu einem der bedeutendsten Wissenszentren seiner Zeit. Es war eng mit dem Hof verflochten und ist von der Forschung zudem als ein Knotenpunkt profiliert worden, an dem Handschriften, besonders aus dem Bereich der Patristik, im Sinne der höfischen Reformvorstellungen systematisch in ihrer Qualität geprüft und weiter verbreitet worden sind[19]. Dank einer außergewöhnlich günstigen Überlieferungssituation sind zu der umfangreichen Bibliothek zwischen 830 und 860 vier originale Bücherverzeichnisse in dichter zeitlicher Abfolge überliefert, aus deren Vergleich sich sogar auf weitere zeitglei-

---

[18] Umstätter/Wagner-Döbler/Löffler, Katalogkunde (nt. 17), 28 sq.; cf. Duft, Geistesgeschichte (nt. 4), 196 sq.; W. Milde, Über Anordnung und Verzeichnung von Büchern in mittelalterlichen Bibliothekskatalogen, in: Scriptorium 50 (1996), 269–278, hier 269–273.

[19] Cf. B. Bischoff, Die Abtei Lorsch im Spiegel ihrer Handschriften (Geschichtsblätter für den Kreis Bergstraße. Sonderband 10), Lorsch ²1989, 25, 61–66, 75–78; S. Scholz, Lorsch. Geschichtlicher Überblick, in: F. Jürgensmeier/F. Büll/E. Schwerdtfeger, Die Benediktinischen Mönchs- und Nonnenklöster in Hessen (Germania Benedictina 7), St. Ottilien 2004, 768–798, hier 772 sq.; M.-A. Aris, Lorsch. Bibliotheksgeschichte, in: Jürgensmeier/Büll/Schwerdtfeger, Germania Benedictina 7 (wie oben nt. 19), 811–821, bes. 811 sq.; J. Becker, Präsenz, Normierung und Transfer von Wissen. Lorsch als patristische „Zentralbibliothek", in: ead./T. Licht/S. Weinfurter (eds.), Karolingische Klöster. Wissenstransfer und kulturelle Innovation (Materiale Textkulturen 4), Berlin–München–Boston 2015, 71–87; R. McKitterick, The Writing and Copying of History in Carolingian Monasteries. The Example of Lorsch, in: F. de Rubeis/W. Pohl (eds.), Le scritture dai monasteri. Atti del II° Seminario Internazionale di Studio „I Monasteri nell'Alto Medioevo", Roma, 9–10 maggio 2002 (Acta Instituti Romani Finlandiae 29), Rom 2003, 157–177, bes. 162–177.

che, aber inzwischen verlorene Exemplare schließen lässt[20]. Sie umfassen nicht nur den vermutlich ältesten im Original erhaltenen systematischen Katalog des frühen Mittelalters (in A. Häses kritischer Edition die Sigle A)[21], sondern ermöglichen auch einen Einblick in unterschiedliche erprobende Formen zur Erschließung der eigenen Buchbestände. Daher soll im Folgenden besonders die Frage im Zentrum stehen, welche Rückschlüsse die dort repräsentierten, unterschiedlichen Praktiken zur Nutzbarmachung des umfangreichen Buchwissens auf Bedeutungszuschreibungen und Erwartungshaltungen gegenüber schriftlich gefasstem Wissen in dieser Mönchsgemeinschaft ermöglichen.

Der früheste Zeuge einer systematischen Wissensorganisation in Lorsch, Katalog A in Vat. Pal. lat. 1877, foll. 67r–79v, ist in der Zeit um 830 von einer geübten Haupthand in mehreren Nachtragsstufen und unter Mitarbeit eines Nebenschreibers angelegt worden. Zusätzlich identifizieren Bischoff und Häse Nachtragungen und Korrekturen undefinierter späterer, aber zeitlich nicht weit entfernter Hände[22]. Es handelt sich also vermutlich um ein Gebrauchsexemplar, das fortlaufend durch die Bibliothekare aktualisiert worden ist[23]. In der ersten Lage weist der Katalog spätere Bindefehler sowie einen Textverlust von dreieinhalb Doppelblättern auf, die sich in Abgleich mit dem inhaltlich und formal aufs

---

[20] Die Verzeichnisse liegen inzwischen in kritischer Edition (cf. nt. 14) vor und sind zudem dank der virtuellen Rekonstruktion der Lorscher Bestände vollständig digital einsehbar: Bibliotheca Laureshamensis digital, Universitätsbibliothek Heidelberg 2014, URL: <http://bibliotheca-laureshamensis-digital.de/> (Stand: 28.01.2019), Mss. Vatikan, Bibliotheca Apostolica Vaticana, Vat. Pal. lat. 1877, foll. 1r–34r, 44r–79v; Vat. Pal. lat. 57, foll. 1r–7v. Zu den verlorenen Exemplaren cf. Häse, Bücherverzeichnisse (nt. 14), 12 sq., 359; Bischoff, Lorsch (nt. 19), 22, 25 sq.; C. E. Finch, Catalogues and Other Manuscripts from Lorsch, in: Transactions and Proceedings of the American Philological Association 99 (1968), 165–180, hier 169 sq. Ich folge der Benennung der Kataloge nach der Referenzedition Häses, die sich nicht mit den Buchstabensiglen Finchs deckt und bei der Häse A Bischoffs Sigle I, Häse D Bischoffs Katalog III* entsprechen, cf. Häse, ibid., 18.

[21] Die Datierung ist nur ungenau zu fassen und basiert ausschließlich auf der paläographischen Taxierung nach Bischoff, Lorsch (nt. 19), 20, 26 sowie Häse, Bücherverzeichnisse (nt. 14), 57 sq., wobei Bischoff das nahestehende Evangeliar Darmstadt, Universitäts- und Landesbibliothek, 1957 in späteren Arbeiten eher in die zweite statt in die erste Hälfte des 9. Jh.s datiert hat, vgl. B. Bischoff, Katalog der festländischen Handschriften des neunten Jahrhunderts (mit Ausnahme der wisigotischen), vol. 1: Aachen–Lambach, Wiesbaden 1998, 213. Ähnlich alt wie Lorsch A ist daher das im selben Codex überlieferte Fragment des Fuldaer Katalogs, dessen Datierung auf „vor 830" durch die Herausgeber allerdings Neudatierungen der Hrabanus-Werke – bes. des Kommentares zu den Büchern Ruth und Richter zwischen 833 und 838/39 – noch nicht berücksichtigt, cf. Schrimpf/Leinweber/Martin, Bücherverzeichnisse Fulda (nt. 14), 96 sq. Stimmt die Angabe „821" aus dem nur noch über das 17. Jh. überlieferten Reichenauer Katalog, wäre dieser der älteste bekannte, wenn auch nicht im Original erhaltene Zeuge.

[22] Cf. Häse, Bücherverzeichnisse (nt. 14), 57–62; Bischoff, Lorsch (nt. 19), 19 sqq.; die jüngste Handschriftenbeschreibung zum Vatikanischen Codex findet sich bei M. Kautz, Vatikan, Biblioteca Apostolica Vaticana, Pal. lat. 1877, 2014, URL: <http://www.ub.uni-heidelberg.de/digi-pdf-katalogisate/sammlung51/werk/pdf/bav_pal_lat_1877.pdf> (Stand: 15.01.2019).

[23] Bischoff, Lorsch (nt. 19), 19 hat noch personalisierter von dem „Handexemplar des Bibliothekars" gesprochen. Nachfolgend wird aber zu zeigen sein, dass der Katalog durchaus auch für einen größeren Benutzerkreis gedacht gewesen sein kann.

engste nahestehenden Katalog B den Abteilungen zu Origenes und Augustin zuschreiben lassen. Dennoch zeigt gerade die Seiten- und Lageneinrichtung dieses ersten Faszikels, wie die Haupthand den Katalog von Anlage an nicht als Momentaufnahme, sondern mit dem Anspruch geplant hat, Wissen über einen längeren Zeitraum hinweg zugänglich zu machen. Aufschlussreich sind dabei zum einen die Übergänge von einer Sachabteilung in die andere: Die erste Eintragsschicht des Grundstockes der Augustinwerke endet, soweit paläographisch identifizierbar, auf fol. 72r[24]. Der Schreiber lässt aber an dieser Stelle nicht nur die auf der Seite verbliebenen eineinhalb Spalten für potentielle Nachträge bei einem Anwachsen des Handschriftenbestandes frei, sondern plante offenbar mit foll. 72v, 73r/v und 75r ganze vier Seiten für Nachträge ein, bevor er erst auf der Rückseite des fol. 75 die neue Abteilung der Schriften des Hieronymus eröffnete. Dass er damit ein System verfolgt, zeigt sich auch an den nachfolgenden Blättern, auf denen er neue Abschnitte zu Prosper von Aquitanien, Gregor von Nazianz oder Beda Venerabilis konsequent in neuen Spalten beginnt, um für die jeweils vorangehende Abteilung großzügige Nachtragsräume von mindestens 8–10 Zeilen zu gewährleisten[25]. Solche Freistellen zur Erweiterung sind zwar auch aus den Kataloghandschriften von Fulda und St. Gallen bekannt, keines dieser Verzeichnisse plant aber derart ambitioniert mit Zunahmen wie Lorsch[26]. Zu diesen Beobachtungen passt, dass die Forschung dem Kloster auch über andere Quellen ein außergewöhnliches Sammlungsbestreben im Bereich

---

[24] Die Argumentation zu den Nachtragsstufen ist gerade für denselben Schreiber äußerst schwierig und bezüglich der Zeitspanne zwischen den Einträgen von wenigen Stunden bis hin zu Jahren kaum fixierbar. Trotzdem kann ich auch darüber hinaus Häses Argumentation selbst an zentralen Stellen wie am Übergang zu den Augustin-Nachträgen nicht immer nachvollziehen: So ordnet sie, wohl auf Grund der direkten Einfärbung der E-Initiale statt ihrer Nachzeichnung, den Eintrag zu „*De utilitate credendi*" (fol. 72rb oben) noch dem Grundstock zu, hält aber die direkt vorangehende Briefsammlung (col. a unten) in der gleichen, auffällig helleren Tinte bereits für einen Nachtrag. Zwar sind Tintenfärbungen argumentativ nur begrenzt belastbar, aber hier ist ihr paralleles Auftreten in nur zwei, zudem aufeinanderfolgenden Einträgen auffällig, zumal zusätzlich unverständlich ist, warum nach Häses Zuordnung der Schreiber den Codex mit ‚De utilitate credendi' als Teil des Grundstocks in der neuen Spalte beginnen sollte, statt ihn direkt passend in den verbliebenen 10 Zeilen nach den 21 Briefen (ebenfalls aus dem Anlagebestand) anzufügen, die jetzt von der anderen Briefsammlung in hellerer Tinte besetzt sind. Auch dass manche Initialen erst nachträglich in Menninge übermalt worden sind, ist m. E. kein zuverlässiges Kriterium für eine Klassifizierung als Nachtrag. Der Katalog arbeitet hier wenig systematisch: e.g. scheinen im Digitalisat auch die Initialen der Briefsammlung fol. 70v (Häse Nr. 15) und bes. bei der Predigtsammlung fol. 71r (Häse Nr. 10) übermalt, die Häse aber zum Grundstock zählt, cf. Häse, Bücherverzeichnisse (nt. 14), 59 sq., 64 sq.

[25] Cf. Vat. Pal. lat. 1877, foll. 76r/v, 77r. Ähnliches gilt bei Einträgen anderer Autoren in derselben Spalte, wie bei dem unidentifizierten „*Liber Iacobi*" fol. 76rb, den Häse dem Grundstock zuschreibt und vor dem Freizeilen gelassen werden, sowie selbst bei dem Nachtrag von Werken, wie im Falle des „*liber Anticimenon*" (fol. 76vb) des Julian von Toledo.

[26] Am nächsten steht dem die Fuldaer Planung, die zur möglichen Erweiterung der biblischen Schriften die Abteilung zu Hieronymus erst in der zweiten Spalte des daher nur halb beschriebenen fol. 37r des Vat. Pal. lat. 1877 beginnt. Der St. Galler Katalog in Cod. Sang. 728 lässt in der Regel nur 2–3 Freizeilen, cf. e.g. p. 9 und 11.

der patristischen Literatur nachgewiesen hat, wie zum Beispiel durch vorsichtige Hinweise auf den systematischen Abgleich des eigenen Buchbesitzes mit potentiellen Kopiervorlagen oder durch die Bestände selbst, die um 850 das umfangreichste bekannte Augustin-Corpus des 9. Jahrhundert bilden[27]. Der Katalog stützt und erweitert dieses Bild, indem er schon bei seiner Anlage die anhaltende Vermehrung der Wissensbestände als absichtsvollen Selbstanspruch im Kloster offenlegt. Und seine systematischen Freistellen bezeugen zudem die planvolle Reflexion, wie dieses Wissensrepertoire mit Hilfe eines Kataloges auch über einen längeren Zeitraum gezielt zugänglich und nutzbar gehalten werden konnte. Dieses Bemühen zeigt sich sogar noch an den Stellen, an denen die umsichtige Planung an ihre Grenzen stieß: Als trotz der großzügigen Freiräume die stark angewachsenen Schriften Augustins nicht mehr hätten zusammenhängend verzeichnet werden können, geht die verantwortliche Haupthand keine Kompromisse und Kürzungen gegenüber ihrem Verzeichnungssystem ein, sondern löst das Problem durch den Einschub eines zusätzlichen Einzelblattes (fol. 74), um weiterhin ausführlich und an passender Stelle eine Predigtsammlung Augustins eintragen zu können[28].

Die Seiteneinrichtung des Kataloges A lässt darüber hinaus erkennen, dass das Verzeichnis mit der Absicht eines schnellen Erfassens und gezielten Durchsuchens der Bestände angelegt worden ist. Dazu schöpft es ein breites Repertoire gliedernder Elemente aus, das auch dasjenige des umfangreichsten Lorscher Kataloges C von 860 übertrifft[29]. Zwar arbeitet Lorsch A nicht wie die

---

[27] Cf. Becker, Präsenz (nt. 19), 76 sqq., 81 sqq. (mit reizvollen Überlegungen zu einem leider nicht mit letzter Sicherheit nach Lorsch verweisenden Bestandsabgleich in Paris, BNF, Lat. 12226); Aris, Lorsch (nt. 19), 811 sq.; Duft, Klosterbibliotheken (nt. 4), 39; J. Becker/T. Licht, Karolingische Schriftkultur. Aus der Blütezeit des Lorscher Skriptoriums, Regensburg 2016, 11; wichtige Bestandsvergleiche berücksichtigen Lorsch bis in die Gegenwart nicht hinreichend, weil die Kataloge nicht im Rahmen der leicht zugänglichen nationalen Editionsreihen, wie den „Mittelalterliche Bibliothekskataloge Deutschlands und der Schweiz" (München 1918–20xx, siehe nt. 14), erschienen sind, so e.g. J. C. Thompson, The Medieval Manuscript Tradition of Augustine's Works, in: K. Pollmann/W. Otten (eds.), The Oxford Guide to the Historical Reception of Augustine, vol. 1, Oxford 2013, 51–57, bes. 56 und (in Nachfolge M. Gormans) B. M. Kaczynski, The Authority of the Fathers. Patristic Texts in Early Medieval Libraries and Scriptoria, in: The Journal of Medieval Latin 16 (2006), 1–27, bes. 22 sq.

[28] Cf. auch Häse, Bücherverzeichnisse (nt. 14), 56 sq., 60. Reizvoll ist auch Häses These, dass der Schreiber das letzte Blatt der Augustin-Abteilung von Beginn an für sekundäre Bearbeitungen der Augustintexte eingeplant und dort entsprechend Eugippius verzeichnet habe (60), was ebenfalls für seinen klaren systematischen Anspruch spräche. Schwierig ist dann allerdings, dass dieselbe Hand die Prosper zugeschriebene Exzerpthandschrift zu ‚De trinitate' nicht in Anschluss an Eugippius, sondern bereits fol. 72rb nachträgt; angesichts des Umfangs des betreffenden Eintrags (3 coll.) könnten hier vielleicht praktische Erwägungen vor den systematischen Ansprüchen überwogen haben.

[29] Häse, Bücherverzeichnisse (nt. 14), 77 sieht dagegen die „eindeutigste Form der Gliederung" in Katalog D in Vat. Pal. lat. 57 repräsentiert und verweist neben den Überschriften auf die vorgerückten Initialen zur Markierung eines neuen Codex. Ich kann dieses Urteil im Vergleich mit dem umfangreichen strukturgebenden Repertoire in Katalog A nicht nachvollziehen, zumal die Einrückungen in D (e.g. fol. 3v) in dem einspaltig gesetzten System kaum zur Geltung kommen und schwer zu identifizieren ist, wo genau ein neuer Codex beginnt.

späteren Kataloge mit übergeordneten Abteilungsüberschriften, aber er hebt jeden neuen Eintrag einer Handschrift klar erkennbar mittels mehrerer optischer Elemente ab, sodass dieser auch bei kursorischem Blick schnell erfassbar ist: der erste Werktitel eines Codex oder eine ihm zugeteilte Sammelüberschrift (wie *sermones* oder *epistulae*) werden durch Auszeichnungsschriften in Capitalis rustica oder Unziale betont, die jeweilige Initiale wird in die Versalienspalte vorgerückt, auf bis zu zwei Zeilen vergrößert und rubriziert und zumeist steht vor und teils auch nach dem Titel eine Freizeile zur klaren optischen Sperrung[30]. Da der Katalog zweispaltig mit schmalen Textblöcken angelegt ist, entwickeln gerade die Vorrückungen eine hohe Orientierungswirkung, die auch für die Verzeichnung von Sammelhandschriften genutzt wird. Dabei setzen die Schreiber nicht nur mit einem hohen Materialaufwand einzelne Briefe oder Traktate immer auf einer neuen Zeile an, sondern grenzen diese auch durch eine vorgestellte Nummerierung übersichtlich voneinander ab und rücken in den meisten Fällen bei Zeilenumbruch sogar die nachfolgende Zeile ein. Mit dieser Technik hebt sich Katalog A von seinem Nachfolger Lorsch C oder auch dem St. Galler Gesamtverzeichnis ab, die beide nicht oder nur begrenzt mit Einrückungen arbeiten und die zudem nicht in Spalten gesetzt sind[31].

Im Katalog ist aber nicht nur graphisch das Bestreben zu erkennen, die Buchbestände übersichtlich und schnell zu erfassen und somit effizient auf das in den Büchern gesicherte Wissen zuzugreifen. Vielmehr erschließt Lorsch A dieses Wissen auch inhaltlich mit einer Präzision, die in der Überlieferung frühmittelalterlicher Bücherverzeichnisse außergewöhnlich ist: Statt bei Sammelhandschriften einzelne zentrale Werke oder nur die erste enthaltene Schrift als bibliothekarische Gedankenstütze aufzuführen, schlüsselt der Katalog minutiös und zumeist mit fortlaufender Zählung auf, welche Briefe, Traktate oder Predigten exakt in dem jeweiligen Codex vorhanden sind. Hinter diesem Vorgehen muss ein hoher Arbeitsaufwand gestanden haben, denn Lorsch A listet nicht nur die Inhalte von Predigt- und Briefsammlungen mit bis zu 100 Einträgen auf, sondern diese Inhaltsverzeichnisse mussten teilweise erstmals für diesen

---

[30] Cf. e.g. Vat. Pal. lat. 1877, foll. 70r (mit Unziale als Variation), 70v, 71r, 73v (hier in der Nachtragsschicht); cf. auch Häse, Bücherverzeichnisse (nt. 14), 58. Bei äußerst umfangreichen Sammelhandschriften heben Haupt- und Nebenhand im Grundstock auch einzelne neue Werktitel innerhalb eines Codex durch Auszeichnungsschrift hervor, so foll. 67r/v, 68v.

[31] Die Wirkung der optischen Strukturgebung lässt sich eindrücklich in Katalog A selbst nachvollziehen, wenn man minutiös eingerichtete Folii wie 70r/v e.g. mit foll. 68r/69r vergleicht, bei denen der Schreiber nicht oder nur teilweise mit Einrückungen gearbeitet hat; cf. außerdem Sang. 728, pp. 6 sq. und für Lorsch C Vat. Pal. lat. 1877, foll. 8v, 13v. Katalog Lorsch B setzt die Einrückungen noch konsequenter um als Lorsch A (cf. fol. 74v). Da es sich aber um eine Abschrift von A (direkt oder von einem Nachfolger) handelt, ist das Gliederungssystem bereits als Errungenschaft der Frühstufe zu würdigen. Einzig der Fuldaer Katalog optimiert gegenüber Lorsch das Repertoire der Gliederungselemente durch zusätzliche Rubrizierungen noch weiter, einsehbar im selben Codex, Vat. Pal. lat. 1877, fol. 37r.

neuen bibliothekspraktischen Kontext angelegt werden³². So belegen Kommentare, wie zu einem Hieronymus-Brief: „*item alia nescio cuius quae sic incipit litterae tuae et amorem sonant pariter et quaerelam*", dass der Schreiber den Codex selbst zur Inhaltswiedergabe konsultiert haben muss und dass er dort, wo er an seine Grenzen stieß, immerhin nach einer Lösung gesucht hat, um trotzdem potentiellen Nutzern oder Verantwortlichen der Bibliothek den Inhalt möglichst zuverlässig zu erschließen³³. Dennoch führt der hohe Arbeitseinsatz durchaus auch zu qualitativen Schwankungen und gerade in den Nachtragsstufen auch zu starken Abkürzungen oder inhaltsleeren Pauschalverweisen³⁴. Umso interessanter ist, dass die Lorscher Kataloge an anderen Stellen die bereits durch die Werke selbst vorgegebenen Inhaltsverzeichnisse nicht einfach automatisch übernommen, sondern diese bekannte Form der Wissensaufbereitung im Streben nach zusätzlicher Systematisierung weiterentwickelt haben. Für das eindrücklichste Beispiel, den Umgang mit den pseudo-augustinischen 127 Fragen zum Alten und Neuen Testament, muss der Blick auf die Kataloge B (um 830/40) und C (um 860) ausgeweitet werden, da Katalog A vor fol. 69 (bis Frage 62) besagten Blattverlust erlitten hat. Auch bei diesem Traktat schlüsseln die Schreiber jede Frage einzeln und auf Grundlage des werkimmanent überlieferten Inhaltsverzeichnisses auf. Zur besseren Orientierung im Funktionskontext eines Bibliothekskataloges halten sie es jedoch anscheinend für hilfreich, ein zusätzliches Gliederungselement zu ergänzen. So markieren sie den Übergang zwischen den beiden Hauptteilen durch den eigenständigen Einschub „*huc usque de veteri testamento, hinc de novo*"³⁵ und heben diesen deutlich durch Auszeichnungsschrift und in Lorsch C zusätzlich durch Freizeile und Rubrizierung hervor. Diese Überleitung findet sich in keiner der breit bezeugten Textfamilien der ‚Quaestiones' oder der immerhin sieben erhaltenen Handschriften aus dem 8. und 9. Jahrhundert, weder im Inhaltsverzeichnis noch im Fließtext³⁶. Alleine im Anschluss an die 47. Frage vermerkt die Texttradition des Inhaltsverzeichnisses kurz „*questiones novi testamenti*" – der Blick in die entsprechenden Handschriften belegt aber, dass die Kopisten dieses Gliederungselement weitgehend überlesen und als Teil eben dieser 47. Frage verstanden haben müssen, da sie es fortlaufenden und ohne Auszeich-

---

³² Cf. e.g. Vat. Pal. lat. 1877, foll. 69v–71r. Häufiger scheint der Katalogschreiber allerdings die Inhaltsverzeichnisse aus den Handschriften übernommen zu haben, die dafür aber immerhin konsultiert werden mussten. Deutlich ersichtlich ist das an der Sammelhandschrift zu Gregor von Nazianz, Vat. Pal. lat. 1877, fol. 76va, deren für den Katalog jenseits von Brief- und Predigtsammlungen eher untypische Nummerierung eindeutig aus dem Index des verzeichneten Codex, heute Oxford, Bodleian Library, Laud. misc. 276, fol. 1r übernommen ist.

³³ Vat. Pal. lat. 1877, fol. 75va (mit einem ähnlichen Hinweis noch einmal in col. b).

³⁴ Cf. die Liste bei Häse, Bücherverzeichnisse (nt. 14), 63. Betroffen sind teilweise auch Nachträge der Haupthand (A 21, 89, 103), die sich in dem soeben angeführten Beispiel umgekehrt so gewissenhaft um eine korrekte Verzeichnung bemüht hatte.

³⁵ Vat. Pal. lat. 1877, fol. 7r, 50v.

³⁶ Cf. Ps-Augustin, Quaestiones veteris et novi testamenti, index und q. XLVIII, ed. A. Souter (Corpus Scriptorum Ecclesiasticorum Latinorum 50), Wien–Leipzig 1908, 7, 94. Die Kataloghandschriften werden von Souter nicht berücksichtigt.

nung an den Titel der Frage anfügen und die schließende Interpunktion erst nach „*testamenti*" setzen[37]. Damit zeigen sich die Katalogschreiber nicht nur aufmerksam und eigenständig reflektiert gegenüber ihrer vermutlichen Vorlage in den ‚Quaestiones'-Handschriften, sondern die ausführliche und graphisch hervorgehobene Kennzeichnung des Übergangs zwischen beiden Teilen scheint auch eine genuine Weiterentwicklung zur effizienteren Orientierung im funktionalen Zusammenhang der Bücherverzeichnisse darzustellen: Der einzige weitere Zeuge, der überhaupt ein solches Element kennt, ist nämlich der Fuldaer Katalog vom Ende der 830er Jahre[38]. Im Vergleich der jeweiligen Ausführung zeigt sich sogar, dass die verantwortlichen Mönche beider Institutionen weiter an der Perfektionierung dieser ihrer Systematisierung gearbeitet haben: Während Lorsch B und Fulda nämlich in Anschluss an das neue Überleitungselement die Zwischenüberschrift „*quaestiones novi testamenti*" noch aus der Tradition der Inhaltsverzeichnisse mit kopieren, stört sich der Schreiber von Lorsch C bereits an der Doppelung „*hinc de novo // quaestiones novi testamenti*" und lässt entsprechend den hinteren Überrest aus dem Werkindex weg[39].

---

[37] Das Exemplar der Lorscher Bibliothek ist verloren, sodass kein direkter Vergleich möglich ist. In den Varianten stehen die Kataloge, wenn auch mit Eigenlesarten, Souters Textklasse X am nächsten (so auch Häse, Bücherverzeichnisse [nt. 14], 216 sq.). In deren Vertreter, Paris, BNF, lat. 17385 (Umkreis Paris, 1.(/2.) Viertel 9. Jh.), lautet der Eintrag fol. 3r: „*XLVII de esaiae proph[etae] lectione questiones novi testamenti·*". Eingesehen als Digitalisat habe ich außerdem: München, Bayerische Staatsbibliothek, Clm 6312, fol. 2v und Clm 14537, fol. 3v; Karlsruhe, Badische Landesbibliothek, Aug. Perg. 9, fol. 1v; Gent, Centrale Bibliotheek der Rijksuniversiteit, 95, fol. 2v; Souters Edition ist zu dem Problem nicht weiterführend, sie druckt „*quaestiones novi testamenti*" als Überschrift ohne Berücksichtigung der handschriftlichen Seiteneinrichtung, cf. Ps. Augustin, Quaestiones veteris et novi testamenti, index, ed. Souter (nt. 36), 7.

[38] Vat. Pal. lat. 1877, fol. 39v. Bereits Bischoff, Lorsch (nt. 19), 20 und 77 hat in dem System der Aufschlüsselung von Sammelhandschriften keine in beiden Klöstern unabhängige Entwicklung vermutet. Auch ich halte angesichts der klaren Übereinstimmungen einen produktiven Austausch über Praktiken der Wissensorganisation zwischen den Führungskreisen beider Zentren für höchst wahrscheinlich, zumal sich persönliche Verflechtungen und ähnliche Grundüberzeugungen im Wissensverständnis in der Nachfolge Alkuins im Umfeld der Hofschüler um Samuel oder Gerhoh aus Lorsch und Hrabanus Maurus und Hatto aus Fulda nachzeichnen lassen. Dennoch pflegt der Fuldaer Katalog sowohl im textkritischen Vergleich wie auch in der Seitengestaltung einen ganz und gar selbstständigen Umgang mit den gemeinsamen Elementen und vertritt vor allem gegenüber Lorsch ein grundlegend verschiedenes Ordnungssystem innerhalb der Abteilungen, sodass zu enge Annahmen einer gegenseitigen Beeinflussung unzulässig sind. Dies ist insbesondere zu betonen, weil die gemeinsame Bindung im vatikanischen Codex bis heute als Argument für eine karolingerzeitliche Überlieferung des Fuldaer Katalogs in Lorsch angeführt wird (einflussreich e.g. bei McKitterick, Written Word [nt. 4], 190, 209), die jedoch angesichts Fuldaer Nutzungsspuren und ohne klare Anhaltspunkte zum Zeitpunkt der Zusammenführung nicht haltbar ist, cf. zuletzt Kautz, Pal. lat. 1877 (nt. 22), 3 und 6; Häse, Bücherverzeichnisse (nt. 14), 53 sqq., 74 n. 127; sowie in kritischer Auseinandersetzung mit Häse und Kautz meine Arbeiten zum Fuldaer Katalog im Rahmen meiner Dissertation (nt. 16), dort ebenso zu den personalen Netzwerken hinter den Techniken der Wissensorganisation.

[39] Es ist wahrscheinlich, dass Lorsch C direkt eines seiner Vorgängerexemplare in Form von Lorsch A/B (oder einer verlorenen weiteren Abschrift) rezipiert und man daher tatsächlich eine Weiterentwicklung erkennen kann. Lorsch B und C hängen in jedem Fall textkritisch voneinander ab, e.g. lesen sie bei Frage 30 gegen alle Handschriften des Gesamtwerkes „*in prouerbiis aut*

Diese Aufschlüsselungen bereiten die Lorscher Buchbestände also ebenfalls weiterführend auf und erlauben daher zusammen mit der Anlage und Seiteneinrichtung des Kataloges auch grundlegendere Rückschlüsse auf die Erwartungshaltungen, die man in diesem Kloster an das schriftlich gefasste Wissen herangetragen haben muss: Grundsätzlich haben die verantwortlichen Akteure[40] ihren Wissensbeständen offensichtlich eine so bedeutsame Orientierungsfunktion zuerkannt, dass sie nicht nur planvoll an deren gezielter Erweiterung gearbeitet haben, sondern vor allem mit einem extrem hohen Arbeitsaufwand um deren langanhaltende und maximal transparente Erschließung bemüht waren. Dabei ist besonders bemerkenswert, dass die Organisation der ‚127 Quaestiones' oder das breite Repertoire optischer Gliederungselemente klar erkennen lassen, wie man produktiv und gekonnt das den Verzeichnissen eigene Medium der Schrift zu nutzen wusste, um in permanenter Weiterentwicklung der Gattung diese Erschließung zu vertiefen, sodass die Lorscher Kataloge eindeutig über die bloße Abbildung einer bibliothekarischen Stellordnung hinausgehen. Gleichzeitig belegen diese Techniken, dass die Katalogisierungsbemühungen nicht nur der Besitzverzeichnung gegolten haben können, denn sowohl die optischen Orientierungshilfen wie auch die minutiöse Aufschlüsselung der Sammelhandschriften scheinen vor allem einer schnellen und gezielten Konsultation der Buchbestände zu dienen. Gerade der Arbeits- und Materialaufwand in Bezug auf die Sammelhandschriften macht vor allem dann Sinn, wenn die Aufschlüsselung eine bewusste Suche nach einzelnen Traktaten bzw. nach darin behandelten Themen ermöglichen sollte[41]. Es scheinen also das Bedürfnis bzw. auch die positive Zuschreibung an schriftlich gefasstes Wissen durch, gezielt Antwort auf theologische, spirituelle oder alltagspraktische Fragen im Klosterleben geben zu können. Weitere Funktionen sind angesichts der Qualität und Dichte der Lorscher Buchbestände denkbar, lassen sich aber nicht unmittelbar in den Quellen

---

*iustus sui accusator est*" (die Texttradition schreibt stattdessen „*ait*"), weitere Beispiele ließen sich anführen, cf. Vat. Pal. lat. 1877, foll. 6v, 50r und Ps.-Augustin, Quaestiones veteris et novi testamenti, q. XXX, ed. Souter (nt. 36), 6. Die Eigenlesarten könnten zwar ebenso auf die verlorene Lorscher Handschrift der ‚Quaestiones' zurückgehen, da aber auch der Fuldaer Katalog häufig zusammen mit den Lorscher Exemplaren gegen die Handschriftentraditionen bei Souter steht, halte ich es für wahrscheinlicher, dass karolingerzeitliche Bibliothekare Katalogexemplare untereinander ausgetauscht und daraus abgeschrieben haben.

[40] Die Personengruppe wird bewusst offen gehalten, weil bisher kein Lorscher Katalogschreiber namentlich identifiziert werden konnte und zudem denkbar ist, dass hinter so bedeutenden Entscheidungen wie der Systematisierung von Bibliothek und Katalogen Reflektionsprozesse eines größeren Kreises Intellektueller, auch klosterübergreifend, gestanden haben dürften. Einzig Gerhoh als Adressat eines Lobgedichts des Hrabanus Maurus (Carmen XXIII) ist namentlich als möglicher Bibliothekar in Lorsch gehandelt worden, cf. Bischoff, Lorsch (nt. 19), 62 sq.; Häse, Bücherverzeichnisse (nt. 14), 21 sq., 62 und oben, nt. 38 dieses Beitrags.

[41] So auch Aris, Lorsch (nt. 19), 814. Konkrete Hinweise auf einzelne Benutzer in Form von Ausleihvermerken finden sich leider in den Lorscher Katalogen nicht, die wenigen Nutzungsspuren aus dem 9. Jh. (aufgelistet bei Häse, Bücherverzeichnisse [nt. 14], 63 sq.) belegen aber immerhin durch Präzisierungen und Revision, dass A zur Konsultation der Bibliothek verwendet worden ist.

nachweisen: So könnten die Aufschlüsselungen gleichzeitig verwendet worden sein, um fehlende Werke zu identifizieren und Kopien zu organisieren[42]; außerdem ermöglichten sie auch Nutzern jenseits eines kleinen Kreises intimer Kenner (wie einem einzelnen Bibliothekar) die gezielte Konsultation der Bibliothek, sodass auch hier Ansprüche an ein karolingerzeitliches Wissenszentrum zur Bereitstellung von Studienmaterial für einen größeren Teil der Mönche oder auch für die teils weit reisenden oder durch Büchertausch verflochtenen Eliten zum Ausdruck kommen könnten[43]. Dabei ist es ein Glücksfall, dass die Lorscher Überlieferung in ihrer Bandbreite sogar widerspiegeln kann, wie angesichts solch unterschiedlicher funktionaler Ansprüche in einem einzigen Kloster mit Katalogen als Instrumenten der Wissensorganisation experimentiert worden ist: Denn während Lorsch A zum Beispiel Einzelwerke ohne klare Gruppenzugehörigkeiten im hinteren Teil noch verhältnismäßig unsystematisch aufnimmt, lässt sich in Lorsch B besonders ab fol. 65v gegenüber denselben Werken und bei angewachsenem Bestand schon eine Weiterentwicklung der Anordnungsverfahren durch die Benennung von Abteilungen nach ihrem jeweiligen Autor erkennen. Auch Lorsch D scheint als konkrete arbeitspraktische Ergänzung zu Katalog C (bzw. einem Äquivalent) gedacht gewesen zu sein, denn er übernimmt zwar den Wortlaut und die Anordnung einzelner Titelaufnahmen, verzichtet aber in diesem Fall bewusst auf sämtliche Aufschlüsselungen der Sammelhandschriften. Diese Form antwortet auf die Bedürfnisse eines anderen funktionalen Kontextes bzw. wohl auch einer unterschiedlichen Benutzergruppe, indem er beispielsweise Bibliothekaren handlicher als Arbeitsexemplar zur Orientierung und Bestandskontrolle über die Bestände dienen konnte[44].

---

[42] Diese These hat im Sinne einer „systematische[n] Bibliographie" G. Schrimpf für die Aufschlüsselungen in Fulda stark gemacht, cf. Schrimpf/Leinweber/Martin, Bücherverzeichnisse Fulda (nt. 14), 47 sq. (Zitat 47); sie ist gerade in Lorsch angesichts der Erweiterungsambitionen denkbar, es lassen sich aber in keinem der drei Kataloge Spuren eines Abgleiches oder gar Suchaufträge erkennen, wie sie e.g. der Murbacher Katalog mit seinen Desideratslisten zeigt (cf. Milde, Bibliothekskatalog Murbach [nt. 5], 62–130). Einzig auf fol. 78r betont die Schreibhand zu einem Epistularium, sie habe dieses persönlich aus Trier organisiert.

[43] Aris, Lorsch (nt. 19), 816 kann einzelne Belege für die Nutzung der Bibliothek durch Gäste anführen und auch Becker/Licht, Schriftkultur (nt. 27), 11 vermuten, dass Lorsch C primär Nutzern und nicht den Bibliothekaren zur Orientierung gedient habe; cf. ebenfalls Bischoff, Lorsch (nt. 19), 61–64, 71–78 zur Verflechtung Lorschs in Netzwerke des Büchertausches sowie allgemeiner P. Depreux, Büchersuche und Büchertausch im Zeitalter der karolingischen Renaissance am Beispiel des Briefwechsels des Lupus von Ferrières, in: Archiv für Kulturgeschichte 76 (1994), 267–284.

[44] Ausführlichere Beschreibungen zu Eigenarten und zur mutmaßlichen Funktion aller vier Kataloge finden sich bei Häse, Bücherverzeichnisse (nt. 14), bes. 55, 60, 71, 74, 77 sq., die allerdings im Wesentlichen die Urteile Bischoffs vertiefen; cf. außerdem Bischoff, Lorsch (nt. 19), 20 sqq., 26, 36 sowie Becker/Licht, Schriftkultur (nt. 27), 11. Die Funktionsbestimmungen scheinen mir weiterhin nicht abschließend geklärt; unbefriedigend bleiben e.g. Unregelmäßigkeiten bei Nachträgen und Rasuren zwischen C und D (so auch Häse, ibid., 78), die Frage, warum C als mutmaßlich umfassender Katalog der Gesamtbestände in der Aufbereitung unübersichtlicher als A erscheint und wenig Nachträge und Verwendungsspuren zeigt (Bischoff hält ihn ibid., 26 entsprechend für eine Abschrift, ohne deren genauen Funktionskontext zu klären; sollte eine solche einem größeren Nutzerkreis Orientierung gewähren [cf. supra, p. 18 dieses Beitrags sowie

## III. Der Katalog in Cod. Sang. 728 – Ordnungskriterien und Wissensordnungen im Kloster St. Gallen

Der St. Galler Katalog, der in Codex Sang. 728 von erster Hand als „*Breviarium librorum*" betitelt wird[45], datiert ungefähr parallel zu Lorsch C. Paläographisch sowie im Abgleich zwischen den verzeichneten Werken, den überlieferten Zuwachslisten sowie den erhaltenen Beständen lässt sich seine sukzessive Anlage mit mehreren Nachtragsstufen im Verlauf des dritten Viertels des 9. Jahrhunderts rekonstruieren[46]. Kein anderes Bücherverzeichnis der Karolingerzeit ist bisher ähnlich häufig besprochen worden, da es wegen seiner Vollständigkeit und elaborierten Ordnung in der Mehrzahl aller Handbuchartikel als maßgeblicher Referenzzeuge für frühmittelalterliche Wissenssystematisierung angeführt wird[47]. Entsprechend lässt sich der Mehrwert eines Zugangs über die konkreten Ordnungskriterien am St. Galler Beispiel besonders anschaulich machen, um differenzierter zeit- und lokalspezifische Ausprägungen der Wissensorganisation sowie Wissensordnungen im Spiegel einzelner Kataloge zu beschreiben. Außerdem ermöglichen es alleine die vollständig im Original erhaltenen Kataloge St. Gallen und Lorsch C, valabel innerhalb eines geschlossenen Referenzsystems das zweite Fragenfeld des vorliegenden Artikels aufzunehmen, also das der Ordnungsmuster und der Bedeutungszuschreibungen innerhalb von Wissensformationen.

Die sichtbarste Ebene der Strukturstiftung besteht im St. Galler ‚Breviarium' in der Gliederung der ca. 450 verzeichneten Handschriften in Abteilungen, die es durch Überschriften in Auszeichnungsschrift und Kolorierung voneinander abgrenzt[48]. Da fast die Hälfte dieser Abteilungen nach Kirchenschriftstellern

---

nt. 43], bleibt das Problem bestehen, dass die Übersichtlichkeit hinter A und B zurückfällt), sowie das Problem, warum B als vermeintlich für ein anderes Kloster angefertigte Kopie nicht nur in Lorsch verblieb, sondern auch foll. 49r, 59r anhaltend Freiraum für Nachträge lässt.

[45] St. Gallen, Stiftsbibliothek, Cod. Sang. 728, URL: <https://www.e-codices.unifr.ch/de/list/one/csg/0728> (Stand: 29.01.2018), pp. 4–21; außerdem liegt eine leicht abgeänderte Kopie des Kataloges, ebenfalls noch aus dem 9. Jahrhundert, in Cod. Sang. 267, pp. 3–25 vor.

[46] Die überzeugenden Argumente der sukzessiven Datierung nach Lehmann, Bibliothekskataloge (nt. 14), 68 sqq. sind in jüngerer Zeit zusätzlich von H. Steiner, Buchproduktion und Bibliothekszuwachs im Kloster St. Gallen unter den Äbten Grimald und Hartmut, in: W. Hartmann (ed.), Ludwig der Deutsche und seine Zeit, Darmstadt 2004, 161–183, hier 162 sqq. und 176–182 bestärkt worden; gegen die einflussreiche, aber paläographisch und in der Engführung des *metrum*-Begriffs nicht tragfähige Spätdatierung W. Berschins auf 884–888 (u.a. in: W. Berschin, Alte und neue Handschriftenkataloge der Stiftsbibliothek St. Gallen, in: Freiburger Diözesanarchiv 106 [1986], 5–8, bes. 6 sq.).

[47] Die ostfränkischen Kataloge gelten als „culmination of Frankish developments and the models for the later [...] cataloguers to emulate" (McKitterick, Written Word [nt. 4], 176, 178–195); cf. e.g. Umstätter/Wagner-Döbler/Löffler, Katalogkunde (nt. 17), 27 sqq.; Fürbeth, Sachordnungen (nt. 5), 90 sq.

[48] Auch die Abgrenzung dieser Abteilungen ist allerdings Interpretation, denn der Katalog arbeitet mit mindestens drei verschiedenen Systemen zur Kennzeichnung neuer Sinneinheiten (rubrizierte Überschriften in Capitalis rustica; Rubrizierung des ersten Wortes einer neuen Sinngruppe; Überschriften und Auszeichnungen in grüner Tinte gegen Ende) und nicht immer sind Rubrizierungen zur Kennzeichnung neuer Sachgruppen von denen zur Hervorhebung von Einzeltiteln

benannt ist, wird frühmittelalterlichen Katalogen oft ein Autoritätenprinzip als leitendes Ordnungskriterium unterstellt[49]. Der Fall St. Gallens kann in diesem Punkt aber eindrücklich aufzeigen, wie essentiell eine tiefergehende Erschließung dieser Ordnungsstrukturen ist, die neben den Abteilungsüberschriften auch berücksichtigt, welche Werke der Katalog zu solchen Abteilung zusammengruppiert und in welcher Reihenfolge er sie dort anordnet. Betrachtet man unter diesem Aspekt beispielsweise die mit „*De libris Hieronimi presbiteri*" überschriebene Sachabteilung, tritt nämlich ein deutlich dominanteres Organisationsprinzip hervor: Es zeigt sich erstens (1) in der Anordnung der Werke. Der Reihenfolge der Handschrifteneinträge ist eindeutig die Grundlinie unterlegt, alle Wissensträger auf das Verständnis und die Interpretation der Bibel hin auszurichten. Entsprechend werden zuerst Hieronymus' Kommentare zum Alten und Neuen Testament aufgeführt, dann folgt mit dem „*Liber locorum et liber Hebraicorum nominum*" ein ergänzendes Hilfsmittel für Bibel und Kommentare und erst danach werden Briefsammlungen und die theologisch argumentierenden Schriften, wie zum Beispiel „*Contra Jovinianum*" aufgenommen[50]. Zwar wird dieses Ordnungskriterium in der Praxis nicht immer mit sklavischer Strenge umgesetzt[51], aber die Priorität der Bibelauslegung ist in ihrer Dominanz durch die Abteilungen hindurch auffällig und tritt vor allem ganz deutlich zu Tage, wenn man die Aufstellung in St. Gallen mit derjenigen der Kataloge aus Lorsch, wie auch mit Murbach und Saint-Riquier, vergleicht. Dort stehen exegetische, systematisch-theologische, historiographische und grammatikalische Schriften vollständig miteinander vermischt in denjenigen Katalogabteilungen, die alleine durch das Kriterium ihrer gemeinsamen Autorschaft begründet sind[52]. Die beiden einzigen Kataloge, die ihre Abteilungen intern ebenfalls so klar auf die Bibelauslegung hin ausrichten, stammen aus Fulda und von der Reichenau. Ist man aber achtsam gegenüber den individuellen Ausprägungen dieser Kataloge, zeigt sich das St. Galler ‚Breviarium' am konsequentesten von dem Prinzip durchdrungen, denn es führt dieses noch in einem zweiten Punkt weiter: (2) Bei der Gruppierung der Schriften zu Katalogabteilungen stellt das Verzeichnis nämlich wiederholt das Kriterium der Gattung eines Textes bzw. dessen praktischen Verwen-

---

in Sammelhandschriften zu unterscheiden (e.g. Sang. 728, p. 17: „*De legibus*"). Es deutet aber nichts darauf hin, dass die Verzeichnungswechsel Hierarchisierungen oder Unterüberschriften markieren, sie scheinen vielmehr arbeitspraktisch und durch die unterschiedliche Sorgfalt der Schreiber bedingt.

[49] So u.a. Nebbia-Dalla Guarda, Documenti (nt. 2), 70–75, die die Kataloge bis ins 12. Jh. aussagekräftig unter der Teilüberschrift „cataloghi di ‚auctoritates'" (71) behandelt.

[50] Sang. 728, pp. 6 sq. = ed. Lehmann (nt. 14), 72 sqq.; cf. ebenfalls Allen, Bede and Frechulf (nt. 5), 63 mit der gleichen Beobachtung zu den Werken Bedas.

[51] E.g. stehen vor den theologisch argumentierenden Schriften noch einmal zwei Kommentare zu den Paulus-Briefen (Sang. 728, p. 7 = ed. Lehmann [nt. 14], 73, 23 sqq.); manche der Brüche sind sicher durch Nachträge bedingt, wie bei den exegetischen Schriften des Augustins, cf. Sang. 728, pp. 8 sq. = ed. Lehmann (nt. 14), 74.

[52] Cf. e.g. Katalog Lorsch C (ed. Häse [nt. 14], 137–154); Murbach (ed. Milde [nt. 5], 37–41); Saint-Riquier (Hariulf, Chronicon Centulense, 3, 3, ed. Lot [nt. 14], 89 sqq.).

dungszusammenhang über die Autorität der Verfasserschaft. So findet sich zum Beispiel die Weltchronik des Hieronymus gerade nicht in der nach dem Kirchenvater benannten Abteilung, sondern erst weiter hinten im Katalog in der Abteilung „*De libris diversorum auctorum*". Dort steht sie im Kontext von Geschichtsschreibung zusammen mit Gregor von Tours und einem Chroniken-Eintrag, der wahrscheinlich auf den „*Liber historiae Francorum*" aus dem 8. Jh. bzw. die sogenannte Fredegar-Chronik verweist[53]. Die beiden anderen Kataloge mit Bibelorientierung – zum Vergleich – ordnen die Chronik gemäß der Autorität des Verfassers dagegen klar der Abteilung der Werke des Hieronymus zu[54]. Auch in anderen Abteilungen unterscheidet das St. Galler ‚Breviarium' weitgehend zwischen exegetisch theologischen Werken und anderen Nutzkontexten, sodass zum Beispiel die ‚Orthographia' des Beda oder ‚De metrica arte' erst deutlich weiter hinten im Katalog zusammen mit anderen Werken zur Metrik oder in der Abteilung der „*libri grammaticae artis*" gruppiert werden[55].

Mit Blick auf die Frage nach Wissensordnungen des 9. Jahrhunderts muss man also differenzieren. Werden die dem Verzeichnis zu Grunde liegenden Ordnungskriterien umfassender als über die Überschriften berücksichtigt, zeigen frühmittelalterliche Kataloge nicht nur komplexe Überlappungen von Organisationsprinzipien, die sich Pauschalurteilen zu einem prägenden Autoritätsprinzip versperren, sondern es werden auch individuelle Ausprägungen sichtbar. Die Deutlichkeit der Wissensorganisation hin auf die Bibel scheint im St. Galler ‚Breviarium librorum' durchaus ein Auszeichnungsmerkmal, wenn es die Kirchenväterschriften sowohl gemäß ihres Verwendungszusammenhangs primär auf Exegese und Theologie hin filtert und außerdem zusätzlich innerhalb dieser Abteilungen die Werke der direkten Bibelkommentierung an erster Stelle priorisiert. Das System der Bibelreferenz ist hier also tiefer ausgeprägt, als es die Forschung für die frühmittelalterlichen Kataloge teilweise bereits angesichts der Erstpositionierung der Abteilung „Bibel" zu Beginn der meisten Verzeichnisse behauptet hat[56]. Entsprechend sinnvoll ist seine Diskussion im Kontext lokaler Wissensordnungen. Denn auch im Zusammenhang mit anderen Zeugnissen aus dem Gallus-Kloster zeichnet sich ab, dass der Katalog nicht nur durch allgemeinere Wissensordnungen der Karolingerzeit geprägt ist, in denen die Bibel als die fundamentale Bezugsquelle für die göttliche Wahrheit und davon abgeleitet

---

[53] Sang. 728, p. 12 = ed. Lehmann (nt. 14), 76, 21 sq.: „*Chronica Eusebii et Hieronymi*". Zur Identifizierung des anderen Chronik-Eintrags cf. E. Goosmann, Memorable Crises. Carolingian Historiography and the Making of Pippin's Reign (750–900), PhD-Thesis, Universiteit van Amsterdam 2013, URL: <http://hdl.handle.net/11245/1.399518> (Stand: 01.02.2019), 223, nt. 5.
[54] Cf. für Fulda: Vat. Pal. lat. 1877, fol. 43r = edd. Schrimpf/Leinweber/Martin (nt. 14), 47; Reichenau: ed. Lehmann (nt. 14), Nr. 49, 246, 9.
[55] Sang. 728, pp. 9 sq., 18 sq., 20 = ed. Lehmann (nt. 14), 75; 80, 24; 81, 8, 25, 26, 30 sq.; 82, 2.
[56] Cf. u.a. Milde, Anordnung (nt. 18), 269, 272; Nebbiai-Dalla Guarda, Classifications (nt. 12), 380.

für menschliches Wissen überhaupt gedacht worden ist[57], sondern dass er auch in Wechselwirkung mit einer eigentypischen Priorisierung im Umgang mit Wissen in St. Gallen steht. Die bisherige Forschung zur klostereigenen Schriftproduktion hat gezeigt, dass man sich dort im 9. Jahrhundert noch stärker als in vielen anderen karolingerzeitlichen Wissenszentren um das Schriftstudium bemüht hat, insbesondere durch die Erarbeitung eines sprachlich korrekten – und damit im Denken der Zeit eines zuverlässig handlungsleitenden – Bibeltextes. So verfügt St. Gallen zum Beispiel über eine eigene, von Alkuin unabhängige Tradition der textkritischen Bibelkopie, die zur Erstellung hausspezifischer Vollbibeln und sogar zur Überarbeitung vieler Kirchenväterzitate nach eben diesen klostereigenen Bibeltexten geführt hat[58].

Als letzten Aspekt möchte ich die Aussagemöglichkeiten des St. Galler Kataloges für die Frage nach alteritären Klassifizierungen von Texten und Gattungen im Denken der Zeitgenossen aufnehmen und dazu die Anordnung der Katalogabteilungen thematisieren. Seit Rosamond McKittericks Forschung in den 1980er Jahren geht man grundlegend davon aus, dass sich die karolingerzeitlichen Kataloge entlang eines Textkanons entwickelt haben, der vor allem durch die ‚De viris illustribus'-Schriften des Hieronymus und Gennadius sowie durch die Aufstellung der als orthodox geltenden Werke im sogenannte ‚Decretum Gelasianum' vorgegeben ist[59]. Allerdings übernimmt kein bekannter Katalog die Reihenfolge der Schriftsteller aus diesen Orientierungsschriften exakt und keine zwei Verzeichnisse bieten die gleiche Anordnung. Es liegt daher nahe, dass die Kataloge durch Ordnungslogiken ihrer eigenen Gemeinschaft geprägt sein dürften.

Daher soll kurz in groben Linien der Gesamtaufbau des St. Galler Katalogs vorgestellt werden. Da die Überlegungen zu den Ordnungskriterien unterhalb der Abteilungsüberschriften bereits gezeigt haben, dass es sinnvoll ist, Zusammenhänge zwischen einzelnen Textgruppen ernst zu nehmen, ohne diese Gruppen ausschließlich über die Abteilungstitel zu definieren, halte ich das Bild konzentrischer Kreise um sachliche Schwerpunkte für hilfreich: Zu Beginn verzeichnet das ‚Breviarium librorum' die Bibelhandschriften. Darauf folgen die vormals als Kirchenväterabteilungen charakterisierten Textgruppen, die jetzt aber differenzierter als Abteilungen derjenigen Texte zu fassen sind, die der

---

[57] Cf. zur erkenntnistheoretischen Einbettung e.g. S. Steckel, Von Buchstaben und Geist. Pragmatische und symbolische Dimensionen der Autorensiglen („nomina auctorum") bei Hrabanus Maurus, in: Becker/Licht/Weinfurter (eds.), Karolingische Klöster (nt. 19), 89–129, hier 94–99; zur „Carolingian biblical culture" e.g. die Arbeiten J. Contrenis, wie: The patristic legacy to c. 1000, in: R. Marsden/A. Matter (eds.), The New Cambridge History of the Bible, vol. 2: From 600 to 1450, Cambridge 2012, 505–535, hier 525–535.
[58] Cf. R. Schaab, Bibeltext und Schriftstudium in St. Gallen, in: P. Ochsenbein (ed.), Das Kloster St. Gallen im Mittelalter. Die kulturelle Blüte vom 8. bis zum 12. Jahrhundert, Darmstadt 1999, 119–136, bes. 122–125; auch der St. Galler Gelehrte Notker Balbulus beschreibt die Bibel als höchste Instanz für Orientierungswissen in Leben und Amt eines Christen, cf. Notker Balbulus, Notatio de illustribus viris, 107, ed. E. Rauner, Notker des Stammlers ‚Notatio de illustribus uiris'. Teil I: Kritische Edition, in: Mittellateinisches Jahrbuch 21 (1986), 34–69, hier 62.
[59] Cf. McKitterick, Written Word (nt. 4), 200–210.

Auslegung der Bibel dienen und nach Kirchenschriftstellern gegliedert sind[60]. An deren Schluss stehen Isidor, zwei vereinzelte Codices von Origenes und Pelagius und anschließend die Abteilungen zu Cassiodor und Eusebius. In diesem letzten Block öffnet sich also eine assoziative Reihung vorwiegend um das Feld der Geschichtsschreibung herum – und diese wird konsequent auch über die Abteilungsgrenzen hinweg zu Beginn der Gruppe der „Diversen Autoren", wie oben gezeigt, mit Gregor und den Chroniken weitergeführt. Anschließend folgt der einzige zeitgenössische Autor mit eigener Abteilung, Alkuin, bevor in einem neuen thematischen Kreis in drei Abteilungen Mönchsregeln, Viten von asketischen Leitfiguren und anschließend Lebens- und Leidensberichte der Apostel und Märtyrer aufgelistet werden. Danach führt der Katalog Sammelhandschriften mit Konzilsbestimmungen und eine Abteilung „*de legibus*" mit Rechtsbüchern und zeitgenössischen Kapitularienhandschriften auf. Die letzten fünf Seiten sind stärker praktischen Gebrauchsschriften zur Gestaltung des Gottesdienstes und Schulunterrichtes gewidmet, sie fügen Glossarien, Predigtsammlungen, Liturgisches, Orthographie, Metrik und Grammatik aneinander.

Auch wenn diese Zusammenfassung vor allem im letzten Teil sehr kursorisch ist, sollte im Gesamtpanorama solcher kohärenten Themenkreise und gedanklichen Ketten dennoch deutlich werden, dass sich das Bücherverzeichnis sinnvoll danach befragen lässt, wie es innerhalb der ihm eigenen Ordnungslogiken bestimmte Textgruppen positioniert. Ich möchte dazu die monastischen Regeltexte herausgreifen, weil sie sich besonders einschlägig im Kontext einer der zentralen Tagungsthesen diskutieren lassen, Bibliotheken als Spiegel und Teilhaber an den intellektuellen Diskursen ihrer Zeit zu verstehen. Dank der jüngsten Forschung zur Normativität monastischer Regeltexte, vor allem dank der Arbeiten Albrecht Diems zum 7. und 8. Jahrhundert, zeichnet sich gegenwärtig immer klarer ab, dass die Karolingerzeit auch insofern eine Schlüsselphase in der Geschichte des Mönchtums darstellt, als sie Mönchsleben erstmals überhaupt exklusiv an das

---

[60] Die Ordnungskriterien hinter der genauen Reihenfolge dieser Autoritäten sind anhaltend Gegenstand der Diskussion: In Lorsch A/B scheint eine weitgehend chronologische Reihung bestimmend (so Häse, Bücherverzeichnisse [nt. 14], 360; McKitterick, Written Word [nt. 4], 183), in St. Gallen deuten sich dagegen u.a. auf der Ebene von Sammelhandschriften mit unterschiedlichen Autoren wertende Kriterien an (e.g. Sang. 728, p. 8: Augustin vor Ambrosius). Entsprechend könnte auch die Positionierung einzelner Abteilungen in diesem Katalogabschnitt durch lokalspezifische Bedeutungszuschreibungen bedingt sein. Auffällig ist besonders, dass anders als in den anderen bekannten Katalogen die Werke Gregors der Großen statt Augustin oder Hieronymus die Reihung der theologischen Schriften eröffnen. Seine besondere Wertschätzung ließe sich in St. Gallen sowohl mit frühen Einflüssen der insularen Gregor-Rezeption erklären (so McKitterick, ibid., 180), wie auch durch dessen zunehmende Popularität im fränkischen Mönchtum des 8. und 9. Jh.s als „Mönchspapst" und als Schlüsselfigur für die Überlieferung zu Benedikt von Nursia (zu dieser Bedeutung Gregors um 800 J. Wollasch, Benedictus abbas Romensis. Das römische Element in der frühen benediktinischen Tradition, in: id./N. Kamp (eds.), Tradition als historische Kraft. Interdisziplinäre Forschungen zur Geschichte des früheren Mittelalters, Berlin–New York 1982, 119–137, hier 126 sq.). St. Gallen ließe dann in seiner Wissensorganisation ein starkes monastisches Eigenbewusstsein erkennen.

Befolgen nur eines spezifischen und zudem schriftlich gefassten Regeltextes bindet[61]. Dies ist im 9. Jahrhundert namentlich die Benediktsregel. In der Zeit um 800 werden intensiv dezidiert normative Ansprüche von Regeltexten ausgehandelt, wo vorher die Grenzen zwischen gelebter Tradition, Hagiographie und Regeln als gleichberechtigte Anleitungen für monastische Lebensweisen viel fließender gedacht worden sind. Vor diesem Hintergrund ist es bereits aussagekräftig, dass der St. Galler Katalog überhaupt eine eigene Abteilung für Regeltexte definiert. Außer den Verzeichnissen aus Fulda und von der Reichenau tut dies kein anderer bekannter Katalog – vor allem auch nicht der St. Gallen zeitlich nächststehende Katalog Lorsch C[62], sodass sich nicht argumentieren lässt, die St. Galler Distinktion einer selbstständigen Gruppe gehe auf eine flächendeckende Durchsetzung des normativen Anspruchs von Regeltexten zur Jahrhundertmitte zurück. Das lokalspezifische Verständnis dieser Textgruppe kann aber inhaltlich über ihre Positionierung gegenüber den anderen Katalogabteilungen und Wissensfeldern noch konkreter gefasst werden: Wie im Überblick gezeigt, ordnet das ‚Breviarium librorum' die Regeln zwar in der Nähe von normativen Bestimmungen und Gesetzestexten ein, also vor das kirchliche Recht und die römischen und gentilen Rechtssammlungen, aber primär stellt es sie mit Viten und Martyriumsberichten zusammen. Von Bedeutung ist dabei besonders die Gesamtpositionierung dieser Gruppe innerhalb der großen Sachlinien des Kataloges: Deutlich geworden war die gedankliche Kette, in der von der Bibel ausgehend die Väterabteilungen mit dem Exegeseschwerpunkt folgten und anschließend die Werke aus dem Kontext der Geschichtsschreibung. Historiographie steht nun aber im mittelalterlichen Denken ebenfalls der Exegese im weite-

---

[61] Cf. A. Diem, Inventing the Holy Rule. Some Observations on the History of Monastic Normative Observance in the Early Medieval West, in: H. W. Dey/E. Fentress (eds.), Western Monasticism „ante litteram". The Spaces of Monastic Observance in Late Antiquity and the Early Middle Ages (Disciplina monastica 7), Turnhout 2011, 53–84, bes. 57 sq.; id., The Carolingians and the ‚Regula Benedicti', in: R. Meens e. a. (eds.), Religious Franks. Religion and Power in the Frankish Kingdoms. Studies in Honour of Mayke de Jong, Manchester 2016, 243–261, hier 243 sq.; und bes. id./Ph. Rousseau, Monastic Rules (4th–9th Centuries), in: A. Beach/I. Cochelin (eds.), The Cambridge History of Medieval Western Monasticism, Cambridge 2020, 162 sq., 181–188; ich danke Albrecht Diem herzlich für die Bereitstellung seines unveröffentlichten Manuskripts.

[62] Lorsch C verzeichnet außer mehreren Exemplaren der Benediktsregel gleich zu Beginn überhaupt keine Regelcodices mehr zusammenhängend, allerdings gruppiert er um Cassians ‚Collationes' herum eine Reihe asketischer Schriften ohne Abteilungsüberschrift, cf. Vat. Pal. lat. 1877, foll. 1v, 28v, 31v, 32r = ed. Häse (nt. 14), 136, 163, 165 sq. Saint-Riquier verzeichnet immerhin zusammenhängend Regelhandschriften in der Abteilung „De canonibus", wo sie in der Nähe zu Hagiographie, aber nicht mit ihr zusammen stehen (Hariulf, Chronicon Centulense, 3, 3 [nt. 14], ed. Lot, 92); in der Edition des Kataloges aus Bobbio ist nicht zu erkennen, ob die drei Codices mit den Regeln des Basilius und Columban noch zu der Überschrift „*de vita & passionibus sanctorum*" gehören oder eine eigene Gruppe bilden, die ebenfalls ohne erkennbare Überschrift Gesetzessammlungen und praktische Schriften für Liturgie und Gottesdienst folgen (ed. Becker [nt. 14], Nr. 32, 68). Murbach führt im Katalog gar keine Regeltexte auf, hat aber eine eigene Autorenabteilung zu Cassian, die die ‚Collationes' und wahrscheinlich ‚De institutis coenobiorum' aufnimmt (ed. Milde [nt. 5], 44).

ren Sinne nahe, weil sie als Auslegung der biblischen Zusagen und als Darlegung des Wirkens Gottes in Vergangenheit und Gegenwart verstanden worden ist[63]. Die Regeltexte stehen damit, in engster Verbindung mit der Hagiographie, an einer prominenten Scharnierstelle zwischen Auslegungen des Willens Gottes in Wort und Weltengang auf der einen Seite und auf der anderen in einer Reihe mit normativen Schriften zur rechtlichen Ordnung von Kirche und Welt, bevor der Katalog zur praktischen Gestaltung des Gottesdienstes übergeht. Auch diese Positionierung ist einzigartig unter den bekannten Bücherverzeichnissen: Saint-Riquier, Lorsch oder die Reichenau verorten Regeln eher im hinteren Katalogteil, im Kontext der praktischen Gebrauchsschriften für den Klosteralltag, wie Homilien oder Gottesdienstordnungen, aber auch teils nach den Büchern für den Schulunterricht[64]. Der St. Galler Katalog scheint dagegen die Abteilungen Regeln/Hagiographie vielmehr gedanklich an den ersten Teil anknüpfend als eine Form der Interpretation von Gottes Wort und Willen zu verstehen. Und tatsächlich stellt die Gruppierung im ‚Breviarium' einen Quellenbaustein dar, der es im Zusammenspiel mit anderen Zeugnissen erlaubt, eine derartige Einordnung von Regeln als Bestandteil tieferer Wissensordnungen im Gallus-Kloster zu deuten. Notker Balbulus zum Beispiel, in St. Gallen ausgebildet und wahrscheinlich selbst in den 880er Jahren in Verantwortung für die dortige Klosterbibliothek, hat 885 einen Lektüreleitfaden durch den christlichen Textkanon geschrieben, die sogenannte ‚Notatio de illustribus viris'. Dort empfiehlt er, Berichte über das Leben und Leiden der Heiligen besonders sorgfältig zu studieren, weil sie durch ihr Beispiel lehrten, sich nach dem biblischen Vorbild der Apostel auf Christus hin auszurichten[65]. Notker stellt in die Reihe dieser explizit als solche betitelten „*exempla*" auch monastische Vorbilder wie Antonius, Columban und Benedikt von Nursia als neue „*flores*" (Z. 268) und „*astra*" (Z. 281). Auch ihr Leben gilt damit als eine Interpretation des Wortes Gottes durch die praktische Lebensführung.

Stehen die Regeltexte also auch im ‚Breviarium' nicht nur im engsten Zusammenhang einer solchen Textgruppen von *exempla*, sondern auch in der Reihe der

---

[63] Cf. u.a. M. J. Innes/R. McKitterick, The Writing of History, in: ead. (ed.), Carolingian Culture. Emulation and Innovation, Cambridge 1994, 193–220; H.-W. Goetz, „Geschichte" im Wissenschaftssystem des Mittelalters, in: F.-J. Schmale, Funktion und Formen mittelalterlicher Geschichtsschreibung. Eine Einführung, Darmstadt 1985, 165–213, bes. 194–211.

[64] Siehe nt. 62 dieses Beitrags sowie für den Katalog der Reichenau ed. Lehmann (nt. 14), Nr. 49, 247 sq., 250 sq. Die Ordnungsmuster des Reichenauer Katalogs sind auf Grund einer gewissen Zweiteilung und dem Verlust des Originals schwer zu deuten, dabei wären ihre gedanklichen Linien von besonderem Interesse, weil auch der Reichenauer Katalog Regeln nahe zur Hagiographie stellt. In jedem Fall steht dieser Block aber im Kontext alltagspraktischer Schriften für das Priesteramt und den Unterricht/Studium.

[65] Notker, Notatio de illustribus viris, 236–239, ed. Rauner (nt. 58), 67: „*Praeter ea debes agones et victorias sanctorum martyrum diligentissime perquirere, ut eorum exemplo non tantum inlecebras mundi respuere, sed et animam pro Christo ponere et cruciatus corporis pro nihilo ducere dei gratia et sancti spiritus inhabitatione consuescas; primumque precipuorum apostolorum Petri et Pauli [...].*" Ähnlich deutet auch Allen, Bede and Frechulf (nt. 5), 68 die Passage in Hinblick auf Notkers Geschichtsverständnis („the ‚passions of the martyrs' prolong the biblical truth and experience").

Bibelauslegung – erst durch Kommentierung, dann durch Geschichtsdeutung – erschließt sich im Zusammenspiel der Quellen eine Bedeutungszuschreibung, die Mönchsregeln innerhalb St. Galler Ordnungsmuster in einer deutlich anderen Rolle positioniert, als sie die Forschung bisher vom hofzentrierten Diskurs her verstanden hat. Regeln werden hier weiterhin gerade nicht als in der Benediktsregel manifestiertes „monastische[s] Grundgesetz"[66] verstanden, sondern konnten anscheinend auch im 9. Jahrhundert eng zusammen mit der Hagiographie als grundsätzliche Vorbildtexte für eine Lebensführung gedacht werden, die Gottes Willen auslegt. Eine solche Einordnung innerhalb St. Galler Wissensordnungen lässt sich dann auch als Erklärungsrahmen für das Phänomen heranziehen, dass man über das gesamte 9. Jahrhundert hinweg im Gallus-Kloster weiter unterschiedliche Mönchsregeln kopiert, gelesen und verbreitet hat, ohne darin einen Widerspruch zu den eigenen wie auch den synodalen Verpflichtungen auf die Benediktsregel seit 816 zu sehen[67].

## IV. Schluss

Der vorliegende Beitrag hat darauf gezielt, mögliche vertiefende Einsichten in frühmittelalterliche Denkwelten aufzuzeigen, die sich eröffnen, wenn man Bücherverzeichnisse nicht nur als Zeugnisse für den Inhalt von Bibliotheken auswertet, sondern sich auf ihre Qualitäten der Wissensorganisation konzentriert. Dazu wurden die Aufbereitung und Nutzbarmachung schriftlich fixierten Wissens in Lorsch, bestimmende Ordnungskriterien im St. Galler ‚Breviarium librorum' und zuletzt alteritäre Kategorisierungen und Bedeutungszuschreibungen gegenüber Regeltexten als Hinweise auf Wissensordnungen einer bestimmten Zeit bzw. eines spezifischen kulturellen Umfelds untersucht.

Eines der wesentlichen Ergebnisse wird dabei vor allem in der Gegenüberstellung zwischen den beiden Fallbeispielen sichtbar und hat sich bereits in Teilvergleichen mit den anderen karolingerzeitlichen Katalogen zur Profilgewinnung

---

[66] Bis in die Gegenwart einflussreich über die umfangreichen Arbeiten J. Semmlers, cf. e.g. Benedictus II. Una regula – una consuetudo, in: W. Lourdaux/D. Verhelst (eds.), Benedictine Culture 750–1050 (Mediaevalia Lovaniensia Series 1, Studia 11), Leuven 1983, 1–49, hier 28 (Zitat) und 48.

[67] Alleine der Katalog Sang. 728, p. 14 verzeichnet auf 14 (Sammel-)Codices mit Regeltexten (20, wenn man die ebenfalls in die Abteilung gruppierten Antiphonarien und die *Institutio canonicorum* mitzählt), wobei neben der Benediktsregel Texte sowohl aus den östlichen und irischen Traditionen des Mönchtums, wie auch aus dem Umfeld Lérins u.ä. vertreten sind (e.g. die *Regulae Basilii, Columbani, Pauli et Stephani, Augustini, quattuor patrum* etc.). Besonders interessant ist auch, dass mit Cod. Sang. 915 ein Kapiteloffiziumsbuch vorliegt, das vermutlich bereits zur Mitte des 9. Jh.s für die täglichen identitäts- und orientierungsstiftenden Lesungen der St. Galler Gemeinschaft einige dieser Regeln neben die Benediktsregel gestellt hat, cf. A. Masser, Regula Benedicti des Cod. 915 der Stiftsbibliothek von St. Gallen. Die Korrekturvorlage der lateinisch-althochdeutschen Benediktinerregel (Studien zum Althochdeutschen 37), Göttingen 2000, 17–21, 26 und zukünftig ausführlich meine Doktorarbeit (cf. nt. 16 dieses Beitrags).

abgezeichnet: Jedes der Verzeichnisse, selbst wenn sie wie in Lorsch aus derselben Institution stammen, hat entlang gemeinsamer Grundlinien einen verhältnismäßig eigenständigen Umgang mit Wissen erkennen lassen, in dem sich spezifische institutionelle Kontextbedingungen des Klosters spiegeln und mitgestaltet werden. Lorschs Kataloge haben mit ihrer durchdachten und aufwändigen Aufbereitung zur Zugänglichkeit der Bibliothek und dem anhaltenden Streben nach Aktualisierungen und Bestandspflege die hohen Erwartungen der karolingischen Eliten an schriftlich gefasstes Wissen sichtbar gemacht, gezielt Orientierung innerhalb der Fragen und Herausforderungen der eigenen Zeit geben zu können. Dabei ist Lorsch als Studienzentrum hervorgetreten, das sowohl in den unterschiedlichen Formen seiner Verzeichnisse wie auch in deren graphischer Ausgestaltung produktiv und auf Höhe des technischen Könnens mit dem Potential des Mediums „Schrift" experimentiert hat, um effizient und angepasst an verschiedene Funktionskontexte die Nutzbarkeit der eigenen Buchbestände zu gewährleisten. Außerdem wurde ein spezifischer Anspruch deutlich, gerade patristische Literatur nicht nur in aller Vollständigkeit zu besitzen, sondern sie anscheinend auch über Mehrexemplare sowie mit Hilfe der umfangreichen Katalogisierung einem größeren Kreis der Gemeinschaft sowie Gästen zugänglich zu machen – allerdings ohne in Katalog A/B oder C ähnlich systematisch klare, sachlich zusammenhängende Werkszusammenstellungen innerhalb der Abteilungen erkennen zu lassen, wie sie zum Vergleich das Großkloster Fulda mit 400–600 Mitgliedern und dem großen Studienbetrieb zur noch besseren Orientierung anbietet.[68] St. Gallen, ebenfalls ein renommiertes Wissenszentrum, hat dagegen in der Aufbereitung seiner Bestände eine viel stärkere Prägung durch die zeitgenössischen Denkordnungen erkennen lassen, in denen die Priorität allen Wissensstrebens dem Verständnis der Bibel bzw. der Erkenntnis des Willens Gottes gilt. Mit einer unter den bekannten Katalogen einzigartigen Konsequenz filtert das klostereigene Bücherverzeichnis exegetische Schriften, stellt sie sowohl abteilungsintern wie auch in der Gesamtstruktur an die Spitze seiner Ordnungslinien für Wissen und baut damit auf ganz verschiedenen Ebenen die eigenen Ordnungsbestrebungen auf eine Wissensordnung auf, die sich wesentlich auf die Auslegung dieses Gotteswillens hin ausrichtet. Entsprechend ermög-

---

[68] Cf. supra pp. 18 und 20 und nt. 38 dieses Beitrags; Fuldas Anordnung innerhalb der Abteilungen funktioniert ähnlich zu St. Gallen mit Ausrichtung auf die Bibelauslegung, aber auch mit sehr strengen sachgebundenen Assoziationsketten, wenn e.g. mit Eintrag XXIII als erste Briefsammlung in der Abteilung des Hieronymus eine Sammelhandschrift gewählt wird, die neben den Briefen auch Gennadius' ‚De illustribus viris' enthält und somit nicht nur nahtlos an den vorangegangenen Eintrag XXII mit der parallelen literarischen Orientierungsschrift des Hieronymus anschließt, sondern interessierten Benutzern auch das Auffinden dieser Schrift erst ermöglicht, cf. Vat. Pal. lat. 1877, fol. 37v = edd. Schrimpf/Leinweber/Martin (nt. 14), 30. Die Vergleiche zwischen Fulda und Lorsch sind besonders interessant, weil sich gerade in Kenntnis des mutmaßlichen Austausches über die Aufschlüsselungshilfen der Sammelhandschriften dennoch eigene Profilbildungen angesichts der Bedürfnisse an die Kataloge und unterschiedlicher Akzentuierungen innerhalb der Wissensordnungen ihrer Herkunftsklöster abzeichnen.

lichen diese Denkmuster, wie am Beispiel der Regeltexte gezeigt, auch differenzierte Einsichten zu lokalen und zeitspezifischen Sinnzuschreibungen.

Derartige Profilgewinnungen im Umfeld der Klöster bestärken auch das Desiderat, frühmittelalterliche Bücherverzeichnisse mit dem ihnen eigenen Quellenwert stärker in die Diskussionen zu gruppen- und zeitspezifischen Wissensordnungen einzubeziehen – sowohl im Kontext weiterer Fallstudien zu den Herkunftsinstitutionen der Kataloge und den Denkhorizonten dort wirkender Gelehrter, wie auch im Dialog mit anderer wissensorganisierender Literatur des Mittelalters. Denn als Zeugen an der Schwelle zwischen Systematisierung und Pragmatik, die mit vorgefundenen Wissensträgern arbeiten mussten,[69] ist nachvollziehbar, dass sich gerade in Katalogen die herausgearbeiteten Ordnungslogiken auch überschneiden, reiben und wandeln konnten. Beispielsweise war schon einem späteren Verantwortlichen in St. Gallen das System der Priorisierung theologisch-exegetischer Schriften nicht mehr selbstevident und er sortierte die oben einschlägig besprochene Chronik des Hieronymus nachträglich nach dem Autorenprinzip ein – eine Doppelung, die bereits bei der Revision des Katalogs in den 880er Jahren auffiel.[70] So legen Detailblicke auf die konkreten Anordnungspraktiken selbst Spannungen zwischen Wissensordnungen in einem einzigen Kloster frei, die die karolingerzeitlichen Kataloge erst recht zu einem vielseitigen Gesprächspartner der neueren Wissensforschung machen dürften.

---

[69] Siehe auch oben, nt. 9 dieses Beitrags.
[70] Sang. 728, pp. 7 und 12 (Kommentar des Revisors) = ed. Lehmann (nt. 14) 74, 1; 76, 21 sq.

# Wie ein frühmittelalterlicher Gelehrter mit seiner Klosterbibliothek umgeht: Ekkehart IV. von St. Gallen (um 980 – um 1060)

Ernst Tremp (St. Gallen/Freiburg i. Ü.)

Wenn über Bibliotheken als Denkräume und Wissensordnungen im frühen Mittelalter reflektiert und diskutiert wird, nimmt die Bibliothek des Benediktinerklosters St. Gallen aus verschiedenen Gründen eine privilegierte Stellung ein. Von ihren Buchbeständen hat sich durch ein günstiges Schicksal ein großer Teil erhalten und wird – ebenfalls zum überwiegenden Teil – heute noch am selben Ort, in der Stiftsbibliothek St. Gallen, aufbewahrt. Über vierhundert Handschriften ihres Bestandes stammen aus der Zeit vor dem 11. Jahrhundert. Dies ist ein außergewöhnliches Zeugnis von Kontinuität und reiht die St. Galler Bibliothek unter die bedeutendsten Handschriftensammlungen ein.

Dazu kommt, dass der Zustand der frühmittelalterlichen Bibliothek, ihr Inhalt, ihre Gliederung und die Zuwächse durch Bibliothekskataloge des 9. Jahrhunderts erschlossen sind. Der älteste Katalog, jener der Hauptbibliothek aus den 860-er Jahren, umfasst in 294 Einträgen nach Autoren und Sachgebieten geordnet etwa 426 Bände. Daneben sind eine Kirchenbibliothek und eine Schulbibliothek nachgewiesen. Zuwachsverzeichnisse dokumentieren die Neuerwerbungen unter den bedeutenden Äbten Grimald (841–872) und Hartmut (872–883)[1]. Zusammen bieten diese Kataloge unmittelbare Einblicke in die Bildungsgeschichte der spätkarolingischen Zeit und stellen eine wichtige Quelle für die Geistesgeschichte des europäischen Frühmittelalters dar. Die Überlieferungsquote der darin aufgeführten Bücher ist einzigartig: mehr als die Hälfte von ihnen ist heute noch erhalten und kann in der Stiftsbibliothek St. Gallen bzw. online über die virtuelle Bibliothek von ‚e-codices' studiert werden[2].

---

[1] Edition der Bibliothekskataloge: Mittelalterliche Bibliothekskataloge Deutschlands und der Schweiz, vol. 1: Die Bistümer Konstanz und Chur, bearb. von P. Lehmann, München 1918, 66–89, Nr. 16–20; cf. H. Steiner, Buchproduktion und Bibliothekszuwachs im Kloster St. Gallen unter den Äbten Grimald und Hartmut, in: W. Hartmann (ed.), Ludwig der Deutsche und seine Zeit, Darmstadt 2004, 161–183; zur Geschichte der Stiftsbibliothek St. Gallen allgemein: Arznei für die Seele. Mit der Stiftsbibliothek St. Gallen durch die Jahrhunderte (Sommerausstellung 14. März bis 12. November 2017), St. Gallen 2017.

[2] Im Teilprojekt ‚Codices Electronici Sangallenses' (CESG) von e-codices sind zurzeit 675 Handschriften digital zugänglich, darunter alle frühmittelalterlichen Handschriften; URL: <https://www.e-codices.unifr.ch/de> (Stand: 17.06.2020). Cf. auch den Beitrag von Christoph Flüeler in diesem Band.

Die Bibliothek ebenso wie das leistungsfähige Skriptorium, das vom 9. bis zum 11. Jahrhundert auch Werke von hoher buchkünstlerischer Qualität schuf, bildeten die Voraussetzungen und die Grundlage für herausragende Leistungen von Generationen gelehrter Mönche. Unter dem Iren Móengal/Marcellus und dem einheimischen Mönch Iso wurde um die Mitte des 9. Jahrhunderts die Klosterschule als intellektuelle Pflanzstätte etabliert. Sie war vermutlich damals schon in eine allgemeine, äußere Schule und eine innere Schule unterteilt. An der äußeren Schule wurde auch die künftige Elite von Kirche und Staat ausgebildet; die innere Schule war speziell bestimmt für den klösterlichen Nachwuchs, die *pueri oblati* als künftige St. Galler Konventualen. Aus dieser Schule ging eine erste Generation gelehrter Mönche hervor, die als Dichter, Geschichtsschreiber, Musiker und Künstler das Goldene Zeitalter St. Gallens begründeten: das Dreigestirn Notker I. der Stammler (Balbulus), Tuotilo und Ratpert, danach Waltram und Hartmann d. J. Ihnen folgten mehrere Generationen ebenfalls herausragender Mönche. Die spätkarolingische Blütezeit wurde im frühen 10. Jahrhundert durch zwei Katastrophen, den Ungarneinfall von 926 und den Klosterbrand elf Jahre später, abrupt beendet. Davon erholte sich St. Gallen wieder und erreichte in der Ottonenzeit ab der Mitte des 10. Jahrhunderts und in der frühen Salierzeit bis zur Mitte des 11. Jahrhunderts eine zweite Blüte. Deren bedeutendste Vertreter sind die Mönche und Lehrer Ekkehart I. der Dekan, Notker II. der Arzt (Medicus), Ekkehart II. der Höfling (Palatinus), Notker III. der Deutsche (Labeo) und schließlich dessen Schüler Ekkehart IV., der um 1060 verstarb.

Der Magister, Glossator, Dichter, Bibliothekar und Geschichtsschreiber Ekkehart IV. eignet sich vorzüglich für eine Fallstudie zum Themenbereich „Bibliothek als Denkraum und Wissensordnung"; denn während seines langen Gelehrtenlebens waren ihm die Bücher stete Begleiter und fundamentale Quellen seines Wissens und Schaffens. Das wird sich im zweiten und dritten Teil dieses Beitrags nachweisen lassen: Im zweiten Teil werden Nachrichten in Ekkeharts berühmtem Geschichtswerk ‚Casus sancti Galli' (St. Galler Klostergeschichten) zu den „Wissensspeichern", zu Büchern, dem Skriptorium, der Bibliothek und dem Archiv, zusammengetragen, und im dritten Teil wird die Benützung der Bibliothek aufgrund der Spuren Ekkeharts in zahlreichen Handschriften und anhand des Niederschlags seines gelehrten Wissens in seinen Werken aufgezeigt. Doch zuvor bietet der erste Teil einen Überblick über das Leben und Wirken des St. Galler Magisters.

## I. Leben, Laufbahn, Wirken und Werke

Ekkehart wurde um 980 vermutlich in der näheren Umgebung St. Gallens geboren und schon früh als *puer oblatus* der Obhut des Klosters übergeben[3].

---

[3] Cf. die Einleitung zur Neuausgabe der ‚Casus': Ekkehart IV., St. Galler Klostergeschichten (Casus sancti Galli), edd. und übers. H. F. Haefele/E. Tremp (Monumenta Germaniae Historica, Scriptores rerum Germanicarum in usum scholarum separatim editi 82), Wiesbaden 2020.

Das geht aus persönlichen Erinnerungen an den im Jahr 990 verstorbenen Ekkehart II. Palatinus und an den Unfalltod des Welfen Heinrich um 1000 hervor. Eine Verwandtschaft mit den früheren Ekkeharten und Notkeren unter den St. Galler Konventualen ist wahrscheinlich. Ekkeharts Bruder Ymmo war ebenfalls Mönch von St. Gallen und später Abt des elsässischen Klosters Münster im Gregoriental. Ihm widmete Ekkehart das Lehrgedicht ‚De lege ornandi dictamen' über die poetische Technik; dieses lässt als erstes bekanntes Beispiel in der lateinischen Literatur des Mittelalters die Tradition des poetologischen Lehrbriefs aufleben. Das im Autograf erhaltene ‚Dictamen' (Cod. Sang. 621, p. 352)[4] könnte ein Abschiedsgedicht an den um 1015 zum Abt gewählten Bruder gewesen sein.

In St. Gallen wurde Notker III. der Deutsche Ekkeharts Lehrer. Das nahe Verhältnis zu dem eine Generation älteren Notker ist durch verschiedene Zeugnisse des dankbaren Schülers belegt, durch lobende Erwähnungen in den ‚Casus sancti Galli' und andere, autographische Äußerungen. Notkers Sterben hat Ekkehart in bewegenden Versen festgehalten (Cod. Sang. 393, pp. 155 sq.)[5]. Der Auftrag des Lehrers führte zur dichterischen Tätigkeit des Schülers: Dank Notkers Entschluss, Ekkeharts Schulübungen auf Pergamentblätter statt auf Wachstafeln schreiben zu lassen, ist die Sammlung seiner Gedichte entstanden; daran arbeitete Ekkehart von der Schulzeit bis zum Lebensabend. Vor dem Sommer 1022, nämlich zur Auswahl für Abt Purchart II. (1001–1022) bestimmt, dichtete er für einen Bilderzyklus innerhalb der Klausur Tituli zu Szenen aus dem Leben des heiligen Gallus (‚Versus ad picturas claustri sancti Galli', Cod. Sang. 393, pp. 239–246; Cod. Sang. 168, pp. 405 sq.)[6].

Wohl bald nach dem Tod Notkers III. am 22. Juni 1022 und des Abtes Purchart kurz darauf folgte Ekkehart einem Ruf des Erzbischofs Aribo (1021–1031) nach Mainz und wurde Leiter der dortigen Domschule. Dass er aber schon zuvor in St. Gallen während einiger Zeit als Lehrer tätig gewesen war, geht aus einer vielbeachteten Stelle in den ‚Casus' (c. 66) hervor. Bei der Feier des Hochamtes an Ostern 1030 in der Pfalzkapelle von Ingelheim bei Mainz in Anwesenheit des Kaiserpaars Konrad II. und Gisela und des Hofes leitete ein Mönch aus St. Gallen die Choral-Schola. Als er zum Gesang der Ostersequenz anhob, gesellten sich drei mitzelebrierende Bischöfe, die einst seine Schüler ge-

---

[4] Die lateinischen Dichter des deutschen Mittelalters, ed. K. Strecker, vol. 5: Die Ottonenzeit (Monumenta Germaniae Historica, Poetae 5, 1/2), Leipzig 1937, 532 sq.
[5] Cf. E. Tremp, Un laboratoire de poésie monastique: le ‚Liber benedictionum' d'Ekkehart IV de Saint-Gall († vers 1060), in: P. Stoppacci (ed.), Collezioni d'autore nel Medioevo. Problematiche intellettuali, letterarie ed ecdotiche (mediEVI 20), Firenze 2018, 107–122, hier 118 sqq.; E. Hellgardt, *Notker magister nostrę, memorię, hominum doctissimus et benignissimus*. Bemerkungen zu den ältesten Lebenszeugnissen über Notker den Deutschen, in: St. Müller/J. Schneider (eds.), Deutsche Texte der Salierzeit – Neuanfänge und Kontinuitäten im 11. Jahrhundert, München 2010, 161–203, hier 165 sqq.
[6] Der Liber benedictionum Ekkeharts IV., nebst den kleinern Dichtungen aus dem Codex Sangallensis 393, ed. J. Egli (Mitteilungen zur Vaterländischen Geschichte 31), St. Gallen 1909, 369–381.

wesen waren, dazu und sangen die Sequenz mit. Der Bericht kann aus verschiedenen Gründen als Selbstzeugnis des Verfassers aufgefasst werden. Ekkehart war indessen nicht der erste in Mainz wirkende St. Galler Mönch. Zwischen dem schwäbischen Kloster und der Bischofsstadt am Rhein gab es seit Generationen einen geistigen Austausch. Bereits Ekkeharts Namensvetter und wahrscheinlicher Verwandter Ekkehart II. Palatinus amtierte in seinen späteren Lebensjahren unter Erzbischof Willigis (975–1011) als Dompropst von Mainz, wo er im Jahr 990 verstarb und in St. Alban bestattet wurde.

Für unseren Magister stellt der Mainzer Aufenthalt seinen zweiten großen Lebensabschnitt dar. Hier verfasste bzw. bearbeitete er seine drei umfangreichsten Dichtungen, die ‚Benedictiones super lectores per circulum anni' (Cod. Sang. 393, pp. 8–184), die er dem Diakon Johannes von Trier widmete, die seinem Bruder Ymmo gewidmeten ‚Benedictiones ad mensas' (Cod. Sang. 393, pp. 185–197) und im Auftrag Aribos die ‚Versus ad picturas domus domini Mogontinae' (Cod. Sang. 393, pp. 197–238)[7]. Ebenfalls auf Geheiß des Erzbischofs habe er in Mainz eine von Ekkehart I. dem Dekan verfasste lateinische ‚Vita Waltharii manufortis' stilistisch verbessert. Ob es sich dabei um das berühmte Waltharius-Epos handelt – auf diese vieldiskutierte Frage soll hier nicht näher eingegangen werden. Eine weitere Spur von Ekkeharts gelehrtem Netzwerk in seiner Zeit als Mainzer Magister findet sich im anonymen ‚Summarium Heinrici', einem im 11. Jahrhundert im Rhein-Main-Gebiet entstandenen Schulkompendium. Darin ist ein Text enthalten, der unmittelbar von einer Marginalglosse Ekkeharts abhängig ist. Die betreffende St. Galler Handschrift mit Werken von Hieronymus, Origenes und Cassiodor (Cod. Sang. 159) dürfte mit ihm nach Mainz gekommen und dort vom Verfasser des ‚Summarium Heinrici', vermutlich einem Schüler Ekkeharts, konsultiert worden sein[8].

Die Mainzer Jahre brachten Ekkehart neben einer stark erweiterten Literaturkenntnis auch eine beträchtliche geographische Ausweitung seines Horizonts. Auf seiner Reise kam er ins Jurakloster Moutier-Grandval und machte hier Nachforschungen nach dem Grab des zuletzt hier wirkenden St. Galler Schulmeisters Iso († 871). Er durchquerte die Vogesen, wo er in Longemer das Grab des Einsiedlers Victor, eines geblendeten ehemaligen St. Galler Mönchs, besuchte. Auch die Bischofsstädte Worms, Speyer, Trier und Metz und die Abtei Stablo-Malmedy scheint er auf seinen Reisen persönlich kennen gelernt zu haben. Er war mit dem Diakon Johannes, Mönch von Stablo, dann von St. Maximin in Trier und später Abt dieses Klosters und von Limburg an der Haardt, freundschaftlich verbunden. Johannes gab ihm die Anregung, seine Dichtungen in einer Sammlung zusammenzustellen; daraus ist die Autograph-Handschrift (heute Cod. Sang. 393) entstanden, die Ekkehart bis an sein Lebensende fortführte, bearbeitete und ergänzte (Tafel 1). Unter dem neuzeitlichen, nicht ganz zutref-

---

[7] Ed. der drei Werke in: Liber benedictionum, ed. Egli (nt. 6), 11–280, 281–315, 316–368.
[8] Cf. R. Hildebrandt, Summarium Heinrici, in: K. Ruh (ed.), Die deutsche Literatur des Mittelalters. Verfasserlexikon, vol. 9, Berlin–New York ²1995, 510–519.

fenden Titel ‚Liber benedictionum' enthält sie im Wesentlichen sein poetisches Œuvre, was an eine mit Überlegung komponierte und Vollständigkeit anstrebende Gesamtausgabe denken lässt.

Ekkehart kehrte wohl kurz nach dem Tod des Erzbischofs Aribo 1031, dessen Epitaph er schuf, nach St. Gallen zurück. Damit setzte seine dritte und letzte Lebens- und Schaffensperiode ein. Sie ist geprägt durch sein Wirken als Schulmeister, Glossator, Dichter und Überarbeiter seiner früheren Dichtwerke und nicht zuletzt als Geschichtsschreiber seines Klosters; denn in dieser Zeit entstanden die ‚Casus sancti Galli'. Die ‚St. Galler Klostergeschichten' setzen das gleichnamige Geschichtswerk Ratperts fort[9], das mit dem Besuch Kaiser Karls III. in St. Gallen im Jahr 883 geendet hatte, und reichen bis zum Besuch der beiden Ottonenherrscher Otto I. und Otto II. mit ihrem Hof in St. Gallen im August 972.

Ursprünglich wollte Ekkehart, wie er im *praeloquium* der ‚Casus' ankündigt, die ‚Klostergeschichten' bis in seine Gegenwart fortführen, bis zur Regierungszeit des aus dem Kloster Stablo nach St. Gallen gekommenen Reformabtes Norpert (1034–1072), „unter dessen Leitung", wie er schreibt, „wir ja heute leben, freilich – wie man so sagt – nicht so wie er und wir wollen, sondern so wie wir können" (*cuius hodie sub regimine quidem non, prout ipse et nos, ut inquiunt, volumus, sed prout possumus, vivimus*)[10]. In der Forschung ist umstritten, ob es sich hier um eine rhetorische Floskel oder um versteckte Kritik am eigenen Abt handelt. Zahlreiche Stellen in den ‚Casus' lassen aber keinen Zweifel daran offen, dass Ekkehart ein Verfechter des alt-sankt-gallischen Mönchtums und ein entschiedener Gegner der lothringische Reformen in seinem Kloster war. Die Gegenwart diente ihm unausgesprochen als Negativfolie für die Schilderung der ruhmvollen Vergangenheit; dabei legte er seine Meinung in Form direkter Rede geschickt den Gestalten seiner Geschichten in den Mund. Damit stellte er sich in Opposition zu Abt Norpert und dessen Kreis. Das mag ein Grund dafür gewesen sein, dass Ekkehart seine Vergangenheitsgeschichte nicht bis zur Gegenwart fortführen mochte oder konnte[11]. Ein anderer Grund liegt in der Fülle des Stoffes, der immer mehr wurde und immer schwieriger zu bewältigen war, je näher der Chronist seiner eigenen Zeit kam – und je älter er selbst wurde. Die ‚Casus' sind auch in ihrer unvollendeter Form mit 147 Kapiteln zu einem sehr umfangreichen Geschichtswerk geworden.

---

[9] Ratpert, St. Galler Klostergeschichten (Casus sancti Galli), ed. H. Steiner (Monumenta Germaniae Historica, Scriptores rerum Germanicarum in usum scholarum separatim editi 75), Hannover 2002.
[10] Ekkehart, Casus (nt. 3), 114; die Stelle klingt an Terenz, Andria 804 sq. an.
[11] Cf. E. Tremp, Ekkehart IV. von St. Gallen († um 1060) und die monastische Reform, in: Studien und Mitteilungen zur Geschichte des Benediktinerordens und seiner Zweige 116 (2005), 67–88; St. Patzold, Überlegungen zu Kontinuitäten und Wandlungen in der Historiographie im ostfränkisch-deutschen Reich des 11. Jahrhunderts, in: Müller/Schneider (eds.), Deutsche Texte der Salierzeit (nt. 5), 46 sq.

Zu den weiteren in St. Gallen geschaffenen Werken Ekkeharts zählt die lateinische Übersetzung des von Ratpert gedichteten, nicht mehr erhaltenen althochdeutschen Galluslieds ‚Carmen in laude sancti Galli'; seine Nachdichtung ist in drei autographen Fassungen überliefert (Cod. Sang. 393, pp. 247–251; Cod. Sang. 168, pp. 2–4; Cod. Sang. 174, pp. 1 sq.)[12]. Dazu kommen ‚Carmina varia' zu verschiedenen Themen, die in der Handschrift des ‚Liber benedictionum' und in anderen Handschriften enthalten sind. Zur metrischen ‚Vita sancti Galli' des Notker Balbulus verfasste Ekkehart einen literaturgeschichtlichen Prolog und fügte einige Glossen und Bemerkungen hinzu[13]. Neuerdings konnte er auch als Dichter und Komponist von Offiziumsgesängen, von ‚Te Deum'-Tropen auf den heiligen Otmar, die heilige Wiborada und für ‚Purificatio Mariae', namhaft gemacht werden.

Ekkehart starb an einem 21. Oktober frühestens des Jahres 1057. Die letzte datierbare Nachricht von seiner Hand befindet sich in einer Glosse zu den ‚Historiae adversum paganos' des Orosius (Cod. 621, p. 279b) und bezieht sich auf den Tod Papst Viktors II. am 28. Juli 1057[14].

## II. Nachrichten zu Büchern, Bibliothek und Skriptorium

Mit seiner Klosterbibliothek und den Büchern war Ekkehart engstens vertraut. Das geht aus vielfältigen Zeugnissen hervor, denen wir uns im Folgenden zuwenden werden. Wahrscheinlich übte er selbst zeitweise das Amt des Bibliothekars aus, das in St. Gallen seit der Mitte des 9. Jahrhundert belegt ist; dies lässt sich allerdings nicht direkt nachweisen, da aus seiner eigenen Zeit nur spärliche Nachrichten überliefert sind[15].

Die ‚Casus sancti Galli', jenes reichhaltige Erzählwerk über das Geschehen und die Persönlichkeiten im Kloster St. Gallen im Laufe eines Jahrhunderts, bieten verschiedenartige Nachrichten zur Bibliothek. Wir erfahren einiges zu ihren räumlichen Gegebenheiten, zu den für das monastische Leben zentralen Büchern, zur Arbeitsweise im Skriptorium, zum Verhältnis zwischen Bibliothek und Archiv, zu den vom Geschichtsschreiber herangezogenen Quellen, zum Wissenstransfer und Austausch mit anderen Bibliotheken.

---

[12] Ed. und übers. P. Osterwalder, Das althochdeutsche Gallusslied Ratperts und seine lateinischen Übersetzungen durch Ekkehart IV., Berlin–New York 1982.

[13] W. Berschin, Notkers Metrum de vita S. Galli. Einleitung und Edition, in: O. P. Clavadetscher/ H. Maurer/St. Sonderegger (eds.), Florilegium Sangallense. Festschrift für Johannes Duft zum 65. Geburtstag, St. Gallen–Sigmaringen 1980, 71–121.

[14] Cf. Ekkehart, Casus, edd. Haefele/Tremp (nt. 3), Einleitung, 7 sq.

[15] Cf. R. Schaab, Mönch in Sankt Gallen. Zur inneren Geschichte eines frühmittelalterlichen Klosters (Vorträge und Forschungen, Sonderband 47), Ostfildern 2003, 210–213; C. Dora, Von Uto bis Ernst Tremp. Die Ahnenreihe der St. Galler Stiftsbibliothekare, in: F. Schnoor/K. Schmuki/ S. Frigg (eds.), Schaukasten Stiftsbibliothek St. Gallen. Abschiedsgabe für Stiftsbibliothekar Ernst Tremp, St. Gallen 2013, 88–99, hier 91, 94.

Als im Jahr 964 eine kaiserliche Visitationskommission von acht Bischöfen und acht Äbten das Kloster St. Gallen und die Lebensweise der Mönche unter die Lupe nahm, besuchten die Inspektoren auf ihrem Rundgang durch die Klausur die Bibliothek (*armarium*), die Schatzkammer und das Skriptorium neben dem Wärmeraum und dem Waschraum und befanden diese Räumlichkeiten für regelkonform ('Casus', c. 112). In der Bibliothek wurden den Prälaten natürlich vor allem die prächtigen Zimelien gezeigt. Doch mehr als von den kostbaren, mit Gold und Edelsteinen geschmückten Einbänden sollen diese von der Kunstfertigkeit der Schreiber beeindruckt gewesen sein. Als ihnen eine Ambrosius-Handschrift in die Hände geriet, fiel ihnen ein beigeschriebener Hexameter-Vers auf, den sie auswendig zu wiederholen versuchten: *Néctaris ámbrosii redoléntia cárpito mélla* (Koste des ambrosischen Nektars duftenden Honig). Der Vers ist heute noch auf dem Vorsatzblatt des betreffenden Ambrosius-Codex (Cod. Sang. 96 p. 2; Tafel 2) zu lesen.

Mit besonderem Stolz werden die St. Galler Mönche ihren Besuchern die im 9./10. Jahrhundert geschaffenen Pracht-Codices gezeigt haben. Für Ekkehart waren diese der handgreifliche Beweis für die Blütezeit des alt-sankt-gallischen Mönchtums. Einen Vorrang besaß dabei das berühmte 'Evangelium longum' mit den von Tuotilo geschnitzten Elfenbeintafeln (Cod. Sang. 53). Ekkehart widmet ihm und seiner Entstehung in den 'Casus' einen ausführlichen Bericht, einen der ausführlichsten Berichte überhaupt über die Herstellung einer frühmittelalterlichen Handschrift (c. 22)[16]. Dabei erwähnt er, gestützt auf Einhards Karlsvita, die Herkunft der Elfenbeintafeln aus dem Besitz Karls des Großen und schildert den Auftrag des Abtbischofs Salomo III. (890–920) an Tuotilo für die Buchdeckel. Viel Aufmerksamkeit verwendet er aber auch auf die Handschrift selbst, die Schreibkunst des Kalligraphen Sintram und die Initialen, wovon zwei besonders kunstvolle angeblich von Salomo persönlich stammten ('Casus', c. 28; Cod. Sang. 53, pp. 10+11; Tafel 3). Über das 'Evangelium longum' hatte Ekkehart offensichtlich genaue Kenntnis. Das kostbarste Evangelienbuch wurde bei feierlichen Zeremonien, insbesondere beim Empfang eines Bischofs, verwendet[17]. Als Bischof Ulrich von Augsburg (923–973) im Jahr 954 nach St. Gallen kam, um den Konflikt zwischen Abt Craloh und dem rebellischen Mönch Victor zu schlichten, trug man ihm und dem ihn begleitenden Abt das Evangelienbuch zum Friedenskuss entgegen. Es kam zum Eklat, Victor warf das Buch gegen den Bischof, und es fiel zu Boden ('Casus', c. 74). Noch heute sind die Spuren dieser Tat bzw. die danach erfolgten Reparaturen an der Goldfassung des Vorderdeckels zu sehen[18].

---

[16] Cf. A. von Euw, Die St. Galler Buchkunst vom 8. bis zum Ende des 11. Jahrhunderts, 2 voll., vol. 1: Textbd. (Monasterium Sancti Galli 3), St. Gallen 2008, 425–431, Nr. 108; D. Ganz, Buch-Gewänder. Prachteinbände im Mittelalter, Berlin 2015, 259–289.

[17] So beim Empfang des Bischofs Petrus von Verona ('Casus', c. 8); auch als Abtbischof Salomo III. als Gefangener auf die Diepoldsburg geführt wurde, empfing ihn dort die Gräfin Bertha mit einem Evangelienbuch ('Casus', c. 18).

[18] Cf. J. Duft/R. Schnyder, Die Elfenbein-Einbände der Stiftsbibliothek St. Gallen, Beuron 1984, 61, 88 sq.; J. S. Ackley, Early Medieval Monastic Metalworking, and the Precious-Metal Book-

Um die nicht nur in materieller Hinsicht wertvolle und für das Kloster lebenswichtige Bibliothek zu schützen, wo neben den Handschriften auch das Archiv mit den Urkunden aufbewahrt wurde, ergriff man vorausschauende Maßnahmen. Abt Hartmut ließ auf der Nordseite der Kirche einen eigenen, freistehenden Turm mit steinernen Gewölben für die Aufbewahrung des Klosterschatzes und der Bibliothek errichten; hier waren die Bücher vor Feuer geschützt und konnten auch den Klosterbrand von 937 unversehrt überstehen. Als man hingegen bei diesem Brand die Bücher zusammen mit anderen Gütern evakuiert und im Abtshof unter Bewachung in Sicherheit gebracht hatte, sollen, schreibt Ekkehart, viele von ihnen geraubt worden sein (‚Casus', cc. 67 sq.).

Bei größerer äußerer Gefahr wie dem 926 drohenden Ungarneinfall bot der Hartmut-Turm nicht ausreichenden Schutz. Auf dringendes Anraten der danach im Ungarnsturm selbst ums Leben gekommenen Reklusin Wiborada – der künftigen Patronin der Bibliotheken – entschloss sich Abt Engilbert (923–933), die gesamte Klosterbibliothek ins Kloster Reichenau auszulagern. Nur die Toten- und Verbrüderungslisten (*capsae cum diptitiis*), die zusammen mit den liturgischen Büchern und dem Kirchenschatz für den Gottesdienst erforderlich waren, behielt der Konvent bei sich, als er sich in einer Fluchtburg in der Nähe St. Gallens verschanzte. In dem mit St. Gallen verbrüderten Inselkloster Reichenau waren die Bücher vor den räuberischen Horden der Steppenreiter sicher – allerdings nicht vor dem Zugriff der befreundeten Reichenauer, wie Ekkehart schreibt: Als man sie zurückbrachte, soll, „wie man sagt (*ut aiunt*), wohl die Zahl gestimmt haben, die Bände selbst aber nicht" (‚Casus', c. 51)[19]. Tatsächlich verblieben damals – durch Absicht oder Zufall? – St. Galler Bücher auf der Reichenau, darunter eine Makkabäer- und Vegetius-Handschrift (heute Leiden, Universiteitsbibliotheek, Periz. Fol. 17)[20].

Auch vor dem begehrlichen Zugriff hochgestellter Gäste waren die Bücher nicht immer sicher. Davon weiß Ekkehart an mehreren Stellen der ‚Casus' zu berichten. Mit einer solchen Episode klingt sogar das ganze Geschichtswerk aus, nämlich mit dem Bibliotheksbesuch des gebildeten und bibliophilen Otto II. anlässlich des Kaiserbesuchs von 972 in St. Gallen: „Otto der Sohn hatte inzwischen den Abt in Beschlag genommen und bat, dass man ihm die Bibliothek aufschließe. Dies nun wagte der Abt nicht zurückzuweisen; doch gab er den Befehl zum Öffnen erst nach dem scherzhaften Vorbehalt, dass ein so mächtiger Räuber Kloster und Brüder nicht ausplündern dürfe. Jener aber ließ sich von den gar prächtigen Büchern verlocken und trug mehrere mit sich fort; allerdings gab er einige davon auf Bitten Ekkeharts [II. Palatinus] später wieder zurück" (‚Casus', c. 147). Zu den damals abhanden gekommenen Werken gehört möglicherweise

---

Cover of the Evangelium longum, in: C. Dora/D. Ganz (eds.), Tuotilo. Archäologie eines frühmittelalterlichen Künstlers (Monasterium Sancti Galli 8), St. Gallen 2017, 213–230, 227 sq.

[19] Ekkehart unterlegt dieser sprichwörtlichen Stelle (*ut aiunt*) ein Zitat aus Terenz, Phormio 53: *conveniet numerus quantum debui*.

[20] Cf. von Euw, Buchkunst 1 (nt. 16), 473–479, Nr. 133, zur Stelle: 473.

das auf Veranlassung Salomos III. angelegte ‚Psalterium quadrupartitum' (heute Bamberg, Staatsbibliothek, Msc. Bibl. 44)[21].

Die mit dem Galluskloster eng verbundene schwäbische Herzogin Hadwig († 994) war ebenfalls hochgebildet und eine Bücherliebhaberin. In ihrer herzoglichen Residenz auf dem Hohentwiel hielt sie sich zeitweise den Mönch Ekkehart II. Palatinus als Privatlehrer; das bot naturgemäß Anlass für Gerede unter den Mitbrüdern, was sich auch in den ‚Casus' niedergeschlagen hat. Hadwig trat gegenüber dem Kloster als großzügige Mäzenin auf, als „scharfsinnigste Minerva" (*acutissima ipsa Minerva*; ‚Casus', c. 90). Zu den Geschenken gehörten, wie Ekkehart mitteilt, auch „ein Horaz und einige andere Bücher, die jetzt in unserer Bibliothek sind" (‚Casus', c. 94). Gemäß St. Galler Tradition soll es sich bei der Horaz-Handschrift um Cod. Sang. 864 handeln, der jedoch erst aus dem 11. Jahrhundert stammt; in Frage kommt vielleicht die heute in der Kantonsbibliothek St. Gallen aufbewahrte Handschrift Vadianische Sammlung Ms. 312 aus dem 10. Jahrhundert[22]. Die Großzügigkeit der Herzogin Hadwig war freilich nicht ohne Risiken für die Bibliothek: Einmal soll sie vom Abt Ymmo (976–984) ein Antiphonarium verlangt haben – wohl für das von ihr auf dem Hohentwiel gegründete Kloster –, was ihr der Abt aber „entschieden verweigert habe"; als Vergeltung soll sie daraufhin kostbare Paramente, die sie früher geschenkt hatte, wieder an sich gebracht haben (‚Casus', c. 90).

Nicht ganz so glimpflich lief für die Bibliothek der Besuch der gebildeten Kaiserin Gisela (989/90–1043), der Gattin Kaiser Konrads II., in St. Gallen im Sommer 1027 ab. Die Fürstin brachte dem Kloster reiche Geschenke mit und ließ sich zusammen mit ihrem Sohn, dem künftigen Kaiser Heinrich III., ins Verbrüderungsbuch aufnehmen[23]. Ekkehart berichtet in einer Glosse zu dem ‚Memoriale' genannten Gedicht über seinen Lehrer Notker den Deutschen, das in seinem ‚Liber benedictionum super lectores' enthalten ist: „Die Kaiserin Gisela war am Besitz der Werke [Notkers] höchst interessiert. Jenen Psalter und den ‚Hiob' ließ sie sich sorgfältig abschreiben" (*Kisila imperatrix operum eius avidissima psalterium ipsum et Iob sibi exemplari sollicite fecit*; Cod. Sang. 393, p. 155; Tafel 4)[24].

---

[21] Cf. ibid., 457–459, Nr. 123, zur Stelle 458; hingegen vermutet G. Suckale-Redlefsen, Die Handschriften des 8. bis 11. Jahrhunderts der Staatsbibliothek Bamberg 1: Texte (Katalog der illuminierten Handschriften der Staatsbibliothek Bamberg 1,1), Wiesbaden 2004, 76–78, dass die Handschrift vielleicht schon einige Zeit vor dem Besuch Ottos II. St. Gallen verlassen habe.

[22] Cf. H. Hoffmann, Italienische Handschriften in Deutschland, in: Deutsches Archiv für Erforschung des Mittelalters 65 (2009), 29–82, hier 65; zum Ms. 312 der Vadianischen Sammlung cf. die Beschreibung von R. Gamper, in: Handschriften – Archive – Nachlässe (HAN), Online-Verbundkatalog, URL: <http://www.ub.unibas.ch/han> und <https://www.e-codices.unifr.ch/de/list/one/vad/0312> (Stand: 28. 1. 2019).

[23] Bericht in den Annales Sangallenses maiores ad a. 1027 (Cod. Sang. 915, p. 227): *Gisela imperatrix simul cum filio suo Heinrico monasterium sancti Galli ingressa, xeniis benignissime datis, fraternitatem ibi est adepta*; cf. Hellgardt, *Notker magister* (nt. 5), 173.

[24] Liber benedictionum, ed. Egli (nt. 6), 231; cf. Hellgardt, *Notker magister* (nt. 5), 165; St. Müller, Kaiserin Gisela besucht St. Gallen, in: D. E. Wellbery e. a. (eds.), Eine neue Geschichte der deutschen Literatur, Berlin 2007, 65–71.

Aus einer anderen, heute verlorenen Quelle schöpft der St. Galler Stiftsbibliothekar Jodocus Metzler (1574–1639), wenn er in seiner Chronik festhält, dass Gisela den deutschen Psalter Notkers verlangt und zugleich mit dem ‚Hiob' – „sehr gegen den Willen der Väter" – fortgetragen habe[25]. Möglicherweise bezieht sich der Unwille der Mönche darauf, dass Gisela während ihres zweiwöchigen Aufenthalts Notkers Psalter zwar abschreiben ließ, es zuletzt aber vorzog, statt der Kopie das Original mit sich fortzuführen. Vor allem aber dürften die St. Galler gar nicht erfreut gewesen sein, dass die Kaiserin auch das Original von Notkers deutscher ‚Hiob'-Übersetzung mitnahm (offenbar ohne zuvor vom ‚Hiob', wie vom Psalter, eine Abschrift anfertigen zu lassen); Notkers ‚Hiob' ist seither, im Unterschied zum Psalter, unwiederbringlich verloren.

Dem Buch an sich konnte im Leben der Mönchsgemeinschaft zeichenhafte Bedeutung zukommen, wie Ekkehart in verschiedenen Begebenheiten berichtet. Wenn Schüler den Notker Balbulus um Rat und Hilfe angehen wollten, war ihnen dies nicht ohne weiteres möglich, ja in Zeiten des Stillschweigens und des Gebets gemäß der Regel eigentlich streng untersagt. Notker suchte sie dann jeweils durch Zischen und Scharren von sich zu scheuchen. Auf Anweisung des Abtes durfte er jedoch das Gespräch mit einem Schüler nicht verweigern, wenn dieser sich ihm mit einem Buch in der Hand näherte (‚Casus', c. 37).

Das Buch in der Hand spielte auch in anderem Zusammenhang eine symbolträchtige Rolle: das offene Buch der Benediktsregel während der bereits erwähnten Visitation durch die Kommission von Bischöfen und Äbten im Kloster. Dietrich, der junge Bischof von Metz (964–984), soll den Regelcodex aufgeschlagen in der Hand gehalten haben, als die Kommission mit dem Konvent zusammenkam. Als er damit an seinem einstigen Lehrer, dem Mönch Gerald, vorüberging, soll dieser ihn wie einen Schüler leise mit folgenden Worten gescholten haben: „Du", sagte er, „du trägst das Buch gegen mich daher, das ich geschlossen besser kenne als du geöffnet? Mach es zu!" („*Tune librum*", ait, „*contra me infers, quem ego clausum quam tu apertum melius novi? Claude illum!*"). Der junge Mann, durch das Wort des Lehrers zum Erröten gebracht, verneigte sich, schloss das Buch schleunigst und legte es, während er sich setzte, neben sich (‚Casus', c. 103).

Was die Benediktsregel als Norm für die Verfassung der Mönchsgemeinschaft und deren Tagesablauf bedeutete, bedeutete das Antiphonar für die Texte und Gesänge des Gottesdienstes. In einem musikgeschichtlich hochinteressanten Kapitel über die Einführung des römischen Gesangs nördlich der Alpen unter Karl dem Großen handelt Ekkehart dieses Thema ab und hebt die Bedeutung St. Gallens neben derjenigen von Metz hervor. Um den rechten Chorgesang genau nach dem römischen Vorbild zu garantieren, war das Normexemplar des ‚Cantariums' bis zu Ekkeharts Zeit in der Klosterkirche auf einem Pult neben dem Apostelaltar aufgelegt. Darin konnte der Kantor „wie in einem Spiegel" (*quasi*

---

[25] Cf. Hellgardt, *Notker magister* (nt. 5), 175; zur ganzen Problematik und zu den Widersprüchen zwischen Ekkehart und der von Metzler zitierten Chronik ibid., 173–180.

*in speculo*) jeden Irrtum im Gesang feststellen und korrigieren. Man war überzeugt, mit dieser Handschrift eine genaue Kopie des römischen Urexemplars des ‚Cantariums' zu besitzen; der Kantor Romanus hätte sie unter Karl dem Großen aus Rom mitgebracht (‚Casus', c. 47). In Wirklichkeit handelte es sich um das im frühen 10. Jahrhundert in St. Gallen geschaffene berühmte ‚Cantatorium', die älteste vollständig erhaltene Musikhandschrift für die Messfeier mit Neumen-Notation, eingebunden in einen Holzkasten mit kostbaren byzantinischen Elfenbein-Tafeln (Cod. Sang. 359; Tafel 5 und 6).

Ekkeharts ‚Casus sancti Galli' bieten auch verschiedene Einblicke in das Skriptorium, in die Arbeit der Schreiber und in verschiedene Funktionen des Raumes, der nach dem Urteil der Visitationskommission von 964 höchst regelkonform gewesen sei (‚Casus', c. 112). Da ist zunächst die Geschichte mit dem Mönch Wolo zu nennen. Der begabte, aber im Kloster unglückliche junge Grafensohn saß eines Tages beim Schreiben an einem Evangelienbuch, die Vorzeichen waren unheilvoll. Als er bei der Stelle *Incipiebat enim mori* im Johannes-Evangelium (Ioh. 4, 47) ankam, sprang er auf, eilte die Stufen zum Glockenturm empor und stürzte durch den Dachboden in die Klosterkirche hinunter, wo er sich das Genick brach und starb (‚Casus', c. 43). Das Unglück kann dank einem Eintrag in den St. Galler Annalen auf den 12. Dezember 876 datiert werden. Für den Schreibbetrieb im Skriptorium lassen sich aus dieser Geschichte verschiedene interessante Nachrichten ableiten, auf die hier aber nicht näher eingegangen werden kann[26].

Das Skriptorium war heizbar und mit Fenstern versehen; hier konnte man sich auch außerhalb der Arbeitszeiten aufhalten. Mit Erlaubnis des Abtes hielten in diesem Raum die drei von Ekkehart IV. hoch verehrten Mönche Notker der Stammler, Ratpert und Tuotilo in den Pausen zwischen den frühmorgendlichen Laudes Bibelgespräche ab und unterhielten sich dabei auf Lateinisch (‚Casus', c. 36). Damit erhielt das Skriptorium in den Augen Ekkeharts den Rang einer klösterlichen Akademie, wo die Geistesgrößen unter den Mönchen gelehrte theologische Gespräche führten. Im Unterschied dazu bot die Bibliothek keinen Raum für solche Zusammenkünfte und war offenbar auch gegen die Witterung weniger gut geschützt. Es konnte sogar vorkommen, dass es hineinregnete und herumliegende Schriftstücke durch die Nässe unleserlich wurden (‚Casus', c. 109).

Neben den Gelehrten gab es auch Ungebildete im Kloster, jene Mönche, die weder schreiben konnten noch Latein verstanden und denen die Welt der Bücher

---

[26] Cf. E. Tremp, Das Scriptorium im frühmittelalterlichen Kloster St. Gallen. Bedeutung und Organisation nach den literarischen Zeugnissen, in: A. Nievergelt e. a. (eds.), Scriptorium. Wesen, Funktion, Eigenheiten (Veröffentlichungen der Kommission für die Herausgabe der mittelalterlichen Bibliothekskataloge Deutschlands und der Schweiz), München 2015, 357–374, hier 370 sq.; H. F. Haefele, *Wolo cecidit*. Zur Deutung einer Ekkehard-Erzählung, in: Deutsches Archiv für Erforschung des Mittelalters 35 (1979), 17–32.

verschlossen war[27]. Zu ihnen zählt Ekkehart Sindolf, einen Günstling Abtbischof Salomos und Gegenspieler Notkers, Ratperts und Tuotilos. Deren Sonderstellung und Privilegien hätten den Neid Sindolfs geweckt. Als nächtlicher Belauscher ihrer Bibelgespräche vor dem Fenster des Skriptoriums wurde er ertappt und von Ratpert in einer filmreifen Szene verprügelt (c. 36). Für ihn war der Umgang der Drei mit Büchern Teufelszeug, vom Teufel würden sie „nächtelang die schwarzen Bücher erlernen" (*diabolus, a quo nigros libros noctibus discunt*; ,Casus', c. 39). Sindolf sann auf Rache. Schließlich fand er einen lohnenden Gegenstand für seine Vergeltung. Er entwendete eine von Notker sorgfältig und mühevoll angefertigte griechische Abschrift der Kanonischen Briefe des Neuen Testaments, „schnitt die einzelnen Lagen heraus, beschädigte und verunstaltete sie und legte sie wieder zusammengefaltet dahin zurück". Das Entsetzen des Berichterstatters über so viel illitterate Barbarei war groß; den von Sindolf malträtierten Codex will Ekkehart noch mit eigenen Augen in der Klosterbibliothek gesehen haben (,Casus', c. 46). Diese letzte Begebenheit illustriert, welch genaue Kenntnis Ekkehart von den St. Galler Handschriften hatte.

## III. Benützung der Bibliothek durch Ekkehart

Von Ekkeharts Arbeit an und mit den Büchern, die ihm in der Klosterbibliothek zur Verfügung standen, zeugen zahlreiche Benützungsspuren von seiner Hand in Dutzenden von St. Galler Handschriften. Die Einträge und Glossen erlauben es, ein Profil seiner wissenschaftlichen Interessen und seines „vielseitigen Magisterfleißes"[28] zu erstellen und die Bibliothek als Raum des Wissens erfahrbar zu machen. Die Liste der heute bekannten Handschriften mit nachgewiesenen oder vermuteten Einträgen Ekkeharts umfasst 63 Codices[29]. Seine zahllosen Bemerkungen oder Korrekturen sind überwiegend in Latein, aber auch

---

[27] Zum Gefälle zwischen den *litterati* und den *illitterati* im Kloster cf. P. Stotz, Dazugehören, Bescheid wissen, Spuren hinterlassen: die Rolle(n) der Schrift im frühen Mittelalter, in: Geheimnisse auf Pergament. Katalog zur Jahresausstellung in der Stiftsbibliothek St. Gallen (3. Dezember 2007 bis 9. November 2008), St. Gallen 2008, 95–102.

[28] H. F. Haefele, Ekkehard IV., in: K. Ruh (ed.), Die deutsche Literatur des Mittelalters. Verfasserlexikon, vol. 2, Berlin–New York ²1980, 464.

[29] Zusammenstellung der Handschriften bei H. Eisenhut, Die Glossen Ekkeharts IV. von St. Gallen im Codex Sangallensis 621 (Monasterium Sancti Galli 4), St. Gallen 2009, Appendix 4, 419–424; ead., Edition der Orosius-Glossen, URL: <http://orosius.monumenta.ch> (Stand: 28.1.2019); ead., Handschriften mit Spuren Ekkeharts IV. von St. Gallen. Aussagen zur Glossierungsmethode, Glossierungsdichte und zum Charakter der Glossen, in: N. Kössinger e. a. (eds.), Ekkehart IV. von St. Gallen (Lingua Historica Germanica 8), Berlin/Boston 2015, 133–152, hier 143; auf Eisenhut beruhend und ohne selbständigen Wert: R. Froschauer, Ekkehart IV. als Benützer der St. Galler Bibliothek, in: M. Embach/C. Moulin/A. Rapp (eds.), Die Bibliothek des Mittelalters als dynamischer Prozess (Trierer Beiträge zu den historischen Kulturwissenschaften 3), Wiesbaden 2012, 33–51, Tabelle 2: 35–42. Inzwischen sind alle von Ekkehart glossierten St. Galler Handschriften unter CESG digital zugänglich (cf. oben nt. 2).

in Althochdeutsch abgefasst. Sie befinden sich in Werken der Schulautoren des Triviums und des Quadriviums, weiter in biblischen, patristischen, hagiographischen, historiographischen, geschichtstheologischen, komputistischen und kirchenrechtlichen Texten. So hat Ekkehart erheblichen Anteil an der bereits genannten, berühmten Psalterübersetzung seines Lehrers Notker III. des Deutschen, die nur noch abschriftlich in Cod. Sang. 21 überliefert ist[30].

Mit vielen Hundert Glossen außergewöhnlich dicht hat Ekkehart sein St. Galler Bibliotheksexemplar der ‚Historiae adversum paganos' des Orosius (Cod. Sang. 621) bearbeitet; diese Glossen hat vor wenigen Jahren Heidi Eisenhut in einer gründlichen Studie untersucht[31]. Die Eintragungen Ekkeharts lassen sich typologisch aufteilen in Korrektur- und Variantenglossen, lexikalische Glossen, grammatische Glossen, syntaktische Glossen und Kommentarglossen[32]. Den kosmographischen Eingangsteil ‚Orbis terrarum' (I, 2) zu den ‚Historiae adversum paganos' hat Ekkehart mit drei Kartenskizzen illustriert: mit einem Ökumene-Schema (einer sog. T-O-Karte; p. 35b), mit einer Skizze der Umgebung Roms mit Mittelitalien (p. 42a) und mit einer Karte von Palästina, erweitert bis zu der im Abendland damals bekannten Ostgrenze der bewohnten Erde (p. 37b, rechter oberer Rand; Tafel 7). Diese Karte ist ein eigenständiges Werk Ekkeharts. Sie zeigt nicht nur den Persischen und den Arabischen Golf mit der dazwischen liegenden Arabischen Halbinsel, dazu Ober- und Unterägypten mit dem Nil. Darüber hinaus enthält sie zentrale Orte der Sakraltopographie des Heiligen Landes und Präzisierungen aus den Geschichtsbüchern der Bibel. Der Jordan ist eingezeichnet, vereinigt aus den beiden Flussarmen *Ior* und *Dan*; weiter der durch Punkte markierte Weg des auserwählten Volkes durch das geteilte Meer, über den Sinai und den Jordan nach Jericho ins Land der Verheißung. Einen zentralen Platz nimmt die Stadt *Hierusalem* ein, sie ist durch einen Gebäudeumriss mit aufgesetztem Krückenkreuz ausgezeichnet. Gemäß dem ‚Liber benedictionum' wusste Ekkehart über die Topografie der Stadt einigermaßen Bescheid. Die historische Bedeutung der Palästina-Karte ist hoch einzuschätzen. „Vergleichbar detaillierte und in Bezug auf die biblische Topografie im Nahen Osten aussagekräftige Karten aus der Zeit vor den Kreuzzügen sind nicht bekannt."[33] Die Karte zeugt wie die zahlreichen kommentierenden Glossen Ekkeharts zur Geografie von einem ausgeprägten Interesse für die Gestalt der bewohnten

---

[30] Cf. St. Sonderegger, Althochdeutsche Annäherungen an Ekkehart IV. *Propria lingua in conversatione cottidiana et in schola?*, in: Kössinger e. a. (eds.), Ekkehart IV. von St. Gallen (nt. 29), 1–23, hier 13 sqq.; E. Hellgardt, Ekkehart IV. und Notkers Psalter im Cod. Sang. 21, in: Kössinger e. a. (eds.), Ekkehart IV. von St. Gallen (nt. 29), 33–57.

[31] Eisenhut, Glossen (nt. 29).

[32] Ibid., 257 sq.; cf. ead., Ekkehart IV. von St. Gallen – Autor, Korrektor und Glossator von Codex Sangallensis 393, in: N. Golob (ed.), Medieval Autograph Manuscripts. Proceedings of the XVIIth Colloquium of the Comité International de Paléographie Latine, held in Ljubljana, 7–10 September 2010 (Bibliologia 36), Turnhout 2013, 97–110.

[33] Eisenhut, Glossen (nt. 29), 352.

Erde. Woher er seine weit über Orosius hinausgehenden Kenntnisse bezog, wissen wir nicht[34].

Wie an diesem Beispiel gezeigt, hat Ekkehart also die St. Galler Bibliothek intensiv benützt und sich dabei umfangreiches Wissen angeeignet. Seine Belesenheit und die breite Kenntnis des Bücherbestandes kamen ihm nicht nur in seinem Wirken als Magister zugute, sie haben sich auch in seinen Werken vielfältig niedergeschlagen. Allein das Glossencorpus im Orosius-Codex Sang. 621 bietet, wie Eisenhut minutiös aufgezeigt hat, eine Fülle von Angaben über Autoren und Werke oder von versteckten Zitaten[35]. Desgleichen ist der ‚Liber benedictionum' von Ekkeharts umfassender Bildung und Gelehrsamkeit geprägt; dies hat der seinerzeitige Herausgeber, Johannes Egli, in seiner Einleitung auf vorbildliche Weise zusammengetragen[36]. Und die neue Ausgabe der ‚Casus sancti Galli' im Rahmen der ‚Monumenta Germaniae Historica' weist auch für Ekkeharts Geschichtswerk ein umfangreiches Stellenregister auf[37].

Hier soll nun aber nicht eine Summe all dieser einzelnen Stellennachweise für das Gesamtwerk Ekkeharts geboten werden. Vielmehr wird an einigen signifikanten Beispielen aufgezeigt, wie Ekkehart gearbeitet, welche Vorlagen er auf welche Weise für seine ‚Casus' verwendet hat. Ein wichtiges Element in den Außenbeziehungen des Konvents war die Aufnahme eines hohen Gastes als *frater conscriptus* in die Gebetsgemeinschaft. Dafür bedankten sich die *fratres conscripti*, zu denen der nachmalige Abtbischof Salomo III., Kaiser Karl III. und die Bischöfe Adalbero und Ulrich von Augsburg gehörten, mit großzügigen Geschenken[38]. Die feierliche Aufnahme wurde in der Kirche durch den Abt vollzogen und durch den Eintrag ins „Buch des Lebens" (*liber vitae*) besiegelt. Ekkehart erwähnt diesen Vorgang ausdrücklich bei der Verbrüderung der 16 Bischöfe und Äbte der Visitationskommission am Ende ihres Besuchs von 964: „Man ging in die Kirche. Aufgenommen von den Händen des Abtes, wurde einer um den andern ins Buch des Lebens eingetragen" (*Laetis ob hoc omnibus itur in aecclesiam. Recepti manibus abbatis singuli in libro vitę scribuntur*; ‚Casus', c. 110). Seine Information schöpfte Ekkehart offensichtlich aus einem der beiden, heute noch teilweise erhaltenen St. Galler Verbrüderungsbücher aus dem 9. Jahrhundert[39].

---

[34] Cf. Karten und Atlanten. Handschriften und Drucke vom 8. bis zum 18. Jahrhundert. Katalog zur Jahresausstellung in der Stiftsbibliothek St. Gallen (3. März bis 11. November 2007), St. Gallen 2007, 42–45; Eisenhut, Glossen (nt. 29), 351–353.

[35] Ibid., 289–298.

[36] Liber benedictionum, ed. Egli (nt. 6), Einleitung, XXIV–LI.

[37] Ekkehart IV., St. Galler Klostergeschichten, edd. Haefele/Tremp (nt. 3), 548 sqq.

[38] Salomo III. (,Casus', c. 3), Karl III. (c. 7, c. 16 mit Anm. 2), Adalbero von Augsburg (c. 7), Ulrich von Augsburg (c. 58 sq., aber dagegen c. 74).

[39] (Älteres und jüngeres) St. Galler Verbrüderungsbuch (Stiftsarchiv St. Gallen, Ms. C3 B55), angelegt im frühen 9. Jahrhundert und nach 860; Neuausgabe: Die St. Galler Verbrüderungsbücher, edd. D. Geuenich/U. Ludwig (Monumenta Germaniae Historica, Libri memoriales et Necrologia, Nova series 9), Wiesbaden 2019; cf. U. Ludwig, Die beiden St. Galler *Libri vitae* aus dem 9. Jahrhundert, in: D. Geuenich/U. Ludwig (eds.), *Libri vitae*. Gebetsgedenken in der Gesellschaft des frühen Mittelalters, Köln–Weimar–Wien 2015, 147–173. Zum Aufnahmeritus für *fratres con-*

Beim Besuch Bischof Adalberos von Augsburg am Gallusfest (16. Oktober) 908 erwähnt Ekkehart die reichen Geschenke, die dieser mitgebracht hatte, und verweist dafür auf einen schriftlichen Bericht: „Davon gibt der Abschnitt, der zu seinem Gedächtnis in den Band unserer Regel eingetragen ist (*regule nostre codice ascriptum est*), ausführlichen Bericht" ('Casus', c. 7). Damit meint er das Kapiteloffiziumsbuch (Cod. Sang. 915), das grundlegende „Regiebuch" des Klosters; darin befindet sich tatsächlich unter den Verbrüderungsverträgen ein umfangreicher Texteintrag über den Besuch Adalberos und die empfangenen Geschenke und Wohltaten (Cod. Sang. 915, pp. 6–8). Der Bericht endet mit dem Hinweis, dass er ins Buch der Regel eingetragen worden sei, das häufiger gesehen und gelesen werde, damit diese Anordnung nicht in Vergessenheit gerate und das Andenken an den seligen Bischof umso fester bewahrt werde (*Et ut hanc nulla umquam constitutionem deleat oblivio, regulae complacuit nostrae inseri libello, quatenus dum codex iste frequentius videtur et legitur, beati praesulis memoria strictius teneatur*; p. 8)[40]. Ganz ähnlich klingt es bei Ekkehart – er hatte den Eintrag im Kapiteloffiziumsbuch vor Augen, als er dieses Kapitel der 'Casus' schrieb.

Das Kapiteloffiziumsbuch enthält neben den Verbrüderungsverträgen, den Regeltexten, dem Martyrologium und dem Nekrologium auch die 'Annales Sangallenses maiores', die offiziellen Annalen des Klosters St. Gallen. Auch mit ihnen ist Ekkehart vertraut. Wenn er schreibt: „Wer die Ungarn für Agarener hält, befindet sich ganz auf dem Holzweg" ('Casus', c. 82), zielt er mit seiner Kritik auf die Klosterannalen; darin werden nämlich die Untaten der Ungarn den Agarenern zugeschrieben[41]. Zu den am ausführlichsten geschilderten Ereignissen in den 'Casus' gehören das nächtliche Eindringen des Reichenauer Abtes Ruodmann in die St. Galler Klausur (c. 91) und das Wirken der kaiserlichen Untersuchungskommission (cc. 99 sqq.). Beides hat Ekkehart auf originelle Art in den Annalen verankert und dadurch sozusagen „autorisiert": Mit eigener Hand hat er hier zu den Jahren 965 und 966 zwei entsprechende Einträge geschrieben, die sich an die Berichte in seinen 'Casus' anlehnen (Cod. Sang. 915, p. 214; Tafel 8)[42].

Als genauen Kenner erweist sich Ekkehart, wenn er über die in St. Gallen entstandenen Hymnen, Sequenzen und Tropen und ihre Schöpfer berichtet. In c. 46 der 'Casus' bleibt er bei den von Waltram und Hartmann geschaffenen

---

*scripti* cf. K. Schmid, Von den *fratres conscripti* in Ekkeharts St. Galler Klostergeschichten, in: Frühmittelalterliche Studien 25 (1991), 109–122, 114 sq.

[40] Ed. P. Piper, Libri confraternitatum Sancti Galli, Augiensis, Fabariensis (Monumenta Germaniae Historica, Necrologia Germaniae, Supplement), Berlin 1884, 137–138, hier 138.

[41] Cod. Sang. 915, p. 206, ad a. 888 etc.; Annales Sangallenses maiores, in: Die annalistischen Aufzeichnungen des Klosters St. Gallen, ed. C. Henking, in: Mittheilungen zur Vaterländischen Geschichte 19 (1884), 277 etc.; gleiche, aber schärfer formulierte Bemerkung gegen die Autoren der Klosterannalen in einer Glosse Ekkeharts zu Orosius, Hist. 7, 32, 14: *Idiotę nostri quidam nunc Agarenos vocant, sed et scribunt* (Cod. Sang. 621, p. 315a); cf. Eisenhut, Glossen (nt. 29), 222.

[42] Annales Sangallenses maiores ad a. 965, 966, ed. Henking (nt. 41), 291 sq.; zur St. Galler Visitation cf. Tremp, Monastische Reform (nt. 11).

Hymnen summarisch, mit dem Hinweis auf die Hymnenbücher: „Was für Lobgesänge der Dekan Waltram [...], aber auch Hartmann [...] schufen, übergehen wir mit Absicht; denn ihre Namen figurieren in den Hymnenbüchern, mit Ausnahme der Waltram-Sequenz *Sollempnitatem huius devoti filii ecclesie*, die ohne Verfassernamen verzeichnet ist". Die Richtigkeit dieser Angaben kann am Prosar im Cod. Sang. 381 verifiziert werden, wo Waltram (p. 148) und Hartmann (p. 22, 147) tatsächlich als Verfasser genannt sind[43]. Ekkehart lag genau diese Handschrift aus dem frühen 10. Jahrhundert mit dem Repertoire der in St. Gallen gesungenen liturgischen Gesänge vor. Das bestätigt sich im darauffolgenden, bereits erwähnten Kapitel 47 über die Einführung des römischen Gesangs in St. Gallen: Nach dem Bericht über die Erfindung und Bedeutung der *litterae significativae* bei den Notenzeichen führt Ekkehart den erklärenden Brief Notkers des Stammlers an einen Freund namens Lantbert an und danach Martianus Capellas ‚De nuptiis Mercurii et Philologiae'. Im Cod. Sang. 381 finden sich der Brief Notkers (p. 6–9) und genau daran anschließend das Exzerpt aus Martianus Capella über den Klang der einzelnen Buchstaben (3 § 261: *De sono singularum litterarum Martiani*, pp. 10–12) (Cod. Sang. 381, pp. 6+10; Tafel 9)[44].

Die enge Verzahnung zwischen Vorlagen und Bericht in den ‚Casus' kann im gleichen Kapitel 47 bei der Erzählung von den beiden römischen Sängern Petrus und Romanus, die den römischen Gesang ins Karolingerreich gebracht hätten, beobachtet werden. Ekkehart verweist hier auf den Bericht des Johannes Diaconus; dessen ‚Vita Gregorii Magni' benützte er im St. Galler Exemplar Cod. Sang. 578. Da hinein hat er eine ergänzende Glosse eingetragen, die seiner eigenen Erzählung in den ‚Casus' entspricht (Cod. Sang. 578, p. 54b, oberer Seitenrand: *Subaudis: Petrum et Romanum. Sed Romanum febri infirmum nos Sanctigallenses quidem retinuimus. Qui nos cantilenas Karolo iubente edocuit et antiphonarium e suo exemplatum in cantario, sicut Rome est, iuxta apostolorum aram locavit*; Tafel 10)[45].

Auf gleiche Weise verfuhr Ekkehart mit den hagiographischen Quellen. Er bearbeitete die von Ekkehart I. dem Dekan verfasste und in den ‚Casus' benützte ältere Vita der Märtyrin Wiborada († 926) und erweiterte sie um einen literatur-

---

[43] Cf. W. von den Steinen, Notker der Dichter und seine geistige Welt, 2 voll., vol. 1: Darstellungsbd., vol. 2: Editionsbd., Bern 1948, vol. 1, 512; A. Haug, War Tuotilo ein Komponist? in: Dora/Ganz (eds.), Tuotilo (nt. 18), 175–193, 186.

[44] Ed. von Notkers ‚Epistola ad Lantbertum': J. Froger, in: Études grégoriennes 5 (1962), 69 sq.; cf. Musik im Kloster St. Gallen. Katalog zur Jahresausstellung in der Stiftsbibliothek St. Gallen (29. November 2010 bis 6. November 2011), St. Gallen 2010, 14, 38.

[45] Cf. W. Arlt, Liturgischer Gesang und gesungene Dichtung im Kloster St. Gallen, in: P. Ochsenbein (ed.), Das Kloster St. Gallen im Mittelalter, Darmstadt 1999, 137–165, hier 139 sq.; W. Berschin, Biographie und Epochenstil im lateinischen Mittelalter, voll. 1–5 (Quellen und Untersuchungen zur lateinischen Philologie des Mittelalters 8, 9, 10, 12, 15), Stuttgart 1986–2001, vol. 3, 372–387; A. Haug, Noch einmal: Roms Gesang und die Gemeinschaften im Norden, in: F. Hentschel/M. Winkelmüller (eds.), ‚Nationes', ‚Gentes' und die Musik im Mittelalter, Berlin–Boston 2014, 103–145.

geschichtlichen Epilog mit Epitaph[46]. Die Vita des in St. Gallen ebenfalls hochverehrten Bischofs Ulrich von Augsburg kannte er in ihren drei Bearbeitungen, wobei er die ‚Vita sancti Uodalrici tertia' aus der Feder des Reichenauer Abts Bern (1008–1048), seines Zeitgenossen, kritisch prüfte und sowohl in den ‚Casus' als auch im St. Galler Exemplar von Berns Ulrichsvita auf Grund der Haustradition auf Lücken im Bericht hinwies. Die entsprechende Stelle in den ‚Casus' lautet: *De sancto Ódalrico autem, qualiter nobiscum egerit, dicta patrum quedam audivimus, quę quidem in vita eius vel tercio iam scripta non invenimus* (c. 57), und ganz ähnlich, aber noch deutlich kritischer tönt eine Bemerkung Ekkeharts in der Vitenhandschrift: *Desunt et alia multa, quę et apud nos crebro commanens egit et que vulgo de eo concinnantur vel canuntur. De quibus plura maiora sunt quam quedam, quę hic inscribuntur* (Cod. Sang. 565, p. 373; Tafel 11)[47].

## Ergebnisse

Es gäbe noch weitere Verknüpfungen anzuführen zwischen Handschriften in der St. Galler Bibliothek, die Ekkehart konsultiert und bearbeitet hat, und ihrem Niederschlag in seinen eigenen Schriften, hauptsächlich in den ‚Casus sancti Galli'. Aus den vorgestellten Beispielen geht aber klar hervor, wie sehr die Bibliothek seines Klosters für den gelehrten St. Galler Mönch ein Universum des Wissens darstellte. Daraus schöpfte er für sein erzählerisches und dichterisches Werk. Der Informationsfluss ging aber nicht nur in die eine Richtung. Die Handschriften waren für Ekkehart eine Art von kommunizierenden Gefäßen, die Arbeit mit ihnen ein dynamischer Prozess. Durch vielfältige Glossierungen bereitete er das Wissen auf, um es für sich selbst zu verwenden und als Magister seinen Schülern zu vermitteln. Die vertieften Kenntnisse zu einem Thema oder über einen Autor schlugen sich dann wieder als ergänzende und kommentierende Einträge in den Handschriften nieder. So bearbeitete, gestaltete, durchdrang und bereicherte Ekkehart im Laufe eines langen Gelehrtenlebens seine St. Galler Klosterbibliothek.

---

[46] Vitae sanctae Wiboradae. Die ältesten Lebensbeschreibungen der heiligen Wiborada. Einleitung, kritische Edition und Übersetzung, ed. W. Berschin (Mitteilungen zur Vaterländischen Geschichte 51), St. Gallen 1983, Einleitung, 14–16; dazu W. Berschin, Das Verfasserproblem der Vita S. Wiboradae, in: Zeitschrift für Schweizerische Kirchengeschichte 66 (1972), 250–277; G. Becht-Jördens, Recentiores, non deteriores. Zur Überlieferungsgeschichte und Textkritik der Vita S. Wiboradae Ekkeharts I. von St. Gallen, in: D. Walz (ed.), Scripturus vitam. Lateinische Biographie von der Antike bis in die Gegenwart. Festgabe für Walter Berschin zum 65. Geburtstag, Heidelberg 2002, 807–816.

[47] Cf. Berschin, Biographie (nt. 45), vol. 4/1, 160 sq.; D. Blume, Bern von Reichenau (1008–1048): Abt, Gelehrter, Biograph. Ein Lebensbild mit Werkverzeichnis sowie Edition und Übersetzung von Berns Vita S. Uodalrici (Vorträge und Forschungen, Sonderband 52), Ostfildern 2008, 23.

# *Bibliotheca legum*: Das Wissen über weltliches Recht im Frankenreich des 9. Jahrhunderts

Dominik Trump (Köln) und Karl Ubl (Köln)

## I. Die ‚Bibliotheca legum'

Seit etwas mehr als 30 Jahren hat sich die Einsicht immer weiter durchgesetzt, dass viele Fehleinschätzungen darauf zurückzuführen sind, dass Texte in Editionen und nicht Texte in Handschriften untersucht werden. In Deutschland begann dieser Wandel ausgehend von traditionellen Fragestellungen im Umkreis von Raimund Kottje[1] und Hubert Mordek[2] und ihren Schülern, während für die internationale Frühmittelalterforschung die Arbeiten von Rosamond McKitterick[3] neue Maßstäbe gesetzt haben. Die Hinwendung zur Handschrift als Untersuchungsobjekt verdient die Bezeichnung ‚codicological turn', weil sich die Praxis der historischen Forschung von Grund auf verändert hat. Verstärkt wurde der Wandel in den letzten Jahren durch die enorme Zunahme von digitalisierten Handschriften. Heute ist es nicht mehr möglich, Studien über die Wissens- und Normengeschichte des frühen Mittelalters zu schreiben und dabei zu ignorieren, wo und wann die einzelnen Handschriften entstanden sind und welche Überlieferungs- und Rezeptionsgeschichte sie haben. Dies betrifft die Rechtsgeschichte ebenso wie die Historiographiegeschichte[4]. Die Editionsphilologie hat zu lange den Anschein erweckt, für frühmittelalterliche Leser und Leserinnen sei auch zur Verfügung gestanden, was als Text zwischen zwei Buchdeckeln mit Erscheinungsort und -jahr abgedruckt ist. Dass dem nicht so war, ist eigentlich eine Selbstverständlichkeit: Handschriften waren einzigartige Sammlungen von Texten, oft fragmentarisch, manchmal durch Schreibfehler verunstaltet, aber immer verbunden mit spezifischen Interessen und lokalen Produktionsbedingungen.

---

[1] H. Mordek, Kirchenrecht und Reform im Frankenreich. Die Collectio Vetus Gallica, die älteste systematische Kanonessammlung des fränkischen Galliens, Sigmaringen 1975.
[2] R. Kottje, Die Bußbücher Halitgars von Cambrai und des Hrabanus Maurus, Berlin 1980.
[3] R. McKitterick, The Carolingians and the Written Word, Cambridge 1989.
[4] H. Reimitz, Ein karolingisches Geschichtsbuch aus Saint-Amand. Der Codex Vindobonensis palat. 473, in: C. Egger/H. Weigel (eds.), Text – Schrift – Codex. Quellenkundliche Arbeiten aus dem Institut für Österreichische Geschichtsforschung, Wien 2000, 34–90; id., History, Frankish Identiy and the Framing of Western Ethnicity, 550–850, Cambridge 2015.

Dies trifft auch für alle Untersuchungen zu, die sich mit dem weltlichen Recht des Frühmittelalters beschäftigen. Seit einiger Zeit wandte sich die Forschung der handschriftlichen Überlieferung dieser Texte und dessen individueller Gestalt in jeder einzelnen Handschrift zu. Die Kenntnis der handschriftlichen Überlieferung ist ein essenzieller Bestandteil einer modernen rechtshistorischen Mittelalterforschung. Um solche Forschungen zu erleichtern und den Zugang zu Ressourcen der Forschung zu bündeln, wurde die ‚Bibliotheca legum'[5] als an der Universität zu Köln angesiedelte Handschriftendatenbank zum weltlichen Recht im frühen Mittelalter entwickelt. Im ersten Teil des folgenden Aufsatzes soll die Datenbank in ihren Grundzügen vorgestellt werden, der zweite Teil widmet sich der Frage des Überlieferungsverlusts von weltlichen Rechtshandschriften.

Die Arbeiten an der Datenbank begannen im Februar 2012, die Internetseite ging bereits im September 2012 online und wird seitdem sukzessive erweitert[6]. Die ‚Bibliotheca legum' bietet über 320 Handschriftenbeschreibungen. Die Beschreibungen stellen Informationen zu Datierung und Verortung des Codex, zur physischen Beschreibung und zum Inhalt zur Verfügung. Darüber hinaus wird relevante, neuere Literatur verzeichnet und – falls vorhanden – auf ein Digitalisat verlinkt. Auf diese Weise kann der Nutzer direkt auf das Objekt zugreifen und die Informationen der ‚Bibliotheca' als Basis für weitere Forschungen nutzen. Neben den Handschriftenbeschreibungen finden sich auf der Webseite Editionen, Transkriptionen, Visualisierungen und Übersichten verschiedener Art, sowohl zu den Handschriften als auch zu den Rechtstexten.

Die ‚Bibliotheca legum' verzeichnet alle Handschriften mit den Rechtsbüchern des Frühmittelalters (*leges*), wie beispielsweise die ‚Lex Salica', die ‚Leges Langobardorum' und das römische Recht (u. a. der ‚Codex Theodosianus'). Grundlage und Ausgangspunkt für die ‚Bibliotheca legum' ist die ‚Bibliotheca capitularium' von Hubert Mordek[7], die alle Handschriften mit den Herrschererlassen der fränkischen Könige (sogenannte Kapitularien) erfasst. Auf Mordeks ausführlichen Beschreibungen beruhen viele Handschriftenbeschreibungen der ‚Bibliotheca legum', da zahlreiche Codices Kapitularien im Kontext anderer weltlicher Rechtstexte tradieren. Gedacht war seine ‚Bibliotheca capitularium' „als Vorstudie zu einer kritischen Neuausgabe der merowingischen und karolingischen Herrscherkapitularien"[8]. Diese Edition konnte er nach seinem Tod im

---

[5] Bibliotheca legum regni Francorum manuscripta, ed. K. Ubl unter der Mitarbeit von D. Trump und D. Schulz, Köln 2012, URL: <http://www.leges.uni-koeln.de/> (Stand: 31. 01. 2019).

[6] Cf. zur Entstehung, technischen Umsetzung und Rezeption der Bibliotheca legum in der Forschung D. Schulz/D. Trump, Von der Wordtabelle zum DH-Projekt. Erfahrungen aus fünf Jahren Bibliotheca legum, in: Zeitschrift für digitale Geisteswissenschaften 3 (2018), URL: <http://www.zfdg.de/2018_006> (Stand: 31. 01. 2019). Daniela Schulz zeichnet für die komplette technische Umsetzung verantwortlich und betreut die Bibliotheca weiterhin mit.

[7] Cf. H. Mordek, Bibliotheca capitularium regum Francorum manuscripta. Überlieferung und Traditionszusammenhang der fränkischen Herrschererlasse (MGH Hilfsmittel 15), München 1995.

[8] Cf. Mordek, Bibliotheca (nt. 7), VII.

Jahr 2006 nicht mehr angehen. Im Rahmen des Langzeitprojektes ‚Edition der fränkischen Herrschererlasse' (Kurzform: ‚Capitularia')[9], das seit 2014 von der Nordrhein-Westfälischen Akademie der Wissenschaften und der Künste gefördert wird, werden Mordeks Arbeiten weitergeführt und sein Editionsvorhaben als moderne Hybridedition umgesetzt. Hybridedition heißt hierbei konkret, dass die Transkriptionen der Texte (in TEI-XML) aus den Handschriften online zur Verfügung gestellt werden und auf dieser Grundlage die kritische Edition (mit dem Classical Text Editor) erarbeitet wird. Teil der Projektseite sind die Handschriftenbeschreibungen Mordeks[10], die in TEI-XML überführt wurden, was es ermöglicht, deren Metadaten nutzbar zu machen.

Es gibt also insgesamt drei Bibliothecae, anhand derer man einen großen Teil der frühmittelalterlichen Rechtsgeschichte und deren Überlieferung untersuchen kann: das 1995 publizierte Buch Mordeks, die seit 2012 existierende ‚Bibliotheca legum' sowie die seit Ende 2014 online zur Verfügung stehende Datenbank des Projekts ‚Edition der fränkischen Herrschererlasse'. Durch diese verschiedenen Bibliotheken eröffnet sich die Möglichkeit, auf eine Fülle von Materialien und Informationen zum weltlichen Recht im frühen Mittelalter zuzugreifen. Da ‚Capitularia' auf die Beschreibungen der ‚Bibliotheca legum' rückverweist, ergibt sich zudem eine enge Verknüpfung, die zu einem Austausch zwischen den Bibliothecae führt. Dies ist vor allem auch deswegen sinnvoll, weil sehr viele Handschriften – wie erwähnt – Kompilationen unterschiedlichster Rechtstexte sind. Eine isolierte Betrachtung nur einzelner Texte oder Textgruppen greift daher zu kurz.

Dass dieser Austausch sehr fruchtbar sein kann, zeigt beispielsweise die Handschrift Paris, Bibliothèque nationale de France, lat. 4419[11], die von der Wende vom 9. zum 10. Jahrhundert stammt. Hauptinhalt dieser Handschrift ist die ‚Epitome monachi', ein römischrechtlicher Text (foll. 2r–76v). Auf fol. 1v steht das zehnte Kapitel der sogenannten ‚Capitula legibus addenda' Ludwigs des Frommen von 818/819[12], worauf schon Gustav Hänel in seiner Edition[13] des römischrechtlichen Textes aus dem Jahr 1849 hingewiesen hat[14]. Die Handschrift hat dennoch nicht den Weg in Mordeks ‚Bibliotheca' gefunden. Bei den Arbeiten an der ‚Bibliotheca legum' ist das Kapitel wiederentdeckt worden, sodass die Handschrift nun auch Teil der ‚Capitularia'-Datenbank ist[15]. Dies ist

---

[9] Capitularia. Edition der fränkischen Herrschererlasse, URL: <http://capitularia.uni-koeln.de/> (Stand: 31.01.2019).
[10] Cf. URL: <http://capitularia.uni-koeln.de/mss/> (Stand: 31.01.2019).
[11] Cf. Paris, Bibliothèque Nationale, Lat. 4419, URL: <http://www.leges.uni-koeln.de/mss/handschrift/paris-bn-lat-4419/> (Stand: 31.01.2019).
[12] Cf. Capitula legibus addenda, ed. A. Boretius (MGH Capit. 1), Hannover 1883, 282sq.
[13] Lex Romana Visigothorum, ed. G. Hänel, Leipzig 1849, LXXXII.
[14] Cf. auch D. Trump, Ein Neufund in einer Handschrift mit römischem Recht, URL: <http://capitularia.uni-koeln.de/blog/handschrift-des-monats-paris-bn-lat-4419/> (Stand: 31.01.2019).
[15] Cf. Paris, Bibliothèque Nationale, Lat. 4419, URL: <http://capitularia.uni-koeln.de/mss/paris-bn-lat-4419/> (Stand: 31.01.2019).

nur ein Beispiel für einige Neu- und Wiederentdeckungen von Handschriften mit weltlichem Recht, die die ‚Bibliotheca legum' verzeichnet. Die ‚Bibliotheca' bietet damit ein wesentlich vollständigeres Bild der Überlieferung der jeweiligen Rechtstexte als die kritischen Editionen dieser Texte, die mehrheitlich aus dem 19. Jahrhundert stammen und einen entsprechend veralteten Stand bieten. Durch die ‚Bibliotheca legum' kann somit leicht ermessen werden, wie sich im Vergleich zum heutigen Forschungsstand die handschriftliche Grundlage der alten Editionen darstellt.

Die ‚Bibliotheca legum' bietet ihrem Nutzer Handschriftenbeschreibungen und Verweise auf andere online verfügbare Ressourcen, insbesondere Digitalisate und Handschriftenkataloge. Dabei ist sie thematisch auf das Thema ‚Weltliches Recht' fokussiert. Wie positioniert sich aber die ‚Bibliotheca' im Vergleich zu anderen Datenbanken, die sich mit frühmittelalterlicher, handschriftlicher Überlieferung im Bereich der Rechtsgeschichte beschäftigen?

Wichtig ist hier die Datenbank ‚Manuscripta juridica' des Max-Planck-Instituts für europäische Rechtsgeschichte in Frankfurt am Main[16]. Wie die ‚Bibliotheca legum' ist diese – allerdings nur in englischer Sprache benutzbare – Datenbank seit 2012 online. Im Gegensatz zur ‚Bibliotheca' gehen die Vorarbeiten, die auf mehrere Arbeitsphasen fußen, bereits in die 1960er-Jahre zurück. Das ist genau die Zeit, in der man sich bereits intensiver darüber Gedanken machte, wie man computergestützte Verfahren für die historischen Wissenschaften fruchtbar machen könnte[17]. Ausgewertet wurden ungefähr 1.200 Handschriftenkataloge und 700 Titel juristischer Fachliteratur[18]. Hauptbeiträger zu dieser Datenbank ist Gero Dolezalek, der mit seinem vierbändigen ‚Verzeichnis der Handschriften zum römischen Recht bis 1600' von 1972[19], das ebenfalls Bestandteil der Datenbank ist, wesentlich zur Kenntnis der handschriftlichen Überlieferung des römischen Rechts beigetragen hat[20]. Dolezaleks Verzeichnis ist bereits mit den Mitteln elektronischer Datenverarbeitung erstellt worden und somit für den Bereich der Rechtsgeschichte als Vorreiter anzusehen[21]. Die ursprüngliche Zielsetzung

---

[16] Cf. Manuscripta juridica, URL: <http://manuscripts.rg.mpg.de/> (Stand: 31.01.2019).
[17] Cf. hierzu C. A. Lückerath, Prolegomena zur elektronischen Datenverarbeitung im Bereich der Geschichtswissenschaft, in: Historische Zeitschrift 207 (1968), 265–296, der bei seinen Überlegungen auch explizit die historischen Grundwissenschaften in den Blick nimmt.
[18] Cf. G. Dolezalek, Stock of the Data Base, URL: <http://manuscripts.rg.mpg.de/> (Stand: 31.01.2019).
[19] G. Dolezalek, Verzeichnis der Handschriften zum römischen Recht bis 1600. Materialsammlung, System und Programm für elektronische Datenverarbeitung, 4 voll., Frankfurt am Main 1972/1973.
[20] Cf. zu diesem Werk die Rezension von N. Horn, in: Zeitschrift der Savigny-Stiftung für Rechtsgeschichte. Romanistische Abteilung 91 (1974), 529–532 und diejenige von H. Mordek, in: Quellen und Forschungen aus italienischen Bibliotheken und Archiven 55/56 (1976), 453sq.
[21] Im Zusammenhang mit Rechtshandschriften hat sich Gero Dolezalek häufiger über den Gebrauch des Computers zur Modellierung und Verarbeitung von Daten geäußert, so G. Dolezalek, Computers and Medieval Manuscripts of Roman Law, in: Bulletin of Medieval Canon Law N.S. 4 (1974), 79–85.

von ‚Manuscripta juridica' war es, herauszufinden, welche juristischen Texte oft überliefert wurden und in welchen Regionen sie besonders verbreitet waren. Diese statistische Herangehensweise hat zur Folge, dass den Handschriften an sich keine große Aufmerksamkeit geschenkt wurde, es geht rein um die in ihnen tradierten Texte, was dem Nutzer aber explizit mitgeteilt wird[22]. Lediglich rudimentäre Angaben zu Datierung, physischer Beschreibung der Handschrift, Angaben zu Schreibern und Vorbesitzern sowie einige wenige ältere Literaturtitel werden – wenn auch nicht immer – genannt. Da der Fokus auf den Texten liegt, findet sich – neben der Suche nach Bibliotheksort, Schreiber/Besitzer und Jahrhundert – eine Suche nach Titel des Textes, Autor sowie Incipit und Explicit[23]. Mit Stand Oktober 2017 hat die Datenbank 29.971 „items", also Texte, die sich auf über 10.000 Handschriften in über 1.000 „locations" verteilen[24]. Mit „locations" sind hier die heutigen Bibliotheken gemeint, nicht die Entstehungsorte der Handschriften, auf die sich die ‚Bibliotheca legum' konzentriert, die damit den Schwerpunkt auf historische Fragestellungen legt. Aufgrund der schieren Masse an Daten ist die statistische Auswertung die große Stärke des Projekts. Viele Handschriften, welche die ‚Bibliotheca legum' beinhaltet, finden sich auch hier, allerdings sind die Informationen aufgrund der Datengrundlage veraltet oder teilweise fehlerhaft[25]. Die ‚Bibliotheca legum' sowie ‚Manuscripta juridica' verbindet die Frage nach dem Vorhandensein von Texten zu bestimmten Zeiten und Orten bzw. Regionen, wenn auch mit unterschiedlicher Herangehensweise, Datengrundlage und Gewichtung der Inhalte.

Bisher ist nur von weltlichem Recht die Rede gewesen. Das kanonische Recht spielt für das frühe Mittelalter und gerade für das 9. Jahrhundert eine mindestens ebenso wichtige Rolle. Für die handschriftliche Überlieferung kirchenrechtlicher Sammlungen ist die Studie von Lotte Kéry grundlegend[26]. Ein Webprojekt, das sich explizit mit kanonistischen Texten in der Karolingerzeit beschäftigt, ist das ‚Carolingian Canon Law Project' (CCL), welches maßgeblich von Abigail Firey initiiert wurde[27]. Dieses Projekt konzentriert sich im Gegensatz zur ‚Bibliotheca legum' aber auf die Texte, die von karolingischen Lesern benutzt wurden. Daher steht die Transkription im Vordergrund, weshalb sich das Projekt in erster Linie

---

[22] „Thus no assessment of illuminations in manuscripts is made. No detailed paleographic or codicological description is given, etcetera." Cf. G. Dolezalek, Scope of the data base, URL: <http://manuscripts.rg.mpg.de/> (Stand: 31.01.2019).
[23] Cf. URL: <http://manuscripts.rg.mpg.de/search/> (Stand: 31.01.2019).
[24] Cf. Dolezalek, Stock (nt. 18).
[25] Dies konstatiert beispielsweise auch W. Hartmann, Kirche und Kirchenrecht um 900. Die Bedeutung der spätkarolingischen Zeit für Tradition und Innovation im kirchlichen Recht (MGH Schriften 58), München 2008, 87.
[26] Cf. L. Kéry, Canonical Collections of the Early Middle Ages (ca. 400–1140). A Bibliographical Guide to the Manuscripts and Literature (History of Medieval Canon Law), Washington, D.C. 1999. Cf. auch Hartmann, Kirche (nt. 25).
[27] Cf. Carolingian Canon Law Project <http://ccl.rch.uky.edu/> (Stand: 31.01.2019). Cf. grundlegend zum Projekt A. Firey, The Carolingian Canon Law Project. White Paper, URL: <http://dx.doi.org/10.17613/M6P926> (Stand: 31.01.2019).

dem kollaborativen Bereitstellen dieser Texte widmet. Es ist daher keine Handschriftendatenbank, dennoch werden Übersichten der Codices mit kanonistischem Material geboten[28]. Die Handschriftenseiten selbst enthalten entsprechend so gut wie keine Informationen. Die Webpräsenz eignet sich daher nur bedingt für eine Beschäftigung mit der konkreten handschriftlichen Überlieferung kirchenrechtlicher Texte. Man kann aufgrund der Listen aber sehr gut ermessen, wie reich kanonistisches Material überliefert ist. Die Anzahl der dort gelisteten Handschriften übersteigt jene der ‚Bibliotheca legum' bei weitem.

Mit der ‚Bibliotheca legum', ‚Capitularia', dem ‚Carolingian Canon Law Project' und ‚Manuscripta juridica' stehen mehrere Datenbanken zur Verfügung, die es ermöglichen, sich mit der handschriftlichen Überlieferung und dem Rechtswissen im frühen Mittelalter auseinanderzusetzen. Interessant ist hierbei, dass sich das ‚Carolingian Canon Law Project' und ‚Manuscripta juridica' eher auf die Rechtstexte selbst konzentrieren, während die ‚Bibliotheca legum' den Fokus auf die Handschriften legt. ‚Capitularia' nimmt eine Zwischenstellung ein, da hier sowohl Handschriften als auch die in ihnen enthaltenen Texte im Zentrum des Interesses stehen.

Ein Projekt, das sich zwar nicht mit Rechtshandschriften beschäftigt, aber interessante Parallelen zur ‚Bibliotheca legum' aufweist, ist die ‚Bibliotheca Laureshamensis digital'[29]. Ist die ‚Bibliotheca legum' eine überörtliche, virtuelle Bibliothek mit einem bestimmten Themenschwerpunkt, so führt dieses Projekt die einst real existierende mittelalterliche Bibliothek der bedeutenden Abtei Lorsch virtuell wieder zusammen[30].

Von den ungefähr 500 Titeln, die im 9. Jahrhundert in Lorsch vorhanden waren, sind 331 Handschriften in 309 Signaturen in wiederum 73 Bibliotheken heute noch erhalten. Das Projekt hatte zum einen die Digitalisierung aller Handschriften und zum anderen die Beschreibung[31] dieser Handschriften zum Ziel. Damit weist es eine ähnliche Anzahl an Handschriften wie die ‚Bibliotheca legum' auf. Die ‚Bibliotheca Laureshamensis digital' verzeichnet alle Handschriften, die in Lorsch entstanden oder aufbewahrt wurden, und dies auf Grundlage von Bernhard Bischoffs grundlegender Studie ‚Die Abtei Lorsch im Spiegel

---

[28] Cf. Conceptual Corpus, URL: <https://ccl-beta.as.uky.edu/corpus/by-title-and-shelfmark> (Stand: 10.02.2020).
[29] Cf. Bibliotheca Laureshamenses digital. Virtuelle Klosterbibliothek Lorsch, URL: <https://www.bibliotheca-laureshamensis-digital.de/> (Stand: 31.01.2019).
[30] Das Heidelberger Projekt ist nicht das einzige, das eine virtuelle Rekonstruktion einer Bibliothek zum Ziel hat, cf. hierzu S. Philippi/P. Vanscheidt (eds.), Digitale Rekonstruktionen mittelalterlicher Bibliotheken (Trierer Beiträge zu den historischen Kulturwissenschaften 12), Wiesbaden 2014, wo sich auch ein Beitrag zur Bibliotheca Laureshamensis findet.
[31] Cf. Erschließung der Lorscher Handschriften, URL: <https://www.bibliotheca-laureshamensis-digital.de/de/projekt/erschliessung.html> (Stand: 31.01.2019). Die Handschriftenbeschreibungen sind zusätzlich im Druck erschienen, cf. M. Kautz (ed.), Bibliothek und Skriptorium des ehemaligen Klosters Lorsch. Katalog der erhaltenen Handschriften, 2 voll., Wiesbaden 2016.

ihrer Handschriften'[32] sowie ergänzende Arbeiten Hartmut Hoffmanns[33]. Diese aus praktischen Gründen getroffene Entscheidung hat eine starke Parallele zur ‚Bibliotheca legum', die Mordeks ‚Bibliotheca capitularium' als Quelle ihres Grundbestands nimmt. Das Lorscher Projekt verzeichnet darüber hinaus aber auch Handschriften, die Bischoff und Hoffmann nicht Lorsch zuschrieben, oder Handschriften, die ihnen unbekannt waren[34]. In der Verbindung von Bereitstellung von Digitalisaten, die hier aber teilweise selbst angefertigt wurden, dem Erstellen von Handschriftenbeschreibungen, dem Umfang der Bibliothek und der Verwendung von einschlägigen Grundlagenwerken liegen deutliche Parallelen zur ‚Bibliotheca legum'.

Die bisherigen Ausführungen haben Hilfsmittel aufgezeigt, mit denen sich die heute noch erhaltenen Rechtshandschriften erfassen und näher untersuchen lassen. Diese Handschriften mit ihren jeweils individuell gestalteten Texten sind die heute noch existenten Zeugnisse des Rechtwissens einer vergangenen Epoche. Im Folgenden soll danach gefragt werden, wie sich die Zahl der auf uns gekommenen Handschriften zu jener der nicht mehr existenten Codices verhält.

## II. Bezeugte Handschriften

Das Ziel der ‚Bibliotheca legum' ist die Erforschung der Verbreitung von Rechtswissen im karolingischen Frankenreich. Von den verzeichneten 326 Handschriften stammen ca. 160 aus der Karolingerzeit (750–900)[35]. Umgelegt auf das gesamte Frankenreich, das sich von Italien bis Sachsen und von Barcelona bis Regensburg erstreckte, erscheint die Zahl nicht besonders hoch. Sie muss jedoch in Relation gesetzt werden zu der Masse von Kopien, die über die Jahrhunderte hinweg verloren gegangen sind. Die Frage des Quellenverlusts ist von hoher methodischer Bedeutung, weil sie zur Reflexion über die Möglichkeiten und Grenzen historischer Erkenntnis anregt. In seinem klassischen Aufsatz ‚Überlieferungs-Chance und Überlieferungs-Zufall' vertrat Arnold Esch dezidiert die Ansicht, dass es legitim, ja sogar notwendig sei, „in das Dunkel der Überlieferung hineinzufragen, und zwar auch dort, wo wir auf eine Antwort nicht hoffen

---

[32] Cf. B. Bischoff, Die Abtei Lorsch im Spiegel ihrer Handschriften (Geschichtsblätter Kreis Bergstraße. Sonderband 10), Lorsch 1974/1977, ²1989.

[33] Cf. Literatur zur Bibliothek und zum Skriptorium von Lorsch, URL: <https://www.bibliotheca-laureshamensis-digital.de/de/kloster/literatur/biblskript.html> (Stand: 31.01.2019).

[34] Cf. für eine allgemeine Beschreibung des Projekts: Projektziele, URL: <https://www.bibliotheca-laureshamensis-digital.de/de/projekt/ziele.html> (Stand: 31.01.2019).

[35] Kriterium ist die Erwähnung in B. Bischoff (mit B. Ebersperger), Katalog der festländischen Handschriften des neunten Jahrhunderts (mit Ausnahme der wisigotischen) voll. I–III und Gesamtregister, Wiesbaden 1998–2017. Cf. URL: <http://www.leges.uni-koeln.de/mss/bischoff> (Stand: 31.01.2019).

dürfen"³⁶. Nur wenn sich die Geschichtsforschung bewusst macht, auf welche Weise Unvollständigkeit kompensiert, aufgefüllt oder unbeachtet gelassen und wie sie von einzelnen Oasen überreich fließender Quellen verführt wird, gewinnt man ein Verständnis von der Begrenztheit historischer Erkenntnismöglichkeiten.

Möglich ist eine solche Annäherung an die Quantität des Quellenverlusts in unserem Fall durch die Heranziehung von mittelalterlichen Bibliothekskatalogen. Was in solchen Katalogen verzeichnet wurde, aber heute nicht mehr in der entsprechenden Bibliothek oder einer Nachfolgeinstitution aufbewahrt wird, kann als verloren gelten. Der niederländische Wirtschaftshistoriker Eltjo Buringh hat auf der Grundlage der Auswertung dieser Quellen erstmals eine quantitative Berechnung des Handschriftenverlustes durchgeführt³⁷. Seinen Berechnungen zufolge sind ca. 4% der Handschriften des 9. Jahrhunderts erhalten, d. h. er nimmt die Zahl von 200.000 Handschriften des 9. Jahrhunderts an im Vergleich zu den 7.656 Einträgen im Katalog von Bernhard Bischoff (der aber die angelsächsische und westgotische Produktion nicht verzeichnet)³⁸. Buringh geht damit von weitaus höheren Zahlen aus als die bisherige Forschung, die zwischen 14% und 29% angenommen hatte³⁹.

Wie valide ist diese Schätzung? Die Berechnungen von Buringh sind von Historikern aus verschiedenen Gründen kritisch aufgenommen worden⁴⁰. Heikel ist vor allem die fehlende Problematisierung, was als kodikologische Einheit aufzufassen ist und wie mit Fragmenten von Handschriften umzugehen ist. Daneben irritieren die zufällig gesammelten und regional sehr ungleich verteilten Basisdaten, die Buringh seiner Untersuchung zugrunde legt. Besonders fraglich erscheint, dass Buringh nicht zwischen unterschiedlichen Textsorten oder Gattungen unterscheidet: Augustins Gottesstaat bewahrte sicher eine andere Relevanz über die Jahrhunderte als z. B. Verwaltungsschriftgut. Als Mediävist hat man auch Unbehagen damit, die Verhältnisse in England zum Normalfall der europäischen Überlieferungssituation zu erklären. Schließlich wird das diffizile Problem der Provenienz von Handschriften von Buringh weitgehend ausgeblendet.

Ungeachtet dieser Defizite besteht kein Zweifel daran, dass die Untersuchung von Buringh erstmals diskutable Zahlen zur Überlieferung und zum Quellenver-

---

³⁶ A. Esch, Überlieferungs-Chance und Überlieferungs-Zufall als methodisches Problem des Historikers, in: Historische Zeitschrift 240 (1985), 529–570, hier 570. Zur Frage des Quellenverlusts cf. auch Th. Haye, Verlorenes Mittelalter. Ursachen und Muster der Nichtüberlieferung mittellateinischer Literatur (Mittellateinische Studien und Texte 49), Leiden–Boston 2016.
³⁷ E. Buringh, Medieval Manuscript Production in the Latin West. Explorations with a Global Database (Global Economic History Series 6), Leiden 2011.
³⁸ Bischoff, Katalog (nt. 35).
³⁹ McKitterick, Carolingians (nt. 3), 163 (nach einer Auskunft von Bischoff: 50.000 Handschriften des 9. Jahrhunderts); John L. Cisne, How science survived: Medieval manuscripts' „demography" and classic texts' extinction, in: Science 307 (2005), 1305–1307 (29% sind erhalten).
⁴⁰ Cf. die Besprechung von M. Bertram in: Quellen und Forschungen aus italienischen Archiven und Bibliotheken 92 (2012), 648–652. Kritische Bemerkungen hierzu auch von Christoph Flüeler in diesem Band.

lust mittelalterlicher Handschriften vorgelegt hat. Auf dieser Grundlage muss weiter vorangeschritten werden. Als Vorarbeit dafür haben wir für die ‚Bibliotheca legum' alle Erwähnungen von weltlichen Rechtshandschriften des Frühmittelalters in Bibliothekskatalogen und Bücherverzeichnissen ermittelt und in einer Tabelle auf der Webseite veröffentlicht[41].

Wenn man diese Liste als Grundlage für die Ermittlung des Quellenverlusts verwenden will, sind zunächst einige methodische Probleme anzusprechen. Erstens kann aufgrund der fehlenden systematischen Aufarbeitung nicht gewährleistet werden, dass alle Bücherverzeichnisse berücksichtigt wurden. Zum Beispiel ist die Publikation der Mittelalterlichen Bibliothekskataloge Deutschlands seit langem ins Stocken geraten. Für Frankreich ist man im Wesentlichen auf Erschließungsarbeiten des 19. Jahrhunderts angewiesen. Zweitens können nur wenige Verzeichnisse annähernd Vollständigkeit beanspruchen. Aus der Karolingerzeit sind das die Kataloge der Klöster Saint-Riquier, St. Gallen, Reichenau und Lorsch sowie der Dombibliothek von Köln[42]. Es handelt sich also überwiegend um Institutionen im östlichen Teil des Frankenreichs. Drittens erfolgte die Verzeichnung in den Katalogen meist so kursorisch und oberflächlich, dass eine Identifikation mit einer heute vorhandenen Handschrift nur selten möglich ist. Es kann somit nicht immer ausgeschlossen werden, dass sich die verzeichnete Handschrift andernorts erhalten hat. Nur die Kenntnis der Überlieferungsgeschichte aller Leges-Handschriften, wie sie die ‚Bibliotheca legum' möglich macht, erlaubt solche Rückschlüsse – natürlich mit der gebotenen Vorsicht.

Besonders geeignet für diese Untersuchung ist der Bibliothekskatalog des Klosters Reichenau aus den 820er Jahren, da die präzisen Beschreibungen der Handschriften durch den Bibliothekar Reginbert eine Identifizierung mit erhaltenen Exemplaren erleichtern. Reginbert hielt nicht nur den Titel des Rechtsbuchs fest wie andere Bibliothekare, sondern er gibt auch Informationen über die kleineren Begleittexte. Zum Beispiel ist die von ihm verzeichnete Kombination von ‚Lex Ribuaria', ‚Lex Alamannorum', Kapitularien und der Legende der Kreuzesauffindung in keiner heute existenten Handschrift belegt[43]. Diese Handschrift muss also verloren sein. Auch das Exemplar der ‚Lex Alamannorum' hat dasselbe Schicksal ereilt, da keine existente Handschrift oder keine existente kodikologische Einheit nur das alemannische Recht überliefert und aus der Zeit

---

[41] URL: <http://www.leges.uni-koeln.de/mss/katalogeintraege> (Stand: 31.01.2019). Die Dokumentation wurde von Georg F. Heinzle aufbereitet.

[42] Cf. McKitterick, Carolingians (nt. 3), 165–210 und zuletzt A. Häse, Mittelalterliche Bücherverzeichnisse aus Kloster Lorsch, Wiesbaden 2002. In Murbach sind wohl die Leges-Handschriften nicht verzeichnet worden: É. Lesne, Les Livres, „Scriptoria" et Bibliothèques du commencement du VIII$^e$ a la fin du XI$^e$ siècle, Lille 1938, 709; K.-E. Geith/W. Berschin, Die Bibliothekskataloge des Klosters Murbach aus dem IX. Jahrhundert, in: Zeitschrift für Kirchengeschichte 83 (1972), 61–87, hier 82.

[43] „Item lex Ribuaria et lex Alamannica et capitula domni Karoli imperatoris addenda legibus et inventio sanctae crucis in codice I." Paul Lehmann, Mittelalterliche Bibliothekskataloge Deutschlands und der Schweiz, vol. 1: Die Bistümer Konstanz und Chur, München 1918, 245.

vor der Niederschrift des Reichenauer Katalogs datiert. Von den insgesamt zwölf verzeichneten Leges-Handschriften ist allein ein Eintrag nicht abschließend zu bewerten, und zwar die Einzelüberlieferung der ‚Lex Salica', für die es aber auch nur einen heute noch existierenden möglichen Kandidaten gibt, und zwar die Pariser Handschrift Lat. 8801, die aber nach Bischoff[44] im nördlichen Frankenreich entstanden ist und keine Verbindungen nach Alemannien erkennen lässt. Es bleibt somit festzuhalten, dass von den zwölf Leges-Handschriften der Reichenau mit großer Wahrscheinlichkeit alle dem Quellenverlust anheimgefallen sind[45]. Dies verwundert nicht angesichts der Tatsache, dass die Reichenauer Handschriften seit der Auflösung des Klosters im Zuge der Reformation und der Säkularisation im 18. Jahrhundert in alle Winde zerstreut wurden[46].

Dasselbe Schicksal erlebte das Kloster Lorsch. Dank des schon erwähnten Projekts ‚Bibliotheca Laureshamensis digital' verfügen wir jedoch über eine umfassende Erschließung der noch vorhandenen Bestände der ehemaligen Reichsabtei. Der Lorscher Katalog aus der Mitte des 9. Jahrhunderts verzeichnet drei Leges-Handschriften: ein Exemplar des ‚Codex Iustinianus', eine Kopie des westgotischen Rechts sowie eine Handschrift mit der Kombination von ‚Lex Ribuaria' und ‚Lex Salica'[47]. Von diesen drei Handschriften ist nur das westgotische Recht heute noch in einem Straßburger Fragment erhalten, das ursprünglich im Kloster Lorsch geschrieben worden war[48]. Für die anderen beiden Einträge gibt es keine Indizien für die Identifikation mit einer erhaltenen Handschrift: und zwar sowohl auf der Basis der ‚Bibliotheca legum' als auch auf der Basis der ‚Bibliotheca Laureshamensis'.

Ein konträrer Befund ergibt sich für das Kloster St. Gallen, das schon allein durch die Kontinuität des Bibliotheksbestandes bis heute hervorsticht. In der Mitte des 9. Jahrhunderts wurden im Katalog zwei Leges-Handschriften verzeichnet: eine Sammelhandschrift mit römischem, fränkischem und alemannischem Recht sowie eine Rarität, ein Exemplar der ‚Institutionen' des Justinian[49].

---

[44] Bischoff, Katalog III (nt. 35), 146.
[45] Zu folgendem Eintrag: „*Lex Theodosiana de diversis Romanorum legibus, Lex Ribuaria, lex Salica et lex Alemannica et capitula domni Karoli et domni Hludovicii imperatorum addenda legibus necnon et alia capitula eius de nutriendis animalibus et laborandi cura in domestica agricultura in codice I.*" Lehmann, Bibliothekskataloge (nt. 43), 247. Cf. Mordek, Bibliotheca (nt. 7), 240 und 946sq.; A. Dold, Zum Langobardengesetz. Neue Bruchstücke der ältesten Handschrift des Edictus Rothari, in: Deutsches Archiv 4 (1940), 1–52, hier 50 erwägt ohne rechten Grund die Identität von St. Gallen Cod. 730 mit dem Eintrag: „*In XIX. libello habetur lex Longobardorum et passio Servuli quem emi VIII denariis.*" Lehmann, Bibliothekskataloge (nt. 43), 260.
[46] Cf. die Rekonstruktion der Bibliothek in URL: <http://www.stgallplan.org/stgallmss> (Stand: 31.01.2019).
[47] „*443. Constitutio legis Iustiniani imperatoris. 458. Lex Gothorum in uno codice. 459. Lex Ribuaria et lex Salica in uno codice.*" Häse, Bücherverzeichnisse (nt. 42), 166–168.
[48] Straßburg, Archives départementales du Bas-Rhin, 151 J 50.
[49] „*De legibus. LEX Theodosiana, LEX Ermogeniana, lex Papiani, lex Francorum, LEX Alamannorum, in volumine I. ... Item Institutiones imperatorum Romanorum, volumen I.*" Lehmann, Bibliothekskataloge (nt. 43), 79.

Die erste Handschrift befindet sich noch heute unter der Signatur 729 in St. Gallen. Der Justinian-Codex ist mit Sicherheit verloren gegangen, weil heute kein Exemplar davon aus der Zeit vor 850 erhalten ist[50].

Dass aber die Kontinuität der Institution nicht vor Quellenverlust schützt, zeigt die Dombibliothek von Köln, deren Bestände im Jahr 833 verzeichnet wurden. Von den damals katalogisierten 175 Bänden können heute noch ungefähr 20% sicher identifiziert werden[51]. Für die Rechtshandschriften sieht es noch schlechter aus. 833 war ein Exemplar des römischen Rechts, drei Bände mit der Kombination der beiden fränkischen Rechtsbücher und eine ‚Lex Ribuaria' vorhanden[52]. Von diesen fünf Leges-Handschriften fehlt jede Spur: Sie befinden sich nicht in der heutigen Dombibliothek und sie tauchen auch nicht in anderen Beständen auf, in die Kölner Handschriften im Lauf der Zeit gewandert sind. Die Beschreibungen der ‚Bibliotheca legum' geben auch keine Hinweise auf Manuskripte an anderen Orten, die möglicherweise eine Kölner Provenienz begründen lassen[53]. Der Quellenverlust dieser fünf Handschriften lässt sich zwar nicht schlüssig beweisen, erscheint aber sehr wahrscheinlich.

Zählt man diese Befunde für Reichenau, Lorsch, St. Gallen und Köln zusammen, kommen wir auf zwei erhaltene im Vergleich zu 20 verlorenen Handschriften und damit auf einen Prozentsatz von 9% bzw. einen Quellenverlust von 91%. Diese Berechnung beruht zwar auf einem schmalen Fundament. Die Zahl des Verlusts muss aber wahrscheinlich noch höher angesetzt werden, wenn wir die Überlegungen Arnold Eschs zu den unterschiedlichen Überlieferungschancen von Textsorten berücksichtigen. Zum einen ist zu bedenken, dass fast die gesamte Textüberlieferung des frühen Mittelalters nur über die Aufbewahrung in kirchlichen Archiven eine Chance auf Erhaltung hatte. Rechtshandschriften im Besitz weltlicher Amtsträger müssen in noch größerem Ausmaß verloren gegangen sein. Zwei Testamente aus der Mitte des 9. Jahrhunderts, ausgestellt von den Grafen Eberhard von Friaul und Eckhard von Mâcon, bezeugen die Vererbung von Leges-Handschriften, von denen wir mit einiger Sicherheit sagen können, dass sie nicht erhalten geblieben sind[54]. Zum anderen muss berücksich-

---

[50] Ch. M. Radding/A. Ciaralli, The Corpus Iuris Civilis in the Middle Ages. Manuscripts and Transmission from the Sixth Century to the Juristic Revival (Brill's Studies in Intellectual History 147), Leiden 2007.

[51] Cf. G. Frenken, Zu dem Kataloge der Dombibliothek von 833, in: K. Löffler (ed.), Kölnische Bibliotheksgeschichte im Umriss, Köln 1923, 53–56, digital verfügbar auf URL: <http://www.ceec.uni-koeln.de> (Stand: 31.01.2019). Zukünftig: P. Engelbert, Karolingische Handschriften der Kölner Dombibliothek, Regensburg 2019.

[52] A. Decker, Die Hildebold'sche Manuskriptensammlung des Kölner Domes, in: Festschrift der 43. Versammlung deutscher Philologen und Schulmänner, Bonn 1895, 217–253, hier 227.

[53] Allein die Lex Ribuaria-Handschrift Vatikan, Bibliotheca Apostolica Vaticana, Pal. Lat. 773 könnte mit Köln in Beziehung stehen. Bischoff, Katalog III (nt. 35), 416 situiert ihre Entstehung am Niederrhein.

[54] McKitterick, Carolingians (nt. 3), 245–250; K. Ubl, Sinnstiftungen eines Rechtsbuchs. Die Lex Salica im Frankenreich (Quellen und Forschungen zum Recht im Mittelalter 9), Ostfildern 2017, 223–225.

tigt werden, dass Bibliothekskataloge dort nicht in den Regionen vorhanden sind, wo die Rechtsordnung stärker durch Schriftlichkeit geprägt war, wie im Süden und Westen Galliens oder in Norditalien. Die Bibliothekskataloge in Lorsch, Reichenau, St. Gallen und Köln liegen in Regionen des mündlichen Gewohnheitsrechts[55].

Die Zahl von 9 % scheint daher allenfalls die Obergrenze darzustellen. Eine realistische Einschätzung wird sich daher eher im Rahmen der ca. 4–5 % bewegen, die Eltjo Buringh aufgrund seiner groben Datenbasis vorgeschlagen hat. Damit soll aber nicht behauptet werden, dass diese Zahl auf andere Textsorten oder auf die gesamte Überlieferung des 9. Jahrhunderts übertragbar wäre. Rechtsbücher haben nämlich als Textsorte einen unmittelbaren Nexus mit der politischen Gemeinschaft, in der sie aufgezeichnet wurden und für die sie normative Geltung beanspruchten. Diese politischen Gemeinschaften wie das Langobardenreich und das Westgotenreich waren bereits vor dem ersten „Quantensprung"[56] der Schriftlichkeit um 1200 zugrunde gegangen, und ihre Rechtsbücher sind nach der Wiederentdeckung der Digesten vom römischen Recht verdrängt worden. Nach der Zeit um 1200 wurden sie deshalb wie der Codex des Kaisers Theodosius kaum mehr abgeschrieben; andere Rechtsbücher wie die fränkischen *leges* sind schon früher aus den Skriptorien verschwunden. Diese abnehmende Relevanz hatte sicher eine geringere Chance auf Überlieferung zur Folge. Eine Abschrift von Augustins ‚De civitate dei' in karolingischer Minuskel verlor dagegen nie ihren Nutzen.

Demnach könnte es in der Karolingerzeit bei weitem mehr Leges-Handschriften gegeben haben als die heute erhaltene Anzahl von ca. 160. Beim Prozentsatz von 9 % erhaltenen Handschriften, der sich aus der Betrachtung der karolingischen Bibliothekskataloge ergeben hat, ergibt das die Zahl von 1.800 Handschriften. Folgt man Buringh mit seiner Berechnung von 4 %, gab es einst mehr als doppelt so viele Handschriften. Wenn wir wie Karl Ferdinand Werner[57] von der Existenz von ca. 200 Grafschaften im karolingischen Frankenreich ausgehen, kämen wir auf 9–18 Leges-Handschriften pro Grafschaft, eine nicht unerhebliche Größenordnung. Welche Konsequenzen sind aus diesem Befund zu ziehen?

Erstens wird dadurch verständlich, warum die Versuche, die Überlieferung der Rechtstexte durch die Rekonstruktion eines Stemmas zu erfassen, so häufig gescheitert sind. Aufgrund der vielen verlorenen Überlieferungsträger und aufgrund von Kontamination stellt dies oftmals ein aussichtsloses Unterfangen dar[58]. Zweitens zeigt uns diese hohe Zahl, wie weit das Rechtswissen im Fran-

---

[55] P. Wormald, The Making of English Law. King Alfred to the Twelfth Century, vol. 1: Legislation and its Limits, Oxford 2001, 91.
[56] Esch, Überlieferungs-Chance (nt. 36), 564.
[57] K. F. Werner, Hludovicus Augustus. Gouverner l'empire chrétien – Idées et réalités, in: P. Godman/R. Collins (eds.), Charlemagne's Heir. New Perspectives on the Reign of Louis the Pious (814–840), Oxford 1990, 3–123.
[58] Cf. das Stemma in F. Beyerle/R. Buchner (eds.), Lex Ribvaria (MGH LL nat. Germ. III/2), Hannover 1954, 47. Weitere Stemmata auf URL: <http://www.leges.uni-koeln.de/materialien/stemmata> (Stand: 31.01.2019).

kenreich verbreitet war. Obwohl das karolingische Rechtssystem weder mit der Antike noch mit der neueren Zeit vergleichbar war, partizipierte die weltliche und geistliche Elite des Reiches am Rechtswissen der Handschriftenkultur. Die politische Ordnung des Frankenreichs baute wesentlich auf der gentilen Struktur der Rechtsbücher auf[59]. Drittens sollte die Rede vom Frühmittelalter als einer (teil-)oralen Gesellschaft endgültig ad acta gelegt werden[60]. Wie uns die Studien von Rosamond McKitterick, Mark Mersiowsky, Warren Brown und anderen in den letzten Jahrzehnten gelehrt haben[61], war Schriftlichkeit eine breit genutzte Technik bei der Verwaltung des Frankenreichs. Die Leges-Handschriften waren Teil dieser Schriftkultur, von der nur mehr kärgliche Überreste vorhanden sind.

---

[59] Ubl, Sinnstiftungen (nt. 54), 247–252. Cf. zukünftig auch D. Trump, Studien zur Überlieferungs- und Rezeptionsgeschichte der Epitome Aegidii, Diss. Köln 2020.

[60] H. Vollrath, Das Mittelalter in der Typik oraler Gesellschaften, in: Historische Zeitschrift 223 (1981), 571–594.

[61] McKitterick, Carolingians (nt. 3); M. Mersiowsky, Regierungspraxis und Schriftlichkeit im Karolingerreich: Das Fallbeispiel der Mandate und Briefe, in: R. Schieffer (ed.), Schriftkultur und Reichsverwaltung unter den Karolingern, Opladen 1996, 109–166; W. C. Brown, Laypeople and documents in the Frankish formula collections, in: id. et al. (eds.), Documentary Culture and the Laity in the Early Middle Ages, Cambridge 2013, 125–151.

II. Klosterbibliotheken

# Schreiber und Werke: ein Vergleich paläographischer und textlicher Beziehungen am Beispiel der österreichischen Zisterzienserklöster Heiligenkreuz und Baumgartenberg als methodischer Zugang zur Untersuchung monastischer Netzwerke

Katharina Kaska (Wien)

Da es sich bei dem hier behandelten Zisterzienserkloster Baumgartenberg um eine selbst in Österreich wenig beachtete Institution handelt, deren Handschriftenbestand bisher nur oberflächlich untersucht wurde, soll zunächst auf die Kloster- und Bestandsgeschichte eingegangen werden. Nach einer Charakterisierung des Bestandes werden die Möglichkeiten und Herausforderungen bei der Untersuchung von Klosternetzwerken in bayerischen-österreichischen Raum des 12. Jahrhunderts in philologischer und paläographischer Hinsicht dargelegt. Anhand von vier Handschriften aus dem Baumgartenberger Bestand in der Oberösterreichischen Landesbibliothek (OÖLB Cod. 318, 319 und 328) und der Österreichischen Nationalbibliothek (ÖNB Cod. 706) wird anschließend ein erster Einblick in die textlichen und materiellen Beziehungen zu den Handschriften des Mutterklosters Heiligenkreuz gegeben[1]. Zur besseren Übersichtlichkeit werden die detaillierten Informationen und Auswertungen zu diesen Handschriften an das Ende des Beitrags gestellt.

## I. Baumgartenberg und seine Bibliothek

Das nördlich der Donau im unteren Mühlviertel gelegene Zisterzienserkloster wurde 1141/2 als Tochterkloster von Heiligenkreuz[2] durch die Herren von Perg

---

[1] Die Arbeit ist Teil eines umfangreicheren Projekts zur Frühzeit von Scriptorium und Bibliothek von Baumgartenberg. Nähere Informationen cf. hier: URL: <http://www.iter-austriacum.at/kodikologie/texttransfer-und-buchaustausch-netzwerke-monastischer-handschriftenproduktion-am-beispiel-des-zisterzienserstifts-baumgartenberg-in-oberoesterreich/>. Ich danke Dominique Stutzmann für Diskussionen und Einblicke in sein Manuskript zur Bibliothek von Fontenay und deren textlichen Beziehungen zu anderen Bibliotheken, sowie Andreas Fingernagel für Informationen zum Buchschmuck einiger Baumgartenberger Handschriften. Alle Links wurden zuletzt am 17. 3. 2019 abgerufen.

[2] Für die Geschichte von Heiligenkreuz ist noch immer die ungedruckte Dissertation V. Flieder, Die Frühgeschichte der Cistercienserabtei Heiligenkreuz im Wienerwald (1133–1246) (ungedruckte Dissertation), Wien 1957 heranzuziehen. W. Richter, Historia Sanctae Crucis. Heiligenkreuz 1133–2008, Heiligenkreuz 2011 bietet eine knappe Zusammenfassung der Ereignisgeschichte, verzichtet jedoch auf Quellenangaben. Für weitere Forschungen interessant ist der

und Machland gegründet[3]. Es war, nach Stift Zwettl (1138) im niederösterreichischen Waldviertel, bereits die zweite Gründung des erst wenige Jahre alten niederösterreichischen Stifts[4]. Die Ansiedelung und Ausbreitung der Zisterzienser in der Babenbergermark[5] geht auf Anregungen von Otto, dem jüngsten Sohn von Markgraf Leopold III. und späteren Bischof von Freising, zurück. Während eines Studienaufenthalts in Frankreich[6] trat er in Morimond dem Zisterzienserorden bei[7] und veranlasste seinen Vater zur Gründung von Stift Heiligenkreuz im wenig besiedelten Wienerwald[8]. In Gefolgschaft von Otto soll Friedrich aus

---

Überblick über gedruckte und ungedruckte Quellen zur Stiftsgeschichte auf Seite 494–515, diese werden teils zitiert in D. Frey, Die Denkmale des Stiftes Heiligenkreuz (Österreichische Kunsttopographie 19), Wien 1926. Für die ältere Literatur cf. auch B. Gsell, Heiligenkreuz, in: Beitraege zur Geschichte der Cistercienser-Stifte … (Xenia Bernardina 3), Wien 1891, 35–112, hier 38–53. Der relativ rezente Aufsatz C. Lutter, Zisterzienser und Zisterzienserinnen in und um Wien, in: Historisches Jahrbuch 132 (2014), 141–177 bringt ebenfalls kaum neue Erkenntnisse. Zu Teilaspekten der Stiftsgeschichte äußert sich auch der langjährige Heiligenkreuzer Archivar Hermann Watzl, dessen Aufsätze gesammelt sind in: H. Watzl, „… in loco, qui nunc ad Sanctam Crucem vocatur…". Quellen und Abhandlungen zur Geschichte des Stiftes Heiligenkreuz 1987.

[3] Die wissenschaftliche Literatur zur Geschichte von Baumgartenberg abgesehen von Untersuchungen zur Baugeschichte der Stiftskirche, die hier nicht näher genannt werden sollen, ist spärlich. Einen Überblick bis zur Aufhebung gibt F.-X. Pritz, Geschichte des aufgelassenen Cistercienser-Klosters Baumgartenberg im Lande ob der Enns. Aus Urkunden und anderen Quellen, in: Archiv für Kunde österreichischer Geschichts-Quellen 12 (1854), 1–62; den Konvent im 17. und 18. Jahrhundert beschreibt A. Pexa, Die Cistercienser von Baumgartenberg, in: Festschrift zum 800-Jahrgedächtnis des Todes Bernhards von Clairvaux. Österreichische Beiträge zur Geschichte des Cistercienserordens, Wien 1953, 335–369; Urkundliche Quellen werden abgedruckt in F. Kurz, Beiträge zur Geschichte des Landes Oesterreich ob der Enns. 3. Merkwürdigere Schicksale der Stadt Lorch, der Gränzfestung Ennsburg, und des alten Klosters St. Florian: bis zum Ende des elften Jahrhunderts. Nebst einer Sammlung der vorzüglicheren Urkunden der Klöster Gleink und Baumgartenberg, Leipzig 1808 sowie im Urkundenbuch des Landes ob der Enns (1852–2012); G. Aigner, Die Verfassungsgeschichte des Zisterzienserklosters Baumgartenberg in Oberösterreich im Mittelalter (ungedruckte Dissertation), Wien 1970. Großteils ohne Quellen- und Literaturverweise sind die Beiträge in Festschrift 850 Jahre Baumgartenberg, Baumgartenberg 1991 sowie J. Weingartner, Aus der Chronik von Baumgartenberg, in: Museal-Blatt 35 (1841), 141 sq. und 36 (1841), 146–148. Die Aufhebung des Stiftes auf Basis von Archivalien, allerdings ohne Signaturangaben, fasst zusammen R. Hittmair, Der josefinische Klostersturm im Land ob der Enns, Freiburg i. Br. 1907, bes. 162–168.

[4] 1142 wurde das Kloster Cikádor (Szék) in Ungarn gegründet, von dessen Handschriftenbestand nach mehrfachen Zerstörungen allerdings nichts bekannt ist. Zum Kloster cf.: M. Tomann, Cikádor – die erste Zisterzienserabtei in Ungarn, in: Analecta Cisterciensia 38 (1982) 166–180.

[5] Das 1129 von Ebrach aus gegründete Stift Rein war eine Gründung der steirischen Markgrafen.

[6] R. Deutinger, Engel oder Wolf? Otto von Freising in den geistigen Auseinandersetzungen seiner Zeit, in: C. Dietl/D. Helschinger (eds.), Ars und Scientia im Mittelalter und in der Frühen Neuzeit. Ergebnisse interdisziplinärer Forschung. Georg Wieland zum 65. Geburtstag, Tübingen–Basel 2002, 31–46, hier 34–39.

[7] Zu Ottos Aufenthalt in Paris und den Eintritt in Morimond cf. J. Ehlers, Otto von Freising: Ein Intellektueller im Mittelalter, München 2013, 15–47.

[8] Cf. H. Fichtenau/H. Dienst (eds.), Urkundenbuch zur Geschichte der Babenberger. Ergänzende Quellen 976–1194 (Publikationen des Instituts für österreichische Geschichtsforschung 3/4/1), Wien 1968, 76 sq. Nr. 666 für die Quellen zur Gründungsphase

Frankreich gekommen sein, der danach der erste Abt von Baumgartenberg wurde[9]. Nach seinem Tod 1156 folgte Hermann I. (bis 1170) und Hermann II. (bis 1190), womit der Entstehungszeit der hier behandelten Handschriften abgedeckt ist.

Die Informationen zur Bibliothek in dieser Frühzeit, aber auch für spätere Perioden der Stiftsgeschichte, sind sehr spärlich[10]. Die wichtigste Quelle ist eine weiter unten näher behandelte Bücherliste des 13. Jahrhunderts. Im 15. Jahrhundert wurde das Stift zwei Mal durch die Hussiten verwüstet und niedergebrannt[11], wobei vermutlich auch Handschriften zerstört wurden[12]. Zur Vermehrung des Bibliotheksbestandes, wohl aber nur durch Drucke, kam es durch die Äbte Bernhard I. Breil (1649–1683), Candidus I. Pfiffer (1684–1718)[13] und Eugen I. Schickmayr (1749–1769)[14], der auch Annalen von Baumgartenberg verfasste. Aus der Amtszeit der beiden erstgenannten haben sich Einbände mit ihren Wappen auf mehreren Drucken in der Oberösterreichischen Landesbibliothek erhalten.

Im Jahr 1783 starb mit Christian III. Humpoletz der letzte Abt von Baumgartenberg. Zur Aufhebung des Stiftes, dessen Konvent damals etwa ein Dutzend Mitglieder hatte[15], kam es 1784[16]. Die Bibliothek wurde nach Linz verbracht, von wo der Bibliothekskatalog 1786 nach Wien übersandt wurde[17]. Dort sollte, wie auch bei den anderen Klosteraufhebungen der Zeit[18], die Hofbibliothek in Wien die für ihren Bibliotheksbestand interessanten Werke, vor allem Handschriften, Inkunabeln und Frühdrucke, auswählen. Der Katalog samt Auswahllisten wurde danach wohl zurückgeschickt, lässt sich aber heute nicht mehr nachweisen.

---

[9] Cf. dazu Continuatio Claustroneoburgensis prima, ed. G. H. Pertz (Monumenta Germaniae Historica Scriptores 9), Hannover 1851, 610, ll. 30 sq. über Otto von Freising: *„in cenobio Morimundensi ubi pernoctaverat se monachum fecit, cum aliis quindecim qui secum venerant electissimis clericis. Qui etiam, ut ab uno illorum audivi, Friderico nomine, qui et ipse in abbatem Pomkartenperge et deinde in Hungaria in episcopum electus fuerat, omnes in diversas dignitates promoti sunt."*
[10] Zusammengetragen in H. Paulhart (ed.), Mittelalterliche Bibliothekskataloge Österreichs vol. 5: Oberösterreich, Wien 1971, 13–14 (ab jetzt zitiert als MBKÖ V), wobei sich die Darstellung allerdings vor allem auf Pritz stützt.
[11] Pritz, Baumgartenberg (nt. 3), 37, auch zur Quellenproblematik.
[12] MBKÖ V (nt. 10), 13 sq.
[13] Pritz, Baumgartenberg (nt. 3), 46.
[14] Pritz, Baumgartenberg (nt. 3), 49.
[15] Pritz, Baumgartenberg (nt. 3), 104; cf. zum Konvent im 17. und 18. Jh. auch Pexa, Cistercienser, in: Festschrift (nt. 3).
[16] Pritz, Baumgartenberg (nt. 3), 51 und besonders Hittmair, Klostersturm (nt. 3), 162.
[17] Hittmaier, Klostersturm (nt. 3), 166
[18] Cf. zu den Aufhebungen F. Buchmayr, Secularization and Monastic Libraries, in: J. Raven (ed.), Lost Libraries. The Destruction of Great Book Collections since Antiquity, Basingstoke 2004, 145–162; zu Aufhebungen in Niederösterreich cf. C. Tropper, Schicksale der Büchersammlungen niederösterreichischer Klöster nach der Aufhebung durch Joseph II. und Franz (II.) I., in: Mitteilungen des Instituts für Österreichische Geschichtsforschung 91 (1983), 95–105. Für die oberösterreichischen Klöster wurden die Schicksale der Bibliotheken nach der Aufhebung noch nicht im Detail untersucht.

Zumindest die ausgewählten Handschriften lassen sich allerdings noch durch mittelalterliche und barocke Besitzvermerke im Bestand der ehemaligen Hofbibliothek, heute Österreichische Nationalbibliothek (ÖNB), ausmachen. Die Suche nach allfällig übernommenen Druckwerken ist durch die schlechtere Erfassung der Provenienzen behindert sowie durch die Praxis der Bibliothek, Sammelbände zu zerlegen, wodurch die Provenienzangaben verloren gingen. Fest steht, dass ein größerer Teil der Handschriften und ein Teil der Drucke in Linz verblieben[19]. Im Gegensatz zu vielen anderen Beständen aufgehobener Klöster, scheinen zumindest die zum Zeitpunkt der Aufhebung vorhandenen Handschriften auch heute noch relativ vollständig in der Oberösterreichischen Landesbibliothek (OÖLB) in Linz und der ÖNB in Wien nachweisbar zu sein[20].

## II. Der Bestand und seine Erforschung

Mit bis zu 70 erhaltenen mittelalterlichen Handschriften[21] zählt der Baumgartenberger Bestand zu den kleineren Handschriftenbeständen in Österreich. Auffällig ist die zeitliche Verteilung der erhaltenen Bände: Über 80 Prozent stammen aus dem 12.–13. Jahrhundert bzw. vor allem aus den ersten 100 Jahren nach der Gründung des Klosters. Den Bestand der Frühzeit beleuchtet auch eine Bücherliste aus dem Beginn des 13. Jahrhunderts, die auf dem letzten Blatt von OÖLB Cod. 473 eingetragen ist[22]. Unter dem Titel *Isti sunt libri pertinentes ad armarium beate et gloriose semper virginis dei genetricis Marie in Boumgarten* werden in vier Spalten die einzelnen Bände aufgezählt. Neben 25 nicht mehr nachzuweisenden liturgischen Handschriften werden etwa 66 Codices genannt[23]. Dank der ausführli-

---

[19] Für die Inkunabeln liegen in der Oberösterreichischen Landesbibliothek Provenienzangaben vor, für die späteren Drucke fehlen diese jedoch.

[20] Es finden sich zwei verschiedene barocke Signaturenreihen im *nummerus currens*-System, die über die Zahl 63 nicht hinausgehen. Cf. dazu auch K. Hranitzky/M. Schuller-Juckes/S. Rischpler (eds.), Die illuminierten Handschriften, Inkunabeln und Frühdrucke der oberösterreichischen Landesbibliothek in Linz. Handschriften und frühe Drucke 1440–1540. Teil 1: Österreich, Passau, Italien (ÖAW Phil. Hist. Denkschriften 500 – Veröffentlichungen zum Schrift- und Buchwesen des Mittelalters. Reihe V: Die illuminierten Handschriften und Inkunabeln in Österreich außerhalb der Österreichischen Nationalbibliothek 6/1), XLIsq. Zusätzlich zu den in den genannten Bibliotheken aufbewahrten Bänden wird auch die Handschrift Chaumont (Haute-Marne), Bibliothèque de la Ville, Cod. 78 (121) aufgrund des Inhalts Baumgartenberg zugewiesen. Cf. R. B. C. Huygens, Le moine Idung et ses deux ouvrages: „Argumentum super quatuor questionibus" et „Dialogus duorum monachorum", in: Studi medievali 3a ser. 13 (1972), 291–470, hier 316.

[21] Einige Handschriften werden in der Literatur Baumgartenberg zugeschrieben, die Zuschreibung hat sich bisher allerdings nicht erhärten lassen.

[22] Edition in MBKÖ V (nt. 10), 13–18; Digitalisat der Handschrift unter URL: <https://digi.landesbibliothek.at/viewer/resolver?urn=urn:nbn:at:AT-OOeLB-770096>

[23] Bei einigen Einträgen ist die Abtrennung nicht eindeutig. K. Holter, Das mittelalterliche Skriptorium und die Bibliothek von Baumgartenberg, in: 850 Jahre Baumgartenberg, Baumgartenberg 1991, 30–35, 49–53, hier 30 und wieder abgedruckt in: G. Heiligensetzer/W. Stelzer (ed.), Buchkunst – Handschriften – Bibliotheken: Beiträge zur mitteleuropäischen Buchkultur vom Frühmittelalter bis zur Renaissance, vol. 2 (Schriftenreihe des OÖ. Musealvereins – Gesellschaft für

chen Beschreibungen, die meist die in einem *volumen* zu finden Texte angeben, lassen sie sich relativ einfach mit heute noch erhaltenen Handschriften identifizieren[24]. Mit 31–32 erhaltenen Bänden ist etwa noch die Hälfte des Bestandes im frühen 13. Jahrhundert nachweisbar.

Die wissenschaftliche Erforschung des frühen Baumgartenberger Bestandes widmete sich bisher vor allem der Buchmalerei, über die eine erste zeitliche Gruppierung der Handschriften vorgenommen werden konnte[25]. Ein eigenständiger Stil lässt sich ab dem späten 12. Jahrhundert feststellen. Er zeigt ab dem 13. Jahrhundert eine immer kräftigere Farbigkeit[26]. Weitere Erkenntnisse sind zukünftig durch die Bearbeitung der illuminierten Handschriften der OÖLB durch Katharina Hranitzky zu erwarten[27].

In paläographischer Hinsicht werden die Baumgartenberger Handschriften im Moment einer Neubewertung unterzogen, die vor allem durch die Arbeiten von Alois Haidinger erst möglich wurde, der die frühesten Schreiberhände des Baumgartenberger Mutterklosters Heiligenkreuz aufarbeitet[28]. In seiner Daten-

---

Landeskunde 15–16), Linz 1996, 1170–1182 bezweifelt die Vollständigkeit des Verzeichnisses. Tatsächlich gibt es aber nur eine einzige Handschrift aus der fraglichen Zeit (ÖNB Cod. 726), die einen, allerdings barocken, Baumgartenberger Besitzvermerk trägt, aber nicht in der Liste genannt wird. Sie ist ein Produkt des Heiligenkreuzer Skriptoriums.

[24] Erste Identifikationen schon in MBKÖ V (nt. 10).

[25] Holter, Skriptorium Baumgartenberg, in: 850 Jahre Baumgartenberg (nt. 23); K. Holter, Buchkunst in den alten Klöstern des Machlandes und Mühlviertels, in: H. Litschel (ed.), Das Mühlviertel. Natur, Kultur, Leben. Oberösterreichische Landesausstellung im Schloß Weinberg bei Kefermarkt vom 21. Mai bis 30. Oktober 1988, voll. 1–2, Linz 1988, 401–408, wieder abgedruckt in: Heiligensetzer/Stelzer (eds.), Buchkunst – Handschriften – Bibliotheken (nt. 23), 1089–1101. Zur ersten Gruppe zählt Holter die folgenden Handschriften: ÖNB Cod. 671, 696, 725, 726, 768, 789 und 816 sowie OÖLB Cod 271, 295, 319, 328, 421, 422, 432, 483 und 485. ÖNB Cod. 789 stammt allerdings aus der Bibliothek des Domkapitels Salzburg URL: <http://data.onb.ac.at/rec/AC13957184>, ÖNB Cod. 768 wird in der neueren kunsthistorischen Forschung Klosterneuburg zugewiesen URL: <http://data.onb.ac.at/rec/AC13960110>. Cf. auch F. Simader, Österreich, in: A. Fingernagel (ed.), Geschichte der Buchkultur, vol. 4: Romanik, Teil 1: Buchmalerei, Graz 2007, 346 sqq.

[26] Simader, Österreich, in: Fingernagel (ed.), Geschichte der Buchkultur (nt. 25), 346 sq.

[27] Zu den Projekten cf. URL: <https://kunstgeschichte.univie.ac.at/forschungsprojekte/buchmalerei/team/hranitzky-katharina/>.

[28] A. Haidinger/F. Lackner, Die Bibliothek und das Skriptorium des Stiftes Heiligenkreuz unter Abt Gottschalk (1134/1147) (Codices manuscripti et impressi Supplementum 11), Purkersdorf 2015. Zur Bibliothek von Heiligenkreuz cf. auch K. Kaska, How to Know Where to Look: Usage and Interpretation of Late Medieval Book Lists in Heiligenkreuz, in: T. Falmagne/D. Stutzmann/A.-M. Turcan-Verkerk (eds.), Les Cisterciens et la transmission du textes (XIIe–XVIIIe siècle) (Bibliothèque d'histoire culturelle du Moyen Âge 18), Turnhout 2018, 53–78, ead., Neu identifizierte Heiligenkreuzer Handschriften in der Österreichischen Nationalbibliothek, in: A. Nievergelt/R. Gamper/M. Bernasconi Reusser/E. Tremp (eds.), Scriptorium. Wesen – Funktion – Eigenheiten. Comité international de paléographie latine, XVIII. Kolloquium. St. Gallen 11.–14. September 2013, München 2015, 391–408 sowie ead., Untersuchungen zum mittelalterlichen Buch- und Bibliothekswesen im Zisterzienserstift Heiligenkreuz (ungedruckte MA-Arbeit), Wien 2014 (online: URL: <http://www.stift-heiligenkreuz-sammlungen.at/wp-content/uploads/2015/11/Kaska–2014.pdf>).

bank www.scriptoria.at liegen auch für einige Baumgartenberger Handschriften in der ÖNB bereits Informationen vor. Diese können nun durch die Einordnung von Handschriften in der OÖLB ergänzt werden.

In inhaltlicher Sicht ist der Großteil der Handschriften noch unzureichend erschlossen. Der *Tabulae Codicum* Katalog aus dem 19. Jahrhundert bietet nur einen inventarhaften Überblick zum Inhalt mit minimalen kodikologischen Angaben zu den Handschriften der ÖNB[29]. Diese Angaben wurden im Onlinekatalog ergänzt und mit Informationen zur Provenienz angereichert[30]. Für die Handschriften der OÖLB existiert ein knapp gefasster und nicht immer fehlerfreier maschinschriftlicher Katalog, der in seiner Onlineversion teils mit neueren Angaben ergänzt wurde[31]. Derzeit werden Baumgartenberger Handschriften in der ÖNB und der OÖLB bis ins erste Viertel des 13. Jahrhunderts neu erfasst.

## III. Monastische Netzwerke

In den letzten Jahren lässt sich ein wachsendes Interesse an den textlichen Netzwerken und Beziehungen erkennen, die zwischen den Handschriften besonders der Zisterzienserklöster bestehen. Untersucht wird die Zusammenstellung von Texte ebenso, wie die Abhängigkeit von Einzeltexten in verschiedenen geographischen Räumen[32]. Dabei soll jedoch *a priori* keinesfalls eine ausschließlich innerzisterziensische Überlieferung angenommen werden[33], sondern auch die Möglichkeit eines lokalen Textaustausches zwischen Klöstern verschiedener Orden berücksichtigt werden. Dies gilt besonders für das bayerisch-österreichische

---

[29] Tabulae codicum manu scriptorum, praeter graecos et orientales in Bibliotheca Palatina Vindobonensi asservatorum, Wien 1864–1899, Nachdruck Graz 1965.

[30] Onlinekatalog: URL: <www.onb.ac.at>.

[31] K. Schiffmann, Die Handschriften der Öffentlichen Studienbibliothek in Linz (maschinschriftlich), Linz 1935 bzw. URL: <http://www.landesbibliothek.at/fileadmin/user_upload/PDF/Schiffmann-Katalog_Neue_Signatur.pdf>

[32] Cf. e.g. T. Falmagne, Un texte en contexte: les Flores paradisi et le milieu culturel de Villers-en-Brabant dans la première moitié du 13e siècle (Instrumenta patristica 39), Turnhout 2001; A.-M. Turcan-Verkerk, Les manuscrits de La Charité, Cheminon et Montier-en-Argonne: collections cisterciennes et voies de transmission des textes (IXe–XIXe siècles) (Documents, études et répertoires publiés par l'IRHT 59), Paris 2000; D. Stutzmann, La Collection Ambrosienne du manuscrit Paris BNF lat. 1913: Destins cisterciens, in: Falmagne/Stutzmann/Turcan-Verkerk (eds.), Les Cisterciens (nt. 28), 209–237; M. Ferrari, Lettura di sant' Ambrogio nei monasteri cisterciensi, in: G. Cariboni/N. D'Acunto (eds.), Costruzione identitaria e spazi sociali. Nuovi studi sul monachesimo cistercense nel Medioevo, Spoleto 2017, 1–39.

[33] Cf. zur Problematik T. Falmagne, Le réseau des bibliothèques cisterciennes aux XIIe et XIIIe siècles: perspectives de recherches, in: N. Bouter (ed.), Unanimité et diversité cisterciennes : filiations, réseaux, relectures (Actes du quatrième colloque international du CERCOR, Dijon, 23–25 septembre 1998), Saint-Etienne 2000, 195–222; Handschriften aus Zisterzienser- und Benediktinerklöstern, aber nicht aus Chorherrenstiften berücksichtigt L. Fagin Davis, Bernard of Clairvaux's Sermones Super Cantica Canticorum in Twelfth-Century Austria, in: A. Beach (ed.), Manuscripts and Monastic Culture. Reform and Renewal in Twelfth-Century Germany (Medieval Church Studies 13), Turnhout 2007, 285–310.

Gebiet im 12. Jahrhundert, wo in der Nähe der neu gegründeten Zisterzienserklöstern Bibliotheken und aktive Scriptorien der Benediktiner und Augustiner Chorherren vorhanden waren[34], die als potentielle Austauschpartner zur Verfügung standen. Auf einen lokalen Austausch zwischen Klöstern über Ordensgrenzen hinweg weisen vereinzelt auch die Stemmata philologischer Texteditionen[35].

Bei vielen dieser Klöster haben sich größere Teile der Bestände des 12.–13. Jahrhunderts vor Ort oder in staatlichen Bibliotheken erhalten[36] und können damit für Untersuchungen von Bibliotheksnetzwerken herangezogen werden. Gerade diese reiche Überlieferung und die damit verbundene große Anzahl an zu vergleichenden Handschriften ist es allerdings auch, die die praktische Durchführung solcher Untersuchungen schwierig macht[37].

Vergleiche von Textsammlungen können in diesem Umfeld zwar erste Hinweise auf nähere Beziehungen zwischen zwei Handschriften geben, lassen es aber in den wenigsten Fällen zu, eine direkte Kopie-Vorlage-Beziehung auch nur sehr wahrscheinlich zu machen. Zu häufig haben sich dieselben Sammlungen in vielen Klöstern aus etwa derselben Zeitperiode erhalten. Als eindrückliches Beispiel kann eine Sammlung genannt werden, die vor allem Werken des (Ps.-)Hieronymus und Isidors von Sevilla umfasst[38]. Die 19 Texte finden sich in dersel-

---

[34] Für das heutige Niederösterreich e. g. Klosterneuburg und Göttweig, für Oberösterreich Kremsmünster, Reichersberg, Mondsee und St. Florian, für die Steiermark Admont, St. Lambrecht und Seckau und für Salzburg St. Peter bzw. das Domkapitel. Darüber hinaus müssen auch die grenznahen bayerischen Klöster berücksichtigt werden.

[35] Für Heiligenkreuz lässt sich sogar eine direkte Abschrift einer Handschrift aus dem Benediktinerstift St. Peter in Salzburg aufgrund kodikologischer Eigenheiten nachweisen, cf. Kaska, Untersuchungen (nt. 28), 106–110. Besonders instruktiv ist in diesem Zusammenhang das Stemma von Hugo von St. Victors Kommentar zu ‚Super Hierarchiam' des Ps.-Dionysius Areopagita, wo von Heiligenkreuz ausgehend eine Ausbreitung des Textes zunächst in Niederösterreich zu den Zisterziensern in Zwettl, den Benediktinern in Göttweig und den Chorherren in Klosterneuburg und danach über ein verlorenes Zwischenexemplar in der Steiermark zu den Zisterziensern in Rein, den Benediktinern in Admont und den Chorherren in Seckau zu beobachten ist. Vgl. dazu D. Poirel, Des symboles et des anges: Hugues de Saint-Victor et le réveil dionysien du XIIe siècle (Bibliotheca Victorina 23), Turnhout 2013, 118 sowie Kaska, Heiligenkreuzer Handschriften, in: Nievergelt/Gamper/Bernasconi Reusser/Tremp (eds.), Scriptorium (nt. 28).

[36] Eine große Ausnahme ist Stift Reichersberg, dessen Handschriftenbestand bis auf wenige Ausnahmen 1624 bei einem Brand zugrunde ging. Cf. zum ursprünglichen Bestand S. Matiasovits, Studien zur Bibliothek des Stiftes Reichersberg (ungedruckte Diplomarbeit), Wien 2008, online URL: <http://othes.univie.ac.at/3134/>.

[37] Ein Hindernis ist auch die unzureichende Erfassung der Handschriften sowohl in Klosterbibliotheken, wo man teils auf handschriftliche Verzeichnisse angewiesen ist, die erst nach und nach in die Datenbank URL: <www.manuscripta.at> überführt werden, als auch in großen staatlichen Bibliotheken. Zum Stand der Handschriftenkatalogisierung in Österreich cf. C. Egger, Sisyphosarbeit und Tantalosqualen? – Vierzig Jahre „Handschriftenbeschreibung in Österreich" (zugleich eine Rezension zum dritten Band des Klosterneuburger Handschriftenkatalogs), in: Mitteilungen des Instituts für Österreichische Geschichtsforschung 121 (2013), 400–415.

[38] Für eine genaue Beschreibung der Sammlung von Franz Lackner am Beispiel von Heiligenkreuz, Cod. 78 cf. URL: <http://manuscripta.at/?ID=30630> bzw. Haidinger-Lackner, Bibliothek (nt. 28), 114–117.

ben Reihenfolge in Handschriften der zweiten Hälfte des 12. Jahrhunderts in zehn österreichischen Klöstern. Umgekehrt ist es selbst bei nur partieller Übereinstimmung in der Textzusammenstellung nicht ausgeschlossen, dass eine Kopie-Vorlage Beziehung besteht. Eigenständige Auslassungen und Hinzufügungen durch den jeweiligen Schreiber können in jedem Kopierschritt auftreten[39].

Für eine nähere Einordnung der Abhängigkeitsverhältnisse ist also die Auswertung der Ergebnisse detaillierterer philologischer Untersuchungen unumgänglich. In den oft stark patristisch geprägten Beständen sind für die gängigen Texteditionen kaum Handschriften des 12. Jahrhunderts verwendet worden bzw. die Handschriften nur grob einer Gruppe zugeordnet worden. Diese Gruppen umfassen oft den gesamten bayerische-österreichischen Raum, womit ihre Aussagekraft stark verringert ist.

Nähere Hinweise auf engere Beziehungen können daher oft nur durch partielle Neukollationierung einzelner Texte und Handschriften gewonnen werden. Damit können zumindest kleinere Untergruppen gebildet werden und die näher verwandten Handschriften herausgearbeitet werden[40]. Für direkte Beziehungen zwischen Handschriften lassen sich teils zumindest unmögliche Vorlage-Kopie-Beziehungen sichtbar machen und damit die Anzahl der in Frage kommenden Vorlagen verringern.

Mit diesen Textuntersuchungen wird jedoch nur ein Aspekt der Handschriftenproduktion in den Mittelpunkt gestellt: die Beschaffung der Inhalte für die in einem Kloster neu zu produzierenden Handschriften. Zu wenig berücksichtigt werden potentielle materielle und personelle Netzwerke im Zusammenhang mit der Herstellung neuer Handschriften und der Erweiterung von Bibliotheken. Handschriften können etwa direkt an eine Neugründung als Erstausstattung übergeben werden und damit eine Beziehung zwischen Klöstern aufgrund eines Buchtransfers konstituieren[41]. Ebenso können Scriptorien Schreiber und Illuminatoren anderer Häuser aufnehmen, um eine eigene Buchproduktion zu starten. Diese personellen Verflechtungen können vor allem durch kunsthistorische und paläographische Untersuchungen aufgezeigt werden[42].

---

[39] Cf. zur Problematik e.g.. Stutzmann, Collection, in: Falmagne/Stutzmann/Turcan-Verkerk (eds.), Les Cisterciens (nt. 32), 214 sq.

[40] Cf. etwa die Erstellung neuer Stemmata in diesem Zusammenhang bei Fagin Davis, Bernhard, in: Beach (ed.), Manuscripts and Monastic Culture (nt. 33) oder Ferrari, Lettura, in: Cariboni/D'Acunto (eds.), Costruzione identitaria e spazi sociali (nt. 32) und eine statistische Auswertung bei Stutzmann, Collection, in: Falmagne/ Stutzmann/Turcan-Verkerk (eds.), Les Cisterciens (nt. 32), 214 sq.

[41] Nicht berücksichtigt werden hier die liturgischen Handschriften aus der ersten Gründungsphase, die in den österreichischen Zisterzienserklöstern durchwegs verloren sind oder nur als wenige Makulaturfragmente nachweisbar sind. Cf. für Heiligenkreuz etwa Haidinger/Lackner, Bibliothek (nt. 28), 26 sq; für Zwettl cf. e.g. die in Heiligenkreuz entstandenen Antiphonarfragmente Zwettl, Fragmentgruppe Cod. 85, fol. 136 etc. (URL: <http://www.scriptoria.at/cgi-bin/scribes.php?ms=AT9800-FragmC85>).

[42] Noch ganz am Anfang stehen kodikologische Untersuchungen, sei es traditionell durch genaue Untersuchung der Herstellung von Pergament und Buchblock und der Seiteneinrichtung oder durch naturwissenschaftliche Methoden, die eine Einordnung der DNA erlauben. Gleiches gilt für naturwissenschaftliche Untersuchungen an Tinten.

In Österreich hat besonders die Erfassung des Buchschmucks eine lange Tradition, womit weiter gestreutes Vergleichsmaterial vorliegt[43]. Besonders in älteren Publikationen wurde allerdings geringerer Buchschmuck wenig beachtet und damit ist ein wichtiges Vergleichsmittel besonders für Handschriften mit nur geringfügiger Ausstattung nicht erfasst.

Die Ausgangslage für paläographische Vergleiche, die Hinweise sowohl auf Handschriften- als auch auf Schreibertransfer geben können, ist ungleich schwieriger[44]. Wie bei Textbeziehungen zwischen Klöstern, konnte auch bei Schreiberhänden bereits vereinzelt das Auftreten derselben Hand in Klöstern verschiedener Orden nachgewiesen werden[45], sodass auch hier ein großflächiger Blick auf die gesamte Klosterlandschaft nötig ist. Für das 12. Jahrhundert kann üblicherweise nicht mehr von paläographischen Schulen gesprochen werden, wie sie eine allgemeine Einordnung der Schriftheimat in karolingischer Zeit erlauben[46]. Paläographische Vergleiche bedeuten also in den meisten Fällen die Identifikation einzelner Schreiber des zu untersuchenden Bestands in anderen Beständen.

Für diese Art der Untersuchung steht über die schon genannte Website www.scriptoria.at bisher vor allem Material aus Zisterzienserstiften (Heiligenkreuz und Zwettl und in geringerem Umfang aus Rein) zur Verfügung. Da von jedem Schreiber jeder Handschrift Bilder vorhanden sind, können auch Varianten und Duktusänderungen bei Vergleichen berücksichtigt werden. Ein großes Manko der Seite ist die fehlende Suchfunktion, die die Durchsicht von tausenden Bildern nötig macht, um bisher nicht erfasste Schreiber und Handschriften ein-

---

[43] Ein Überblick zur Erfassung illuminierter Handschriften in Österreich: A. Fingernagel/M. Roland, Mitteleuropäische Schulen I (ca. 1250–1350), Wien 1997, IX–XI. Für laufende Projekte cf. die Website des Pächt-Archivs. Forschungszentrum für Buchmalerei, URL: <https://kunstgeschichte.univie.ac.at/forschungsprojekte/buchmalerei/>. Kurzinformationen zur romanischen Buchmalerei in den einzelnen österreichischen Klöstern mit umfassenden Literaturangaben bei Simader, Österreich, in: Fingernagel (ed.), Geschichte der Buchkultur (nt. 25). Im Rahmen des Projekts Go!digital 2.0 Modellfall Fragmentendigitalisierung – die mittelalterlichen Fragmente des Klosters Mondsee an der ÖNB sind neue Ergebnisse zur romanischen Buchmalerei des oberösterreichischen Benediktinerstifts zu erwarten. Ebenso ist die Erfassung der romanischen Handschriften der Oberösterreichischen Landesbibliothek als nächster Schritt der Katalogisierung durch Katharina Hranitzky vorgesehen. Für die bayerische Staatsbibliothek in München cf. E. Klemm, Die romanischen Handschriften der Bayerischen Staatsbibliothek. voll. 1 und 2 (Katalog der illuminierten Handschriften der Bayerischen Staatsbibliothek in München 3/2), 1980 und 1989.

[44] Einen Überblick zur Erforschung österreichischer Skriptorien im 12. Jahrhundert mit reichen Literaturangaben gibt C. Egger, Die Suche nach dem archimedischen Punkt. Methodische Probleme der Erforschung von Scriptorien und Buchproduktion im 12. Jahrhundert am Beispiel von Admont, in: Nievergelt/Gamper/Bernasconi Reusser/Tremp (eds.), Scriptorium (nt. 28), 375–389, bes. 377–383.

[45] Cf. e.g. den Schreiber HLK 98A, der für Zisterzienser und Chorherren arbeitete (URL: <http://www.scriptoria.at/cgi-bin/scribes.php?ms=AT3500-98>) oder den weiter unten genannten Schreiber Rudigerus (cf. auch nt. 56).

[46] M.-C. Garand, Manuscrits monastiques et scriptoria aux XIe et XIIe siècles, in: A. Gruys/J. P. Gumbert (eds.), Codicologica 3: Essais typologiques, Leiden 1980, 9–33. Egger, Suche, in: Nievergelt/Gamper/Bernasconi Reusser/Tremp (eds.), Scriptorium (nt. 44).

zuordnen. Eine genaue Auswertung der an den einzelnen Handschriften beteiligten Schreiber mit reichem Bildmaterial existiert im bayerisch-österreichischen Raum sonst nur für das Chorherrenstift Seckau[47]. Aus den bisher digitalisierten und beschriebenen Handschriften aus dem Benediktinerstift Göttweig lassen sich zumindest erste Rückschlüsse auf die Hauptschreiber des Scriptoriums ziehen[48]. Umfangreichere gedruckte Scriptoriumsuntersuchungen existieren zwar für das Benediktinerstift Mondsee[49], für die Zisterzienserstifte Aldersbach[50], Sittich/Sticna[51] und Rein[52] und für die wenigen erhaltenen Bände aus dem Chorherrenstift Reichersberg[53]. Sie bieten jedoch keine vollständige Erfassung der Schreiberhände und oft nur wenig Bildmaterial für Vergleiche.

In Hinblick auf diese Herausforderungen für breiter angelegte Vergleichsuntersuchungen, wurde als erster Forschungsschritt und als Untersuchungsgegenstand für diesen Beitrag eine konkretere Fragestellung gewählt: Welche Aussagen lassen sich über die textlichen Beziehungen zwischen Heiligenkreuz und Baumgartenberg treffen für Handschriften, für die eine paläographische Beziehung festgestellt werden kann. Ziel ist es, diese zwei Interaktionstypen zu vergleichen und so Schlüsse über Buchbeschaffung und -produktion in einem neugegründeten Zisterzienserkloster zu ziehen.

### IV. Paläographische Beziehungen zwischen Heiligenkreuz und Baumgartenberg

Für einige Baumgartenberger Handschriften bis zum dritten Viertel des 12. Jahrhunderts, die heute in der ÖNB aufbewahrt werden, existieren bereits

---

[47] URL: <http://sosa2.uni-graz.at/sosa/katalog/katalogisate/Hauptschreiber.htm>.
[48] Cf. die Liste mit Handschriftenbeschreibungen in unterschiedlicher Ausführlichkeit unter URL: <www.manuscripta.at>.
[49] C. Pfaff, Scriptorium und Bibliothek des Klosters Mondsee im hohen Mittelalter (Österreichische Akademie der Wissenschaften, Veröffentlichungen der Kommission für Geschichte Österreichs 2 = Schriften des DDr. Franz Josef Mayer-Gunthof-Fonds 5), Wien 1967.
[50] D. Frioli, Lo scriptorium e la biblioteca del monastero cisterciense di Aldersbach (Testi, studi, strumenti 3), Spoleto 1990.
[51] N. Golob, Twelfth-Century Cistercian Manuscripts: The Sitticum Collection, Ljubljana 1996.
[52] P. Wind, Die Schreibschule des Stiftes Rein von 1150–1250, in: N. Müller (ed.), Erlesenes und Erbauliches. Kulturschaffen der Reiner Mönche, Rein 2003, 13–44. N. Golob, Die Handschriften aus Sticna und Rein. Eine Bemerkung zu deren Beziehungen, in: A. Schwob/K. Kranich-Hofbauer (eds.), Zisterziensisches Schreiben im Mittelalter – Das Skriptorium der Reiner Mönche. Beiträge der Internationalen Tagung im Zisterzienserstift Rein, Mai 2003. (Jahrbuch für Internationale Germanistik, Reihe A: Kongressberichte 71), Bern et al. 2005, 113–127. F. Simader, Neue romanische Handschriften aus dem Zisterzienserstift Rein, in: Codices Manuscripti 34/35 (2001), 1–14. Zu Reiner Handschriften in Polen: H. Spilling, Lateinische Pergamenthandschriften österreichischer Provenienz in der Polnischen Nationalbibliothek (Österreichische Akademie der Wissenschaften, Sitzungsberichte der phil.-hist. Klasse 846), Wien 2014.
[53] D. Frioli, Per una storia dello scriptorium di Reichersberg: il prevosto Gerhoch e i suoi "segretari", in: Scrittura e civiltà 23 (1999), 177–212.

paläographische Analysen, die eine Beteiligung von Heiligenkreuzer Schreibern zeigen[54]. Diese Ergebnisse können durch die Analyse von heute in der Oberösterreichischen Landesbibliothek aufbewahrten Handschriften weiter untermauert werden[55]. In Summe lassen sich in mindestens zehn Baumgartenberger Handschriften bis zum dritten Viertel des 12. Jahrhunderts Schreiber nachweisen, die auch in Heiligenkreuzer Handschriften tätig sind. Zu diesen zählen allerdings auch Bände, an denen der fälschlich mit dem Namen „Rudigerus" bezeichnete Schreiber als Hauptschreiber oder alleiniger Schreiber beteiligt war[56]. Eine genauere Einordnung dieses Schreibers, der in Klöstern verschiedener Orden tätig war, steht noch aus. Da er bisher keinem Kloster oder selbst Orden zugewiesen werden konnte[57], sollen diese Handschriften an dieser Stelle nicht für die Untersuchung der Beziehungen zwischen Heiligenkreuz und Baumgartenberg herangezogen werden.

Das Vorkommen derselben Hände in Handschriften von Mutter- und Tochterkloster führt zunächst zur Frage, wo die Handschriften tatsächlich entstanden sind. Denkbar ist die Produktion im Mutterkloster und eine nachträgliche Übertragung ins Tochterkloster zur Grundausstattung der Bibliothek. Damit wäre ein Handschriftentransfer gegeben, der nichts über das Skriptorium des Tochterklosters aussagt. Alternativ wäre an einen Personalaustausch oder eine Zusammenarbeit zwischen den Skriptorien zu denken, deren genaue Form oder Lokalisierung nur schwer zu ersehen ist. Wurden Schreiber des Mutterklosters in das neue Tochterkloster als Mitglieder des Gründungskonvents übersandt? Gab es einen zeitlich befristeten Austausch an Personal etwa zur Schulung? Aufgrund des Fehlens grundlegender Informationen über die Konvente und ihre Zusammensetzung in der Frühzeit der einzelnen Klöster, bieten in den meisten Fällen nur die Handschriften selbst Anhaltspunkte für den einen oder anderen Übertragungsweg.

Instruktiv ist zunächst ein kurzer Blick auf die frühesten Handschriften von Heiligenkreuz, das als Tochter von Morimond von einer französischen Zisterze gegründet wurde, womit Hinweise auf einen aktiven Personal- oder Handschriftentransfer zunächst schon aufgrund der unterschiedlichen Schriftstilisierung in

---

[54] Cf. die Informationen zu ÖNB Cod. 696, 697, 706 und 726 auf URL: <www.scriptoria.at>.

[55] Auf URL: <www.scriptoria.at> zu OÖLB Cod. 483 und 485 und nun zusätzlich OÖLB Cod. 318, 319, 328, 337, cf. auch die Details im Folgenden.

[56] OÖLB Cod. 337, 483, 485, ÖNB Cod. 696; Seinen Namen erhielt der Schreiber aus einem erst nachträglich in die Baumgartenberger Handschrift ÖNB Cod. 696 eingetragenen Kolophon, das überdies noch falsch gelesen wurde. Tatsächlich lautet der Name im Kolophon Rudegerus. Cf. Haidinger/Lackner, Bibliothek (nt. 28), 28.

[57] Der Neufund einer Baumgartenberger Handschrift (OÖLB Cod. 337) sowie zweier Fragmente von seiner Hand in Linz verstärkt den Eindruck eines oberösterreichischen Schreibers, auch wenn seine Hand auch in Rein (Steiermark) und Heiligenkreuz (Niederösterreich) nachgewiesen ist. Zu den neuen Fragmenten cf. K. Kaska, Neue Fragmente des Schreibers Rudigerus, in: Iter-austriacum.at, online URL: <http://www.iter-austriacum.at/fragmenta/neue-fragmente-des-schreibers-rudigerus>.

Österreich und Frankreich zu erwarten sind[58]. Detailliertere Beobachtungen zu Personen- oder Handschriftentransfer sind allerdings aufgrund des geringen Erhaltungsgrads der Handschriften aus Morimond und seinen älteren Tochterklöstern nur sehr eingeschränkt möglich[59].

Eine Ausnahme bilden die drei noch erhaltenen Bände einer ursprünglich vierbändigen Ausgabe der *Moralia* Gregors des Großen (Heiligenkreuz Cod. 37, 46 und 146)[60]. Im letzten Band, der die Bücher 27 bis 35 umfasst, wurden zwei Urkunden für das Kloster Bellevaux aus dem Jahr 1131 eingetragen. Bellevaux wurde 1119 als Tochterkloster der Primarabtei Morimond gegründet und ist damit ein älteres Schwesterkloster von Heiligenkreuz. Die Entstehung der Bände in Bellevaux ist durch einen paläographischen Vergleich mit den wenigen anderen erhaltenen Handschriften gesichert[61]. Da die Bände bereits in der vor der Mitte des 12. Jahrhunderts während der Amtszeit des ersten Abtes Gottschalk (1134–1147) entstandenen ersten Bücherliste von Heiligenkreuz genannt werden[62], ist ein Transfer der Bände aus Frankreich mit dem Gründungskonvent naheliegend. Es dürfte allerdings auch zu einem Schreibertransfer gekommen sein: die erste Hand in Cod. 37[63] lässt sich wahrscheinlich mit dem häufig in Heiligenkreuz vertretenen Schreiber HLK 230A identifizieren[64].

Ebenfalls wahrscheinlich mit dem Gründungskonvent ist ein weiterer französisch geschulter Schreiber nach Heiligenkreuz gekommen (HLK 122A[65]). Seine Hand tritt auf einigen Blättern in den Handschriften Heiligenkreuz Cod. 122 und Cod. 289 auf, wo sich auch andere, ebenfalls nicht-österreichische Hände finden. Während für Cod. 289 damit keine sichere Aussage über den Entstehungsort getroffen werden kann, ist Cod. 122 aufgrund eines zweiseitigen Einschubs eines profilierten Heiligenkreuzer Schreibers wohl im österreichischen Zisterzienserkloster entstanden. Einen noch deutlicheren Hinweis auf den Aufenthalt des Schreibers HLK 122A vor Ort gibt aber eine Urkunde Bischof Reginmars von Passau für Heiligenkreuz aus dem Jahr 1136, die die älteste erhalte-

---

[58] Vergleiche den Überblick zu französischen Spuren in Haidinger/Lackner, Bibliothek (nt. 28), 23–28.
[59] Eine Liste der bekannten Handschriften der französischen Zisterzienserklöster bei A. Bondeelle-Souchier, Bibliothèques cisterciennes dans la France médiévale: répertoire des abbayes d'hommes (CNRS Documents, etudes et repertoires 41), Paris 1991, zu den erhaltenen Handschriften aus Morimond dort 217–262.
[60] Haidinger/Lackner, Bibliothek (nt. 28), 23 sq.
[61] Nähere Details in Haidinger/Lackner, Bibliothek (nt. 28), 23 sq.
[62] Die Bücherliste ist abgedruckt in T. Gottlieb (ed.), Mittelalterliche Bibliothekskataloge Österreichs, vol. 1: Niederösterreich, Wien 1915, 18–21, die genannten Handschriften auf 27, l. 8.
[63] Die Schreiberbenennungen folgen URL: <www.scriptoria.at> bzw., wo eine Hand noch nicht in die Datenbank aufgenommen wurde, dem System wie es beschrieben wird in Haidinger/Lackner, Bibliothek (nt. 28), 21. Bilder zu den Schreibern können jeweils unter der Handschriftensignatur auf URL: <www.scriptoria.at> eingesehen werden.
[64] Zu Unsicherheiten bei der Identifizierung cf. Haidinger/Lackner, Bibliothek (nt. 28), 26.
[65] Eine Identität von HLK 230A und HLK 122A wird in Haidinger/Lackner, Bibliothek (nt. 28), 26 für möglich gehalten.

ne Urkunde für Heiligenkreuz ist[66]. Trotz der für Urkunden der Zeit typischen Schriftstilisierung besteht kaum Zweifel, dass sie als Empfängerausfertigung vom Schreiber HLK 122A stammt[67].

Bei den weiteren in der Literatur genannten Beispielen für französisch geschulte Schreiberhände[68] lässt sich aus inneren paläographischen Kriterien, wie die Zusammenarbeit mit lokalen Schreibern oder Illuminatoren, der Entstehungsort Heiligenkreuz wahrscheinlich machen (HLK 203A, HLK 241A, HLK 176B). In anderen Fällen sind die Schreiberhände nur in abgeschlossenen kodikologischen Einheiten tätig, wie die sechs Schreiberhände in Cod. 184 oder der Schreiber des ersten Teiles von Cod. 215, womit der Entstehungsort zumindest paläographisch nicht eingegrenzt werden kann.

In Summe lässt sich also festhalten, dass sich für das Baumgartenberger Mutterkloster Heiligenkreuz sowohl Handschriften- als auch Personaltransfer aus dem Ursprungsland des Ordens nachweisen lässt. Auswärtig geschulte Schreiber bilden jedoch nur einen geringen Teil der unterscheidbaren Hände, die größtenteils einen bayerisch-österreichischen Schriftstil zeigen. Ihre Herkunft ist bislang ungeklärt.

Ein ähnliches Bild ergibt sich aus den ersten Untersuchungen zu den Beziehungen zwischen Heiligenkreuz und Baumgartenberg[69]. Handschriftentransfer ist etwa für die Baumgartenberger Handschrift ÖNB Cod. 726 wahrscheinlich, in der beide Hauptschreiber[70] und der Illuminator[71] aus Heiligenkreuz stammen[72], und für OÖLB Cod. 319 zumindest eine Möglichkeit[73]. Für andere Handschrift lässt sich feststellen, dass Heiligenkreuzer Hände zusammen mit sonst im Heiligenkreuzer Skriptorium nicht nachweisbaren Händen als Textschreiber auftreten (OÖLB 318, 328 und 706[74], aber auch in der hier textlich nicht näher

---

[66] R. Zehetmayer, Diplomatische Untersuchungen zum zweiten Band des Niederösterreichischen Urkundenbuchs, in: Mitteilungen aus dem Niederösterreichischen Landesarchiv 15 (2012), 59–115, hier 81. Abgedruckt in R. Zehetmayer et. al., Niederösterreichisches Urkundenbuch II: 1076–1156 (Publikationen des Instituts für Österreichische Geschichtsforschung 8/2), St. Pölten 2013, 710–712, No. 232, online URL: <http://monasterium.net/mom/AT-StiAH/HeiligenkreuzOCist/1136/charter>.

[67] Cf. etwa die Formen von e-caudata, et-Ligatur, -orum-Kürzung. Näheres cf. Kaska, Untersuchungen (nt. 28), 23 sq.

[68] Für das folgende siehe Haidinger/Lackner, Bibliothek (nt. 28), 24 sq.

[69] Für detaillierte Ausführungen cf. unter den jeweiligen Handschriften im Anhang.

[70] URL: <http://www.scriptoria.at/cgi-bin/scribes.php?ms=AT8500-726>.

[71] URL: <http://data.onb.ac.at/rec/AC13959829> mit Literatur.

[72] Die Handschrift wird als einzige erhaltene hochmittelalterliche Handschrift aus Baumgartenberg nicht in der Bücherliste des frühen 13. Jahrhunderts genannt. Sollte es sich nicht um ein Versehen des Schreibers handeln, ist es daher möglich, dass sie erst lange nach der Niederschrift in die Bibliothek gekommen ist (cf. nt. 23).

[73] Cf. die ausführliche Diskussion zu OÖLB Cod. 319 im Anhang. Ein Handschriftentransfer aus einem Chorherrenstift könnte für ÖNB Cod. 768 aus der Baumgartenberger Bibliothek vorliegen. Die Handschrift wird kunsthistorisch Klosterneuburg zugewiesen (URL: <http://data.onb.ac.at/rec/AC13960110>). Eine genaue paläographische Untersuchung steht noch aus.

[74] Cf. zu den Schreibern URL: <http://www.scriptoria.at/cgi-bin/scribes.php?ms=AT8500-706>.

behandelten Handschrift ÖNB Cod. 697[75]). Die Höhe ihres Anteils ist dabei höchst unterschiedlich. Der Schreiber Udalricus, eine der Hauptkräfte des frühen Skriptoriums in Heiligenkreuz, tritt als einer der Haupttextschreiber in OÖLB Cod. 328 auf, unterbrochen einerseits durch Einschübe von bisher nicht identifizierten Händen, andererseits durch kurze Passagen der produktiven Heiligenkreuzer Hand HLK 23C[76]. Häufiger finden sich jedoch als Hauptschreiber der Handschriften bisher nicht in Heiligenkreuz nachgewiesene Schreiber, die aber in mehr als einer Handschrift aus Baumgartenberg auftreten. So schreibt ÖNB 706A nicht nur in der namensgebenden Handschrift, sondern auch den Großteil von OÖLB Cod. 318. Ein weiterer Schreiber von Cod. 706 (ÖNB 706D) findet sich auch auf einigen Seiten in ÖNB Cod. 697. ÖNB Cod. 697 ist über den Schreiber ÖNB 697C auch mit der Baumgartenberger Handschrift ÖNB Cod. 776 verbunden (Hand A)[77]. Durch diesen paläographischen Befund für Schreiber, die einen größeren Anteil an den jeweiligen Handschriften haben, scheint eine Entstehung von OÖLB Cod. 318, ÖNB Cod. 706 und ÖNB Cod. 697 in Baumgartenberg wahrscheinlich. Die Hauptschreiber neben Udalricus in OÖLB Cod. 328 lassen sich bisher in keiner weiteren Handschrift nachweisen, sodass daraus noch keine Lokalisierung abgeleitet werden kann. Für Baumgartenberg spricht aber ein Schreiber kleinerer Einschübe. Die Hand ÖNB 706C findet sich auch in den Baumgartenberger Bänden OÖLB Cod. 318, ÖNB Cod. 706, ÖNB Cod. 697 und ÖNB Cod. 776, aber in keiner Heiligenkreuzer Handschrift. Der Schreiber weist einen unsicheren Duktus auf, mit einem variierenden Mittelband und variierenden Einzelbuchstabenformen, und zählt damit zu den schwächsten Händen in den behandelten Handschriften. Hier ist wohl am ehesten an eine Schulungssituation zu denken, bei der eine ungeübte Kraft einige wenige Zeilen eintragen durfte. Dafür spricht auch eine gewisse Festigung der Schrift, die vielleicht einen Hinweis auf eine zeitliche Abfolge der Handschriften geben kann[78]. Neben dieser ziemlich sicher als Baumgartenberger Schreiber zu identifizierenden Hand von Einschüben lassen sich auch in jenen Handschriftenteilen, in denen Baumgartenberger Schreiber als Hauptschreiber tätig sind, Heiligenkreuzer Hände bei Einschüben beobachten. Besonders hervorzuheben ist die HLK 19A, der in OÖLB Cod. 318, OÖLB Cod. 319, OÖLB Cod. 328, ÖNB Cod. 706 und ÖNB Cod. 697 kurze Einschübe schreibt. In OÖLB Cod. 328 finden sich zusätzlich noch HLK 189A (der Schreiber der ältesten Heiligen-

---

[75] Cf. zu den Schreibern URL: <http://www.scriptoria.at/cgi-bin/scribes.php?ms=AT8500-697>. Die Handschrift wird hier nicht näher behandelt, da sie keine inhaltliche Parallele zu erhaltenen Handschriften aus Heiligenkreuz hat.
[76] Cf. zu dieser Hand URL: <http://www.scriptoria.at/cgi-bin/scribes.php?scribe=AT3500-23_C>
[77] Die Handschrift wird hier nicht näher behandelt, da sie keine inhaltliche Parallele zu erhaltenen Handschriften aus Heiligenkreuz hat.
[78] Vergleiche etwa die wenigen Zeilen in OÖLB Cod. 328, foll. 102v–103r mit seinem Anteil in ÖNB Cod. 706 (Hand C). Hier sind noch weitere Untersuchungen nötig.

kreuzer Bücherliste) und, wie schon erwähnt, HLK 23C[79]. Für ÖNB Cod. 706 lassen sich zusätzlich noch HLK 78A und HLK 154B als Schreiber von kürzeren Einschüben nachweisen. Beide treten auch in OÖLB Cod. 319 auf.

Noch nicht im Detail ausgewertet wurden die Hände der Rubrikatoren und Korrektoren. Für OÖLB Cod. 318 lässt sich der Heiligenkreuzer Schreiber Udalricus als Korrektor feststellen, eine Rolle, die für ihn äußerst ungewöhnlich ist. Zwar tritt er auf etwa 1000 Seiten in Heiligenkreuz als Textschreiber auf, Korrektor ist er aber nur einmal[80]. Vielleicht korrigierte hier der erfahrene Schreiber des Mutterklosters ein Werk des Tochterklosters?

Aus dem paläographischen Befund der bisher ausgewerteten Handschriften scheint es damit wahrscheinlich, dass es zumindest einen zeitweisen Personalaustausch zwischen Heiligenkreuz und Baumgartenberg gegeben haben muss. Mit Udalricus, HLK 19A und HLK 78A lassen sich in Baumgartenberger Handschriften Schreiber nachweisen, die zu den produktivsten des Heiligenkreuzer Scriptoriums in seiner Frühzeit zählen, damit mit Sicherheit längere Zeit im Mutterkloster verbracht haben und sich vielleicht nur zeitweilig im Tochterkloster aufgehalten haben. Einzig für HLK 19A haben wir für einen Aufenthalt in Oberösterreich ein zusätzliches Indiz: Er schreibt den Grundstockes eines Fragments eines Nekrologs aus Baumgartenberg[81]. Dieses direkt mit dem monastischen Leben verbundene Dokument ist mit größerer Wahrscheinlichkeit vor Ort angefertigt worden.

Ähnlich wie beim Schriftbefund zeigt sich auch bei der Ausstattung eine starke Verwandtschaft zwischen den beiden Zisterzienserklöstern. Bisherigen Untersuchungen des meist sehr geringen Buchschmuck haben gezeigt, dass die Beziehungen zu Heiligenkreuz so eng sind, dass teils der Entstehungsort nicht entschieden werden kann[82]. Eine neuerliche Durchsicht des Buchschmuckes von OÖLB Cod. 318 und OÖLB cod. 328 zeigt einerseits eine enge Beziehung zwischen den beiden Handschriften, andererseits lässt sich die letztgenannte Handschrift gut mit den Heiligenkreuzer Handschriften Cod. 23 (2. Teil) und Cod. 204 vergleichen[83]. Dies entspricht dem Schriftbefund: der Hauptschreiber des zweiten Teils von Heiligenkreuz Cod. 23 wirkt auch an der Baumgartenberger Handschrift mit. Während der minimale Buchschmuck von ÖNB Cod. 706 bisher nicht zugeordnet werden konnte, zeigen die qualitätvolleren Initialen in

---

[79] Es ist nicht auszuschließen, dass noch weitere Hände von Einschüben auch in Heiligenkreuz nachweisbar sind. Der geringe Textumfang und die fehlende Suchfunktion in URL: <www.scriptoria.at> machen die Identifizierung schwierig.
[80] Cf. URL: <http://www.scriptoria.at/cgi-bin/scribes.php?scribe=AT8500-715_CO-D>.
[81] Haidinger/Lackner, Bibliothek (nt. 28), 30
[82] Zu dieser Gruppe zählen ÖNB Cod. 697, 706, 776, 777, 671, 725, 726 sowie OÖLB Cod. 318 und 328. Cf. Simader, Österreich, in: Fingernagel (ed.), Geschichte der Buchkultur (nt. 25), 346 sq.; auf Beziehungen im Buchschmuck weist schon Holter, Skriptorium Baumgartenberg in: 850 Jahre Baumgartenberg (nt. 23), 31 bzw. wiederabgedruckt in: Heiligensetzer/Stelzer (ed.), Buchkunst – Handschriften – Bibliotheken (nt. 23), 1171 hin, ohne sie näher zu untersuchen.
[83] Ich danke Andreas Fingernagel für die erneute Durchsicht der Initialen und die genauere Einordnung des Buchschmucks.

OÖLB Cod. 319 trotz der engen paläographischen Beziehung zu Heiligenkreuz eine Verbindung zur steirischen Zisterze Rein[84].

Sowohl für Schrift als auch für die Ausstattung und damit auf der materiellen Ebene zeigen sich bei den untersuchten Handschriften also mitunter sehr enge Beziehung zwischen Mutter- und Tochterkloster. Ihnen sollen nun die Beziehungen auf textlicher Ebene gegenübergestellt werden. Betrachtet man, trotz der oben angeführten Problematik, zunächst nur die Textzusammenstellungen, können neben erhaltenen Handschriften auch die Bücherlisten aus Heiligenkreuz und Baumgartenberg zum Vergleich herangezogen werden. So lässt sich etwa feststellen, dass die Heiligenkreuzer Handschrift ÖNB Cod. 1550 mit einer Sammlung von monastischen Regeln[85] eine verlorene Parallele in Baumgartenberg hatte[86]. Umgekehrt ist die Parallelhandschrift des Baumgartenberger Bandes ÖNB Cod. 967 mit Werken des Hieronymus heute in Heiligenkreuz verloren[87]. Unter den erhaltenen Handschriften entspricht eine Sammlung von Ambrosiuswerken in ÖNB Cod. 671 der Handschrift Heiligenkreuz, Stiftsbibliothek, Cod. 84[88].

Auf Ebene der Einzeltexte sind die Überschneidungen in den Bücherlisten, wie bereits erwähnt, aufgrund der oft sehr ähnlichen Bestandsausrichtungen der österreichischen Klöster der Zeit wenig aussagekräftig. Bei direkten Vergleichen der Bücherlisten muss überdies der große zeitliche Abstand bedacht werden, der der Baumgartenberger Bibliothek mehr Zeit zur Erwerbung weiterer, zeitgenössischer Literatur ließ. So lässt sich in der Heiligenkreuzer Bücherliste nur die Apologie Bernhards von Clairvaux[89] nachweisen, während in der ausführlichen Bücherliste des 14. Jahrhunderts unter der Überschrift *Bernhardi abbatis* elf Handschriften und fünf weitere Einzeltexte in anderen Bänden genannt werden[90]. Die meisten erhaltenen Bände stammen noch aus dem 12. Jahrhundert. Baum-

---

[84] Eine Beziehung zu Rein bzw. fränkischer Einfluss wird auch für Handschriften konstatiert an denen der Schreiber Rudigerus beteiligt ist (OÖLB Cod. 485, ÖNB Cod. 696). Simader, Österreich (nt. 25), 346 sq.

[85] Beschreibung von Franz Lackner URL: <http://manuscripta.at/?ID=10815> bzw. Haidinger/Lackner, Bibliothek (nt. 30), 179–182; zu weiteren Parallelüberlieferungen dieser Textsammlung cf. A. Mundó, L'édition des œuvres de S. Colomban. Scriptorium 12 (1958), 289–292, hier 290.

[86] MBKÖ V (nt. 12), 16, l. 9.

[87] MBKÖ I (nt. 62), 20. ll. 24–27; dass es sich dabei nicht um einen Transfer der Handschrift von Heiligenkreuz nach Baumgartenberg handelt, ergibt sich aus der Erwähnung des Bandes in zwei Heiligenkreuzer Bücherlisten des 14. Jh. (ibid., 29, l. 1 bzw. 45 ll. 33–37). ÖNB Cod. 967 wird bereits in der älteren Baumgartenberger Bücherliste genannt: MBKÖ V (nt. 12),16, l. 10.

[88] Zu dieser Textzusammenstellung cf. Turcan-Verkerk, Les manuscrits de La Charité (nt. 32), 59, nt. 204 mit Hinweis auf ein verlorenes Exemplar aus dem französischen Zisterzienserkloster La Charité, Kaska, Untersuchungen (nt. 28), 22 und zuletzt ausführlicher Ferrari, Lettura, in: Cariboni/D'Acunto (eds.), Costruzione identitaria e spazi sociali (nt. 32). 12–14. Die dortigen Textvergleiche berücksichtigen jedoch die Baumgartenberger Handschrift nicht.

[89] Einige weitere kleinere Texte waren vorhanden, werden aber nicht explizit genannt. Cf. dazu das Register in Haidinger/Lackner, Bibliothek (nt. 30), 185.

[90] MBKÖ I (nt. 62), 50, ll. 11, 13–52.

gartenberg hatte zu Beginn des 13. Jahrhunderts sechs Handschriften mit Werken des wichtigsten zisterziensischen Autors der Zeit[91].

Für einen Großteil der in der Baumgartenberger Bücherliste genannten Handschriften gibt es damit zumindest die theoretische Möglichkeit einer textlichen Vorlage in Heiligenkreuz. Näher untersucht wurden für diesen Aufsatz zunächst Hugo von St. Victors ‚De sacramentis christianae fidei Lib. I' in Baumgartenberg (OÖLB Cod. 319), an dessen Abschrift vier Heiligenkreuzer Schreiber beteiligt waren und der wahrscheinlich um die Mitte des 12. Jahrhundert entstanden ist. Derselbe Text ist gemeinsam mit dem zweiten Buch desselben Werks in Heiligenkreuz Cod. 100, einer etwas späteren Handschrift, überliefert. Tatsächlich weisen die beiden Handschriften an vielen Stellen dieselben Lacunae und Varianten auf, sodass eine nähere Beziehung sehr wahrscheinlich ist. Hier decken sich also der paläographische und der textliche Befund.

Ganz anders verhält es sich bei (Ps.)-Augustinus ‚De verbis domini' (ÖNB Cod. 706 bzw. Heiligenkreuz Cod. 75). Trotz der Beteiligung von Heiligenkreuzer Schreibern lassen sich keine textlichen Parallelen feststellen. Die Handschriften gehören unterschiedlichen Überlieferungsgruppen des Textes an, von denen jene der Baumgartenberger Handschrift typisch für Oberösterreich ist.

Hinweise auf eine möglicherweise oberösterreichische Vorlage gibt es auch für Cassians ‚De institutis coenobiorum' (OÖLB Cod. 318), wo sich dieselben textlichen Umstellungen in einer Handschrift des oberösterreichischen Chorherrenstifts St. Florian finden (Cod. XI 73), aber nicht in der Heiligenkreuzer Handschrift Cod. 62, die den Text ebenfalls überliefert.

Für OÖLB Cod. 328, der in Schrift und Ausstattung sehr eng mit Heiligenkreuz verbunden ist, ist eine textliche Beziehung zu Cod. 133 des Mutterklosters für die darin enthaltenen Werke Isidors von Sevilla ziemlich sicher auszuschließen. Für die ebenfalls enthaltenen Werke zum Hohelied gibt es, wiewohl die Handschriften aus Heiligenkreuz, Baumgartenberg und auch dem älteren Heiligenkreuzer Tochterkloster Zwettl derselben Überlieferungsgruppe angehören, zumindest Indizien, die eine direkte Kopie-Vorlage-Beziehung zwischen Heiligenkreuz Cod. 148 und der Baumgartenberger Handschrift unwahrscheinlich machen.

In Summe lässt sich damit festhalten, dass lediglich für eine der vier behandelten Handschriften der Baumgartenberger Bibliothek, an denen Schreiber aus Heiligenkreuz beteiligt waren, auch eine direkte textliche Beziehung wahrscheinlich ist. Man verzichtete offensichtlich darauf mit den Schreibern auch die Textvorlage aus dem Mutterkloster zu übernehmen und zog stattdessen zumindest teilweise lokale Vorlagen vor. Es zeigt sich also einerseits, dass aus dem Vorhandensein materieller Klosternetzwerke nicht unbedingt auch auf inhaltliche Netzwerke geschlossen werden kann. Andererseits relativiert der Befund die Rolle des Mutterklosters beim Aufbau der Bibliothek des Tochterklosters. Für

---

[91] Vergleiche dazu MBKÖ V (nt. 12), 16 sq.

Baumgartenberg ist zwar eine personelle Unterstützung mit profilierten Schreibern in der Frühzeit des neuen Scriptoriums sichtbar, als Quelle für die zu kopierenden Texte standen aber offensichtlich auch andere Klöster zur Verfügung. Das entspricht ganz bisherigen Untersuchungen zur Textausbreitung im bayerisch-österreichischen Raum, wo Ordensgrenzen eine geringe Rolle spielen. In einem nächsten Schritt müssen nun, soweit es in Hinblick auf die Überlieferung möglich ist, die tatsächlichen Vorlagen für die Handschriften herausgearbeitet werden. Neben oberösterreichischen Klöstern anderer Orden ist hier vor allem das Baumgartenberger Schwesterkloster Zwettl ein vielversprechender Kandidat.

## IV. Einzelauswertung der Handschriften

### 1. OÖLB Cod. 319, Hugo von St. Victor, ‚De sacramentis christianae fidei Lib. I'

#### Paläographische Einordnung

Mit Heinricus[92] ist einer der Hauptschreiber des Heiligenkreuzer Scriptoriums aus der Zeit des ersten Abtes Gottschalk (1134–1147) an dieser Handschrift beteiligt (z. B. foll. 1r–23v, foll. 26r–76r), der dort in 16 kodikologischen Einheiten über 1000 Seiten schreibt[93].

Nicht ganz so umfangreich ist die Produktion eines weiteren Heiligenkreuzer Schreibers mit dem Notnamen HLK 78A, der in Heiligenkreuz in 15 kodikologischen Einheiten auf fast 900 Seiten auftritt[94] und kurze Stücke in OÖLB Cod. 319 schreibt (z. B. auf fol. 45rv)[95].

Wenige Zeilen trägt der Heiligenkreuzer Schreiber HLK 19A bei[96], der sich auch in anderen Baumgartenberger Handschriften findet (z. B. auf fol. 84vb)[97]. Nur in einer Heiligenkreuzer, aber mit ÖNB Cod. 706 in einer weiteren Baumgartenberger Handschrift, tritt Schreiber HLK 154B auf[98], der mit fol. 80rb in OÖLB Cod. 319 zu schreiben beginnt.

Bisher nur in zwei Baumgartenberg Handschriften nachgewiesen ist ÖNB 697A[99], der einen Einschub auf fol. 25va schreibt[100].

Die zeitliche Einordnung der Heiligenkreuzer Schreiber weist auf die erste Periode des Skriptoriums bis ins dritte Viertel des 12. Jahrhunderts. Nur HLK 154B

---

[92] Zu einer Charakterisierung seiner Schrift cf. Haidinger-Lackner, Bibliothek (nt. 28), 29 sq.
[93] URL: <http://www.scriptoria.at/cgi-bin/scribes.php?ms=AT3500-19>.
[94] URL: <http://www.scriptoria.at/cgi-bin/scribes.php?ms=AT3500-78>.
[95] Einschübe seiner Hand finden sich auch in ÖNB Cod. 706 sowie in einer Handschrift aus dem Zisterzienserstift Rein; cf. auch Haidinger/Lackner, Bibliothek (nt. 28), 32.
[96] Haidinger/Lackner, Bibliothek (nt. 28), 30 für die beiden letztgenannten.
[97] Cf. ausführlicher p. 74.
[98] URL: <http://www.scriptoria.at/cgi-bin/scribes.php?ms=AT3500-154>.
[99] URL: <http://www.scriptoria.at/cgi-bin/scribes.php?ms=AT8500-697>.
[100] Zusätzlich finden sich nur kürzere Beiträge bisher nicht identifizierter Schreiber.

wird erst in die Zeit nach der Jahrhundertmitte datiert, da die einzige Handschrift in Heiligenkreuz, an der er beteiligt war, nicht in der ältesten Bücherliste (vor 1147) aufscheint.

## Textliche Einordnung

Die Handschrift mit zweispaltigem Layout überliefert nur das erste Buch von ‚De sacramentis christianae fidei'. Vom Incipit, für das vier Zeilen einer Spalte frei geblieben sind, wurde lediglich eine kleine I-Majuskel ausgeführt. Es folgt das Verzeichnis der Kapitel des Prologs von I. („*Que sunt dicenda ante principium*") bis VII. („*De numero librorum sacri eloquii*") und der *pars prima* („I *Prima pars exameron in opera conditionis... XXX Quatuor esse per que sermo subsequens decurrit*"). Die *capitula* der anderen Teile sind diesen vorangestellt. Es fehlt somit die *praefatio* („*Librum de sacramentis christiane fidei studio quorundam scribere...*") und die *tabula* über das gesamte erste Buch (PL 176 col. 173[101]). Vor dem Prolog heißt in anderer Tinte und anderer Hand als die übrigen Rubriken „*Incipit Exameron magistri Hugonis*". Die Handschrift endet mit Exzerpten, die in gleicher Weise auch in Göttweig, Stiftsbibliothek Cod. 63 (rot) (fol. 169ra-va)[102] und St. Florian, Stiftsbibliothek, Cod. XI 134 (foll. 179vb–181va)[103] zu finden sind, dort allerdings jeweils im Anschluss an lib. 2 von ‚De sacramentis'.

Hugo von St. Victors ‚De sacramentis' ist eines der wenigen Werke zeitgenössischer Theologie, das in der ersten Bücherliste aus Heiligenkreuz genannt wird und damit zum frühesten Bestand der Bibliothek unter dem Abt Gottschalk gehört (1134–1147)[104]. Tatsächlich finden sich heute in der Stiftsbibliothek als Cod. 100 die beiden Bücher vereint in einem Band. Geschrieben wurde die Handschrift jedoch von einem der Hauptschreiber des Skriptoriums nach der Amtszeit Gottschalks, womit sie aufgrund des Schriftbefunds in das dritte Jahrhundertviertel datiert[105]. Da auch die Ausstattung ins letzte Jahrhundertdrittel verweist[106], kann die in der Bücherliste genannte Handschrift nicht mit Cod.

---

[101] Hugo de S. Victore, De sacramentis, ed. J.-P. Migne (Patrologia Latina 176), Paris 1854, col. 173 bzw. Hugonis de Sancto Victore de sacramentis, edd. Rainer Berndt (Corpus Victorinum. Textus historicus 1), Münster, 2008, 23–24.

[102] Cf. die Handschriftenbeschreibung URL: <http://manuscripta.at/m1/hs_detail.php?ID=36642>. Die Verschreibung *nulla*, die für Göttweig ausgewiesen ist, findet sich weder in Baumgartenberg noch in St. Florian.

[103] A. Czerny, Die Handschriften der Stiftsbibliothek St. Florian, Linz 1871, 64.

[104] MBKÖ I (nt. 62), 21, l. 26 sq., allerdings mit Transkriptionsfehler. Korrekt lautet der Eintrag *Item liber magistri Hugonis de sacramentis*. Cf. Kaska, Untersuchungen (nt. 28), 16 nt. 110 und weiter unten.

[105] Handschriftenbeschreibung von Franz Lackner URL: <http://manuscripta.at/m1/hs_detail.php?ms_code=AT3500-100>.

[106] A. Fingernagel, Die Heiligenkreuzer Buchmalerei von den Anfängen bis in die Zeit um 1200. Text- und Abbildungsband (Ungedruckte Dissertation), Wien 1985, 239–240. Online bei der Beschreibung der Handschrift auf URL: <www.manuscripta.at> (cf. nt. 105).

100 identifiziert werden, sondern dürfte ein wenig später angefertigtes Exemplar sein.

Cod. 100 bildet eine kodikologische Einheit, in der lib. II von ‚De sacramentis' auf fol. 89vb beginnt. Lib. I wird von der Hand des Hauptschreibers mit „*Incipit prima pars magistri Hugonis de sacramentis*" übertitelt. Der Aufbau des ersten Buchs entspricht völlig der Baumgartenberger Handschrift OÖLB Cod. 319: *Praefatio* und *tabula* über das erste Buch fehlen, die Kapitel für den Prolog und die *Pars prima* sind vorangestellt.

Beide Handschriften zeigen somit die gleiche Textstruktur. Auch sonst lassen sich Parallelen im Text feststellen. In Heiligenkreuz Cod. 100 fallen im ersten Teil von ‚De sacramentis' einige umfangreichere Ergänzungen zum Text auf. Sie stammen von mindestens zwei Händen: einerseits einem bekannten Heiligenkreuzer Annotator des 15. Jahrhunderts[107] (e.g. foll. 13v, 56r, 41v), andererseits einer noch dem 12. Jahrhundert zuzuordnenden Hand, die nicht mit dem Textschreiber identisch ist (e.g. foll. 23r, 36v, 37r, 38r, 52v etc.). Ein Teil der Annotationen des 15. Jahrhunderts zeugt von einer inhaltlichen Auseinandersetzung mit dem Text. Auf sie soll an dieser Stelle nicht eingegangen werden. Von größerem Interesse für die textlichen Beziehungen der beiden diskutierten Handschriften ist die zweite Gruppe dieser späten Annotationen. Es handelt sich dabei, ebenso wie bei den Annotationen des 12. Jahrhunderts, um Ergänzungen ausgefallener Textteile, die von einzelnen Wörtern bis kurzen Absätzen reichen.

So heißt es etwa von der Hand des 12. Jahrhunderts, umrahmt von einer einfachen Bordüre (Cod. 100, fol. 84r): „*erga proximum quemadmodum in tribus precedentibus demonstratur, qualem se exhibere debeat [homo]*" (lib. 1, p. 12, c.5)[108] mit einem Verweiszeichen auf *homo* im Text bei „*In quibus ostenditur qualem se exhibere debeat homo erga Deum*". Hier kam es offensichtlich beim Kopieren zu einem Zeilensprung beim Wort *homo*. Bei der Ergänzung wurde allerdings das zweite, hier in Klammer gesetzte *homo* vergessen. Vergleicht man die Stelle nun mit OÖLB Cod. 319 (fol. 98va) findet sich hier derselbe Augensprung, jedoch ohne Korrektur[109].

Erst im 15. Jahrhundert wurde in Cod. 100 fol. 56r lib. 1, p. 7, c. 14 (*De mensura inferioris boni*) korrigiert, bei dem das Ende des Textes nach „*tertio ut quantum*"[110] fehlerhaft und unvollständig ist. Hier wurde der korrekte Text teilweise auf Rasur in der Zeile, teilweise am Rand nachgetragen. Während der radierte Text in der Heiligenkreuzer Handschrift nicht mehr lesbar ist, ergibt sich das Ende des Abschnitts mit ziemlicher Sicherheit aus OÖLB Cod. 319 fol. 65vb, wo es heißt „*tercio vero quantum quando vero quando*" mit der Variante

---

[107] Cf. Kaska, Untersuchungen (nt. 28), 78.
[108] PL 176 (nt. 101), col. 352A bzw. ed. Berndt (nt. 101), 254 l. 17 f.
[109] Während einzelne Augensprünge dieser Art wenig Aussagekraft haben, da sie durchaus verschiedenen Schreibern unabhängig voneinander in analoger Weise passieren können, erlaubt in diesem Fall die große Zahl solcher gemeinsamen Stellen doch Aussagen über eine engere Beziehung zwischen den beiden Handschriften.
[110] PL 176 (nt. 101), col. 293B bzw. ed. Berndt (nt. 101), 176 l. 23.

*vero* statt *ut*. Über Abhängigkeiten zwischen den Handschriften lässt sich dadurch allerdings nichts aussagen, da in Cod. 100 hier aus einer Kürzung korrigiert wurde und die Verwechslung der Kürzung für *ut* (u mit Punkt) und *vero* (u mit o) leicht erklärbar ist.

Auch bei kleineren Fehlern zeigen sich die Parallelen zwischen den Codices. So findet sich etwa eine Doppelung des Wortes *opera* in den *capitula* zur Vorrede (*Quae sunt dicenda…*) in Heiligenkreuz und Baumgartenberg („*…descendit ad opera narranda opera restaurationis.*"[111]).

Wie aussagekräftig sind jedoch diese und ähnliche Auslassungen für die Konstatierung einer direkten Beziehung zwischen diesen beiden Handschriften? Möglich wäre natürlich auch, dass es sich hier um Charakteristika einer im österreichisch-süddeutschen Raum verbreiteten Überlieferungsgruppe handelt. Aufgrund der fehlenden kritischen Edition[112] und der großen Anzahl der überlieferten Kopien des Werks, können zu dieser Frage nur erste Überlegungen angestellt werden.

Zunächst ist festzuhalten, dass der in beiden Handschriften fehlende Prolog „*Librum de sacramentis Christiane fidei studio…*" und die *tabula* zum ersten Buch[113], soweit aus der Literatur feststellbar ist, in den meisten österreichischen Handschriften vorhanden ist[114]. In den bisher stichprobenartig überprüften Handschriften ließen sich überdies die eben genannten Auslassungen nicht nachweisen[115]. Der Befund macht damit eine engere Beziehung zwischen den Handschriften aus Baumgartenberg und Heiligenkreuz zumindest wahrscheinlich. Aufgrund der paläographischen Einordnung ist es unwahrscheinlich, dass es sich bei OÖLB Cod. 319 um eine Kopie von Heiligenkreuz Cod. 100 handelt. Möglich blieben daher noch Kopien derselben Vorlage oder die Heiligenkreuzer Handschrift als Abschrift der Baumgartenberger Handschrift.

Wie bereits bemerkt, muss Heiligenkreuz eine ältere Kopie von ‚De sacramentis' besessen haben, die in der Bücherliste erwähnt wird, aber nicht mehr nachweisbar ist. Wäre es möglich, dass es sich bei dieser Kopie um das später in Baumgartenberg aufbewahrte Exemplar handelt und hier ein Handschriftentransfer vom Mutter- ins Tochterkloster nachzuweisen ist? Man hätte in diesem Fall den Text von OÖLB Cod. 319 kopiert, das alte, weniger aufwendig illuminierte Exemplar weggegeben und die neue Kopie behalten. Während dies die

---

[111] PL 176 (nt. 101), col. 174 sq. bzw. ed. Berndt (nt. 101), 24 l. 6.
[112] Die Edition von Rainer Berndt basiert als *textus historicus* nur auf zwei dem Autor nahestehenden Handschriften. Cf. dazu die Einleitung in ed. Berndt (nt. 101), 15–19.
[113] PL 176 (nt. 101), col. 173 bzw. ed. Berndt (nt. 101), 23 l.1–17.
[114] Vorhanden in Admont, Stiftsbibliothek, Cod. 399; Göttweig, Stiftsbibliothek, Cod. 63 (rot); Zwettl, Stiftsbibliothek, Cod. 258; Graz, Universitätsbibliothek, Cod. 149 und Cod. 835; Klosterneuburg, Stiftsbibliothek, Cod. 311; St. Florian, Stiftsbibliothek, Cod. XI, 134; Rein, Stiftsbibliothek, Cod. 25.
[115] Überprüft wurden Admont, Stiftsbibliothek, 399; Göttweig, Stiftsbibliothek, Cod. 63 (rot); Graz, Universitätsbibliothek, Cod. 835; Klosterneuburg, Stiftsbibliothek, Cod. 311; St. Florian, Stiftsbibliothek, Cod. XI 134.

erstaunliche Tatsache einer nur wenig jüngeren Kopie in Heiligenkreuz und das Fehlen des älteren Bandes gut erklärt, gibt es jedoch einige Unstimmigkeiten.

Zunächst zum paläographischen Befund. Hinsichtlich der zeitlichen Einordnung spricht kaum etwas gegen diese Hypothese, da nur eine Hand (HLK 154B) in die Zeit nach der ältesten Heiligenkreuzer Bücherliste datiert wird und diese nur in einem Codex aufscheint, womit die Quellenbasis sehr gering ist. Problematischer ist das Vorhandensein eines Schreibers in der Baumgartenberger Handschrift OÖLB Cod. 319, der sonst nie in Heiligenkreuz nachgewiesen ist, aber in einer weiteren Baumgartenberger Handschrift schreibt (ÖNB 697A). Auch für den Schreiber Heinricus ist durch seine Beteiligung am Baumgartenberger Nekrolog zumindest ein Indiz für einen Aufenthalt vor Ort gewonnen[116].

Außerdem muss bemerkt werden, dass es sich bei OÖLB Cod. 319 um den ersten Teil von ‚De sacramentis' handelt, während Heiligenkreuz Cod. 100 beide Teile umfasst. Der Eintrag in der Heiligenkreuzer Bücherliste „*Item lib(er) magistri Hugonis de sacramentis*" kann aufgrund des gekürzten *lib* auf ein oder zwei Bücher von ‚De sacramentis' verweisen (*libri* statt *liber* in der Auflösung der Kürzung)[117]. Da nicht explizit mehr als ein *volumen* genannt wird, dürfte es sich aber jedenfalls um einen physischen Band gehandelt haben[118].

In Baumgartenberg sind lib. I und II auf zwei Bände aufgeteilt. OÖLB Cod. 337, der lib. II enthält, ist paläographisch jedoch etwas später anzusiedeln. Sein Schreiber ist jener „Rudigerus"[119], der in mehreren Klöstern im Donauraum in der zweiten Jahrhunderthälfte auftritt. Die beiden Bände lassen sich auch in der Baumgartenberger Bücherliste identifizieren, wo es heißt „*Duo volumina Hugonis. de sacramentis. exameron*"[120]. Es ist dies wohl so zu verstehen, dass es sich um zwei Bände mit Werken Hugos von St. Victor handelt, nämlich ‚De sacramentis' und ‚Exameron'. Der Titel ‚Exameron' lässt sich aus dem oben genannten Incipit in OÖLB Cod. 319 erklären. Dass nicht erkannt wurde, dass es sich bei OÖLB Cod. 337 nur um den zweiten Teil von ‚De sacramentis' handelt, ist wohl dem Incipit „*Prologus Hugonis de sacramentis*" geschuldet.

Komplexer ist der kunsthistorische Befund. Die Initialen in OÖLB Cod. 319 werden in das letzte Viertel des 12. Jahrhunderts datiert und in nähere Beziehung zum Skriptorium des Zisterzienserstifts Rein gesetzt[121]. Während die Mit-

---

[116] Haidinger/Lackner, Bibliothek (nt. 28), 30; siehe dazu auch weiter oben.
[117] Cf. nt. 104.
[118] Grundsätzlich können die beiden Bücher von ‚De sacramentis' entweder gemeinsam in einer Handschrift oder aufgeteilt auf zwei Bände überliefert werden. Vgl. dazu die Handschriftenlisten in Rudolf Goy, Die Überlieferung der Werke Hugos von St. Viktor. Ein Beitrag zur Kommunikationsgeschichte des Mittelalters. (Monographien zur Geschichte des Mittelalters 14), Stuttgart 1976, 133–170 und P. Sicard, Iter victorinum. La tradition manuscrite des œuvres de Hugues et de Richard de Saint-Victor. Répertoire complémentaire et études (Bibliotheca Victorina 24), Turnhout 2015, 152–159.
[119] Cf. nt. 56.
[120] MBKÖ V (nt. 12), 17, l. 23 mit abweichender Zeichensetzung.
[121] Simader, Rein (nt. 52), 4. Für die Silhouetteninitialen hat Andreas Fingernagel im persönlichen Gespräch auch ÖNB Cod. 1045 als Vergleichshandschrift angeführt, die sich jedoch hinsichtlich der Farbigkeit deutlich unterscheide.

arbeit eines Reiner Buchmalers an einer Heiligenkreuzer Handschrift durchaus möglich scheint, lässt sich die späte Datierung nicht mit Schriftdatierung in Einklang bringen.

Zusammenfassend kann also festgehalten werden, dass für Lib. I von ‚De sacramentis' eine enge paläographische und textliche Beziehung zwischen Mutter- und Tochterkloster besteht, wobei die Handschrift des Tochterklosters wahrscheinlich älter ist als jene des Mutterklosters. Damit ist für diesen Text ein Austausch in materieller oder personeller Hinsicht mit einem Austausch auf textlicher Ebene kombiniert.

## 2. OÖLB Cod. 328, Theologische Sammelhandschrift

### Paläographische Einordnung

Auf den 130 Blättern der Handschrift lassen sich zwölf verschiedene Textschreiber nachweisen, die teils jedoch nur wenige Zeilen schreiben. Mit dem Schreiber Udalricus leistet zunächst einer der produktivsten und stilistisch auffälligsten Schreiber des frühen Heiligenkreuzer Skriptoriums den Hauptteil der Arbeit (foll. 1–96v). Unterbrochen wird er von den Hände HLK 23C (e.g. fol. 28r) und HLK 189A (e.g. fol. 63v) die einige Zeilen bis einzelne Seiten schreiben. Alle genannten Schreiber sind für die Amtszeit des ersten Heiligenkreuzer Abtes Gottschalk (1134–1147) und kurz danach in mehreren Handschriften belegt. HLK 189A ist auch jener Schreiber, der die älteste Bücherliste niederschrieb[122].

Neben diesen aus dem Skriptorium des Mutterklosters bekannten und geübten Kräften, wirken an der Handschrift einige Hände mit, deren Stilisierung nicht von großer Schreibpraxis zeugt[123]. Mit fol. 97r wechselt die Haupthand zu einem Schreiber mit einem besonders zu Beginn unruhigen Mittelband, das in seiner Höhe variiert. Auffällig sind die diplomatischen –orum-Kürzungen und die Stilisierung des Minuskel-z (e.g. fol. 97r) die an französische Handschriften erinnern. Unterbrochen wird die Hand von HLK 19A, der wenige Zeilen auf fol. 115v schreibt. Ein weiterer Einschub auf fol. 102v–103r stammt vom Schreiber ÖNB 706C, der in mehreren Baumgartenberger Handschriften auftritt[124].

Für die Ausstattung der Handschrift mit einem auffälligen gelben Hintergrund für die Rankeninitialen lassen sich stilistische Parallelen in Heiligenkreuz Cod. 23 (besonders fol. 17r) und Cod. 204 (besonders fol. 152v) feststellen[125]. Für Cod. 23 ist damit auf Ebene von Schrift und Ausstattung eine Parallele zu sehen.

---

[122] Cf. nt. 61.
[123] Eine genaue paläographische Analyse dieser Hände soll in diesem Zusammenhang nicht durchgeführt werden.
[124] Cf. zu ihm ausführlicher p. 74. Die weiteren Schreiber kurzer Einschübe konnten bisher nicht in anderen Handschriften identifiziert werden.
[125] Mündliche Mitteilung von Andreas Fingernagel.

## Textliche Einordnung

Die Handschrift beinhaltet[126] Isidors von Sevilla ‚Quaestiones in Vetus Testamentum' mit den angeschlossenen ‚Versus Isidori', den Hoheliedkommentar Gregors des Großen und Teile des Robertus de Tumbalena zugeschriebenen Hoheliedkommentars. Es folgen eine Predigt Bernhards von Clairvaux (‚In. Div. 91') und zwei Exzerpte.

In Heiligenkreuz finden sich die Texte in zwei verschiedenen Handschriften. Die Werke Isidors von Sevilla bilden den ersten Teil von Cod. 133 (foll. 1r–94v)[127], während die weiteren Texte in derselben Reihenfolge in Cod. 148 zu finden sind (foll. 36r–72vb)[128].

In Cod. 133 treten alle für OÖLB Cod. 328 festgestellten Heiligenkreuzer Schreiber auf[129], in Cod. 148 ist der gesamte relevante Text von Udalricus geschrieben und damit ebenfalls von einem auch in OÖLB Cod. 328 auftretenden Schreiber[130]. Cod. 148 ist wahrscheinlich in der ersten Bücherliste vermerkt (vor 1147)[131], während Cod. 133 fehlt und aufgrund des paläographischen Befunds wenig später entstanden sein muss.

Für einen textlichen Vergleich sollen hier zunächst die ‚Versus Isidori' herangezogen werden. Sowohl in OÖLB Cod. 328 als auch in Heiligenkreuz Cod. 133 ist der Text von Udalricus geschrieben, womit ein besonders enger paläographischer Zusammenhang gegeben ist. Außerdem existiert für den Text bereits eine moderne kritische Edition auf Basis der Gesamtüberlieferung[132]. Sie kennt jedoch nur die Heiligenkreuzer, nicht aber die Baumgartenberger Überlieferung (Sigle Lz)[133].

Schon ein oberflächlicher Vergleich des Textes in Heiligenkreuz Cod. 133 und OÖLB Cod. 328 macht deutlich, dass es sich dabei um keine direkten Kopien handeln kann. In der Heiligenkreuzer Handschrift fehlen durch einen Augensprung in der Überlieferungskette die Verse XXII, 1–2 die in Baumgartenberg vorhanden sind, während umgekehrt der in Heiligenkreuz vorhandene Vers I, 5 (*ista*) bis I, 6 (*nil*) ebenfalls durch Augensprung(?) in Baumgartenberg ausgelas-

---

[126] Cf. auch weiter unten zum Inhalt.
[127] Beschreibung der Handschrift von Alois Haidinger und Franz Lackner URL: <http://www.scriptoria.at/msdesc/AT3500/AT3500-133.pdf>.
[128] Beschreibung der Handschrift von Franz Lackner URL: <http://www.scriptoria.at/msdesc/AT3500/AT3500-148.pdf>.
[129] Cf. URL: <http://www.scriptoria.at/cgi-bin/scribes.php?ms=AT3500-133>.
[130] Cf. URL: <http://www.scriptoria.at/cgi-bin/scribes.php?ms=AT3500-148>.
[131] Zur Bücherliste cf. nt. 62, zur Diskussion der Identifizierung cf. die Beschreibung von Cod. 148 (nt. 128).
[132] Isidorus Hispalensis, Versus, ed. M. Sánchez Martín (Corpus Christianorum. Series Latina 113A), Turnhout 2000.
[133] Überdies fehlt mit Graz, Universitätsbibliothek, Cod. 737 eine weitere Überlieferung des 12. Jahrhunderts (siehe weiter unten) und mit Kremsmünster, Stiftsibibliothek, Cod. 37 eine Überlieferung des 14. Jh. (cf. nt. 143).

sen wurde. Eine Kopie aus einer gemeinsamen Vorlage oder weiterschichtige Verwandtschaft wäre aber jedenfalls möglich.

Heiligenkreuz Cod. 133 (3. Viertel 12. Jh., Sigle H der Edition)[134] wird ebenso wie die Handschriften des 12. Jahrhundert Klosterneuburg, Stiftsbibliothek, Cod. 195 (3. Drittel 12. Jh., Sigle K)[135], Zwettl, Stiftsbibliothek, Cod. 149 (3. Viertel 12. Jh., Sigle Zw)[136], München, Bayerische Staatsbibliothek, Cod. 2551 (aus Aldersbach, um 1200[137], Sigle M) sowie Bamberg, Staatsbibliothek, Msc. Med. 1 aus dem 8. Jahrhundert (Sigle B) und einiger späterer Handschriften einer Untergruppe α zugewiesen. Dort werden die drei zisterziensischen Handschriften H, Zw und M in einer weiteren Untergruppe zusammengefasst, für die sieben aussagekräftige Varianten genannt werden[138]. Für M sind zwei dieser Varianten jedoch falsch ausgewiesen: in XVI, 1 überliefert M *magistri* und in XVI, 2 *hoc* und stimmt damit an diesen zwei Stellen mit K überein. Für die Variante *virtutum* in IX, 5 ist eine Rasur mit Korrektur festzustellen. Ursprünglich dürfte *virtutem* gestanden sein und damit die in K überlieferte Variante. Damit steht selbst bei diesen bedeutenderen Varianten M zwischen HZw und K. Diese Stellung, die sich auch durch andere Varianten zeigt, spiegelt sich in einem neueren Stemma auf Basis der kritischen Edition wider[139]:

---

[134] Die Zuweisung der Handschrift nach Zwettl in Isidorus Hispalensis, Versus, ed. Sánchez Martín (nt. 132). 140 sq. entbehrt aus paläographischer Sicht jeder Grundlage und ist wohl einer Fehlinterpretation eines späteren Eintrags zur Hohelied-Auslegung auf foll. 101r–114v geschuldet. Auch in J. C. Martín Iglesias, Nouvelles réflexions sur la tradition manuscrite des „Versus Isidori" (CPL 1212), in: J. Díaz de Bustamante/M. Cecilio Díaz y Díaz (eds.), Poesía latina medieval (siglos V–XV): actas del IV Congreso del „Internationales Mittellateinerkomitee", Santiago de Compostela, 12–15 de septiembre de 2002, Florenz 2005, 123–136, hier 125 wird die Handschrift so zugewiesen („sans doute Zwettl"), vielleicht auch aufgrund der fehlenden Verse 1–2 in XXII (siehe unten). Ebenso C. Codoñer/ J. Carlos Martín/A. Andrés, Isidorus Hispalensis ep., Versus sancti Isidori, in: P. Chiesa/L. Castaldi (eds.), La Trasmissione dei testi Latini del Medioevo 2, Florenz, 2005, 396–405, hier 399.

[135] Die Entstehung in Klosterneuburg ist aufgrund des Schreibers wahrscheinlich, cf. A. Haidinger, Katalog der Handschriften des Augustiner Chorherrenstiftes Klosterneuburg. Teil 2: Cod. 101– 200 (Österreichische Akademie der Wissenschaften, phil.-hist. Klasse, Denkschriften 225 = Veröffentlichungen der Kommission für Schrift- und Buchwesen des Mittelalters II,2,2), Wien 1991, 195. Martín, Nouvelles réflexions, in: Díaz de Bustamante/Díaz y Díaz (eds.), Poesía (nt. 127), 125 nennt als Entstehungsort „Allemagne". Codoñer/Martín/Andrés, Isidorus Hispalensis, in: Chiesa/Castaldi, La Trasmissione 2 (nt. 134), 399.

[136] Beschreibung: C. Ziegler/J. Rössl, Zisterzienserstift Zwettl. Katalog der Handschriften des Mittelalters, Teil II: Codex 101–200 (Scriptorium ordinis Cisterciensium), Wien–München 1985, 134–138; Die Entstehung in Zwettl ist aufgrund der Schreiberhände gesichert, cf. URL: <http://www.scriptoria.at/cgi-bin/scribes.php?ms=AT9800-149>.

[137] In Isidorus Hispalensis, Versus, ed. Sánchez Martín (nt. 132), 136 und Martín, Nouvelles réflexions, in: Díaz de Bustamante/Díaz y Díaz (eds.), Poesía (nt. 127), 125 wird die Provenienz fälschlicherweise als unbekannt angegeben. Sowohl die Bibliotheksheimat als auch die Entstehung in Aldersbach sind gesichert; cf. Frioli, Lo scriptorium (nt. 50), 57 sq.

[138] Isidorus Hispalensis, Versus, ed. Sánchez Martín (nt. 132), 146. Bei den späteren Handschriften handelt es sich um München, Bayerische Staatsbibliothek, Clm 23873 (Sigle Mu, 15. Jh.); Wien, ÖNB Cod. 788 (Sigle W, 15. Jh.).

[139] Martín, Nouvelles réflexions, in: Díaz de Bustamante/Díaz y Díaz (eds.), Poesía (nt. 127), 136 bzw. bzw. Codoñer/Martín/Andrés, Isidorus Hispalensis, in: Chiesa/Castaldi (eds.), La Trasmis-

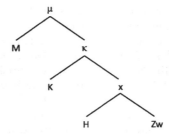

Die Zusammengehörigkeit von H und Zw bezeugt auch die Rubrik *Hisodori hispariensis* (!) *extant hii* (Z *hi*) *versus*, wo in M lediglich *versus Isidori* den Text einleitet[140].

OÖLB Cod. 328 entspricht in den Varianten und dem fehlenden Vers in I, 5–6 sowie bei einigen M eigenen Varianten[141] exakt der Aldersbacher Handschrift[142]. Sie zeigt selbst dieselbe Korrektur bei *virtutem* und dieselbe Rubrik *versus Ysidori*. Aufgrund der paläographischen Datierung kann M jedoch nicht die Vorlage der Baumgartenberger Handschrift sein, wohl aber eine Kopie.

Aus diesen Beobachtungen folgt, dass es für das 12. Jahrhundert[143] zwei Überlieferungsgruppen gibt. Einerseits die Gruppe HZw, zu der auch die in der Edition nicht erwähnte Handschrift Graz, Universitätsbibliothek, Cod. 737 aus dem Chorherrenstift Seckau gehört[144], andererseits eine aus den Handschriften

---

sione 2 (nt. 134), 405. E.g. III, 1 *venerande* MKMuW; XI, 9 *agentilibus* MKMu; XII, 2 *geris* MKMuW; XVII, 1 *laboras* MKMuW; XXII, 3 *ille* MKMuW, XXIV, 2 *Explicit…*

[140] K trägt keine Rubrik.

[141] I,3 *libent* om.; VIII, 2 *totum*; XI,5 *audire*.

[142] Auch in der Aldersbacher Handschrift hat der Schreiber zunächst Vers XXII, 1–2, übersprungen, also genau jene Lacuna verursacht, die HZw charakterisiert. Da die Verse jedoch von der Texthand nachgetragen wurden, ist von einem unabhängigen Augensprung auszugehen.

[143] Eine weitere, ebenfalls nicht in die Edition aufgenommene Überlieferung der ‚Versus Isidori' findet sich in der Handschrift Kremsmünster, Stiftsbibliothek Cod. 37 aus dem 14. Jh. (foll. 128va–129r), die gemäß der Katalogbeschreibung eng mit M verwandt ist. Die Handschrift übermittelt dieselben Texte wie der Codex aus Baumgartenberg, setzt aber die Werke Isidors ans Ende und schließt danach weitere Texte an. Cf. H. Fill, Katalog der Handschriften des Benediktinerstiftes Kremsmünster. Teil 1: Von den Anfängen bis in die Zeit des Abtes Friedrich von Aich (ca. 800–1325) (Österreichische Akademie der Wissenschaften, phil.-hist. Klasse, Denkschriften 166 = Veröffentlichungen der Kommission für Schrift- und Buchwesen des Mittelalters II,3,1), Wien 1984, 103–104.

[144] Beschreibung URL: <http://sosa2.uni-graz.at/sosa/katalog/katalogisate/737.html>. Dafür sprechen neben den in Isidorus Hispalensis, Versus, ed. Sánchez Martín (nt. 132), 162 genannten Varianten der Gruppe, die alle auch dort zu finden sind, auch die fehlenden Verse XXI,1–2 und die Rubrik mit der Verschreibung *Hispariensis*. In I, 3 haben diese Handschrift und jene aus Heiligenkreuz die Variante *menti* (in der Edition nicht ausgewiesen, Zw wurde nicht eingesehen). Beide Handschriften zeigen überdies dasselbe Layout, das zunächst den Text in Langzeilen schreibt und ab IV,1 auf zwei Spalten mit abgesetzten Versen wechselt. Die Rubrik lautet *De*

aus Baumgartenberg (Lz) und Aldersbach (M) bestehende Gruppe. Diese beiden vielleicht direkt voneinander abhängigen Handschriften überliefern sowohl Lesungen von HZw als auch Lesungen von K. Damit scheint eine direkte gemeinsame Vorlage für die beiden Untergruppen unwahrscheinlich.

Weitere Indizien für diese Gruppierung geben Isidors ‚Quaestiones in Vetus Testamentum'. In den Handschriften aus Klosterneuburg (K), Aldersbach (M) und Baumgartenberg (Lz) sind allen Büchern die Kapitel vorangestellt[145], während in HZw sowie Graz Cod. 737 ab Josue Rubriken vor den jeweiligen Kapiteln zu finden sind.

Deutliche Unterschiede gibt es auch in den auf die Werke Isidors folgenden Texten in den genannten Handschriften. Die Zusammensetzung der Baumgartenberger Handschrift wurde bereits genannt. M entspricht der Baumgartenberger Handschrift Lz bis zum Ende des Hoheliedkommentars des Robertus de Tumbalena, überliefert danach aber andere Texte[146]. K überliefert nur die beiden Isidor-Werke. Die Zusammenstellung von H, wo den ‚Versus Isidori' noch 8 weitere Texte folgen, findet sich in gleicher Form in Zw (ab fol. 71v)[147] und in Graz Cod. 737[148], womit ein weiteres Indiz für die zuvor dargelegte Handschriftengruppierung gewonnen ist. Für die in dieser Gruppe überlieferte ‚Brevis commentatio (Cantici canticorum)' des Wilhelm von St. Thierry zeigt das Stemma überdies eine direkte Abhängigkeit von Zw und Graz Cod. 737 von H[149].

Für den ersten Teil von OÖLB Cod. 328, der eine inhaltliche Parallele in Heiligenkreuz Cod. 133 hat, lässt sich damit feststellen, dass trotz des gleichen Schreibers ein direkter textlicher Zusammenhang unwahrscheinlich ist sondern die Handschriften verschiedenen Überlieferungsgruppen angehören.

Für den zweiten Teil von OÖLB Cod. 328, wiewohl kodikologisch dieselbe Einheit, müssen andere Vergleichsvorlagen herangezogen werden. Er überliefert Gregorius Magnus, ‚Expositio super Canticum canticorum'; Robertus de Tumbalena, ‚Expositio in Canticum canticorum' (ohne Widmung und Prolog)[150];

---

*Origene versi* (Zw: *versus*). Bei Graz cod. 737 könnte es sich um eine Abschrift von H handeln. Cf. dazu auch weiter unten im Text.

[145] Die Aufteilung der Bücher entspricht jeweils K, cf. die Beschreibung (nt. 135). Die in der Literatur vorhandenen Textuntersuchungen beschränken sich auf die frühe Überlieferung, cf. den Überblick in J. Elfassi, Isidorus Hispalensis ep., Questiones in Vetus Testamentum, in: P. Chiesa/L. Castaldi (eds.), La trasmissione die testi Latini del medioevo 1, Firenze 2004, 201–209.

[146] Cf. die Beschreibung (nt. 137).

[147] Cf. die Beschreibung (nt. 136).

[148] Cf. die Beschreibung (nt. 144).

[149] Guillelmi a Sancto Theodorico Opera omnia, pars II: Expositio super Cantica Canticorum. Brevis commentatio. Excerpta de libris Beati Ambrosii super Cantica Canticorum. Excerpta ex libris Beati Gregorii super Cantica Canticorum, edd. P. Verdeyen/S. Ceglar/A. van Burink (Corpus Christianorum. Continuatio Mediaevalis 87), Turnhout 1997, 151 sq. Von Graz Cod. 737 hängt von der Handschrift Admont, Stiftsbibliothek, Cod. 471 ab, die die Texte in veränderter Reihenfolge überliefert. Die ‚Versus Isidori' fehlen allerdings.

[150] Zu dieser häufiger überlieferten Kombination der beiden Cantica-Kommentare cf. L. Castaldi, Gregorius I Papa (La trasmissione die testi latini del medioevo 5), Firenze 2013, 94–99.

Bernhard von Clairvaux ‚Sermo de diversis 91' (*Emissiones tue paradisus…*) sowie zwei Sentenzen (*Via peccatorum presens mundus…* und *In hac vita deus non patitur…*). In derselben Abfolge treten alle Texte auch in Heiligenkreuz Cod. 148 (foll. 36r–72v) auf und bilden damit einen Teil der zweiten kodikologischen Einheit dieser Handschrift. Dort schreibt Udalricus den gesamten Text, während in OÖLB Cod. 328 ab fol. 97r und damit ab dem ersten Blatt der 14. Lage eine andere sonst nicht nachgewiesene Haupthand schreibt (siehe oben). Udalricus' Hand ist wieder auf fol. 130r mit einer längeren Korrektur nachweisbar.

Ein Vergleich des Prologs Gregors des Großen zeigt für beide Handschriften deutliche Parallelen zur in der Edition verwendeten Handschrift $\beta^4$ und damit Codex 4 aus dem Prämonstratenserstift Schlägel, das als Zisterzienserstift vermutlich 1202/3 gegründet wurde[151]. Zwar findet sich auch hier die Predigt Bernhards von Clairvaux, jedoch stimmt die Textabfolge nicht überein. Für die Bestimmung eines Abhängigkeitsverhältnisses aus dem Text ließen sich im Prolog zu wenige Varianten finden. Da überdies nicht alle Überlieferungszeugen für die Edition herangezogen wurden, kann nur eine allgemeine Gruppenzugehörigkeit festgestellt werden. Beachtenswert ist allerdings die Rubrik. Sie lautet in OÖLB Cod. 328 „*Incipit in nomine domini exposicio in canticis canticorum a capiti de exeda revelata domini Gregorii pape urbis Rome*", während in Heiligenkreuz die einfachere Version „*Incipit expositio beati Gregorii pape super canticis canticorum*" zu finden ist, die allerdings von einer anderen, jedoch gleichzeitigen Schreiberhand eingetragen ist. Die präzisere Rubrik entspricht bis auf die Verschreibung *revelata* statt *relevata*, die in gleicher Weise auch in der Handschrift aus Schlägel zu finden ist, dem ursprünglicheren Zustand. Es scheint damit unwahrscheinlich, dass es sich bei OÖLB Cod. 328 für diesen Text um eine Kopie von Heiligenkreuz Cod. 148 handelt. Eine gemeinsame Vorlage kann nach derzeitigem Stand der Untersuchungen nicht ausgeschlossen werden. Zu untersuchen wäre auch die Beziehung zu Zwettl, Stiftsbibliothek, Cod. 308, der Gregors Hoheliederkommentar mit der ausführlichen Rubrik überliefert und wohl derselben Überlieferungsgruppe zugehörig ist[152].

Eine solche Zusammengehörigkeit lässt sich auch für Bernhards Sermo ‚De diversis 91' feststellen. Die Handschriften aus Heiligenkreuz, Baumgartenberg und Zwettl überliefern denselben, von der Edition stellenweise stärker abwei-

---

[151] Sancti Gregorii Magni Expositiones in canticum canticorum. In librum primum regum, ed. P. Verbraken (Corpus Christianorum. Series Latina 144), Turnhout 1963. Die Handschrift (nicht eingesehen) wird in der Edition ins 12. Jahrhundert, im Katalog aber dieser Teil ins 13. Jh. und damit in die Zeit vor die Gründung des Klosters datiert (G. Vielhaber–G. Indra, Catalogus Codicum Plagensium (Cpl.) manuscriptorum, Linz 1918, 7). Cf. zur Kritik am Stemma Verbrakens Castaldi, Te.Tra. 2 (nt. 151), 89. Von $\beta^4$, in dem nur der Kommentar Gregors des Großen überliefert ist, hängt die Gruppe ω ab, die eine Kombination aus beiden Hoheliedkommentaren überliefert, sodass bei Kollation größerer Textmengen hier vielleicht größere Ähnlichkeiten zu dieser Untergruppe gefunden werden können.

[152] Dazu äußert sich knapp Alois Haidinger im Projektbericht – Beziehungen zwischen den Skriptorien der Stifte Heiligenkreuz und Zwettl bis Anfang 13. Jh. (2106) URL: <http://www.scriptoria.at/publ/haidinger_2016NOE.pdf>

chenden Text¹⁵³. Auch die danach überlieferten Sentenzen, die im Exemplar aus Baumgartenberg unter Aufgabe des ursprünglichen Schriftraums noch auf das letzte beschriebene Blatt gedrängt wurden, zeigen denselben Text¹⁵⁴. Varianten gibt es beim Explicit, wo in Baumgartenberg mit „*Explicit expositio beati Gregorii pape super cantica canticorum*" und in Heiligenkreuz mit „*Expliciunt cantica canticorum*" fälschlich eine Zugehörigkeit der Texte zum vorangehenden Werk impliziert wird. In der Zwettler Handschrift fehlt ein Explicit.

Somit kann für den Moment festgehalten werden, dass für den ersten Teil von OÖLB Cod. 328 ein direkter textlicher Zusammenhang mit den Handschriften des Mutterklosters Heiligenkreuz trotz der engen paläographischen Beziehungen unwahrscheinlich ist. Für den zweiten Teil sind noch genauere Textuntersuchungen nötig. Nach jetzigem Stand scheinen die Handschriften aus Heiligenkreuz, Zwettl und Baumgartenberg einer Überlieferungsgruppe anzugehören, bei der es zumindest aufgrund einer Rubrik ein Indiz gibt, dass für einen näheren Zusammenhang der beiden Handschriften der letztgenannten Klöster spricht und gegen eine direkte Abhängigkeit dieser Handschriften vom Mutterkloster Heiligenkreuz.

### 3. OÖLB Cod. 318, Cassianus, De institutis coenobiorum und Collationes pars III (coll. XVIII–XXIV)

#### Paläographische Einordnung

Hauptschreiber der Handschrift ist Hand ÖNB 706A und damit ein Schreiber, der in einer weiteren Baumgartenberger Handschrift, aber nicht in Heiligenkreuz aufscheint. Kleinere und größere Einschübe schreiben verschiedene Hände, von denen eine vielleicht mit HLK 230A zu identifizieren ist (fol. 132rv)¹⁵⁵. Am Ende der Handschrift ist ein nicht vollständig ausgeführter Text eingefügt¹⁵⁶, dessen Beginn die Hand HLK 19A schreibt. Gegen Ende von Zeile zwölf wechselt die Schrift zu einer deutlich weniger geübten Hand mit breitem, etwas unregelmäßigem Mittelband und sehr kurzen Ober- und Unterlängen, die auch in weiteren Baumgartenberger Handschriften zu finden ist (ÖNB 706C)¹⁵⁷.

---

¹⁵³ Edition: S. Bernardi opera vol. VI, 1, Sermones III, edd. J. Leclercq/H. Rochais, Rom 1970. Beispiele für die Varianten: 341, l. 12: „*tertia praelatorum praedicantium et orantium pro Dei populo] tertia (tertium LzZw) praelatorum qui fructum faciunt in populis praedicando*"; 341, l. 16: „*ascendere autem dicitur haec anima paenitens per desertum] Haec anima ascendit per desertum*".

¹⁵⁴ Cf. zu den Sentenzen auch die Beschreibung von Heiligenkreuz Cod. 148 von Franz Lackner (nt. 128).

¹⁵⁵ Der geringe Textumfang und die Variationen in der Schrift von HLK 230A machen die Identifizierung unsicher.

¹⁵⁶ Pelagius, De vitis patrum lib. V/Verba seniorum libellus II, ed. J.-P. Migne (Patrologia Latina 73), Paris 1849 [Nachdruck Turnhout 1963], col. 859C mit dem Incipit „*Frater quidam applicavit in Chiti (!) ad abbatem Moysen...*".

¹⁵⁷ Cf. zu dieser Hand ausführlicher p. 74.

Als einer der Korrektoren wirkt der Heiligenkreuzer Schreiber Udalricus. Neben kleineren Korrekturen durch die gesamte Handschrift, ist er auch für einen längeren Nachtrag von etwa einer Seite auf fol. 141v–142r und damit nach dem Haupttext verantwortlich, auf den ebenfalls von seiner Hand mit „*que hic desunt quere tali signo in fine libri*" auf fol. 137r verwiesen wird.

Die Initialen der Handschrift schließen an die Baumgartenberger Handschrift OÖLB Cod. 318 und die dort genannten Heiligenkreuzer Vorlagen an[158].

## Textliche Einordnung

Die Handschrift vereint mit ‚De institutis coenobiorum' und ‚Collationes patrum' (Pars III, coll. 18–24) zwei weit verbreitete Werke des Cassian. Es handelt sich in der Handschrift um getrennte kodikologische Einheiten, die jedoch wohl gemeinsam entstanden sind, denn derselbe Hauptschreiber ist in beiden Teilen zu finden und die Rubrik am Ende des ersten Teils verweist auf Teil zwei (fol. 70v).

Für ‚De institutis coenobiorum' lässt sich zunächst eine gestörte Reihenfolge der Bücher feststellen. Buch fünf fehlt nach Buch vier (fol. 25r) und folgt nach Buch 7. Der Korrektor Udalricus erkannte diese Umstellung und notiert am Ende von Buch vier „*Seqitur V$^{us}$ liber post istum et primum certa*[men]". Vor Buch 5 auf fol. 36r ergänzt er „*Primus liber certaminum*" und „*Quartum certamen post istud*".

Unter den zahlreichen von Udalricus und anderen angebrachten Korrekturen sind die durchgestrichenen Teile von „De institutis coenobiorum" auf fol. 35v und 36r die auffälligsten. Hier wurde ursprünglich in Buch 7 zwischen capp. XXIX und XXX (CSEL 17, 148, ll. 11 bzw. 12[159]) ein Teil aus Buch 12 eingefügt. Er beginnt in Kapitel XXXI (CSEL 17, 229, l. 12) mit „*disciplinam iacere festinemus*" und endet in Kapitel XXXII mit „*acquiescentes eos contristare, vel laedere*" (CSEL 17, 230, l. 7 sq.).

In Buch 12 fehlt eben dieser Text und es folgt auf Kapitel XXXI „*secundum districtionis evangelicae* [disciplinam iacere]" direkt „[vel laedere] *quod nullatenus poterimus implere*" (Kapitel XXXII). Das fehlende Stück ist auf fol. 71r von einer etwas späteren Hand nachgetragen (Verweiszeichen *d(eest)* auf fol. 70v, l. 4)

Für eine potentielle Vorlage ist entweder eine Handschrift anzunehmen, die dieselben Auslassungen und Umstellungen aufweist oder, sollte der Fehler erst bei der Kopie des vorliegenden Exemplars entstanden sein, eine Handschrift, die Hinweise auf den Ursprung des Fehlers gibt. Solche Hinweise wären z. B. Seitenumbrüche oder Lagenende, die das Fehlen des Textes und die Umstellung der Bücher durch Überspringen einer Seite oder durch das Heranziehen einer falschen Lage oder Seite beim Kopieren einer ungebundenen Handschrift

---

[158] Mündliche Mitteilung von Andreas Fingernagel.
[159] Iohannes Cassianus, De institutis coenobiorum, De incarnatione contra Nestorium; edd. M. Petschenig/G. Kreuz (Corpus Scriptorum Ecclesiasticorum Latinorum 17), Wien 2004.

erklären würden[160]. Eine übersprungene Seite würde allerdings nur die Fehlstelle im zwölften Kapitel erklären, nicht die Einfügung des Textes in Kapitel sieben.

‚De institutis coenobiorum' ist in Heiligenkreuz in einer Handschrift vorhanden, die wahrscheinlich noch vor 1147 entstanden ist (Cod. 62)[161]. Im Anschluss überliefert der Codex Cassians ‚Collationes Patrum I–X'. Ein Textvergleich zeigt jedoch weder eine der oben besprochenen Umstellungen noch gibt es andere Anhaltspunkte für eine kodikologische Ursache für die genannten Fehler.

Auch die Kollationierung der *praefatio* mit der Edition des Textes (CSEL 17, 3–231), die jedoch nicht alle Handschriften heranzieht, zeigt ein ähnliches Bild. Vor der Korrektur überliefert die Baumgartenberger Handschrift einen Text, der in seinen Varianten teils der Pariser Handschrift BNF lat. 12292 (10. Jh., Corbie, Sigle H) verwandt ist. Diese Varianten zeigen keine Parallelen in der Heiligenkreuzer Handschrift.

Ganz anders verhält es sich bei St. Florian, Stiftsbibliothek, Cod. XI 73. Die wohl in der ersten Hälfte des 12. Jahrhunderts geschriebene Handschrift[162] enthält nicht nur dieselben Umstellungen und Auslassungen wie OÖLB Cod. 318, sie zeigt auch dieselben Varianten in der *praefatio*. Beide Handschriften gehören damit offensichtlich derselben Überlieferungsgruppe an. Es ist aber trotzdem nicht sehr wahrscheinlich, dass die Handschrift aus St. Florian die Vorlage von OÖLB Cod. 318 ist. In den den ‚Collationes' vorangestellten Kapiteln überliefert die Handschrift aus St. Florian in vielen Fällen deutlich gekürzte Versionen der einzelnen Eintragungen. Noch zu klären wäre, ob es sich hier, ähnlich wie bei ÖNB Cod. 706, um eine oberösterreichische Überlieferungsgruppe handelt.

Ebenfalls noch zu klären ist die Vorlage für die Korrekturen in der Handschrift, an denen auch der Heiligenkreuzer Udalricus beteiligt ist. Da nicht nur ausgefallene Textteile ergänzt werden, sondern auch interlinear Varianten eingeleitet mit *vel* eingetragen werden, ist eine Korrektur aufgrund einer zusätzlichen Handschrift einer anderen Überlieferungstradition wahrscheinlich.

Für den zweiten Text der Handschrift, den dritten Teil von Cassians ‚Collationes' (*coll.* XVIII–XXIV), gibt es keine offensichtliche Vorlage in Heiligenkreuz. In Heiligenkreuz Cod. 250 werden Teil zwei und drei gemeinsam überliefert, während Teil eins in Cod. 62 zusammen mit ‚De institutis coenobiorum' zu finden ist. Ob hier für die Baumgartenberger Handschrift ein Auszug aus Cod. 250 genommen wurde, muss erst im Detail geprüft werden. Dagegen spricht die bereits genannte lange Korrektur in OÖLB Cod. 318, foll. 141v–142r, die

---

[160] Für ein Beispiel für den Nachweis von Abhängigkeiten aufgrund von Lagenvertauschungen cf. nt. 35.
[161] Zu den Argumenten für und wider die Zuschreibung zu einem Eintrag in der ältesten Heiligenkreuzer Bücherliste cf. Haidinger/Lackner, Bibliothek (nt. 28), 16 mit nt. 21. Handschriftenbeschreibung von Alois Haidinger, ibid., 111 sq. bzw. URL: <http://manuscripta.at/?ID=30615>.
[162] Die kunsthistorische Datierung und Lokalisierung ist vage: Österreich 12. Jh. (K. Holter, Bibliothek und Archiv: Handschriften und Inkunabeln, in: Die Kunstsammlungen des Augustiner-Chorherrenstiftes St. Florian (Österreichische Kunsttopographie 48), Wien 1988, 29–92, hier: 65.

mit einem Auslassungszeichen auf fol. 137 verbunden ist (*col.* XXIV, cap. 20: „*vulgatam breviter*"... – cap. 23: „*vero in me Christus*"[163]): der Textumfang weist auf die Auslassung einer Seite hin. In Heiligenkreuz Cod. 250 ist der in Baumgartenberg ausgefallene Text jedoch nicht auf einer Seite überliefert.

Aus den bisherigen Untersuchungen lässt sich also für ‚De institutis coenobiorum' keine Abhängigkeit der Baumgartenberger Handschrift von der des Mutterklosters feststellen, aber vielleicht eine Beziehung zu oberösterreichischen Handschriften. Für die ‚Collationes' ist eine direkte Beziehung zu Heiligenkreuz zumindest nicht wahrscheinlich.

## 4. ÖNB Cod. 706, Augustinus, De verbis domini

### Paläographischer Befund

Die beiden Hauptschreiber der Handschrift ÖNB 706A (foll. 1–110r) und ÖNB 706D können jeweils auch in mindestens einer weiteren Baumgartenberger Handschrift nachgewiesen werden, aber bisher nicht in Heiligenkreuz[164]. Ebenfalls in weiteren Baumgartenberger Handschriften nachweisbar ist der etwas ungelenke Schreiber von drei Spalten auf fol. 110r/v (ÖNB 706C[165]). Zahlreiche kürzere Einschübe in der Handschrift stammen von den Heiligenkreuzer Schreibern HLK 78A, HLK 19A und HLK 154B[166].

Der sehr einfache Buchschmuck konnte bisher nicht näher eingeordnet werden.

### Textlicher Befund

Die Handschrift überliefert die Sammlung ‚De verbis domini' mit Predigten des (Ps.-)Augustinus, deren Überlieferung im 12. Jahrhundert bereits ausführlich untersucht ist[167]. ÖNB Cod. 706 wird dabei im Zusammenhang mit einer speziellen Überlieferungsgruppe innerhalb von Gruppe B mit Schwerpunkt Oberösterreich erwähnt[168].

---

[163] Cassianus, Collationes, edd. M. Petschenig/G. Kreuz (Corpus Scriptorum Ecclesiasticorum Latinorum 13), Wien 2004, 697, l. 9–698, l. 24.

[164] Für ÖNB 706A cf. OÖLB Cod. 318 (e.g. foll. 1r–71v), für ÖNB 706D cf. ÖNB Cod. 697 (e.g. 50v–54v, aber mit Einschüben anderer Hände).

[165] Cf. zu diesem Schreiber p. 74.

[166] Cf. dazu URL: <http://www.scriptoria.at/cgi-bin/scribes.php?ms=AT8500-706>.

[167] L. De Coninck/B. Coppieters 't Wallant/R. Demeulenaere, La tradition manuscrite du recueil De Verbis Domini jusqu'au XIIe siècle. Prolégomènes à une édition critique des Sermones ad populum d'Augustin d'Hippone sur les évangiles (serm. 51 sqq.). With an English summary and a new critical edition of serm. 52, 71 and 112 (Instrumenta Patristica et Mediaevalia 45), Turnhout 2006.

[168] De Coninck/Coppieters 't Wallant/Demeulenaere, La tradition (nt. 159), 87, nt. 217

Als Zeugnisse der Überlieferung aus dem 12. Jahrhunderts werden die Handschriften Kremsmünster, Stiftsbibliothek, Cod. 130, Lambach, Stiftsbibliothek, membr. Cod. XIV und ÖNB Cod. 655 aus dem Benediktinerstift Garsten angeführt. Die Handschrift aus Kremsmünster wird als ältester Beleg gewertet und daher für die Lesarten herangezogen (Mitte/2. Hälfte 12. Jh.)[169]. ÖNB Cod. 706 wird irrig ins 13. Jahrhundert datiert[170] und lediglich unter den späteren Handschriften aufgelistet. Durch die Schreiberhände kann der Band nun aber in die Mitte bis ins dritte Viertel des 12. Jahrhunderts datiert werden und gehört damit ebenfalls zu den ältesten Handschriften dieser speziellen Texttradition.

Die Handschriften dieser oberösterreichischen Gruppe enthalten nur ‚De Verbis domini', nicht ‚De verbis apostoli'. Im Aufbau von ‚De verbis domini' fehlt Ps.-Augustinus *sermo* 109 (unüblich für die Überlieferungsgruppe B), *sermo* 61 steht satt an fünfter Stelle zwischen *sermo* 93 und *sermo* 102. Im Anschluss an ‚De verbis domini' wird *sermo* 384 (*sermo dubius*) überliefert[171]. Diese Reihenfolge wird in ÖNB Cod. 706 auch durch die Kapitelliste auf foll. 1r–2r wiedergegeben, wo die Zählung der *sermones* mit jedem Evangelium neu beginnt. Darüber hinaus weisen die Handschriften einige Textvarianten in den näher untersuchten *sermones* 71 und 112 auf, die durch eine Kontamination einer Untergruppe des Überlieferungsstrangs B2[172] mit einer Handschrift des Stranges A1 (Salzburg St. Peter, Stiftsbibliothek, Cod. a VIII 10) entstanden sind[173]. Die auffälligste Variante ist Lesung *delicti* für *peccati* in *serm*. 71,140[174], die durch ein Loch im Pergament in der Salzburger Handschrift auf fol. 28 entstanden sein soll, wodurch bei der Kopie von fol. 28v Text von 27v mitkopiert wurde.

Auch im Baumgartenberger Mutterkloster Heiligenkreuz ist eine Handschrift mit ‚De verbis domini' erhalten. Der heute in sehr schlechtem Erhaltungszustand befindliche Cod. 75 gehört zu jenen Handschriften, die bereits in der ersten Bücherliste erwähnt werden[175] und ist damit auf die Zeit vor 1147 zu datieren[176]. Zwar kann der Hauptschreiber bisher in keiner weiteren Heiligen-

---

[169] Fill, Katalog (nt. 143), 209–211, fig. 20.
[170] Wohl übernommen aus dem ÖNB-Inventar Tabulae Codicum (nt. 29), wo die Handschrift aufgrund eines deutlich später eingetragenen Professvermerks auf fol. 147v ins Jahr 1275 datiert wird.
[171] De Coninck/Coppieters 't Wallant/Demeulenaere, La tradition (nt. 159), 87, nt. 217.
[172] Cf. die Details bei De Coninck/Coppieters 't Wallant/Demeulenaere, La tradition (nt. 159), 85–89.
[173] Gelistet in De Coninck/Coppieters 't Wallant/Demeulenaere, La tradition (nt. 159), 87, nt. 217 mit dem Verweis auf die Editionen im selben Band: serm. 71, 49 om. *etiam*; serm. 71, 140 *peccati*; serm. 71, 663 *agenti*; serm. 112, 129 *evangelistam*; serm. 112, 175 *illi*; serm. 112, 179 *medico*; serm. 112, 183 *in vanitatis suae* (zu dieser Variante cf. auch ibid., 108 sq.).
[174] Die Varianten wurden nicht in die Edition des Textes in De Coninck/Coppieters 't Wallant/Demeulenaere, La tradition (nt. 159), 185 aufgenommen.
[175] Cf. nt. 62.
[176] Beschreibung von Alois Haidinger und Franz Lackner URL:<http://manuscripta.at/?ID=30627> bzw. Haidinger/Lackner, Bibliothek (nt. 30), 112–114.

kreuzer Handschrift nachwiesen werden, die Entstehung im Stift ist aber aufgrund der Schreiber der Einschübe wahrscheinlich[177].

Für die grundsätzliche textliche Einordnung von Heiligenkreuz Cod. 75[178], lässt sich zunächst festhalten, dass die Handschrift mit *sermo* 384 endet. Da sich Ps.-Augustinus' *sermo* 109 zwischen Lukas und Johannes, also zwischen Augustinus' *sermo* 171 und *sermo* 117 befindet (foll. 57rb–58rb) gehört sie zur Gruppe B. Innerhalb von B lässt sie sich aufgrund des Incipits von *sermo* 124 mit „*reverentissima*" der Untergruppe B2 zuordnen. Da die Handschrift zu Beginn unvollständig ist (sie beginnt in *sermo* 62, cap. 3,), lässt sich über die Abfolge der Texte hier keine Aussage machen. *Sermo* 61 ist allerdings nicht in der Handschrift enthalten, weswegen zu vermuten ist, dass er an der üblichen fünften Stelle stand.

Das Vorhandensein von Ps.-Augustinus' *sermo* 109 und auch die vermutete Position von Augustinus' *sermo* 61 zeigen deutlich, dass die Handschrift einer anderen Überlieferungsgruppe angehört als ÖNB Cod. 706[179]. Auch die genannten spezifischen Textvarianten der oberösterreichischen Überlieferungsgruppe lassen sich nicht nachweisen. Damit kann Heiligenkreuz Cod. 75 nicht die Vorlage für die Baumgartenberger Handschrift ÖNB Cod. 706 sein.

War sie aber vielleicht die Quelle für die zahlreichen Korrekturen in ÖNB Cod. 706? An dieser Stelle können dazu nur erste Beobachtungen wiedergegeben werden. Schon aus dem Sermonesverzeichnis ist offensichtlich, dass der Baumgartenberger Band mit einer Handschrift einer anderen Überlieferungsgruppe korrigiert wurde. Zwischen der Auflistung der Predigten zu Lukas und Johannes wird ergänzt „*XV Eiusdem de verbis apostoli Omnes nos manifestari opportet ante tribunal Christi etc*" und damit Ps.-Augustinus' *sermo* 109. Dem entspricht eine rote Marginale auf fol. 83v, wo es heißt „*deest sermo unus de verbis apostoli Omnes nos manifestari opportet ante tribunal Christi*".

Die Korrekturvorlage gehört aufgrund der Stellung von Ps.-Augustinus' *sermo* 109 offensichtlich der Überlieferungsgruppe B an[180], jedoch einer anderen Untergruppe als ÖNB Cod. 706. Damit sollten die der oberösterreichischen Gruppe eigenen Varianten[181] in die für B oder die gesamte Überlieferung üblichen Lesungen korrigiert worden sein.

Tatsächlich wird das in *sermo* 71, 49 fehlende „*etiam*" über der Zeile ergänzt und in *sermo* 71, 663 wird „*agenti*" zu „*agendi*" verbessert und damit in beiden Fällen zum korrekten Text der Gesamtüberlieferung. Nicht korrigiert wird die

---

[177] Cf. zu den Schreiberhänden URL: <http://www.scriptoria.at/cgi-bin/scribes.php?ms=AT3500-75>.
[178] Cf. dazu P.-P. Verbraken, La collection de sermons de saint Augustin *De Verbis Domini et Apostoli*, in: Revue Bénédictine 77 (1967), 27–46 mit der Übersicht auf 36.
[179] Auf eine genauere Einordnung ins Stemma gemäß der De Coninck/Coppieters 't Wallant/Demeulenaere, La tradition (nt. 159), 75–92 vermerkten Varianten für B2 wurde vorerst verzichtet.
[180] Cf. Verbraken, La collection (nt. 170), 36 für die Gruppenübersicht.
[181] Cf. nt. 172.

Lesung „*delicti*" für „*peccati*" in *sermo* 71,140, die die oberösterreichische Untergruppe geradezu konstituiert. Ebenso nicht korrigiert werden *sermo* 112, 179 „*medico*" (statt „*medicus*") und *sermo* 112, 183 „*in vanitatis suae*" statt „*invitatis sua*"[182]. In allen diesen Fällen wäre die korrekte Lesung in Heiligenkreuz Cod. 75 vorhanden.

Es bleibt *sermo* 112, 175 mit der korrekten Lesung „*illi*", die in vielen Handschriften außerhalb der Überlieferungsgruppe A1 durch *illic* ersetzt ist. Die oberösterreichische Überlieferungsgruppe hat üblicherweise die Lesung *illi*. In ÖNB Cod. 706 wurde nach „*ill*" radiert. Aus dem zu Verfügung stehenden Platz ist zu vermuten, dass nur ein Buchstabe fehlt und damit ursprünglich, wie für die Untergruppe zu erwarten, *illi* überliefert war. Korrigiert ist über der Zeile allerdings zu „*illuc*" und damit zu einer selteneren Lesung[183], die sich jedoch auch in Heiligenkreuz Cod. 75 findet.

Unter den für die oberösterreichische Überlieferungsgruppe typischen Varianten wurden damit zwei zum korrekten Text der Gesamtüberlieferung korrigiert, während drei gar nicht korrigiert wurden. Lediglich für eine Variante kann eine Korrektur mit einer für wenige Handschriften spezifischen anderen Variante festgestellt werden, die sich auch im Mutterkloster Heiligenkreuz findet und damit ein schwaches Indiz für diese Handschrift als Vorlage für die Korrekturen liefert.

---

[182] Zum Ursprung dieser Variante cf. ausführlich De Coninck/Coppieters 't Wallant/Demeulenaere, La tradition (nt. 159), 108 sq.

[183] De Coninck/Coppieters 't Wallant/Demeulenaere, La tradition (nt. 159), 41 bzw. 110 gibt diese Lesung an für München, Bayerische Staatsbibliothek clm 15806 (XI?) aus dem Domkapitel Salzburg und für Vatikan, Bibliotheca Vaticana, Cod. Vat. Lat. 8566 (X).

# Mittelalterliche Handschriften der Bibliothek des Klosters Velehrad

JINDRA PAVELKOVÁ (Brno)

## I. Die Bibliothek des Klosters Velehrad

Im Falle der Gründung des Klosters Velehrad handelte es sich um eine gemeinsame Stiftung des Olmützer Bischofs Robert von England und des mährischen Markgrafen Vladislav Heinrich (Vladislav Jindřich)[1]. Sie erfolgte im Jahre 1205, wobei am 11. November desselben Jahres Mönche der Zisterzienser aus Plasy (Plaß) in das Kloster kamen. Für diese erste Gruppe wurde offenkundig ein Provisorium bei der Kirche St. Johannes errichtet[2]. Die bischöflich-markgräfliche Stiftung war offensichtlich als Bestattungsort des markgräflichen Zweiges des Geschlechts der Přemysliden vorgesehen[3]. Papst Innozenz III. sprach das Kloster dem Orden der Zisterzienser zu und bestätigte im Jahre 1208 all seine Privilegien und Vermögensrechte[4]. Velehrad erhielt somit als erstes Kloster auf dem Gebiet Böhmens und Mährens das sog. päpstliche Schutzprivileg. Zugleich wurde dem Kloster auch durch König Přemysl Ottokar I. das Privilegium verliehen, indem es ebenso sämtliche Freiheiten und unantastbaren Rechte erlangte. Zu guter Letzt wurden nach diesem sog. „Welehrader Privilegium" auch weiteren Klöstern im Gründungsprozess Sonderrechte verliehen[5].

Aufgrund seiner Lage an der mährisch-ungarischen Grenze blieb das Kloster von den kriegerischen Konflikten zum Ende des 13. Jahrhunderts und im 15. Jahrhundert nicht verschont. In der Zeit des Dreißigjährigen Krieges wurde das Kloster sogar zweimal aufgelöst. Im Jahre 1784 wurde das Kloster in Velehrad durch den Kaiser Josef II. definitiv aufgelöst. Die Entscheidung bzgl. der Auflösung erfolgte unter anderem auch auf der Grundlage der Visitationsprotokolle aus den 50er und 60er Jahren des 18. Jahrhunderts. Zum Zeitpunkt der Auflösung befand sich im Kloster eine verhältnismäßig große Bibliothek. Bestandteil des Bücherfonds waren auch Handschriften.

---

[1] M. Wihoda, Vladislav Jindřich, Brno 2007, 262–266.
[2] Wihoda, Vladislav (nt. 1), 724–725.
[3] J. Žemlička, Počátky Čech královských 1198–1253. Proměna státu a společnosti, Praha 2002, 446.
[4] Codex diplomaticus et epistolaris regni Bohemiae II., ed. G. Friedrich, Pragae 1912, Nr. 76.
[5] Codex. ed. Friedrich (nt. 4), Nr. 355, 110, 321.

Die wichtigste Quelle, eine bestimmte Bibliothek zu erkennen, sind stets die physisch erhaltenen Bücher, die der jeweiligen Bibliothek gehörten. Für die Erforschung von Bibliotheken, die heute physisch nicht mehr als Ganzes existieren, ist jedoch auch das Studium sekundärer Quellen erforderlich – der Verzeichnisse, Listen und Kataloge der Bücherfonds. Sie entstanden zum größten Teil im Zusammenhang mit der Vermögensevidenz. Was die Bezeichnung derartiger Quellen betrifft, so kann man von Verzeichnissen, Katalogen bzw. Inventarlisten (Bestandsverzeichnissen) sprechen. Selbst wenn es auf den ersten Blick gleichgültig erscheinen mag, welche der angeführten Termini wir verwenden, ist das Gegenteil der Fall. Katalog und Inventarliste (Bestandsverzeichnis) können zwar bis zu einem gewissen Maße als Synonyme verstanden werden, jedoch ist bei näherer Betrachtung die Inventarliste das primäre Verzeichnis der einzelnen Posten, während der Katalog ihre detaillierte Beschreibung bietet. Im Hinblick auf die dünne Grenze zwischen beiden Kategorien bei den konkreten Quellen ist es angemessener, bei der summierten Beschreibung der Quellen lediglich den Ausdruck Verzeichnis zu verwenden[6].

Bei institutionellen Bibliotheken entstanden Verzeichnisse zum Zeitpunkt des Wechsels der Leitung der jeweiligen Organisation, nicht nur des Verwalters selbst, sondern auch beim Ableben und der anschließenden Neuwahl des Abtes[7]. Die im Zuge der Änderung des Vorstehers erstellten Verzeichnisse waren in der Regel Bestandteil der Inventarisierung (Bestandsaufnahme) des gesamten Vermögens der Institution. Erstellt wurden sie durch den Bibliothekar (*armarius, librarius, bibliothecarius*), ggf. durch eine weitere Person, zu deren Obliegenheiten die Verwaltung der Bibliothek gehörte (Küster/*custos*, Sakristan, etc.). Meistens wurde das Verzeichnis zu dem Zeitpunkt erstellt, zu dem die betreffende Person die Funktion übernommen hat[8].

Die Hauptquelle für die vorliegende Studie sind somit die Verzeichnisse der Bibliotheken, die seitens der Gubernialbeamten zum Zeitpunkt der Auflösung des Klosters angefertigt wurden, konkret jene Verzeichnisse, die im Rahmen der Bestandsaufnahme der Bibliothek durch den Bibliothekar der Lyzeums-Bibliothek, Johann Alois Hanke von Hankenstein (1751–1806), erstellt wurden und heute im Archiv der Wissenschaftlichen Bibliothek in Olomouc (Olmütz) aufbewahrt werden[9]. Dem Verzeichnis der Handschriften begegnen wir darüber hinaus in einer der Handschriften aus der Sammlung von Jan Petr Cerroni (1753–1826), welche Bestandteil des Fonds des Mährischen Landesarchivs (MLA) in Brünn und der Beschreibung bedeutender mährischer Bibliotheken gewidmet ist[10].

---

[6] I. Hlaváček, Středověké soupisy knih a knihoven v českých zemích, Praha 1966, 10.
[7] Hlaváček, Středověké (nt. 6), 8.
[8] M. Flodr, Středověké seznamy rukopisů jako historický pramen, in: Časopis Matice Moravské 77 (1958), 10.
[9] Wissenschaftliche Bibliothek in Olomouc (weiter WBOL), Archiv, Velehrad.
[10] Mährische Landesarchiv Brünn (weiter MLA), G12, Sig. Cerr I, 31, foll. 30r–56r. Im Cerroni-Verzeichnis fehlen die Pergamentmanuskripte des Quartformats, im Gegensatz hierzu ist bei

Hankes Verzeichnis wurde am 30. Juni 1789 erstellt und gliedert die Bibliothek in fünf Teile. Der erste Teil trägt die Bezeichnung „typografische Antiquitäten" und umfasst laut einleitendem Verzeichnis 64 Posten (44 im Format Folio, 20 im Format Quart). Eine weitere Gruppe wird als „brauchbar" bezeichnet, wobei es sich um 1049 Posten (laut einleitendem Verzeichnis) handelt, in Wirklichkeit sind hier jedoch weniger Titel angeführt (266 Folio, 268 Quart, 367 Oktav und 154 Duodez – insgesamt 688 Stück). Die Anzahl der weiteren „unvollständigen Werke" beträgt 94 Stück (22 Folio, 22 Quart und 50 Oktav). Es folgt das Verzeichnis der Handschriften, von denen 121 Stück existieren dürften. Die Handschriften sind ferner in Pergamentschriften (8 Folio und 2 Quart) sowie Papierschriften (40 Folio und 31 Quart) unterteilt. Als eigenständiges Verzeichnis sind die Handschriften des Velehrader Zisterziensermönchs und Professors Christian Gottfried Hirschmentzl (1638–1703) angeführt. Im Verzeichnis sind 49 Posten (9 Folio, 40 Quart).

Die größte Gruppe, die als „Abfall" bezeichnet wird, umfasst 3842 Posten, eine diesbezügliche Aufstellung wurde allerdings nicht erstellt. Dabei handelte es sich um Bücher, die nie erfasst wurden, da nicht mit deren Verkauf gerechnet worden war. Insgesamt zählt die Bibliothek laut Hanke-Verzeichnis 5076 Bände, in der Liste befinden sich jedoch nur 976 Posten, die beschrieben wurden.

Bei jedem Titel sind jeweils der Name des Autors und der Titel, zumeist auch der Ort und das Jahr der Herausgabe angeführt, bei Handschriften die konkrete Datierung, sofern bekannt, oder zumindest die Zuordnung zum Jahrhundert.

## II. Handschriften

Als letzte eigenständige Abteilung führt Hanke die Handschriften an[11], von denen er 121 erfasste. Das Verzeichnis der Handschriften ist in Pergamentschriften (8 Posten des Folio- und 2 Posten des Quartformats), Papierschriften (40 Bände des Folio- und 31 Bände des Quartformats) sowie Handschriften des Welehrader Professors und Geschichtsschreibers des 17. Jahrhunderts Christian Gottfried Hirschmentzl (9 Posten des Folio- und 31 des Quartformats) gegliedert. Die Sprache des Hanke-Katalogs ist Deutsch, was den Notizen zum Einband der Bücher zu entnehmen ist, wobei allerdings mehrere Katalogvermerke die lateinische Bezeichnung der Handschrift unter Anführung dessen enthalten, dass es sich um einen tschechischen (oder teilweise tschechischen) Text handelt. Dies lässt erahnen, dass der Hanke-Katalog auf der Grundlage des ursprünglichen Klosterkatalogs entstanden sein könnte, dessen Bearbeitungssprache Latein war. Hätten nämlich die jeweiligen Handschriften eine tschechische Bezeichnung getragen, wären sie tschechisch geschrieben gewesen, im gegenteiligen Falle wäre der Vermerk zur Gänze auf Deutsch verfasst worden.

---

den Papierquartos über den Hanke-Katalog hinaus die ‚Legenda de SS. Fabiano et Sebastiane' angeführt.

[11] WBOL, Archiv, Velehrad (nt. 9), foll. 95r–107r.

*Mittelalterliche Handschriften*

Im Hanke-Katalog können 31 mittelalterliche Handschriften identifiziert werden. Der überwiegende Teil konnte im heutigen Fonds der Wissenschaftlichen Bibliothek in Olomouc identifiziert werden, bei elf von ihnen waren die erhalten gebliebenen Bände nicht auffindbar, da sie auf der Grundlage der Datierung, die das Hanke-Verzeichnis direkt anführt, in die mittelalterlichen Handschriften eingeordnet wurden, bzw. ist – in einem Falle – auf der Grundlage des Materials eine Handschrift ohne Datierung auf Pergament geschrieben[12].

Auf das 13. Jahrhundert ist die Papierhandschrift (*sic!*) ‚Vitae sumorum Pontificum' Format Folio, geschrieben *per extensum*, datiert[13]. Auf das Jahr 1300 datierte offensichtlich Hanke auf der Grundlage der Notizen auf fol. 186v die in zwei Spalten verfasste Handschrift des ‚Opusculorum flores' des Bernard von Clairvaux, der Schrift nach aus der 2. Hälfte des 14. Jahrhunderts[14]. In der Mitte des 13. Jahrhunderts entstand die ‚Glossa in Evangelium Ss. Luca et Joannis'[15].

In das 14. Jahrhundert gehören weitere fünfzehn Handschriften, lediglich eine mit dem genauen Jahr 1397 – ‚Darlegung des Psalters' (‚Lectura psalteri') – des Henricus Tobling, geschrieben in zwei Spalten auf Papier[16]. Fünf Handschriften sind vom Autor des Verzeichnisses mit dem 14. Jahrhundert datiert. Weitere zehn Handschriften konnten im heutigen Fonds der WBOL identifiziert werden. Unter ihnen befinden sich ein Messbuch[17], ein Brevier[18], die Predigten des hl. Bernard, die ‚Summa' des Heinrich von Merseburg, die Predigten des Jakob de Voragine[19], die ‚Historia scholastica' des Peter Comestor[20], die ‚Summa' des Raimund von Penyafort und die des Tancredus Bononiensis[21], der ‚Liber de naturis animalium moraliter declaratus'[22] und das ‚Speculum B. Mariae Virginis' des Conrad de Saxonia[23], verschiedene, nicht näher identifizierte Predigten[24], die ‚Vitae philosophorum antiquorum' Walter Burleys[25], ein nicht näher bestimmtes

---

[12] Katalog, Abt. Codices Membranei/in folio (weiter CMF), Nr. 5.
[13] Katalog, Abt. Codices Chartaei/in folio (weiter CChF), Nr. 38 – Hanke führt in der Datierung an, dass es sich wahrscheinlich um das 13. Jahrhundert handele. Cerroni führt nur noch das 13. Jahrhundert an. Da nicht bekannt ist, ob das Cerroni-Verzeichnis auf der Grundlage des Hanke-Verzeichnisses oder einer anderen Quelle entstand, ist sie uns für die sichere Datierung der Handschrift kaum dienlich.
[14] Katalog, Abt. CMF (nt. 12), Nr. 2.
[15] Ibid., Nr. 6, WBOL (nt. 9), Sig. M II 161.
[16] Katalog, Abt. CChF (nt. 13), Nr. 4.
[17] Ibid., Nr. 1.
[18] Ibid., Nr. 7.
[19] Katalog, Abt. Codices Membranei/in quarto (weiter CMQ), Nr. 1.
[20] Katalog, Abt. CMF (nt. 12). 273, Nr. 8.
[21] Ibid., Nr. 4.
[22] Katalog, Abt. CMQ (nt. 19), Nr. 2 und Abt. CChF (nt. 13), Nr. 33.
[23] Katalog, Abt. CMQ (nt. 19), Nr. 2.
[24] Katalog, Abt. CChF (nt. 13), Nr. 31 und Abt. Codices Chartaei/in quarto (weiter CChQ), Nr. 23.
[25] Ibid., Nr. 6.

,Alphabetarius de virtutibus et vitiis'[26], eine Postille[27] und eine ,Legenda sanctorum'[28].

Das zweite im Katalog identifizierte Messbuch fällt mit seiner Entstehung in die Zeit der Wende des 14. und 15. Jahrhunderts[29]. Dabei handelt es sich wiederum um eine Pergamenthandschrift im Folioformat. Aus dem nachfolgenden Jahrhundert erfasst das Verzeichnis elf Handschriften, von denen alle auf Papier geschrieben sind. Fünf Handschriften sind mit der genauen Jahreszahl datiert. Die älteste stammt aus dem Jahre 1424 und ist in Spalten geschrieben, wobei es sich um ein Traktat über die heilige Messe handelt, an welches eine Abhandlung über die Taten der Bischöfe und Päpste sowie weiterer kirchlicher Würdenträger anknüpft[30]. Die Jahreszahl 1430 trägt eine Handschrift, die vom Leben Jesu Christi handelt. Die Handschrift entstand entweder im Jahre 1430 oder kurz davor, oder sie wurde in diesem Jahr für den Pfarrbezirk in Oslavany durch Pavel, Professor der Velehrader Klosters, angeschafft[31]. Offenkundig aus dem Jahre 1437 (Eintragung im Manuskript) stammt die Schrift ,Praecepta Eloquentiae'[32], wobei jedoch lediglich ein Teil des Bandes so datiert ist – der ,Liber de sententiarum' von Stephanus Fliscus de Soncino und Augustins ,Isagogicae' sind im Kolophon mit dem 1. Oktober 1470 datiert. Bestandteil des Konvoluts sind die nicht datierten ,Formae litterarum' und das ,Ritmicum dictamen'. Die Handschrift, die in Hankes Katalog die Bezeichnung ,De forma visitationis' trägt und für den Bruder Nikolaus von Velehrad angefertigt wurde, besteht aus den Schriften ,Historia seu Exordium ordinis Cisterciensis' und ,Charta charitas' des Stephan Harding sowie weiteren Werken, die von ihrer Herkunft dem Zisterzienserorden zuzuordnen sind, von denen die letzte – ,De negligenci sacramentorum Christi' – im Kolphon auf den 13. April 1457 datiert ist[33]. Die letzte datierte Handschrift aus dem 15. Jahrhundert ist eine Schrift, die in Hankes Katalog als ,De Praeceptis decalogi' bezeichnet wird und in selbigem Katalog in das Jahr 1476 datiert ist; allerdings handelt es sich hierbei um den ,Liber discipulis de eruditione' von Johann Herolt, der im Kolophon die Datierung 7. Juli 1454 trägt[34]. Weitere sechs Handschriften sind lediglich auf der Grundlage der Schriftzüge mit dem 15. Jahrhundert datiert. Es handelt sich um ein Konvolut verschiedener Predigten, z. B. von Antonius de Azaro bzw. Albertus Magnus, sowie von Auslegungen der Bücher des Alten Testaments[35], das ,Catholicon'

---

[26] Ibid., Nr. 11.
[27] Ibid., Nr. 29.
[28] Ibid., Nr. 24.
[29] Katalog, Abt. CMF (nt. 12), Nr. 3.
[30] Katalog, Abt. CChF (nt. 13), Nr. 15.
[31] Ibid., Nr. 21.
[32] Ibid., Nr. 26.
[33] Ibid., Nr. 26.
[34] Katalog, Abt. CChQ (nt. 24), Nr. 25.
[35] Katalog, Abt. CMQ (nt. 9), Nr. 3.

von Johannes Balbus[36], ein Konvolut von Büchern über die Medizin[37], *Casuistica*[38], Predigten des Jakob de Voragine[39] und *Tractatus theologici* im Quartformat[40].

Die Handschrift des kanonischen Rechtes[41] trägt keine Datierung, außerdem konnte sie mit keinem der im Fonds der WBOL archivierten Band identifiziert werden. Hanke ordnet sie jedoch den Pergamenthandschriften zu, woraus auf ihren mittelalterlichen Ursprung geschlossen werden kann.

## III. Fazit

Ein großer Teil der im Verzeichnis angeführten Handschriften konnte weder im Katalog der Wissenschaftlichen Bibliothek in Olomouc noch in den Katalogen weiterer Bibliotheken identifiziert werden. Das Verzeichnis führt die einzelnen Posten des handschriftlichen Fonds in einer solchen Gestalt an, dass es im Falle der fehlenden Zuordnung zur Provenienz praktisch unmöglich ist, ihn zu identifizieren. Aus diesem Grunde sind wir nicht in der Lage, sämtliche mittelalterlichen Handschriften zu identifizieren, die sich im Fonds der Velehrader Bibliothek zum Zeitpunkt der Auflösung des Klosters befanden.

Über den Rahmen der physisch erhalten gebliebenen Handschriften hinaus können wir zu den mittelalterlichen noch diejenigen reihen, deren Aufzeichnung im Verzeichnis eine Datierung trägt. Diese wurden in die oben angeführte Analyse integriert.

---

[36] Katalog, Abt. CChF (nt. 12), Nr. 5.
[37] Ibid., Nr. 6.
[38] Ibid., Nr. 36.
[39] Ibid., Nr. 37.
[40] Katalog, Abt. CChQ (nt 24), Nr. 12.
[41] Katalog, Abt. CMF (nt 12), Nr. 5.

## Appendix: Katalog

| Ursprünglicher Vermerk in Hankes Katalog | Bestimmung des Werkes (sofern die Zitierung nicht vollständig ist, ist eine eindeutige Bestimmung nicht möglich) | Verweise auf Referenzen und Digitalisierungen, Angaben zum Einband und zur Provenienz (Herkunft) |
|---|---|---|
| | Manuscripta[42] | |
| | Codices Membranei | Die Handschriften auf Pergament |
| 1. Missale romanum 1 in Fol: cod: membr: p[e]r Colum: scriptus saeculi nifalor XIV[ti] hac bene conservatus in Ppd: mit Lederk: | Graduale cisterciense | Missale Romanum per Columnas Scriptum Saeculi XIV.[43] <br><br> Referenz: BOHÁČEK – ČÁDA, č. 224 <br><br> Heute: VKOL, Sig. M II 87 <br><br> Einband: Pappdeckel, bezogen mit Papier, Buchrücken und Ecken mit weißem Leder |
| 2. D: Bernardi /Clara vallensis/ Opusculorum Flores. 1 in Fol: cod: membr: p[e]r Colum An: 1300 scriptus bene conservat: Prg. | Bernard z Clairvaux (asi 1090–1153) – Senonensis, Petr: Flores Bernhardi de Clara Valle. – 2. Hälfte des 14. Jahrhunderts. | Divi Bernardi Claravalensis opusculorum flores per Columnas anni 1300 <br> Referenz: BOHÁČEK – ČÁDA, č. 375 <br> Heute VKOL, <br> Sig. M III 45 <br> Provenienz: Ex bibliotheca Wellegraden[sis] <br> Einband: Pappdeckel, bezogen mit Pergament, auf dem Buchrücken rotes Papierschild mit der Aufschrift FLORES S.P. BERNARDI CLARAVALLE, 2 grüne Bänder fehlen |
| | Exceptiones de b. Maria collectae de diversis opusculis beati Bernhardi Clarevallensis | |
| | Sermo beati Bernhardi abbatis de passione Domini | |
| | Incipit planctus beate Marie Virginis | |
| | Super ewangelium Iohannis Maria stabat ad monumentum | |
| | Pseudo-Bernhardus, Homilia super Stabat iuxta crucem | |

---

[42] Eine Übersicht der Handschriften führt zugleich A. Schubert, Die ehemaligen Bibliotheken der von Kaiser Josef II. aufgelösten Mönchsklöster in Mähren und Schlesien, sowie die der Exjesuiten zu Teschen und Tropau, in: Centralblatt für Bibliothekswesen 17 (1900), 333–336 und 401–404. Schubert führt die Handschriften stellenweise in anderer Reihenfolge als Hanke und Cerroni an, wobei er im Unterschied zu Hanke keine Angaben zum Einband hinzufügt.

[43] In dieser Spalte ist als erster Posten die Handschrift so angeführt, wie sie J. P. Cerroni in seiner Schrift ‚Bibliothek in dem aufgelassenen Stifte Wellehrad des Cistersienser Ordens auch Hungarisch Hradisch' erfasste. MLA, G 12 Cerroni-Sammlung, Sig. Cerr I 31, fol. 42, ggf. ist ein Verweis auf die heutige Signatur der WBOL angefügt.

44 Pergamenthandschriften des Quartformats, von Cerroni nicht angeführt.

| Ursprünglicher Vermerk in Hankes Katalog | Bestimmung des Werkes (sofern die Zitierung nicht vollständig ist, ist eine eindeutige Bestimmung nicht möglich) | Verweise auf Referenzen und Digitalisierungen, Angaben zum Einband und zur Provenienz (Herkunft) |
|---|---|---|
| 3. Missale 1 in Fol: cod: memb: p[e]r extensum scriptum et bene conservatum in Ppd: mit Br:R: | Missale festivum Irdinis Cisterciensis. – 14./15. Jahrhundert | Missale in Membrana per extensum Scriptum<br><br>Referenz: BOHÁČEK – ČÁDA, č. 219<br><br>Heute: VKOL, Sig. M II 82<br>Einband: Pappdeckel, bezogen mit Papier, Ecken und Buchrücken mit weißem Leder |
| 4. Remundi Summa de diversis casibus 1 in Fol: cod: memb: p[e]r Col: scriptum hac bene conservat: accedit: Tancredi Sum[m]a de Sponsalibus, et matrimonio. Ppd: mit Lederk: | Rajmund z Peňafortu (1175–1275): Summa Raymundi de Pennaforte O,P, de casibus sive penitentia. – 1. Hälfte des 14. Jahrhunderts | Remundi Summa de diversio Pasibus per Columnas – accedit Tancredi Summa de Sponsalibus et Matrimonio<br><br>Referenz: BOHÁČEK – ČÁDA, č. 221<br><br>Heute: VKOL, Sig. M II 84<br><br>Einband: Pappdeckel, bezogen mit Papier, Ecken und Buchrücken mit weißem Leder |
| | Tancredus Bononiensis (asi 1285 – asi 1236): Summa Tancredi de sponsalibus et matrimonio. – 1. Hälfte 14. des Jahrhunderts | |
| 5. Jus Canonicum antiquum 1 in Fol: Codex membr: p[e]r Colum: script: et bene conser: sine omni vestigio Chronograp: in Ppd: mit Lederk: | | Jus Canonicum antiquium per Columnas Sine vestigio Chronographico |
| 6. Glossa in Evangelium S:S: Luca et Joannis 1 in Fol: Cod: memb: p[e]r Colum: scriptum et bene conser: Ppd: mit Lederk: | Evangelium secundum Lucam cum prologo et glossa ordinaria. – 1. Hälfte des 13. Jahrhunderts | Glossa in Evangelium S. Luccae et Joannes per Columnas<br><br>Referenz: BOHÁČEK – ČÁDA, č. 290<br><br>Heute: VKOL, Sig. M II 161<br><br>Einband: Pappdeckel, bezogen mit Papier, Buchrücken mit weißem Leder |
| | Evangelium secundum Ioannem cum prologis et glossa ordinaria | |

| Ursprünglicher Vermerk in Hankes Katalog | Bestimmung des Werkes (sofern die Zitierung nicht vollständig ist, ist eine eindeutige Bestimmung nicht möglich) | Verweise auf Referenzen und Digitalisierungen, Angaben zum Einband und zur Provenienz (Herkunft) |
|---|---|---|
| 7. Breviarium antiquum 1 in Fol: cod: memb: p[e]r Colum: scriptum et ut cunque conservatum in w: S:L: | Breviarium Ordinis Cisterciensis. – 2. Hälfte des 14. Jahrhunderts | Breviarium antiquum per Columnas<br><br>Referenz: BOHÁČEK – ČÁDA, č. 293<br><br>Heute: VKOL, Sig. M II 164<br><br>Provenienz: Liber monasterii Welegradensis – (fol. 3r) Reverendus in Christo pater, dom. Iacobus Bielski a Biela, abbas huius monasterii me ligari curavit. Anno 1581 mense augusto.<br>Einband: Pappdeckel, bezogen mit Schweinsleder mit Blinddruck |
| 8. Scholastica historia 1 in Fol: cod: membr: p[e]r Colum: scriptum beneconvers: sine auth: nomine et a[nn]o Prgm: | Petrus Comestor (asi 1100 – asi 1179): Petri Comestori Historia scholastica. – 2. Hälfte des 14. Jahrhunderts | Historia Scholastica per Columnas Sine nomine authoris<br><br>Referenz: BOHÁČEK – ČÁDA, č. 218<br><br>Heute: VKOL, Sig. M II 81<br><br>Provenienz: Monasterii Welehrad.<br><br>Einband: Barocker Pergamenteinband, Pappdeckel, bezogen mit Pergament, grüne Bänder (fehlen heute) |
| | In Quarto | |
| 1. S: Bernardi Sermones. 1 in 4°cod: membr: p[e]r colum: scriptus et hac bene conservatus. accedunt: Henrici Summa super decretales item Legendae sanctorum in Ppd: mit Lederk: Saecu[li] XIV<sup>ti</sup> | Bernard z Clairvaux (asi 1090–1153): Beati Bernhardi de Clara Valle Super „Musis est". – 2. Hälfte des 14. Jahrhunderts | Referenz: BOHÁČEK – ČÁDA, č. 57<br><br>Heute: VKOL, Sig. M I 233<br><br>Einband: Pappdeckel, bezogen mit Papier, Ecken und Buchrücken mit weißem Leder |
| | De Lege Antiqua. – 2. Hälfte des 14. Jahrhunderts | |
| | Heinrich von Merseburg (–1276): Henrici de Merseburg Summa Decretalium. – 2. Hälfte des 14. Jahrhunderts | |

| Ursprünglicher Vermerk in Hankes Katalog | Bestimmung des Werkes (sofern die Zitierung nicht vollständig ist, ist eine eindeutige Bestimmung nicht möglich) | Verweise auf Referenzen und Digitalisierungen, Angaben zum Einband und zur Provenienz (Herkunft) |
|---|---|---|
|  | Jacobus de Voragine (asi 1230–1298): Iacobi de Voragine O. P. Sermones de sanctis. anno Domini MCCCLIIII feria III post diem Palmarum (19. 3. 1354) | Rote Initialen, rote Rubrizierung, in zwei Spalten geschrieben |
|  | Sermones ad religiosis de communi sanctorum. – 1. Hälfte des 14. Jahrhunderts |  |
| 2. De naturis animalium cum expositione morali, et quaedam de B: virgine. 1 in 4° Codex membr: p[e]r colum: script: et bene conservatus in Ppd: mit Lederk: Saecul[i] XV. | Liber de naturis animalium moraliter declaratus. – 2. Hälfte des 14. Jahrhunderts | Referenz: BOHÁČEK – ČÁDA, č. 56

Heute: VKOL, Sig. M I 232

Provenienz: Monasterii Vellehradensis
De naturis animalium cum compositione morali. M[o]n[aste]rij Wellehradensis

Einband: Pappdeckel, bezogen mit Papier, Ecken und Buchrücken mit weißem Leder |
|  | Conradus de Saxonia (–1279): Conradi se Saxonia O. M. Speculum b. Mariae Virginis super Angelicam salutationem. – 2. Hälfte des 14. Jahrhunderts |  |
|  | Manuscripta in Folio
Codices Chartaeei | Verzeichnis der Handschriften auf Papier
In Folio |
| 1. Fundamenta Choralia a quodam P. Cisterciensium apposita. II. Partes 2 in Fol: Cod: Chartae. p[e]r extensum Script: et bene conservatus an[n]o 1742. S:L: |  | Fundamenta Choralia a quodam P. Cisterciensem apposita Pars II$^a$ per extensnum anni 1742 |
| 2. Homiliae variae. 1 in Fol: cod: Chart: per extensum et columnas Scriptum et ut cunq[ue] servatus Ppd: |  | Homiliae variae per Columnas et per Extensum |
| 3. Nicolicius sic dictus, continens varios Sermones. 1 in Fol: cod: Chart: p[e]r colum: Scriptum Ppd: accedit: Alberti magni Opus de naturalibus | Sermones quatuor de s. Ioanne Baptista. – Anfang des 15. Jahrhunderts | Nicolaus sic dictus Continens Sermones per Columnas. accedit Alberti Magni opus de Naturalibus

Referenz: BOHÁČEK – ČÁDA, č. 336 |
|  | Antonius, de Parma (činný 1310–1323) Antonii de Azaro Parmensis O.P.Sermones quadragesimales |  |
|  | Sermones festivales |  |

| Ursprünglicher Vermerk in Hankes Katalog | Bestimmung des Werkes (sofern die Zitierung nicht vollständig ist, ist eine eindeutige Bestimmung nicht möglich) | Verweise auf Referenzen und Digitalisierungen, Angaben zum Einband und zur Provenienz (Herkunft) |
|---|---|---|
| | Sermones de diversis | Heute: VKOL, Sig. M II 230<br><br>Einband: Pappdeckel, bezogen mit Papier, Buchrücken mit weißem Leder |
| | Albert Veliký, svatý (1193–1280: B. Alberti Magni O. P. Sermones XXXII de Corpore Christi | |
| | Sermo de conceptione Virginis gloriose | |
| | Thema sermonis de dedicatione ecclesiae | |
| | Explicationes breves super libros historicos ac didacticos Veteris Testamenti excepto Libro Psalmorum | |
| | Verus de virtutibus lapidum | |
| | Veteris Testamenti libri prophetarum necnon Machabaeorum libri II cum glossis bohemicus. – Am Ende: Anno Domini M CCC°LXXXXI in vigilia scti Iohannis Baptiste (23. 6. 1391) in der Hand eines der Verfasser der Handschrift | |
| 4. Oita /Henrici de/ Pars Excerptorum de lectura Psalterii. 1 in Fol: codex carthacens p[e]r colum: Scriptum et bene conserv: an[n]o 1397. S:L: | Henricus Totting (1330–1397: Pars excerptorum de Lectura psalterii venerabilis magistri Henrici de Oyta ... Obiit in studio Wiennensi terre Austrie anno Domini M°CCC°XCVII°Die XII mensis mai (12. 5. 1397). | Henrici de Oita Pars excerptorum de Lectura Psalteri per columnas, anni 1397<br><br>Referenz: BOHÁČEK – ČÁDA, č. 209<br><br>Heute: VKOL, Sig. M II 68<br><br>Einband: Holzdeckel, bezogen mit weißem Leder mit Blinddruck |
| | Quaestiones quas tractavit circa psalterium venerabilis theologie doctori Felicis memorie magister Henricus de Oyta in studio Wiennensi. Obiit anno M°CCC°XCVII°die XII mensis mai (12. 5. 1397) | |
| 5. Catholicon de origine et Ethimologia quarundam dictionum. 1 in Fol: cod: Chart: ut cunq. conservatus et per extensum Scriptum Ppd: | Balbus, Ioannes ( –1298: Ioannis Balbi Iaunensis, Catholicon. – 1. Hälfte des 15. Jahrhunderts | Catholicon de origine et Etymologia quarumdam dictionum per Extensum scriptum<br><br>Referenz: BOHÁČEK – ČÁDA, č. 334<br><br>Heute: VKOL, Sig. M II 228<br><br>Provenienz: Liber sancte Marie Virginis in Wellegrado.<br><br>Einband: Pappdeckel, bezogen mit Papier, Buchrücken und Ecken mit weißem Leder |
| | Consilia ac recepta medica | |
| | De Ponderibus | |
| | De haeresibus | |

| Ursprünglicher Vermerk in Hankes Katalog | Bestimmung des Werkes (sofern die Zitierung nicht vollständig ist, ist eine eindeutige Bestimmung nicht möglich) | Verweise auf Referenzen und Digitalisierungen, Angaben zum Einband und zur Provenienz (Herkunft) |
|---|---|---|
| 6. Liber de naturalibus et medicinis 1 in Fol: codex: carth: p[e]r columns: script: et bene conservatus Ppd: sine anno | De diaetis. – Anfang des 15. Jahrhunderts | Liber de Naturalibus et Medicinis, per Columnas<br><br>Referenz: BOHÁČEK – ČÁDA, č. 335<br><br>Heute: VKOL, Sig. M II 229<br><br>Provenienz: Wellehradensis<br><br>Einband: Pappdeckel, bezogen mit Papier, Buchrücken und Ecken mit weißem Leder |
| | Platearius, Johannes (1090–1120: Ioannis Platearii Tractatus de simplicibus medicinis | |
| | Aegidius Corboliensis (1140–1224: Aegidii Corboliensis Versus de simplicibus aromaticis | |
| | Recepta et notae medicae | |
| | Regimen sanitas | |
| | De simplicibus medicis | |
| | Supplementa operis praecedentis | |
| 7. Rituale cisterciense VIII libri 1 in Fol: cod: cart: p[e]r extens: scriptus et bene conservatus Prg: sine an[n]o | | Rituale Cisterciense VIII. Libru per extensum |
| 8. Explanationes super Psalmos Davidicos III part: 3 vol: in Fol: cod: Chart: p[e]r Extens: scriptus et bene conservatus Ppd: – ab anno 1757 | | Explanationes Super Psalmos Davidicos III. Part. 3 vol. per extensum Scriptus a. 1757 |
| 9. Reformation und Ordnung der Stadtrechte in Königreich Böheim 1 in Fol: cod: chart: p[e]r extens: scriptu: et bene conservat 1676. Prg: | | Reformation und Ordnung der Stadtrechte in Königreich Böheim Per extensum 1676 |
| 10. Fragmenta sacra vel: Sermones sacri in quibusdam festivitatibus: boemico idiomat: 1 in Fol: Codex Charta: p[e]r extensum scriptus et bene conser: an[n]o 1729. Br:L: | Sváteční kázání. – 1. Hälfte des 18. Jahrhundert | Fragmenta Sacra vel Sermones Sacri in quibusdam festivitatibus idiomate boemico per extensum anno 1729<br><br>Referenz: BOHÁČEK, č. 1014<br><br>Heute: VKOL, Sig. M II 235<br><br>Einband: Pappdeckel, bezogen mit braunem Leder |

| Ursprünglicher Vermerk in Hankes Katalog | Bestimmung des Werkes (sofern die Zitierung nicht vollständig ist, ist eine eindeutige Bestimmung nicht möglich) | Verweise auf Referenzen und Digitalisierungen, Angaben zum Einband und zur Provenienz (Herkunft) |
| --- | --- | --- |
| 11. Quadragesimale sermones de sanctis exempla diversa. Sermo de Passione D[omi]ni, et concordantiae ejusdem Passionis 1 Fol: cod: Char: p[e]r Colum: Scriptus et bene conservatus sine vestigio an[n]i Ppd: accedunt: Armandi Sermones. | | Quadragesimale Sermones de Sanctis exempla diversa Sermo de Passione domini et Concordantia eiusdem Pasionis per Columnas Scriptus sine vestigio anni, Accedunt Armandi Sermones |
| 12. Index Alphabeticus sacrorum rituum juxta Gavantum, et Cajetanum Merati 1 in Fol: cod: Charth: p[e]r Extensum scriptus et bene conservatus a[n]no 1756. Prg: | Gavanti, Bartolomeo (1569–1638)– Merati, Gaetano Maria (1668–1744) | Index alphabeticus Sacrorum Rituum juxta Gavantum et Cajetanum Merati per extensum a[nn]o 1756 |
| 13. Philosophia naturalis, sive Phisica tum universalis, tum particularis 1 in Fol: Codex Chartaeus p[e]r extensum scriptus et bene conservatus sine vestigio an[n]i Ppd: | | Philosophia Naturalis Siue Physica tum Universalis Tum particularis per extensum Sine anni vestigio |
| 14. Tractatus Theologicus binus de Poënitentia, de Jure, et Justitia. 1 in Fol: cod: chart: p[e]r extensum scriptus et bene conservatus sine vestigio anni Ppd: | | Tractatus Theologicus binus de Poenitentia de Jure et Justitia per extensum sine anno |
| 15. Tractatus de sacrificio Missae antiquus 1 in Fol: cod: Chart: p[e]r Colum: script: et bene conservatus an[n]o 1424. Ppd: mit Lederruk: accedir Tractatus de Casibus Episc: et Papalibus, et reliquis sine anno. | | Tractatus de Sacrifitio Missae antiquus per columnas scriptus anno 1424 accedit tractatus de reliquus sine anno |

| Ursprünglicher Vermerk in Hankes Katalog | Bestimmung des Werkes (sofern die Zitierung nicht vollständig ist, ist eine eindeutige Bestimmung nicht möglich) | Verweise auf Referenzen und Digitalisierungen, Angaben zum Einband und zur Provenienz (Herkunft) |
|---|---|---|
| 16. Liber super Chatholicon de Prosodia 1 in Fol: Codex Chart: p[e]r Exrentum scriptus bene conservatus. Ppd: mit Lederruk sine anno | | Liber Super Catholocon de Prosodia sine a[nn]o per extensum scriptus |
| 17. Köstera /Franziska Towaristwa Gezissowa / Kazanj z Belgiczkej Řzeczj na Latinskau od Theodora Petreio Carthausa przelozena, a gak Latinska na Czesko přenessena od Jana Sucheho S:J: 1 in Fol: Cod: Chart: pr. exten: scrip: et bene conser: a[nn]o 1613. Ppd: | Costerus, Franciscus (1532–1619) – Petreiro, Theodor – Suchý, Jan | Kostera Frantiska Towaristwa Jezissowa Kazanj z belgickej Rzeczi na Latinskau od Theodora Petrejo Karthusiana przelozena a pak y Latinska na Czesko přelozena od Jana Sucheho S.J. an[no] 1613 |
| 18. Sacrae Scripturae II Partes 2 vol: in Fol: cod: Chart. p[e]r Colum: scriptu: et ut cunque conservati sine vestigio Chronogr: in Ppd. mit Lederruk: | | Sacra Scriptura partes dua sine anno |
| 19. Quadragesimale et variae parvae homiliae 1 in Fol: cod: cart: p[e]r Col: scriptus et bene conservatus, sine a[nn]o Ppd: u: Ld: | | Quadragesimale et varia parva homilia sine A. |
| 20. Sermones varii, item de sanctis 1 in Fol: cod: chart: p[e]r colum: scriptus et bene conser: sine anno in Ppd: mit Ledr: | | Sermones varii Item de Sanctis per columnas Sine anno |
| 21. Vitae Christi, procurante D: Paulo professo Wellehrad. pro tunc Parocho oslovanii. III Part: 3 vol: in fol: cod: chart p[e]r colum: script: et bene conservat: a[nn]o 1430. Ppd: mit Led.R: | Vita Christi. … Explicit liber, qui nuncupatur Vita Christi, per manum Iohannis de Montibus Cuthnis (Jan z Kutné Hory), qui comparatus Brunne vigente persecutione Husitarum per fratrem Paulum (Pavel, OCist.professum in Welegrad, tunc temporis existentem confessorem virginum de Osslavia sub anno Domini millesimo quadringentesimo XXX°. | Vita Cristi procurante P. Paulo professo Vellehradensi pro tunc Parocho oslovanensi Partes III. Volumina tria Per Columnas Scripta 1430<br><br>Referenz: BOHÁČEK – ČÁDA, č. 217 |

| Ursprünglicher Vermerk in Hankes Katalog | Bestimmung des Werkes (sofern die Zitierung nicht vollständig ist, ist eine eindeutige Bestimmung nicht möglich) | Verweise auf Referenzen und Digitalisierungen, Angaben zum Einband und zur Provenienz (Herkunft) |
|---|---|---|
| | | Heute: VKOL, Sig. M II 80<br><br>Provenienz: Ex bibliotheca Wellegraden[sis]<br><br>Einband: Pappdeckel, bezogen mit Papier, Buchrücken und Ecken mit weißem Leder |
| 22. Rituale cisterciense. VIII libri 1 in fol: cod. ex: Chart. p[e]r extens: script: bene cons: et sine a[nn]o S:L: | | Rituale Cisterciensi VIII. Libri per extensum |
| 23. Sermones et legendae de sanctis incerti Authoris 1 in fol: cod: chart: p[e]r col scriptus bene conservatus sine a[nn]o in Ppd: mit LdK: | | Sermones et Legendae de Sanctis incerti authore per Columnas |
| 24. Expositio in Evangelia Dominicalia 1 in fol: cod: chart: p[e]r colum: script: bene conser: sine a[nn]o Ppd: mit Ledk: | | Expositio in Evangelia dominicalia oer Columnas |
| 25. Praecepta Eloquentiae 1 in Fol: cod: chart: p[e]r colum: A[nn]o 1437 script: bene conservatis in Ppd: mit Ledk: | Augustini Dai Senensis Isagogicus libellus pro conficiendis et epistolis et orationibus seu Libellus elegantiarum… Finis horum per manus Leonardi, abbatis Coronensis anno etc. LXX° feria III die sancti Reminii (1.10. 1470). – 2. Hälfte des 15. Jahrhunderts | Praecepta Eloquentia per Columnas anno 1437<br><br>Referenz: BOHÁČEK – ČÁDA, č. 315<br><br>Heute: VKOL, Sig. M II 200<br><br>Provenienz: Mon[aste]rij Wellehradensis<br><br>Einband Pappdeckel, bezogen mit Papier, Buchrücken und Ecken mit Leder |
| | Formae litterarum | |
| | Ritmicum dictamen | |
| | Stephani Flisci de Soncino Liber de sententiarum synonymis … vale ergo et me mutuo gacias diligas etc. Veneciis … Idibus Octobris 1437 (13.9. 1437) | |
| 26. De forma visitationis, liber ussum ord: cister: 1 in Fol: cod: p[e]r Col: scriptus | Štěpán Harding, svatý (1059–1134: Stephani, abbatis Cisterciensis, Historia seu Exordium ordinis Cisterciensis. – 15. Jahrhundert | De forma visitationis Liber usuum Scriptus 1457 exaratus per fratrem Nicolaum de Welehrad |

| Ursprünglicher Vermerk in Hankes Katalog | Bestimmung des Werkes (sofern die Zitierung nicht vollständig ist, ist eine eindeutige Bestimmung nicht möglich) | Verweise auf Referenzen und Digitalisierungen, Angaben zum Einband und zur Provenienz (Herkunft) |
|---|---|---|
| bene cons: a[nn]o [1]457 exaratus per Fra: Nicolaum de Wellehrad. Ppd: mit Lederk: | Štěpán Harding, svatý (1059–1134): Stephani, abbatis Cisterciensis, Charta charitas | Referenz: BOHÁČEK – ČÁDA, č. 330

Heute: VKOL, Sig. M II 223

Einband: Pappdeckel, bezogen mit Papier, Buchrücken und Ecken mit weißem Leder |
| | Liber usuum Ordinis Cisterciensis Super instituta generalis capituli apud Cistercium | |
| | Liber usuum conversorum ordinis Cisterciensium | |
| | De negligencia sacramentorum Christi … Expliciunt consuetudines Cisterciensium monachorum per manus fratri Nicolai de Wellegrad (Mikuláš, OCist.) etc. Anno Domini M°CCCC°LVII°feria quarta ante sollempnitatem Pasche etc. (13.4. 1457) | |
| 27. Anacephalis seu Epitome annalium sacrorum veteris Testamenti ex Henrico Spondano Apamiarum Galliae narbonensis Epis: a Mundi creatione usq[ue] ad ejusdem repertionem excerpta de concionata. 1 in Fol: Codex Chart: pr Extensum scrip: bene cons: saecul: XVIII[vi] Prg. mit Ledr: | Sponde, Henri de (1568–1643) | Annacephalis Seu Epitome annalium Sacrorum vetero Testamenti ex Henrico Spondano apamiarum gallicae narbonensis Epi[scopis] a Mundi Creatione usque ad eiusdem reparationem excerpta et Concinata per Extensum Saeculi XVIII. |
| 28. Alphabetum utile pro dictionibus serviens cum resolutionibus, et responsibus ad quastiones pastorales frequentius recurrentes circa praecepta Decalogi, et capitallia vitia. 1 in fol: cod: Carth: p[e]r exten: scrip: et bene conser: a[nn]o 1675. br:L: | | Alphabetum utile pro dictionibus Serviens cum Resolutionibus et Responsionibus ad quaestiones pastorales frequentius recurrentio circa praecepta decalogi et Captalia vitia Scriptum 1675 |
| 29. Pastor bonus vitam dat, et consecrat pro ovibus seu conciones boemicae Dominicales II Partes 2 in Fol: cod: p[e]r extens: script: bene conser: a[nn]o B:L: | | Pastor bonus vitam dat et conecrat pro ovibus Seu Conciones bohemiae dominicales duae Partes anni 1723 |

| Ursprünglicher Vermerk in Hankes Katalog | Bestimmung des Werkes (sofern die Zitierung nicht vollständig ist, ist eine eindeutige Bestimmung nicht möglich) | Verweise auf Referenzen und Digitalisierungen, Angaben zum Einband und zur Provenienz (Herkunft) |
|---|---|---|
| 30. Favus melleus e florilegio Bernardeo ex flore Passionis celest ex S: Scripturae S:S: Patribus aliisq[ue] piis ascetis collectus, et Floriano Nezorin abba: ord: cister: Welehrd: oblatus continens: conciones Dominicales boemico idiomate 1 in fol: Codex Chart: p[e]r extens: script: bene cons: Saecul[i] XVIII[vi] | Nezorin, Florián, OCist. (1655–1724) | Favus Meleaeus e florilegio Bernardeo ex flore Passionis id est ex S. Scriptum SS. Patribus aliisq[ue] ipsus ascetis Colectus ex Floriano Nezorin abbati Vellehradensi oblatus continens Conciones dominicales bohemico Idiomate Saeculi XVIII |
| 31. Varii Sermones ac Homiliae 1 in Fol: cod: chart: p[e]r Colum: scriptus bene cons: Saecul[i] XIV[ti] in Ppd: mit Ledr: | | Varii Sermones ac homilia per Columnas Saeculi XIV |
| 32. Traité de la Geometrie, et Practique generale d' icelle, et comment, si mensuret toutes sortes de Trianles, par les tables calculées des sinus tangentes et secantes se tout selon l'usage le plus nobl et scientifique, et asseuré. 1 in fol: Cod: Chart: p[e]r extens: script: ut cunq[ue] conser: sine anno in gr: Prg: | | Traite de la geometria er Practiq[ue] generale d' icelle, et coment si mensuret toutes Sortes de Triangles per les tables calculeé de Sinus Tangentes et Secantes si, tout selon L'usage Le plus noble et scientisq[ue] et asure sine anno |
| 33. Natura animalium cum moralitatibus, et aliqui Sermones 1 in Fol: cod: Chart: p[e]r Colum: Script: ab intio et ad sinem misere conser: in Ppd: mit Lederk: | Liber de naturis animalium secundum ordinem alphabeticu, cum moralitatibus. – 2. Hälfte des 14. Jahrhundert | Natura animalium cum moralitatibus et aliqui Sermones per Column. Scriptus<br><br>Referenz: BOHÁČEK – ČÁDA, č. 343<br><br>Heute: VKOL, Sig. M II 247<br><br>Provenienz: Liber de animalibus Welehradensis.<br><br>Einband: neuzeitlicher Halbleder-Einband |
| | Sermones ac collaciones de diversis | |

| Ursprünglicher Vermerk in Hankes Katalog | Bestimmung des Werkes (sofern die Zitierung nicht vollständig ist, ist eine eindeutige Bestimmung nicht möglich) | Verweise auf Referenzen und Digitalisierungen, Angaben zum Einband und zur Provenienz (Herkunft) |
|---|---|---|
| 34. Statuta cisterciensia pro vicariatu Bohömiae, Moraviae, et utriusque Lusatiae 1 in fol: cod: Chart: p[e]r extens: scriptus bene conser: in B.L: Saecul[i] XVIII[vi] | | Statuta Cistersiensia pro vicariatu Bohemio Mravviae et utriusq[ue] Lusatiae Saeculi XVIII |
| 35. Sermones boemici, nebo Kazanj Czeska 1 in fol: cod: Cod: Chart: p[e]r Col: script: bene conser: sine mentione, denomine author: et anno in Ppd: mit Lederk: | | Sermones bohemici neb Kazanj czeska sine authore et an[n]o |
| 36. Casuistica. 1 in Fol: cod: Chart: p[e]r extens. scriptus bene conser: Saecul[i] XV[ti] in Ppd: mit Lederk: | | Casuistica Saeculi XV. |
| 37. Jacobi /de Voragine/ Sermones de Sanctis, pars Hiemal: 1 in Fol: cod: Chart: p[e]r Colum: scrip: sit bene conservat: sine a[nn]o in Ppd: mit Lederk: | Sermones sex de passione et de resurrectione Domini. – 1. Hälfte des 15. Jahrhunderts | Jacobi de Voragine Sermones de Sanctis pars Hyemalis |
| | Jacobus de Voragine (asi 1230–1298): Incipit liber sermonum dominicalium per circulum anni, qui intitulatur Jacobinus Voragine celi. | Referenz: BOHÁČEK – ČÁDA, č. 231<br><br>Heute: VKOL, Sig. M II 95<br><br>Einband: Holzdeckel, bezogen mit Leder, Zimbel (5 auf jedem Deckel) und Spangen fehlen, Buchrücken mit Papier bezogen |
| 38. Vitae sumorum Pontificium, et duorum Imperatorum 1 in Fol: cod: chart: pr: extens: scriptus et bene cons: Saeculi circiter XIII[ti] in Ppd: mit Lederk: | | Vitae Summorum Pontificium et duorum Imperatorum Saeculi XIII |
| 39. Ferdinanda III[so] Rzimskeho Czisarze Declarationes a Novellae na Obnowene Rži- | Ferdinand III. (1608–1657) | Ferdinanda Trzetiho Rzimskeho Czisaře declarationes a Novellae na obnowene rzizeni zemske a[nn]o 1632 |

| Ursprünglicher Vermerk in Hankes Katalog | Bestimmung des Werkes (sofern die Zitierung nicht vollständig ist, ist eine eindeutige Bestimmung nicht möglich) | Verweise auf Referenzen und Digitalisierungen, Angaben zum Einband und zur Provenienz (Herkunft) |
|---|---|---|
| zenj zemske 1 in Fol: cod: chart: p[e]r extens: script: bene conser: a[nn]o 1632 in B:L: | | |
| 40. Linea Regum assiriorum, Gubernatorum Juda post extinatum regnum Judeorum ac Principum romanorum & 1 in Fol: cod: chart: bene cons: sine a[nn]o Ppd: mit Lederk: | | Linea Regum asiriorum gubernatorim Judeu[m] post extinatum regnum Judeorum ac Principium Romanorum S.A. |
| | Manuscripta in Quarto Codices Chartaeei | In Quarto |
| 1. Ferdinanda druheho Czisarze obnowene Zřizenj zemske Margkrabstwj Morawskeho 1 in 4° cod: Chart: p[e]r extens: script: bene conser: sine an[n]o in S:L: | Ferdinand II. (1578–1637) | Ferdinanda druhého Czisaře czeskeho obnowene rřizeni zemske M. Moravwskeho |
| 2. Tractatus de remediis medicis 1. in 4° cod: Chart: p[e]r extens: scriptus ut cumq[ue] conser: sine a[nn]o in S:L: accedit opus Juridicium. incerti auth: | | Tractatus de Remediis medicis accedit opus Juridicum incerti authoris |
| 3. Mauritii Principis, et Landgravii Hassiae & Psalterium Davidis vario genere carminis latine reditum. 1 in 4° Cod: Chart: p[e]r Extens. script: bene conserv: a[nn]o 1625 Ppd: mit Ledrr: | Moritz von Hessen-Kassel (1572–1632): Davidis regii prophetae Psalterium vario genere carminis latine redditum ab illo principe ac DD. Mauritio Hassiae Langravio etc. | Mauretii Principiis et Langravi Hassiae Psalterium Davidis vario generis Carmine latine reditam 1625<br><br>Referenz: BOHÁČEK, č. 575<br><br>Heute: VKOL, Sig. M I 256<br><br>Einband: Pappdeckel, bezogen mit Papier, Buchrücken mit weißem Leder, roter Buchschnitt |

Mittelalterliche Handschriften der Bibliothek des Klosters Velehrad    115

| Ursprünglicher Vermerk in Hankes Katalog | Bestimmung des Werkes (sofern die Zitierung nicht vollständig ist, ist eine eindeutige Bestimmung nicht möglich) | Verweise auf Referenzen und Digitalisierungen, Angaben zum Einband und zur Provenienz (Herkunft) |
|---|---|---|
| 4. Sermones latini super festa Sanctorum incerti author: 1 in 4° cod: Chart: p[e]r extens: script: ab initio mulitatus in Ppd mit Lederk: sine anno. | | Sermones latini Super festa Sanctorum incerti authoris S.A. |
| 5. Comentarius in aliquas dominicas et festa 1 in 4° codex chart: p[e]r extens: Scriptus ut cunque conser: incerti author: sine A[nn]o in Ppd: mit Lederk: | | Comentarius in aliquas dominicas et festa. Sine authore et anno |
| 6. Condiciones humanae 1 in 4° cod: chart: p[e]r Cholum: script: sit bene conser: sine subscriptione author: et anni in Papd: mit Lederk: accedit: opus dictum Stella clericorum. | Incipit (Gualteri Burlaei – Burlaeus, Gualterus (1275–1345) tractatus brevis de vita philosophorum antiquorum. – 2. Hälfte des 14. Jahrhunderts | Condiciones humana per columnas Sicut Loco et anno eccedit opus dictum Stella Clericorum

Referenz: BOHÁČEK – ČÁDA, č. 338

Heute: VKOL, Sig. M II 232

Einband: Holzdeckel, bezogen mit Leder, Reste 2 Spangen |
| | Hermanni Tepelstensis Stella clericorum | |
| | Exposociones vocabulorum de evangeliis | |
| | Sermones de b. Maria Virgine | |
| | Statuta synodalia Ioannis episcopi Olomucensis (Jan Volek (–1351)) de anno 1349 | |
| | Nota quasdam Questiones | |
| | Arnesti archiepiscopi Pragensis (Arnošt, z Pardubic (1297–1364)) Statuta concilii provincialis Pragensis de anno 1349 | |
| | Incipit summula (Thomae de Hibernia – Thomas de Hibernia (asi 1265–1317)) de tribus punctis essencialis Pragensis de anno 1349 | |
| | Glossa super Peter noster | |
| | Expositio alphabeti | |
| | Fratris Conradi (Teutonici – de Hoexter?) O. P. Summa de poenitentia | |
| | Tractatus de vta contemplativa | |
| | Guilelmi de Lancea O. M. Diaeta salutis | |
| | Themata sermonum in Diaetam salutis, de tempore ac de communi sanctorum | |
| | Hoc est magna tabula diete salutis | |
| | Libellus aureus de tribulatione | |

| Ursprünglicher Vermerk in Hankes Katalog | Bestimmung des Werkes (sofern die Zitierung nicht vollständig ist, ist eine eindeutige Bestimmung nicht möglich) | Verweise auf Referenzen und Digitalisierungen, Angaben zum Einband und zur Provenienz (Herkunft) |
|---|---|---|
| | Pseudo-Augustini (Pseudo-Augustinus Aurelius), recte Aegidii Romani Speculum peccatorum | |
| | Pseudo-Bernhardi (Pseudo-Bernardus Claraevallensis) Contemplaciones ex diversis auctoritatibus sanctorum… Explicit tractatus beati Bernhardi intitulatus de miseria humane vite, per manus Petri, presbyteri, tunc in Biskupicz (Petr, probošt v Biskupicích) etc anno M°CCC°LXXXXIII etc. (1394) | |
| | Pseudo-Bernhardi (Pseudo-Bernardus Claraevallensis) De miseria vitae humanae | |
| | Proverbia | |
| 7. Carmina cum Comenario. 1 in 4° cod: Chart: p[e]r extens: scriptus et in margine cum notis ex positis, sat beneconser: sine subscrip: auth: et anno in Ppd: mit Lederk: | | Carmina cum Comentario et notis in Margine Sine authores nomine et anno |
| 8. Extractus ex com[m]entariis D: Thomae De Aquino super Epistolas S: Pauli collectus a Fr: Coselio Rudiminervae 1 in 4° cod: char: p[e]r exten: script: bene conser:e | Tomáš Akvinský (1225–1274) | Estractus et Comentariis divi Thoma de Aquino Super Epistolas S. Pauli colectus fratre Coselio Rudiminerva |
| 9. Explicatio misteriorum Redemptionis humanae, ex Cornelo a Lapide Desumpta & 1 in 4° cod: chart: p[e]r extens: script: sine nomine author: et anni bene conser: B:L: Duplicat. | Lapide, Cornelius a (1567–1637) | Explicatio Misteriorum Redemptiones humana ex Cornelio a Lapide desumpta Sine nomine authoris et anni |
| 10. Collectanea mathematica 1 in 4° cod: chart: p[e]r extensum Scrip: benecons: sine Authoris nomine et a[nn]o in Ppd: mit Lederk: | | Colectanea Mathematica sine authore et an[n]is |

| Ursprünglicher Vermerk in Hankes Katalog | Bestimmung des Werkes (sofern die Zitierung nicht vollständig ist, ist eine eindeutige Bestimmung nicht möglich) | Verweise auf Referenzen und Digitalisierungen, Angaben zum Einband und zur Provenienz (Herkunft) |
| --- | --- | --- |
| 11. Alphabetarius de virtutibus et vitiis 1 in 4° cod: chart: p[e]r extens: scriptus bene cons: Saecul[i] XIV<sup>ti</sup> in Ppd: mit Lederk: | | Alphabetarius de virtutibus ac vitis Saeculi XIV. |
| 12. Tractatus Theologici 1 in 4° cod: chart p[e]r extens script: bene conser. Saecul[i]XV<sup>ti</sup> in B:L: | | Tractatus Theologicus Saeculi XV. |
| 13. Wlach /Roberti/ Phisica, et Methaphisica III Partes 1 in 4° cod: chart: p[e]r extens: scrip: bene cons: Saecul[i] XVIII<sup>di</sup> in Ppd: mit Ledk: | Wlach, Robert | Roberti Wlach Physica et Methaphisica Partes III. Saeculi XVIII |
| 14. Sermones diversi 1 in 4° cod: chart: p[e]r extens: script: ut cun que conser: sine auth: nomine et Anno in Ppd: mit Ledk: | | Sermones diversi Sine authore et anno |
| 15. Liber continens miscellaneas materias potissimum Theologicas. 1 in 4° cod: chart: p[e]r extens: script: sit bene siser: sine auth: nomine et anno Ppd: mit Lederruken. | | Liber continens Miscellaneas Materias praecipua Theologicas Sine authore et anno |
| 16. Geistliches Gesangbuch auf alle heilige vornehmste Feste des gantzen Jahr sam[m]tlich: Heiligen Leben, wie auch von nutzbaren Sachen 1 in 4° cod: chart: p[e]r ext: script: bene conser: sine auth: nomin: anno 1698. Ppd: | | Geistliches gesangbuch auf alle heilige vornemste feste des ganzen Jahres sambt Heiligen Leben – wie auch von nutzbaren Sachen Sine nomine authoris 1698 |

| Ursprünglicher Vermerk in Hankes Katalog | Bestimmung des Werkes (sofern die Zitierung nicht vollständig ist, ist eine eindeutige Bestimmung nicht möglich) | Verweise auf Referenzen und Digitalisierungen, Angaben zum Einband und zur Provenienz (Herkunft) |
|---|---|---|
| 17. Praelectiones chatecheticae habitae in monasterio pölphinensi 1 in 4° cod: chart: p[e]r extens: eleganter scripti: a[nn]o [1]613. Prg: | | Praelectiones chatechetica habitae Monasterio Polplinensi 1613 |
| 18. Kurzer Extrakt aus denen böhmischen Stadtrechten durch Adam Cramere Adwokaten 1 in 4° cod: chart: p[e]r extens: script: bene conser: sine a[nn]o Prg: | Cramer, Adam | Kurzer Extract aus dem Böhmischen Stadtrechten – durch Adam Cram[m]ern advokaten – sine a[nn]o |
| 19. Alphabetum Morale ex selectis quibusdam sacrae scripturae S:S: Patrum Sentiis nec non dictis sapientum et aliorum concinatum. 1 in 4° cod: chart: pr: extens: script: bene conser: sine auth: nomine et anno in B.L: | | Alphabetum Morale ex Selectis quibusdam SS. Scripturae SS. Patrum sentenio nec non dictus Sapientum et aliorum Concionatum Sine nomine authoris et anno[44] |
| 20. Brudeczki /Pat:/ Gnomonica tradita Calissi et descripta p[e]r vences: Sme$^n$drinski ord: cister: 1 in 4° cod: chart: p[e]r extens: script: bene conser: anno 1652. in Ppd: | Brudecki, P. – Semedrinsky, Venceslaus, OCist. | Brudeczky Pat. Gnomica tradita Calissi de descripta per Vences. Semedrensky ord. cist. 1652 |
| 21. Zwo Predigen, deren eine am hoch heiligen Fest unser liben Frauen Verkündigung uiber gleich damahls in Mähren wegen Religions Reformation Herrn, und Ritterstands publizirte Patenten des Kaisers-Ferdi- | Ferdinand II. (1578–1637) | Zwo Predigten daren eine am hoch heiligen Feste auser lieben Frauen Verkündigung über gleich damals in Mahren wegen Religiones Reformazion Herrn und Riterstandes publizirte Patente des Kaisers Ferdinand des zweiten am Vortag Letare von den Comunion un- |

---

[44] Hinter diesem Posten ist eine Handschrift mit folgender Bezeichnung eingeordnet: „*Legenda de SS. Fabiano et Sebastiane*".

| Ursprünglicher Vermerk in Hankes Katalog | Bestimmung des Werkes (sofern die Zitierung nicht vollständig ist, ist eine eindeutige Bestimmung nicht möglich) | Verweise auf Referenzen und Digitalisierungen, Angaben zum Einband und zur Provenienz (Herkunft) |
|---|---|---|
| nand II^{di} die andere am Sontag Letare von der Com[m]union unter einerlej Gestalt. 1 in 4° cod: chart: p[e]r extens: script: bene conser: sine author: nomi: et anno in B:L: | | ter einerlej Gestalt sine auth. et anno |
| 22. Nöthige Glaubens bekentnüß der jenigen Kindern, so eines blöden Verstandes sind, vorgeleget. 1 in 4° cod: chart: bene conser: in certi auth: sine anno in B: Pap: | | Nothige Glaubensbekäntnis derjenigen Kindern so eines blöden Verstandes sind vorgelegt – S. A. et anno |
| 23. Sermones diversi sacri et Profani1 in 4° cod: chart: Saecul[i] XIV in Ppd mit Lederk: | | Sermones diversi et sacri et profani Saec. XIV |
| 24. Legenda Sanctorum. 1 in 4° cod: chart: Saecul[i] XIV^{ti} in S:L: | | Legenda Sanctorum Saec. XIV. |
| 25. De praeceptis decalogi. 1 in 4° cod: chart: p[e]r extens: script: a[nn]o 1476 in Ppd: mit Lederk: | Herolt, Johannes (–1468): Joanis Herolt O. P. Liber discipulis de eruditione Christi fidelium ... Anno Domini M°CCCC°LIIII°Dominica infra octavam Visitacionis Marie (7. 7. 1454) Nicolr (Nicolburgae?). – Am Ende der Handschrift Nachtrag: Anno millesimo quadringentesimo septuagesimo VI | De Praeceptis decalogi anno 1476<br><br>Referenz: BOHÁČEK – ČÁDA, č. 40<br><br>Heute: VKOL, Sig. M I 172<br><br>Provenienz: Ex bibl. Welegr.<br><br>Einband: neuzeitlicher Halbleder-Einband |
| 26. Liber de diversis morbis, incerti autho: 1 in 4° cod: chart: p[e]r extens: scrip: et bene conser: anno 1587. Ppd: mit Lederk: | | Liber de diversis Moribus incerti authoris a. 1587 |

| Ursprünglicher Vermerk in Hankes Katalog | Bestimmung des Werkes (sofern die Zitierung nicht vollständig ist, ist eine eindeutige Bestimmung nicht möglich) | Verweise auf Referenzen und Digitalisierungen, Angaben zum Einband und zur Provenienz (Herkunft) |
|---|---|---|
| 27. Regula S: Patris Benedicti Monachorum Patris. 1 in 4° cod: chart: p[e]r extens: script: et bene conser: in S:L: | | |
| 28. Florimundi Hortus spiritualis et selectis floribus historiarum ornatus, 1 in 4° cod: chart: p[e]r extensum script. et bene cons: B:L: | Floremundus Raemundus (1540–1601) | Florimundi Hortus Spiritualis et selectiofloribus Historiarum ornatus |
| 29. Postilla in aliqua Evangelia Odonis 1 in 4° cod: chart: p[e]r extens: script: et bene conser: in Ppd: mit Lederk: − Secul[i] XIV$^{ti}$. | | Postilla in aliqua Evangelia ordinis Saec. XIV. |
| 30. Katzenberger /Kilianie ord: minor:/ Kurzer Lebensbegreif der Dienerin Gottes vor ehrwürdigen Schwester Mariae crescentiae Hoessin des dritten Ordens des SS. Fran: Seraph: 1 in 4° cod: chart: p[e]r extens: scriptus et bene conser: sine a[nn]o in Ppd: mit Lederk: | Katzenberger, Kilian (1671–1750) | Kiliani Kazenberger ord. min. Kurzer Lebensbegreif der dienerin gottes Schwester Mariae Crescentia Hössin des 3. Ord. Seraph. |
| 31. Karas /Georgi/ Nucleus universae Aristotelis Logicae. 1 in 4° cod: chart: p[e]r Extens: scriptus et bene conser: a[nn]o 1661. Prg: | Karas, Jiří | Karas Georgii Nucleus universa aristotelis Logicae 1661. |

# Wissensraum am Niederrhein im Wandel.
## Die Bibliothek des Kreuzherrenklosters Hohenbusch zwischen Spiritualität und Verweltlichung

Harald Horst (Köln)

Die Rekonstruktion und kulturhistorische Analyse der Bibliothek des niederrheinischen Kreuzherrenklosters Hohenbusch stand im Fokus der 2017 publizierten Dissertation des Verfassers[1]. Neben der bibliothekarischen Erfassung und buchwissenschaftlichen Beschreibung der noch erhaltenen Handschriften und frühen Drucke wurde darin auch eine inhaltliche Einordnung aller rekonstruierten Titel vorgenommen. Auf dieser Grundlage konnte ein unmittelbarer Zusammenhang zwischen der internen Entwicklung des Klosters und den Beständen seiner Bibliothek zu verschiedenen Zeiten aufgezeigt werden. Dieses zentrale Ergebnis der Dissertation wird im folgenden Beitrag vorgestellt. Um den Weg dorthin nachvollziehen zu können, wird zunächst kurz die Geschichte des Kreuzherrenordens, des Klosters Hohenbusch sowie seiner Bibliothek angerissen. Im Zentrum steht die kulturhistorische Betrachtung der Bibliothek als Wissensraum, dessen Analyse jedoch nur unter bestimmten Voraussetzungen gelingt. Am Schluss steht die Frage nach der Übertragbarkeit der Ergebnisse, die nur einen fragmentarisch erhaltenen Restbestand beschreiben können, auf die Bibliothek in ihrer Gesamtheit.

## I. Der Kreuzherrenorden

Im Gefolge der Kreuzzüge des 12. und 13. Jahrhunderts wurden mehrere Orden gegründet, die die Verehrung des Heiligen Kreuzes in den Mittelpunkt ihrer Spiritualität stellten und ihre Angehörigen als Kreuzbrüder oder Kreuzherren bezeichneten. Hohenbusch gehörte zum sogenannten belgisch-niederländischen Kreuzherrenorden (*Ordo Sanctae Crucis – OSC*). Dessen Gründung erfolgte

---

[1] Überarbeitete Fassung: H. Horst, Wissensraum Klosterbibliothek Hohenbusch. Die Bibliothek des Kreuzherrenklosters Hohenbusch und ihre Rekonstruktion in kulturhistorischer Perspektive (Libelli Rhenani 76), Köln 2020. Einzeluntersuchungen und Vorarbeiten zu dieser Gesamtschau versammelt der Tagungsband R. G. Czapla/H. Horst (eds.), Wissensvermittlung zwischen Handschrift und Wiegendruck. Studien zur Bibliothek des Kreuzherrenklosters Hohenbusch (Schriften des Heimatvereins der Erkelenzer Lande 27), Erkelenz 2013.

der Legende nach² um das Jahr 1210 durch den Kreuzritter Theodorus von Celles und seine Gefährten in der Nähe des heute belgischen Ortes Huy; ihre Gründung nannten sie *Clarus locus*, französisch Clairlieu. Die Gemeinschaft erhielt 1248 die Approbation durch Papst Innozenz IV., nachdem sie die Regel des hl. Augustinus übernommen und sich Konstitutionen gegeben hatte, die an jenen des Dominikanerordens ausgerichtet waren. Damit gehörte der Orden formell zu den Regularkanonikern, stand aber zumindest anfangs den Mendikanten nahe und erhielt infolgedessen 1318 das Bettel-, Beicht- und Predigtprivileg. Niederlassungen, sogenannte Kanonien, gab es in den Niederlanden, in Frankreich, England, im Rheinland und in Westfalen. Das Mutterhaus des stark zentralisierten Ordens unter der Leitung eines Generalpriors befand sich bis ins 19. Jahrhundert in Huy, von 1840 bis heute in St. Agatha bei Cuijk (Niederlande).

Bereits 1410 erfolgte eine Reform des Ordens, in der man sich geistlich stark an der *Devotio moderna* ausrichtete[3]. Auffällig sind hierbei die personellen Verflechtungen des Ordens mit der *Devotio*: So war Helmicus Amoris van Zutphen, ein Halbbruder des Mitbegründers der *Devotio* Gerhard Zerbolt van Zutphen[4], Generalprior der Kreuzherren von 1415 bis 1433. Zahlreiche Absolventen der Devoten-Schulen von Deventer, Zwolle und Münster wurden später Kreuzherren, wie etwa der spätere Kölner Prior Johannes Terborch. Gemäß den Direktiven der *Devotio* wurden im Kreuzherrenorden nun die kontemplativen Elemente der Spiritualität stärker betont: Gemeinsames Chorgebet, private Betrachtung, vor allem aber das Schreiben und Illuminieren von Büchern rückten in den Vordergrund[5]. Im 15. Jahrhundert hatte der Orden seine größte Blüte und wuchs von 29 auf 66 Konvente an[6]. Im 16. und 17. Jahrhundert ließ er sich in den Dienst der Gegenreformation stellen und übernahm pastorale und pädagogische Aufgaben[7]. Der steigende Wohlstand im 18. Jahrhundert ging, trotz etlicher Reformversuche, mit einem Nachlassen der Klosterdisziplin einher. Die

---

[2] Zur Gründungslegende und Gründungsgeschichte des belgisch-niederländischen Kreuzherrenordens cf. R. Janssen, De oorsprong van de Orde van het H. Kruis, in: Clairlieu 62 (2004), 14–163 (mit kritischer Untersuchung der erhaltenen Quellen ibid., 45–120). Zur Geschichte des Ordens insgesamt cf. R. Janssen, Oord van helder licht. 800 jaar Orde van het Heilig Kruis (1210–2010), Cuijk 2010.

[3] Zur Reform des Kreuzherrenordens cf. R. Janssen, Het herstel van de observantie in de kloosters die vóór 1410 werden gesticht, in: Clairlieu 63 (2005), 3–254.

[4] Cf. T. Kock, Zerbolt inkognito. Auf den Spuren des Traktats „De vestibus pretiosis", in: N. Staubach (ed.), Kirchenreform von unten. Gerhard Zerbolt von Zutphen und die Brüder vom gemeinsamen Leben (Tradition – Reform – Innovation 6), Frankfurt am Main 2004, 165–235, hier 173–179.

[5] Cf. S. Krauß, Die Devotio moderna in Deventer. Anatomie eines Zentrums der Reformbewegung (Vita regularis 31), Berlin 2007, 284–291; T. Kock, Die Buchkultur der Devotio moderna. Handschriftenproduktion, Literaturversorgung und Bibliotheksaufbau im Zeitalter des Medienwechsels (Tradition – Reform – Innovation 2), Frankfurt am Main–Bern ²2002, 79–121.

[6] Cf. R. Janssen, De Orde van het Heilig Kruis in de vijftiende eeuw. Deel 3: De kloosters die na 1473 werden gesticht, in: Clairlieu 65 (2007), 3–159, hier 12, 138–144.

[7] Hier und zum Folgenden cf. Janssen, Oord van helder licht (nt. 2), 109–232.

Säkularisation überstanden nur zwei Häuser in den Niederlanden, von denen im 19. Jahrhundert eine kurzfristige Wiederbelebung und die Aufnahme missionarischer Aktivitäten ausgingen. Der Kreuzherrenorden hat heute weltweit etwa 400 Mitglieder.

## II. Das Kreuzherrenkloster Hohenbusch

Das Kloster Hohenbusch bei Erkelenz am Niederrhein wurde 1302 auf dem Landgut eines Stifterehepaares gegründet[8]. Der *conventus alti nemoris* war damit nach dem 1298 gegründeten Beyenburg die zweitälteste Niederlassung des Kreuzherrenordens auf deutschem Boden. Nach der Ordensreform von 1410 erlebte auch Hohenbusch einen geistlichen und damit verbunden wirtschaftlichen Aufschwung aufgrund von Schenkungen, Verpachtungen, Renten etc., so dass es bald zu den reichsten Häusern des Ordens gehörte. In dieser Zeit schrieb man in Hohenbusch auch Bücher, aber offensichtlich überwiegend für den Eigenbedarf, mit Sicherheit nicht *pro pretio*.

Innerhalb des Ordens erlangte Hohenbusch einige Bedeutung. So gingen immer wieder Generalprioren oder Provinzialobere für die belgisch-deutsche Maasprovinz daraus hervor. Im 17. Jahrhundert – zwischen 1620 und mindestens 1679 – war Hohenbusch auch zentrale Ausbildungsstätte für diese Provinz. Das heißt, die Novizen des Ordens wurden nicht mehr wie bisher jeweils in den einzelnen Klöstern „erzogen", sondern das Noviziat wurde in Hohenbusch zentralisiert, wo zeitweise auch ein philosophischer Studienkurs eingerichtet wurde. Wer allerdings akademische Grade erwerben wollte, wurde zum Studium nach Köln, Lüttich oder Paris geschickt.

Aufgrund des Noviziats- und Studienbetriebs müssen bis zu 40 Ordensleute in Hohenbusch gelebt haben, was ein Grund für die rege Bautätigkeit im 17. und 18. Jahrhundert gewesen sein könnte. 1634 wurde eine neue Klosterkirche eingeweiht, 1720 wurden neue Wirtschaftsgebäude errichtet, und das Herrenhaus aus dem 16. Jahrhundert wurde 1749 erweitert. Von dem Ensemble stehen heute nur noch das Herrenhaus, das Laienbrüderhaus und die Wirtschaftsgebäude. Im Gefolge der Säkularisation wurde das Kloster 1802 aufgelöst: Das Gebiet links des Rheins gehörte seit der Besatzung durch französische Revolutionsarmeen im Jahr 1794 – und völkerrechtlich verbindlich seit dem Frieden von Lunéville 1801 – zur französischen Republik. Hohenbusch lag im Roerdepartement mit dem Verwaltungssitz Aachen und war, wie fast alle geistlichen Einrichtungen ab 1802, von den Säkularisationserlassen unter Napoleon Bonaparte betroffen. Seine Gebäude und Ländereien gingen in den Besitz des französischen Staates über, wurden verpachtet und verkauft. Die Klosterkirche wurde schon

---

[8] Einen konzisen Überblick zur Geschichte von Hohenbusch gibt, heute noch gültig, R. Haaß, Die Kreuzherren in den Rheinlanden (Rheinisches Archiv 23), Bonn 1932, 59–70. Für Details cf. Horst, Wissensraum Klosterbibliothek Hohenbusch (nt. 1), 47–60.

1802 abgetragen. Die Kirchenausstattung und die Kunstschätze sind heute weit verstreut; zum Teil finden sich noch Reste davon in Kirchen der Umgebung wie etwa die barocke Orgel in der evangelischen Kirche Linnich.

## III. Die Klosterbibliothek von Hohenbusch

Zum Buchbesitz des Kreuzherrenklosters Hohenbusch gibt es über 500 Jahre hinweg keine expliziten Nachrichten. Erst aus dem Jahr 1801 ist eine Auswahlliste erhalten, die der Commissaire spécial Johann Bernhard Constantin von Schönebeck (1760–1835)[9] erstellte. Der studierte Mediziner war Bibliothekar an der 1798 gegründeten École centrale (Zentralschule) in Köln, der Nachfolgeeinrichtung der Universität. Im Auftrag des Präfekten des Roerdepartements, Nicolas Sébastien Simon (amt. 1800–1802), inventarisierte und beschlagnahmte er wertvolle und brauchbare Bücher aus den Klöstern und Stiften für den Aufbau einer Zentralschulbibliothek. So erstellte Schönebeck auch in Hohenbusch[10] eine Liste von 12 Urkunden und 260 Buchtiteln, die in drei Kisten gepackt und von ihm versiegelt wurden[11]. Aus bis heute unbekannten Gründen verblieben die drei Bücherkisten jedoch noch bis mindestens 1812 im Keller des aufgehobenen Klosters. Erst in diesem Jahr bot man sie dem Bischof des Bistums Aachen, Jean Denis François Le Camus (amt. 1810–1814), für seine eigene Bibliothek und für die des Priesterseminars an. Obwohl der linksrheinische Bischofssitz seit 1802 in Aachen lag, war das Seminar nach der Auflösung des Erzbistums Köln aus stiftungsrechtlichen Gründen in Köln verblieben. Es ist daher anzunehmen, dass etwa die Hälfte der 260 Bücher auf Anordnung von Bischof Le Camus in die Bibliothek des Priesterseminars nach Köln kam. 1929 wurde das Priesterseminar mit einem kleinen Bestand aktueller theologischer Literatur nach Bensberg verlegt. Der größte Teil des Bibliotheksbestandes – zu der Zeit etwa 60.000 Bände – verblieb jedoch in Köln und wurde zur Diözesanbibliothek erhoben[12]. Dort befindet sich noch heute der größte Rest der Hohenbuscher Bestände[13].

---

[9] Zu Schönebeck cf. C. Schlöder, Johann Bernhard Constantin von Schönebeck, in: Internetportal Rheinische Geschichte, URL: <http://www.rheinische-geschichte.lvr.de/Persoenlichkeiten/johann-bernhard-constantin-von-schoenebeck/DE-2086/lido/57c949333c4c63.97292842> (Stand: 05.06.2020)

[10] Die Geschichte der Bibliothek von Hohenbusch während und nach der Säkularisation ist dargestellt in Horst, Wissensraum Klosterbibliothek Hohenbusch (nt. 1), 61–84.

[11] Die Liste ist in zwei vollständigen Exemplaren erhalten: Historisches Archiv der Stadt Köln, Best. 350 (Französische Verwaltung) A 5900e, und Landesarchiv Nordrhein-Westfalen Abteilung Rheinland, Hohenbusch Akten (AA 0318) 14. Ein weiteres Exemplar im Landesarchiv NRW ist nur unvollständig vorhanden: Roerdepartement (AA 0633) 2740, Bl. 1–2 und 256–259.

[12] Zur Geschichte der Diözesanbibliothek cf. zuletzt M. Albert, „Als der Krieg die Ruhe der Bibliotheksarbeit gewaltsam störte". Die Kölner Diözesan- und Dombibliothek im Zweiten Weltkrieg (Libelli Rhenani 50), Köln 2014, 14–24.

[13] Vereinzelt finden sich Bücher aus Hohenbusch in folgenden Einrichtungen: Koninklijke Bibliotheek, Brüssel; Koninklijke Bibliotheek, Den Haag (Neufund, in der Dissertation 2017 nicht aufgeführt); Privatarchiv Schram, Krefeld; Bayerische Staatsbibliothek, München; Burke Library,

Auf der Grundlage des Schönebeck'schen Inventars, der Exemplare in der Diözesanbibliothek und der übrigen weltweit verstreuten Exemplare lassen sich somit etwa 300 Titel rekonstruieren, die sich vom 14. bis zum Ende des 18. Jahrhunderts erstrecken. Der Buchbestand setzt sich zusammen aus 64 Handschriftenbänden, 65 Inkunabeldrucken sowie 177 Drucken vom 16. bis zum 18. Jahrhundert. Insgesamt ist das sehr wenig für einen Bestand, der über 500 Jahre gewachsen ist; es wird deswegen auch immer wieder spekuliert, dass die Bibliothek gut 2000 Bände umfasst haben müsse. Da diese jedoch nicht nachgewiesen werden können, muss sich die Forschung auf die bekannten Relikte konzentrieren. Allerdings stellt sich die Frage, inwieweit der rekonstruierte Buchbestand als repräsentativ für die einstige Klosterbibliothek der Kanonie Hohenbusch gelten kann. Die Frage soll am Ende dieses Beitrags aufgegriffen werden, wenn die Charakteristika des Hohenbuscher Buchbestands deutlich geworden sind.

## IV. Die Klosterbibliothek als Wissensraum

### 1. *Der Wissensraum als kulturwissenschaftliche Metapher*

Die formale Rekonstruktion einer Bibliothek, i.e. die katalogähnliche Erfassung von Titeln sowie die Beschreibung materieller Aspekte von erhaltenen Büchern, reicht nicht aus, um Bedeutung und Funktion eines Buchbestands für seine Besitzer zu erfassen. So herrscht in der Bibliothekswissenschaft heute Konsens darüber, dass die bucharchäologisch ermittelten Erkenntnisse in größere kulturwissenschaftliche Zusammenhänge eingebettet werden müssen. Anders ausgedrückt: Die Darstellung der Entwicklung einer Bibliothek verspricht nur dann einen Erkenntnisgewinn, „wenn sie [...] im Kontext ihrer jeweiligen geistigen und gesellschaftlichen Umwelt gesehen wird."[14] Die Buch- und Bibliothekswissenschaft muss folglich über die Grenzen ihrer Disziplin hinausgreifen. Die am besten geeigneten Instrumente, um „den spezifischen Eigenschaften des Buches und seiner Rolle und Bedeutung in der Kultur und in der Gesellschaft"[15] gerecht zu werden, hält die Kulturwissenschaft bereit, sofern man sie mit Aby Warburg als eine interdisziplinäre, umfassende „Wissenschaft vom Menschen und der von ihm gestalteten Welt"[16] versteht.

---

Union Theological Seminary, New York; University Library, Princeton NJ; Goddard Library, Clark University, Worcester MA.

[14] D. Döring, Die Bestandsentwicklung der Bibliothek der Philosophischen Fakultät der Universität zu Leipzig von ihren Anfängen bis zur Mitte des 16. Jahrhunderts. Ein Beitrag zur Wissenschaftsgeschichte der Leipziger Universität in ihrer vorreformatorischen Zeit (Zentralblatt für Bibliothekswesen. Beiheft 99), Leipzig 1990, 33.

[15] S. Füssel, Buchwissenschaft als Kulturwissenschaft, in: id. (ed.), Im Zentrum: das Buch. 50 Jahre Buchwissenschaft in Mainz (Kleiner Druck der Gutenberg-Gesellschaft 112), Mainz 1997, 62–73, hier 63.

[16] Ibid., 63.

In einer kulturwissenschaftlichen Herangehensweise werden Handlungen, Erfahrungen, Lebensverhältnisse einzelner Menschen oder Gruppen untersucht und kontextualisiert, i. e. sie werden in Beziehung gesetzt zu den sozialen und kulturellen Vernetzungen der Handelnden. So lassen sich Zusammenhänge umfassender rekonstruieren und über größere räumliche und zeitliche Abschnitte hinweg vergleichen. In ähnlicher Weise lässt sich die Rolle und Bedeutung der Klosterbibliothek von Hohenbusch in Bezug auf ihre Gemeinschaft herausarbeiten. Als sozusagen kulturwissenschaftliches Hilfsmittel dient hier die Metapher vom Wissensraum, die bereits in anderen bibliothekswissenschaftlichen Beiträgen eingesetzt worden ist[17]. Dort wird allerdings die Bibliothek als umgrenzter, baulich gestalteter Bereich verstanden, in dem Wissen über viele Generationen hinweg gesammelt und weitergegeben wird. Dieses an sich naheliegende dreidimensionale Verständnis der Metapher reicht jedoch nicht aus, um den spezifisch dynamischen Aspekt des Wissensraums Bibliothek zu beschreiben. Der Informationsspeicher Bibliothek entfaltet nämlich eine Wirkung auf seine Benutzer, seine Leser: Das in Bibliotheken „akkumulierte Wissen wird […] nicht nur bewahrt, sondern als Matrix für die Generierung neuen oder die Aufdeckung verborgenen Wissens eingesetzt"[18]. Zwischen Leser und Bibliothek entsteht somit eine Wechselwirkung: Aus den aufbewahrten Informationen wird neues Wissen, das wiederum in den Informationsspeicher Bibliothek einfließen kann. Dadurch entsteht eine Dynamik, die sich auch nach vielen Jahrhunderten noch im Aufbau der Bibliothek nachvollziehen lässt.

## 2. *Das Problem der Strukturierung*

Doch nicht jede rekonstruierte Bibliothek enthält immanente Hinweise auf ihren Aufbau, auf ihr Werden und ihre Struktur. In Hohenbusch etwa fehlen jegliche Anhaltspunkte für die Datierung von Anschaffungen oder Bücherwanderungen. Erwerbungsdaten sind hier gar nicht eingetragen, Einbandstempel und Wasserzeichen lassen sich nicht eindeutig bestimmen, Schreiberkolophone sind selten. Überhaupt ist über einzelne Schreiber, Bibliothekare oder Bibliotheksbenutzer innerhalb des Klosters wenig bekannt – oder sie lassen sich nicht zweifelsfrei in Bezug zu einzelnen Büchern setzen. Bei Handschriften etwa lässt sich nicht immer nachvollziehen, ob sie in Hohenbusch selbst geschrieben wur-

---

[17] Cf. B. Wagner, Ein Wissensraum im Wandel. Die Bibliothek von St. Emmeram zur Zeit von Laurentius Aicher (1459–1507), in: P. Schmid/R. Scharf (eds.), Gelehrtes Leben im Kloster. Sankt Emmeram als Bildungszentrum im Spätmittelalter, München 2012, 139–186; M. Embach, Die Bibliothek des Mittelalters als Wissensraum. Kanonizität und strukturelle Mobilisierung, in: J. Becker/T. Licht/S. Weinfurter (eds.), Karolingische Klöster. Wissenstransfer und kulturelle Innovation (Materiale Textkulturen 4), Berlin e. a. 2015, 53–69.

[18] R. Lachmann, Kultursemiotischer Prospekt, in: A. Haverkamp/R. Lachmann (eds.), Memoria. Vergessen und Erinnern (Poetik und Hermeneutik 15), München 1993, XVII–XXVII, hier XXIII.

den und wann sie in die Bibliothek kamen. Dies gilt auch für Drucke, die wesentlich später erworben worden sein können, als ihre Erscheinungsjahre nahelegen.

Ähnliches lässt sich beobachten bezüglich der inhaltlichen Strukturierung der Hohenbuscher Bibliothek. Wie zahlreiche andere Büchersammlungen der Zeit wurde sie offenbar unter inhaltlichen Aspekten gruppiert und systematisch geordnet aufgestellt. Auf einigen erhaltenen Exemplaren finden sich nämlich noch Reste von Signaturen aus dem 15. Jahrhundert, wie sie auch aus anderen Bibliotheken bekannt sind. Die lediglich zehn, zum Teil nur fragmentarisch erhaltenen Signaturschilder reichen jedoch nicht aus, um die Systematik der Hohenbuscher Bibliothek zu rekonstruieren; sie bieten auch keine nennenswerte Übereinstimmung mit bekannten oder erschlossenen Ordnungen insbesondere von Kreuzherren-Bibliotheken.

Die epistemische Strukturierung des Wissensraumes Hohenbusch lässt sich folglich nur erreichen, wenn man sich von einer ohnehin nicht rekonstruierbaren historischen Ordnung löst und stattdessen Begriffe verwendet, die der gegenwärtigen Forschung geläufig sind. Erst die Einführung von aussagekräftigen, modernen Benennungen ermöglicht es, in der Art von Schlagwörtern den Inhalt der rekonstruierten Bücher aus Hohenbusch zu charakterisieren und für eine Analyse verwertbar zu machen. Die Schlagwörter selbst müssen hier nicht weiter thematisiert werden. Es genügt darauf hinzuweisen, dass sie bewusst keiner bibliothekarischen, theologischen oder anderswie fachgebundenen wissenschaftlichen Systematik entspringen, sondern lediglich die regelmäßig wiederkehrenden Inhalte des Rekonstruktionsbestandes wiedergeben. Sie werden auch nicht hierarchisch strukturiert, sondern nur aus pragmatischen Gründen der Gliederung in neun Gruppen unter jeweils einem Oberbegriff zusammengefasst; nur die Philosophie ist dabei Oberbegriff und Schlagwort zugleich[19].

## 3. Zeiträume – Zeitschichten

Während sich der Wissensraum von Hohenbusch mittels der erwähnten 32 Schlagwörter inhaltlich strukturieren lässt, erfordert die Beobachtung seines dynamischen Wandels einen weiteren Kunstgriff. An die Stelle einer linearen Chronologie des Bucherwerbs, die nicht rekonstruiert werden kann, tritt der Versuch

---

[19] Zur genauen Argumentation cf. Horst, Wissensraum Klosterbibliothek Hohenbusch (nt. 1), 290–295. Die verwendeten 32 Schlagwörter finden sich zusammengefasst wie folgt: Biblica (Bibelausgaben, Bibelkommentare) – Theologie (Patrologie, Scholastische Theologie, Moraltheologie, Apologetik, Kontroverstheologie) – Liturgie und Pastoral (Liturgica, Liturgieerklärungen, Predigten, Bußpraxis) – Spiritualität (Asketische Literatur, Hagiographie) – Philosophie – Juridica (Römisches Recht, Weltliches Recht, Kanonisches Recht, Regelausgaben und Regelkommentare) – Historische Literatur (Geschichte, Kirchengeschichte, Ordensgeschichte) – Sprache und Literatur (Grammatik, Rhetorik, Poetik, Prosa, Wörterbücher) – Naturwissenschaften (Medizin, Mathematik und Astronomie, Musiktheorie, Naturkunde, Geographie, Reiseberichte).

zweier statischer Bestandsschnitte: In einer Art Momentaufnahme werden jene Inhalte zusammengestellt und untersucht, die in zwei genau umgrenzten Zeitschichten vermutlich vorhanden waren. Der hierfür erforderliche Rückgriff auf das Schreib- bzw. Druckdatum steht zwar unter dem Vorbehalt, dass die Bücher nicht doch wesentlich später in die Bibliothek aufgenommen wurden, doch bildet dies eher eine statistische Unsicherheit, die letztlich vernachlässigt werden kann.

Die ausgewählten Zeitpunkte für die Bestandsschnitte orientieren sich dabei sowohl an der allgemeinen Kulturgeschichte als auch an der Geschichte des Klosters Hohenbusch. Der erste Einschnitt erfolgt um das Jahr 1520, das sich sowohl aus religionsgeschichtlicher als auch aus mediengeschichtlicher Sicht anbietet: Der Beginn der Reformationszeit, gemeinhin mit dem Thesenanschlag Martin Luthers im Jahr 1517 gleichgesetzt, brachte bekanntlich größte Umwälzungen in politischer Hinsicht wie in der Geistesgeschichte mit sich. Für geistliche Gemeinschaften wie den Kreuzherrenorden stellte die Ablehnung kontemplativer Lebensformen durch die Reformatoren eine existentielle Bedrohung dar[20]. Eine Epochengrenze in der Zeit um 1520 sieht mittlerweile auch die Buchwissenschaft, häufiger jedenfalls als in der rein willkürlichen Abgrenzung der Inkunabelzeit mit dem Ende des Jahres 1500: Die sogenannte Medienrevolution hat nicht mit dem Buchdruck an sich eingesetzt, sondern erst mit der Massenproduktion von Flugschriften, Einblatt- und Buchdrucken in der Reformationszeit[21]. Der historische Kontext von Handschriften und frühen Drucken ist bis dahin also der gleiche, erst recht wenn es um die inhaltlichen Aspekte der besprochenen Bücher geht.

Der zweite Einschnitt erfolgt im Jahr 1700 und orientiert sich mehr an der Geschichte von Hohenbusch. In diese Zeitschicht fällt zunächst die Abwehr der Reformation durch die klösterliche Gemeinschaft, ihr Engagement in der Gegenreformation durch Übernahme von Pfarrseelsorge, dann aber auch die zweite Blüte von Hohenbusch im 17. Jahrhundert, als es Noviziats- und Studienhaus für die Maasprovinz war und viele Prioren als Provinziale eine bedeutende Stellung im Gesamtorden erreichten.

Zahlenmäßig ergibt sich ungefähr ein Gleichgewicht: Mit der ersten Zeitschicht bis 1520 ist schon fast die Hälfte der rekonstruierten Hohenbuscher Bibliothek erfasst; die von 1520 bis 1700 gedruckten Bücher stellen annähernd den Rest des Bestandes dar. Die lediglich 14 Titel aus dem 18. Jahrhundert bieten zu wenige Anhaltspunkte für eine Bezugnahme auf den historischen Hin-

---

[20] Zu den Auswirkungen der Reformation auf den Kreuzherrenorden cf. Janssen, Oord van helder licht (nt. 2), 109–126.
[21] Cf. E. Bünz, Bücher, Drucker, Bibliotheken in Mitteldeutschland. Neue Forschungen zur Kommunikations- und Mediengeschichte um 1500 (Schriften zur sächsischen Geschichte und Volkskunde 15), Leipzig 2006, 26s.; G. Dicke/K. Grubmüller (eds.), Die Gleichzeitigkeit von Handschrift und Buchdruck (Wolfenbütteler Mittelalter-Studien 16), Wiesbaden 2003.

tergrund und die Entwicklung der Klostergemeinschaft. Da sie den Gesamteindruck der Klosterbibliothek jedoch nicht verändern, können sie hier außer Betracht bleiben.

## V. Die Analyse der Wissensräume

### 1. *Wissensraum I: Der Bestand bis 1520*

Der erste Wissensraum der rekonstruierten Klosterbibliothek von Hohenbusch umfasst also den Zeitraum bis 1520. Im 15. Jahrhundert ist der Buchbestand zunächst geprägt von spätmittelalterlicher Handschriftenkultur und dem sichtbaren Einfluss der *Devotio moderna*, da sich der Konvent schon früh der Ordensreform und damit dieser neuen Form von Spiritualität anschloss. Schriften mit Inhalten, die der Selbstheiligung, Meditation und Erbauung dienen, bilden dennoch nur die zweitgrößte Bestandsgruppe in der Bibliothek. Entsprechend den Lektüreempfehlungen von Geert Groote und anderen Lehrern der *Devotio*[22] waren die Klassiker devoter Buchlektüre schon in den frühesten Handschriften[23] vertreten: Neben Texten von Geert Groote selbst finden sich solche von Aurelius Augustinus, Bernhard von Clairvaux, Johannes Chrysostomus, Heinrich von Langenstein, Thomas von Kempen, Gerardus de Vliederhoven und vielen anderen mehr. Zu den Besonderheiten devoter Lesepraxis gehörte auch, dass diese Autoren meist nicht vollständig abgeschrieben, sondern lediglich in Form von Florilegien und Rapiarien exzerpiert wurden, i.e. in thematischen Sammlungen beziehungsweise spirituellen Lesetagebüchern[24]. Viele Handschriften in Hohenbusch sind daher Bindesynthesen aus mehreren Faszikeln, die von unterschiedlichen Schreibern stammen. Sie wurden offenbar nachträglich von einem Klosterbibliothekar zusammengestellt, um die privaten Lesefrüchte eines Konventualen der klösterlichen Allgemeinheit zugänglich zu machen. Einige Standardwerke der Erbauungsliteratur des Spätmittelalters liegen dagegen in vollständigen Abschriften vor, etwa das ‚Claustrum animae' des Hugo de Folieto[25] oder das ‚Opus tripartitum' des Johannes Gerson[26].

Auch die Bibellektüre der niederrheinischen Kreuzherren orientierte sich offenbar an den Vorgaben der *Devotio*. Im Blick auf Selbstheiligung und Selbstvollkommung hielten die Devoten moralisch-asketische Kommentare zur Heili-

---

[22] Cf. Kock, Buchkultur (nt. 5), 123–153.
[23] So etwa die Sammelhandschrift Köln, Erzbischöfliche Diözesan- und Dombibliothek (im Folgenden abgekürzt: EDDB), Cod. 1080 (Lüttich 1424 und später), cf. Horst, Wissensraum Klosterbibliothek Hohenbusch (nt. 1), 154–157.
[24] Cf. N. Staubach, *Diversa raptim undique collecta*. Das Rapiarium im geistlichen Reformprogramm der Devotio moderna, in: K. Elm (ed.), Florilegien, Kompilationen, Kollektionen. Literarische Formen des Mittelalters (Wolfenbütteler Mittelalter-Studien 15), Wiesbaden 2000, 115–147.
[25] Köln, EDDB, Cod. 1008 (Hohenbusch: Frater Rabanus 1470).
[26] Köln, EDDB, Cod. 1094, foll. 191r–207v (um 1489).

gen Schrift für zielführender als das Studium der Bibel selbst[27]. In Hohenbusch ist dementsprechend lediglich eine handgeschriebene Vollbibel nachzuweisen, ergänzt durch zwei Inkunabelausgaben mit *Glossa ordinaria* sowie acht Abschriften und Drucke einzelner Bücher der Bibel[28]. Unter den Bibelkommentaren belegt etwa eine Abschrift der ‚Moralia in Iob' Gregors des Großen[29] den Nutzen und die Wertschätzung solcher allegorischer Auslegungen als eine Art Handbuch des geistlichen Lebens für Devoten-Gemeinschaften. Einen ähnlichen spirituellen Nutzen erhoffte man sich offenbar von den Liturgieerklärungen, die reichlich gesammelt wurden, so etwa jene des Prager Theologen Nicolaus Stoer oder des aus Roermond stammenden Dionysius Carthusiensis[30].

In der Zeitschicht bis 1520 am stärksten vertreten ist allerdings die Predigtliteratur. Fasst man Sammlungen von Sermones, Homilien und Postillen sowie die Predigtlehren unter diesem Punkt zusammen, liegt hier mit 38 Exemplaren die umfangreichste literarische Gruppe des ersten Wissensraums vor. Diese Zahl lässt sich nicht alleine mit den damals üblichen, teilweise täglich stattfindenden Predigten innerhalb des Klosters, i. e. für die eigenen Konventualen, erklären[31]. Es sei vielmehr daran erinnert, dass die frühen Kreuzherren den Mendikanten nahestanden und analog zu diesen im Jahr 1318 das Privileg der Predigt und des Beichtehörens auch außerhalb ihrer Klöster und Pfarreien erhalten hatten. In Hohenbusch scheint man davon im 15. und 16. Jahrhundert noch Gebrauch gemacht zu haben, was auch die unübersehbare Zahl von einem Dutzend Schriften zur Bußpraxis belegt. Vielleicht lässt sich dieser Befund so interpretieren, dass in Hohenbusch zwar die geistliche und moralische Formung der Konventualen im Vordergrund stand, dass diese jedoch auch für die Seelsorge an den Besuchern des Klosters oder an den Menschen in der Umgebung nutzbar gemacht wurde. Trotz eines spirituellen Strebens nach Innerlichkeit gemäß den Vorgaben der *Devotio* hielt der Konvent den Dienst an seinen Mitmenschen offenbar für eine wichtige Aufgabe – und stand damit ganz in der Tradition der *vita mixta*, wie sie der Kreuzherrenorden von den Dominikanern übernommen hatte.

---

[27] Cf. N. Staubach, Reform aus der Tradition. Die Bedeutung der Kirchenväter für die Devotio moderna, in: H. Keller/C. Meier-Staubach/T. Scharff (eds.), Schriftlichkeit und Lebenspraxis im Mittelalter. Erfassen, Bewahren, Verändern (Münstersche Mittelalter-Schriften 76), München 1999, 171–201, hier 173s.

[28] Köln, EDDB, Cod. †1053; New York, Burke Library, MS 10; Köln, EDDB, Cod. 1032; Köln, EDDB, Cod. †1038; Köln, EDDB, Cod. † 1047; Köln, EDDB, Cod. 1094, foll. 131r–190v; Köln, EDDB, an Inc.a.110; ohne Nachweis: Quincuplex Psalterium, Gallicum, Rhomanum, Hebraicum, Vetus, Conciliatum … Secunda emissio, Parisiis: Henri Estienne 1513.

[29] Brüssel, Koninklijke Bibliotheek, Ms. IV 589 (Hohenbusch[?] 1465).

[30] Köln, EDDB, Cod. 1022 (15. Jh.); Köln, EDDB, Cod. 1094, foll. 1r–33v (1489).

[31] Cf. J. B. Schneyer, Geschichte der katholischen Predigt, Freiburg im Breisgau 1969, 123.

## 2. *Wissensraum II: Der Bestand von 1521 bis 1700*

Das für den ersten Wissensraum entworfene Bild ändert sich vollständig, wenn man die rekonstruierten Buchinhalte im zweiten Wissensraum, also in der Zeit von 1521 bis 1700, betrachtet. Bereits gegen Ende des 15. Jahrhunderts war Hohenbusch mit dem Humanismus in Kontakt gekommen. So bekam das Kloster die zweibändige Erstausgabe von kleineren Werken des Nikolaus von Kues, die 1488/89 bei Martin Flach d. Ä. in Straßburg gedruckt wurde, von Peter Wymar aus Erkelenz geschenkt. Wymar war der letzte Sekretär des Cusanus und stand offenbar dem Kreuzherrenkonvent von Hohenbusch nahe[32]. Im 16. Jahrhundert wandte sich die Gemeinschaft dann ganz dem Humanismus zu und distanzierte sich anscheinend vollständig von den Direktiven der *Devotio moderna*. Auffällig ist jedenfalls die Zahl von Bibelausgaben und Bibelkommentaren aus der Feder des Erasmus von Rotterdam; auch einige von ihm herausgegebene Kirchenväter-Ausgaben – der Psalmenkommentar von Arnobius dem Jüngeren, die Werke des Märtyrerbischofs Cyprian von Karthago und jene des Rhetorikers Laktanz – finden sich in der Bibliothek[33].

Die Hinwendung des Konvents zu humanistischen Prinzipien wie etwa dem einer philologisch fundierten Beschäftigung mit Grundlagen des Wissens lässt sich auch an einem verstärkten Bemühen um Bildung beobachten. Der Unterricht in den *artes liberales* als Vorbereitung auf ein universitäres Theologiestudium dürfte in Hohenbusch schon längst die Regel gewesen sein, als dort 1647 ein zentraler philosophischer Studienbetrieb für die Maasprovinz des Kreuzherrenordens eingerichtet wurde[34]. Die Bibliothek sammelte nun entsprechend benötigte Literatur: Im sprachlichen Bereich finden sich rhetorische Lehrwerke, dazu klassisches Latein in Poesie und Prosa sowie Wörterbücher in verschiedenen Sprachen. Auch der mathematische, naturkundliche und sogar der medizinische Bereich sind mit jeweils einer bemerkenswerten Anzahl von Schriften vertreten[35]. Die Favoriten der ersten Zeitschicht hingegen, also asketische, bußpraktische, homiletische und theologische Werke, fehlen fast vollständig.

Den meisten Platz in der rekonstruierten Klosterbibliothek nehmen stattdessen Juridica ein. Aus den Bereichen des Kanonischen und des Römischen

---

[32] Zur Inkunabel Köln, EDDB, Inc.c.20 und ihrem Donator Peter Wymar cf. A. Freitäger, Eine Cusanus-Inkunabel aus der Hohenbuscher Kreuzbrüderbibliothek. Studien zum Buchbesitz der Kreuzbrüder im Rheinland und in Westfalen, in: Analecta Coloniensia 5 (2005), 67–84; R. G. Czapla, Nicolaus Cusanus, Sebastian Brant und die Erkelenzer Familie Wymar. Geistige und geistliche Freundschaften an der Schwelle zur Neuzeit, in: Analecta Coloniensia 10/11 (2010/11), 151–186, hier 152–162.

[33] Arnobius Iunior, Commentarii, pii iuxta ac eruditi in omnes Psalmos, per Desiderium Erasmum Roterodamum prodii et emendati, Basel 1560 (Köln, EDDB, Aa 1478); Thascius C. Cyprianus, Universa quae quidem extare sciuntur opera, Köln 1544, daran Lucius C. F. Lacantius, Opera, Köln 1544 (Verbleib unbekannt).

[34] Cf. C. R. Hermans (ed.), Annales Canonicorum Regularium S. Augustini Ordinis S. Crucis. Ex monumentis authenticis, vol. 3, Silvae-Ducis ('s-Hertogenbosch) 1858, 719.

[35] Cf. Horst, Wissensraum Klosterbibliothek-Hohenbusch (nt. 1), 373–391.

Rechts, insbesondere jedoch aus allen Teilgebieten des weltlichen Rechts (dem *ius commune*) kommen über fünfzig und somit die weitaus meisten Titel des zweiten Wissensraums. Dabei spiegeln die Publikationen, die überwiegend aus dem 17. Jahrhundert stammen, insgesamt die Entwicklung der Rechtswissenschaft in dieser Zeit wider: Die Werke des Andrea Alciati belegen, wie sich die Kommentierung von Gesetzescorpora unter dem Einfluss des Humanismus von der scholastischen Methode abwandte und zu einer historisch-philologischen Betrachtungsweise des Rechts fand[36]. Die Aufgliederung des weltlichen Rechts in Teilgebiete wie Reichsrecht, Land- und Stadtrechte, Strafrecht etc. hatte die zunehmende Bedeutung praktischer juristischer Kenntnisse zur Folge, wie die zahlreichen in Hohenbusch vorhandenen Sammlungen und rechtspraktischen Kommentare nahelegen[37].

Dieser große Bestand an Juridica in Hohenbusch steht sicher in Zusammenhang mit dem steigenden Grundbesitz und Wohlstand des Klosters im 17. Jahrhundert. Dadurch stand es in vielerlei rechtlichen Beziehungen zu den Menschen und Institutionen seiner Umgebung, etwa durch Pachtverträge oder Erbrenten. Dies hatte eine ausgeprägte Verwaltungstätigkeit, aber auch etliche Rechtsstreitigkeiten des Klosters zur Folge, z. B. mit der benachbarten Pfarrei Doveren über Abgaben zur Erhaltung der Pfarrkirche. Administrative Kenntnisse benötigten die Prioren als Hausobere, einige auch als Provinzialobere und Visitatoren. Zudem scheint es möglich gewesen zu sein, dass Kreuzherren ein universitäres Studium der Rechte absolvierten, was eine – nicht mehr erhaltene – Sammlung von zwanzig juristischen Dissertationen nahelegt.

## VI. Schlussbetrachtung: Zum Aussagewert der beiden Wissensräume

Für die abschließenden Überlegungen sei der dargestellte Gedankengang noch einmal kurz zusammengefasst. Die formale Rekonstruktion der Bibliothek von Hohenbusch erbrachte zu wenige Anhaltspunkte, um ihre Genese und ihren Einfluss auf die Generierung neuen Wissens nachvollziehen zu können. In einer abstrahierenden Betrachtungsweise wurden ihre Inhalte daher verschlagwortet und damit in definierte Wissensgebiete eingeordnet. Die Aufteilung der solchermaßen strukturierten Inhalte in zwei zeitlich abgegrenzte Wissensräume bildete die Voraussetzung dafür, die dem Bibliotheksaufbau innewohnende Dynamik zu erfassen und sie in Bezug zu setzen zur Entwicklung des Kreuzherrenklosters Hohenbusch. Im Ergebnis zeigt sich bis etwa 1520 eine kontemplative Gemein-

---

[36] Sammelband: A. Alciati, Paradoxorum ad Pratum libri IV, Basel 1531; id., De verborum significatione libri quatuor, Lyon 1530; id., Ad rescripta principum commentarii, Lyon 1530 (Verbleib unbekannt).

[37] E. g. M. Berlich, Decisiones aureae, casus admodum pulchros, controversos et utiles continentes ... Nunc tertium editae ... 2 voll., Leipzig 1656–1660 (Verbleib unbekannt).

schaft, die jedoch nicht zurückgezogen lebt, sondern auf verschiedene Weise seelsorglich mit ihrer Umgebung interagiert. Im 16. und 17. Jahrhundert dagegen scheint das Kloster mehr in säkulare Dinge und deren Erfordernisse verstrickt gewesen zu sein, d. h. in seinen Besitz und dessen Verwaltung. Die Versuchung liegt nahe, dem Konvent in diesen Zeiten die Vernachlässigung von Theologie und Spiritualität vorzuwerfen, ihn also der Verweltlichung zu bezichtigen.

An dieser Stelle muss jedoch der eingangs bereits erwähnte Vorbehalt gegenüber den rekonstruierten Titeln der Bibliothek thematisiert werden: nämlich die Frage, inwieweit diese als repräsentativ für die gesamte Klosterbibliothek gelten können. Die Rekonstruktion beruht schließlich im Wesentlichen auf der schriftlich fixierten Auswahl des Commissaire spécial Johann Bernhard von Schönebeck aus dem Jahre 1801. Eignet sich eine prinzipiell willkürliche Selektion überhaupt dazu, ein verlässliches Bild der Klosterbibliothek zu erstellen? Hält man sich die Auswahlkriterien Schönebecks vor Augen, fällt die Antwort durchaus positiv aus. Gemäß Präfekturerlass hatte der Commissaire den eher unscharf formulierten Auftrag, jene Objekte in die Zentralschulbibliothek zu bringen, die er der Aufbewahrung für würdig erachtete[38]. Tatsächlich besaß Schönebeck offenbar ein Gespür für den kulturhistorischen Wert eines Buches und nutzte seinen Spielraum großzügig aus. So konfiszierte er nicht nur Bücher, die für den Unterricht an der Zentralschule „nützlich" waren, sondern auch solche von buch-, kunst- oder allgemeinhistorischem Interesse – sonst hätten viele Handschriften, Inkunabeln und vor allem Archivalien nicht ihren Weg auf seine Inventarlisten gefunden. Dies entspricht übrigens auch seiner Selbsteinschätzung als idealistischem Retter von Kulturgut[39].

In der ersten Zeitschicht nun standen kulturhistorisch interessante Bücher naturgemäß in größerer Menge zur Verfügung als in der zweiten. Schönebeck konnte somit im älteren Bestand „würdige" Werke für jedes Sachgebiet finden. Wählte er viel aus, wie etwa bei den spirituellen und homiletischen Schriften, hielt der Bibliotheksbestand offenbar auch viele Exemplare davon bereit – wählte er weniger aus wie etwa in den *artes*-Fächern, waren diese wohl auch in der Bibliothek weniger vertreten. So erscheint es legitim, in den Titeln der ersten Zeitschicht bis 1520 ein zwar bruchstückhaftes, doch realistisches Abbild des Hohenbuscher Wissensraums zu sehen.

Für die zweite Zeitschicht gelten wohl andere Voraussetzungen. Buchhistorisch interessante Ausgaben sind hier selten, so dass Schönebeck seine Literaturauswahl wohl stärker an den Bedürfnissen der Zentralschulbibliothek ausgerich-

---

[38] Im Wortlaut: „[...] les manuscrits, ouvrages et objects d'art qu'il jugera dignes de conservation". Landesarchiv NRW Abt. Rheinland, Roerdepartement (AA 0633) 2688 I a, fol. 103.
[39] Cf. den Brief von Schönebeck an den Landrat Franz Joseph Scheven in Hennef vom 21. August 1819, abgedruckt in W. Classen, Beiträge zur Geschichte der Klosterbibliotheken und -archive am linken Niederrhein zur Zeit der französischen Herrschaft (1794 ff.), insbesondere zur Entstehung der Kölner Gymnasialbibliothek und der Spaenschen Sammlung, in: Düsseldorfer Jahrbuch 39 (1937), 277–286, hier 285: „Meine ehemaligen Collegen [...] wissen es, mit welchem Fleiss und mit welchem Eifer für die gute Sache ich gearbeitet [...] habe."

tet hat. Spirituelles und Theologisches war für die naturwissenschaftlich ausgerichtete Schule nicht von Belang, Philologisches und Naturkundliches schon eher. Dass sich dann eine Kumulation bei der juristischen Literatur ergab, setzt indes eine entsprechend stark in der Bibliothek vertretene Sachgruppe voraus, könnte also tatsächlich auch dem reellen Bestand entsprechen. Doch sind dies unsichere Interpretationen, so dass sich aus der Rekonstruktion der zweiten Zeitschicht nur vorsichtige Schlüsse auf Wesen und Wirken der Kreuzherren zu Hohenbusch ziehen lassen.

Insgesamt also belegen die dargestellten Ergebnisse, dass sich mit einer kulturhistorischen Betrachtungsweise – in diesem Beispiel anhand der Metapher vom Wissensraum – Bibliotheksbestände über ihre positivistische Rekonstruktion hinaus gewinnbringend interpretieren lassen. Der aufgezeigte Vorbehalt demonstriert indes exemplarisch, dass die materielle Grundlage der Rekonstruktion möglichst groß und gesichert sein muss, damit eine Interpretation die Realität tatsächlich widerspiegeln kann.

*Boni libri* or *scartafacia*?
# An Inventory of the Commentaries on the 'Sentences' as a Mirror of Theological Education at the Dominican *Studium* at Bologna (14th c.)

ANDREA COLLI (Cologne/Vercelli)

## I. Introduction[*]

Three stages characterize the development of the Italian Dominican libraries between the late Middle Ages and Modernity. The *armarium* was not initially a real *libraria* as the collection of books was very limited. At the end of the 13th century, however, the libraries flourished and expanded: several volumes were acquired and located in a specific room (*domus pro libraria*). Finally, in early Modernity, new libraries were built, as the number of manuscripts and documents preserved in the Dominican convents was enormous[1].

The library of the Dominicans' *Studium* at Bologna typifies this evolutionary process. A philological study conducted on a number of manuscripts appears to reveal at least four different processes of cataloging[2]. However, only a late medieval and a humanistic inventory are now available[3].

A broad overview of these catalogues shows that, alongside a considerable number of *boni libri* (ancient and patristic sources, *libri naturales* from the Aristotelian and Arabic tradition, Albert the Great's and Thomas Aquinas' writings),

---

[*] The present paper was written in the context of the research project "The Lectura Thomasina and the theological education at the Dominicans' Studium at Bologna (14th–15th century)" funded by the Fritz Thyssen Foundation (Travel Subsidies 2017).
[1] Cf. L. Pellegrini, La biblioteca e i codici di san Domenico (secc. XIII–XV), in: R. Lambertini (ed.), Praedicatores/Doctores. Lo Studium generale dei frati Predicatori nella cultura bolognese tra il '200 e il '300 (Memorie domenicane 39), Firenze 2008, 143–159, here 146–147.
[2] Cf. Pellegrini, La biblioteca (nt. 1), 150–151.
[3] M.-H. Laurent, Fabio Vigili et les bibliothèques de Bologne au debùt du XVIe siècle d'après le ms. Barb. lat. 3185 (Studi e Testi 106), Vatican City 1943, 203–235, 11–107. For the analysis of Vigili's inventories and, in particular, of the comparison between these inventories and the manuscripts actually preserved in Bologna (University Library and Archiginnasio Library), see G. Zaccagnini, Le scuole e la libreria del convento di S. Domenico in Bologna. Dalle origini al secolo XVI, in: Atti e memorie della r. Deputazione di storia patria per le province di Romagna, s. IV, 17 (1927), 228–327; V. Alce/A. D'Amato, La biblioteca di S. Domenico in Bologna, Firenze 1961; G. Murano, I libri di uno Studium generale: l'antica libraria del convento di San Domenico di Bologna, in: Annali di Storia delle Università italiane 13 (2009), 287–304.

several *scartafacia* (partial transcriptions of commentaries on the 'Sentences', anonymous theological questions or *catenae aureae*) were preserved in the late medieval Dominican library. However, these kinds of texts – which, in most cases, have not been systematically studied – are no less remarkable than the *boni libri*. Indeed, they reflect the daily educational activities of the Dominican friars at Bologna, by making it possible to sketch the contours of what Martin Grabmann defines as the major center of Dominican cultural activity at the end of the Middle Ages, together with St. Jacques in Paris[4].

After drawing a map of the commentaries on the 'Sentences', preserved in the monumental *domus pro libraria* of St. Dominic's Convent in the 14th century, the present paper will focus on two particular case studies: the manuscripts A 913 (Bologna, Archiginnasio Library) and A 986 (Bologna, Archiginnasio Library). The analysis provides an explanatory illustration of how the convent of St. Dominic in Bologna is actively and directly involved in several theological and philosophical discussions characterizing the Parisian milieu in the first decades of the 14th century.

## II. A catalogue of the commentaries on the 'Sentences' n St. Dominic's late medieval library

The first inventory[5], dated approximately 1380[6], includes 472 short items[7] that do not provide sufficient information for establishing exactly which books stood on the shelf in the library of St. Dominics' convent at the end of the 14th century. By contrast, the catalogue published by Fabio Vigili at the beginning of the 16th century presents more significant details[8]. Therefore, a complete collection of the commentaries on the 'Sentences' preserved in the Dominicans' libra-

---

[4] M. Grabmann, La scuola tomistica italiana nel XIII e principio del XIV secolo. Ricerche sui manoscritti, in: Rivista di filosofia neoscolastica 15 (1923), 97–155, here 99. On the central role played by the Dominican studium in Bologna in late medieval theological studies see, among others, G. Mazzanti, Lo Studium nel XIV secolo, in: O. Capitani (ed.), Bologna nel Medioevo, Bologna 2007 (Storia di Bologna 2), 951–975; M. Mulchahey, The Dominicans' Studium at Bologna and its relationship with the university in the thirteenth century, in: Lambertini (ed.), Praedicatores/Doctores (nt. 1), 17–30.

[5] Laurent, Fabio Vigili (nt. 3), 203–235. The manuscript of this inventory is preserved in Bologna, Archivio di Stato, Archivio di S. Domenico 240/7574, Campione II, Liber Possessionum conventus Praedicatorum de Bononia, foll. 94r–97v. A partial edition of the text is published in L. Frati, La Biblioteca del Convento dei Domenicani in Bologna, in: L'Archiginnasio 5 (1910), 217–223 and in C. Lucchesi, L'antica libreria dei padri domenicani di Bologna alla luce del suo inventario, in: Atti e memorie della Deputazione di storia patria per le province di Romagna 5 (1939/1940), 205–252.

[6] Cf. Alce/D'Amato, La biblioteca (nt. 3), 126–127; Murano, I libri di uno Studium (nt. 3), 288.

[7] Twelve further items are included in the list of *Registrum librorum refectorii*. Cf. Laurent, Fabio Vigili (nt. 3), 235.

[8] Laurent, Fabio Vigili (nt. 3), 11–107. The manuscript of Fabio Vigili's inventory is preserved in Vaticano, Barb. lat. 3185.

ry in the Late Middle Ages certainly requires a comparison between these two different inventories[9].

Thomas Aquinas' 'Super Sententiarum libros' were obviously preserved in several copies. Manuscripts of all four books were contained in the first and in the second *bancha*[10] on the right side[11]. Then, further copies of individual books (in particular the second and the third book) were placed in the fourth[12], ninth[13], eleventh[14] *bancha*. The only copy of the second and third book of Albert the Great's 'Super quattuor libros Sententiarum' was located in the ninth *bancha*[15].

Further, a significant number of other commentaries on the 'Sentences' was located from the seventh to tenth *bancha*. The table below presents this collection of texts in the style of a modern bibliographical catalogue:

| Autor | Title | Late medieval location | | Actual location |
|---|---|---|---|---|
| Aegidius Romanus | Commentarium in librum I Sententiarum[16] | *A latere dextro* | *In decima bancha* | lost |

---

[9] The comparison between the two available inventories is generally adopted as a starting point by several studies on the library of St. Dominic. See, among the others, Lucchesi, L'antica libreria (nt. 5); Murano, I libri di uno Studium generale (nt. 3).

[10] The late medieval *domus pro libraria* of St. Dominic comprised 52 *banchae* (26 on the right side and 26 on the left side).

[11] Laurent, Fabio Vigili (nt. 3), 203–204: "*In prima bancha a latere dextro in introitu librarie* [...] *Item primus sententiarum. Item secundus. Item tertius. Item quartus: omnes eiusdem doctoris.* [...] *In secunda bancha* [...] *Item primus sententiarum. Item secundus. Item quartus. Item tertius.*"

[12] Ibid., 205: "*In quarta bancha* [...] *Item secundus sententiarum eiusdem.*"

[13] Ibid., 209–210: "*In nona bancha* [...] *Item tertius sententiarum sancti Thome.*"

[14] Ibid., 210–211: "*In XI bancha* [...] *Item tertius sententiarum sancti Thome; et sunt numero IX.*" The manuscripts of Aquinas' 'Commentary on the Sentences', originally preserved in St. Dominic's Library, are now presumably in the Bologna University Library: 'Super lib. I–II Sententiarum' (1505, foll. 1ra–188ra); 'Super lib. II Sententiarum' (1655[10], foll. 1ra–120rb); 'Super lib. III Sententiarum' (1655[11], foll. 1ra–122va); 'Super lib. IV Sententiarum' (1655[12], foll. 1ra–224vb). Cf. L. Frati, Indice dei codici latini conservati nella R. Biblioteca Universitaria di Bologna, in: Studi italiani di filologia classica 16 (1908), 343, 372–373; Codices manuscripti operum Thomae de Aquino (Editores operum sancti Thomae de Aquino 2), vol. 1: Autographa et Bibliothecae A–F, ed. H. V. Shooner, Roma 1973, here 106–117.

[15] Laurent, Fabio Vigili (nt. 3), 209–210: "*In nona bancha* [...] *Item tercius sententiarum fratris Alberti Theotonici.* [...] *Item secundus sententiarum magistri Alberti Theotonici.*" These manuscripts were lost. Cf. W. Fauser, Die Werke des Albertus Magnus in ihrer handschriftlichen Überlieferung. Teil I: Die echten Werke (Alberti Magni Opera omnia, tomus subsidiarius I), Münster 1982, 278–284.

[16] Laurent, Fabio Vigili (nt. 3), 210: "*Item primum fratris Egidii.*" The manuscript was not comprised in Vigili's inventory. In fact, a copy of the first book of Giles of Rome's 'Commentary on the Sentences' is actually preserved in Bologna, University Library, 2049. This manuscript was, however, copied in the 15th century and was not originally maintained in St. Dominic's Library (*prov. Iacopo da Pesaro*). Cf. Frati, Indice (nt. 14), 423.

| Autor | Title | Late medieval location | | Actual location |
|---|---|---|---|---|
| Alexander Halensis | Glossa in quattuor libros Sententiarum (I–III)[17] | *A latere dextro* | *In octava bancha* | Bologna, Archiginnasio Library, A 920. |
| Bombolognus de Bononia | Commentaria in quattuor libros Sententiarum Petri Lombardi[18] | *A latere dextro* | *In decima bancha* | Bologna, University Library: (I) 1506, foll. 1ra–98va, 99vb–114ra; (II) lost; (III) 1508, foll. 3ra–116vb; (IV) lost[19]. |
| Bonaventura de Balneoregio | Commentaria in tertium librum Sententiarum[20] | *A latere dextro* | *In decima bancha* | lost |
| Gregorius Ariminensis | Lectura super primum et secundum Sententiarum[21] | *A latere dextro* | *In decima bancha* | lost |
| Guillelmus de Ware | Super Sententias (II)[22] | *A latere dextro* | *In nona bancha* (*) | Bologna, Archiginnasio, A 913, foll. 67ra–96vb |

---

[17] Laurent, Fabio Vigili (nt. 3), 209: "*Item opus fratris Alexandri super primum et secundum sententiarum. Item eiusdem super tertium sententiarum.*" Cf. Laurent, Fabio Vigili (nt. 3), 28: "*Alexandri de Ales, ordinis Minorum, summa in tribus codicibus.*" Cf. Lucchesi, Inventari (nt. 5), 90–91.

[18] Laurent, Fabio Vigili (nt. 3), 210: "*Item primus fratris Bombologni Bononiensis. Item secundus eiusdem. Item tertius eiusdem. Item quartus eiusdem.*" Cf. ibid., 28: "*Bonbologni, sive Bonbolognini de Gabiano Bononiensis, ordinis Praedicatorum, scriptum super primo sententiarum, et super 2°, 3° et 4°, in quatuor divisis codicibus.*" Cf. Frati, Indice (nt. 14), 343–344; F. Pelster, Les Manuscrits de Bombolognus de Bologne, in: Recherches de théologie anc. et médiévale 9 (1937), 404–412; F. Stegmüller, Repertorium Commentariorum in Sententias Petri Lombardi, vol. 1: textus, Würzburg 1947, 54–56; T. Kaeppeli, Bombolognus de Bononia, in: id., Scriptores Ordinis Praedicatorum, vol. 1: A–F, Rome 1970, 246–247.

[19] Laurent identified the fourth book of Bombolognus' 'Commentary on the Sentences' in an anonymous commentary preserved in Bologna, Archiginnasio, B 1420. In fact, nothing indicates that this text was written by Bombolognus. Cf. A. Oliva, I codici autografi di fra Bombologno da Bologna, O.P. e la datazione del suo commento al I libro delle Sentenze (1268–1279 c.), in: Lambertini (ed.), Praedicatores/Doctores (nt. 1), 87–103, here 88.

[20] Laurent, Fabio Vigili (nt. 3), 210: "*Item tertius fratris Bonaventure.*" The manuscript is not comprised in Vigili's inventory.

[21] Ibid., 210: "*Item primus magistri Gregorii. Item secundus eiusdem.*" Cf. ibid., 28: "*Gregorii de Arimino, Augustinensis, primus et 2ᵘˢ sententiarum.*" Cf. V. Marcolino, Einleitung, in: Gregorii Ariminensis OESA Lectura super primum et secundum Sententiarum, ed. A. Trapp/V. Marcolino, vol. I, Berlin–New York 1981, XLVI–XLVII.

[22] Laurent, Fabio Vigili (nt. 3), 210: "*Item quedam quaestiones disputatae.*" Cf. C. Lucchesi, Inventari dei manoscritti delle biblioteche d'Italia, vol. 32, Firenze 1925, 84–95. Stegmüller, Repertorium (nt. 18), 142–143. An in-depth analysis of this *item* will be the subject of the next paragraph.

| Autor | Title | Late medieval location | | Actual location |
|---|---|---|---|---|
| Guillelmus Petrus de Godino | Lectura Thomasina[23] | A latere sinistro | In XX bancha (*) | Bologna, Archiginnasio, A 986. |
| Henricus de Cervo Coloniensis | Super quattuor libros Sententiarum[24] | A latere dextro | In octava bancha | Bologna, Archiginnasio, A 1029. |
| Iohannes de Ripa | Lectura super primum librum Sententiarum[25] | A latere dextro | In decima bancha | lost |
| Iohannes Duns Scotus | Super Sententias (I)[26] | A latere dextro | In nona bancha | lost |
| Iohannes Went | Quaestiones super Sententiarum libros[27] | A latere dextro | In nona bancha | Bologna, Archiginnasio, A 939. |
| Osbertus Anglicus | Lectura Sententiarum[28] | A latere dextro | In octava bancha | Bologna, Archiginnasio, A 1024, foll. 1ra–25vb. |

---

[23] T. Kaeppeli, Guillelmus Petri de Godino Baionenis, in: id., Scriptores Ordinis Praedicatorum Medii Aevi, vol. 2: G–I, Roma 1975, 152–155; W. Goris/M. Pickavé, Die Lectura Thomasina des Guilelmus Petri de Godino (ca. 1260–1336). Ein Beitrag zur Text- und Überlieferungsgeschichte, in: J. Hamesse (ed.), Roma, magistra mundi. Itineraria culturae medievalis. Mélanges offerts au Père L. E. Boyle à l'occasion de son 75e anniversaire (Textes et Études du Moyen Âge 10/1), Louvain-la-Neuve 1998, 83–109. Further consideration on this manuscript will be made in the next paragraph.

[24] Laurent, Fabio Vigili (nt. 3), 209: "*Item lectura fratris Iohannis Theotonici super quattuor libros sententiarum.*" Cf. ibid., 28: "*Ioannis de Cervo Teutonici ordinis Praedicatorum, scriptum super IIII libros sententiarum.*" Cf. Lucchesi, Inventari (nt. 22), 138, in particular nt. 1; M. Grabmann, Der Sentenzenkommentar des Magister Henricus de Cervo und die Kölner Dominikanertheologie des 14. Jahrhunderts, in: Archivum Fratrum Praedicatorum 12 (1942), 98–117; Stegmüller, Repertorium (nt. 18), 148. T. Kaeppeli, Henricus de Cervo Coloniensis, in: id., Scriptores Ordinis Praedicatorum (nt. 23), 189.

[25] Laurent, Fabio Vigili (nt. 3), 210: "*Item primus magistri Iohannis de Ripis.*" Cf. ibid., 27: "*Ioannis de Ripis de Marchia, ordinis Minorum, scriptum super primum sententiarum.*" Cf. Stegmüller, Repertorium (nt. 18), 237–239.

[26] Ibid., 209: "*Item primus Scoti super sententias.*" The manuscript was not comprised in Vigili's inventory.

[27] Ibid., 209: "*Item lectura fratris Iohannis Menhenth.*" Cf. ibid., 27: "*Ioannis Went Anglici scriptum super primo et II sententiarum.*" Cf. Lucchesi, Inventari (nt. 22), 102; Stegmüller, Repertorium (nt. 18), 248; J. Lechner, Kleine Beiträge zur Geschichte des englischen Franziskaner-Schrifttums im Mittelalter, in: Philosophisches Jahrbuch 53 (1940), 374–385, here 376–379; R. Sharpe, A Handlist of the Latin Writers of Great Britain and Ireland before 1540 (Publications of the Journal of Medieval Latin 1), Turnhout 1997, 344.

[28] Laurent, Fabio Vigili (nt. 3), 209: "*Item lectura fratris Osberti, ordinis Carmilitarum, super sententias.*" Cf. ibid., 29: "*Osberti sive Oysberti, carmelite, scriptum super sententias.*" Cf. Lucchesi, Inventari (nt. 22), 136; Stegmüller, Repertorium (nt. 18), 296–297; R. Copsey, The Carmelites in England 1242–

| Autor | Title | Late medieval location | | Actual location |
|---|---|---|---|---|
| Petrus de Tarentasia (Innocentius V) | In quattuor libros Sententiarum[29] | *A latere dextro* | *In decima bancha* | Bologna, University Library, 1629. |
| Ricardus Fischacre | In quattuor libros Sententiarum (I–II)[30] | *A latere dextro* | *In septima bancha* | Bologna, University Library, 1546, foll. 1ra–258vb. |
| Robertus Halifax | Lectura super I et II librum sententiarum | *A latere dextro* | *In nona bancha* | Bologna, Archiginnasio, A 974. |
| Robertus Holcot | Opus quaestionum ac determinationum super libros Sententiarum[31] | *A latere dextro* | *In decima bancha* | lost |

The library presented a diverse collection of commentaries on the 'Sentences'. There were not only texts published in the Dominican environment, but also texts written by Franciscan and Augustinian theologians. If we compare this with the number of manuscripts of *quaestiones* or *quodlibeta* edited by other notorious masters – such as Henry of Ghent, Peter of Auvergne, John of Neaple, or Harvey of Nedellec –, and preserved in Bologna, it is clear that the *domus libraria* in St. Dominic reflected the philosophical and theological debates that were on the agenda in Paris (and also in Oxford) in those years. A master or a scholar that pursued his studies in Bologna was effectively immersed into the most animated discussions of his time. Moreover, the strong presence of writings by the Franciscan milieu is particularly noteworthy in this regard: the Domi-

---

1540: Surviving Writings, in: Carmel in Britain 3, Faversham – Rome 2004; Bibliotheca Carmelitana, notis criticis et dissertationibus illustrata: cura et labore unius e Carmelitis provinciae Turoniae collecta / opus P. Cosmae de Villiers, Rome 1927, vol. II, coll. 520–521.

[29] Laurent, Fabio Vigili (nt. 3), 210: "*Item primus et secundus magistri Petri de Tarentaxia. Item tertius et quartus eiusdem super sententias.*" Cf. ibid., 22–23: "*Petri de Tarantasio, ordinis Praedicatorum, qui fuit postmodum Innocentius papa V, super 3° et 4° sententiarum expositio [...] Petrus de Tarantasio, ordinis Praedicatorum, super primo et 2° sententiarum.*" Cf. Frati, Indice (nt. 14), 369; Stegmüller, Repertorium (nt. 18), 336. This manuscript is not comprised in the list compiled by Kaeppeli.

[30] Laurent, Fabio Vigili (nt. 3), 208: "*Item primus et secundus sententiarum magistri Ricardi Anglici.*" Cf. ibid., 26: "*Riccardi Anglici, ordinis Praedicatorum, scriptum in primos sententiarum.*" Cf. Frati, Indice (nt. 5), 350–351; F. Pelster, Das Leben und die Schriften des Oxforder Dominikanerlehrers Richard Fishacre († 1248), in: Zeitschrift für katholische Theologie 54 (1930), 518–553, here 526; Stegmüller, Repertorium (nt. 18), 348; T. Kaeppeli, Ricardus Fishacre, in: id., Scriptores Ordinis Praedicatorum, vol. 3, Rome 1980, 304.

[31] Laurent, Fabio Vigili (nt. 3), 210: "*Item opus fratris Roberti super sententias.*" Cf. Laurent, Fabio Vigili (nt. 3), 28: "*Roberti Anglici scriptum super II°, III° et 4° sententiarum.*" This lost manuscript is attributed to Robert Holcot by Laurent, but this is evidently a pure conjecture.

nican library provided a partial transcription[32] of the commentaries of Alexander of Hales, Bonaventura, William of Ware, John Duns Scotus, John Went, John of Ripa and Robert Halifax. Two cases (marked with an asterisk in the above table) are worth a closer look, and the first one concerns exactly the presence of the transmission of Franciscan thought in Bologna.

### III. The case of A 913

Codex A 913, preserved in the Archiginnasio Library, is an interesting patchwork of very different works. However, it reveals, once again, certain distinctive traits of the teaching activities in Bologna. There are at least three different description of this codex: the first was provided by Carlo Lucchesi in 1925[33]; a second partial survey was provided by Jean Paul Müller[34], the third, and more detailed, by Raymond Macken in 1979[35]. The codex consists of a conflation of two manuscripts, copied in Italy at the beginning of the 14$^{th}$ century[36]. Folia 1–22 comprise a very suggestive *catena aurea* of excerpts from the first book of the commentaries on the 'Sentences' written by some prominent theologians (mostly Dominicans) between the end of the 13$^{th}$ century and the first decades of the 14$^{th}$ century (John of Paris, John of Sterngassen, Durand of St. Pourçain, Peter of Auvergne, William Anglicus[37] and presumably Giles of Rome[38]). This is a typical text aimed at presenting a brief overview of opinions expressed concerning certain topics. Of course, especially after his canonization, Dominican scholars read entire works of Thomas Aquinas[39]. However, it is not plausible that they studied other commentaries on the 'Sentences' systematically. Therefore, this *catena aurea* served as a practical teaching *compendium*.

*Folia* 23–130 comprise other kinds of text. According to Lucchesi, an anonymous series of questions on the first book of Peter Lombard's 'Sentences' are copied from foll. 23ra to 46vb[40]. However, with reference to Stegmüller's 'Re-

---

[32] As the first inventory is dated around 1380, we cannot completely exclude that these works were preserved in their entirety at the beginning of 14$^{th}$ century.

[33] Lucchesi, Inventari (nt. 22), 84–85.

[34] J.-P. Müller, Introduction, in: Jean de Paris (Quidort) O.P., Commentaire sur les Sentences. Reportation I (Studia Anselmiana 47), Roma 1961, 18–20.

[35] R. Macken, Bibliotheca Manuscripta Henrici de Gandavo (Ancient and Medieval Philosophy. De Wulf-Mansion Centre, serie 2), Leuven-Leiden 1979, 64–68. However, Macken did not consider the corrections made by Müller to Stegmüller's description. Cf. nt. 44 infra.

[36] Cf. Macken, Bibliotheca (nt. 35), 64–68.

[37] This is the conjecture of Raymond Macken. Cf. Macken, Bibliotheca (nt. 35), 66.

[38] Cf. ibid., 66.

[39] See, among the others, A. A. Robiglio, La sopravvivenza e la gloria. Appunti sulla formazione della prima scuola tomista (sec. XIV) (Sacra doctrina 53/1), Bologna 2008, 53–54; A. A. Robiglio, Se un savio omo diventa santo. Un aspetto della reputazione di Tommaso d'Aquino per gli studenti del Trecento, in: Studia, studenti, religione. Quaderni di storia religiosa 16 (2009), 159–173.

[40] Cf. Lucchesi, Inventari (nt. 22), 84.

pertorium'[41], Macken considers the text a partial transcription of the first book of William of Ware's 'Commentarium in Sententias Petri Lombardi'[42]. Indeed, as was demonstrated by Müller[43], the text at issue is a copy of some questions of Quidort's 'Commentary on the Sentences'[44]. A similar situation occurs with regard to foll. 67ra–96vb: Lucchesi considers the text copied in these folia a series of anonymous questions on the second book of the 'Sentences'; Macken – in this case appropriately – follows Stegmüller and considers this transcription an incomplete copy of the second book of Ware's 'Commentary'[45]. The second part of the codex comprises also the fourth treatise of Harvey of Nedellec's 'De quattuor materiis (Tractatus de intellectu et voluntate fratris Hervei britonis ordinis praedicatorum contra henricum de gandavo)'[46] (foll. 47ra–64vb) and the anonymous 'Correctorium corruptorii "Sciendum"'[47] (foll. 97ra–130vb). The latter two further confirm the presence of books reproducing the liveliest discussions of the late Middle Ages in St. Dominic's library.

Returning to Ware's 'Commentary on the Sentences', there are certain aspects that are worth examining. In fact, Stegmüller identified a large number of codices preserving this text[48], which is an obvious sign of the central role played by this "shadowy but important figure in scholasticism at the turn of the thirteenth to the fourteenth century"[49]. However, a complete critical edition of this text is not yet available. There are only transcriptions or editions of single *quaestiones*[50].

---

[41] Cf. Stegmüller, Repertorium (nt. 18), 142.

[42] Cf. Macken, Bibliotheca (nt. 35), 66.

[43] Müller, Introduction, in: Jean de Paris (Quidort) O.P. (nt. 34) 18–20.

[44] In detail, from dist. 17, q. 1: *Utrum caritas sit aliquid creatum in anima vel sit Spiritus Sanctus* (Bologna, Archiginnasio, A 913, fol. 23ra–23va) to distinction 39 (q. 1): *Utrum sit ponere fatum* (Bologna, Archiginnasio, A 913, foll. 41ra–42ra). From dist. 42, q. 1: *Utrum in Deo sit potentia* (Bologna, Archiginnasio, A 913, fol. 42ra–42rb) to dist. 48, q. 1: *Utrum homo possit vel teneatur conformare voluntatem voluntati divinae* (Bologna, Archiginnasio, A 913, foll. 45vb–46vb).

[45] Cf. Macken, Bibliotheca (nt. 35), 67.

[46] Cf. L. M. De Rijk, General Introduction, in: Hervaeus Natalis O. P. De quattuor materiis sive Determinationes contra magistrum Henricum de Gandavo. vol. I: De formis (together with his De unitate formae substantialis in eodem supposito) (Studia Artistarum 30), Turnhout 2011, XIII.

[47] Cf. P. Glorieux, Introduction, in: Les premières polémiques thomistes, vol. 2: Le Correctorium Corruptorii "Sciendum" (Bibliothèque thomiste 31), ed. P. Glorieux, Paris 1956, 24–25.

[48] Cf. Stegmüller, Repertorium (nt. 18), 142–143.

[49] R. L. Friedman, Trinitarian Theology and Philosophical Issues: Trinitarian Texts from the Late Thirteenth and Early Fourteenth Centuries, in: Cahiers de l'Institut du Moyen-Âge grec et latin 72 (2001), 89–168, here 91.

[50] For an updated catalogue of the edited questions, see R. Schönberg e. a., Repertorium edierter Texte des Mittelalters aus dem Bereich der Philosophie und angrenzender Gebiete, vol. 2, Berlin 2011, 1766–1769. Cf. also F. X. Putallaz, Figure Francescane alla fine del XIII secolo (Eredità Medievale 96/3), Milan 1996, 115–117. Questions numbering follows the question list found in A. Daniels, Zu den Beziehungen zwischen Wilhelm von Ware und Johannes Duns Scotus, in: Franziskanische Studien 4 (1917), 221–238.

León Amorós edited the fourth question of the prologue[51]. Then, with regard to the first book, Augustine Daniels proposed editions of questions 14 (*Utrum Deus sit*), 19 (*Utrum quod videtur ab aliquo cognoscitive quocumque modo videatur in lumine alio quam sit intellectus agentis*) and 21 (*Utrum Deum esse per se sit notum*)[52], while Peter Muscat transcribed question 15 (*Utrum Deus sit unus tantum sola fide teneatur*)[53]. Russell Friedman and Chris Schabel edited questions 38 (*Utrum Pater producat Filium necessitate*), 39 (*Utrum Pater genuit Filium voluntate*), 53 (*Utrum Spiritus Sanctus procedat per modum voluntatis*), 54 (*Utrum Spiritus Sanctus procedat a Patre et Filio*), and 55 (*Utrum Pater posset producer Spiritum Sanctum supposito quod non haberet virtutem producendi Filium*)[54]. Friedman also edited questions 56 (*Utrum Spiritus Sanctus distingueretur a Filio si non procederet ab eo*) and 61 (*Utrum generatio differat a spiratione*)[55], Another twelve questions were edited by Michael Schmaus, namely q. 78 (*Utrum in Deo sit ponenda aliqua relatio realis*), q. 79 (*Utrum relations in divinis constituent personas*), q. 83 (*Utrum Pater generet quia Pater aut quia generat ideo Pater*), q. 85 (*Utrum verbum secundum quod est pars imagines et perfecte repraesentat Verbum increatum sit terminus intellectionis vel principium*), q. 90 (*Utrum innascibilitas sit proprietas Patris*), and q. 92 (*Utrum generari sit proprietas constitutive Filii*)[56]. Athanasius

---

[51] Cf. L. Amorós, La teologia como ciencia práctica en la escuela franciscana en los tiempos que preceden a Escoto, in: Archives d'histoire doctrinale et littéraire du Moyen Âge 9 (1934), 291–303. Amorós used two manuscripts: Florence, Biblioteca Laurenziana, XXXIII and Florence, Biblioteca Nazionale, Conv. Soppr. A 4, 42.

[52] Cf. A. Daniels, Quellenbeiträge und Untersuchungen zur Geschichte der Gottesbeweise im dreizehnten Jahrhundert (Beiträge zur Geschichte der Philosophie des Mittelalters. Texte und Untersuchungen 8), Münster 1909, 89–104; id., Quaestio über das menschliche Erkennen, in: J. Geyser (ed.), Studien zur Geschichte der Philosophie: Festgabe zum 60. Geburtstag. Clemens Baeumker gewidmet von seinen Schülern und Freunden (Beiträge zur Geschichte der Philosophie des Mittelalters, Supplementband 1), Münster 1913, 311–318. Daniels used the following manuscripts: Vienna, Nationalbibliothek 1424, Vienna, Nationalbibliothek 1438, Oxford, Merton College 103, Leipzig Universitätsbibliothek, cod. lat. 527.

[53] Cf. P. Muscat, Guillelmi de Ware Quaestio inedita de unitate Dei, in: Antonianum 2 (1927), 335–350. Like Spettmann, Muscat transcribed Ware's text from Florence, Biblioteca Laurenziana, lat. Plut. 33 dext. 1.

[54] Cf. R. L. Friedman/C. Schabel, Trinitarian Theology and Philosophical Issues IV: English Theology ca. 1300: William of Ware and Richard of Bromwich, in: Cahiers de l'Institut du Moyen-Âge grec et latin 75 (2004), 127–128; 128–133; 133–135; 135–141; 141–146. Friedman and Schabel referred to three main manuscripts: Florence, Biblioteca Laurenziana, lat. Plut. 33 dext. 1; Vatican City, Chigi lat., B VII 114; Vienna, Österreichische Nationalbibliothek, 1424. In addition, readings have been checked occasionally, using Vienna, Österreichische Nationalbibliothek, 1438.

[55] Cf. Friedman/Schabel, Trinitarian Theology (nt. 54), 99–112. In preparing the edition of these questions, Friedman and Schabel used the following manuscripts: Vienna, Österreichische Nationalbibliothek, 1424; Vienna, Österreichische Nationalbibliothek, 1438; Vatican City, Chigi lat., B VII 114; Vatican City, Chigi lat., B VII 135; Florence, Biblioteca Laurenziana, lat. Plut. 33 dext. 1.

[56] Cf. M. Schmaus, Der Liber Propugnatorius des Thomas Anglicus und die Lehrunterschiede zwischen Thomas von Aquin und Duns Scotus (Beiträge zur Geschichte der Philosophie und Theologie des Mittelalters. Texte und Untersuchungen 29/1), Münster 1930, 234*–285*; id., Augustinus und die Trinitätslehre Wilhelms von Ware, in: M. Grabmann/J. Mausbach (eds.), Aurelius Augustinus: Die Festschrift der Görres-Gesellschaft zum 1500. Todestage des Heiligen

Ledoux transcribed question 63 (*Utrum Spiritus Sanctus sit caritas qua homo diligit Deum et proximum*)[57]

Regarding the second book, Ludwig Hödl edited question 107 (*Utrum aliqua creatura propria vel aliena virtute possit creare*)[58], while Hieronymus Spettmann transcribed question 129 (*Utrum species requiratur in intellectu propter defectum potentiae vel propter absentiam obiecti*)[59].

Concerning the third book, Jean-Marie Bissen published question 162 (*Utrum Filius Dei fuisset incarnatus, si homo non peccasset*)[60], while an edition of question 165 (*Utrum beata Virgo concept fuerit in originali peccato*) was provided in Quaracchi's edition[61]. A transcription of question 179 (*Utrum in Christo sint duae filiationes*) was presented by Éphrem Longpré[62].

With regard to the fourth book, Willibrord Lampen transcribed question 192 (*Utrum sacramenta possint efficere aliquid absolutum positivum in anima*)[63], while Hermann Weber edited question 223 (*Utrum resurrectio sit possibilis*)[64].

---

Augustinus, Köln 1930, 315–352. Schmaus used seven manuscripts: Florence, Biblioteca Laurenziana, lat. Plut. 33 dext. 1; Leipzig, Universitätsbibliothek, 527; Münster, Universitätsbibliothek, 92; Oxford, Merton College, 103; Vatican City, Vat. Lat. 1115; Vienna Nationalbibliothek, 1424; Vienna, Nationalbibliothek, 1438.

[57] Cf. A. Ledoux, De gratia creata et increata iuxta quaestionem ineditam Guillelmi de Ware, in: Antonianum 5 (1930), 148–156. Ledoux transcribed the text from Florence, Biblioteca Laurenziana, XXXIII.

[58] L. Hödl, Literar- und problemgeschichtliche Untersuchungen zum Sentenzenkommentar des Wilhelm von Ware O.M. (nach 1305), in: Recherches de théologie ancienne et médiévale 57 (1990), 122–141. Hödl's edition is based on six manuscripts: Vienna, Nationalbibliothek, 1438; Leipzig, Universitätsbibliothek, 527; Florence, Biblioteca Laurenziana, lat. Plut. 33 dext. 1; Oxford, Merton College, 103; Münster, Universitätsbibliothek 527; Vienna, Nationalbibliothek, 1424.

[59] Cf. H. Spettmann, Die Erkenntnislehre der mittelalterlichen Franziskanerschule von Bonaventura bis Scotus, Paderborn 1925, 80–85. Spettmann transcribes Ware's text from Florence, Biblioteca Laurenziana, lat. Plut. 33 dext. 1.

[60] Cf. J.-M. Bissen, Question inédite de Guillaume de Ware sur le motif de l'incarnation, in: Etudes Franciscaines 46 (1934), 218–222.

[61] Cf. Gulielmi Guarrae/Ioannis Duns Scoti/Petri Aureoli, Quaestiones disputatae de immaculata conceptione Beatae Mariae Virginis (Bibliotheca Franciscana Scholastica Medii Aevi 3), Florence 1904, 1–11. The editors used the following manuscripts: Florence, Biblioteca Laurenziana, lat. Plut. 33 dext. 1, Florence, Biblioteca Nazionale, Conv. soppr. A 4 42 and Florence, Biblioteca Nazionale, C 4 991.

[62] Cf. E. Longpré, De beata Virginis maternitate et relatione ad Christum, in: Antonianum 7 (1932), 289–313. Longrpré transcribed from the manuscript of Florence, Biblioteca Laurenziana, lat. Plut. 33 dext. 1.

[63] Cf. W. Lampen, De causalitate sacramentorum iuxta scholam franciscanam, in: Florilegium Patristicum 26 (1931), 37–45. Lampen transcribed the text of Florence, Biblioteca Laurenziana, XXXIII.

[64] Cf. H. Weber, Die Lehre von der Auferstehung der Toten in den Haupttraktaten der scholastischen Theologie von Alexander von Hales zu Duns Scotus (Freiburger theologische Studien 91), Freiburg e. a. 1973, 362–369. Weber used two manuscripts: Vatican City, Vat. Chigi, B VII 114; Münster, lat. 128 (92).

Finally, a selection of passages from all four books is contained in the comprehensive study of Gedeon Gal on Ware's philosophical doctrines[65].

The manuscripts preserved in the Biblioteca Laurenziana (F), in the Vienna Nationalbibliothek, 1438 (A) – 1424 (W), and in the Biblioteca Apostolica Vaticana Chigi B VIII 135 (C) – B VII 114 (V) are the most frequently used. Then, in his study, Friedman shapes an idea of manuscript groupings, by emphasizing a strong affinity between FV on the one hand and ACW on the other[66]. Certainly, being incomplete and corrupted, the manuscript of Archiginnasio is not taken into account by any of these transcriptions or editions. In fact, after Stegmüller's inventory, no study effectively aimed at exploring the contents of this copy.

The exemplar begins *ex abrupto*: "*et volo quod raptim transeat, et accipio aliam immediate quae eodem modo potest stare et raptim transire. Istae duae cogitationes [...]*"[67]. This is a part of question 117 (*Utrum operationes angelorum mensurentur tempore vel aevo vel instanti temporis*). Then, the manuscript includes another thirty-five (complete) questions of the second book[68]:

| Daniels' table of contents | Bol |
|---|---|
| 118. Utrum angelus sit in loco corporali | 67rb: Utrum angelus sit in loco corporali |
| 119. Utrum angelus possit esse in loco punctuali | 68ra: Utrum angelus possit esse in puncto |
| 120. Utrum angelus possit esse simul in diversis locis | ------------------------------- |
| 121. Utrum plures angeli possint esse simul in eodem loco | 68vb: Utrum plures angeli sint simul in eodem loco |
| 122. Utrum angelus possit moveri successive. | 70rb: Utrum angelus possit moveri motu continuo |
| 123. Utrum angelus possit ferre se ab uno loco in alium non transeundo per medium | ------------------------------- |
| 124. Utrum possit movere se continue vel semper necesse sit, quod moveatur discontinue et discrete. | ------------------------------- |
| 125. Utrum angelus possit moveri de loco in instanti | 71ra: Utrum angelus possit moveri in instanti |

---

[65] Cf. G. Gal, Gulielmi de Ware, O. F. M. Doctrina philosophica per summa capita proposita, in: Franciscan Studies, 14 (1954), 155–180; 265–292. Gal based his study on three manuscripts: Florence, Biblioteca Laurenziana, lat. Plut. 33 dext. 1, Florence, Biblioteca Nazionale, Conv. soppr. A.4.42 and C.4.991.
[66] Cf. Friedman/Schabel, Trinitarian Theology (nt. 54), 92–93.
[67] Cf. Stegmüller, Repertorium (nt. 18), 142; cf. Macken, Bibliotheca (nt. 35), 66.
[68] The table below compares the incipits of the questions from W transcribed by Daniels (Daniels, Zu den Beziehungen (nt. 50), 230–239) with the excerpts of Bologna, Archiginnasio, A 913 (Bol). In the transcription from Bol, the spelling of the texts has been classicized: u and v have been distinguished and j is not used; the Latin classical diphthong has been used; punctuaction and capitalization have been modernized and abbreviations spelled out.

| Daniels' table of contents | Bol |
|---|---|
| 126. An angelus et anima sint compositi ex materia et forma | 71vb: Utrum in angelo sit compositio materiae et formae |
| 127. Utrum angelus intelligat se per suam essentiam formaliter | 73ra: Utrum angelus intelligat se per essentiam suam |
| 128. Utrum angelus intelligat omnia alia a se per species vel habitus | 74rb: Utrum illud per quod intelligit angelus debeat dici habitus vel species |
| 129. Utrum species requiratur in intellectu propter defectum potentiae vel propter absentiam obiecti | 75rb: Utrum in actu intelligendi hominis requiratur species propter defectum a parte potentiae, videlicet propter potentialitatem intellectus ut ad actum reducitur vel tantum propter absentiam obiecti vel per alia verba |
| 130. Utrum angelus intelligat per species innatas vel acquisitas | 76va: Utrum angelus intelligat per species innatas |
| 131. Utrum angeli superiores intelligant per species magis universale, ita quod angelus superior intelligat per pauciores quam inferior | 77va: Utrum angeli superiores intelligant per species universaliores |
| 132. Utrum angelus naturali dilectione teneatur diligere Deum plus quam se ipsum | 78rb: Utrum angelus naturali dilectione diligat Deum diligere prius quam se ut diligat ipsum super omnia |
| 133. Utrum angeli sint creati in gratia | 78va: Utrum angeli fuerit creati in gratia |
| 134. Utrum angelus potuerit peccare | 78vb: Utrum angelus possit peccare vel potuerit |
| 135. Utrum angelus potuerit peccare in primo instanti | 79rb: Utrum angelus potuerit peccare in primo instanti |
| 136. Utrum natura assumpta a Christo in puris naturalibus sit nobilior omni natura angelica | 80rb: Utrum natura humana in Christo sit nobilior natura angelica secundum quod consideratur in naturalibus principiis |
| 137. Utrum Lucifer potuerit appetere Dei aequalitatem | 81ra: Utrum malus angelus, scilicet Lucifer appetierit aequalitatem Dei vel potuerit appetere |
| 138. Utrum angelus malus potuerit poenitere | 81va: Utrum malus angelus possit poenitere |
| 139. Utrum angelus malus continue sit sub actu malo elicito a potentia libera | 82ra: Utrum malus angelus semper sit sub actu malo |
| 140. Utrum angeli possint inducere in materiam veras formas reales | 82va: Utrum angeli possint inducere veras formas |
| 141. Utrum agens increatum et creatum concurrant in omni actione create | 83ra: Utrum actiones quibus res producuntur in esse totaliter sunt a Deo vel totaliter a creatura vel partim sit a Deo et partim a creatura |
| 142. Utrum angelus possit aliquando corpus movere | 83va: Utrum angeli possit movere aliquod corpus |
| 143. Utrum angelus bonus possit peccare | 84rb: Utrum bonus angelus peccare possit |

| Daniels' table of contents | Bol |
|---|---|
| 144. Utrum angeli recipiant gratiam et gloriam secundum capacitatem naturae | 84vb: Utrum angeli recipiant gratiam et gloriam secundum capacitatem suorum naturalium |
| ---------- | 85rb: Utrum Deus quocumque angelo dato semper possit facere nobiliorem, ita quod semper sic attenditur superius in infinitum imperfectionibus |
| 145. Utrum omnes angeli sint eiusdem speciei | 86va: Utrum angeli sunt eiusdem speciei |
| ---------- | 87ra: Utrum Deus possit facere amorem sine amante et generaliter omne accidens sine subiecto ab eo realiter differente |
| 146. Utrum unus angelus possit alteri loqui | 90rb: Utrum unus angelus possit loqui alteri angelo |
| 147. Utrum unus angelus possit illuminare alium | 90vb: Utrum unus angelus illuminet alium |
| 148. Utrum materia prima sit creata a Deo | 92ra: Utrum materia prima sit creata a Deo |
| 149. Utrum Deus possit inducere aliquam formam substantialem in materiam, ad quam materia non habet potentiam naturalem | 92rb: Utrum Deus possit facere aliquam formam in materia ad quam materiam non est in potentia naturaliter |
| 151. Utrum materia secundum se considerata dicat aliquam naturam positivam seu aliquem | 93ra: Utrum materia habeat in se aliquem actum |
| 152. Utrum materia possit fieri per se sine omni acut formali | 93vb: Utrum Deus possit facere materiam sine forma |
| 153. Utrum materia prima prout est in actu sub quantitate sit alia extensio realiter quam sit extensio quantitatis | 95ra: Utrum materia existens sub quantitate habeat aliam extensionem ab extensione quantitatis |
| 154. Utrum materia sub quantitate caeli et istorum inferiorum sit eiusdem rationis | 95vb: Utrum materia ut est sub quantitate caeli et istorum inferiori |

There is a substantial similarity between the two lists. However, some exceptions are worth mentioning: two questions, precisely *Utrum Deus quocumque angelo dato semper possit facere nobiliorem, ita quod semper sic attenditur superius in infinitum imperfectionibus* and *Utrum Deus possit facere amorem sine amante et generaliter omne accidens sine subiecto ab eo realiter differente*, are copied in the Archiginnasio exemplar, but they are not included in Daniels' inventory. Moreover, there is no trace of these questions in F either. Of course, only a complete collation of all manuscript witnesses would allow us to draw valid conclusions about these anomalies. However, a comparison of some passages of the text provides further elements to place A 913 in the manuscript tradition of Ware's 'Commentary on the Sentences':

(ex. 1)

| Bol (67rb) | F (111v) | W (ff. 96rb) |
|---|---|---|
| Quaeritur utrum angelus sit in loco corporali. Quod non videtur quod potest esse ante omnem locum corporeum. Ex natura sua non determinat sibi aliquod locum ex natura sua. Sed talis est angelus, ergo etc. Et tunc arguitur ulterius sic quod non determinat sibi aliquod locum, indifferenter se habet ad omnem locum. Si igitur angelus indifferenter se habet ad omnem locum, vel erit in omni loco vel in nullo. Sed non potest dici quod angelus sit in omni loco, ergo erit in nullo. | Circa locabilitatem angelorum quaeritur primo an angelus sit in corporali loco. Quod non, quod potest esse ante omnem locum, non determinat sibi aliquod locum. Sed angelus potuit secundum se ante omnem motum, igitur et ante omnem locum. Igitur nullum locum ex sua natura sibi determinat. Aut ergo erit in omni loco aut in nullo, cum sit indifferens ex natura sua ad omnem locum. Sed non potest esse in omni, quia hoc proprium Dei est, ergo in nullo. | Circa locabilitatem angelorum primo quaeritur an angelus sit in loco corporali. Quod non, quia quod potest esse ante omnem locum, non determinat sibi aliquod locum. Igitur nullum locum ex sua natura sibi determinat. Aut ergo erit in omni loco aut in nullo, cum indifferens sit ex natura sua ad omnem locum: non in omni quia hoc est proprium Dei, ergo in nullo. |

(ex. 2)

| Bol (69rb) | F (114r) | W (98rb) |
|---|---|---|
| Quaeritur utrum angelus possit moveri successive. Quod non secundum Philosophum in VI Physicorum: nihil movetur, nisi sit continuum; et secundum eundem in VIII: nullum continuum movet se active. Sed angelus non est aliquid continuum, quare etc. | Circa motum angelorum quaeritur primo an angelus possit moveri successive. Quod non. Omne quod movetur est continuum ex VI Physicorum. Sed angelus non est quod continuum. Similiter si esset continuum, non posset se ipsum movere, quia nullum continuum se ipsum movet ex VIII Physicorum. | Circa motum angelorum quaeritur primo an angelus possit moveri successive. Quod non, quia omne quod movetur est continuum ex VI Physicorum. Sed angelus non est quod continuum. Similiter si esset quod continuum, non posset se ipsum movere, quia nullum continuum se ipsum movet ex VI Physicorum. |

(ex. 3)

| Bol (79rb) | F (127v) | W (109rb) |
|---|---|---|
| Quaeritur utrum angelus potuit peccare in primo instanti. Quod sic videtur. Anima simul creatur et inficitur in actu alieno, ergo eadem ratione angelus potuit simul creari et infici actu proprio, quia etc. | Quaeritur utrum angelus potuit peccare in primo instanti. Quod sic. Anima in eodem instanti quo creatur inficitur a tactu carnis. Ergo et angelus potuit creari bonus a Deo et tamen esse malus in eodem instanti per actum proprium. | Quaeritur utrum angelus potuit peccare in primo instanti. Quod sic. Anima in eodem instanti quo creatur inficitur a tactu carnis. Ergo et angelus potuit creari a Deo bonus et tamen esse malus in eodem instanti per actum proprium. |

(ex 4)

| Bol (84vb) | F (135v) | W (115ra) |
|---|---|---|
| Quaeritur utrum angeli recipient gratiam et gloriam secundum capacitatem suorum naturalium. Quod sic, Magister Sententiarum libro 2ª distinctione. | Quaeritur utrum angeli recipient gratiam et gloriam secundum totam capacitatem naturae. Quod sic, Magister II Sententiarum, d. 2 c. 2, quod enim natura magis subtiles et sapientia et sapientia amplius perspicaces creatae. Hii et maioribus gratiae muneribus praedicti sunt et dignitate aliis excellentiores constituti; qui vero natura minus subtiles et sapientia minus perspicaces conditi minora gratiae dona habuerunt inferioresque constituti sunt sapientia Dei, aequo moderamine cuncta ordinantis". | Quaeritur utrum angeli recipient gratiam et gloriam secundum capacitatem naturae. Quod sic. Magister II Sententiarum d. 2 c. 2: "qui enim natura magis subtiles et sapientia amplius perspicaces creatae. Hii et gratiae maioribus muneribus praedicti sunt hii et dignitate aliis excellentiores constituti; qui vero natura minus subtiles et sapientia minus perspicaces conditi sunt minora gratiae dona habuerunt inferioresque constituti sunt sapientia Dei, aequo moderamine cuncta ordinantis". |

Although these four examples are limited, they reveal that the text preserved in St. Dominic's library is presumably not a copy of the second book of Ware's 'Commentary on the Sentences', but rather a *reportatio* of the text. Omissions, abbreviations, the use of certain expressions, such as *ergo etc.,* are in fact recurring. In example 4, for instance, the copyist omits the long quotation from Peter Lombard's 'Sentences', while in example 2 there is a concise summary of the quotations from Aristotle's 'Physics'. Moreover, in example 1 there is a complete reworking of the text transmitted by the two other manuscript witnesses. It is hard to believe that these are isolated incidents of the Archinnasio exemplar. As has been stated, it is more plausible that the copy preserved in Bologna is a *compendium* or a *reportatio* of Ware's work.

The problem is to determine whether this text was effectively maintained in the late medieval *libraria*, and providing a definitive answer to this question is in fact impossible. In the late medieval (the first) inventory, there is no explicit reference to this particular writing. On the other hand, as aforementioned, both parts of manuscript A 913 were copied in Italy at the beginning of the 14th century[69]. Then, as observed by Lucchesi, the manuscript now preserved in the Archiginnasio library was originally in St. Dominic's library (Prov. Domenicani)[70]. After all, the fact that neither the late medieval catalogue nor Vigili's inventory explicitly mentions this text appears odd. Indeed, it is more plausible that this *reportatio* of Ware's 'Commentary on the Sentences' was catalogued under a generic title. For instance, as the text at issue appears to be a series of questions rather than a commentary on the 'Sentences', it is plausible that it was

---

[69] Cf. nt. 36.
[70] Cf. Lucchesi, Inventari (nt. 22), 85.

catalogued in the *nona bancha* with the generic title "disputed questions" (*Item quaedam quaestiones disputatae*)[71] or in the "various questions of different theologians" (*Item varie quaestiones diversorum doctorum*)[72]. Finally, these are enough reasons – I submit – for supposing that this *compendium* was one of the books available in the late medieval library. In this regard, the most significant aspect is certainly that the Dominican scholars in Bologna had the opportunity not only to study complete (or partial) versions of 'Commentary on the Sentences', composed in the Franciscan environment, but also to consult texts aimed at resuming the teaching activity of a Franciscan theologian in Paris, such as a *reportatio*[73]. This case, however problematic, reveals both the specialization of the Dominican theological education in Bologna and the liveliness of the discussions in St. Dominic's convent.

## IV. The case of A 986

Codex A 986 serves as another interesting case study. The manuscript preserves a copy of the 'Lectura Thomasina', a widespread teaching *compendium* of "Thomistic" theology (and philosophy)[74], composed by the Dominican theologian William of Peter of Godin († 1336) at the beginning of the 14th century[75].

---

[71] Laurent, Fabio Vigili (nt. 3), 210.

[72] Ibid.

[73] Cf. J. Hamesse, La méthode de travail des reportateurs, in: Medioevo e Rinascimento 3 (1989), 51–67; ead., Le vocabulaire de la transmission orale des textes, in: O. Weijers (ed.), Vocabulaire du livre et de l'écriture au moyen âge, Turnhout 1989, 168–194; O. Weijers, A Scholar's Paradise. Teaching and Debating in Medieval Paris (Studies on the Faculty of Arts. History and Influence 2), Turnhout 2015, here 165–173.

[74] According to the vast majority of these contributions, it is only appropriate to talk about "Thomism" in the period following Aquinas' canonization: A. A. Robiglio, La sopravvivenza e la gloria. Appunti sulla formazione della prima scuola tomista (sec. XIV) (Sacra doctrina 53/1), Bologna 2008, 53–54; A. A. Robiglio, Se un ›savio omo‹ diventa santo. Un aspetto della reputazione di Tommaso d'Aquino per gli studenti del Trecento, in: Studia, studenti, religione. Quaderni di storia religiosa 16 (2009), 159–173. Pasquale Porro, however, argues: "The hypothesis that Thomism first emerged from this process is quite plausible, but, on the other hand, it cannot be denied that a certain 'Thomist identity' had already constituted itself before this, as an effect of William de La Mare's 'Correctorium' and the responses to it, and, above all, around the fundamental doctrine of the unicity of the substantial form, as the interventions of Peckham and the condemnation of Knapwell show", P. Porro, Thomas Aquinas. A Historical and Philosophical Profile, Washington 2016, 400.

[75] See J. Quetif/J. Echard, Scriptores Ordinis Praedicatorum, vol. 1, Paris 1719, 591–593; C. Douais, Les frères prêcheurs en Gascogne au XIIIme et au XIVme siècle. Chapitres, couvents et notices, Paris 1885, 421–422; P. Fournier, Le cardinal Guillaume de Peyre de Godin, in: Bibliothèque de l'École des Chartes 86 (1925), 100–121; id., Guillaume de Peyre de Godin, cardinal, in: Histoire littéraire de la France 37 (1938), 146–153; M. Grabmann, Kardinal Guilelmus Petri de Godino O.P. († 1336) und seine Lectura Thomasina, in: id, Mittelalterliches Geistesleben. Abhandlungen zur Geschichte der Scholastik und Mystik, vol. 2, München 1936, 559–576; M.-H. Laurent, Le testament et la succession du cardinal dominicain Guillaume de Pierre Godin, in: Archivum Fratrum Praedicatorum 2 (1932), 84–231; B. Decker, Die Gotteslehre des Jakob von Metz. Untersuchungen zur Dominikanertheologie zu Beginn des 14. Jahrhunderts (Beiträge

The division into distinctions and the debated topics are typical for a commentary on the 'Sentences'. Nevertheless, the manuscript tradition gives the work this title, emphasizing the large number of verbatim quotations from Thomas Aquinas' writings included in the text[76]. Some passages of the 'Lectura Thomasina' were transcribed as papers and essays[77], though a critical edition of the text is not yet available[78]. Fifteen manuscripts that preserve this text, in its entirety or in part, are known to exist[79]. The Archiginnasio manuscript (Bol) contains a complete version of the text: Prologue and Book I (foll. 1ra–40vb); foll 40vb–50rb and 52ra–72rb: Lib. II; foll. 72va–100ra: Lib. III; foll. 100ra–125vb: Lib. IV[80]. A broad overview of the manuscript tradition reveals a substantial similarity between Bol and the manuscripts usually considered the most reliable witnesses of Godin's text (G: Graz, Universitätsbibliothek, ms. 475 and Pi: Pisa, Biblio-

---

zur Geschichte der Philosophie und Theologie des Mittelalters 42/1), Münster 1967, 24–31; Kaeppeli, Guillelmus Petri de Godino Baionensis, in: id., Scriptores, vol. 2: G–I (nt. 23), 152–155; Goris/Pickavé, Die Lectura Thomasina (nt. 23), 83–109; A. Colli, Tommaso prima del tomismo. Annotazioni per un'edizione critica della Lectura Thomasina (II libro), in: Divus Thomas 120 (2017), 163–194.

[76] A. Colli, Transcriptions, paraphrases and abbreviations. Rewriting Thomas Aquinas in the Lectura Thomasina, in: M. Meliadò/S. Negri (eds.), Praxis des Philosophen, Praktiken des Philosophiehistorikers. Perspektiven von der Spätantike bis zur Moderne (Geist und Geisteswissenschaft 2), Freiburg-München 2018, 21–42.

[77] M. Grabmann, Doctrina S. Thomae de distinctione reali inter essentiam et esse ex documentis ineditis saeculi XIII illustratur, in Acta hebdomadae thomisticae Romae celebratae 19–25 Novembris 1924 in laudem S. Thomae Aquinatis sexto labente saeculo ab honoribus sanctorum ei decretis, Rome 1924, 131–190, esp. 181–182; R. M. Martin, Les questions sur le péché originel dans la "Lectura Thomasina" de Guillaume Godin O.P., in: Melanges Mandonnet: études d'histoire litteraire et doctrinale du Moyen Age, vol. 1, Paris 1930, 411–421; D. T. Graf, De subiecto psychico gratiae et virtutum secundum doctrinam scholasticorum usque ad medium saeculum XIV, Pars prima. De subiecto virtutum cardinalium II (Studia Anselmiana 3,4), Rome 1935, 179–181; O. Lottin, Psychologie et morale aux XIIe et XIIIe siècles, vol. 3/2, Louvain 1949, 476–479; W. Goris/M. Pickavé, Von der Erkenntnis der Engel. Der Streit um die species intelligibilis und eine quaestio aus dem anonymen Sentenzenkommentar in ms. Brügge, Stadtsbibliothek 491, in: J. A. Aertsen/K. Emery jr./A. Speer (eds.), Nach der Verurteilung von 1277 (Miscellanea Mediaevalia 28), Berlin–New York 2001, 125–177; T. Jeschke, Deus ut tentus vel visus. Die Debatte um die Seligkeit im Reflexiven Akt (ca. 1293–1320), Leiden–Boston 2011, 372–373.

[78] The critical edition of William Peter of Godin's 'Lectura Thomasina' is recently in preparation: in the framework of her PhD thesis, Francesca Bonini is editing the first half of the first book (distinctiones 1–27). I am editing the first half of second book (dist. 1–22).

[79] For an updated catalogue of the manuscripts preserving the 'Lectura Thomasina', see Goris/Pickavé, Die Lectura Thomasina (nt. 23), 87–92. Moreover, a detailed description of the codex is provided by Francesca Bonini in her PhD thesis: Edizione critica della Lectura Thomasina di Guglielmo di Pietro di Godino (libro I, Prol.–dist. 27) / Kritische Edition der Lectura Thomasina des Guillelmus Petri de Godino (Buch I, Prol.–dist. 27), Università del Salento/Universität zu Köln, in preparation.

[80] Cf. Lucchesi, Inventari (nt. 28), 90–91; M. Grabmann, Kardinal Guilelmus Petri de Godino († 1336) und seine Lectura Thomasina, in: Divus Thomas 4 (1926), 385–403, [repr.: id., Mittelalterliches Geistesleben, vol. 2, München 1936, 559–576]; G. Nenzioni, Antonio Magnani e la sua donazione alla città di Bologna, in: Almanacco dei bibliotecari italiani, Roma 1961, 123–127.

teca del Seminario Arcivescovile S. Caterina ms. 44)[81]. The table below provides some examples:

| Bol | G | Pi |
|---|---|---|
| (1ra) Quaeritur utrum sacra theologia sit scientia. Et videtur, quod non, quia de particularibus non est scientia. Theologia est huiusmodi, ideo et cetera. Praeterea Primo Posteriorum dicitur, quod scientia procedit ex principiis per se notis. Sed principia theologiae non sunt omnibus nota, ideo et cetera. | (1ra) Quaeritur de sacra theologia utrum sit scientia. Et videtur, quod non, quia de particularibus non est scientia sed theologia est huiusmodi, ideo et cetera. Praeterea Primo Posteriorum dicit, quod scientia procedit ex per se notis. Sed principia theologiae non sunt nota omnibus, ideo et cetera. | (1ra) Incipit opus super Sententias secundum fratrem Guillelmum Petri ordinis fratrum praedicatorum. Magistrum in theologia, qui fuit lector curiae et nunc est cardinalis. Et appellatur istud opus thomasina, quia in omnibus tenet cum Thoma. Liber primus. Quaeritur de sacra theologia utrum sit scientia. Et arguitur, quod non, quia de particularibus non est scientia. Theologia est huiusmodi, ergo et cetera. Praeterea Primo Posteriorum dicitur, quod scientia procedit ex principiis per se notis. Sed principia theologiae non sunt omnibus nota, ideo et cetera. |
| (10va) Quaeritur, utrum in divinis sit aliqua persona, quae procedat per modum amoris et voluntatis. Videtur, quod non. Natura enim non videtur communicari nisi per actum naturae, sed Spiritui sancto ex processione sua communicatur natura divina, ergo non procedit nisi per modum naturae. Sed talis modus est alius a modo amoris, vel voluntatis, ideo et cetera. | (7rb) Quaeritur, utrum in divinis sit aliqua persona, quae procedat per modum amoris vel voluntatis. Videtur, quod non. Natura enim non videtur communicari nisi per actum naturae, sed Spiritui sancto ex processione sua communicatur natura divina, ergo non procedit nisi per modum naturae. Sed talis modus est alius a modo amoris, vel voluntatis, ergo et cetera. | (11ra) Nunc post Filii aeternitatem et cetera. Quaeritur circa istam decimam quaestionem utrum in divinis sit aliqua persona, quae procedat per modum amoris et voluntatis et videtur, quod non quia natura enim non videtur communicari nisi per actum naturae, sed Spiritui sancto ex processione sua communicatur natura divina, ergo non procedit nisi per modum naturae. Sed talis modus est alius a modo amoris, vel amoris, ideo et cetera. |
| (41vb) Circa istam distinctionem secundi libri iterum quaeritur utrum creare sit solius Dei et videtur quod non, sed quod aliqua creatura possit creare, quia quanto aliquid magis resistit agenti, tanto difficilius est ipsum ab agente fieri. Sed contrarium magis resistit agenti quam non ens simpliciter, quia non ens nihil in se habet, unde possit resistere. Ergo si | (29rb) Circa distinctionem primam secundi libri quaeritur utrum creare sit solius Dei et videtur quod non, sed quod aliqua creatura possit creare, quia quanto aliquid magis resistit agenti, tanto difficilius est ipsum ab agente fieri. Sed contrarium magis resistit agenti quam non ens simpliciter, quia non ens nihil in se habet, unde resistere possit. Ergo si agens | (36rb) Circa istam distinctionem iterum quaeritur utrum creare sit solius Dei et videtur quod non, sed quod aliqua creatura possit creare, quia quanto aliquid magis resistit agenti, tanto difficilius est ipsum ab agente fieri. Sed contrarium magis resistit agenti quam non ens simpliciter, quia non ens nihil in se habet, unde possit resistere. Ergo si agens |

---

[81] Transcriptions are usually based on these two exemplars.

| Bol | G | Pi |
|---|---|---|
| agens naturale aliquid potest generare ex contrario non obstante eius resistentia, multo magis poterit hoc ex non ente, quod est creare. Ergo creatura poterit creare. | naturale aliquid potest generare ex contrario non obstante eius resistentia, multo fortius poterit hoc ex non ente, quod est creare. Ergo creatura poterit creare. | naturale aliquid potest generare ex contrario non obstante eius resistentia, multo magis poterit hoc ex non ente, quod est creare. Ergo creatura poterit creare. |
| (59va) Circa distinctionem 20 quaeritur primo utrum mulier debuerit de costa viri formari. Videtur quod non, quia costa non potest separari ab homine sine dolore. Sed dolor non fuit ante peccatum. Ergo non debuit de ista costa corpus mulieris formari. | (43ra) Circa distinctionem 20 quaeritur primo utrum mulier debuerit de costa viri formari. Videtur quod non, quia costa non potest separari ab homine sine dolore. Sed dolor non fuit ante peccatum. Ergo non debuit de ista costa corpus mulieris formari. | (53ra) Circa distinctionem 20 quaeritur primo utrum mulier debuerit de costa viri formari. Videtur quod non, quia costa non potest separari ab homine sine dolore. Sed dolor non fuit ante peccatum. Ergo non debuit de ista costa corpus mulieris formari. |
| (72va) Quaeritur congruum fuerit Filium Dei incarnari. Videtur quod non quia quae sunt in infinitum distantia inconvenienter coniungitur sicut inconveniens esset quod aliquis dipingeret imaginem in qua humano capiti *aequis* (*sed. corr.* cervix) coniunguntur equina. Sed Deus et caro in infinitum distant, cum Deus sit simplicissimus et caro compositum. Ergo inconveniens est unio unius ad alterum. | (53ra) Quaeritur utrum congruum fuit Filium Die incarnari. Videtur quod non, quia quae sunt in infinitum distantia inconvenienter coniunguntur, sicut inconveniens esset quo aliquis depingeret imaginem in qua humano capiti cervix coniungeretur aequina. Sed Deus et caro in infinitum distant, cum Deus sit simplicissimus et caro compositum. Ergo unio unius ad alterum est inconveniens. | (66va) Incipit liber tertius. Utrum fuerit etc. Quaeritur utrum congruum fuerit Filium Die incarnari. Videtur quod non, quia quae sunt in infinitum distantia inconvenienter coniunguntur, sicut inconveniens esset quod imaginem aliquis depingeret in qua humano capiti cervix coniungeretur aequina. Sed Deus et caro in infinitum distant, cum Deus sit simplicissimus et caro compositum. Ergo inconveniens est unio unius ad alterum. |
| (99ra) Circa distinctionem 39 quaeritur utrum iuramentum coactum sit obligatorium. Videtur quod non, quia nullus obligatur nisi per voluntatem suam. Sed iuramentum coactum excedit voluntarium. Non ergo est obligatorium. | (67rb) Circa distinctionem 39 quaeritur utrum iuramentum coactum sit obligatorium. Videtur quod non quia nullus obligatur nisi per voluntatem. Sed iuramentum coactum excedit voluntarium. Ergo non est obligatorium. | (94rb) De iuramento coacto. Utrum obliget. Circa distinctionem 39 quaeritur utrum iuramentum coactum sit obligatorium. Videtur quod non, quia nullus obligatur nisi per voluntatem suam. Sed iuramentum coactum excedit voluntarium. Ergo non est obligatorium. |
| (100ra) Quaeritur utrum post lapsum primi hominis fuerit necessarium institui sacramenta aliqua. Videtur quod non, quia superflue sit per plura quod fieri potest per pauciora. Sed homo poterat salvari per fidem artificiorum et opera praeceptorum, sicut Adam. Ergo superlue fuit instituere aliqua sacramenta. | (78ra) Utrum post lapsum primi hominis fuerit necessarium instituere aliqua sacramenta. Videtur quod non quia superfluere sit per plura quod potest fieri per pauciora. Sed homo poterat salvari per fidem et opera praeceptorum sicut Adam. Ergo superfluum fuit instituere aliqua sacramenta. | (96ra) Incipit liber quartus. Quaeritur utrum post lapsum primi hominis fuerit necessarium institui sacramenta aliqua. Videtur quod non, quia superflue sit per plura quod potest fieri per pauciora. Sed homo poterat salvari per fidem artificiorum et opera praeceptorum, sicut Adam. Ergo superfluum fuit instituere aliqua sacramenta. |

An accurate collation of the manuscripts reveals that Bol and Pi presumably derive from the same exemplar[82], but definitive remarks on this point may be made only after a complete critical edition of the text.

The case of A 986 is an enigma. According to Lucchesi's inventory, this manuscript was copied in the 15th century[83], and indeed there is no trace of this manuscript in the late medieval catalogue[84]. For this reason, Pellegrini concludes that: "this manuscript was acquired by the Dominican library only in the Modern Ages"[85].

On the other hand, this conclusion is not so convincing for a number of reasons. First, Godin was a prominent figure in the Dominican Order and a cardinal of the Catholic Church[86]. Moreover, the significant number of manuscript witnesses preserving the 'Lectura Thomasina' reveals that this atypical commentary on the 'Sentences', aimed at introducing Aquinas' theological thought, was largely diffused in the Dominican *studia* at the beginning of the 14th century. Although these are just general considerations, the assumption that A 986 was acquired by the Dominican library in Bologna that late appears quite implausible. Then, there are also some anomalies within both the late medieval catalogue and Vigili's inventory, which must be taken into account. As already mentioned, the 'Lectura Thomasina' is not included in the first catalogue. However, it should be stressed that also in the early modern inventory the text is not explicitly mentioned: Laurent identified item 98 of Vigili's catalogue as "Bologne, Archiginnasio A 986"[87], which is indeed Godin's 'Lectura Thomasina'. However, the inventory alludes to "*Ioannis Parisiensis, ordinis Praedicatorum, eius videlicet qui fecit correctorium corruptorii, scriptum super 4$^{or}$ libros sententiarum*"[88]. This is due to the fact that on the top of fol. 1 of A 986, a 16th-century hand wrote "*Super 4$^{or}$ Li. Sententiarum Johannis Parisiensis ord. pred. hic fecit correctorium corruptorii*". In other terms, Godin's 'Lectura Thomasina' effectively has never been mentioned in the list of books preserved in the Dominican library of Bologna, except by a wrong name. Therefore, it cannot be excluded that the text was preserved also in the 14th-century *libraria*, but catalogued incorrectly.

In fact, the late medieval inventory mentions in the XX *bancha*: "*Item sermones de sanctis fratris petri gaudini*"[89] and in the XXV *bancha*: "*Item sermones fratris petri gaudini de tempore, de aliquibus epistolis, de aliquibus feriis, de aliquibus solempnitatibus et plures in congregatione beate Virginis et de consecratione eclesie*"[90]. According to Lucchesi

---

[82] Cf. F. Bonini, Edizione critica della Lectura Thomasina di Guglielmo di Pietro di Godino (nt. 79), esp. LXXV–CXXIX.
[83] Cf. Lucchesi, Inventari (nt. 22), 125.
[84] Cf. Laurent, Fabio Vigili (nt. 3), 203–235; Lucchesi, L'antica libreria (nt. 5), 21–35.
[85] Cf. Pellegrini, La biblioteca (nt. 1), 154.
[86] Cf. supra nt. 75.
[87] Laurent, Fabio Vigili (nt. 3), 27.
[88] Ibid.
[89] Ibid., 231.
[90] Ibid., 234.

and Laurent, "Petrus Gaudinus" is unequivocally William of Peter of Godin (*Guillelmus Petrus de Godino*)⁹¹. But if that really was the case, the conclusion might be that the 14ᵗʰ-century library preserved a series of Godin's sermons and not his more important and popular work. This appears very strange.

Additionally, in the XX *bancha*, together with the sermons composed by Godin, one can find also "*sermones de tempore et sanctis et diversis materiis fratris Iacobi de Losana*"⁹². And James of Lausanne, just like William of Peter of Godin, wrote a 'Lectura Thomasina'⁹³.

Even if this might not be irrefutable evidence, all of this would be a remarkable coincidence. In fact, there are a number of factors which suggest that codex A 986 was already available in the Dominican *libraria* of Bologna in the 14ᵗʰ century. Furthermore, that the Dominican student had this atypical commentary on the 'Sentences' available is very plausible, particularly when taking the cultural activity of this *studium* and the close relationship with the Parisian theological debates into account.

## V. Conclusion: The Library as a mirror of teaching activity

The late medieval Dominican librteary in Bologna preserved a considerable number of manuscripts compared to what was owned by other Italian libraries of the same years⁹⁴: not only theological works, but also philosophical and physical treatises were available to students and masters who studied in Bologna.

A mirror for determining the concrete cultural milieu of the 13ᵗʰ/14ᵗʰ *conventus Bononiensis* is, however, the catalogue of the commentaries on the 'Sentences', as this genre influenced the daily teaching activity and may also be considered the "educational guidelines" of the *studium*. This is presumably the reason why these texts were not considered *scartafacia*, but *boni pro libraria* and were preserved over the centuries⁹⁵.

The virtual catalogue that indexes all commentaries likely preserved in the late medieval library emphasizes an interesting point: together with the texts of notorious 13ᵗʰ century theologians (Bonaventure, Giles of Rome, Peter of Tarantasia, Thomas Aquinas) a number of commentaries composed by masters, who have not yet been adequately studied, was available to the scholars *Bononienses*, such as Fischacre's 'In quattuor libros Sententiarum', Robert Holcot's 'Opus quaestionum ac determinationum super libros Sententiarum' or Went's 'Quaestiones super Sententiarum libros'. Both examples that have been specifically ex-

---

⁹¹ Lucchesi, L'antica libraria (nt. 5), 246; Laurent, Fabio Vigili (nt. 3), 231.
⁹² Laurent, Fabio Vigili (nt. 3), 231.
⁹³ Stamser Katalog, ed. H. Denifle, in: G. Meersemann, Laurentii Pignon Catalogi, Roma 1936, 64: "*Fr. Iacobus Lausanensis scripsit super Sententias lecturam thomasinam*".
⁹⁴ Murano, I libri di uno Studium (nt. 3), 291.
⁹⁵ On the distinction between *libri boni pro libraria* and *scartafacia* in the 15ᵗʰ century rearrangement of the Dominican library in Bologna, see Pellegrini, La biblioteca (nt. 1), 156.

amined in this paper belong to this second category: albeit not yet studied in detail, both William of Ware's 'Super Sententias (Reportationes)' and William of Peter Godin's 'Lectura Thomasina' play a crucial role in the late medieval theological debates, and the fact that their works were available in Bologna confirms this.

Finally, a number of critical studies focused on the theological and philosophical education at the university of Paris and, sometimes, at the English universities[96]. By contrast, Bologna is usually an underestimated case study. From a particular angle, the present paper has, however, demonstrated how this cultural environment was favorable for the discussion of crucial questions on the agenda of late medieval theological and philosophical debates. By combining a study of the late medieval and modern catalogues of the *domus pro libraria Bononiensis* with an accurate analysis of the already available manuscripts, of which a couple of examples have been previously provided, it is possible to make the library a mirror that not only reflects the geographical diffusion of texts, but also the concrete influence of some doctrines on the late medieval educational activity.

---

[96] See, among the others, P. Glorieux, L'enseignement au moyen âge. Techniques et méthodes en usage à la Faculté de théologie de Paris au XIIIe siècle, in: Archives d'Histoire Doctrinale et Littéraire du Moyen Âge 35 (1968), 65–186; A. Maierù, University Training in Medieval Europe, Leiden–New York–Cologne 1994; O. Weijers, Le maniement du savoir. Pratiques intellectuelles à l'époque des premières universités (XIIIᵉ-XIVᵉ), Turnhout 1996; N. Gorochov, Naissance de l'université. Les écoles de Paris d'Innocent III à Thomas d'Aquin (v. 1200-v.1245), Paris 2012; J. Verger/O. Weijers (eds.), Les débuts de l'enseignement universitaire à Paris (1200–1245 environ), Turnhout 2013.

# Bücher im Privatbesitz und im Besitz der Konvente: Regelungen der Bettelorden

HANS-JOACHIM SCHMIDT (Freiburg. i. Ü.)

## I. Weisheit durch Bücher und Armut ohne Bücher

„Die himmlische Weisheit ist wie ein Brunnen, der vom Himmel durch den Kanal der Bücher fließt."[1] Diesen Satz stellte der Generalmagister der Dominikaner Humbert von Romanus, der von 1254 bis zu seinem Tod 1270 seinen Orden leitete[2], an den Anfang seiner Anleitung zum Gebrauch der Bücher.

Der Satz des Domikaners zeigt die hohe Wertschätzung, die er und mit ihm sein Orden dem Besitz und der Lektüre der Bücher beimaßen. Die Bücher galten als die Voraussetzung, um Gelehrsamkeit zu erwerben und um sich auf die Aufgaben in der Seelsorge, vor allem für die Predigt, vorzubereiten.

Im Folgenden sollen vor allem die Deutungen und Anweisungen dieses Ordens zum Bücherbesitz vorgestellt werden. Die Dominikaner bewerteten das auf Lektüre und Interpretation von Büchern beruhende Studium sehr hoch – mehr noch als die anderen Bettelorden – die der Franziskaner, Augustiner-Eremiten und Karmeliter. Um die wichtigste Aufgabe der Bettelorden – die Seelsorge – effektiv und konform mit der Rechtgläubigkeit auszuüben, war eine gründliche Schulung der Ordensbrüder erforderlich. Daher legten die Bettelorden großen Wert auf das Studium. Die Defizite der Klerikerbildung, die das dritte Laterankonzil von 1179 und wiederum das vierte Laterankonzil von 1215 konstatierten[3], sollten behoben werden, und dies wurde auch tatsächlich geleistet – durch

---

[1] „*Sapientia coelestis est sicut fons qui de coelo venit per canale librorum.*" Humbert von Romans, Expositio Regulae B. Augustini, in: Id., Opera de vita regulari, ed. J. J. Berthier, Rom 1888, 43–633, 419.

[2] D. A. Mortier, Histoire des Maîtres Généraux de l'ordre des Frères Prêcheurs, vol. 1, Paris 1903–05, 283–342; F. Cygler/G. Melville, Augustinusregel und dominikanische Konstitution aus der Sicht Humberts de Romanis, in: A. Müller/G. Melville (eds.), Regula Sancti Augustini. Normative Grundlage differenter Verbände im Mittelalter, Paring 2003, 419–454; G. Melville, Gehorsam und Ungehorsam als Verhaltensformen. Zur pragmatischen Beobachtungen und Deutungen Humberts de Romanis, O.P., in: id./S. Barret, Oboedientia. Zu Formen und Grenzen von Macht und Unterordnung im mittelalterlichen Religiosentum (Vita Regularis. Abhandlungen 27), Münster 2006, 181–204; M. Paulmier-Foucart, Alii sint qui ... Les écueils du savoir d'âme. Humbert de Romans, de l'Ordre des Prêcheurs (1248–1254), in: S. Gouguenheim (ed.), Retour aux sources. Textes, études et documents d'histoire médiévale offerts à Michel Parisse, Paris 2004, 829–834.

[3] Conciliorum Oecumenicorum decreta, ed. G. Alberigo e. a., vol. 2, Paderborn 2000, 220, 240; Constitutiones concilii quarti Lateranensis una cum Commentariis glossatorum, ed. A. García y García, Città del Vaticano 1981, 59 sq.

die Bettelorden, die zu Beginn des 13. Jahrhunderts gegründet wurden. Vorbild war der von Dominikus gegründete Orden, der *Ordo Praedicatorum,* dem auch die Franziskaner trotz der heftigen Opposition, die die radikalen Anhänger der vollkommenen Armut gegen das Studium leisteten, folgten, indem auch sie Studienanstalten einrichteten. Franz von Assisi hat, so die zweite Fassung der ‚Vita' des Heiligen, die Thomas von Celano verfasste, den Erwerb der Bücher zugestanden, indes auf wenige Exemplare limitiert und wertvolle und prächtig gehaltene Bücher für unnütz erachtet[4]. Deutlich schärfer lehnte die 1317 entstandene Schrift ‚Speculum perfectionis', von einem unbekannten Franziskaner verfasst, den Bücherbesitz ab; er stehe dem Armutsideal entgegen, wie Franz selbst gesagt habe. Das Werk schrieb ein radikaler Verfechter der franziskanischen Armut, der die ursprünglichen Ideale von Franziskus gegen alle späteren Verfälschungen zu verteidigen vorgab. Immerhin war auch in diesem Text zugestanden, dass Franziskus wenige Bücher gestattet habe, sofern sie der Belehrung dienten, keinen hohen materiellen Wert besäßen, der gesamten Gemeinschaft gehörten und den Brüdern zur gemeinsamen Nutzung bereit stünden. Franz lehne es ab, dass sie nach wissenschaftlicher Erkenntnis streben. Anstatt sich der Lektüre von Heiligenviten zu widmen, sei es besser, tugendhafte Taten der Liebe zu verrichten. Und eindringlicher noch: „Die Wissenschaft bläht auf, die Liebe baut auf" („*scientia inflat et caritas hedificat.*"[5])

Die Hinwendung der Bettelorden, auch der Franziskaner, zur wissenschaftlichen Beschäftigung, zur Lektüre, zum Erwerb und Besitz von Büchern war aber bereits vor dem Anfang des 14. Jahrhunderts eingeleitet und abgeschlossen. Der englische Franziskaner Roger Bacon schrieb am Ende des 13. Jahrhunderts in seinem Werk ‚Compendium studii philosophiae', dass die Orden der Franziskaner und Dominikaner, dank der Tätigkeit ihrer Gelehrten in jeder Stadt, in allen Burgen, in jeder Siedlung – „*in omni civitate, in omni castro et in omni burgo*" – Studienanstalten eingerichtet hätten[6]. Diese Meinung des berühmten Gelehrten und Philosophen war nicht nur einem prätentiösen Selbstlob geschuldet und suchte nicht allein die Bedenken hinsichtlich des Studiums der Brüder auszuräumen, sondern entsprach durchaus der Realität. Denn in der Tat vervielfältigten die beiden Orden, wie später auch die der Orden der Karmeliter und der Augustiner-Eremiten, die Einrichtungen, an denen ein Studium zur Ausbildung der Ordensangehörigen bestand. Die Organisation der Studien war – analog zur Verfassung der Bettelorden – zentralisiert, hierarchisiert und im höchsten Maße reglementiert – anders als dies an den Universitäten der Fall war. Die Organisati-

---

[4] Thomas de Celano, Legenda secunda b. Francisci, in: Id., Vita et miracula S. Francisci Assisiensis, ed. E. d'Alençon, Rom 1906, 153–338, 217.
[5] Anonimo della Porziuncola, Speculum perfectionis status fratris Minoris, ed. D. Solvi, Florenz 2006, 8; F. Uribe Escobar, Introduzione alle fonti agiografiche si san Francesco e santa Chiara d'Assisi, Assisi 2002; J. Schneider, Das Buch „Vom Stand der Minderbrüder". Zur Neu-Edition des „Speculum Perfectionis", in: Collectanea Franciscana 77 (2007), 621–631.
[6] Roger Bacon, Compendium studii philosophiae, in: Id., Opera quaedam hactenus inedita, vol. 1, ed. K. S. Brewer (Rerum Britannicarum Medii Aevi Scriptores 15), London 1859, 391–519, 432.

on baute auf dem Studienbetrieb auf, der in jedem Konvent bestand und von einem Lektor geleitet wurde, führte zu den *studia particularia*, die in jeder Ordensprovinz existierten und zu denen ausgewählte und befähigte Ordensangehörige entsandt wurden, und gipfelte in den wenigen Generalstudien, für die die jeweiligen Provinzialkapitel Brüder, die bereits die ersten Stufen ihrer Ausbildung durchlaufen hatten, auswählten. An den Generalstudien wurden insbesondere die Lektoren ausgebildet, die wiederum in den Konventen als Lehrende eingesetzt wurden[7].

## II. Der richtige Gebrauch der Bücher

Zur Ausbildung der Studenten an den Ordensschulen waren Bücher vorgesehen; die Ordensstatuten erhoben ihren Erwerb und ihre Nutzung zur Pflicht. Mit dieser Pflicht und dieser Praxis sind Besonderheiten und Probleme verbunden. Die wichtigste Besonderheit bestand darin, dass anders als für die Bibliotheken der älteren Orden, bei denen die Bücher häufig in wenigen ausgewählten, besonders großen und prestigeträchtigen Klöstern konzentriert waren, wie etwa in Sankt Gallen, Fulda oder Bobbio[8], sondern – in Konsequenz der von Roger Bacon beschriebenen weiten räumlichen Verbreitung der Studien – auch die Bücher in zahlreichen, ja letztlich in allen Konventen vorhanden sein sollten und weit mehr als nur liturgische Gebrauchstexte, vielmehr Wissenstexte umfassten[9].

---

[7] K. Elm, Mendikantenstudium, Laienbildung und Klerikerschulung im spätmittelalterlichen Westfalen, in: Studien zum städtischen Bildungswesen des späten Mittelalters und der frühen Neuzeit. Bericht über Kolloquien der Kommission zur Erforschung der Kultur des Spätmittelalters 1978 bis 1981 (Abhandlungen der Akademie der Wissenschaften in Göttingen, Philosophisch-historische Klasse 3/137), Göttingen 1983, 586–617; Id., Studium und Studienwesen der Bettelorden: Die „andere Universität"?, in: A. Demandt (ed.), Stätten des Geistes. Große Universitäten Europas von der Antike bis zur Gegenwart, Köln 1999, 111–126; G. Severino Polica, Libro, lettura, «Lezione» negli studia degli ordini mendicanti (sec. XIII), in: Le scuole degli ordini mendicanti (secoli XIII–XIV). Convegno 11–14 ottobre 1976 (Convegni del Centro di Studi sulla spiritualità medievale 17), Todi 1978, 373–413; H.-J. Schmidt, Les studia particularia de l'ordre dominicain, in: A. Sohn/J. Verger (eds.), Les collèges réguliers en Europe au Moyen Âge et à la Renaissance, Bochum 2012, 87–107.

[8] E. Tremp, Mönche und Bücher, in: G. Schrott e. a. (eds.), Armarium. Buchkultur in Oberpfälzer Klöster, Amberg 2016, 15–36; J. Duft, Die Stiftsbibliothek St. Gallen, in: Id. (ed.), Die Abtei St. Gallen, vol. 1: Beiträge zur Erforschung ihrer Manuskripte, Sigmaringen 1990, 13–32; J. Leinweber, Mittelalterliche Bücherverzeichnisse des Klosters Fulda und andere Beiträge zur Geschichte der Bibliothek des Klosters Fulda im Mittelalter, Frankfurt a. M. 1992.

[9] G. Löhr, Die Dominikaner an den deutschen Universitäten am Ende des Mittelalters, in: Mélanges Mandonnet. Etudes d'histoire littéraire et doctrinale du moyen âge, vol. 2 (Bibliothèque Thomiste 14), Paris 1930, 403–435; D. Berg, Armut und Wissenschaft. Beiträge zur Geschichte des Studienwesens der Bettelorden im 13. Jahrhundert (Geschichte und Gesellschaft. Bochumer Historische Studien 15), Düsseldorf 1977; M. O'Caroll, Educational Organization of the Dominicans in England and Wales. A Multidisciplinary Approach, in: Archivum Fratrum Praedicatorum 50 (1980), 23–62; D. Gutiérrez, Los estudios en la Orden augustiniana desde la edad media hasta al contemporánea, dans Analecta Augustiniana 33 (1970), 75–149; F. B. Lickteig, German Carmelites at the Medieval Universities (Textus et studia historica Carmelitana 13), Rom 1981;

Desweiteren bestand das Problem, wer über die Bücher, die in den Konventen ja zum direkten Gebrauch für die Konventsmitglieder, zugleich aber auch für die Lehrenden bestimmt sein sollten, *realiter* verfügen sollte. Die Möglichkeit, sich Gegenstände für den individuellen Gebrauch anzueignen, war unter den Franziskanern, die das Gebot der Armut radikal auslegten und anwendeten, ein gewichtiges Argument, um gegen die Einrichtung von Studienanstalten vorzugehen – vergeblich zwar, spätestens seit den durch den Ordensgeneral Bonaventura von Bagnoregio gestalteten Konstitutionen von 1260[10] – aber durchaus mit einer weitreichenden Fernwirkung, wenn es um die Unterscheidung von unterschiedlichen Formen von Eigentum, Besitz und Gebrauch ging[11]. Aber schon vor 1260 hatte es vorsichtige Annäherungen, den Gebrauch von Büchern zu gestatten, gegeben. Die Kommentierung der beiden franziskanischen Regeln, die 1242 im Auftrag der Ordensleitung erstellt und gebilligt wurden, haben den Erwerb von Büchern gebilligt, dabei indes nur die Übergabe in die Verfügung der Konvente, nicht aber die Zuweisung an einzelne Brüder vorgesehen[12].

Die Möglichkeit, die der Dominikanerorden in seinen Konstitutionen vorsah, den Lektoren und den anderen Lehrpersonen eigene private Zellen zu gestatten, damit sie sich umso eifriger den Studien widmen könnten, setzte auch den Gebrauch von Büchern in diesen privaten Zellen voraus[13]. Dass sie nicht das private Eigentum der Brüder sein sollten, war unumstritten, dass sie in die private Nutzung und letztlich in die private Verfügungsgewalt der Brüder gelangten, war aber ebenso unumgänglich.

Das hier knapp umrissene Problem forderte insbesondere den Dominikanerorden mit der am frühesten und am besten entwickelten Studienorganisation heraus. Dieser Orden behandelte das Problem in zahlreichen normativen Texten, den Konstitutionen und den Statuten.

Bereits die Konstitution der Dominikaner von 1228, maßgeblich durch den Generalmagister Jordan von Sachsen[14] geformt, haben ein Dilemma umrissen, das zwischen dem Verbot privaten Eigentums der Brüder und ihrem Studium bestand. Im Kapitel zu den Novizen wurde diesen befohlen, die Bücher – ge-

---

Le scuole degli ordini mendicanti (secoli XIII–XIV) (nt. 7); S. Martinaud, Le réseau des studia mendiants dans le Midi (13e–14e siècle), dans Eglise et culture en France méridionale (12ᵉ–14ᵉ siècle) (Cahier de Fanjeaux 35), Toulouse 2000, 93–126, 97–103, 120–122.

[10] Constitutiones Narbonnenses, in: Archivum Franciscanum Historicum 34 (1941), 13–94, 284–358.
[11] Berg, Armut (nt. 9), 67.
[12] Expositio a quatuor magistrorum super Regulam Fratrum Minorum (1241–1241) accedit eiusdem regulae textus cum fontibus et locis parallelis, ed. L. Oliger, Rom 1950, 141 sq., 149.
[13] So die Konstitutionen von 1228: Die Konstitutionen des Predigerordens unter Jordan von Sachsen, ed. H. Scheeben (Quellen und Forschungen zur Geschichte des Dominikanerordens in Deutschland 38), Berlin 1939, 77; M. Bitterlich, Statuten mittelalterlicher Ordensgemeinschaften. Strategien am Beispiel der Zisterzienser, Prämonstratenser, Dominikaner und Franziskaner, Dresden 2017, 315–353.
[14] P.-B. Hodel, Les constitutions primitives. Un état des lieux, in: Mémoires dominicaines 13 (1998), 37–45.

nauso wie die Kleider – sorgsam zu hüten. Es war also vorausgesetzt, dass zu den Gegenständen, die in einem individuellen Gebrauch genutzt wurden, auch die Bücher gehörten. Die Novizen sollten die Bücher am Tag und während der Nacht, im Konvent und auf der Reise lesen und über sie nachdenken. Nicht eine kollektive Nutzung, etwa in einem Lesesaal, sondern die individuelle Nutzung von Büchern, die in der beständigen Verfügung des einzelnen Novizen standen, war vorgesehen. Die Thematik der erlaubten Bücher war präzisiert. Die *studentes*, die fortgeschrittenere Studien betrieben, dürften keine pagan-philosophischen Texte lesen, höchstens und ausnahmsweise während kurzer Zeiten; weltliche Studien sollten überhaupt nur gestattet sein, sofern der Studienmeister eine besondere Genehmigung gewährte. Hingegen sollten die jungen und die übrigen Ordensmitglieder theologische Bücher, ausdrücklich auch die Sentenzen von Petrus Lombardus, lesen, die auch ansonsten an den Universitäten als Textbasis des theologischen Studiums, Nachdenkens und Schreibens galten[15]. Denjenigen Brüdern, die zu weiterführenden Studien gesandt würden, sollten mindestens drei Bücher zu ihrer persönlichen Lektüre übergeben werden. Die unmittelbare Verfügung über die Bücher war nicht nur geduldet, sondern ausdrücklich gefordert. Die Brüder sollten die Bücher mit sich tragen, genauso wie ihre Aufzeichnungen von den Vorlesungen, die *quaternos*. Die Bestimmung, dass die Bücher im Besitz der Brüder, die starben, den Konventen zu übergeben seien, in denen sie zuletzt tätig waren, zeigt den deutlichen Unterschied zwischen privater Verfügung zu Lebzeiten und Vererbung nach dem Tod. Das Studium der Bücher galt als unumgängliche Voraussetzung, sich für das Amt eines Predigers vorzubereiten. Nur nach einer Prüfung zu ihrem Wissen sollten sie zur Predigt zugelassen werden[16].

Für den Dominikanerorden bot ihr langjähriger Generalmagister Humbert von Romans Aussagen zur Selbstdeutung seiner Gemeinschaft. Die von ihm verfassten Kommentare zu den beiden normativen Grundlagen, der Augustinus-Regel und den Konstitutionen, enthalten auch Aussagen zum Studium, zur Lektüre, zum Erwerb und zum Besitz von Büchern. Wenngleich diese Kommentare nicht dem Bestand der verbindlichen Normtexte angehörten, näherten sie sich diesen an, entwickelten sie doch Präzisierungen und vor allem Begründungen und Rechtfertigungen der Lebensweise und Lebensordnungen der Dominikaner. Humbert erläutert die Voraussetzungen und Auswirkungen des positiv gesetzten Rechts, wenn er die Konstitutionen kommentiert, und stellt sie in Beziehung zu

---

[15] Petrus Lombardus, Sententiae in quatuor libris distinctae, pars 1 (Spicilegium Bonaventurarium 4), Grottaferrata 1971; J. Rief, Die moraltheologische Konzeption in den Sentenzen des Petrus Lombardus, in: Theologische Quartalschrift 144 (1964), 290–315; R. Friedman, Peter Lombard and the Development of the "Sentences" commentary in the 13th and and 14th Centuries, in: Pietro Lombardo. Atti del XLIII Convegno storico internazionale. Todi 8–10 ottobre 2006, Spoleto 2007, 459–478.

[16] Konstitutionen des Predigerordens unter Jordan von Sachsen, ed. Scheeben (nt. 13), 56, 74, 76 sq., 79; W. Hoyer, Jordan von Sachsen. Von den Anfängen des Predigerordens (Dominikanische Quellen und Zeugnisse 3), Leipzig 2003.

den Bedürfnissen seines Ordens[17]. Dessen Wesen erachtet Humbert durch seine Funktion – Predigt und Seelsorge – festgelegt, weshalb er auch anders als die anderen Orden nicht nach dem Namen der Gründer oder des Gründungsortes, vielmehr nach seinem Ziel bezeichnet ist: *Ordo praedicatorum*[18].

Das Ziel verlangt den Einsatz von Büchern. Dem Ziel sind alle anderen Erwägungen untergeordnet; das Gebot der Armut hat zurückzustehen. Bücher sind für Humbert der Kanal, durch den die Weisheit zu den Menschen kommt, sie sind die Speise für die Seele, sie sind die Waffen im Kampf gegen die Glaubensfeinde. Alle Mönche und alle Brüder müssten Bücher haben, so Humbert, der damit nicht allein seinem eigenen Orden, vielmehr allen religiösen Gemeinschaften Pflichten auferlegen will. Selbst dann, wenn theologische Bücher gelesen werden, ohne dass der Inhalt verstanden würde, fördere auch dies das Seelenheil[19].

Humbert beschreibt Anforderungen vor allem an seinen eigenen Orden. Er stellt in seinem Kommentar zu den Konstitutionen der Dominikaner Anweisungen für den *librarius*, den Bibliothekar eines jeden Konventes, zusammen. Seine Aufgabe bestehe in der Zusammenstellung und guten Organisation einer gemeinsamen Bibliothek, die allen Brüdern nützlich gemacht werden müsse. Duplikate, weniger wichtige Bücher, schlecht lesbare Handschriften könnten verkauft werden, wobei die Einnahmen für den Kauf anderer Bücher vorzusehen seien. Die Bücher müssten in Holzschränken aufbewahrt werden, sollten an einem sicheren Ort vorhanden sein, der gut belüftet sei. Der Bibliothekar habe den Bücherraum einzuschließen; er reserviere die Lektüre auf festgelegte Zeiten; die Bücherschränke sollten daher offen sein. Möglich sei es auch, Bücher für die private Lektüre in den einzelnen Zellen auszuleihen, wobei Listen mit den Ausleihen angelegt werden sollten und auf den guten Zustand der zurückgegeben Bücher zu achten sei. Von den *libri communes* im Besitz der Konvente sind deutlich die anderen Bücher unterschieden, die die Brüder in ihrem eigenen Besitz halten. Freilich sind sie gehalten, ihre Bücher den Mitbrüdern auszuleihen, bzw. mit ihnen in einen Büchertausch einzutreten. In die private Verfügung treten die Bücher auch dann ein, wenn gegen Geldzahlungen Aufträge zu Abschriften erteilt

---

[17] Cygler/Melville, Augustinusregel (nt. 2); L. Verheijen, La règle de saint Augustin, 2 voll. (Etudes augustiniennes), Paris 1967; K. Elm, Paulus von Theben und Augustinus als Ordensgründer. Ein Beitrag zur Geschichtsschreibung und Geschichtsdeutung der Eremiten- und Bettelorden des 13. Jahrhunderts, in: H. Patze (ed.), Geschichtsschreibung und Geschichtsbewusstsein im späten Mittelalter (Vorträge und Forschungen 31), Sigmaringen 1987, 371–397; R. Creytens, Les commentateurs dominicains de la règle de s. Augustin du 13ᵉ au 16ᵉ siècle, vol. 1: Le commentaire d'Humbert de Romans, in: Archivum Fratrum Praedicatorum 33 (1963), 121–157; A. Fieback, Necessitas non est legi subiecta, maxime positivae. Über den Zusammenhang von Rechtswandel und Schriftgebrauch bei Humbert de Romanis O.P., in: G. Melville (ed.), De ordine vitae. Zu Normvorstellungen, Organisationsformen und Schriftgebrauch im mittelalterlichen Ordenswesen (Vita regularis. Abhandlungen 1), Münster 1996, 125–151, 147–149.

[18] Humbert von Romans, Expositio super constitutiones fratrum praedicatorum, ed. Berthier, in: Humbert von Romans, Opera (nt. 1), vol. 2, 1–484, 39.

[19] Id., Expositio regulae, ed. Berthier (nt. 1), 419–421, 429.

oder die Bücher gekauft werden. Eine etappenweise Abfolge des Gebrauchs der Bücher ist vorgesehen: angefangen von der Lektüre im Bücherzimmer des Konvents, hin zur Ausleihe an einzelne Brüder, die die Bücher eine gewissen Zeit in ihren Zellen aufbewahren und sorgfältig zu behandeln haben, zum privaten Erwerb von Büchern und schließlich zu deren Kauf für die private Verfügung.[20]

In dem Kommentar zur Augustinusregel geht Humbert von Romans davon aus, dass die Brüder mitunter große Ausgaben tätigen, um Bücher für ihren eigenen Besitz zu erwerben. Einige Brüder, so meint Humbert, haben viele Bücher, die allein sie lesen. Humbert unterscheidet Bücher in der Verfügung von einzelnen Brüdern von denen, die der Gemeinschaft des Konvents gehören. Gute Bücher, so meint Humbert, locken gute Menschen in den Orden. Indes darf das Studium der Bücher, gerade wenn es im abgeschlossenen Raum der einzelnen Zelle erfolgt, nicht zur Vernachlässigung der konventualen Gemeinschaft und zum Nachlassen der Frömmigkeit führen. Abgesonderte Lektüre und Bücherbesitz waren also durchaus als mögliche Gefährdungen angesehen. Um sie abzuwenden, sind die Brüder gehalten, ihr Wissen auszutauschen. Eine Kommunikation muss im Konvent und im Orden bestehen. Daher sollen die Bücher im privaten Besitz nicht versteckt werden, was nichts anderes als Geiz wäre. Die Bücher der einzelnen Brüder sollen dem Tausch offenstehen. Selbst die Befürchtung, die Bücher könnten beschädigt werden, mindert nicht die Pflicht, die ganze Konventsgemeinschaft an dem geistlichen Gewinn, den die Bücher bereiten, teilhaben zu lassen. Sind die Voraussetzungen des geistigen und des materiellen Austausches des Wissens gegeben, also Gespräche und Bücherleihe, kann einem Vorwurf, dass der Orden privaten Bücherbesitz erlaubt, entgegen getreten werden. Die Bücher sollen materielle und informationelle Transfers auslösen[21].

### III. Privater Besitz von Büchern

Humbert von Romans zeigt die Spannbreite der Aneignung von Büchern im Dominikanerorden. Der private und der kollektive Besitz stehen bei ihm friktionsfrei nebeneinander, weil die Resultate des Studiums der Bücher allen in den Konventen und im Orden zugute kommen würden. Aber Spannungen blieben nicht aus. Das Verbot, privates Eigentum zu haben, machte den privaten Bücherbesitz problematisch. Dies zeigt sich daran, dass die jährlich einberufenen Generalkapitel der Domikaner *ordinationes, definitiones, inhibitiones* und *admonitiones* erließen, um das durchaus als konfliktträchtig erachtete Nebeneinander von konventualen und privaten Bücherbeständen zu regulieren.

Die Generalkapitelbeschlüsse ermöglichen die private Verfügung der Bücher durch die Ordensbrüder. Indes war zu definieren, was der Besitz bedeutete,

---

[20] Id., Expositio super constitutiones, ed. Berthier (nt. 19), 263–268.
[21] Id., Expositio regulae, ed. Berthier (nt. 1), 103–105, 423–426, 433, 439 sq.

und welche Handlungsmöglichkeiten er vorsah. Es war erlaubt, dass die Bücher während des gesamten Lebens eines Bruders in dessen Besitz blieben, so dass der Orden mehr als nur temporären Gebrauch, vielmehr zeitlich umfassende Nutzungsgewalt einräumte, also eine uneingeschränkte Verfügungsbefugnis bestand. Erst der Tod des Ordensbruders, der Bücher hatte, brachte dessen Besitz wieder in den des Ordens, mit der Vorgabe freilich, dass der weitere Gebrauch der Bücher zwar innerhalb des Ordens gehalten werden müsse, sie gleichwohl wiederum geeigneten Brüdern übergeben werden sollten. Der Tod des einzelnen Bruders beendete nicht die private Nutzung. Das Generalkapitel von 1233 verwendete für die Zuweisung von Büchern den Begriff *concedantur,* womit das Besitzverhältnis zugunsten eines Ordensbruders anerkannt war, dieses Verhältnis indes nicht fixiert und eine rechtliche Festlegung vermieden wurde. Diese individuelle Verfügung wurde nach dem Tod eines Ordensbruders zugunsten eines anderen fortgesetzt. Ausdrücklich war daher verboten, dass die Bücher der Verstorbenen außerhalb des Ordens verkauft werden dürften. Die Bücher sollten sogar, wie das Generalkapitel 1241 als *definitio,* also als die erste von drei aufeinanderfolgenden Beschlüssen und Bestätigungen, festlegte, innerhalb der jeweiligen Ordensprovinz verbleiben. Präziser und mehr als nur bestätigt wurde die Bestimmung zur Weitergabe des Bücherbesitzes ein Jahr später, indem geregelt wurde, dass diejenige Provinz, in die ein Ordensbruder versetzt würde, nur die Bücher erhalten sollte, die der Bruder nach seiner Entsendung erwerben würde, die Provinz, aus der er entsandt wurde, hingegen die übrigen. Aber die Bücher von denjenigen Brüdern, die einer Ordensprovinz beständig zugewiesen worden waren, was anstelle des Begriffs *mittuntur* durch *assignantur* formuliert wurde, sollten nach ihrem Ableben dieser Provinz vollständig zukommen. Das folgende Generalkapitel präzisierte noch weiter: Die Bücher standen in der privaten Verfügung der Ordensbrüder, auch dann, wenn sie in andere Provinzen entsandt oder zugewiesen wurden. Dies galt allein für die Bücher, nicht für die anderen Gebrauchsgegenstände[22]. Die Bücher folgten also dem Austausch der Brüder zwischen den Provinzen, indes mit Ausnahmen, die die Verfügung der Ursprungsprovinz wahren sollten. Das Problem war aber gleichwohl zu lösen, wie die große räumliche Mobilität der Dominikaner[23] mit dem Verbleib der Bücher kombiniert werden konnte. Die jeweiligen Provinzen waren als Einheiten vorgesehen, innerhalb derer die Bücher zirkulieren sollten, ohne aber den Transfer der Bücher, die die Brüder bei einem eventuellen Übertritt von einer zu einer anderen Provinz mit sich führten, auszuschließen. Die uneingeschränkte Option der personellen Mobilität stand gleichwohl im Gegensatz zur limitierten Transferierung der privat genutzten Bücher.

---

[22] Acta capitulorum generalium ordinis fratrum Praedicatorum, ed. B. M. Reichert, vol. 1, Rom–Stuttgart 1898, 4, 19, 22; L.-A. Dannenberg, Das Recht der Religiosen in der Kanonistik des 12. und 13 Jahrhunderts (Vita Regularis. Abhandlungen 39), Münster 2007, 97 sq.; Bitterlich, Statuten (nt. 13), 269–299.
[23] Ibid., 286 sq.

Das Recht, Bücher zu besitzen, war begründet durch die Funktion und schloss die enge Relation von Person und Objekt aus. Ausschließlich dem Studium waren die Bücher zugeordnet. Den Brüdern war die Möglichkeit vorenthalten, Handel mit ihren Büchern zu betreiben, wie das Generalkapitel 1236 beschloss. Auch die Textgattungen waren festgelegt. Erlaubt war der Besitz von Bibeln, von Bibelglossen, von theologischen Texten und von eigenen Mitschriften von Vorlesungen. Die Brüder sollten hingegen die Schriften der Philosophen nur ausnahmsweise studieren, so wie sie sich auch ansonsten davor hüten sollten, ihrer Neugierde zu frönen. *Curiositates,* die bei Büchern, aber auch bei Kleidungsgegenständen, Gürteln, Gürtelschlingen und Ringen auftreten würden, sollten die Visitatoren der Konvente ahnden. Die Brüder mussten die Bücher in ihren Konventen aufbewahren, nicht bei Fremden[24].

Das Besitzrecht der Ordensbrüder zeigt sich auch *ex negativo* darin, dass die Novizen aus keinerlei Anlass, d. h. auch nicht für ihr Studium, Bücher in ihrer Verfügung haben dürften. Ihnen sollten vielmehr die Konventspriore Bücher besorgen und für sie auswählen im Hinblick darauf, was die Konvente sich materiell leisten könnten und was die Prioren als günstig für die Novizen erachteten[25]. Der private Besitz von Büchern war ansonsten erlaubt und ausdrücklich vorgesehen. Das Generalkapitel, das 1249 stattfand, unterschied zwischen den Büchern des Ordens und denen der Brüder. Beide dürften – in Abweichung der früheren Bestimmungen – verkauft werden, sofern der Gelderlös wiederum in den Kauf neuer Bücher eingesetzt würde. Den Beschluss haben die beiden folgenden Generalkapitel bestätigt. Im Jahre 1290 gab es die Präzisierung, dass das Geld rasch zum Bücherkauf einzusetzen sei[26].

Offensichtlich gab es Konvente, die zu arm waren, ihre Brüder mit Büchern auszustatten. Sofern diese Brüder als zum Studium geeignet angesehen wurden, sollte ihnen der Provinzialprior auf Kosten der gemeinsamen Provinzkasse Bücher aushändigen, die als Besitz der Brüder galten.[27] Die Zuordnung der Bücher zu einzelnen Brüder war letztlich sogar eine Garantie, die Entfremdung von Büchern aus dem Orden vorzubeugen. Die private Verfügung war eine Pflicht. Die zum eigenen Studium vorgesehenen Bücher anderen Brüdern zu geben, wurde daher 1254 verboten, sofern nicht eine Ausnahmegenehmigung des Provinzial- oder des Konventspriors erteilt wurde. Die Brüder dürften, so wurde 1279 angeordnet, Bücher, die sich im Besitz von anderen Brüdern befanden, nicht in die Studienanstalten mitbringen, an denen sie tätig waren[28]. Gleichwohl war es für möglich erachtet, dass Mitbrüder die Bücher eines anderen lesen könnten. Deswegen war vorgesehen, dass etwaige Irrtümer, die in den Büchern von anderen enthalten sein könnten, dem Generalmagister gemeldet werden müss-

---

[24] Acta capitulorum, ed. Reichert (nt. 22), 9, 14, 26, 29 sq.
[25] So das Generalkapitel 1241; ibid., 17.
[26] Ibid., 45, 50, 56, 256 sq.
[27] Ibid., 65.
[28] Generalkapitelsbeschluss von 1254; ibid., 71, 202.

ten. Die Brüder nutzten ihre eigenen Bücher zum Studium und brachten sie zu den Studienanstalten mit. Die Ausleihe war anscheinend nur selten vorgesehen[29]. Die Bücher waren diejenigen Gegenstände, die am häufigsten in der privaten Verfügung gehalten waren.

Anders als Geld war der Bücherbesitz des Einzelnen erlaubt. Aber wenn das Geld zum Kauf von Büchern vorgesehen und eingesetzt wurde, war selbst der Besitz von Geld durch das Generalkapitel von 1262 erlaubt worden. Selbst einen Bücherhandel zwischen Angehörigen des Domikanerordens hat das Generalkapitel von 1263 vorausgesetzt und nur die Einschränkung auferlegt, dass die Bücher nicht zu teuer verkauft werden dürften. Ein weiteres Generalkapitel, das in Mailand im Jahre 1270, sah es aber dann doch als notwendig an, einen Bücherhandel zwischen den Brüdern zu unterbinden, der auf Gewinn abzielte. Der Kauf von Büchern, die zum eigenen Gebrauch eines Novizen vorgesehen sein sollten, sollte der speziellen Zustimmung des Provinzialpriors unterliegen. Bücherbesitz der Novizen war nur ausnahmsweise vorgesehen, der der übrigen Ordensmitglieder hingegen als üblich und erlaubt vorgestellt. Ihnen war sogar zugestanden, Geld zu haben und auszugeben, sofern es nur zum Kauf von Büchern eingesetzt wurde, um die Studien zu befördern. Die Funktionalität der Bücher für die Praxis im Orden, also für die Seelsorge, war erweitert auf eine Funktionalität des Geldes. Sie sollte indes sekundär und limitiert sein[30].

Auch die Bücher im Besitz der Provinzialprioren unterlagen Regelungen. Nach 1283 wurden die Bücher, die sie vor ihrer Wahl erworben hatten, von denen unterschieden, die sie sich nach ihr aneigneten; erstere sollten nach dem Tod des Provinzialpriors an den Konvent, dem er zugewiesen war, fallen, letztere der Provinz übergeben werden. Dominikaner, die die Seelsorge für Frauenklöster wahrnahmen, hatten ebenfalls private Bücher, die nach ihrem Tod an die Provinz gelangen sollten. Kein Privileg, das testamentarische Übertragungen einzelnen Brüdern erlauben würde, sollte Gültigkeit haben[31]. Schwierig gestaltete sich der Nachlass von Büchern, deren Besitzer außerhalb ihrer Herkunfsprovinz starben. Deren Priore sollten nachforschen, ob es neben den angegebenen Büchern noch weitere geben könnte, auf deren Eigentum verschiedene Provinzen Anspruch hätten und die sie – sofern dies machbar erschien – an sich zu ziehen erlaubt sein müsse. Die prinzipielle Aufteilung der Bücher war praktischen Problemen ausgesetzt[32].

Stets war der private Gebrauch aber an das Studium des Einzelnen gebunden und an dieses vorausgesetzt. Brüder, die Geld und Bücher besaßen, aber zum Studium als nicht geeignet angesehen waren, sollten – so der Beschluss im Jahre 1293 – diesen privaten Besitz an den Provinzialprior abtreten, der ihn an geeig-

---

[29] Ibid., 81, 100; das Generalkapitel von 1274 ergänzte, dass ausschließlich die Bücher, die zum Studium bestimmt waren, in die Studienanstalten mitgeführt werden dürften; ibid., 176.
[30] Ibid., 115, 120, 153 sq., 169, 174.
[31] Ibid., 222, 227, 231, 284, 290, 315.
[32] Ibid., 239.

nete Brüder weiterreichen würde. In diesem Fall beeendete nicht allein der Tod die Verbindung von Person und Besitz, sondern die angenommene Unfähigkeit, mit den Büchern adäquat zum Studium umzugehen. Der Besitz der Bücher war funktional auf Lektüre und Studium ausgerichtet und er war an sie normativ gebunden. Der Besitz verpflichtete zum Studium, ansonsten wurden die Bücher enteignet[33]. Die Verfügung über die Bücher war auch auf die Lebenszeit begrenzt; jede letztwillige Übertragung von Büchern an einen anderen Ordensbruder galt als nichtig. Dieser Beschluss des Generalkapitels in Lille 1293 suchte erneut die kollektive Verfügung des Ordens zu sichern und individueller Besitzeinsetzung entgegenzuwirken[34].

Bücher, Kelche, Messgewänder, Klostergüter und Klostereinkünfte, sie standen alle in Gefahr, den Konventen verloren zu gehen, indem einzelne Brüder über sie verfügten und dies auch über ihren Tod hinaus. Die Gefahr der Entfremdung von Klostergut war während des 14. Jahrhundert offensichtlich und verlangte Gegenmaßnahmen. 1386 wurde angeordnet, dass wertvolle Bücher – *libri sumptuosi* – wie auch Rechtstitel und Ewigmessen nicht gegen Geld weitergegeben werden dürften. Güter dürften sich Brüder nicht privat aneignen, allerdings wiederum mit der Ausnahme von Büchern. Eine durch Testament angeordnete Vererbung blieb aber weiterhin verboten, diesmal noch erweitert, dass eine Weitergabe zu Lebzeiten gleichfalls nicht geduldet sei. Die nunmehr zahlreichen Eingriffe der Ordensleitung, um Regelverstöße zu verhindern oder zu ahnden, die zur Bildung von Privateigentum innerhalb der Konvente führten[35], zeigen die Bedrohung des monastischen Ideals, das gegen Ende des 14. Jahrhunderts zur Gegenbewegung, zur Bildung von regel- und konstitutionengetreuen Konventen und schließlich zur Entstehung der strengen Observanz innerhalb des Dominikanerordens, führte. Privater Bücherbesitz war dabei den Brüdern zwar weiterhin zugestanden, aber die Verfügung abseits eines privaten Studiums erneut strikt untersagt und an die nunmehr spezielle Bewilligung durch den Prior des Konventes oder der Provinz abhängig gemacht. Aufzeichnungen des Besitzes, auch der Bücher, sollten eine genauere Kontrolle erlauben. Denjenigen, die solche Inventare nicht erstellten, waren Strafen – freilich nicht präzisierte – angedroht. Das Ideal der freiwilligen Armut wurde beschworen, das in Gefahr stehe, verloren zu gehen, wie das Generalkapitel von 1431 beklagte[36].

Die Vorgaben, die privaten Besitz von kollektivem Eigentum zu trennen trachteten, waren konfrontiert erstens mit dem Problem, welche Provinz die

---

[33] Ibid., 268.
[34] Ibid., 269.
[35] Acta capitulorum, ed. Reichert (nt. 22), vol. 3, 14 sq., 31, 125 sq., 134, 139, 151, 165, 181, 206, 246, 307.
[36] Ibid., 126, 206, 210 sq., 243, 247, 263; E. Hillenbrand, Die Observantenbewegung in der deutschen Ordensprovinz der Dominikaner, in: K. Elm (ed.), Reform- und Obervanzbestrebungen im spätmittelalterlichen Ordenswesens (Berliner Historische Studien 14. Ordensstudien 6), Berlin 1989, 219–271, 219–225.

Bücher – und neben den Büchern auch Geld – erben sollte, zweitens mit den Entscheidungen der Verstorbenen, die einzelne Konvente und Provinzen bevorzugten.

## IV. Regulierungen des Bücherbesitzes bei Franziskanern und Karmeliten

In anderen Bettelorden wurde ebenfalls nach Lösungen gerungen, um den privaten Besitz vom konventualen Besitz der Bücher definitorisch zu trennen und beide zugleich zu rechtfertigen. Im Franziskanerorden mit den strengsten Anforderungen zur Armut, die idealerweise den Verzicht auf Eigentum auch der Konvente verlangten, gleichwohl zahlreiche Schenkungen billigten[37], war trotz dieses Ideals der Erwerb von Büchern als so vordringlich angesehen, dass für sie die markantesten Ausnahmen hinsichtlich des Armutsgebotes vorgesehen waren. Da auch im Franziskanerorden die Aneignung des Wissens individuelle Lektüren voraussetzte, war auch die persönliche Aneignung von Büchern unumgänglich. Die private Verfügung über Bücher haben die Konstitutionen der Franziskaner erlaubt, nachdem die Konstitionen von Narbonne des Jahres 1260 den Weg für die Etablierung des Ordens als eine auf die Seelsorge orientierte Gemeinschaft geebnet, die Stabilität der Konvente dafür als notwendig erachtet und die Einrichtung von Bibliotheken vorgesehen hatten. Anders als in den Klosterbibliotheken ansonsten üblich sollten bei den Franziskanern die Bücher nicht angekettet werden, um sie vor Diebstahl zu schützen. So standen sie auch privater Ausleihe zur Verfügung, damit die Brüder die Bücher einzeln und in ihren Zellen studieren könnten[38]. Auch im Franziskanerorden gab es nicht allein die Polarität von privat und konventual, sondern vermittelnde Zwischenformen: angefangen von privatem Bücherbesitz, zu lebenslangen Ausleihen, bei denen erst nach dem Tod des Lesers die Bücher an den Konvent zurückgegeben wurden, über kurzfristige Ausleihen bis hin zu dem Lesen in dem Bibliotheksraum in den Konventen und den Ordensstudien. Um die formalen Besitzansprüche der Konvente und des Ordens an den Büchern aufrechtzuerhalten, wurde nicht selten ein Pfand erhoben – eigenartigerweise in Geld, so dass in die Armutgebote des Ordens eine Bresche geschlagen wurde und zwar an der Stelle, in der der Gebrauch der Bücher reglementiert war[39]. Der erhebliche finanzielle Aufwand, den die Franziskaner für den Erwerb der Bücher leisteten, war einem ihrer Kritiker, dem irischen Erzbischof von Armagh, Richard Fitzralph, in der Mitte des 14. Jahrhunderts ein Argument für die Behauptung, die Ordensbrüder

---

[37] A. Bartocci, Ereditare in povertà. Le successioni a favore die Frati Minori e la scienza giuridia nell' età avignonese (1309–1376), Neapel 2009, 331–356.
[38] N. Senocak, Circulation of Books in the Medieval Franciscan Order. Attitude, Methods, and Critics, in: The Journal of Religious History 28 (2004), 146–161, 148.
[39] Ibid., 151–154, 156–159.

würden den gesamten Handschriftenmarkt leerkaufen, so dass für andere keine Möglichkeit mehr bestünde, selbst noch Bücher zu erwerben[40]. Der Vorwurf an die Franziskaner entbehrte der Berechtigung und entsprang der generellen Feindschaft dieses Erzbischofs gegenüber den Bettelorden[41], widerspiegelte aber insofern eine Realität, als die Beteiligung der Franziskaner – wie auch der Angehörigen der anderen Bettelorden – am Buchmarkt sehr ausgeprägt war und jedenfalls stärker war als in den benediktinisch geprägten Klöstern mit ihren Schreibstuben, in denen die Texte abgeschrieben wurden, so dass diese Gemeinschaften weniger darauf angewiesen waren, von außerhalb durch Kauf Handschriften zu erwerben. Das System der *pecia*, bei dem die zu kopierende Schrift in mehrere Teile aufgetrennt wurde, die gleichzeitig mehreren kommerziellen Abschreibern zum Kopieren übergeben wurden, entfaltete sich besonders im Umkreis der mendikantischen Generalstudien und Universitäten und ermöglichte das massenhafte Kopieren der Handschriften. Kommerzialisierung und Produktionsoptimierung haben die Bettelorden mehr als andere Orden hinsichtlich der Versorgung mit Büchern vorangetrieben[42].

Trotz des strengen Armutsideals der Franziskaner haben normative Texte den Kauf von Büchern vorgesehen, so durch das Provinzialkapitel der Provinz Aquitania im Jahre 1285[43]. Die private Verfügung über Bücher stellte gleichwohl eine Gefahr für das Armutsgebot dar, dies gerade wegen dessen franziskanischer Ausprägung, die den Gebrauch von Geld verbot und ihn an einige dem Orden außenstehende Personen delegierte, insofern einige Brüder Handschriften, besonders wenn sie noch prachtvoll gestaltet waren, als Wertaufbewahrungs- und Austauschmittel benutzten, was Ordensstatuten zwar verboten, aber offensichtlich nicht beenden konnten[44].

Der Beschluss des Generalkapitels der Karmeliter von 1327 zur Aufteilung von beweglichen Gütern zwischen den Provinzen *Sicilia* und *Apulia* vermischte Bücher mit Geld und suchte einen Ausgleich der Interessen herbeizuführen, indem der Besitz von Bücher gegen Geldleistungen abgegolten wurde[45]. Auch

---

[40] M. A. Rouse/R. H. Rouse, Authentic Witnesses. Approaches to Medieval Text and Manuscripts, Notre Dame 1991, 413.

[41] L. L. Hannerich, The Beginning of the Strife between Richard FitzRalph and the Mendicants (Det kgl. Danske Videnskabernes Selskab. Historisk-filologiske Meddelelsen 26/3), Kopenhagen 1938, 57–64; K. Walsh, A Fourteenth Century Scholar and Primate. Richard FitzRalph in Oxford, Avignon and Armagh, Oxford 1981, 352–403.

[42] L. Bataillon e. a. (eds.), La production du livre universitaire au moyen âge. Exemplar et pecia. Actes du symposium tenu au Collegio San Bonaventura de Grottaferrata, mai 1983, Paris 1988; David d'Avray, The Preaching of the Friars. Sermons diffused from Paris before 1300, Oxford 1988, 98 sq., 105, 160–163

[43] Acta capitolorum provincialium ordinis fratrum Praedicatorum, Première province de Provence, Province Romaine, Province d'Espagne (1239–1302), 2 voll., ed. A. Douais, Toulouse 1894, 476, 477.

[44] N. Senocak, Book Acquisition in the Medieval Franciscan Order, in: Journal of Religious History 27 (2003), 14–28, 22 sq.

[45] Acta capitulorum generalium ordinis fratrum B. V. Mariae de Monte Carmelo, vol. 1, ed. G. Wessel, Rom 1912, 26.

Kosten für den Transport von Büchern, etwa von Paris nach Avignon im Jahre 1327 wurden veranschlagt. Der Verkauf von Büchern von Konventen wurde im 14. Jahrhundert erlaubt, unter der Bedingung freilich, dass sie unnütz geworden seien oder Duplikate innerhalb eines Konventes seien[46].

Mit der Einführung des Buchdruckes und der Vervielfältigung von Büchern gab es die Gelegenheit, eine massenhafte Versorgung mit Büchern vorzusehen. Das Generalkapitel des Karmeliterordens von 1510 ordnete an, dass jeder Konvent und jeder Ordensbruder, der ein Universitätsstudium abgeschlossen hatte, ein Exemplar der Sentenzenkommentare von Michael Aignani von Bologna, die im selben Jahr in Mailand gedruckt waren, erhalten sollte[47]. Michael war von 1381 bis 1386 Generalprior der Karmeliter der römischen Obödienz und besaß offensichtlich in den Jahrhunderten nach der Wiederherstellung der Kircheneinheit große Autorität als Theologe[48]. Die gewünschte Verbreitung seiner Schrift wurde möglich durch die Technik des Buchdruckes und durch die Norm des Ordens, der neben den Konventsbibliotheken die privaten Bibliotheken seiner gelehrten Ordensangehörigen vorsah.

Die Bestimmungen der Ordensgesetzgebung schränkten bei den Bettelorden die private Verfügung von Büchern ein, verhinderten sie aber nicht. Der doppelte Besitz von Büchern – in den Konventen und bei einzelnen Ordensbrüdern – ist auch anhand der wenigen Hinweise über die tatsächliche Beschaffenheit von Bibliotheken erkennbar, die für Südfrankreich Jacques Verger untersucht hat[49]. Hinweise darauf, dass Brüder, auch Franziskaner, Bücher mit sich führten, sie exklusiv privat nutzten, gerade dann, wenn sie die Konvente wechselten, gibt es für die Mendikanten in London. Die Quellengrundlage sind freilich nicht ordenseigene Schriften und Akten, vielmehr sporadisch überlieferte Protokolle, die den Diebstahl oder den Verlust der Bücher dokumentierten und als die geschädigten Eigentümer Individuen nannten. Auch vereinzelte Schenkungen von Brüdern zugunsten ihres Konventes sind nachgewiesen[50]. Da die privaten Bücher nach dem Tod ihrer Inhaber stets an den Orden oder die Konvente fielen, fehlen ansonsten Hinweise über die rechtliche Einordnung Bücherbesitzes in den einzelnen Gemeinschaften. Insbesondere unterscheiden die vorhandenen Bibliothekskataloge nicht gemäß den Gebrauchsweisen, vielmehr fassen sie den gesamten Bücherbestand einheitlich als Konventseigentum zusammen. Ein von allen Brüdern genutzter Raum, in der die Bücher gelesen und studiert wurden,

---

[46] Ibid., 29, 69 sq., 74.
[47] Ibid., 338, 344.
[48] Michael Aignani von Bologna, Quaestiones disputatae quattuor libros sententiarum, Mailand 1520; F. Stegmüller, Repertorium Commentariorum in Sententias Petri Lombardi, Würzburg 1947, 262–266; V. Doucet, Commentaire sur les sentences. Supplément au répertoire de F. Stegmüller, Florenz 1954, 60.
[49] J. Verger, Les bibliothèques dominicaines du Midi, in: L'ordre des Prêcheurs et son histore en France méridionale (Cahiers de Fanjeaux 36), Toulouse 2001, 383–394.
[50] J. Röhrkasten, The Mendicant Houses of Medieval London 1221–1539 (Vita Regularis. Abhandlungen 21), Münster 2004, 480–485.

lässt sich im Dominikanerkonvent Zürich nachweisen[51]. Dass daneben aber auch persönlicher Besitz bestand, ist unumstritten und provozierte ja auch die Observanzbestrebungen. Im Dominikanerkloster Basel war aber schon vor der Reformierung 1429 der persönliche Besitz auf die jeweilige Lebenszeit beschränkt und fiel nach dem Tod an die Klosterkommunität[52].

Die private Lektüre von Büchern erforderte zwar nicht deren privaten Besitz, aber wenn den Brüdern mobile Einsatzorte und wechselnde Studienanstalten auferlegt waren und sie zugleich beständig mittels der Bücher zu lernen hatten, war es umumgänglich, eine private Verfügung über die Bücher einzuräumen, denn die Aneignung von Wissen ist stets ein Akt individueller Tätigkeit und setzt individuelle Anstrengung bei der Aufnahme von Kenntnissen, die die Bücher vermitteln, voraus. Das Dilemma bestand nicht einmal zwischen Ideal und Realität, sondern zwischen Ideal und Funktion. Wenn der private Besitz und die private Verfügung ausgeschlossen werden sollten, ging dies nur auf Kosten der schulmäßigen Vorbereitung der auf Außenwirkung, auf die Seelsorge für die Laien und auf die Predigt, ausgerichteten Aktivität. Das Dilemma führte letztlich zu Problemen, die die Ordenkonstitutionen und Ordensstatuten mittels sich widersprechender oder ungenau gehaltener Bestimmungen mehr umschrieben als sie tatsächlich lösten. Wenn die Aufgaben in Seelsorge und in Wissenschaft für wichtiger erachtet wurden als das Armutsideal, riskierten die Orden, ihr Ideal der Lebensführung anzutasten. Andererseits sollte das Armutsideal die Tätigkeiten der Orden nicht behindern. Die ungelösten Probleme fachten Debatten an, führten zu Konflikten innerhalb der Orden, schwächten die Wirkung der Normierungen, veranlassten häufig deren Änderungen, machten Dispense mitunter unentbehrlich.

---

[51] Ibid., 482; M. Wehrli-Jones, Geschichte des Zürcher Predigerkonvents (1230–1524). Mendikantentum zwischen Kirche, Adel und Stadt, Zürich 1980, 190–193; H.-J. Schmidt, Bettelorden in Trier. Wirksamkeit und Umfeld im hohen und späten Mittelalter (Trierer Historische Studien 10), Trier 1986, 318.

[52] B. Neidiger, Mendikanten zwischen Ordensideal und städtischer Realität. Untersuchungen zum wirtschaftlichen Verhalten der Bettelorden in Basel (Berliner Historische Studien 5. Ordensstudien 3), Berlin 1981, 161 sq., 183–186.

## *Libri in cella*: Beobachtungen zu den Privatbibliotheken observanter Dominikaner aus dem Basler Predigerkloster

### Martina Wehrli-Johns (Zürich)

Das Basler Predigerkloster wurde 1429 unter dem Ordensgeneral Bartholomeus Texerius (1426–1449) und dem aus Nürnberg geholten Prior Johannes Nider († 1438) der Reform zugeführt und entwickelte sich nach schwierigen Anfangsjahren zu einem bedeutenden Zentrum der Observanz in der Provinz Teutonia. Die Wiedereinrichtung des theologischen Studiums unter dem Lektor Johannes von Mainz († 1457) ging einher mit dem Ausbau der Bibliothek des Klosters, der die Brüder als „Schüler der Weisheit" wie einer Braut zu dienen hatten. Jeder Bruder war deshalb gehalten, durch Abschreiben und Korrigieren die „Scheunen des Herrn" zu füllen, wie Johannes von Mainz (c. 1444) in seiner Chronik der Reform des Klosters schreibt[1]. Noch heute umfasst der Bestand der 1559 in den Besitz der Universitätsbibliothek Basel gelangten ehemaligen

---

[1] F. Egger, Beiträge zur Geschichte des Predigerordens. Die Reform des Basler Konvents 1439 und die Stellung des Ordens am Basler Konzil (1431–1448), Bern 1991, 48. Die von Thomas Kaeppeli OP wieder entdeckte Chronik des Johannes von Mainz (Johannes de Maguntia) ist überliefert in Basel, Universitätsbibliothek, Ms. A XI 42, foll. 97r–119r. In cap. 6 (fol. 102r) widmet sich der Autor dem Studium und der Bibliothek: „*Circa bibliothecam studiumque iuvenum habebant patres magnam curam. Nam a principio usque hodie fere semper habuimus librorum conscriptores et eorundem solertes correctores. Et quantum proficit sponsa nostra, scilicet bibliotheca, probant exemplaria plurima noviter inserta vetera atque restaurata.*" „Für die Bibliothek und die Ausbildung der jungen Brüder hegten die Väter große Sorge. Von Anfang bis heute hatten wir fast immer Bücherschreiber und Korrektoren. Wie sehr unsere Braut, die Bibliothek, bereichert wurde, davon zeugen die vielen restaurierten und neuerworbenen Bücher. Die gleiche Pflege galt dem Studium. Wenn auch zeitweise kein Theologiestudium geführt wurde, blühte während des Konzils doch ein dreifaches Studium, nämlich das der Grammatik, der Logik und der Philosophie." Der Begriff „Schüler der Weisheit" steht in der Reformchronik fol. 98. Zu Johannes von Mainz (Johannes de Moguntia) cf. auch Th. Kaeppeli, Scriptores Ordinis Praedicatorum Medii Aevi, 4 voll., vol. 4 zusammen mit E. Panella, Rom 1980–1993, vol. 2, 480–481; B. Neidiger, Dominikaner – Basel, in: Helvetia Sacra. Abt. IV: Die Orden mit der Augustinerregel. vol. 5: P. Zimmer/U. Amacher (eds.), Die Dominikaner und Dominikanerinnen in der Schweiz. Teil 1, Basel e. a. 1999, 188–284, hier 272; H. Neumann, Johannes von Mainz (Johannes Fyntzel; auch Binder genannt), in: K. Ruh zusammen mit G. Keil (eds.), Die deutsche Literatur des Mittelalters. Verfasserlexikon, begründet von W. Stammler, 2. Auflage, vol. 4 (1983), 675–677; W. Achnitz (ed.), Deutsches Literatur-Lexikon. Das Mittelalter. vol. 2: Das geistliche Schrifttum des Spätmittelalters, Berlin–Boston 2011, 1050–1051; M. Wehrli-Johns, Johannes von Mainz und sein *Tractatulus de modo praedicandi*: Bibelstudium und Predigt im Verständnis der dominikanischen Observanz, in: V. St. Doci/Th. Prügl (eds.), Bibelstudium und Predigt im Dominikanerorden, Rom 2019, 169–191.

Klosterbibliothek mehr als fünfhundert Bände, von denen die Mehrzahl aus der Zeit der Observanz stammt. Wie François Dolbeau kürzlich anhand von zwei Fragmenten alter Bibliothekskataloge zeigen konnte, wurden diese Bände im Hinblick auf die Errichtung eines Generalstudiums im Predigerkloster vier Jahre nach der Universitätsgründung (1459) neu geordnet und katalogisiert. Dabei wurde offenbar eine Vielzahl von Codices neu zusammengestellt und mit Inhaltsverzeichnissen versehen. Einige wurden außerdem als Kettenbände für den allgemeinen Gebrauch in der Klosterbibliothek neu gebunden[2]. Dadurch ist vielfach nicht mehr erkennbar, dass viele dieser Bücher ursprünglich zu den Privatbüchern einzelner Mitglieder des Konvents gehörten, die als sog. *libri in cella* meist von den Besitzern zum Eigengebrauch selber geschrieben und erst später oftmals über andere Besitzer in die allgemeine Bibliothek kamen. Als Vorbild für solche „Privatbibliotheken" könnte die Bücherschenkung des Kardinals Johannes von Ragusa († 1443) gelten, der testamentarisch verfügt hatte, dass seine Bücher in einem besonderen Raum im Kloster aufbewahrt werden sollten, zu dem nicht alle Zugang hatten[3]. Den *libri in cella* gleichgestellt waren auch die Bibliotheken der Beichtväter in den Frauenklöstern, die beispielsweise in St. Maria Magdalena an den Steinen und in Schönensteinbach jeweils in den *domus confessorum* standen und den Inhabern dieses Amtes auch private Studien ermöglichten. Dank den Arbeiten von Philipp Schmidt (1919) und Bernhard Neidiger (1998) ist der persönliche Bücherbesitz einzelner Brüder recht gut bekannt, was Neuentdeckungen aber nicht ausschließt[4]. B. Neidiger hatte es 1998 unternommen aufgrund der ausführlichen Katalogbeschreibungen von Martin Steinmann, dem ehemaligen Leiter der Handschriftenabteilung[5], einen ersten Überblick über

---

[2] F. Dolbeau, La bibliothèque des Dominicains de Bâle au XV[e] siècle: Fragment inédit d'un catalogue alphabétique, in: Medieval Manuscripts, their Makers and Users. A Special Issue of Viator in Honor of Richard and Mary Rouse 2011, 113–132. F. Dolbeau, La bibliothèque des dominicains de Bâle au XV[e] siècle. Fragments inédits d'un catalogue topographique, in: Archivum Fratrum Praedicatorum 81 (2011), 121–163. Dolbeau datiert den älteren der beiden Kataloge, der sich noch nach den alphabethischen Signaturen der Standorte der Bücher richtet, auf Ende 1464 oder 1465, während der jüngere Katalog, ein Fragment aus der Bibliothek der Sorbonne, bereits Bücher aufführt, die neu nach inhaltlichen Gesichtspunkten geordnet waren und offenbar auch neu gebunden wurden. Dieses neue System ersetzte offenbar das ältere Signaturensystem, war jedoch nur bis 1485 im Gebrauch.

[3] Dolbeau, La bibliothèque de Bâle (nt. 2), 124.

[4] Ph. Schmidt, Die Bibliothek des ehemaligen Dominikanerklosters in Basel, in: Basler Zeitschrift für Geschichte und Altertumskunde 18 (1919), 160–254. B. Neidiger, Selbstverständnis und Chancen der Dominikanerobservanten. Beobachtungen zur Entwicklung in der Provinz Teutonia und im Basler Konvent (1388–1510), in: Rottenburger Jahrbuch zur Kirchengeschichte 17 (1998), 67–122.

[5] Die als Manuskript einsehbaren Beschreibungen von Martin Steinmann bilden heute noch eine unerlässliche Quelle für das Studium der Handschriften der Universitätsbibliothek Basel. Daneben ist wichtig, gerade für den Privatbesitz der Brüder, B. M. von Scarpatetti [e.a.], Katalog der datierten Handschriften in der Schweiz in lateinischer Schrift von Anfang des Mittelalters bis 1550, vol. 1: Die Handschriften der Bibliotheken von Aarau, Appenzell und Basel. Vol. 1 (1) Text und vol. 2 (2): Abbildungen, Dietikon 1977.

den Inhalt der Manuskripte und die Schulrichtungen der observanten Brüder im 15. Jahrhundert zu geben. Neuerdings ist auch die Schreibtätigkeit einzelner Brüder in den Mittelpunkt des Interesses gerückt[6]. So beschäftigt sich Giacomo Signore in seinen Forschungen mit den Büchern des 1446 dem Konvent beigetretenen Bruders Albert Löffler aus Rheinfelden, von dem insgesamt 33 Manuskripte bekannt sind[7]. Signore konnte an zwei Beispielen die ganze Breite der Interessen dieses Dominikaners bis zu seinem Ordenseintritt nachweisen, beginnend mit Abschriften aus seiner Zeit an der Ulmer Lateinschule und an der Artes-Fakultät der Universität Heidelberg, bis zu seiner Schreibtätigkeit als Priester und Kaplan am Andreasaltar der Martinskirche in seiner Heimatstadt Rheinfelden. Löffler wurde später (1456–1462) Beichtvater in verschiedenen Frauenklöstern der Observanz, wo er auch seine Schreibtätigkeit fortsetzte. Zuvor (1455) übte er in Basel das Amt des Priors aus[8]. Wie Signore richtig bemerkt, dürfte er dem Idealbild des von Johannes von Mainz in seiner Chronik entworfenen „Schülers der Weisheit" entsprochen haben[9]. Zum Kreis der Anwärter auf diesen Ehrentitel gehören nach Neidiger in der Periode von der Ordensreform bis zur Umwandlung des Studiums in ein Generalstudium aber noch andere Brüder, wie Johannes Bötschner, Jakob Riser, Heinrich Schretz, Rudolf Bumann, Johannes Meyer, Heinrich Riß, Johannes Hohenloch und Stephan Irmy[10]. Ihre Schreibtätigkeit und ihr Bücherbesitz sollen hier näher in den Blick genommen werden. Haben diese observanten Dominikaner für sich oder für den Gemeingebrauch geschrieben? Inwieweit sind die oftmals kurzen Auszüge aus der theologischen und philosophischen Literatur ein Spiegel persönlicher Vorlieben? Inwieweit enthalten sie Materialsammlungen für die Predigt oder für umfangreichere Werke? Wie groß war die Freiheit in der Auswahl? Und was unterscheidet die Privatbücher der Nonnen in den observanten Klöstern von denen der Brüder?

Bevor Antworten auf diese Fragen gesucht werden, soll aber zunächst kurz auf die Zulässigkeit des Bücherbesitzes im Dominikanerorden allgemein eingegangen werden.

---

[6] Ein Pilotversuch in dieser Richtung war bereits die Studie von G. G. Meersseman, Die autobiographischen Notizen des Basler Observanten Stephan Irmy O.P. in: Zeitschrift für Schweizerische Kirchengeschichte 41 (1947), 177–214.

[7] G. Signore, Late Medieval Miscellanies between Order and Randomness. The Case of Albertus Löffler, in: M. Abram/A. Dlabačová/I. Falque/G. Signore (eds.), Mobility of Ideas and Transmission of Texts. Religion, Learning, and Literature in the Rhineland and the Low Countries (ca. 1300–1550). With a foreword by G. Warnar and L. Sturlese (Temi e testi 148), Rom 2015, 141–174, 148. G. Signore, Bridging Academic and Monastic Knowlegde: The Religious Miscellanies of Albert Löffler, O.P. (with a Description of the Codex Basel, ÖBU, A I 20), in: S. Corbellini/G. Murano/G. Signore (eds.), Collecting, Organizing and Transmitting Knowledge. Miscellanies in Late Medieval Europe (Bibliologia 49), Turnhout 2018. Zu Löffler cf. auch Neidiger, Selbstverständnis (nt. 4), 105–106 und Scarpatetti, Katalog (nt. 5), vol. 1, Schreiberverzeichnis, 251.

[8] Neidiger, Dominikaner-Basel (nt. 1), 253.

[9] Signore, Bridging Academic (nt. 7), 162.

[10] Neidiger, Selbstverständnis (nt. 4), 103–109.

## I. Das Vorbild Humbert von Romans

Zu den Zielen der Observanz gehörte die Rückkehr zur Augustinus-Regel und zu den Konstitutionen des Predigerordens. Eine wichtige Orientierungshilfe dazu waren die Schriften des Humbert von Romans († 1277), der von 1254–1263 als fünfter Ordensmeister den Orden leitete. Für die Bücherfrage maßgeblich waren einerseits seine Auslegung der Regel des Hl. Augustin, (1248–1254, ‚Expositio regulae S. Augustini') sowie sein späteres Werk über die Ämter im Predigerorden (c. 1257–1267, ‚Liber de instructione officialium Ord. Praed.')[11].

In seiner Auslegung der Augustinusregel geht Humbert gleich zu Beginn der Frage nach, warum diese Regel für den Predigerorden so geeignet war. So schreibt er im *proemium*: Diese Regel sei für die Prediger besser geeignet als jede andere der approbierten Regeln, weil die Prediger gebildet sein müssen. Deshalb sei es passend, dass unter dieser Regel so gelehrte Männer kämpfen würden, deren Aufgabe es sei, ständig zu lernen und zu lehren und deren Schüler so fleißig seien, dass kein Tag vergeht, ohne dass sie ihre Büchern aufschlagen würden. Humbert stützt sich hier auf das bekannte Zitat aus dem 5. Kapitel der Augustinus-Regel: „Bücher sollen täglich zu einer bestimmten Stunde verlangt werden. Wer sie außerhalb dieser Zeit verlangt, soll keine erhalten".[12] Die gleiche Bestimmung wird im weiteren Verlauf der Auslegung auch zum Ausgangspunkt von Humberts Darlegungen über das Wissenschaftskonzept des Predigerordens. In ihm wird den Büchern eine zentrale Rolle zugewiesen. Humbert zufolge wollte der Hl. Augustin in seiner Regel, dass die Brüder zu bestimmten Zeiten aus Büchern lernen sollten und folglich Bücher auch beschafft und gut geschützt werden müssten. Wer die Bücher außerhalb der vorgesehenen Stunden verlange, trage ihnen keine Sorge und sei deshalb auch nicht geeignet, solche zu erhalten[13].

Es folgen längere Ausführungen des künftigen Ordensmeisters über die Beschaffung göttlicher Bücher (*libri divini*). Er verknüpft das Thema mit einer Aussage des Ecclesiasticus (Sir 24,41) über die himmlische Weisheit, die gleichsam als Aquaedukt ihren Ausgang aus dem Paradies nimmt [„*Ego quasi aquaeductus exivi de paradiso*"] und fügt hinzu, dass die himmlische Weisheit einer Quelle gleicht, die vom Himmel durch den Fluss der Bücher strömt, beziehungsweise

---

[11] Kaeppeli, Scriptores (nt. 1), vol 2, 283–295, Nr. 2016 und Nr. 2013. Edition dieser Werke in: B. Humberti de Romanis, Opera de Vita Regulari, ed. J. J. Berthier, voll. 1 und 2, Turin 1956, vol. 1: Expositio Regulae Beati Augustini, 43–643; vol. 2: Instructiones de Officiis Ordinis, 179–371.

[12] B. Humberti de Romanis, Opera, ed. Berthier (nt. 11), vol. 1, 49–50: „Constat enim quod praedicatores debent esse litterati. Quam conveniens ergo est ut sub regula viri tam excellentis litteraturae, qui suos discipulos vult adeo studiosus esse ut nulla dies praetereat quin suos codices revolvant, sicut patet ex ipsa regula, ubi dicitur: ‚Codices certa hora singulis diebus petantur', militent illi quorum est assidue discere et docere." Cf. die kritische Edition der im Predigerorden verwendeten Fassung der Augustinusregel (*Praeceptum*) von L. Verheijen, La Règle de Saint Augustin, vol. 1 (Études Augustiniennes), Paris 1967, 433 (Kap. V, 10).

[13] B. Humberti de Romanis, Opera, ed. Berthier (nt. 11), vol. 1, 418–419.

in der Weise eines Aquaedukts durch die Schrift der Bücher fließt[14]. Zugleich beklagt Humbert, dass es zwar viele Religiose gäbe, die mit großem Eifer an diesem Aquaedukt teilnehmen wollten, damit diese Quelle materiellen Wassers ihrem Haus zugute käme, um den Schmutz von ihren Körpern zu reinigen und ihre Gärten zu bewässern, nicht aber viele sich um diesen Lauf der himmlischen Weisheit kümmerten, durch den alle Sünden gereinigt werden[15], ganz im Gegensatz zu Salomon, der sie nach dem Buch der Weisheit über alle zeitlichen Güter, das Wohlergehen und die Schönheit des Körpers liebte und schätzte (Sap 7,7–10)[16]. Mit Johannes 6 kommt er auf die fünf Brote zu sprechen, mit denen Jesus die Menge sättigte (Joh 6, 9–11). Sie bedeuteten der ‚Glossa ordinaria' zufolge die fünf Bücher Mose[17]. Woraus sich ergibt, dass alle heiligen Bücher Nahrung für die Seele enthalten. Deshalb müssten alle im Ordensstand lebenden Prälaten dafür große Sorge tragen, dass Bücher, die der Seele Nahrung boten, geschrieben würden und im Haus vorhanden seien. In unseren Zeiten seien es die Bischöfe und die Doktoren, denen es aufgetragen sei, heilige Bücher zu schreiben[18]. Diese Bücher enthielten alle maßgebenden Argumente (*auctoritates*), mit denen wir uns gegen unsere Feinde behaupten, deshalb seien sie die Waffen der Prediger, die Ordensleute immer bei sich haben müssten und mit denen sie wie über Aquaedukte teilhaftig würden der Überfülle des Wassers der Weisheit[19]. In erster Linie müssten heilige Männer und jene, deren Aufgabe es sei, andere zu belehren, besonders darum bemüht sein, dass sie immer jene Bücher bei sich hätten, durch die die Kraft des Teufels geschwächt, Gottes Glorie gefeiert und das rechte Leben zu Christus gelehrt würde[20]. So stehen für Humbert selbstverständlich die Heilige Schrift und die zur ihrer Auslegung notwendigen heiligen Bücher an erster Stelle[21]. Das gilt auch für das Studium, denn während die Regel und die Konstitutionen den äußeren Menschen formen, bildet die heilige Schrift den inneren Menschen[22]. Das schließt für ihn nicht aus, dass sich die dazu geeigneten Brüder auch mit philosophischen Büchern beschäftigten, sofern dies mit Unterscheidungsvermögen und Vorsicht geschieht[23].

---

[14] Ibid., 419: „*Circa primum notandum quod sapientia coelestis est sicut fons qui de coelo venit per canale librorum. Eccli. 24,41: ‚Ego quasi aquaeductus exivi de paradiso'; quae scilicet ad modum aquaeductus veni[t] per scripturam librorum.*"

[15] Ibid., 419–420.

[16] Ibid., 420.

[17] Ibid., 420.

[18] Ibid., 420.

[19] Ibid., 421: „*Item, auctoritates quae sumuntur de libris sacris sunt quasi arma quibus defendimus nos et impugnamus inimicum […]. Constat ergo quod arma praedicatorum sunt auctoritates sumptae de libris, juxta illud Eph. 6: ‚Et gladium spititus quod est verbum Dei'. Debent ergo viri sancti religiosi semper habere libros divinos ubique sibi pernecessarios, ut per eos habeant abundantiam aquae sapientiae, tanquam per aquaeductum […].*"

[20] Ibid., 421–422.

[21] Ibid., 426–432.

[22] Ibid., 434: „*Regulae enim et constituta tradita ab hominibus informant in religione exteriorem hominem in moribus, sed Scripturae Sacrae interiorem, quod melius est, in virtutibus interioribus.*"

[23] Ibid., 435–439.

Mit großer Selbstverständlichkeit spricht Humbert vom Bücherbesitz der Brüder. Er ermahnt seine Mitbrüder aber zu einem vernünftigen Gebrauch ihrer Bücher. So verbietet das Gebot der Armut den Besitz teurer, kostbarer Codices sowie die Anhäufung von Büchern oder den Erwerb von Büchern aus Neugierde[24]. Keinesfalls darf die Privatlektüre zur Vernachlässigung des Studiums im Konvent führen[25]. Besonders ermahnt Humbert auch die Doktoren, sich klar auszudrücken[26], gibt generelle Empfehlungen an die Autoren der Bücher und warnt vor Fehlern bei der Abhaltung von Disputationen[27]. Das ganze Kapitel endet mit der Feststellung, dass den Predigern mehr als anderen Religiosen auferlegt war, sich dem Studium zu widmen. Durch die Wahl der Regel des Heiligen Augustins hätten sich die ersten Väter hinsichtlich des Artikels über die Studien größere Freiheit gegeben, indem sie ihn nicht allein auf die Bücher für die Gemeinschaft anwendeten, sondern auch für bestimmte Bücher, die zum Gebrauch einzelner Brüder gedacht waren. Zudem erweiterten sie die Stunden zu deren Studium. Allerdings sorgten sie durch die Konstitutionen dafür, dass aus diesem Grund der Gottesdienst oder andere Aufgaben nicht unterlassen wurden[28].

Im Unterschied zu diesem grundlegenden Bekenntnis zum Studiencharakter des Predigerordens enthält Humberts späteres Buch über die Ämter ('Liber de officiis'), konkrete Handlungsanweisungen für den Umgang mit Büchern im Orden. Sie beginnen mit den Anweisungen für das Amt des *Magister studentium* (cap. XII), dem die allgemeine Aufsicht über das Studium der Brüder oblag. Dazu gehörte auch die zum Studium notwendige Bereitstellung geeigneter Zellen und deren Ausstattung mit Schreibgerät, Tinte und ausreichend Licht[29]. Sehr viel mehr Gewicht bekommt dann das nachfolgende Amt des Bibliothekars (cap. XIII). Zu seinen Pflichten gehörte es, ein Bücherverzeichnis zu erstellen und die Bücher mit Besitzvermerken zu versehen, aus denen hervorgehen soll, wem die Bücher gehörten, wer sie geschrieben hatte und was das Buch zum Inhalt hatte, wie zum Beispiel: Dieses Buch enthält dies und das und gehört dem Konvent der Brüder des Predigerordens. Und wenn es sich ziemte, dass das Buch zum Gedächtnis des Gebers geschenkt wurde, sollte der Zusatz hinzugefügt werden: Dieses Buch gab er für sein Seelenheil[30]. Der *librarius* war auch zuständig für die Vermehrung der *libri communes*, also der Konvents-Bibliothek,

---

[24] Ibid., 448–450.
[25] Ibid., 452: „*Alii sunt qui sperantes quod possunt per se proficere in studio, propter lectionem privatam dimittunt lectiones scholarum, in quo est magna stultitia.*"
[26] Ibid.,„ 457–459.
[27] Ibid., 459–472.
[28] Ibid., 476: „*Praedicatores vero oportet plus studio vacare quam alios religiosos. Et ideo Patres primitivi eligendo regulam sancti Augustini circa articulum studii majorem libertatem dederunt, non solum communes libros concedendo, sed aliquos etiam speciales ad usus singulorum deputando, et horas ad studendum ampliando. Providerunt tamen per constitutiones ne hac occasione divinum officium, vel alia agenda dimitterentur.*"
[29] B. Humberti de Romanis, Opera, ed. Berthier (nt. 11), vol. 2, 263–266.
[30] Ibid., 234.

indem er beispielsweise dafür sorgte, dass die Novizen beim Eintritt in den Orden ihre Privatbücher abgaben und im Fall des Todes von Mitbrüdern einige dieser Bücher für den Allgemeingebrauch beansprucht werden. Befinden sich dort Duplikate oder Triplikate eines Buches, dürfen diese verkauft werden[31]. Es folgt eine Liste der Bücher, die für die Bibliothek angeschafft werden sollen.

Ein ganzer Abschnitt beschäftigt sich sodann mit den *libri in cella*. Darunter versteht Humbert Bücher, die einige Brüder besitzen oder die sie geschrieben haben. Über diese Bücher verfügen die Brüder nicht nur für eine begrenzte Zeit, sondern auch, um sie für ihr auswärtiges Studium mitzunehmen oder um sie über einen längeren Zeitraum in der Zelle zu benutzen. Hier entscheidet der *magister studentium*, welchem Bruder er das erlauben darf und erstellt darüber ein schriftliches Dokument, welchem Bruder er dieses oder jenes Buch ausgeliehen habe und streicht diesen Eintrag bei Rückgabe wieder. Strenge Strafen erwarten alle Brüder, die die Bücher beschädigen oder eigene Kommentare in die Bücher schreiben. Erlaubt und gewünscht hingegen wird das Mitschreiben der Lektionen oder Disputationen, wobei der *magister studentium* das Schreibmaterial zur Verfügung stellt[32].

Ein letzter Abschnitt (cap. XIV) ist dem Amt gewidmet, das die Aufsicht führt über das Skriptorium („*de officio gerentes curam scriptorum*"). Jeder der zum Schreiber geeignet ist, ist gehalten alles zu schreiben, sowohl für den Konvent wie für einzelne Brüder. Dazu wird ihm ein geeigneter Raum zur Verfügung gestellt, falls seine eigene Zelle dazu nicht ausreicht. Erlaubt ist auch der Verkauf geschriebener Bücher innerhalb des eigenen Konvents, und zwar an einzelne Brüder wie auch an die Gemeinschaft. Dies sollte aber möglichst geheim bleiben, damit Auswärtige davon nichts erfahren[33].

## II. Die Umsetzung der Vorschriften Humberts de Romanis im Basler Predigerkloster

Es ist bekannt, dass Johannes Meyer, der 1442 aus dem nichtreformierten Zürcher Predigerkloster in den observanten Basler Konvent gewechselt hatte, sein ‚Amtbuch' für die observanten Frauenklöster nach dem Vorbild Humberts von Romans verfasst hatte. Das Buch entstand 1454/1455 zur Zeit seiner Tätigkeit als Beichtvater des Berner Dominikanerinnenklosters St. Michael in der Insel und war gedacht als grundlegendes Standardwerk für die Durchsetzung

---

[31] Ibid., 264.
[32] Ibid., 235–266.
[33] Ibid., II, 267 und I. W. Frank, Die Grundlegung des intellektuellen Profils des Predigerordens in seinen Anfängen, in: Rottenburger Jahrbuch für Kirchengeschichte 17 (1998), 14–34, hier 30–31 über die entsprechenden Beschlüsse der Generalkapitel 1234, 1236 und 1249.

der Reform des weiblichen Ordenszweiges innerhalb der Provinz Teutonia[34]. Weniger bekannt ist, dass Meyer sich dabei möglicherweise auch an der Praxis seines neuen Heimatkonventes Basel orientierte, wo das Vorbild des Ordensgenerals gerade im Hinblick auf das Buchwesen unübersehbar ist. Das sieht man an der bereits erwähnten Reformchronik des Johannes von Mainz, wie auch an vielen Einzelheiten des observanten Umgangs mit den *libri communes* und den *libri in cella*, am Stellenwert des Schreibens allgemein und an den Besitzeinträgen.

So lehnte sich Johannes von Mainz in seiner Reformationschronik eng an das Weisheitskonzept von Humbert von Romans in der Auslegung der Augustinusregel an. Zwar verwendet er nicht das sprechende Bild des Aquaedukts aus dem Ecclesiasticus (Sir 24,41), sondern spricht eher im Sinne von Seuses ‚Horologium sapientiae' von den „Schülern der Weisheit" und von der Bibliothek als der Braut des Predigerbruders[35]. Sein Weisheitskonzept schöpft aber ebenso wie bereits Humbert von Romans und später Seuse aus dem Buch der Weisheit, wo die Liebe des Königs Salomon zur Weisheit thematisiert wird[36]. Während seiner Zeit als theologischer Lektor (1442–1444) erhielt der Konvent die bedeutende Bücherschenkung des Kardinals Johannes von Ragusa, für die nach dem Tod des Kardinals ebenfalls noch unter Johannes von Mainz eine kleine Spezialbibliothek, die sog. *parva bibliotheca* eingerichtet wurde[37]. Seinem Aufruf, die „Scheunen des Herrn" mit dem Schreiben von Büchern zu bereichern, wurde besonders in der Generation Brüder Folge geleistet, die wie Johannes von Mainz während oder kurz nach dem Konzil dem observanten Konvent beigetreten waren[38]. Bei den selbstgeschriebenen Büchern handelt es sich im Sinne Humberts durchwegs nicht um wertvolle Codices, sondern um bescheidene Papierbände. Manche davon waren von den Brüdern aus ihrem Leben in der Welt („*de saeculo*") mitgebracht worden,

---

[34] Cf. C. Engler, Regelbuch und Observanz. Der Codex A 53 der Burgerbibliothek Bern als Reformprogramm des Johannes Meyer für die Berner Dominikanerinnen (Kulturtopographie des alemannischen Raums 8), Berlin–Boston 2017, 34–36. Der Codex wurde kurz darauf nach Nürnberg in das observante Kloster St. Katharina ausgeliehen und ist heute noch erhalten in der Handschrift Bloomington, Indiana University, Lilly Library, Rickets 198 (olim Chicago).

[35] Cf. supra nt. 1.

[36] Sap 6, 18–27. Zur Weisheitsverehrung des ‚Horologium' cf. P. Künzle, Heinrich Seuses Horologium Sapientiae, (Spicilegium Friburgense 23), Freiburg (Schweiz) 1977, 72–83 und das erste Kapitel des ‚Horologiums', in: ibid. 374, l. 6, das beginnt mit Sap 8,2 („*Hanc amavi et exquisivi a iuventute mea et quaesivi mihi sponsam assumere*" und unten 375, ll. 10–20, mit Zitaten aus Sap 7,29 und Sap 8,2 weitergeführt wird unter Hinweis auf die Tischlektüre im Predigerorden. Bildlich umgesetzt wurde das Weisheitskonzept des ‚Horologiums ‚durch die Miniaturen des Rolin-Meisters (1440–1465) in der mittelfranzösischen Übersetzung des ‚Horologiums' der Handschrift Brüssel, Königliche Bibliothek, Ms. IV 111, fol. 17r. Auf einer der vier Miniaturen ist ein schreibender Bruder in seiner Zelle zu sehen, der seine Inspiration durch einen Strahl der Weisheit empfängt. Ein weiterer Bruder ist bei der Tischlesung zu sehen, wie er sich Notizen macht und dabei ebenfalls vom Strahl der Weisheit erfasst wird. Cf. Th. Kock, Die Buchkultur der Devotio moderna : Handschriftenproduktion, Literaturversorgung und Bibliotheksaufbau im Zeitalter des Medienwechsels, 2. Aufl. Frankfurt am Main (e. a.) 2002, 154–155, fig. 8.

[37] Cf. supra nt. 3.

[38] Cf. Neidiger, Selbstverständnis (nt. 4), 101–108.

wie im Fall des späteren Berner Priors und Reformers Thomas Molitor, der ursprünglich aus Heidelberg stammte, aber in Basel dem Orden beigetreten war, weshalb seine Bücher auch dort verblieben[39]. Von den 33 selbstgeschriebenen Manuskripten des Bruders Albert Löffler war bereits die Rede. Auch er brachte wertvolle Bücher aus seiner Studienzeit in Heidelberg und seiner Tätigkeit als Priester in Rheinfelden in das Kloster. Als Novize war er gemäß den Vorschriften Humberts von Romans gehalten, sie der Klosterbibliothek zu überlassen[40]. Das gilt aber nicht für alle dem Konvent überlassenen Bücher und vor allem nicht für die nach dem Klostereintritt Geschriebenen. So findet sich in UB Basel, A II 30, ein Besitzvermerk zu einem Buch Löfflers mit den Evangelientexten und Glossen der Sonntage, das er bereits als Novize geschrieben hatte, datiert 21. November 1446. Demnach gehörte das Buch zwar dem Konvent, war dem Schreiber Bruder Albert jedoch zum unbestimmten Gebrauch („*ad usum incertum*") überlassen worden[41]. Die gleiche Notiz findet sich auch in einem Buch, das Albert Löffler 1445 als Kaplan vor seinem Ordenseintritt geschrieben hatte und das danach in den Besitz des Konvents überging (Basel UB, A II 39). Es handelt sich hier um die Abschrift eines Werkes des zum Christentum konvertierten ehemaligen Rabbis Paulus von Burgos (oder Paulus de Santa Maria), der zuerst in Cartagena und ab 1415 bis zu seinem Tod im Jahre 1435 Bischof von Burgos war. Er wurde im Predigerkloster zu Burgos begraben. Das Werk mit dem Titel ‚Scrutinium scripturarum' stellt den Versuch dar, mit Schriftargumenten die „Blindheit des Judentums" zu widerlegen. Laut Löffler hatte die spanische Delegation am Konzil zu Basel Werk und Autor bekannt gemacht[42]. Auch Johannes von Mainz interessierte sich für diesen Autor. Er schrieb von eigener Hand den ersten Teil des ‚Scrutinium' in sein persönliches Handexemplar (Basel, UB, A X 21, foll. 119r–166v), nicht ohne in der Einleitung auch dem ehemaligen Rabbi seine Reverenz zu erweisen[43]. Die Handschrift A

---

[39] Schmidt, Bibliothek (nt. 4), 170, nt. 6 und 189, Nr. 33 : „*Istum librum apportavit de saeculo ad ordinem frater Thomas Molitor de Heidelberg, orate pro eo.*" Zu weiteren Büchern in seinem Besitz, cf. Schmidt, 187, Nr. 22, 189, Nr. 32, 34–36, 225, Nr. 317. Keines dieser Bücher hat einen Schreibvermerk. Thomas Molitor figuriert auch in einem Verzeichnis der Basler Brüder ab 1442, das Johannes Meyer erstellt hatte, cf. K. Utz Tremp, Dominikaner – Bern, in: Helvetia Sacra 5.1, Die Dominikaner und Dominikanerinnen (nt. 1), 317.

[40] Cf. supra Signore, Late medieval miscellanies (nt. 7), 142 und 165, sowie Scarpatetti, Katalog (nt. 5), 13, Nr. 32 und Nr. 34 die Besitzvermerke zu Basel, UB, A I 18: „*De libris fratris Alberti Löffler oretur pro eo. Iste liber est fratrum ordinis predicatorum domus Basiliensis*" und zu Basel, UB, A I 20: „*Hic liber est de fratrum ordinis predictorum et est de libris fratris Alberti.*"

[41] Cf. Scarpatetti, Katalog (nt. 5), 24, Nr. 63: „*Iste liber est conventus Basiliensis ordinis predicatorum concessus ad usum incertum fratri Alberti.*"

[42] Cf. Scarpatetti, Katalog (nt. 5), 26, Nr. 70: „*Allata est autem materia huius libri per hyspanos ad sacrum Concilium Basiliensis quod viguit eciam tempore iam dicto.*" Der Besitzvermerk lautet: „*Iste liber est conventus Basiliensis ordinis predicatorum concessus ad vsum incertum fratri Alberto Loeffler eiusdem conventus filio nativo.*"

[43] Cf. die Beschreibung der Handschrift von Martin Steinman: „*Incipit Excerptum scrutinii sacre scripture contra cecitatem iudaicam quod scrutinium composuit Reverendissimus dominus paulus Burgensis episcopus quondam in iudaismo Rabi magnus, post conversionem professor sacre pagine eximius.*"

X 21 konnte Steinmann aufgrund des Schriftvergleichs mit Basel, UB, A XI 42, als eine Handschrift des Lektors Johannes von Mainz identifizieren[44]. Beide Codizes entsprechen wohl am genauesten den Vorstellungen observanter Gelehrsamkeit. So enthält A X 21 von der gleichen Hand eine selbständige Bearbeitung des Hohelied-Kommentars von Johannes von Verdiaco (Versiaco, † 1277), Exzerpte aus dem bekannten ‚Compendium theologiae' des Hugo Ripelin († c. 1270), neben einem aktuellen Text des Zürcher Kantors Felix Hemmerli († 1458/61) über das Jubeljahr, Auszüge aus dem Werk des Kölner Theologieprofessors Heinrich von Gorkum († 1431) und des Augustinereremiten Heinrich von Friemar († 1340), einige Mariologische Werke, eine *determinatio* von Johannes Gerson († 1429), weitere Mitschriften aus dem Theologiestudium in Köln, datiert 1439, die belegen, dass Johannes von Mainz zu dieser Zeit dort studiert hatte, eine ‚Quaestio de sapientia', Predigtmaterial, darunter auch zwei Predigten, die 1443 auf dem Konzil gehalten worden waren, eine Ermahnung zur Observanz, eine Auslegung von Psalm 151 des Dominikaners Nikolaus von Gorran († 1295) sowie ein Anzahl *Exempla* für die Predigt. Die von Johannes von Mainz geschriebenen Teile umfassen einen Zeitraum von 1439–1450, was bedeutet, dass ihn der Codex von seinem Studium in Köln bis zu seiner Tätigkeit als Beichtvater in Schönensteinbach begleitet hat. Neben der erwähnten Bearbeitung des Hohelied-Kommentars enthält der Codex noch weitere eigene Werke des Johannes von Mainz. Dazu gehören zwei Ansprachen an die Schwestern von Schönensteinbach aus dem Jahr 1447, deren zweite leider von einem späteren Bearbeiter in der Hälfte herausgeschnitten wurde, um einen von anderer Hand geschriebenen Text des Johannes von Mainz einfügen zu können. Dabei handelt es sich um eine kleine Predigtlehre (‚Tractatulus de arte praedicandi'), die der Autor als Lektor des theologischen Studiums verfasst hatte, um seine Schüler in die Kunst des Predigens einzuführen[45]. Nur diese letzte, später eingefügte Schrift trägt den Namen des Autors. Bei den selbstgeschriebenen Werken und Bearbeitungen verzichtete der Autor aus Demut auf Namensnennung[46]. Deshalb ist späteren Generationen der Besitzer des Codex offenbar nicht mehr bekannt, denn die Handschrift gehört zu denjenigen Handschriften, die ohne Nennung des früheren Besitzers in die Konventsbibliothek eingegliedert und für den allgemeinen Gebrauch als Kettenband umgewandelt wurde.

Die beiden Beispiele zeigen die Bedeutung der Handbibliothek für die Erfassung des intellektuellen Profils einzelner Brüder. Die sich auf die Vorschriften des Humbert von Romans stützende Praxis der längerfristigen Ausleihe wurde

---

[44] Cf. Scarpatetti, Katalog (nt. 5), 88–89, Nr. 237 und Katalog I, 2, Abb. 336 und 343. Zu Johannes von Mainz cf. auch Neidiger, Selbstverständnis (nt. 4), 103.

[45] Cf. dazu M. Wehrli-Johns, Johannes von Mainz (nt. 1). Eine Edition der *collatio* für die Schwestern von Schönensteinbach ist in Vorbereitung.

[46] Nur bei der anfangs erwähnten Bearbeitung des Johannes von Verdiaco, die Johannes von Mainz vermutlich 1448 für die Schwestern von Schönensteinbach verfasst hatte, ist am Schluss, foll. 18r, Folgendes vermerkt: „*Collecta est hec passio per quendam fratrem ordinis predicatorum de conventu basiliensi pro Religiosis et mundum atque carnem spernentibus*, anno 1448. *Orate pro eo.*"

in Basel in den ersten Jahrzehnten der Reform angewendet, um den Brüdern der intellektuellen Elite einen individuellen Zugang zum Wissen ihrer Zeit zu ermöglichen. Dazu gehörten in Basel die zum Studium an den Generalstudien und Universitäten abgeordneten Brüder, die Lektoren, Prioren sowie die Beichtväter der observanten Frauenklöster. Letzteres war noch nicht vorgesehen bei Humbert von Romans, sondern erst eine Folge der Neuordnung des weiblichen Klosterwesens durch den Basler Bruder Johannes Meyer. Im Unterschied zu früheren Zeiten im Predigerorden war den Brüdern aber nur der Gebrauch, der *usus*, und nicht der Besitz der Bücher erlaubt. Deshalb galt der Grundsatz, dass sich der Schreiber eines Buches zwar mit einem Schreibervermerk dem Gedächtnis seiner Mitbrüder in Erinnerung rufen durfte, das von ihm geschriebene Buch aber nicht besitzen, sondern nur für längere Zeit ausleihen durfte. Vielfach wurden die Bücher auch an Mitbrüder weitergereicht und so von fremder Hand weitergeschrieben. Vollständige Verfügung über das Buch des Schreibenden hatte der Konvent erst nach dem Tod des letzten Schreibers und Schenkers[47].

## III. Der Buchgebrauch bei den Schwestern des Predigerordens

Die Einführung der Observanz hat bei den reformierten Dominikanerinnenklöstern unbestreitbar zu einem in der Geschichte des Ordens einzigartigen Aufschwung des Buchwesens beim weiblichen Ordenszweig geführt. Dazu genügt allein ein Blick auf die Bibliothek des Klosters St. Katharinen in Nürnberg, deren reiche Bestände seit einigen Jahren im Fokus der Forschung stehen[48]. Wie beim männlichen Ordenszweig sind die Bücher und der Aufbau von Bibliotheken bei den reformierten Dominikanerinnen als ein integrierender Teil der Reform anzusehen, insofern das Lesen auch ihrem Verständnis nach als ein Gebot der Augustinusregel und deren Auslegung angesehen wurde. Allerdings gibt es wichtige Unterschiede. Die Schwestern waren nur ausnahmsweise in der Lage, lateinische Texte zu lesen und sie waren selbstverständlich ausgeschlossen vom Besuch der Konvents- und Generalstudien des Ordens und der Universitäten. Aus diesem Grund hatte für sie die Auslegung der Regel durch Humbert von

---

[47] Dies kann man beispielsweise bei Basel, UB, A VII 41 beobachten. Ein erster Teil von diesem Codex wurde 1457 von Albert Löffler geschrieben, der zweite Teil stammt von Johannes Wyss, der als Professor des Predigerordens in Lübeck bezeichnet wird. Schließlich kehrt der Band 1463 über den Rubrikator Johannes Hohenloch, der ebenfalls Teile darin geschrieben hatte, zurück nach Basel und dann in die Basler Konventsbibliothek, cf. Schmitt, Bibliothek (nt. 4), 197, Nr. 91 und Scarpatetti, Katalog (nt. 5), 60, Nr. 165.

[48] Cf. K. Schneider, Die Bibliothek des Katharinenklosters in Nürnberg und die städtische Gesellschaft, in: B. Moeller [e. a.] (eds.), Studien zum städtischen Bildungswesens des späten Mittelalters und der frühen Neuzeit, Göttingen 1983 (Abhandlungen der Akademie der Wissenschaften in Göttingen 137), 70–82; A. Willing, Die Bibliothek des Klosters St. Katharina zu Nürnberg. Synoptische Darstellung der Bücherverzeichnisse, 2 voll., Berlin 2012. M.-L. Ehrenschwendtner, Die Bildung der Dominikanerinnen in Süddeutschland vom 13. bis 15. Jahrhundert (Contubernium 60), Stuttgart 2004. S. Mengis, Schreibende Frauen um 1500. Scriptorium und Bibliothek des Dominikanerinnenklosters St. Katharina St. Gallen (Scrinium Friburgense 28), Berlin 2013, 44–58.

Romans mit ihrem grundlegenden Bekenntnis zur wissenschaftlichen Ausrichtung des Ordens keine Bedeutung. Sie fehlte deshalb anfänglich in den „Regelbüchern" (Engler) des weiblichen Ordenszweiges und wurde ersetzt durch den Regelkommentar nach Ps.-Hugo von St. Viktor[49]. In diesem Kommentar wird das bekannte Zitat aus der Augustinusregel („*Codices certa hora portantur, extra horam qui petierit non accipiat*") nämlich anders ausgelegt. Hier geht es nicht um die Notwendigkeit der Bücher als Vermittler der göttlichen Weisheit, sondern um das Postulat eines ausgewogenen Wechsels zwischen Zeiten den Gebets und der Werktätigkeit, also der *vita contemplativa et activa*, wobei die *lectio* dem kontemplativen Gebet zugeordnet ist. Ehrenschwendtner sieht darin den Ursprung der Privatlektüre bei den Schwestern[50].

Die Regelbücher gehörten zur Tischlektüre im Kloster und wurden vielfach ergänzt durch zusätzliche Texte wie dem Buch der Ämter von Johannes Meyer. Mit ihm bot sich Meyer die Gelegenheit, den Schwestern unter dem Lemma der Buchmeisterin das in der Auslegung des Ps. Hugo von St. Viktor fehlende Wissen zum Aufbau einer Bibliothek nach den Vorstellungen des ‚Liber de officiis' Humberts von Romans zu vermitteln und wenn nötig an die Bedürfnisse des weiblichen Ordenszweiges anzupassen[51]. Die Bibliotheksordnung Meyers enthält die gleichen Anordnungen bezüglich der Pflichten und Aufgaben des Bibliothekars wie bei den Brüdern[52]. Sie regelt auch die Ausleihe der Bücher für den

---

[49] Unter dem Begriff „Regelbuch" versteht Engler Codices, die alle grundlegenden Texte „zur Verfassung und Gesetzgebung" im Dominikanerorden enthalten. In der Observanz entsprachen sie dem Wunsch der Reformer nach einer schriftlichen Fixierung der observanten Lebensform des weiblichen Ordenszweiges. Als ältestes Beispiel eines derartigen „Regelbuches" stellt sie in ihrer Arbeit den erwähnten Berner Codex A 53 vor. Cf. Engler, Regelbuch (nt. 34), 181–197. Er enthält u. a. den lateinischen Text der Augustinusregel für Dominikanerinnen mit einer deutschen Übersetzung, die Auslegung der Regel nach Ps.-Hugo von St. Viktor in Deutsch, die Freiheiten des Inselklosters wie des Klosters Schönensteinbach und St. Maria Magdalena an den Steinen in deutscher Übersetzung sowie, ebenfalls in Deutsch, die Reformordinationen der Ordensmeister für die observanten Frauenklöster, cf. die Beschreibung der Handschrift bei Engler, 9–21. Zu den deutschen Übersetzungen der Auslegung nach Hugo von St. Viktor cf. auch J. M. Kramp, Mittelalterliche und frühneuzeitliche Übersetzungen des pseudo-hugonischen Kommentars zur Augustinusregel (Corpus Victorinum. Instrumenta 2), Münster 2009, 21. Nach Kramp kann die Zuschreibung zu Hugo von St. Viktor in den deutschen Übersetzungen nicht vor dem 15. Jahrhundert nachgewiesen werden.
[50] Ehrenschwendtner, Bildung (nt. 47), 150 und 189: In Nürnberg gehörte in zweijährigem Wechsel mit der Auslegung des Ps. Hugo von St. Viktor auch die Auslegung des Humbert von Romans zur Tischlektüre. Wir kennen aber nicht die Auswahl der Stücke. Engler zufolge war die Auslegung des Ps. Hugo von St. Viktor in den Vergleichshandschriften der „Regelbücher" weitaus häufiger vorhanden als diejenige des Humbert von Romans, cf. Engler, Regelbuch (nt. 34), 41–61.
[51] Cf. Engler, Regelbuch (nt. 34), 22, 35, 37.
[52] Die Lesung des Ämterbuches wurde von Meyer empfohlen, jedoch nicht immer befolgt. Cf. dazu Ehrenschwendtner, Bildung (nt. 48), 206–207. Zum Amt der Buchmeisterin cf. ibid., 304–307. Die Bibliotheksordnung aus dem Ämterbuch ist ediert von K. Christ, Mittelalterliche Bibliotheksordnungen für Frauenklöster, in: Zentralblatt für Bibliothekswesen 59/1–2 (1942), 1–29, hier 21–29.

längeren Gebrauch in den Zellen der Schwestern, kommt aber nicht explizit auf deren Privatbücher zu sprechen[53]. Vorgesehen ist auch die Bücherausleihe an Auswärtige, wobei Meyer hier vor allem andere observante Dominikanerinnenklöster im Blick hatte[54]. Neu gegenüber den Anordnungen Humberts ist bei Meyer die Ausgliederung der lateinischen Handschriften. Sie gehören nach Meyer unter die Aufsicht der Priester und bilden im Haus des Klostergeistlichen außerhalb der Klausur eine eigene kleine Bibliothek, genannt die *ussere liberij*, im Unterschied zur *inwendigen liberij* der deutschen Bücher innerhalb des Klausurbereichs für die Schwestern. Beide Bibliotheken sollten aber nach den gleichen Prinzipien geordnet und durch Register erschlossen werden[55]. Eine solche Aufteilung in eine lateinische Priesterbibliothek und eine deutsche Laienbibliothek gab es im 15. Jahrhundert auch bei der Kongregation von Windesheim und den Kartäusern[56].

Die große Bedeutung der Privatbücher wird in Nürnberg erst ersichtlich durch das Inventar der Privatbücher, das Schwester Kunigunde Niklasin im Jahre 1457 erstellt hatte[57].

Bei keinem der observanten Dominikanerinnenklöster sind die Privatbücher der Schwestern so gut untersucht wie bei St. Katharinen in Nürnberg. Viele dieser Bücher wurden von den Schwestern beim Klostereintritt mitgebracht oder beruhten auf Schenkungen der Verwandten in der Stadt. Sie widerspiegeln insofern auch die literarischen Bildungsbestrebungen einer wohlhabenden städtischen Gesellschaft und nicht allein die spirituellen Ziele der Observanz[58]. Unter den Privatbüchern befinden sich zahlreiche Bände für die Privatandacht der Schwestern. Psalter und Brevier für das Stundengebet gehörten zur Grundausstattung einer Novizin[59]. Wie in der Auslegung des Pseudo Hugo von St. Viktor festgehalten, näherte sich die Privatlektüre dem Gebet und der persönlichen Andacht. Ziel war nicht der Wissenserwerb, sondern die persönlich Erbauung und die Verinnerlichung der Heilsgeschichte[60]. Der Dominikanerorden hatte diese Form der Privatlektüre immer gefördert. Auch in den observanten Frauen-

---

[53] Christ, Bibliotheksordnungen (nt. 52), 28: „*So etliche swestern bücher von ir wend entlechnen und etwas zit bruchen in ir cellen, so sol si es anschriben an eine sunder register, das si hierzu sol haben, wler swester si hab gelichen und was zeichen das buch hat und uff welen tag [...]*."

[54] Christ, ibid., 29. Interessant ist die Erwähnung in diesem Verbund von observanten Klösters das nicht observante Frauenklosters Oetenbach in Meyers Heimatstadt Zürich, um dessen Reform sich Meyer vergeblich bemühte.

[55] Christ, ibid., 25.

[56] Cf. Christ, ibid., 22. Meyer selber erwähnt diese Trennung „*als denn bi etlichen clöstren gewohnheit ist*" (Christ, 25).

[57] Cf. Willing, Bibliothek (nt. 48), XVII.

[58] Dies wird besonders hervorgehoben von Schneider, Bibliothek (nt. 48) und B. Hasebrink, Tischlesung und Bildungskultur im Nürnberger Katharinenkloster. Ein Beitrag zu ihrer Konstruktion, in: M. Kintzinger [e. a.] (eds.), Schule und Schüler im Mittelalter. Beiträge zur europäischen Bildungsgeschichte des 9. bis 15. Jahrhunderts, Köln e. a. 1996, 187–216.

[59] Cf. Ehrenschwendtner, Bildung (nt. 48), 218–221.

[60] Cf. Ehrenschwendtner, ibid., 223–237.

klöstern gab es keine Vorschriften für die Privatlektüre der Schwestern. Es wurde ihr aber in Form der Lektüre für die gemeinschaftliche Tischlesung ein gewichtiges Korrektiv zur Seite gestellt. Die Tischlesung bei den Mahlzeiten im Refektorium gehörte zu den Punkten, die der Ordensmeister Bartholomaeus Texerius in seiner Ordinatio (1428) für St. Katharinen vorgeschrieben hatte[61]. Meyer selber hatte in seinem Ämterbuch detaillierte Anweisungen zur Überwachung der Tischlektüre gegeben. Sie sollten für alle Frauenklöster verbindlich sein und fanden deshalb neben den Grundtexten zur Verfassung in den „Regelbüchern" Aufnahme. Im Gefolge dieser Anweisungen hatte das Kloster St. Katharinen eigene Tischlesungskataloge aufgestellt, von denen sich zwei erhalten haben[62]. Der ältere stammt aus den Jahren 1429–1431, also der Zeit kurz nach der Reform des Klosters, der jüngere wurde 1455 von der erwähnten Buchmeisterin Kunigunde Niklasin begonnen und später durch andere fortgesetzt[63]. Ihre genaue Analyse durch Burkart Hasebrink hat ergeben, dass Texte der spekulativen Mystik wie Meister Eckhart zwar im Kloster vorhanden waren, jedoch nicht mehr für die Tischlesung herangezogen wurden. An ihre Stelle traten nun Legenden und Regeltexte sowie Mitschriften von Predigten Nürnberger Lektoren wie Gerhard Comitis, die im Kloster regelmäßig vor den Schwestern gepredigt hatten[64].

## Schluss

Der Vergleich des Buchwesens zwischen den beiden Ordenszweigen hat gezeigt, dass die Dominikaner der Observanz eine Buchförderung betrieben, die sich nicht allein auf die Brüder beschränkte, sondern parallel dazu auch die klausurierten Nonnen miteinschloss. So wurden für beide Ordenszweige Bibliotheken nach den Vorgaben des fünften Ordensgenerals Humbert von Romans vorgesehen. Beide Ordenszweige unterschieden zwischen den Privatbüchern und den der Allgemeinheit vorbehaltenen Konvents-Bibliotheken. Hinsichtlich der Privatbücher hatten die Brüder in Basel jedoch ein anderes System der Nutzung, das ihren strengeren Armutsvorschriften besser entsprach. Sie gestanden den Schreibern der Bücher kein Eigentum zu, waren jedoch bereit, ihnen ein Nutzungsrecht an den Büchern zuzugestehen, das bis zu ihrem Tod reichen konnte. Eine derartige Praxis lässt sich in St. Katharinen zu Nürnberg nicht nachweisen. Dort wurden getrennte Inventare geführt, und das Eigentum der Besitzerinnen oder Schreiberinnen nicht als anstößig empfunden. Der größte Unterschied zwischen den Ordenszweigen liegt jedoch auf der inhaltlichen Ebene. Für die Basler Observanten maßgebend war das Wissenschaftskonzept, das Humbert von Romans

---
[61] Engler, Regelbuch (nt. 47), 185.
[62] Engler, Regelbuch, 185–187. Hasebrink, Tischlesung (nt. 58), 193–196.
[63] Hasebrink, Tischlesung, 202–203.
[64] Hasebrink, Tischlesung, 198–199 und 209–216.

in seiner Expositio der Augustinusregel dargelegt hatte, ein innovatives Konzept, das an den biblischen Weisheitsbegriff anknüpfte und höchste Maßstäbe an die theologische Bildung der Brüder legte. Davon waren die Schwestern ausgeschlossen. Sie hatten sich an die Expositio des Pseudo Hugo von Sankt Viktor zu halten, das ihnen ein traditionelles monastisches Programm mit einem Wechsel von Arbeit und Gebet vorschrieb. Wie wir am Beispiel von Basel gesehen hatten, verfügten die Brüder zumindest in den ersten Jahrzehnten der Reform auch über größere Freiheit hinsichtlich ihrer theologischen Präferenzen und wissenschaftlichen Interessen. Die *libri in cella* geben Zeugnis davon und verdienen deshalb vermehrt Beachtung von Seiten der Forschung. Die Frauenkonvente hatten nicht die gleichen Möglichkeiten. Indem Meyer eine Trennung zwischen lateinischer Priesterbibliothek und volksprachlicher Bibliothek vornahm, sorgte er dafür, dass lateinische Theologie und individuelle Andacht nicht vermischt wurden. Der Lektürekanon der Tischlesung trug weiter dazu bei, die Individualität der Schwestern gegenüber den Werten der Gemeinschaft zurücktreten zu lassen. Meyer war ein Mitglied des Basler Klosters. Er entwickelte seine Reformpläne für den weiblichen Ordenszweig mit dem Blick auf das Ganze, d. h. er stellte die Reform der Frauenklöster in Beziehung zur Reform der Brüderkonvente. Die theologische Bildung der Brüder diente der Predigt und wurde in den geschlossenen Klöstern über die Predigt und über die Beichtväter vermittelt, soweit dies dem Vollkommenheitsstreben der Schwestern förderlich war[65].

---

[65] Cf. Ehrenschwendtner, Bildung (nt. 48), 266–267.

# III. Universitätsbibliotheken

# Monastic Library and University Classroom: the Scholar-Monks of Saint-Bertin

STEVEN J. LIVESEY (Oklahoma)

While the study of education in the middle ages has a long and productive history, the more focused discussion of what actually went on in the classroom has only recently begun to receive attention and bear fruit. This is hardly surprising, for several reasons. University histories traditionally focused on institutional documents that emphasized structures over pedagogical techniques. Even as those institutional histories began to shift two generations ago to reflect bottom-up rather than top-down materials, much of the intellectual life of the university was extracted from the finished products of faculty and student activities: commentaries, disputations, treatises, and the like. That too has begun to change, as scholars look more closely at ephemeral sources, and primarily student notebooks.

In what follows, I will discuss the role of several generations of scholar-monks at Saint-Bertin who attended university, then returned to the monastery with their books and thereby helped to build the library collection, augmenting its holdings in new and significant ways. I will focus especially on Pierre d'Allouagne (fl. 1335–1360) and a small cohort of book collectors around him associated with the University of Paris, and then on a handful of students at the end of the fifteenth century whose academic work was centered on the University of Louvain. In the process, I will show not only how these book collectors and producers augmented the monastic library, but also how the surviving books help us understand more about the academic processes of the late medieval university.

Founded in the mid-seventh century, the Benedictine Abbaye de Saint-Bertin rapidly assumed an important position in the transmission of knowledge between the Continent and Anglo-Saxon Britain[1]. Its early collection contained, among other things, one of the copies of Aratus depicting the circulation of Mercury and Venus around the sun (now Boulogne-sur-Mer, Bibliothèque des

---

[1] For the early history of Saint-Bertin to the eleventh century, cf. K. Ugé, Creating the Monastic Past in Medieval Flanders, York 2005, chapter 1. Since much of the tenth- and eleventh-century history of the house involved its relationship with the counts of Flanders and secular-sponsored reform initiatives, an excellent treatment of the topic may be found in S. Vanderputten, Monastic Reform as Process: Realities and representations in medieval Flanders, 900–1100, Ithaca, NY 2013.

Annunciades 188), the quadratus copy of Lucretius' 'De rerum natura' (now Leiden, Universiteitsbibliotheek, Voss.Lat.Q.94), and an early copy of the 'Agrimensores veteres' (now Wolfenbüttel, Herzog August Bibliothek, Gud. lat. 105)[2]. Impressive as these three manuscripts may be, they must be assessed within the context of the manuscript production of Saint-Bertin before the end of Odbert's abbacy in 1007. Approximately sixty manuscripts or fragments from this period can be attributed to the house library, thanks to ownership marks and anathemas preserved in the volumes. Most are composite volumes, yielding slightly more than 200 separate works[3]. Saint-Bertin also possessed a distinguished school relatively early in its history, but by the twelfth century, as monastic houses sought to divest themselves of the responsibility to educate both their own members and the secular public, a new educational institution, the university, emerged in Western Europe, distinct from both monastic and cathedral schools. While it is true that a few monastic schools, like that of the abbey of Saint-Victor in Paris, still attempted to straddle monastic and scholastic learning, the university offered opportunities that could not be matched in the other schools: with a wider catchment area for students, a larger collection of masters who could specialize in particular materials, and the prospect of advancing to higher faculties in law or theology, the university became a magnet for ambitious monks who sought training beyond that provided by the house school. Monastic schools continued to survive, but the curriculum now served to initiate further study at these new institutions, at least for a few members of the house[4].

---

[2] In fact, since Boulogne-sur-Mer MS 188 is generally considered to be a copy of the text in Leiden, Universiteitsbibliotheek, Voss.Lat.Q.79, both manuscripts were likely at Saint-Bertin in the late tenth century; P. F. J. Obbema, Die Handschrift, in: B. Bischoff (ed.), Aratea: Kommentar zum Aratus des Germanicus, Ms. Voss. Lat. Q. 79, Bibliotheek der Rijksuniversiteit Leiden, Lucerne 1989, 9–29; M. D. Reeve, Some Astronomical Manuscripts, in: The Classical Quarterly n.s. 30,2 (1980), 508–522 at 518. For the Lucretius text in Voss.Lat.Q.94, cf. D. J. Butterfield, The Early Textual History of Lucretius' De Rerum Natura, Cambridge 2013, 8–9; an eleventh-century marginal note in Saint-Omer, BA 312, fol. 23$^r$ suggests its early use at Saint-Bertin. Unlike the Aratea, the *agrimensores* was produced at Corbie and brought to Saint-Bertin at least by the early twelfth century; see C. Thulin, Die Handschriften des Corpus agrimensorum romanorum, Berlin 1911; M. D. Reeve, Agrimensores, in: L. D. Reynolds (ed.), Texts and Transmission. A Survey of the Latin Classics, Oxford 2005, 1–6.

[3] All or parts of the following manuscripts: Boulogne-sur-Mer, BM 11, 16bis, 18, 20, 25, 34, 35, 36, 40, 44, 48, 51, 52, 56, 58, 60, 74, 102, 106, 107, 188; Bruxelles, BR 15835 (3109) ; Leiden, UB VLQ 94 ; BPL 135, 190 ; New York, Morgan Library, M. 333 ; Paris, BnF lat. 2977A, 6113, 9561; Saint-Omer, BA 15, 33bis, 42, 72, 91, 97, 150, 153, 168, 179, 202, 252, 254, 257, 266, 267, 268, 269, 279, 306, 311, 312, 342bis, 350, 666, 697, 764, 765, 776; s-Gravenhage, KB 70.H.50; Wolfenbüttel, HAB 4409 (Guden lat. f° 105).

[4] On the presence of a school at Saint-Bertin at least as early as the ninth century, see L. Maître, Les écoles épiscopales et monastiques en occident avant les universités (768–1180), Ligugé–Paris 1924, 47–48, 76, 122; U. Berlière, Ecoles claustrales au moyen âge, in: Bulletin de la classe des lettres et des sciences morales et politiques 12 (1921), 550–572. Concerning the pre-university education in Benedictine *studia*, cf. J. G. Clark, The Benedictines in the Middle Ages, Woodbridge 2011, 83 sqq., 203 sqq.

For monastic houses in North France and Flanders, including Saint-Bertin, Paris was the preferred destination. By the end of the fourteenth century, several Saint-Bertin monks had taken degrees at Paris, then either returned to assume administrative positions at home or found such positions elsewhere. Before 1340, only a relative handful of Benedictine monks at Paris attained the magisterium, and then only after 1312. But from 1340 until 1425, seventy-three Benedictines achieved the doctorate, twenty-five in theology and thirty-eight in canon law, encouraged by Benedict XII's 'Summi magistri dignatio' (1336) whose provisions included instruction *in scientiis primitivis* – that is, grammar, logic and philosophy – in every house of any size, and to support this, one out of every twenty students was to be provided an adequate stipend to continue studies at a university[5].

One of these Saint-Bertin students was Pierre d'Allouagne, who was sent to pursue a theological degree at Paris, after which he became abbot of Saint-Bavon, Ghent (in 1341) and then abbot of Saint-Riquier (in 1343), a position he held until his death about 1361. During the final years of his life, he was also appointed to the executive committee of 36 ranking clerics and nobles in the Estates General after the Battle of Poitiers (1356). While no university record confirms award of his degree, a Saint-Bertin manuscript (Saint-Omer, BA 504) preserves Pierre's lectures on Peter Lombard's 'Sentences' and several academic disputations in which he was a participant during the academic year 1338–1339[6]. MS 504 helps to show how Pierre drew upon sources as he prepared his lectures and disputations, and so it is to this manuscript that we must turn.

The first three weeks of the academic year were reserved for *principia*, that is, the ceremonial inaugural lectures on the 'Sentences' given in rotation by each of the bachelors. During 1338–1339, the record of MS 504 indicates that there were at least twelve bachelors lecturing on the 'Sentences'. In fact, the manuscript preserves Pierre's principial disputations on books I, II and IV, his *replicationes* to other bachelors, and subsequently his *responsiones* to their *replicationes*. While it is quite likely that the initial debates at the beginning of the year were attended by all the bachelors, it appears that thereafter, the debates on books II–IV were paper debates, conducted by sharing materials and arguments among the students. In one of these responses, Pierre inserts a marginal reference: "See

---

[5] The provisions of 'Summi magistri dignatio' were to be carried out through regular Benedictine general or provincial chapters. While the educational provisions were most successful in England, the political reforms that 'Summi magistri' proposed were less complete on the Continent, where feudal ties between abbeys and secular lords were stronger. Cf. L. Delisle, Enquête sur la fortune des établissements de l'Ordre de Saint-Benoît en 1338, in: Notices et extraits des manuscrits de la Bibliothèque nationale et autres bibliothèques 39 (1901), 359–408; Ph. Racinet, La réforme de Benoît XII et la situation des monastères Bénédictins au nord de la Loire dans la première moitié du XIVe siècle, in: Naissance et fonctionnement des réseaux monastiques et canoniaux: actes du Premier Colloque International du C.E.R.C.O.M., Saint-Etienne, 16–18 Septembre 1985, Saint-Etienne 1991, 551–592.

[6] S. J. Livesey, Pierre d'Allouagne and Saint-Omer, Bibliothèque de l'agglomération 504, in: C. Angotti/M. Brînzei/M. Teeuwen (eds.), Portraits de Maîtres offerts à Olga Weijers, Porto 2012, 381–392.

Thomas, question 26 'De malo', and Hervaeus, distinction 5, second part, in the response to the first <argument>" (fol. 103$^{rb}$ ), whereupon his respondent, James of Padua, fired back, anticipating a question from others about his citation of Thomas, "I reply and say that I cite his sayings because that reverend father who began [lecturing on the 'Sentences'] in fourth place, wrote to me in the margin of his quire: 'see Thomas 'De Malo', q. 26, and Hervaeus on II 'Sentences', d. 5'" (fol. 111$^{rb}$).

The participants in these debates also seem to have had the use of a secretary in the preparation of materials, for later, in another response, Pierre offers an excuse for his abbreviated earlier discussion: "Forgive my excessively obscure brevity, because there was scarcely any time available for me to organize so much; moreover, my scribe afterwards set out less completely what I had indicated, and had books in which I had marked the authorities that he left truncated" (fol. 114$^{vb}$). While these "marked authorities" may in fact refer to the notes that he had taken in the books he personally owned, as we will see in a moment, it may also refer to books he was using in other Paris libraries. In a second response to Pierre's position given by one of his *socii*, James of Padua cites Anselm's 'De similitudinibus', and in doing so, he refers not only to a specific part of the text, but also to the copy he had consulted: "Whence, in rubric 37, in the Sorbonne copy, it reads, '*Hec autem regina propria est voluntas, omnium inobedientium domina scilicet potentiarum...*'" (108$^{ra}$). It seems that in addition to personally held volumes, the bachelors engaging in these debates were also taking advantage of the rich libraries *in situ*.

If MS 504 reflects the activities of Pierre d'Allouagne and his *socii* in 1338–1339, already before that he may have acquired some familiarity with the process by attending the exercises of another cohort of *sententiarii* at Paris. In 1332–1333, the Franciscan bachelor of theology, Pastor of Serrescuderio undertook his lectures on the 'Sentences', which are now preserved in another Saint-Bertin manuscript, Saint-Omer, BA 239. In his groundbreaking article on the text, William Courtenay argued that MS 239 represented a revised version of the working lectures made by and in the hand of Pastor himself before he left Paris between June and October 1333[7]. But in the lower margin of fol. 1$^{r}$, a fifteenth-century hand has written, "*Reportatio super libros sententiarum* <2?>° f° <...>," suggesting that notwithstanding the note at fol. 48$^{v}$, "*Incipit lectura super quartum Sententiarum a fratre Pastore ordinis fratrum minorum edita*," the librarian who was preparing the new catalogue of the library regarded the work as a reportatio, that is, a copy made by someone who was physically present in the classroom and that preserved the delivered lectures from 1332–1333. Moreover, William Duba has recently argued that the reportator, or note-taker, was none other

---

[7] W. J. Courtenay, Pastor de Serrescuderio (d. 1356) and MS Saint-Omer 239, in: Archives d'histoire doctrinale et littéraire du moyen âge 63 (1996), 325–356 at 338–339.

than Pierre d'Allouagne[8]. And at the end of this volume, at foll. 95$^r$–103$^v$, Pierre has created an index of the questions addressed by Pastor, useful for rapid consultation later, as he composed his own lectures on the work. In all likelihood, when Pierre departed Paris in 1341, he took with him both the transcript of his own lectures and the reportatio of Pastor's.

Although Pierre d'Allouagne consulted books in the house library and the libraries of Paris, we also have evidence that he took a much more direct approach and involved some of his confreres in the activity. Among the surviving Saint-Bertin books, four manuscripts (aside from Pierre's own notebook, MS 504) bear markings that indicate his ownership or use: MSS 73 (containing Augustine's 'De trinitate' and works by Boethius)[9], 241 ('Distinctiones alphabeticae' of Nicolaus de Gorram), 615 ('Parva naturalia' and 'De anima')[10] and 616 (Aristotle's 'Metaphysics')[11]. On virtually each folio of the Augustinian 'De trinitate', a reader has inserted brief comments under each column of the text. A comparison of the hands in MS 504 and the glossator of MS 73 suggests that this annotator of MS 73 was Pierre d'Allouagne, a contention that is borne out by comparison of Pierre's citations of Augustine in his commentary on the 'Sentences' and the corresponding text in MS 73. At 'Sentences' I, d. 7 (MS 504, fol. 21$^{rb}$), for example, Pierre cites Augustine, "III de Trinitate, c. 4, divine will is the supreme cause of everything," while at the corresponding section of MS 73 (fol. 26$^{ra}$), the marginal note observes, "Note that the cause of monsters and the like is divine will, which nevertheless is not manifest to the vanity of the philosophers, who had attributed this to other true and false proximate causes." In Book I, d. 9 (MS 504, fol. 22$^{va}$), Pierre cites Augustine, VI 'De trinitate' chapter 3, "he says that it is whole in the whole and whole in any part," while at the corresponding section of MS 73 (in the upper margin of fol. 53$^{vb}$), the gloss reads, "Note that the rational soul is whole in the whole body and whole in any part." Among the marginal annotations of MS 616, containing the 'Metaphysics', are one-line notes in the lower margins of some columns, written in a hand that looks quite similar to that of both MS 504 and the annotations of MS 73.

---

[8] W. O. Duba, The Forge of Doctrine. The Academic Year 1330–31 and the Rise of Scotism at the University of Paris, Turnhout 2017, 15. I wish to thank Dr. Duba for providing an advance copy of his monograph, and for his suggestions about the various 'Sentences' commentaries of the 1330s.

[9] Provided to Pierre by Martinus, who was then cantor of the abbey, according to a note on fol. 1$^r$.

[10] Purchased by Johannes Stoef de Bourburch for Saint-Bertin in 1340 on the recommendation of Pierre. Beyond MS 615, MSS 14, 70, 157, 170, 203, 262, 283, 304, 442, 622 were provided to Saint-Bertin by Johannes Stoef.

[11] According to the note on fol. B$^v$, MS 616 was acquired by Pierre himself while he was a student. The manuscript was produced in the thirteenth century by the well-known professional scribe and patriarch of a multi-generation stationer, Guillaume de Sens, according to the colophon on fol. 80$^{va}$.

These comments within the texts that Pierre produced in MS 504 and the examination of books that we know he consulted yield a picture of this scholar as he was preparing for the culminating lectures of his Paris degree. Drawing upon his own resources – including his presence at academic exercises by fellow students –, his network of confreres, and his use of libraries in Paris, Pierre assembled a small but significant collection of books that would be important for explicating the 'Sentences' and responding in disputations with fellow students, according to the scholarly standards of the 1330s. The notes in the margins of manuscripts on which he drew suggest that before he could mine those texts for substantiating materials, he prepared finding aides that allowed him to quickly review the contents of large sources without having to reread all the materials again. Thus the medieval library of Saint-Bertin allows us both to see how lectures and other exercises were made and how they were presented in the classroom or (as in the case of Pierre d'Allouagne) circulated as written notes.

My second example takes us to a different university environment. With the Great Schism in 1378 came a wave of new university foundations across Europe, expanding choice for students wishing to attend. Among the new foundations, Cologne (founded in 1388) was closer to Flanders and Saint-Bertin, but when the University of Louvain opened in 1425, it provided an alternative that was both geographically closer and more culturally familiar to students of the region. Moreover, continued hostilities of the Hundred Years War and brigandage in the territory between Calais and Paris made travel by scholars increasingly dangerous. Thus the attraction of the University of Louvain among potential students from Saint-Bertin may have been as much about security and serenity as intellectual reputation. From the archival records of Saint-Bertin, its surviving manuscripts, and the records of the University of Louvain, it appears that several of the abbey's monks attended and received degrees from the university[12].

How did they spend their time while at the university, and what kind of education did they receive? In particular, what is the relationship between the surviving copies of student notes and the lectures and disputations that they contain? The actual process by which students' notes were taken has been the subject of considerable recent debate. Paleographers like M. B. Parkes and J. Hamesse have analyzed the voice to writing translations of reporters in lecture rooms and concluded that tachygraphy – rapid writing techniques, not short-

---

[12] A. L. Gabriel, Intellectual relations between the University of Louvain and the University of Paris in the 15th century, in: J. Ijsewijn/J. Paquet (eds.), The Universities in the Late Middle Ages. Les universités à la fin du moyen âge, Louvain 1978, 82–132; revised and reprinted as: Intellectual contacts between the University of Louvain and Paris in the 15th century, in: A. L. Gabriel, The Paris Studium: Robert of Sorbonne and His Legacy, Notre Dame 1992, 203–257. For Saint-Bertin students at Louvain, cf. A. Derville, Les étudiants Morins à l'Université de Louvain au XVe siècle, in: Bulletin trimestriel de la Société académique des antiquaires de la Morinie 18 (1955), 365–384.

hand – was used to create summaries rather than exact transcripts of lectures[13]. On the other hand, Paul Sänger, observing that iconographical records of classroom scenes invariably do not show students with books before them, much less writing notes, has cast doubt on the whole assertion that lectures were transcribed *in situ*[14]. Yet records of the university point to student-produced notebooks: in 1355, the University of Paris ordered masters to speed up the pace of lectures, because many were proceeding at a dictation speed, and in 1447, the arts faculty at Louvain criticized students who came to class without the books they were supposed to follow in lectures[15].

In 1975, M. Smeyers called attention to a student notebook [Cambrai, Bibliothèque municipale 964(862)] of lectures on Aristotle's logical works given by several masters at the University of Louvain in 1481–1482[16]. The lectures were recorded by Theodore Regis from Bruxelles, who was a student in one of the four residential colleges of the university. Recently, two additional notebooks from the same course, both in the Saint-Omer collection drawn from the library of Saint-Bertin, have been discovered: MS 585, written by Johannes Flamingi, and MS 607, written by Johannes Wale.

The existence of three distinct copies of notes, all recording the lectures from the same classroom in 1481–1482, presents an almost unprecedented opportunity to study lectures of medieval universities. They follow the prescription of the 1427 and 1429 statutes of the university, according to which Aristotle's 'Organon' was presented over the course of the academic year, but with a distinctive Louvain pedagogical technique[17]. For each text, the master first provided a detailed exposition of the material, but at several junctures he interjected ques-

---

[13] M. B. Parkes, Tachygraphy in the Middle Ages: writing techniques employed for reportationes of lectures and sermons, in: Medioevo e rinascimento 3 (1989), 159–169; J. Hamesse, Reportatio et transmission de textes, in: M. Asztalos (ed.), The editing of theological and philosophical texts from the Middle Ages: acts of the conference arranged by the Department of Classical Languages, University of Stockholm, 29–31 Aug. 1984, Stockholm 1986, 11–34.

[14] P. Sänger, Space between Words: The Origins of Silent Reading, Stanford 1998, esp. 258–261. See also Ch. Burnett, Give him the White Cow: Notes and Note-Taking in the Universities in the Twelfth and Thirteenth Centuries, in: History of Universities 14 (1995–96), 1–30.

[15] Chartularium Universitatis Parisiensis, III, p. 39 (no. 1229); Acta Facultatis Artium II, Bruxelles, Algemeen Rijksarchief, Fonds Universiteit Leuven, n. 711, fol. 124ʳ: "...*qui proposuit qualiter intellexisset a certis magistris, qui legunt lectiones communes pro scolaribus omnium pedagogiorum, quod ipsi communiter suas lectiones sine libris visitant, quod est in scandalum et vilipendium totius Facultatis, ut videtur, et quod bonum esset illi morbo per Facultatem providere. Et ad hoc Facultas dedit suos deputatos, qui deberent avisare certos modos per quos scolares possunt cogi ad comparandum in lectionibus suis cum libris....*" A. Van Belle, Het boekenwezen aan de Leuvense Universiteit in de XVe eeuw, in: Contributions à l'Histoire des Bibliothèques et de la Lecture aux Pays-Bas avant 1600 – Studies over het Boekenbezit en Boekengebruik in de Nederlanden vóór 1600, Bruxelles 1974, 543–562 at 561.

[16] M. Smeyers, Een collegeschrift van de oude Leuvense universiteit (1481–1482). Een codicologisch en iconografisch onderzoek, in: Arca Lovaniensis 4 (1975), 243–303.

[17] E. Reusens, Statuts primitifs de la Faculté des Arts de Louvain, in: Compte rendu des séances de la Commission Royale d'histoire ou Recueil de ses bulletins ser. III, t. 9 (1867), 146–206, at 153–154, 156, 175–177.

tions that focused on specific aspects of the text. The three surviving notebooks preserve this material not as a consecutive record of day-by-day activity – assessed collectively, the colophons in the three codices reveal that the subsidiary sections are out of order – but rather segregated material in which the *expositiones* are collected in an initial section, written in long lines, followed by the focused questions, written in double columns. But each of these sections is further subdivided into two sections, the first covering Porphyry through the 'Posterior Analytics', the second the 'Topics' and 'Sophistical Refutations'. Thus each manuscript divides into four distinct parts.

Both paleographical and codicological evidence as well as textual readings help us determine how these materials were created over the course of the academic year. Smeyers observed that the hand that wrote the *expositiones* was too polished to have been produced *in situ* in the classroom; moreover, he observed mistakes of omission and reduplication explained best by the act of copying from an exemplar rather than transcription from an oral delivery. Both of these are also true of the two Saint-Omer copies. But Smeyers also noted that in the first two sections – the *expositiones* – the last quire was noticeably smaller than the previous ones: beginning with five or six leaves, the student ended his section with a bifolium; were he transcribing the material from *viva voce* lectures, the student could not have anticipated the amount of material remaining, and would not have adjusted the quire sizes accordingly. This too seems to be reflected in the Saint-Omer manuscripts.

Very recently, Christoph Geudens and Serena Masolini revised Smeyers' conclusion by suggesting that while the *expositiones* were likely copied outside the class, the *quaestiones* appear to have been copied in the classroom[18]. Textual variation among all three sets of notes is greater in the *quaestiones* than the *expositiones*, suggestive of transcribing oral material in the former, while copying a set text in the latter. Finally, the use of double columns in the *quaestiones* obviated long hand shifts from the right back to the left margin, thereby facilitating transcription.

But even if this were the case, how did this proceed during the academic year? According to the colophons, the course began on October 9 and ended the following September 4. There were both morning and afternoon sessions, but in the first half of the year, students focused on a single text, while in the spring and summer the 'Prior Analytics' and 'Posterior Analytics' were being taught concurrently with the 'Topics' and 'Sophistical Refutations'. Furthermore, it appears that the *expositiones* and *quaestiones* were interlaced in the course, which also provided another reason for maintaining dual notebooks in the classroom.

---

[18] C. Geudens/S. Masolini, Teaching Aristotle at the Louvain Faculty of Arts, 1425–1500. General Regulations and Handwritten Testimonies, in: Rivista di Filosofia Neo-Scolastica 4 (2016), 813–844.

The variety and location of watermarks through each codex provide an additional mechanism with which to evaluate the construction of the text over the academic year 1481–1482[19]:

| Cambrai, BM 964(862) | | | | |
|---|---|---|---|---|
| Text | *Expositiones* | | *Quaestiones* | |
|  | Folio | Watermark | Folio | Watermark |
| Porphyry | $1^r$–$6^v$ | C | $122^{ra}$–$144^{rb}$ | $P_5$, $P_2$, C |
| Categories | $8^r$–$17^v$ | C | $145^{ra}$–$178^{vb}$ | $P_2$, C, $P_5$ |
| Perihermenias | $18^r$–$28^r$ | C, S | $179^{ra}$–$198^{vb}$ | $P_5$, $C_2$, $P_6$, P |
| Prior Analytics | $28^v$–$59^v$ | S, EC, $P_2$, P | $199^{ra}$–$232^{ra}$ | P, EC, $P_2$ |
| Posterior Analytics | $60^r$–$81^r$ | P, E8 | $232^{va}$–$263^{rb}$ | $P_2$, P, Po, $P_2$, L |
| Topics | $82^r$–$94^r$ | $P_3$, $P_2$ | $264^{ra}$–$280^{rb}$ | $P_3$, $P_2$ |
| Sophistical Refutations | $95^r$–$114^r$ | $P_2$, $P_4$, Po, E8 | $281^{ra}$–$294^{rb}$ | $P_2$, EC, P |

| Saint-Omer, BA 585 | | | | |
|---|---|---|---|---|
| Text | *Expositiones* | | *Quaestiones* | |
|  | Folio | Watermark | Folio | Watermark |
| Porphyry | $1^{r-v}$, $3^r$–$8^r$ | L | $116^r$–$138^v$ | L |
| Categories | $9^r$–$17^r$ | L | $139^r$–$172^v$ | L, EC |
| Perihermenias | $18^r$–$25^v$ | L | $173^r$–$192^v$ | EC |
| Prior Analytics | $26^r$–$55^v$ | EC, L, P | $193^r$–$228^v$ | $CA_1$, P |
| Posterior Analytics | $56^r$–$76^v$ | $CA_2$, P | $229^r$–$262^v$ | P |
| Topics | $77^r$–$88^v$ | $CA_1$ | $263^r$–$279^v$ | $CA_1$ |
| Sophistical Refutations | $89^r$–$109^v$, $2^{r-v}$ | $CA_1$, P | $280^r$–$292^r$ | $CA_1$, $CA_2$ |

| Saint-Omer, BA 607 | | | | |
|---|---|---|---|---|
| Text | *Expositiones* | | *Quaestiones* | |
|  | Folio | Watermark | Folio | Watermark |
| Porphyry | $1^r$–$7^r$ | L | $117^v$–$141^v$ | L |
| Categories | $7^v$–$15^v$ | L | $142^r$–$176^v$ | L, p |
| Perihermenias | $16^r$–$24^r$ | L | $177^r$–$196^v$ | p, P |

---

[19] For the identification of the watermarks, see the Appendix.

| Saint-Omer, BA 607 | | | | |
|---|---|---|---|---|
| Text | Expositiones | | Quaestiones | |
| | Folio | Watermark | Folio | Watermark |
| Prior Analytics | 25$^r$–52$^r$ | P, L | 197$^r$–229$^v$ | P, L |
| Posterior Analytics | 53$^r$–76$^r$ | P | 230$^r$–266$^r$ | L, P |
| Topics | 77$^r$–87$^v$ | L | 268$^r$–284$^v$ | P, p |
| Sophistical Refutations | 89$^r$–112$^r$ | L, P | 285$^r$–298$^r$ | P |

In all three cases, the student used a single sourced paper to prepare the first three texts of the course; that Flamingi and Wale were already acquainted as brothers of the same house may have meant that they were initially sharing their stock. The same stock (Licorne) is found in the *quaestiones* on the first two books, but perhaps having copied the *expositiones* on the 'Perihermenias' and now using a dwindling supply of the paper in the *quaestiones* on the 'Categories', they had to acquire a new stock. Here their materials begin to diverge; Flamingi uses an Etoile couronnée, while Wale acquires two kinds of the letter 'P', one of which has its descender crossed. In both cases, the student then uses his new stock in the preparation of the next *expositio*, on the 'Prior Analytics'. With some variation, the pattern of adopting a new source in the *expositiones* prior to its appearance in the *quaestiones* seems to follow, as we might expect: in each course, there was the inevitable delay between the introductory exposition(s) and the first questions on the material, once the master had prepared the groundwork and the students had acquired the necessary understanding to take the next step, analyzing the text in greater detail. And although the sequence of papers in Cambrai 964(862) suggests that Theodoricus followed a similar pattern of work – the three initial *expositiones* uniformly draw upon a chien stock, which also appears later in the *quaestiones* on the first text – the greater variety of papers and their recurrence later in the year seems to indicate that his stock was kept in less orderly storage. That students kept two sets of notes, one for expositions, the other for in-class questions, seems also to be borne out by the paper analysis, because they clearly show a temporal delay between the former and the latter.

Armed with their copies of the *expositiones*, the students were able to follow the master's lecture without the competing task of transcribing the material. But this did not mean that during the lecture they were passive recipients. As they listened, they were each annotating the margins of their text, perhaps including material that the master had added extemporaneously, but in any event providing their unique understanding of the information. To give but one example of this, consider the three approaches to 'Prior Analytics' I.24, 41$^b$6–36, where the lemma to the text is *"Amplius autem in omni"*. Aristotle's central point is the assertion that syllogisms must have at least one positive and one universal premise. He illustrates the point by offering a geometrical theorem, that angles adjacent to the base of an isosceles triangle are equal. Each of the three students annotates Henry of Eyndonia's lecture in different ways. For his part, Theodoricus merely underlines the two corollaries that conclude the section and adds 'primum corollarium' and 'secundum corollarium' in the inside margin. Johannes Wale, on the other hand, constructs a diagram to accompany Aristotle's geometrical example: in the outside margin, he has constructed a circle with two diameters drawn at right angles, then between two endpoints adds a chord that serves as the base of the isosceles triangle. He labels the two base vertices a and b, the angles subtended by the chord and the tangent at the vertex c and d, and the base angles of the triangle e and f. In the margin above the figure, he explains the proof of the theorem. But unlike Theodoricus, Wale does not underline the logical corollaries that were Aristotle's and Eyndonia's principal issue; Wale appears to be more interested in the mathematics than the logic of the text. Finally, Johannes Flamingi adds a construction somewhat like that of his confrère, but rather than label the crucial elements as a preliminary to the proof, Flamingi merely provides the names of the parts of the diagram: '*circumferentia*', '*diameter*', '*anguli incisionum*' (for the angle between the chord and the subtended circle), '*anguli semiarculorum*' (for the quarter circle subtended by two diameters), and '*anguli equicurio*' (that is, isosceles angles). Beneath that, he draws figures that this seems to have inspired: a quadrilateral generated from the endpoints of two diameters, labeled '*quadratum dyametri*'; a rectangle labeled '*quadrangulus*'; a gnomen; and nine small circles arrange in a square, labeled '*quadratum in numeris*,' that is the ability to '*square*' discrete quantities. None of this seems to have much to do with the substance of the material; Flamingi's mind was wandering that day.

\*\*\*

Although it is undeniable that Saint-Bertin's library owed a significant number of its volumes to the collection habits of Pierre d'Allouagne and his circle of bibliophiles, as well as other scholar-monks of the fourteenth and fifteenth centuries, determining the rate of growth and the successive character of the library's holdings is often complex and obscure. Over its eleven centuries, only two inventories have come down to us. One was prepared in the early twelfth century, although the list is problematic for several reasons, not least of which is the difficulty in associating particular items in the catalogue with surviving manuscripts and determining when the listed works entered the library before the catalogue was drawn up[20]. To this list, one must add references to works

---

[20] G. Becker (ed.), Brevis annotatio librorum sancti Bertini (Catalogi bibliothecarum antiqui, I: Catalogi saeculo XIII vetustiores), Bonn 1885, 181–185 (no. 77), based on the edition by Anselme Berthod in 1788. The original document used by Berthod has disappeared, although had it survived, it probably would not have resolved the fundamental question of whether the 305 entries in the catalogue represented individual volumes (unlikely) or how many such codices the library possessed in the early twelfth century.

produced by scribes during this early period that have apparently not survived and do not appear in the inventory, or that were produced for export and left Saint-Bertin at an undetermined time[21]. But by the early twelfth century, the library catalogue of the Saint-Bertin collection included some 305 items, ranking it perhaps fourth among principal French libraries, behind Cluny, Saint-Amand, and Corbie[22]. The second inventory was prepared only a few decades before Saint-Bertin's dissolution in the French Revolution. The 78th abbé of the house, Momelin le Riche (1706–1723) undertook the construction of a new library, which was completed in 1729, and not surprisingly, a new inventory of the books was undertaken, the outlines of which can be seen in the item numbers that most surviving Saint-Bertin manuscripts bear on the first folio, and which correspond to the inventory of 1339 separate works within 743 physical volumes, now preserved in Saint-Omer, BA 813. This inventory must have been completed before 1756, for the entry corresponding to the abbey's copy of the 'Annales Vedastines' [now Bruxelles, BR 15835 (3109)] was cited by its inventory number, '258'[23].

Between these two inventories, it is possible to reconstruct something of the growth of the library, based on the annotations found in the books themselves. In some 77 manuscripts, there is at least one ex libris 'De libraria sancti Bertini'; for the last three centuries of its existence, the coats of arms of abbots help to ascertain provenance. The 67th abbot, Antoine de Berghes (1493–1532) had his coat of arms afixed to the covers of two manuscripts (468 and 480); the bookplate of the 77th abbot, Benoît de Béthune des Planques (1677–1705), appears on the inside cover of 35 Saint-Bertin manuscripts; the bookplate of his immedi-

---

[21] As an example of the former, the chronicler Folcuin indicated that the monk Guntbert produced several books for the library, including a computus that has not survived. During the ninth century, Saint-Bertin's scriptorium produced several books for export, including the Ludwigpsalter (Berlin, SBPK, MS Theol. lat. fol. 58), another psalter (Wolfenbüttel, HAB, Cod. Guelf. 81.17 Aug. 2°), and three gospels (Prague, Knihovny pražské metropolitní kapituly, B.66; Città del Vaticano, BAV, Pal. lat. 47; Porrentruy, Bibliothèque cantonale jurassienne, MS 34). Cf. Ugé, Creating the monastic past (nt. 1), 44–46 and C. Coolen, Guntbert de Saint-Bertin, Chronique des temps carolingiens, in: Revue du nord 40 (1958), 213–224 at 218–219.

[22] A. Vernet, Les Bibliothèques médiévales: du VIe siècle à 1530, Paris 1989, ix–xi, 20–21, 32, 41.

[23] Abbé Lebeuf, Notice raisonnée des *Annales Vedastines*, manuscrit du Xe siècle, où sont renfermés des détails curieux sur l'histoire de France de la fin du IXe, in: Mémoires de littérature tirés des registres de l'Académie Royale des inscriptions et Belles-Lettres T. 24, Paris 1756, 687–712, at 688. BR 15835 (3109) bears the inventory mark, "Bibliothecae Bertinianae, no. 258," in the upper right margin of p. 1; it was originally bound with Saint-Omer, BA 697 and BA 706. According to Roger Collins [Die Fredegar-Chroniken, Hannover 2007, 119] the parts were separated in the late fourteenth century, "wie sich aus einem zeitgenössischen Bibliothekskatalog von St. Bertin ergibt," though it is not clear what is meant, since there is no fourteenth-century catalogue that indicates this. In any event, it must have occurred prior to the mid-eighteenth century, because all three parts have been given a distinct inventory number. On the front pastedown of MS 15835 (3109), a note: "Ms. Acheté à la vente des mss. de M. le chanoine Gasparoli, faite à Anvers, le 3 septembre 1823, Ch. Van Hulthem, no. 52." Below that, the ex-libris "Ex bibliotheca C. Van Hulthem."

ate successor, Momelin le Riche is found on the inside cover of 69 manuscripts. But one other mark that many of the books possess seems to have escaped previous notice.

In some 200 of the 533 manuscripts produced before the sixteenth century, the codex contains – generally on a flyleaf or the first or second folio – a *secundo folio* reference, that is, it notes the opening words of the text on the second folio of the manuscript[24]. Among these 200 *secundo folio* marks, all are in books that date from before 1470, and discounting one late outlier, all of the others date from before 1452. By their very nature, *secundo folio* indications were most valuable when recorded in a catalogue separate from the book itself, so that it provided an independent witness in verifying the identity of the text. Why then would someone have recorded the *secundo folio* on the first folio or a flyleaf? The most likely answer is that the current librarian in the mid-fifteenth century was in the process of creating a catalogue, and that this notation was a preliminary step. In many of the books containing *secundo folio* references, there is also an adjacent list of the book's contents in the same hand. With this information, it would have streamlined the process of creating the catalogue, particularly because by the fifteenth century, catalogues of larger collections were frequently organized by subject matters, and thus one could sort books of similar subjects into distinct locations, then expeditiously note the requisite elements of the catalogue description – the content, incipit, or opening words of the first text, the *secundo folio* – all conveniently concentrated on the same page. And finally, after compiling the catalogue, such a notation would have paid a dividend to the librarian who regularly inventoried his collection, by opening the book to a single page and comparing the identifying information against the catalogue. If this is correct, these *secundo folio* marks suggest that either a catalogue was made but subsequently lost or at least not currently recognized, or that one was begun but never fully achieved.

Both the fifteenth and the eighteenth centuries were significant periods for the development of libraries in the north of France, particularly in monastic houses. As Frédéric Barbier has noted, between the opening years of the fifteenth and the first few decades of the sixteenth century, several northern abbots, including those at Cambrai (Saint-Sépulcre), Anchin, Hasnon, Saint-Amand, Saint-Waast and Douai (Saint-André), undertook library building campaigns, frequently coordinated with inventories or catalogues of the books. At Saint-Bertin, Jean VI de Bliecquère continued work on the abbey church that had been initiated by his predecessors and began construction of a new library in 1414[25]. It would thus be consistent with the tenor of monastic infrastructure

---

[24] Generally the second folio of the manuscript, although occasionally in glossed works or in works preceded by an index, the reference is to the second folio of the text; even less frequently, the notation refers to the tertio folio [e.g. BA 77 (at fol. $1^r$), 171 (at fol. $2^r$), 226 (at fol. $1^v$)] or quarto folio [BA 150 (at fol. $1^r$), 271 (at fol. $1^r$)].

[25] F. Barbier, Saint-Bertin et Gutenberg, in: Revue française d'histoire du livre 118–121 (2004), 55–78, esp. at 58–59 and 63. For Jean's other projects, see H. de Laplane, Les abbés de Saint-Bertin d'après les anciens monuments de ce monastère, Pt. I, Saint-Omer 1854, 361–362.

investment in the region if, following construction of the new library, a catalogue was undertaken, probably between 1450 and 1470 during the abbacy of Guillaume de Fillastre (1450–1473), but never completed.

\*\*\*

Beyond its value in determining the reading or at least collecting preferences of medieval Benedictines, the manuscript material from the medieval library of Saint-Bertin provides a window into the medieval classrooms of both Paris and Louvain. To an extent greater than has been previously recognized, medieval education was a collaborative affair rather than the solitary activity of a student (or a master) within a sea of other scholars. Pierre d'Allouagne and his *socii* apparently shared sources and circulated drafts of their lectures and disputations throughout the academic year 1338–1339. Theodoricus Regis, Johannes Wale, Johannes Flamingi and the other students in the logic class of 1481–1482 likewise shared their master's lecture notes outside class, each preparing a copy – whether during an informal dictation session or by individual initiative is impossible to determine – that became the basis for individual annotation and reflection during the oral performance of the lecture. Moreover, there is some suggestion that they shared images used to illustrate or decorate the notebooks they were preparing: the Louvain notebooks contain diagrams and tables that served as aides-mémoire and essential tools in presenting and acquiring logical techniques[26]. Chief among these was the so-called *pons asinorum*, or 'bridge of asses' that succinctly organized Aristotle's rules of syllogism in 'Prior Analytics' $43^{a}20$–$45^{b}12$[27]; a slightly later notebook by another monk from Saint-Bertin includes John Buridan's 'Octagon of Opposition' that extends and corrects Aristotle's theory of modal syllogisms, even though the University of Louvain was a staunch supporter of the so-called via antiqua and realist philosophical doctrine, and according to the 1427 statutes of the university, regent masters in Arts were to swear never to teach the positions of John Buridan, Marsilius of Inghen, William of Ockham or their followers[28].

---

[26] Concerning the use of images in pedagogy, see the very recent work of S. Berger, The Art of Philosophy: Visual Thinking in Europe from the Late Renaissance, Princeton 2017, esp. 147–151.

[27] L. Minio-Paluello, A Latin Commentary (? Translated by Boethius) on the *Prior Analytics*, and its Greek Sources, in: Journal of Hellenic Studies 77 (1957), 93–102, at 97–98; J. Shiel, A Recent Discovery: Boethius' Notes on the *Prior Analytics*, in: Vivarium 20 (1982), 128–141; id., A set of Greek reference signs in the Florentine Ms. of Boethius' Translation of the Prior Analytics (B. N. Conv. Soppr. J.VI.34), in: Scriptorium 38 (1984), 327–338; C. Thomsen Thörnqvist, 'Anonymus Aurelianensis III' in Aristotelis analytica priora: critical edition, introduction, notes, and indexes, Leiden 2015, 189; C. L. Hamblin, An Improved Pons Asinorum? in: Journal of the History of Philosophy 14 (1976), 131–136.

[28] Reusens, Statuts primitifs de la Faculté des Arts de Louvain (nt. 17), 155, n. 1. At just the point of the statutes in which the curriculum mandates, "*statuimus et ordinamus quod oportet audire in studio vel in domibus tractatus Petri Hispani, suppositiones, ampliationes et restrictiones*" – that is, precisely the material under discussion at this point in MS 609 – the text continues "*Ex pluralitate vocum conclusum fuit quod nullus magister deberet recipi aut admitti ad regentiam in Artibus, nisi juraret se nunquam*

While our Louvain students were occupied with matters of logic in 1481–1482, they also found ways to integrate aesthetics and artistic elements into their notebooks. BA 609, containing notes from a similar logic course in 1501–1502, includes spectacular pen and ink sketches in the style of two contemporary artists, the Maître d'Edouard IV and the Maître du Livre des prières de 1500[29]. Perhaps because he considered his artistic skills inadequate, Johannes Flamingi snipped contemporary engravings and pasted them into his notebook, both as a way to decorate and individuate the text and as a convenient way to turn to the beginning of successive lectures[30]. In fact, all three Saint-Bertin logical notebooks include repurposed engravings[31], and Theodoricus' Cambrai manuscript has images that seem to originate as copies made from engravings[32].

Finally, and perhaps most fundamentally, all of these observations are dependent on the examination of previously underutilized source materials: single-copy *expositiones* (because they tend to be, as Christoph Flüeler put it[33], 'boring'); student notebooks (because they tend to be impossible messes); and materials produced by Benedictine scholars (because in contrast to Franciscans and Dominicans, the Benedictines were considered to have played an insignificant role in the university during the thirteenth through the fifteenth centuries)[34]. In

---

*debere doctrinare Buridanum , Marcilium , Ockam , aut eorum sequaces. In quo tamen unus (magister) discrepavit."* Nor does this seem to have been uniquely a Louvain characteristic or confined to the teaching of logic: as Sigrid Müller has shown for Ethics instruction at Vienna, despite the general leaning of the Arts Faculty there to follow the *via moderna*, lecture notes on Aristotle's 'Ethics' also took up positions of Gerard Odonis and Thomas Aquinas; cf. S. Müller, Wiener Ethikkommentare des 15. Jahrhunderts, in: Documenti e studi sulla tradizione filosofica medievale 17 (2006), 445–467.

[29] M. Gil/L. Nys, Saint-Omer gothique: les arts figuratifs à Saint-Omer à la fin du Moyen Age 1250–1550: peinture, vitrail, sculpture, arts du livre, Valenciennes 2004, 212–215, 389.

[30] Extant engraved decorations are located on fol. 20$^r$, 42$^r$, 53$^r$, 77$^r$, 83$^r$, 197$^r$, 268$^r$, and 285$^r$. Several other frames retain adhesive stains where illustrations have been removed [fol. 7$^v$, 16$^r$, 25$^r$, 89$^r$, 117$^{rb}$, 142$^r$ (where the removal has damaged the underlying paper), 176$^{vb}$, 177$^r$, 189$^r$, 220$^r$, 230$^r$, 256$^r$, 277$^r$), and the frame itself has been excised on fol. 297$^r$.

[31] In MS 585, fol. 139$^r$, the central element is a hand-colored engraving by Der Monogrammist 'b x g' (fl. 1470–1490) (cf. M. Lehrs, Geschichte und kritischer Katalog des deutschen, niederländischen und französischen Kupferstichs im XV. Jahrhundert, Wien 1908, fig. 534], as in MS 607, in which a couple share a meal, seated on the ground before an open-air masonry table from which water pours in the foreground; a lute rests on the left, drapery to the right, a woven lattice fence appears in the background. In MS 609, fol. 47$^v$, Israhel van Mechenem's engraving of a vegetatively-decorated 'H' has been excised from the original print and pasted into the end of the text, without any apparent use; cf. M. Geisberg, Verzeichnis der Kupferstiche Israhels van Meckenem †1503, Strassburg 1905, 225, no. 492: 'Die Majuskelbuchstaben E F G H'.

[32] Cf. Smeyers, Een collegeschrift (nt. 16), 263 sqq.

[33] C. Flüeler, From Oral Lecture to Written Commentaries: John Buridan's Commentaries on Aristotle's Metaphysics, in: Historisk-filosofiske meddelelser. Det Kongelige Danske Videnskabernes Selskab 77 (1999), 497–521 at 503.

[34] Until recently, the principal reference for the University of Paris was H. Rashdall,/F. M. Powicke/A. B. Emden, The Universities of Europe in the Middle Ages, Oxford 1936; their assessment (vol. 3, 190) was that "these monastic colleges possess very little importance in the history either of learning or of education. Monks never applied themselves to the scholastic philosophy or theology. The older monastic Orders never produced a single great theologian from the days

addition to the content itself, careful examination of the archeology of the books themselves can also reveal important aspects of medieval pedagogy. But above all, examination of the extant Saint-Bertin manuscripts reminds us that underused or obscure collections are an untapped resource for understanding the middle ages, including its intellectual institutions.

## Appendix

### Watermarks in the Logic Notebooks of 1481–1482

Cambrai, BM 964(862)

C = Chien entier | avec un collier | à fleuron à quatre feuille [Briquet 3624]. Chain line separation = 33 mm; h = 66 mm; w = 47 mm.
S = Sirène | à une queue, tenant un miroir (?) [Briquet 13854–862]. Chain line separation = 29 mm; h = 44 mm; w = 37 mm.
P = Lettres de l'alphabet | Lettre P gothique | à fleuron à quatre feuille | p simple, à long jambage bifurqué [Briquet 8625]. Chain line separation = 28 mm; h = 75 mm; w = 18 mm.
EC = Etoile | couronnée [Briquet 6112–6114]. Chain line separation = 26 mm; h = 45 mm; w = 33 mm.
E8 = Etoile | à huit rayons [Briquet 6053]. Chain line separation = 35 mm; h = 40 mm; w = 40 mm.
$P_2$ = Lettres de l'alphabet | Lettre P gothique | à fleuron à quatre feuille | Jambage traversé par un trait [Briquet 8660, 8664 and 8666]. Chain line separation 20 mm; h = 54 mm; w = 13 mm.
Po = Pot | à une anse | pot d'étain [Briquet 12481]. Chain line separation = 35 mm; h = 77 mm; w = 28 mm.
$P_3$ = Lettres de l'alphabet | Lettre P gothique | Jambage traversé par un trait [Briquet 8566, 8574]. Chain line separation 36 mm; h = 55 mm; w = 22 mm.
$C_2$ = Chien entier | avec un collier [Briquet 3635]. Chain line separation = 34 mm; h = 59 mm; w = 47 mm.
L = Tête de Licorne [Briquet 15814]. Chain line separation = 26 mm; h = 87 mm; w = 53 mm.
$P_4$ = Lettres de l'alphabet | Lettre P gothique | p simple, à long jambage bifurqué [similar to Piccard 107259]. Chain line separation = 30 mm; h = 55 mm; w = 18 mm.
$P_5$ = Lettres de l'alphabet | Lettre P gothique | p simple, à long jambage bifurqué [Briquet 8530]. Chain line separation = 36; h = 45 mm; w = 17 mm.

---

of S. Bernard till the reign of the scholastic theology was over...." This outmoded view has begun to change in recent years, as for example Th. Sullivan (Benedictine Monks at the University of Paris, A.D. 1229–1500: A Biographical Register, Leiden 1995) has shown.

$P_6$ = Lettres de l'alphabet | Lettre P gothique | p simple, à long jambage bifurqué [Briquet 8572]. Chain line separation = 42 mm; h = 53 mm; w = 17 mm.

Saint-Omer, BA 585

L   = Licorne | Types français | Licorne simple, var. of Briquet 10013–10020
EC = Etoile | à huit rayons, couronnée, variant of Briquet 6109–6113
P   = Lettre P gothique | à fleuron à quatre feuille | Jambage traversé par un trait, var. of Briquet 8662
$CA_1$ = Coat of arms – Escutcheon with bendlet gemel – Without additional work in escutcheon – Above maltese cross, beneath t (similar to Piccard 24512, 24515)
$CA_2$ = Coat of arms – Escutcheon with bendlet gemel – Without additional work in escutcheon – Above maltese cross (similar to Piccard 24494)

Saint-Omer, BA 607

L = Licorne simple, var. of Briquet 10013–10020
p = Lettre P gothique | accompagnée d'un cinquefeuille, var. of Briquet 8806–8807
P = Lettre P gothique | à fleuron à quatre feuille | Jambage traversé par un trait, var. of Briquet 8662

C. M. Briquet, Les filigranes: dictionnaire historique des marques du papier dès leur apparition vers 1282 jusqu'en 1600, Leipzig ²1923.

Die Wasserzeichenkartei Piccard im Hauptstaatsarchiv Stuttgart, 17 Findbücher in 25 Bänden, Stuttgart 1961–1997.

# Une bibliothèque universitaire avant la lettre ?
## La *libraria communis* du collège de Sorbonne (XIII<sup>e</sup>–XVI<sup>e</sup> siècle)

GILBERT FOURNIER (Paris/Freiburg i. Br.)

« Arago disposa la lunette, et me dit : regardez. Je regardai. J'eus un mouvement de désappointement. [...] – Je ne vois rien, dis-je. [...] – Regardez, dit Arago. [...] J'obéis. Peu à peu ma rétine fit ce qu'elle avait à faire, les obscurs mouvements de machine nécessaires s'opérèrent dans ma prunelle, ma pupille se dilata, mon œil s'habitua, comme on dit, et cette noirceur que je regardais commença à blêmir. Je distinguai, quoi ? impossible de le dire. C'était trouble, fugace, impalpable à l'œil, pour ainsi parler. Si rien avait une forme, ce serait cela. Puis une visibilité augmenta [...] »
Victor Hugo, *Promontorium somnii*[1]

« Comment ne pas être dupe d'une réalité tellement apprivoisée que nous l'approchons comme une évidence, en y retrouvant ce que nous savions déjà ? Comment transformer le réel en devinette ? » s'interroge Carlo Ginzburg au cours d'un entretien réalisé en 2001 par Philippe Mangeot[2]. Le grand historien italien n'avait peut-être jamais énoncé aussi clairement un thème qui lui est cher et qui constitue un défi majeur auquel l'historien est confronté : se départir de l'évidence et questionner le réel. En s'interrogeant de la sorte, Carlo Ginzburg s'inscrit dans une tradition historiographique qui remonte à l'École des Annales, à laquelle il avait été initié par Arsenio Frugoni dès ses premières années d'étude[3], et dont l'un des mérites fut précisément d'imposer l'esprit au commen-

---

[1] Victor Hugo, *Promontorium somnii* [1863], in : id., Oeuvres complètes. Critique. Présentation de J.-P. Reynaud, Paris 1985, 639–640.
[2] C. Ginzburg, De près, de loin. Des rapports de forces en histoire. Entretien réalisé le 11 septembre 2001, par Philippe Mangeot, in : id., Un seul témoin, Paris 2007, 71–104, ici 90–91. Sur les stratégies pour mettre en crise l'évidence, cf. id., À distance. Neuf essais sur le point de vue en histoire, Paris 2001. Sur le même sujet, cf. M. de Certeau, Histoire et psychanalyse entre science et fiction. Nouvelle édition revue et augmentée. Précédé de « Un chemin non tracé » par L. Giard, Paris 2002, chap. VII : Histoire et structure, 188–207 ; F. Hartog, Évidence de l'histoire. Ce que voient les historiens, Paris 2005.
[3] C. Ginzburg, Préface, in : id., Le fil et les traces. Vrai faux fictif, Lagrasse 2006, 7–17, ici 8 ; id., Préface, in : id., Mythes emblèmes traces. Morphologie et histoire, nouvelle édition augmentée, Lagrasse 2010, 9–19, ici 11 et 13. Il en résulta l'une des premières publications de C. Ginzburg, A proposito della raccolta dei saggi storici di Marc Bloch, in : Studi medievali, serie terza, 6 (1965), 335–353, en part. 337. Les préférences de C. Ginzburg vont à la définition de l'histoire comme « une connaissance par traces » et les conséquences qui en découlent qui font étonnamment défauts dans « Traces. Racines d'un paradigme indiciaire » (1979), aux documents et leur valeur, à la comparaison en histoire et enfin aux Rois thaumaturges, livre pour lequel le savant italien ne tarit pas d'éloges.

cement des opérations historiographiques. « Un questionnaire [...] est, en effet, la première opération de toute recherche historique bien conduite » écrit Marc Bloch dans son traité testamentaire[4]. « Poser un problème, c'est précisément le commencement et la fin de toute histoire. Pas de problèmes, pas d'histoire » renchérit Lucien Febvre, avec sa verve habituelle[5]. Ultérieurement, Paul Veyne considéra que « l'allongement du questionnaire » était « le seul progrès que la connaissance historique puisse faire ; l'histoire ne pourra jamais donner plus de leçons qu'elle n'en donne présentement, mais elle pourra multiplier encore les questions ». Tout au plus en est-il de plus pertinentes que d'autres en vertu de la topique qui fonde le savoir historique, « et c'est pourquoi on ne peut s'improviser historien »[6].

## I. Une tradition historiographique

Si « l'histoire n'a de sens que si elle pose le problématique comme sa raison »[7], force est de constater que la vocation universitaire de la bibliothèque du collège de Sorbonne n'a éveillé qu'en très peu d'occasions la curiosité des historiens, à l'instar des lecteurs qui restent les grands oubliés de l'histoire des bibliothèques[8]. Les deux questions sont d'ailleurs intimement liées. Certes, on ne compte plus les maîtres et les étudiants qui ont prétendument fréquenté la bibliothèque du collège de Sorbonne[9]. Mais rares sont les historiens qui s'interrogent ouverte-

---

[4] M. Bloch, Apologie pour l'histoire ou Métier d'historien [1941–1943], Paris 1993, 109.
[5] L. Febvre, Vivre l'histoire. Propos d'initiation [1941], in : id., Combats pour l'histoire, Paris 1953, 18–33, ici 22. Les deux fois, les citations de M. Bloch et de L. Febvre sont empruntées à des passages hostiles à l'histoire méthodique. Sur la maturation du « problématique » dans l'École des Annales, cf. E. Castelli Gattinara, Les inquiétudes de la raison. Épistémologie et histoire en France dans l'entre-deux-guerres, Paris 1998, 196–224.
[6] P. Veyne, Comment on écrit l'histoire, suivi de Foucault révolutionne l'histoire, Paris 1978, chap. 10 : L'allongement du questionnaire, 141–155. L'auteur précise que les questions « ne sont pas à ramasser, mais à dégager, ce qui suppose un travail d'analyse, de réflexion ; [elles] sont l'aboutissement d'une historiographie non-événementielle » (149).
[7] E. Castelli Gattinara, Les inquiétudes (nt. 5), 194.
[8] F. Dolbeau, Les usagers des bibliothèques, in : Histoire des bibliothèques françaises, vol. I, Paris 1989, 394–413, ici 394. On nous permettra de renvoyer dorénavant à G. Fournier, Ouvrir la bibliothèque. Lecteurs étrangers et lectures étrangères au collège de Sorbonne au XVe siècle, in : C. Croizy-Naquet/L. Harf-Lancner/M. Szkilnik (eds.), Les manuscrits médiévaux témoins de lectures, Paris 2015, 17–45.
[9] H. J. De Vleeschauwer, *Libraria magna* et *libraria parva* dans la Bibliothèque universitaire au XIIIe siècle, in : Mousaion 7 (1956), 1–60, ici 57 ; M.-H. Jullien de Pommerol, Livres d'étudiants, bibliothèques de collèges et d'universités, in : Histoire des bibliothèques françaises (nt. 8), vol. I, 93–111, ici 98 ; P. Saenger, Lire aux derniers siècles du Moyen Âge, in : G. Cavallo/R. Chartier (eds.), Histoire de la lecture dans le monde occidental, Paris 1997, 147–174 et 447–460, ici 162 et 455, nt. 90 ; G. Fournier, Ouvrir la bibliothèque (nt. 8), 19 (au sujet de la visite éventuelle de Nicolas de Cues en 1428). Parfois l'argumentation est plus implicite comme dans l'hypothèse du « caractère en quelque sorte public de la bibliothèque de la Sorbonne », au lendemain du legs de Gérard d'Abbeville en 1272. Cf. A. Birkenmajer, La bibliothèque de Richard de Fournival, poète et érudit français du début du XIIIe siècle et son sort ultérieur [1922], in : id., Études

ment au sujet de sa vocation universitaire. En 1956, Herman Jean De Vleeschauwer affirme dans une contribution demeurée confidentielle qu'« il est aisé de comprendre pourquoi cette université [de Paris], même après sa constitution définitive par l'entremise et en quelque sorte par la mainmise du légat pontifical [Robert de Courson], n'a pas pensé tout de suite à la doter d'une bibliothèque universitaire centrale ». L'auteur invoque parmi les raisons ayant conduit à ce choix l'autonomie des diverses institutions qui composent l'université, et le défaut de centralisation corporative : « Aussi longtemps que la centralisation ne dépassait point le cadre administratif et que les écoles assimilées conservaient un brin d'autonomie dans l'union corporative sanctionnée par Philippe Auguste, le besoin d'une bibliothèque commune à l'unité corporative ne paraissait pas une chose absolument indispensable pour le maintien de l'entreprise ou la sauvegarde de ses membres »[10]. Au terme de la lente et progressive affirmation de l'université, qui était engagée dans des querelles de doctrine contre les « Mendiants », les « Artistes » et « tous les novateurs, chrétiens sincères ou libres-penseurs », des « besoins inconnus antérieurement » et la « nécessité de posséder une bibliothèque, c'est-à-dire un dépôt inépuisable de munitions spirituelles », s'imposèrent au milieu du XIIIe siècle[11]. La création du collège de Sorbonne et de sa bibliothèque en témoigne : « modeste en soi et pour ainsi dire d'orientation uniquement théologique à ses débuts, [cette dernière] constitua le point de départ de la bibliothèque de l'université de Paris »[12]. Dès lors, tous les arguments avancés par Herman Jean De Vleeschauwer concourent à soutenir cette hypothèse : l' « esprit de charité » qui anime le collège[13] ; l'affectation « pour la première fois dans l'histoire des bibliothèques en Occident [...] d'un bâtiment spécial » et la bipartition de la bibliothèque qui « opère une sélection parmi la clientèle et [...] assigne une partie de la bibliothèque aux différentes catégories de lecteurs ainsi créées »[14] ; enfin l'adoption de pupitres et l'enchaînement des manuscrits qui représente « le maximum de libéralité qu'une bibliothèque [n']ait pu jamais offrir à son public »[15]. « Ces innovations relatives » procédant de surcroît d'une note datée de 1289[16], la conclusion s'impose :

---

d'histoire des sciences en Pologne, Wroclaw-Varsovie-Cracovie 1970, 117–210, ici 126–127 ; P. Glorieux, Bibliothèques de Maîtres parisiens. Gérard d'Abbeville, in : Recherches de théologie ancienne et médiévale 36 (1969), 148–183, ici 150 ; D. Nebbiai-Dalla Guarda, La bibliothèque commune des institutions religieuses, in : Scriptorium 50 (1996), 254–268, ici 260–261.

[10] H. J. De Vleeschauwer, *Libraria magna* (nt. 9), 7.
[11] Ibid., 30–32 et 51–54.
[12] Ibid., 18. L'auteur considère les 1500 volumes estimés en 1338 comme un « nombre très réduit en somme ». Cf. ibid., 18–19.
[13] Ibid., 12.
[14] Ibid., 19–20 (cit.), 26–27 et 33–34 (cit.).
[15] Ibid., 22–24 et 27–29 (cit. 28). Ailleurs la vocation des deux dépôts issus de la partition de la bibliothèque appelle la distinction entre une « clientèle générale » et des spécialistes. Cf. ibid., 55–56.
[16] Concernant la bipartition de la bibliothèque, l'auteur a du mal à dissimuler son embarras : « La preuve de la bipartition de la bibliothèque est fournie par le catalogue de 1338 [...]. Cependant il est probable que cette mesure fut prise à l'époque du transfert de la bibliothèque dans un bâtiment spécial [1289], car, je le répète, si par hasard cela n'avait pas été le cas, la raison de ce

« La réorganisation du bibliothécaire de 1289 doit être conçue – telle est en tout cas notre avis – comme la manifestation externe d'une étape décisive que la Sorbonne venait précisément de franchir. Nous savons qu'elle était destinée primitivement à accueillir quatre aspirants théologiens de chaque nation, donc à recevoir en tout seize internes [entendez des sociétaires]. Il est évident que le collège ne pouvait pas se mettre en frais pour une poignée aussi réduite d'internes. Seulement le nombre d'internes avait assez vite atteint plusieurs dizaines et ne comprenait plus exclusivement des étudiants pauvres. Toutefois jamais leur nombre ne fut suffisamment élevé pensons-nous pour justifier la création d'une bibliothèque séparée pour leur seul usage. Une mesure aussi hardie devait répondre à des motifs très sérieux, justifiant la dépense. Elle me paraîtrait tout-à-fait logique et justifiable, si entretemps la bibliothèque avait reçu une autre destination. En admettant, que la bibliothèque de la Sorbonne, suivant de près l'ascension du Collège, dépouillée vers 1289 de son strict caractère de collection de collège, renaît aussitôt chargée d'une fonction nouvelle en servant d'instrument didactique à la Faculté de théologie toute entière […] ».[17]

Vers 1289, la bibliothèque du collège de Sorbonne aurait donc accompli sa mutation : de « bibliothèque de collège », elle serait devenue une « bibliothèque universitaire », en l'occurrence la bibliothèque de la Faculté de théologie. Son évolution épousera le « rôle joué par la Sorbonne au sein de l'organisation scolaire de Paris »[18]. Le rapprochement des deux institutions, notamment en matière d'enseignement et de censure, contribuera à faire du collège « l'axe autour duquel gravitaient la Faculté et tout le mouvement théologique […]. Et sa bibliothèque théologique, la meilleure sinon la seule collection séculière existante, devait desservir […] une faculté nombreuse et répondre à des besoins nouveaux »[19]. « Annexe de la salle des cours et […] adjuvant de la *lectio* », la bibliothèque « est en même temps un arsenal où l'esprit se formait aux grandes disciplines théologiques et tendait […] à approfondir la science théologique comme le prélude indispensable à sa défense »[20]. Elle concilie les besoins de l'enseignement et de l'étude. Aux périls sans cesse renouvelés, elle oppose la « théologie officielle » qui est l'autre nom de l'orthodoxie[21].

---

transfert en deviendrait de moins en moins explicable. Toutefois nous ne pouvons en donner aucune preuve directe ni péremptoire, les documents ne se prononçant pas sur la question des dates » (ibid., 21). Une datation appelle l'autre par le seul fait du raisonnement de l'auteur.

[17] Ibid., 24–25.
[18] Ibid., 30.
[19] Ibid., 26–27.
[20] Ibid., 31–32.
[21] Ibid., 53. Indépendamment de H. J. De Vleeschauwer, l'historiographie reprendra à son compte cette conception, parfois au péril de l'anachronisme. Cf. D. Nebbiai-Dalla Guarda, Classifications et classements, in : Histoire des bibliothèques françaises (nt. 8), vol. I, 373–391, ici 388 ; M.-H. Jullien de Pommerol, Introduction, Le registre de prêt de la bibliothèque du collège de Sorbonne [1402–1536] Diarium Bibliothecae Sorbonae. Paris, Bibliothèque Mazarine, ms. 3323, edd. J. Vielliard/M.-H. Jullien de Pommerol, Paris 2000, 21–50, ici 50 (au sujet de la prétendue absence des œuvres de Joachim de Flore et de Marsile de Padoue, « auteurs suspects », dans la bibliothèque commune).

La contribution d'Herman Jean De Vleeschauwer présente au moins deux défauts majeurs et pour tout dire rédhibitoires. D'une part, elle présuppose l'existence du projet d'une bibliothèque universitaire qui n'est attesté dans aucun document allégué par l'auteur. D'autre part, elle repose sur une interprétation erronée d'une note commémorative transcrite à la suite du catalogue de 1338, dont nous reproduisons la teneur exacte :

> « Notez encore qu'en l'an de Notre Seigneur 1289 fut établie pour la première fois en cette maison une librairie de livres enchaînés pour l'usage commun des sociétaires ».[22]

Rien dans la note ne renvoie à la vocation universitaire de la bibliothèque du collège de Sorbonne. La création du nouveau dépôt ne suppose nullement l'érection d'un « bâtiment *ad hoc* séparé du collège »[23] qu'Herman Jean De Vleeschauwer identifie à tort avec la *nova libraria*, dont la construction fut projetée au plus tard en 1481 et la description livrée par le bibliothécaire Claude Héméré peu avant sa destruction en 1626–1627[24]. Les membres du collège procédèrent plus vraisemblablement au réaménagement du local qui abritait déjà les « livres de la communauté » (*libri de communi*) évoqués dans les premiers statuts (vers 1270)[25] ou d'une maison acquise de fraîche date par les successeurs de Robert de Sorbon[26]. L'établissement était en capacité de supporter la dépense occasionnée par cette opération : il pouvait compter sur la munificence de ses premiers bienfaiteurs, recrutés dans l'entourage du roi ou parmi les maîtres en théologie[27].

---

[22] Paris, BnF, nal 99, p. 223b ; L. Delisle, Le cabinet des manuscrits de la Bibliothèque nationale, vol. III, Paris 1887, 71 : « *Nota eciam quod anno Domini M° CC° LXXX° IX° fuit primo institutum librarium in domo ista pro libris cathenatis ad communem sociorum utilitatem* ».

[23] H. J. De Vleeschauwer, *Libraria magna* (nt. 9), 26. L'hypothèse du « local nouveau et séparé » est répétée à de nombreuses reprises. Cf. ibid., 19–20, 22–23, 24, 25, 30 et 31. Ailleurs il précise que « les deux bibliothèques se sont trouvées réunies sous un même toit, le nouveau ». Cf. ibid., 32–34. P. Glorieux évoque l'éventualité de « la construction d'une salle » et A. Tuilier de deux locaux distincts, les épithètes *magna* et *parva* se rapportant à leur taille. Cf. P. Glorieux, Aux origines de la Sorbonne, vol. I, Paris 1966, 126 ; A. Tuilier, La bibliothèque de la Sorbonne médiévale et ses livres enchaînés, in : Mélanges de la Bibliothèque de la Sorbonne 2 (1981), 7–41, ici 13.

[24] H. J. De Vleeschauwer, *Libraria magna* (nt. 9), 22–23. La confusion est ancienne car on la retrouve déjà sous la plume de C.-L.-F. Petit-Radel, Robert de Sorbon, in : Histoire littéraire de la France, vol. XIX, Paris 1838, 291–307, ici 299. Sur la construction de la *libraria nova*, cf. G. Fournier, Livre après livre. Un catalogue inédit de la bibliothèque du collège de Sorbonne (milieu XVIe siècle), in : Scriptorium 67 (2013), 184–217, ici 188–190.

[25] Les statuts primitifs sont édités, in P. Glorieux, Aux origines (nt. 23), vol. I, n° 1, 193–196, ici 194.

[26] Ibid., vol. I, 122, 123–124 et 128. La politique d'acquisition de nouvelles propriétés, maisons et rentes se poursuivit sous les provisorats de Guillaume de Montmorency (1274–1286) et de Pierre de Villepreux (1286–1304).

[27] On lira une liste des premiers bienfaiteurs jusqu'au décès de Robert de Sorbon (1274) in : C. Angotti, Les bibliothèques des couvents mendiants, un modèle pour les séculiers ? L'exemple de deux premiers bienfaiteurs de la bibliothèque du collège de Sorbonne (Robert de Sorbon, Gérard d'Abbeville), in : N. Bériou/M. Morard/D. Nebbiai (eds.), Entre stabilité et itinérance. Livres et culture des ordres mendiants. XIIIe–XVe siècle, Turnhout 2014, 31–72, ici 52–53 (Annexe 1). Sur la concurrence des collèges séculiers parisiens pour capter les dons et les legs à la fin du Moyen Âge, cf. G. Fournier, Les conditions d'une réussite : le livre et la *memoria* au

En 1272, le testament de Gérard d'Abbeville, champion du camp séculier, prévoit ainsi le legs d'une armoire à livres et de trois de ses meilleurs coffres[28]. Par ailleurs, Herman Jean De Vleeschauwer se méprend en considérant que le dépôt était « accessible à tous ceux qui font partie de la corporation des docteurs (c'est-à-dire des professeurs) et étudiants de Paris »[29]. La note fait seulement état des « sociétaires » (*sociorum*), c'est-à-dire des membres de plein droit du collège de Sorbonne[30].

Si l'on fait abstraction des allégations d'Herman Jean De Vleeschauwer et de ses poursuivants, le dépôt issu de la note de 1289 répond à la définition de la bibliothèque commune selon Donatella Nebbiai-Dalla Guarda : « une collection de livres destinés à l'usage de tous les membres d'une communauté et se distinguant, de ce fait, des autres livres pouvant leur être attribués »[31]. L'enchaînement des livres pourvoit à l'impératif de permanence qui préside à la destinée de cette bibliothèque, garantissant la mise en commun et l'accessibilité des volumes[32]. « La petite révolution que la Sorbonne a entreprise vers 1289 dans sa politique bibliothécaire », comme aime à l'appeler Herman Jean De Vleeschauwer[33], est

---

collège de Sorbonne (XIIIe–XVe siècle), in : Scriptoria e biblioteche nel basso medioevo (secoli XII–XV). Atti del LI Convegno storico internazionale. Todi, 12–15 ottobre 2014, Spoleto 2015, 475–503, ici 481–483.

[28] Le testament de Gérard d'Abbeville est édité en dernier lieu, in C. Angotti, Les bibliothèques des couvents mendiants (nt. 27), 58–60 (Annexe 3), ici 59 : « […] *habeant armarium meum et tres cistas quas habeo meliores* […] ». Sur le legs de Gérard d'Abbeville, du moins la part qui incombe au collège de Sorbonne, cf. ibid., en part. 36–38 et 44–47. Sur le mobilier de bibliothèque, cf. J. Vezin, Le mobilier des bibliothèques, in : Histoire des bibliothèques françaises (nt. 8), vol. I, 365–371, ici 365 sq. ; J.-F. Genest, Le mobilier des livres d'après les inventaires médiévaux, in : O. Weijers (ed.), Vocabulaire du livre et de l'écriture au moyen âge. Actes de la table ronde Paris 24–26 septembre 1987, Turnhout 1989, 136–154, ici 140–141, 142 et 144–146.

[29] H. J. De Vleeschauwer, *Libraria magna* (nt. 9), 56. Selon P. Glorieux, « il est probable que les étrangers à la maison étaient eux aussi admis à pénétrer dans cette bibliothèque et à y travailler ». Cf. L. Delisle, Le cabinet des manuscrits (nt. 22), vol. II, Paris 1874, 185 ; P. Glorieux, Aux origines (nt. 23), vol. I, 126.

[30] O. Weijers, Terminologie des universités au XIIIe siècle, Rome 1982, 265 et 266–267 ; M. Teeuwen, The Vocabulary of Intellectual Life in the Middle Ages, Turnhout 2003, 135–136. Le contexte exclut qu'il faille entendre le terme *socius* dans le sens de « compagnon d'étude » ou d' « étudiant ».

[31] D. Nebbiai-Dalla Guarda, La bibliothèque commune (nt. 9), 254 (cit.) et 260–261 (au sujet du collège de Sorbonne). L'histoire de cette collection retracée par l'auteur invalide le « caractère peu commun », sinon « bizarre » ou « étrange » de la décision du collège de Sorbonne. Cf. H. J. De Vleeschauwer, *Libraria magna*, 26. Sur la bibliothèque commune du collège de Sorbonne, cf. R. H. Rouse, The Early Library of the Sorbonne, in : Scriptorium 21 (1967), 42–61 et 227–251 ; A. Tuilier, La bibliothèque (nt. 23), 7–41 ; G. Fournier, Une « bibliothèque vivante ». La *libraria communis* du collège de Sorbonne (XIIIe–XVe siècle), thèse de doctorat, EPHE, Ve Section, 2007, en part. chap. II : La *libraria communis* du collège de Sorbonne : le « cerveau d'une communauté », 87–141. Sur la partition de la bibliothèque à partir de 1289, cf. R. H. Rouse, The Early Library, 59–60.

[32] P. Cordez, Le lieu du texte : les livres enchaînés au Moyen Âge, Revue Mabillon, NS 17 (2006), 75–103, ici 77, 100 (au sujet du collège de Sorbonne) et 101

[33] H. J. De Vleeschauwer, *Libraria magna* (nt. 9), 60.

donc limitée au seul collège et à ses membres. On peut tout au plus souligner l'influence de l'établissement dans la diffusion du système de la double collection et de l'adoption d'une bibliothèque de présence dans les institutions académiques de l'Occident médiévale à la fin du Moyen Âge. Ainsi au collège du Trésorier, qui avait été fondé dans le sillage du collège de Sorbonne en 1268, et dont l'inventaire de la bibliothèque recense les livres de la *magna* et de la *parva libraria* en 1437[34].

Plus près de nous, en 2009, Claire Angotti reprit à nouveaux frais le dossier. Étudiant la présence d'un enseignement au sein du collège de Sorbonne, elle est amenée à interroger la place et le rôle qui incombent aux bibliothèques au sein du dispositif scolaire. Le grand nombre d'exemplaires des ‹ Sentences › de Pierre Lombard, le texte autoritatif par excellence, l'invite à envisager une bibliothèque de prêts « très certainement ouverte plus largement qu'aux seuls membres du collège : les étudiants et les maîtres de la faculté de théologie sont probablement des usagers potentiels de cette *parva libraria* ». À la faveur d'un statut de 1321 et de sa traduction dans le prologue du catalogue, la bibliothèque commune « connaît une véritable métamorphose [...] à tel point que l'on peut se demander si le 'bien commun' évoqué par Jean le Catalographe n'est pas plutôt celui de l'ensemble des membres de l'Université et plus seulement celui des membres du collège »[35]. Et de conclure que « la lente gestation du système d'enseignement interne au collège, qui s'associe d'abord à l'organisation de l'enseignement universitaire pour finalement l'absorber, ne prend tout son sens que lorsque l'on tient compte de l'histoire de la bibliothèque du collège, qui s'impose comme la bibliothèque de l'Université »[36]. À l'instar des collèges de Navarre et de Dormans-Beauvais[37], on est en droit de s'interroger sur la réalité et la nature de l'enseignement prodigué dans les locaux du collège de Sorbonne[38] et sur son

---

[34] L'inventaire de la bibliothèque du collège du Trésorier est publié in K. Rebmeister-Klein, Les livres des petits collèges de Paris aux XIVe et XVe siècles, thèse de doctorat, Université Paris I – Panthéon-Sorbonne, vol. II, 2005, 762–804. Sur ce catalogue, cf. ead., Les bibliothèques des collèges séculiers parisiens et la Sorbonne, in : C. Angotti/G. Fournier/D. Nebbiai (eds.), Les livres des maîtres de Sorbonne. Histoire et rayonnement du collège et de ses bibliothèques du XIIIe siècle à la Renaissance, Paris 2017, 97–122, ici 103–104 et 119–120 (ill. n$^{os}$ 1–2). Les lettres de fondation de 1268 attestent déjà l'existence de « livres communs » pour les sociétaires. Cf. M. Felibien/G.-A. Lobineau, Histoire de la ville de Paris, vol. I, Paris, 1725, 419–420, ici 420.

[35] C. Angotti, Présence d'un enseignement au sein du collège de Sorbonne: collationes, disputationes, lectiones (XIIIe–XVe siècle). Bilan et hypothèses, in : Cahiers de Recherches Médiévales 18 (2009), 89–107, ici 96 et 99–100.

[36] Ibid., 107.

[37] N. Gorochov, Le collège de Navarre, de sa fondation (1305) au début du XVe siècle (1418). Histoire de l'institution, de sa vie intellectuelle et de son recrutement, Paris 1997, 261–263, 381–383 et 454–459 ; T. Kouamé, Le collège de Dormans-Beauvais à la fin du Moyen Âge. Stratégies politiques et parcours individuels à l'Université de Paris (1370–1458), Leyde-Boston 2005, 268–270.

[38] Selon Z. Kaluza, les documents relatifs à la dispute *in capella*, propre au collège, sont postérieurs à 1344. Cf. Z. Kaluza, Nicolas d'Autrécourt, ami de la vérité, in : Histoire littéraire de la France, vol. 42, Paris 1995, 47–49. L'auteur considère que le statut du 14 novembre 1344 concerne cette dernière dispute et non pas la dispute sorbonnique.

intégration au sein du *curriculum* avant le XVe siècle, la dispute sorbonnique n'étant de surcroît pas tout l'enseignement universitaire. Concernant la bibliothèque, on peut regretter au final que le conditionnel ne soit plus de rigueur, pas davantage que dans une contribution parue deux ans plus tard, en 2011, et consacrée à la place et au rôle du collège de Sorbonne et de sa bibliothèque dans l'Université de Paris au XIVe siècle. Désormais, la bibliothèque collégiale coïncide avec la bibliothèque de l'université, et elle est « ouverte et fréquentée par l'ensemble des maîtres et des étudiants de la corporation universitaire »[39].

Les contributions d'Herman Jean De Vleeschauwer et de Claire Angotti ont en commun de privilégier une analyse contextualisante[40]. L'étude de la bibliothèque du collège de Sorbonne est mise au service de questionnements plus vastes : la progressive affirmation de l'université de Paris pour le premier, la présence d'un enseignement au sein du collège de Sorbonne pour la seconde. La bibliothèque est perçue dans les deux cas à travers le prisme de l'intrigue principale. En conséquence, elle intervient de manière incidente dans leur récit. Nous aimerions changer la perspective et placer la bibliothèque, ses instruments et ses sources au centre du débat. Pour ce faire, nous examinerons en premier lieu la description de la bibliothèque du collège de Sorbonne issue de la traduction-adaptation de la Cosmographie universelle de Sébastien Münster procurée par François de Belleforest en 1575. Elle nous invite à penser la bibliothèque dans le cadre de l'université de Paris. Fort de ce témoignage, nous analyserons les origines de la vocation universitaire de la bibliothèque commune au cours de la conjoncture des années 1320–1330 et sa traduction dans les catalogues de bibliothèque du Moyen Âge et de la Renaissance. En procédant de la sorte, nous n'espérons pas livrer la bibliothèque commune telle qu'elle est, ni même le fin mot au sujet de sa vocation universitaire, mais au moins en aurons-nous saisi un aspect, à savoir l'élargissement de son contenu aux quatre facultés de l'université de Paris. Ce qui ne va pas de soi dans une bibliothèque collégiale parisienne comme nous le verrons.

## II. Le témoignage de François de Belleforest (vers 1529–1583)

Au crépuscule d'un modèle cosmographique trop tôt frappé d'obsolescence[41], François de Belleforest publia en 1575 une traduction française « *beaucoup plus*

---

[39] C. Angotti, *Bonum commune divinius est quam bonum unius*. Le collège de la Sorbonne et sa bibliothèque, place et rôle dans l'Université de Paris au XIVe siècle, in: A. Sohn/J. Verger (eds.), Les collèges universitaires en Europe au Moyen Âge et à la Renaissance, Bochum 2011, 91–105, ici 96 : « Le 'bien commun' évoqué par les sociétaires ne vise plus les seuls membres de la Sorbonne mais l'ensemble des membres de l'université. La Sorbonne s'impose, de manière délibérée, comme la bibliothèque de l'université, notamment en ce qui concerne la théologie » et 97.

[40] R. Chartier/C. Jouhaud, Pratiques historiennes des textes, in : C. Reichler (ed.), L'interprétation des textes, Paris 1989, 53–79, ici 54.

[41] Sur la cosmographie et son déclin prématuré, cf. F. Lestringant, L'atelier du cosmographe ou l'image du monde à la Renaissance, Paris 1991, en part. 181–183.

*augmentée, ornée & enrichie* » de la Cosmographie universelle de Sébastien Münster[42]. Les griefs formulés à l'égard de son illustre devancier sont connus[43]. D'une part, Münster ne dit presque rien de Paris et de la France et se fie « *trop au dire d'autruy* » : « *Münster, pour le peu qu'il dit de nostre Paris, s'y monstre fort maigre en la recherche, & se contente de dire ce qu'il a leu* »[44]. De fait, Sébastien Münster « *a principalement singularisé son pays d'Alemaigne* » comme il est dit dans le privilège sollicité par les libraires Nicolas Chesneau et Michel Sonnius en vue de la publication de la traduction française de la Cosmographie universelle au printemps 1572[45]. Les voyages d'étude de Sébastien Münster l'ont mené guère au-delà de l'Allemagne du sud-ouest et de la Suisse. Il n'a effectué aucun voyage en France ou en Italie[46]. Les mémoires sur la France, s'il devait avoir vu le jour, étaient le fruit du hasard et imputables à des auteurs anonymes[47]. Enfin, les sources littéraires sont demeurées rares, pour ne pas dire indigentes[48]. Sébastien Münster reconnaît d'ailleurs que « *de France, ie nen ay peu rien tirer, sinon ce que se trouue es communes histoires : combien que i'eusse conceu quelque esperance des promesses de plusieurs grans personnages, desquelz aucuns ont esté icy a Basle uers moys, & ont ueu l'appareil de mon entreprinse* »[49]. Aussi François de Belleforest précise-t-il dans la Préface qu'il augmenta la traduction « *de plus de moitié, & sur tout en ce qui concerne le fait de nostre France, laquelle ie pense auoir illustree plus que iamais elle ne fut* »[50], et dans l'Avertisse-

---

[42] Sur la vie et l'œuvre de François de Belleforest (vers 1529–1583), cf. M. Simonin, Vivre de sa plume au XVIe siècle, ou la carrière de François de Belleforest, Genève 1992. La traduction-adaptation de François de Belleforest avait été précédée par une traduction française (Bâle, Henrich Petri, 1552), fidèle á l'original latin, et qui connut quatre nouvelles éditions jusqu'en 1568. Cf. M. Simonin, Les élites chorographes ou de la 'Description de la France' dans la 'Cosmographie universelle' de Belleforest, in : J. Céard/J.-C. Margolin (eds.), Voyager à la Renaissance. Actes du colloque de Tours. 30 juin – 13 juillet 1983, Paris 1987, 433–451, ici 434 et 443, nt. 4 (sur l'identité supposée du traducteur).

[43] F. Lestringuant, Le Paris des cosmographes (XVIe siècle), in : O. Millet/L.-A. Sanchi (eds.), Paris, carrefour culturel autour de 1500, Paris 2016, 7–14, ici 10–11.

[44] La cosmographie vniverselle de tovt le monde. [...] Auteur en partie Mvnster, mais beaucoup plus augmentée, ornée & enrichie, par Francois de Belle-Forest, Paris, Michel Sonnius et Nicolas Chesneau, vol. I, 1575, 175b. L'auteur fait référence ensuite au critique Jean-Baptiste Pie ou Pio sollicité par Sébastien Mûnster. Dans la Préface du vol. II, François de Belleforest dédouana son devancier allemand de ses manques. Cf. ibid., vol. II, Paris, Michel Sonnius et Nicolas Chesneau, 1575, Preface, foll. ãiir–ãiiir, ici fol. ãiir.

[45] La cosmographie vniverselle (nt. 44), vol. I, Privilege dv roy, non folioté. Sur la genèse de la Cosmographie universelle, cf. M. Simonin, Les élites chorographes (nt. 42), en part. 433–436 ; id., Vivre de sa plume (nt. 42), 140–141, 158 et 171–173.

[46] Sur les voyages d'étude de S. Münster en prévision de la rédaction de la Cosmographie universelle, cf. K. H. Burmeister, Sebastian Münster. Versuch eines biographischen Gesamtbildes, Bâle-Stuttgart 1969, 122–133.

[47] Ibid., 147–148.

[48] Ibid., 155 et 156.

[49] Sebastien Munstere, La cosmographie vniverselle, contenant la situation de toutes les parties du monde auec leurs proprietez & appartenances, [Bâle,] Henry Pierre, 1552, Sebastian Mvnster au Lecteur, foll. *2r–*5r, ici fol. *4v.

[50] La cosmographie vniverselle (nt. 44), vol. I, Preface de cest oeuvre av lectevr, foll. *iiiv–*iiiir, ici fol. *iiiir.

ment au lecteur que « *la description de toute la France, commençant a la page 161 & finissant a* ²*390* »[51], fut ajoutée au premier tome. La pagination spécifique de la Description de la France trahirait le projet (avorté) des deux éditeurs de la publier séparément[52]. D'autre part, Münster et son premier traducteur français (1552) respirent trop l'hérésie luthérienne[53]. En effet, son ouvrage fut la proie de la censure catholique[54]. François de Belleforest corrige ce défaut en affirmant dans la lettre dédicatoire à Charles de Bourbon « *que la vraye Eglise est celle qui de tout temps, & d'aage en aage a fructifié, & senty son accroissement plus és persecutions, que lors que elle a vescu en repos, sans nulle secousse, soit des tyrans, soit des heretiques* »[55] qui ne sont autres que Martin Luther et Jean Calvin. François de Belleforest contribua parmi d'autres à la campagne de presse qui suivit la Saint-Barthélémy en août 1572[56]. Dans le portrait que Nicolas Chesneau dresse de lui en 1579, il le dépeint comme « *Catholique, aymant la sincérité de doctrine, et detestant la curiosité de ceux qui veulent penetrer trop avant jusques à s'enquerir plus outre que de ce qui touche leur salut, et lesquels osent temerairement empieter sur l'office des Pasteurs et des Docteurs* »[57]. Adepte de la foi du charbonnier, il l'était aussi du magistère de l'Église. Les libraires, zélés catholiques, et le destinataire, neveu du cardinal Charles de Bourbon, dont le polygraphe cherche à gagner les faveurs, sont conformes à ses convictions[58].

Au vu de la pagination précoce (pp. 187a–202a, les propos sur la Gaule commencent à la page 159) et de l'argumentation déployée, Paris, son université et ses collèges occupent une place de choix dans le tableau dressé par François de Belleforest. On ne sache « *que la cité de Paris se soit tant peu soit esloignee de l'obeissance de la sainte Eglise* » au cours de son histoire et « *quelle ville, ny cité y a il soubz le Ciel, qui aye fait si gaillardement teste aux monstrueux sacramentaires de nostre temps, & ait combattu, avec telle, & si saincte constance, la secte damnable des Caluinistes* »[59]. La Faculté de théologie

---

[51] Ibid., vol. I, Aduertissement, non folioté.
[52] M. Simonin, Les élites chorographes (nt. 42), 435 et 444, nt. 13.
[53] Sur l'importance relative de S. Münster au sein du protestantisme, qui a été exagérée par les catholiques contemporains, cf. K. H. Burmeister, Sebastian Münster (nt. 46), 102–107. Sur la dénonciation de l' « hérésie » du traducteur français par F. de Belleforest, cf. M. Simonin, Les élites chorographes (nt. 42), 435–436.
[54] K. H. Burmeister, Sebastian Münster (nt. 46), 162.
[55] La cosmographie vniverselle (nt. 44), vol. I, foll. *iir–*iiir, ici fol. *iiv.
[56] M. Simonin, Vivre de sa plume (nt. 42), 47–150.
[57] Advertissement aux lecteurs catholiques dans l'Histoire de la vie, mort, passion, et miracles des Saincts, vol. I, Paris, Nicolas Chesneau, 1579, cité d'après M. Simonin, Vivre de sa plume (nt. 42), 188.
[58] Sur l'engagement religieux des libraires, Nicolas Chesneau et Michel Sonnius, cf. M. Simonin, Les élites chorographes (nt. 42), 433, 437 et 449, nt. 56. À la faveur de la crise dynastique, F. de Belleforest multiplia les marques de reconnaissance à la maison de Bourbon comme l'attestent les dédicaces des livres en 1574 et 1575. Cf. id., Vivre de sa plume (nt. 42), 165–167, 173–176 et 178–179. Il dédicacera au cardinal de Bourbon le dernier livre paru de son vivant, le Miroir de consolation, Paris, Gervais Mallot, 1583. Cf. ibid., 215.
[59] La cosmographie vniverselle (nt. 44), vol. I, 180b. Sur les condamnations édictées par l'université de Paris, de M. Luther à J. Calvin, cf. J. K. Farge, Orthodoxy and reform in early reformation France : the faculty of theology of Paris, 1500–1543, Leyde 1985. Sur la circulation des livres

et le collège de Sorbonne qui pour le Commingeois ont partie liée, veillent au grain. Le collège tire sa renommée « *tant pour son antiquité* […], *qu'aussi pour l'esgard des hommes illustres, & renommez en sçauoir qui viuent ordinairement en vne sainte société en cette maison* ». Selon François de Belleforest, « *c'est de Sorbonne que toute l'Escole de Theologie depend, & où les chefs principaux de la faculté sont pris, & où se raportent toutes les causes pour le fait de la religion, & d'où lon choisit le Doien de la faculté, & les inquisiteurs de la foy contre la peruersité des heretiques* » [60]. Et de conclure : « *Ie diray en passant de cette assemblee Sarboniste* [sic], *que si l'ambition, la superfluité, & orgueil y eussent régné autant (peut estre) qu'en plusieurs maisons qu'on estime de religion, la France ne fut si entiere qu'elle est encor en purité* [sic] *de doctrine. Car c'est de ce College que sont sortis des Docteurs non flechissants ny par menaces, ny par prieres, & lesquels ont tenu teste a ceux mesme qui dressoyent les cornes contre l'Eglise* »[61]. Catholique fervent, François de Belleforest ne pouvait pousser plus loin la « *louange des docteurs de Sorbonne* »[62].

La bibliothèque constitue un élément supplémentaire de la renommée du collège de Sorbonne. François de Belleforest l'évoque entre divers propos relatifs à l'enseignement prodigué au sein de l'établissement. Il écrit :

« *De marque est la Biblioteque vne des plus belles, & rares qui soyent en Paris, & en laquelle on voit des liures autant anciens & en toutes facultez qu'on sçache guere trouver ailleurs.* »[63]

Quelle valeur l'historien peut-il accorder au témoignage de François de Belleforest ? Traduit-il l'expérience du polygraphe ? On serait tenté de le croire. En effet, François de Belleforest paraît décrire les lieux, notamment l'*aula* et la bibliothèque[64], et dit « *laisse*[r] *a part les lettres de leur fondation* »[65] au sujet des diverses disputes qui se déroulent au sein du collège de Sorbonne. Mais rien dans la narration n'est univoque, et ailleurs l'auteur s'autorise en abondance le recourt aux documents émanés des collèges et de l'université[66]. De plus, il est

---

et des idées hérétiques, cf. « Maudits livres ». La réception de Luther & les origines de la Réforme en France. [Catalogue de l'exposition organisée à la Bibliothèque Mazarine, Paris, 14 novembre 2018 – 15 février 2019], Paris 2018.

[60] La cosmographie vniverselle (nt. 44), vol. I, 194a.
[61] Ibid., vol. I, 194a-b. Précédemment, F. de Belleforest avait souligné les mérites des mendiants et de leurs collèges dans la lutte contre « *le sourcilleux effort de Luther, Caluin, & autres Heretiques* ». Cf. ibid., vol. I, 193a.
[62] Ibid., vol. I, 194b. Les collèges sont absents de F. de Belleforest, L'histoire vniverselle dv monde […], Paris, Gervais Mallot, 1570 ; nouuellement augmentée, Paris, Gervais Mallot, 1572, foll. 191r–193v.
[63] La cosmographie vniverselle (nt. 44), vol. I, 194a.
[64] Ibid., vol. I, 194a : « […] *ce magnifique College* […] *celle grande sale où se font les disputes generales* […] » et note précédente au sujet de la bibliothèque : « *une des plus belles* ».
[65] Ibid., vol. I, 194a.
[66] Cf. parmi d'autres les statuts de Robert de Courson, 1215 (ibid., vol. I, 190b), les « *lettres de fondations* » des collèges des Cholets (ibid., 195a), de Cluny (ibid., 195a-b), de Montaigu (ibid., 195b–196a) et de Navarre (ibid., 196a-b) et d'autres documents : une ordonnance au collège de Montaigu (ibid., 196a), une bulle de Jean XXII adressée à l'évêque de Paris au sujet de la fondation du collège de Navarre et des statuts relatifs à la nomination du principal du même collège (ibid., l96a-b). Pour une première approche des collèges séculiers parisiens et leur législation statutaire, cf. S. Lusignan, L'enseignement des arts dans les collèges au Moyen Âge, in :

souvent malaisé de déterminer de manière certaine la source des propos de François de Belleforest. Concernant par exemple la fondation de la bibliothèque du collège Saint-Bernard qui aurait été achevée par un dénommé Guillaume, entendez le théologien et cardinal Guillaume Court, on ne peut dire s'il tient l'information « *d'vn tableau qui est en l'Eglise dudit college* »[67] qu'il aurait de ses yeux vu ou de la transcription qui en est faite dans *Les antiquitezs, histoires et singularitez de Paris* de Gilles Corrozet (Paris, Gilles Corrozet, 1550)[68] que François de Belleforest mentionne volontiers et tient en haute estime[69] ? C'est toute l'ambiguïté des sources de la littérature cosmographique : elle se fonde et tire sa vérité à la fois des éléments observés directement par l'auteur et recueillis auprès d'intermédiaires, auteurs de mémoires ou d'œuvres littéraires, triés sur le volet, en résumé de l' « expérience » et de la « science », de la pratique et de la théorie selon un dosage propre à chacun des cosmographes[70]. La même dichotomie apparaît sur la page de titre de la Cosmographie universelle de François de Belleforest qui attribue le mérite des augmentations de son ouvrage « *tant de ses recherches* [entendez celles du traducteur-adaptateur], *comme de l'aide de plusieurs memoires enuoyez de diverses Villes de France, par hommes amateurs de l'histoire & de leur patrie* »[71]. Le Commingeois n'innovait pas en la matière : le mélange des témoignages directs et indirects, de l' « expérience » et des mémoires fournis par les

---

O. Weijers/L. Holtz (eds.), L'enseignement des disciplines à la Faculté des arts (Paris et Oxford, XIIIe–XVe siècles). Actes du colloque international, Turnhout 1997, 43–54, en part. 50–54.

[67] La cosmographie vniverselle (nt. 44), vol. I, 193b.

[68] Les antiqvitez, histoires et singvlaritez de Paris, ville capitale du Royaume de France, Paris, Gilles Corrozet, 1550, foll. 109v–110r qui précise « *comme il est escrit à l'entree de l'eglise soubz deux armoiries peintes contre la muraille, lesquelles sont effacees* ». Sur la bibliothèque du collège Saint-Bernard et la générosité de Guillaume Court, cf. C. Obert , Les lectures et les œuvres des pensionnaires du collège Saint-Bernard. Jalons pour l'histoire intellectuelle de l'Ordre de Cîteaux à la fin du Moyen Âge, in : Cîteaux commentarii cistercienses 40 (1989), 245–289, en part. 247

[69] Cf. parmi d'autres La cosmographie vniverselle (nt. 44), vol. I, 177b, 178a-b, 179a, 193b, 214a et 230a. Il dit son estime à la p. 179a : « [...] *Corrozet (que ie reçoy pour auteur digne de foy, comme ayant recerché diligemment, & parlé sans fard de ce, qu'il a veu, & lequel il nous faut suyure és choses, qui ne nous sont point apparents par le tesmoignage des liures publiez)* ».

[70] F. Lestringant, L'atelier du cosmographe (nt. 41), 27–35 et la note précédente. Certains de ces témoins sont mentionnés dans La cosmographie vniverselle (nt. 44), vol. II, Preface, fol. ãiiir.

[71] La cosmographie vniverselle (nt. 44), vol. I, fol. *ir. Sur les mémoires dans la genèse et la rédaction de la Cosmologie universelle, cf. M. Simonin, Les élites chorographes (nt. 42), 436–440. F. de Belleforest avait déjà mis à contribution les érudits locaux pour Les chroniques et annales de France (Paris, Nicolas du Chemin, 1573). Cf. id., Vivre de sa plume (nt. 42), 153–154. La Préface du tome II de La cosmographie vniverselle, dévolu aux territoires lointains, notamment l'Asie, l'Afrique et l'Amérique du Nord, est consacrée en majeure partie à la question des sources et de leurs usages dans le récit cosmographique. F. de Belleforest y joue de l'antéoccupation pour mieux rejeter les réserves émises par « *vn Cosmographe si excellent que celuy qui se vante d'auoir escrit ce qu'il a veu, & ne dire rien par raport d'autre que de sa propre experience* [...] *qu'à ceux qui ont tant arpenté e terres, & vogué par les flots escumeux de la mer* ». Cf. ibid., vol. II, Preface, fol. ãiir. Aux côtés des « *bons autheurs* » et des « *doctes* », il souligne une nouvelle fois la contribution des « *Citoiens des villes & Citez* ». Cf. ibid., vol. II, fol. ãiiv.

érudits locaux, de la correspondance savante et des sources littéraires est déjà de mise dans la Cosmographie universelle de Sébastien Münster[72].

En revanche, on peut écarter avec certitude l'hypothèse selon laquelle l'évocation de la bibliothèque du collège de Sorbonne constituerait un lieu commun dans l'oeuvre de François de Belleforest. Parmi la bonne trentaine de collèges cités, seuls quatre font état de la présence d'une bibliothèque : outre le collège de Sorbonne, il s'agit des collèges Saint-Bernard et de Cluny, où la bibliothèque est réduite à une simple mention[73], et du collège de Navarre, dont la bibliothèque fait l'objet de la description suivante :

 « *Ce que ie voy en icelle* [le collège de Navarre] *de plus rare est la Librairie, laquelle ne doibt guere grand chose a celle de* [l'abbaye de] *saint Victor, soit en nombre de liures, ou en bonté, & rareté de volumes des auteurs de toutes sciences, & de toutes langues.* »[74]

L'évocation de la bibliothèque est proportionnelle à l'importance des collèges dans le récit de François de Belleforest. Si le collège de Sorbonne est « *le plus renommé* »[75] comme nous l'avons observé précédemment, le collège de Navarre est « *le principal & plus autorisé qu'on voye entre les Colleges de Paris* »[76]. Il est pareillement choyé des princes depuis sa fondation par Jeanne de Navarre, épouse de Philippe le Bel, et de l'université, dont il « *garde les Chartes, & thesor* [sic ; (…)], *telles que sont les fondations, libertez, immunitez, & Privilegez octroyez aux facultez d'icelle* »[77].

La description des bibliothèques des collèges de Sorbonne et de Navarre présente d'incontestables similitudes. Elles sont exceptionnellement fournies et sans équivalent dans la capitale, si l'on excepte celle de l'abbaye de Saint-Victor[78]. Leurs livres sont soit anciens (est-ce à dire qu'il s'agissait prioritairement de livres manuscrits ?), soit de qualité, mais pareillement rares et variés. Les bibliothèques contiennent des ouvrages « *de toutes sciences, & de toutes langues* » au collège de Navarre, « *en toutes facultez* » au collège de Sorbonne. On sait l'ambiguïté du mot *facultas* au Moyen Âge, l'acception oscillant entre « discipline » et le sens institutionnel de « faculté »[79]. Dans la Cosmographie universelle de Fran-

---

[72] Sur les diverses sources (voyages d'étude, mémoires, correspondance et témoignages littéraires) de la Cosmographie universelle de S. Münster, cf. K. H. Burmeister, Sebastian Münster (nt. 46), 122–158.
[73] La cosmographie vniverselle (nt. 44), vol. I, 195a (collège de Cluny) et supra nt. 67.
[74] Ibid., vol. I, 194b.
[75] Ibid., vol. I, 193b–194a.
[76] Ibid., vol. I, 194b.
[77] Ibid., vol. I,. Sur le collège de Navarre, cf. N. Gorochov, Le collège de Navarre (nt. 37), passim.
[78] Sur la bibliothèque de l'abbaye de Saint-Victor au début du XVIe siècle, cf. G. Ouy, Les manuscrits de l'abbaye de Saint-Victor. Catalogue établi sur la base du répertoire de Claude de Grandrue (1514), 2 voll., Turnhout 1999. Les livres imprimés ne sont pas pris en compte.
[79] O. Weijers, Terminologie (nt. 30), 52–55 ; A. Maierù, La terminologie de l'université de Bologne de médecine et des arts : 'facultas', 'uerificare', in : O. Weijers (ed.), Vocabulaire des écoles et des méthodes d'enseignement au moyen âge. Actes du colloque. Rome 21–22 octobre 1989, Turnhout 1992, 140–156, ici 140–149 ; M. Teeuwen, The Vocabulary (nt. 30), 80–81. La *theologica facultas* est évoquée dans un acte émané du collège de Sorbonne daté de 1259. Cf. O. Weijers, Terminologie (nt. 30), 54. À Bologne, le terme est plutôt utilisé comme synomyme d' « art » ou de « science ». Cf. A. Maierù, La terminologie, 144.

çois de Belleforest, il désigne sans exception la « subdivision administrative d'une université organisant l'enseignement d'une faculté »[80]. Ainsi écrit-il qu' « *il faut noter que encor qu'à Paris y ayt quatre facultez parfaisants le corps de l'Vniuersité, à sçauoir de Theologie, Decrets, Medecine, & des Arts* »[81]. À une seule reprise, le mot est associé au celui de « science », au sens de « discipline », sans qu'il en soit un synonyme[82].

Sous la plume de François de Belleforest, le cadre institutionnel fut donc prégnant lorsqu'il s'est agi de décrire la bibliothèque du collège de Sorbonne. Composée de « *liures* [...] *en toutes facultez* », son contenu épouse les disciplines enseignées dans les quatre facultés présentes dès l'origine à l'université de Paris[83]. Elle ne se limite pas à la faculté de théologie, et ceci malgré le lien organique qui unirait les deux institutions comme nous l'avons vu précédemment[84]. Cette conception élargie de la bibliothèque nous paraît suffisamment originale pour en rechercher les traces dans la documentation émanée du collège de Sorbonne au Moyen Âge.

## III. La conjoncture 1320–1330

Pour intéressant qu'il soit, le témoignage de François de Belleforest présente néanmoins une lacune : il omet de désigner la bibliothèque qu'il décrit. En effet, le collège de Sorbonne peut se prévaloir de posséder assez rapidement plusieurs dépôts de livres : les bibliothèques commune et de prêt que nous avons déjà évoquées, celles de la chapelle, de la salle des réunions (*aula*) et de l'éphémère collège dit de la « Petite Sorbonne » des artiens qui est attesté entre 1381 et 1438[85]. Des livres étaient conservés aussi dans l'appartement du prieur et dans les chambres des sociétaires[86]. Toutes ces bibliothèques sont mentionnées au plus tard dans une délibération du livre des prieurs datée du 1ᵉʳ avril 1438[87].

---

[80] O. Weijers, Terminologie (nt. 30), 52.

[81] Pour la seule université de Paris, nous avons relevé dix-sept occurrences. Voir La cosmographie vniverselle (nt. 44), vol. I, 189a-b (cit.), 190a-b, 191a-b, 192a, 194a-b et 209a.

[82] Ibid., vol. I, 1101 : « [...] *vn peu deuant nostre temps elle a esté ornee d'vne estude vniuerselle de toutes facultez, & toutes sciences* » (à propos de l'université de Bâle). Les « *facultez* » sont évoquées ultérieurement dans le privilège papal du 31 décembre 1459. Hormis Paris, les « facultez » de l'université de Bratislava sont encore évoquées. Cf. ibid., vol. I, 1657.

[83] J. Verger, Les universités au Moyen Age, Paris ²1999, 49–50.

[84] Cf. supra 215–216.

[85] C. Angotti, Mort et vie du collège dit de la « Petite Sorbonne », in : C. Giraud/M. Morard (eds.), Universitas scolarium. Mélanges offerts à Jacques Verger par ses anciens étudiants, Genève 2011, 171–199. À la clôture du collège de la « Petite-Sorbonne », les livres furent transférés au collège de Sorbonne et entreposés dans un coffre (*archa*).

[86] L. Delisle, Le cabinet des manuscrits (nt. 22), vol. II, 184–185 ; C. Angotti, Les manuscrits du collège de Sorbonne : une enquête codicologique, in : Les livres des maîtres de Sorbonne (nt. 34), 245–341, ici 254.

[87] Le livre des prieurs de Sorbonne (1431–1485). Texte critique avec introduction, notes et index par R. Marichal, s.l. 1987, n° 369, 107–108, ici 107 : « *3° quod omnes libri magne librarie inventarientur, quoniam inventarium magne librarie onchoatum fuit* [...] *et ita omnes libri parve librarie sunt positi in inventario per materias et loca, exceptis quibusdam libris cum cathenis pendentibus existentibus in quadam archa qui solebant esse de libraria parve Serbone Artistarum : positi eciam sunt omnes libri magne librarie in*

Cependant, on trouve l'écho d'une bibliothèque, dont le contenu épouse les quatre facultés de l'université de Paris, dans l'effervescence documentaire des décennies 1320 et 1330. Les mentions concernent sans exception la « librairie des livres enchaînés pour l'usage commun des sociétaires » qui passa à la postérité sous les dénominations successives de « bibliothèque commune » (*libraria communis*) à partir de 1321, puis de « grande bibliothèque » (*magna libraria*) à partir de 1391[88] dans les sources du collège.

### 1. *Le statut de 1321*

En 1321, les maîtres ès arts du collège de Sorbonne adoptèrent un statut « pour l'utilité de la maison et pour une meilleure conservation des livres »[89]. Sous l'égide du proviseur Annibald Caetani de Ceccano, ils délibérèrent au sujet de quelques-unes des principales missions d'une bibliothèque. À l'exception de celles concernant les *custodes* et les clés, aucune disposition ne constitue à proprement parler une nouveauté. Toutes avaient déjà été envisagées à un moment ou à un autre de la brève histoire du collège de Sorbonne[90]. Néanmoins, on se méprendrait gravement en sous-estimant l'originalité du statut de 1321 qui réside dans la convocation de l'ensemble des dispositions relatives à la bibliothèque. De sorte que l'on peut parler à son sujet d'un règlement de bibliothèque, c'est-à-dire un ensemble ordonné de règles qui préside au bon fonctionnement d'un organisme et dicte la conduite à tenir dans la communauté y afférent. Cette dimension, à la fois technique et communautaire, est visée précisément dans la formule qui introduit l'acte qui évoque conjointement la maison et le livre. Elle apparente le règlement de 1321 aux statuts universitaires qui résultent de la délibération d'une instance légitime, servent l'intérêt commun et s'imposent impérativement à tous[91]. Selon Jacques Verger, « les statuts universitaires émanent des universitaires eux-mêmes et ont avant tout valeur de règlement interne […]. Leur inobservance ne peut donc être sanctionnée que par un système de pénalités corporatives »[92].

---

*inventario et libri capelle, libri aule et libri prioris* »; trad. fr. C. Angotti, Mort et vie (nt. 85), 177. Sur les catalogues perdus des bibliothèques communes et de prêt, cf. G. Fournier, Listes, énumérations, inventaires. Les sources médiévales et modernes de la bibliothèque du collège de Sorbonne (Première partie : Les sources médiévales), in : Scriptorium 64 (2011), 158–215, ici 195–196.

[88] C. Angotti, Les manuscrits du collège de Sorbonne (nt. 86), 252–253.

[89] Le statut de 1321 est éditée in P. Glorieux, Aux origines (nt. 23), vol. I, n° 22, 214–215, ici 214 : « […] *ad utilitatem domus et ad meliorem custodiam librorum* […] » ; trad. fr. J. Monfrin, Préface, in : Le registre de prêt (nt. 21), 9–19, ici 10–11. Pour une analyse détaillée du statut de 1321, cf. G. Fournier, Une « bibliothèque vivante » (nt. 31), en part. 88–101.

[90] Pour le détail, cf. ibid., 89–90.

[91] Cf. à titre d'exemple la lettre du pape Innocent IV à l'université de Paris en 1247 pour l'inciter à respecter et à appliquer ses propres statuts in J. Verger, Les statuts des universités françaises du Moyen Âge : quelques remarques [1992], in : id., Les universités françaises au Moyen Age, Leyde–Paris–Cologne 1995, 102–121, ici 118.

[92] Ibid., 107.

Le règlement de 1321 marque sans conteste une étape dans l'histoire documentaire de la bibliothèque du collège de Sorbonne. Pour la première fois dans la législation de l'établissement, la bibliothèque est l'objet d'une attention particulière. Il n'est plus question d'elle au détour d'un statut, d'un serment ou d'un legs, fût-il imposant et prestigieux comme celui de Gérard d'Abbeville[93]. La bibliothèque est son unique objet. Au fil des dispositions, sont abordés sa vocation (la conservation et le prêt de livres), ses dépôts (la *libraria communis* et la *parva libraria*) et ses hommes (les *librarii* et les *custodes*). Le document témoigne aussi d'un intérêt pour les usagers, sociétaires ou étrangers, qui attestent l'ouverture de la bibliothèque[94]. Cette libéralité contraste avec les dispositions à venir au collège de Sorbonne[95]. Certes, le règlement n'évoque pas la sauvegarde des livres, mais cette disposition figurait en bonne place dans les statuts de Robert de Sorbon et dans le serment que tout nouveau récipiendaire du collège se devait de prêter[96]. Pour sommaire qu'il ait pu paraître[97], le règlement de 1321 n'en est pas moins complet. Aucun des statuts à venir jusqu'à celui de 1676 qui concerne la bibliothèque qui prendra la suite de la *magna libraria* médiévale[98], n'excède à proprement parler sa teneur. Sans exception, ils répondent aux nécessités du moment (endiguer la multiplication anarchique des clés, veiller à la sauvegarde des livres et à la confection d'instruments, mettre sous surveillance les lecteurs, etc) et affectent des dépôts de livres particuliers[99]. Ils corrigent à la

---

[93] Sur l'influence du testament de Gérard d'Abbeville sur l'organisation des bibliothèques du collège de Sorbonne, cf. P. Glorieux, Aux origines (nt. 23), vol. I, 116–117 ; C. Angotti, Les bibliothèques des couvents mendiants (nt. 27), 47–50.

[94] P. Glorieux, Aux origines (nt. 23), vol. I, n° 22, 215 : « […] *nullus liber prestetur extra domum alicui, nec socio nec extraneo sub iutamento nisi super vadium amplius valens* […] ».

[95] Sur l'attitude fluctuante du collège de Sorbonne à l'égard des *extranei*, cf. G. Fournier, Ouvrir la bibliothèque (nt. 8), 24–27. Sur les circonstances historiques qui leurs permettront de manière exceptionnelle d'emprunter des livres conservés notamment dans la bibliothèque commune, cf. id., Une bibliothèque en temps de crise. Lecteurs étrangers et désenchaînements de manuscrits au collège de Sorbonne dans le second quart du XVe siècle, in : Y. Lehmann (ed.), Savoir/Pouvoir. Les bibliothèques, de l'Antiquité à la modernité, Turnhout 2018, 139–169, en part. 153–164.

[96] Les statuts primitifs et le serment sont édités in P. Glorieux, Aux origines (nt. 23), vol. I, n° 1, 194 et n° 4, 203.

[97] A. Franklin, Les anciennes bibliothèques de France. Églises, monastères, colléges, etc., vol. I, Paris 1867, 237 : « Dès 1321, un règlement très-sommaire avait été rédigé et mis en vigueur. » Dans la seconde édition de son ouvrage, A. Franklin atténua quelque peu son jugement, en substituant « sommaire » à « très-sommaire ». Cf. id., La Sorbonne, ses origines, sa bibliothèque. Les débuts de l'imprimerie à Paris et la succession de Richelieu d'après des documents inédits, Paris ²1875, 45.

[98] Soumis au conseil par André Chevillier, bibliothécaire de 1665 à 1700, le Règlement de la bibliothèque de la Sorbonne fut adopté le 31 décembre 1676. Imprimé, il accompagna dorénavant chaque sociétaire au cours de son séjour au collège. Plusieurs exemplaires en sont conservés. Sur le Règlement, cf. A. Franklin, Les anciennes bibliothèques (nt. 97), vol. I, 282–284 (avec le texte latin du Règlement).

[99] Pour une première approche, cf. M. A. et R. H. Rouse, La bibliothèque du collège de Sorbonne, in : Histoire des bibliothèques françaises (nt. 8), vol. I, 112–123, ici 120.

marge le règlement de 1321 sans jamais l'invalider en vertu du principe cumulatif qui régit les statuts universitaires[100]. Ainsi les membres du collège de Sorbonne voulurent que les décisions concernant la *magna libraria*, édictées le 12 février 1432, « soient observées sans aucun manquement et qu'elles soient observées avec les autres », c'est-à-dire celles issues de règlements antérieurs et toujours en vigueur au sein du collège[101]. Ce principe est propice à la survivance de dispositions anciennes et cantonne les innovations à quelques points de détail.

Une composante supplémentaire du règlement de 1321 mérite que l'on s'y arrête. À sa lecture, on ne peut en effet qu'être frappé par sa dimension prospective. Le statut ne se contente pas d'enregistrer une pratique bibliothéconomique et de l'amender avec minutie. Il va plus loin : il engage la bibliothèque du collège de Sorbonne dans l'avenir et appelle à une nouvelle fondation comme l'a observé Richard H. Rouse[102]. Lorsque le règlement convoque le passé, c'est dans l'espoir d'en tirer les leçons afin de remédier à l'avenir (« *in posterum* » se plaît à répéter le texte) au mauvais état de conservation des ouvrages entreposés dans la *parva libraria*[103], à la perte pure et simple de manuscrits[104] et à la fraude[105]. C'est à cette fin surtout que le proviseur Annibald Caetani de Ceccano et les maîtres ès arts du collège de Sorbonne ordonnent la rédaction d' « un nouvel inventaire des livres » (*novum registrum super libris*) et d' « un nouveau registre de prêt » (*librarii iam renovent registrum*), et s'attachent les services de « nouveaux bibliothécaires » (*novi librarii*). L'ultime disposition du règlement de 1321 prévoit en effet l'élection de nouveaux bibliothécaires « qui soient attentifs à observer les règles [...] pour que cette attention aux livres soit utile »[106]. En dernier recours, le *lator rotuli* Jacques Benoît de Dacie y pourvoira[107]. En effet, on appe-

---

[100] J. Verger, Les statuts des universités (nt. 91), 114–115 et 120.

[101] Le statut du 12 février 1432 est édité in P. Glorieux, Aux origines (nt. 23), vol. I, n° 47, 235–236, ici 236 : « *Ymo voluerunt quod dicte ordinaciones inviolabiliter observarentur, et cum hiis voluerunt predictas observari* [...] »; trad. fr. J. Monfrin, Préface (nt. 89), 15. Sur ce statut, cf. G. Fournier, Ouvrir la bibliothèque (nt. 8), 25–27.

[102] R. H. Rouse, The Early Library (nt. 31), 229–230 : « This decision [le règlement de 1321] probably constituted a virtual refounding of the magna libraria » ; G. Fournier, Une « bibliothèque vivante » (nt. 31), 96–97 ; C. Angotti, Présence (nt. 35), 100 n. 45.

[103] P. Glorieux, Aux origines (nt. 23), vol. I, n° 22, 215 : « *Item, quia multi ibi iacent libri parvi valoris, non ligati, occupantes locum, sicut reportationes et antiqui sermones, fuit ordinatum* [...] ». Les sources dénonceront de manière récurrente le chaos qui règne dans la *parva libraria* et le mauvais état de conservation des manuscrits qui y étaient entreposés.

[104] Ibid., 215 : « *Item, quia multi libri qui aliquando fuerant intus, inventi non sunt modo, fuit ordinatum ut fieret novum registrum super libris nunc existentibus, ut diligentis custodiantur in posterum* ». Le balancement entre le passé et l'avenir est particulièrement perceptible dans cette disposition.

[105] Ibid., 215 : « *Item non sufficit scribere : talis habet talem librum .VI. librarum, vel huiusmodi, nisi scribat etiam sic in registro : incipit secundo folio sic vel sic ; ne fiat fraus in commutando librum maioris precii in librum eiusdem speciei, minoris tamen precii ; vel si perderetur unus ne restueretur peior* ».

[106] Ibid., 215 : « *Item ut ista circa libros perficiatur, eligantur novi librarii qui ad hec implenda sint solliciti* ».

[107] Ibid., 214 : « *Anno Domini M°CCC°XXI° tempore Jacobi Benedicti de Dacia tunc latore rotuli* [...] ». Sur l'institution du *lator rotuli* au collège de Sorbonne, cf. ibid., vol. I, 97–98 ; O. Weijers, Terminologie (nt. 30), 114 et 277 ; M. Teeuwen, The Vocabulary (nt. 30), 111.

lait ainsi le prieur au collège de Sorbonne, parce qu'il dressait des listes avec les obligations de chacun des membres. Il était élu annuellement et avait la responsabilité de faire observer le règlement. Le statut de 1321 requiert donc l'avènement d'un personnel susceptible de s'y conformer strictement et de veiller à son application au sein de la communauté de manière rigoureuse. En quelque sorte la boucle est bouclée.

La seconde disposition du règlement de 1321 concerne la bibliothèque commune (*libraria communis*), dont elle livre la plus ancienne occurrence. Le texte s'énonce comme suit :

« *Item*, il est ordonné que, parmi tous les livres de toutes sortes de sciences (*de omni scientia et de libris omnibus*) se trouvant dans la maison, au moins un exemplaire, le meilleur, soit déposé dans la bibliothèque commune et enchaîné (*ponatur ad cathenas in libraria communi*), afin que tous puissent le consulter, même si cet exemplaire est unique, car le bien commun est plus agréable à Dieu que le bien d'un seul (*bonum commune divinius est quam bonum unius*) ; et que quiconque détiendrait un volume de cette sorte qui devrait être déposé dans la bibliothèque soit astreint à le remettre sans contestation ».[108]

Cette disposition éclaire mieux qu'aucun autre document la vocation de la bibliothèque commune du collège de Sorbonne. Bibliothèque de présence, le livre manuscrit y était « enchaîné, afin que tous puissent le consulter ». Bibliothèque de référence, « au moins un exemplaire, le meilleur, parmi tous les livres de toutes sortes de sciences se trouvant dans la maison » y était déposé. Cette préoccupation était absente de la note commémorative de 1289[109]. Par le « meilleur », il faut entendre en matière de théologie les *originalia*, c'est-à-dire les recueils de textes intégraux dévolus à un seul auteur, dont l'autorité ne cessait de croître depuis le XIIIe siècle[110]. Très tôt, ils furent investis de la double connotation de texte et de livre de référence dans le champ du travail intellectuel. Dans l'enceinte du collège de Sorbonne, la bibliothèque commune offre la collection d'*originalia* la plus complète et la plus diversifiée : 19 des 52 rubriques (37 %, 44 % pour les seules rubriques ressortissant à la faculté de théologie) de son catalogue s'intitulent *originalia* contre seulement 14 des 59 rubriques (24 %)

---

[108] P. Glorieux, Aux origines (nt. 23), vol. I, n° 22, 215 : « *Item quod de omni scientia et de libris omnibus in domo existentibus saltem unum volumen, quod melius est, ponatur ad cathenas in libraria communi ut omnes possint videre etiamsi unum tantum sit volumen, quia bonum commune divinius est quam bonum unius ; et ad hoc astringatur quilibet habens huiusmodi librum ponendum in libraria quod sine contradictione eum tradat* »; trad. fr. (modifiée) J. Monfrin, Prélude (n. 89), 11.

[109] Cf. supra nt. 22. Sur l'impératif de référence dans l'institution de la bibliothèque commune, cf. D. Nebbiai-Dalla Guarda, La bibliothèque commune (nt. 9), 262–267.

[110] Sur l'essor et l'autorité des *originalia*, cf. J. de Ghellinck, 'Originale' et 'Originalia', in : Archivum latinitatis medii aevi 14 (1939), 95–105 ; R. H. Rouse, La diffusion en Occident au XIIIe siècle des outils de travail facilitant l'accès aux textes autoritatifs, in : Revue des études islamiques 44 (1976), 115–147, en part. 141–143 ; D. Nebbiai, L'originale et les originalia dans les bibliothèques médiévales, in : M. Zimmermann (ed.), Auctor et auctoritas. Invention et conformisme dans l'écriture médiévale. Actes du colloque tenu à l'Université de Versailles – Saint-Quentin-en-Yvelines (14–16 juin 1999), Paris 2001, 487–505, en part. 491–494 et 499–502 (au sujet de la bibliothèque de prêt).

du catalogue de la bibliothèque de prêt de 1338. De plus, les *originalia* concernent près d'une trentaine d'auteurs : les Pères et les Docteurs de l'Église bien sûr, mais aussi de nombreux théologiens scolastiques[111].

La provenance des manuscrits pourrait aussi avoir joué un rôle dans la détermination des « meilleurs » livres, susceptibles d'être enchaînés dans la bibliothèque commune. En effet, une prime est accordée aux volumes légués par les plus anciennes générations de bienfaiteurs du collège de Sorbonne. Ce qui se traduit par une certaine stabilité de la collection de livres conservés dans la bibliothèque commune. Ainsi pour le *quadrivium*, où certains volumes se retrouvent à deux siècles d'intervalle dans les deux catalogues de bibliothèque[112], ou en théologie. Au XVe siècle, les usagers de la bibliothèque commune ne lisaient pas seulement les grands textes et les grands auteurs réalistes du XIIIe siècle qui étaient à nouveau en vogue[113] : ils les lisaient dans des manuscrits légués par certains d'entre eux comme Gérard d'Abbeville, dont il a déjà été question, ou Godefroid de Fontaines. Preuve s'il en faut que la bibliothèque commune a enrichi le dispositif de la *memoria* livresque du collège de Sorbonne, peut-être dès le statut de 1321[114].

Quoi qu'il en soit, la bibliothèque commune est une bibliothèque d'élection[115]. Le statut de 1321 précise que les membres du collège de Sorbonne étaient enjoints de remettre le « volume de cette sorte […] sans contestation » (*sine contradictione*), et ceci quand bien « même si cet exemplaire est unique, car le bien commun est plus agréable à Dieu que le bien d'un seul »[116]. Manifestement, la dimension comminatoire afférente aux statuts universitaires n'est pas absente de la disposition relative à la bibliothèque commune. Enfin, cette dernière se fait fort d'offrir à la consultation des usagers une collection de livres « de toutes sortes de sciences » (*de omni scientia*). À l'évidence, le contenu de la *libraria communis* excédait la vocation strictement théologique des sociétaires du collège de Sorbonne. « On n'est pas étudiant de Sorbonne », rappelle Palémon

---

[111] Cf. infra Annexe.

[112] Cf. Paris, BnF, nal 99, pp. 257–260 : *Libri quadruviales* ; Paris, Bibliothèque Mazarine, ms 4204, f. 23r : *Mathematicae Disciplinae*. Cf. G. Fournier, Le catalogue inédit de la bibliothèque du collège de Sorbonne (milieu du XVIe siècle), in : Annuaire de l'École pratique des hautes études, Sciences historiques et philologiques 148 (2015–2016), 149–165, ici 156 et nt. 40.

[113] Z. Kaluza, Les débuts de l'albertisme tardif (Paris et Cologne), in : M. J. F. M. Hoenen/A. de Libera (eds.), Albertus Magnus und der Albertismus. Deutsche philosophische Kultur des Mittelalters, Leyde–New York–Cologne 1995, 207–295, en part. 215–216.

[114] G. Fournier, Les conditions d'une réussite (nt. 27), 495–498.

[115] C'est la raison pour laquelle nous nous inscrivons en faux contre l'affirmation selon laquelle les « nouvelles acquisitions, comme la majorité des livres légués après 1338, furent enchaînées dans la Grande Librairie ». Cf. L. Grenier-Braunschweig, La prisée des manuscrits du Collège de Sorbonne au Moyen Âge, in : Mélanges offerts à Gérard Oberlé pour ses 25 ans de librairie. 1967–1992, s.l. n. d., 327–341, ici 330. Sous la plume de l'auteur, les plus « précieux » et les plus lisibles des livres auraient été enchaînés dans la bibliothèque commune. Cf. ibid., 331 et 335.

[116] Sur l'importance du « bien commun » dans les premières décennies du collège de Sorbonne, cf. G. Fournier, Une « bibliothèque vivante » (nt. 31), 104–106.

Glorieux, « mais on est étudiant en théologie, résidant au Collège de Sorbonne et profitant de tous les avantages que celui-ci peut offrir »[117], en particulier les bibliothèques. Le catalogue de bibliothèque issu du statut de 1321 en précise les contours intellectuels.

### 2. *Le catalogue double de la bibliothèque commune (1321–1338)*

Le règlement de 1321 prescrit en effet la rédaction d'un nouvel inventaire sans indiquer le ou les dépôts de livres concernés :

« *Item*, comme beaucoup de livres qui étaient dans la maison ne se retrouvent plus maintenant, il a été décidé que l'on établirait un nouvel inventaire des livres actuellement présents (*novum registrum super libris nunc existentibus*), afin qu'ils soient conservés à l'avenir (*in posterum*) avec plus de soin ».[118]

Il s'agissait en clair de se prémunir contre le vol et la négligence. À cet effet, l'inventaire est rédigé dans un but administratif ou patrimonial, et servira au récolement, au contrôle et au maintien de la bibliothèque[119]. Prétendument rare[120], le terme *registrum* met l'accent sur la conservation des livres plutôt que sur l'aide à la recherche selon Olga Weijers[121].

À la suite du règlement de 1321, deux catalogues virent le jour : le catalogue double de la bibliothèque commune (1321–1338) et le catalogue de la bibliothèque de prêt (1338)[122]. Une opération de reliure, intervenue au lendemain de

---

[117] P. Glorieux, Aux origines (nt. 23), vol. I, 102–105 (cit. 104).

[118] Cf. supra nt. 104.

[119] Sur la fonction administrative ou patrimoniale des catalogues de bibliothèque au Moyen Âge, cf. A. Derolez, Les catalogues de bibliothèques, Turnhout 1979, 20–21.

[120] Sur la fréquence du terme *registrum* pour désigner un catalogue de bibliothèque, cf. ibid., 23 ; O. Weijers, Dictionnaires et répertoires au moyen âge. Une étude du vocabulaire, Turnhout 1991, 145 et n. 403 ; M. Teeuwen, The Vocabulary (nt. 30), 175–177. L'exemple le plus précoce serait le fameux *Registrum Angliae de libris actorum et doctorum*, qu'il conviendrait de dater du troisième quart du XIIIe siècle. Cf. R. Rouse, La diffusion en Occident (nt. 110), 130–132. Il est attesté au collège de Sorbonne dans une note commémorative transcrite dans le catalogue de 1338 qui se rapporte à l'année 1290 : « *Anno domini M°. CC°. nonagesimo fuit istud registrum factum per socios de domo de libris in domo tunc inventis quorum numerus mille et decem et septem* […] ». Cf. Paris, BnF, nal 99, p. 223b ; L. Delisle, Le cabinet des manuscrits (nt. 22), vol. III, 71. Il est des cas, où le terme *registrum* est utilisé de seconde main. Le catalogue double de la *libraria communis* postérieur à 1321, dénué de titre, est désigné par ce vocable dans le registre de prêt en 1518. Cf. Le registre (nt. 21), n° 170, p. 524. Sur le catalogue perdu de 1290, cf. G. Fournier, Listes, énumérations, inventaires (nt. 87), 186–187.

[121] O. Weijers, Dictionnaires et répertoires (nt. 120), 145.

[122] G. Fournier, Listes, énumérations, inventaires (nt. 87), respectivement 187–193 et 193–195. On pourrait être tenté d'avancer le *terminus post quem* du catalogue de la bibliothèque commune dans les années de la construction de la nouvelle chapelle qui fut achevée le 24 mai 1326. Cf. P. Glorieux, Aux origines (nt. 23), vol. I, 165 et n° 25, 217 (les deux fois d'après l'obituaire). En effet, le catalographe Jean anticipe la mention « *in capella* » transcrite par un scribe ultérieur en omettant d'attribuer une cote au *Doctrinale* d'Alexandre de Villedieu et le *Grecismus* d'Évrard de Béthune. Cf. Paris, BnF, nal 99, p. 249 ; L. Delisle, Le cabinet des manuscrits (nt. 22), vol. III, 80a : « *Doctrinale Alexandri de Villa Dei. Scribere clericulis. In capella.* […] *Grecismus Ebrardi. Quoniam*

la délibération du conseil du 13 mai 1617, consignée dans le livre des prieurs, les a réunis[123]. Ils sont aujourd'hui conservés dans le manuscrit Paris, BnF, nal 99, dont ils occupent respectivement les pages 237–[358] et 1–236[124]. Seul le catalogue de la bibliothèque commune retient présentement notre attention.

La dépendance textuelle du statut de 1321 et de la note introductive ou *Doctrina tabula* du catalogue a été soulignée par Richard H. Rouse[125]. Outre l'appellation *libraria communis* signalée par ce dernier, elle s'étend à la volonté d'y conserver « une multitude de livres concernant presque toutes les sciences […] offerts à l'étude de tous » [126] et à la maxime du bien commun appliquée pour l'occasion

---

*ignorancie nubilo. In capella* ». Mais l'argument est fragile : le collège avait sollicité d'Urbain IV et de Clément IV, respectivement en 1263 et 1268, l'autorisation d'ériger un oratoire et d'y célébrer des offices divins. Cf. ibid., vol. II, n° 218, 246 et n° 270, 315. Depuis lors, il est fait allusion à l'« *oratorium domus de Sorbona* » dans les sources du collège. Cf. ibid., vol. II, n° 404, 501 (18 avril 1304). Ailleurs, il est dénommé « *capella* » ou « *domus de capella* ». Cf. ibid., vol. II, n° 412, 520 (12 mars 1311) et vol. I, n° 19, 213 (1319).

[123] Paris, Archives Nationales, MM 269, p. 55–56 : « *Sequuntur Libri quos idem Sapientiss. Magister. Noster Parent cum bibliotheca accepit vt curaret denno coopertur.* […] *Item vn indice manuscript des Livres du dict College de Sorbonne conuert de bois qui se commence au premier feuillet Biblia ex legato Magistri Galti* [sic ; Galteri cf p. 1a ; il s'agit de Gauthier de Douai] *au dernier feuillet escrit originalia Hilarij, in folio. Item vn aultre indice manuscript et conuert de bois qui se commence au premier feuillet en lettre rouge Isti sunt Libi* [sic ; Libri] *Venerabilis Collegii pauperum Magistrorum de Sorbona etc. et au dernier feuillet quaedam themata et sermones etc., vol* [ce mot a été biffé par le scribe, au profit du suivant] *vn volume, in folio* […]. *Item alius index* [ce mot a été biffé par le scribe, au profit du suivant] *indiculus Bibliothecae Sorbonicae, in 4°. Hos tres indices Sapientis. Magister noster Parent accepit ex arca minoris Bibliothecae presentius Sapientiss. Magistro nostro Ysambert Procuratore Magno* ». L'indication des *incipits* du premier et du dernier feuillets ne laisse aucun doute au sujet de l'identité des deux premiers volumes : il s'agit respectivement des catalogues de la bibliothèque de prêt et de la bibliothèque commune. Les *incipits* sont prélevés respectivement aux p. 1a et 223a du manuscrit Paris, BnF, nal 99 pour le premier catalogue et aux p. 237a et 351 du même manuscrit pour le second catalogue. Le troisième catalogue mentionné dans la délibération du livre des prieurs n'a pas pu être identifié par nos soins. La délibération est signalée par A. Franklin, Les anciennes bibliothèques (n. 97), vol. I, 263–264. Le commentaire est erroné, tout comme l'hypothèse de l'unité inhérente des catalogues des bibliothèques commune et de prêt aventurée par A. Tuilier, La bibliothèque (nt. 23), 19–21. Jusqu'en 1617, les deux catalogues constituaient des entités codicologiques autonomes, ce que confirme la liste de prêt de Jean Quintana du 29 décembre 1518, où l'emprunteur est invité à remettre le catalogue dans la *magna libraria* qui semble avoir été son lieu de conservation habituel. Cf. G. Fournier, Listes, énumérations, inventaires (nt. 87), 191 et nt. 172.

[124] Le manuscrit a été relié de cuir clair recouvrant des ais de carton, probablement dans les ateliers de la BnF, entre 1920 et 1957. (Renseignement aimablement transmis par Mme Marie-Pierre Laffitte.) Le bifeuillet paginé 349–350 et [355]–[356] et le feuillet mutilé paginé [357]–[358] pourraient avoir servi de feuillets de garde au XVIIe siècle. Un décor de médaillons floraux orne les pages [356] et [357], à moins qu'il s'agisse de l'empreinte de la page précédente. Par ailleurs, il pourrait s'agir pour partie d'un remploi, comme l'atteste l'inscription latine médiévale que l'on peut encore lire à la page [358]. Rien n'indique toutefois que ces feuillets aient appartenu au manuscrit Paris, BnF, nal. 99.

[125] R. H. Rouse, The Early Library of the Sorbonne (nt. 31), 241.

[126] Paris, BnF, nal 99, p. 247a ; L. Delisle, Le cabinet des manuscrits (nt. 22), vol. III, 79a : « […] *in libraria communi, in qua, licet multitudo librorum quasi de qualibet sciencia esset omnibus exposita ad studendum* […] ». Une nouvelle occurrence du terme *libraria communis*, en rapport avec l'enchaîne-

à l'œuvre du catalographe Jean qui « n'a pas craint de placer avant [son] propre intérêt l'utilité de tous, sachant que le bien est d'autant plus divin qu'il est commun »[127], et non plus aux possesseurs desdits livres comme dans le statut de 1321[128]. Si l'on excepte cette inflexion, la *Doctrina tabule* reprend presque mot à mot ledit statut. Ensembles, ils témoignent de l'attention accordée au « bien commun » au sein du collège de Sorbonne et de sa traduction dans l'ordre des livres[129].

Le catalogue de la bibliothèque commune répond aux exigences du catalogue double selon Albert Derolez, soit « réunir dans un catalogue unique les avantages d'un inventaire des livres et d'un instrument destiné à retrouver les textes »[130]. Selon une terminologie en vigueur depuis la publication du Cabinet des manuscrits de Léopold Delisle[131], l'inventaire et le répertoire méthodique convoquent respectivement des objets matériels, des volumes, identifiés par la seule indication de l'œuvre ou des œuvres qui ouvre chacun d'entre eux, ce qui ne va pas sans poser quelques difficultés[132], et des objets immatériels, des textes, signifiés dans le meilleur des cas par le nom de l'auteur, le titre de l'oeuvre et l'*incipit* du texte. L'inventaire et le répertoire appréhendent chacun à leur manière un seul et même fonds : l'inventaire sous l'angle de la topographie, c'est-à-dire de la localisation spatiale des volumes enchaînés aux vingt-six pupitres que compte la bibliothèque commune, le répertoire sous celui du contenu des livres manuscrits, autrement dit des œuvres. Les deux volets du catalogue de la bibliothèque commune du collège de Sorbonne virent le jour de manière concomitante[133]. Néanmoins, la cote alphabétique du volume apposée en regard de l'indication du titre de l'œuvre dans le répertoire rendit rapidement l'inventaire inutile, d'où son inachèvement[134]. Il fait en quelque sorte double emploi avec la table d'orientation que constitue le répertoire méthodique.

Avec la mention de la cote, c'est le répertoire qui prend le pas sur l'inventaire, les textes sur les livres et par la même occasion la vocation scientifique du

---

ment de livres, figure dans l'exécution du testament de Conrad de Romersheim, prêtre du diocèse de Mayence et écolâtre de l'église d'Aschaffenbourg, le 4 octobre 1336. Cf. P. Glorieux, Aux origines (nt. 23), vol. II, n° 430, 557–559, ici 558 : « [...] *videlicet quemdam librum gallice nuncupatum Catholicum* [Johannes Januensis de Balbis]*, qui erit imperpetuum quamdiu durabit incathenatus in libraria communi dicte domus absque eo quod de extra dictam librariam communem possit vel debeat portari sed inibi perpetuo remanere ad usus communes in eo studentium* [...] ». Le volume ne nous est pas parvenu.

[127] Paris, BnF, nal 99, p. 247a ; L. Delisle, Le cabinet des manuscrits (nt. 22), vol. III, 79b : « [...] *non veritus utilitatem propriam communi utilitati postponere, sciens quod bonum quanto communius tanto divinius* [...] ».
[128] Cf. supra nt. 108.
[129] Cf. supra nt. 116.
[130] A. Derolez, Les catalogues de bibliothèques (nt. 119), 40–41.
[131] L. Delisle, Le cabinet des manuscrits (nt. 22), vol. II, 183.
[132] A. Birkenmajer, La bibliothèque de Richard de Fournival (nt. 9), 131 et nt. 80 et 132 sq.
[133] Sur la genèse du catalogue double de la bibliothèque commune, cf. G. Fournier, Une « bibliothèque vivante » (nt. 31), 116–117 et 458–467 (Annexe).
[134] R. H. Rouse, The Early Library (nt. 31), 237 sq.

catalogue double de la bibliothèque commune du collège de Sorbonne qui s'affirme. En effet, le statut de 1321 avait prescrit la rédaction d'un inventaire à des fins administratives, le catalographe Jean lui conféra un but scientifique[135]. Cette intention transparaît dans la *Doctrina tabule*[136]. On peut affirmer sans trop se tromper qu'un syllogisme la sous-tend, dont les prémisses majeure et mineure et la conclusion s'énoncent comme suit : « on trouve dans les livres un trésor (*thesaurus*) inépuisable pour les hommes », « or le savoir (*sapientia*) est caché », « j'ai donc commencé à établir une table (*tabula*) grâce à laquelle chacun pourra accéder à chacune des sciences (*scientia*) qu'il lui plaira d'étudier, et pourra retrouver le livre sur le sujet ou de l'auteur qu'il voudra »[137]. Le raisonnement est d'autant plus imparable qu'il se prévaut des Saintes Écritures, en l'occurrence du Livre de la Sagesse VII, 15–21 et de l'Ecclésiastique XX, 32, pour évoquer respectivement le don gratuit du savoir et sa nécessaire publicité, deux thèmes particulièrement chers aux maîtres et aux étudiants visés par la *Doctrina tabule*[138]. De l'aveu même du catalographe Jean, le but du répertoire consiste à « apporter un remède à cette difficulté et à ce défaut, et [à] ouvrir un chemin dans cette bibliothèque pour que chacun puisse trouver le livre ou le savoir (*librum vel scienciam*) qu'il recherchait, si cela pouvait en quelque manière commodément se faire »[139]. Le livre ou le savoir, le livre et le savoir : tels sont les objets de la sollicitude du catalographe Jean. Son ambition n'est pas seulement d'aider l'usager de la bibliothèque commune à « retrouver le livre sur le sujet ou de l'auteur » (*cujus modi vel cujus auctoris librum reperire*), mais à « accéder à chacune des sciences qu'il lui plaira d'étudier » (*invenire de quacunque sciencia sibi studere placuerit*). L'usage du terme *scientia* est proliférant dans la *Doctrina tabule*. On ne compte pas moins de quatre occurrences : dans le commentaire à l'Ecclésiastique XX, 32, il est associé à *sapientia*. Ailleurs, il est question encore de *disciplina*[140]. À la fonction de table d'orientation (« trouver le livre »), le répertoire ajoute donc celle de guide de lecture (« trouver la science ») parmi la « multitude de livres

---

[135] Sur la fonction scientifique des catalogues de bibliothèques au Moyen Âge, cf. A. Derolez, Les catalogues de bibliothèques (nt. 119), 21.
[136] Pour le détail, cf. G. Fournier, Une « bibliothèque vivante » (nt. 31), 118–128.
[137] Paris, BnF, nal 99, p. 247a ; L. Delisle, Le cabinet des manuscrits (n. 22), vol. III, 79a-b : « *Invenitur* […] *in libris* […] *thesaurus infinitus hominibus* […]. *Absconditur autem sapientia* […] *aggressus sum* […] *poteram* […] *tabulam ordinare, in qua, ut reor, quilibet,* […] *poterit invenire de quacunque sciencia sibi studere placuerit, et cujus modi vel cujus auctoris librum videre voluerit* […] *poterit reperire* […] ».
[138] Sur le don gratuit du savoir, cf. l'article classique de G. Post/K. Giocarinis/R. Kay, The Medieval Heritage of a Humanistic Ideal : 'Scientia donum Dei est, unde vendi non potest', in : Traditio 11 (1955), 195–234. Il demeurera longtemps d'actualité comme l'atteste une ordonnance du Parlement de Paris à l'attention de la Faculté de théologie, datée de l'année 1536, qui réitère la formulation traditionnelle du don : « Le savoir acquis par les docteurs de la faculté est un don gratuit pour l'édification de l'Église et il ne doit pas être caché ». Cf. N. Zemon Davis, Essai sur le don dans la France du XVIe siècle, Paris 2003, 71–83, ici 76 sq.
[139] Paris, BnF, nal 99, p. 247a ; L. Delisle, Le cabinet des manuscrits (n. 22), vol. III, 79a-b : « […] *huic difficultati vel defectui remedium desiderans adhibere et viam ad inveniendum in dicta libraria cuilibet librum vel scienciam de qua quereret cupiens si quoquo modo fieri posset commode preparare* […] ».
[140] Sur le champ lexical de *scientia*, cf. M. Teeuwen, The Vocabulary (nt. 30), 358–360.

concernant presque toutes les sciences » (*multitudo librorum quasi de qualibet sciencia*) offerts dans la bibliothèque commune du collège de Sorbonne.

De cette volonté résulta le répertoire, dont l'organisation est esquissée au terme de la *Doctrina tabule*, suivie immédiatement par la liste des rubriques qui le composent :

« L'organisation et la manière de procéder de cette table (*tabula*) est le suivant. D'abord y sont répertoriés les livres de grammaire, avec les auteurs et les poètes, ensuite les livres de logique comme on le verra plus bas indiqué par les titres. Pour les rubriques également dans lesquelles se trouvent une multitude d'ouvrages ou d'auteurs, j'ai suivi l'ordre des lettres de l'alphabet »[141],

comme cela était l'usage dans les *indices* et autres instruments susceptibles d'aider à la recherche[142]. La brièveté du mode d'emploi du répertoire peut surprendre, sauf à supposer que l'essentiel est passé sous silence. L'utilisation de la table est en effet conditionnée à la connaissance préalable de son mode d'organisation : « une table grâce à laquelle chacun, s'il connaît la manière dont elle est organisée (*si tamen presentis tabule scriverit processum*) » est-il écrit dans la *Doctrina tabule*[143]. L'organisation constitue le véritable remède à la confusion de la *libraria communis* du collège de Sorbonne, mais peut-être surtout, « sa condition de possibilité », au sens de Michel Foucault, c'est-à-dire ce à partir de quoi elle est possible[144]. Ce dernier point nous paraît essentiel car l'organisation du catalogue et *a fortiori* de la bibliothèque pourvoit à la conversion d'une accumulation en un tout organisé, d'un amas de livres en une bibliothèque au sens plein du terme. L'organisation fonde la bibliothèque, mieux : elle la permet comme l'écrira Gabriel Naudé au chapitre septième de son *Advis pour dresser une bibliotheque* (1627) qui recueille une tradition multiséculaire[145].

---

[141] Paris, BnF, nal 99, p. 247a ; L. Delisle, Le cabinet des manuscrits (nt. 22), vol. III, 79b–80a-b : « *Est igitur ordo et processus presentis tabule talis ut sequitur. Primo in ea signantur libri grammaticales cum auctoribus et poetis, deinde logicales, etc. ut videbis inferius per titulos assignatum. In hiis etiam ubi multitudo librorum est vel auctorum, ordinem alphabeti secundum litteras observi* ». J. Monfrin, Prélude (nt. 89), 11 confond les volumes et les rubriques. Le texte renvoie à la table des rubriques et non aux titres courants : la dénomination des premières rubriques le confirme. Cf. G. Fournier, Une « bibliothèque vivante » (nt. 31), 465. Sur le classement alphabétique des rubriques, cf. D. Nebbiai-Dalla Guarda, Classifications et classements (nt. 21), 385 et 393, nt. 94.

[142] R. Rouse, La diffusion en Occident (nt. 110), 143.

[143] Paris, BnF, nal 99, p. 247a ; L. Delisle, Le cabinet des manuscrits (nt. 22), vol. III, 79b : « [...] *tabulam* [...] *in qua, ut reor, quilibet, si tamen presentis tabule scriverit processum* [...] ».

[144] M. Foucault, Les mots et les choses. Une archéologie des sciences humaines, Paris 1966, 13.

[145] Gabriel Naudé, Advis pour dresser une bibliotheque. Reproduction de l'édition de 1644, précédée de L'Advis, manifeste de la bibliothèque érudite par C. Jolly, Paris 1990, 127–128. La métaphore martiale qui clôt ces considérations sur l'organisation de la bibliothèque montre suffisamment ce que Gabriel Naudé doit à la tradition. Cf. C. Jolly, L'Advis, manifeste de la bibliothèque érudite, ibid., V–XXII, ici XVII–XVIII ; F. Queyroux, L'Advis de Naudé (1627), in : De l'argile au nuage, une archéologie des catalogues (IIe millénaire av. J.-C. – XXIe siècle), Paris-Genève 2015, 245–247. Sur l'analogie des *spiritualia* et des *militaria* en rapport avec le livre médiéval, cf. E. Voight, Über die ältesten Sprichwörtersammlung des deutschen Mittelalters, in : Zeitschrift für deutsches Altertum und deutsche Literatur 30 (1886), 260–280, ici 274 ; A. Vernet, Du « chartophylax » au « Librarian », Vocabulaire du livre (nt. 8), 155–167, ici 158. Il n'est

Le « langage culturel commun »[146] au concepteur du répertoire et aux usagers de la bibliothèque transparaît dans la liste des rubriques produite à la suite immédiate de la *Doctrina tabule*. La proximité avec l'université de Paris y est manifeste comme en témoignent le classement de certains savoirs et la présence de certaines formes discursives qui y ont cours. Les *libri iuris* ressortissent au seul décret, l'enseignement des lois ayant été interdit dans la capitale par le pape Honorius III en 1219[147]. La philosophie adopte le ternaire stoïco-platonicien (*Libri logicales, naturales et morales*), familier aux maîtres et aux étudiants parisiens au plus tard depuis l'adoption intégrale de l'œuvre d'Aristote en 1255[148] et qui valut sensiblement à la même époque à la faculté des arts le nom de faculté de « philosophie rationnelle, naturelle et morale » (*rationalem, naturalem, moralem philosophiam*)[149]. L'ordonnance de la théologie s'apparente au classement systématique : Bible, histoire, Pères et Docteurs de l'Église, théologiens médiévaux et sermons, dont l'abondance (dix rubriques, soit 19 % de la table) est à chercher dans le fait que « l'Université avait comme première fonction, non pas d'être un centre de recherches savantes, mais un lieu de formation pour un clergé qualifié pour prêcher et confesser » comme le rappelle Louis Jacques Bataillon[150]. De fait, la registre reflète les apports des plus anciens legs qui accordent une grande importance à la pastorale[151]. Parmi les formes littéraires dans lesquelles la théologie se donne à lire, on notera la présence d'une rubrique intitulée *Questiones theologice et scripta super sententias* et une autre consacrée aux instruments de travail

---

pas inutile de préciser que la bibliothèque de Gabriel Naudé est une bibliothèque de travail, une bibliothèque d'étude, à l'instar de la bibliothèque commune du collège de Sorbonne.

[146] Nous empruntons cette notion à H.-J. Martin, Classements et conjonctures, Histoire de l'édition française, vol. I, s.l. 1982, 429–451, ici 437.

[147] C. Coppens, Le droit romain à Paris au début du XIIIe siècle, introduction et interdiction, in : J. Verger/O. Weijers (eds.), Les Débuts de l'enseignement universitaire à Paris (1200–1245 environ), Turnhout 2013, 329–347.

[148] Sur la réception d'Aristote à l'université de Paris et en particulier le statut de 1255, cf. L. Bianchi/E. Randi, Vérités dissonantes. Aristote à la fin du Moyen Âge, Fribourg–Paris 1993 ; C. König-Pralong, Avènement de l'aristotélisme en terre chrétienne. L'essence et la matière : entre Thomas d'Aquin et Guillaume d'Ockham, Paris 2005, 134 sqq.

[149] Chartularium Universitatis Parisiensis, eds. H. Denifle/E. Chatelain, Paris 1889, t. 1, n° 230, pp. 252–258, ici p. 252 : « […] *in quatuor facultates, videlicet theologiam, jurisperitiam, medicinam, necnon rationalem, naturalem, moralem philosophiam* […] ». La philosophie rationnelle (logique, topique et dialectique) est évoquée ici dans son entièreté ; dans la table des rubriques, il n'est question que des seuls livres logiques. Sur l'adoption du ternaire stoïco-platonicien dans les bibliothèques d'étude à la fin du Moyen Âge, cf. G. Fournier, L'absent de l'histoire. La culture universitaire dans la bibliothèque de l'abbaye de Clairvaux d'après le catalogue de 1472, in : Le temps long de Clairvaux. Nouvelles recherches, nouvelles perspectives (XIIe–XXIe siècles), Paris-Troyes 2016, 255–279, ici 258–264.

[150] L. J. Bataillon, Les textes théologiques et philosophiques diffusés à Paris par *exemplar* et *pecia*, in : L. J. Bataillon/B. G. Guyot/R. H. Rouse (eds.), La production du livre universitaire au Moyen Âge. Exemplar et pecia. Actes du symposium tenu au Collegio San Bonaventura de Grottaferrata en mai 1983, Paris 1988, 155–163, ici 159.

[151] C. Angotti, Les bibliothèques des couvents mendiants (nt. 27), 38–39.

essentiels à son exercice que sont les *Errores diversi condemnati*[152]. La part qui incombe aux commentaires et aux instruments théologiques est modeste, la bibliothèque commune privilégiant les *originalia* comme nous l'avons observé précédemment[153].

De surcroît, l'ordonnance de la table des rubriques reproduit l'ordre des quatre facultés de l'Université, précisément les Arts (6 rubriques), puis les trois facultés supérieures, dans l'ordre, la Médecine (1 rubrique), la Théologie (42 rubriques) et enfin le Décret (1 rubrique)[154]. La prédominance de la faculté de théologie dans un collège dont les membres y sont destinés, ne surprend pas. Plus remarquable est la présence de livres issus des trois autres facultés. Certes certaines disciplines ne sont pas sans rapport avec l'enseignement de la théologie. On pense évidemment au droit canon[155]. Mais faut-il seulement rappeler que Gérard d'Abbeville invitait les membres du collège de Sorbonne à vendre les livres de médecine issus de son legs afin de payer si nécessaire ses dettes[156] ? Une rapide comparaison avec les bibliothèques des six collèges séculiers parisiens qui ont conservé un catalogue, montre que l'adoption des quatre facultés comme principe d'organisation de la bibliothèque n'était pas l'usage aux XIVe et XVe siècles[157]. Leurs catalogues témoignent plutôt d'une stricte adéquation entre le contenu de la bibliothèque et la vocation de l'établissement[158]. En fonction des boursiers, les bibliothèques privilégient de manière parfois écrasante les arts, la théologie, le droit canon ou encore une association de deux de ces disciplines. Par exemple, la part des livres de théologie est écrasante au collège

---

[152] Sur la rubrique des *Errores condemnati* dans le catalogue double de la bibliothèque commune du collège de Sorbonne, cf. G. Fournier, Une « bibliothèque vivante », p. 165–338. Sur les *Errores condemnati* comme instrument du travail intellectuel, cf. L. Bianchi, Censure et liberté intellectuelle à l'université de Paris (XIIIe–XVe siècles), Paris 1999, 60–61.

[153] Cf. supra 223–224. Un phénomène analogue est à l'œuvre dans la bibliothèque du collège de Dormans-Beauvais. Cf. T. Kouamé, Le collège de Dormans-Beauvais (nt. 37), 285.

[154] R. H. Rouse, The Early Library (nt. 31), 232 ; D. Nebbiai-Dalla Guarda, Classifications et classements (nt. 21), 385 et 388. La liste est reproduite infra en Annexe. Nous versons les deux dernières rubriques : « *Sermones vsuales ad predicandum. Librj Raymondi philosophi* » au compte de la faculté de théologie. Deux nouvelles rubriques vinrent s'ajouter à la liste initiale : « *Romancia vel librj in gallico. Et distinctiones ad predicandum* ». Nous n'en avons pas tenu compte, la seconde ressortissant à la théologie.

[155] E. Marmursztejn, L'autorité des maîtres. Scolastique, normes et société au XIIIe siècle, Paris 2007, 101–104. Si « l'université de Paris pouvait se passer des juristes » pour l'établissement des normes, les analyses de détail du livre indiquent que ses membres ne s'étaient pas passer du droit canon dans leurs débats.

[156] C. Angotti, Les bibliothèques des couvents mendiants (nt. 27), Annexe 3, 60 : « […] *omnes libri medicinae quos habeo depositos apud eos mixtos cum libris philosophiae et aliis libris vendantur et inde debita mea si necesse fuerit vendantur* ».

[157] T. Kouamé, Le collège de Dormans-Beauvais (nt. 37), 275 (Graphique 4) propose une statistique de la composition de six des huit catalogues de bibliothèque conservés en provenance des collèges séculiers parisiens. Seuls les catalogues des collèges des Dix Huit (1330) et de Hubant (1339–1346) font défauts.

[158] Ibid., 274 (à propos du collège de Dormans-Beauvais) et 276 (à propos des collèges du Trésorier et d'Autun, respectivement en 1437 et 1462).

du Trésorier qui accueille des boursiers artiens et théologiens. Ils occupent les quatre cinquièmes de la bibliothèque en 1437. Au collège de Dormans-Beauvais, les trois listes de livres composées entre 1381 et 1475 attestent un renforcement de la prépondérance philosophique de la bibliothèque au détriment de la théologie et de la grammaire, constituant ainsi un fonds mieux adapté aux besoins des boursiers artiens de l'établissement. Le droit civil et la médecine sont pour ainsi dire absents de ces bibliothèques[159].

À l'inverse, le collège de Sorbonne ne se contente pas d'adopter un classement quadripartite selon l'ordre des facultés dans la bibliothèque commune au cours des décennies 1320 et 1330. Elle s'y tiendra et l'imposera au moins jusqu'à la Renaissance. Pour n'en rester qu'au seul catalogue de bibliothèque, la *Tabula in universum indicans libros singularum disciplinarum* de la bibliothèque commune qui vit le jour vers 1550, comprend vingt-huit rubriques, subsumées dans sept sections, dont les intitulés suivent :

*Libri theologici* [17 rubriques]
*Libri Iuris et Legum* [2 rubriques]
*Libri Medicinae* [1 rubrique]
*Libri Historiarum* [2 rubriques]
*Libri Matheseos* [1 rubrique]
*Libri Philosophici* [2 rubriques]
*Libri Rhetorici et Grammatici* [3 rubriques] [160].

À l'évidence, le classement quadripartite selon l'ordre des facultés informe la *Tabula*[161]. Elles sont proposées pour l'occasion dans l'ordre inverse : les trois facultés supérieures ouvrent la marche : la Théologie, le Droit (Décret et Loi réunis) et la Médecine, suivies des Arts qui associent le *quadrivium* des sciences mathématiques, la philosophie, dont le détail témoigne de la survivance du ternaire stoïco-platonicien, et le *trivium* des sciences littéraires, réduites à la rhétorique et à la grammaire. La *Tabula* s'achève donc là où le répertoire méthodique commence. Le classement de la *Tabula* reflète aussi les évolutions historiques, notamment le transfert de l'enseignement universitaires vers les collèges et l'autonomisation de l'histoire qui tend à s'imposer comme un art libéral. Les rubriques dévolues aux livres de rhétorique et de grammaire renvoient à l'existence d'un *pedagogicum* destiné aux étudiants ès arts et à l'enseignement de la rhétorique dans les locaux du collège de Sorbonne[162].

---

[159] Ibid., 277.
[160] La table des sections et des rubriques de la *Tabula* est éditée, in G. Fournier, Livre après livre (nt. 24), 215–217 (Annexe). Sur cette *Tabula*, cf. id., Le catalogue inédit (nt. 112), passim.
[161] Pour le détail, cf. id., Livre après livre (nt. 24), 202–207 ; id., La catalogue inédit (nt. 112), 153–157.
[162] Pour une première approche de l'enseignement prodigué au sein du collège de Sorbonne à la fin du Moyen Âge, cf. O. Weijers, Le vocabulaire du collège de Sorbonne, in : O. Weijers (ed.), Vocabulaire des collèges universitaires (XIIIe–XVIe siècle). Actes du colloque de Leuven 9–11 avril 1992, Turnhout 1993, 9–25, ici 21–24. Il conviendrait aussi d'évoquer le collège de Calvi destiné aux artiens du collège de Sorbonne et attesté au XVe siècle. Cf. J.-L. Deuffic, Geoffroy Le Moal et le collège de la Petite Sorbonne, in : Pecia. Le livre et l'écrit 7 (2009), 177–180. Sur

Telle est selon toute vraisemblance la bibliothèque « *en laquelle on voit des liures autant anciens & en toutes facultez qu'on sçache guere trouver ailleurs* », dépeinte dans le premier tome de La cosmographie universelle de François de Belleforest en 1575. Plus tard dans le siècle, le catalogue de la bibliothèque universitaire de Leyde dressé par Petrus Bertius en 1595 et la science des bibliothèques, Gabriel Naudé d'abord, Louis Jacob ensuite, imposeront la « carte du savoir, en quatre quartier »[163] jusqu'au début du XIXe siècle[164].

Pour finir essayons-de répondre à cette simple question : en quoi consiste la vocation universitaire de la bibliothèque commune du collège de Sorbonne ? Les documents se focalisent sur son contenu. En premier lieu, une volonté d'élargir le contenu de la bibliothèque au-delà de la vocation théologique du collège est à l'œuvre au cours des décennies 1320 et 1330. L'ordre et la disposition de ladite bibliothèque épousent désormais les quatre facultés de l'université de Paris. Ce classement demeurera en vigueur au sein de la bibliothèque commune jusqu'au XVIe siècle comme l'attestent la *Tabula in universum indicans libros singularum disciplinarum* et la description consignée dans la traduction-adaptation de la Cosmographie universelle de Sébastien Münster procurée par François de Belleforest.

Ensuite, nous avons observé que la bibliothèque commune faisait la part belle aux *originalia*, les œuvres complètes des Pères et des Docteurs de l'Église et de nombre de théologiens médiévaux. L'enseignement universitaire étant « à base de textes »[165] et les médiévaux assimilant les savoirs par la pratique du commentaire[166], la bibliothèque commune conservait donc les textes qui faisaient l'objet d'un enseignement dans les facultés, et les commentaires qui y étaient associés[167]. « Rassemblant physiquement les livres et permettant de les consulter simultanément, la bibliothèque enchaînée est à la fois la conséquence et l'instrument de pratiques nouvelles liées aux études scolastiques » précisa dernièrement Philippe Cordez. « Grâce à elle », poursuit-il, « les textes purent désormais être confrontés, comparés, dans l'esprit des discussions menées dans les écoles ». De sorte que « [l]a chaîne n'aura finalement pas été l'instrument d'un asservissement des livres, mais celui de leur mise en commun et d'une accélération de la circula-

---

l'enseignement de la rhétorique, dispensé par Guillaume Fichet et Guillaume Tardif en 1468 et 1484, cf. G. Fournier, Livre après livre (nt. 24), 186 et n. 18–19.

[163] Nous empruntons cette expression à L. Giard, Hugues de Saint-Victor, cartographe du savoir, in : L'abbaye parisienne de Saint-Victor. Communications présentées au XIIIe Colloque d'Humanisme médiéval de Paris (1986–1988) et réunies par J. Longère, Paris-Turnhout 1991, 253–269, ici 261.
[164] G. Fournier, Livre après livre (nt. 24), 202–203.
[165] M.-D. Chenu, La théologie comme science au XIIIe siècle, Paris ³1969, 15.
[166] R. Schönberger, Was ist Scholastik, Hildesheim 1991.
[167] Cf. à titre d'exemple G. Fournier, Lire l'archive. Les commentaires sur l'Éthique à Nicomaque au collège de Sorbonne à la fin du Moyen Âge et à la Renaissance, in : Angotti/Fournier/Nebbiai (eds.), Les livres des maîtres de Sorbonne (nt. 34), 125–183.

tion du savoir, d'une libération aux conséquences déterminantes à long terme : c'est dans ces salles [...] que s'élabora la culture scientifique de l'Occident »[168].

La disposition du statut de 1321 et sa transposition dans le catalogue double (1321–1338) qui en résulta, témoignent d'une décision murie et délibérée. Le proviseur Annibald Caetani de Ceccano, le prieur Jacques Benoît de Dacie et les maître ès arts du collège espéraient par la création d'une bibliothèque universitaire « enfoncer profondément et largement [l]es racines [du collège] dans le sol où il devrait vivre et grandir »[169], c'est-à-dire à l'université de Paris. Nous avons montré ailleurs que la *memoria* livresque participait d'une intention analogue[170]. Les deux fois, le collège de Sorbonne comble une lacune de l'université de Paris : l'absence « d'une bibliothèque universitaire centrale » d'une part, la faiblesse de la mémoire des morts d'autre part[171].

Le projet de bibliothèque universitaire vit-il le jour ? Les indices manquent pour répondre à cette question. On remarquera toutefois que le statut de 1321 prévoyait d'accueillir des « étrangers » (*extranei*)[172], ce qui témoigne au moins d'une volonté de donner corps au projet de bibliothèque universitaire. Il faudra attendre le registre de prêt du XVe siècle pour disposer d'informations concernant les usagers des bibliothèques du collège de Sorbonne[173]. Le registre atteste parmi d'autres la présence d'un petit groupe d'étudiants en théologie qui n'appartiennent pas au collège de Sorbonne[174]. Ils bénéficient des mêmes conditions du prêt que les hôtes du collège, sans en avoir la qualité. Preuve s'il en faut des relations étroites tissées entre le collège de Sorbonne et la Faculté de théologie à la fin du Moyen Âge.

La concrétisation du projet de bibliothèque universitaite eut une conséquence insoupçonnée. Elle contribua à retarder la création de bibliothèques propres aux institutions universitaires à Paris[175]. On ne peut que le constater. La bibliothèque commune à l'ensemble de l'université apparaît dans les sources dans le troisième quart du XVe siècle[176] ; les bibliothèques des facultés de médecine et de décret, respectivement en 1395 et en 1475[177] ; la bibliothèque des nations, en l'occurrence de la maison des étudiants pauvres de la nation allemande, en 1433[178]. Toutes demeurèrent modestes au Moyen Âge. Aucune n'a retenu l'attention der François de Belleforest.

---

[168] P. Cordez, Le lieu du texte (nt. 32), p. 77.
[169] P. Glorieux, Aux origines (nt. 23), vol. I, 117.
[170] G. Fournier, Les conditions d'une réussite (nt. 27), 493–498.
[171] Ibid., 491–492.
[172] Cf. supra nt. 94.
[173] Sur le registre de prêt (vers 1403–1520), cf. id., Listes, énumérations, inventaires (nt. 87), 210–212. Les emprunteurs mentionnés dans le registre de prêt fragmentaire (après 1338) mériteraient d'être étudiés de plus près. Voir ibid., 208–210.
[174] Id., Le registre de prêt (1403–1520) dans tous ses états, in : Annuaire de l'École pratique des hautes études, Sciences historiques et philologiques 147 (2016), 146–154, ici 148–149.
[175] M.-H. Jullien de Pommerol, Livres d'étudiants (nt. 9), 98.
[176] K. Rebmeister-Klein, Les livres des petits collèges (nt. 34), 127 et 696 (au sujet du legs de Jean Blondel en 1474).
[177] M.-H. Jullien de Pommerol, Livres d'étudiants (nt. 9), 98–100.
[178] G. Fournier, Ouvrir la bibliothèque (nt. 8), 25–26 et nt. 44.

Enfin, la disposition consignée dans le statut de 1321 et sa transposition dans le catalogue double quelques années plus tard nous rappellent que le collège de Sorbonne fut un formidable lieu d'innovations bibliothéconomiques. On ne compte plus les solutions inventées, sinon diffusées pour certaines à l'échelle de l'Occident médiéval par l'établissement : la prisée ou prix d'estimation, les mots-repères, prélevés au second et au pénultième feuillets, la saisie thématique ou la bipartition d'une bibliothèque[179]. Désormais, il convient d'y ajouter le classement par faculté. On a tendance à oublier son caractère expérimental et ce qu'il en coûte avant qu'il ne s'impose sous la plume de Gabriel Naudé comme « le plus facile, le moins intrigué, le plus naturel, vsité »[180]. En définitive, il en va du classement quadripartite comme de ces expériences décrites par Jorge Luis Borges au sujet de Lewis Caroll ou de Walt Whitman, elles ont « si bien réussi[es] que nous en arrivons à oublier que c'étai[en]t [des] expérience[s] »[181].

Annexe : La table des rubriques du répertoire méthodique du catalogue de la bibliothèque commune (1321–1338)

Au nombre de cinquante à l'origine, portées à cinquante-deux par le catalographe Jean et un de ses continuateurs, les rubriques sont consignées dans une table qui suit immédiatement la *Doctrina tabule*. Notre transcription se contente d'introduire quelques majuscules et de normaliser l'usage de certaines lettres, par exemple u et v. Les mentions des facultés sont de notre fait.

Source : Paris, BnF, nouv. acq. lat. 99, pp. 247b–248a ; A. Franklin, Les anciennes bibliothèques de Paris. Églises, monastères, colléges, etc., vol. I, Paris 1867, 305–306 (fac simile p. 247b hors texte) ; D. Nebbiai-Dalla Guarda, Classifications et classements, in : Histoire des bibliothèques françaises, vol. I, Paris 1989, 385 (Tableau 3. La *magna libraria* de la Sorbonne).

[Faculté des arts]
Librj grammaticales[182]
Auctores et poete
Librj logicales et scripta cum questionibus eorumdem
Librj naturales et scripta cum questionibus eorumdem
Librj morales philosophorum[183] cum scriptis Aristotelis cum aliis Senece et Tullij etc.
Librj quadruviales, primo de arismetica et sic continentus [*sic*] astronomie, musice, alkimie, geometrie

---

[179] Pour le détail, cf. id., Une « bibliothèque vivante » (nt. 31), 53–54.
[180] Gabriel Naudé, Advis pour dresser une bibliotheque (nt. 145), 131–132.
[181] Jorge Luis Borges, Livre des préfaces. Traduit de l'espagnol par F. Rosset, suivi de Essai d'autobiographie. Traduit de l'anglais par M. S. Tripier, Paris 1980, 62 et 251 (cit.).
[182] Paris, BnF, nouv. acq. lat. 99, p. 247b.
[183] philosophorum *ajouter au-dessus de la ligne, autre scribe*.

[Faculté de médecine]
Librj medicinales

[Faculté de théologie]
Librj de canone scripture sacre et concordantie
Hystorie scolastice
Postille seu expositiones scripture sacre secundum ordinem librorum
Originalia beati Augustinj secundum ordinem alphabeti
Epistole Augustinj secundum ordinem litterarum a quibus incipiunt persone quibus scribit
Originalia beati Ambrosij et epistole
Originalia Anselmj et epistole
Originalia Athanasij, Alcujnj, Albinj, Antonjj, Agnelli, Alanj
Originalia beati Bernardi
Epistole eiusdem
Originalia Boecij de theologia
Originalia Basilij, Bede, Berengarij, beate Silvestris, sancti Benedicti
Originalia Crisostomj et epistole
Originalia Iohannis, Cassianj, Cassiodorj, Cyrillj, Claudianj
Originalia beati Dyonisij et epistole et Fredellj
Originalia beati Gregorij, Gilbertj
Originalia beati Hylarij
Originalia Haymonis, Hyldegardis
Originalia Hugonis de Sancto Victore
Originalia beati Jeronimj
Epistole eiusdem secundum ordinem litterarum
Originalia Jnnocencij vel Lotharij
Originalia Ysidorj, presbiteri Johannis
Originalia Origenis
Originalia Prudencij, Paschasij, Prosperi, Procli
Originalia Ricardi de Sancto Victore
Liber Sibille[184]
Tabule et flores et originalium
Errores diversi condempnatj[185]
Cronice et miracula.
Romancia vel librj in gallico[186]
Summe morales et tractatus modernorum doctorum
Sermones et omelie beati Augustinj
Sermones beati Bernardj
Sermones Flulgencij [sic], Ysidorj

---

[184] nota *en marge, autre scribe.*
[185] nota *en marge, autre scribe.*
[186] *Cet item a été ajouté à la suite du précédent par un autre scribe.*

Sermones Iohannis episcopi[187]
Sermones Leonis pape
Sermones beati Maximj episcopi
Omelie Origenis
Sermones sancti Severianj
Questiones theologice et scripta super sententias

[Faculté de décret]
Librj juris et tabule

Et distinctiones ad predicandum[188]
Sermones vsuales ad predicandum[189]
Librj Raymondi philosophi

---

[187] Paris, BnF, nouv. acq. lat. 99, p. 248a.
[188] *Cet item a été ajouté par le scribe de la table.*
[189] nota *en marge, autre scribe. Les trois nota apposés à la table sont du même scribe.*

# A Young Master and His Library: Walter Burley's Sources for Commenting the 'Parva naturalia'[1]

Marek Gensler (Łódź) and Monika Mansfeld (Łódź)

Oxford University statutes required every master of arts to spend at least three years teaching his younger colleagues at the faculty as a regent master[2]. Walter Burley, who graduated in 1301, devoted more than twice the time for it[3], and so was able to comment on quite a number of texts both in logic and philosophy of nature. This allowed him to comment on some less popular texts such as 'Parva naturalia'. Because the Latin commentary tradition of 'Parva naturalia' was relatively short then, Burley had to show some ingenuity in both arranging the material and managing the authorities relevant for the issues discussed there. For this reason it is interesting to see how the young master was able to get along with his task and whose texts he consulted to fulfil it.

The composition of Burley's 'Parva naturalia' commentaries is far from uniform. First of all, he does not comment on all works that were included under the heading: like many of his contemporaries, he decided to select only five texts out of a much longer list of works that made up the 'Parva naturalia' set: 'De sensu et sensato', 'De longitudine et brevitate vitae', 'De memoria et reminiscentia', 'De somno et vigilia', and 'De motu animalium'. Secondly, the execution of commentaries on the texts he chose varies greatly, even though it can be seen that they were all planned as *expositiones ad litteram*. The analysis of particular works shows that some of them are more, some other less developed. The only texts which seem to have been completed are the commentaries on 'De somno et vigilia' and, to a lesser degree, 'De longitudine' and 'De sensu'; the last one

---

[1] This paper is a result of research financed from the grant of the Polish National Science Center (NCN) UMO-2016/23/B/HS1/00430. In this text, we quote Burley after our own critical edition, which has been prepared on the basis of all existing manuscripts: Erfurt, Universitätsbibliothek, Dep. Amplon., Q 312 4° (E), London, British Library, Add. 18630 (B), London, Lambeth Palace 70 ($L_1$), London, Lambeth Palace 74 ($L_2$), Oxford, All Souls, cod. 86 (A), Oxford, Magdalen College, cod. 80 ($M_1$), Oxford, Magdalen College, cod. 146 ($M_2$), Oxford, Oriel, cod. 12 (O), Vatican, Bibliotheca Vaticana, Vat. lat. 2151 (V). The Vatican manuscript has been selected as the base for all texts except 'De memoria et reminiscentia', which is missing in the Vatican manuscript. Because our edition is not published yet, we identify quotations by means of reference to internal divisions of the text.

[2] C. Martin, Walter Burley, in: Oxford Studies Presented to Daniel Callus, Oxford 1964, 200.

[3] M. Gensler, Kłopotliwa zmiana czyli Waltera Burleya zmagania ze zmiennością rzeczy, Łódź 2007, 38.

is preceded by a longer introduction, which apparently must have served as a preface to the whole set[4]. Their structure is quite complex: apart from the literal commentary, with its remarks on division of the source text, definitions and short explanations of terms, we can find longer explanations of problems, sometimes marked as *dubia,* and, usually at the ends of chapters, questions discussing selected problems. Other commentaries of Burley's set are less elaborate: 'De memoria et reminiscentia' seems to be barely sketched, 'De motu animalium' does not go beyond brief explanations.

For his work on the commentaries, Burley must have had a number of books on his desk. Analysing texts of his *expositiones* allows us to discover what titles those books had and how often he looked into them. Naturally, he had the principal source text: Aristotle's treatises. What is less clear about his Aristotle is the translation he used. The lemmata for his commentaries, which could serve as a source of text material for comparison, are usually very short. Where they are longer, they can be matched with various translations[5]. It makes matters worse that various manuscripts inconsistently use various translation versions; apparently those differing *lemmata* must have been sometimes corrected by scribes[6]. Citations within the commentaries are often only somewhat better guides: in many cases, Burley prefers to paraphrase Aristotle's text rather than

---

[4] For a more detailed description of Burley's Parva naturalia commentaries, cf: M. Gensler/R. Podkoński, O edycji komentarzy Waltera Burleya do Parva naturalia, in: Przegląd Tomistyczny XXII (2016), 89–106.

[5] For instance, in the six manuscripts which contain Burley's commentary on 'De longitudine et brevitate vitae' (=De longitudine), one can find lemmata following the translations of: James of Venice (mostly in chapters 1 and 2) and William of Moerbeke (mostly in chapter 3). In the remaining chapters, the identification of the source is impossible due to the shortness of the text samples and similarity of the translations.

[6] For instance, in the version of 'De longitudine' commentary contained in ms Lambeth Palace 74, the scribe uses James of Venice's version in the lemmas to chapter 2, William of Moerbeke's version in the lemmas to chapter 3, while for the remaining chapters he gives what looks like a blend of the two translations; in the version contained in ms Oxford, Magdalen College 146, the scribe uses Moerbeke's translation for the first and third chapter, James of Venice's translation for the second chapter, and the remaining chapters are blended versions. De longitudine, 2: Moerbeke, "*Sunt autem habentia differentiam hanc*" (465a2–3); Veneticus, "*Sunt autem et hanc habentia*" (465a2–3).

| $L_2$ | O | V | B | $M_1$ | $M_2$ |
|---|---|---|---|---|---|
| *Sunt autem et hanc habentia* (=Venet.) | *Sunt autem etc.* | *Sunt autem etc.* | *Sunt autem et haec habentia etc.* (=Venet.) | *Sunt autem habentia etc.* (=Moerb.) | *Sunt autem et hanc habentia etc.* (=Venet.) |

In various manuscripts containing 'De somno et vigilia' commentary (=De somno), lemmata are more or less consistent in their wording but it is sometimes difficult to find any significant similarity between them and any of the existing Aristotle translations. Where such similarity can be found, it is sometimes closer to *translatio vetus* and some other times to Moerbeke's revision of it.

quoting it, which makes it difficult to identify the source precisely[7]. As a result, it is hard to offer an unequivocal conclusion, beside stating a visible preference for William's of Moerbeke translations.

| Gualterus Burlaeus | Translatio vetus | William of Moerbeke |
|---|---|---|
| *De somno et vigilia considerandum sunt quidem* | *De sompno autem et vigilia considerandum quid sint* | *De sompno autem et vigilia considerandum EST quid sint* |
| *Propter quam vero causam accidit dormire* | *Propter vero quam causam accidit dormire* | *Propter quam vero causam accidit dormire* |
| *Quamquam itaque dubitat aliqui.* | *Quamquam utique dubitat aliquis* | *Quamquam utique DUBITABIT aliquis* |

[7] The following examples, taken from Burley's 'De sensu et sensato' commentary (=De sensu) show clearly that he followed Moerbeke's version.

| Gualterus Burlaeus | Anonymus saec. XII (siue 'Nicolaus') translator Aristotelis (TAGL.13.1) | Guillelmus de Morbeka (TAGL.13.2) |
|---|---|---|
| c. 1: *Sapientiores a nativitate privatorum utroque sensu sunt caeci mutis et surdis...* | c. 1 (Bekker: 437a16–18): *Quare sapientiores a nativitate privatis ab utrolibet sensu sunt ceci mutis et surdis.* | c. 1 (Bekker: 437a16–18): *Quare sapientiores a natiuitate priuatorum utroque sensu sunt ceci mutis et surdis.* |
| c. 2: *Levia enim in tenebris nata sunt fulgere, non tamen lucem facere. Oculi autem vocatum nigrum et medium leve. Apparet autem hoc moto oculo, quia accidit quasi duo fieri unum; hoc autem celeritas motus facit, ut videatur aliud esse videns et visum, et non sit nisi celeriter moveatur et in tenebris hoc accidit. Leve enim in tenebris natum est fulgere, quemadmodum quaedam capita piscium et sepiae turpidum. Et lente moto oculo non accidit ut videatur simul unum et duo esse videns et visum. Illo autem modo ipse se ipsum videt oculus, quemadmodum et in refractione.* | c. 2 (Bekker: 437a31–437b9): *Levia enim in tenebris habent lucere, non vero lucem faciunt; oculi autem vocatum nigrum et medium leve apparet. Apparet autem hoc, moto oculo, cum accidit quasi duo fieri unum. Hoc autem celeritas facit motus; quare estimatur aliud esse videns et visum. Quare non fit nisi celeriter et in tenebris hoc accidit; leve enim in tenebris lucet, quemadmodum capita piscium quedam et sepie turbidum; et lente moto oculo non accidere, quare estimatur simul unum et duo esse visum et videns. Ille autem se ipsum videt oculus, quemadmodum et in refractione.* | c. 2 (Bekker: 437a31–437b9): *Leuia enim in tenebris nata sunt fulgere, non tamen lucem facere; oculi autem uocatum nigrum et medium, leue. Apparet autem hoc moto oculo, quia accidit quasi duo fieri unum. Hoc autem celeritas facit motus, ut uideatur aliud esse uidens et uisum, quare et non fit nisi celeriter. Et in tenebris hoc accidat: leue enim in tenebris natum est fulgere, quemadmodum quedam capita piscium et sepie turbidum. Et lente moto oculo, non accidit ut uideatur simul unum et duo esse uidens et uisum; illo autem modo ipse se ipsum uidet oculus, quemadmodum et in refractione.* |

By contrast, a quotation from Burley's commentary on 'De somno' show the independence of his version from the two existing translations.

| Gualterus Burlaeus | Anonymus saec. XII translator Aristotelis (translatio 'uetus') (TAGL.15.1.1) | Guillelmus de Morbeka reuisor translationis Aristotelis (TAGL.15.2.1) |
|---|---|---|
| *Omnia animalia pene participant somno* | c. 1 (Bekker: 454b9): *Alia igitur pene omnia que sompno communicant manifestum [...]; ideo que latebunt quedam multotiens utrum participent sompno vel non.* | c. 1 (Bekker: 454b9): *Alia quidem igitur pene omnia sompno communicant, [...] ideo que latebunt UTIQUE quedam multotiens utrum particiPANT sompno vel non.* |

Already in his time in Oxford, Burley was fond of Averroes' commentaries and he used them as a kind of subsidiary authority. While analyzing the text of Aristotle, Burley customarily makes use of the appropriate commentary by Averroes: in case of the 'Parva naturalia' the available text was the epitomes, which had been translated into Latin relatively recently and was known as 'Vulgata'[8]. In a literal commentary, Burley's commenting habit, repeated in most sections of his 'Parva naturalia' commentaries, was to supplement his own opinions with those of the Commentator. For this reason, his commentary has an interesting structure: the first part of every section seems to be Burley's own and follows quite closely Aristotle's source text, giving explanations of concepts and paraphrases of more difficult fragments. The other part presents the exposition of the text following the authority of Averroes, frequently quoted *in extenso*. Those quotations are regularly marked by opening and closing phrases. Burley distinguishes between opening phrases for longer quotations, which usually start: "*notanda sunt haec verba Commentatoris*", and shorter ones, which begin: "*Commentator dicit hic*"[9]. In contrast, the closing phrases: "*Haec Commentator*" and "*Ista sunt verba Commentatoris*", are used indiscriminately[10]. Reading the commentaries, one

---

[8] Averrois Cordubensis Compendia librorum qui Parva naturalia vocantur, ed. A. L. Shields (H. A. Wolfson/D. Baneth/F. H. Fobes (eds.), Corpus commentariorum Averrois in Aristotelem VII), Cambridge, Mass. 1949.

[9] For instance, Gualterus Burlaeus, De sensu, 2: "*Notanda sunt haec tria dicta Commentatoris de istis virtutibus. Dicit enim Commentator, quod omnes istae virtutes conveniunt in hoc, quod actio earum non completur nisi per instrumentum et appropriatur gustui et tactui, quia non indigent medio, alii vero indigent. [...] Et signum eius quod necessarium est visui, ut lux proveniat ad ista retia, est quia quando contingit homini percussio super palpebram, statim obscuratur oculus et extinguetur lux, quae est in oculo, sicut extinguitur candela, et nihil videbit.*" The text continues for five pages of the edition of Averroes.
Gualterus Burlaeus, De sensu, 3: "*Notanda sunt hic verba Commentatoris. Dicit enim quod elementa diversificantur secundum multitudinem et paucitatem diaphaneitatis, verbi gratia aer et aqua. Diaphanum autem innatum est recipere lucem, et ex hoc fiunt colores diversi secundum fortitudinem et debilitatem lucis et paucitatem et multitudinem diaphaneitatis. Et hoc manifestum est ex diversis coloribus quando lux solis adiuvatur cum nubibus: illi enim colores fiunt ab albedine lucis et nigredine nubium, verbi gratia colores qui sunt in iride. Necessarium est igitur, ut color fiat ex admixtione lucis cum diaphano. Adhuc dicit: quia composita sunt ex quattuor elementis et diaphanum ex elementis est aqua et aer, et solus ignis est lucidus, cum fuerit mixtus, necesse est propter hoc, ut colores sint compositi ex istis duabus naturis, scilicet ex natura diaphani et natura luminosi, et quod diversitas istarum naturarum in qualitate et quantitate faceret diversitatem colorum.*" The text continues for six pages of the edition of Averroes.
Gualterus Burlaeus, De longitudine, 2: "*Commentator dicit hic, quod omne quod attribuitur animali de generatione et corruptione, cremento et diminutione, somno et vigilia, et universaliter de omni transmutatione non attribuitur nisi his quattuor qualitatibus, scilicet: calido et frigido, humido et sicco, non quantitati nec alii qualitati, ut gravitati et levitati, albedini et nigredini, et hoc declaratum est in libro De generatione et corruptione. Longitudo igitur et brevitas vitae non accipitur nisi his quattuor qualitatibus, verumtamen, ut dicit Philosophus, etsi elementa contraria sint causae corruptionis mixti naturalis, tamen res artificialis, ut domus, quae non componitur ex elementis, non corrumpitur isto modo.*"

[10] For instance, Gualterus Burlaeus, De somno, qu. 1: "*...dicit Commentator: somnus est sensus in potentia et vigilia sensus in actu. Et quod est in potentia, est privatio eius quod est in actu. Haec Commentator.*"
Gualterus Burlaeus, De longitudine, 2: "*Notanda sunt verba Commentatoris hic, qui dicit quod qui habitant in regionibus calidis et humidis sunt longioris vitae, et hoc accidit per accidens propter paucitatem putrefactionis. Et serpentes qui sunt in locis calidis et humidis sunt longioris vitae eis qui sunt in locis calidis et siccis aut frigidis et humidis. Et homines habitantes in insulis marinis sunt longioris vitae quam habitantes*

notices that when Burley supplements his opinions with those of Averroes, it does not necessarily mean that he agrees with them. On the contrary, Averroes' authority is sometimes at loggerheads with opinions that were approved by Burley earlier in the text. What is even more interesting is that Burley does not seem to pay any attention to it[11].

The other context in which Burley uses Averroes as an authority is when he engages in a more complex discussion of a particular problem: a doubt or a question. In those cases, he treats Averroes' opinions as mere arguments in discussion on a par with other authors, such as Avicenna. The way, in which his opinions are presented, is different then; Averroes is not quoted or paraphrased: instead we get summaries of particular opinions, ideas, or solutions, which are selected to suit Burley's particular needs concerning arguments for or against his opinion. In those cases, Burley makes use of a much longer list of Averroes' texts. They refer not only to natural philosophy, like 'De substantia orbis'[12],

---

*in agresti et animalia marina quam agrestia, quia aqua marina est calida et humida.* […] *Et videtur quod complexio quam narramus est proprium longitudinis vitae in qua non inveniuntur illae duae condiciones praedictae, aut est ignota in arte medicinae aut difficile scitur. Et si esset nota, iudicaret medicus longitudinem et brevitatem. Et complexio media videtur esse ista. Sed scire istam complexionem sensu est valde difficile. Magis videtur esse per rationem quam per sensum. Et quia ista proportio est ignota naturaliter, videmus quod multi graviter infirmi sunt et vivunt multum et multi bonae consistentiae moriuntur iuvenes. Et diversitas hominum in vita est secundum diversitatem eorum in hac proportione complexionali in illis duobus, scilicet in abundantia calidi et humidi et in dominio virtutum activarum. Haec Commentator.*" The passage is three pages long altogether.

Gualterus Burlaeus, De longitudine, 4: „*Notanda sunt dicta Commentatoris super istam partem, cuius verba sunt haec: Dicamus quod declaratum est in quarto* Meteorum *quod generatio est quando virtutes activae dominantur in generatione super passivas et quod corruptio accidit e converso, quando scilicet virtutes passivae dominantur super activas. Et hoc fit ita, quando calor mensuratus cum frigore dat generato formam propriam naturalem, immo est illa forma, et humiditas mensurata cum siccitate recipit formam propriam.* […] *Corruptio autem accidit individuis duobus modis: aut naturaliter, quando calor naturalis consumit humiditatem naturalem quae est in illo individuo et dominatur in eo frigidum et siccum, aut accidentaliter, quando in eis generatur de superfluitate digestionis quod natura non potest digerere, et sic accidunt eis infirmitates et in illis non dominantur virtutes activae super passivas, quoniam quando virtutes activae habent dominium in aliquo individuo super has et non accidit magna causa extrinseca contraria ex rebus, quae innatae sunt transmutare complexionem ex extrinseco, necesse est ut corruptio illius individui naturalis sit.* […] *Notum est quod contrarium vitae est mors. Et mors nihil aliud est quam frigiditas et siccitas. Et signum huius est quod qui multum coeunt, parum vivunt, et castrati plus vivunt quam non castrati, et senes qui habent multam carnem plus vivunt, quoniam causa multitudinis carnis est caliditas et humiditas. Et propter paucitatem coitus vivit mulus plus quam equus et feminae plus quam masculi. Ista sunt verba Commentatoris et sunt satis plana.*" The passage is five and a half pages long altogether.

[11] For instance, Gualterus Burlaeus, De longitudine, qu. 1: "*Dico ergo quod habitantes in regione temperata sunt longissimae vitae, et post illos habitantes in regione frigida et sicca, et post istos habitantes in regione calida. Sed habitantes in regione frigida et humida sunt brevissimae vitae*". At the end of chapter 4, he gives a corresponding quotation of the Commentator: "*Qui habitant in regionibus calidis et humidis sunt longioris vitae, et hoc accidit per accidens propter paucitatem putrefactionis. Et serpentes qui sunt in locis calidis et humidis sunt longioris vitae eis qui sunt in locis calidis et siccis aut frigidis et humidis. Et homines habitantes in insulis marinis sunt longioris vitae quam in agresti et animalia marina quam agrestia, quia aqua marina est calida et humida.*"

[12] Gualterus Burlaeus, De motu animalium (=De motu), 2: "*Dicendum secundum quod dicit Commentator in fine libelli sui in* De substantia orbis. *Dicit enim quod generatio et corruptio et omnis motus est ab aliqua virtute, quae est habitus. Quies autem, quae est privatio motus, fit per solam carentiam causarum motus*

'De coelo et mundo'[13], 'De morte et vita'[14], and 'De anima'[15] but also to the 'Metaphysics'[16].

---

*et non per virtutem aliquam, quae est habitus. Et ideo omne quod caret causis motus necesse est habere quietem, quae est privatio motus. Unde dicit quod licet in corpore finito non posset esse virtus infinita, quae est habitus, nihil tamen prohibet in eo quietem infinitam, eo quod quies est privatio. Et declarat hoc per dictum Aristotelis secundo* Coeli et mundi, *qui dicit quod cum stellae carent causis motus, quas habent corpora coelestia, de necessitate habent quietem infinitam, et tamen sunt corpora finita. Similiter dicit de terra quod habet quietem infinitam, quae est privatio motus, eo quod caret in infinitum causa agente motum. Et dicit quod Aristoteles dixit quod quies terrae est fortior virtute movente coelum."*

Cf. Averroes Cordubensis, De substantia orbis, c. 5; in: Averrois Cordubensis Sermo do Substantia Orbis, vol. 9, Venetiis apud Iunctas 1562 (=De substantia orbis), 11A-C: *"Et ad hoc dicendum est quod generatio et corruptio, et omnis motus est a virtute, quae est habitus: et omne, quod caret causis motus, necesse est habere quietem, quae est eius privatio. Et non est impossibile existere in corpore finito, quod caret motu, quietem infinitam, licet corpus sit finitum, quies enim est privatio, et privatio non est potentia. Unde dicit Aristoteles quod, cum stellae carent causis motus, quas habent corpora coelestia, de necessitate habent quietem infinitam, quae est privatio motus. Et similiter dicit quod terra debet habere quietem infinitam, quae est privatio motus, quia caret agente motum in ea infinitum. Et ideo dicit quod quies, quae est in ea, contingit necessario ut fit fortior virtute coeli, qua movetur."*

Gualterus Burlaeus, De longitudine, qu. 3: *"Unde Commentator in* De substantia orbis *distinguit duplicem potentiam, scilicet potentiam in tempore et potentiam quoad operationem".*

Cf. Averroes Cordubensis, De substantia orbis, c. 4, 10G-H: *"Et, cum consyderauit etiam de causa aeternitatis coeli, declarauit in vltimo primi De coelo et mundo, in eo non existere potentiam omnino, et declarauit etiam de virtute, qua mouetur coelum localiter, scilicet anima appetitiua, ipsam non habere materiam, nisi materiam, quae est in potentia in loco tantum".*

[13] Gualterus Burlaeus, De longitudine, 2: *"[...] ideo secundum quod ibidem dicit Commentator et etiam in principio* De coelo. *In omni mixto est unum per praedominium, quoniam si mixerunt omnes qualitates elementares aequaliter, illud quiesceret ubicumque poneretur, et ita non haberet motum naturalem in universo."*

Cf. Averroes Cordubensis, In de coelo, I, com. 7; in: Aristotelis De coelo, De generatione et corruptione, Meteorologicorum, De plantis cum Averrois Cordvbensis variis in eosdem commentariis, vol. 5, Venetiis apud Junctas 1562 (='In de coelo'), 6H: *"motus eorum erunt secundum naturalm corporis simplicis dominantis. Impossibile est enim in corporibus compositis aliqua componi aequaliter [...]. Et, si esset aliquod compositum aequaliter, contingeret, quod aliquod corpus non moveretur omnino, sed staret in unocumque loco".*

Gualterus Burlaeus, De motu, 2: *"Et declarat hoc per dictum Aristotelis secundo* Coeli et mundi, *qui dicit quod cum stellae carent causis motus, quas habent corpora coelestia, de necessitate habent quietem infinitam, et tamen sunt corpora finita. Similiter dicit de terra quod habet quietem infinitam, quae est privatio motus, eo quod caret in infinitum causa agente motum. Et dicit quod Aristoteles dixit quod quies terrae est fortior virtute movente coelum. Et idem Commentator secundo* Coeli et mundi."

Cf. Averroes Cordubensis, In De coelo, II, com. 96, 162C-F. The fragment is too long to quote in extenso.

[14] Gualterus Burlaeus, De sensu, prooemium: *"Intelligendum est secundum Commentatorem in principio libri* De morte et vita *quod principia prima sanitatis et aegritudinis sunt quattuor qualitates primae, scilicet calidum et frigidum, humidum et siccum."* Averroes' 'Commentary on De morte et vita' has not survived but cf. Averroes Cordubensis, Compendium libri Aristotelis De causis longitudinis et brevitatis vitae, Versio Vulgata, ed. A. L. Shields (nt. 8), 140: *"Et quando istis utitur homo habens illa que habet in sua complexione (illa duo predicta), secundum quod descriptum est in arte conservandi sanitatem, necessario prolongabitur sua vita et non accidet ei nisi mors naturalis, cuius causa est frigiditas et siccitas".*

[15] Gualterus Burlaeus, De sensu, 1: *"Intelligendum est, secundum quod dicit Commentator secundo* De anima, *quod omne animal indiget tactu, qui est sensus nutrimenti, et tamen plantae non habent tactum, cum tamen indigeant nutrimento."*

Cf. Averroes Cordubensis, In De anima, II, com. 32, in: Aristotelis De anima libri tres, Cum Averrois Commentariis et Antiqua translatione suae integritati restituta (...), Venetiis apud Iunc-

Apart from the obligatory authorities of the Philosopher and his Commentator, Burley is referring to other authors. He does not do it in the same manner with respect to all of them. Therefore, when discussing those references, it is sensible to analyse two separate lists of them, distinguishing between explicit authorities, i.e., the ones that are quoted by their names, and implicit ones, which are never mentioned by either name or title of the work. Explicit sources seem to be pretty numerous. Burley cites authors, who can be divided into four groups: Aristotle and his predecessors (Plato, Heraclitus, Empedocles, Democritus, Anaxagoras and others), ancient commentators of Aristotle (Galen, Alexander of Aphrodisias, Simplicius, Themistius, and others), Islamic authors (Averroes and Avicenna[17]), and, finally, medieval Latin authors (Albert the Great and, a bit disguised, Aquinas). For the first two groups it is difficult to assess which of these authors could have been known by Burley directly: from the first group, he may have read 'Timaeus' with Calcidius's commentary but the only quotation he gives can also be found in Albert's and Aquinas's texts Burley was acquainted with[18]; from the second group, there is a chance that he might have had access

---

tas 1562 (=In De anima), 65D: *"Sensibile enim impossibile est ut sit absque nutritivo. Nutritivum autem potest absque sensibili et hoc est in plantis."*
Gualterus Burlaeus, De sensu, 1: *"Dicit etiam Commentator ibidem, quod nullum sensibile praeter sensibile tactus est in cibo secundum quod cibum, sed alia sensibilia solum faciunt ad delectationem et non ad necessitatem."*
Cf. Averroes Cordubensis, Compendium libri Aristotelis De sensu et sensato, Versio Vulgata, ed. A. L. Shields (nt. 8) (=In De sensu et sensato), 3–4: *"Virtutes quidem sensibiles, quedam sunt necessarie in esse animalis et quedam sunt propter melius; et omnes iste diversantur secundum fortitudinem et remissionem. Tactus quidem et gustus sunt necessarii; auditus vero et visus et olfactus sunt propter melius: per gustum enim distinguitur cibus conveniens a non conveniente; et per tactum distinguuntur ea que corrumpunt corpus ex extrinseco et ea que conservant corpus. Alii vero sensus non sunt innati distinguere talia; et ideo non sunt necessarii"*.

[16] Gualterus Burlaeus, De longitudine, qu. 2: *"Ad quaestionem est dicendum quod ignis in sua sphaera est corruptibilis, quia per Commentatorem duodecimo Metaphysicae corruptibile et incorruptibile consequuntur totam speciem, ita quod si unum individuum in aliqua specie sit corruptibile, oportet quod quodlibet aliud individuum in eadem specie sit corruptibile"*.
Cf. Averroes Cordubensis, In Metaphysicam, lib. XII, com. 35; in Aristotelis opera cum Averrois Commentariis, Venetiis apud Iuntas 1562, repr. Frankfurt am M. 1962, 318A: *"Omne enim compositum ex duobus oppositis, quorum alterum invenitur per se, de necessitate et reliquum."* Cf. Averroes Cordubensis, Op. cit., lib. X, com. 23, 275K: *"Verum contrariorum quaedam secundum accidens quibusdam insunt, ut ea, quae nunc dicta sunt, ac alia multa: quaedam impossibile est, quorum est corruptibile et incorruptibile."*

[17] In all five commentaries, there are fifteen references to Avicenna, taken from two sources: 'The Canon of Medicine' and 'Liber sextus naturalium'.

[18] Gualterus Burlaeus, De sensu, 2: *"Ad istud respondet Plato in* Timaeo *quod lumen egrediens ab oculo, si inveniat lumen exterius in medio, salvatur per illud lumen, sicut per simile, si autem non inveniat lumen, tunc extinguitur propter dissimilitudinem. Et ideo non oportet quod oculus videat in tenebris, quia lumen extramissum in tenebris extinguitur."*
Cf. Albertus Magnus, In De sensu et sensato, lib. 1, tr. 1, cap. 5, in: Sancti Doctoris Ecclesiae Alberti Magni Ordinis Fratrum Praedicatorum Episcopi Opera Omnia Ad Fidem Codicum Manuscriptorum Edenda Apparatu Critico Notis Prolegomenis Indicibus Instruenda Curavit Institutum Alberti Magni Coloniense Marc-Aeilco Aris et Hannis Moehle Praesidibus Tomus VII Pars II A De nutrimento et nutrito De sensu et sensato cuius secundus liber est De memoria et reminiscentia, ed. S. Donati, Monasterii Westfalorum in 2017 (=In De sensu et sensato), 27b: *"Plato autem, secundum quod scribitur in* Timaeo *et explanat* Calcidius*, convenit cum Empedocle in*

to a recent translation of Alexander[19], but it is more likely that he quoted him after Aquinas. All other references in the first two groups are certainly indirect; Burley must have known them *via* Albert and/or another medieval text (possibly glosses to Albert, some compendium or florilegia), because no source that would quote all of those authors has been identified yet.

---

*hoc quod dixit igneum esse visum et visionem fieri per emissionem radiorum, sed* DIXIT *lumen oculi non esse sufficiens ad omnium pyramidum impletionem quae ad omnia visibilia diriguntur et producuntur, sed emitti dixit unum simplicem ex lumine oculi radium et illum coniungi lumini obvianti sibi in aere et misceri: et tunc auctum dixit posse disgregari in figuram pyramidalem et tunc per adiutorium luminis exterioris ad totum hemisphaerium contuendum posse sufficere. Et hanc causam* DIXIT *esse quare non videmus in tenebris, quia radius egrediens ab oculo scilicet exstinguitur et deficit quando non invenit alium radium sui generis qui mixtus sibi aduvet eum ad perficiendum visum.*"
Cf. Thomas de Aquino, Sententia libri De sensu et sensato, tr. 1, cap. 2 in: Sancti Thomae de Aquino Opera omnia iussu Leonis XIII P. M. edita, tomus XL, 2 Sentencia libri De sensu et sensato, cuius secundus tractatus est De memoria et reminiscencia, cura et studio Fratrum Praedicatorum, Roma-Paris 1985 (=In De sensu et sensato), 19b–20a: "*Deinde cum dicit:* Dicere autem quod extinguatur *etc., excludit responsionem Platonis qui in* Tymeo *ponit quod, quando lumen egreditur ex oculo, si quidem inveniat in medio lumen, salvatur per ipsum, sicut per sibi simile et ex hoc accidit visio, si autem non inveniat lumen sed tenebras, propter dissimilitudinem tenebrarum ad lumen extinguitur lumen ab oculo egrediens et ideo oculus non videt; sed Aristoteles dicit hanc causam esse vanam*".

[19] Most, but not all, of the references to Alexander can be found in Aquinas's 'De sensu' commentary. The sources for two out of five have not been identified yet. They do not come from Albert the Great.
Gualterus Burlaeus, De sensu, 2: "*Alii dicunt quod quando oculus celeriter movetur, tunc nigrum oculi transfertur ad exteriorem locum, in quem pupilla emittebat suum splendorem antequam iste splendor deficiat, et ideo pupilla ad alium locum velociter translata percipit splendorem suum quasi ab exteriori, ut sic videatur aliud esse videns et visum. Contra istam opinionem arguit Alexander sic: quantumcumque motus localis sit velox, oportet quod hoc sit in tempore, sed emissio lucis ad praesentiam corporis lucidi et eius cessatio ad illius absentiam est in instanti, igitur non potest pupilla pervenire ad splendorem antequam ille deficiat. Ad istud respondet Alexander dicens, quod pupilla est corpus divisibile et ideo moto oculo alia pars pupillae proicit lumen suum ad partem anteriorem pupillae, et illa pars percipit lumen alterius partis pupillae.*"
Thomas de Aquino, In De sensu et sensato, tr. 1, c. 2, 18b–19a: "*Set quando oculus celeriter movetur, illud nigrum oculi transfertur ad exteriorem locum in quem pupilla emittebat suum splendorem ante quam ille splendor deficiat et ideo pupilla ad alium locum velociter translata recipit splendorem suum quasi ab exteriori, ut sic videatur esse aliud videns et visum, quamvis sit idem subiecto: et ideo huiusmodi apparitio fulgoris non fit nisi celeriter oculus moveatur, quia si moveatur tarde, prius deficiet impressio fulgoris ab exteriori loco ad quem fulgor perveniebat quam pupilla illuc perveniat. Set videtur quod nulla celeritas motus ad hoc sufficiat. Quantumcunque enim motus localis sit velox, oportet tamen quod sit in tempore; emissio autem fulgoris ad presenciam corporis fulgentis et eius cessatio ad ipsius absentiam, utrumque fit in instanti: non ergo videtur possibile, quantumcunque oculus celeriter commoveatur, quod prius perveniat pupilla ad exteriorem locum quam cesset fulgor illuc perveniens ex pupilla in alio loco existente. Set ad hoc dicendum est secundum Alexandrum in Commento quod pupilla corpus quoddam est et in partes divisibile, unde celeriter commoto oculo, cum aliqua pars pupille ad alium locum pervenire incipit, adhuc fulgor illuc pervenit ex residuo corpore pupille, quod nondum attingit locum illum; et inde est quod pupilla incipit videre fulgorem quasi aliunde resplendentem. Et huius signum est quod huiusmodi fulgor non videtur defecisse, set, eo pertranseunte, subito disparet visio.*"
References not found in Aquinas or Albert:
Gualterus Burlaeus, De sensu, prooemium: "*Et hoc est quod Alexander dicit hic, quod medicus accipit principia sua a naturali sicut perspectiva accipit principia sua a geometria et gubernativa ab astrologia.*"
Gualterus Burlaeus, De sensu, 1: "*Alexander quod Philosophus coniunxit surdos et mutos simul, quia surdi a nativitate de necessitate sunt muti.*"

As for the Islamic authors, there is no doubt that he had first-hand access to all or almost all quoted texts of Averroes, even though it can be seen that sometimes that he cites him after another author[20]. It is certain that he knew Avicenna's 'Liber sextus naturalium' well[21], which he must have been using before, say, when commenting on Aristotle's 'De anima'. With respect to the other cited work of Avicenna, the 'Canon of Medicine', it is likely that he did not have direct access to it, for all the references he gives can be found in other texts he used[22].

---

[20] For instance, in his commentary on 'De somno', where he incorporates long passages from Simon's of Faversham questions.
Gualterus Burlaeus, De somno, qu. 5: "*Ad quaestionem dicendum quod vigilia praecedit somnum, quia per Commentatorem somnus est recessus caloris et spiritus ab organis exteriorum sensuum ad interius corporis*".
Simon of Faversham, Quaestiones super librum De somno et vigilia, qu. 3, ed. S. Ebbesen, in: Cahiers de l'Institut du Moyen-Âge Grec et Latin 82 (2013), 108, „*Intelligendum est secundum intentionem Philosophi et Commentatoris sui quod somnus est recessus caloris et spiritus ab organis sensuum exteriorum ad [in] interius corporis.*"

[21] Gualterus Burlaeus, De sensu, 2: "*Similiter Avicenna sexto Naturalium dicit quod gutta velociter mota videtur descendere ad modum lineae continuae, quia propter velocitatem motus, cum est in secundo situ, non videtur recedere a primo situ, et sic est de oculo velociter moto.*"
Avicenna Latinus, Liber de Anima seu Sextus de Naturalibus I–II–III, ed. S. van Riet, Louvain–Leiden 1972, 255–256: "*Hoc etiam quod forma solis remanet in oculo multo tempore cum inspexeris solem et postea averteris te ab illo, significat tibi quod oculus recipit simulacrum. Similiter imaginatio cadentis guttae videtur linea, et gutta quae movetur circulariter, circulus aliquis <...>. Impossibile est autem videri distensionem guttae motae in tempore, quin imaginetur res in duobus locis. Oportet ergo ut, de hoc quod gutta prius est sursum et postea iusum et distenditur in medio, et de hoc quod gutta est in uno extremo spatii in quo revolvitur et deinde in alio extremo eius et distenditur in medio, simulacrum huius sit imaginatum perses te. Hoc autem non fit in uno momento. Oportet ergo ut simulacrum eius quod praecessit sit certissime post ipsum et remanens post ipsum, et <...> eius quod sensimus posterius, et fiat ex illis distensio quasi sensata. Sed hoc fit propter hoc quod forma eius est impressa, quamvis gutta iam mota est a termino in quocumque posueris eam, et non remansit in illo termino suis duobus temporibus.*"
Gualterus Burlaeus, De somno, qu. 1: "*Item, dicit Avicenna: somnus est quies virtutum animalium cum intentione virtutum naturalium, quies est privatio; igitur etc. Hoc tamen non est sic intelligendum quod somnus est pura negatio vigiliae, ita quod sit negatio extra genus, quia sic somnus inesset lapidi. Sed somnus est negatio in genere et habet causas positivas.*"
Avicenna Latinus, Liber de Anima seu Sextus de Naturalibus IV–V, ed. S. van Riet, Louvain–Leiden 1968, 33: "*Dicemus ergo quod vigilia est dispositio in qua anima imperat sensibus et virtutibus moventibus exterius voluntate cui non est necessitas. Somnus vero est privatio huius dispositionis: in quo anima ab exterioribus convertitur ad interiora. Sed hoc quod convertitur, necesse est fieri aliquo istorum modorum, scilicet aut propter lassitudinem quae contingit ab exterioribus, aut propter sollicitudinem quae venit ex illis, aut quia ipsa instrumenta non sunt illi oboedientia.*"

[22] References to the 'Canon' can be found in those sections of Burley's 'De longitudine' commentary which are making use of Simon's of Faversham 'De longitudine' questions.
Gualterus Burlaeus, De longitudine, qu. 1: "*In animalibus in calidis regionibus fit multa evaporatio in modico tempore aperiendo poros et educendo humidum, et ideo habitantes in regionibus calidis non sunt longioris vitae loquendo de vita quae opponitur morti naturali, sunt tamen longioris vitae loquendo de vita quae opponitur morti accidentali. Ideo dicit Avicenna quod senium est in habitantibus in regionibus calidis infra triginta annos.*"
Simon of Faversham, Quaestiones in De longitudine et brevitate vitae Aristotelis, Oxford, Merton College, cod. 292, foll. 397[vb]–398[ra]: "*Et hoc intendebat forte Avicenna, quando dixit, quod in habitantibus in regionibus calidis senium inducitur infra XXXa annos, quia in talibus regionibus in parvo tempore fit multa evaporatio humidi radicalis per actionem calidi naturalis, ex qua causatur mors naturalis, ideo habitantes in regionibus calidis cito moriuntur morte naturali, etsi non accidentali.*"

Explicit references to Medieval Latin authors are a special case: apart from Albert the Great, their names do not appear in Burley's commentaries at all. Another author, i.e., Thomas Aquinas, however, is mentioned too under a guise of "*quidam expositor*". Albert seems to be one of the most important authorities for Burley. References to him appear in three out of five Burley's commentaries. It is hardly a coincidence that those three, 'De somno et vigilia', 'De sensu et sensato', and 'De longitudine et brevitate vitae'[23], are longer and much more elaborate than 'De memoria et reminiscentia' and 'De motu animalium'. Albert's knowledge contributes significantly to Burley's erudition here.

Aquinas is a border case among Burley's contemporary references. He quotes him in several places in his commentaries. His treatment of Thomas's text is interesting: whenever Burley accepts his opinion, he simply presents it as his own, forgetting to mention the source[24]. In contrast, in the only case, where he

---

Quotation is taken from: Avicenna, Canon medicinae, liber I, sen. 2, doctr. 2, in: Avicennae Arabum Medicorum Principis Canon Medicinae quo universa mediendi scientia pulcherrima et brevi methodo planissime explicatur, Venetiis apud Junctas 1595, 107b, ll. 27–30: "*Et quum in eis maxima fuerit resolutio, et minuetur humiditas, cito adveniet senium, sicut in terra [nigrorum]. Illis nanque, qui ibi morantur advenit senium in annis XXX* [...].".

[23] Gualterus Burlaeus, De longitudine, 4: "*Albertus dicit quod passeres masculi ut in pluribus non vivunt nisi duobus annis, tantum enim furorem habent in coitu et tantum et totiens mittunt respectu sui corporis quod multotiens, dum coiunt, cadunt mortui aut moriuntur passione detenti*".

Albertus Magnus, De morte et vita, tract. 2, c. 8, ed. A. Borgnet, Paris 1890, p. 365a: "*Ex hac autem causa, quod passeres masculi citius moriuntur quam foeminae: quia frequentius coeunt ad unam foeminae conceptionem. Et ideo masculi passeres non vivunt ultra duos annos*".

Gualterus Burlaeus, De sensu, prooemium: "*Aliter tamen exponit Albertus istud: per sermonem, id est per definitionem, nam definitio est sermo: absque sermone: ut per operationem vel rationem. Per definitionem patet quod sensus est totius coniuncti, quia si definiatur quilibet sensus, definietur ut virtus in organo sita et operans etc.*"

Albertus Magnus, In De sensu et sensato, lib. 1, tr. 1, cap. 1, 21a: "*Quod autem sensus per corpus inest animae, et ita communiter est animae et corporis, manifestum est et per sermonem diffinitivum sensus et absque sermone diffinitivo per operationem ipsius et syllogismum. Si enim diffiniatur quilibet sensus, diffinietur ut virtus in organo sita et operans.*"

[24] Gualterus Burlaeus, De sensu, 2: "*Sed statim occurrebat eis una difficultas, quoniam quinque sunt sensus et quattuor elementa, ideo difficile fuit eis cui possunt organum quinti sensus applicare. Applicabant tamen organum quinti sensus uni corpori quod est subtilius aqua et grossius aere. Est enim inter aerem et aquam quoddam medium, scilicet vapor vel fumus, et huic attribuebant organum odoratus, quia odor sentitur secundum quandam fumabilem evaporationem, et alios sensus attribuebant aliis elementis, ut tactum terrae, gustum aquae, auditum aeri, et visum igni.*"

Thomas de Aquino, In De sensu et sensato, tr. 1, l. 3, n. 2; 81191: "*Sed statim occurrebat eis una difficultas: sunt enim quinque sensus, et quatuor elementa; et ideo inquirebant cui possent organum quinti sensus applicare. Est autem inter aerem et aquam quoddam medium, aere quidem densius, aqua autem subtilius, quod dicitur fumus vel vapor, quae etiam quidam posuerunt esse primum principium: et huic attribuebant organum odoratus: quia odor secundum quamdam evaporationem fumalem sentitur: alios vero quatuor sensus attribuebant quatuor elementis; tactum autem terrae; gustum autem aquae, quia sapor sentitur per humidum; auditum autem aeri, visum igni.*"

Gualterus Burlaeus, De sensu, 4: "*Primo quod si sapores essent figurae, gustus certissime cognosceret figuras, sed hoc est falsum, quia visus certius cognoscit figuras.*"

Thomas de Aquino, In De sensu et sensato, tr. 1, l. 11, n. 10; 81314: "*Quarum prima est, quod nullus sensus cognoscit figuras quasi propria sensibilia; et si essent alicui sensui propria maxime pertinerent ad visum.*"

prefers another solution, he does not fail to mention that the opposite opinion has a distinct author, but for some reasons refrains from disclosing his name and calls him "*quidam expositor*"[25].

In cases of fully implicit references, Burley seems to have incorporated in his commentaries fragments of various length from works of his older colleagues: Simon's of Faversham questions to 'De somno' and to 'De longitudine'[26] and Peter's of Auvergne for commentary 'De motu animalium'. In the case of 'De motu animalium', about seventy percent of Walter's text is simply transcribed from Peter[27], another twenty percent is a more or less visible paraphrasis of it[28], and the

---

[25] Gualterus Burlaeus, De sensu, 1: "[...] *nam, ut dicit quidam expositor, hic surdus a nativitate sic se habet ad quodlibet idioma humani generis sicut ille, qui numquam audivit aliquod determinatum idioma, se habet ad illud, sicut ille, qui numquam audivit idioma Anglicum, se habet ad illud idioma.*"
Thomas de Aquino, In De sensu et sensato, tr. 1, l. 2, n. 15; 81189: "*Non enim potest addiscere formare sermones significativos, qui significant ad placitum. Unde sic se habet ad locutionem totius humani generis, sicut ille, qui numquam audivit aliquam linguam, ad imaginandum illam. Non est autem necessarium quod e converso omnis mutus sit surdus: potest enim contingere ex aliqua causa aliquem esse mutum, puta propter impedimentum linguae.*"

[26] Cf. nt. 22 supra.

[27] Gualterus Burlaeus, De motu, 1: "*Intelligendum tamen quod motus animalis consideratur tripliciter: uno modo in se et absolute, alio modo quantum ad differantias motus, tertio modo quantum ad organa mediantibus quibus motus exercetur. Si consideratur de motu primo modo, sic de eo consideratur hic et in tertio* De anima, *sed differenter, quia in libro* De anima *determinatur de motu quantum ad principia quae originem habent ex parte animae; in hoc autem libro determinatur de motu quantum ad principia quae originem habent ex parte corporis et parum determinatur de ipso quantum ad animam. Si consideratur motus quantum ad suas differentias secundum proprias rationes ipsarum, sic determinatur de motu locali libro* De generatione animalium. *Si vero consideratur quantum ad organa et partes quibus exercetur motus, sic determinatur de ipso in libro* De progressu animalium.*"
Petrus de Alvernia, Sententia super de motibus animalium, Vatican, Bibliotheca Vaticana, vat. lat. 2181, foll. 1$^{rb}$–1$^{va}$: "*Et est considerandum quod motus potest tripliciter considerari: uno modo potest considerari in se et absolute, alio modo potest considerari ad differentias motus, tertio modo quantum ad organa. Si consideratur motus primo modo, sic consideratur de ipso hic et tertio* De anima, *sed differenter, quia libro* De anima *consideratur de motu ex parte a se determinanda, quomodo anima est principium motus principaliter, et parum determinatur ibi de ipso quantum ad corpus. Hic autem determinatur de ipso ex parte corporis principaliter, declarando quod oportet in omni motu animalis aliquam partem quiescere et alia moveri, et parum determinatur de ipso quantum ad animam. Si consideratur motus quantum ad suas differentias secundum proprias rationes ipsarum, sic determinatum est de motu libro* De generatione animalium. *Si vero consideratur quantum ad organa et partes, quibus exercetur, sic determinatum est de ipso libro* De progressu animalium.*"

[28] Gualterus Burlaeus, De motu, 5: "*Similiter modica alteratione facta in corde vel circa cor ad caliditatem vel frigiditatem fit magna et multa diversitas in partibus exterioribus. Si enim cor alteretur ad frigiditatem, removetur calor et spiritus ab exterioribus ad interiora et remanent partes exteriores frigidae, et tunc fit pallor, et quandoque tremor et timor. Si autem cor alteretur ad caliditatem, tunc mittuntur calor et spiritus ad exteriora et fit rubor*".
Cf. Petrus de Alvernia, Sententia super de motibus animalium, Vatican, Bibliotheca Vaticana, vat. lat. 2181, foll. 5$^{rb}$–5$^{va}$: "*Modica alteratione facta in corde vel circa cor ad caliditatem vel frigiditatem magna et multa fiet diversitas in partibus exterioribus, quia partes exteriores vel alternantur ad ruborem vel pallorem vel tremorem vel timorem vel ad contraria istorum. Si enim fiat alteratio circa cor ad frigiditatem, revocatur calor et spiritus ab exterioribus ad interiora et remanent partes exteriores in frigiditate, et tunc fit pallor et quandoque tremor et timor. Si autem fiat alteratio ad caliditatem, mittuntur spiritus et calor ad exteriora et fit rubor.*"

remaining ten percent may be treated as Burley's truly original work[29]. It can be said that for Burley Peter's text (and to some degree also Aquinas'text in the 'De sensu et sensato' commentary) serves as kind of intellectual scaffolding on which he places arguments taken from another source or sources. Unlike Peter of Auvergne, Simon is used as a source in asomewhat freer manner. In his 'De motu', Burley simply follows the order of Peter's text sometimes adding something and sometimes (more often) eliminating something. In 'De somno et vigilia' and 'De longitudine', Burley is using Simon's questions only for composing his own questions but not in the *ad litteram* parts. Even in questions, however, the source material is treated *verbatim* in some parts only. In 'De somno' Burley uses twelve out of thirteen of Simon's questions but adds another eleven, most probably of his own invention.

The survey of Burley's sources for his 'Parva naturalia' commentaries allows us to offer some more general conclusions. In the first place, the library he was working at (most probably Merton College Library) was relatively well furnished with books, both classical sources, like Aristotle, Averroes and Avicenna, but also newer texts, either of his direct predecessors and older colleagues or new translations of classical texts. Secondly, he was diligent enough to consult and use them (perhaps, we would be now inclined to say: abuse them) in composing his commentaries. Third, he treated his authorities with great trust, befitting a young and somewhat inexperienced or, maybe, only a bit hasty and overworked teacher who was obliged to prepare materials for classes with his students. Whichever way it was, the commentaries are an interesting testimony to the library work of his times.

---

[29] The extraordinary dependence on Peter's 'De motu' commentary by Burley has been noticed by Pieter de Leemans. Cf. P. de Leemans, Medieval Latin Commentaries on Aristotle's "De motu animalium": A Contribution to the "Corpus commentariorum medii aevi in Aristotelem Latinorum", in: Recherches de théologie et philosophie médiévales" 67/2 (2000), 279–280, at 290 – 292. Burley's original contribution is manifested, e.g. by providing quotations from Avicenna absent in Peter of Auvergne and, rarely, short linking passages. Cf. Gualterus Burlaeus, De motu, 1: "*Sed in hoc libro determinatur de motu animalis quantum ad causas et principia eius. Unde hic determinatur de motu facto per appetitum ex parte corporis et animae, et principaliter ex parte corporis.*"

# Recourse to the Library and the Bookishness of Medieval Thought: Three Illustrative Examples from the Later Middle Ages

Kent Emery, Jr. (Notre Dame)

From its origin, the intellectual culture of Latin Christendom, notably the study of theology and philosophy, was inevitably bookish, and so throughout the Middle Ages became increasingly library-intensive. For the purpose of study, the source of Christian wisdom was contained in an authorized collection of books, at first the Hebrew Scriptures to which later was added a collection of selected apostolic writings. The collection of sacred Scriptures was itself a library, which contained the matter of, and served as the basis for, the preaching and professing of Christian wisdom. From the start, it is worth noting that over the Middle Ages, intellectual instruction in all disciplines, surely on the model of the collection of sacred Scriptures, came to be based on authorized or canonical collections of texts or *corpora*, which themselves were small libraries within the universe of learning. Learned Christians, many of them bishops, wrote homilies and commentaries expounding the meaning of the sacred Scriptures, for their own use and the edification of other preachers and catechists. Eventually, many of these writings themselves became authoritative and canonical, notably those of the four great doctors of the Latin Church, Ambrose, Jerome, Augustine and Gregory. In the ninth century and thereafter, the comments of the more authoritative fathers were incorporated with the text of the Scriptures into a compendious library, the so-called 'Glossa ordinaria', which subsequently became the chief source-book for the formal teaching of the sacred writings. Moreover, and scarcely less important, the sacred Scriptures and the writings of authoritative preachers and commentators on them constituted the very matter of Christian worship. Latin Christian worship became greatly elaborated especially through the influence of monastic practice and the seven or eight offices of prayer the monks chanted every day (Matins, Lauds, Prime, Terce, Sext, None, Vespers, Compline). Each monastery needed to produce and own numerous copies of several kinds of liturgical books in order to conduct the chief occupation of their lives, the *opus Dei*. These liturgical books formed yet another compendious library of the texts of Christian wisdom. Thus, in respect of its chief duty and occupation, monastic life was thoroughly bookish; accordingly, it is not at all surprising that many monasteries established great libraries, comprising not only the sacred texts but useful profane books as well, and led the way in developing the systematic techniques for producing handwritten books. In the earlier Middle Ages, well into the twelfth century, monastic libraries provided the main material bases for the intellectual life of Latin Christendom; for several centuries, monastic schools were the primary *loci* of intellectual instruction in Western Europe.

Instruction in the new institution of the university, which emerged in the thirteenth century, as in the monastic schools was based wholly on the reading of texts, and therefore could not have existed without the foundation of libraries. From the beginning, the intellectual life of the University of Paris relied upon the great monastic libraries at the nearby Abbeys of Saint-Victor and Ste-Geneviève, and eventually on the libraries, formed on the monastic model, established by the Dominicans at Saint-Jacques and the Franciscans at the convent of the Cordeliers, and then at the College of Sorbonne, established largely on the extensive private collections donated to the College by the secular masters, Gerard of Abbeville and Godfrey of Fontaines[1]. Moreover, the Stationers licensed by the University to produce books in pieces, which could be rented severally for copying to multiple users at once, provided members of the University community with a particularly effective circulating library[2].

Structurally, the historic Christian intellectual vocation was twofold: to preach to the Jews and to preach to the Gentiles. The major structural feature of Christian scriptural interpretation, showing how the truths of revelation foreshadowed in the Hebrew Scriptures or Old Testament are fulfilled in Christ and in the teachings of the New Testament, derived from the original proclamation of the Gospel to the Jews. Preaching to the gentiles, the rest of humankind, required something else, namely to show that Christian wisdom surpassed, and was never any less than, the most prestigious form of pagan or gentile wisdom, namely philosophy, the only element of pagan culture with which Christian wisdom might establish some positive rapport. Many of the Hellenic Christian

---

[1] For the library of Gerard of Abbeville, see now S. M. Metzger, Gerard of Abbeville, Secular Master, on Knowledge, Wisdom, and Contemplation, 2 voll. (Studien und Texte zur Geistesgeschichte des Mittelalters 122.1–2), in vol. 1, 24–45 (see the earlier bibliography cited there). On the library of Godfrey of Fontaines, see J. J. Duin, La Bibliothèque philosophique de Godefroid de Fontaines, in: Estudios Lulianos 3 (1959), 21–36, 137–160; see also the study in Aegidii Romani Apologia, ed. R. Wielockx, in: Aegidii Romani Opera omnia 3.1 (Unione Accademica Nazionale: Testi e studi per il 'Corpus philosophorum Medii Aevi' 4), 17–30; J. F. Wippel, Godfrey of Fontaines at the University of Paris in the Last Quarter of the Thirteenth Century, in: J. Aertsen/K. Emery, Jr./A. Speer (eds.), Nach der Verurteilung von 1277. Philosophie und Theologie an der Universität von Paris im letzen Viertel des 13. Jahrhunderts. Studien und Texte (Miscellanea Mediaevalia 28), Berlin–New York 2001), 359–389, at 361–379 (with comprehensive bibliography).

[2] On the transmission of works by *pecia*, see J. Destrez, La 'pecia' dans les manuscrits universitaires du XIII$^e$ et du XIV$^e$ siècle, Paris 1935; L. J. Bataillon/B. G. Guyot/R. H. Rouse (eds.), La production du livre universitaire au moyen-âge: 'exemplar' et 'pecia'. Actes du symposium tenu au Collegio San Bonaventura de Grottaferrata en mai 1983, Paris 1988; G. Murano, Opere diffuse par 'exempla' e 'pecia' (FIDEM: Textes et études du moyen âge 29), Turnhout 2005.

sages or fathers had studied in pagan philosophical schools, and in them inherited and assimilated many interpretative and intellectual techniques, notably from commentaries on the writings of philosophic masters within the schools and on ancient poems, which they subsequently applied in their own expositions of the sacred Scriptures, with an eye to the conceptual criteria of the late-antique philosophic schools. Instruction in the faculty of Theology at the university consisted in the study of the biblical writings, for the most part via the material collected in the *Glossa ordinaria*, and in a philosophic treatment of questions that arise 'naturally' from the narratives and teachings of the sacred Scriptures. This more philosophic approach to Christian wisdom was imparted to students primarily via another little library of texts, Peter Lombard's 'Sentences', which orders questions discussed by authoritative fathers (especially Augustine) and disposes and adjudicates their various opinions on each question[3].

No less than the study of Christian revelation, the study of philosophy and other natural arts and sciences by medieval Latin thinkers was bookish from beginning to end. From Boethius onwards, the study of philosophy proceeded mainly by way of exposition of, and comment upon, authoritative writings of ancient philosophers. Instruction in the faculty of Arts at the university consisted nearly entirely in reading and commenting upon the writings of Aristotle. Not only was the study of philosophy in the Middle Ages a completely bookish affair, perhaps through contagion with fundamental principles of the study of divine revelation, it too was based on canonical collections of texts, and at a more intrinsic level became informed by the principle of 'authority'. Although the Scholastic discourse of the later Middle Ages codified the distinction between theology and philosophy in terms of, respectively, *auctoritates* and *rationes*, nonetheless, within that discourse the leading philosophers themselves held the status of *auctoritates*, most notably, of course, Aristotle, dubbed 'the Philosopher', and the one who made Aristotle intelligible to Latin thinkers, Averroes, called simply 'the Commentator'. The notion of intellectual 'authority' in every realm of intellectual discourse, I would argue, is inextricably bound up with the thoroughly bookish quality of medieval thought, as acute modern thinkers did not fail to detect and expose.

The saliently bookish character of the medieval practice of philosophy and theology has entailed that its modern study, as developed by Western European scholars and then transferred colonially to the Americas and elsewhere, has been singular among disciplines in the humanities in its pursuit of an ancient, nearly unattainable ideal, "the marriage of philosophy and philology", as I never tired of repeating in my years as Editor of the 'Bulletin de philosophie médiévale'. In accord with its object, the modern study of medieval philosophy and theology

---

[3] On the tradition of Peter Lombard's 'Sentences', see conveniently G. R. Evans (ed.), Mediaeval Commentaries on the 'Sentences' of Peter Lombard: Current Research, vol. 1, Leiden–Boston 2002, and P. W. Rosemann (ed.), Medieval Commentaries on the 'Sentences' of Peter Lombard, voll. 2–3, Leiden–Boston 2009, 2015.

is itself necessarily bookish, and thoroughly dependent on the library, or rather, on many libraries. This is so first of all because the record of medieval thought needed to be recovered entirely from handwritten codices, the proto-type of 'the book', dispersed in libraries throughout Europe and its former colonies. In the last century, scholars of medieval intellectual history developed highly-sophisticated means for studying and analyzing manuscript books, and broadened their purview to embrace the scientific study of medieval libraries, institutions for circulating books (e.g., the *pecia* system at some medieval universities, notably Paris), medieval bibliographic resources and research instruments, etc. By the end of the twentieth century, to be a 'complete master' of the study of medieval intellectual history, which over decades had advanced steadily in technical sophistication, posed a daunting task and required an exceptional achievement, in principle founded on an huge erudition and a proficiency in several scholarly skills and disciplines.

*Cui bono?* To what end? For, as we know from an oft-told tale for the past 500 years, which is entwined in the very mythic DNA of the modern thought-experiment, it was precisely the bookishness of medieval thinking and the deference to authority that accompanied it – bad habits, seemingly so alien to the models of ancient philosophic rationality, which were acquired by contagion with the so-called 'science' of a reputed divine revelation – that the founders of modern thought and the 'Scientific Revolution' needed to surpass and overcome. One need only recall a few trenchant passages in the writings of René Descartes, notably his reflections in the 'Discourse on the Method' concerning his humanistic education at the Jesuit College at La Flèche in classical languages, poesy, eloquence, mathematics, morals, theology and ancient philosophy. Save mathematics, which because of its evident reasoning yields certain demonstrations and which therefore seems to offer the best model for attaining truth, certitude and real knowledge, the other disciplines, Descartes judges, upon inspection can be understood never to rise above fable, conjecture and opinion. "As much as anyone else", Descartes says, "I aspired to reach heaven, but having learned as an established fact that the road to heaven is open no less to the most ignorant than to the most learned, and that the revealed truths which guide us there are beyond our understanding, I would not have dared submit them to my weak reasonings". Philosophy, in turn, "has been cultivated for many centuries by the most excellent minds and yet there is still no point in it which is not disputed and hence doubtful"[4]. Studying the writings of the ancients or "conversing with those of past centuries is much the same as travelling": in reading ancient writers one discovers an endless series of opinions and uncertain conjectures, which at

---

[4] R. Descartes, Discourse on the Method, Part One, translated by J. Cottingham/R. Stoothof/D. Murdoch, in: The Philosophical Writings of Descartes, vol. 1, Cambridge 1985 (Online 2012), 114–115; cf. Id., Discours de la méthode pour bien conduire sa raison, et chercher la verité dans les sciences, Première partie, in: Œuvres de Descartes, edd. C. Adam/P. Tannery, vol. 6, Paris 1902, 7–8.

best may help us to "judge our own more sanely and not think that everything contrary to our ways is ridiculous and irrational"[5]. The value of such a long study is otherwise limited, and, in terms of real knowledge, barely worth the investment: "when one is too curious about things which were [thought and] practiced in past centuries, one is usually very ignorant about those things that are practiced in our own time". In short, as Descartes states in his 'Rules for the Direction of the Mind', the bookish study of the writings of authoritative thinkers of the past and their cumulative opinions is not conducive to thought that yields certainty and truth and thus would be worthy the name of 'philosophy' or 'science', but is a species of mere history: "even though we have read all of the arguments of Plato and Aristotle, we shall never become philosophers if we are unable to make a sound judgement on matters which come up for discussion; in this case what we would seem to have learnt would not be science but history"[6]. Readers of this essay will recognize that this invidious distinction between science and philosophy, on the one hand, and mere history, on the other, has echoed through the centuries and is still very much at play, not least in contemporary discussions concerning the study of medieval philosophy[7].

Despite the enormous efforts and urgent pleas of the great medievalists of the nineteenth and twentieth centuries, the prejudice of early-modern thinkers against the bookishness and concomitant respect for authority of medieval thought over time took root ever more deeply into the subsoil of modern intellectual culture; like leaven expanding through a lump, the long-term consequences of this prejudice have become increasingly manifest, until now they appear nearly fatal, not simply for the study of medieval philosophy and theology but indeed for the whole circle of humanistic arts in which Descartes was educated at La Flèche. I need only allude to the retreat of the humanities in all American universities, including the most elite among them, in which they have been routed by the study of Business, and to a lesser extent, by the STEM disciplines (science-technology-engineering-mathematics), which, among their other virtues, might enable one to become a successful entrepreneur of some technology start-up, like the world's richest men. As but one consequence, clearing women out of the humanities and coercing them into the "real sciences" of the STEM disciplines is now a major plank on the platform of the Women's Movement. Our allies in the American Protectorate of the NATO Empire, moreover, as in many other matters have not been slow to imitate the American model of twenty-first century learning. As far as the Middle Ages are concerned, I can adduce a somewhat amusing recent bit of evidence. A few years ago, in order to do

---

[5] Descartes, Discourse, Part One, translated by Cottingham/Stoothof/Murdoch (nt. 4), 113–114; cf. Id., Discours, Première partie, in: Œuvres de Descartes, edd. Adam/Tannery, vol. 6 (nt. 4), 6–7.

[6] R. Descartes, Rules for the Direction of the Mind, Rule Three, translated by Cottingham/Stoothof/Murdoch (nt. 4), 13; cf. Id., Regulae ad directionem ingenii, Regula III, in: Œuvres de Descartes, edd. C. Adam/P. Tannery, vol. 10, Paris 1902, 366–367.

[7] Cf. K. Emery, Jr., Editorial, in: Bulletin de philosophie médiéval 58 (2016), v–xxvi, at xvi–xix.

something about the waning interest in things medieval among American college students and the consequent loss of courses in university curricula and diminishing number of faculty positions, the venerable Medieval Academy of America launched a program to introduce more and better medieval material into secondary-school courses in history. In response, seemingly oblivious to the Academy's desires and busy labor, this past year the Scholastic Aptitude Test (Princeton, NJ), the producer and purveyor of the universal examinations that American students must take in order to gain entrance to most major universities, announced that there will no longer be any questions concerning anything before 1500 on its examination in History.

Even before we reached this precipitous pass, a few devotees of contemporary analytic philosophy, in a kind of desperate, last-ditch effort, have struggled to do what they can to rescue medieval philosophical thought from its pedantic bookishness, to rid it of the intellectual vices designated by Descartes and many others, and have attempted to make of the study of medieval thought something more than a rummaging of 'mere history'. Rather like Francis Bacon, who devised techniques to stretch-out the Book of Nature on the wrack and compel its secrets by a kind of torture, so by means of a kind of intellectual Fracking, the analytic enthusiasts endeavor to extract the rare veins of cognitive energy buried deeply in the vast shale-beds of medieval texts. Whether adopting this Fracking technique will enable one ultimately to overcome the intellectual vices of the bookishness of medieval thought and thereby liberate it for more scientifically cogent analysis, or salvage anything from it that is saleable to authentically contemporary philosophers, is another question altogether.

In the rest of this essay, I shall discuss three examples that illustrate different relationships between thinking and bookishness, between the composition of philosophic theological discourse and recourse to the library, in three later-medieval writers to whom I have dedicated most of my scholarly research: the monk, Denys the Carthusian (1402–1471), the Secular Master, Henry of Ghent († 1293), and the Franciscan Master, John Duns Scotus († 1308). Each of these writers composed his texts in completely different ways, and likewise saw them produced for dissemination according to greatly differing procedures; correspondingly, their recourse to the library and the relative degrees of the bookishness of their thought are not in the least part functions of the methods whereby their works were published.

## I. Denys the Carthusian (1402–1471)

"He who reads Dionysius reads everything." As this *dictum* suggests, Denys the Carthusian, monk at the Charterhouse at Roermond in Limburg, in the Prince-Bishopric of Liège, was probably the most prolific writer of the entire Middle Ages; without qualification, I can confidently assert that he is the very apogee of medieval bookishness. Because I have written much concerning

Denys' reading and writing, here I shall briefly summarize some main points and focus on a few that cast some special light on the relationship between the library and thought in the Middle Ages[8].

In his provincial Charterhouse, Denys wrote line-by-line commentaries on every Book of Scripture, massive commentaries on the four Books of the 'Sentences', on Boethius' 'De consolatione Philosophiae', on all of the writings of pseudo-Dionysius; he composed close paraphrases of both 'Summae' of Thomas Aquinas, of the works of John Cassian and a commentary on the 'Scala paradisi' of John Climacus; he wrote many large philosophic treatises, massive moral 'Summae', a whole series of moral *vitae* for the various vocations and states of life in the medieval Church and society, encyclopedic works on mystical theology, various commentaries on the liturgy, indeed, scores of *opuscula* on religious and theological topics, and nearly 1000 sermons. All of these works were composed by way of compilation, woven together and ordered from texts copied nearly *verbatim* or carefully abbreviated or paraphrased from other writings. As a result, his own writings themselves constitute an extensive library of medieval religious, philosophic and theological texts: his commentaries on the Scriptures, the 'Sentences' and the moral 'Summae' served as storehouses of large, carefully constructed excepts from the writings of hundreds of patristic and monastic fathers, philosophic and theological writers; from this data base, Denys retrieved materials and recycled them aptly into his other treatises and sermons.[9]

Such a massive literary production, dependent on access to scores of manuscript books, seems all the more remarkable when one considers that Denys accomplished it within the strict observance of Carthusian life. Unlike teachers and writers in the mendicant orders, Denys did not receive any exemptions from liturgical offices, an obligation that was especially arduous among the Carthusians. He himself speaks of his robust health, and says that he did not sleep between the long Night Office and the conventual Mass, dedicating that time to his writing. He copied everything himself: unlike mendicant and secular masters, Denys did not have the aid of a secretary or literary *socius*[10]. This meant that, unlike Bernard of Clairvaux, he was not able effectively to dictate his writings and then review them, nor, as he complained, unlike Thomas Aquinas or Jean

---

[8] For what follows, concerning Denys' reading, composition and writing of books and the transmission of his works, cf. K. Emery, Jr., Dionysii Cartusiensis Opera selecta. Prolegomena: Bibliotheca manuscripta IA-B: Studia bibliographica, 2 voll. (Corpus Christianorum: Continuatio Mediaeualis 121–121a), Turnhout 1991, esp. vol. 1, 15–38 (henceforward this work will be cited as Bibliotheca manuscripta); Id., Denys the Carthusian: The World of Thought Comes to Roermond, in: K Pansters (ed.), The Carthusians in the Low Countries. Studies in Monastic History and Heritage (Miscellanea Neerlandica XLIII: Studia Cartusiana 4), Leuven 2014, 255–304.

[9] On Denys' recycling of his works, one into another, cf. K. Emery, Jr., Denys the Carthusian and the Invention of Preaching Materials, in: Viator 25 (1994): 377–409; reprt. in: Id., Monastic, Scholastic and Mystical Theologies from the Later Middle Ages (Variorum Collected Studies Series 561), Aldershot 1996, item X.

[10] Emery, Bibliotheca manuscripta 1A (nt. 8), 28.

Gerson he did not command a skilled copyist who prepared and corrected a legible exemplar of his rapidly written original draft. He himself therefore needed to become a proficient and efficient *scriptor*, for his literary program required that he be able to write rapidly and at the same time produce a copy, in most instances the only draft he would ever write, that would at the same time be accurate and fit to serve as a model for others to copy. The script in the surviving autograph manuscripts of his works indicates how he resolved the problem. The script is a tight, small, rapid bookhand (*textualis currens*), which yet, in comparison with the nearly illegible script of, say, Thomas Aquinas, is clearly readable[11]. That Denys wrote one copy of his voluminous works is remarkable enough, but as he himself tells us, he was frequently constrained to make two copies of his writings, one to be preserved in the Charterhouse at Roermond and another, a presentation copy perhaps written in a more formal bookhand, to be sent elsewhere[12].

While Denys' reading and writing in many ways seems exceptional in respect of his monastic life, in another way it was a function of it. Denys conducted his reading and writing within the fourfold activity of the Chartermonk's life as defined by Guigo II in the 'Scala claustralium': *lectio, meditatio, oratio, contemplatio*[13]. As is well known, the customary Carthusian Statutes furthermore specified that copying from books was to be a regular spiritual practice of all Carthusian Choir Monks, so that all who entered were expected to become proficient scribes. In speaking of Denys, the seventeenth-century Carthusian bibliographer, Theodorus Petreius, added 'writing' to reading, meditation, prayer and contemplation as comprising the activity of Denys' monastic life: "*noctes atque dies dulce habuit transfigere studio legendi, scribendi, orandi, meditandi, contemplandi*"[14]. In order to provide him more time for composing his works, Denys skillfully elided the acts of reading, writing and meditation, that is, he learned to read, copy and compose

---

[11] Cf. the image of the autograph manuscript of Denys' Translatio opusculorum Ioannis Cassiani (Wien, Östereichische Nationalbibliothek, Cod. 14089) in Emery, Bibliotheca manuscripta IB (nt. 8), Pl. II.

[12] The modern edition of Denys' writings is: Doctoris ecstatici D. Dionysii Cartusiani Opera omnia, cura et labore monachorum sacri ordinis Cartusiensis, 42 in 44 voll., Montreuil-sur-Mer/Tournai/Parkminster 1896–1935 (henceforward cited as Op. om.); cf. Dion. Cart., Epistola ad Arnoldum Campion advocatum et Iuris doctorem, in: Op. om. 41, 617–18. A manuscript preserved in Parkminster, St. Hugh's Charterhouse, Ms. dd. 7 (provenance: Carthusians in the Rhineland), containing Denys' 'Enarratio hymnorum veterum', foll. 1r–84v, bears a librarian's note (seventeenth century?), fol. Av, stating that the manuscript is written in Denys' own hand. The script, however, is a *bastarda formata* that is larger and a different type than the *textualis currens* evident in the other surviving autograph manuscripts of Denys' works. It was not unusual for a writer to write a presentation copy in a different register of script; cf. Emery, Bibliotheca manuscripta IA (nt. 8), 192–193.

[13] Guigo II, Scala Claustralium, edd. E. Colledge/J. Walsh, in: Lettre sur la vie contemplative (l'échelle des moines). Douze méditations. Traductions par un chartreux (Sources chrétiennes 163), Paris 1970.

[14] Theodorus Petreius, O.Cart., Bibliotheca Cartusiana, sive Illustrium sacri Cartusiensis ordinis scriptorum Catalogus, Cologne 1609; reprt. Farnborough-Hants 1968, 50.

simultaneously. We should note finally that Denys' enormous literary activity is inconceivable without the use of paper, which by his time had become the primary medium for making books, and which was much cheaper, less difficult to prepare and easier to write on than parchment. For his ceaseless writing, Denys' Charterhouse needed to supply him with huge quantities of paper and ink. In sum, Denys was like many other late-medieval Carthusians who copied excerpts from other writings as part of their regular spiritual routine and composed copy-books containing matter for their meditation; what is exceptional about Denys, I have argued, is that he turned the scholarly art of *abbreviatio* and the literary technique of *compilatio* into a method of personal thought and composition, so that in the sixteenth century his writings were judged worthy of publication in a printed edition of about 57 volumes, many of them reprinted several times[15].

Denys' production of his writings demonstrably depended on his having access to hundreds of books. This fact evokes a mystery: Where and how did he obtain the books he used? The library of his Charterhouse at Roermond was small; indeed, the codices containing the autograph manuscripts of his own writings, purportedly at one time "150 volumes", constituted a major part of the library's holdings. Otherwise the surviving lists and inventories of the library at Roermond disclose that it never possessed most of the works that Denys copied and quoted so carefully[16]. This is especially the case for the speculative philosophical and theological works that he used to compose his own philosophical and theological commentaries. On each question of his massive commentaries on the 'Sentences', for example, Denys regularly copies excerpts from Alexander of Hales, Bonaventure, Albert and his follower Ulrich of Strassburg, the Sentential commentary and both 'Summae' of Thomas Aquinas, Giles of Rome, Peter of Tarantaise, Richard of Menneville, Durandus of Saint-Pourçain, Henry of Ghent, Duns Scotus, and on any given question, three or four other doctors. Save some volumes of writings by Thomas Aquinas, the library of the Charterhouse in Denys' time did not possess the writings of any of these. After entering the Carthusians in 1423, except for a few months Denys lived the rest of his life in Roermond. Though he does not mention it himself, his hagiographers report that when he accompanied Cardinal Nicholas of Cusa on his Papal Legation through the Low Countries sometime in late 1451 or early 1452, Denys would steal away when he could to visit libraries and copy texts on wax tablets, to be transferred later onto paper. Although there is no reason to doubt that he was adept at the use of wax tablets, that he copied the thousands of texts he

---

[15] On the prolific publishing activities in general and the edition of the works of Denys the Carthusian in particular at the Charterhouse of St. Barbara in Cologne in the sixteenth century, cf. G. Chaix, Réforme et contre-réforme catholiques: Recherches sur la Chatreuse de Cologne au XVIe siècle. 3 voll. (Analecta Cartusiana 80), Salzburg 1981.

[16] On the library of the Charterhouse at Roermond, cf. P. J. A. Nissen, Die Bibliothek der Kartause Bethleem zu Roermond: Ein Forschungsüberblick, in: Kartäuserregel und Kartäuserleben 3 (Analecta Cartusiana 113.3), Salzburg 1985, 182–225.

quotes or abbreviates in this way is scarcely imaginable, nor can one imagine how many chests carrying the tablets he would have needed to transport on his brief travels in order to have an adequate supply. It is evident, then: Denys did not go to the books, but the books came to him at Roermond, where he could read and copy from them extensively in the quiet of the library and of his cell.

Denys' massive literary production, in other words, presupposes and required the existence of some kind of extensive interlibrary loan system, among monasteries, convents, universities and private individuals, extending at least through the Low Countries and the Rhineland. Such a wide-ranging system, which must needs have been fiduciary and would have required some systematic record keeping, as far as I know has never been documented; nonetheless, in itself Denys' literary *corpus* is proof that some such system had to have existed. In any event, we have scattered indications as to where Denys obtained his books. It is reasonable to think, first of all, that he relied on libraries of other religious orders in and around Roermond, and that he relied on libraries of other Charterhouses in the Low Countries and the Rhineland, perhaps the large libraries of the Charterhouse of *Nova Lux* in Utrecht and the Charterhouse of St. Barbara in Cologne. There are definite indications, moreover, that he obtained books from the great libraries of the Augustinian Canons of Windesheim at Korsendonk[17], Rooklooster and St. Martin's in Louvain. Furthermore, he wrote letters to masters at his *alma mater*, the University of Cologne, requesting that they send him books[18]; this raises the prospect that directly or indirectly, through individuals, that the library at the University and some of convent libraries in Cologne were sources of some of his loans. In order to gain a favorable determination in a bitter canonical dispute in which he was engaged, Denys corresponded with Masters in the faculty of Theology at the University of Paris; again, this raises the possibility that he even borrowed books as far afield as the universal center of learning. Finally, Denys' exchange of writings with Nicholas of Cusa suggests that he borrowed books from the Cardinal's rich library at Bernkastel-Kues, which, in fact, is the most likely source of some of the rarer books that he used[19].

What is more, Denys sought-out texts of good quality. Helmut Boese has documented, for instance, that Denys abandoned a manuscript of an inferior version of William of Moerbeke's Latin translation of Proclus' 'Elementatio the-

---

[17] A. Palazzo, Ulrich of Strasbourg and Denys the Carthusian: Textual Analysis and Doctrinal Comments, in: Bulletin de philosophie médiévale 46 (2004), 61–113, at 73–89. Palazzo shows that the copy of Ulrich's 'Summa' owned by the Charterhouse of Roermond was not made until a few years after Denys' death, probably, however, from the same manuscript at Korsendonk that Denys used.

[18] For his reading and implicit quotation of texts of late-medieval Albertists, cf. P. Teeuwen, Dionysius de Karthuizer en de philosophisch-theologische stoomingen ann de keulsche universiteit (Historische Bibliotheek van Godsdienstwetenschappen), Brussel–Nijmegen 1938, 70–77.

[19] Cf. e.g., K. Emery, Jr., Did Denys the Carthusian also Read Henricus Bate? in: Bulletin de philosophie médiévale 32 (1990), 196–206.

ologica' that he used early-on for another copy that contained the superior version of the text emanating from Cologne[20]. Robert Wielockx, in turn, informed me that Denys recites from the same superior, rather rare transmission of the theological writings of Albert the Great that was also employed by the textual connoisseur, Godfrey of Fontaines[21]; Wielockx's discovery corresponds with many of my own testings against critical editions of Scholastic works from which Denys extracted passages. Finally, I should like to mention two encyclopedic scholarly codices, which are libraries in themselves, that Denys somehow obtained for protracted use in composing some major works. At the request of Nicholas of Cusa, in the 1450s Denys composed a large work 'Contra perfidiam Mahometi' in four Books, the second of which contains a chapter-by-chapter (surah-by-surah) commentary on the Koran, and from the materials collected in that work, he constructed an artistic 'Dialogus disputationis inter Christianum et Sarracenum'. For writing these works, Denys relied mainly on a collection of texts, called the 'Corpus Toledanum' by modern scholars, which was prepared by a team of scholars assembled and patronized by Peter the Venerable, Abbot of Cluny, during a journey into Spain in 1141–1142. Besides Robert of Ketton's Latin translation of the Koran, the collection contained a comprehensive polemical 'Summa' by Peter the Venerable, a number of other polemical treatises authored by Arabic Christians and translated, among others, by Hermann of Carinthia and Peter the Venerable's secretary, Peter of Poitiers[22]. Similarly, as I have discussed at length elsewhere, for his commentaries on all of the writings

---

[20] Cf. H. Boese, Wilhelm von Moerbeke als Übersetzer der Stoicheiosis theologike des Proclus. Untersuchungen und Texte zur Überlieferung der 'Elementatio theologica' (Abhandlungen der Heidelberger Akademie der Wissenschaften, Philosophische-Historische Klasse: Jahrgang 1985, 5. Abhandlung), Heidelberg 1985, 84–87.

[21] On Godfrey as a witness to Albert's text, cf. R. Wielockx, Gottfried von Fontaines als Zeuge der Echtheit der theologischen Summe des Albertus Magnus, in: A. Zimmermann (ed.), Studien zur mittelalterlichen Geistesgeschichte und ihren Quellen (Miscellanea Mediaevalia 15), Berlin–New York 1982, 209–225.

[22] The earliest manuscript of the Corpus contains, in order, (1) an introductory 'Summa totius haeresis ac diabolicae sectae' by Peter the Venerable, with a dedicatory letter from Peter to Bernard of Clairvaux; (2) the 'Fabulae Sarracenorum, seu Chronica mendosa et ridicula Sarracenorum', translated from Arabic by Robert of Ketton; (3) the 'Liber de generatione Mahumet et nutritura eius', translated from Arabic by Hermannus of Carinthia; (4) 'De doctrina Mahumet', likewise translated from Arabic by Hermannus of Carinthia; (5) the 'Lex Sarracenorum', that is, the Koran, translated from Arabic by Robert of Ketton; (6) 'Epistula Sarraceni et Rescriptum Christiani' (or the 'Apologia al-Kindī'), an Arabic Christian work titled 'Risālat', which was composed in the late-ninth or tenth century and which was translated into Latin for the Collection by a certain "Master Peter of Toledo", probably a Mozarabic Christian, and revised by Peter of Poitiers, Peter the Venerable's secretary at Cluny. The foundational study of this collection was made by Mlle Marie-Thérèse d'Alverny, Deux traductions latines du Coran au Moyen Âge, in: Archives d'histoire doctrinale du Moyen Âge 16 (1947–1948), 69–131; cf. also M.-Th. d'Alverny, Quelques manuscrits de la 'Collectio Toletana', in: G. Constable/J. Kritzeck (eds.), Petrus Venerabilis, 1156–1956: Studies and Texts Commemorating the Eighth Centenary of His Death (Studia Anselmiana 40), Roma 1956, 202–218. My study of Denys' works on the Koran and Islam, titled *Veritas odium parit*: Denys the Carthusian's Dialogue with the Saracens, is forthcoming in: M. Dunne/S. Gottlöber (eds.), Tolerance and Concepts of Otherness in Medieval Philosophy (Rencontres de Philosophie Médiévale 23), Turnhout 2020.

of Dionysius the Areopagite, the crowning work of his entire intellectual project, which he worked on for years and finished just before he died, Denys evidently relied on an encyclopedic collection similar to the old Parisian 'Corpus Dionysiacum', containing in one codex and elaborately disposing the Latin translations of the Dionysian materials by Eriugena and Iohannes Sarracenus, accompanied by the *scholia* of Anastasius the Librarian and the glosses of Maximus, as well as the paraphrases of the Dionysian writings by Thomas Gallus and commentaries by Hugh of Saint-Victor and Robert Grosseteste[23]. Denys also refers to translations by Ambrogio Traversari, which suggests that his codex contained an updated version of the 'Corpus', which from a volume of the Areopagite's 'Opera' printed at Strasburg in 1503 (reprt. Frankfurt: Minerva 1970) we know was circulating in manuscript in the Rhineland in the fifteenth century. Although in accordance with the teaching of his "most-elect teacher, Dionysius" he professed a philosophic doctrine of high abstraction, and beyond that, a theory of ecstatic contemplation and transitory direct intuition of the divine essence beyond all images, it would otherwise seem that Denys the Carthusian never had a thought that was separable from the phantasm of a manuscript page.

Denys composed his commentaries on the 'Sentences' over a period of more than thirty years. It is unimaginable that throughout this time he had at hand, on loan, the 40 to 50 volumes that he needed to construct the work. More likely he acquired one or two volumes at a time, from which he selected and copied the passages in each question that seemed most germane. When he finished going through a codex, he returned the book and started work on a new volume that he had received. The exigencies of his book-borrowing, in turn, make it difficult to imagine how he put together his final text, in which, on each question, he disposes the extracts of 10–15 Scholastic doctors in a dialectical order determined by the particular issues of the question. Typically, he first groups together the doctors of the Franciscan and Dominican Orders, within each group reciting the opinions in the chronological order of their authors. Thereafter he usually arranges the texts in the chronological order of their authors, unless he should alter the sequence in order to highlight some particular doctrinal affinity or opposition. How possibly could Denys have foreseen the arrangement of texts he would want on each question, and correctly estimate the space needed for each passage, which he could then fill in progressively in a single draft as one book after another arrived at the Charterhouse? It is far more

---

[23] Cf. H. F. Dondaine, Le 'Corpus Dionysien' de l'Université de Paris au XIII[e] siècle (Storia e letteratura 44), Roma 1953; K. Emery, Jr., A Complete Reception of the Latin 'Corpus Dionysiacum': The Commentaries of Denys the Carthusian, in: T. Boiadjiev/G. Kapriev/A. Speer (eds.), Die Dionysius-Rezeption im Mittelalter: Internationales Kolloquium in Sofia vom 8. bis 11. April 1999 (Rencontres de Philosophie Médiévale 9), Turnhout 2000, 197–247; Id., Denys the Carthusian, Interpreter of Dionysius the Areopagite, on the Modes of Theology, in: S. Toussaint/C. Trottmann (eds.), Le Pseudo-Denis à la Renaissance. Actes du colloque Tours, 27–29 mai 2010 (Centre d'Études Supérieures de la Renaissance: Le Savoir de Mantice 24), Paris 2014, 33–56.

plausible that he copied passages from each volume he used into separate gatherings or booklets, from which he could eventually transfer them to his final copy. The accumulating number of manuscript booklets containing the copied materials and his glosses and comments constituted what, in terms of medieval book production, we might call Denys' *Liber auctoris*, or better yet, *Liber compilatoris*. Only after he completed compiling what he needed on each Book of the 'Sentences' could he then dispose his text the way he wanted, and prepare his 'fair copy'. It was from this manuscript, which is now lost and seemingly the only one that ever existed, that Dirk Loër in the sixteenth century printed at Cologne his multi-volume edition of Denys' commentaries on the four Books of the 'Sentences'. Because no manuscript of the work survives, my reconstruction of Denys' manner of composing the work can be only a probable conjecture. Although the problem of accounting for Denys' method of assembling so many quoted or closely abbreviated extracts is unique to his incomparable bookishness, and to the logistics of acquiring so many books, my construction is otherwise based on analogy with what is known about the procedures employed in producing large works, composed over a long period of time, by other medieval authors, such as Henry of Ghent ('Summa') and John Duns Scotus ('Ordinatio'), to whom I now turn.

## II. Henry of Ghent († 1293)

From the accumulated evidence of the critical edition 'Henrici de Gandavo Opera omnia', we know Henry of Ghent's method of producing and transmitting his own works[24]. At the University of Paris, after an oral quodlibetal dispute had taken place, the Master had about a year to prepare a written text of the dispute to be published at the Stationer's. Henry first wrote an original draft of the questions in his own hand. Typically, autograph manuscripts were written in a rapid cursive script, and were difficult to read. Because of the labor involved, and, in the case of quodlibetal disputes, because the schedule of publication was fast, authors did not write-out several drafts of their texts, although they often subsequently imposed many revisions, corrections, etc. upon them. Such original drafts seldom survive. Once revised and better copies were made, the rough draft could ultimately be disposed of; however, Henry evidently retained his original *scriptum* for some time as his personal copy of the text, since the final draft of the text that he supervised, which was designed to serve as the basis of public transmission, often needed to be kept at the Stationer's. No original draft written by Henry himself survives; what seem to be copies of Henry's auto-

---

[24] Henrici de Gandavo Opera omnia, Leuven 1979–, 23 voll. to-date. The introductions to each volume treat in detail the manner of composition and transmission of the works. The edition was founded and directed for a long time by Fr. Raymond Macken, OFM; the edition is now directed by G. A. Wilson.

graphs, or at least of some earlier authorial version before Henry made substantial corrections and supervised the preparation of the fair copy to be submitted to the Stationer, in some instances exist ('Quodlibeta VI, XIII'); this is the case of MS A of 'Quodlibet III' (Paris, Bibliothèque nationale de France, Ms. lat. 15848), which I am editing for the Leuven series.

Having drafted his text, Henry next supervised the production of another manuscript version of his text, intended to serve as the official model for its publication at the Stationer's. Like most other important Scholastic masters, Henry entrusted the preparation of this copy to a *secretarius* or *socius*, who was an experienced copyist, who knew his handwriting and was in close converse with him. Such 'fair copies', or 'apographs' as they are called in the Leuven edition, were written in a clear bookhand, so that they could be read easily by the professional copyists who would prepare the Exemplar pieces for public dissemination. After the *socius* finished his work, Henry examined and proofread his text, and moreover, typically made substantive and further stylistic revisions of his texts, imposing (or supervising) major revisions in the margins in a *notula* hand. Three apograph manuscripts of Henry's writings have been preserved ('Quodlibeta IX–X', parts of the 'Summa'), so that we know what such manuscripts look like. Not throughout the manuscript but in certain difficult questions or sections, they bear significant corrections and revisions, written in the body of the text, in the margins, strike-throughs, *va–cat*s, etc. Sometimes, apparently, these manuscripts were quickly returned to the author; at other times, as we have noted, the Stationer retained them for a longer time, to serve as the basis for corrections to the Exemplar pieces, or even to be rented for special copying.

The copyists of the Exemplar pieces, which were numbered and could be rented simultaneously to several copyists, were professional writers; they wrote in a large, legible hand, so that the text could be read by all. Of course, they committed their own errors or lapses (some Exemplar texts are poor, though generally not of Henry's writings). Moreover, in Henry's case, they were sometimes copying from a very difficult model, bearing many authorial corrections. Further, the authorized pieces prepared by Parisian Stationers were examined and emended by official Correctors, who signed the pieces they authorized for publication. Correctors sometimes emended *ad libitum*, guided by what sense or grammar seemed to require; at other times, however, the manuscript from which the Exemplar pieces were copied remained at the Stationer's, so that Correctors and copyists could emend against that authoritative manuscript. That was evidently the case with 'Quodlibet III'.

No Exemplar pieces of 'Quodlibet III' survive. Nonetheless, from the many manuscripts that we can prove were copied directly from the Exemplar pieces, one can reconstruct the text of the Exemplar word-for-word, or nearly so, for there are yet further complications. First, the official Correctors were not the only ones to impose corrections or alternate readings on the Exemplar sheets; other copyists did so as well. Second, official Correctors often revisited the copy. Thus, over time the Exemplar pieces came to bear many readings, which generated variants in the manuscripts copied from them as copyists selected which of them they would adopt. Third, it is evident that individual pieces of the Exemplar of 'Quodlibet III' over time became very worn and difficult to read, and so were replaced, and in the process were corrected more thoroughly, seemingly against the apograph. Eventually, an entirely new set of pieces, or second Exemplar, was copied from the existing pieces of the first Exemplar.

According to the colophons appended to their official Exemplar texts, unusually Henry disputed 'Quodlibeta II–III' in a single year, in Advent 1277 and Easter 1278; accordingly, and again unusually, the two 'Quodlibeta' were published by the Stationer in the same numbered sequence of pieces, 'Quodlibet II' in *peciae* 1–5 and 'Quodlibet III' in *peciae* 6–18. Moreover, there is a continuity of problematic and themes between the two disputes, and internal cross-references to each other. Henry's second and third quodlibetal disputes were attended by some drama: they were the first public disputes of a young Master in Theology who had just served on the Commission of Étienne Tempier that had issued a global condemnation of 219 articles at Paris in March 1277. Shortly thereafter the Commission examined and censured Giles of Rome and expelled him from the faculty of Theology, and furthermore, it apparently had set its aim on the teaching of none other than Thomas Aquinas himself[25]. Henry usually divided and ordered the questions proposed to him randomly in the oral quodlibetal dispute into speculative theological questions, speculative philosophical questions, questions of moral theology, and questions of philosophical ethics. Not surprisingly, the speculative philosophical questions of 'Quodlibet III' touch directly on issues that were involved in the recent events. Likewise, it is not surprising, then, that some pieces of the Exemplar of 'Quodlibet III', notably those that contain philosophic questions highlighted directly or indirectly in the Condemnation, were eagerly rented and copied and became well-worn from the large number of readers and copyists who used them, and the number of alternative readings and corrections recorded upon them multiplied. The first Parisian Exemplar of 'Quodlibet III' was composed of 18 pieces; progressively, all of the pieces were replaced before a new, second Exemplar was made. The following table indicates the progressive order of the pieces replaced, and the questions contained in the pieces that were replaced first, which evidently were the questions that users were most eager to read:

Order of Replaced *peciae* in the First Parisian Exemplar of Henry of Ghent's 'Quodlibet III'

(1) *pecia* 14 = q. 16: "*Utrum homo generat hominem*"
(2) *pecia* 12 = q. 14: "*Utrum substantia animae sit ipsa potentia eius*"
    *pecia* 13 = q. 15: "*Utrum quod est per se subsistens potest unibile alteri ut forma*"
(3) *pecia* 10 = q. 9: "*Utrum sit ponere aliquam essentiam per indifferentiam se habentem ad esse et non-esse*"

---

[25] Cf. the study in Aegidii Romani Apologia, ed. Wielockx (nt. 1).

*peciae* 10–11 = q. 10: "*Utrum aliqua relatio realis possit alicui advenire de novo sine sui mutatione*"
*pecia* 11 = q. 11: "*Utrum tempus possit esse sine anima*"
(4) *peciae* 6–9 = qq. 1–8
(5) *peciae* 15–18 = qq. 19–28

In order to read them in conformity with their own thinking, medieval Scholastic authors famously "bent the wax noses" of authorities (*auctoritates*) that they adduced to support their own interpretations and arguments, often in short tag-quotations or pithy summary paraphrases of the text. Such *auctoritates* commonly referred to in Scholastic discourse were collected and ordered in *florilegia* that were used extensively by philosophers and theologians in the university and the *studia* of the religious orders[26]. Henry of Ghent was critical of the common usage of such short, pithy authorities, insisting that before an authority can be adduced, one must make sure that he understands exactly what the author says and means. This accounts, I think, for an unusual feature of Henry's Scholastic discourse: his long, exact quotation of authors and analysis of what their texts say before he moves on to dialectical argumentation. Thereby he introduces a pronounced grammatical, exegetical element into his discourse. The quality of the quotations in Henry's writings makes it clear that in the process of preparing the text of his dispute for publication, he (or his secretary) visited the library in order to quote authors accurately, certainly before the preparation of the fair copy for the Stationer, but perhaps even when he composed the original *scriptum* of his text.

Here I illustrate Henry's method of extensive, exact quotation, and the grammatical and exegetical dimension of his Scholastic discourse in texts excerpted from three questions in my critical edition of his 'Quodlibet III' (Appendix 1). The highlighted texts in each excerpt strikingly visualize how significant textual quotation and exposition are in Henry's discourse, and how they lay the foundation for his dialectical argumentation and ultimate resolution of Scholastic questions (see App. 1, preface). In question 3, "*Utrum relatio in divinis maneat relatio*" (Appendix 1a), for example, Henry quotes Avicenna profusely and in detail; Avicenna's express words (*sine nomine*) lay the very groundwork, Henry says, "for the understanding of this question and of certain other questions below" (App. 1a, p. 278, l. 18-p. 279, l. 3). Indeed, the careful quotation and exposition of Avicenna evident in this question is likewise evident in many other questions

---

[26] Cf. J. Hamesse (ed.), Les 'Auctoritates Aristotelis'. Un florilège médiéval: Étude historique et édition critique (Philosophes médiévaux 17), Louvain 1974; Auctoritates Aristotelis, Senecae, Boethii, Platonis, Apulei et quorundam aliorum, ed. ead. (Informatique et étude de textes 2), 2 vols., Louvain 1972–1974; J. Hamesse/J. Meirinhos (eds.), Les 'Auctoritates Aristotelis', leur utilisation et leur influence chez les auteurs medievaux: état de le question 40 ans après la publication (FIDEM: Textes et études du moyen âge 83), Barcelona 2015. Because of Hamesse's edition, the collection of 'Auctoritates Aristotelis' has been the most studied by scholars, but there were other collections of theological *auctoritates*.

throughout Henry's 'Quodlibeta' and 'Summa'. Avicenna's preeminent status as an authority in philosophy for Henry is well-documented by modern scholars, not least on the precise topic of this question, namely 'relation'[27]. For Henry, Avicenna's philosophical authority seems even to exceed the authority of 'the Philosopher' himself. In the excepts from the three questions presented here, one may observe that Henry does not quote Aristotle in the same way as he quotes Avicenna, but in short phases and tags, in the more typical fashion of Scholastic discourse.

The author who receives from Henry the same careful treatment as, and even more extensive, precise quotation than, Avicenna is, not so surprisingly, the greatest theological authority, Augustine. It would seem that codices of Avicenna's 'Liber de phiosophia prima' and Augustine's writings lay close by Henry's desk, ready for frequent consultation, extraction and copying. If frequent, ample and precise quotation are any indication, Henry would seem to be the most prominent example of the "augustinisme avicennisant" in the Latin thought of the Middle Ages identified by Étienne Gilson long ago[28]. A good example of Henry's textual deference to Augustine is found in the myriad long, detailed quotations from the 'Confessions' in 'Quodlibet III' q. 11, "*Utrum tempus possit esse sine anima*" (App. 1c). Of course, Augustine's authority on the subject of time is unmatched, but it is important to scrutinize closely what he teaches, for his authority on this topic contradicts the teaching of the Philosopher himself, Aristotle. In the question, with the help of the Commentator, Averroes, and Albert the Great, Henry first determines the doctrine of Aristotle, quoting his express words (in the Latin Aristotle) more lengthily than usual (App. 1c, p. 287, ll. 21–33). This is followed by a battery of quotations from the 'Confessions'. Without need of extensive analysis, Augustine's very words make clear what he thinks,

> "namely that time does not exist except in the soul and is nothing other than an affection or a passing concept of things already passed remaining in the soul, so that future time is nothing other than a concept according to the expectation of things about to pass away, the past is nothing other than a concept according to the recollection of things already passed away, the present in truth nothing other than a concept according to the attention to things already passing away" (App. 1c, p. 289, ll. 3–8).

---

[27] Cf. J. Decorte, Avicenna's Ontology of Relation: A Source of Inspiration to Henry of Ghent, in: J. Janssens/D. De Smet (eds.), Avicenna and his Heritage. Acts of the International Colloquium, Leuven–Louvain-la-Neuve, September 9-September 11, 1999 (Ancient and Medieval Philosophy Series I: 28), Leuven 2002, 197–224; Id., 'Relatio' as 'Modus Essendi': The Origins of Henry of Ghent's Definition of Relation, in: International Journal of Philosophical Studies 10 (2002), 309–336. On Avicenna's influence on Henry in general, cf. J. Janssens, Henry of Ghent and Avicenna, in: G. Wilson (ed.), A Companion to Henry of Ghent (Brill's Companions to the Christian Tradition 23), Leiden 2011, 63–84.

[28] É. Gilson, Pourquoi saint Thomas a critiqué saint Augustin, in: Archive d'histoire, doctrinale et littéraire du Moyen Âge 1 (1926), 5–127, and many subsequent articles. For Henry, cf. J. V. Brown, Henry's Theory of Knowledge: Henry of Ghent on Avicenna and Augustine, in: W. Vanhamel (ed.), Henry of Ghent. Proceedings on the International Colloquium on the Occasion of the 700th Anniversary of his Death († 1293), Leuven 1996, 19–42.

Thus time has no existence outside the soul (*ad extra*). Having determined the demonstrable teachings of the competing philosophical and theological authorities, perhaps unexpectedly Henry proceeds to reject Augustine's theory, or rather, the exclusivity of its truth: "*Sed quid est? Numquid sentiendum est secundum veritatem tempus non nisi in anima est?*" (p. 289, ll. 20–21). Henry quotes Augustine extensively and precisely in many other questions; such quotation of the greatest theological authority is a hallmark of his writings[29]. And as we shall see, Duns Scotus remarks, somewhat disapprovingly, that in another question ('Quodlibet XII' q. 2), Henry bases his conclusion on "more than thirty authorities of saint Augustine" (Appendix 2a, p. 293, ll. 28–31).

Henry does not reserve careful work among books in the library for such universally acknowledged authorities as Aristotle, Avicenna and Augustine. In 'Quodlibet III' q. 6, he addresses the question "*Utrum vegativa et sensitiva in Christo infusae erant cum intellectiva, vel erant eductae de potentia materiae*" (Appendix 1b). This question pertains not only to the human Christ, but to every man. The question indirectly involves Aristotle's fundamental doctrine of the unicity of substantial form, namely the intellective soul, in the human composite, a doctrine resolutely embraced by, among others, Thomas Aquinas. Not without controversy: among most Latin theologians of the thirteenth century, Aristotle's philosophical teaching seemed to jeopardize the separability of the intellective soul, required by Christian dogma concerning the afterlife. In this question, compelled by longstanding Christian doctrine, Henry develops his singular theory of the dimorphic composition of human beings: "By necessity we must posit that the intellective soul is the form and act of the body… and that besides the intellective soul, there is another form in the human being that is educed from the potency of matter, so that as a mixed form, which stands in the form of flesh and bones,… we are between two" (App. 1b, p. 282, ll. 23–27). Henry's theory is meant also to explain the identity of Christ's body in the tomb, in the three days that his body and soul were separated in human death. This was an issue addressed in the Parisian Condemnation of 1277, for Aristotle's (and Thomas') doctrine of the unicity of substantial form would seem to collapse on this point of revelation. Thus, on this *prima facie* philosophical question, which however cannot be conceived independently of the information of divine revelation, Henry must rely on reliable theological authorities: "The authority of sacred Scripture and of the expositors of sacred things compel us" (App. 1b, p. 283. l. 5). Although they doubtless will seem rather weak to modern students, the writings upon which Henry relies were longstanding authorities within the Parisian tradition of Secular Masters. To support his position, Henry quotes extensively from two works, 'De ecclesiasticis dogmatibus' (by Gennadius of Massila, †496), and the 'Liber de spiritu et anima' (cf. App. 1b, p. 283, ll. 13–34; p. 283, l. 34–p. 284, l. 5; p. 284, ll. 28–33; p. 285, ll. 4–11; p. 285, l. 35–p. 286, l. 2), both of which

---

[29] Cf. e.g., Henry's 'Quodlibet IX' q. 15; cf. K. Emery, Jr., The Image of God Deep in the Mind: The Continuity of Cognition according to Henry of Ghent, in: Aertsen/Emery/Speer (eds.), Nach der Verurteilung von 1277 (nt. 1), 59–124, at 98–102.

in the Middle Ages were often attributed to Augustine, which presumably lent them a borrowed authority. Significantly, however, Henry never attributes these writings to Augustine, but always cites them anonymously. For Henry, evidently, their authority is intrinsic, because of the conformity of their teachings with the rule of faith. Indeed, Henry similarly adduces and quotes extensively these authorities in many other questions, when for example, he unfolds his crucial noetic doctrine of *illapsus*, a term and concept he derives from 'De ecclesiasticis dogmatibus'[30], and whenever he treats the nature of the soul, on which topic the 'Liber de spiritu et anima' is for him a special authority, as it is in 'Quodlibet III' q. 14: "*Utrum substantia animae sit ipsa potentia eius*". Moreover, that for Henry the 'Liber de spiritu et anima' enjoyed intrinsic authority is indicated also by the fact that he continued to appeal to the work decisively after, and even though, Thomas Aquinas, according to his enthusiastic modern followers, supposedly had denigrated the work's status once and for all, by declaring that the work was not by Augustine but by a twelfth-century compiler, Alcher of Clairvaux, and that otherwise it had no authority[31].

The very texture of the pages of Henry's writings – which is represented so well in the print format of the Leuven edition – bespeaks his understanding of the theological task and intellectual procedure, as well as the dense bookishness of his thought. It is the duty of the theologian to think in light not only of the divinely revealed sacred Scriptures but of the long tradition of "expositors of sacred realities", who have acquired authority over time by general consent. It seems almost inevitable that this notion of authority acquired over time by general consent would be applied also to the masters of profane wisdom, that is the philosophers. The notion that authority is acquired over time meant that most of the authorities who can be effectively adduced in theological and philosophical discourse are dead, no longer 'living voices': their words remain only as they are recorded in books. In his writings, Henry of Ghent simply drew out to its ultimate entailment the logic of a Scholastic intellectual discourse that revolves around the interplay of authority and dialectical reasoning. Before they can be adduced for support of one's own thinking and judgment or criticized for inadequacy or inept expression, the writings of authoritative teachers must be carefully and respectfully understood. This entails the grammatical and exegetical layers that Henry so pronouncedly introduced into his Scholastic dialectical writings, a "bookishness" manifested especially in his long, exact quotations of authors. Finally, according to an old-fashioned conception that Henry em-

---

[30] For Henry's doctrine of *illapsus* and 'De ecclesiasticis dogmatibus', cf. Emery, The Image of God Deep in the Mind (nt. 29), 79–84, 102–104.

[31] cf. Thomas de Aquino, Summa theologiae Ia q. 79 a. 8 ad 1, and ST suppl. q. 70 a. 2 ad 1. Cf. G. Théry, L'autheticité du 'De spiritu et anima' dans S. Thomas et Albert le Grand, in: Revue des sciences philosophiques et théologiques 11 (1921), 373–377. Modern scholars for the most part deny Alcher of Clairvaux's authorship of the work, but cf. now C. Mews, Debating the Authority of Pseudo-Augustine's 'De spiritu et anima', in: Przegląd Tomistyczny 24 (2018), 321–348.

braced, it was the duty of the theologian as far as possible to reconcile recognized authorities among themselves and with one's own conclusions, thereby reaffirming a common tradition. According to Henry's explicitation of this old-fashioned conception, the theologian *ex officio* entered into a vast network of textuality, which necessarily required frequent recourse to the library.

## III. John Duns Scotus († 1308)

On a question in Book II of the 'Sentences', Denys the Carthusian observes that, on nearly every question, Duns Scotus "is accustomed to follow before all others Henry of Ghent" (whom he usually contradicts), "even though, indeed, for a thousand years before Henry the same things had been brought forward not only by teachers among the faithful but also by the pure philosophers themselves"[32]. In many other questions in his commentaries on the 'Sentences', Denys remarks Scotus' extensive and constant dependence upon Henry, if only to contradict him, and in general, the novelty of Scotus' arguments and conclusions. On another question (significantly, "*An Christus fuerit homo in triduo mortis?*"), for example, Denys concludes that Scotus' statements "are supported neither by reason nor subtlety nor any authority, and they are contrary to nearly all of the theologians"[33]. On yet another question ("*Utrum realiter idem sit virtus et donum*"), Denys contrasts Scotus' prolix disputation, "in which, for no good reason, he disagrees with the common teaching of all the authentic and older doctors... not only with Henry and Thomas, Albert, Peter [of Tarantaise], Giles [of Rome], but also the more famous doctors of his own Order, Alexander, Bonaventure and Richard [of Menneville]", with the treatment of Henry of Ghent, whose writing on this matter is "Catholic, consonant with the canonical Scriptures, the statements of the holy fathers, and also concordant with, and supported by, the more eminent Scholastic doctors"[34].

Denys' observations concerning Scotus' dependence on Henry, his lack of erudition in the literature of the fathers and even the writings of older Scholastic doctors, have been confirmed five centuries later in a 'golden passage' of the late Jeremy Catto. In the years after 1290, Catto points out, the thought of Henry of Ghent was dominant at Oxford, often as "the object of sustained criticism and therefore of sustained attention. Above all", Catto notes,

> "Duns Scotus, from his Oxford lectures on the Sentences to the more definitive 'Ordinatio', used his ideas as the basis of discussion and even derived his citations of earlier opinions from Henry's writings. The greatest product of the Oxford School was a response to the late leading master of Paris.... It is clear, however, that Scotus

---

[32] Dionysius Cartusianus, In II Sent. d. 1 q. 4 ("*An mundus ab aeterno et sine omni temporali initio sit creatus*"), in: Op. om. 21 (nt. 12), 80D'–81A.
[33] Id., In III Sent. d. 22 q. 1, in: Op. om. 23 (nt. 12), 374D–A'.
[34] Id., In III Sent. d. 34 q. 1, in: Op. om 23 (nt. 12), 545A'–C'.

did not maintain his theses after a profound study of earlier theological literature, whether Franciscan or otherwise. His reading of theologians before Henry of Ghent and Godfrey of Fontaines was patchy to say the least, and the standard of his patristic scholarship was far lower than Kilwardy would have allowed. On one occasion he attributed to Origin some remarks of Henry of Ghent, because he only knew Origin in Henry's quotations and could not distinguish his words from what followed in the text. He cannot have aimed to controvert Thomas Aquinas (as was once believed), since his knowledge of Aquinas's writings was too slight."[35]

Whether because of some conceptual conviction or simply because of his lack of patristic and Scholastic learning, Scotus set theological inquiry on a new course. Rather than seeing it as the theologian's duty to come to terms with a chain of longstanding authorities, as did Henry, Scotus began his inquiries with the opinions of the most recent authoritative masters, notably Henry of Ghent, "as if no one else had ever written for a thousand years before". After Scotus, this pattern of Scholastic theological inquiry became the norm. (And it has perdured in modern faculties of theology, wherein, for example, the inquiries of Catholic "systematic theologians" typically begin with either Karl Rahner or Hans Urs von Balthasar, depending on one's more 'liberal' or more 'conservative' temperament.) Unlike Henry and followers of the older Parisian tradition, therefore, Scotus does not cite and contend with *auctoritates*, and devote time and writing-space to interpreting their *verba ipsissima* carefully before evaluating the truthfulness of their teaching, but rather straightway confronts the *opiniones* of the more influential theologians of the immediately previous generation or of fellow-student competitors in his own. In adopting this intellectual procedure, Scotus took not "one small step, but one giant step" towards abstracting Scholastic discourse from its erstwhile habitual bookishness.

Scotus' move away from the bookishness of his Scholastic predecessors was likewise affected by the manner of the production and transmission of his writings. When Scotus went to the University of Paris in 1302 to lecture on Book I of the 'Sentences', and finally become a Doctor of Theology after teaching in Oxford for many years, for the first time he benefited from the help of a *socius*, who served as a literary secretary, as was commonly provided to *sententiarii* in the Convent of the Cordeliers in Paris. Indeed, shortly before the time of Scotus, or perhaps beginning with him, the Franciscans in Paris developed an elaborate, literary method of producing the authoritative texts of the lectures of their confrères on the 'Sentences' in the faculty of Theology: the text of the lectures was compiled by the *socius*, based on his notes on the lectures and those of other designated auditors, called *reportationes*. The whole process in general was supervised by the lecturer, who to greater or lesser extent was able to review the text produced. The official *reportatio* of Duns Scotus' lectures on Book I of

---

[35] J. I. Catto, Theology and Theologians 1220–1320, in: J. I. Catto (ed.)/R. Evans (asst. ed.), The History of the University of Oxford. Volume I: The Early Oxford Schools, Oxford 1984, 471–517, at 504–505, 508–509.

the 'Sentences' was produced under his supervision by his designated *socius*, named Thomas, who seemingly had the help of an editorial team, which likewise provided him with audited materials. In composing the authorized text of Scotus' lectures, Thomas certainly consulted and made use of an independent report of the lectures prepared by a confrère then residing at the convent of the Cordeliers in Paris, a certain "Henry of Upper Germany" (probably Henry of Talheim), who subsequently became an important official within the Order[36].

One of the manuscripts containing the text of the official *reportatio* supervised by Scotus and edited by his *socius* Thomas bears a decisively significant colophon at the end of Scotus' Parisian lectures on Book I of the 'Sentences': "*Explicit reportatio super primum sententiarum sub magistro iohanne scoto. et examinata cum eodem venerando doctore*" (Wien, Österreichische Nationalbibliothek, Cod. 1453, f. 125va). This colophon is precisely worded. It specifies that the report was composed "under" the supervision of John the Scot; it likewise was "examined" not "by" Scotus but "with the same venerated doctor". Among the surviving manuscripts of the *reportatio* edited by Thomas, only this one preserved in Wien bears such an informative colophon. For many years, scholars presumed that this manuscript bore the text as "proofread" by Scotus himself; collation of the text in the manuscript, however, reveals that it contains many copying errors, and anomalies in the placement of some texts, etc. Recently, Stephen Dumont has demonstrated that the term *examinata* signifies not that Scotus or anyone else necessarily scrutinized the accuracy of the copying of the text, but rather that the text in the manuscript had been "examined" for doctrinal orthodoxy by a committee of Franciscan officials and masters, which in this instance included Scotus himself, as was required by statutes of the Order before writings by friars could be publicly disseminated[37]. Full collation of the text in the Wien manuscript and stemmatic analysis reveals that it is not the very manuscript examined by the committee, but a rather mediocre – or even poor – copy of the authorized 'Reportatio examinata'. Moreover, among the surviving manuscripts of Thomas' authorized edition of Scotus' lectures on Book I, this copy alone bears witness to a final layer of corrections and revisions in the Prologue and early distinctions entered before the text was examined and approved for publication.

In his Oxonian lectures on Book I of the 'Sentences', Scotus had needed to deal primarily with the theological and philosophic problematic established by

---

[36] Along with Scotus, "Thomas *eius socius*" and Henricus Almannus are recorded in a list of friars present in the Parisian convent in 1303; Cf. W. J. Courtenay, The Parisian Franciscan Community in 1303, in: Franciscan Studies (1953), 155–173, at 170–171. A manuscript containing a copy of Henry's *reportatio*, Città del Vaticano, Biblioteca Apostolica Vaticana, Cod. Borghese 50, fol. 47v, bears the colophon: "*Explicit reportatio fratris h.[enricus] de superiori alegmannia super primum sententiarum a fratre Io. Scoto Deo gratias*". The text of Henry's report in another manuscript, Todi, Biblioteca Comunale, Ms. 12, fol. 192ra, bears this colophon: "*Explicit summa* [sententia? abbr.= snīa] *fratris Iohannis Duns prouincie Anglicane super primum librum sententiarum secundam lecturam suam parisiensem*".

[37] S. D. Dumont, John Duns Scotus's 'Reportatio Parisiensis examinata': A Mystery Solved, in: Recherches de Théologie et Philosophie médiévales 85 (2018), 376–435, esp. 384–410.

Henry of Ghent. At Paris, however, he encountered something new, the rise of the followers of Thomas Aquinas, chief among whom for Scotus was Godfrey of Fontaines, who in many respects proposed a reductive interpretation of Thomas' most salient theological and metaphysical insights, and who had opposed Henry of Ghent in several famous quodlibetal disputes at Paris. At the time Scotus studied in Paris, Godfrey was the aged Chancellor of the University, who himself attended Scotus' lectures on Book I of the 'Sentences'. In the great opening questions of the Prologue to Book I of his Parisian lectures, it is chiefly against Godfrey whom Scotus defines himself dialectically, and in the process, he needed to defend, *secundum quid*, many of Henry's arguments that had been severely criticized by Godfrey, and which he himself had criticized, from an entirely different standpoint, at Oxford (and still did not accept "absolutely"). Reflecting a new problematic, the material of many of the questions in the 'Reportatio Parisiensis' is new and original in respect of his lectures on Book I at Oxford. At the same time, much other material in the Parisian lectures on Book I derives from material previously developed in his Oxford lectures and recorded in the 'Ordinatio'. As a Bachelor at Paris, Scotus was required to dispute the full round of questions in Book I of the 'Sentences'; many questions upon which he was required to lecture were not controversial and of no particular issue in his new setting. For that reason, as was common among Scholastic masters who lectured several times on the 'Sentences', in those questions Scotus recycled material he had previously developed amply at Oxford. Accordingly, in the composition of the authorized report of his Parisian lectures, his *socius* Thomas could, where apposite, efficiently introduce material from Scotus' ongoing 'Ordinatio', Book I of which was based on his Oxford lectures.

Scotus intended his 'Ordinatio', which he worked on his entire career and could not finish before his death[38], to be the final, comprehensive version of his teaching on the four Books of the 'Sentences', which ideally would contain the substance of his lectures both at Oxford and at Paris. This presented an huge editorial dilemma. There is textual evidence that Scotus and his disciples tried to incorporate Parisian materials into the text of the English lectures as edited in Book I of the 'Ordinatio'[39]. Such a procedure, as one can easily under-

---

[38] Similarly, Henry of Ghent compiled his 'Summa' from ordinary questions that he had disputed over many years, and from material in his sequence of quodlibetal disputes. Unlike Scotus, however, Henry was able to complete or 'put in order' a finished version and make a fair copy of the large first part of his 'Summa', and publish it at the Stationer's, before he died in 1293. Henry had intended a second part of the 'Summa', but there are no remains of any such text.

[39] In fact, most of the more than 100 surviving manuscripts of Book I of the 'Ordinatio' incorporate extensive Parisian materials, in many instances whole questions, to supplement, or fill *lacunae* in, Scotus' Oxford lectures. Indeed, the texts of the privileged manuscripts of the edition of Book I of the 'Ordinatio' by members of the *Commisio Scotistica*, MSS A and D, are replete with excerpts incorporated from the Parisian lectures, which Balić et al. simply eliminated from their text 'above the line'. Moreover, in their descriptions of manuscripts Balić et al. as a rule do not indicate when a manuscript incorporates substantial Parisian material (as most of them do). Accordingly, Balić et. al. never addressed the question as to whether the incorporation of any Parisian material into the text of Book I of the 'Ordinatio' was directed by Scotus himself, or

stand, proved to be unfeasible. Scotus or one of his editorial assistants, however, conceived a brilliant solution to the problem[40]: to make a separate redaction of the text of the Parisian lectures that could simply be 'added' to Book I of the 'Ordinatio' in codices. The so-called *"Additiones magnae primi libri"* are in fact a final editorial redaction of the authorized version of the *"Lectura Parisiensis super primum Sententiarum magistri Ioannis Duns doctoris de ordine Fratrum Minorum"*[41]. In the critical edition of the Prologue and the first five distinctions of the 'Reportatio' that I am directing (see Appendix 2), we shall demonstrate that the text of Book I of the 'Additiones' is based directly on, and derived from, the text of the 'Reportatio Parisiensis examinata' supervised by Scotus and edited by his *socius* Thomas, and moreover includes texts that reflect the final layer of revisions in the 'Reportatio examinata', which otherwise are recorded only in Wien, ÖNB, Cod. 1453. We shall further demonstrate that the text of the 'Additiones' underwent two major stages of revision. First, passages in the 'Reportatio Parisiensis' that were derived from the 'Ordinatio' were excised, knowledgeably and ingeniously, and the places of excision were marked with critical signs that signal cross-reference to the 'Ordinatio'[42]. In a second stage of redaction, the text of the 'Additiones' underwent stylistic revision, which frankly speaking, often improves the articulation of arguments. The stylistic revision of the text is inconsistent, however, so that from passage to passage the text of the 'Additiones' is more or less exactly the same (with minor variants) as the text of the 'Reportatio examinata'. The intended purpose of the 'Additiones' of Book I, then, is clear: to be a supplement to Book I of the 'Ordinatio', so that new, original material from Scotus' Parisian lectures could be united in one place with the full material of Scotus' Oxford lectures. By economically cutting out material from the 'Reportatio Parisiensis examinata' that duplicated material in the 'Ordinatio', the editors of the 'Additiones' made it possible to realize Scotus' original intention for the 'Ordinatio', namely to comprehend in one place his teaching on the 'Sentences' at both Oxford and Paris. The actual transmission of the Parisian 'Additiones' to Book I of the 'Ordinatio' testifies to the fulfillment of that

---

whether all of the massive Parisian material evident throughout the manuscript transmission of Book I was introduced by subsequent editors, copyists and followers. The meaning and significance of this Parisian material in Book I of the 'Ordinatio' will be addressed in our edition (cf. Appendix 2) of the 'Reportatio Parisiensis'.

[40] It is not unreasonable to suppose that the editorial assistant was William of Alnwick († 1333), who became Scotus' personal secretary, who assisted him in the edition of all his writings. William was certainly the editor of the 'Additiones' to Book II of the 'Sentences', but so far there is no definitive evidence that he was responsible for the edition of the 'Additiones' to Book I.

[41] These alternate titles are found in the colophons to the text and to the *tituli quaestionum* of the 'Additiones' in Città del Vaticano, BAV, Cod. Vat. lat. 876, foll. 291va, 292ra. In the surviving manuscripts of the work it is interchageably titled 'Additiones parisienses' or 'Lectura parisiensis' or 'Reportatio parisiensis'.

[42] C. Balić, Segni e note critiche nelle opere di Giovanni Duns Scoto, in: Miscellanea Giovanni Mercati (Studi e testi 126), Città del Vaticano 1946, 292–323.

intention: most surviving copies of the 'Additiones parisienses' do indeed accompany copies of Book I of the 'Ordinatio', often in carefully constructed deluxe codices[43].

In the literary production of the 'Reportatio examinata', at any stage after Scotus' oral lecture there would have been ample opportunity for Scotus or Thomas to take recourse to the library, to consult codices in order to record precisely the texts and opinions of authorities and opponents to whom Scotus refers. The text in independent, unauthorized reports of Scotus' Parisian lectures, which have the character of a classroom summaries or notes, typically sketch brief accounts of opinions and arguments of opponents that are expanded considerably in the authorized *Reportatio*, or they frequently omit arguments altogether[44]; this suggests that after the lecture itself, Scotus or his *socius* Thomas needed to consult texts in order to amplify the opinions and arguments to which Scotus alluded in the classroom. But, unlike Henry of Ghent, neither Scotus nor his editor copied-out lengthy quotations of authors or opponents. Rather, Scotus may be said, in effect, to make dialectical, interpretive recreations – typically reducing them to their naked syllogistic form – of the opinions and arguments of his interlocutors and opponents. In sum, Scotus does not strive, by exposition, to determine the "intention of the authors" with whom he deals; rather, he treats opinions and arguments as they stand *in re*, in their naked intelligible structure and sheer intelligible force, independent of any intention or relativizing context. For an editor, I might add, Scotus' method of dialectical paraphrase and reduction makes discovering the precise *loci* of his sources and references more difficult than it is, for example, for a writer like Henry of Ghent.

The texture of Duns Scotus' discourse is illustrated well in texts presented in Appendix 2, which are excerpted from question 2 of the Prologue of Book I of

---

[43] On Book I of the 'Additiones', cf. Dumont, John Duns Scotus's 'Reportatio Parisiensis examinata' (nt. 37), 410–429. Dumont, 425–429, makes much of a marginal note in a copy of Book I of the 'Additiones', namely Kraków, Biblioteka Jagiellońska, cod. 1605, fol. 4vb, which marks a revision of verbal phrasing that appears only in the text of the 'Additiones'. The note adds that the instruction for the revision may be found "*in libro Duns*" as an "*extra de manu sua*". Dumont believes that this annotation, which had already been remarked by C. Michalski and C. Balić, shows that Scotus himself supervised the edition of the 'Additiones'. This is an elegant little piece of evidence, but a single marginal note in a late (fifteenth-century) manuscript bearing a text of the 'Additiones' in its final phase of stylistic revision is, of course, insufficient in itself to prove Scotus' role in the composition of the 'Additiones'; this piece of circumstantial evidence, however, corroborates what we shall demonstrate by abundant textual evidence in the critical edition.

[44] Independent reports of Scotus' Parisian lectures on Book I of the 'Sentences' are recorded in Worcester, Cathedral and Chapter Library, Ms. F.69, foll. 7ra–63vb, 158ra–va, and in John Major's edition of the 'Reportata super primum Sententiarum fratris Johannis duns Scoti' printed at Paris in 1517. The text in the Worcester manuscript was copied by English Benedictine monks from Worcester who studied in Paris. The text in Major's edition is the same as Worcester through d. 2 q. 4, but then the two part ways, but remain closely related. We shall discuss all of this in our critical edition of the 'Reportatio Parisiensis' (cf. App. 2).

the 'Reportatio Parisiensis examinata' (Appendix 2a) and the corresponding text in the 'Additiones' (Appendix 2b)[45]: "*Utrum veritates per se scibiles de Deo sub ratione deitatis possint sciri ab intellectu viatoris*". Scotus orders his question in a complicated (rather tortuous) way. After initial authorities and arguments (App. 2a, p. 290, l. 4–p. 291, l. 10), Scotus reports, *sine nomine*, and refutes an opinion of Thomas Aquinas (omitted in App. 2a). He turns to the issue more directly when he reports, again *sine nomine*, the famous opinion of Henry of Ghent, supported by two authorities[46] and two reasons, positing that the wayfarer may acquire knowledge of truths of God under the reason of "deity" by means of a certain "middle light" that lies between faith and beatific vision (App. 2a, p. 291, l. 12–p. 292, l. 18). Scotus next reproduces profuse arguments against Henry's opinion by Godfrey of Fontaines (App. 2a, p. 292, l. 20–p. 293, l. 31). Then, rather extraordinarily, on behalf of Henry he responds to Godfrey's criticisms of Henry's opinion, showing how Godfrey's arguments do not reach or refute Henry's teaching (App. 2a, p. 294, l. 18–p. 296, l. 15). In effect, this puts Scotus in the position of defending, *secundum quid*, a position which he decisively rejected in the 'Ordinatio'. This would seem to indicate that Scotus judged the reasoning of Godfrey to be more dangerously erroneous than Henry's. In any event, after dispatching Godfrey's criticisms of Henry, Scotus gives his own, sounder criticisms of Henry's theory of a *lumen medium* (App. 2a, p. 296, ll. 17–37). Scotus' prolix account and evaluation of a famous dispute between the "*Duo candelabra Parisiensia*"[47] is only a prelude to his further prosecution of the question. Scotus next reports and dismisses a 'third opinion' (the author of which we have not yet identified certainly). After dismissing that opinion, at last, in order, he sets out the 'first part' of his own response to the question, states objections that may be made against his response, and answers those objections; he then gives the 'second part' of his response to the question, and again posits objections against his response and answers those objections. Finally, he responds to the 'principal reasons' or initial arguments *pro* and *contra*. (I do not present the text of these subsequent parts of the question in Appendix 2). After Scotus' rehearsal and evaluation of the dispute between Henry and Godfrey, the remainder of the question, which in our provisional edition comprises nearly 300 lines, is "source free", save four tags of Aristotle and one reference to Augustine. I draw attention to another common feature of Scotus' Scholastic discourse: in the entire long question, Scotus refers to sacred Scripture

---

[45] As stated in the preface to Appendix 2, the edition of the text from the 'Additiones' has been constituted from a full collation of the text in all of the surviving manuscripts. I should note that in the edition presented here, we have favored the distinctive readings in a group of three manuscripts that represent the first phase of an on-going stylistic revision of the text.

[46] It is likely that Scotus found the authorities of Henry in one of the latter's long questions treating the illumination of the mind in the 'Summa' or other 'Quodlibeta', but I have not yet identified the *locus*.

[47] Cf. S. F. Brown, *Duo Candelabra Parisiensia. Prosper of Reggio in Emilia's Portrait of the Enduring Presence of Henry of Ghent and Godfrey of Fontaines regarding the Nature of Theological Study*, in: Aertsen/Emery/Speer (eds.), Nach der Verurteilung von 1277 (nt. 1), 320–356.

only six times, twice in the opening arguments and authorities, twice in an anomalous text adducing a passage from Gregory the Great's 'Moralia in Iob' (to which we shall turn presently), and only twice more in the whole rest of the question. For Scotus, the 'rule of faith' seemingly is intelligibly fixed[48], so that one need not endeavor to discover or establish what it is, but may turn directly to the deductive understanding of what it requires. Thus, Scotus does not feel "compelled", as does Henry of Ghent, to elaborate the authoritative testimony "of sacred Scripture and of the expositors of sacred realities" (App. 1b, p. 283, l. 5).

At the end of his reproduction of Godfrey's arguments against Henry's theory of a *lumen medium*, recalling tacitly texts of Godfrey and Henry themselves, Duns Scotus remarks that those who argue like Godfrey must concede that theology cannot properly be a science, and that, because there exists no special light beyond the virtue of faith, a theologian can have no greater actual cognition of supernatural truths than a simple, pious old woman. (On this point, Godfrey substantially anticipates Descartes, who, as we have seen [nt. 4, above], four centuries later declared that he saw no reason to study theology, inasmuch as revealed truths are completely beyond our understanding and heaven is as open to the most ignorant as to the most learned.) Adding further insult, appealing to one pronouncement of Averroes, which derides the whole sect of Christians, Godfrey dismisses Henry's opinion, which the latter supported with more than thirty authorities of Augustine and other saints (App. 2a, p. 293, ll. 18–31).

At this point, a single manuscript among those containing the authorized text of Scotus' 'Reportatio Parisiensis', namely Wien, ÖNB, Cod. 1453, which evinces a final layer of corrections and revisions in the 'examined' report, inserts a text supporting Henry's theory of a 'middle light' for understanding supernatural realities, which is accessible to some wayfarers beyond the light of faith. The inserted text presents Gregory the Great's exposition of a few lines in the Book of Job (App. 2a, highlighted text, p. 293, l. 32–p. 294, l. 15). In its tenor and style, the added passage is uncharacteristic of Scotus, but very much in the manner of Henry of Ghent[49]. In any case, this small text, which originally may have been penned on a *schedula* or imposed in the margin of the original manuscript of the 'Reportatio examinata', serves to highlight the difference between a grammatical way of adducing sources and Scotus' typically abstract paraphrasing of the opinions of others.

---

[48] For Scotus the operative 'rule of faith' seems to be Tempier's articles of the Parisian Condemnation of 1277; cf. the conclusion of the brilliant article by the late B. C. Bazán, Conceptions on the Agent Intellect and the Limits of Metaphysics, in: Aertsen/Emery/Speer (eds.), Nach der Verurteilung von 1277 (nt. 1), 178–210, at 210: "The cultural project embodied in the Condemnation of 1277 found in Scotus' system a brilliant expression, one that goes to the heart of the matter by showing that philosophy is not entitled to give a proper account of human knowledge, of its scope and limitations, and must accept consequently a radical subordination to theology".

[49] I am sure that the source of the text is somewhere in Henry's writings, but I have not yet found it.

Interestingly, this text inserted in the last layer of revisions in the 'Reportatio examinata' was picked up by most of the manuscript copies of the 'Additiones'[50]. Readers will see how closely the text of question 2 of the Prologue in the 'Additiones' sticks to the text of the 'examined' report, showing only the traces of light stylistic revision (Appendix 2b). Certainly, the editor of the 'Additiones' has not taken the opportunity to change in any way Scotus' method of treating sources and opinions. Because the text of the Prologue of the Parisian lectures on Book I of the 'Sentences' is wholly original and exclusive, in general there are few excisions in the 'Additiones' of texts that overlap with material in the 'Ordinatio'. In the text of the 'Additiones' preseneted here, however, there is one such excision accompanied by a sign of cross-reference (App. 2b, p. 298, ll. 17–19).[51] One should observe, finally, that the editor of the 'Additiones' moved the text repeating Gregory the Great's running interpretation of a few lines in Job from the end of Scotus' account of Godfrey's criticisms of Henry, where it is located in the 'examined' report, to the next section of the text, as an appendage to Scotus' response to Godfrey's first argument against Henry (App. 2b, highlighted text, p. 300, ll. 11–33). He may have moved the text simply because it was recorded in a marginal note or on a *schedula*, and thence had been misplaced by the copyist of the original model of the 'Reportatio examinata', or more likely, because he judged that it fit better after Scotus' response to Godfrey's first argument against Henry. In the 'examined' report, Gregory's authority serves to counter Godfrey's flat denial of the possibility of any special illumination of theological verities, whereas in the 'Additiones', perhaps more aptly, Gregory's authority replies to Godfrey's first reason against Henry, which argues, on the authority of Aristotle, that we cannot possess such an elevated habit, which would be hidden from us, because we could have no evidence of it, which must needs come from some object present to the mind, as the exalted object of this imagined habit could not be to any wayfarer (App. 2a, p. 292, ll. 20–27, p. 294, ll. 19–32; App. 2b, p. 298, ll. 31–39, p. 299, l. 36–p. 300, l. 10).

In sum, the abstract texture of John Duns Scotus' Scholastic discourse betokens a liberation from the excessive bookishness, which strained so many eyes in dim light, and from a programmatic deference to canonical authorities, which so weighed down thinking, in the philosophical and theological discourse of the long Middle Ages. To be sure, there is much in the philosophical method and style of John Duns Scotus that Descartes – and most assuredly, contemporary 'analytic' philosophers – could admire.

---

[50] Perhaps tellingly, the text is absent only in the two manuscripts representing the earliest stylistic redaction of the 'Additiones'. This suggests that the generation of the text of the 'Additiones' began before the final touches were put on the text of the 'examined' report.

[51] "*Ad confirmationem huius opinionis arguo sic: cuiuscumque necessarii termini possunt a nobis apprehendi, illud potest a nobis sciri, etc., sicut habes Θ quaestione prima et in collationibus*". The sign Θ signifies the 'Ordinatio'; cf. Balić, Segni e note critiche (nt. 42). The cross-reference makes explicit the phrase "*Quare in textu*" at this place in the text of the 'examined' report (App. 2a, line 45). The mention of Scotus' 'Collationes' in the cross-reference in the 'Additiones' is quite rare.

## Appendix 1: Texts from Henricus de Gandavo, 'Quodlibet III'

The texts in this Appendix, showing Henry of Ghent's method of quotation from authoritative texts, are taken from my critical edition of Henry of Ghent's 'Quodlibet III', in preparation (to appear in vol. 7 of 'Henrici de Gandavo Opera omnia'); the texts are based on a critical examination of all of the surviving manuscripts that contain the work, and are provisionally constituted from the manuscripts selected for full collation (the *apparatus criticus* is not presented here). In presenting the texts below, I employ the typographical conventions used in the Leuven edition of Henry's 'Opera omnia'. In the sections of this Appendix, I have highlighted quotations from Avicenna (App. 1a), from 'De ecclesiasticis dogmatibus' and 'Liber de spiritu et anima' (App. 1b), and from Augustine (App. 1c), in order to emphasize visually the grammatical-exegetical stratum of Henry of Ghent's argumentation.

* * *

### (1a) QUODLIBET III QUAESTIO 4

#### Utrum relatio in divinis maneat relatio

Circa secundum arguitur quod relatio in divinis non manet relatio. Quod enim transit in substantiam per comparationem ad subiectum in quo est, manifestum est, quia aliter esset aliquid aliud re praeter substantiam et faceret compositionem cum illa; similiter videtur quod transit in substantiam in comparatione ad terminum ad quem est, quoniam respectu illius relatio non est nihil, est ergo res aliqua; quidquid autem est res in Deo est substantia, ergo relatio respectu eius ad quem est substantia est et non habet plures comparationes; relatio ergo in divinis omnino transit in substantiam et non manet aliquo modo.

In contrarium est Boethius, qui vult quod duo praedicamenta sunt in divinis, substantia scilicet et relatio, quod non esset nisi relatio aliquo modo maneret; licet ergo non manet respectu subiecti in quo est, oportet quod saltem maneat respectu termini ad quem est.

#### <SOLUTIO>

Quaestio ista quaerit difficultatem de esse relationis in Deo, quae explicari non potest nisi paulo altius inchoando, quale scilicet esse relatio habeat in creaturis, a quibus trahimus cognitionem eorum quae intelligimus in divinis. *«Quod ergo diligenter primo considerandum est de hoc»* ad intellectum huius quaestionis et cuiusdam alterius infra sequentis, *«hoc est scilicet ut cognoscamus si relatio in se habet esse in singularibus vel est aliquid quod non formatur nisi intellectu, et erit tunc sicut multae disposi-*

*tiones quae* communicantur *res quae non habent esse nisi postquam habentur in intellectu. Cum enim res intelligantur, advenit eis in intellectibus aliquid quod non erat eis extra*, sicut *universale, genus, differentia et alia huiusmodi*»[52].

Et erant circa hoc antiquitus duae opiniones, secundum quod recitat AVICENNA in III° Metaphysicae suae. «*Ex hominibus enim*», ut dicit, «*quidam fuerunt qui tenuerunt quod certitudo relationum non est nisi in anima cum intelliguntur res*[53], *dicentes quod si relatio esset in rebus, oporteret tunc ex hoc non finiri relationes. In quantum enim paternitas est, pater est, et est ei accidentalis relatio* quae est paternitas cum patre, *et est alligatione quadam. Oportet ergo ut relationis* paternitatis quae est ad filium *sit alia relatio* quae est eius ad subiectum, *et procedet hoc in infinitum*»[54]. Alii vero dixerunt quod certitudo relationis non est in intellectu, «*immo relatio est quiddam quod est in singularibus, dicentes 'nos scimus quod haec res in esse est pater illius, et ille in esse est filius eius, sive intelligatur sive non intelligatur'*»[55]. Et respondet AVICENNA determinando cap.° 11° et 40° quod quaedam relatio realis est, et habet esse in singularibus secundum rem, quaedam vero secundum dici solum, quae non habet esse nisi in intellectu. Relatio autem realis, quae habet esse in singularibus, est illa quae convenit eis quae sunt simpliciter et absolute ad aliquid; relatio vero secundum dici, quae solum habet esse in intellectu, est illa quae convenit rebus quae non sunt simpliciter et absolute ad aliquid, sed solum secundum quod ab intellectu concipiuntur.

'Ad aliquid' primo modo definit AVICENNA dicens: «*Dico quod ad aliquid absolute est cuius quidditas dicitur respectu alterius, et quidquid fuerit in signatis hoc modo ut secundum quidditatem suam non dicatur nisi respectu alterius, illud est ad aliquid. Haec autem intentio non intelligitur nisi respectu alterius rei quae sit alia* res *a se, sed quia refertur quantum est in se, non est ibi essentia rei quae sit relatio, sed est ibi relativum per se, non per aliam relationem. Et secundum hoc terminabuntur relationes*»[56], et non procedent in infinitum, quia scilicet omne tale relativum habet esse ad aliud per relationem quae fundatur in essentia alicuius rei, quae secundum se est aliquid absolutum secundum unum esse suum et per se, non per aliquid sibi additum, habet aliud esse, quod est esse ad aliquid, sicut scientia id quod est secundum se quidditas est in subiecto, et secundum id quod est respectus quidam est ad scibile. Unde dicit AVICENNA: «*Esse huius intentionis, quae est ad aliquid per se in hoc subiecto, est in quantum quidditas eius est in hoc subiecto dicta respectu huius subiecti, et habet aliud esse, et hoc est esse ad aliquid. Sed illud non est hoc*»[57]. Si ergo «*ad aliquid quod comitatur ad aliud quorum unumquodque, quantum in se est, relatum est ad id quod est relatum ad ipsum absque alia relatione*, quae sit *quidditas per se quae intelligatur respectu alterius, sed in se ipso est relatio, quia hoc quod dicitur relativum est per se, et in hoc quod est relatum per se*

---

[52] Avicenna, Liber de philosophia prima sive scientia divina I–V tr. 3 c. 10, ed S. Van Riet (Avicenna Latinus 3), Louvain-Leiden 1977, 178, ll. 4–5.
[53] Id., ibid., ed. Van Riet (nt. 52), 178, ll. 4–5.
[54] Id., ibid., ed. Van Riet (nt. 52), 179, ll. 15–23.
[55] Id., ibid., ed. Van Riet (nt. 52), 178, ll. 6–9.
[56] Id., ibid., ed. Van Riet (nt. 52), 179, ll. 27–30, 180, ll. 36–40.
[57] Id., ibid., ed. Van Riet (nt. 52), 180, ll. 40–44.

*non eget alia relatione qua fiat relatum, quia in se habet quidditatem intellectam respectu subiecti, scilicet quia ipsa est cuius cum intellecta fuerit quidditas, egebit repraesentari intellectui aliquid aliud respectu cuius hoc intelligatur. Hic enim sunt multae relationes quae comitantur aliquas essentias per se, non per aliam relationem accidentem, sicut contingit relationem sequi dispositionem paternitatis et dispositionem scientiae, quamvis intellectus fortasse adveniat huic relationi»*[58]. «*Cum autem*», ut dicit Avicenna, «*notaveris hoc, tunc iam notasti quod ad aliquid est in esse tali, quod est intentio cuius haec est definitio, quae facit non debere esse rem per se unam sed coniungentem inter duo*»[59]. Et sic talis relatio non habet esse propter conceptum intellectus, sed e converso, quia habet esse in re, eam concipit intellectus circa rem. Unde subdit Avicenna dicens: «*Illud igitur est relatio intelligibilis, cuius esse, in quantum intelligitur, est intellecta quidditas in respectu eius esse in intellectu; in quantum intelligitur respectu alterius, habet iudicium in intellectu secundum quod est in intellectu. Ex illis igitur ‹ad› aliquid habet esse in singularibus*»[60].

'Ad aliquid' vero secundo modo definit Philosophus in Praedicamentis: «*Ad aliquid talia dicuntur quaecumque ipsum quod sunt aliorum dicuntur*»[61], secundum quam definitionem, ut dicit ibi, «*impossibile est solvere, quoniam nulla substantia est eorum quae sunt ad aliquid*»[62], quoniam ut ibi dicit Boethius in Commento, illa definitio «*non magis dixit illa esse ad aliquid quae 'id quod sunt aliorum dicuntur'*» (non tamen hoc est eis esse quod sint ad aliquid), «*quam ea quibus ipsum esse est ad aliud quodam modo se habere*»[63], et quod talis relatio non est in natura rei secundum se sed in conceptu intellectus solum. Unde declarat Avicenna de relatione quae est inter prius et posterius, dicens: «*Scias quod res in se non est prius nisi eo quod est simul in intellectu cum ea* quae est posterius, *et haec species prioris et posterioris est cum utraque simul sunt in intellectu. Cum enim praesentatur intellectui forma prioris et forma posterioris, intelliget anima hanc* operationem *incidere inter duo quae sunt in intellectu, sed ante hoc res in se non est prior. Quomodo enim erit prior in se quae non habet esse? Igitur*», ut concludit, «*quae fuerint de relativis secundum hunc modum, non erit eorum relatio nisi solo in intellectu, et de intentionibus intelligibilibus ex comparationibus quas ponit intellectus ex respectibus quae acquiruntur rebus cum comparat eas inter se intellectus et designat eas*»[64].

Unde quia Philosophus vidit quod talia non sunt vere relativa nec definitio illa praedicta de relativis est vera definitio et propterea indicans quid est esse verorum relativorum, ideo in Praedicamentis subdit aliam definitionem veris relativis tantum convenientem, quae eadem est cum definitione Avicennae proposita et declarata, dicens quod «*ad aliquid sunt ea quibus hoc ipsum esse quod habent est ad aliud se habere*»[65]. Ubi dicit Boethius in Commento: «*Id est, haec*

---

[58] Id., ibid., ed. Van Riet (nt. 52), 180, ll. 45–52, 181, ll. 63–69.
[59] Id., ibid., ed. Van Riet (nt. 52), 181, ll. 70–72, 182, ll. 73–74.
[60] Id., ibid., ed. Van Riet (nt. 52), 182. ll. 75–80, 82–83.
[61] Aristoteles, Categoriae vel Praedicamenta: Translatio Boethii c. 7 (6a35), ed. L. Minuo-Paluello (Aristoteles Latinus 1.1–5), Bruges–Paris 1961, 18, ll. 4–5.
[62] Id., ibid. c. 7 (8a30), ed. Minuo-Paluello (nt. 61), 22, ll. 18–19.
[63] Boethius, In Categorias Aristotelis II, ed. J.-P. Migne (PL 64), 255B.
[64] Avicenna Latinus, Liber de philosophia prima tr. 3 c. 10, ed. Van Riet (nt. 52), 182, l. 89–183, l. 1.
[65] Aristoteles, Categoriae: Trans. Boethii c. 7 (8a25), ed. Minuo-Paluello (nt. 61), 22, ll. 13–16.

*eorum natura atque substantia est, ut id quod sunt ad aliud referantur, id est, non solum referri dicantur, sed etiam referantur. Non enim in eo quod est dici ad aliquid consideramus, sed in eo quod est esse, quoniam non idcirco aliquid relativum est, quoniam alterius esse dicitur, sed tunc merito aliqua res relationis nomine continebitur, quotiens non solum ad aliquid dicitur, sed hoc ipsum esse eius quod est ad aliquid est ad aliud quodam modo se habere»*[66]. Et quomodo hoc, expositum est iam in dictis AVICENNAE.

Cum igitur in creaturis substantia, ut substantia est, in sua quidditate non est eius ad aliud se habere, licet forte ad aliud dicatur, ut caput capitati caput, sicut vult PHILOSOPHUS in Praedicamentis[67], sed in omnibus quae sunt vere relativa secundum esse, essentia eius, qua secundum se id quod est, quod ad aliquid est, est ad aliud se habere, non per aliquid ei additum, ut dictum est, aperte patet ex iam declaratis quod omnis relatio secundum esse in creaturis fundatur super aliquod accidens quod unum esse habet absolutum in subiecto per rationem unius praedicamenti, aliud vero esse respectivum ad aliud secundum rationem praedicamenti relationis. Propter quod etiam omnis relatio, ut relatio, accidentalis est, secundum quod dicit AVICENNA cap.° 42°: «*Relatio, quia res est quae non intelligitur per se, sed intelligitur alicuius ad aliud, non est relatio quae non sit accidens*»[68]. Libro VIII° dicit quod relatio est accidens alicui alii ex his quae sunt, et est posterior omnibus entibus, et hoc quia super omne genus entis potest fundari relatio[69]....

\* \* \*

### (1b) QUODLIBET III QUAESTIO 6

UTRUM VEGETATIVA ET SENSITIVA IN CHRISTO INFUSAE ERANT CUM INTELLECTIVA, VEL ERANT EDUCTAE DE POTENTIA MATERIAE

Circa secundum arguitur quod vegetativum et sensitivum in Christo erant educta de potentia materiae, non infusa cum intellectiva, quia PHILOSOPHUS dicit quod «*solus intellectus ab extrinseco est*»[70], non ergo vegetativum et sensitivum; forma autem non ab extrinseco educta est de potentia materiae; ergo, etc.

Contra: Quod Christus semel assumpsit uniendo divinae naturae suae de natura humana numquam dimisit, ut tenet fides; dimisisset autem tempore mortis suae sensitivum et vegetativum si fuissent educta de potentia materiae, (probatio:) quia si eductae fuissent de potentia materiae, non fuissent separatae cum intellectivo nec remansissent, quia tunc corpus eius fuisset vivum vita vegetativa

---

[66] Boethius, In Categorias Aristotelis II, ed. Migne (nt. 63), 256B, 255D, 256D-257A.
[67] Cf. Aristoteles, Categoriae: Trans. Boethii c. 7 (8a25), ed. Minuo-Paluello (nt. 61), 22, ll. 13–16.
[68] Avicenna Latinus, Liber de philosophia prima tr. 3 c. 10, ed. Van Riet (nt. 52), 173, ll. 15–17.
[69] Cf. Id., ibid. tr. 3. c. 10, ed. Van Riet (nt. 52), l. 118–174, l. 35.
[70] Les 'Auctoritates Aristoteles': De animalibus (9) n. 190, ed. J. Hamesse, Louvain 1974, 224; cf. Aristoteles, De generatione animalium 3 (736b27–28).

et sensitiva, quod falsum est, ergo fuissent corruptae; in corruptione autem eorum dimisisset ea divinitas Christi; ergo, etc.

Item, homo a sensitiva dicitur 'animal', sicut ab intellectiva dicitur 'homo', quare si sensitivum esset ab intra et intellectivum esset ab extra, sensitivum esset in homine sicut pars in toto; pars autem de toto non praedicatur in recto sed solum in obliquo; non ergo diceretur quod homo est animal, sed quod animal est hominis. Consequens est falsum, ergo et antecedens.

<SOLUTIO>

Quaestio ista, licet proposita fuit de solo Christo, locum tamen habet aequaliter de quolibet homine. In qua procul dubio PHILOSOPHUS sentiebat quod vegetativum et sensitivum sunt ab intra; dicit enim in II° De anima quod «*sensitivi prima immutatio est a generante*»[71]. De intellectivo autem, iuxta expositionem sui COMMENTATORIS, aut non sentiebat quod esset «*forma et actus corporis, sed solum motor, sicut nauta navis*», aut intentionem suam super hoc non expressit[72]. Illud tamen expressit AVICENNA tamquam de sua opinione, ut patebit in solutione tertii argumenti, qui tamen ponebat expresse animas rationales multiplicari et individuari per corpora, ut habitum est in alio Quolibet, et sic, ut videtur, posuit animam rationalem esse formam et actum corporis[73]. Qui ponunt quod non est nisi unica forma in homine secundum substantiam, necesse habent dicere quod in homine nulla forma sit educta de potentia materiae, sed quod in eo non est nisi forma unica ab extra infusa, quae virtute est totum, a qua habet esse vivere, sentire et intelligere.

Nos, qui necesse habemus ponere quod anima intellectiva est forma et actus corporis, ut in quadam quaestione dicetur inferius, et quod praeter animam intellectivam sit alia forma in homine educta de potentia materiae, ut forma mixti, quae stat in forma carnis et ossis, sicut determinatum est in quibusdam aliis quaestionibus de Quolibet, sumus inter duo[74]. Cum enim intentionis nostrae sit non ponere plures formas in homine quam duas, unam eductam de potentia materiae, alteram vero infusam ab extra, et in homine necesse habemus ponere ex parte formae suae vegetativum et sensitivum, aut necesse habemus ipsa ponere ex parte formae eductae de potentia materiae vel eius quae infusa est ab extra, iuxta quaestionis intentionem. Sed quod vegetativum et sensitivum ponere non

---

[71] Aristoteles, De anima II (417b16); cf. Translatio Graeco-Latina Iacobi Veneti, ed. C. Stroick (Alberti Magni Opera omnia 7.1), Münster i. W. 1968, 100, l. 78.

[72] Cf. Averroes, Commentarium magnum in Aristoteles De anima II comm. 11, ed. F. S. Crawford (Averroes Latinus 6.1), Cambridge, MA 1953, 148, ll. 22–32.

[73] Henricus de Gandavo, Quodlibet II q. 2, ed. R. Wielockx (Henrici de Gandavo Opera omnia 6), Leuven 1983, 15, ll. 63–78.

[74] Henricus de Gandavo, Quodlibet I q. 4, ed. R. Macken (Henrici de Gandavo Opera omnia 5), Leuven 1979, 13–22; Quodlibet II qq. 3–4, ed. Wielockx (nt. 73), 21–28; Quodlibet III qq. 8, 14, ed. K. Emery, Jr., forthcoming in: Henrici de Gandavo 7, Leuven.

debemus ex parte formae eductae de potentia materiae ut ipsa credantur generata de potentia materiae, sed ex parte formae infusae ab extra ut credantur fieri in homine cum parte intellectiva per creationem, ad hoc nos compellit auctoritas et ratio.

Auctoritas nos compellit et sacrae Scripturae et sacrorum expositorum eius. Auctoritas Scripturae hoc exprimit, ut videtur, cum dicit Genesis II$^{um}$: «*Formavit Deus hominem de limo terrae*», hoc quoad corpus, et sequitur quoad animam, «*et inspiravit in faciem eius spiraculum vitae*»[75], per quod, ut videtur, insinuat quod in illa inspiratione recipit omnem actum vitae. Quod ex parte vitae sensitivae explicat AUGUSTINUS, exponens illud II° libro De Genesi contra Manichaeos: «*Ipsi animae sensus erat additus ista exsufflatione cum factus est homo in animam viventem*»[76]. Et quod non solum vita sensus sed omnis actus vitae qui ab anima haberi potest ista insufflatione infusus est aperte dicitur in libro De ecclesiasticis dogmatibus, ubi etiam manifeste explicatur formatio corporis ad animae susceptionem. Dicitur enim ibi sic: «*Animas hominum non esse ab initio inter ceteras intellectuales creaturas nec simul creatas, sicut* ORIGENES *fingit, neque cum corporibus per coitum seminantur, sicut* LUCIFERIANUS *et* CYRILLUS *et aliqui Latinorum praesumptores affirmant; sed dicimus corpus tantum per coniugii copulam seminari, creationem vero animae solum Creatorem omnium nosse, Dei vero iudicio corpus coagulari in vulva et compingi atque formari, ac formato iam corpore animam creari et infundi ut vivat homo in utero ex anima constans et corpore, et egrediatur vivus ex utero plenus humana substantia. Nec duas animas esse dicimus in uno homine, sicut* IACOBUS *et alii Syrorum scribunt, unam animalem, qua animetur corpus et immixta sit sanguini, et aliam spiritalem, quae rationem ministret. Sed dicimus unam esse eandemque animam in homine, quae et corpus sua societate vivificet et semetipsam sua ratione disponat, habens in se libertatem arbitrii, ut in sua substantia eligat quod vult*, nemine cogente. *Solum hominem credimus habere animam substantivam, quae exuta corpore vivit, et sensus suos atque ingenia vivaciter tenet, non cum corpore moritur. Animalium vero animae non sunt substantivae, sed cum carne ipsa carnis vivacitate nascuntur, et cum carnis morte finiuntur. Anima humana non cum carne moritur, quia non cum carne oritur, quia non cum carne seminatur, sed formato in ventre matris corpore infunditur ut vivat homo intus in utero et sic procedat nativitate in mundo. Duabus substantiis constat homo, anima tantum et carne, anima cum ratione sua et carne cum sensibus suis*», id est, figuris organorum sentiendi, quae anima adveniens perficit viribus sensitivis. Unde statim sequitur: «*Quos tamen sensus absque animae societate non movet caro*»[77]. Hinc dicitur Libro de spiritu et anima cap.° 41°, exponendo illud Genesis II$^{um}$, «*inspiravit* etc.»: «*Corpora serviente Creatori creatura formantur, et Deo inspirante spiraculum vitae animantur. Spiraculum vitae humanae intelligentiam vocat, quam non producit terra vel aqua, sed Deus inspirat, quo sensus corporei animantur*»[78] quoad partem sensitivam, sed et organa nutritionis

---

[75] Genesis 2:7.
[76] Augustinus, De Genesi contra Manichaeos II c. 8 [10], ed. J.-P. Migne (PL 34), 201.
[77] Gennadius Massiliensis, Liber de eccelsiasticis dogmatibus cc. 14–19, ed. J.-P. Migne (PL 42), 1216.
[78] Liber de spiritu et anima c. 42, ed. J.-P. Migne (PL 40), 811.

quoad partem vegetativam. Unde dicitur in eodem 17° cap.°: «*Habet anima vires quibus corpori commiscetur, quarum prima est naturalis, secunda vitalis, tertia animalis, et per totum corpus diffunditur, non locali distensione sed vitali intensione. Naturalis virtus operatur in hepate sanguinem et humores. Vis ista quadrifaria est, dividitur namque in appetitivam, retentivam, expulsivam et distributivam*»[79]. Et patet manifeste quod ista sunt partes vegetativae.

Sic autem ad idem astruendum, videlicet quod vegetabile et sensibile se tenent ex parte intellectus, nos compellit ratio, quoniam aperte experimur quod in actionibus virium animae una alteram retrahit cum fuerit intensa, et obiectum suum una, ut intellectiva, ab altera, ut a sensitiva, abstrahit, et una alteram, ut sensitiva intellectivam, in actum ponit, quod nullo modo esse posset nisi primum omnium earum in radice idem esset, sicut idem in re quod primo est sensibile postmodum per abstractionem fit intelligibile. Sicut ergo in homine vegetativum et sensitivum infusa sunt cum intellectivo, et adveniunt composito ex materia et forma naturali de potentia materiae producta, de quo in alio Quolibet tactum est[80], quod quidem non est natum per se in actu subsistere, sicut neque materia nuda absque omni forma. Immo sicut materia pura non habet esse in actu nisi sub forma aliqua specifica, sic neque illud compositum ex materia et forma natum est habere esse in actu sub alia forma sed solum ab illa quae est ab extrinseco infusa, ad quam est materia in potentia mediante illa. Unde sicut in aliis compositis in quibus est tantum unica forma, forma dat esse materiae et composito ut habeat esse suppositi, sic in homine forma intellectus dat esse illi priori composito potentiali et composito perfecto, quod cum illo constituit ut habeat esse personae, et per hoc est homo vere unum in esse substantiali uno ab ultima forma solummodo, licet in ipso sint plures formae a quibus specialiter denominatur, quia ambae sunt substantiales. Unum dico, non simplicitate naturae sed suppositi et personalitatis in qua substantialiter uniuntur, propter quod non per accidens sed per se de se invicem praedicantur. Unde dicitur in Libro de spiritu et anima 40° cap.°: «*Carni ita unitur anima ut cum carne una sit persona; fit autem auctore Deo anima et caro unum individuum, unus homo. Unde salva utriusque naturae proprietate, adiicitur carni quod est animae, et animae quod carnis est, pro unitate personae, non pro diversitate naturae. Quod igitur ibidem singulis est proprium commune fit amborum, proprium pro natura, commune pro persona*»[81]. Et est ista coniunctio animae et corporis in homine in unitate personae, quam affert anima, conformis divinitatis et humanitatis in Christo in unitate personae, quam affert divina natura, praeter hoc quod hic anima sit forma corporis, non autem ibi deitas humanitatis.

Unde multo verius possunt fieri communicationes et denominationes in homine substantialiter secundum utramque naturam quam in Christo, et quoad informationem unitas maior et unio intimior est illarum diversarum formarum in homine, quia una ad alteram se habet ut in potentia ad informationem et altera

---

[79] Ibid. c. 20, ed. Migne (nt. 78), 794.
[80] Cf. nt. 74, supra.
[81] Liber de spiritu et anima c. 41, ed. Migne (nt. 78), 810.

ut actus eius, quam diversarum naturarum in Christo, in quo neutra se habet ad alteram per informationem, licet alia via maior sit ista unio et intimior quoad illapsum deitatis cum humana natura. De conformitate autem huius compositi in homine et illius in Christo dicitur in De spiritu et anima cap.° 13°: «*Mira societas carnis et animae, spiritus vitae et limi terrae. Sicut scriptum est, 'Fecit Deus hominem de limo terrae, et inspiravit in faciem eius spiraculum vitae', dans ei sensum et intellectum ut per sensum lutum sibi sociatum vivificaret, et per intellectum regeret et ut per intellectum intus ingrederetur et contemplaretur Dei sapientiam, et per sensum foris egrederetur et contemplaretur opera sapientiae. Plenum fuit miraculo quod tam diversa et tam divisa ad invicem potuerunt coniungi. Nec minus mirabile fuit quod limo nostro Deus se ipsum coniunxit ut sibi invicem unirentur Deus et limus, tanta sublimitas et tanta vilitas*»[82]. Propter istam similitudinem bene dicitur in Symbolo: «*Sicut anima rationalis et caro unus est homo, ita Deus et homo unus est Christus*»[83]. Unde AUGUSTINUS Super Ioannem I<sup>a</sup> parte sermone 47°: «*Hominem interroga, et de ipso fac gradum ad ea quae super te sunt, et si nondum intelligendo, saltem credendo. Quomodo est enim unus homo anima et corpus, sic unus Christus Verbum et homo: anima et corpus duae res sunt sed unus homo; Verbum et homo duae res sunt sed unus Christus*»[84].

### <AD ARGUMENTA>

Quod ergo arguitur primo quod «*solus intellectus est ab extra*», dicendum quod hoc ARISTOTELES intellexit ponendo vegetativum et sensitivum educi de potentia materiae, ut dictum est, vel si ipse sicut et nos posuit vegetativum et sensitivum infundi cum intellectu et se tenent ex parte intellectus, dicendum quod aliquando intellectus nominat substantiam animae, aliquando vero unam suarum potentiarum. Secundum quod nominat substantiam , «*solus intellectus ab extra est*» non excludit vegetativum et sensitivum, quia sunt potentiae in eadem substantia cum potentia intellectiva, et sic intelligitur illud dictum PHILOSOPHI. Si autem nominat potentiam, sic excludit vegetativum et sensitivum, nec sic habet intelligi. Sed si arguatur quod «*intellectus solus separabilis est ab aliis sicut perpetuum a corruptibili*»[85], et loquitur de potentia intellectiva respectu aliarum, dicendum quod verum est. Sed separari aliquid potest intelligi dupliciter, vel secundum substantiam et actum vel operationem, vel secundum substantiam solum, non autem secundum actum vel operationem. Primo modo solus intellectus, hoc est potentia intellectiva, separabilis est, quia ipsa sola separata a corpore potest in actum intelligendi, et non sensus in actum sentiendi et vegetativum in actum vegetandi; unde secundum substantiam suam solum manent quasi in potentia et in radice. Et hoc est quod scribitur in fine De spiritu et anima: «*Anima sine carne rationale suum tenet;*

---

[82] Ibid. c. 14, ed. Migne (nt. 78), 790.
[83] Symbolum 'Quicumque vult' (the 'Athanasian Creed') n. 37.
[84] Augustinus, In Iohannis Evangelium Tractatus XLVII c. 12, ed. R. Williams (CCSL 36), 411, ll. 4–9.
[85] Les 'Auctoritates Aristotelis': De anima II (6) n. 52, ed. Hamesse, 178; cf. Aristoteles, De anima II (413b26–27).

*sensus autem, qui in exteriori homine describuntur, simili modo secundum modum suum in interiori esse manifestantur*»[86]....

\* \* \*

## (1c) QUODLIBET III QUAESTIO 11

### Utrum tempus possit esse sine anima

Circa secundum arguitur quod tempus non possit esse sine anima, quoniam numerus non est sine numerante; «*tempus*» autem secundum Philosophum IV° Physicorum «*est numerus motus*», et non est numerans ipsum nisi anima concipiens «*prius et posterius*» in tempore «*secundum prius et posterius in motu*»[87], ut vult Philosophus ibidem; ergo, etc.

Contra est illud quod dicit Philosophus in IV° Physicorum: «*Tempus et motus simul sunt*, et non *sunt potentia et actu*»; sed «*motus* habet *esse sine anima*»[88]; ergo, etc.

### <SOLUTIO>

Cum quaestio ista sit de esse temporis, oportet intelligere in principio quod esse debile valde habet et obscurum, quoniam ut dicit Rabbi Moyses in libro suo II°, «*duae res coniunguntur in tempore simul*, et *quod est accidens cohaerens motui, et veritas motus per se exigit ut non quiescat ullo modo. Et hoc est quod facit naturam temporis latere plures hominum, et nescierunt utrum vere sit an non, sicut* Galenus *et alii sapientes*»[89]. Unde et Plato, non discernens esse temporis ab esse motus, posuit quod «*tempus esset motus caeli* et quod *partes motus sunt partes temporis*», quoniam «*multotiens aestimatur quod illud quod sequitur* ipsam *rem sit ipsa res*», ut dicit Commentator super IV^um Physicorum, ubi Philosophus istam opinionem Platonis reprobat[90]. Propter quod etiam Philosophus tractans de tempore in IV° Physicorum in principio quaerit «*utrum* tempus *sit de numero eorum quae sunt an non*», et persuadet quod aut «*omnino non sit aut vix et obscure.*» Si enim aspiciamus ad partes temporis ex quibus tamquam totum continuum debet constitui, quae sunt praeteritum et futurum, cum non sint («*illud enim factum est et* sic *non est; hoc autem*

---

[86] Liber de spiritu et anima c. 39, ed. Migne (nt. 78), 815.
[87] Les 'Auctoritates Aristotelis': Physica IV (2) n. 137, ed. Hamesse (App. 1b: nt. 70), 151; cf. Aristoteles, Physica: Translatio Vetus IV c. 11 (219b1–2, 220a25–26), edd. F. Bossier/J. Brams (Aristoteles Latinus 7.1/2), Leiden–New York 1990, 175, ll. 16–17, 178, ll. 15–16.
[88] Aristoteles, Physica IV c. 14 (223a20–21), edd. Bossier/Brams (nt. 87), 188, ll. 9–10, 18.
[89] Moses Maimonides, Dux seu Director dubitantium aut perplexorum II c. 14, ed. A. Giustiniani, Paris: Badius Ascensius 1520 [reprt. Frankfurt a. M. 1964], fol. 46v.
[90] Averroes, In Physicam IV c. 2 comm. 93–94, in: Aristotelis Opera cum Averrois commentariis 4, Venetiis apud Iuntas 1562 [reprt. Frankfurt a. M. 1962], foll. 176rD, 176vM.

*futurum* est *et* sic *nondum est*»[91]; «*quod*» autem constituitur «*ex non-entibus impossibile est*» quod sit ens in quantum huiusmodi), secundum hoc ergo, ut videtur, tempus in rei veritate extra animam non est nec est sine actione animae simul concipiente praeteritum et futurum ad instans fluens copulata, quod omnino pars temporis non est[92]. Unde secundum quod vult Philosophus, «*cum non percipimus motu intelligentiae transmutationem aliquam* currere *a priori in posterius, non percipimus tempus*» esse, quemadmodum dormientes in Sardis «*tempus* dormitionis suae *non perceperunt, sed copulabant nunc primum quo dormire coeperunt cum nunc posteriori quo evigilaverunt, et non perceperunt tempus intermedium, sed putabant quod unum nunc esset quando dormire inceperunt et quando surrexerunt, et removebant totum tempus medium propter insensibilitatem*»[93]. «*Et iterum*» si quis percipiat motum solummodo sentiendo «*motum in ratione motus*» secundum fluxum eius quod movetur et non secundum rationem defluxus «*a priori in posterius, non percipit tempus*», sed tunc solum «*tempus* percipitur *cum motu animae*» percipimus distincte discursum motus «*venire a priori in posterius*»[94]. Prius autem huiusmodi et posterius, in quibus sic percipitur tempus, iam non sunt in re extra, ut dictum est, sed solum in animae perceptione. Idcirco Galenus et Augustinus non posuerunt *esse temporis* nisi in anima, scilicet «*in vicibus motuum animae*» circa conceptus partium motus, quarum una iam praeteriit, alia nondum est[95].

Quorum opinio videtur confirmari per hoc quod dicit Philosophus: «*Si sint tenebrae et nihil per corpus patiamur, motus autem fit in anima, simul videtur fieri et tempus. Et tempus cognoscimus cum definimus motum prius et posterius determinantes, et tunc dicimus fieri tempus quando prioris et posterioris in motu sensum percipimus. Cum enim altera extrema a medio et dicat anima duo, hoc quidem prius, illud autem posterius, tunc dicimus tempus esse; determinato enim ipso nunc tempus videtur. Quando* enim *tamquam unum ipsum nunc sentimus, aut sicut idem prioris et posterioris alicuius et non sicut prius et posterius in motu, non videtur tempus fieri quia neque motus*»[96]. Propter quod «*tempus*», ut dicit Philosophus, «*non est* ipse *motus, sed id quod secundum numerum habet motus*»[97]. Et concludit dubitationem quaestionis propositae, dicens: «*Utrum autem cum non sit anima erit tempus vel non, dubitabit aliquis*». Et facit argumentum quod opponens adduxit, dicens: «*Si autem nihil aliud aptum natum est numerare quam anima et animae intellectus, impossibile est esse tempus anima si non sit*»[98].

---

[91] Aristoteles, Physica: Translatio Vetus IV c. 10 (217b32–218a2–3), edd. Bossier/Brams (nt. 87), 170.12–16.
[92] Cf. Aristoteles, Physica (Versio Arabo Latina) IV c. 10 (218a2–3), in: Aristotelis Opera cum Averroes commentariis 4 (nt. 90), textus 88, fol. 173vL-M, et textus 89–90, foll. 174rC-D, 174vH-K.
[93] Albertus Magnus, Physica IV tr. 3 c. 4, ed. P. Hossfeld (Alberti Magni Opera omnia 4.1), Münster i.W. 1987, 265, ll. 26–54, 266, l. 39.
[94] Id., ibid., ed. Hossfield (nt. 93), 265, ll. 26–27, 40–44, 49.
[95] Id., ibid., ed. Hossfield (nt. 93), 265, ll. 29–31.
[96] Aristoteles, Physica: Translatio Vetus IV c. 11 (219a5–7, 22–34), edd. Bossier/Brams (nt. 87), 174, ll. 3–15.
[97] Id., ibid. (219b2–4), edd. Bossier/Brams (nt. 87), 175, ll. 18–19.
[98] Id., ibid. IV c. 14 (223a21–23, 26–28), edd. Bossier/Brams (nt. 87), 188, ll. 10–12, 15–17.

Et est intentio AUGUSTINI, ut dictum est, quod tempus non est nisi in anima et nisi sit anima, et quod sequitur motum ut numerus et mensura eius, non eum qui est extra sed eum qui est in conceptibus animae vel de eo qui est extra vel de quocumque alio. Difficultatem tamen in hoc bene percipit. Unde et dixit XI° Confessionum: «*Quid est tempus? Quis hoc facile breviterque explicabit? Quid autem familiarius et notius in loquendo commemoramus quam tempus? Quid est ergo tempus? Si nemo ex me quaerat, scio; si quaerenti explicare velim, nescio; fidenter tamen dico scire me quod si nihil praeteriret non esset praeteritum tempus, et si nihil adveniret non esset futurum tempus, et si nihil esset non esset praesens tempus. Duo ergo illa, praeteritum et futurum, quomodo sunt, quoniam et praeteritum iam non est et futurum nondum est? Praesens autem, si semper esset praesens et in praeteritum non transiret, iam non esset tempus sed aeternitas. Si igitur praesens, ut tempus sit, ideo sit quia in praeteritum transit, quomodo et hoc esse dicimus, cui causa ut sit illa est* qua *non erit, ut scilicet non vere dicamus tempus esse nisi quia tendit* in *non-esse?*»[99] Et respondet, dicens: «*Sunt futura et praeterita. Volo scire ubi sunt, quod si non valeo, scio tamen ubicumque sint, non ibi ea futura esse aut praeterita sed praesentia. Nam si ibi futura sunt, nondum ibi sunt; si et ibi praeterita sunt, iam non ibi sunt; ubicumque ergo sunt quaecumque sunt, non sunt nisi praesentia*»[100].

Et est responsio AUGUSTINI quod sunt sed non nisi in anima concipiente, non autem in re extra. Unde dicit cap.° 21°: «*Quod autem nunc liquet et claret, nec futura sunt nec praeterita nec proprie dicitur: Tria tempora sunt, praesens de praeteritis, praesens de futuris, praesens de praesentibus; sunt enim haec in anima quaedam et alibi ea non video, praesens de praeteritis memoria, praesens de praesentibus contuitus, praesens de futuris exspectatio. Si haec permittuntur dicere, tria tempora video fateor, quia tria sunt praesens, praeteritum et futurum*»[101]. 26° Cap.°: «*Confiteor ignorare me adhuc quid sit tempus*»[102]. 27°: «*Visumque mihi est nihil aliud esse tempus quam distentionem, sed cuius rei nescio, et mirum si non ipsius animi. Non metior futurum, quia nondum est, non praesens, quia nullo spatio tenditur, non praeteritum, quia iam non est*»[103]. Et «*metimur tamen tempora. Non ergo ipsa quae iam non sunt, sed aliquid in memoria mea metior, quod infixum manet* affectione *quam res prateruentes faciunt, et cum illae praetereunt, manet ipsam. Ergo aut tempora sunt ipsa aut non metior tempora*[104]. *Sed quomodo minuitur aut consumitur futurum quod nondum est, aut quomodo crescit praeteritum quod iam non est, nisi quia in animo tria sunt? Nam et exspectat et attendit et meminit, ut id quod exspectat per id quod attenditur transeat in id quod meminerit. Quis neget futura nondum esse? Sed tamen iam est in animo exspectatio futurorum. Et quis negat praeterita iam non esse? Sed tamen adhuc est in animo memoria praeteritorum. Et quis negat praesens tempus carere spatio quia in puncto praeteriit? Sed tamen perdurat attentio per quam pergat abesse quod aderit. Non igitur longum tempus futurum quod nondum est, sed longum futurum longa exspectatio futuri est, neque*

---

[99] Augustinus, Confessionum Libri XIII, XI c. 14.[17], ed. L. Verheijen (CCSL 27), Turnhout 1981, 202–203, ll. 3–4, 6–19.
[100] Id., ibid. XI c. 18.[23], ed. Verheijen (nt. 99), 205, ll. 2–7.
[101] Id., ibid. XI c. 20.[26], ed. Verheijen (nt. 99), 206–207, ll. 1–9.
[102] Id., ibid. XI c. 25.[32], ed. Verheijen (nt. 99), 210, ll. 1–2.
[103] Id., ibid. XI c. 26.[33], ed. Verheijen (nt. 99), 211, ll. 20–21, 24–26.
[104] Id., ibid. XI c. 27.[34–36], ed. Verheijen (nt. 99), 212, l. 25, 213, ll. 43–45, 48–52.

*longum praeteritum tempus quod non est, sed longum praeteritum longa memoria praeteriti est»*[105].

Ecce plane quid de proposita quaestione sentit AUGUSTINUS, videlicet quod non esset nisi in anima et nihil aliud quam affectio seu conceptus transitus rerum pertranseuntium manens in anima, ut quod tempus futurum nihil aliud sit quam conceptus secundum exspectationem praetereundi, praeteritum nihil aliud quam conceptus secundum recordationem iam pertransiti, praesens vero nihil aliud quam conceptus secundum attentionem iam praetereuntis. Et secundum tales conceptus dicitur secundum ipsum tempus longum vel breve, non secundum aliquid quod est extra. Verbi gratia, sicut dicit: «*Dicturus sum canticum quod novi. Antequam incipiam, in totum exspectatio mea tenditur; cum coepero, quantum ex illa in praeteritum discerpsero, tendit in memoriam quod dixi et in exspectationem quod dicturus sum. Praesens* cum adest, *adest attentio, per quam traicitur quod erat futurum ut fiat praeteritum, quod quanto magis agitur tanto* abbreviatur exspectatio et *prolongatur memoria donec tota expectatio consumatur. Et cum tota transierit in memoriam, finita est actio. Et quod in toto cantico, hoc in singulis particulis fit eius, hoc in actione longiore, hoc in tota vita hominis, hoc in toto saeculo filiorum hominum»*[106]. Et sic secundum AUGUSTINUM non nisi eo quod est in anima metimur id quod est extra, et non nisi secundum esse quod habet in anima.

Sed quid est? Numquid sentiendum est secundum veritatem tempus non nisi in anima est?...

## Appendix 2: Texts from John Duns Scotus' Parisians Lectures on Book I of the 'Sentences'

The texts in this Appendix illustrate Duns Scotus' method of incorporating *auctoritates* and *opiniones* of other Scholastic theologians into the authorized text of his lectures on the 'Sentences' at the University of Paris, which was based largely on *reportationes* by designated Franciscan auditors. Scotus' method is quite different from the method of Henry of Ghent, and is demonstrably less 'bookish'. The texts presented here are provisionally edited; they are taken from a critical edition, in preparation, of the Prologue and first five distinctions of Book I of Scotus' Parisian lectures on the 'Sentences' at the University of Paris, which I am editing in collaboration with Bernd Goehring, Stephen M. Metzger, Timothy B. Noone, Garrett Smith and Andrew Traver. The texts are based on the full collation of all of the surviving manuscripts of (2a) the 'Reportatio Parisiensis examinata', and a full collation of all of the surviving manuscripts of (2b) corresponding texts in the 'Additiones parisienses super primum Sententiarum' (I do not here present the *apparatus criticus* of the texts). I employ the typographical conventions that we have adopted for the edition. In Appendices

---

[105] Id., ibid. XI c. 28.[37], ed. Verheijen (nt. 99), 213–214, ll. 1–13.
[106] Id., ibid. XI c. 28.[38], ed. Verheijen (nt. 99), ll. 214.14.26.

2a–2b, I have highlighted a text that was entered into the 'examined' report in its last layer of corrections (App. 2a), and was picked up by, and moved in, the 'Additiones' (App. 2b).

\* \* \*

(2a) Ioannis Duns Scoti Lectura super primum librum
Sententiarum (Reportatio Parisiensis examinata)

## [PROLOGUS: QUAESTIO 2]

### Utrum veritates per se scibiles de Deo sub ratione deitatis possint sciri ab intellectu viatoris

Secundo, quaeritur utrum veritates per se scibiles de Deo sub ratione deitatis possint sciri ab intellectu viatoris.

Quod sic:

Prima ad Corinthios 12°, Apostolus distinguit donum scientiae contra donum fidei et alia dona quae ibi enumerantur[107]; sed qui habet donum scientiae de divinis ut distinguitur contra donum fidei scit veritates per se scibiles de Deo sub ratione deitatis, quo modo est possibile viatorem habere donum scientiae ut distinguitur contra fidem; ergo, etc. Minor probatur per Augustinum XIV° *De Trinitate* cap.° 4°, ubi dicit Apostolum appropriate fuisse locutum de scientia ut distinguitur contra fidem[108].

Item, secundo sic: scientia est habitus simpliciter perfectior quocumque habitu cognitivo qui non est scientia, et hoc prout includit, communiter loquendo, de ea habitum sapientiae; sed si viator non posset habere scientiam de Deo sub ratione deitatis, haberet respectu deitatis aliquem habitum imperfectiorem ipsa scientia, quod est falsum, cum sit perfectio portionis superioris, secundum Augustinum XII° *De Trinitate*, quia est circa divina[109]; ergo, etc.

Item, tertio sic: lumen naturale sufficit ad habendum scientiam naturaliter acquisitam de obiecto naturali; ergo, cum lumen supernaturale non sit imperfectius lumine naturali, poterit intellectus viatoris in lumine supernaturali habere scientiam de obiecto supernaturali; ergo, etc.

Item, ubi est notitia cum certitudine, ibi est maior ratio scientiae, quia certitudo est per se condicio scientiae; ergo illa notitia quae est magis certa magis habet rationem scientiae, sed minus contingit aliquem theologum dubitare de aliqua veritate sibi revelata a Deo quam de veritate apprehensa in lumine naturali, quia

---

[107] I Cor. 12:8.
[108] Augustinus, De Trinitate XIV c. 1.[3], ed. W. J. Mountain auxiliante Fr. Glorie (CCSL 50a), Turnhout 1968, 423–424.
[109] Id., ibid. cc. 3–4, ed. Mountain (nt. 108), 357–358.

ibi contingit intellectum falli in iudicando de re apprehensa in lumine naturali; ergo, etc.

Sed contra:

APOSTOLUS 2ª ad Corinthios 5°[110]: *Dum sumus in corpore perigrinamur a Domino; per fidem enim ambulamus et non per speciem*; *Glossa*: "Modo tantum per fidem illuminamur, non per speciem"[111].

Item, impossibile est ex principiis opinatis sequi nisi conclusionem opinatam; ergo nec ex principiis creditis nisi fidem vel conclusionem creditam, quia conclusionis certitudo non excedit certitudinem principiorum, cum eius certitudo sit mendicata ex principiis....

[Opinio Henrici]

Alia opinio est quod a viatore potest haberi scientia de veritatibus per se scibilibus a Deo sub ratione deitatis, non tamen in lumine fidei nec gloriae sed quodam lumine medio[112]. Ad hoc adducunt plures auctoritates, maxime tamen illam AUGUSTINI XIV° *De Trinitate* cap.° 1°: "Huic scientiae est tribuendum quo fides saluberrima gignitur, defenditur, nutritur et roboratur qua non pollent fideles plurimi, licet ipsa fide polleant quam plurimi. Aliud enim est scire quid homo credere debeat, et aliud quemadmodum hoc ipsum opituletur et contra impios defendatur"[113].

Item, RICHARDUS, *De Trinitate* libro IV° cap.° 4° dicit quod non solum per fidem sed rationibus necessariis veritates de Deo, ut unitas essentiae et trinitas personarum, promittit se ostensurum[114].

Item, ANSELMUS, *Monologion* XIII° capitulo dicit quod "duo opuscula mea", scilicet *Monologion* et *Proslogion*, "ad hoc feci ut certa ratione non auctoritate quae ad Deum pertinent manifestarem"[115]. Quaere in textu.

Pro hac opinione sunt duae rationes. Prima est ista: cuiuscumque necessarii terminos naturaliter apprehendimus, et illud possumus naturaliter cognoscere; sed omnium necessariorum revelatorum terminos naturaliter cognoscimus; ergo etc. Probatio maioris: illa necessaria aut sunt mediata aut immediata; si immediata, ergo cognoscuntur terminis cognitis; si mediata, ergo cum naturaliter possu-

---

[110] II Cor. 5:6–7.
[111] Biblica Latina cum Glossa ordinaria in II Cor. 5:7, Editio princeps: Adolph Rusch, Strassburg 1480/81 [facsimile reprt. Turnhout 1992], vol. 4, 343b.
[112] Cf. Henricus de Gandavo, Quodlibet XII q. 2, ed. J. Decorte (Henrici de Gandavo Opera omnia 16), 14–27; Henricus de Gandavo, Summa quaestionum ordinarium a. 13 q. 4, ed. I. Badius Ascensius, Paris 1520 [reprt. St. Bonaventure, NY 1953], vol. 1, foll. 92vM–93rO.
[113] Augustinus, De Trinitate XIV c. 1.[3], ed. Mountain (nt. 108), 424; cf. Henricus de Gandavo, Quodl. XII q. 2, ed. Decorte (nt. 112), 15–16.
[114] Richardus de Sancto Victore, De Trinitate I c. 4, ed. J. Ribailler, Paris 1958, 89.
[115] Anselmus Cantuariensis, Epistola de incarnatione Verbi c. 6, ed. F. S. Schmitt (S. Anselmi Cantuariensis... Opera omnia 2), Edinburgh 1946, 20.

mus cognoscere extrema, possumus cognoscere media inter illa; coniungendo medium cum extremis aut habentur praemissae mediate aut immediate; si immediate, ut prius; si mediate, procedatur coniungendo medium cum extremis, quousque veniatur tandem ad necessaria immediata, aut erit processus in infinitum. Minor patet, quia habens fidem et haereticus contradicens sibi non contradicunt sibi de nominibus tantum sed de conceptibus, sicut patet de theologo et philosopho contradicentibus sibi de isto 'Deus est trinus'; ergo omnem conceptum quem habet unus, habet alius; aliter non disputarent[116].

Item, illud potest sciri a nobis esse possibile de quo scimus et possumus scire quod ad ipsum non sequitur impossibile; sed de omni veritate per se scibili de Deo possumus scire quod ad ipsam non sequitur impossibile, quia ex quo huiusmodi complexio est vera 'omnis ratio in contrarium aut peccat in materia aut in forma'; si in forma, possumus scire quo peccato, quia certam artem habemus de qualibet fallacia; si in materia, ergo possumus scire rationem non esse necessariam contra istam; ergo, etc. Confirmatur per dictum PHILOSOPHI III° *Metaphysicae* dicentis quod veritatis adeptio est solutio dubitatorum[117]; ergo cum contingit nos solvere argumenta contra fidem, possibile est nos scire ea quae per fidem creduntur.

[Argumenta Godefridi contra Henricum]

Sed contra hanc opinionem arguitur sic: inconveniens est habere habitus nobilissimos et latere nos, II° *Posteriorum*[118] (et haec propositio, licet non sit vera de habitibus infusis et supernaturalibus, quos per nullum actum in nobis experimur, tamen vera est ut eam capit PHILOSOPHUS contra PLATONEM, scilicet de habitibus qui habent evidentiam ex praesentia obiecti; unde impossibile est aliquem habere habitum habentem evidentiam ex obiecto praesente et quod lateat); sed unumquemque theologum latet se habere talem habitum de Deo in tali lumine, quia non potest exire in actum secundum huiusmodi habitum; ergo, etc.

Minor probatur tam de actu intrinseco quam extrinseco. De intrinseco, tum quia non potest aliquis viator huiusmodi principia considerare clare in aliquo lumine alio a lumine fidei (hoc enim quantumcumque magnus doctor confitetur in morte quod tantum articulos fidei credit, nec in alio lumine ea videt), tum quia omnis sciens si reflectatur super suum actum scit se scire, et omnis credens si reflectatur super actum credendi scit se credere; sed nullus scit se scire principia theologiae in tali lumine; ergo, etc. Hoc etiam patet de actu extrinseco, quia nullus doctor quantumcumque excellens confitetur se scire huiusmodi principia

---

[116] Cf. Henricus de Gandavo, Quodl. XII q. 2, ed. Decorte (nt. 112), 26, l. 75–27, l. 1.

[117] Aristoteles, Metaphysica: Recensio Guillelmi de Moerbeka III c. 1 (995a28–29), ed. G. Vuillemin-Diem (Aristoteles Latinus XXV.3/2), Leiden–New York–Köln 1995, 48.

[118] Aristoteles, Analytica posteriora II c. 19 (99b25–30), edd. L. Minuo-Palluello/B. G. Dod (Aristoteles Latinus IV.1–4), Bruges–Paris 1968, 104–105.

nec etiam potest alios docere ea, cum tamen "scientis vel sapientis signum sit posse docere", I° *Metaphysicae*[119].

Item, fides et scientia de eodem obiecto et in eodem intellectu sibi repugnant, quia aliter idem obiectum eidem intellectui simul esset clarum et obscurum; ergo cum fidelis viator de huiusmodi principiis habeat fidem, nullo modo potest habere scientiam. Respondetur quod fides est habitus medius inter opinionem et scientiam, et licet opinio contradicat scientiae, non tamen fides. Contra: tantam impossibilitatem facit una contradictio sicut multae. Opinio contradicit scientiae dupliciter: tum propter formidinem, tum propter non-evidentiam; e contra, scientia est certa notitia et de obiecto evidente. Fides autem contradicit scientiae unica contradictione, quia est cognitio nonevidens et scientia est evidens; ergo fides et scientia ita sunt incompossibiles respectu eiusdem obiecti sicut opinio et scientia, licet non tantis contradictionibus. Confirmatur, quia si aliquis philosophus sciens Deum esse unum convertatur ad fidem et credat Deum esse unum, non habebit scientiam de unitate quam prius habuit propter repugnantiam eius ad fidem circa idem obiectum, vel si fidelis factus habeat scientiam de unitate Dei, non habebit eiusdem unitatis fidem propter repugnantiam[120].

Item, sic ARGUENTES concedunt quod theologia non est proprie scientia, non tamen per hoc, ut dicunt, derogatur habitui theologiae, quia secundum PHILOSOPHUM I° *Metaphysicae*, una scientia est nobilior altera quia est de nobiliori subiecto et quia certior[121]. Cum autem haec sit de Deo et firmissimam adhaesionem habeat, ipsa erit nobilior habitus quocumque alio, licet proprie non sit scientia sed persuasiones et probabilitates ad firmiter credendum inducit.

Sed ISTI nimis vilificant theologos et theologiam, quia si aeque nobile obiectum habet theologia et fides, vetula habens fidem ita firmiter adhaeret articulis fidei sicut theologus, ergo solum theologus habet opinionem ultra cognitionem vetulae, quod est inconveniens[122]. Similiter quod ALIQUIS DOCTOR propter unam auctoritatem AVERROIS, in qua deridet Christianos de secta eorum[123], dimittat aliam opinionem quae innititur forte plus quam triginta auctoritatibus sanctorum AUGUSTINI et aliorum videtur magis deridendus quam tenens opinionem priorem[124].

{Quod autem Apostoli vel aliqui alii sancti habuerint perfectiorem cognitionem de essentia divina in articulis fidei quam sit cognitio fidei videtur dicere GREGORIUS XVIII° *Moralium* super illo verbo *Abscondita est*, scilicet sapientia

---

[119] Cf. Godefridus de Fontibus, Quodlibetum VIII q. 7, ed. J. Hoffmans (Les Philosophes Belges 4), Louvain 1924, 69–71; Aristoteles, Metaphysica: Recensio Guillelmi de Moerbeka I c. 1 (981b7), ed. Vuillemin-Diem (nt. 117), 13.
[120] Cf. Godefridus de Fontibus, Quodl. VIII q. 7, ed. Hoffmans (nt. 119), 73–76.
[121] Aristoteles, Metaphysica: Recensio Guillelmi de Moerbeka I c. 2 (983a4–11), ed. Vuillemin-Diem (nt. 117), 17.
[122] Godefridus de Fontibus, Quodl. VIII q. 7 arg. princ., ed. Hoffmans (nt. 119), 69; cf. Henricus de Gandavo, Quodl. XII q. 2, ed. Decorte (nt. 112), 20–21.43–51.
[123] Cf. Godefridus de Fontibus, Quodl. VIII q. 7, ed. Hoffmans (nt. 119), 81.
[124] Cf. Henricus de Gandavo, Quodl. XII q. 12, ed. Decorte (nt. 112), 14–27.

Dei, *ab oculis omnium viventium*, ubi dicit sic: "A quibusdam potest adhuc in hac corporali carne viventibus, sed tamen inaestimabili virtute crescentibus, quodam contemplationis acumine, aeterna Dei claritate iudicari. Hoc quoque a beati Iob sententia non abhorret, qui ait: *abscondita est*, etc., quoniam quilibet sapientiam, quae Deus est, videtur, huic vitae funditus moritur, ne in eius amore teneatur. Nullus quippe eam videt, qui adhuc carnaliter vivit, quia nemo potest simul amplecti Deum et saeculum"[125]. Et post hoc respondet ad illud quod dicitur MOYSI: *Non videbit me homo et vivet*, et ad illud APOSTOLI: *Qui habitat lucem inaccessibilem, quem nullus hominum videt, sed nec videre potest*, et ad illud IOANNIS: *Deum nemo vidit* [126]. Exponit sic: "More suo 'homines' vocans omnes humana sapientes, et qui divina sapiunt super homines sunt"[127]. Verumtamen illud GREGORIUS prius dixit, asserendo quod "quamdiu hic mortaliter vivitur, videri per quasdam imagines Deus potest, sed per ipsam naturae suae speciem non potest, ut anima, gratia Spiritus afflata, per figuras quasdam Deum videat, licet ad ipsam vim eius essentiae non pertingat"[128].}

[AD RATIONES GODEFRIDI CONTRA HENRICUM]

Verumtamen quidquid sit de veritate opinionis praedictae, rationes non concludunt necessario.

Prima non: concedo enim quod habens illum habitum experiatur se habere illum, et quod non lateat ipsum qualem habitum habeat, ut sancti patres, Apostoli et prophetae et ceteri sancti, qui fuerunt quasi montes in ecclesia; qui nisi fuissent, alii simplices exsistentes in vallibus cito a fide cecidissent, secundum AUGUSTINUM[129]. Unde tales experiuntur se habere talem habitum, tam considerando et intelligendo se scire illo habitu, quam etiam exterius considerando, non tamen docendo. Et quod sit possibile, declaratur sic: Philippo petenti a Domino quod ostenderet ei Patrem, respondet, *Philippe, qui videt me, videt et Patrem meum*, et subiunxit medium demonstrationis, *quia ego in Patre et Pater in me est*[130]. Quia enim ipse et Pater unum sunt secundum essentiam, ac per hoc unus in alio per circumincessionem, ideo qui videt unam personam, videt et aliam. Christus igitur videns hanc veritatem in Verbo docuisset, sicut docuisset Petrus si haberet eam, proponendo terminos et complexionem eius, quod autem alius non docetur, hoc est propter defectum luminis in intellectu eorum.\*\*[131]

---

[125] Gregorius Magnus, Moralia in Iob XVIII c. 44.[89], ed. M. Adriaen (CCSL 143a), Turnhout 1979, 952.
[126] Ex. 33 20; I Tim. 6:16; Ioh. 1:18, I Ioh. 4:12.
[127] Gregorius Magnus, Moralia in Iob XVIII c. 44.[92], ed. Adriaen (nt. 125), 955.
[128] Id., ibid. XVIII c. 44.[88], ed. Adriaen (nt. 125), 951.
[129] Augustinus, In Iohannis Evangelium tract. 1.[1–2], ed. R. Willems (CCSL 36), 1–2; cf. Henricus de Gandavo, Quodl. XII q. 2, ed. Decorte (nt. 112), 19, l. 9–20, l. 33.
[130] Ioh. 14:8–10.
[131] The paragraph enclosed in curly brackets { } above is placed here in the Additiones; cf. App. 2b, nt. 135 infra.

Ad secundum dico quod fides et scientia respectu eiusdem obiecti non repugnant, nam aliquis credens aliquem articulum per fidem et post eundem articulum sciret per demonstrationem, quia fides non destruit scientiam nec e converso, in quantum habitus sunt quin simul possint esse in anima, sed non inclinat actualiter credentem in obiectum per actum suum si habeat scientiam talis obiecti, nec potest exire in actum credendi si habeat scientiam de tali obiecto, nec e converso si exeat in actum credendi per fidem respectu talis obiecti, et si simul habeat habitum scientiae respectu talis obiecti, non potest exire in actum sciendi quia actus repugnant etsi non habitus, licet uterque habitus quantum est ex parte sui habeat essentialem inclinationem in actum suum respectu eiusdem obiecti. Quod autem habitus simul possunt stare in anima respectu eiusdem obiecti, patet, quia species essentialius respiciunt obiecta quam habitus cum immediatius gignantur ab eis, et etiam quia species magis repraesentant obiecta quam habitus; sed species contrariae possunt simul stare; ergo et habitus contrario modo inclinantes in idem obiectum. Minor patet X° *Metaphysicae*, quia species contrariorum non sunt contrariae ut species albi et nigri, licet album et nigrum sint contraria[132].

Item, non video quomodo salvant scientiam alicuius veritatis animae Christi in Verbo et in proprio genere, nam si propter hoc non possunt simul stare scientia et fides respectu eiusdem obiecti quia inclinant sub oppositis rationibus, scilicet clari et obscuri, cum circa idem obiectum sint etiam istae rationes incompossibiles 'clarum' et 'minus clarum', sicut 'clarum' et 'obscurum', sequitur quod in anima Christi respectu eiusdem obiecti sint visiones incompossibiles, scilicet visio in Verbo et visio in genere proprio. Nec solvit istam instantiam bene quam facit contra se.

Ad confirmationem illam quod 'una contradictio facit habitus incompossibiles sicut multae', etc., respondeo: opinio non stat cum fide quia habet obiectum nullo modo certum, et ideo opinans nihil habet certum; sciens et credens habent obiectum simpliciter certum, et ideo opinio contrariatur vel contradictoriatur utrique. Scientia enim habet obiectum certum et evidens ex evidentia obiecti, fides habet obiectum sibi certum et evidens ex auctoritate, et sic obiectum fidei non est omnino nonevidens, licet sit nonevidens ex illo habitu qui est evidens ex evidentia rei et obiecti, et ista nullo modo contradicunt nec etiam contrariantur. Nec opponuntur esse evidens ex obiecto et evidens ex auctoritate, et ideo in argumento est fallacia secundum quid et simpliciter: 'obiectum fidei non est evidens ex habitu scientiae, ergo nullo modo evidens'; est etiam fallacia consequentis per destructionem singularis: 'non est Socrates, ergo non est homo'.

Ad secundum dicendum quod fides acquisita de aliqua geometrica conclusione 'quia' non excludit formidinem etiam ex auctoritate cui innititur, nec habet aliquam certitudinem infallibilem, ideo contradicit scientiae quae est notitia certa

---

[132] Aristoteles, Metaphysica: Recensio Guillelmi de Moerbeka X c. 9 (1058b4–5), ed. Vuillemin-Diem (nt. 117), 215.

excludens omnem formidinem; sed fides infusa ex auctoritate immutabili cui innititur habet certitudinem infallibilem excludens omnem formidinem. Credo enim quod habens fidem infusam minus dubitaret vel formidaret et citius exponeret se morti ex certitudine adhaesionis auctoritati traditae in Scriptura quam multi theologi habentes scientiam secundum unam opinionem de eisdem.

Ad tertium dicendum quod si simplex primo credat istam conclusionem 'Deus est trinus' vel aliquam aliam veritatem de Deo, et postea addiscat illud demonstrare, sive e converso philosophus conversus primo sciat aliquid de Deo et postea illud credat (hoc est satis possibile, quia isti habitus non sunt incompossibiles in eodem, licet habens utrumque non posset exire in actum secundum utrumque), inclinatio tamen essentialis est in utroque habitu in actum suum, licet non exeant in actum propter aliquid repugnans aliunde quam ex parte habituum. Quando ergo dicit quod fides non potest sequi scientiam, falsum est, quia perinde est ex parte compossibilitatis istorum habituum quod scientia praecedat fidem vel sequatur.

### [Contra opinionem Henrici]

Sed contra opinionem istam de lumine arguo dupliciter. Primo sic: in quocumque lumine non habetur distincta notitia terminorum principii, in eo lumine non potest intelligi distincte illud principium, quia principia cognoscimus in quantum terminos, et distincte, si distincte; sed in isto lumine quod tu ponis non potest haberi distincta notitia Dei ut est terminus huius principii 'Deus est trinus', quia impossibile est sic habere notitiam huius principii nisi Deus sit in se praesens intellectui movens ipsum ad talem notitiam vel in aliquo medio repraesentativo ipsum sub ratione deitatis; sed nihil repraesentat sic obiectum absens nisi species et phantasma: non species secundum ISTUM, quia negat omnem speciem in intellectu, nec phantasma, tum quia non habet phantasma, tum quia nullum phantasma repraesentat Deum sub ratione deitatis.

{Item secundo sic: dicunt sic opinantes quod illa notitia quae habetur de Deo in illo lumine dependet ex fide, et quod fides respectu illius notitiae se habet ut fundamentum ad aedificium et sicut cibus solidus ad lac iuxta verbum APOSTOLI[133].

Sed contra: nullum} sciens perfecte in sciendo dependet ab actu voluntatis, quia necessarium non dependet a contingente; prius enim obiectum intellectus necessitat ipsum ad sciendum quam aliquid velit circa illud; credens in credendo dependet ab actu voluntatis, quia secundum AUGUSTINUM *super Iohannem* scire potest aliquis nolens; credere autem non potest aliquis non volens[134]; ergo, etc....

---

[133] I Cor. 3:2.
[134] Cf. Augustinus, In Iohannis Evangelium tract. 26.[2], ed. Willems (nt. 129), 260.

\*\*\*

(2b) Scoti Additiones Parisienses super primum Sententiarum

## [PROLOGUS: QUAESTIO 2]

Utrum veritates per se scibiles de Deo sub ratione deitatis possint sciri ab intellectu viatoris

Secundo, quaeritur utrum veritates per se scibiles de Deo sub ratione deitatis possint sciri ab intellectu viatoris.

Quod sic videtur:

1ª ad Corinthios 12° distinguit Apostolus donum scientiae contra donum fidei et alia dona quae ibi enumerantur, sed qui habet donum scientiae de divinis, ut distinguitur contra donum fidei, scit veritates per se scibiles de Deo sub ratione deitatis; sed possibile est viatorem habere donum scientiae distinctum contra fidem; igitur, etc. Minor probatur per Augustinum XIV° *De Trinitate* cap.° 1°, ubi dicit Apostolum appropriate fuisse locutum de scientia, prout distinguitur contra fidem.

Item secundo sic, scientia est habitus perfectior simpliciter quocumque alio habitu cognitivo, et loquor de scientia communiter, prout includit sapientiam; igitur si viator non potest habere scientiam de Deo sub ratione deitatis, haberet notitiam inferiorem et habitum imperfectiorem ipsa scientia. Sed hoc falsum est, cum sit perfectio portionis superioris secundum Augustinum XII° *De Trinitate*, ex quo est circa divina.

Item tertio sic, lumen naturale sufficit ad habendum scientiam naturaliter acquisitam de obiecto naturali; ergo cum lumen supernaturale non sit imperfectius lumine naturali intellectus viatoris in lumine supernaturali poterit scientiam habere de obiecto supernaturali; igitur, etc.

Item quarto sic, ubi est notitia cum certitudine, ibi est maior ratio scientiae, quia certitudo per se convenit scientiae, igitur illa notitia, quae est magis certa, magis est scientia; sed minus contingit aliquem theologum dubitare de veritate a Deo revelata quam de alia veritate apprehensa in lumine naturali; ergo, etc.

Contra:

2ª ad Corinthios 5°: *Dum sumus in corpore peregrinamur a Domino, per fidem enim ambulamus et non per speciem*; *Glossa*: "Modo per fidem tantum illuminamur, non per speciem".

Item, per rationem impossibile est ex principiis opinatis sequi conclusionem, nisi opinatam; ergo similiter impossibile est ex principiis creditis sequi conclusionem, nisi tantum creditam, quia certitudo conclusionis non excedit certitudinem principiorum....

## [Opinio Henrici]

Alia est opinio quod a viatore potest haberi scientia de veritatibus per se scibilibus de Deo sub ratione deitatis non tamen in lumine fidei nec gloriae sed in quodam lumine medio. Ad hoc adducunt plures auctoritates Augustini, sed una est praecipua XIV° *De Trinitate* cap.° 1°, ubi dicit quod "huic scientiae est tribuendum illud tantummodo, quo fides saluberrima gignitur, nutritur, defenditur, et roboratur, qua scientia non pollent fideles plurimi, quamvis polleant ipsa fide plurimi. Aliud est enim scire quid homo credere debeat, aliud est scire quemadmodum hoc ipsum, quomodo piis opituletur et contra impios defendatur".

Item, Richardus, *De Trinitate* libro I° cap.° 4° dicit quod non solum per fidem sed rationibus necessariis veritates de Deo ut trinitatem personarum unitatem essentiae earum se esse ostensurum.

Item, Anselmus, *De Incarnatione* cap.° 13° dicit quod "duo opuscula mea, scilicet *Monologion* et *Prosologion* ad hoc feci, ut certa ratione, non auctoritate, quae ad Deum pertinent, manifestarem"; talis est scientia.

Ad confirmationem huius opinionis arguo sic: cuiuscumque necessarii termini possunt a nobis apprehendi, illud potest a nobis sciri, etc., sicut habes Θ quaestione prima et in collationibus.

Item secundo sic, illud potest sciri a nobis esse possibile, de quo possumus scire, quod ad ipsum non sequitur impossibile; ergo, etc; sed de omni veritate scibili de Deo possumus scire quod ad ipsam non sequitur impossibile; ergo, etc. Probatio minoris, quia ex quo huiusmodi complexum est verum, omnis ratio in contrarium aut peccat in materia aut in forma; si enim in forma, possumus scire quo peccato, quia artem certam habemus de quacumque fallacia argumenti; si peccat in materia, ergo possumus scire illud non esse necessarium; ergo, etc.

Confirmatur per dictum Philosophi III° *Metaphysicae*, "veritatis adeptio est solutio dubitorum"; ergo cum convenit nos solvere argumenta contra fidem, possibile est nos scire ea quae per fidem creduntur.

## [Argumenta Godefridi contra Henricum]

Sed contra hanc opinionem arguitur sic: inconveniens est habere nobilissimos habitus et nos latere, ex II° *Posteriorum* (et haec propositio quamvis non sit vera de habitibus infusis et supernaturalibus, quos per nullum actum in nobis experimur, tamen vera est, ut eam capit Philosophus contra Platonem, scilicet de habitu, qui habet evidentiam ex praesentia obiecti; unde impossibile est aliquem habere perfectissimum habitum habentem evidentiam ex praesentia obiecti, et tamen quod ipsum lateat); sed unumquemque theologum latet ipsum habere talem habitum in tali lumine, ita quod non potest exire in actum secundum huiusmodi habitum; igitur, etc.

Minor probatur tam de actu intrinseco quam extrinseco: de intrinseco patet tum quia non potest aliquis, dum est in via, huiusmodi principia considerare clare in tali lumine alio a fide, hoc enim quantumcumque magnus doctor confiteretur in fine mortis, quod tantum articulos fidei credit, nec in alio lumine videt ea; tum quia omnis sciens si reflectatur supra suum actum, scit se scire, immo omnis credens si reflectatur supra suum actum scit se credere; sed nullus scit se scire principia theologiae in tali lumine; igitur, etc. Hoc etiam de actu extrinseco, quia nullus doctor quantumcumque excellens confitetur se scire huiusmodi principia, nec etiam potest alios docere ea, cum tamen scientis sive sapientis signum sit posse docere.

Item, secundo arguitur sic: fides et scientia de eodem obiecto et in eodem intellectu repugnant, quia aliter idem obiectum eidem intellectui esset clarum et obscurum; igitur cum fidelis, dum est in via, habeat fidem de huiusmodi principiis, de eisdem non habebit scientiam. Confirmatur: si aliquis philosophus sciens Deum esse unum fiat fidelis, non habebit fidem de hoc quod est Deum esse unum propter repugnantiam fidei ad scientiam, ergo similiter e converso, si fidelis aliquis per fidem credat aliqua de Deo et postea sciat ea, non habebit fidem de illis; ergo, etc.

Ideo, sic ARGUENTES concedunt quod theologia non sit proprie scientia, non tamen per hoc, ut dicunt, derogatur nobilitati habitus theologiae, quia cum secundum PHILOSOPHUM, una scientia sit nobilior alia, quia est de nobiliori subiecto et quia certior; theologia cum sit de nobilissimo subiecto et firmissimam certitudinem adhaesionis habeat, ipsa erit nobilior habitus quacumque alia scientia, quamvis proprie non sit scientia, licet persuasiones et probabilitates ad firmiter credendum inducat.

Sed ISTI nimis parum attribuunt theologo et theologiae, nam idem obiectum habet fides et theologia, vel aeque nobile vetula habens fidem ita firmiter adhaeret articulis fidei sicut theologus, ergo solum theologus habet opinionem ultra cognitionem vetulae, quod est nimis vilificare theologum et theologiam. Similiter quod aliquis DOCTOR propter auctoritatem AVERROIS, qua deridet Christianos, dimittat opinionem aliquam, magis videtur deridendus, quam tenens priorem opinionem propter plurimas auctoritates sanctorum.

[AD RATIONES GODEFRIDI CONTRA HENRICUM]

Quidquid autem sit de veritate opinionis praedictae non videtur mihi quod rationes adductae necessario concludant.

Prima non: concedo enim quod habens illum habitum experiatur se habere illum, et quod non lateat ipsum, qualem habitum forte habuerunt Apostoli et alii sancti plures, qui fuerunt quasi montes in Ecclesia; qui si non fuissent, alii cito a fide cecidissent; secundum AUGUSTINUM. Unde tales experiuntur se talem habitum habere tam considerando et intelligendo interius se scire illo habitu, quam etiam exterius confitendo, non tamen docendo. Et quod hoc sit possibile declaratur sic: Philippo petenti a Domino, quod ostenderet eis Patrem suum, respondit, *Philippe, qui videt me videt et Patrem meum*, et subiunxit medium demonstrationis, *Non credis, quia ego in Patre et Pater in me est?* Quia enim Ipse et Pater unum sunt secundum essentiam, ac per hoc in se Ipsis sunt per circumincessionem, ideo qui videt unam personam, videt aliam. Christus ergo videns hanc veritatem in Verbo docuit, sicut docuisset Petrus; quod autem alius non docebatur, fuit ex parte defectus luminis in intellectu suo; ita in proposito, quamvis aliquis theologus in illo lumine sciat plures veritates scibiles de Deo secundum se, non tamen potest eas alios docere, et hoc propter defectum in intellectu eorum.

Quod autem Apostoli sive alii sancti habuerunt perfectiorem cognitionem de essentia divina et articulis fidei quam cognitio fidei videtur dicere GREGORIUS XVIII° *Moralium* super illud Iob, *Abscondita est*, scilicet sapientia Dei, *ab oculis omnium viventium*, ubi dicit sic, "si a quibusdam potest in hac adhuc corporali carne viventibus, sed tamen inaestimabili virtute crescentibus, quodam contemplationis acumine aeterna Dei claritas videri, hoc quoque a beati Iob sententia non abhorret, qui ait *abscondita est ab oculis omnium viventium*, quoniam quisquis sapientiam, quae Deus est, videt, huic vitae funditus moritur ne illam eius: amore teneatur; nullus eam quippe videt, qui adhuc carnaliter vivit, quia nemo potest simul amplecti Deum et saeculum". Et per hoc respondet ad illud quod dicitur Moysi, *Non videbit me homo et vivet*, "ac si aperte", inquit, "diceretur, nullus umquam spiritualiter vel Deum videt et mundo carnaliter vivit", et sic respondet ad illud APOSTOLI, qui dicit de Deo: *Qui lucem habitat inaccessibilem quem vidit nullus hominum sed nec videre potest*. "Scriptura", inquit, "sacra omnes carnalium sectatores humanitatis nomine vocare solet". Unde APOSTOLUS dicit, *cum sit inter vos zelus et contentio, nonne carnales estis, et secundum hominem ambulatis?* Quibus paulo post subiecit, *Nonne homines estis?* Sic etiam respondet ad illud IOANNIS I°, *Deum nemo vidit umquam*, "More", inquit, "suo homines vocans humana sapientes, quia qui divina sapiunt supra homines sunt". Verumtamen idem prius dixit asserendo, quod "quamdiu hic mortaliter vivitur, videri per quasdam imagines Deus potest, sed per ipsam speciem naturae suae non potest, ut anima gratia spiritus afflata per figuras quasdam Deum videat, sed ad ipsam vim eius essentiae non pertingat".[135]

Nec secunda ratio videtur necessario concludere, quia aliquis credens 'Deum esse', postea addiscat demonstrationem, qua hoc demonstratur, quaero si fides eius destruitur vel non? Dices quod sic, quantum ad illum articulum, quem prius credidit, et verum est, quod non potest exire in actum credendi circa idem obiectum, manente fide et eodem habitu habente inclinationem circa idem

---

[135] 1 Cf. App. 2a, ntt. 128, 131, supra. In the 'Reportatio examinata' this text is inserted at the end of the section 'Argumenta Godefridi contra Henricum' as part of a general statement concerning Godfrey's arguments against Henry, just before the specific 'Ad rationes Godefridi'. The editor of the 'Additiones', in turn, has moved the text (with some stylistic revisions) here, appending it to the response to Godfrey's first argument against Henry.

obiectum, sicut forte sunt multae aliae veritates secundum se scibiles de Deo, quam illae quae explicantur per articulos fidei, in quas etiam habitus fidei secundum se inclinat, licet in actum circa illas exire non possumus, sic in proposito. Item, species obiectorum essentialius respiciunt obiecta quam habitus in quantum species, et non habitus repraesentant obiecta; ergo si species contrariorum in intellectu non sunt contrariae, sed possunt simul esse eadem ratione et habitus inclinantes sub oppositis rationibus possunt esse in eodem intellectu.

Item, non video quod solvant instantiam contra eos de visione alicuius veritatis in Verbo et in genere proprio; nam si propter hoc quod in eodem intellectu non possunt esse duo habitus inclinantes sub oppositis rationibus clari et obscuri, non potest fides stare cum scientia, cum circa idem obiectum sint rationes incompossibiles magis clarum et minus clarum, sicut clarum et obscurum, sequitur quod in eodem intellectu respectu eiusdem obiecti incompossibiles sint visiones in Verbo et in genere proprio.

Ad quamdam confirmationem eorum, quando arguitur, quod non solum duplex contradictio impedit aliqua simul esse, sed una opinio autem non stat cum scientia propter duplicem contradictionem, tum propter formidinem, tum propter non evidentiam obiecti. Obiectum autem fidei est credenti non-evidens, obiectum scientiae est scienti evidens; igitur propter contradictionem evidentis et non-evidentis non stabit fides cum scientia; ergo sequitur, si opinio non stat cum scientia quod nec fides stabit. Respondeo quod ideo opinio non potest stare cum scientia in eodem intellectu respectu eiusdem obiecti, quia opinio habet obiectum omnino non certum; sciens autem et credens habet obiectum simpliciter certum; ideo contradictio inter opinionem et scientiam, sed fides habet obiectum non-evidens ex illo habitu, quia solum habet evidentiam suam ex auctoritate revelantis, et ut sic, non est evidens ex re; scientia vero habet simpliciter evidentiam ex habitu. Hic autem non est contradictio quod aliquid sit non-evidens ex tali habitu, et tamen simpliciter evidens ex alio habitu, quia non sequitur, non est evidens ex habitu fidei; igitur non est evidens, sed est secundum quid et simpliciter.

Ad aliam confirmationem, quando arguit, quod tunc cum scientia geometriae de aliqua conclusione potest stare fides de eadem, si fides potest stare cum illa scientia de Deo, quae ponitur haberi illo lumine superiori. Respondeo quod fides, quae habetur de aliqua conclusione geometrica, non est fides infusa sed acquisita; haec autem includit quamdam formidinem, quia fides non habet firmitatem, nisi ex auctoritate illius cui creditur; ille autem cui innititur fides acquisita non excludit omnem formidinem fides acquisita potest fallere et falli, et ideo fides acquisita non excludit omnem formidinem; fides autem infusa, quae innititur auctoritati illius, qui nec potest fallere nec falli, excludit formidinem et includit certitudinem; ideo dico quod fides acquisita non stat cum scientia propter hoc non potest quis simul habere fidem et scientiam geometricam de aliqua conclusione geometrica.

Ad aliam confirmationem superius positam dicendum quod sicut fides potest praecedere scientiam, quae sequitur stante fide, ita e converso potest scientia praecedere et fides sequi, nec hoc est inconveniens; verumtamen sicut habens scientiam et demonstrationem de hoc, quod 'est Deus esse' non potest exire in actum credendi, ut praedictum est, ita habens primo fidem et post scientiam non potest exire in actum credendi, licet habeat habitum fidei; ideo non videtur quod rationes praedictae concludant.

### [Contra opinionem Henrici]

Contra tamen praedictam opinionem arguo dupliciter. primo sic, in quocumque lumine non habetur distincta notitia terminorum, ut sunt termini alicuius principii, in illo lumine non potest illud principium distincte intelligi; sed in isto lumine quod ponunt non potest haberi distincta notitia Dei ut terminus principii pure theologici; ergo, etc. Probatio minoris: impossibile est habere distinctam notitiam Dei, nisi sit in se praesens intellectui vel in aliquo repraesentativo, quod distincte ipsum repraesentat; sed hoc non est possibile viatori, quia si esset in se praesens intellectui viatoris, tunc esset beatitudo, nec etiam in aliquo quod distincte ipsum repraesentat, quia secundum istos nullum est repraesentativum in intellectu viatoris, nisi phantasma, sed hoc non potest distincte essentiam divinam repraesentare. Vel potest ista ratio formari sic principia cognoscimus in quantum terminos cognoscimus, ergo si termini non possunt cognosci nec faciunt necessitatem in complexione nec illa. Sic in proposito ut hic probatur.

Item secundo sic, dicunt sic opinantes quod illa notitia quae habetur de Deo in illo lumine dependet ex fide, et quod fides respectu illius notitiae se habet ut fundamentum ad aedificium, et sicut cibus solidus ad lac, iuxta sermonem Apostoli.

Sed contra: nullum sciens perfecte in sciendo dependet ab actu voluntatis, quia prius naturaliter obiectum necessitat intellectum ad intelligendum, quam voluntas sit in actu; sed credens in credendo dependet ab actu voluntatis, quem praesupponit iuxta illud Augustini *Super Ioannem*, "Caetera potest nolens, credere non nisi volens"; igitur, etc...

IV. Hofbibliotheken

# Karl V. von Frankreich (1364–1380), die Louvre-Bibliothek und die Eigenlogik höfischer Kultur. Wissensordnungen und Kulturtransfer im französischen Spätmittelalter

MARCEL BUBERT (Münster)

In seiner 1966 veröffentlichten Studie über die „Ordnung der Dinge" („Les mots et les choses") hat der französische Poststrukturalist Michel Foucault die Diskontinuitäten historischer Wissensordnungen in der europäischen Geschichte beschrieben[1]. Für die Epochen der Renaissance, der frühen Neuzeit sowie der Moderne nach 1800 geht Foucault von einer jeweils eigenen Episteme, mit eigenen Taxonomien und Ordnungsprinzipien aus. Das europäische Mittelalter hat Foucault dabei bekanntlich nicht thematisiert; gleichwohl hat man in der Forschung vorgeschlagen, jene Episteme, die Foucault als Denkmuster der ‚Renaissance' postuliert, auch für das Mittelalter anzunehmen[2]. Tatsächlich finden sich, wenn man danach sucht, zentrale Charakteristika dieser Episteme der ‚Ähnlichkeit', die aus universellen Verweisstrukturen in einem harmonisch proportionierten Kosmos besteht[3], in der Wissenskultur des Mittelalters wieder. Eine metaphysisch begründete Ordnung, welche die Vielheit der Erscheinungen in einer wohl proportionierten Ganzheit aufhebt, bildet ein ‚historisches Apriori' des augustinischen *ordo*-Gedankens, der das Strukturprinzip vieler späterer Deutungsschemata der Wirklichkeit lieferte und wiederholt in Verbindung mit der Konzeption eines nach Maß, Zahl und Gewicht geordneten Kosmos aktualisiert wurde[4]. Dieser Umstand lässt es auf den ersten Blick durchaus verführerisch

---

[1] M. Foucault, Die Ordnung der Dinge. Eine Archäologie der Humanwissenschaften, Frankfurt a. M. 2003 (französisches Original: Les mots et les choses. Une archéologie des sciences humaines, Paris 1966).
[2] Etwa: M. Münkler, Die Wörter und die Fremden: Die monströsen Völker und ihre Lesarten im Mittelalter, in: M. Borgolte/B. Schneidmüller (eds.), Hybride Kulturen im mittelalterlichen Europa (Europa im Mittelalter 16), Berlin 2010, 27–49.
[3] Foucault, Die Ordnung der Dinge (nt. 1), 46–77.
[4] M. Endres, Das metaphysische ordo-Denken in Spätantike und frühem Mittelalter: Bei Augustinus, Boethius und Anselm von Canterbury, in: Philosophisches Jahrbuch 104 (1997), 335–361; J. Trelenberg, Augustins Schrift *De ordine*. Einführung, Kommentar, Ergebnisse (Beiträge zur historischen Theologie 144), Tübingen 2009; G. Wieland, Die Ordnung des Kosmos und die Unordnung der Welt, in: B. Schneidmüller/S. Weinfurter (eds.), Ordnungskonfigurationen im hohen Mittelalter (Vorträge und Forschungen 64), Ostfildern 2006, 19–36; W. Beierwaltes, Der Harmonie-Gedanke im frühen Mittelalter, in: Zeitschrift für philosophische Forschung 45 (1991), 1–21; L. Manz, Der Ordo-Gedanke. Ein Beitrag zur Frage des mittelalterlichen Ständedenkens, Stuttgart 1937, 18–24.

erscheinen, eine entsprechende Episteme für das europäische Mittelalter vorauszusetzen[5].

Gemessen an der Frequenz, mit der sich gewisse präfigurierende Axiome des Denkens in Texten des okzidentalen Mittelalters manifestieren, ergibt sich zunächst tatsächlich das Bild einer Wissenskultur von einiger Stimmigkeit und Kohärenz. Doch ist ein solches Bild wirklich geeignet, die historischen Bedingungen des Denkens im mittelalterlichen Europa adäquat zu umschreiben? Wollte man dieses empirisch unterfüttern, dann wäre man jedenfalls wohl gezwungen, genauso zu verfahren, wie Michel Foucault in seiner Analyse historischer Wissensordnungen in hohem Maße vorgegangen ist: Man würde die Autoren und Zitate, die in die zu belegende Systematik sich einfügen, sorgfältig selegieren, alle störenden Inkohärenzen aber wohlwissentlich ausblenden müssen. Zudem dürfte man an keiner Stelle etwa nach den geographischen oder sozialen Grenzen dieser angeblich umfassenden ‚Episteme' fragen, also danach, über welche Regionen Europas sich dieses Ordnungsmuster genau erstreckt, bzw. danach, welche sozialen Gruppen eigentlich daran partizipieren. Welche Relevanz diese „ganze abendländische *episteme*", wie Foucault sich ausdrückt[6], für Bauern, Handwerker oder Prostituierte hatte, ob diese Menschen ihre spezifische ‚Lebenswelt'[7] in Mittelalter und Renaissance in einem Paradigma der ‚Ähnlichkeit', im 17. Jahrhundert aber in einem Schema des ‚Tableaus'[8] organisierten, ist – vorsichtig gesprochen – nicht sicher. Aber selbst in der Wissenskultur der Gebildeten und Gelehrten, um die es hier allenfalls gehen kann (also eine sehr kleine Gruppe), scheint eine derartige Pauschalisierung kaum angebracht. Der Versuch, die Vielfalt der in der mittelalterlichen Epoche hervorgebrachten gelehrten Denkstile und Konzeptionen auf gemeinsame, als genuin ‚mittelalterlich' qualifizierte Konstanten zurückzuführen, bleibt zweifellos zum Scheitern verurteilt. Dabei geht es nicht nur darum, dass mit dem Nominalismus seit dem 14. Jahrhundert eine Denkrichtung entstanden war, die eine mit dem Realismus des metaphysisch begründeten *ordo*-Denkens weitgehend inkompatible Alternative darstellte; nicht weniger wichtig ist etwa, dass eine naheliegende Beschränkung auf religiös eingebettete Gelehrtenkulturen oder die (früher sogenannte) ‚christliche Philosophie'[9], wie Ruedi Imbach wiederholt betont hat, ganze Bereiche des mittelalterlichen Denkens verdeckt und ausblendet[10]. Auf die dieselbe

---

[5] Zu diesem Thema ausführlicher: M. Bubert, Gelehrte Autorität und die Ordnung der Dinge. Über Wissen, Macht und die Vermessung der Wirklichkeit im Mittelalter, in: Das Mittelalter 23,1 (2018), 48–66.
[6] Foucault, Die Ordnung der Dinge (nt. 1), 404.
[7] A. Schütz/Th. Luckmann, Strukturen der Lebenswelt, Konstanz 2003.
[8] Zu Episteme des Tableaus: Foucault, Die Ordnung der Dinge (nt. 1), 78–264.
[9] Den Begriff prägte wesentlich: É. Gilson, Introduction à la philosophie chrétienne, Paris 1960.
[10] R. Imbach, Laien in der Philosophie des Mittelalters. Hinweise und Anregungen zu einem vernachlässigten Thema (Bochumer Studien zur Philosophie 14), Amsterdam 1989; R. Imbach, Neue Perspektiven für die Erforschung der mittelalterlichen Philosophie, in: id., Quodlibeta. Ausgewählte Artikel/Articles choisis, edd. F. Cheneval/Th. Ricklin/C. Pottier, Freiburg 1996, 1–16.

Problematik kanonbildender (und das heißt: komplexitätsreduzierender) Selektivität ist der Einwand bezogen, dass das ‚europäische Mittelalter' mitnichten im ‚lateinisch-christlichen Mittelalter' aufgeht, wie die Forschungen zur transkulturellen Geschichte deutlich gemacht haben[11].

Eine übergreifende, ubiquitär gültige Episteme des Mittelalters zu definieren, muss also in mehrfacher Hinsicht methodisch problematisch bleiben. Zur selben Zeit ist ein solches Unterfangen unweigerlich mit der Gefahr verbunden, längst überholte und als inadäquat zurückgewiesene Mittelalterbilder in vermeintlich avancierter Begrifflichkeit zu reaktualisieren: Sowohl die Aufklärung, die den modernen Fortschritt mit einem statischen Mittelalter konfrontierte, als auch die Romantik, die der fragmentierten Moderne ein harmonisches Zeitalter entgegenhielt[12], haben jeweils auf ihre Weise zur Vorstellung vom Mittelalter als einer holistischen und intern homogenen Kulturformation beigetragen.

Gegenüber der Annahme, dass sich das Denken mittelalterlicher Menschen auf die Einheitlichkeit einer Episteme zurückführen ließe, scheint nun der Blick auf mittelalterliche Bibliotheken und institutionalisierte Denkräume, den ich im Folgenden einnehmen möchte, einen vielversprechenden Ansatz zu bieten. Als Raum, in dem Textbestände gesammelt, vor allem aber klassifiziert und nach bestimmten Parametern geordnet werden, sind Bibliotheken signifikant für die spezifischen Wissensordnungen, die sie repräsentieren und zugleich erst konstituieren[13]. Die konkreten Bestände, als Ausdruck thematischer Orientierungen, sowie das Klassifikationssystem, das die Inhalte organisiert, eröffnen Einblicke in die Episteme einer Kultur. Doch gerade im Hinblick auf den institutionellen Wissensraum der Bibliothek wäre es voreilig, solche epistemischen Ordnungen ohne weiteres zu generalisieren. Der Vergleich verschiedener Bibliotheken, die unterschiedliche Funktionen und Ordnungsmuster aufweisen, bietet eine Möglichkeit, die epistemische Vielfalt des europäischen Mittelalters zu untersuchen. Das Mittelalter, so möchte ich vor diesem Hintergrund argumentieren, ist durch

---

[11] Exemplarisch: W. Drews/C. Scholl (eds.), Transkulturelle Verflechtungsprozesse in der Vormoderne (Das Mittelalter, Beihefte 3), Berlin 2016; M. Borgolte/B. Schneidmüller (eds.), Hybride Kulturen im mittelalterlichen Europa (nt. 2); A. Speer/L. Wegener (eds.), Wissen über Grenzen. Arabisches Wissen und lateinisches Mittelalter (Miscellanea Mediaevalia 33), Berlin 2006; M. Borgolte, Europa entdeckt seine Vielfalt 1050–1250, Stuttgart 2002.
[12] O. G. Oexle, Das entzweite Mittelalter, in: G. Althoff (ed.), Die Deutschen und ihr Mittelalter. Themen und Funktionen moderner Geschichtsbilder vom Mittelalter, Darmstadt 1992, 7–28; F. Rexroth, Das Mittelalter und die Moderne in den Meistererzählungen der historischen Wissenschaften, in: Zeitschrift für Literaturwissenschaft und Linguistik 38 (2008), 12–31.
[13] Th. Rainer, Bibliotheca tria significat. Zur räumlichen Wissensordnung der Bibliothek, in: Kunstchronik 65 (2012), 125–130; A. Horstmann/V. Kopp (eds.), Archiv, Macht, Wissen. Organisation und Konstruktion von Wissen und Wirklichkeiten in Archiven, Frankfurt am Main 2010; H. Zedelmaier, Buch und Wissen in der Frühen Neuzeit (15.–18. Jahrhundert), in: U. Rautenberg (ed.), Buchwissenschaft in Deutschland. Ein Handbuch, vol. 1, Berlin 2010, 503–534; F. Büttner/M. Friedrich/H. Zedelmaier (eds.), Sammeln, Ordnen, Veranschaulichen. Zur Wissenskompilatorik in der Frühen Neuzeit, Münster 2003; A. Speer, Denkraum und Wissensordnung: Die Bibliothek, in: BuB – Forum Bibliothek und Information 69 (2017), 394–396.

eine Pluralität von Wissensordnungen gekennzeichnet, deren jeweilige Konstitution gruppen- oder milieuspezifisch sein kann. Die ‚Ordnung der Dinge' hat demnach keine verallgemeinerbare regionale oder epochale Prägung, sondern ist wesentlich an die besonderen Wissenskulturen gebunden, die unter konkreten Bedingungen in bestimmten sozialen Gruppen und Milieus entstehen.

## I. Bibliotheken und epistemische Vielfalt: Zwischen Königshof und Scholastik

Eine dermaßen spezifische Wissenskultur des europäischen Mittelalters ist jene des französischen Königshofes im 14. Jahrhundert. Die Handlungslogiken, Werte und Denkformen, die dieser Kultur zugrunde lagen, brachten auch ein eigensinniges Rezeptionsinteresse an Wissensbeständen hervor. Diese kulturspezifische Rezeptionseinstellung lässt sich paradigmatisch anhand der Bibliothek des Hofes untersuchen, die unter König Karl V. (1364–1380) größere Ausmaße und konkretere Konturen annahm[14]. Dass das Interesse des Hofes auf bestimmte Aspekte abzielte, einer eigenen, politischen Logik folgte, welche die Elemente der gelehrten Welt äußerst selektiv rezipierte, zeigt sich nicht zuletzt anhand der Übersetzungen, die einzelne Gelehrte für Karl V. anfertigten[15]. Nicole Oresme etwa übersetze für den König die Werke der praktischen Philosophie des Aristoteles ins Französische[16], ein kommunikativer Akt, der mit einer Anpassung an den Horizont der höfischen Wissenskultur einherging und sich von den Aktualisierungen derselben Texte im Rahmen des universitären Systems unterschied. Wie ich am Ende meines Beitrags argumentieren möchte, kann dabei von veritablem ‚Kulturtransfer' gesprochen werden.

Der Eigensinn der jeweiligen ‚Bibliothek' unterscheidet den höfischen Wissensraum und seine Rezeptionshaltung von der epistemischen Kultur der Uni-

---

[14] Zur Bibliothek Karls V. einschlägig: V. Kopp, Der König und die Bücher. Sammlung, Nutzung und Funktion der königlichen Bibliothek am spätmittelalterlichen Hof in Frankreich (Beihefte der Francia 80), Ostfildern 2016; ebenso: V. Kopp, Konstruktion, Rezeption, Narration. Karl V. von Frankreich und die Louvrebibliothek im Zerrspiegel ihres Nachlebens, in: Francia 43 (2016), 63–86; M.-H. Tesnière, Livres et pouvoir royal au XIVe siècle: La librairie du Louvre, in: J.-F. Maillard/I. Monok/D. Nebbiai-Dalla Guarda (eds.), Matthias Corvin, Les bibliothèques princières et la genèse de l'état moderne, Budapest 2009, 251–264; zu Karl V.: F. Autrand, Charles V le Sage, Paris 1994.

[15] O. Bertrand (ed.), Science et savoir sous Charles V, Paris 2013; J. Verger, Culture universitaire, culture de cour à Paris au XIVe siècle, in: W. Paravicini/J. Wettlaufer (eds.), Erziehung und Bildung bei Hofe, Stuttgart 2002, 167–176; N. Gorochov, Charles V et les collèges parisiens: l'affirmation d'une politique universitaire royale (1364–1380), in: M. Balard/J.-C. Hervé/N. Lemaitre (eds.), Paris et ses campagnes sous l'ancien régime, Paris 1994, 187–194.

[16] Nicole Oresme, Le Livre de Ethique d'Aristote, ed. A. D. Menut, New York 1940; Nicole Oresme: Le livre de yconomique d'Aristote, ed. A. D. Menut, in: Transactions of the American Philosophical Society 47 (1957), 783–853; Nicole Oresme, Le Livre de Politique d'Aristote, ed. A. D. Menut, in: Transactions of the American Philosophical Society 60 (1970), 1–392, hier etwa 155, 291.

versität, die in anderen kommunikativen Leitmedien operierte und ihre Elemente nach anderen Kriterien organisierte. Auf diese akademische Welt der Pariser Universität und ihre Bibliotheken möchte ich zunächst eingehen, bevor ich auf den Vergleich mit der königlichen Bibliothek zurückkomme. Dabei geht es mir vor allem um die Wissensräume und Lektüreinteressen der Artisten und der Theologen, deren Profil die Differenz zur politischen Welt am deutlichsten akzentuiert. Im Gegensatz zu den beiden unmittelbar praktischen Wissenschaften der Universität, der Rechtswissenschaft und der Medizin, deren Operationen sich wesentlich am Prinzip der Nützlichkeit orientierten, waren die Philosophie der Artisten und die Theologie zunächst viel stärker an Wahrheitsfragen und spekulativen Wissensformen interessiert[17].

Diese epistemische Differenz zwischen Wahrheit und Nützlichkeit artikuliert im 14. Jahrhundert etwa Konrad von Megenberg, der in den Jahren um 1340 als Magister an der Pariser Artes-Fakultät gelehrt hatte, wenn er schreibt: „Die Männer der Philosophie kümmern sich nämlich nicht um irgendeine äußere Nützlichkeit, sondern das ganze Streben ihrer Arbeit besteht in dem Ziel, die Wahrheit der Ursprünge und der ursprünglichen Dinge zu erkennen".[18]

Dass mit dem Bereich der „äußeren Nützlichkeit" immer auch die Welt der Politik gemeint war, bezeugt eine ganze Reihe von derartigen Abgrenzungen auf Seiten der Pariser Artisten, welche die gelehrte Spekulation von den praktischen Tätigkeiten des Fürsten unterscheiden. Der Magister Johannes Vath schreibt in den Jahren um 1300: „Der Herrscher hat viele Sorgen über weltliche Angelegenheiten. Der Philosoph jedoch kümmert sich um solche Dinge nicht, sondern nur um jene, welche die Spekulation betreffen".[19]

Die schematische Sonderung, die auf der Ebene der Selbstbeschreibung der Artisten begegnet, mag in ihrer Strenge holzschnittartig wirken; dennoch hat das Ideal der Praxisferne und die primäre Ausrichtung auf Wahrheit und Spekulation, die hier artikuliert wird, offensichtlich Konsequenzen für den Wissens- und Textbestand, den man im institutionellen Denkraum der Artistenfakultät rezipierte, kanonisierte und klassifizierte. Zentralen Quellen für die Lektüreinteressen der Artisten sind die „Studienführer" und philosophischen Einführungen, die seit der Mitte des 13. Jahrhunderts entstanden und nicht nur zur Kategorisie-

---

[17] Dazu allgemein: M. Bubert, Kreative Gegensätze. Der Streit um den Nutzen der Philosophie an der mittelalterlichen Pariser Universität (Education and Society in the Middle Ages and Renaissance 55), Leiden 2019; F. Rexroth, Fröhliche Scholastik. Die Wissenschaftsrevolution des Mittelalters, München 2018; F. Rexroth, Wahr oder nützlich? Epistemische Ordnung und institutionelle Praxis an den Universitäten des 13. und 14. Jahrhunderts, in: A. Speer/A. Berger (eds.), Wissenschaft mit Zukunft. Die ‚alte' Kölner Universität im Kontext der europäischen Universitätsgeschichte (Studien zur Geschichte der Universität Köln 19), Köln 2016, 87–114.
[18] Konrad von Megenberg, Ökonomik, ed. S. Krüger, Die Werke des Konrad von Megenberg 5,3 (MGH Staatsschriften des späteren Mittelalters 3), Stuttgart 1984, 21: „*Nichil enim quondam exteriorum viri philosophie sollicitaverant utilitatum, sed totus laborum suorum in hoc finis congregatus est, ut originum et rerum originatarum cognoscerent veritatem.*"
[19] Johannes Vath, Determinationes, BnF, lat. 16089, fol. 75ᵛ: „[…] *princeps multam curam habet de agibilibus. Sed philosophus de talibus non curat, sed de hiis que pertinent ad speculationem.*"

rung des philosophischen Wissens, sondern auch zur Selektion der Schriften dienten, die für das Examen in den *artes* relevant waren[20]. In den Klassifikationen zeigt sich nicht nur ein Primat der theoretischen Philosophie mit der Metaphysik an der Spitze; am anderen Ende der Hierarchie werden praktische Wissensformen, wie die *artes mechanicae*, explizit ausgegrenzt: „*De mechanica nichil ad nos, set ad laycos*", schreibt ein anonymer Magister des 13. Jahrhunderts[21]. Im Bereich der *artes liberales* fällt auf, dass ausschließlich die Werke zur jeweils theoretischen Seite einer *ars* als Gegenstand der Examensprüfung genannt werden: Mit den Schriften von Euklid, Boethius und Johannes de Sacrobosco werden die Bereiche des spekulativen Quadriviums als „*de forma*" vorgeschrieben, während die praktische Geometrie, Musiktheorie oder die Astrologie hier keine Rolle spielten. Die Studienführer kennen zwar einen Begriff der *utilitas*, doch handelt es sich dabei um einen selbstreferentiellen Nützlichkeitsbegriff, der auf den Nutzen eines philosophischen Teilgebiets für ein anderes, etwa der Logik oder der spekulativen Grammatik für die Metaphysik, abzielt[22]. Die „äußere Nützlichkeit", von der Konrad von Megenberg spricht, sucht man in diesen Quellen vergeblich.

Es mag zunächst verwundern, dass diese epistemische Selbstreferentialität prinzipiell auch für die Lektüre der Werke der praktischen Philosophie gilt. Dass aber auch die Kommentare der Artisten zur ‚Nikomachischen Ethik' und zur ‚Politik' des Aristoteles primär der Erklärung des Textes und der Diskussion von Wahrheitsfragen, nicht hingegen einer Bezugnahme auf konkrete Probleme der Praxis dienten, wird erst durch den Vergleich mit solchen Texten deutlich, die ihrerseits fremdreferentiell strukturiert sind und einen direkten Adressatenbezug in der politischen Welt aufweisen, also die Grenzen der Universität überschreiten. Die Fragen, die Petrus von Auvergne in seinem Politikkommentar diskutiert, haben ‚überzeitliche' Relevanz, bewegen sich auf einer normativen Metaebene, ohne in die Vereinzelung konkreter Probleme hinabzusteigen: *Utrum mulier sit natura serva; Utrum barbari sint naturaliter servi; Utrum servus sit organum domini; Utrum melius sit civitatem regi optimo viro vel legibus* – um nur einige Punkte

---

[20] J.-H. de Boer/M. Bubert, Studienführer, in: J.-H. de Boer/M. Füssel/M. Schuh (eds.), Universitäre Gelehrtenkultur vom 13.–16. Jahrhundert. Ein interdisziplinäres Quellen- und Methodenhandbuch, Stuttgart 2018, 337–356; C. Lafleur, L'enseignement philosophique à la Faculté des arts de l'Université de Paris en la première moitié du XIIIe siècle dans le miroir des textes didascaliques, in: Laval théologique et philosophique 60,3 (2004), 409–448; C. Lafleur, Les ‚Guides de l'étudiant' de la faculté des arts de l'université de Paris au XIIIe siècle, in: M. Hoenen/J. H. J. Schneider/G. Wieland (eds.), Philosophy and Learning. Universities in the Middle Ages (Education and Society in the Middle Ages and Renaissance 6), Leiden 1995, 137–199.

[21] Anonymus Artium Magister, Secundum quod testatur Ysaac, Teiledition in: R. Imbach, Einführungen in die Philosophie aus dem XIII. Jahrhundert. Marginalien, Materialien und Hinweise im Zusammenhang mit einer Studie von Claude Lafleur, in: id., Quodlibeta. Ausgewählte Artikel/Articles choisis (nt. 10), 63–91, 85.

[22] So etwa ein anonymer Philosoph über das Trivium: *Scientia de sermone utilis est et adminiculatiua ad scientias reales* (Anonymus Artium Magister, Dicit Aristotiles, ed. C. Lafleur, in: Archives d'histoire doctrinale et littéraire du Moyen Âge 62 (1995), 363–390, 385); zur selbstreferentiellen *utilitas* ausführlich: M. Bubert, Kreative Gegensätze (nt. 17), Kap. 3.2.

zu nennen, die der Magister erörtert²³. Während der Kommentar auf den Kommunikationsraum der Universität beschränkt bleibt, so richten sich andere Schriften politischer Theorie gezielt an die politische Praxis. Die Abschnitte im Politikteil des ‚Livre dou Trésor', den Brunetto Latini während seines Pariser Exils in französischer Sprache verfasste, klingen verglichen mit dem akademischen Genre ganz anders: „*Des choses que li sires doit faire quant il reçoit la signorie; Que li sires doit faire quant il est à la vile venus; Comment li sires doit envoier ses ambaisseours; Que li sires doit faire au tens de guerre.*"²⁴ Wie sich später zeigen wird, folgt die politische Literatur, die Nicole Oresme an König Karl V. adressierte, derselben fremdreferentiellen Logik wie der ‚Trésor' Brunetto Latinis. Dieser jedenfalls stellt seinerseits die Wissensordnung der Pariser Artistenfakultät kurzerhand auf den Kopf: Praktische Philosophie, Rhetorik und *artes mechanicae* stehen bei ihm nämlich an der Spitze der Hierarchie, über die theoretische Philosophie hingegen möchte Latini explizit so wenig wie möglich sagen²⁵.

Dass Latini eine derartige Ordnung der Wissensbereiche propagiert und zudem in einem anderen diskursiven ‚Code' über Aspekte der politischen Praxis spricht, scheint indes mit einer Transferleistung, einer epistemischen Anpassung an die Strukturen der adressierten Kultur des Politischen verbunden zu sein. Ein solcher Übersetzungsakt, der sich am Erwartungshorizont des Empfängers orientiert, findet sich gleichfalls bei jenen Werken, die direkt für den französischen Königshof verfasst wurden und später Eingang in dessen Bibliothek fanden. Dies gilt nicht erst für Nicole Oresme, sondern auch bereits für Aegidius Romanus, dessen berühmter Fürstenspiegel, ‚De regimine principum', an den späteren König Philipp IV. von Frankreich adressiert war und unter Karl V. erneut von dem Theologen Jean Golein für die Bibliothek ins Französische übersetzt wurde²⁶. Auch bei Aegidius zeigt sich, gegenüber der nur knapp behandelten Metaphysik, eine enorme Aufwertung der praktischen Philosophie, deren drei Disziplinen der Ethik, Ökonomie und Politik für ein politisches Leben „äußerst nützlich und notwendig sind" (*valde sunt utiles et necessariae*)²⁷. Aegi-

---

[23] Petrus von Auvergne, Quaestiones supra libros politicorum, Teiledition in: C. Flüeler, Rezeption und Interpretation der Aristotelischen *Politica* im späten Mittelalter, Bd. 1, Amsterdam 1992, 169–227, hier 178 sq., 179 sq., 183, 200–204, 216–219.

[24] Brunetto Latini, Li livres dou tresor, ed. F. J. Carmody, Genève 1998, 398 sqq., 402–405, 410, 419 sq.

[25] Brunetto Latini, Li livres dou tresor, ed. Carmody (nt. 24), 22: „*Desormés s'en wet torner a sa matire, c'est a theorike, ki est la premiere partie de philosophie, por demoustrer .i. poi de la nature des choses du ciel et de la tiere. Mais ce sera au plus briefment que li mestres pora*"; zu Latini auch: R. Imbach, Laien in der Philosophie (nt. 10), 56 sq.

[26] N.-L. Perret, Les traductions françaises du De regimine principum de Gilles de Rome. Parcours matériel, culturel et intellectuel d'un discours sur d'éducation, Leiden 2011; zu Aegidius ebenso: C. F. Briggs, Giles of Rome's *De regimine principum*. Reading and Writing Politics at Court and University, c. 1275–c. 1525, Cambridge 1999.

[27] Aegidius Romanus, De regimine principum, Rom 1556 [Unveränd. Nachdruck, Frankfurt am Main 1968], II, II, Cap. 8, fol. 183ᵛ: „*Adhuc quaedam morales scientiae, ut Ethica, quae est de regimine sui, et Oeconomica, quae est de regimine familiae, et Politica, quae est de regimine civitatis et regni, valde sunt utiles et necessariae filijs liberorum et nobilium.*"

dius hält fest: „Wenn sie demnach ein politisches Leben führen möchten und wenn sie andere regieren und beherrschen wollen, so müssen die Söhne der Edlen, und vor allem der Könige und Fürsten, am meisten um diese [Disziplinen] bemüht sein."[28]

Empfiehlt der Augustinereremit somit also genau jenen Wissensbereich, der ein knappes Jahrhundert später zu den Hauptinteressen des französischen Königs und seiner Bibliothek zählen sollte, so lässt sich ein analoges Phänomen für die Astrologie konstatieren, deren politischen Nutzen Aegidius ebenfalls gesondert akzentuiert und die dann mit 75 Büchern zu den am stärksten repräsentierten Disziplinen in der Bibliothek Karls V. zählen wird[29]. Wie bei den anderen Schriften, die für den königlichen Hof verfasst wurden – sei es im Auftrag oder aus eigener Initiative – scheint es nicht übertrieben, die Ordnung und Wertung der Wissensbereiche, die Aegidius vornimmt, nicht nur als Anpassung an schon bestehende Strukturen höfischer Wissenskultur zu sehen, sondern auch als kommunikative Angebote, die das Profil der höfischen Bibliothek aktiv geprägt haben. Sprechakttheoretisch gewendet, war der Fürstenspiegel des Aegidius für den Denkraum der Bibliothek nicht nur konstativ, sondern auch performativ[30].

Die gleiche dialogische Relation zwischen Bestätigung und aktiver Gestaltung des Profils einer Bibliothek ist freilich für die zahlreichen Bücherspenden an das Collège de Sorbonne zu konstatieren, die von früheren Mitgliedern des Kollegs und Magistern der Theologie stammen[31]. Da das Kolleg von Beginn an für Weltkleriker bestimmt war, handelt es sich bei den Alumni der Sorbonne auch um ehemalige Magister der Artistenfakultät, die der Bibliothek nicht selten naturphilosophische Werke von Aristoteles, Abhandlungen zur Logik, die ‚Consolatio philosophie' des Boethius, oder Referenztexte der *artes liberales*, d. h. Bücher des philosophischen Wissensbestands vermachten. Einschlägiger und repräsentativer für den Bestand der Bibliothek des theologischen Kollegs sind aber freilich die zahlreichen Ausgaben der Sentenzen des Petrus Lombardus, die Senten-

---

[28] Aegidius Romanus, De regimine principum (nt. 27), II, II, Cap. 8, fol. 183ᵛ: „[…] *immo (ut in prosequendo patebit) filij nobilium, et maxime filij regum et principum, si velint politice vivere, et velint alios regere et gubernare, maxime circa has debent insistere.*"

[29] J. Verger, Culture universitaire, culture de cour à Paris (nt. 15), 174; V. Kopp, Der König und die Bücher (nt. 14), 54–57.

[30] Zu dieser Unterscheidung: J. L. Austin, Zur Theorie der Sprechakte (How to do Things with Words), Stuttgart 2002; J. R. Searle, Speech Acts. An Essay in the Philosophy of Language, Cambridge 1969.

[31] Zur Sorbonne-Bibliothek einschlägig: C. Angotti/G. Fournier/D. Nebbiai-Dalla Guarda (eds.), Les livres des maîtres de Sorbonne. Histoire et rayonnement du collège et de ses bibliothèques du XIIIe siècle à la Renaissance, Paris 2017; D. Gabriel, La „Maison des pauvres maîtres" de Robert de Sorbon. Les débuts de la Sorbonne (1254–1274), Paris 2014; G. Fourier, Listes, énumérations, inventaires. Les sources médiévales et modernes de la bibliothèque du Collège de Sorbonne, in : Scriptorium 65 (2011), 158–216; zu Bücherspenden: C. Angotti, Les bibliothèques des couvents mendiants, un modèle pour les séculiers? L'exemple des deux premiers bienfaiteurs de la bibliothèque du collège de Sorbonne (Robert de Sorbon, Gérard d'Abbeville), in: N. Bériou/M. Morard/D. Nebbiai-Dalla Guarda Entre stabilité et itinérance. Livres et culture des ordres mendiants, XIIIe–XV siècle, Turnhout 2014, 31–72.

zenkommentare, Bibelkommentare und theologischen Summen, die der überlieferte Katalog von 1338 verzeichnet[32]. Dass die Magister der Theologie mit ihren Spenden an der Konstitution des Profils der Sorbonne-Bibliothek aktiv mitwirkten und auch gezielt Werke auswählten, die für die Lehre der Theologie besonders relevant und für das symbolische Kapital einer theologischen Bibliothek zentral waren, wird im Testament des Gérard d'Abbeville deutlich, der darin seine Bücherspende begründet. Während er seine *„libri philosophie"* explizit für die Magister und Scholaren der Artisten vorsieht, so zeigt seine Bemerkung über die theologischen Summen und die *„Originalia"* der Kirchenväter und späterer Theologen, dass er dabei sowohl den Bedarf der theologischen Lehre als auch das Prestige der Bibliothek im Blick hat: „Es ist nämlich mein Wunsch, dass es dort an Summen und *Originalia* einen reichen Bestand für die säkularen Magister der Theologie gibt, denn die Mitglieder der religiösen Orden haben davon schon genug."[33]

Die durch den Mendikantenstreit bedingte Konkurrenz mit den Bettelorden innerhalb der Universität Paris steht im Hintergrund der großzügigen Spende. Dass dieser Konflikt aber wesentlich auch mit einer Konkurrenz in der universitären Lehre verbunden war, bringt den weltlichen Theologen offensichtlich dazu, die Bibliothek des Kollegs gerade in dieser Hinsicht durch den eigenen Nachlass fördern zu wollen. Was durch die Performanz dieser Akte umso mehr bestärkt wird, ist das epistemische Profil der Bibliothek, das vor diesem Hintergrund noch deutlicher wird. Die Bibliothek des Collège de Sorbonne, so ließe sich sagen, ist nicht weniger als die Bibliothek des Hofes durch und durch funktional, doch folgt sie einer anderen immanenten Logik. Nicht eine politisch-funktionale Ausrichtung, sondern eine auf die akademische Lehre zielende Funktionslogik reguliert die Akkumulation der Bestände und deren Klassifizierung. Hinsichtlich der Funktionalisierung für universitätsinterne Zwecke lässt sich diese Eigenlogik als selbstreferentiell bezeichnen, die der fremdreferentiellen Ausrichtung der höfischen Bibliothek gegenübersteht, deren Funktion gerade nicht in einer geschlossenen Hofkultur aufgeht, sondern, wie Vanina Kopp gezeigt hat, ihre Finalität in der Herrschaftspraxis des Königs, also jenseits des Hofes findet[34].

Der in diesem Sinne selbstreferentielle Charakter der Sorbonne-Bibliothek wird noch deutlicher erkennbar, wenn man den spezifischen Begriff der ‚Nützlichkeit' betrachtet, der im Hinblick auf die Zwecke der Bibliothek artikuliert

---

[32] Catalogue général de l'année 1338, ed. L. Delisle, in: id., Le Cabinet des manuscrits de la Bibliothèque impériale, vol. 3, Paris 1868, 9–72; der Katalog vermerkt in vielen Fällen auch die Spender der Bücher: Die zahlreichen Exemplare der Sentenzen stammen etwa aus den Nachlässen von Gerard d'Abbeville, Robert de Sorbon, Gottfried von Fontaine oder Peter von Limoges (ibid. 23 sqq.); siehe die Liste der insgesamt 118 verzeichneten Sentenzenkommentare (25–29).

[33] Testament des Gérard d'Abbeville von 1271, ed. P. Glorieux, Aux origines de la Sorbonne, vol. 2: Le cartulaire, Paris 1965, 354–58, hier 355: *„Volo autem quod de originalibus et summis fiat copia magistris theologie secularibus dumtaxat, quia religiosi satis habent."*

[34] Kopp, Der König und die Bücher (nt. 14), 328 sqq.

wurde. Schon 1289, kurz nach der Gründung des Kollegs, erklärte man die Einrichtung der Bibliothek mit ihrer Funktion „*ad communem sociorum utilitatem*", also mit ihrem Nutzen für die Angehörigen des Hauses[35]. Eine spätere Verordnung für die Bibliothek aus dem Jahre 1321 hingegen wurde von Seiten des Kollegs begründet, indem man auf das von Aristoteles adaptierte Prinzip verwies, das Wohl der Gemeinschaft sei wertvoller als das Wohl des Einzelnen (*bonum commune divinius est quam bonum unius*)[36]. Doch mit diesem „*bonum commune*" war hier keinesfalls, wie in der politischen Theorie, das Wohl der politischen Gemeinschaft intendiert. Gemeint war die Regelung, in der großen Bibliothek den Präsenzbestand so zu organisieren, dass jedes wichtige Buch mindestens einmal vorhanden war und jederzeit von jedem Bibliotheksbenutzer konsultiert werden konnte[37]. Die „Nützlichkeit" und das „Gemeinwohl", von denen hier die Rede ist, entsprechen damit eben jenem Konzept von *utilitas*, das in den philosophischen Klassifikationsschriften einen wissenschaftsimmanenten Nutzen eines Wissensbereichs für einen anderen, nicht aber eine „äußere Nützlichkeit" jenseits der akademischen Welt meint.

Nützlichkeit ist insofern ein Strukturprinzip beider Bibliotheken, doch einmal mit einem selbstreferentiellen, einmal mit einem fremdreferentiellen Impetus. Diese Differenzen in der Funktionslogik haben jedoch auch taxonomische Differenzen zur Folge: Die Louvre-Bibliothek kategorisiert und klassifiziert die Wissensbestände anders als die scholastische Welt. Das gilt einerseits für die Hierarchie der Disziplinen. Die königliche Bibliothek war im Louvre über drei Etagen verteilt, von denen die erste am nächsten an den privaten Räumen des Königs lag und für ihn offenbar besonders wichtige Werke enthielt[38]. Dazu zählen neben Bibeln und Devotionsliteratur auch Fürstenspiegel in französischer Sprache sowie die sonstigen von Karl V. in Auftrag gegebenen Übersetzungen. Unter letzteren befinden sich nicht nur astrologische Bücher, wie die ‚Introduction a l'astrology', sondern eben auch die kommentierten Übersetzungen der ‚Nikomachischen Ethik', der ‚Ökonomik' und der ‚Politik' von Nicole Oresme. Diese Positionierung der politischen Theorie und praktischen Philosophie an der Spitze der Hierarchie steht dem Primat der Theorie entgegen, der in den scholastischen Klassifikationen begegnet, erinnert aber an die Rangordnung in den Werken von Brunetto Latini und anderen, die sich direkt, fremdreferentiell, an die politische Welt richten.

---

[35] A. Franklin, La Sorbonne. Ses origines, sa bibliothèque, les débuts de l'imprimerie à Paris et la succession de Richelieu. D'après des documents inédits, Paris 1875, 22.

[36] C. Angotti, Bonum commune divinius est quam bonum unius. Le Collège de la Sorbonne et sa bibliothèque, place et role dans l'Université de Paris au XIVe siècle, in: J. Verger/A. Sohn (eds.), Die universitären Kollegien im Europa des Mittelalters und der Renaissance, Bochum 2011, 91–106.

[37] R. H. Rouse/M. A. Rouse, La bibliothèque du collège de Sorbonne, in: A. Vernet (ed.), Histoire des bibliothèques françaises, vol. 1: Les bibliothèques médiévales, Paris 1989, 150–161, hier 157.

[38] M.-H. Tesnière, La librairie de Charles V. Institution, organisation et politique du livre, in: J. Ducos/M. Goyens (eds.), Traduire au XIV sièvle. Évrart de Conty et la vie intellectuelle à la cour de Charles V, Paris 2015, 363–378; Kopp, Der König und die Bücher (nt. 14), 54.

Die taxonomische Differenz zwischen universitärer und höfischer Wissenskultur gilt allerdings nicht nur für das spezifische Ranking der Disziplinen, sondern auch für die Kategorisierung, also die An- und Zuordnung der Wissensbereiche. So befanden sich etwa die zahlreichen lateinischen Werke zur Astrologie gemeinsam mit den medizinischen Büchern in der dritten Etage der Bibliothek. Astrologische und medizinische Werke begegnen hier als thematischer Block, in einer Reihe von über 100 Titeln aus beiden Gebieten[39]. Diese Zusammenfügung steht der akademischen Wissensordnung entgegen, die sowohl in ihren institutionellen Strukturen, als auch im Katalog der Sorbonne-Bibliothek und in den Wissenschaftsklassifikationen die Astrologie und die Medizin getrennten epistemischen Kategorien bzw. Fakultäten zuweist[40]. Die Rationalität der höfischen Ordnung lässt sich jedoch erschließen, wenn man die fremdreferentielle Funktionslogik der Bibliothek in Betracht zieht, die nicht auf eine für die universitäre Lehre adäquate Systematisierung, sondern auf die praktische Relevanz der Wissensbestände abzielte. Die höfische Ordnung entspricht dem Umstand, dass Medizin und Astrologie, anders als in der gelehrten Theorie, in der Praxis in intrinsischer Relation standen, also in der konkreten Applikation des Wissens unmittelbar interferierten[41].

Eine ganz ähnliche Überlegung ließe sich für die juristischen Schriften der Bibliothek anstellen, die – offenbar aufgrund ihrer politischen Relevanz – in der ersten Etage aufbewahrt wurden. Dass römisches und kanonisches Recht hier in keiner Weise differenziert wurden, sondern unterschiedslos derselben Kategorie angehörten, steht zunächst ebenfalls im Gegensatz zur akademischen Ordnung der Fächer. Hier waren die beiden Rechte nicht nur institutionell, mit jeweils eigenen Studiengängen und Referenztexten sowie den distinkten sozialen Identitäten ihrer Repräsentanten voneinander geschieden; auch räumlich war die Binnendifferenzierung der Rechtswissenschaft dadurch symbolisiert, dass in Paris

---

[39] Kopp, Der König und die Bücher (nt. 14), 55; J.-P. Boudet, La sience des étoiles dans la librairie de Charles V, in: Ducos/Goyens (eds.), Traduire au XIV siècle (nt. 38), 379–402.

[40] Ab der Mitte des 13. Jahrhunderts ist die viergliedrige Fakultätsstruktur der Universität fest institutionalisiert (N. Gorochov, Naissance de l'université: les écoles de Paris d'Innocent III à Thomas d'Aquin (v. 1200 – v. 1245), Paris 2012; H. Rashdall, The Universities of Europe in the Middle Ages, ed. F. M. Powicke/A. B. Emden, vol. 1, Oxford 1936); Artisten, Mediziner, Juristen und Theologen grenzen sich fortan als distinkte soziale Gruppen, mit eigenen Identitäten und Habitusformen, symbolisch voneinander ab, etwa in Prozessionen oder auf den ritualisierten Versammlungen der Universität; die Wissenschaftsklassifikationen der Artistenfakultät weisen die Astronomie/Astrologie stets den *artes liberales* und damit dem eigenen Zuständigkeitsbereich zu; es ist kaum überraschend, dass sich gerade in diesen Schriften mitunter die entschiedensten Apologien der ,artistischen' Wissensbestände finden (dazu: M. Bubert, Philosophische Identität? Sozialisation und Gruppenbildung an der Pariser Artistenfakultät im 13. Jahrhundert, in: J.-H. de Boer/M. Füssel/J. M. Schütte (eds.), Zwischen Konflikt und Kooperation. Praktiken europäischer Gelehrtenkultur (12.–17. Jahrhundert) (Historische Forschungen 114), Berlin 2016, 309–326).

[41] D. Jacquart, Médecine et astrologie à Paris dans la première moitié du XIVe siècle, in: G. F. Vescovini/F. Barocelli (eds.), Filosofia, scienza e astrologia nel Trecento europeo, 1992, 121–134.

ausschließlich das Kirchenrecht, römisches Recht hingegen in Orléans gelehrt wurde[42]. Erneut aber scheint die höfische Ordnung, also die Entdifferenzierung der Rechte, ihre Ratio in der Bedürfnisstruktur der Praxis zu finden. Denn jenseits der Universität zeigt sich, dass die beiden Rechtssysteme in der Praxis auf Engste verflochten waren, praktizierende Juristen unweigerlich Kenntnisse in beiden Gebieten benötigten und daher auch schon während ihres Studiums, allerdings an getrennten Universitäten, beides zu lernen versuchten[43].

Neben der Hierarchie der Wissensfelder und der Einteilung der Disziplinen manifestiert sich die Differenz zwischen den Denkräumen schließlich im spezifischen Rezeptionsinteresse und in den Lektürepraktiken der Akteure, die das inhaltliche Profil der Bestände prägten. Während die Studienführer der Artistenfakultät mit der aristotelischen Philosophie und der theoretischen Seite der *artes liberales* ein Bild von den für das Examen gelesenen Büchern liefern, lässt auch die Nutzung der Sorbonne-Bibliothek eine Ausrichtung auf die für die Lehre relevanten Werke erkennen. Sowohl die Praxis, die am häufigsten konsultierten Bücher durch Ketten ständig verfügbar zu halten, als auch die Inventare der ausgeliehenen Werke zeigen die Lesepräferenzen der Nutzer, die neben der Bibel, den Sentenzen des Lombardus und den Kirchenvätern ein primäres Interesse an exegetischer Literatur und spekulativer Theologie anzeigen. Keine Fürstenspiegel, sondern Johannes Damascenus oder Hugo von St. Viktors Schrift ‚De hierarchia angelica Dionysii' wurden hier gelesen[44].

Die Rezeptionsinteressen der höfischen Welt ergeben freilich ein ganz anderes Bild. Von der dezidierten Skepsis gegenüber der Astrologie, die zahlreiche Scholastiker in Paris artikulieren, ist hier nichts zu spüren. Wie Vanina Kopp anhand der Inventarvermerke über entnommenen Bücher gezeigt hat, steht die „starke Präsenz von astrologischen Traktaten" in der Bibliothek „in direktem Zusammenhang mit der königlichen Vorliebe für diese Disziplin"[45]. Was hinsichtlich der Lese- und Sammlungsinteressen des Hofes schließlich bemerkenswert ist und die spezifische Selektivität der Bibliothek deutlich macht, ist das Verhältnis der Bestände zu den Wissenschaften der Universität in ihrer Gesamtheit. Im Hinblick darauf zeigt sich, dass die Bibliothek des Hofes aus der gelehrten Welt nur die beiden Nützlichkeitswissenschaften, also Rechtswissenschaft und Medizin, sowie die jeweils praktische Seite der beiden Wahrheitswissenschaften rezi-

---

[42] J. A. Brundage, The Medieval Origins of the Legal Profession. Canonists, Civilians, and Courts, Chicago 2008; S. Kuttner, Studies in the History of Medieval Canon Law (Variorum Collected Studies Series 325), Aldershot 1990; F. Rexroth, Die Einheit der Wissenschaft und der Eigensinn der Disziplinen. Zur Konkurrenz zweier Denkformen im 12. und 13. Jahrhundert, in: Deutsches Archiv für Erforschung des Mittelalters 67 (2011), 19–50.

[43] J. A. Brundage, The Medieval Origins of the Legal Profession (nt. 42); id., From Classroom to Courtroom: Parisian Canonists and their Careers, in: id., The Profession and Practice of Medieval Canon Law, Aldershot 2004, 237–248.

[44] Rouse/Rouse, La bibliothèque du collège de Sorbonne (nt. 37), 159.

[45] Kopp, Der König und die Bücher (nt. 14), 58; siehe auch: M.-H. Tesnière, Les manuscrits de la librairie de Charles V ont-ils été lus? L'enseignement des tables, in: C. Croizy-Naquet (ed.), Les manuscrits médiévaux témoins de lectures, Paris 2015, 47–65.

piert und sammelt. Aus dem Wissensbereich der Artisten nur die praktische Philosophie und die praktische Seite der *artes liberales*, keinesfalls aber Metaphysik, spekulative Grammatik oder Logik.

## II. Kulturtransfer und ‚Übersetzung' zwischen Denkräumen

Was sich in allen diesen Gegensätzen zumindest tendenziell manifestiert, ist die praktisch-funktionale Episteme der Louvre-Bibliothek, die einer wahrheitsorientierten, auf die Systematisierung und Vermittlung von Wissen zielenden Episteme des scholastischen Denkraums gegenübersteht. Der selektive und eigensinnige Zugriff der höfischen Bibliothek auf die Wissensbestände der gelehrten Welt zeigt, wie im Paris des späten 14. Jahrhunderts zwei sehr verschiedene epistemische Kulturen auf engstem Raum koexistierten. Spricht man allerdings in diesem Kontext von distinkten ‚Kulturen', mit jeweils eigenen Denkformen, Wissensordnungen und Werten, so stellt sich abschließend die Frage, ob oder auf welche spezifische Weise diese kulturellen Räume eigentlich miteinander kommunizierten. Wenn sie miteinander in Kontakt kamen, so machte die jeweilige Eigenlogik der beiden Systeme eine unmittelbare Verständigung zweifellos unmöglich. Sinnvoller erscheint es hier, im Hinblick auf den Wissenstransfer zwischen Universität und Hof, von „kulturellem Austausch" im Sinne Peter Burkes zu sprechen, also von einem Prozess der Dekontextualisierung und anschließenden Rekontextualisierung[46]. Die Vermittlungsleistungen eines Nicole Oresme, die ich dafür als abschließendes Beispiel thematisieren möchte, sind vor diesem Hintergrund als ‚Kulturtransfer' zu betrachten[47].

Nicole Oresmes Übersetzung und Kommentierung der praktischen Philosophie für Karl V. ist alles andere als repräsentativ für sein wissenschaftliches Schaffen im Kontext der Universität. Nach seinem Studium an der Artistenfakultät in den 1340er Jahren hatte Oresme zunächst als Magister artium in Paris gelehrt, während er gleichzeitig an der theologischen Fakultät studierte[48]. Aus dieser Karrierephase stammen seine lateinischen Quaestiones zu den Basistexten des Artes-Programms, sowie seine Traktate zur theoretischen Mathematik, ‚De proportionibus proportiunum' und der ‚Tractatus de configurationibus qualitatum'.

---

[46] P. Burke, Kultureller Austausch, Frankfurt am Main 2000.
[47] Zum Konzept des Kulturtransfers etwa: C. Eisenberg, Kulturtransfer als historischer Prozess. Ein Beitrag zur Komparatistik, in: H. Kaelble/J. Schriewer (eds.), Vergleich und Transfer. Komparatistik in den Sozial-, Geschichts- und Kulturwissenschaften, Frankfurt am Main 2003, 399–417; M. Bubert, Transcultural History and Early Medieval Ireland. Some Reflections on European Diversity, Cultural Transfer and the History of Knowledge, in: R. Karl/K. Möller (eds.), Proceedings of the Second European Symposium in Celtic Studies, Hagen 2018, 87–102.
[48] J. Celeyrette/C. Grellard (eds.), Nicole Oresme philosophe. Philosophie de la nature et philosophie de la connaissance à Paris au XIV siècle (Studia artistarum 39), Turnhout 2014.

Verglichen mit diesen scholastischen Schriften, folgen Oresmes französische Anmerkungen zur Nikomachischen Ethik oder zur Politik des Aristoteles einem deutlich anderen Muster[49]. Diese Kommentare erfüllen kaum das – etwa von Petrus von Auvergne oder Johannes Buridan repräsentierte – Schema des akademischen Kommentars der Artistenfakultät[50]. Oresme nimmt wiederholt auf aktuelle Themen der Gegenwart Bezug, kritisiert die Kirche und das Avignonesische Papsttum, artikuliert eine konziliaristische Position. Mehrfach polemisiert er gegen die Theorie der *plenitudo potestatis*, wobei er offenbar Argumente aus Johannes Quidorts Traktat ‚De regia potestate et papali' reproduziert, mit dem sich der Theologe 1302 im Konflikt zwischen König Philipp dem Schönen und Papst Bonifaz VIII. positioniert hatte[51]. Dass Oresme auf Johannes Quidort und ebenso auf den ‚Defensor pacis' des Marsilius von Padua rekurriert, ist strukturell nur konsequent, hatten doch auch Quidort und Marsilius eine entsprechende Transferleistung erbracht, also eine fremdreferentielle Applikation der politischen Theorie auf die gegenwärtige Politik jenseits des Textes realisiert.

Mehrfach redet Oresme über die „*utilité*" in Bezug auf die „*chose publique*" und meint damit freilich das politische Gemeinwesen[52]. Dass damit das Königreich Frankreich und die eigene Gegenwart intendiert ist, wird immer wieder deutlich: Nicht nur wird Karl V. als Herrscher explizit angesprochen, auch etwa die Anwendbarkeit des römischen Rechts für das französische Königreich diskutiert der Gelehrte. Im Rahmen seiner Argumentation, dass Frauen nicht regieren sollten, spielt Oresme auf Edward III. von England an, der den französischen Thron beansprucht hatte, weil seine Mutter eine Tochter Philipps IV. war. In Bezug auf die englischen Ansprüche reitet Oresme über lange Strecken darauf herum, dass ein Königreich nicht von dem König einer fremden Nation regiert werden darf. Der langwierige und kurz zuvor wieder entflammte Konflikt mit Edward III. gab hier nämlich einen konkreten Anlass[53], eine Aussage des Aristoteles über das Verhältnis des Herrschers zu seinen Untertanen auf gezielte Weise so interpretieren, dass sie die Ansprüche des englischen Königs delegitimierte. Aristoteles' Bemerkung: „*Mes le roy doit estre un meisme oveques ses subjects par lignage*" (Buch I, Kap. 15) hätte auf den ersten Blick die Autorisierungsstrategie Edwards, der sich als Enkel Philipps IV. von Frankreich ja gerade auf seine Abstammung

---

[49] E. Marmursztejn, Nicole Oresme et al vulgarisation de la Politique d'Aristote au XIV siècle, in: G. Briguglia (ed.), Thinking Politics in the Vernacular. From the Middle Ages to the Renaissance, Fribourg 2011, 103–128; P. Tucci, Nicole Oresme traduttore dell'Etica Nicomachea (1370), in: id., Morire di sete vicino alla fontana, Padua 2015, 41–58.

[50] Zum Genre des Kommentars an der Artes-Fakultät siehe auch: O. Weijers, La structure des commentaires philosophique à la Faculté des arts: quelques observations, in: ead., Études sur la Faculté des arts dans les universités médiévales. Recueils d'articles, Turnhout 2011, 191–218.

[51] Dazu: K. Ubl, Johannes Quidorts Weg zur Sozialphilosophie, in: Francia 30,1 (2003), 43–72; J. Miethke, Politiktheorie im Mittelalter. Von Thomas von Aquin bis Wilhelm von Ockham, Tübingen 2008, 68–126.

[52] Nicole Oresme, Le Livre de Politique d'Aristote, ed. Menut (nt. 16), e.g. 155, 291.

[53] Zur aktuellen Konfliktsituation zwischen Edward III. und Karl V. im Kontext des „Hundertjährigen Krieges" um 1370: W. M. Ormrod, Edward III, Yale 2012, 498–523.

berief, stützen können. Nicole Oresmes strategische Deutung dieser Stelle hingegen, die auf einen politischen Nutzen des Kommentars für seinen Adressaten abzielte, führte zu einer ganz anderen Aktualisierung. So erläutert der Scholastiker zunächst: „*Ce est a dire d'une meisme gent, d'une nation et d'un lignage, comme l'en diroit que tous François sunt d'un lignage, car il ont aucune similitude ou affinité ou proceineté naturele communelment.*"[54]

Diese begriffliche Klärung vorausgesetzt, deduziert Oresme aus den damit aufgestellten Prämissen die logische Konsequenz. Seine interessegeleitete Rezeptionseinstellung gegenüber der aristotelischen ‚Politik' bringt ihn zu einer ‚Übersetzung' des Textes, die den politisch-funktionalen ‚Erwartungshorizont' des intendierten Rezipientenkreises am französischen Königshof bedient[55]: „*Par quoy il s'ensuit que ce est inconvenient et chose denaturele ou hors nature que un homme soit roy d'un royalme et qu'il soit de estrange pais et principalment d'autre gent, d'autre nation et d'autre lignagé*".[56]

Der sprachliche Duktus, in dem sich Oresme an den König wendet, entspricht an zahlreichen Stellen eben jenem Ratgeber-Modus, der als typische Inszenierungsform von Experten in der Interaktion mit der Komplementärrolle des Laien begegnet[57]. Die von Oresme gegenüber dem Laien Karl gewählte diskursive Form, mit welcher er die soziale Relevanz seiner Expertise kommuniziert, erinnert an den Ratgeber-Code bei Brunetto Latini: „*Le legislateur doit faire*", „*le legislateur doit adrecier*", „*Et pour ce, le legislateur doit preparer*", sind typische Formeln, mit denen Oresme seine Anmerkungen einleitet. Die strukturelle Analogie zum ‚Trésor' Brunetto Latinis, der sich ebenfalls direkt an die politische Welt gerichtet hatte, ist der Inszenierungsstrategie des Experten und dem Adressatenbezug der Texte geschuldet. Damit dieser Inszenierungsakt aber kommunikativ erfolgreich sein, also Anschlusskommunikation erzeugen kann, adaptiert Oresme den Code der Politik und die fremdreferentielle Funktionslogik der höfischen Bibliothek, für die die Schriften bestimmt waren.

### III. Pluralität der Wissenskulturen, Kommunikation über Grenzen

Die spezifische Übersetzungsleistung des Nicole Oresme, durch die der Transfer zwischen den beiden distinkten Wissenskulturen bewerkstelligt wurde,

---

[54] Nicole Oresme, Le Livre de Politique d'Aristote, ed. Menut (nt. 16), 71.
[55] Zum Begriff des Erwartungshorizonts siehe den theoretischen Ansatz der Rezeptionsästhetik: H. R. Jauß, Literaturgeschichte als Provokation der Literaturwissenschaft, in: R. Warning (ed.), Rezeptionsästhetik. Theorie und Praxis, München ⁴1994, 126–162.
[56] Nicole Oresme, Le Livre de Politique d'Aristote, ed. Menut (nt. 16), 72.
[57] Zur rhetorischen Inszenierung und Performativität der Expertenrolle: M. Bubert/L. Merten, Medialität und Performativität. Kulturwissenschaftliche Kategorien zur Analyse von historischen und literarischen Inszenierungsformen in Expertenkulturen, in: F. Rexroth/T. Schröder-Stapper (eds.), Experten, Wissen, Symbole. Performanz und Medialität vormoderner Wissenskulturen (Historische Zeitschrift, Beihefte 71), München 2018, 29–68.

verweist auf die kommunikativen Strategien, mit deren Hilfe die epistemische Vielfalt und Komplexität des europäischen Mittelalters von den Zeitgenossen bewältigt wurde: Austausch und Transfer zwischen kulturellen Räumen mussten hier keinesfalls – entgegen dem, was man zunächst annehmen würde – eine Verminderung von Differenz oder gar die Aufhebung der Kulturgrenzen implizieren; vielmehr werden Adaptations- und Übersetzungsvorgänge erkennbar, welche die Eigenlogik und den Erwartungshorizont der aufnehmenden Kultur bewahren, aber gerade damit Kommunikation zwischen sehr heterogenen Wissenskulturen im Spätmittelalter ermöglichten.

Die Spezifizität, Eigenlogik, ja partielle Idiosynkrasie der in diesem Beitrag gegeneinander profilierten Wissenskulturen, die auf derartige Übersetzungsstrategien angewiesen waren, um miteinander ins ‚Gespräch' zu kommen, lässt abschließend zumindest vorsichtige und approximative Bemerkungen hinsichtlich der anfangs aufgeworfenen Frage nach einer genuin ‚mittelalterlichen' Episteme zu. Eine beide Wissensräume gleichermaßen umfassende und strukturell prägende ‚Ordnung der Dinge' ließe sich empirisch jedenfalls kaum nachweisen; ein systematischer Vergleich höfischer und scholastischer ‚Bibliotheken' mit ihrer jeweiligen immanenten Funktionslogik verweist eher auf die epistemische Vielfalt des europäischen Mittelalters, die nicht in holistischen Begriffen und vorschnellen Pauschalisierungen einzufangen ist. Die Diversität sozialer Gruppe und Milieus in mittelalterlichen Gesellschaften brachte auch eine Pluralität von Wissenskulturen hervor, die sehr unterschiedliche epistemische Profile aufweisen konnten. Kultur*transfer* ist vor diesem Hintergrund ein kommunikativer Prozess, der sich nicht nur zwischen geographisch getrennten Großkulturen oder Religionen, sondern auch auf engstem sozialen Raum, innerhalb eines subtilen Gefüges kultureller Formationen, zwischen der Île de la Cité und dem linken Seineufer zu vollziehen vermochte.

# Sammeln, lesen, übersetzen: Die Pariser Louvrebibliothek im späten Mittelalter als Denk- und Wissensraum

VANINA KOPP (Paris)

## I. Einleitung: Der König in seiner Bibliothek: ein Zerrbild?

Kaum ein Bild prägte sich tiefer ein ins kollektive Gedächtnis der Erforschung mittelalterlicher königlicher Bibliotheken als das Idealbild des weisen Königs umgeben von Büchern, dargestellt auf dem Frontispiz der Übersetzung des ‚Policraticus' des John of Salisbury (Tafel 12) durch Denis Foulechat um 1372[1]: Hier sieht man den komplett in *fleurs de lys* gekleideten und gekrönten König Karl V. in einem hölzern eingefaßten Studierzimmer sitzend, vor sich ein Bücherrad. Mehrere Etagen des Bücherrades sind überbordend von Büchern und auch aus dem Basiselement mit Alkoven ragen sie heraus. Der König selber scheint gerade zu lesen: auf der vor ihm aufgeschlagenen Doppelseite sind die Anfänge des Bibelspruches „*Beatus vir qui in sapientia morabibatur*"[2] sichtbar. Eine kleine göttliche Hand ragt aus dem Dachbaldachin hervor und segnet die Szene. Schon zu Lebzeiten des Königs versinnbildlicht diese Darstellung die Topik des belesenen, weisen, und somit gerechten Königs[3].

Bei Karl V. ist bis heute weises Königtum und royale Bibliothek bis auf engste miteinander verbunden. So wurde 1995 bei der Grundsteinlegung des monumentalen modernen Neubaus der Nationalbibliothek durch den Präsidenten François Mitterrand ein Stein aus dem gerade wiederentdeckten Fundament des mittelalterlichen Louvre verwendet[4]. Die Bibliothek, für deren Neubau durch den Stararchitekten Dominque Perrault nicht zufällig die Form von vier aufgeschlagenen Büchern gewählt wurde, tritt mit dem Anspruch an, „alles Wissen der Welt" zu versammeln, und das seit der Gründung durch die mittelalterli-

---

[1] Paris, BnF ms. fr. 24287, fol. 2r.
[2] Die vollständige Bibelstelle lautet (Sir 14,22): „*Beatus vir, qui in sapientia morabitur, et qui* [*in justitia sua meditabitur, et in sensu cogitabit circumspectionem Dei*]". Die Vulgata hat abweichend für *morabitur morietur* und nach *sapientia sua* ergänzt. – „Glücklich ist der Mann der weise bleibt, über seine Gerechtigkeit nachdenkt und stets an den allessehenden Gott denkt."
[3] Siehe hierzu die Referenzen im dritten Teil des Artikels.
[4] Y. Potin, A la recherche de la librairie du Louvre. Le témoignage du manuscrit français 2700, in: Gazette du livre médiéval 34 (1999), 25–36; D. Arot, La BnF, un combat d'idées, in: M. Bacha/C. Hottin (eds.), Les Bibliothèques Parisiennes. Architecture et décor, Paris 2002, 222–223; J. Mélet-Sanson, La réalisation d'un grand projet, in: Bacha/Hottin (eds.), Les Bibliothèques Parisiennes, 224–231.

chen Monarchen[5]. Die Rezeption der Konstruktion des weisen Königs in seiner Bibliothek offenbart sich darin paradigmatisch. Denn gar als Gründer der französischen Staatsbibliothek und Promotor der französischen Sprache stilisiert findet der Valois-König seinen Platz im heutigen republikanischen Bildungspantheon, das aus historischer Perspektive als illusorische Teleologie eines nationalen Narrativs dekonstruiert werden kann[6]. In diesem Artikel soll deshalb einen Schritt zurückgegangen werden und die mittelalterliche Bibliothek als Wissensraum in einer historischen Analyse im Vordergrund stehen.

Diese Louvrebibliothek der französischen Könige wurde 1368 auf zuerst zwei, sodann drei Etagen eines schmalen Eckturms in der neu bezogenen Residenz eingerichtet. Hatten Könige und Königinnen schon vorher Wert auf Handschriften gelegt und kleine Sammlungen im Palais de la Cité besessen, so war diese systematische und koordinierte Sammlung mit einem sukzessiv immer größer werdenden Grad an Professionalisierung und Institutionalisierung in ihrer Verwaltung die größte nichtklerikale und erste höfische Bibliothek dieser Art im europäischen Mittelalter. Nur die Bibliotheken der Päpste in Avignon[7] und die Bibliothek der Sorbonne[8] enthielten zum selben Zeitpunkt mehr Bücher und erst die Büchersammlungen des fünfzehnten Jahrhunderts an den Fürstenhöfen Burgunds[9], von Orléans[10] oder Kunstmäzenen[11] erreichten ähnliche Dimensionen.

---

[5] Siehe den Titel der ersten Ausstellung nach der Neueröffnung, R. Schaer (ed.), Tous les savoirs du monde, Paris 1996 (Ausstellungskatalog 20 décembre 1996–6 avril 1997); cf. M. Tesnière, Les livres royaux. Construction idéales et réalités, in: Bacha/Hottin (eds.), Les Bibliothèques Parisiennes (nt. 4), 36–40.

[6] B. Carqué, Stil und Erinnerung. Französische Hofkunst im Jahrhundert Karl V. und im Zeitalter ihrer Deutung, Göttingen 2004; V. Kopp, Konstruktion, Rezeption, Narration. Karl V. von Frankreich und die Louvrebibliothek im Zerrspiegel ihres Nachlebens, in: Francia 43 (2016), 63–85.

[7] M. Jullien de Pommerol/J. Monfrin, La bibliothèque pontificale à Avignon et à Peniscola pendant le Grand Schisme d'occident et sa dispersion, Paris 1991; R. Berndt (ed.), Der Papst und das Buch im Spätmittelalter (1350–1500): Bildungsvoraussetzung, Handschriftenherstellung, Bibliotheksgebrauch, Münster 2018; E. Anheim, Clément VI au travail. Lire, écrire, prêcher au XIVe siècle, Paris 2014, 100–130.

[8] R. Rouse/M. Rouse, La bibliothèque du collège de Sorbonne, in: A. Vernet (ed.), Histoire des bibliothèques françaises. Les bibliothèques médiévales. Du VIe siècle à 1530, Paris 1989, 113–123; C. Angotti/G. Fournier/D. Nebbiai (eds.), Les livres des maîtres de Sorbonne: histoire et rayonnement du collège et de ses bibliothèques du XIIIe siècle à la Renaissance, Paris 2017.

[9] H. Wijsman, Luxury Bound. Illustrated Manuscript Production and Noble and Princely Book Ownership in the Burgundian Netherlands (1400–1550), Turnhout 2010; P. M. de Winter, La Bibliothèque de Philippe le Hardi, duc de Bourgogne (1364–1404), Paris 1985; A. Derolez e. a., Corpus Catalogorum Belgii, Brüssel 1997–2016, bisher 7 Teilbände.

[10] A. Le Roux de Lincy, La bibliothèque de Charles d'Orléans à son château de Blois en 1427, in: J. Deuffic (ed.), Livres et bibliothèques au Moyen Age, Saint-Denis 2005, 13–32; L. Jarry, Le châtelet d'Orléans au XVe siècle et la librairie de Charles d'Orléans en 1455, in: Deuffic (ed.), Livres et bibliothèques au Moyen Age (nt. 10), 33–58.

[11] Eine Auswahl weiterer fürstlicher Büchersammlungen: F. Autrand, Jean de Berry. L'art et le pouvoir, Paris 2000, 418–489; A. Hiver de Beauvoir, La librairie de Jean duc de Berry au château

Unter Karl VI. erreichte die Bücheranzahl 900 Titel aus zahlreichen Disziplinen, mit einem starken Fokus auf höfischen Romanen, Historiographie und biblischen Werken, sowie zahlreiche Luxushandschriften aus dem königlichen Haushalt[12]. Als Paris unter englische Herrschaft kam, kaufte 1429 der englische Regent Johann von Bedford die Bibliothek auf und brachte sie nach England, wo sich die Spur der Handschriften verliert[13]. Erst im 16. Jahrhundert wurden unter Franz I. neue Versuche unternommen, eine königliche Bibliothek als Institution zu gründen, zu verwalten und zu verstetigen[14].

Die wichtigsten Forschungsachsen, mit denen ich mich in diesem Artikel beschäftigen möchte, sind die Entstehung der Büchersammlungen und der Louvrebibliothek am französischen Hofe, ihre politische Bedeutung durch den Gebrauch der Handschriften durch die Könige und ihr Umfeld, sowohl im höfischen als auch im politischen Kontext. Im Vordergrund steht die Leitfrage, inwiefern die Bibliothek als Wissensansammlung für Wissensordnung und Wissensüberlieferung für die französischen Könige einen Denkraum für Legitimationsstrategien bereitstellte und wie diese eingesetzt wurde. Denn wenn in der Forschung unbestritten ist, dass die Louvrebibliothek und ihre bekannten Luxushandschriften und Übersetzungen eine spätmittelalterliche Besonderheit sind, so ist nie danach gefragt worden, inwiefern die Gesamtheit der Bibliothek, darunter vor allem die historische Dimension ihrer Benutzung, neben einem kulturellen und bibliophilen Aspekt, auch einen politischen Beitrag zur Ausformung des sakralen Königtums und zur Stärkung der dynastischen Bindungen lieferte. Ebenso wenig wurde in kulturwissenschaftlicher Perspektive untersucht, wie sich der Gebrauch der Bücher abgesehen von einigen wenigen Luxushandschriften, ihre Zirkulation und Benutzung in das höfische Umfeld einpasste und welche

---

Mehun-sur-Yevre 1416, in: Deuffic (ed.), Livres et bibliothèques au Moyen Age (nt. 10), 65–118; M. Gautier, La bibliothèque du roi René, in: id. (ed.), Splendeur de l'enluminure. Le roi René et les livres, Angers 2009, 21–35; J. Maillard/I. Monok/D. Nebbiai (eds.), Matthias Corvin, les bibliothèques princières et la genèse de l'état moderne, Budapest 2009. Für eine außereuropäischglobal vergleichende Perspektive cf. F. Déroche (ed.): Libraries in the East and in the West, bei de Gruyter (in Vorbereitung).

[12] Potin, A la recherche de la librairie du Louvre (nt. 4), 25–36; F. Autrand, La librairie de Charles V, in: Bacha/Hottin (eds.), Les Bibliothèques Parisiennes (nt. 4), 41–43.

[13] J. Stratford, The Bedford Inventories. The Worldly Goods of John, Duke of Bedford, Regent of France (1389–1435), London 1993. Über die Quellenlage zur Büchersituation am englischen Königshof siehe J. Stratford, The Royal Library in England before the Reign of Edward IV, in: N. Rogers (ed.), England in the fifteenth century. Proceedings of the 1992 Harlaxton Symposium, Stamford 1994, 187–197; H. Omont, Les manuscrits français des rois d'Angleterre au château de Richmond, in: div. (ed.), Études romanes dédiées à Gaston Paris le 29 décembre 1890 par ses élèves français et ses élèves étrangers des pays de langue française, Paris 1891, 1–13; über die Verbreitung cf. J. Crispin, Krieg und Kunst. Die Visualisierung englischer Herrschaftsansprüche in Frankreich (1422–1453) (Veröffentlichungen des Deutschen Historischen Instituts London 81), Berlin 2018.

[14] S. Balayé, La Bibliothèque Nationale des origines à 1800, Genf 1988; T. Kleindienst, Les transformations de la Bibliothèque nationale, in: M. Poulain (ed.), Histoire des bibliothèques françaises. Les bibliothèques au XXe siècle. 1914–1990, Paris 1992, 85–104.

Auswirkungen diese wiederum auf die politischen Ausdrucksformen hatte, sei es in historisierender, propagandistischer oder legitimatorischer Literatur[15]. Um diesen Desideraten entgegenzutreten, werde ich in diesem Beitrag in drei Schritten vorgehen, indem ich mich im ersten Teil auf eine kontextuelle Sammlungsgeschichte der Handschriftenbestände fokussiere. Im zweiten Teil wird in kulturwissenschaftlicher Perspektive der Gebrauch der Bibliothek und das Lektüreverhalten analysiert. Der dritte Teil geht den Übersetzungen und Auftragsarbeiten zwischen Aufträgen und Widmungen sowie der ideellen Dimension der Bibliothek nach, unter anderem der topischen Darstellung des belesenen Königs.

## II. Die Louvrebibliothek: Ordnung eines Wissensraums

Die Schaffung einer Bibliothek auf anfangs zwei und schließlich drei Etagen in einem Eckturm des königlichen Palastes bedeutete nicht, dass das Phänomen „Bibliothek" im königlichen Haushalt vollkommen neu war. Die späteren Bestände der Bibliothek waren größtenteils bereits im königlichen Haushalt vorhanden und wurden nun systematisch im Louvre vereinigt, dessen Bibliothek den Ausgangspunkt für eine weite Verteilung der Bücher sowohl im familiären Umfeld, als auch am Hofe und in anderen königlichen Residenzen bildete[16]. Eine kontinuierliche Anschaffungspolitik bestehend aus Bestellungen, Widmungen, Erbfällen, Aufkauf und Konfiskationen führten zu einem rapiden Anwachsen der Bestände, so dass einige organisatorische Maßnahmen nötig wurden[17]. War anfangs die Sammlung offensichtlich in der Hand des königlichen *valets* Gilles Malet bis zu dessen Tod 1411, übernahm sodann der Rechnungshof eine wichtige Rolle in der Verwaltung der Bibliothek. Unregelmäßige Inventarisierungskampagnen, die Anfertigung und Aktualisierung von topographischen Inventaren[18] mit Anmerkungen zu Ein- und Ausgängen, Listen von Neuanschaffungen oder Vermerke zu Neueinbindungen von Handschriften sowie der Abordnung von königlichen Nota-

---

[15] Dieser Artikel beruht auf den Ergebnissen der Monographie V. Kopp, Der König und die Bücher. Sammlung, Nutzung und Funktion der königlichen Louvrebibliothek am spätmittelalterlichen Hof in Frankreich (Beihefte der Francia 80), Ostfildern 2016.

[16] Hierzu cf. Autrand, La librairie de Charles V (nt. 12), 41–43; F. Avril, Les livres de Charles V au château de Vincennes, in: J. Chapelot/E. Lalou (eds.), Vincennes aux origines de l'État moderne, Paris 1996, 329–340; Kopp, Der König und die Bücher (nt. 15), 38–65.

[17] Kopp, Der König und die Bücher (nt. 15), 87–103.

[18] Zu den erhaltenen Handschriften cf. ibid., Anhang 2. Eine neue Ausgabe der Inventare ist in Vorbereitung, cf. V. de Becdelièvre/F. Fery-Hue/M. Peyrafort-Huin/M. Tesnière, La librairie royale sous Charles V et Charles VI (1364–1422): Reconstitution et survie d'un patrimoine intellectuel, Documents, études et répertoires de l'IRHT, mehrere Bände. Solange dieses Projekt noch nicht publiziert ist, bleibt die Nutzung des editorisch nicht ganz unproblematischen „Klassikers" L. Delisle, Recherches sur la Librairie de Charles V, roi de France. Partie 2: Inventaire général des livres ayant appartenu aux rois Charles V et Charles VI et à Jean, duc de Berry. Notes et tables, Amsterdam 1967 (Réimpression de l'édition de 1907).

ren als Gelegenheits-Bibliothekaren förderte somit letztendlich die Institutionalisierung der Bibliothek[19].

Fürstenspiegel, Wissenssammlungen wie Enzyklopädien und liturgische Bücher zur privaten Frömmigkeitspraxis deckten den Großteil des Bibliotheksbestandes[20]. Auch diente die Bibliothek nicht nur dem schöngeistigen Sammeltrieb eines gebildeten und an höfischer Literatur interessiertem Königs. Gerade unter Karl V. wurden im ersten Raum, zu dem der König direkten Zutritt von seinen Privatgemächern aus hatte, jene politischen und staatstheoretischen Texte verwahrt, deren Übersetzung er in Auftrag gegeben oder deren Abfassung eine politische und herrschaftsverdichtende Dimension hatten. Neben Testamentsammlungen der Königinnen und Könige, Prozessakten, Listen über königliche Einkünfte oder einer eigens für Karls V. durch seinen „Archivar" des Trésor des chartes et privilèges, Gérard de Montaigu[21], verfassten Sammlung geltender päpstlicher Privilegien fand ein Kompendium mit den wichtigsten Verträgen der französischen Könige dort Eingang. In dieser Textsammlung befanden sich Abschriften über territoriale Ansprüche der Valois-Könige, Verträge mit anderen Monarchen wie die bestehenden Lehnsverhältnisse mit dem englischen König, aber auch aktuelle familieninterne Apanagenregelungen der unter Karl V. für seine Brüder geschaffenen Herzogtümer von Burgund, Berry und Anjou[22]. Unter anderem schienen diese Texte wie beim politischen Gipfeltreffen in Paris mit dem Kaiser des Heiligen Römischen Reiches Karl IV. als Unterstützung des französischen Standpunktes verwendet worden zu sein[23], genauso wie der neue Krönungsordo mit dem liturgischen Ablauf der Königsweihe für die Krönung des jungen Karls VI. zu Rate gezogen wurde[24].

Doch die Bibliothek fügte sich auch in eine Reihe erinnerungspolitischer Maßnahmen, die die Legitimität der Valois stärken sollten, ein. Denn seit der Konstituierung der Bibliothek konnten die königlichen Bemühungen um die Einreihung in eine Herrscher-Ahnenfolge neue Aspekte aufnehmen und

---

[19] Y. Potin, Des inventaires pour catalogues? Les archives d'une bibliothèque médiévale: la librairie du Louvre (1368–1429), in: H. E. Bödecker/A. Saada (eds.), Bibliothek als Archiv, Göttingen 2007, 119–140; Potin, A la recherche de la librairie du Louvre (nt. 4), 25–36; Kopp, Der König und die Bücher (nt. 15), 104–134.

[20] Kopp, Der König und die Bücher (nt. 15), 82–86.

[21] Zu diesem königlichen Archiv avant la lettre siehe Y. Potin, La mise en archives du trésor des chartes (XIIIe–XIXe siècle), 2007 (unveröffentlichte Abschlussarbeit der École nationale des chartes).

[22] A. Artonne, Le Recueil des traités de la France composé par ordre de Charles V, in: div. (ed.), Recueil des travaux offerts à M. Clovis Brunel par ses amis, collègues et élèves (Mémoires et documents publiés par la Société de l'École des chartes 12), Paris 1955, 53–63; V. Kopp, Königliche Archive und Herrschaftsinformation am Beispiel des spätmittelalterlichen Frankreichs, in: A. Horstmann/V. Kopp (eds.), Archiv – Macht – Wissen. Organisation und Konstruktion von Wissen und Wirklichkeiten in Archiven, Frankfurt a. M. 2010, 55–57.

[23] Kopp, Königliche Archive und Herrschaftsinformation (nt. 22), 55–57.

[24] Das Inventar notiert am Rand: „Le Roy l'a prins pour son sacre, 5 oct. 1380", Delisle, Recherches sur la librairie (nt. 18), 41, Nr. 230 und 232.

verarbeiten, wie die Überhöhung der eigenen Familie sowie die Herstellung einer Genealogie aller Könige Frankreichs und die verstärkte Berufung Karls V. auf illustre Vorgänger wie Ludwig den Heiligen und Karl den Großen zeigen[25]. Dazu gehörte einerseits das Zusammentragen jener Bücher, die früheren Königen und deren Verwandten gehörten, und andererseits die Verfassung neuer Werke, die genealogische und legitimatorische Elemente zusammenbrachten. So wurde beispielsweise unter Karl V. und Karl VI. die ursprünglich lateinische Tradition der ‚Grandes chroniques de France' am Königshof in französischer Sprache durch den Kanzler des Königs wieder aufgenommen und so die genealogische Lücke von den Kapetingern bis zu den regierenden Valois geschlossen[26]. Außerdem wurde um die Krönung Karls V. auch ein neues Krönungsordo, das ‚Livre du sacre' verfasst, das sich auf das alte Ritual berief, aber auch Innovationen und verstärkte sakrale Symbolik miteinbezog[27]. Diese wurden offenbar als so wichtig empfunden, dass diese legitimatorischen Elemente und sakralen Verschiebungen während der Weihezeremonie, die Karl V. im neuen Krönungsordo in Bild und Text festhalten ließ, ebenfalls in den ‚Grandes Chroniques de France' eingefügt wurden[28] und auch eine literale Interpretation der Krönungszeremonie, einem Auszug aus Durandus' ‚Rationale divinorum officiorum', als Übersetzung im ‚Traité du sacre', handschriftlich dem neuen Ritus angepasst wurde[29].

---

[25] Sowohl ideengeschichtliche, ereignisgeschichtliche wie auch kunsthistorische Analyse gehen in diese Richtung, der ich mich anschließe und vertiefe: J. Krynen, „Rex Christianissimus". A medieval theme at the roots of French absolutism, in: History and Anthropology, 1989, Nr. 4, 79–96; R. Cazelles, Société politique, noblesse et couronne sous Jean le Bon et Charles V, Genf 1982; A. D. Hedeman, Valois Legitimacy: Editorial Changes in Charles V's Grandes Chroniques de France, in: Art Bulletin 66,1 (1984), 97–117; Kopp, Der König und die Bücher (nt. 15), 201–217.

[26] G. M. Spiegel, The Past as Text. The Theory and Practice of medieval Historiography, Baltimore 1999; A. D. Hedeman, The royal Image. Illustrations of the Grandes Chroniques de France, 1274–1422, Berkeley 1991; I. Guyot-Bachy/J. Moeglin, Comment ont été constituées les Grandes Chroniques de France dans la première moitié du XIVe siècle, in: Bibliothèque de l'école des chartes 163 (2006), 385–433; als aktuellste Ausgabe der ‚Grandes Chroniques' sei diese erwähnt P. d'Orgemont, Chroniques de Jean II et Charles V 1364–1380, aus dem Altfranzösischen von N. Desgrugillers, 2 voll., Clermont-Ferrand 2003.

[27] Zu den Weihetraktaten der französischen Könige im Allgemeinen und zum ‚Livre du sacre' im Besonderen cf. P. Demouy, Le Sacre du Roi. Histoire symbolique cérémonial, Strasbourg–Paris 2016; C. F. O'Meara, Monarchy and Consent. The Coronation Book of Charles V of France, London–Turnhout 2001.

[28] Kopp, Der König und die Bücher (nt. 15), 211–217.

[29] Edition bei R. A. Jackson, The Traité du sacre of Jean Golein, in: Proceedings of the American Philosophical Society 113,4 (1969), 305–324 mit den Anmerkungen; cf. auch Kopp, Der König und die Bücher (nt. 15), 201–211.

## III. Die Handschriften: Zirkulation und Übersetzungen

Dieses Beispiel leitet gleich zum nächsten Teil über, wie sich die Bibliothek in den praktischen Gebrauch am Hofe einfügte, um eine Vorstellung darüber zu gewinnen, wie am französischen Hof am Ende des 14. Jahrhunderts mit Büchern umgegangen wurde. Denn die Bibliothek war nur der Bücherspeicher, ein extrem kleiner Raum, zu dem nur der König und der jeweils amtierende Bibliothekar einen Schlüssel besaßen[30]. Der Bibliothekar überwachte die Buchentnahmen, indem er sie offenbar notierte, entweder direkt am Rand des Inventars, oder auf separaten Listen, die ab 1411 in einem eigenen Register der entnommenen Bücher festgehalten wurden[31] (Tafel 13).

So weiß man, welche Bücher außerhalb der Bibliothek zirkulierten und eventuell gelesen wurden; mindestens jedoch welche Genres dem höfischen Geschmack entsprachen: Fürstenspiegel zur Erziehung der Königskinder, aber vor allem Chroniken, Antikenromane und Astrologie[32]. Damit spiegeln die Entnahmen den höfisch-ritterlichen Genrekanon. Dem Bibliothekar kam dabei noch eine zweite Rolle zu: Zumindest für Karl V. war es der *valet*/Bibliothekar Gilles Malet, der dem König vorlas, offensichtlich regelmäßig wie eine Anekdote vermuten lässt[33]. Die Analyse mittelalterlicher Lesegewohnheiten zeigt, dass am Hofe vorwiegend laut und vor Publikum gelesen wurde[34]. Deshalb erstaunt es auch nicht weiter, dass die am Königshof bei solchen Gelegenheiten vorgelesenen Bücher solche waren, die über ihren didaktischen oder höfisch-ritterlichen Inhalt die mentalen Ideal-Vorstellungen des Adels stärkten. Daneben existierte auch die stille Lektüre durch den König, doch diese beschränkte sich auf die individuelle religiöse Praxis, deren Spur sehr selten in die Bibliothek, außer der

---

[30] Kopp, Der König und die Bücher (nt. 15), 148.
[31] Kopp, Der König und die Bücher (nt. 15), 154 und 218–224. Mehr Information, auch kodikologischer Natur zu den Inventaren, werden sicher hier verarbeitet werden, cf. Becdelièvre/Fery-Hue/Peyrafort-Huin/Tesnière, La librairie royale sous Charles V et Charles VI (nt. 18).
[32] V. de Becdelièvre, Leçons d'inventaires: la littérature courtoise à la Bibliothèque royale du Louvre, in: Revue de la Bibliothèque nationale de France 37 (2011), 38–47; cf. auch detaillierter Kopp, Der König und die Bücher (nt. 15), 141–172.
[33] In einer mit der Lektüre weit entfernten Anekdote erwähnt die Biographin nebenher, dass Malet dem König vorlese „wie er es gewöhnlich tat", cf. Christine de Pisan, Livre des fais et bonnes meurs du sage roi Charles V, ed. S. Solente, Genf 1977, 2 voll. „*[S]ouverainement bien lisoit et bel pontoit, et entendus homs estoit, comme il y ppert [sic] [...] Gille [sic] Malet [...] cellui propre jour fu devant le roy, lisant longue piece par autel semblant et chiere, ne plus ne moins comme acoustumé avoit [...].*" Zur topischen Beschreibung Karls V. cf. M. Brauer, Politics or Leisure? A Day in the Life of King Charles V of France (1364–80), in: Medieval History Journal 18, 1 (2015), 46–63.
[34] Unter Begriffen wie „rapport mixte" oder „aurality" werden die Gleichzeitigkeit und funktionale Unterschiede von Leseverhalten am Hof thematisiert, cf. F. Bouchet, Le discours sur la lecture en France aux XIVe et XVe siècles, Paris 2008, 23–55; J. Coleman, Public Reading and the Reading Public in Late Medieval England and France, Cambridge 1996, 121 sq., cf. V. Kopp, Reading as Pastime at the French Court, LMS thesis PIMS Toronto, in Vorbereitung zur Publikation.

Entnahme von Stundenbüchern und Liturgica, zurückführt[35]. Sogar personelle Vorlieben der Könige sind über die Anmerkungen im Defizitregister erkennbar und anhand der Vermerke auf die jeweiligen Personen zurückzuführen: astronomisch-astrologische Schriften für Karl V., und Abenteuerromane für Karl VI.[36].

Insbesondere Autographen offenbaren den persönlichen Gebrauch der Handschriften; dies sind handschriftliche Notizen durch den König in Büchern, die er in den Händen hatte, weil er sie selber in Auftrag gegeben hatte oder ihren Inhalt schätzte. Die autographen Exlibris und Signaturen Karls V. liegen noch zwischen beiden Polen der absoluten Seltenheit und des bloßen Validationszeichens[37]. Karl V. übernahm von seinem Vater die Angewohnheit, ihm wichtige Botschaften durch seine Unterschrift oder das Hinzufügen von autographen Zeilen eine zusätzliche Bedeutung mitzugeben. Alle signierten Bücher gehören zu den Werken, die entweder vom König in Auftrag gegeben oder aber ihm direkt zugekommen worden waren. Darunter befanden sich jene übersetzten oder für ihn kompilierten Titel sowie übergebene Widmungsexemplare[38]. Sicherlich hat er nicht alle ausdrücklich in Auftrag gegeben, doch in den Exlibris hielt er eindeutig seinen Anteil an der Herstellung fest. Darunter befinden sich die politisch bedeutsamen Werke wie das ‚Livre du Sacre', das ‚Rational des divins offices' oder der ‚Songe du Vergier' in seiner französischen Fassung. Betrachtet man die disziplinäre Verteilung der Handschriften, so fällt auf, dass neben den liturgischen Büchern die astrologischen Werke mit fünf Titeln als größter Block auftauchen[39].

Die Bibliothek stand in einem engmaschigen Netz aus Ausleihen für die königliche Familie (wie die Erziehung der Königskinder), temporären Entnahmen (zur Lektüre, für Vertraute, ...) und Dotationen an Institutionen (wie religiösen

---

[35] Kopp, Der König und die Bücher (nt. 15), 148–151.

[36] Kopp, Der König und die Bücher (nt. 15), 151–171. Allg. cf. I. Vedrenne-Fajolles, La science en français à la cour de France (2e moitié du XIVe siècle). Quelques considérations, in: O. Bertrand (ed.), Sciences et savoirs sous Charles V, Paris 2014, 53–85, hier 79 sq. Über den Platz der Astrologie an mittelalterlichen Höfen cf. A. Berlin, Magie am Hof der Herzöge von Burgund, Aufstieg und Fall des Grafen von Étampes (Spätmittelalterstudien 6), Konstanz 2016; J. Boudet/M. Ostorero/A. Paravicini Bagliani (eds.), De Frédéric II à Rodolphe II. Astrologie, divination et magie dans les cours (XIIIe–XVIIe siècle) (Micrologus Library 85), Firenze 2017; J. Boudet, Entre science et nigromance. Astrologie, divination et magie dans l'occident médiéval (XIIe–XVe siècle), Paris 2006; N. Weill-Parot, Les „images astrologiques" au Moyen Age et à la Renaissance, Paris 2002; E. Grant, Nicole Oresme, Aristotle's On the Heavens, and the Court of Charles V, in: E. Sylla (ed.), Texts and Contexts in Ancient and Medieval Science, Leiden 1997, 187–207; G. Mentgen, Astrologie und Öffentlichkeit im Mittelalter, Stuttgart 2005.

[37] Allgemein zur Geschichte der Unterschrift cf. B. Fraenkel, La signature. Genèse d'un signe, Paris 1992; C. Jeay, La signature comme marque d'individuation. La chancellerie royale française (fin XIIIe–XVe siècle), in: B. M. Bedos-Rezak (ed.), L'individu au Moyen Âge: individuation et individualisation avant la modernité, Paris 2005, 59–78.

[38] Kopp, Der König und die Bücher (nt. 15), 186–200, ebenfalls ibid., Anhang 3 zu Handschriften mit autographen Besitzvermerken und Exlibris.

[39] Ibid.

Gemeinschaften in Vincennes oder Universitätskollegien)[40]. Die Kontexte, in denen Bücher entnommen werden konnten, waren vielfältig. Die Auswahl zeigt, dass die Bibliothek sowohl der Verwaltung des Königs als auch den anderen Fürsten bekannt war. Dies erklärt, dass zahlreiche Handschriften zurückgegeben und diese Aktionen von den Prüfern festgehalten wurden. Nur 17 Bücher sind unbekannt verschollen, wohingegen die Defizitregister über 150 Handschriften mit Verweis auf schriftliche Anweisungen oder Vermerke im Bibliothekskatalog stets aktualisieren, welche Bücher zu welchem Zwecke entnommen werden[41]. Diese Notizen ermöglichen es, die sukzessiven Stationen der Ausleihen nachzuzeichnen und machen deutlich, dass die Bücher keinesfalls zufällig, sondern stets zielgerichtet und den Kontexten entsprechend ausgewählt wurden[42]. Dazu zählt auch, dass Bücher Dritter weitergegeben wurden, um den historischen Kern der Bibliothek unangetastet zu lassen – die wertvollen neuen Aufträge oder Widmungen verließen die Bibliothek nur auf ausdrückliche Order[43].

Hingegen waren die Kontexte und Ziele, in denen die Handschriften der Louvrebibliothek eingesetzt wurden, vielfältig und zielgruppengerichtet. Büchergaben dienten der Ausstattung, Erziehung, der Kurzweil, aber auch der Loyalisierung. Sie schrieben sich ein in reziproke Verhältnisse und gehörten zu dem Fundus an Gaben und Gegengaben, die der König ausgeben, aber auch erhalten konnte. Ausleihen und Bücherausgaben waren eingebunden in politische oder kommunikative Prozesse und Kontexte, deren Analyse stets die sozialen Verhältnisse der Hofgesellschaft des späten Mittelalters miteinbeziehen muss[44], wenn man die ganze Bedeutung der Bücherzirkulation und Ausleihen verstehen möchte. Erhalten blieb aber unverändert das Buchgeschenk als individuelles und soziales Kommunikationsmittel zwischen einem Autor und einem Höhergestellten. Widmungen und personalisierte Anfertigungen dienten als Strategie mit denen über Büchergaben öffentlich Aufmerksamkeit erlangt oder Patronage-Verbindungen sichtbar gemacht wurden[45]. Das Buch war über seinen gelehrten Inhalt

---

[40] Ibid., 218–237.
[41] Ibid., 220–222.
[42] Ibid., 231–255.
[43] So beispielsweise, als Ludwig von Anjou kurzzeitig Regent war, cf. Y. Potin, Le coup d'État „révélé"? Regence et trésors du roi (septembre–novembre 1380), in: F. Foronda/J. Genet/J. M. Nieto Soria (eds.), Coups d'État à la fin du Moyen Âge? Aux fondements du pouvoir politique en Europe occidentale, Madrid 2005, 181–212.
[44] M. Mauss, Die Gabe. Form und Funktion des Austauschs in archaischen Gesellschaften, Frankfurt a. M. 1968. Zur Anwendung auf den Valois-Königshof cf. J. Hirschbiegel, Étrennes. Untersuchungen zum höfischen Geschenkverkehr im spätmittelalterlichen Frankreich zur Zeit König Karls VI. (1380–1422), München 2003; paradigmatisch für Bücher in späteren Kontexten: N. Z. Davis, Beyond the Market. Books as Gifts in Sixteenth Century France, in: Transactions of the Royal Historical Society 33 (1983), 69–88; N. Shevchenko, Eine historische Anthropologie des Buches. Bücher in der preußischen Herzogsfamilie zur Zeit der Reformation, Göttingen 2007.
[45] Boucher insistiert auf den öffentlichen Teil als Plattform für Eigenwerbung und vermutet sogar „fiktive" Widmungen, um sich zumindest rhetorisch unter den Schutz eines Patrons stellen zu können, cf. C. Boucher, La mise en scène de la vulgarisation. Les traductions d'autorités en langue vulgaire aux XIIIe et XIVe siècles, Paris 2005, 282–284 (unveröff. Doktorarbeit École Pratique des Hautes Etudes, 5e séction).

ein besonderes Geschenk, das sowohl in der Kommunikation zwischen Gelehrten unter sich als auch zwischen den hierarchischen Ebenen funktionierte.

Diese Funktion von Büchern und Buchgaben als Vektor für die Beziehung zwischen dem König und seinen Gelehrten soll im letzten Teil anhand der Übersetzungen und Buchwidmungen hinterfragt werden. Der Aufstieg des Französischen als politische Sprache geschah parallel zu anderen sozialen und kulturellen Veränderungen[46]: Auf der einen Seite spielte die persönliche Einstellung der Könige gegenüber dem Lateinischen eine Rolle, wie das Extrembeispiel Johanns II. als konsequenter Lateinnutzer zeigt, andererseits passten sich die Könige den Erwartungen und dem Druck der sie stützenden volkssprachigen Adeligen an, beispielsweise indem die königlichen Kanzleien in der aristokratischen Kommunikation mehr und mehr das Französische verwendeten[47]. Es ging nicht darum, eine Sprache zu verdrängen, sondern es ging darum, jede Sprache in ihrem funktionalen Umfeld optimal zu verwenden[48]. Diese Bewegung ist auch in den unter Karl V. angefertigten Texten in der Louvrebibliothek zu beobachten: Zwar ließ der König juristische Dokumente wie die Apanagenregelungen und Verträge kompilieren und übersetzen, doch die Bullen der Päpste erhielten nur eine französische Zusammenfassung, wohingegen die Texte unverändert auf Latein blieben[49]. Dass sich die französische Sprache nur langsam gegenüber dem Latein als Wissenschaftssprache durchsetzte, ist exemplarisch am Werk von Evrard de Trémaugon erkennbar. Seine erste politische Apologie der Politik Karls V. schrieb der Jurist als ‚Somnium Viridarii' auf Latein, seiner universitären Umgangssprache, um das Werk einige Jahre später auf Französisch als ‚Songe du Vergier' zu überarbeiten und thematisch programmatisch zu aktualisieren[50]. Der Universitätsgelehrte Nicole Oresme musste sich in seinen Übersetzungen für die Verwendung des Französischen rhetorisch rechtfertigen; er tat dies, indem er über den Gedanken der *translatio studii* das Französische als Nachfolgerin der Wissenschaftssprache des Lateinischen stilisierte, ein legitimer Vorgang nachdem ja beispielsweise Aristoteles bereits aus dem Griechischen ins Lateinische übersetzt worden sei[51].

---

[46] Während frühere Arbeiten einem stark teleologischen Narrativ eines zentral angelegten Kulturprogramms folgten, sind neuer Arbeiten etwas nuancierter, cf. J. Devaux, Introduction. Littérature et politique sous les premiers Valois, in: Le Prince en son „miroir". Littérature et politique sous les premiers Valois Le Moyen Age 116 (2010), 533–543; Bertrand (ed.), Sciences et savoirs sous Charles V (nt. 36).

[47] Für die Sprachentwicklung in der Kanzlei und unter den Königen noch immer einschlägig ist S. Lusignan, La langue des rois au Moyen Age. Le français en France et en Angleterre, Paris 2004; S. Lusignan, L'usage du latin et du français à la chancellerie de Philippe VI, in: Bibliothèque de l'école des chartes 157 (1999), 509–521.

[48] Detaillierter cf. Kopp, Der König und die Bücher (nt. 15), 259–279.

[49] Kopp, Der König und die Bücher (nt. 15), 271–274.

[50] Beide Versionen ediert bei M. Schnerb-Lièvre, Somnium Viridarii. Songe du verger, Paris 1993 (attribué à Evrard de Trémaugon, 3 voll.); M. Schnerb-Lièvre, Le Songe du Vergier, Paris 1982 (éd. d'après le manuscrit Royal 19 C IV de la Brit. Library); für Studien cf. J. Quillet, La philosophie politique du Songe du Vergier (1378). Sources doctrinales, Paris 1977.

[51] S. Lusignan, La topique de la translatio studii et les traductions françaises de textes savants au XIVe siècle, in: G. Contamine (ed.), Traduction et traducteurs au Moyen Age, Paris 1989, 303–

Bereits vor Karl V. gab es eine lebendige Übersetzungstradition, die sich am Königshof entwickelt hatte[52]. In der bisherigen Historiographie wird die Louvrebibliothek dabei limitiert auf die dreißig Luxushandschriften, die unter seiner Regierungszeit hinzukamen, und als „Aufträge" nicht hinterfragt wurden[53]. Deshalb muss bei einer Studie der Louvrebibliothek auch ein Augenmerk darauf gerichtet werden, wie dieser Gebrauch am Hofe funktioniert, und wie die Bücherverwendung und die Aufträge differenziert werden können[54]. Betrachtet man die Anzahl übersetzter Titel, die unter Karl V. die Louvrebibliothek bereicherten, so hat es auf den ersten Blick den Anschein breitgefächerter Übersetzungsaufträge: Enzyklopädien und Fürstenspiegel, moralische und mystische Werke, Astrologie, Klassiker des Aristoteles und Werke der Kirchenväter[55]. Doch eine Analyse der Entstehungskontexte der Werke zeigt, dass nur wenige auf genuin königliche Aufträge zurückgehen – darunter mehr politische Neufassungen von Legitimationsschriften der Valois-Dynastie als übersetzte literarische Texte. Nachweisbar beauftragt waren Nicole Oresme für seine Aristoteles-Übersetzungen, Jean Daudin für eine Übersetzung Petrarcas, Raoul de Presle teilweise für die Bearbeitung der ‚Cité de Dieu' und ein unbekannter Übersetzer einer Enzyklopädie[56]. Hier erkennt man weniger ein generelles Kulturprogramm zur Promotion der Volkssprache als Wissenschaftssprache, sondern vielmehr den speziellen Willen Karls V., über Chronistik und juristische Kompendien jenes Wissen zugänglich zu machen, das der royalen Legitimationsstrategien entsprach. Wie die bereits oben erwähnten Beispiele der Weiterführung der ‚Grandes chroniques de France', der Erstellung eines neuen Krönungsordo oder der Kompilierung von Verträgen zeigten, waren die Übersetzungen darunter nur ein geringer Teil, viel wichtiger war die politische Einschreibung der Valois in die königliche Dynastiefolge, ganz gleich in welcher Sprache.

Andere Autoren widmeten ihre Bücher dem König, um die Patronage des Königs zu erlangen oder sich für Gagen und Aufgaben zu empfehlen. Die öf-

---

315, hier 311. Zu Oresme als Übersetzer cf. S. Lusignan, Nicole Oresme traducteur et la pensée de la langue française savante, in: P. Souffrin (ed.), Nicolas Oresme. Tradition et innovation chez un intellectuel du XIVe siècle, Paris 1988, 94–104; J. Quillet/P.Souffrin/A. Ph. Segonds, Nicole Oresme traducteur d'Aristote, in: P. Souffrin (ed.), Nicolas Oresme (nt. 51), 81–91.

[52] S. Lusignan, Parler vulgairement. Les intellectuels et la langue française au XIIIe et XIVe siècle, Paris 1987; zu Übersetzungen in der Literatur cf. C. Galderisi/C. Pignatelli (eds.), Translations médiévales. Cinq siècles de traductions en français (XIe–XVe siècle). Étude et répertoire, 3 voll., Turnhout 2011 sowie die Zeitschrift The Medieval Translator.

[53] F. Autrand, Charles V, le Sage, Paris 1994; J. Devaux, Introduction. Littérature et politique sous les premiers Valois (nt. 46), 533–543; F. Avril/J. Lafaurie (eds.), La Librairie de Charles V, Paris 1968 (Ausstellungskatalog Bibliothèque nationale, Oktober–Dezember 1968).

[54] Kopp, Der König und die Bücher (nt. 15), 280–305.

[55] Viele dieser Handschriften existieren noch als Luxushandschrift, was den Blick der Forschung vor allem auf diese Werke lenkt. Für Titel, Übersetzer und heutige Handschrift cf. ibid., Anhang 4.

[56] Cf. die Liste der Übersetzungen als klare Aufträge gegenüber denjenigen als Widmungen von Autoren, ibid., Anhang 4. Unter anderem wurden Rechnungsbücher und Autographen für die Analyse herangezogen, cf. ibid., 280–306.

fentliche Übergabe einer Übersetzung an den König wurde von ihnen als Strategie gewählt, um in einer auf reziproken Leistungen basierenden Gesellschaft der königlichen und höföffentlichen Aufmerksamkeit sicher zu sein[57]. Nicht alle diese Versuche gelangen, und nicht jeder Übersetzer hatte denselben Erfolg wie Raoul de Presles ‚Gottesstaat'-Übersetzung[58]. Dennoch: Diese Dedikationsstrategie führte der Bibliothek weit mehr Bücher heterogenen Inhalts zu als die königlichen Aufträge, deren Fokus sich auf legitimatorische und herrschaftstragende Texte beschränkte. Die Wahl der französischen Sprache für diese Werke entstand aus der Bemühung, für einen möglichst weiten Kreis an Rezipienten und Publikum empfänglich zu sein und weitere Aufträge zu gewinnen[59]. Somit ging die sprachliche Emanzipation des Französischen einher mit einer politischen und kulturellen gewachsenen Eigenständigkeit des Pariser Hofes, die sich vor allem unter dem jahrzehntelang regierungsunfähigen Karl VI. auf seine Onkel, die Herzöge von Burgund, Berry, oder seinen Bruder Orléans, die wahren „Strippenzieher" der Politik, verschieben würde[60].

## IV. Der lesende König: ein Topos im Wandel

Die Eigenständigkeit der Louvrebibliothek für die topische Konstruktion eines weisen Königs beleuchte ich im letzten Teil näher. Evrard de Trémaugon legt im ‚Songe du Vergier', jenem politischen Manifest königlicher Standpunkte, einem Protagonisten den Satz in den Mund, dass „[...] es keine schlechte, aber sogar für einen König sehr profitable Sache ist, mehrere Bücher zu haben, sowohl alte als auch neue [...], es ist ein schöner Schatz für einen König eine große Anzahl an Bücher zu besitzen."[61], bevor er hinzufügt „ein König ohne

---

[57] Boucher, La mise en scène de la vulgarisation (nt. 45); K. Bourassa, Counselling Charles VI of France: Christine de Pizan, Honorat Bovet, Philippe de Mézières, and Pierre Salmon, PhD Thesis, University of York 2014, URL: <http://etheses.whiterose.ac.uk/7601> (Stand: 15.01.2019).

[58] Zum Erfolg der ‚Cité de Dieu' durch Raoul de Presles cf. E. Brilli, La „Cité de Dieu" francese e i suoi cicli miniati, in: A. Cosma/V. Da Gai/G. Pittiglio (eds.), Iconografia agostiniana, 2 voll., Rom 2011, vol. 1, 53–88. Zu den Augustinus-Übersetzungen cf. B. Dufal, Repenser l'autorité du Père Saint Augustin et le De civitate Dei au XIVe siècle (unveröffentliche Dissertation EHESS, Paris 2014), vor allem Kapitel 7–9 über Raoul de Presles' Übersetzung und ihre Bedeutung für die Valoisherrschaft. Offensichtlichstes Beispiel für einen Misserfolg ist Pierre Salmon, der sein Werk umschreiben musste, um den veränderten politischen und personellen Bedingungen am Hof gerecht zu werden, cf. Kopp, Der König und die Bücher (nt. 15), 301 sq.; A. D. Hedeman, Of Counselors and Kings. The Three Versions of Salmon's Dialogues, Urbana 2001.

[59] Boucher, La mise en scène de la vulgarisation (nt. 45), 282–284.

[60] Christine de Pizan beispielsweise arbeitete fast ausschließlich für die sukzessiven *dauphins* oder die Herzöge von Burgund und Berry, von denen sie Patronage und Einkommen erhoffte. Dies erklärt, warum keines ihrer Werke den Weg in die Louvre-Bibliothek gefunden hat. Zur politischen Ratgeberliteratur unter Karl VI. cf. Bourassa, Counselling Charles VI of France (nt. 57).

[61] Trémaugon, Songe du vergier, ed. Schnerb-Lièvre (nt. 50), vol. 1, 227: „*Il appiert donques clerement que ce n'est pas chose detestable, mez est profitable, mesmement a un Roy, avoir plusieurs livres, vieux et nouveaux, pour y avoir recours en temps et en lieu, selon lez divers cas qui luy avienent de jour en jour; et est biau tresor a un roy avoir grant multitude de livres.*" (Eigene Übersetzung).

Belesenheit ist wie ein Schiff ohne Ruder, und wie ein Vogel ohne Flügel."[62] Auch Christine de Pizan verwendet eine ähnliche Metapher, als sie über eine Negativformulierung das Bild eines weisen Königs zu evozieren versucht: Ein König ohne Weisheit sei ein gekrönter Esel[63]. Wie Evrard de Trémaugon in der eben zitierten Passage kommt sie immer wieder darauf zurück, Karl V. und seine Bibliophilie, vor allem die zahlreichen Übersetzungen, die er anfertigen ließ, als Teil der königlichen Weisheit herauszustellen[64].

Welchen Ursprung hatte dieses Weisheits-Ideal? Ursprünglich war Weisheit ein göttliches Attribut, das die christlichen Tugenden Mäßigung, Vorsicht, Justiz und Kraft vereinte[65]. Prototyp und ständige Referenz im Mittelalter dafür war der biblische Herrscher Salomon. Unter dem platonischen und stoischen Einfluss wurde der göttliche Aspekt der Weisheit erweitert um das Wissen: Die christliche Tugend wurde flankiert durch intellektuelle Fähigkeiten, die keine Charaktereigenschaft mehr waren, sondern über Lehre und Lernen vermittelt wurden. Reichte früher die Lektüre der Bibel, und insbesondere der alttestamentarischen Bücher der Weisheit, um einen König auf diese Tugend vorzubereiten, so gehörten ab dem 12. Jahrhundert vermehrt auch das schulische Erlernen von *sapientia* zur Ausbildung eines zukünftigen Königs. So schickte Hugo Capet angeblich seinen Sohn auf die Schulen nach Reims, um ihn auf die Königswürde vorzubereiten. Die Nachwelt rühmte den späteren Robert den Frommen dafür, dass er lesen konnte und die Fähigkeit besaß, mit den Mönchen die Psalmen beten zu können[66]; offensichtlich hatte dieses Narrativ Erfolg. Lesen und Zuhören spielten auch bei der Konstruktion Ludwigs IX., des Heiligen, eine Rolle[67]. Die Zeitgenossen und Biographen hoben Ludwigs IX. Kenntnis der Heiligen Schriften, die er gar Laien erklären könne, hervor. Vinzenz von Beauvais, Autor des ‚Speculum maius', lobt des Königs Liebe der Wissenschaften, die ihn bis in seine Vorlesungen bei den Zisterziensern getrieben habe. Er hebt hervor, wie

---

[62] Trémaugon, Songe du vergier, ed. Schnerb-Lièvre (nt. 50), vol. 1, 223: „*Et pour ce est il ailleurs escript que un Roy sans lattreüre est conme une nef sanz avyrons et come oysel sanz elles.*" (Eigene Übersetzung).

[63] Christine de Pizan, Livre de longue estude, ed. R. Püschel, Genf 1974 (Nachdruck von 1887), ll. 5089–5092: „*Puis conclut que roy non savant/Tout son fait n'estoit que droit vent/Et d'autant valoit au regné/Com feist un asne couronné.*" „*Roy sans clergie est asne couronnée*" wird zitiert ohne Quellenangabe bei J. Krynen, Idéal du prince et pouvoir royal en France à la fin du Moyen âge: étude de la littérature politique du temps, Paris 1981, 98.

[64] Christine de Pisan, Livre des fais et bonnes meurs du sage roi Charles V, ed. Solente (nt. 33), vol. 2, 42–46: „*Cy dit comment le roy Charles amoit livres, et des belles translacions qu'il fist faire.*"

[65] Cf. D. Delogu, Theorizing the Ideal Sovereign: The Rise of the French Vernacular Royal Biography, Toronto 2008; J. Krynen, L'empire du roi: Idées et croyances politiques en France (XIIIe–XVe siècle), Paris 1993; R. Imbach/C. König-Pralong, Le défi laïque, Paris 2013; cf. auch Kopp, Der König und die Bücher (nt. 15), 307–325.

[66] Krynen, Empire du roi (nt. 65), 209, 217.

[67] Zur Konstruktion Ludwigs IX. cf. C. Gaposchkin, The Making of Saint Louis: Kingship, Sanctity, and Crusade in the Later Middle Ages, Ithaca 2008; J. Le Goff, Saint-Louis, Paris 1996; A. Rathmann-Lutz, „Images" Ludwigs des Heiligen im Kontext dynastischer Konflikte des 14. und 15. Jahrhunderts, Berlin 2010.

Ludwig seit seiner Jugend der Wissenschaft und dem Frieden zugeneigt gewesen sei, und in Anlehnung an Plinius' *pax Romana*-Gedanken unterstreicht er, dass es genau dieser Friede sei, den der König durch seine Regierungsausübung erreicht habe, erlaube seine Studiertheit[68].

Ab dem 15. Jahrhundert wurde dieses Bild um weitere, intellektuelle Fähigkeiten angereichert[69], die den Zeitgenossen nicht aufgefallen waren. So wurde erst im Nachhinein Ludwigs IX. und Philipps II. Engagement für den Schutz und die Entwicklung der Pariser Universität als Spielart und Unterstützung der *translatio studii* gewertet, die durch den *rex literatus* unterstützt und forciert wurde. Hier wird deutlich, wie posthum das salomonische Bild der Herrscher um das des gelehrten Königs erweitert wurde[70]. Dazu reichte es schon aus, sich als König von Gelehrten zu umgeben und den intellektuellen Austausch am Hof zu ermöglichen, wie es der später heiliggesprochene Ludwig IX. tat.

Man kann also durchaus die Menge der literarischen Produktion sowie die Betonung der persönlichen Beteiligung der oben genannten Könige als topisch konstruiert hinterfragen. Selbst wenn es unmöglich sein wird, sich an die historische Realität anzunähern, so ist es nichtsdestotrotz wichtig, den Konstruktionscharakter solcher Herrscherlobe mitzudenken. Bedeutender als die Frage, ob die Könige tatsächlich die Autoren der ihnen zugeschriebenen Werke waren, ist die Frage nach den Parametern, die ihre Stilisierung bestimmten, also die literarischen Konventionen, die die Beschreibungen bestimmten und somit auf die Darstellung der Könige zurückwirkte[71].

Dies soll im Folgenden anhand der Prologe der Werke für Karl V. nachverfolgt werden[72]. Ein anschauliches Beispiel dafür ist Christine de Pizans ‚Livre des fais et meurs du bon roy Charles V'[73]. Der erste Teil beschreibt seine „noblece de courage" (seine geistigen und moralischen Dispositionen), der zweite

---

[68] Gaposchkin, The Making of Saint Louis (nt. 67), 122; B. Van den Abeele, Encyclopédies en milieu de cour, in: Micrologus: natura, scienza e societa medievali – nature, science and medieval societies 16 (2008), 31–55, hier 34 sq.

[69] Krynen, Empire du roi (nt. 65), 228 sq.

[70] R. de la Pena/M. Alejandro, Rex scholaribus impendebant. The King's Image as Patron of Learning in Thirteenth Century French and Spanish Chronicles: A Comparative Approach, in: The Medieval History Journal 5 (2002), 21–36.

[71] Für andere „weise" Könige des Mittelalters siehe Imbach/König-Pralong, Le défi laïque (nt. 65), 193–210; S. Kelly, The New Solomon: Robert of Naples (1309–1343) and Fourteenth-Century Kingship (The Medieval Mediterranean 48), Leiden 2003; R. I. Burns (ed.), Emperor of Culture. Alfonso X the Learned of Castile and His Thirteenth-Century Renaissance, Philadelphia 1990; J. Boudet, Le modèle du roi sage aux XIIIe et XIVe siècles: Salomon, Alphonse X et Charles V, in: Revue historique 647,3 (2008), 545–566.

[72] Kopp, Der König und die Bücher (nt. 15), 318–326.

[73] Christine de Pisan, Livre des fais et bonnes meurs du sage roi Charles V (nt. 33) für den altfranzösischen Text, für eine modernisierte Übersetzung siehe Christine de Pizan, Le livre des faits et bonnes mœurs du roi Charles V le Sage. Übersetzt von Eric Hicks und Thérèse Moreau. Série „Moyen Age". Paris 1997; M. Brauer, Im Antlitz der Weisheit: Literarische und politische Vergegenwärtigung Karls V. im ‚Livre des fais' der Christine de Pizan, in: Frühmittelalterliche Studien 46 (2012), 419–435.

Teil mit der „chevalerie" lobt die militärischen Erfolge des Königs, und der dritte Teil skizziert ausführlich mit der „sagesse" den König Karl V. als den Idealtypus des weisen Königs. Mit dieser Dreiteilung folgte sie dem literarischen Vorbild des ‚De regimine principum' von Aegidius Romanus, dem am weitesten verbreiteten Fürstenspiegel seiner Zeit und baute die Biographie Karls V. entsprechend diesem Königstopos auf[74].

Als Christine de Pizan Karl V. das Attribut „der Weise" verlieh, wählte sie nicht als Vorbilder die chronologisch naheliegenden spanischen oder italienischen Könige, sondern suchte antike Vorbilder wie den ägyptischen Pharao Ptolemäus II. Philadelphus, der laut Christine selber Astrologe gewesen sein soll (dabei verwechselt sie den Pharao Ptolemäus II. mit dem Astrologen Claudius Ptolemäus). Außerdem besäße er über 50.000 Bücher in seiner Bibliothek von Alexandria und habe die Übersetzung der ‚Septuaginta', der ‚Thora' ins Griechische befohlen[75]. Diesen Rückbezug auf antike Vorbilder bemühen auch andere Autoren in zahlreichen Prologen zu den Übersetzungen für Karl V. Sowohl Jacques Bauchant in den ‚Voies de Dieu', als auch Johann Corbechon im Prolog seiner Übersetzung der Enzyklopädie ‚De proprietatis rerum' führen Ptolemäus als Beispiel an; Corbechon bezieht sich weiterhin auf andere Herrscher der Bibel wie Salomon, der Antike wie Alexander der Große, Julius Caesar, Kaiser Theodosius; sowie für die nationale Geschichte auf Karl den Großen[76]. Alle diese Herrscher verband laut Corbechon ihre Gelehrsamkeit und dass sie aktiv am intellektuellen Geschehen teilhatten: Caesar schrieb selbst oder diktierte, Alexander und Karl der Große waren umgeben von eminenten Gelehrten, das heißt Aristoteles für den einen, Alkuin für den anderen[77]. Dieselbe Reihung übernimmt auch Johann Golein in seinem Prolog des ‚Rational des divins offices', in dem er Salomon als Vorbild des weisen Herrschers als Beispiel dafür herausstellt, dass die großen Herrscher von kulturell bedeutenden Monarchien wie die Römer, Ägypter, Griechen stets wissensdurstig waren, Bücher suchten, lasen und

---

[74] J. Quillet, De Charles V à Christine de Pizan, Paris 2004, 65–68.

[75] Christine de Pisan, Livre des fais et bonnes meurs du sage roi Charles V (nt. 33), vol. 2, 44 sq.: „De la grant amour, qu'il avoit en avoir grant quantité livres, et comment il s'i [sic] delictoit, et de ses translacions, me souvient d'un roy d'Egipte appellé Ptholomée Philadelphe, lequel fu homme de grant estude, et plus ama livres que autre quelconques chose, ne estre n'en pouvoit rassadié; une fois, demanda à son libraire quans livres il avoit; cellui respondi que tantost en aroit accompli le nombre de .L. mille; et comme cellui Ptholomée oist dire que les Juifs avoient la loy de Dieu escripte de son doy, ot moult grant desir que ceste loy fust translatée de ebrieu en grec, [...]. Celle translacion fu moult agreable au roy. Moult fu sage cellui roy Ptholomée, et moult sceut de la science d'astronomie, et mesura la reondeur de la terre."

[76] D. Byrne, Rex imago Dei, Charles V of France and the Livre des propriétés des choses, in: Journal of Medieval History 7 (1981), 97–113, hier 102. Für ein weiteres Beispiel für die weite Verbreitung dieses Topos cf. aus den ‚Voie de Dieu': „Car l'en troeve es hystoires anciennes que Tholomeus Philadelphus qui fu roy d'Egypte, et lequel repara la science d'astronomie avoit en sa librairie .L. mille volumes de diverses sciences; [...] il manda a Eleazar, evesque des juis, qi'il li envoiast la Loy par escrit [...] afin que icelle translatee il la tenist et feist tenir a son peuple." – zit. nach M. Tesnière, Livres et pouvoir royal au XIVe siècle: la librairie du Louvre, in: J. Maillard e. a. (edd.), Matthias Corvin, les bibliothèques princières et la genèse de l'état moderne, Budapest 2009, 251–264, hier 254.

[77] Tesnière, Livres et pouvoir royal au XIVe siècle (nt. 76), 255.

sich damit auseinandersetzten. Als Beispiele führt er an, dass Ptolemäus II. als mächtigster Pharao der Ägypter die größte Büchersammlung der Welt besessen habe; Theodosius besaß ein perfekt organisiertes und geordnetes Studierzimmer; ja selbst Karl der Große, in dessen direkter Nachfolge als König Karl V. stehe, wurde von Alkuin in den Sieben Künsten unterrichtet[78]. Sowohl König als auch Übersetzer schrieben sich dabei ein in eine illustre Linie, denn ebenso profitiere Karl V. von den besten Gelehrten seiner Zeit, die somit der *sagesse* des Königs dienten. Ausführlich beschreibt Christine de Pizan, wie der König eine intuitive Intelligenz besäße, gebildet sei in Philosophie, Astrologie und in den *artes*, in den für ihn übersetzten Büchern lese und Gelehrte der Universität zu sich kommen lasse, um mit ihnen zu diskutieren[79]. Diese intellektuelle Anteilnahme und Auseinandersetzung wird damit höher bewertet als die bloße Transmission des Wissens als Übersetzer oder Verfasser. Ausschlaggebend ist für die Autorin die Natur der Texte: Es sind alles Klassiker der christlich-abendländischen Kultur, Ratgeber für den König und philosophisch anspruchsvolle Literatur, bei der die Ausübung der Regierungspraxis den König leiten sollte.

Nach Karl V. lag die Messlatte für die intellektuellen Qualitäten eines Königs hoch. Wie hoch, das kann man an den zahlreichen Fürstenspiegeln ablesen, die für Karl VI. verfasst wurden[80]. Der ‚Songe du vieil pelerin' mit seiner ausführlichen Leseliste führt eindrücklich vor, wie der zukünftige König (hier: der junge Karl VI.) in allen Disziplinen selber belesen sein sollte: für seine moralische und religiöse Erziehung einerseits, für seine intellektuelle Bildung andererseits. Auch solle er über militärische Grundkenntnisse, sowie über politische Bildung verfügen, zu der er die von Nicole Oresme übersetzten Texte der Ethik, Politik und der Ökonomie aus dem aristotelischen Korpus in der Übersetzung zählte[81]. Die

---

[78] Paraphrasiert nach Tesnière, Livres et pouvoir royal au XIV$^e$ siècle (nt. 76), 256.

[79] Christine de Pizan, Livre des faits et bonnes moeurs du sage roi Charles V, ed. Hicks/Moreau (nt. 73), 201–207; 216–218; 219–220.

[80] Zu den Ratgebern wie Nikolaus von Lyra, Jean Gerson, Christine de Pizan, Pierre Salmon etc. cf. Krynen, Empire du roi (nt. 65), 200 sq.; Bourassa, Counselling Charles VI of France (nt. 57); J. Verger, Ad prefulgidum sapiencie culmen prolem regis inclitam provehere. L'initiation des dauphins de France à la sagesse politique selon Jean Gerson, in: D. Boutet/J. Verger (eds.), Penser le pouvoir au Moyen Age. VIIIe–XV$^e$ siècle. Études d'histoire et de littérature offertes à Françoise Autrand, Paris 2000, 427–440 ; S. Vander Elst, Literature and Chivalric Education in Philippe de Mézières' Le songe du vieil pelerin, in: R. R. Blumenfeld-Kosinski/Kiril Petkov (eds.), Philippe de Mézières and his age: Piety and Politics in the Fourteenth Century: [papers originally presented at a symposium under the name of "The age of Philippe de Mezieres: Fourteenth-century piety and politics between France, Venice, and Cyprus" in Nicosia, Cyprus on June 10–14, 2009], Leiden 2012, 189–206.

[81] Philippe de Mézières, Le songe du vieil pelerin, ed. G. W. Coopland, Cambridge 1969 (2 voll.), vol. 2, 220; Krynen, Empire du roi (nt. 65), 214 sq.; zu Philippe de Méziéres, seinem Werk und seinem Leben, cf. Bourassa, Counselling Charles VI of France (nt. 57); J. Blanchard/R. Blumenfeld-Kosinski (eds.): Philippe de Mézières et l'Europe, nouvelle histoire, nouveaux espaces, nouveaux langages, Genf 2007; R. R. Blumenfeld-Kosinski/Kiril Petkov (eds.), Philippe de Mézières and his age: Piety and Politics in the Fourteenth Century (nt. 80).

Ansprüche wurden dabei immer höher und gänzlich unerreichbar, tatsächlich brauchte nun der König eine komplette Bibliothek, um diesem Bildungskanon gerecht zu werden[82].

## V. Zusammenfassung: Die Bibliothek zwischen Denkraum und Wissensordnung, zwischen Realität und Konstruktion

Die Bedeutung, die bei der Repräsentation des weisen Herrschers den Büchern und dem Wissen zukam, wird in der vielleicht emblematischsten visuellen Repräsentation Karls V. deutlich, die ich am Anfang des Artikels erwähnt habe: der Illuminierung auf dem Frontispiz der Übersetzung durch Denis Foulechat von Johanns von Salisbury ‚Policraticus'[83]. Karl V., eingekleidet mit *fleurs de lys*-Mantel und Krone, sitzt unter einem hölzernen mit Schnitzereien reich verzierten Baldachin vor einem Bücherrad, über ihm ist Gottes Hand erkennbar, die unter dem Baldachin aus einer Wolke hervorragt und den König segnet. Karl V. selber deutet mit seinem ausgestreckten Mittelfinger auf das große aufgeschlagene Buch[84]. Auf perfekte Weise fasst diese Miniatur die Darstellung nicht des realen Leseaktes zusammen, sondern stilisiert den Idealtypus des weisen Herrschers, wie er hier von Karl V. personifiziert wird: die Kongruenz von Wissensdurst, einem großen Wissensspeicher, der dafür zur Verfügung steht, damit der „roy philosophe" gestützt durch die „sagesse" regieren kann[85]. Der neue Typus des idealen Herrschers ist nicht mehr nur der biblische Salomon, sondern der aktive, auch durch universitäres Wissen gebildete platonische Philosoph. Diese Kriterien, das zeigen Bilder und Texte, vereint Karl V., der somit zum Prototyp des weisen Herrschers avancierte. Wilhelm Berges nennt Karl V., der „vom Schreibtische aus regiert" eine „unmittelalterliche Gestalt"[86]. Doch ob er tatsächlich vom Schreibtisch oder, wie manche vorherigen Wissenschaftlerinnen und Wissenschaftler insinuieren, aus der Louvrebibliothek heraus regierte, ist weniger sicher als hingegen die Feststellung, dass das in Christine de Pizans Panegyrikon kompilierte und perfektionierte Bild des weisen Königs noch heute überwirkmächtig ist[87]. So überwirkmächtig, dass dabei übersehen wird, dass jene ‚Policraticus'-Übersetzung zwar dem König überreicht wurde,

---

[82] Kopp, Der König und die Bücher (nt. 15), 315 sq.
[83] Paris, BnF ms. fr. 24287, fol. 2r., siehe Einleitung.
[84] Cf. nt. 2 für die Bibelstelle.
[85] Diese Beispiele könnte man vermehren, cf. C. R. Sherman, The Portraits of Charles V of France (1338–1380), New York 1969; id., Representations of Charles V of France (1338–1380) as a Wise Ruler, in: Medievalia et humanistica 2 (1971), 83–96; Kopp, Der König und die Bücher (nt. 15), 320–324.
[86] W. Berges, Die Fürstenspiegel des hohen und späten Mittelalters, Stuttgart 1952 (Nachdruck von 1939), 70.
[87] Zur Persistenz Karls V. und seiner Bibliothek in den Diskursen des 18. Jahrhunderts bis heute cf. Kopp, Konstruktion, Rezeption, Narration (nt. 6), 63–85.

und sich die Handschrift in der Louvrebibliothek befand, sie aber keine zeitgenössische Verbreitung am Hofe fand und erst viel später im fünfzehnten Jahrhundert als Klassiker unter den Fürstenspiegeln rezipiert wurde[88].

Ziel dieser Untersuchung war es somit auch, neben einem neuen Blick auf Analysemethoden zu mittelalterlichen Bibliotheken, über die Historisierung der Bestände und Kontextualisierung des Gebrauchs diese historiographischen Konstruktionen kritisch zu hinterfragen. Neben der offensichtlich praktischen, anleitenden Ratgeberliteratur wurden über sehr wenige ausgewählte Übersetzungen und Kompilationsaufträge dokumentiert, dass die Rolle der Louvrebibliothek darin bestand, Legitimations- und Herrschaftsstrategien bereit zu halten. Die Bibliothek eröffnete aber sowohl dem König als auch dem Hof die Möglichkeit, über Bücher mit dem König zu interagieren, sei es über Buchgeschenke oder Übersetzungen. Die Bibliothek fügte sich also in einen höfischen Austausch ein, ebenso wie in ein politisches Programm. Zu guter Letzt nahmen die Handschriften an einer paradigmatischen Konstruktion einer neuen Königsrepräsentation teil, für die die Louvrebibliothek einerseits als Modell diente, andererseits über die dort versammelten und in Handschriften verbreiteten Konzepte zur Königssakralität der Valois-Monarchen wiederum die Diskurse zurück prägte.

---

[88] Es existieren drei weitere Versionen mit anderen Textfragmenten, die auf eine parallele Überlieferung zurückgehen müssen, die nichts mit dem Widmungsexemplar der Louvrebibliothek zu tun haben, cf. P. Galderisi (ed.), Translations médiévales, vol. 3, 620; Boucher, La mise en scène de la vulgarisation (nt. 45), 295.

# Die päpstliche Bibliothek von Avignon in der Zeit Benedikts [XIII.] / Pedro de Lunas: Spiegelt sich der Besitzer in der Bibliothek? Bibliotheksanalyse als bildgebendes Verfahren[*]

BRITTA MÜLLER-SCHAUENBURG (München)

## I. Die Bibliothek Benedikts [XIII.] als Komposition

Als Benedikt [XIII.][1] 1394 Papst der Avignoneser Linie im Großen Abendländischen Schisma wurde, brachte er eine bereits umfangreiche Kardinalsbibliothek mit und fügte sie der Avignoneser Papstbibliothek zu. Die damit beginnende, sich im Verlauf des unsteten Pontifikates verändernde „Bibliothek Benedikts [XIII.]"[2] ist bekannt durch eine Reihe zeitgenössischer Buchverzeichnisse und rund 520 Handschriften, die aus der Bibliothek erhalten sind, verstreut auf Bibliotheken Westeuropas. Die Kodizes stammen aus verschiedenen Phasen der Bibliothek, und viele kommen in mehreren Buchverzeichnissen vor, so dass man den Weg der Bücher durch die Bibliothek im Zeitverlauf verfolgen kann[3].

Wie lässt sich eine Bibliothek als ‚Gesamtbild' erfassen und ‚lesen'? Die Bibliothek wird als Ensemble betrachtet: Die Texte stehen zunächst einmal physisch nebeneinander, als Buchträge im Buchverzeichnis, als Kompilation von Einzeltexten im Kodex und als Zusammenstellung auf dem Folio. Sie können zusätzlich einen klaren argumentativen Zusammenhang bilden, tun dies aber nicht

---

[*] Die hier vorgestellte Methode entstand im Kontext von und auf Grundlage zweier DFG-Projekte am Hugo von Sankt Viktor-Institut für mittelalterliche Quellenkunde in Frankfurt: „Benedikt XIII. und seine Bibliothek der Häresien" und „Gebildetes Papsttum", cf. R. Berndt, Zu diesem Band, in: Id. (ed.), Der Papst und das Buch im Spätmittelalter (Erudiri sapientia 13), Münster 2017, 5–7. Vorliegender Text ist ein leicht überarbeiteter Extrakt aus: B. Müller-Schauenburg, Das Kirchenbild Benedikts [XIII.] im Spiegel der Komposition seiner Bibliothek. Eine Studie zur materialen und thematischen Zusammensetzung der Papstbibliothek von Avignon und Peñiscola während seines Pontifikats (1394–1423) mit Blick auf Bildzentrum ‚Recht' und Bildperipherie ‚Häresien' (Habilitationsschrift, ungedruckt).
[1] Wissenschaftlich hat sich die Schreibweise mit eingeklammerter Ordinalzahl etabliert, in Absetzung gegen Benedikt XIII. / Francesco Osini (1649–1730).
[2] Der Gesamtumfang der Bibliothek lässt sich für keinen Zeitpunkt sicher angeben. Es werden für das Jahr 1423 über 1900 Kodizes gelistet, cf. M.-H. Jullien de Pommerol/J. Monfrin, La bibliothèque pontificale à Avignon et à Peñiscola pendant le Grand schisme d'Occident et sa dispersion. Inventaires et concordances, 2 voll. (Collection de l'École française de Rome 141), Rome-Paris 1991, XXXIV* (Schema).
[3] Für die Entwicklung und Forschungsgeschichte der Bibliothek cf. den Beitrag von Christine Grafinger in diesem Band.

zwingend. Sie können auch nebeneinander zu stehen gekommen sein, weil eine sie positionierende Person sie aus anderem Grunde so zusammenstellte[4]. Diverse oder sich widersprechende Texte können direkt nebeneinander stehen.

Indem am konkreten Nebeneinander entlanggegangen wird, bildet sich eine Erkenntnis, in welchem Verhältnis sich Kodizes und inhaltliche ‚Punkte' und ‚Orte' zueinander befinden. Sie kann ästhetischer Art sein oder auch ein Erfassen von normalsprachlich verbalisierbaren Strukturprinzipien. Aus dieser Kenntnis lässt sich eine Art von ‚Landkarte' erstellen. Wenn viele Buchverzeichnisse und Kodizes aus unterschiedlichen Zeiten erhalten sind, ist es – wie im Falle der Bibliothek Benedikts [XIII.] – möglich, eine Vielzahl von Stellungen und damit eine Entwicklung der Bibliothek zu verfolgen. Schließlich lässt sich die Frage stellen, ob die Bibliothek lesbar oder interpretierbar ist als ‚Werk' oder Bild des Besitzers. Damit wird die Landkarte gelesen als eine ‚innere Landkarte' (‚Mind-Map') einer bestimmten Person.

Das Ensemble ist eine ‚Komposition' (*com-positio*). Benedikt [XIII.] bezeichnet bereits zeitgenössisch in seiner Vorrede zur Neuordnung der Bibliothek von 1407 die Zusammensetzung der Sammelhandschrift bzw. diese insgesamt als *compositum*[5]. Das Konzept der ‚Komposition' wird im Folgenden verwendet für und übertragen auf die Bibliothek insgesamt. Bei einer nicht mehr *in situ* stehenden Bibliothek ist die Ordnung rekonstruierbar aufgrund der Reihung eines Buchverzeichnisses, das die Aufstellung in Regalen wiedergibt. Aber auch eine nicht auf physischen Raum referierende Nebeneinanderstellung in einer Liste ist eine intellektuelle Komposition. Der Kodex ist eine Komposition vielfältiger Elemente (Texte, Materialien, Farben, Hände, Besitzvermerke etc.). Und als dritte Unter-Teil-Form schließlich kann das ‚Bild' des Folio studiert werden, in seiner Zusammenstellung von bildlichen und inhaltlichen Elementen als ‚Komposition'[6].

Eine Beobachtung der ‚Komposition' umfasst möglichst alle der musikalischen Bedeutung des Begriffs entstammenden Konnotationen, wie Rhythmus,

---

[4] Bücher werden sortiert oder auch flüchtig und gedankenlos eingestellt. In allen Fällen aber ist es eine menschliche Person, die die Position bestimmt. Dieser Akt ist in dem Fall, in dem er überlegt geschieht, als eine inhaltliche oder operative, wenn auch selbst nonverbale, material vollzogene Aussage lesbar.

[5] Er bezeichnet die Sammelhandschriften als „*volumina in quibus diversa continentur a diversis doctoribus scripta, composita seu ordinata*", in Absetzung von Kodizes mit den *opera* nur eines Autors (P. Galindo Romeo, La biblioteca de Benedicto XIII (Don Pedro de Luna), Zaragoza 1929, 738; Neuedition Jullien de Pommerol-Monfrin, La bibliothèque pontificale à Avignon (nt. 2), 117). In der Festschrift Tony Edwards wird ‚composition' als textinternes Zusammengewobensein verschiedener Begriffe, Motive etc., ‚compilation' als Zusammensetzung des Kodex und ‚production' als den Entstehungs- und Gebrauchsprozess von Texten und Kodizes verstanden, cf. D. A. Pearsall/C. M. Meale (eds.), Makers and Users of Medieval Books, Cambridge 2014. Vorliegend wird genau dieses Bedeutungsspektrum angesprochen.

[6] Cf. e.g. H.-J. Martin/J. Vezin, Mise en page et mise en texte du livre manuscrit, Paris 1990.

Wiederholungen, Motive und Variation[7]. Dafür ist konzeptuell zu unterscheiden zwischen ‚Ordnungen' und ‚Gestalten', als zwei unterschiedlichen Gesichtspunkten, aus denen sich jeweils ein Set von Beobachtungsparametern ergibt.

Die Ordnung als *ordo*[8] ist eine spezifische Reihenfolge, z. B. eine Folge von Einträgen im Buchverzeichnis oder von Texten im Kodex, und die Kriteriologie der ‚Sortierung'. Ordnung als *ordinatio* hingegen verweist auf einen Akteur bzw. besitzt, potentiell, auch selbst ‚Agency' im kulturwissenschaftlichen Sinne, wenn ein Benutzer sich an dieser Ordnung wiederum zu orientieren beginnt und sie so ‚wirkt'[9].

Die ‚Gestalt' oder ‚Gestaltung' ergibt sich aus mehr quantitativen Gesichtspunkten, zum Beispiel ‚Schwerpunkten' bestimmter Phänomene und Themen oder die mehr oder weniger kostbare und sorgfältige materielle Ausführung von Themen. Ebenfalls zur Gestalt gehören verschiedene Gebrauchszustände, Themenbestimmungen und Tonarten, mit denen sich Texte an ihre Adressaten richten. Auch diese ‚weicheren' Merkmale gehören zum Profil der Bibliothek[10]. In diesem Bereich können sich Veränderungen ergeben, während die Ordnung unverändert bleibt[11].

---

[7] Zum Zusammenhang von Musik und Raumkonzeptionen: N. Noeske, Musikwissenschaft, in: S. Günzel (ed.), Raumwissenschaften, Frankfurt am Main 2009, 259–273; S. Kunze, Raumvorstellungen in der Musik. Zur Geschichte des Kompositionsbegriffs, in: Archiv für Musikwissenschaft 31/1 (1974), 1–21. Vielleicht ist zu betonen, dass vorliegend das Konzept der ‚Komposition' ausdrücklich nicht das der klassischen Harmoniekategorien impliziert, also Konsonanzen und Dissonanzen nicht unterscheidet.

[8] Cf. E. Habel/F. Gröbel, Mittellateinisches Glossar, Paderborn ²1959, 267. In den historischen Wissenschaften hat das Konzept der ‚Ordnungen' nach einer Kontroverse vor allem angesichts der Verwendung des Konzepts ‚Ordnung' durch Michel Foucault seit einiger Zeit seinen Weg gefunden. Für die frühe Neuzeit cf. H. Zedelmaier, Bibliotheca universalis und bibliotheca selecta. Das Problem der Ordnung des gelehrten Wissens in der frühen Neuzeit (Kölner historische Abhandlungen 37), Köln 1992.

[9] Wollte man diese Perspektive weiter vertiefen, wäre die Bezeichnung ‚Situationsanalyse' erwägenswert, mit Blick auf die Bedeutung des Terminus in der existenzialistischen Philosophie.

[10] An anderer Stelle, im Kontext der Frage nach unterscheidbaren Modellen transkultureller Verflechtung, habe ich für die Beschreibung der Bibliothek den Begriff ‚Gewebe' gewählt (cf. G. Christ/S. Dönitz/D. G. König/S. Kücükhüseyin/M. Mersch/B. Müller-Schauenburg/U. Ritzerfeld/Ch. Vogel/J. Zimmermann, Transkulturelle Verflechtungen. Mediävistische Perspektiven, Göttingen 2016, 152, 167–183, bes. 170–172). Das Modell, vollständig ‚Gewebe/Textura', steht dort in Abgrenzung von ‚Netzwerk' und ‚Rhizomatischem Geflecht'.

[11] Die Gestalt besitzt nicht so eindeutige Äquivalenzen in mittelalterlichen Termini. Weitgehend entspricht dem hier Gemeinten *figura* als ‚Umriss', äußeres Ansehen, (geometrische) Form, das zwei- und dreidimensionale Gebilde und die Form der Rede, cf. U. Dierse, Figur, in: Historisches Wörterbuch der Philosophie, vol. 2, Basel–Stuttgart 1972, 948–949. Aber sie insinuiert etwas nicht Individuiertes, während hier nicht im Singular nach einer sich wandelnden ‚Gestalt der Bibliothek Benedikts' gesucht wird, sondern stets einzelne Gestalten studiert, so, wie sie in Quellen erkennbar sind. Der ebenfalls zeitgenössische Begriff der *forma* ist weniger passend. Zwar bedeutet auch *forma* Umriss, Profil, Antlitz, Gepräge, Beschaffenheit, Charakter usw. Aber die begriffsgeschichtlich stabile Kontextualisierung von *forma* im komplementären Begriffspaar *forma – materia* ist in unserem Kontext ein Problem. Die *materia* ist im Kontext der Bibliotheksanalyse ebenfalls etwas ganz anderes als in der metaphysischen Bedeutung des Wortes im Gegenüber zur *forma*: Als *materiae* werden von Benedikt [XIII.] und auch hier im Folgenden einzelne

Um die Bibliothek als Komposition, mit dem Interesse am Verständnis eines in ihr manifestierten Denkhorizontes, zu erschließen, bedarf es eines die große Komplexität des Gegenstandes erfassenden analytischen Zuganges[12].

## II. Eine Methode der datenbankgestützten Analyse der Komposition

Die große Datenmenge (Autoren, Texte oder Werke, Informationen über Kodizes[13] und ihre Stellung zueinander) einer mittelalterlichen Bibliothek, in der jeder Text ein Unikat darstellt, ist eine wohlbekannte, große Herausforderung[14]. Zwei Maßnahmen zur Bewältigung der Datenmenge kamen zur Anwendung, die beide im Grunde einfach sind.

Die erste Maßnahme bestand in einer Dateneingrenzung für den hier dargestellten ersten Untersuchungsgang. Die Bibliothek wurde nicht gleichmäßig untersucht, sondern zwei thematische Ausschnitte (,Häresien' und ,Recht'). Die Buchverzeichnisse mussten zwar vollständig einbezogen werden, um die jeweilige Verortung in ihnen richtig bestimmen zu können. Aber zumindest die Zahl der zu untersuchenden Kodizes wurde so auf knapp 190 Handschriften reduziert.

Die zweite Maßnahme war die Anlage einer Datenbank[15]. Die Datenbank ist so strukturiert, dass verschiedene Daten (Kodizes, Kodexelemente wie Einbän-

---

Themen (,Stoffgebiete') bezeichnet, cf. z. B. Galindo Romeo, La biblioteca de Benedicto XIII (Don Pedro de Luna) (nt. 5), 738: „*Et statim in principio ordinis, ponuntur libri de laudibus Virginis Marie propter excellenciam materie* […] *Et quia tam inter doctores quam inter eorum tractatus sive dicta est differencia* […] *quomodocumque et qualitercumque tractantes de qualicumque materia.*" Im vorliegenden Kontext sind *materiae* somit weiter abstrahiert von ,Materialität' im Sinne physischer Stofflichkeit, als *formae*, die als ,Materialgestalten' verstanden werden. Der deutsche Begriff ,Gestalt' hat, ebenso wie ,Ordnung', bereits eine geprägte und nicht unproblematische Tradition innerhalb der historisch arbeitenden Geisteswissenschaften. Neben der schwer objektivierbaren Weise der Beobachtung (,Anschauung') hat insbesondere die geschichtsphilosophische Rezeption z. B. bei Oswald Spengler mit ihren Folgen den Begriff für die Geschichtswissenschaften verdächtig gemacht. Die Theologie hat ihn (lat. als *figura*) auf eine Weise bewahrt, die ihn frei von den genannten problematischen Konnotationen verwendet, prominent für die Bezeichnung von eucharistischem Wein und Brot als Gestalten; vgl. etwa Thomas von Aquin: „*Adoro te devote, latens Deitas, quae sub his figuris vere latitas*", gedruckt etwa in: A. Schwerdt, Hymnen und Sequenzen, München 1954, 63.

[12] Die Rekonstruktion der Bibliothek *in situ* oder digital bzw. auf Papier wird, auf dem Stand der Forschung, vorausgesetzt.

[13] Zu den in den Verzeichnissen enthaltenen kodikologischen Informationen cf. auch im Beitrag von Ch. Grafinger in diesem Band. Dort auch Abbildung eines Verzeichnisbeispiels (p. 367, fig. 4).

[14] Cf. auch die Auswertung großer Datenmengen mit quantitativen Methoden zum Zwecke des Vergleichs, jedoch nicht in Tabellenform: I. Baumgärtner, Meßbares Wissen. Juristische Handschriften an spätmittelalterlichen deutschen Kollegien und Universitäten, in: V. Colli (ed.), Juristische Buchproduktion im Mittelalter (Studien zur europäischen Rechtsgeschichte 155), Frankfurt am Main 2002, 741–803.

[15] Die Datenbank ist erstellt mit MySQL und wird verwaltet über eine php-Oberfläche, d. h. vollständig basiert auf open source-Software. Sie besitzt zusätzlich eine Nutzer-, Projekt- und Literaturverwaltung.

de, Signaturen, Annotationen, Beschreibstoffe, Schreiberhände, Texte, Illuminationen, spez. Besonderheiten, Herkunftsorte, Personen, Institutionen etc.) in der dem jeweiligen Projekt angepassten Weise aufgenommen und zueinander in Beziehung gesetzt werden können. Jedes Element und jede Beziehung von Elementen ist datierbar (angepasst an die Realität historischen Arbeitens, die nicht die der in Programmiersprachen verfügbaren Datumstempel ist und auch nicht einfach „zwischen" zwei solche Daten passt, sondern technisch unerwartet komplex z. B. „nicht vor", „nach", „circa" etc. enthält) und der gesamte Datenbestand ist durch Keywords strukturierbar.

In diese Datenbank wurden die Daten eingetragen aus vorhandenen Beschreibungen und in allen Fällen eigener Konsultation der Handschriften. Wie jeder weiß, der Ähnliches gemacht hat, ist das eine Forschungsaufgabe, die eine große Zahl scheinbar kleiner Recherchen und Entscheidungen umfasst, die an einen Nichtspezialisten nicht übertragbar ist[16]. Auf dieser Basis konnten einige ausgewählte serielle Datenbankabfragen gestellt werden.

Es ist wohl unnötig zu betonen, dass die serielle Datenanalyse immer nur begleitende Methode sein kann. Unverzichtbar bleibt die normalsprachlich lesende und beschreibende Arbeit, mit deren Hilfe Zusatzinformationen in die Dateninterpretation einbezogen und Einzelphänomene thematisiert werden können, zum Beispiel ein in mehreren Verzeichnissen gelistetes Buch, das auf signifikante Weise seinen ‚Ort' im Buchverzeichnis wechselt und unter einer neuen Rubrik zu stehen kommt[17]. In Ergänzung miteinander ergeben beide Verfahren, Abfrage und normalsprachliche Arbeit, aspektreiche „Bilder" der Bibliothek.

---

[16] Als Hilfskraft mit Lateinkenntnis und juristischer Ausbildung arbeitete Benedikt Wach. Die mit starker Hand mit mir durch das ‚Meer der Bibliothek' rudernde Spezialistin war Anette Löffler. Ihre Handschriftenbeschreibungen liegen zusätzlich gedruckt vor: A. Löffler, Bücher Benedikts XIII., in: Berndt (ed.), Papst und Buch (nt. *), 277–527.

[17] Der ‚Dialogus' des Ockham ist so ein Fall. Ein Exemplar steht bereits im Verzeichnis der Kardinalsbibliothek, in der Rubrik ‚Diverse [*doctores*]'. Hier scheint die Gattung ‚Dialog' Sortierungskriterium gewesen zu sein, er ist Listennachbar eines ‚Dialogus anime et corporis' – evtl. das Robert Grosseteste zugeschriebene Werk. In der Mobilen Bibliothek findet sich ein anderes Exemplar in der Häresienrubrik (Bup 134). Dann ist dokumentiert, dass unterwegs Johannes Cabeza de Vaca, Bischof von Burgos, sich im Kontext eines Buchverleihs in Perpignan das Exemplar ausleiht (Bup App IX 18). In Peñiscola steht der Dialogus wieder in einer von jeder Häresie-Konnotation freien Aufstellungsrubrik *Quarta domus Theologia*, wobei ‚*domus*' eine Art Fach im Schrank ist (Pb 745).

## 1. *Kompositionsanalyse der Buchverzeichnisse*[18]

Die ‚Ordnung' im Buchverzeichnis besteht vor allem in der Anordnung der Bücher in Gruppen zum Beispiel nach Themen oder Autoren[19] (manchmal vereinfachend „Sachordnungen" genannt)[20]. Bei durch Rubrizierung[21] gegliederten Verzeichnissen kann die explizierte Ordnung in Spannung stehen zu dem darunter jeweils gelisteten Stoffgebiet (*materia*), etwa wenn unter der Autorenrubrik *Ieronimus* doch ein *liber Ysidori*, ein *liber Cassiodori* e. a. gelistet sind[22] oder unter der Rubrik der *Libri Legales* poetische Texte[23]. Zu unterstellen, dass die Texte da „falsch" stehen, wäre unhistorisch. Jedenfalls müssen die zeitgenössische Rubrizierung und die darunter zu findenden Themen und Mischungen von Themen[24] als zwei Phänomene je für sich registriert werden. Um Vergleichbarkeit zu ermöglichen, müssen die Rubriken nach Typen sortiert werden – z. B. ‚Bibelrubrik', ‚Autorenrubrik', ‚kanonistische Rubrik' etc. So kann man trotz stets unikater Rubrikenlautung die Art der Sortierung, für ganze Buchverzeichnisse oder einzelne Einträge darin, doch vergleichen. Diese Rubrikentypologie ist eine eigene kleine Taxonomie, eine „Sortierung" der Rubriken.

Durch die einfache Abfrage der Reihenfolge und Typen der Rubriken und der Anzahl der Einträge in den einzelnen Rubriken gewinnt man die Großstruktur eines Verzeichnisses:

---

[18] Zu den Editionen der Verzeichnisse cf. den Beitrag von Ch. Grafinger in diesem Band. Die Sigla sind gemäß der Konvention verwendet wie folgt: Lun (Verzeichnis der Kardinalsbibliothek, vor 1394), Ur (unter Urban V. angelegtes Verzeichnis der Papstbibliothek in Avignon, 1369), Gr (unter Gregor XI. angelegten Verzeichnis der Papstbibliothek in Avignon, nach 1394), Aa (unter Benedikt [XIII.] als ‚Nova Ordinatio' angelegtes Verzeichnis der päpstlichen *Libraria magna* in Avignon, 1407) Bup (unter Benedikt [XIII.] angelegtes Verzeichnis der Mobilen Bibliothek [Grafinger: „Reisebibliothek", zwei Versionen A und B, 1405–1408), Pa (unter Benedikt [XIII.] angelegtes Verzeichnis der Papstbibliothek in Pensicola, 1412–1415), Pb (nach dem Tode Benedikts [XIII.] angelegtes Verzeichnis der päpstlichen Libraria magna in Peñiscola, Pc (nach dem Tode Benedikts [XIII.] angelegtes Verzeichnis des päpstlichen Studium in Peñiscola, 1423).

[19] Eine weibliche Autorin der Bibliothek bildet die Ausnahme: Proba, römische Dichterin des 4. Jh., mit ihrem Werk ‚Cento Vergilianus' (Gr 1389).

[20] F. Fürbeth, Sachordnungen mittelalterlicher Bibliotheken als Rekonstruktionshilfen, in: M. Embach/A. Rapp (eds.), Rekonstruktion und Erschließung mittelalterlicher Bibliotheken. Neue Formen der Handschriftenpräsentation (Beiträge zu den Historischen Kulturwissenschaften 1), Berlin 2008, 87–103.

[21] Zeitgenössische Bezeichnung dieser Abteilungen als ‚Rubriken': Jullien de Pommerol/Monfrin, La bibliothèque pontificale à Avignon (nt. 3), 171.

[22] Gr 1321.

[23] Pc 199, Pc 200.

[24] In der Rubrik der *Libri istoriales* von 1423 finden sich z. B. neu und anderswo als Poet klassifizierte antike Autor Tullius (Pc 337) oder auch Hieronymus (Pc 341) – eine Mischung also, die als buchlicher Ausdruck eines neuen Zuschnittes von *Istoria* verstehbar ist, um nur ein Beispiel in Kleinform zu geben.

Muster:

| Rubrik | Rubrikentyp | Anzahl BVE |
|---|---|---|
| (Rubriknummer) (Rubrik 1) | (Rubrikentyp a) | (Zahl) |
| (Rubriknummer) (Rubrik 2) | (Rubrikentyp b) | (Zahl) |
| (etc.) ... | (etc.) ... | (etc.) |

Gefüllt sieht das z. B. für das Verzeichnis der Papstbibliothek in Avignon von 1369 so aus:

| Rubrik | Rubrikentyp | Anzahl BVE |
|---|---|---|
| 1. Libri beati Augustini | Autorenrubrik (bis 1200) | 98 |
| 2. Libri Leonis papae | Autorenrubrik (bis 1200) | 3 |
| (etc.) ... | (etc.) ... | (etc.) |

So sieht man jedoch noch kaum mehr, als eine Edition und selbst das Original auch zeigte: Die Ordnung der Rubriken, und ihre vergleichende Gewichtung. Im Beispiel sieht man bei den *Libri beati Augustini* einen umfangreichen Buchbestand (98 Einträge), während unter der Rubrik der *Libri Leonis papae* wenige (nur drei) gelistet sind. Man hat also zwei Rubriken vom selben Typ (Autorenrubrik), die aber auf den Buchbestand gesehen ein ganz unterschiedliches Gewicht haben. Schon daran entsteht aber eine Vergleichbarkeit mit anderen Bibliotheken: Nicht alle beginnen mit Autorenrubriken oder besitzen solche[25]. Die fortlaufende Nummerierung der Rubriken (‚Rubrikennummer') neben einer eventuell in der Quelle vorhandenen, oft doch ungleichmäßigen Nummerierung wird für interessantere Abfragen als Abkürzung zur Bezeichnung der Rubrik in der Darstellung der Abfrageergebnisse verwendet.

Interessanter ist die Analyse der ‚Füllungen' der Rubriken. Einzelne Buchverzeichniseinträge sind dafür nach definierten Kriterien bestimmten Themen (*materiae*) zugeordnet im Rahmen einer Taxonomie von *materiae*[26]. Die Kriterien

---

[25] Das Buchverzeichnis Pc besitzt nur Sachrubriken. Zu Rubrikentypen cf. D. Nebbiai-dalla Guarda, I documenti per la storia delle biblioteche medievali (secoli IX–XV) (Collana della Facoltà di lettere e filosofia dell'Università di Venezia in San Sebastiano. Sezione di studi storici 8), Roma 1992.

[26] Unter Taxonomie wird hier eine strukturierte Binnendifferenzierung eines thematischen Bereichs verstanden. Sie deckt den Bereich vollständig ab, so dass es möglich ist, jeden in den Bereich fallenden Buchverzeichniseintrag mindestens einer der Optionen zuzuordnen. Die Taxonomie und Kriterien der Zuordnung eines Eintrags wurden für das hier zugrunde liegende Projekt basierend auf einer ersten Phase der Arbeit mit den Verzeichnissen erstellt und berücksichtigen die in dieser Bibliothek vorfindlichen Themen und Merkmale. Durch die Kriteriologie werden Einträge miterfasst, deren Texte (noch) nicht identifiziert sind und trotzdem einer *materia* zuordenbar, wie z. B. beim Eintrag „*Item liber qui vocatur Extractio de Talmud in pergameno cum postibus et corio croco*" im Verzeichnis der Mobilen Bibliothek (Bup 128) – bislang konnte der Text

der Zuordnung eines Buchverzeichniseintrags zu einer dieser vier *materiae* sind angebbar und bleiben kritisierbar. Zur *materia* ‚Juden' z. B. zählen die Traktate ‚Contra judeos' und weitere Texte, welche sich in wesentlicher Hinsicht diesem Thema widmen. Diese Taxonomie umfasste im Projekt Aspekte von zwei Bereichen, die besonders beobachtet werden sollten: ‚Recht' und ‚Häresien'[27].

Die Gesamtuntersuchung kann an dieser Stelle nicht dargestellt werden, deshalb werden zur Verdeutlichung des Vorgehens exemplarisch ein inhaltlich (*materiae*) und ein materiell (kodikologisch) fokussierender Ausschnitt gezeigt.

Fragt man etwa für die *materiae* ‚Juden', ‚Muslime', ‚Armutsstreit' und ‚Schisma'[28] nach der Menge der Einträge und ihrer Verortung in den Rubriken, und, um die objektivierte Vergleichbarkeit zusätzlich zu erhöhen, auch nach ihrem prozentualen Anteil im Verhältnis zur Gesamtzahl der Einträge in diesem Verzeichnis (in der vierten Spalte steht je vor einer Klammer die Rubrikennummer[29] und in der folgenden Klammer die Zahl der in ihr zu findenden Einträge) erhält man eine tabellarische Übersicht:

Das Muster:

| % | Σ | Thema | Verzeichnisrubrik(Σ) |
|---|---|---|---|
| (Zahl) | (Zahl) | (Thema 1) | (Rubriknummer)((Zahl)) |
| (Zahl | (Zahl | (Thema 2) | (Rubriknummer)((Zahl)) |
| (etc.) | (etc.) | (etc.) ... | (etc.) ... |

Gefüllt sieht das für das Verzeichnis Gr von 1369 so aus:

| % | Σ | Thema | Verzeichnisrubrik(Σ) |
|---|---|---|---|
| 0,69 | 9 | Juden | 1(3),[30] 13(1), 26(3), 27(1), 30(1) |

---

nicht identifiziert werden, aber die Zuordnung zur *materia* ‚Juden' ist möglich. Die Kriterien sind offengelegt.

[27] ‚Recht' und ‚Häresien' waren ausgewählt, aus der Sicht des Kanonisten das ‚Zentrum' (was Recht ist) und die ‚Peripherie' bzw. Außengrenze (Frage nach Häresie) des ‚Bildes' von Kirche darzustellen.

[28] Diese *materiae* sind ein Realausschnitt aus insgesamt 18 *materiae*, die für die Frage nach ‚Häresien' in der Bibliothek beobachtet wurden.

[29] Die Rubrikennummer verortet den Eintrag in der Gesamtbibliothek, unter einer bestimmten thematischen Einordnung, und fasst zugleich Einträge noch einmal wie eine Gruppe zusammen. Bei den meisten der Verzeichnisse ist eine solche Nähe auch eine räumliche Nähe in den Regalen, nur bei der Mobilen Bibliothek wurde mehrfach umgepackt transportiert. Das Verzeichnis bildet daher keine räumliche Ordnung ab, sondern nur eine mentale.

[30] Diese Angabe bedeutet, dass in der Rubrik mit der Rubrikennummer 1 (*Libri de beati Augustini*) drei Einträge gelistet sind, die der *materia* ‚Juden' zugeordnet werden, in diesem Fall: „*Liber* [...] *de simbolo contra Iudeos*" (Gr 1), „[...] *de interrogatione Iudeorum de Christo cuius filius esset in basilica Celestine* [...] *Augustinus de Rab meretrice et duobus nunciis, quod iudicio dei Iudei de terra promissionis expulsi sunt*" (Gr 34) und ein „*Contra Iudeos*" (Gr 68).

| % | Σ | Thema | Verzeichnisrubrik(Σ) |
|---|---|---|---|
| 0,69 | 9 | Muslime | 1(1), 4(3), 26(5) |
| 2,14 | 28 | Armutsstreit | 1(1), 13(1), 26(23), 27(1), 31(1), 32(1) |
| 0,00 | 0 | Schisma | |
| (etc.) | (etc.) | (etc.) ... | (etc.) ... |

Die Tabelle zeigt, dass die *materia* ‚Armutsstreit' am Gesamtbestand des Verzeichnisses Gr einen Anteil hat, der dreimal so hoch ist (28 Einträge) wie der der *materia* ‚Juden' (9 Einträge)[31]. Für die Verzeichnisrubrik mit der Rubriknummer 1 (*Libri Augustini*) ergibt die Datenbankabfrage einen einzelnen Treffer, der dem Armutsstreit zuzuordnen ist (in der Tabelle in der Zeile Armutsstreit, rechte Spalte, „1(1)" geschrieben)[32]. In der Verzeichnisrubrik mit Rubriknummer 13 (*Libri Ricardi de sancto Victore*) findet sich ebenfalls ein Treffer (in der Tabelle „13(1)" geschrieben)[33], und in der 26. Rubrik mit *Libri sentenciarum heretic[or]um et terre sancte* finden sich mit 23 Treffern die meisten Einträge[34]. Zum Schisma gibt es in dieser Bibliothek keinen einzigen Text (Feld leer).

Damit sieht man also sowohl einen thematischen Zuschnitt eines Bibliothekbestands als auch seine zeitgenössische Ordnung und die Konzentration oder Streuung von Themen innerhalb des Bestandes – ob sich alle Treffer in einer bestimmten Rubrik befinden oder in viele Rubriken verstreut stehen.

Die durch die Datenbankabfragen entstehenden Tabellen sind analytische ‚Bilder'. Sie zeigen Mengenverhältnisse und Proportionen, in einer nun objektivierten Weise. So aufgeschlüsselt werden Daten verschiedener Bestände vergleichbar. Im diesem Beitrag zugrunde liegenden Projekt wurden Vergleiche durchgeführt zwischen synchronen[35] und zwischen diachron aufeinander fol-

---

[31] So klein der Anteil in beiden Fällen auch ist, er wird so, anders als beim einfachen, gleichmäßigen Lesen der Quelle, quantifiziert vergleichbar (2,14 % gegenüber 0,69 %).
[32] Gr 100: „*Item in volumine signato per C* [...] *plures epistole fratris Bonaventure de ewangelica paupertate* [...] *libri Thome contra dampnantes statum mendicitatis, de perfectione vite, contra errores Grecum et Saracenorum* [...]." An diesem Eintrag sieht man sichtbar, wie eine Mehrfachzuordnung zutreffen kann, in diesem Fall zusätzlich zur *materia* ‚Muslime'.
[33] Gr 292: „[...] *et tractatus eiusdem* [= *Petri Aureoli*] *de paupertate* [...]."
[34] Unter ihnen befinden sich der eben bereits gefundene Text ‚Petrus Aureoli de paupertate' (Gr 613) oder noch erhaltene Sammelhandschriften von Texten zum Armutsstreit (Ms. Vatikan, BAV, Borgh. 360, identifiziert in Gr 631; Ms. Paris, BNF, lat. 3150, identifiziert in Gr 657 u. a.).
[35] Diese Möglichkeit besteht für drei Zeitpunkte des Pontifikats Benedikts [XIII.], nämlich die drei Phasen, in denen sich die Gesamtmenge der Bücher in einer Gegenüberstellung zweier Bestände befand, von denen, vereinfacht gesagt, jeweils einer dem Papst zur Verfügung stand, der andere nicht. Erstens: zu Beginn der Amtszeit, als die Bestände der ehemaligen Kardinalsbibliothek und der Bestand der bereits bestehenden Papstbibliothek aufeinandertrafen. Zweitens: als die Flucht aus dem Papstpalast und die nachfolgenden Reisen an der Mittelmeerküste den Bestand aufteilten in die Mobile Bibliothek und den in Avignon verbliebenen Bestand. Drittens: als mit dem endgültigen Einzug in Peñiscola noch einmal ein großer Büchertransport aus dem Avignoneser Bestand die päpstliche Bibliothek teilte in den Teil, der mitgenommen wurde, und den, der in Avignon blieb.

genden Buchverzeichnissen. Die Verzeichnisrubrik wird dabei angegeben mit ihrem „Typ". Beim synchronen Vergleich stehen auf der einen Seite des Vergleichs der Bestand „bei" Benedikt [XIII.], auf der anderen der je, aus verschiedenen Gründen, weiter von ihm entfernte Bestand („nicht bei ihm").

Das Muster:

| materiae | Rubrikentyp [mit Einträgen zum Thema] | bei ihm | nicht bei ihm |
|---|---|---|---|
| (Thema 1) | (Rubrikentyp a) | (Zahl) | (Zahl) |
| | (Rubrikentyp b) | (Zahl) | (Zahl) |
| | (etc.) | (Zahl) | (Zahl) |
| (Thema 2) | (Rubrikentyp a) | (Zahl) | (Zahl) |
| | (etc.) | (Zahl) | (Zahl) |
| (etc.) | (etc.) | (etc.) | (etc.) |

Gefüllt sieht das für die Verzeichnisse Lun und Gr am Beginn des Pontifikats folgendermaßen aus:

| materiae | Rubrikentyp [mit Einträgen zum Thema] | bei ihm | nicht bei ihm |
|---|---|---|---|
| Juden | Häresien | 11 | 3 |
| | Bibel mit Kommentaren | 0 | 1 |
| | Autorenrubrik (bis 1200) | 0 | 5 |
| | Antike | 0 | 1 |
| Muslime | Häresien | 4 | 5 |
| | Autorenrubrik (bis 1200) | 1 | 4 |
| Armutsstreit | Häresien | 1 | 23 |
| | Autorenrubrik (bis 1200) | 0 | 2 |
| | Antike | 0 | 1 |
| | Liturgie / Pastoral | 0 | 1 |
| | Potestas & Repraesentatio | 0 | 1 |
| Schisma | --- | 0 | 0 |
| (etc.) | (etc.) | (etc.) | (etc.) |

Um das ‚Bild' dieser Tabelle zu interpretieren ist die Größe des Gesamtbestandes zu berücksichtigen. Vergleichend wird sichtbar, ob in einem der Vergleichsverzeichnisse proportional mehr Treffer vorliegen, und ob sie in einer Rubrik desselben Typs zu finden sind oder in einem (oder mehreren) anderen. In diesem Fall sind die Verzeichnisse sehr ungleich umfangreich: Das Verzeichnis Gr umfasst insgesamt 1483 Einträge, das Verzeichnis Lun nur 194 Einträge.

Nun ist hier zu sehen, wie zur *materia* ‚Juden' – trotz des viel kleineren Bestandes – „bei ihm" (Lun) eine größere Zahl an Treffern vorhanden ist (11 Treffer, alle in der Häresienrubrik – gegenüber 10 Treffern in Gr, dort in verschiedenen Rubriken[36]), zur *materia* ‚Armutsstreit' hingegen weist Lun eine auch proportional vergleichsweise niedrige Anzahl auf (1 Treffer[37], in der Häresienrubrik – gegenüber 28 Treffern im Verzeichnis Gr, wo sie sich fast alle in der Häresienrubrik finden, mit geringer Streuung in andere Rubrikentypen[38]).

### 2. *Kompositionsanlyse der Kodizes*

Kodizes werden in Gruppen untersucht, z. B. die Menge der „Kodizes zu ‚Recht' und ‚Häresien' aus dem Buchverzeichnis Lun". Außerdem kann man Kodizes, die Textzeugen desselben Werkes beinhalten, vergleichen, und wenn sie aus zwei verschiedenen Gruppen stammen, sich ansehen, in welcher Gruppe das ältere bzw. jüngere und wo das wertvollere bzw. einfacher ausgestattete Exemplar stand[39].

Für alle Gruppen werden seriell z. B. das Altersprofil des Bestandes und die Ausstattung mit kodikologischen und paläographischen Ordnungs- und Gestaltungselementen untersucht, wie die Verwendung von Farben, das Vorhandensein von Illuminationen, das Vorhandensein von Federzeichnungen und der verwendete Beschreibstoff. Die Methode reduziert sich in unserem Fall auf wenige, oft

---

[36] In den Rubriken *Libri beati Augustini* (cf. supra nt. 31), *Libri Ricardi de sancto Victore* (1 Treffer), der *(Libri) sentenciarum heretic[or]um et terre sancte* (3 Treffer), der *Libri antiquorum doctorum et poetarum* (dort ein Treffer für den *Liber victorie Porcheti contra iudaicam perfidiam*), der *(Libri) biblie cum eorum exposicionibus* (1 Treffer) und *Petrus Damiani* (1 Treffer).

[37] Lun 1640: „*Item liber intitulatus De paupertate Christi et apostolorum editus a fratre Nicolao ordinis minorum, coopertus de rubeo*" (identifiziert: Ms. Paris, BnF lat. 5154, ein prächtig ausgestatteter Kodex, der nach Peñiscola mitging).

[38] Der Treffer im Rubrikentyp zu Pastoral steht bei den Beichtsummen (Summe confessorum), der Eintrag lautet vollständig: „*Item in volumine signato per CCLXVII lectura domini Petri Rogerii dicti Clementis pape sexti super decretalem domini Iohannis pape XXII, item tractatus de perfectione vite*" (Gr 1143), es handelt sich um das Werk von Guido Terreni, das heute ebenfalls noch in Paris erhalten ist (Ms. Paris, BnF lat. 3600 – ursprünglich zusammengebunden mit der ebenfalls noch erhaltenen ‚Lectura super Decretalibus' Ms. Paris, BnF lat. 4117A). Der Treffer im Rubrikentyp 'Potestas / Repraesentatio' (Bezeichnung in der Quelle: „*librorum ... romanorum summorum pontificum et imperatorem et de ecclesiastica potestate cum sermoibus de dominicis et festivitatibus*") lautet vollständig: „*Item in volumine signato per XXXII unus parvus libellus sine postibus, in quo sunt due questiones, prima an papa possit in voto dispensare, et alia de mendicitate et paupertate, que multos alios continet circa LXX*" (Gr 1193), hiervon ist weder ein Kodex erhalten noch eine weitere Spur in späteren Verzeichnissen zu finden, die Zuordnung in die Taxonomie ergibt sich rein aufgrund der Verzeichnisangaben.

[39] Der diachrone Vergleich einzelner Kodizes ist seltener möglich. Eine Neukomposition, d. h. Umbindung von Kodizes während des Pontifikats, lässt sich nur in ganz wenigen Fällen nachweisen. Jüngere Kodexelemente, die erst seit 1423 hinzukamen, wurden bei der Zählung von Illuminationen etc., soweit erfassbar, ausgeschlossen.

kodikologische Merkmale, so dass man von einer methodischen ‚Oberflächlichkeit' sprechen kann.

Zum Beispiel kann man die Datierung gerastert in vier Zeiträumen[40] für das Verzeichnis Pc abfragen:

Kodizes aus dem Verzeichnis Pc, Datierung (als Gesamtkodex):

| Hss-Corpus | vor 1300 AD | 1300–1350 | 1351–1393 | 1394–1423 |
|---|---|---|---|---|
| Hss Gruppe 1 | 0 | 0 | 0 | 2 |
| Hss Gruppe 2 | 0 | 0 | 3 | 16 |

Auch bei der Interpretation einer solchen Tabelle ist wieder die absolute Zahl der Kodizes zu beachten. Sie sind im Beispiel sehr unterschiedlich (Summe der Zeilen, für Gruppe 1 also (0 + 0 + 0 + 2 =) 2, für Gruppe 2 (0 + 0 + 4 + 16 =) 20. Fast alle (18, gegenüber 3) der von den insgesamt (20 + 2 =) 22 im Verzeichnis gelisteten und noch erhaltenen Kodizes datieren auf den Zeitraum nach 1394. Kein einziger aus beiden untersuchten Gruppen datiert vor 1350.

Ebenso kann eine bestandsspezifische Ausstattung mit kodikologischen bzw. paläographischen Ordnungselementen abgefragt werden (*Tabulae*, Rubriken, Ausführung von farbigen („f") oder anderen („a") Paragraphen)[41]. Das ergibt für jeden Bestand ein ‚Bild'. Bezüglich Gestaltungselementen, die den Wert der Handschrift vermehren, kann z. B. nach Pergament (Perg) und Papier (Pap) unterschieden werden und nach der Qualität des Pergaments in drei Stufen, je nach Häufigkeit von Pergamentfehlern und Tierart der verwendeten Haut (grob = g, normal = n und fein = f) und für Papier in zwei Stufen gemäß dem Erhaltungszustand (schlecht = s und gut = g).

Beispiel:

Kodizes der Papstbibliothek der Vorgänger im Amt, Ausstattung mit Gestaltungselementen:

| Hss-Corpus | Farbausstattung | Illuminationen | Beschreibstoff Perg / Pap | Materialqualität g, n, f / s, g |
|---|---|---|---|---|
| Hss. Gruppe 1 | 7 | 4 | 45 / 0 | 2, 30, 13 / –[42] |
| Hss. Gruppe 2 | 15 | 7 | 55 / 1 | 2, 38, 15 / 1, 0 |

---

[40] Sinnvolle Zeiträume: vor 1300, 1300–1350, 1351–1393 (wegen der 1394 erfolgten Wahl Benedikts [XIII.] zum Papst) und 1394–1423 (endend mit dem Todesjahr Benedikts [XIII.]).

[41] Für Gestaltungselemente gezählt werden die Kodizes, in denen mindestens ein Text das entsprechende Merkmal aufweist.

[42] Wenn kein Kodex vorhanden ist, erhält das Feld einen waagerechten Strich.

Die Tabelle ist folgendermaßen zu lesen: Für die in den Verzeichnissen Ur und Gr der Vorgängerbibliothek gelisteten Kodizes z. B. ist erkennbar, dass in Gruppe 1 mit insgesamt 45 Handschriften der Anteil derer mit Farbausstattung und vor allem Illuminationen relativ höher liegt als in Gruppe 2 mit insgesamt 56 Hss, aber die Beschreibstoffqualität kaum voneinander abweicht. Eine Handschrift hat Papier[43].

### III. Was für eine Komposition der Bibliothek zeigt sich?

Viele Abfragen, begleitet durch normalsprachliche Untersuchungen, ergeben ebensoviele Bilder, und diese ‚Bilder' der Bibliothek, ergeben gemeinsam das Erfassbare der – bewegten – ‚Komposition' dieser Bibliothek im Lauf der Zeit. Die voranstehende Beschreibung konnte nur je ein Beispiel zeigen, wo die Untersuchung eine große Zahl von vollständigen Tabellen bietet. Dennoch bleibt auch in der Vollversion das Dargestellte, gegenüber der Fülle an materialen und intellektuellen Informationen einer mittelalterlichen Bibliothek, immer ein Bruchstück. Dafür ist die Methode in der Lage, das ganze Ensemble zu betrachten – vergleichbar mit der Aufnahme eines Satellitenbildes, das einige Strukturen eines Kontinents sichtbar machen kann, während viel Kleines ihm notwendigerweise entgeht.

Für die gut dokumentierte Papstbibliothek von Avignon während der Zeit des Pontifikates Benedikts [XIII.] sind die Beobachtungen und Entdeckungen fast unerschöpflich, einige sollen hier genannt werden.

Bezogen auf die Literatur zu den *materiae* ‚Juden', ‚Muslimen', ‚Armutsstreit' und ‚Schisma' ist z. B. erstens feststellbar: Die Kontextualisierung der Juden und Muslime betreffenden Bestände verändert sich während des Pontifikats Benedikts [XIII.]. Das Religionenthema löste sich aus dem Kontext der Frage nach dem Heiligen Land und wurde zum Thema einer rechtswissenschaftlichen Erörterung. Schon am Anfang fällt hinsichtlich der einschlägigen Häresienrubrik eine Differenz ins Auge: Im Verzeichnis Gr war in der Bezeichnung der Rubrik das Häresienthema mit der *passagio terre sancte* verbunden, im Verzeichnis Lun war das nicht der Fall[44]. Außerdem zeigt sich, dass die Treffer zu Juden nicht nur der Anzahl nach unterschiedlich sind, sondern auch in einer anderen Rubrik stehen. Insofern Juden und Muslime in Gr in der Häresienrubrik stehen, waren sie offenbar im Kontext der *passagio terre sancte* dort eingeordnet, d. h. der Frage nach der Wiedereroberung des Heiligen Landes. Demgegenüber stand das Thema des Heiligen Landes im Verzeichnis Lun in einer Geschichtsrubrik. Insofern die Bibliothek einen geistigen Kosmos spiegelt, spiegelt sich hier in verblüffend

---

[43] Ms. Vatikan, BAV, lat. 3989 (Sammelhandschrift mit Rechtstexten aus der 2. Hälfte des 14. Jahrhunderts).

[44] In Gr lauten die Rubriken in vollständiger Bezeichnung „*Incipit tabula librorum sentenciarum heretic[or]um et terre sancte* und *Sequntur libri contra hereticos et de passagio Terre Sancte*, in Lun heißt sie *Libri heresum*."

einfacher Unmittelbarkeit: „in Lun" sind die Kreuzzüge Geschichte, sie sind nicht der sachliche Kontext der Themen Judentum und Islam. Die Kardinalsbibliothek ordnet Judentum und Islam ein als Häresien, und Häresien haben im Verzeichnis Lun mit dem Heiligen Land nichts zu tun. Dieses „Denkmuster" zog mit ihm ein in die päpstliche Bibliothek. In der ersten Phase des Pontifikates rückte das Thema allerdings fast in den Hintergrund. Beim zweiten Vergleich synchroner Buchbestände (Verzeichnisse Bup und Aa) ist das Bild, das die Bibliothek bezogen auf ‚Juden' und ‚Muslime' bietet, auffällig mager[45]. Neu angewachsen im Häresienbereich ist vor allem der Bestand an Treffern zur Astrologie[46]. Gerade in den heißesten Zeiten des Kampfes um seine Legitimation scheint das Thema der Religionen, gesehen auf die Bibliothek, nicht wichtig gewesen zu sein. Das änderte sich erst wieder in der zweiten Phase des Pontifikates. Der Vergleich synchroner Verzeichnisse aus der Zeit nach dem Rückzug auf die iberische Halbinsel zeigt, dass der Bereich im bei ihm befindlichen Bestand erneut stark zugenommen hat. Das ist bereits im ersten der beiden in Peñiscola erstellen Verzeichnisse (Pa) zu erkennen. Zwischen dem ersten und dem zweiten (Pb) Verzeichnis von Peñiscola gab es keine solche Zunahme mehr. Eine Erklärung hierfür wäre, dass ein persönliches Interessenfeld, vorübergehend der Tagespolitik zum Opfer gefallen, nun wieder mehr Raum einzunehmen vermochte. Aber es gibt gerade zu Beginn der Zeit in Peñiscola ein Ereignis, als dessen Spur das zweite, sprunghafte Anwachsen des Bestandes noch besser zu erklären ist: die Disputation von Tortosa 1413–1414, eine der berühmt-berüchtigten ‚Judendisputationen'[47]. Das Ereignis blieb Episode, hat jedoch in der Bibliothek Spuren hinterlassen und es führte dazu, dass das Thema ‚Juden' im

---

[45] An Neuzugängen für das Thema ist nur ein Eintrag zu verzeichnen, der allerdings nicht in die Rubrik *Libri heresum et judeorum* eingestellt wird: eine ‚Responsio ad quemdam judeum' von Nikolaus de Lyra aus dem Nachlass des 1408 verstorbenen Bischof von Elne (Bup B 108).

[46] Eine Erklärung für diesen Zuwachs ist eine Auseinandersetzung, zu der Benedikt [XIII.] durch die halb ironisch-spöttische, halb angesichts des Schismas aber für die Gläubigen auch ernstapokalyptische Referenz auf seinen Familiennamen Luna (Mond) angeregt wurde. Cf. J.-P. Boudet, Le ‚pape de la lune' et la magie, in: H. Millet (ed.), Le Concile de Perpignan (15 novembre 1408–26 mars 1409). Actes du colloque international (Perpignan, 24–26 janvier 2008) (Etudes roussillonnaises 25), Canet 2009, 177–184. Im Buchverzeichnis kommt Astrologie eher bei Naturwissenschaften zu stehen als bei Häresien. Cf. N. Weill-Parot, Les „images astrologiques" au moyen âge et à la renaissance. Spéculations intellectuelles et pratiques magiques (12e–15e siècle) (Sciences, techniques et civilisations du Moyen Age à l'aube des Lumières 6), Paris 2002.

[47] Edition der Akten der christlichen Seite: A. P. Lopez, La disputa de Tortosa. II: Actas. Ser. B, Controversia (Consejo Superior de Investigaciones Científicas. Instituto „Arias Montano" 6), Madrid–Barcelona 1957. Das Protokoll der Disputation könnte zeitgenössisch verbreitet gewesen sein, cf. F. Ehrle, Die kirchenrechtlichen Schriften Peters von Luna (Benedikts XIII.), in: Archiv für Literatur- und Kirchengeschichte des Mittelalters 7 (1900), 515–575, hier 516. Aktueller *status quaetionis* cf. M. A. Motis Dolader, Las comunidades judías del Reino de Aragón en la época de Benedicto XIII (1394–1423): estructuras de poder y gobierno aljamial, in: Centro de Estudios Bilbilitanos Institución „Fernando El Católico" (ed.), VI Centenario del Papa Luna 1394–1994. Celebradas en Calatayud-Illueca, 1994, Calatayud (Zaragoza) 1996, 113–164, hier 116–129.

Kontext kirchen-innenpolitischer Fragen zu stehen kam: beim Schisma, auch in der buchlichen Nähe der Texte aus der Feder Benedikts [XIII.]. Von Anfang an interessierte er sich, wie in der Bibliothek sichtbar wird[48], für die anderen Religionen als andere *leges*[49], studierte sie und suchte ihre Konkordanz – im Grunde in der Tradition seiner Spezialisierung aus seiner Tätigkeit als Professor des Kirchenrechts in Montpellier, wo er die ‚Concordia Discordantium Canonum' Gratians, unterrichtet hatte[50]. Bereits die Kardinalsbibliothek wies ein Exemplar des ‚Liber in concordantia legis' auf (Ms. Paris, BnF, lat. 3360), das wie ein ‚Vorausbild' der Perspektive ist, mit der er dann später als Papst auf die Andersgläubigen zuging: in der Form der Disputation, angelehnt an einen rechtsklärenden Prozess[51].

Zweitens fällt auf, dass der Armutsstreit – verglichen mit anderen Häresiediskursen – in besonders kostbaren Handschriften dokumentiert ist, und doch als Thema aus der Papstbibliothek ein wenig verschwindet. Zunächst ist bemerkenswert, dass gerade der Armutsstreit kostbare Initialen bekommen hatte – offenbar wurde diesem Gegenstand buchlich ein hoher Ausstattungswert für angemessen erachtet. Er hatte eine große Bedeutung und war ‚kostbar'. Bedeutung evozierte die Investition im Ausstattungswert. Manchmal überstieg die geplante Investition zeitlich, ökonomisch oder noch anders die realen Möglichkeiten: Bei zwei Handschriften wurden geplante Illuminationen nicht angefertigt[52]. Dies alles datiert zeitlich vor dem Pontifikat Benedikts [XIII.]. Er selbst nun aber lässt einen beachtlichen Anteil der Bücher zu diesem Thema, bei seinem Amtsantritt das bedeutendste Thema der Häresien, zurück, als er nach Peñiscola umzieht, während andere Themen der Häresien-Taxonomie vollständig mitgenommen werden[53]. Abgesehen von den papsttheoretischen Streitpunkten in diesem Zu-

---

[48] In der Hs. Paris, BnF, lat. 4230, die bereits in der Bibliothek der Vorgänger im Papstamt stand und in der Phase der Mobilen Bibliothek in der zweiten, nachergänzten Verzeichnisversion dann im Bestand bei Benedikt [XIII.] gelistet wird und dann auch nach Peñiscola mitgeht, finden sich (foll. 154–155) im Traktat ‚Contra Sarracenos' des Ricoldus de Montecrucis Unterstreichungen in der Ausführung zu den verschiedenen Lex-Arten.

[49] Cf. grundlegend zum Begriff: M. M. Tischler, ‚Lex Mahometi'. The Authority of a Pattern of Religious Polemics, in: Journal of Transcultural Medieval Studies 2/1 (2015), 3–62; M. M. Tischler, Lex Mahometi Die Erfolgsgeschichte eines vergleichenden Konzepts der christlichen Religionspolemik, in: A. Speer/G. Guldentops (eds.), Das Gesetz – The Law – La Loi (Miscellanea Mediaevalia 38), Berlin–New York 2014, 527–573.

[50] J. Verger, Pedro de Luna/Benoît XIII et l'Université de Montpellier, in: J.-L. Biget e. a. (eds.), Le Midi et le Grand Schisme d'Occident (Cahiers de Fanjeaux 39), Toulouse 2004, 271–289.

[51] Cf. B. Müller-Schauenburg, Wahrheit – aber wie? Fiktionale und reale Religionsdisputationen im Hoch- und Spätmittelalter, in: M. Gabel/J. Malik/J. Okolowisz (eds.), Religionen in Bewegung, Münster 2016, 229–252.

[52] Die Handschriften sind Vatikan, BAV, Borgh. 252 und 286. Bei diesen beiden Handschriften ist bemerkenswert, dass in beiden Handschriften Freilassungen im genau selben Format vorliegen. Das erweckt den Verdacht der Abhängigkeit der Herstellung. Diesen hat Anneliese Maier in ihrer Beschreibung der Borghese-Handschriften (A. Maier, Codices Burghesiani Bibliothecae Vaticanae (Studi e testi 170), Città del Vaticano 1952) nicht bemerkt.

[53] Insgesamt 13 Einträge zur *materia* ‚Armutsstreit' finden sich im Verzeichnis der in Avignon zurückgelassenen Bibliothek, 22 Einträge sind es im letzten Verzeichnis der Bibliothek in Peñis-

sammenhang, die da eine wichtige Ausnahme bilden, legt das Avignoneser Papsttum im Zuschnitt Benedikts [XIII.], soweit man das an der Bibliothek ablesen kann, nicht mehr einen so großen Wert darauf[54]. Forschungsgeschichtlich ist vielleicht eine interessante Frage, ob der überlieferungsgeschichtliche Umstand, dass der alte Avignoneser Bestand größtenteils wieder in die päpstliche Bibliothek im Vatikan zurückfand, der Peñiscolaner Bestand aber praktisch nicht, zu einer Perspektive auf die Avignoneser Periode der Kirchengeschichte geführt hat, die nicht viel Aufmerksamkeit hatte für die schismatheoretischen Diskurse, aber deutlich mehr für die des Mendikantenstreites. Es gab zwar in der Bibliotheca Vaticana auch die *Libri de Scismate*, sie wurden jedoch bis heute nur anfänglich erschlossen[55].

Schließlich lässt sich sogar allgemeiner sagen, dass Bücher nicht primär als materielle Werte mitgenommen wurden. Für die Phase der Mobilen Bibliothek ließ sich auch im Einzelvergleich von Textzeugen feststellen, dass zu dem „bei ihm" (Benedikt [XIII.]) befindlichen Bestand von Kodizes nicht die wertvolleren Bücher gehören. Das kann Überlieferungszufall sein, den Umständen der jeweiligen Auswahlsituationen und auch den Umständen der Bucherhaltung am Ende des Pontifikats geschuldet – aber gesehen auf die erhaltenen Handschriften ist das der Befund. Jedenfalls kann man daraus wohl schließen, dass er nicht vor allem alle kostbaren Bücher wie Wertsachen mit auf die Flucht genommen hat. Sonst wären nicht so viele einfach ausgestattete mitgekommen, und so viele kostbar ausgestattete nicht mitgekommen. Erwähnenswert ist noch, dass der Beginn der Nutzung von Papier in dieser Phase der Bibliothek zu beobachten ist – der Anteil ist anfangs gering, nimmt aber gerade im Bestand in Peñiscola und für die neu produzierten Bücher deutlich zu, vor allem im Bereich zu Texten zum Schisma. Und es wurden – das lässt sich auch an Einzeltexten erkennen – eher neue als alte Bücher mitgenommen. Die Handschriften aus der Mobilen Bibliothek sind erstens kodikologisch jünger als die der „dagebliebenen" Avignoneser Bibliothek, zweitens sind die Texte aktueller[56], und auch am Ende des Pontifikats gilt dies zumindest für die Handschriften zum ‚Recht' – der Bestand hat sich verjüngt und spezifiziert. Dies Faktum rührt nur teilweise vom eiligen Wahl-

---

cola. Die *materiae* ‚Konversen' und ‚Passagio terrae sanctae' hingegen sind z. B. mit dem Ortswechsel sämtlich nach Peñiscola gewechselt.

[54] Zur Funktion und Metamorphose dieses Themas aus dem Mendikantenstreit im Kontext der Argumentation Benedikts [XIII.] cf. B. Müller-Schauenburg, Benedikts XIII. antihäretische Profilierung einer konservierten Einheitsfiktion – Die Handschrift BnF latin 1478 aus der Bibliothek des Papstes als Exempel, in: H. Müller (ed.), Der Verlust der Eindeutigkeit. Zur Krise päpstlicher Autorität im Kampf um die Cathedra Petri (Schriften des Historischen Kollegs. Kolloquien 95), Berlin 2017, 147–162.

[55] Aktuell: A. Löffler, Wessen Hände schreiben das Große Abendländische Schisma? Entstehung und Kontextualisierung der Libri des scismate, in: Berndt (ed.) Papst und Buch (nt. 1), 135–149.

[56] Die Aktualität fällt auf im Vergleich mit der bischöflichen Bibliothek Wilhelm Ortholanis: M.-H. Jullien de Pommerol, Guillaume d'Ortolan, évêque de Rodez (1397–1417), et la bibliothèque de l'évêché, in: Bibliothèque de l'école des chartes 144 (1986), 259–298.

vorgang des Abtransports der Bibliothek aus Avignon her. Teilweise hat er sich auch erst durch Ergänzungen der Bibliothek am neuen Ort ergeben, wo es zu einer Art erzwungener Aktualisierung des Bestandes aufgrund von notwendiger Nachproduktion kam[57].

Insofern Benedikt [XIII.] auf die Ordnung seiner Bibliothek Einfluss nahm, kann sie als Profilbild seines Denkens studiert werden[58]. Sie verändert sich beobachtbar während seines Pontifikats, und diese Veränderung passt zu dem sonst zu ihm Bekannten. In manchem spiegelt sie sowohl die Person als auch ihre geographische Verortung und zudem „ihre Zeit". Ob und wie eines auf das andere kausal zurückzuführen ist, muss so lange Hypothese bleiben, wie nicht an Marginalnotation von der Hand des Besitzers oder aus weiteren Notizen aus seiner Feder Nachweise der spezifisch gerichteten Wahl und Lektüre erbringbar sind[59]. Dass die Frage nach der *Terra sancta* im Verzeichnis Lun, anders als im Verzeichnis Gr, unter die *Libri ystoriales* geordnet ist, kann gut zu tun haben mit der Herkunft des Bibliotheksbesitzers. Für den Kanonisten aus Aragon in der zweiten Hälfte des 14. Jahrhunderts sind Muslime und Juden eine direkt vor der eigenen Haustür befindliche Herausforderung, sowohl intellektuell als auch disziplinär. Nicht Kreuzzugsideen sind Konnex zu den Religionen. Und möglicherweise verdankt sich auch das in der Bibliothek zumindest auffällige Fehlen neuer geistlicher Literatur und das Zurücklassen sämtlicher Kanonisierungsprozessakten dem Spiegel der Person[60].

Weitere signifikante Befunde können hier nur kurz berührt werden. Einer ist das Anwachsen historiographischer Literatur in der Bibliothek[61]. Dies „Anwach-

---

[57] Zur Buchproduktion in Peñiscola: J. Planas-Badenas, El Scriporium de Benedicto XIII y el Cisma de la Iglesia: Códices iluminados en Peñiscola, in: Berndt (ed.), Papst und Buch (nt. *), 111–134.

[58] Benedikt [XIII.] nahm nachgewiesenermaßen Einfluss auf diese Ordnung. Dafür steht seine eigene Neuordnung (‚Nova Ordinatio') der Bibliothek im Jahr 1407, bei der er dem dabei neu erstellten Verzeichnis ein ausführliches Vorwort voranstellt, worin er erklärt, wie er sich die Ordnung der Bibliothek vorstellt, nach welchen Kriterien er Bücher innerhalb der einzelnen Abteilungen reiht und wie die Themen einer Bibliothek gemäß der Ordnung der Universität zu sortieren sind, und schon gleich zu Beginn seiner Amtszeit hat er offenbar einige Sorgfalt auf die im Palast bereits vorhandene Bibliothek verwendet, cf. Neuedition Jullien de Pommerol/Monfrin, La bibliothèque pontificale à Avignon (nt. 2), 12.

[59] Hier war die Studie wenig ertragreich, und lässt nicht eine Spurensuche zu wie sie für andere Männer der Kirche möglich wurde, e.g. Nicolaus Cusanus oder Kardinal Döpfner, cf. S. Mokry, Döpfner über die Schulter geschaut, in: Beiträge zur altbayerischen Kirchengeschichte 55 (2013), 255–274.

[60] Zur Verschiebung der Konzentration von der *sanctitas* zur *unitas* im Blick auf die an den Glaubensartikel Unam sanctam anknüpfende Häresiologie von Bonifaz VIII. bis zu Benedikt [XIII.] cf. B. Müller-Schauenburg, Benedikts XIII. antihäretische Profilierung einer konservierten Einheitsfiktion. Die Handschrift BnF latin 1478 aus der Bibliothek des Papstes als Exempel, in: H. Müller (ed.), Der Verlust der Eindeutigkeit. Zur Krise päpstlicher Autorität im Kampf um die Cathedra Petri (Schriften des Historischen Kollegs 95), Berlin 2017, 147–162.

[61] Schon im Kardinalsverzeichnis hatte es die, recht umfangreiche, Rubrik der *Libri ystoriales* gegeben. Im Verzeichnis Gr der Vorgängerbibliothek gab es so eine Rubrik nicht. In der ersten Version des Verzeichnisses der Mobilen Bibliothek standen Poesie und Historie zunächst noch in einer gemeinsamen Rubrik (*Libri poetarum et hystoriarum*). In der zweiten Version wurden sie

sen" bezieht sich zum einen auf eine beachtliche Menge, aber mindestens ebenso auf die Heraussonderung der Rubrik, die neuer und bereits vorher vorhandener, in anderen Rubriken mit eingeordneter Literatur einen eigenen Raum gibt. Bemerkenswert ist, als Einzelbefund, die am Ende des unglücklichen Pontifikates (als einzige ein einzelnes biblisches Buch betreffende Rubrik) sich bildende Hiob-Rubrik[62]. Bisherige Forschung[63] betrifft wohl die Feststellung am meisten, dass die Bibliothek das wiederholt behauptete humanistische Interesse Benedikts [XIII.] nicht spiegelt[64]. Das bloße Vorhandensein vieler „klassischer" Texte bedeutet den Humanismus noch nicht. Die in letzter Zeit ohnehin von verschiedenen Seiten angefragte Konzeptualisierung des Humanismus relativiert sich im Blick auf die Bibliothek noch einmal. Denn andererseits sind auch für diese frühe Papstbibliothek bereits topographische Kataloge und Leihverzeichnisse im Einsatz, ebenso besteht die Notwendigkeit des Buchbesitzes an der Kurie – die Texte aus der Hand des Papstes nehmen zahlreich auf Literatur Bezug. Die Bibliothek besitzt bereits den Umfang, der nachher beim Nachfolger Nikolaus V. so bestaunt wird, und auch der (früh-)humanistische Bibliothekar ist da. Moment und Kennzeichen des einsetzenden Humanismus sind diffuser.

Am Ende stellt sich eine Frage, die man hätte zu Beginn stellen können, um die Interpretation zu fundieren: Ist die untersuchte Papstbibliothek eine Gelehrten-, Hof- oder Privatbibliothek? Gerade in der Unentscheidbarkeit dieser Frage zeigt sich vielleicht, wie die Papstbibliothek eine Bibliothek *sui generis* ist. Deutlich ist, dass sie eine ganz andere Art von kirchlicher Bibliothek darstellt als etwa eine Klosterbibliothek, aber auch, dass sie eine kirchliche Bibliothek ist. In vielem ähnelt sie der Königsbibliothek. Anders als diese gehört sie jedoch

---

in zwei separate Bestände (*Libri poetarum* und *Libri ystoriales*) auseinander sortiert, und von da befand sich auch in der Papstbibliothek dauerhaft ein Bereich ‚Historiographie'.

[62] Diese Rubrik lautet in der Quelle „*Quarta domus Job*", d. h. bezeichnet wieder Thema und Schrankfach (*domus*). Eigentlich beginnt das Verzeichnis (Pb) mit Bibelrubriken und unterscheidet nach Bibeln, Bibelkonkordanzen, Bibelkommentaren und Prachtbibeln, d. h. nicht nach biblischen Büchern. Die Rubrik zu Hiob hingegen ist anders einsortiert. Sie steht im Verzeichnis weiter hinten, nach den Theologierubriken und vor einer Mischrubrik (*diversorum*) mit verschiedenen biblischen Büchern und Texten von Bonaventura, Heinrich von Gent u. a.

[63] Cf. e.g. E. Baura, Benedicto XIII, un espritu humanista, Norderstedt 2011.

[64] Gegenüber dem Anschein, den die Präsenz von viel „humanistischer Lektüre" erwecken kann (Verzeichnis CV bot eine regelrechte Abteilung von Petrarca-Texten, vor allem aber fanden sich in der Bibliothek zahlreiche antike Autoren wie Tullius, Seneca, Cicero etc.) wird durch die Kompositionsanalyse sichtbar, dass: 1. die antiken Texte schon in der Vorgängerbibliothek standen, aber ihre Einordnung ließ erkennen, dass sie nicht unter einer – als Klassifizierung deshalb fraglichen – ‚humanistischen' Perspektive gelesen wurden, sondern schlicht so, wie sie seit dem Mittelalter rezipiert wurden. Seneca z. B. stand zusammen mit Kirchenvätern, als ein moralischweisheitlicher Zusammenhang, den auch Benedikt [XIII.] in seiner *Nova Ordinatio* von 1407 ausdrücklich beibehält; 2. die ‚Petrarca-Abteilung', die sich gebildet hatte, später nie wieder irgendwo aufgebaut wird; 3. insgesamt ihre Präsenz in der Bibliothek sich wohl mehr dem Umfeld Benedikts [XIII.] verdankte als intrinsischer Motivation. Das Umfeld Benedikts [XIII.] war teilweise frühhumanistisch, der Bibliothekar war zeitweise Nicolas Clemanges, und das prägte den Bestand zweifelsfrei. Die ‚humanistische Literatur' der päpstlichen Bibliothek wurde gerne ausgeliehen, wie die Verleihlisten zeigen.

nicht einem Exemplar, das seinerseits in normaler Weise einer Art angehört. Es gab zwar faktisch sogar ausgerechnet zur Zeit der hier untersuchten Bibliothek synchron mehrere Päpste, aber das führte nicht zu einem pluralisierten Konzept des Papstamtes. Es gibt konzeptuell viele Klöster, Universitäten und Gelehrte und Königshöfe, aber normalerweise nicht mehrere Papsthöfe und Päpste. Ein Plural entsteht nur diachron. Wie andere Institutionenbibliotheken ist aber auch die Papstbibliothek die Buchsammlung einer Institution mit Personal, mit Bibliothekar etc.[65] Der Bibliotheksgebrauch des Amtsinhabers ist nicht privat: die Person, selbst wenn sie persönlich tätig wird (und nicht andere Personen die Handelnden sind), sucht sich ihre Interessenfelder nicht einmal mehrheitlich aus individuellem Interesse. Die Lesbarkeit einer bestimmten Bibliothek als ‚Bild' einer Person bleibt daher mit dem gebotenen Vorbehalt versehen. In vermittelter Weise kann die Bibliothek jedoch begriffen werden als ein weiterer ‚Körper des Papstes'[66], als dreidimensionale Skulptur.

Die Bibliothek als eigenständige Quelle zum Verständnis eines in ihr manifestierten Denkhorizontes zu erschließen, bleibt heikel – ist aber doch lohnenswert. Will man eine Person in ihrer Schriftlichkeit erfassen, greift man, insofern die Person etwas geschrieben hat, üblicherweise zunächst zu dem, was sie geschrieben hat[67]. Aber auch hier wird durch die ‚Linse' ihres schriftlichen Werks möglicherweise nur ein Teil dessen erfasst, was gelesen wurde. Für Personen, die wenig oder nur spezialisiert, zum Beispiel beruflich, geschrieben, aber viel gelesen haben, ist der Weg über die Bibliothek, so er gangbar ist, vielleicht sogar ein vergleichsweise hervorragender Weg[68], solange man sich über die Art der Erkenntnis im Klaren bleibt.

---

[65] Zur Geschichte des Bibliothekars im kurzen Überblick: R. Jung, Bibliothekar, in: Lexikon des gesamten Buchwesens, vol. 1, Stuttgart ²1987, 380–381; O. Prinz, bibliothecarius, in: Bayerische Akademie der Wissenschaften (ed.), Mittellateinisches Wörterbuch. Bis zum ausgehenden 13. Jahrhundert, vol. 1: A-B, München 1967, 1463–1464.

[66] A. Paravicini-Bagliani, Il corpo del Papa, Torino 1994.

[67] Um das Thema der Schriftlichkeit von Päpsten hat sich in den vergangenen Jahren eine rege Aktivität der Forschung entwickelt. Cf. e.g.: K. Herbers/I. Fleisch (eds.), Erinnerung – Niederschrift – Nutzung. Das Papsttum und die Schriftlichkeit im mittelalterlichen Westeuropa (Studien zu Papstgeschichte und Papsturkunden 11), Berlin 2011. Außerdem: B. Müller-Schauenburg, Einleitung, in: Berndt (ed.), Der Papst und das Buch (nt. 2), 13–21.

[68] Das Christentum ist nicht eine ‚Buchreligion' im selben Sinne wie der Islam und vielleicht auch das Judentum. Aber es besitzt einen wesentlichen, theologisch valenten (und nicht nur zweckbegründeten) Bezug zur Textlichkeit, und die hohe Wertschätzung des Lesens hat eine lange und komplexe Tradition. Mindestens die Bibel, die ‚Bibliotheca' des Hieronymus (A. Mundó, „Bibliotheca". Bible et lecture du Carême d'après Saint Benoît, in: Revue bénédictine 60 (1950), 65–92), und die für die Feier der Liturgie jeweils notwendigen Bücher waren wohl meist als notwendig befunden und vorhanden, außerdem jemand, der sie lesen konnte. Zum Terminus und Konzept ‚Buchreligion' vgl. W. Burkert, Im Vorhof der Buchreligionen. Zur Rolle der Schriftlichkeit in den Kulten des Altertums, in: A. Holzem (ed.), Normieren, Tradieren, Inszenieren. Das Christentum als Buchreligion, Darmstadt 2004, 25–39. Zur Stellung des Buchs in der alten Kirche, mit einem Vergleich mit dem Konzept der ‚Inlibration': M. Wallraff, Kodex und Kanon. Das Buch im frühen Christentum (Hans-Lietzmann-Vorlesungen 12), Berlin 2013.

## IV. Zukunftsmusik aus der Papstbibliothek

Die dargestellte Methode ersetzt nicht die Versenkung in und Konzentration auf kleinere Ausschnitte des Bibliotheks-Ganzen, sondern ergänzt diese als ein Weg des Studiums von konkreter, materialer Kon-Textualität in Bewegung. Sie emöglicht, einige Dinge sichtbar zu machen. Mit dem vorgestellten Instrument[69] könnten in kooperativen Projekten Papstbibliotheken vergleichend untersucht werden oder auch die Papstbibliothek von Avignon mit der Komposition der Bibliothek der Sorbonne als etwa zeitgenössischer Universität verglichen werden. Ein ein wenig weiter entwickeltes Instrument, das technisch mittlerweile leicht erstellbar wäre, könnte dazu differenzierter und weniger ‚oberflächlich' situierte Informationen der Bibliothek mit einbeziehen.

Das bedeutet im Letzten, eine Bibliothek auch des Mittelalters so zu behandeln, wie sonst gegenwärtig Texte behandelt und verstanden werden, wenn über Schnittstellen größere Datenmengen zusammengeführt werden. Die ‚Komposition' ist ein ästhetisches Konzept, das Beziehungen in großen Mengen betrachtet. Auch Bewegungsprofile von Büchern, ihre Verknüpfung mit biographischen Daten von Personen, mit gelebter und mit Intentionen und Erfahrungen gesättigter Zeit, und ihre Interpretation sind eine Frage der Datenstruktur. Alles geht um die Datenstruktur – ob sie den Gegenstand aufzunehmen und abzubilden vermag, und unter Digitalisierung mehr vorstellt als z. B. einen Rechner mit großer Speicherkapazität für Scans und Fotos als ‚Digitalisate'. Das vorgestellte Instrument ist bereits zum jetzigen Zeitpunkt auf seine Weise archaisch, die technische Entwicklung außerhalb der Handschriftenfragen bringt mit sich, dass es nach kurzer Zeit schon zwischen Oldtimer und Ufo fährt, oder wie ein altes Keyboard spielt, technisch noch nicht ausgereift und zugleich schon wieder überholt, nur ein Anfang eines Anfanges. Es bietet seine kleine Erweiterung gegenüber dem normalsprachlich arbeitenden Instrumentarium, die die neuen Möglichkeiten der Quantifizierung erbringen, freilich in dieser sehr händischen Version noch mit erheblichem Aufwand in Relation zum Ertrag.

Zum Verständnis einer Person kann die Bibliothek als Quelle gegenüber dem schriftlichen Einzelwerk einer Person Dinge sichtbar zu machen, die nie in das schriftliche Werk eingingen. Die Bibliothek zeigt andere Themen, andere Texte, andere Zusammenstellungen. Es sind vielleicht nur Nuancen, die hinzugewonnen werden, aber sie bereichern das Bild. Der reiche Gewinn liegt in der Musikalität und zugleich Beschreibbarkeit einer Bibliothek.

---

[69] Die Datenbankstruktur ist auf andere Projekte übertragbar, und kann leicht ergänzt und angepasst werden, die Abfragemuster sind beliebig erweiterbar.

# Die Vatikanische Bibliothek. Von der päpstlichen Privatsammlung zum Ort der wissenschaftlichen Kommunikation

CHRISTINE GRAFINGER (Gmunden)

## I. Die päpstliche Bibliothek des Mittelalters

Von der päpstlichen Bibliothek des Mittelalters sind kaum Informationen auf uns gekommen, die meisten Handschriften sind mit wenigen Ausnahmen verloren gegangen. Durch den kontinuierlichen Ortswechsel der Päpste und ihres Hofes im 13. Jh. ist wenig Quellenmaterial erhalten. Als gesichert gilt, dass die Päpste den Kirchenschatz auf ihren Reisen mitnahmen. In den angelegten Schatzverzeichnissen scheinen auch Bücher auf, bei diesen handelt es sich allerdings vorwiegend um politisches Schrifttum wie Privilegien und Rechtsbriefe, also Schriftstücke der Beziehungen der Römischen Kurie, die auch im Schatz verwahrt wurden[1]. Am Ende des Jahrhunderts ließen Nikolaus III. (1277) und Nikolaus IV. (1292) von der Apostolischen Kammer Listen der im päpstlichen Besitz befindlichen Bücher anfertigen, wobei vorausgehende Aufstellungen als Vorlage dienten. Von einer regelmäßigen Inventarisierung des päpstlichen Buchbestandes kann allerdings noch nicht gesprochen werden. Das erste erhaltene Inventar stammt aus dem ersten Pontifikatsjahr von Bonifaz VIII. (1295)[2] [Fig. 1] und wurde vom Jesuiten Franz Ehrle, der sich mit dem mittelalterlichen Buchbestand der Päpste, vor allem jener von Avignon, eingehend beschäftigte, ediert[3]. Diese Handschriften stammen nicht aus dem Besitz des Papstes und seiner Familie, sondern vorwiegend aus dem Kirchenschatz, den er bei Amtsantritt von seinen Vorgängern übernommen hat. Auffällig ist, dass dieses kurze in mehreren Sektionen thematisch unterteilte Inventar – Theologie, Gottesdienst, Zivil- und Kirchenrecht – mit wenigen Ausnahmen kaum alte Handschriften, sondern viele in jüngster Vergangenheit hergestellte Abschriften vorwiegend politischen und kirchengeschichtlichen Inhalts umfasst. In dieser Sammlung waren die wichtigsten Texte der lateinischen, aber auch einige Exemplare der orientalischen Kirchenväter vorhanden, dann aber auch solche von Isidor von Sevilla,

---

[1] L. Burkhart, Das Verzeichnis als Schatz. Überlegungen zu einem *Inventarium Thesauri Romane Ecclesiae* der Biblioteca Apostolica Vaticana (Cod. Ottob. lat. 2516, foll. 126r–132r), in: Quellen und Forschungen aus italienischen Bibliotheken und Archiven 86 (2006), 172.
[2] Archivio Segreto Vaticano (= ASV), Indice 4 (Arm. LVI n. 45).
[3] F. Ehrle, Zur Geschichte des Schatzes, der Bibliothek und des Archivs der Päpste im vierzehnten Jahrhundert, in: Archiv für Literatur und Kirchengeschichte des Mittelalters 1 (1885), 1–364.

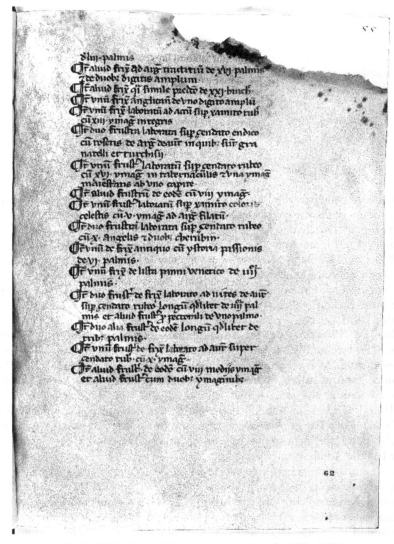

Fig. 1: ASV, Indice 4, f. 62r: Inventar von Bonifaz VIII. (1295)

Bernhard von Clairvaux oder von Hugo von St. Victor, eine große Gruppe bildeten die Schriften der Theologen der Scholastik wie Stephen Langton, Alexander von Hales, Wilhelm von Auxerre, Bonaventura und Gerhard von Cremona, daneben waren mehr als 60 Predigtsammlungen von Innozenz III. bis Guibert von Tournai in diesem Verzeichnis angeführt, von den wichtigsten Kanonisten und Rechtsgelehrten fehlten jedoch Giovanni Andrea, Accursius und Odofredus. Neben den bedeutendsten Enzyklopädisten wie Vinzenz von Beauvais waren auch klassische Autoren wie Cicero, Sueton und Vergil vertreten, Livius jedoch nicht. Bemerkenswert ist, dass zu dieser Zeit sich bereits eine Vita des hl. Franz von Assisi in der Volkssprache im Bestand befand[4]. Einige Quellen von einer Benutzung der päpstlichen Büchersammlung sind überliefert. Zeugen wie Giraldo von Bari berichten, dass Register unter Aufsicht eines Kustoden der Apostolischen Kammer benutzt werden konnten. Vor allem im Hinblick auf die Proklamierung des Heiligen Jahres von 1300 wurde in alten Büchern nach einschlägigen Dokumenten recherchiert[5]. Autoren suchten für ihre Werke und Übersetzungen zusätzliche Informationen in Handschriften der päpstlichen Bibliothek wie Niccolò da Calvi für seine Vita von Innozenz IV[6].

## II. Die Bibliothek der Päpste in Avignon

Bei der Wahl des neuen Papstes Clemens V., dem vormaligem Erzbischof von Bordeaux, der italienischen Boden nie betrat, befand sich der Kirchenschatz in Perugia. Neben einigen Zeremonienbüchern zur Krönung des Papstes in Lyon 1305 wurden auch Archivalien, darunter das ‚Liber censuum' nach Frankreich gebracht. Im Oktober 1310 beauftragte der Papst die für die Verwahrung des Schatzes verantwortlichen Kustoden, ein Verzeichnis des in Perugia befindlichen Schatzes zu erstellen, weil er dessen Überstellung nach Avignon ins Auge gefasst hatte. Die Redaktion des Inventars, das detaillierter als das von 1295 war, nahm zwei Monate in Anspruch und wurde im Mai 1311 abgeschlossen[7]. Der Bestand war in der Zwischenzeit um 200 Bände angewachsen und umfasste 645 Manuskripte, die Archivalien wie Registerbände und Dokumente nicht eingeschlossen, sie waren separat und weniger genau aufgelistet[8]. Der größte Teil des Schatzes wurde jedoch in den Konvent der Franziskaner in Assisi transportiert[9].

---

[4] E. Molinier, Inventaire du tésor du Saint Siège sous Boniface VIII (1295), in: Bibliothèque de l'École des Chartes 49 (1888), 226–227; A. Paravicini Bagliani, La biblioteca papale nel Duecento e nel Trecento, in: Storia della Biblioteca Apostolica Vaticana, vol. 1: Le Origini della Biblioteca Vaticana tra Umanesimo e Rinascimento (1447–1534) a cura di A. Manfredi, Città del Vaticano 2010, 80–84.

[5] Iacopo Caetani Stefaneschi, De centesimo seu giubileo anno liber, cf. A. Frugoni, Il Giubileo di Bonifacio VIII, in: Bulletino dell'Istituto storico italiano per il Medioevo 72 (1950), 1–121 (ND in: Id., Incontri nel Medioevo, Bologna 1979, 73–177).

[6] A. Paravicini Bagliani, La storiografia pontificia del secolo XIII. Prospettive di ricerca, in: Römische Historische Mitteilungen 18 (1976), 45–54.

[7] ASV, Reg. Av. 65, foll. 452r–538r, F. Ehrle, Historia bibliothecae romanorum pontificum tum Bonifatianae tum Avenionensis, vol. 1 (Biblioteca dell'Accademia storico-giuridica 7), Romae 1890.

[8] Regestum Clementis Papae V [annus primus – annus nonus] ex vaticanis archetypis sanctissimi domini nostri Leonis XIII pontificis maximi /ivssv et mvnificentia nvnc primvm editvm cvra et stvdio monachorum ordinis s. Benedicti. vol. I, Romae 1885, 413.

[9] S. Nessi, Il tesoro papale in Assisi, in: Arnolfo di Cambio, una rinascita nell'Umbria medievale a cura di V. Garibaldi-B. Toscano, Milano 2005, 68; P.-Y. Pogam, Les inventaires pontificaux

Sowohl im Inventar von 1295 wie in dem von 1311 sind am Ende griechische Handschriften – Traktate von Aristoteles und naturwissenschaftliche Texte etwa von Ptolemäus – angeführt. In der Bibliothek von Bonifaz VIII. sind 26 und im Verzeichnis von 1311 33 Manuskripte nachzuweisen.

Die päpstliche Bibliothek in Avignon, die neben der Pariser Sorbonne die größte und reichste Sammlung des Abendlandes werden sollte, ist eigentlich aus dem Nichts entstanden, denn bei der Wahl von Johannes XXII. 1316 waren nur wenige Bücher vorhanden[10]. Daher ließ der Papst Handschriften erwerben und Texte kopieren. Unter dessen Nachfolgern wurde der Bestand darüber hinaus durch Schenkungen und Nachlässe[11] aufgestockt, aber auch durch eine geschickte Erwerbungspolitik erweitert wie die Verordnung, dass alle Bücher von an der Kurie verstorbenen Prälaten automatisch der Apostolischen Kammer zufielen und inhaltliche entsprechende Bücher der Palastbibliothek zugewiesen wurden. So kamen aus dem Besitz von 70 Geistlichen zwischen 1343 und 1350 1.353 Exemplare an die päpstliche Bibliothek[12].

Aus der zweiten Hälfte des 14. Jhs. sind zwei Inventare der päpstlichen Bibliothek von Avignon erhalten. Als Urban V. 1369 eine Rückkehr nach Rom ins Auge gefasst hatte, beauftragte er Kardinal Philipp von Cabassole und den Bibliothekar Raymond Dachon ein Güterverzeichnis einschließlich aller im Palast befindlichen Bücher zu redigieren[13] [Fig. 2]. Dieses Verzeichnis[14] enthält auch topographische Hinweise wie die Aufstellung der 2.059 Bücher in den verschiedenen Räumen und der Kapelle des Palastes. Die Kodizes sind in diesem Katalog nach dem Standort verzeichnet und nach einer exakten Methode katalogisiert: neben Autor, Titel und Beschreibung des Einbandes sind das erste Wort des zweiten Blattes und letzte Wort des vorletzten Blattes angegeben. Somit ist das Inventar von 1369 ein wertvolles Instrument zur Identifizierung der Manuskripte[15]. Aufgrund der depotartigen Verteilung liegt ein Gebrauch der Sammlung als *bibliotheca communis* innerhalb des Palastes nahe. Die eigentliche

---

entre la fin du XIII[e] siècle et les débuts du XIV[e] (1295, 1304, 1311): pour une réédition et in confrontation, in: Thesis, Cahier d'histoire des collections et de muséologique 7 (2005), 10.

[10] Ch. M. Grafinger, Auflösung der mittelalterlichen Bibliothek der Päpste in Avignon und Gründung der Vatikanischen Bibliothek in Rom, in: R. Berndt (ed.), Der Papst und das Buch im Spätmittelalter (1350–1500) (Erudiri Sapientia 13), Münster 2018, 229.

[11] P. Guidi, Inventari di libri nelle serie dell'Archivio Vaticano (1287–1459) (Studi e Testi 135), Città del Vaticano 1948, 30–46.

[12] D. Williman, Records of the Papal Right of Spoil 1316–1343, Paris 1974; id., The Right of Spoil of the Popes of Avignon 1316–1415, Philadelphia 1988; Ch. M. Grafinger, The Papal Library in Avignon, in: Bulletin du bibliophile 2 (2007), 265.

[13] M. Faucon, La librairie des papes d'Avignon, sa formation, sa composition ses catalogues (1316–1429), d'après les registres de comptes et d'inventaires des Archives Vaticanes I (Bibliothèques des Écoles françaises d'Athènes et de Rome 34), Paris 1886, 26–100.

[14] ASV, Reg. Av. 468, foll. 1r–106v.

[15] A. Manfredi, Ordinata iuxta serenitatem et aptitudinem domini nostri pape Gregorii undecimi. Note sugli inventari della biblioteca papale avignonese, in: J. Hamesse (ed.), La vie culturelle, intellectuelle et scientifique à la cour des papes d'Avignon (Textes et Études du Moyen Age 28), Turnhout 2006, 87–109.

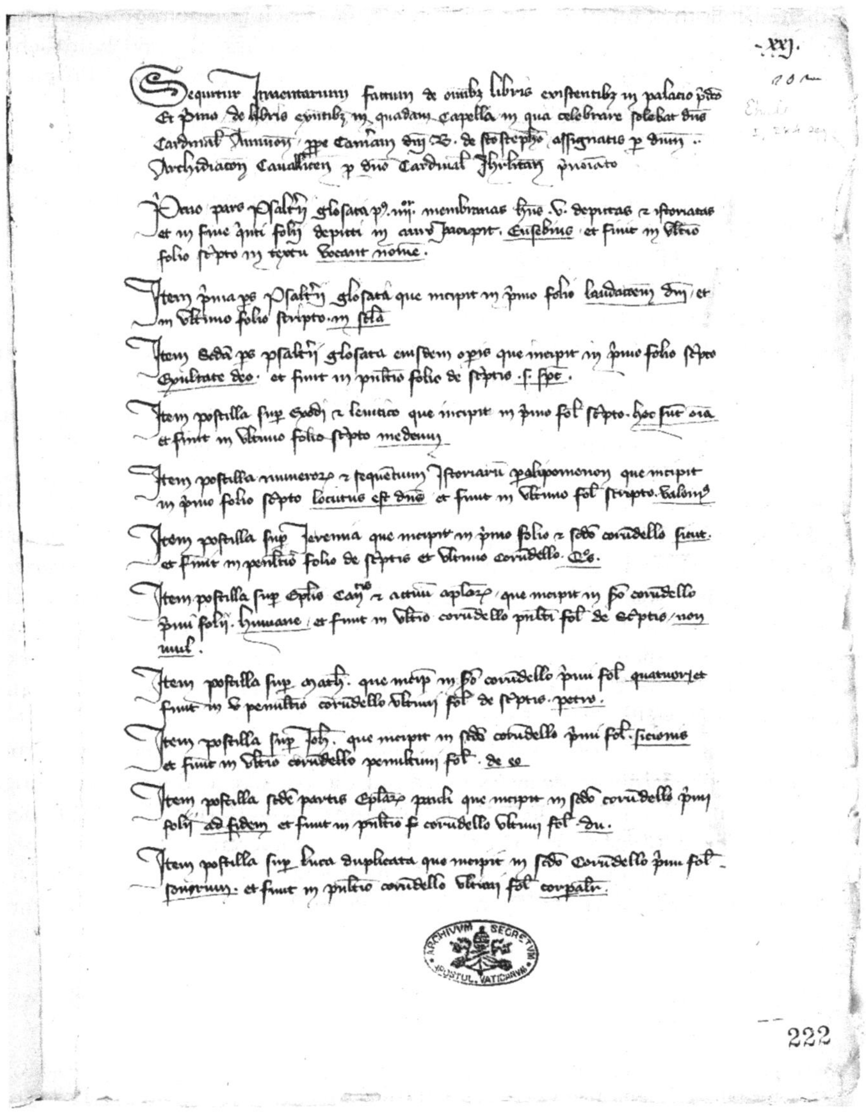

Fig. 2: ASV, Cam. Ap. Collect 468, f. 222r: Inventar von Urban V. (1369)

päpstliche Bibliothek mit 930 Handschriften befand sich in einem großen Raum im Schatzturm, in der Kapelle des hl. Michaels waren ungefähr 50 liturgische, theologische und philosophische Bücher, aber auch mittelalterliche Chroniken und das einzige griechische und hebräische Manuskript aufgestellt. Unter der Obhut des Kämmerers waren die juristischen und klassischen Werke, darunter Cicero, Seneca, Sallust und Livius. Mit dem unter den päpstlichen Räumen aufbewahrten Schatz wurden auch die aus Nachlässen stammenden Bände verwahrt. Die 64 Exemplare, die ursprünglich im unter der Michaelskapelle gelegenen Zimmer des Hirsches deponiert waren, wurden später in einen Kasten in der Kapelle gebracht[16].

Nicht einmal sechs Jahre später beauftragte Gregor XI. 1375 Pierre Ameilh de Brenac, den Freund des Bibliothekars Dachon, mit der Redaktion eines neuen Inventars[17] [Fig. 3]. Unter den 1308 in einem einzigen Raum der *libraria magna*, die dem der *camera prope capellam cardinalis* im vorausgehenden Inventar entsprach, aufgestellten Bände waren weniger als die Hälfte im Katalog von Urban V. angeführt, hingegen viele Bücher aus den privaten Besitz des aktuellen Papstes. Dieses Inventar folgte einem genauen Ordnungsprinzip: neben Autor, Titel und einer kurzen äußeren Beschreibung wurde auch die Signatur jedes Exemplars mit dem Standort im Bücherkasten, den Regalen oder den als *extra inventarium* bezeichneten Block von 174 Kopien angegeben. Die einzelnen von jedem Tisch und Schrank erstellten Listen wurden in ein Register kopiert. Der so entstandene allgemeine Katalog diente dem Bibliothekar, die Standortlisten jedoch der direkten Suche. Die nicht katalogisierten Bücher waren streng getrennt an einem anderen Ort aufgestellt[18].

Das durch die Wahl von zwei Päpsten im September 1378 hervorgerufene Schisma hatte beträchtliche Auswirkungen auf die päpstliche Büchersammlung. Bald nach seiner Wahl 1394 ließ Pedro de Luna, der als Benedikt XIII. den päpstlichen Thron bestieg, den Katalog von 1375 kopieren, 173 in der *libraria magna* gefundene Bücher und 194 aus seinem Besitz anführen; somit umfasste der Bestand 1677 Manuskripte[19]. Aus diesem Pontifikat sind mehrere Inventare

---

[16] P. Payan, Aménagement de l'espace et usage de la bibliothèque dans le palais pontifical d'Avignon au temps de Benoît XIII, in: Berndt (ed.), Der Papst (nt. 10), 214–215.

[17] ASV, Reg. Av. 231, foll. 20v–74v.

[18] M.-H. Jullien de Pommerol/J. Monfrin, La bibliothèque pontificale à Avignon et à Peñiscola pendant le Grand Schisme d'Occident et sa dispersion: inventaires et concordances (Collection de l'École française de Rome 141), Rom 1991, 8–9.

[19] Paravicini Bagliani, La biblioteca (nt. 4), 104; B. Müller-Schauenburg, Erfolglos zu Recht schreiben. Die Pariser Handschriften des Traktats „Quia nonulli Benedikts XIII. mit den Responsa", in: R. Berndt (ed.), Eure Namen sind im Buch des Lebens geschrieben. Antike und mittelalterliche Quellen als Grundlage moderner prosopographischer Forschung (Erudiri Sapientia 11), Münster 2014, 381–412; ead., Das Kirchenbild Benedikts [XIII.] im Spiegel der Komposition seiner Bibliothek. Eine Studie zur materiellen und thematischen Zusammensetzung seiner Bibliothek von Avignon und Peñiscola während seines Pontifikats (1394–1423) mit Blick auf Bildzentrum „Recht" und Bildperipherie „Häresien" (ungedruckt).

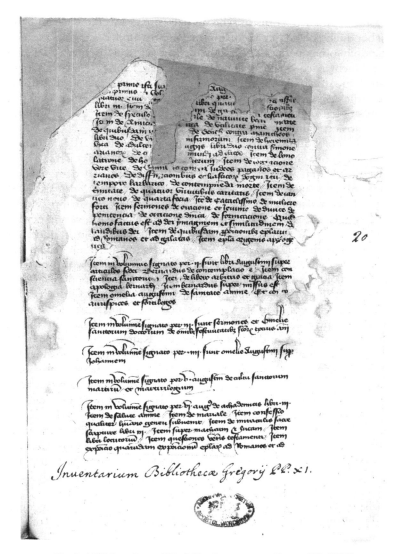

Fig. 3: ASV, Reg. Aven. 231, f. 20r: Inventar von Gregor XI. (1375)

erhalten eines von 1407[20], aber schon 1405 und dann 1408 hatte er ein Verzeichnis von aus dem Bestand ausgewählten Exemplaren, die sog. Reisebibliothek, anfertigen lassen, die erste Liste umfasste 329 und die zweite 577 Bücher, in der

---

[20] Madrid, Biblioteca National 6399, ed. P. Galindo Romeo, La Biblioteca de Benedicto XIII, Zaragoza 1929, 83–188; Jullien de Pommerol/Monfrin, La bibliothèque (nt. 18), 333–337.

letzten Liste waren auch 54 historische und klassischen Werke – darunter Vergil, Terenz, aber auch solche der Humanisten Petrarca und Boccaccio verzeichnet. Diese Handbibliothek nahm der Gegenpapst auf seinen Reisen in Südfrankreich, auf seiner Flucht nach Spanien und ins Exil nach Peñiscola mit[21]. Einen Teil der päpstlichen Amtsbibliothek hatte Benedikt XIII. dagegen im Papstpalast in Avignon zurückgelassen, davon wurde 1411 ein Verzeichnis angelegt[22] [Fig. 4], in dem außer den 648 beschriebenen Handschriften noch 234 erwähnt, aber nicht inventarisiert wurden.

Von der Reisebibliothek wurde 1409/10, als sich Benedikt XIII. in Perpignan, Barcelona, Tarragona und Saragossa befand, ein Ausleiheregister mit 87 Einträgen angelegt[23]. Darin war neben dem Titel des Buches und dem Namen des Entlehners anfangs auch immer *accomodavi*, also verliehen, vermerkt und ein Kreuzchen vor dem Titel stand für den Rückgabevermerk. In knapp zwei Jahren wurden 90 Handschiften verliehen, daraus kann ein Überblick, was in der Umgebung des Papstes gelesen wurde, gewonnen werden. Neben Bibeln und Konkordanzen wurden auch die ‚Postille' des hl. Thomas zu den Evangelien und die von Nikolaus de Lyra zur Genesis, der ‚Sentenzenkommentar' von Bonaventura, die ‚Summa theologia' von Thomas von Aquin entlehnt, aus der Patristik die ‚Etymologie' von Isidor von Sevilla, Predigten von Leo dem Großen, aus dem Rechtsbereich Werke von Bartolo von Sassoferrato, eine Dekretalen-Sammlung und ein Kommentar zum ‚Codex Iustinianus' oder Schriften von Baldus de Ubaldis wie auch das ‚Liber Pontificalis' und ein Katalog der römischen Päpste von Bernardus Guidonis, eine Chronik von Martinus Polonus, wie auch Petrarcas ‚De viris illustribus', außerdem liturgische Bücher wie Missale und Caeremoniale, auch schismatische Werke wie ein Inventar schismatischer Bücher oder Abhandlungen über die neue Obödienz. Bei den Entlehnern handelte es um Leute im Dienste oder aus dem näheren Umkreis Benedikts XIII., Kardinäle und Bischöfe aus Spanien, den Abt der Grand Chatreuse, Protonotare, Agenten im diplomatischen Dienst, Kapläne und Leibärzte, beispielsweise borgte der päpstliche Neffe Petrus de Luna Texte der Klassiker und von Dante und Petrarca aus, insgesamt waren es 40 Personen. Dazu kommt natürlich auch Benedikt XIII. selbst, denn die Bände, die er entnahm, wurden nicht registriert[24].

Die meisten Exemplare kamen sechs Jahre nach dem Tod des Gegenpapstes 1423 in den Besitz von Kardinal Pierre de Foix, der sie in sein Kolleg nach

---

[21] A. Maier, Der Katalog der päpstlichen Bibliothek in Avignon vom Jahr 1411, in: A. Paravicini Bagliani (ed.), Ausgehendes Mittelalter. Gesammelte Aufsätze zur Geistesgeschichte des 14. Jahrhunderts (Storia e Letteratura 138), Rom 1977, 77–157.

[22] BAV, Arch. S. Pietro A 76, ed. A. Maier, Der letzte Katalog der päpstlichen Bibliothek von Avignon (1594), in: Paravicini Bagliani (ed.), Ausgehendes Mittelalter (nt. 21), 187–248; A. Löffler, Bücher Benedikts XIII., in: Berndt (ed.), Der Papst (nt. 10), 277–527.

[23] BAV, Barb. lat. 3180, foll. 16r–17v, 20r, A. Maier, Ein Leihregister aus der Bibliothek des letzten Avignoneser Papstes Benedikt XIII (Petrus de Luna), in: Rivista di storia della Chiesa in Italia 20 (1966), 309–327.

[24] Ibid., 327.

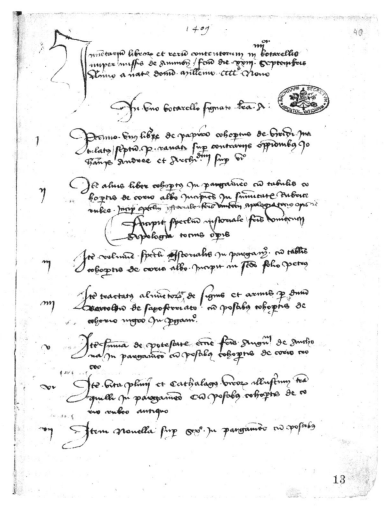

Fig. 4: BAV, Barb. lat. 3180, f. 1r: Inventar von Benedikt XIII. (1411)

Toulouse bringen ließ, und von dort gelangten sie über einige Umwege in die Bibliothèque Nationale. Die im Papstpalast von Avignon verbliebenen Bände wurden in mehreren Etappen nach Rom gebracht: im Mai 1566 waren es 157 Registerbände und 42 Manuskripte[25], der Großteil der Handschriften, 329 Bän-

---

[25] Roma, Biblioteca Corsini 671, foll. 2r–8r; A. Maier, Der Handschriftentransport von Avignon nach Rom im Jahr 1566, in: Mélanges Eugène Tisserant 7 (Studi e Testi 237), Città del Vaticano 1964, 9–27.

de, wurde am Beginn des Pontifikats von Paul V. überstellt, der sie in die Bibliothek seiner Familie Borghese eingliederte, die dann 1891 von Heiligen Stuhl angekauft wurde[26].

### III. Rückkehr der Päpste nach Rom und der Beginn der Büchersammlung

Im Hinblick auf eine am Konzil von Florenz angestrebte Einigung zwischen katholischer und griechischer Kirche wurde die Notwendigkeit des Vorhandenseins einer Bibliothek an der Römischen Kurie erkannt, weil die Theologen einschlägige Werke zur Vorbereitung der liturgischen, theologischen und patristischen Fragen, die in den Kommissionen besprochen wurden, benötigten[27]. Aus der Zeit Eugens IV., der viel für Bücher übrighatte, ist nach der Rückkehr der Kurie nach Rom 1443 ein vom Benediktiner Arsenio de Villalonga, dem die Obsorge der Güter des päpstlichen Haushalts anvertraut war, redigiertes Inventar mit 351 Titeln erhalten[28]. 20 Exemplare kamen aus der Bibliothek von Avignon über Gregor XII., den Onkel des Papstes mütterlicherseits, in die Sammlung Eugens IV., der Rest stammte aus seinem Besitz, aus Schenkungen oder es waren in Auftrag gegebene Abschriften aus der Zeit des Konzils. Der Sammlungsschwerpunkt lag auf der Theologie, dem Kirchenrecht, der Scholastik und Philosophie, darunter es waren nur zwei griechische Handschriften vorhanden. Neben einigen Texten aus anderen Wissensgebieten etwa der klassischen Literatur (Cicero, Seneca, Terenz, Catull) sammelte der Papst vermutlich wegen seines labilen Gesundheitszustandes vor allem medizinische Texte[29].

### IV. Nikolaus V. und die Gründung der Vatikanischen Bibliothek

Der Humanist und Theologe Tommaso Parentucelli hatte enge Kontakte zu den humanistischen Kreisen in Florenz, vor allem mit dem Gelehrten, Sammler und Antiquar Niccolò Niccolini, der in seinem Testament festgelegt hatte, seine umfangreiche Büchersammlung der Öffentlichkeit zum allgemeinen Nutzen zur Verfügung zu stellen. Parentucelli war am Konzil von Florenz als Theologe und ausgezeichneter Kenner der Patristik mit den Spitzen der Gelehrten des griechischen Orients zusammengetroffen und hatte auch keine Gelegenheit ver-

---

[26] Grafinger, Auflösung (nt. 10), 232; Codices Burghesiani Bibliothecae Vaticanae, ed. A. Maier (Studi e Testi 170), Città del Vaticano 1952.
[27] A. Manfredi, La nascita della Vaticana in Età umanistica da Niccolò V a Sisto IV, in: id (ed.), Le Origini (nt. 4), 158.
[28] ASV, Cam. Ap. Collect 490, foll. 11r–29r; J. Fohlen, La bibliothèque du Pape Eugène IV (1431-1447): contribution à l'histoire du fonds Vatican Latin (Studi e Testi 452), Città del Vaticano 2008.
[29] Grafinger, Auflösung (nt. 10), 233.

säumt, um Manuskripte für seine Privatbibliothek zu erwerben. Auf den Legationsreisen mit seinem Gönner, dem Erzbischof von Bologna Niccolò Albergati, entwickelte er einen Spürsinn für das Auffinden unbekannter Schriften in alten Bibliotheken Italiens und nördlich der Alpen. Nach seiner Wahl zum Papst versuchte Nikolaus V. das humanistische Konzept einer öffentlich zugänglichen Bibliothek – nicht wie bislang eine Sammlung, die dem Papst und seinem engsten Mitarbeiterkreis vorbehalten war – nach dem Vorbild der Florentiner Sammlung von Cosimo dé Medici zu verwirklichen[30]. Wertvolle Hinweise zur Realisierung dieses Projekts finden sich in den Biographien der beiden Humanisten und Mitarbeiter Giannozzo Manetti[31] und Vespasiano da Bisticci[32]. Der Papst plante die Sammlung mit Handschriften aus allen Wissensgebieten und in den beiden klassischen Sprachen Latein und Griechisch in einem eigenen, im Palast errichteten Raum aufzustellen. Zukunftsweisend war die Ernennung des Humanisten Giovanni Tortelli[33] im Jubeljahr 1450 zum Bibliothekar, der unverzüglich die Umsetzung des päpstlichen Planes in Angriff nahm und sich um die Beschaffung von nicht vorhandenen theologischen, philosophischen und historischen, aber auch klassischen Texten kümmerte. Agenten wurden bis Nordeuropa geschickt, um verschollene Schriften aufzuspüren und zu erwerben, oder wenigstens Abschriften davon anzufertigen[34].

Der Reichtum der Bibliothek zeigt sich in dem zweiteiligen, von Cosimo von Monserrat[35], dem Datar, Beichtvater und Bibliothekar Calixtus' III. angelegten Inventar [Fig. 5], das eine Liste der lateinischen (824)[36] und der griechischen Handschriften (414)[37] umfasst, von denen einige von Isidor von Kiev und Kardinal Bessarion entliehen waren, und jenen Exemplaren, die im *cubiculum* separat

---

[30] Breve vom 30. April 1451, E. Müntz/P. Faber, La Bibliothèque du Vatican au XVe siècle; contributions pour servir à l'histoire de l'humanisme d'après des documents inédits, avec un inventaire de la bibliothèque et une table des autheurs et des matières (Bibliothèque des écoles françaises d'Athènes et de Rome 48), Paris 1887 (ND Amsterdam 1970), 47–48, A. Manfredi, The Vatican library of Pope Nicholas V: the project of a universal library in the age of humanism, in: Library History 14 (1998), 103–110; Ch. M. Grafinger, Per i bibliotecari e i custodi della Biblioteca Vaticana (Sec. XV–XVI), in: Aevum 84 (2010), 712.

[31] G. Manetti, De vita ac gestis Nicolai quinti summi pontificis a cura di A Modigliani (Fonti per la storia dell'Italia medievale. Rerum italicarum scriptores 6), Roma 2005, 53–67.

[32] Vespasiano da Bisticci, Le vite, ed. A. Greco, vol. 1, Firenze 1970, 45–49, 63–72.

[33] A. Manfredi, L'Orthographia di Giovanni Tortelli nella Biblioteca Vaticana, in: Miscellanea Bibliothecae Apostolicae Vaticanae VI (Studi e Testi 385), Città del Vaticano 1998, 265–298; G. Donati, L'Orthographia di Giovanni Tortelli (Percorsi dei classici 11), Messina 2006; Manfredi, La nascita (nt. 27), 180 A. Manfredi, Giovanni Tortelli, primo bibliotecario della Vaticana, in: A. Manfredi/C. Marsico/M. Regoliosi eds.), Miscellanea di studi (Studi e Testi 499), Città del Vaticano 2016.

[34] Manfredi, La nascita (nt. 27), 162, 178.

[35] Ch. M. Grafinger, Cosimo di Montserrat, il secondo bibliotecario della Vaticana, in: Ibid., 187.

[36] BAV, Vat. lat. 3959; cf. A. Manfredi, I codici latini di Niccolò V: Edizione degli inventari e identificazione dei manoscritti (Studi e testi 359), Città del Vaticano 1994.

[37] Vich, Museu Episcopal 201; cf. A. Manfredi, Note preliminari sulla sezione greca nella Vaticana di Niccolò V, in: id. (ed.), Niccolò V nel sesto centenario della nascita. Atti del convegno internazionale di studi, Sarzana 8–10 ottobre (Studi e testi 397), Città del Vaticano 2000, 49–70.

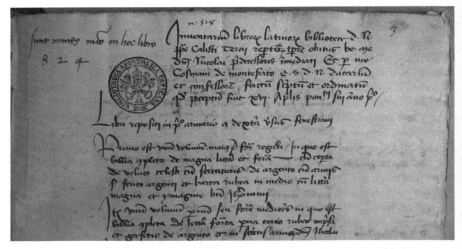

Fig. 5: Vat. lat. 3959: Inventar von Nikolaus V.

aufgestellt waren. Die in wenigen Jahren rasch angewachsene Sammlung – die Bibliothek Eugen IV. zählt 1443 nur 351 Bucheinheiten, im Inventar von Nikolaus V. waren mehr als 1200 Titel angeführt – war somit die größte auf italienischem Territorium. Beachtlich war der Umfang des griechischen Bestandes, denn Eugen IV. besaß nur zwei griechische Manuskripte. Angeregt von seinen Lehrern und seinen humanistischen Freunden begann sich Nikolaus V. früh mit der Kultur des Orients auseinanderzusetzen, mit byzantinischer Literatur zu beschäftigen und daher griechische Handschriften zu erwerben. Streng genommen war die nikolinische Sammlung eine universale Bibliothek mit den wichtigsten theologischen aber auch weltlichen Manuskripten des Rechts, der Mathematik, Philosophie und jenen der Humanwissenschaften. Die nach dem mittelalterlichen Einteilungsprinzip und Sachbereichen angeordneten Bücher hatten sozusagen als Grundpfeiler Theologie, Recht und die *studia humanitatis*, die ihrerseits in Philosophie, Geschichte, Dichtung, Grammatik und Rhetorik unterteilt war[38]. Von den Texten der Kirchenväter besaß Nikolaus V. eine große Anzahl von Werken des hl. Augustinus, auffällig waren jedoch die Schriften weniger bekannter Autoren wie Cyprian, Hilarius, Ireneus oder Tertullian, mit welchen sich die frühen Humanisten schon beschäftigt hatten. Besonders viele Texte (140) waren von mittelalterlichen Theologen wie Thomas von Aquin, Bonaventura, Dun Scotus oder Albertus Magnus vorhanden. Unter den heidnischen Klassikern überwogen die Historiker wie Livius, Sallust, Valerius Maximus und unter den Rhetorikern Cicero und Quintilian, von den Dichtern waren Vergil, Horaz und Juvenal vertreten, außerdem auch zwei Ausgaben von Plinius

---

[38] Manfredi, La nascita (nt. 27), 167.

dem Jüngeren[39]. Im griechischen Bestand befanden sich ebenfalls viele patristische Schriften vor allem jene von Johannes Chrysostomos, unter den 29 historischen Werken fast alle griechischen Klassiker wie Herodot, Thukydides, Polybios und Plutarch, aber auch die Bestseller der Naturwissenschaften (25), Rhetorik (38), Grammatik und Poesie (37). Auffallend ist die große Anzahl der Neubearbeitung patristischer Texte sowohl in Latein wie auch in Griechisch, ein Anliegen vieler Humanisten wie Poggio Bracciolini, Lorenzo Valla, Pier Candido Decembrio oder Theodor Gaza. Der Papst gab selbst die Anfertigung von Übersetzungen und Abschriften humanistischer Textbearbeitungen in Auftrag wie die Edition der Werke Thukydides durch Lorenzo Valla. Darüber hinaus wurden dem philosophisch interessierten Papst eigens hergestellte Bücher geschenkt, die meisten tragen den speziellen Vermerk „*iussu papae*"[40].

Die private Sammlung von Nikolaus V., die sich bei seinem Tod im *cubiculum* befand, nimmt eine Sonderstellung ein, sie ist gleichsam das Herz der neu gegründeten Vatikanischen Bibliothek. Parentucelli hatte alte Codices auf seinen Reisen erworben wie einen lateinischen Text von Ireneus in der Grand Chatreuse[41], daneben Texte von Augustinus und Ambrosius wie auch Brief- und Predigtsammlungen, aber auch Abschriften von klassischen Texten wie humanistischen Interpretationen anfertigen lassen. Weitblickend hatte der Papst ein Projekt eines großzügigen Ausbaus der Bibliothek ins Auge gefasst. Er plante an den im nördlichen Flügel des Palastes gelegenen Bibliothekssaal weitere Räume anzufügen, konnte diesen Plan jedoch nicht mehr zu Ende führen[42]. Bei seinem Tod war nur der mittlere Raum, die sog. „*biblioteca greca*", fertiggestellt[43] (Tafel 14), die Mauern der anderen Räume schon konstruiert und die Mosaikböden verlegt, die noch ausstehenden Arbeiten wurden dann erst unter Sixtus IV. wieder aufgenommen und zum Abschluss gebracht.

Unter dem Humanisten Pius II., der die prächtige von Nikolaus errichtete Bibliothek mit alten und neuen Handschriften aus allen Wissensgebieten in seinen Kommentaren erwähnte, wurde die päpstliche Sammlung kaum erweitert, seine privaten Bücher hinterließ er seiner Familie. Dasselbe gilt für die Büchersammlung des kunstinteressierten Venezianers Paul II. Barbo[44].

---

[39] Ibid., 168–169.
[40] Ibid., 174.
[41] A. Manfredi, Primo umanesimo e teologi antichi, in: Italia medioevale e umanistica 32 (1989), 155–203.
[42] L. E. Boyle, The Vatican Library, in: A. Grafton (ed.), Rome Reborn. The Vatican Library and Renaissance Culture, Washington–Biblioteca Apostolica Vaticana 1993, XI–XV; id., La biblioteca di Niccolò V, in: id. (ed.), Niccolò V (nt. 37), 3–8.
[43] D. Redig de Campos, Testimonianze del primo nucleo edilizio dei Palazzi Vaticani e restauro delle pitture delle stanze della 'Bibliotheca Latina' e della 'Bibliotheca Greca', in: Il restauro delle aule di Niccolò V e di Sisto IV nel Palazzo Apostolico Vaticano a cura della Direzione Generale dei Servizi Tecnici del Governatorato Vaticano, Città del Vaticano 1967.
[44] Manfredi, La nascita (nt. 4), 189–198.

## V. Sixtus IV. und die Verwaltung der Bibliothek

Die Situation änderte sich unter Sixtus IV., denn nicht nur seine privaten Bücher vor allem theologischen Inhalts wurden nach dessen Tod in die Palastbibliothek integriert, er selbst zeigte lebhaftes Interesse an der Vergrößerung und Institutionalisierung der päpstlichen Bibliothek. Zu Beginn des Pontifikats erwarb er die bedeutende, an alten Handschiften reiche – darunter auch karolingische – Büchersammlung des französischen Kardinals Jean Jouffroy[45]. Der rasch anwachsende Buchbestand sollte auch entsprechend verwaltet werden. Daher betraute er im Februar 1475 den Humanisten und Verfasser der Papstgeschichte Bartolomeo Platina[46] mit der Leitung der Sammlung (Tafel 15). Der Bibliothekar sollte die im Juni erlassenen Reformen, die 1477 in dem päpstlichen Erlass ‚Ad decorem militantis Ecclesiae' mit Richtlinien für Erneuerung und Finanzierung veröffentlicht wurden, in die Tat umsetzen. Neben der Ernennung des Personals – Bibliothekar und Gehilfen – wurden drei Ziele festgelegt: Katalogisierung des Bestandes, Einführung eines Rechnungsbuches und eines Ausleiheregisters. Das Rechnungsbuch ist ein einzigartiges Dokument und gibt Auskunft über die Fertigstellung und Ausstattung der unvollendeten Räume aber auch über die von Platina verwendeten Gelder für das Mobiliar, den Ankauf von Büchern und deren Bindung oder von Papier und Schreibmaterial für die Katalogherstellung. Neben einer präzisen Rechnungslegung war die Hauptaufgabe des Bibliothekars die Katalogisierung des Bestandes, der auf 2527 Handschriften angewachsen war. Die drei sixtinischen Kataloge sind von essentieller Bedeutung für die künftige Inventarisierung. Das Inventar von 1475 ohne topographische Angaben [Fig. 6], aber mit einer Differenzierung in zwei Blöcke Latein und Griechisch stellt eine Verbindung zu den vorausgegangenen Inventaren her. Die durch den Neubau und die Neuaufstellung der Bücher erforderliche Katalogisierung wurde kurz nach dem Tod Platinas durch Guazzelli[47] abgeschlossen. Sie gibt ein anschauliches Bild von der topographischen Aufstellung der inzwischen auf 3498 Exemplare angewachsenen Sammlung in vier Räume. Im ersten öffentlichen Saal, dem lateinischen fanden sich die theologischen und juristischen Werke auf den neun Schranktischen auf der linken Seite und rechts auf den sieben Tischen Philosophie, Mathematik, Astronomie, Rhetorik, Grammatik, Dichtung und Geschichte[48]. In der griechischen Abteilung (Tafel 16) lagen

---

[45] A. Manfredi, Le jeune Jouffroy e le ricerche dei codici in Francia alla metà del secolo XV, in: M. E. Bertoldi /A. Manfredi (eds.), San Lorenzo in Lucina, Jean le Jeune, Jean Jouffroy. Libri e monumenti tra Italia e Francia a metà del secolo XV, (Miscellanea Bibliothecae Apostolicae Vaticanae, 11, Studi e testi 423), Città del Vaticano 2004, 109–207.

[46] Ch. M. Grafinger, Bartolomeo Platina quarto ovvero 'primo' bibliotecario della Vaticana, in: Manfredi, La nascita (nt. 27), 208.

[47] Ch. M. Grafinger, Pietro Demetrio Guazzelli e Jean Chadel, i due primi custodi della Vaticana, in: Manfredi (ed.), L'origini (nt. 27), 216.

[48] BAV, Vat. lat. 3953, 3947, 3949; cf. A. Di Sante, La biblioteca rinascimentale attraverso i suoi inventari, in: Manfredi (ed.), Le Origini (nt. 4), 312–313.

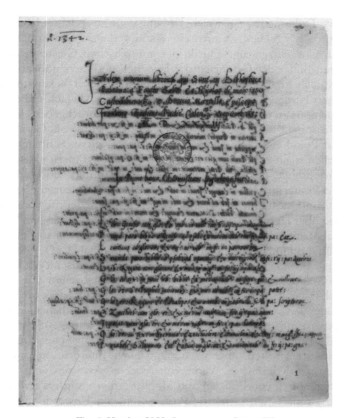

Fig. 6: Vat. lat. 3952: Inventar von Sixtus IV.

die Manuskripte auf acht Lesepulten, in der *bibliotheca secreta* waren neben den Tischen auch Truhen und Wandschränke zur Aufbewahrung der Bücher und Dokumente vorhanden. Im vierten Saal der päpstlichen Bibliothek waren elf Tische für lateinische und einer für griechische Manuskripte und fünf Truhen für die Papstregister vorgesehen[49]. Das letzte Inventar von 1484 ist eigentlich nur eine Kopie des von 1481, endete aber mit der Aufstellung aller neu erworbenen Handschriften und gibt den aktuellen Stand am Ende des Pontifikats. Zu erwähnen ist noch, dass den Druckschriften zu dieser Zeit wenig Beachtung geschenkt worden ist, sie wurden bei der Inventarisierung noch nicht berücksichtigt, sondern nur in Schränken deponiert.

Platina legte zur genauen Kontrolle der konsultierten Bücher zwei Ausleiheregister an, der erste Band endet 1536 und der zweite 1548[50]. Dieses wertvolle

---

[49] Müntz/Fabre, La Bibliothèque (nt. 30), 250–268.
[50] BAV, Vat. lat. 3964, 3966; cf. M. Bertolà, I due primi registri di prestito della Biblioteca apostolica Vaticana, codici vaticani latini 3964, 3966, pubblicati in fototipia e in trascrizione con note e

administrative Dokument zeigt welches Manuskript zu welchen Bedingungen – bisweilen wurde zur Sicherheit auch ein Pfand verlangt – entlehnt worden ist, ist aber auch eine einzigartige Quelle der europäischen Geistesgeschichte mit facettenartigen Bilder der Gelehrten der Epochen und ihrer publizistischen Tätigkeit. Angestellte der Bibliothek oder dem Bibliothekar bekannte Mitglieder der Römischen Kurie erhielten leichtere Bedingungen, vielfach mussten sie das entlehnte Buch nur zu einer bestimmten Frist wieder zurückgeben. Von weniger bekannten Personen, besonders aber von Fremden wurde als Garantie für die Rückgabe ein Pfand wie Golddukaten, Silberlöffel, Kelche, Schmuckstücke und in einigen Fällen sogar ein Buch verlangt. Letzteres betraf meist jüdische Gelehrte wie den römischen Lektor für Hebräisch Agazio Guidacerio, der das Buch Job für einen Psalter in Hebräisch hinterlegte[51] oder der deutsche an der Kurie tätige Jakob von Questenberg, der eine selbst verfasste Schrift von Porphyrios für einen Text über Hermes Trismegistos (er hat den selbst verfassten Porphyrios-Text für ein Manuskript mit Texten von Hermes Trismegistos und anderen Autoren als Pfand hinterlassen) dem Bibliothekar übergab[52]. Der deutsche Mathematiker und Professor der Universität Leipzig und Ingolstadt Johann Tolhopf musste vier Golddukaten für einen Kommentar von Joachim von Fiore über Jeremias und Ezechiel deponieren[53]. Naturwissenschaftliche Texte wie die des Ptolemäus oder des Aristoteles wurden am häufigsten entliehen, dann folgen Bibel und Bibelkommentare, unter den Kirchenvätern wurde Augustinus bevorzugt, unter den mittelalterlichen Theologen waren Thomas von Aquin und Bonaventura am gefragtesten, aber es bestand auch Interesse an orientalischen Handschriften wie Korantexte, Werke von Avicena, Averroes oder Albumazar. Neben den Sekretären von Prälaten und Mitgliedern von Ordensgemeinschaften wollten auch Humanisten, Gelehrte, Professoren von Universitäten und Ärzte einschlägige Texte konsultieren. Die Antragsteller kamen nicht nur aus Italien, sondern Spanien, Frankreich und dem Deutschen Reich, etwa der an der römischen Universität tätige Rechtsgelehrte Martin Grönig aus Bremen, der an einer griechischen Version der ‚Statuta quaedam' interessiert war[54]. Der deutsche Drucker Arnold Pannatz, der die erste Druckerei in Italien errichte hatte, wandte sich kurz nach seiner Übersiedlung von Subiaco nach Rom im Dezember 1475 an die Bibliothek mit der Bitte um Einsichtnahme in die ‚Antiquitates' von Josephus Flavius[55]. Unter den Deutschen befanden sich auch zwei Kölner: zum einen der Kopist Simon Neckel, der im März 1478 eine medizinische Hand-

---

indici (Codices e Vaticanis selecti 27), Città del Vaticano 1942; Grafinger, Per i bibliotecari (nt. 30), 727–729.

[51] BAV, Vat. lat. 3964, fol. 12v; cf. Bertolà, I due primi registri (nt. 50), 14.
[52] BAV, Vat. lat. 3966, fol. 44v; cf. ibid., 83. Zu Questenberg cf. Jakob Aurelius Questenberg, famulus di Giovanni Lorenzi, in: A. Rita, Per la storia della Vaticana nel primo Rinascimento, in: Manfredi (ed.), Le Origini (nt. 4), 251.
[53] BAV, Vat. lat. 3964, fol. 31v; cf. Bertolà, I due primi registri (nt. 50), 33.
[54] BAV, Vat. lat. 3966, fol. 59v; cf. ibid., 103.
[55] BAV, Vat. lat. 3964, fol. 4v; cf. ibid., 5.

schrift von Cornelius Celsus vorlagengetreu abschreiben wollte[56] und zum anderen der Orientalist und Propst von St. Georg, Johannes Potken, der für die Ausleihe eines Psalters in Chaldäisch im September 1511 einen Dukaten als Pfand hinterlegen musste[57], bei seinem zweiten Antrag im Juli 1515 wurde für die Vita des hl. Martin kein Pfand verlangt, sondern nur eine Rückgabe in zwei Wochen gefordert und diese dann auch Anfang August neben dem Antrag vermerkt[58].

## Zusammenfassung

Die mittelalterliche päpstliche Büchersammlung ist kaum dokumentiert, erste detaillierte Kenntnisse liefert uns das Inventar aus dem ersten Pontifikatsjahr von Bonifaz VIII. Von dieser Sammlung, die mit der Etablierung des Papsthofes in Avignon nach Assisi gebracht wurde, kamen nur wenige Bücher in die neue Residenz. Die dortige Palastbibliothek, die nur einem kleinen Kreis zur Verfügung stand, wuchs rasch an und wurde zur bedeutendsten Sammlung der Christenheit. Doch auch von ihr kamen nur wenige Handschriften nach Rom zurück. Gründer der Vatikanischen Bibliothek war der Humanist Nikolaus V., der eine visuelle Bibliotheksstruktur vor Augen hatte und die alten und in Auftrag gegebenen Handschriften in eine lateinische und griechische Sektion unterteilte. Die geplante Bibliothekserweiterung wurde von Sixtus IV. abgeschlossen, der zukunftsweisende Richtlinien für Personal und Verwaltung festlegte. Einerseits war der Bibliothekar zur Rechnungslegung und Katalogisierung verpflichtet, er wurde aber auch mit der Registrierung der ausgeborgten Bücher beauftragt. Dieses Ausleiheregister, ein einzigartiges Dokument wirft ein Licht auf die Lesegewohnheiten der Kurie, aber auch auf die wissenschaftliche Forschung von Humanisten und Gelehrten der Epoche.

---

[56] BAV, Vat. lat. 3964, fol. 11v; cf. ibid., 13.
[57] BAV, Vat. lat. 3966, fol. 48r; cf. ibid., 88.
[58] BAV, Vat. lat. 3964, fol. 44v; cf. ibid., 83.

## V. Stadtbibliotheken

# Late Medieval Urban Libraries as a Social Practice: Miscellanies, Common Profit Books and Libraries (France, Italy, the Low Countries)

Sabrina Corbellini (Groningen) and Margriet Hoogvliet (Groningen)

Does a library consisting of only one book still count as a library? Can a single miscellany or anthology be approached as a library? And what about texts in other formats than the codex, for instance a publicly displayed text on a tablet?

Studies of historical libraries often tend to focus on formal and material features, such as the presence of a clearly identifiable book collection, classification and retrieval systems, and evidence of a programmatic acquisition of books by specialized individuals with the goal of creating a specific space devoted to the conservation, reading and use of books. Notwithstanding these prerequisites, a library can also be considered, even in the absence of a particular spatial dimension and organization, as a specific set of social practices built around people interacting to facilitate the dissemination of books and texts[1].

In this article we will discuss libraries and collections of texts spread via books, the traditional material form of transmission, or in less standardized forms (e.g. on tablets) from the perspective of social library practices, most notably the process of acquiring and transcribing texts and books for private use, but also with the goal of lending them through private and semi-private exchange networks. It is thus about making texts available through a medieval form of open access, i.e. opening up book collections for anonymous readers and users. We would also like to propose moving away from the idea of books as objects privately used by only one single reader; instead we stress the relevance of the concept of multiple readership of books, and of thinking about the sharing of knowledge in books as an act inspired by religious and ethical goals. We will do so by studying the late medieval, so-called common profit books and libraries. We might call them the medieval versions of free wifi points, where knowledge, in this case religious knowledge, was freely accessible to all readers, including lay people (Tafel 17a & 17b).

Our sources are from late medieval and early sixteenth-century urban centres in northern France, Italy, and the Low Countries and have been chosen through the application of a specific selection principle: the transmission of religious

---

[1] For a recent overview of the history of libraries from Antiquity to the present, cf. F. Barbier, Storia delle biblioteche. Dall'antichità a oggi, Milano 2016.

contents in the vernacular. As religion constitutes a shared, influential background and knowledge system with a strong potential for unifying people and disseminating knowledge among them, our choice to look at religious texts allows us to approach a wide range of groups within medieval society, varied in their composition. Through the presentation and the analysis of these sources, this contribution will not only discuss common profit books and libraries, but also lending and sharing practices which resulted in the mobility of religious knowledge through social networks, such as families, confraternities, and those affiliated with third orders, i.e. the branches of Mendicant religious orders involving the laity. We will moreover approach common profit books and libraries from a spatial perspective, looking at places where books, panels and libraries could be accessed, inside and outside specific buildings, as well as the flows of texts within the urban spatial structure.

The terminology common profit books and libraries dates to an article from 1946, in which H. S. Bennett discussed "pious folk" in fifteenth-century British Isles who had religious books made *"for a comyn profite"*: lay people who bequeathed books, mostly of a religious nature, not to one single person, but to a much wider group of readers, often that book be chained and kept in a place where it would be freely accessible. The terminology is based on the inscriptions found in a series of religious miscellanies produced in London and bearing a statement that the scribal activities connected to the production of the manuscript had been paid for thanks to the estate of a specific person and that the manuscript was donated for a *"comyn profite"*, i.e. for use by a broad group of recipients who are instructed in the inscriptions to pray for the souls of the donors[2].

In spite of its seminal relevance for the study of the late medieval circulation of knowledge, the corpus has long been nearly exclusively the domain of English manuscript and textual scholars. It is only recently that this theme of common profit books and libraries – intended for groups of lay readers, as an ethical act or out of charitable impulses – has become a burgeoning research topic in medieval scholarship in the United Kingdom and the United States[3]. As a consequence of this approach and of the geographical focus in research, common profit books and libraries seem to be a particularly English phenomenon. Other European areas, however, have had similar provisions, but these have not been

---

[2] H. S. Bennett, The Production and Dissemination of Vernacular Manuscripts in the Fifteenth Century, in: The Library, 5th ser. 1 (1946), 167–178, at 171.

[3] N. Ramsay/J. M. W. Willoughby, Corpus of British Medieval Library Catalogues, vol. 14: Hospitals, Towns, and the Professions, London 2009; M. Connoly, Books for the helpe of euery persoone that thenkith to be saued: Six Devotional Miscellanies from Fifteenth-Century London, in: Yearbook of English Studies 33 (2003), 170–181; W. Scase, Reginald Pecock, John Carpenter and John Colop's "Common Profit" Books: Aspects of Book Ownership and Circulation in Fifteenth-Century London, in: Medium Aevum 61-2 (1992), 261–274; J. A. Moran, A "Common-Profit" Library in Fifteenth-Century England and other Books for Chaplains, in: Manuscripta 28 (1984), 17–25 .

researched as intensively as the Middle English examples. In order to fill this gap in scholarly research, this contribution will significantly enlarge the geographical scope of the research and will discuss common profit books from the Low Countries, Northern France and Italy, the areas that have been at the very centre of the research project "Cities of Readers: Religious Literacies in the Long Fifteenth Century", funded by the Netherlands Organization for Scientif -ic Research and conducted at the University of Groningen (2015–2020). This broad European approach will also offer the opportunity to discuss different manifestations of this phenomenon, to reflect on the variety of sources offering information on the circulation of religious books outside the traditional spaces of convents and religious institutions, and to draw conclusions about the social impact of the common profit principle in late medieval society.

## I. Northern France: Beaune and Amiens

As mentioned in the introduction, the study of common profit books and libraries has hardly been addressed outside the British Isles. In the standard study of French libraries, for instance, the 'Histoire des bibliothèques françaises' edited by André Vernet and first published in 1989, this terminology goes unmentioned in the volume dedicated to medieval libraries[4].

A few years later, Geneviève Hasenohr published an important article about the collection of religious books owned by the Hôtel-Dieu in Beaune, the famous medieval hospital that was founded in 1443 by Nicolas Rolin, chancellor of the Dukes of Burgundy, and his wife Guigone de Salins[5]. In her article, Hasenohr notes an important phenomenon: the community of religious women working and living in the hospital exchanged its religious books in French with laypeople outside the hospital. For instance, manuscript Bibliothèque nationale de France, français 1030, a copy of one of the French translations of Henry Suso's 'Horologium Sapientiae', contains the following inscriptions on its last flyleaf:

> "Ce present livre est a moy, Girard Goguye de Beaune, qui l'ay fait faire en mon hostel en l'an mil quatre cens soixante et dix. Goguye."

> "Ledit Girart Goguye a son vivant changea cest present livre a ceulx du grant hospital contre ung livre des Euvangiles. Ainsi l'a relaté en vérité soeur Guiote, le dyemenche l'andemain saint Thomas apostre, l'an 1493. Maistrop."[6]

---

[4] A. Vernet (ed.), Histoire des bibliothèques françaises, vol. 1, Les bibliothèques médiévales du VIe siècle à 1530, Paris 1989.
[5] G. Hasenohr, Vie culturelle et spirituelle des hôpitaux bourguignons dans la seconde moitié du XVe siècle, in: Publications du centre européen d'études bourguignonnes (XIVe et XVIe) 31 (1991), 93–100. It should be noted that Beaune was at that moment part of the Duchy of Burgundy and that it only became French in 1477, after the death of Charles the Bold.
[6] Hasenohr, Vie culturelle, 97.

["This book belongs to me, Girard Goguye of Beaune; I had it made in my home in the year one thousand, four hundred and seventy. Goguye".

"During his lifetime said Girard Goguye exchanged this book for a book with the Gospels belonging to the grand hospital. This has been stated according to the truth by *soeur* Guiote, the Sunday after Saint Thomas the Evangelist in the year 1493. Maistrop"]

The Bibliothèque nationale de France owns another manuscript with inscriptions from the Hôtel-Dieu in Beaune that was not noted by Hasenohr. This is manuscript français 1882, datable to the late fifteenth century; a composite manuscript containing a collection of catechetical and devotional texts in French. At the end of the first group of texts, all copied by one hand, the following note has been added by "*soeur*" Otheline:

"*Ce livre est a seur Otheline Heliote native d'Ostun qui le trevera ou empruntera si lui rende pour amour de Dieu ou es autres seurs du grant Hostel Dieu de Beaune car on na riens en l'autruy il fault rendre ou la mort d'enfer atendre.*"[7]

["This book belongs to *soeur* Otheline Heliote born in Autun. The person who will find or borrow this book should return it for the love of God, or to the other sisters of the grand Hôtel-Dieu of Beaune, because we have nothing. One should return to others or await the death of hell"].

Especially the use of the word "*empruntera*" (to borrow) is highly significant here, because it shows that books owned by the hospital and the sisters left the hospital in order to be read by external readers (and hopefully returned after reading). These records of library activities of the Hôtel-Dieu in Beaune show that the hospital sisters' spiritual guidance of lay people was not limited to the sick and poor in the hospital wards, but also extended to other people living in Beaune. The religious books present in the hospital functioned as a common profit library benefitting the community of hospital sisters, their patients, and the world outside. The "*soeurs*" working in the hospital were living as a religious community, but without professing official monastic vows, which implies that they were, technically speaking, laypeople providing spiritual guidance to other lay people through the sharing of religious books.

Although the Hôtel-Dieu in Beaune is in some ways exceptional, historical sources concerning common profit books and libraries can also be retraced elsewhere in northern France and the southern Low Countries. The following examples originate mainly from the town of Amiens, which will serve here as a case study because of the exceptional riches of its surviving historical archives. This town is now situated in northern France, but in the fifteenth and sixteenth centuries it was a border town, closely connected to France as well as to the Burgundian and Habsburg Netherlands. The overall image of the presence of

---

[7] Paris, BnF, MS fr. 1884, fol. 97v. Another ex-libris note by "*soeur*" Otheline can be found on the last verso side of the last page (fol. 148v). Both the manuscript and the notes by "*soeur*" Otheline most likely date from the late fifteenth century.

common profit books and libraries in fifteenth- and sixteenth-century Amiens can be expected to be very similar to that of other towns in northern France and the southern Low Countries.

The oldest evidence for a library in Amiens that was open for consultation by lay people is the Latin text 'Biblionomia' written by Richard de Fournival (1201–1260), canon of the cathedral chapter in Amiens and also author of the famous 'Bestiaire d'amours'[8]. In his 'Biblionomia', Richard describes his impressive library consisting of 162 books, which was an exceptional number in terms of thirteenth-century book private ownership. Richard's library was not intended for strictly personal use, because he described it in the preface as a metaphorical garden where "his students from the town of Amiens" ("*sue civitatis alumpni*") could enter and feed their knowledge by reading books. These words render it very likely that Richard made his book collection available as a (semi-)public library intended for the common profit of the townspeople as well. The exact location of Richard's library in Amiens is not known, but since he was member of the cathedral chapter, it is most likely that he stored his books in the cathedral or nearby in the canon's precinct. After Richard's death, most of his books were transferred to the library of the Sorbonne in Paris.

Two later inventories of the objects present in the cathedral have survived, one from 1347 and one from 1420. These are silent about the presence of a library with an *armarium*, book shelves or lectionaries in the cathedral. However, several common profit books are listed, thus showing that the library practices initiated by Richard de Fournival were most likely continued by the community of canons. Several books were located behind the main altar and chained to the wall or to a lectern ("*incathenatum retro altare*"). The inventory from 1347 mentions a Psalter (bound together with a Hymnal and Collectarium) and a small Ordinary, all in Latin[9]. The 'Inventorium librorum' from 1420 mentions, in addition to these two volumes, even more books chained at the same place behind the altar: two Breviaries, a 'Catholicon' and a copy of the 'Speculum ecclesiae' donated by magister Guillermus Barberii (canon of the cathedral, d. 1363), the Pauline Epistles with glosses given by a certain Johannes Richardus, and a book with the 'Legenda aurea' in Latin[10]. It is important to note that the

---

[8] L. Delisle, Le Cabinet des manuscrits, vol. 2, Paris 1874, 518–535.

[9] Amiens, Archives départementales de la Somme, G 1134, quoted after: J. Garnier, Inventaires du Trésor de la cathédrale d'Amiens publiés d'après les manuscrits, in: Mémoires de la Société des Antiquaires de Picardie 10 (1850), 229–391, at 263, 264, 265. The 1347 inventory lists more chained books in the cathedral, mostly in the canon's choir. The Ordinary has survived together with the original binding and is now in the Archives départementales de la Somme, 4G 2976; see: F. Billiet, La musique à la cathédrale d'Amiens du XIe au XVIIe siècle, in: C. Cavicchi/M.-A. Colin/Ph. Vendrix (eds.), La musique en Picardie du XIVe au XVIIe siècle, Turnhout 2012, 105–115.

[10] Amiens, Archives départementales de la Somme, G 1135, quoted after: Garnier, Inventaires (nt. 9), 264, 265, 302, 303, 306, 308, 312, 313. See also: G. Lanoë, Les livres de Notre-Dame d'Amiens, in: P. Desportes/H. Millet (eds.), Fasti ecclesiae gallicanae. Répertoire prosopographique des évêques, dignitaires et chanoines de France de 1200 à 1500, vol. 1: Diocèse d'Amiens, Turnhout 1996, 11–15.

place of the chained books in the cathedral, behind the main altar, directly faced the entrance to the Notre-Dame drapière chapel, which functioned as a parish church for the laity. Since religious practices in the cathedral were the responsibility of the bishops of Amiens and the community of canons, it is logical to surmise that they did not object to the presence of common profit books that could also be consulted by the laity. Moreover, there were several canons who, by donating books, were instrumental in the free dissemination of religious texts to whoever desired to read them.

More common profit texts were present in the Chapelle du pilier rouge situated in front of the canon's choir, near the south entrance. This chapel was founded by the Confrérie du Puy Notre-Dame in the fifteenth century[11]. The membership of the confraternity included both clerics and lay people: priests and canons, in addition to lawyers, merchants, shopkeepers, tanners, innkeepers, shoemakers, goldsmiths, and a pastry baker. The core activity of the confraternity was literary production, especially poems in the Picard French vernacular dedicated to the Virgin. Each year, the confraternity organized a poetry competition (called the 'Puy') where its members competed for the best chant royal in honour of the virgin Mother of Christ, using a prescribed metaphorical refrain. Starting around the middle of the fifteenth century, a painting was made, visualising the metaphorical imagery of the refrain used for the poetry contest and containing portraits of the annually elected maître and his family, together with other maîtres and maîtresses of the confraternity. These paintings were initially to be exhibited in the cathedral for at least a year; later they remained on permanent display on the pillars of the cathedral. The winning poems with their theological references and biblical quotations in French were calligraphed on parchment and these too, remained on permanent exhibition, visible for all, on the pillars of the cathedral. Although these chants royaux pasted on tablets were not codices in the traditional sense, they functioned as common profit texts, because these poems made religious, biblical, and advanced theological knowledge in the French vernacular freely available to the widest possible audience.

Chained common profit books were also present in the confraternity's chapel. Several inventories of the possessions of the confraternity in this particular chapel were made in the late sixteenth and early seventeenth century. The earliest surviving example, an inventory made in 1564, lists two lecterns, each with a locked book chest, to which books were chained: a large-format book in paper starting with 'Epistola Jheronimy', and a Breviary in two volumes[12].

---

[11] G. Gros, Le poète, la Vierge et le prince du Puy. Étude sur les Puys marials de la France du Nord du XIVe siècle à la Renaisance, Paris 1992, 50–101.

[12] Amiens, Archives départementales de la Somme, E 986: Inventory of the reliquaries, ornaments, linen, missals and other things belonging to the confraternity of le Puy Notre-Dame, installed in the Church of Our Lady of Amiens, made by Jehan le Prévost, one of the masters and provost of the said confraternity (1564): *"Item, deux grans estapliaulx de boys, à chacun desquelles a deux aulmailles, les deux fermez à la clef. Item, ung grand gros livre en pappier quy se commenche au premier foeullet escript en rouge lettres Epistola Jheronimy, et finit Insides concilium, etc, enchainé à deux ... desdits estapliers. Item, deux demis temps escript en vélin, quy se commenche au premier foeullet Primum Adventus, etc., et le dernier foeullet est escript : A Trinitate usque ad festum, etc., et pareillement enchainé ausdits estapliers.*

The cathedral was not the only religious institution in Amiens where lay people could freely access religious knowledge in the French vernacular. Manuscript 573 of the Bibliothèque municipale of Amiens, datable to the fifteenth century, contains the following inscription on the last verso-side:

> "*Enguerran de Noyelle et Symonne du Puys se femme donnerent chest livre a l'esglise Saint Remy en Amiens pour partir aus biens et priere fais en le ditte esglise, le xij.$^e$ jour de decembre l'an de grace mil. iiij$^f$ xxxv. Pries pour eulx.*"[13]

["Enguerran de Noyelle and Symonne du Puys, his wife, gave this book to the parish church of Saint-Rémi in Amiens in order to dispose of their wealth and to have prayers said for them in the aforementioned church, the 12th day of December in the year of grace 1435. Pray for them."]

The manuscript is a liturgical book, a Lectionary, with musical notation. While the vast majority of liturgical texts and songs in this manuscript are in Latin, the last 46 folios reproduce so-called *épitres farcies*: liturgical Epistles intended to be sung in Latin alternating with translations into Picard French, for the feasts of Saint Stephen (26 December), Saint John the Evangelist (27 December), and the Holy Innocents (28 December).

The inscription mentioning Enguerran and Symonne as donors of the manuscript is in the same hand as the rest of the texts, revealing that it was their intention to have these liturgical readings in French included in the manuscript. Consequently, it was these two lay people who, by donating the manuscript, gave the parish community access to the liturgical Bible readings translated into Picard French. The text of the *épitres farcies* indicates at several places that the inclusion of Epistles in Picard French in the manuscript was explicitly intended as a means of religious and biblical knowledge transfer to the widest possible audience, for instance:

> "*Or escoutes grant et petit*
> *traies vous cha vers chest escript*
> *Si attendes tant que jaie lit*
> *cheste lechon et chest chant dit …*"[14]

["Now listen, old and young,
draw near to the book here
and give your attention until I have read
this 'Lesson' and said this song…"]

The Lectionary from Saint-Rémi's Church in Amiens was a common profit book in the sense that it made religious knowledge in Picard French available through public reading sessions and singing aloud by a priest or a chaplain. In

---

*Item, ung aultre livre quy se commenche Nunc dicendum est de tempore, etc., et par le dernier foeullet escript Hoc festum, et couvert de cuir noir aussy enchainé audit estaplier.*"

[13] Amiens, BM, MS 573, fol. 215v.
[14] Amiens, BM, MS 573, fol. 207r. Transl. John Stevens, Words and Music in the Middle Ages: Song, Narrative, Dance and Drama, 1050–1350, Cambridge 1986, 245–246.

this manner, ordained religious and lay people were closely collaborating in the dissemination and sharing of religious texts.

As discussed above, a common profit book did not necessarily have the form of a codex, but could also be a tablet with a text, exhibited in a public space[15]. This practice was actually recommended by representatives of the institutional Church. Several bishops gave precise instructions about the use of text tablets teaching the basic religious knowledge every parishioner should know: the Lord's Prayer, Credo and Hail Mary. For instance, the synodal statutes from Cambrai dating from 1260 contain the following prescription:

> "*Item statuimus quod in qualibet parochiali ecclesia desuper ostium chori seu cancelli, videlicet in publico loco, aperte et dilucide in grossa et bene distincta littera, ita quod a longe bene possit legi, scribatur Pater Noster, Credo in Deum et Ave Maria.*"[16]

> ["We decide that in every parish church above the entrance to the choir or on the rood screen, that is to say in a public place, to be written in bold and clearly distinguishable letters, open and easily legible, so that it can be read from a long distance, the Lord's Prayer, Credo and Hail Mary."]

In the early fifteenth century Jean Gerson, the chancellor of the faculty of theology of the Sorbonne, also recommended the use of text tablets in order to disseminate three of his works with the basic religious knowledge that every Christian should know: the 'Miroir de l'âme ou les Dix commandemens de Dieu' (the Ten Commandments with practical recommendations), the 'Examen de conscience' (directions for confession), and the 'Science de bien mourir' (a practical guidebook for the support of dying fellow Christians). In the prologue Gerson wrote the following recommendation for the widest possible communication of his text:

> "*En tout ou en partie escripte publiee et atachiee es paroices, es escoles, es religions et es hospitauz par livre et par tableaus en lieu publique.*"[17]

> ["To be published on tablets in a public place, entirely or in part, and to be attached to parish churches, schools, religious houses, and hospitals, in books or on tablets."]

These two sources clearly demonstrate that representatives of the institutional Church actually encouraged the dissemination of religious knowledge to the

---

[15] Medieval tablets with religious and biblical texts in church spaces have mainly been studied in the British Isles; cf. M. Gray, Images of Words: Iconographies of Text and the Construction of Sacred Space in Medieval Church Wall Painting, in: J. Sterrett/P. Thomas (eds.), Sacred Text – Sacred Space: Architectural, Spiritual and Literary Convergences in England and Wales, Leiden 2011, 15–34; R. Marks, Picturing Word and Text in the Late Medieval Parish Church, in: L. Clark/M. Jurkowski/C. Richmond (eds.), Image, Text and Church, 1380–1600: Essays for Margaret Aston, Toronto 2009, 162–202; V. Gillespie, Medieval Hypertext: Image and Text from York Minster, in: P. Robinson/R. Zim, (eds.), Of The Making of Books: Medieval Manuscripts, their Scribes and Readers. Essays Presented to M. B. Parkes, Aldershot 1997, 206–229.

[16] Cambrai, Nove additiones of 1260, Can. 54. Les statuts synodaux français du XIIIe siècle, tome IV: Les statuts synodaux de l'ancienne province de Reims (Cambrai, Arras, Noyon, Soissons et Tournai), ed. J. Avril, Paris 1995, 84.

[17] Jean Gerson, Oeuvres complètes, vol. 7/1: L'oeuvre française, ed. P. Glorieux, Paris 1966, 57.

widest possible audience by means of freely accessible tablets with religious and biblical texts that were to be placed in public spaces. Although not libraries in a formal sense, these text boards, intended for a common profit, were functional by means of library practices.

Aside from the tablets with the winning poems of the confraternity of the Puy Notre-Dame in the cathedral, more tablets with religious texts that were obviously intended for a common profit are retraceable elsewhere in Amiens, thus showing that both ordained religious and the laity of the town engaged in these practices. The account books for the years 1526–1530 of the Confrérie des Trépasses (Confraternity of those who passed away), which managed a chapel dedicated to Saint Jacques in the Saint-Denis Cemetery, record a payment for a text tablet:

*"A Jehan de Bouchy escripvain pour sa peine et salaire d'avoir escript et au peau et [...] de parchemin en lettre batarde, tous lesdicts pardons et iceulx mis en ung grand tableau de bois pendu en ladite chappelle parce iceulx estre accordes au poeuple, afin de les esmouvoir a devotion de gagner lesdits pardons.*
*Item a Guy Flamenc, enlumineur, pour avoir faict et enlumine toutes les lettres dudit tableau et fait au dessus ung jugement de couleur."*[18]

["To Jehan de Bouchy, copyist, for his effort and fee for having written on parchment in bastarda letter all said indulgences and having pasted these on a large wooden tablet hung in said chapel of Saint-Jacques in order to have these granted to the people and in order to move them to devotion to obtain said indulgences".
"Also to Guy Flamenc, painter, for having made and decorated all letters of said tablet and for having made, above the text, a Last Judgement in colour."]

There were more possibilities to freely access religious texts at the Saint-Denis Cemetery, because in 1492 a carpenter called Pierre Sauvage was punished with banishment for having stolen a small Book of Hours from the burial chapel of the late Aubert Fauvel[19]. Apparently, this Aubert Fauvel or his relatives, hoping that visitors would pray for Aubert and enhance their own religious knowledge, had intentionally placed a prayer book in the funerary chapel.

Just as the Hôtel-Dieu in Beaune, the hospitals in Amiens were probably also using common-profit strategies for the dissemination of religious texts. Following Jean Gerson's recommendation, the hospital sisters, Franciscan tertiaries, of the hospital of Saint-Julien, situated on the main travel axis through Amiens, made a payment for a text tablet in 1530:

*"A Colin Lerel dit Bailly hucher pour avoir faict de sondit mestier deux tableaux de bois esquels a este mise certaine escripture a l'entree de la porte dudit hospital regardant sur la rue."*[20]

---

[18] Amiens, Archives communales, GG 582, fol. 18. These are the earliest surviving accounts of this confraternity.
[19] Amiens, Archives communales, BB 16, fol. 165: *"Pierre Sauvage, carpentier, bany ung an de la ville pour avoir derobe "unes petites heures dedens la chappelle de feu Aubert Fauvel au chimentiere Saint-Denis."*
[20] Amiens, Archives communales, GG 785, fol. 64v. These are the earliest surviving accounts of Saint-Julien Hospital.

["To Colin Lerel, called Bailly, carpenter for having made two wooden tablets on which a certain Scripture was written, at the entrance of said hospital looking out on the street."]

A year later, in 1531, the sisters commissioned another text tablet

"*A Jehan Grandhomme detailleur dimages pour lachapt a luy faict d'une ymaige de bois de la representation d'un crucefix mis a l'huis du dortoir desdits povres.*
*Item pour loraison de Saint Iulien patron dudit hospital escript en parchemin enlumine d'or tingle et assis sus bois.*"[21]

["To Jean Granhomme, carver of images, for the purchase of a wooden image of a crucifix attached to the door of the dormitory of said poor people.
Also for the prayer to Saint Julien, patron of said hospital, written on parchment and illuminated with gold, pasted on wood."]

Since these two works were commissioned in connection to one another, it seems logical that the intention was to also place the prayer to Saint Julien on the door of the dormitory, where it could be read by the sisters, patients, and other lay people visiting the hospital, such as relatives and volunteers helping in the hospital.

The earliest surviving account books of the Saint-Julien Hospital and of the confrérie des trépassés date from the second quarter of the sixteenth century. Even though earlier evidence is lacking at the moment, it is logical to suppose that the commissions discussed above are testimonies of practices that already existed in the fifteenth century and possibly even earlier. In any case, the availability of religious knowledge in Amiens owing to common profit practices, such as chained books, text tablets and public reading sessions, shows that access to religious knowledge was certainly not the privilege of the clergy, but that clergy and laity collaborated in educating society, as an act of spiritual charity[22].

## II. Italy, Domestic and Confraternal Book Collections

The Italian late Middle Ages are characterized by the emergence of new literate groups claiming their right to write. These groups are formed by vernacular-literate, non-professional scribes, writing *per passione*, not primarily for profit or as a professional activity, but "for learning, for pleasure, for self-instruction,

---

[21] Amiens, Archives communales, GG 785, fol. 82r.
[22] The merchant from Amiens, Pagès, described text tablets with citations from the Bible and tapestries with the life of Christ (usually including texts) as he saw them in the parish churches Saint-Martin-au-Bourg and Saint-Germain-l'Écossais in Amiens in the early years of the eighteenth century. Unfortunately, it is not possible to provide a reliable dating based on his descriptions alone. See L. Douchet (ed.), Manuscrits de Pagès, marchand d'Amiens, écrits à la fin du 17e et au commencement du 18e siècle, vol. 1, Amiens 1857, 77, 82, 97.

but above all for themselves and by themselves"²³. Petrucci stresses that these scribal activities, often resulting in the production of paper manuscripts containing vernacular texts of a strongly didactic and religious overtones also resulted in domestic book collections. He describes some of their main features: most of collections comprised a relatively small number of books, with an average of twenty; they included vernacular manuscripts (although the presence of Latin texts is also attested), containing mostly religious and didactic texts, as well as narrative texts (e.g. chronicles, tales and romances) and practical and pragmatic literature (e.g. treatises on accounting, medicine or rhetoric); they could be kept in a number of places throughout the domestic space (e.g. in the dining and living room, in the kitchen or in the bedroom), although in the fifteenth century privileged places for reading and writing are attested (the so-called studies or *studiolo*)²⁴. Petrucci also gives evidence of an important aspect of the process of domestication of vernacular reading materials: from the very beginning, the manuscripts and their scribes were involved in private and semi-private circulation networks, fostering exchange and lending systems and stimulating the creation of informal channels of communication. Although private and informal, these transactions have left traces in many of the administrative sources preserving the evidence of mercantile and artisanal activities in late medieval Italy.

A case in point is the register of the Lucca merchant Michele di Giovanni Guinigi (1405–1461). Six registers in Michele Guinigi's hand have been preserved, testifying to his book activities: the purchase, the exchange and the sale of manuscripts, but most of all his intense activities as booklender to fellow citizens from all layers of society (fellow merchants, chancellors of the Republic, priests, school masters, women and indigent citizens). Most importantly, this lending system seems to have been based on mutual trust, as no payment or collateral was requested from the borrowers: at the moment of lending Michele took down the name of the borrower and the title of the manuscript (as well as a brief description of the codicological features). On the return of the manuscript, Michele crossed out the registration of the loan and added the formula *riavuto*. Those who were late received a *promemoria* urging them to return the volume²⁵.

---

[23] The term *copisti per passione* was coined by the Italian philologist Vittore Branca and used for the first time in V. Branca, Copisti per passione, tradizione caratterizzante, tradizione di memoria, in: Studi e problem di critica testuale. Convegno di studi di filologia italiana nel centenario della Commissione per I testi in lingua (7–9 aprile 1960), Bologna 1961, 69–83. This point has been further discussed and problematized by Armando Petrucci. See, for example, A. Petrucci, Scrivere e leggere nell'Italia medievale, Milano 2007, 215. For a further elaboration of this theme, M. Cursi, Le forme del libro. Dalla tavoletta cerata all'e-book, Bologna 2016, 148–155.

[24] Petrucci, Leggere e scrivere (nt. 23), 234–236. About the places where books were kept, see also S. Corbellini/M. Hoogvliet, Artisans and Religious Reading in Late Medieval Italy and Northern France (ca. 1400–ca. 1520)", in: Journal of Medieval and Early Modern studies 43–3 (2013) 521–544. A thorough study of the representation of the *studiolo* in late medieval Italy is U. Rozzo, Lo studiolo nella silografia italiana (1479–1558), Udine 1998.

[25] S. Polica, Le commerce et le prêt de livres à Lucques dans la première moitié du XVe siècles, in: Médiévales 14 (1988) 33–46.

In spite of the very detailed description of the circulation of Michele's books (at least 141 fellow citizens were registered as borrowers), the reasons and the possible moral and religious character seem to be absent or at least not explicitly discussed in his administrative sources[26]. This consideration also seems to be virtually absent from scholarly works. In spite of the vast amount of scholarship on late medieval Italy, a study of the religious, devotional and moral implications of the production and the dissemination of manuscripts and texts is lacking, while the palaeographical, textual, social and political aspects have been privileged with a strong penchant for linking or contrasting these elements with the upcoming and flourishing humanistic movement. As Rosa Maria Dessì has stressed, these processes of appropriation of learned practices should instead be linked to the awareness and the reconstruction of seminal transformations in late medieval religious and devotional life: the active participation of laypeople, in particular urban individuals and groups, in the creation of a new concept of religion more strongly based on processes of peer-to-peer, horizontal, instruction instead of on a strictly hierarchical and vertical model[27].

An excellent example of this principle of peer-to-peer instruction, in some way forming the very essence of the common profit, is the corpus of manuscripts copied by the Florentine citizen Antonio da Filicaia (born in 1430). The manuscripts were "signed" by this non-professional scribe, who describes in lengthy colophons his reasons for starting the enterprise that occupied him for more than 30 years: the earliest in the series dates to 1467 (Venice, Biblioteca Nazionale Marciana, ms It V. 22 (5855) ) and the last to 1511 (Florence, Biblioteca Medicea Laurenziana, Pluteo XC inf. 32). The seven manuscripts are possibly only a fraction of his scribal endeavours, as he emphasizes in one of the colophons in Florence, Biblioteca Nazionale Centrale, II.I.71 (fol. 237v) that he has copied "more than 25 books" to build a domestic book collection for use within his family and to exchange with others[28]. In addition to mentioning his name,

---

[26] Although exceptional, Michele di Guinigi's case is neither unique, nor exclusively applicable to the highly urbanised region of Tuscany. A study on Venetian sources conducted by Anselm Fremmer shows that these informal lending circuits were relatively widespread in late medieval Italy. See A. Fremmer, Venezianische Buchkultur: Bücher, Buchhändler und Leser in der Frührenaissance, Cologne–Weimar–Vienna 2001 and S. Corbellini, Reading, Writing and Collecting: Cultural Dynamics and Italian Vernacular Bible Translations, in: Church History and Religious Culture 93 (2013) 189–216, at 206–208.

[27] R. M. Dessì, Parola, scrittura, libri nelle confraternite. I laudesi fiorentini di San Zanobi, in: G. De Sandre Gasparini/G. G. Merlo/A. Rigon (eds.), Il buon Fedele. Le confraternite tra medioevo e prima età moderna (Quaderni di Storia Religiosa 5), Verona 1998, 83–105, at 84. For a recent publication building on the concept of horizontal learning, cf. M. Long/T. Sneijders/S. Vanderputten (eds.), Horizontal Learning in the High Middle Ages. Peer-to-Peer Knowledge Transfer in Religious Communities, Amsterdam 2019.

[28] For a description of the manuscript corpus by Antonio da Filicaia, see M. Bianco, Predicazione e letteratura nelle trascrizioni di Antonio da Filicaia, in: G. Auzzas/G. Baffetti/C. Delcorno (eds.), Letteratura in forma di sermone. I rapporti tra predicazione e letteratura nei secoli XIII–XVI, Florence 2002, 233–253.

the place of writing and his political functions, Antonio stresses the intrinsic motivation of his enterprise. He states that he has copied the manuscripts "for the health and the well-being of his own soul and of all his offspring" (Florence, Biblioteca Nazionale Centrale, II.III.409, fol. 77va), to provide his readers with "learning and instructions on how to live well pursuing virtues and honourable behaviour" (Florence, Biblioteca Nazionale Centrale, II.I.71, fol. 156ra) and contribute to their "good education" (Florence, Biblioteca Medicea Laurenziana, Pluteo XC inf. 32). He expresses the strong desire that his manuscripts will "be kept" and "read often to extract good lessons" taking into account that reading activities should always be performed "in honour of and devotion to the Almighty God" (Florence, Biblioteca Nazionale Centrale, II.I.71, fol. 156ra).

In at least two cases, he includes specific references to the construction and the preservation of his domestic library. He exhorts the readers of his manuscripts to take good care of the codices he has copied and, most importantly, not "to allow manuscripts leave the domestic space" without exchanging them for others with similar virtuous and morally uplifting contents[29]. This idea of the exchange and circulation of manuscripts is reinforced in the colophon at the end of the transcription of excerpts from Domenico Cavalca's 'Lives of the Fathers'. Antonio explains that he has copied the text from an exemplar dating from 1400, by the hand of his great-grandfather from his mother's side, Antonio d'Andrea del Pannocchia Riccomanni, who had copied four manuscripts with the 'Lives of the Fathers', two of which were illuminated. Antonio del Pannocchia's exemplar was still kept in the family home, but it was in poor condition because "it had been lent so often"[30]. A reference to the inclusion of the manuscript in a network of book lending was indeed present in the first of Antonio del Pannocchia's colophons, stating that "those that would borrow the book should take good care of it"[31]. The religious motivation for this project is made clear by the prayer written before the colophons in which the scribe asks

*"Tutte quelle persone che legieranno o udiranno legiere o tuto o parte o punto di questo libro che debiano dire diuotamente e chon buono chuore i priegho iddio e la uergine madre Madonna santa maria e il beato messere santo antonio chon tuti que santi padre che sono iscritti in questo libro che facia pacie e misericordia a l'anima chi scrisse questo libro se morto eglie e s'egli e ueuo gli dieno grazia che sa lui l'anima sua."* [32]

["all the people who will read or listen to the complete or a part of the text to say with a devout and good heart: I pray to God and the Virgin Mary and the blessed Saint Anthony with all the Fathers described in this book that they have mercy for

---

[29] Florence, Biblioteca Nazionale Centrale, II.I.71, fol. 237v.
[30] Florence, Biblioteca Nazionale Centrale, II.I. 338, foll. 239va–140ra. One of Antonio d' Andrea del Pannocchia Riccomanni's manuscripts has also been preserved (Florence, Biblioteca Nazionale Centrale, II.IV.63). For a description of manuscripts of the Italian 'Lives of the Fathers' by the Dominican Domenico Cavalca, see C. Delcorno, La tradizione delle Vite dei Santi Padri, Venice 2000.
[31] Florence, Biblioteca Nazionale Centrale, II.IV.63, fol. Xv
[32] Florence, Biblioteca Nazionale Centrale, II.IV.63, fol. 66r, 72v

the soul of the one who has written this book when the scribe is dead and if he is still alive that they give grace and benefit to his soul'."]

The scribal activity should be interpreted as a charitable act, and the manuscript is transformed into a memorial object at the moment of reading. Reading activities are described in the text of the prayer as performative acts connected to salvific powers for the living and the dead: they create a community of believers crossing geographical and temporal boundaries and linking the Fathers, whose lives are described in the manuscript, with the scribe, the readers and the listeners.

The six surviving manuscripts, all vernacular miscellanies resulting from a selection procedure performed by Antonio himself, represent a coherent textual corpus very much in line with Petrucci's general description, with a strong focus on religious and devotional works, as well as texts on the "art of speaking" (a compilation of speeches and instructions for political orations) and geographical works (e.g. Federico Frezzi's 'Quadriregio', Dati's 'Sfera' and the 'Dittamondo' by Fazio degli Uberti). Although religious and didactic elements form a connecting thread between the manuscripts, two of Antonio's miscellanies form, as Bianco suggests, a "religious diptych"[33], and at the same time a religious self-portrait in which Antonio describes his own views, and his engagement in religious and devotional life. Manuscript Florence, Biblioteca Nazionale Centrale, Magl. XXXVIII 70 (copied in 1499) contains the 'Ordine della vita Cristiana' by the Austin friar Simone da Cascia, the 'Regola della vita spiritual' by the Franciscan Cherubino da Spoleto, the vernacular version of the 'Stimulus amoris', a sermon by Augustine (on Prudence) and 24 short hagiographical texts. In manuscript Florence, Biblioteca Nazionale Centrale, II.I.338 (copied between 1500 and 1510) Antonio included a Life of Christ, a selection from the 'Lives of the Fathers', as well as the Italian translation of the 'Imitatio Christi'.

The selection of texts for inclusion in these two miscellanies is particularly significant for understanding Antonio's view on religion and his striving to combine his life as a Florentine citizen active in public and political life with his tasks as a religious and devout man, responsible for the well-being of his family and his community. The *Regola della vita spirituale* by the Franciscan Cherubino da Spoleto recommends to readers that they construct their spiritual life according to seven steps: *cogitatione* ("reflection"), *affectione* ("affection"), *locutione* ("speech acts"), *operazione* ("practice"), *conversatione* ("converstion), *oratione* ("prayer") and *mundificatione* ("purification")[34]. Two points are directly related to the central idea of "common profit": the importance for the devout laity to speak with others on religious topics, as a service to the community, and to take on the role of master and teacher of those who are ignorant and have no access

---

[33] Bianco, Predicazione e letteratura (nt. 28), 242.
[34] About Cherubino da Spoleto and his treatises, cf. S. Corbellini, Creating Domestic Sacred Space: Religious Reading in Medieval and Early Modern Italy, in: M. Corry/M. Faini/A. Meneghin (eds.), Domestic Devotions in Early Modern Italy, Leiden 2019, 295–309, at 299–304.

to knowledge. The 'Ordine della vita Cristiana' by the Austin friar Simone da Cascia mirrors Antonio's responsibility in spiritual and temporal matters. It entails two parts, dedicated to spiritual and bodily exercises, all leading to a process of *christiformitas*[35]. Central to Simone's treatise is the idea that it is imperative to combine a personal relationship with Christ and mutual service. This combination serves as a testimony of collaboration needed for the construction of a peaceful and just society, in which reciprocal correction and exhortation are essential and fundamental building blocks[36].

Interestingly enough, the effect of these teachings is made visible in a narrative in which the translation of the 'Lives of the Fathers' plays a central role. The biography of the Sienese lay saint Giovanni Colombini, founder of the *Gesuati* movement, opens with a description of his conversion. His biographer, the Florentine Feo Belcari, describes how Giovanni, a merchant fixated on his business and profit, enters his house and is extremely upset by frivolous preoccupations. Trying to calm him down, his wife suggests he reads a book with the 'Lives of the Fathers' that they keep in their domestic space. Giovanni's attitude changes dramatically while reading one of the texts. As Feo Belcari explains, the reading activities had a decisive impact on Giovanni who, moved and inspired by the words and the exempla, decided to dedicate his life to charity and preaching[37].

The idea of stimulating the reading of religious texts by personally contributing to their availability and encouraging exchange, as in the case of Antonio da Filicaia, is also at the very centre of confraternal activities, which in various ways promoted personal and group activities intrinsically inked to the production and the reading of religious and devotional texts. Even though the topic has not been approached systematically[38], a first overview of the sources for the history of libraries and book collections in medieval Italy has uncovered a wealth of documentation on book ownership in confraternal milieus and the role that these institutions played in the dissemination of religious knowledge[39].

---

[35] Simonis Fidati de Cassia OESA. L'ordine della vita christiana, Tractatus de vita christiana, Epistulae, Laude, Opuscula, ed. W. Eckermann, Rome 2006, 5–120.

[36] G. Battista, Teologia dell'educazione cristiana: pluralità di modelli e di strategie. Un'antologia di testi, Rome 2013, 131.

[37] C. Varese (ed.), Prosatori volgari del Quattrocento, Milan–Naples 1955, 9–11.

[38] For example, this specific topic is absent from the latest overview of confraternal research by K. Eisenbichler (ed.), A Companion to Medieval and Early Modern Confraternities, Leiden 2019. Theatrical activities and artistic endeavours have, on the contrary, received more attention by the group of scholars contributing to the volume.

[39] For a first attempt to examine the role of confraternities in the promotion of religious literacy, see S. Corbellini, The Plea for Lay Bibles in Fourteenth- and Fifteenth-Century Tuscany: The Role of Confraternities, in: N. Terpstra/A. Prosperi/S. Pastore (eds.), Faith's Boundaries. Laity and Clergy in Early Modern Confraternities, Turnhout 2012, 87–112. For an overview of the sources for the history of medieval Italian libraries and book collections, see RICABIM. Repertorio di Inventari e Cataloghi di Biblioteche Medievali, Florence 2009-.

The 1492 inventory of the Compagnia dei Disciplinati di S. Maria della Scala, for example, lists 28 volumes, half of which are chained to a movable wooden lectern, covered in blue and red velvet, and thus forming a small library at the disposal of the confraternity brothers, who were allowed to read the books *in situ* and copy texts for their own personal miscellanies. The library consists of religious and devotional books, which show a striking similarity to the above-described book collection by Antonio Filicaia: Bibles and Gospel Harmonies, sermons, 'Lives of the Fathers', the 'Specchio della Croce' by the Domenican Domenico Cavalca, several 'Lives of Christ' and books on vices and virtues[40]. In at least one instance the inventory states that a manuscript (in this case a 'Lives of the Fathers') was donated by a brother, Viviano di Bindo Vincenti[41]. Scrutiny of the surviving confraternity manuscripts, now kept in Biblioteca degli Intronati of Siena, indicates that the collection indeed also consisted of volumes bequeathed by brothers: for example, a manuscript with a vernacular Bible (Siena, Biblioteca Comunale degli Intronati, F.III.4), according to the inventory copied on paper in *lettera mercantile*, had been donated by testament by the bell maker Giovanni di Tofano. The specific mention of *lettera mercantile*, a reference to the writing used by merchants and artisans for their own administration and texts for personal use, suggests that the manuscript could have been copied by Giovanni himself or by another *copista per passione*[42]. In some cases these *copisti per passione* definitely found their exemplars in confraternal libraries, as in the case of Pagolo di Piero del Persa, who added a note to his colophon stating that he had stopped with his transcription of the 'Specchio della Croce' by Domenico Cavalca because "he was not allowed to keep the manuscript any longer, which was owned by the confraternity of St Bridget in Florence". This time constraint had obliged him to make a selection of the chapters that he considered to be "more useful to the soul"[43].

The function of confraternities as lending libraries for the brothers is perfectly illustrated by the case of the confraternity of St Augustine in Perugia. The lending register compiled between 1427 and 1467 reveals a particularly intense exchange of books, borrowed by confraternity brothers, mostly artisans, and Austin friars. The registers mention a book of 'Laude' (rhymed texts used for singing during confraternal meetings) and 'Devetione' (set of devotional texts

---

[40] R. Manetti/G. Savino, I libri dei Disciplinati di Santa Maria della Scala, in: Bullettino Senese di Storia Patria 97 (1990) 122–192, at 158–159. See also G. Fiesoli/Somigli (eds.), RICABIM. Italia. Toscana, Florence 2009, 274. These titles belong to the "devotional bestsellers" of late medieval Italy, widely available in personal and confraternal libraries. About confraternal libraries in Florence and Rome, see, for example, Dessì, Parola, scrittura, libri nelle confraternite (nt. 27).

[41] Manetti/Savino, I libri dei Disciplinati (nt. 40) 147.

[42] Manetti/Savino, I libri dei Disciplinati (nt. 40) 191. At least one other manuscript, Siena, Biblioteca Comunale degli Intronati, I.V.5, containing the Old Testament in the vernacular, is described as written in *lettera mercantile* and could thus also have been copied by a non-professional scribe.

[43] Dessì, Parola, scrittura, libri nelle confraternite (nt. 27), 94. Pagolo di Piero del Persa the manuscript Florence, Biblioteca Nazionale Centrale, Palatino 73, at fol. 89.

used by the brothers), as well as a Lectionary, vernacular 'Lives of the Fathers', vernacular Gospels and Epistles, and a Gospel Harmony. Some details in the description show that the manuscripts were part of a small confraternity library. In fact, some of manuscripts are described as having a bookshelf code ("signed with the letter H") and others as having been bound in wood and provided with small chains that kept them bound to the shelves when in place. Important features emerging from the source are the stress on communal property ("the evangeliary belonging to the confraternity") and on the reason for borrowing the books, which was mostly religious self-education[44]. A similar practice can be inferred from the sources related to the confraternity of St Jerome in Perugia, which held its meetings in a chapel in the Franciscan church of St Francis al Prato. The confraternity maintained a small library of 13 volumes (evangeliaries, a vernacular Old Testament, sermons by Bernardino da Siena, Gospels and Epistles, and treatises on vices and virtues). Most of the books had been bequeathed to the confraternity by one of the brothers, the notary Pierfrancesco de Giovagne. Pierfrancesco explicitly mentions in his testament that he wanted to donate some of his books to the confraternity for use by the brothers. He bestowed an evangeliary, the Epistles of St Paul, the Epistles of St Jerome, a manuscript with all the sermons by Bernardino da Siena and a complete vernacular Bible that had been copied by his own father. He added that Bernadino's sermons were lent at that moment to the confraternity brother Petruccio da l'Aquila. Interestingly enough, he also left his law books to the confraternity, with the agreement that they would be sold and the proceeds invested in confraternal activities[45]. This specific arrangement shows Giovagne's interpretation of the concept of common profit: by donating the books with a strong religious and devotional content from his personal book collection (one of which had been copied in the domestic space and was part of his family capital), he actively contributed to the formation of generations of confraternity brothers; through the selling of his law books, he provided for the material and financial needs of the confraternity.

## III. The Low Countries, Sharing Books-Sharing Spaces

Materials concerned with libraries in the confraternal space highlight another essential element in the description of the common profit as the programmatic

---

[44] The registers have been edited by M. Nerbano, Cultura material nel teatro delle confraternite umbre, in: Teatro e Storia 12 (1997), 293–346, at 329–346. The document is explicitly described as a *libro di prestanze*, a lending register, and also records, besides the lending of books, the loan of theatrical materials for the organisation of *sacre rappresentazioni*. See also E. Somigli (ed.), RICABIM. Italia. Umbria, Marche, Abruzzo, Molise, Florence 2013, 87.

[45] E. Somigli (ed.), RICABIM. Italia. Umbria, Marche, Abruzzo, Molise, 83–84. See also S. Corbellini, Uncovering the Presence: Religious Literacies in Late Medieval Italy, in: S. Corbellini/M. Hoogvliet/B. Ramakers (eds.), Discovering the Riches: Religious Reading in Late Medieval and Early Modern Europe, Leiden 2015, 68–87.

dissemination of religious literature in the vernacular: this process did not take place in antagonism with the professional religious (the regular and secular clergy) but often in forms of collaboration and exchange. The above-described confraternity libraries in Perugia were open to the confraternity brothers, but also to the Franciscans of the convent of Monteripido (in the case of the confraternity of St Jerome) and to the Austin friars (in the case of the confraternity of St Augustine). This inclusive lending system was made possible by the spatial contiguity of confraternities and religious places, as the confraternal meeting spaces were located next to or even inside the actual Franciscan and Augustinian churches.

This aspect of the creation of communal religious spaces and of the conflation of lay and religious spheres of influence is made evident by the case of the Leiden citizen and burgomaster Willem Florensz. Heerman[46]. Besides his function as civil servant and burgomaster, positions that are traditionally connected with the protection and the enhancement of the common good, he actively contributed to the dissemination of religious knowledge by copying of religious texts, creating a dedicated reading space and bequeathing of liturgical objects to the Leiden city hall for the communal chapel. Like Antonio da Filicaia, Willem Florisz Heerman was a *copista per passione*, combining his social and political activities with the writing of religious texts. It is known that in 1437 he copied a manuscript of the Middle Dutch 'Legenda Aurea' (Leiden, University Library, Ltk 263), which was donated to the female tertiaries' convent of St Catherine in Leiden, as the sisters took care to mention on the pastedown that "the book had been donated by testament by Willem Heerman" and that the reader should pray for his soul.

Thirty years later, Willem performed two other donations of autograph manuscripts: one to St Peter's Church in Leiden and the other to the Leiden city hall. In 1462, Willem stipulated in a contract with the church masters of St Peter's that permitted him to finance a "new lectern with four closets, each with a hinging door" on which he wanted to place his own autograph ("written in his own hand") vernacular Bible. The Bible, consisting of two volumes with the Old and the New Testament, had to be fixed to the wooden lectern by iron chains. He also arranged that the lecterns with the vernacular Bible be placed next to the choir at the disposal of all "good people", allowing them to read and study the Bible at all times[47]. By sharing his own Bible with the churchgoing public, he made the basic text of religious knowledge widely available and he was assured of an enduring impact on the religious education of his fellow citizens. He also agreed that the Bible would not be moved or removed from the church, neither for lending nor for other reasons. The church masters were not allowed to sell the book under any circumstances. If it were to be sold, then

---

[46] Johanneke Uphoff, MA is at this moment preparing a PhD dissertation on this topic within the framework of the research project "Cities of Readers" (University of Groningen).

[47] Leiden, ELO, 0501 Stadsarchief I, 395.

the church masters would not be permitted to keep the money gained, but would have to invest it in activities meant for "the profit and the good" of the city, such as institutions for poor relief. Donating the Bible and the lectern is described in the document as a work of charity that significantly contributed to the well-being of the civic population. One year later Willem donated his own autograph missal, bound in wood, to the Leiden city hall, together with a portable altar and silver and gold liturgical objects. This donation would allow a Mass to be read in the Leiden city hall, probably for the members of the city council. As has been suggested elsewhere this gift was possibly a way to foster *concordia* among the members of the council and to connect the performance of administrative activities with religious preoccupations[48]. This connection between religious inspiration and social concerns is also made evident in the testament by Willem's wife, Adriana van der Woude, written on 20 March 1460. She distributed her own goods to Leiden charitable institutions for lepers and indigent citizens, as well as among churches and both female and male convents[49].

A similar tone is struck by the Bruges merchant Pieter Adornes in his 1452 testament. Pieter wills all his books, in Latin and in the vernacular, to be placed in his own chapel, called the Jeruzalem chapel. The books will be placed on shelves in the chapel, with Latin books on the right and the vernacular books on the left, in order to give "everyone the possibility to take profit" from them. The collection consisted at that moment of religious books (including a Psalter, the sermons by St Bernard of Clairvaux and the 'Lives of the Fathers') and humanistic literature (e.g. Petrarch's 'De remediis utriusque fortunae'). As in the case of Willem Heerman, Pieter Adornes describes the creation of his library and the sharing of books with a wider group of readers in terms of a charitable act and a contribution to the spiritual and intellectual growth of the civic community[50].

## IV. Conclusion: Ethics of Reading, Ethics of Sharing

The sources from the three different geographical areas looked at here, show that the traditional concept of medieval library should be revised and expanded to include books in the vernacular (instead of a predominant and presumptive

---

[48] Leiden, ELO, 0501, Stadsarchief I, 80, Privilegeboek A, foll. 125v–126r. See also D. Faber, Memoria in Leiden in de late Middeleeuwen Stichten en bespreken. Samenwerken en betwisten, Utrecht 2018, 183 and A. Bouwman/E. van der Vlist/B. Dongelmans/P. Hoftijzer (eds.) Stad van boeken. Handschrift en druk in Leiden 1260–2000, Leiden 2008, 53, 113.

[49] A. J. Brand, Mémoire individualisée et conscience communautaire – souvenir, charité et representation au sein des élites de Leyde à la fin du Moyen Age, in: A. J. Brand/P. Monnet/M. Staub (eds.), Memoria, communitas, civitas. Mémoire et conscience urbaines en occident à la fin du moyen âge, Ostfildern 2003, 87–116, at 112.

[50] A. Derolez, Corpus Catalogorum Belgii. De middeleeuwse bibliotheekcatalogi der Zuidelijke Nederlanden. I. Provincie West-Vlaanderen, Koninklijke Academie, Brussels 1966, 5, 9–10.

focus on Latin), more varied material and spatial-organizational forms, and the wide range of social groups participating in the process. A medieval library is not only a specific space and place where books are kept, ordered and made available for study, but also, and to a much greater extent, a set of practices geared towards making (religious) knowledge available to larger groups within medieval society, stimulating exchanges and facilitating processes of peer-to-peer, horizontal forms of education. Strongly connected to the social fabric, libraries, book collections, miscellanies and text panels in churches and in religious and lay institutions, in private and public spaces, play a pivotal role in the construction of medieval society and in the dissemination of religious knowledge, which clearly was the responsibility of every citizen and not the exclusive patrimony and task of restricted elite groups. These materials, spaces, activities and practices were clearly geared towards fostering the common profit, and thus had a strong ethical and moral component. Founding a library, copying and donating books, publishing texts on panels in a public space, and creating and organizing an urban lending system were charitable acts that were also fundamentally religious and devotional, all of which was encouraged and stimulated through collaboration with members of regular and secular clergy.

The selected sources reveal the extent to which common profit libraries, books, and texts were present in late medieval towns and had a significant impact on large groups within medieval society. Their study is moreover a strong reminder of two concepts that should be at the very core of the study of late medieval books, reading practices and libraries: multiple readership of books and the intrinsic mobility of religious knowledge among the social networks and spaces of medieval cityscapes.

# Die Stadtbibliothek Zürich und ihre Donatoren im 17. und 18. Jahrhundert

CHRISTIAN SCHEIDEGGER (Zürich)

Die Gründung der Bürgerbibliothek Zürich 1629 entsprach einem neuen Bibliothekskonzept, zu dem eine breit abgestützte Organisation und offene Türen für ein allgemeines Publikum gehörten. Im Gegensatz dazu war die 1532 eingerichtete reformierte Stiftsbibliothek am Grossmünster Zürich nie einer breiten Öffentlichkeit zugänglich, sondern diente den Gelehrten der dortigen Theologischen Hochschule als Professorenbibliothek. Der Bestand der Stiftsbibliothek wuchs nur bescheiden. Umfasste er bei der Gründung 473 Bände, wurden gegen Ende des 16. Jahrhunderts 919 Bände gezählt und 1710 etwa 2700[1]. Im Vergleich dazu erlebte die junge Bürgerbibliothek ein schnelles Wachstum, obschon sie über keinen Erwerbungsetat verfügte. Die meisten Titel gelangten als Geschenke in ihren Bestand. Ein gutes Jahr nach der Gründung zählten die Bibliothekare über 1500 Bände und 1683 bereits 6612 Einheiten. Die Anzahl Titel lag indessen deutlich höher, da kleinere Drucke oft in Sammelbänden gebunden wurden. Gemäss einem veröffentlichten Bericht der französischen Prediger Paul Reboulet (1655–1710) und François de Labrune (1624–1703) sollen sich hier 1684 13 000 Schriften von 7000 Autoren befunden haben[2].

Der vorliegende Beitrag skizziert die Gründung und Organisation der Stadtbibliothek Zürich, um anschliessend zu untersuchen, warum der Bestandsaufbau auf der Grundlage von Buchgeschenken funktioniert hat. Wichtigste Quelle ist eine umfangreiche Handschrift, worin die Schenkungen von 1629 bis 1772 verzeichnet sind[3].

## I. Gründung und Organisation der Bürgerbibliothek Zürich

Der Zürcher Griechischprofessor Heinrich Ulrich (1575–1630) und vier ehemalige Studenten gründeten am 6. Februar 1629 eine allen Bürgern zugängliche

---

[1] J.-P. Bodmer/M. Germann, Kantonsbibliothek Zürich 1835–1915. Zwischen Bibliothek des Chorherrenstifts Grossmünster und Zentralbibliothek, Zürich 1985, 56 und 64.
[2] Urs B. Leu e. a. (eds.), Handbuch der historischen Buchbestände in der Schweiz, vol. 3, Hildesheim 2011, 370, und P. Reboulet/F. de Labrune, Voyage de Suisse ou relation historique contenant douze lettres, Seconde Partie, Den Haag 1686, 131.
[3] Bibliothecae novae Tigurinorum publico privatae Album, das ist: Stamm- und Nammbuoch der neüwange-stellten Bibliothec einer Burgerschafft der Loblichen Statt Zürich, Handschrift auf Papier, 1629–1769: Zentralbibliothek Zürich, Arch St 22 (im Folgenden „Donatorenbuch"). Die

Bibliothek zur Förderung der Bildung und zum Schutz der reformierten Lehre. Die Motive zu diesem Schritt sind zwei Werbeschriften von Heinrich Ulrich zu entnehmen[4]. Demnach gab der Dreissigjährige Krieg einen wichtigen Anstoss. In den Augen Ulrichs bedrohten das Papsttum und die römisch-katholischen Mächte die Existenz der Reformierten immer mehr[5]. Tatsächlich sah die politische Situation im Gründungsjahr der Bürgerbibliothek eher düster aus. Stichworte dazu sind die Eroberung der reformierten Kurpfalz durch Truppen der katholischen Liga und die Verschleppung der berühmten Bibliotheca Palatina von Heidelberg nach Rom 1622, die Einnahme der calvinistischen Hochburgen La Rochelle und Montauban 1628 bis 1629 sowie die Bündner Wirren der Jahre 1618 bis 1639. Die Bezeichnung der Bürgerbibliothek Zürich als Waffenkammer des Wissens („*sapientiae armamentarium*"[6]) muss vor dem konfessionspolitischen Hintergrund verstanden werden.

Ulrich warb mit grossem Erfolg für die neue Bibliothek. Schon in der Gründungsphase spendeten zahlreiche Gönner Bücher und Geld[7]. Auch die obrigkeitliche Unterstützung blieb nicht aus. 1631 erlaubte der Zürcher Magistrat der Bibliotheksgesellschaft, die Wasserkirche als geeigneten Ort für die Büchersammlung unentgeltlich benutzen zu dürfen. Nach einem mit staatlichen Geldern finanzierten Umbau öffnete die Bürgerbibliothek an Neujahr 1634 ihre Türen in der Wasserkirche, die im Mittelalter als Hinrichtungsstätte der Zürcher Stadtheiligen Felix und Regula verehrt und seit ihrer Profanierung in der Reformationszeit als Lagerraum genutzt worden war[8]. Angesichts der staatlichen Förderung ist die Bürgerbibliothek, die seit dem 18. Jahrhundert auch Stadtbibliothek genannt wurde, nicht als eine private Institution, sondern als eine offiziöse Einrichtung zu bezeichnen, was durch ihre repräsentative Funktion noch unterstrichen wird. Nicht zuletzt wegen der Architektur wurde die Stadtbibliothek ein Wahrzeichen Zürichs, stand die Wasserkirche doch in unmittelbarer Nähe von Rathaus und Grossmünster im Zentrum der Macht.

Der Bücherbestand spiegelt die Interessen der Donatoren, da die meisten Titel als Geschenke in die Stadtbibliothek gelangten. Die reformierte Theologie bildet einen Schwerpunkt, doch finden sich auch viele lutherische und etwas weniger häufig katholische Autoren. Besonders hervorzuheben ist die in grosser Zahl vertretene historische, politische und geographische Literatur. Auch die Jurisprudenz und Sprachwissenschaften sind vorhanden, neben einem breiten

---

Handschrift ist auf der Plattform „e-manuscripta.ch" als Digitalisat und elektronische Edition zugänglich.

[4] H. Ulrich, Bibliotheca nova Tigurinorum publico-privata selectiorum vararium linguarum, artium & scientiarum librorum, s.l. 1629, und H. Ulrich, Bibliotheca Thuricensium publico privata, Zürich 1629.

[5] Ulrich, Bibliotheca nova (nt. 4), 55–101.

[6] Im Titel von Ulrich, Bibliotheca Thuricensium (nt. 4), und Donatorenbuch (nt. 3), fol. 5r.

[7] Ulrich, Bibliotheca nova (nt. 4), 108 f.

[8] J. J. Wagner, Historia Bibliothecae Tigurinorum Civicae, Handschrift, 1683: Zentralbibliothek Zürich, Ms B 89, foll. 19 sq.

Spektrum naturwissenschaftlicher Titel. Etwas weniger umfangreich ist die Belletristik vertreten. Die Stadtbibliothek wurde zu einem kulturellen Gedächtnis Zürichs und zu einer der wichtigsten Bibliotheken innerhalb der reformierten Welt.

Die Bibliotheksgesellschaft verzichtete auf zensorische Kriterien für Schenkungen. Die Bibliothekare im 18. Jahrhundert mussten deshalb feststellen, dass auch „mindere Werke" geschenkt würden, wollten aber keine Vorschriften erlassen, welche Bücher in eine öffentliche Bibliothek gehören und welche nicht. Stattdessen meinten sie, dass selbst „übel geschriebne Bücher" für die Forschung interessant sein könnten[9]. Unter den theologischen Büchern findet man deshalb auch häretische Literatur[10].

Leitendes Organ der Bibliotheksgesellschaft war das Bibliothekskollegium, bestehend aus dem Praeses, acht Kuratoren, zehn Beisitzern (*Consiliarii*) und vier Bibliothekaren, welche für das Leihwesen und die Erschliessung zuständig waren. Die ehrenamtliche Arbeit der Bibliothekare, seit 1730 mit jährlich 20 Pfund entlöhnt, diente verschiedenen jungen Zürchern als Einstieg in die angestrebte Ämterlaufbahn[11]. Die Bibliotheksgesellschaft stand allen Zürcher Bürgern offen. Mitglieder bezahlten eine Einschreibegebühr von zehn Gulden oder schenkten der Bibliothek ein Buch in diesem Wert. Die Ausleihdauer betrug drei Monate, wobei die Ausleihe von Handschriften und wertvollen Drucken beim Bibliothekskollegium beantragt werden musste. Die Öffnungszeiten beschränkten sich auf zwei Nachmittage pro Woche. Die Bibliothek war anfangs eine elitäre Einrichtung des gebildeten Bürgertums, indem sie nur Mitgliedern zur Verfügung stand, bis sie in der ersten Hälfte des 18. Jahrhunderts „völlig publica" wurde, so dass auch Nichtmitglieder Bücher ausleihen durften[12]. Im Hinblick auf den grösseren Benutzerkreis wurde bestimmt, dass die Ausleihe häretischer Bücher dem Ermessen des Bibliothekars obliegt[13].

## II. Das Donatorenbuch der Stadtbibliothek Zürich und andere Donatorenbücher

Das Donatorenbuch der Stadtbibliothek Zürich (Tafel 18) ist eine illustrierte Handschrift im Folioformat (32 x 21 cm) und hat einen Umfang von insgesamt 772 mehrheitlich beschriebenen Seiten, auf denen Schenkungen und Geber verzeichnet sind[14]. Die Einträge, meistens mit einem Hinweis auf den Stand des

---

[9] Catalogus librorum bibliothecae Tigurinae, vol. 1, Zürich 1744, fol. a3, §§ 4 und 6.
[10] Cf. Donatorenbuch (nt. 3), 162, 329 und 475.
[11] C. Scheidegger, Buchgeschenke, Patronage und protestantische Allianzen. Die Stadtbibliothek Zürich und ihre Donatoren im 17. Jahrhundert, in: Zwingliana 44 (2017), 75–78, und Handbuch (nt. 2), 369.
[12] Catalogus (nt. 9), foll. b7r–c1r
[13] Ibid., fol. b8v, § k.
[14] Cf. nt. 3.

Donators und oft auch mit dem Familienwappen, stammen in der Regel vom amtierenden Bibliothekssekretär und reichen von 1629 bis ins Jahr 1772. Der erste Hauptteil enthält die Schenkungen von 215 ausländischen Donatoren in chronologischer Ordnung und ein alphabetisches Register zu diesen, gefolgt vom umfangreicheren zweiten Hauptteil mit mehr als 700 inländischen Donatoren in alphabetischer Ordnung. Insgesamt verzeichnet das Donatorenbuch rund 3300 Geschenke, vorwiegend Bücher und in geringerem Umfang Geldspenden und Objekte wie Porträts oder Münzen. Die Einträge sind vor allem in den ersten Jahren sorgfältig geschrieben und mit einem Wappen versehen, während die Aufzeichnung nach der Mitte des 17. Jahrhunderts flüchtiger ist und auf die Heraldik weitgehend verzichtet wurde.

Donatorenbücher stifteten den Gebern ein immerwährendes Gedächtnis und luden andere zum Spenden ein. Entsprechend wurden Donatorenbücher bei Besuchen von Honoratioren gerne gezeigt. Heinrich Ulrich zufolge lieferten sich die Gönner in der Gründungsphase der Zürcher Bürgerbibliothek gar einen Wettlauf um die ersten Einträge[15]. Donatorenbücher werden zwar von der Forschung bei Provenienzfragen immer wieder konsultiert, sind jedoch kaum untersucht worden, obschon sie interessante Dokumente der frühneuzeitlichen Kulturgeschichte sind. Sie erlauben interessante Einblicke in die Bibliotheks- beziehungsweise Museumsgeschichte und in die sozialen Beziehungen der Donatoren.

Donatorenbücher sind auch in Deutschland und anderen Ländern überliefert. Man findet sie beispielsweise in Oxford, wo Sir Thomas Bodley 1604 ein Donatorenbuch im Rahmen der Wiedereröffnung der Universitätsbibliothek herstellen liess. Nach Bodleys Vorbild legten im 17. Jahrhundert zahlreiche College- Bibliotheken ein Schenkungsverzeichnis an, während es keine Hinweise dafür gibt, dass das ‚Registrum Benefactorum' der Universitätsbibliothek Oxford auch die ersten Schweizer Donatorenbücher (St. Gallen und Zürich) inspiriert hat[16]. Wie in Oxford sind auch die schweizerischen Donatorenbücher infolge Gründung oder Wiedereröffnung einer Bibliothek eingeführt worden. Die Donatorenbücher in St. Gallen (1615), Bern (1693) und Genf (1702) stehen im Zusammenhang mit der Neuorganisation einer bereits älteren Bibliothek, während in Zürich (1629), Schaffhausen (1636), Winterthur (1661), Zofingen (1696) und Aarau (1786) die Gründung einer öffentlichen Stadtbibliothek den Anlass gab, ein Donatorenbuch anzulegen. Offenbar hatte die Einführung eines Donatorenbuchs mit dem neuen Bibliothekskonzept zu tun, das eine breit abgestützte Organisation (Bibliothekskollegium und Spenderkreis) und meistens auch die

---

[15] Ulrich, Bibliotheca nova (nt. 4), 108 sq.
[16] J. B. Bengtson, Benefaction Registers in Oxford Libraries, in: Library History 16 (2000), 143– 152. Für die Situation in Deutschland cf. T. Fröde/U. Kahl, Die Donatorenbücher der Zittauer Ratsbibliothek 1607–1762, Löbau 2014, XI–XII. Den Hinweis auf das ‚Registrum Benefactorum' in Oxford (Library Records, b. 903) verdanke ich freundlicherweise Professor Nigel F. Palmer.

Öffnung des Lesesaals für ein breiteres Publikum beinhaltete. Innerhalb der Schweiz sind Donatorenbücher ein kulturelles Phänomen des 17. und 18. Jahrhunderts in den reformierten Städten, wo es zur Gründung einer öffentlichen Bibliothek kam. Sie wurden oft, jedoch ohne repräsentative Gestaltung, bis ins 19. Jahrhundert fortgeführt[17].

### III. Die Donatoren und ihre Motive

Im Donatorenbuch der Stadtbibliothek Zürich steht an prominentester Stelle und mit einem prächtigen Adelswappen verziert der Eintrag des französischen Sondergesandten und hugenottischen Militärführers Henri de Rohan (1579–1638), welcher der Stadtbibliothek im September 1632 eine hebräische Bibelhandschrift zukommen liess[18]. Auf der folgenden Seite des Donatorenbuchs ist der englische Gesandte Sir Oliver Fleming (gest. 1661), der im Oktober 1632 mehrere Bücher und Münzen schenkte, verewigt. Die Bibelhandschrift Rohans und die meisten Drucke Flemings können in der Zentralbibliothek Zürich, in welcher der Bestand der alten Stadtbibliothek aufgegangen ist, exemplarisch identifiziert werden. Die Funktion ihrer Geschenke ist deutlich erkennbar, denn beide Donatoren standen im diplomatischen Dienst. Geschenke waren in der frühneuzeitlichen Diplomatie keine freiwillige Geste, sondern gehörten zu den Pflichten sowohl der Gesandten als auch der Gastgeber[19]. Interessant sind ausserdem die sozialen Beziehungen der Donatoren. Fleming erkundigte sich damals beim französischen Herzog, ob er bereit wäre, das Oberkommando über die Truppen der vier evangelischen Orte der Eidgenossenschaft zu übernehmen. England versuchte damals seine Beziehungen zur Eidgenossenschaft zu stärken. Mit einem Kredit von 200 Pfund kaufte Fleming Bücher, Pelzmützen, Seidenstrümpfe und Medaillen ein, um mit diesen Geschenken das Wohlwollen der evangelischen Eidgenossen zu festigen und Bedenken aus dem Weg zu räu-

---

[17] Donationenbuch der Stadtbibliothek Aarau, 1776–1786, Stadtarchiv Aarau, II.562 a. – Donationenbuch der Stadtbibliothek Bern, 1693–1800, Burgerbibliothek Bern, Mss. h. h. XII 1. – Grand livre des donateurs, 1702–1736, Bibliothèque de Genève, Arch BPU Dd6. – Honorarium Bibliothecae Vadiano-Publicae, 1615–1750, St. Gallen, Kantonsbibliothek Vadiana, Ms 10. – Album publicae civium Scaphusianorum bibliothecae, 1636 angelegt, Stadtbibliothek Schaffhausen, Msc. Scaph. 57. – Bibliothecae novae Vitoduranorum publicae privatae Album, das ist Stamm- und Namenbuch der nöuw angestellten Bibliothec einer Burgerschaft der löblichen Stadt Winterthur, 1661–1870, Mscr. Fol. 222. – Donation-Buch, oder Verzeichnuß derjenigen Ehren-Persohnen, welchen durch ihre Verehrungen diese Burger-Bibliothec der Statt Zoffingen zubeehren und zuvermehren belieben wollen, 1696–ca. 1731, Stadtbibliothek Zofingen, Pb 74/b.

[18] Donatorenbuch (nt. 3), 1. Biblia Hebraica, mit Masora Magna und Masora Parva, Handschrift auf Pergament, Spanien oder Südfrankreich, 14./15. Jahrhundert: Zentralbibliothek Zürich, Ms Or 152.

[19] M. Häberlein/C. Jeggle (eds.), Materielle Grundlagen der Diplomatie. Schenken, Sammeln und Verhandeln in Spätmittelalter und Früher Neuzeit, Konstanz 2013, 13.

men[20]. Laut Eintrag im Donatorenbuch übergab Fleming Schriften der englischen Theologen John Davenant und William Ames, was zweifellos die konfessionelle Gemeinsamkeit unterstreichen sollte.

Im Donatorenbuch findet man auch Gesandte aus Frankreich, Schweden, den Niederlanden und besonders oft aus Venedig. Im Eintrag des venezianischen Gesandten Alvise Sagredo (1617–1688) ist sogar der Einband des geschenkten Werkes von Giovan Battista Nani beschrieben; vom ursprünglichen Silbereinband über blauem Samt fehlt heute jedoch das Edelmetall[21]. Venedig hatte 1615 mit Zürich und Bern ein wichtiges Soldbündnis abgeschlossen und schickte bis ins 18. Jahrhundert diplomatische Vertreter in die Schweiz. Ihre Buchgeschenke an die Stadtbibliothek und ihre Gefälligkeiten an Privatpersonen können als ein System von Patronage und Klientelismus gedeutet werden[22].

Nicht nur Diplomaten, sondern auch Gelehrte, Politiker, Kaufleute und hugenottische Flüchtlinge schenkten der Stadtbibliothek Bücher. Guillaume Malanot (gest. 1705), waldensischer Prediger in Angrogne, übergab 1691 ein handschriftliches Neues Testament in okzitanischer Sprache, als er durch die Schweiz reiste, um für den Wiederaufbau in den piemontesischen Tälern Geld zu sammeln[23]. Die Geschenke der Hugenotten und Waldenser können als ein Zeichen der Dankbarkeit für die erfahrene Hilfe nach der Massenflucht aus ihrer Heimat im Jahr 1685 gedeutet werden.

Viele Hinweise sprechen dafür, dass die Geschenke nicht so sehr freiwillige Gaben waren, sondern allgemein als eine Pflicht verstanden wurden. Am offensichtlichsten ist dies bei den Geschenken, welche die ehrenamtlich tätigen Mitglieder des Bibliothekskollegs bei einer Beförderung im Staats- oder Kirchendienst machten, denn die Statuten verlangten in solchen Fällen ausdrücklich eine Gabe[24]. Bei diesen wie auch bei allen anderen Geschenken anlässlich eines empfangenen Amts handelte es sich um sogenannte Ehrengeschenke, die zu den selbstverständlichen Pflichten der wohlhabenden Familien gehörten. Auf diese Praxis verweist zudem die Bezeichnung „Honorarium" für das Donatorenbuch der Stadtbibliothek St. Gallen[25].

Viele einheimische Donatoren, die Bücher und Geld schenkten, profitierten von der Stadtbibliothek sowohl unmittelbar als Benutzer, als auch indirekt indem sie dieser Einrichtung eine wichtige Schutzfunktion für Kirche und Staat zuer-

---

[20] W. Schneewind, Die diplomatischen Beziehungen Englands mit der alten Eidgenossenschaft zur Zeit Elisabeths, Jakobs I. und Karls I. 1558–1649 (Basler Beiträge zur Geschichtswissenschaft 36), Basel 1950, 128–133.

[21] Donatorenbuch (nt. 3), 95. Giovan Battista Nani, Historia della republica Veneta, Venedig 1662: Zentralbibliothek Zürich, L 94.

[22] Scheidegger, Buchgeschenke (nt. 11), 486–489.

[23] Donatorenbuch (nt. 3), 109. Cf. D. Jaymes, The Zurich Waldensian New Testament (Ms. C 169 [706]). The Archaeology of a Dissidence, in: Bollettino della società di studi Valdesi, 128 (2011), 3–29.

[24] S. Vögelin, Geschichte der Wasserkirche und der Stadtbibliothek in Zürich, Zürich 1848, 59, § 12: „*Qui in Collegium asciscitur, vel ad honores evehitur, munus aliquod arbitrarium Bibliothecae praebeto.*"

[25] Scheidegger, Buchgeschenke (nt. 11), 474–75.

kannten und aus der herrschenden Gesellschaftsordnung Vorteile zogen. Denn die Staatsmänner und Pfarrer lebten von den grundherrschaftlichen und anderen Einkünften der Obrigkeit, während die Militärführer und sozial aufstrebenden Handelsaristokraten mit ihren erwirtschafteten Reichtümern nicht weniger auf das Wohlwollen der Politik angewiesen waren. Der Seidenfabrikant Hans Georg Orelli (1623–1706) zum Beispiel, Abkömmling einer aus Locarno eingewanderten, vormals nicht ratsfähigen Familie, gelangte als Vertreter der Krämerzunft zur Saffran in den Grossen Rat und schenkte 1680 den von Jan Jansson in Amsterdam herausgegebenen und für die Stadtbibliothek unerschwinglichen Weltatlas Novus ‚Atlas absolutissimus' im Wert von 200 Gulden[26]. Als der Lyoner Bankier Vincent Hertner Klee (gest. 1699), der das Zürcher Bürgerrecht besass, 1669 die Schedelsche Weltchronik von 1493 schenkte, dürfte wie schon Jahre zuvor bei seinem Vater Jean Martin Hertner Klee (1589–1662) die Erneuerung des Zürcher Bürgerrechts den Anlass zur Schenkung gegeben haben[27].

Viele Buchgeschenke können im Rahmen einer „Ökonomie des Gabentauschs" betrachtet werden[28]. Als Professor Johann Heinrich Ott (1617–1682) der Stadtbibliothek seine gedruckte Geschichte des Täufertums schenkte, honorierte der Zürcher Rat die wissenschaftliche Leistung des Autors mit zwei Silberschalen[29]. Während hier tatsächlich Geschenke getauscht wurden, fand sonst mit der Stadtbibliothek kein eigentlicher Gabentausch statt. Dennoch ist eine Reziprozität erkennbar, da die einheimischen Donatoren mit den Geschenken ihre Dankbarkeit gegenüber dem Staatswesen zeigten, von dem sie selbst profitierten. Auch die Buchgeschenke der Diplomaten, Gelehrten und Kaufleute stifteten Verbindung und Anerkennung. Die Bezeichnung „Stammbuch" im Titel des Donatorenbuchs, bei dem es sich um das deutsche Äquivalent zum lateinischen *Album amicorum* handelt, bringt zum Ausdruck, dass die Geber mit der Stadtbibliothek freundschaftlich verbunden waren beziehungsweise politische, wirtschaftliche oder konfessionelle Interessen der Stadt teilten. Ohne soziale Verflechtung mit der Kirche, dem Staat oder ohne einen persönlichen Bezug zur Bibliothek gab es keine Schenkungen.

Die Ökonomie des Gabentausches bestand etwa darin, dass man gab, weil man etwas wollte. Der französische Diplomat Melchior de Harod de Senevas (um 1614–1694) beschrieb in seinem Gesandtschaftsbericht von 1676, wie er diplomatische Geschenke gezielt einsetzte, um gute Verträge mit den schweizeri-

---

[26] Donatorenbuch (nt. 3), 465. J. Jansson, Novus atlas absolutissimus, das ist Generale Welt-Beschreibung, 11 Bde., Amsterdam 1657–1664: Zentralbibliothek Zürich, T 14–24.
[27] Donatorenbuch (nt. 3), 58. Hartmann Schedel, Liber chronicarum deutsch, Nürnberg 1493: Zentralbibliothek Zürich, 3.2.
[28] N. Z. Davis, Die schenkende Gesellschaft. Zur Kultur der französischen Renaissance, München 2002, und N. Z. Davis, Beyond the Market. Books as Gifts in Sixteenth-Century France, in: Transactions of the Royal Historical Society 33 (1983), 69–88.
[29] Donatorenbuch (nt. 3), 470. J. H. Ott, Annales anabaptistici, Basel 1672: Zentralbibliothek Zürich, 5.173. Cf. E.-M. Lösel, Das Zürcher Goldschmiedehandwerk im 16. und 17. Jahrhundert (Mitteilungen der Antiquarischen Gesellschaft in Zürich 46/3), Zürich 1974, 66–68.

schen Orten auszuhandeln und um Söldner zu rekrutieren. In Zürich jedoch hatte er mit seinen Geschenken bei den einzelnen Staatsmännern keinen Erfolg:

„Zürich ist und war zu allen Zeiten am meisten unter allen Kantonen auf Beobachtung einer strengen Neutralität versessen [...]. Dieser Kanton ist auch der eifrigste für seine Religion, und deßwegen den Holländern sehr zugethan [...]. Der Gewerbsfleiß und Ackerbau, womit seine Bewohner sich ausschließlich beschäftigen und darüber alle Lust zum Kriegsdienste verlieren, seine Handelsverbindungen mit Deutschland, Mailand und Holland sind für uns fast unbesiegbare Hindernisse in diesem Kantone. [... Zürichs] Bürgermeister, Namens Hirzel, benimmt sich auf allen Tagsatzungen, als Vorsteher derselben, sehr klug und mäßig, obgleich er für seine Person durchaus kein Jahrgeld [Pension] oder Gnadengeschenk annehmen will."[30]

Der französische Diplomat konnte den Zürcher Staatsmann mit diplomatischen Geschenken und Pensionengeldern nicht kaufen. Der Gabentausch funktionierte in diesem Fall nicht, weil es den Zürchern verboten war, grössere Geschenke anzunehmen und selbständig Soldverträge abzuschliessen, denn die reformierte Ethik diskreditierte diese Praktiken als Eigennutz aufs Schärfste[31]. Der französische Diplomat konnte nur versuchen, die Politik des Zürcher Rates insgesamt zu beeinflussen. Wohl deshalb schenkte er einige prächtige Drucke des Louvre der Stadtbibliothek, was in Zürich offenbar akzeptiert wurde, weil sein Buchgeschenk so nicht dem Eigennutz, sondern dem Allgemeinwohl diente[32]. Mit anderen Worten gab es in Zürich nicht nur eine Ökonomie, sondern auch eine Theologie des Gabentausches.

Zahlreiche Vergabungen können als protestantische Stiftungen gedeutet werden. Der im Donatorenbuch gelegentlich vorkommende und aus dem kirchlichen Bereich stammende Ausdruck „Seelgerät" für ein Vermächtnis verweist auf ein bisher nur wenig untersuchtes protestantisches Stiftungswesen[33]. Anders als in der herkömmlichen Bedeutung schliesst das „Seelgerät" im Donatorenbuch keine Fürbitte für den Verstorbenen ein, denn die reformierten Theologen lehnten diese ab, weil sie das Fegefeuer nicht für schriftgemäss hielten. Die Gabe hatte eine andere Funktion. Man gab nicht, um eine Gegenleistung zu empfangen, sondern man gab, weil man bekommen hatte. Der Apostel Paulus gebrauchte für die Geldsammlung der Gemeinden zugunsten der Armen den Begriff χάρις (2 Kor 8): Gnade oder Gnadengabe. Nach reformatorischer Lehre

---

[30] Helvetia. Denkwürdigkeiten für die XXII Freistaaten der Schweizerischen Eidgenossenschaft, ed. J. A. Balthasar, vol. 1, Zürich 1823, 78 sq. (Des französischen Gesandten bei der Eidgenossenschaft, Baron von Saint Romain, Denkschrift über die Schweiz im Jahr 1676).
[31] C. Windler, „Ohne Geld keine Schweizer". Pensionen und Söldnerrekrutierung auf den eidgenössischen Patronagemärkten, in: Nähe in der Ferne. Personale Verflechtung in den Aussenbeziehungen der Frühen Neuzeit, in: Zeitschrift für historische Forschung, Beiheft 36 (2005), 105–133.
[32] Donatorenbuch (nt. 3), 103.
[33] Donatorenbuch (nt. 3), 316, 542, 591, 610 und 615.

ist das Teilen der Güter mit anderen eine Frucht des Glaubens, also eine Auswirkung der empfangenen Gnade. Das Stiften im protestantischen Sinn diente nicht dem Seelenheil, sondern neben einem seligen Gedächtnis vor allem dem „Gemeinen Nutzen", hatte also vorwiegend eine soziale Dimension[34]. Diesen Aspekt betonte sowohl der Bibliotheksgründer, als er 1629 dazu aufrief, Bücher oder Geld „zu gemeinem nutz und wolfart" zu spenden[35], als auch die Obrigkeit, als sie 1692 für Zürcher Autoren die Abgabe von Pflichtexemplaren bestätigte und nicht daran zweifelte, „es werde jedermenniglich sowol auß eignem trieb zu dem bono publico als auß ehrerbietigen intention" die eingeforderten Bücher der Bürgerbibliothek „verehren"[36].

## IV. Schluss

Wesentlich für die erfolgreiche Entwicklung der Stadtbibliothek Zürich, die ohne staatliche Mittel auskommen musste, war die reformatorisch geprägte und gesellschaftlich anerkannte Forderung nach dem Gemeinen Nutzen. Neben der Theologie spielte auch die in der frühneuzeitlichen Gesellschaft verwurzelte „Ökonomie des Gabentauschs" eine wichtige Rolle, wie man es bei vielen Donationen erkennen oder mindestens vermuten kann. Die Hinweise darauf finden sich im Donatorenbuch selbst. Die grosszügige Freigebigkeit der Donatoren war für die Stadtbibliothek Zürich von grundlegender Bedeutung. Zum Erfolg der Stadtbibliothek trugen freilich noch weitere Faktoren bei. Das sind neben dem im 17. Jh. dominierenden konfessionellen Aspekt, die attraktive Kunstkammer, das Patronat der Zürcher Regierung, der repräsentative Bau der Wasserkirche und nicht zuletzt eine motivierte und bildungshungrige Jugend.

---

[34] G. Schneider-Ludorff, Potestantisches Stiften nach der Reformation, in: U. Hahn e. a. (eds.), Geben und Gestalten. Brauchen wir eine neue Kultur der Gabe? (Fundraising-Studien 4, Berlin 2008), 79–89.
[35] Ulrich, Bibliotheca nova (nt. 4), 110–11.
[36] Staatsarchiv Zürich, B II 636, 16.

## VI. Privatbibliotheken

# A Library of al-Ǧāḥiẓ*

JENS OLE SCHMITT (Munich)

## I. Introduction

A historic anthology of works ascribed to the classic Arabic prose writer al-Ǧāḥiẓ (d. 868/9)[1] is preserved in at least three known manuscripts, two of which have received further attention so far, one presently located in Berlin[2], the other in Hyderabad[3]. The third manuscript, which hitherto has been quite neglected, is also located in Berlin[4]. Both this third manuscript and the Hyderabad manuscript give the compiler's name as Ḥamza Ibn al-Ḥasan al-Iṣfahānī

---

* I would like to thank the organizers, especially Andreas Speer and Lars Reuke, for their invitation, hospitality, and editorial efforts with this volume, Abdurahman Mihirig for his comments on the translation, and Nathan Gibson for discussing the manuscripts. This project has, in part, received funding from the European Research Council (ERC) under the European Union's Horizon 2020 research and innovation program (grant agreement no. 786762).
[1] For a comprehensive list of his works, see Ch. Pellat, Nouvel essai d'inventaire de l'œuvre ǧāḥizienne, in: Arabica 31 (1984), 117–64, and additionally A. Regourd, Ǧāḥiziana. Addition à l'essai d'inventaire de l'œuvre ǧāḥizienne: le Kitāb al-Fityān retrouvé?, in: Arabica 60 (2013), 106–130.
[2] Ahlwardt 5032 [henceforth abbreviated as B], see Ch. Pellat, Notice sur un manuscrit arabe de Berlin, in: Oriens 7 (1954), 85–86, additions in J. O. Schmitt (ed.), Al-Jāḥiẓ on ʿAbbāsid Caliphs and People in Basra, in: W. Raven/A. Akasoy (eds.), Islamic Thought in the Middle Ages. Studies in Text, Transmission and Translation, in Honour of Hans Daiber (Islamic Philosophy, Theology and Science 75), Leiden 2008, 613–638; 614, n. 5; 637. [Some, primarily typographical, errors of this edition are to be noted: 614, read: was written; 620, read: Next, ; 623, 16, read: المتوغر; 629, nt. 55, second part belongs in critical apparatus; 631, 13, read: لزر; 14, read: ويزل; 632, 3, read: هؤلاء; 635, app., 6, read: ل; 631, 1, read: B 77b.]
[3] Andhra Pradesh Government Oriental Manuscripts Library, Arab. 137, see H. Daiber, New Manuscript Findings from Indian Libraries, in: Manuscripts of the Middle East 1 (1986), 26–48; 32, no. 70 [This manuscript will henceforth be abbreviated as H].
[4] That manuscript, ms. Or. Oct. 1499 [henceforth abbreviated as D], entitled Muḫtār min rasāʾil al-Ǧāḥiẓ, has recently been described by F.-W. Daub and contains also this same anthology, URL: <https://orient-mss.kohd.adw-goe.de/receive/KOHDArabicMSBook_islamhs_00001317>
(last access on August 4, 2019). It was written in 1649, that is, slightly earlier than the Ahlwardt manuscript. Daub assumes this manuscript to be a copy of a Leiden manuscript, though the latter seemingly comprises another anthology, at least judged by Voorhoeve's description that offers a list of excerpts, see P. Voorhoeve, Handlist of Arabic Manuscripts in the Library of the University of Leiden and Other Collections in the Netherlands (Bibliotheca Universitatis Leidensis, Codices Manuscripti VII), The Hague 1980 (reprint), 283–284. [I am indebted to Nathan Gibson for the reference to this second Berlin manuscript. It could be accessed for this publication only at the last minute. A detailed study will be given in a forthcoming publication.]

(d. 970/1), which would underline the compilation's trustworthiness that was cast into doubt by Pellat previously[5]. However, the Hyderabad manuscript seems to have been bound in an erroneous order[6]. It has recently been edited as a whole[7], without paying attention to the Ahlwardt manuscript in Berlin, which has also been used additionally in editions and translations several times[8], or to the erroneous folio order. Further, both manuscripts, that is, Ahlwardt and Hyderabad, have also recently been used in a translation[9].

This anthology consists of several excerpts, most of which are traceable to known works by al-Ǧāḥiẓ (in some cases with remarkable variants), a collection of book openings, that is, 'ad'iya like in personal letters, and very short extracts like aphorisms, of whose more than two hundred sentences many are referable to extant works. Thus, as most parts of the whole anthology are identifiable with known works, there is reasonable assumption that the other parts are also from authentic, but meanwhile lost works.

There are, seemingly, no parts included of those works whose authenticity is doubted for several reasons, such as the ''Amṯāl 'Alī', 'Tāǧ' aḫlāq al-mulūk', or 'al-Tabaṣṣur bi-l-tiǧǧāra'[10].

However, it is still an open question why certain parts have been selected, how those parts selected for this anthology relate to extant works, and how deviations might be explained: Whether they stem from the compiler himself[11], are deriving from some authentic (earlier) version differing from the extant text[12], or stem

---

[5] Pellat, Notice sur un manuscrit arabe de Berlin (nt. 2), 85.

[6] Cf. Schmitt, Al-Jāḥiẓ on 'Abbāsid Caliphs and People in Basra (nt. 2), 615, n. 7.

[7] Al-Fuṣūl al-muḫtāra, ed. D. Mūsā Ruḥayyil, Amman 2013.

[8] Primarily by M. M. al-Durūbī, who edited parts of this manuscript on two occasions, as Risāla ǧadīda fī manāqib ḫulafā' Banī al-'Abbās. Dirāsa wa-taḥqīq, Mafraq 2002; and Fuṣūl muḫtāra, 'Ammān 2002 [I am indebted to James Montgomery for providing me access to the latter work.] I haven't been aware of these editions when editing those parts on the Abbasid caliphs and notable persons from Basra. The same applies to V. Colombo, Ṣifah e Ḥāl. Teorie dell'unicità divina nel pensiero mu'tazilita, Milan 2000, 33–42, where the part on the caliphs has been considered and translated. R. Sellheim announced a forthcoming edition and study of the Ahlwardt manuscript by a student of al-Hāǧirī in his review of Ch. Vial (tr.), al-Ǧāḥiẓ: Quatre essais, in: Der Islam 56 (1979), 143–145; 145.

[9] J. Montgomery, Al-Ǧāḥiẓ, Falsafa and the Arabic Hippocrates, in: P. Adamson/P. Pormann (eds.), Philosophy and Medicine in the Formative Period of Islam, London 2017, 75–103; 81–82.

[10] However, cf. Sadouki's remarks in defense of the latter's authenticity according to historic references, A. Sadouki (tr.), Das Handbuch der Handelsgüter oder at-Tabaṣṣur bi-t-Tiǧāra des Abū 'Uṯmān ibn Baḥr al-Ǧāḥiẓ, Berlin 2013, 11–15, and J. Sadan, Ādāb al-mulūk attribué à al-Ǧāḥiẓ. Un cas type sur la question d'authenticité de certains inédits ǧāḥiẓiens, in: Arabica 40 (1993), 431–438.

[11] As suggested by Pellat, Notice sur un manuscrit arabe de Berlin (nt. 2), 85.

[12] The existence of several authentic versions of al-Ǧāḥiẓ's works as an explanation for deviations of the anthology's versions from edited texts has, for example, been suggested by J. Montgomery, Would al-Jāḥiẓ Please Make Himself Known?, in: Middle Eastern Literatures 16 (2013), 76–87; 85, based on a general assumption by G. Schoeler, though the latter excludes al-Ǧāḥiz from a looser oral transmission in his Writing for a Reading Public: The Case of al-Jāḥiẓ, in: A. Heinemann/J. L. Meloy/T. Khalidi/M. Kropp (eds.), Al-Jāḥiẓ. A Muslim Humanist for Our Time

from a collection of (draft) notes by al-Ǧāḥiẓ himself[13], that is, whether this compilation is a library of al-Ǧāḥiẓ's works, thus, an anthology of available (fixed) works, or part of al-Ǧāḥiẓ's personal library, which amounts to a transmission of texts that were not intended for publication or not the final version of published works, which will also affect the consideration to be dedicated to this anthology regarding future critical editions of al-Ǧāḥiẓ's works. Some approaches trying to clarify these questions shall be briefly considered in the following.

## II. Some Approaches to the Anthology's Versions

### 1. Caliphs

The introductory lines to subsequent biographical sketches of both early Abbasid caliphs and some notable people from Basra[14] of this anthology that have already been edited several times and also translated are also found in the 'Bayān'[15], which also features Abbasid caliphs subsequently, though in a different manner. Both versions stress the increased Khurasanic influence on the Abbasid state (daula)[16]. Thus, a comparison of the complete version of the anthology with the context of the 'Bayān' version might give an indication which version could be considered more original.

Indeed, one might get the impression that the anthology version forms an older core version of biographies, the initial part of which has been selected into the context of the 'Bayān', where it has been expanded and seems more elaborated, at least regarding the inclusion of poetry, which al-Ǧāḥiẓ explicitly favors, and witness reports. This inclusion of verses in the 'Bayān' version might

---

(Beiruter Texte und Studien 119), Beirut 2009, 51–63; 53. J. Lassner, The Shaping of ʿAbbāsid Rule, Princeton 1980 (reprint 2018), 122, however, notes that some parts of the 'Manāqib al-turk' might stem from an earlier date than other parts of the same work. Ch. Pellat (tr.), The Life and Works of Jāḥiẓ. Translation of Selected Texts, tr. D. M. Hawke, London, 1969, 20, notes several versions of the 'Ṣināʿat al-quwwād' that he explains by copyists freely changing the text. Assuming that Pellat is not referring to this anthology only, a similar situation with older, though authentic material might be the case there as well.

[13] As suggested by H. Daiber, A New Manuscript of al-Jāḥiẓ's Works and Its Importance for Their Transmission (nt. 12), 225, who gave arguments that some parts predate the edited versions.

[14] The identification of the second part with remnants of the lost work 'Aḫlāq al-wuzarāʾ' as once done by the present writer does not seem to be mandatory, as the focus is not on education.

[15] Al-Ǧāḥiẓ, al-Bayān wa-l-tabyīn, ed. I. Šams al-Dīn, 2 voll., Beirut, 2003, vol. 2, 238. Cf. Colombo, Ṣifah e Ḥāl (nt. 8), 34–35 for a translation.

[16] Cf. H. Kennedy, The Early Abbasid Caliphate. A Political History, London–Sydney 1981 (reprint Milton Park 2016), 177–187; J. Lassner, The Shaping of ʿAbbāsid Rule (nt. 12), 131–132; for daula and its connection with the Abbasids' revolt, cf. M. Sharon, Black Banners from the East. The Establishment of the Abbasid State. Incubation of a Revolt (Max Schloessinger Memorial Series 11), Jerusalem 1983 (reprint New York 2019), 19–24. Colombo's (nt. 8) ʾabnāʾ, 34, is surely apt, though interpretative, as the manuscripts do not have this technical term, but ahl, which should have been indicated in the translation.

be more in line with his critical remarks regarding the trustworthiness of some historians listed in both versions[17]. As a further reference to any sources is lacking in the anthology's version despite his assessment of historians, this might indicate that this version is a draft. It might be that historical reports by those notable persons whose biographical sketches are found subsequently to those of the caliphs had been intended, at least in part, to be incorporated by al-Ǧāḥiẓ, as a report related by one person of the Muhallab family, Abū al-Azhar al-Muhallab, is used in the 'Bayān' version[18], whereas al-Muhallab bin Abī Ṣufra is portrayed in the anthology version. Otherwise, one had to assume that parts of an established 'Bayān' version would have been taken out of context to form a more general biographical part, either by al-Ǧāḥiẓ himself or by the compiler. Such a huge change by the compiler seems highly unlikely. Noteworthy is also the fact that the 'Bayān' version extensively commemorates al-Manṣūr, while the anthology only dedicates the fewest lines to him among the other featured caliphs[19].

Further, as a sentence found in the part on al-Ma'mūn is also found in the edited version of the 'Nafy al-tašbīh'[20], though the original place seems to be the biographical part due to a sequence of similar parallel formulations that is lacking in the 'Nafy', this might also underline the possibility that the biographical parts of both the Abbasid caliphs and the notable persons are part of an earlier draft version to be elaborated on later, as suggested by Daiber[21].

## 2 Invocations

A peculiar feature of the anthology is the inclusion of opening lines, many of which attributable to respective works, with invocations and pious blessings (*'adʿiya*), usually in an optative perfect, of an addressee[22], though several open-

---

[17] Ed. Schmitt (nt. 2), 622; al-Ǧāḥiẓ, al-Bayān (nt. 15), vol. 2, 248.
[18] Al-Bayān (nt. 15), vol. 2, 252.
[19] Colombo, Ṣifah e Ḥāl (nt. 8), 36, draws attention to the omission of al-Manṣūr's three immediate successors in the anthology; cf. Kennedy, The Early Abbasid Caliphate (nt. 16), 11, Table I.
[20] Ed. Schmitt (nt. 2), 624, 2–4; al-Ǧāḥiẓ, Nafy al-tašbīh, ed. Bū Mulḥim, al-Rasā'il al-kalāmiyya, Beirut 2004, 221, ll. 15–16.
[21] H. Daiber, A New Manuscript of al-Jāḥiẓ's Works (nt. 13), 252.
[22] Cf. Th. Hefter, The Reader in al-Jāḥiẓ. The Epistolary Rhetoric of an Arabic Prose Master (Edinburgh Studies in Classical Arabic Literature), Edinburgh 2014, 11–20, for the role of the addressee, usage of similar openings in al-Ǧāḥiẓ, and collections of historic letters. Among the latter, for example, G. Khan, Arabic Papyri. Selected Material from the Khalili Collection (Studies in the Khalili Collection 1), Oxford 1992, 121–253, has usually shorter invocations, though no. 36, 248, bears similar formulations. Regarding other collections of letters, the eulogies used in private letters, such as W. Diem (ed.), Arabische Briefe auf Papier aus der Heidelberger Papyrus-Sammlung (Veröffentlichungen aus der Heidelberger Papyrus-Sammlung. Neue Folge 13), Heidelberg, 2013, 3–52, id. (ed.), Arabische Privatbriefe des 9. bis 15. Jahrhunderts aus der Österreichischen Nationalbibliothek in Wien, 2 voll. (Documenta Arabica Antiqua 2), Wiesbaden, 1996 bear less similarity with al-Ǧāḥiẓ's formulations, though there are some parallels with the eulogy found in id., Arabische Geschäftsbriefe des 10. bis 14. Jahrhunderts aus der

ings beginning with *Allāhum* usually continue with verbs in imperfect tense and imperatives in invoking God. These opening lines, which give the impression of setting the context of a personal letter, might derive from a raw collection of those openings that al-Ǧāḥiẓ used later on by himself for several different works. Otherwise, a collection by the anthologist from different works has to be assumed, which seems less likely given their independence of the content of the respective works, though this could, of course, be possible[23]. As some introductions seem to be ordered by the initial words[24], this might have been done by a selecting compiler later, or by al-Ǧāḥiẓ, who might have formulated these openings for an expected future usage and under repetition of some already existing elements[25]. In any case, taking these introductory formulations into account is a peculiarity of this anthology that might underline the historical esteem of their attributed literary value.

When comparing these opening lines with extant works, roughly twenty percent are clearly attributable to extant works, which is a far lesser ratio than with regard to the anthology's other parts. Yet given the fact that in many works that have come down the opening lines are missing, as they have not been included in the selective transmission, this smaller degree of identifiable parts in comparison to the rest of the anthology is not surprising.

In particular, however, the former half of one opening, no. 10, is found in the 'K. al-'awṭān', while the latter half figures in the opening lines of the 'K. al-muʿallimīn'[26]. Even though an accidental continuation in the progress of the copying of the anthology is well conceivable, the anthology's version might be an older original source that has been split up later.

---

Österreichischen Nationalbibliothek in Wien, 2 voll. (Documenta Arabica Antiqua 1), Wiesbaden, 1995, no. 30, 147, 2, or id. (ed.), Arabische Briefe auf Papier aus der Heidelberger Papyrus-Sammlung, 27, 2. Hefter, The Reader, 30–31, no. 25, notes that al-Ǧāḥiẓ omits mentioning sender and recipient together. K. U. Hachmeier, Die Briefe Abū Isḥāq Ibrāhīm al-Ṣābī's (st. 384/994 A.H./A.D.). Untersuchungen zur Briefsammlung eines berühmten arabischen Kanzleischreibers mit Erstedition einiger seiner Briefe (Arabistische Texte und Studien 14), Hildesheim, 2002, 109–111 (cf. also 110, no. 52, for historical references, especially to al-Qalqašandī), gives a historical sketch of letter 'adʿiya, though those in his own edition of al-Ṣābī' do not share many elements with al-Ǧāḥiẓ's.
For parallels with 'adʿiya as transmitted in some of the canonical 'aḥādīṯ collections, especially those beginning with *Allāhum*, see U. al-Ṣawwāf (ed.), al-Ǧāmiʾli-l-'adʿiya wa-l-'adkār, Beirut, 2001, 49–60.

[23] In comparison with the opening lines of Ḥamza's own Sawā'ir al-amṯāl 'alā 'afʿal, ed. F. Saʿd, Beirut 1988, there is no correspondence that would suggest an influence by him here, while his chronicle 'Tārīḫ sanī mulūk al-arḍ wa-l-anbiyā'' is preserved, at least in the undated Beirut edition (Maktaba al-ḥayāh), without any introductory lines.

[24] The repetition of a part in no. 5 that is only transmitted in ms. H might have come into the text by dittography due to the preceding opening, though it might also be part of an original repetitive formulation.

[25] Hefter, The Reader in al-Jāḥiẓ (nt. 22), 11, notes a similar matching case of an adaptation of more general material by al-Ǧāḥiẓ.

[26] This has also been noted by Durūbī, Fuṣūl muḫtāra (nt. 8), 127, nt. 647, and Ruḥayyil, al-Fuṣūl al-muḫtāra (nt. 7), 320, nt. 6.

Similarly, the first half of no. 15 only is also found identically at the beginning of book VI of the 'Ḥayawān'[27], and the first words of no. 17 are found in the 'K. al-maʿrifa', where the anthology's version seems to be original, as might be the case with version no. 4 that is found in the opening of the 'Burṣān' in a slightly shorter version[28], as a later insertion of only some words in the process of a compilation does not seem as likely. As also the subsequent unidentified opening lines are very similar to it, both might stem from a draft version that was included in a personal collection of al-Ǧāḥiẓ that has flown into the anthology. A similarity in the initial sentence only is given between no. 11 and the 'Faḫr al-Sūdān'[29]. No. 6 is, with a different initial verb, additions, and some variants, identical with the opening of the 'R. fī l-hakamain'.

The 'Bayān' version, no. 13, is shorter than the edited version, though is in its form independent (the missing part contains a reference to talking and acting; a similar opposition is, for example, also found in the aforementioned short sentences at the end of the anthology), and two verbs are in the singular, not the plural. Again, the anthology's version might represent an older state that has been used later on and extended. Especially as there are several openings of equal length or even longer ones, a later shortening by the anthologist doesn't seem the preferable explanation for this difference.

In accordance with this would also be the additional similarities that Durūbī found between no. 9 and the 'K. al-wukalāʾ'[30] as well as between no. 12 and the 'Radd ʿalā l-Naṣārā'[31].

1. (B 106b[32]; D 101b; H 153; ed. Ruḥayyil, 315; ed. Durūbī, 123)

أطال الله لك البقاء والعز والسناء والأيد والعلاء والفخر والآلاء وأسبغ عليك النعماء وصرف عنك اللأواء وحقق بك الرجاء

وصدق فيك الثناء وأسنى عليك العطاء وأجزل لك الحباء [33] وشمّخ [34] بك البناء وزين بك الفناء وصيّرنا لك الوقاء ومن السوء الفداء مع سمو الذكر وعلو القدر وشرح الصدر وشد الأزر ورسوخ الأصل وبسوق الفرع وعموم النفع وبسط اليد وكرم المحتد وعز العنصر وطيب المغرس وبعد الصوت والبيت الرفيع والجناب المنيع وعصوف الريح والحسب الزكيء والعدد النامي قرير العين مرقوم العدو فايز القدح وافر الحظ تام القسم سعيد الجد ماضي الحد مغبوط الحال رخي البال.

---

[27] This has also been noted by Durūbī, Fuṣūl muḫtāra (nt. 8), 129, nt. 666. The anthology's full version figures also as opening lines in the magisterial thesis The Literary, Critical and Linguistic Culture of al-Jāḥiẓ via his Works by F. Al-Ḥawālida, supervised by Durūbī. However, a similar formulation with الثقة بما عندنا in an invocational opening is also found in al-Ǧāḥiẓ's 'Ḥayawān', ed. M. B.ʿUyūn al-Sūd, 4 voll., Beirut 1998, vol. 2, 313.
[28] As also already noted by Durūbī, Fuṣūl muḫtāra (nt. 8), 125, nt. 633.
[29] As already noted by Ruḥayyil, al-Fuṣūl al-muḫtāra (nt. 7), 321, no. 12.
[30] Fuṣūl muḫtāra, ed. Durūbī (nt. 8), 127, nt. 644.
[31] Ibid., 128, nt. 655.
[32] References are given here to the first page or folio only, for sake of readability, page or folio breaks are omitted.
[33] الحياء B.
[34] وشمخ B, H : وشمّخ fort. D, edd. Durūbī/Ruḥayyil.

2. (B 107a; D 102a; H 153; ed. Ruḥayyil, 316) [35]

جنبك الله الشبه [36] وعصمك من الحيرة وجعل بينك وبين المعرفة نسبًا وبين الصدق سببًا وحبب إليك التثبت وزين في عينك

الإنصاف وأذاقك حلاوة التقوى وأشعر قلبك عز الحق وأودع صدرك [37] برد اليقين وحاد [38] عنك ذل اليأس [39] وعرفك ما في

الباطل من الذلة وما في الجهل من القلة.

3. (B 107a; D 102b; H 154; ed. Ruḥayyil, 317; ed. Durūbī, 124)

وهب الله لك السلامة وختم لك بالسعادة وأعزّك بالحق وجمّلك بالبشر وجعل لذتك في العلم ووفقك للعمل به وحبب إليك

الإنصاف وأعاذك من الرغبة عنه وعرفك جميع مصالحك وكفاك من أمر دنياك كلما شغلك عن أمر آخرتك حتى لا تنقص [40]

طباعك [41] كيد [42] الطلب ولا يوهن قواك ذل الطمع ولا يحملك الفقر على الحرص ولا يحملك الحرص على لؤم الكسب ولا يحملك لؤم

الكسب على مخالفة الربّ وأسأله أن يجعلك ممن يعرف للحق قدره وللعلم حقه حتى يخف عليك منه كل ثقيل ويتيسر لك كل

عسير وحتى لا تألف إلا عليه ولا توالي إلا فيه وحتى تصير من جهابذة المعاني ومن نُقّاد الألفاظ ومن العارفين بمنتهى داءه

وموضع دواءه حتى تعرّف جواهر الكلام وأشياخ العلوم وعواقب المقالات وعوارض الشبهات وتظلم [43] المقدمات والفرق

الذي بين الدليل وما أشبه الدليل.

4. (B 107b; D 103a; H 154; ed. Ruḥayyil, 318; ed. Durūbī, 125) [44]

وهب الله لك الإنصاف وأعاذك من الظلم وباعدك من التكليف وعصمك من التلون وبغض إليك اللجاج وكرّه إليك الاستبداد

ونزهك [45] عن الفضول وعرفك سوء عاقبة المراء.

5. (B 108a; D 103a; H 155; ed. Ruḥayyil, 318; ed. Durūbī, 125)

وهب الله لك الإنصاف وأعاذك من الظلم [46] وشرح صدرك بالمناصحة وجنّبك البذاء وبغض إليك المعاندة وألهمك القصد.

---

[35] Al-Ǧāḥiẓ, Kitāb al-Ḥayawān, ed. ʿA. Hārūn, 8 voll., Beirut 1996, vol. 1, 1, ll. 3–7. The 'Ḥayawān' version is also printed in Q. Ḥ. Ṭawqān, Maqām al-ʿaql ʿind al-ʿArab, Cairo, 2002, 204–205. This invocation is lacking in Durūbī's edition.

[36] الشبهة D.

[37] قلبك D.

[38] وطرد 'Ḥayawān'.

[39] السلطان B.

[40] ينقص D.

[41] طاعتك D.

[42] كل B : (الطلب) كذا D ut vid.

[43] ومظلم B, D.

[44] Cf. al-Ǧāḥiẓ, al-Burṣān, ed. ʿA. Hārūn, Beirut 1990, 27, ll. 3–7.

[45] Fort. وترهك D.

[46] وأعاذك من الظلم omm. B, D.

6. (B 108a; D 103a; H 155; ed. Ruḥayyil, 318; ed. Durūbī, 126)

وهب الله لك السلامة والغنيمة وختم لك بالسعادة وأعزّك بالحق وجعل لك من عقلك واعظًا ورقيبا من نفسك سامعًا ومطيعًا

وجعل لك مع حزمك نصيبًا من التوكل ومع توكلك حظًا من التخير حتى تقبل إذنه في الحذر وتطيع أمره في التوكل.

7. (B 108a; D 103b; H 155; ed. Ruḥayyil, 319; ed. Durūbī, 126)

أصحبك الله العزّ وجنّبك الأذى وختم لك بالفوز وحبب إليك العلم وزيّن في عينك الحق ورغبك في الإقرار به وسهل عليك

الرجوع إليه وبغض إليك البدع وكفاك موارد الفتن وزادك بصيرة في الخير ورغبة في صالح الآداب وكريم الأخلاق.

8. (B 108b; D 103b; H 155; ed. Ruḥayyil, 319; ed. Durūbī, 126)

أعاذك الله من الحيرة في الدين والرغبة عن ملة المسلمين وجعلك ممن يقبل العلم من أهله ويستنبطه من معدنه ويستدل على

مجهول الأشياء بمعلومها وعلى لطيفها بجليلها وكان رادعا لعقلك عن التكلف لعلم ما لا تدركه.

9. (B 108b; D 103b; H 156; ed. Ruḥayyil, 320; ed. Durūbī, 126)

ووفقك الله للطاعة وعصمك من الشبهة وأفلجك بالحجة وجعلك ممن يتعظ بغيره[47] ويعطى السلامة من نفسه وقرن بمنطقك

الصواب وبفكرك التوفيق.

10. (B 108b; D 104a; H 156; ed. Ruḥayyil, 320; ed. Durūbī, 127)

زينك الله بالتوفيق وكفاك المهمّ من أمر الآخرة والأولى وأثلج صدرك باليقين وأعزّك بالقناعة وأعانك على سورة الغضب وعصمك من سرف الهوى وصرف عنك[48] ما أعارك من القوة إلى حب الإنصاف ورجح في قلبك إيثار الأناة.

11. (B 109a; D 104a; H 156; ed. Ruḥayyil, 321; ed. Durūbī, 128)[49]

أعاذك الله من الغش ودقة خطره ومن البغي وسوء أثره[50] ومن الحسد ولؤم طبعه ومن اللجاج ومغبة أمره ومن كثرة التلون

وسخافة قدره ومن غلبة الطمع وقبح اسمه.

12. (B 109a; D 104a; H 157; ed. Ruḥayyil, 322; ed. Durūbī, 129)

أعاذك الله من سكر الثروة وبطر الغنى وأوزعك شكر النعمة[51] ووهب لك القناعة وبغض إليك المكاثرة وكفاك ما أهمّك وجعلك كنفًا[52] للأدباء ومفزعًا للحكماء وجعلك ممن ينفي عنه شبه خلقه ولا يفرّق بين أحد من رسله ولا يجحد كتابًا من عنده ولا يضيف إليه ما ليس منه إنه حميد مجيد.

---

[47] ولا add. B.
[48] Om. H.
[49] Cf. al-Ǧāḥiẓ, 'Faḫr al-Sūdān', as already noted by Ruḥayyil, al-Fuṣūl al-muḫtāra (nt. 7), 321, no. 12.
[50] Corr. ex نظره sup. lin. H.
[51] D. الشكر : شكر النعمة
[52] Corr in كهفًا in marg. man. alt. D.

13. (B 109a; D 104b; H 157; ed. Ruḥayyil, 322)⁵³
اللهم إنا⁵⁴ نعوذ بك من التكلف لما لا يحسن كما نعوذ بك من العجب بما يحسن ونعوذ بك من السلاطة والهذر كما نعوذ بك من العيّ والحصر.

14. (B 109b; D 104b; H 157; ed. Ruḥayyil, 323; ed. Durūbī, 129)
اللهم إنا بك نعوذ⁵⁵ وبك نلوذ وعليك نتوكل وبك نعتصم فتولَّ عصمتنا وقوّ ضعفنا ووفقنا لما تحبّ وترضي.

15. (B 109b; D 104b; H 157; ed. Ruḥayyil, 323; ed. Durūbī, 129)⁵⁶
اللهم جنبنا فضول القول والثقة بما عندنا ولا تجعلنا من المتكلفين وأعذنا من كل سبب جانب الطاعة ودعا إلى المعصية وأرزقنا التأييد والعصمة.

16. (B 109b; D 104b; H 158; ed. Ruḥayyil, 323; ed. Durūbī, 130)
اللهم إنا نستعينك على جهاد الأعداء والرد على السفهاء ونسألك كلمة العدل في الغضب والرضى وأن تجعلنا للخير عَلَمًا وعلى الحق دليلا.

17. (B 109b; D 105a; H 158; ed. Ruḥayyil, 323; ed. Durūbī, 130)⁵⁷
بك اللهم استعنا وعليك توكلنا فتولَّ عصمتنا من الزلل ووفقنا لصالح القول والعمل.

18. (B 110a; D 105a; H 158; ed. Ruḥayyil, 324; ed. Durūbī, 130)
بعونك اللهم نقول وعليك نتوكل وبك نستهدي فامنن علينا بتوفيقك لما يرضيك من القول والعمل.

19. (B 110a; D 105a; H 158; ed. Ruḥayyil, 324; ed. Durūbī, 130)
نعوذ بك اللهم من فِتن الأهواء وبدع الآراء وشبه الخطاء ونرغب إليك في صواب القول وسداد الفعل⁵⁸ عند جواب السائلين
وقول المختلفين وسؤال المحتدين ومنازعة الخصوم، فقد عظم الادّعاء وقصر الهوى⁵⁹ وكثرت الرواية وقلت الرعاية وأُعجب كل برأيه وأطاع شيطانه وقلد بهتانه.

20. (B 110a; D 105b; H 158; ed. Ruḥayyil, 324; ed. Durūbī, 131)
اللهم قد اشتد البلاء وظهرت النكراء وكلّفنا الخصوم أن نحتج وأهل العناد أن نبين فتسديدك اللهم تسديدك وتوفيقك اللهم توفيقك
فإن المعصوم من عصمت والمخذول من خذلت ولا حول ولا قوة إلا بك.

---

⁵³ Cf. al-Ǧāḥiẓ, al-Bayān, ed. Šams al-Dīn (nt. 15), vol. 1, .27.
⁵⁴ Om. H.
⁵⁵ نعوذ بك H.
⁵⁶ Cf. al-Ǧāḥiẓ, 'al-Ḥayawān', ed. Hārūn (nt. 34), vi.321, as also noted by Ruḥayyil, al-Fuṣūl al-muḫtāra (nt. 7), 323, nt. 5.
⁵⁷ Cf. al-Ǧāḥiẓ, 'K. al-maʿrifa'.
⁵⁸ العقل D.
⁵⁹ H ونصر الهوى : D وتأصّر الهواء : Ruḥayyil. H وقاصر الهواء

21. (B 110b; D 105b; H 159; ed. Ruḥayyil, 325; ed. Durūbī, 131)

اللهم قد عظمت البلوى وكثرت الدعوى وقل الإنصاف واستسلم الأتباع وقلد الرؤساء وعدل⁶⁰ كثير من الخلق عن الحجة البيضاء والطريقة المثلى والسبيل التي يسلوكها⁶¹ نجاء أوائلهم وبلزومها اهتداء أسلافهم فتشتتوا لذلك واختلفوا⁶² وتباينوا وافترقوا⁶³ وعاد الإسلام غريبًا كما بدأ⁶⁴ والمؤمن خائفًا صامتًا وكل ذلك بحسد أعداءك لأولياءك واستضعافهم لأصفياءك وبتركهم التسليم لأمرك والرضا بقضاءك، وقد عرفنا من ذلك اللهم ما أنكروا وأقررنا بكل الذي إياه جحدوا ورضينا بكل ما له سخطوا، فأمددنا يا⁶⁵ ربِّ بمعونتك وثبِّتنا بتوفيقك⁶⁶ وأيِّدنا بنصرك وحُطنا بكلاءتك وافتح بيننا وبين قومنا بالحق، وأنت خير الفاتحين⁶⁷.

1. May God extend your life, prestige, exaltedness, force, highness, glory, and benefits. May He grant you abundant favor and turn pains away from you. May He realize through you expectation and fulfill praise by you. He may exalt for you giving and make you very bountiful⁶⁸. May He render the building high through you⁶⁹ and decorate through you the yard. He may make us to a protection for you and to ransom against evil, with an excellent reputation, eminent esteem, the bringing of joy, courageous helping, foundation in theory and acting⁷⁰, always reaching what is desired, stretching forth the hand (to give) a noble lineage (*karam al-maḥtid*), a sound element and good place for planting⁷¹, a good renown, an exalted house, strongness, good fortune⁷², sufficient cleverness, a long life⁷³, being pleased⁷⁴, a clearly discernible enemy, a successful arrow (of the *maysir* game), a full lot, a complete share, good luck, a sharp cutting edge, a happy state, [and] a comfortable mind.

2. May God prevent doubt from you and protect you from confusion, may He set up between you and knowledge a relationship, and between [you and]

---

60 وعدل B, D, corr. Ruḥayyil: وعند H.
61 نسلكها ut vid. H.
62 Om. H.
63 فتفرقوا H.
64 Cf. Fuṣūl muḥtāra, ed. Durūbī (nt. 8), 131, nt. 675, for a reference to a *ḥadīṯ* transmitted by Muslim that is alluded to here on the topic of the *ġarīb*, that is, the righteous believer as being estranged from the majority.
65 Om. H.
66 وثبتنا بتوفيقك om. H.
67 وافتح ... الفاتحين : cf. al-Qurʾān, al-ʿAʾrāf 89 [as noted by Durūbi, Fuṣūl muḥtāra (nt. 8), 132, nt. 676].
68 Literally: may He grant you much giving (or, reading B's variant, may He grant you shamefulness).
69 Assuming to read a form II of شمخ; however, as this transitive form is not attested, at least neither according to Lane nor to the Lisān al-ʿArab, it could also be understood as a form I, with the building as its subject, though this would be at odds with the other sentences.
70 Literally: rootedness of the base, towering of the branching [that is, theory with experience, cf. Lane].
71 Or, metaphorically: woman (cf. Lane).
72 Literally: strong blowing of the wind.
73 Literally: an increasing number (cf. Lane).
74 Literally: with a cool eye (cf. Lane).

rightness a connection. May He make verification loved by you and decorate being just in your eye. May He let you taste the sweetness of strengthening, let your heart feel the strength of truth, and deposit in your bosom the chilliness of sure knowledge (*al-yaqīn*). May He turn the humbleness of despair away from you and let you know which lowness is untrue and which fewness is ignorance.

3. May God give you peace and make you lucky[75]. May He strengthen you with truth and embellish you with happiness. May He arrange your pleasure to be in knowledge and grant you success in using it. May he endear being just to you and protect you from estrangement from it. He may inform you about everything that is beneficial to you and protect you from the matter of your present world whenever you are busy with that of the world to come for you, so that your character does not diminish like a seeking hand. May the lowness of greed not weaken your force, and may poverty not carry you to avidity, avidity not to ignoble acquisition, and may ignoble acquisition not carry you to opposition against the Lord (*al-rabb*). I will ask Him that He may make you to someone knowing the measure of truth and the truth of knowledge, so that everything heavy will become leavy for you by Him, and everything difficult will become easy for you, and so that you will be only aquainted with Him and will be only familiar with Him, and so that you will belong to the eminent scholars and critics of expressions and someone knowing of the ultimate goal of his illness and the place of its remedy so that you will know the substances of speech, the preeminent masters of the sciences, the outcome of treatises, the obstacles of doubts, illicity of premises, and the difference between a signification and what [only] seems to be a signification.

4. May God grant you being just and protect you from injustice. May He separate you from annoyance and preserve you from insteadiness. May He render stubbornness hated by you and highhandedness an object of hatred for you. May He keep you away from superfluity and inform you about the evil consequences of quarrel.

5. May God grant you being just and protect you from injustice. May He make you happy by giving good advice. May He keep you away from unseemly language and make stubbornness hated by you. May He inspire you with pursuit.

6. May God grant you safeness and an easy acquisition of things. May He make your end to be lucky and strengthen you with truth. May He make you of your intellect a counsel and of your soul a guardian, [each] hearing and obedient. May He make you with your decision a share in trust, and with your trust a lot of the chosen, so that you will receive His permission in cautiousness and be obedient to His matter in trust.

7. May God make strength your companion and keep damage away from you. May He make your end to be successful and make knowledge loved by you. May He grace truth in your eyes and make you desirous for confessing it. He

---

[75] Literally: stamp you with luck.

may ease for you returning to Him and make heretical innovation hated by you. May He protect you from the origins of temptations and increase for you a discernment of the good and a desire for a beneficial education and liberal manners.

8. May God protect you from perplexion in religion and dislike of the religious community of the Muslims. May He make you to someone who receives knowledge from its people, deduces it from its source, and infers unknown things from the known ones and subtle things from the coarse ones. May there be a repellant for your intellect from endeavoring to learn what you do not understand.

9. May God grant you success in religious obedience and beware you from doubt. May He grant you success in arguing and make you to someone who is admonished by someone else and who gives peace by himself. May He join your speech with truth and your thought with divine success.

10. May God adorn you with success, may He protect you from sorrowful concern for things related to the hereafter and the beginning. May He dilate your bosom with joy through certainty (*al-yaqīn*), strengthen you in contentment, and help you against vehement anger. May He protect you from excess in passion, turn away from you what will move you from strength in (*'ilā*) the love for being just, and make the preference for deliberateness preponderant in your heart.

11. God beware you from swindle and subtleness of its danger, from injustice and its bad trace, from envy and its blameworthy nature, and from obstinacy and the result of its issue, frequent fickleness and its silly account, and from overwhelming greed and its bad name.

12. May God beware you from drunkenness by wealth and arrogance of richness. May He put gratitude for received benefits in your mind, grant you contentment, and make contending for exceeding hated by you. May He protect you from what worries you. May He make you to a shelter for the learned and a refuge for the wise. May He make you to someone from whom He removes doubt about His creation and who does not prefer any of His messengers, does not refuse a [certain] book [revealed] by Him, or ascribes to Him something that is not by Him. For He is praiseworthy and benevolent.

13. O God, we seek protection by You from applying ourselves to what is not beneficient as we seek protection by You from the vanity of what is beneficient. We also seek protection by You from long-tongueness and idle talk as we seek protection by You from inability to find the right ways and words.

14. O God, we seek shelter in You, we flee to You, we rely on You, and we seek refuge with You, so, take care of our protection, strengthen our weakness, and grant us success in what You like and what pleases You.

15. O God, keep us away from superfluous speech and confidence in what is upon us. Do not make us to those acting pretentiously. Protect us from every reason that avoids obedience and summons to disobedience. Grant us support and protection.

16. O God, we ask You for help in (*'alā*) fighting the enemies and the repulsion of the ignorant. We ask You for a just word in anger and contentment, and that You make us to a token of the good and a signification of the right.

17. You, o God, we ask for help, on You we rely, so take care of our protection against degradation, and grant us righteous speaking and acting.

18. Your help, o God, we confess, on You we rely, and by You we are guided, so, entrust to us by Your [granted] divine success whatever is Your contention regarding speaking and acting.

19. We seek protection in You, o God, against the temptations of passions, heretical opinions, and confusing errors. We ask You for true speech and right acting when answering questioners, speaking with people of differing opinions, asking angry people, and struggling with opponents. Yet accusing falsely has already increased, desire has rendered inable, being satiated to disgust has increased, though mindfulness has decreased. Everyone admires his opinion, obeys his devil, and follows his lies.

20. O God, the affliction has intensified, the ignorants have become evident, the opponents force us to argue, and the people of disobedience to demonstrate. Your directing, o God, is Your directing, and Your divine success is Your divine success. A protegee is whom You protect, and a deserted whom You desert, and might and force are only by You.

21. O God, the trial became huge, claiming more, and being just less. The followers capitulated, the leaders [only] followed, and many creatures deviated from the demonstrative argument, the optimal road, and the way in whose pursuit will be rescue for their forebears, and in whose adhearance the right guidance for their ancestors is. Therefore, they became disunited, differing, separated from each other, and divided. Islam became strange again as it had begun[76], and the believer was silently in fear. All this happens with Your enemies' envy of Your saints, their haughtiness against Your dearest friends, and their neglectance of preserving Your matter and contentment with Your judgment. We already know by this, o God, what they deny, we confess in everything they do not want to recognize, and we are content with everything they are discontented with. Support us, o Lord, with Your help, strengthen us with Your divine success, corroborate us by Your assistance, protect us with Your guardianship, judge between us and our people with rightness, as You are the best judge[77].

## 3. A Pederast: Relating Transmitted Parts to Lost Works

Among the few parts of the collection that are not traceable to extant works and that might be parts of lost works is a satirical portrait of a man's passion for his young male servant and his being dominated by him. Though pederasty

---

[76] Cf. supra nt. 63 for *ġurba*.
[77] Cf. al-Qur'ān, al-'A'rāf 89 [as already noted by Durūbi, *Fuṣūl muḫtāra* (nt. 8), 132, nt. 676].

was seemingly more accepted than male homosexuality[78], the portrayed older male person is being ridiculed because he is dominated, and thus assumedly sexually penetrated (that is, a case of 'ubna[79]'), by his young male servant, which was considered unacceptable in contrast to an active role[80]. Interestingly, this part is transmitted by Abū Ḥayyān al-Tawḥīdī (d. 1023) in his 'Aḫlāq al-wazirain' and explicitly ascribed to al-Ǧāḥiẓ there, though without a peculiar title (as a *risāla*)[81]. This version transmitted in al-Tawḥīdī has been translated recently by Lagrange[82]. A comparison between al-Tawḥīdī's version and that of the anthology seemingly indicates at least a different line of transmission. A false ascription to al-Ǧāḥiẓ by intent by al-Tawḥīdī making use of the former's reputation does not seem likely, rather, al-Tawḥīdī might even have come to know that text via

---

[78] Kh. El-Rouayheb, Before Homosexuality in the Arab-Islamic World, 1500–1800, Chicago 2005 (reprint 2009), 21; 33.

[79] Ruḫayyil, al-Fuṣūl al-muḫtāra (nt. 7), 113, nt. 2, seemingly misunderstands al-Ǧāḥiẓ's term as a fault in speech, though this is also an attested meaning (cf. Lane).

[80] Cf. F. Karsch-Haack, Die Rolle der Homoerotik im Arabertum, in: Jahrbuch für sexuelle Zwischenstufen 23 (1923) 100–170, reprint in: id., S. Schmidtke (ed.), Die Rolle der Homoerotik im Arabertum. Gesammelte Aufsätze 1921–1928, Hamburg, 2005, 35–84; El-Rouayheb, Before Homosexuality in the Arab-Islamic World, 1500–1800 (nt. 77), 20; H.-P. Pökel, Der unmännliche Mann: Zur Figuration des Eunuchen im Werk von al-Ǧāḥiẓ (gest. 869) (Mitteilungen zur Sozial- und Kulturgeschichte der islamischen Welt 36), Baden-Baden 2014, 226–227; J. W. Wright Jr., Masculine Allusion and the Structure of Satire in Early 'Abbāsid Poetry, in: J. W. Wright Jr./ E. K. Rowson (eds.), Homoeroticism in Classical Arabic Literature, New York–Chichester, 1997, 1–23, 16; Th. Bauer, Islam und „Homosexualität", in: Th. Bauer/B. Höcker/W. Homolka/ K. Mertes (eds.), Religion und Homosexualität. Aktuelle Positionen (Hirschfeld Lectures 3), Göttingen 2013 (2015²), 71–89; Ch. Pellat's anonymously published E.I.² article, "Liwāṭ", reprinted in A. Schmitt/J. Sofer (eds.), Sexuality and Eroticism Among Males in Moslem Societies (Haworth Gay and Lesbian Studies), Binghampton, NY 1992 (reprint New York 2011), 151–167. On acceptance cf. also H. Kennedy, al-Jahiz and the Construction of Homosexuality at the Abbasid Court, in: A. Harper/C. Proctor (eds.), Medieval Sexuality. A Casebook (Routledge Medieval Casebooks), New York–London, 2008, 175–188; 176. For al-Ǧāḥiẓ's historical view on the emergence of pederasty, cf. G. J. van Gelder, Close Relationships. Incest and Inbreeding in Classical Arabic Literature, London, 2005, 25–26; the part discussed, allegedly from al-Ǧāḥiẓ's 'K. al-mu'allimīn' (cf. infr, nt. 85) is also cited by Abū Nuwās, Der Dīwān des Abū Nuwās, ed. G. Schoeler, vol. 4 (Bibliotheca Islamica 20d), Wiesbaden 1982, 141–142. On Abū Nuwās's early role in homoerotic poetry, cf. also G. J. van Gelder (ed./tr.), Classical Arabic Literature. A Library of Arabic Literature Anthology (Library of Arabic Literature), New York 2013, 38–39.

[81] Abū Ḥayyān al-Tawḥīdī, Aḫlāq al-wazirain, ed. M. al-Ṭabḫī, Beirut 1992, 34–35. Cf. also R. Irwin (ed.), The Penguin Anthology of Classical Arabic Literature, London 2006, 170–172, for a short introduction to this work, also, for the context and an assessment, N. A. Alshaar, Ethics in Islam. Friendship in the Political Thought of al-Tawḥīdī and his Contemporaries (Culture and Civilization in the Middle East), London 2015, 90, 124–125; S. England, Medieval Empires and the Culture of Competition. Literary Duels at Islamic and Christian Courts, Edinburgh 2017, 29; and E. Naaman, Literature and the Islamic Court. Cultural Life under al-Ṣāḥib Ibn 'Abbād (Culture and Civilization in the Middle East), London 2016, 246.

[82] F. Lagrange, The Obscenity of the Vizier, in: K. Babayan/A. Najmabadi, Islamicate Sexualities. Translations across Temporal Geographies of Desire (Harvard Middle Eastern Monographs 39), Cambridge, MA 2008, 161–203; 192–193.

Ḥamza al-Isfahānī[83] or access to lost works. As the context in al-Tawḥīdī seems to be a blaming of feminate behavior, especially sexually[84], this section matches the context. Though only a part of al-Ǧāḥiẓ's work on homosexuals, 'Ḏamm al-liwāṭ', is extant, if at all[85], and the collection's part does not seem to fit well into the argumentative context of that extant part, it would not, nonetheless, rule out having its origin in a lost part of the 'Ḏamm', which is more likely than, for example, being a part of the lost Book on Sycophants, 'K. al-ṭufailīn'[86], with regard to the young servant's behavior.

من الرسالة في ذم اللواط؟ (B 55a; D 52b; H 39; ed. Ruḥayyil, 112; ed. al-Ṭabḫī, 34)
سألتني أعزك[87] الله عن فلان ونحن مخبروك[88] بالأثر الذي يدل عليه صحيح[89] الخبر وبالواضح الذي يدل على الحق[90]

---

[83] As al-Tawḥīdī was in contact with Ḥamza, according to M. A. Pomerantz, Licit Magic The Life and Letters of al-Ṣāḥib b. ʿAbbād (d. 385/995) (Islamic History and Civilization 146), Leiden 2015, 39, no. 30.

[84] Cf. Lagrange, The Obscenity of the Vizier (nt. 81), 180–181. On the work, cf. also Naaman, Literature and the Islamic Court (nt. 80), ch. 5. On passive homosexuality as occurring in blame poetry, cf. Z. Szombathy, Actions speak louder than words: reactions to lampoons and abusive poetry in medieval Arabic society, in: Ch. Lange/M. Fierro (eds.), Public Violence in Islamic Societies. Power, Discipline, and the Construction of the Public Sphere, 7th-19th Centuries CE, Edinburgh 2009, 87–116; 108n.19; and 92 for the poet Abū l-ʿAtāhiya (d. ca. 212/828) alleging that a certain ʿAbdallāh b. Maʿn b. Zāʾida, assumed by Szombathy to be an aristocrat, was fond of being sodomized by his young male servants. In addition to the longer version in the 'Aġānī' that Szombathy refers to (Abū l-Faraǧ al-Isfahānī, K. al-Aġānī, ed. S. Ǧābir, 27 voll., Beirut, 2002, vol. 4, 25–26), there is also a shorter, though not less polemical, version found in Ibn ʿAbd Rabbihī, al-Iqd al-farīd, ed. I. al-ʿAbyāri, 6 voll., Beirut, vol. 5, 291–202, where the poet's maltreatment is lacking. Whether this person, whose identity or relation to the Umayyad general is currently unclear, is alluded to here too is not clear, though this would temporally be possible. The person portrayed by al-Ǧāḥiẓ has a certain wealth. Whether or not a vizier or official of the administration is alluded to is incertain, as wilāya might denote the holding of an official office, though might also be understood as related to the relationship toward the male servant, or be just read as walāya instead. Ǧīrān, on the other hand, might indicate a less seclusive living from his neighbors, that is, not living at a court.

[85] Cf., for example, al-Ǧāḥiẓ, al-Rasāʾil al-ʿadabiyya, ed. Bū Mulḥim, Beirut 2004, 158, where the text is edited as part of the K. al-muʿallimīn. Ch. Pellat, al-Jāḥiẓ, in: J. Ashtiany/T. M. Johnstone/ J. D. Latham/R. B. Serjeant/G. Rex Smith (eds.), ʿAbbasid Belles-Lettres (The Cambridge History of Arabic Literarure), Cambridge 1990 (reprint 2008), 78–95; 92, assumes by the title a blame of homosexuality as its sole content. Pökel, Der unmännliche Mann (nt. 79), 60, lists some references regarding the question of the independence of this transmitted part, among them especially S. Günther, Advice for Teachers. The 9th Century Muslim Scholars Ibn Saḥnūn and al-Jāḥiẓ on Pedagogy and Didactics, in: id. (ed.), Ideas, Images, and Methods of Portrayal. Insight into Classical Arabic Literature and Islam (Islamic History and Civilization 58), Leiden 2005, 89–128; 116, nt. 51, who holds an insertion by a medieval copist for possible given the frequent homosexual connotation of teacher/student relationships. However, Pellat's inventory, Nouvel essai (nt. 1), no. 126, lists a historic testimony of the title of that work, namely, al-Baġdādī's 'al-Farq', which underlines its authenticity, or at least the existence of a work by such title (assuming he does not refer to this insertion, which does not seem likely), though not necessarily allowing for the identification of the insertion in the 'K. al-muʿallimīn' with it. However, al-Baġdādī here rather mentions the topic (al-lāta) than gives the full title, see ʿAbd al-Qāhir al-Baġdādī, al-Farq bain al-firaq, Beirut 2005³, 131.

[86] Cf. Pellat's inventory, Nouvel essai (nt. 1), 160, no. 223.

[87] أبقاك ed. al-Ṭabḫī.

وبالظاهر الذي يقضي على الباطن⁹¹ فتفهم ذلك⁹² ولا قوة إلا بالله⁹³.

فمن ذلك أني رأيته وهو⁹⁴ في جيرانه كالحيضة⁹⁵ المنسية وكلهم يعرفه بالأبنة، وله غلام حديد⁹⁶ القامة، عظيم الهامة، ذو ألواح وأفخاذ وأوراك وأصداغ، أشعر القفا، يلبس الرقيق من الثياب ويثابر على التعطير⁹⁷ ودخول الحمام وتبريق الثياب وتقليم⁹⁸ الأظفار، وكان مع هذه الصفة المدبّر لأمره والفاتق⁹⁹ له، والمشفوع إليه¹⁰⁰ والحاكم على مولاه دون بنيه وأهله وخاصته والصارف له عن رأيه إلى رأيه وعن إرادته إلى هواه.

وكان أكثر من¹⁰¹ أهله معه جلوساً وأكثرهم له¹⁰² خلوة، لا¹⁰³ يبيت إلا معه، وإذا غضب أحزنه¹⁰⁴ غضبه وطلب رضاه وكان أيام ولايته لا يتقدّمه قريب ولا بعيد ولا شريف ولا وضيع، إن¹⁰⁵ ركب فهو موضع¹⁰⁶ الحرس من الخليفة وإن قعد ففي موضع الولد السار والزوجة البارّة وإن التوت على أحد¹⁰⁷ قبله¹⁰⁸ حاجة، كان¹⁰⁹ من ورأها فكان¹¹⁰ أهون عليه من خلع نعليه¹¹¹ وكان يبيت في لحافه.

فحكمنا عليه بهذا الحكم الظاهر لا¹¹² حكم القضاة بالتسجيل وتخليدها في الدواوين ولا كالإقراد بالحقوق والحدود¹¹³ وشهادة¹¹⁴ العدول.

You asked me, may God stregthen you, about a certain person, so we will inform you about the sign that correct news point to, about the clear that points to the right, and about the obvious that ends the hidden. Thus, you will come to understand this. Force comes only from God.

---

88 وأنا أخبرك ed. al-Ṭabḫī.
89 على صحة ed. al-Ṭabḫī.
90 الخفي ed. al-Ṭabḫī.
91 Corr. ex الباطل H.
92 رحمك الله ed. al-Ṭabḫī.
93 العلي العظيم add. D.
94 Om. B.
95 كالحيضنة ut vid. D.
96 مديد ed. al-Ṭabḫī.
97 العطر ed. al-Ṭabḫī.
98 وتبريق الثياب وتقليم : ويزين ويقلم ed. al-Ṭabḫī.
99 والفائق B.
100 والفاتق لديه : والمشفع لديه, المشفوع إليه ed. al-Ṭabḫī.
101 Om. ed. al-Ṭabḫī.
102 وأطولهم به ed. al-Ṭabḫī.
103 ولا ed. al-Ṭabḫī.
104 حزنه ed. al-Ṭabḫī.
105 إذ ut vid. D.
106 في موضع صاحب : موضع ed. al-Ṭabḫī.
107 من add. D.
108 Om. ed. al-Ṭabḫī.
109 له add. ed. al-Ṭabḫī.
110 فكانت H وكانت D, ed. al-Ṭabḫī.
111 Noteworthy, this saying is not listed in Ḥamza's own collection of sayings with an elative, though other forms with *ahwan* are, cf. 'Sawā'ir al-amṯāl', ed. Saʿd (nt. 23), index, 523, which might also underline the independence of the anthology's text from the compiler. For a modern adapted use, see, for example, M. F. Gazāl, Daʿwat Gamāl al-Dīn al-'Afġānī fī mīzān al-Islām, Riyyad, 1983, 47.
112 ولا ed. al-Ṭabḫī.
113 بالحدود: بالحقوق والحدود B.
114 وشهادات ed. al-Ṭabḫī.

Thus, I saw him among his neighbors like a forgotten menstruational rag[115], and they all knew him for passive male homosexuality (*'ubna*). He had a young male servant of a cutting stature, a large head, [extremely large] shoulders[116], thighs, hips, temples, and a hairy neck. He [assumedly, the servant] wore only fine clothing, he always kept to perfuming, going to the bath, beautifying clothes, and clipping fingernails.

Despite this characterization, he [s.] was the manager of his [m.'s] affairs[117], his ruler (*fātiq*), someone being sought for access to him (*maśfū' 'ilayhī*), and the decider for his master instead of his sons, family, and intimate friends. He was someone turning him [m.] from his opinion toward his [s.'s] own one and from his [m.'s] wish toward his [s.'s] passion. He sat with him more [time] than his [own] family, and he was more often[118] alone with him than they. He only spent the night with him. When he [s.] became angry, his anger grieved him [m.] and he sought his contentment. In the days of his [m.'s] guardianship, no near or remote relative preceded him [s.], nor an honorable or ignoble person. When riding, he was the object of protection of a caliph[119], and when sitting, in the place of the joyful child and the obedient wife. And when an issue (*ḥāǧa*) became difficult to attain for someone around him [m.], he [s.] was the one to take care of it for him[120], and it was easier for him than putting off his sandals. He [s.] spent the night in his [m.'s] night-wrapper.

We judge him [m.] with this obvious judgment, not the judgment of judges in recorded decisions or their [j.s.'] eternalization in registers, nor the legal confession or the testimony of legal witnesses[121].

## 4. *Short selections or sayings*

The last part of the anthology contains approximately two hundred very short excerpts, some like aphorisms, many of which are traceable to extant works, entitled 'fuṣūl qiṣār', 'short sections'. Although one of the extant works of Ḥamza, the assumed anthologist and thus collector – unless assuming the existence of an independent sole work by al-Ǧāḥiẓ himself consisting of these sentences,

---

[115] Cf. Ruḥayyil and Lane.
[116] Lit.: bearer of shoulders.
[117] Or: the one who penetrates him [I am indebted to Abdurahman Mihirig for this understanding].
[118] As in al-Tawḥīdī's version: for a longer time than they were.
[119] Or, according to al-Tawḥīdī's version: in the place of the commander of the caliph's guards.
[120] I am indebted to Abdurahman Mihirig for help with this sentence. One might also read a sexual allusion in it.
[121] Karsch-Haack, Die Rolle der Homoerotik im Arabertum (nt. 80), 58; El-Rouayheb, Before Homosexuality in the Arab-Islamic World (nt. 77), 123, mention the scarcity of convictions for homosexual acts due to the number of witnesses required. Besides, for the later topos of gay judges, cf. F. Rosenthal, Male and Female: Described and Compared, in: Wright Jr./Rowson (eds.), Homoeroticism in Classical Arabic Literature (nt. 80), 24–54; 30.

which is not attested – of these sayings, is a collection of sayings with elative forms[122], there does, at a first glance, not seem to be any overlap, which would point to the compiler's non-interference with the text.

When exemplarily comparing a part of the edited version's text of 'al-Ǧidd wa-l-hazl', ويعرضهما[123] على جهابذة المعاني وأطباء أدواء العقول, "he attributes them to the eminent scholars and the physicians of the remedies of the intellects," with the version in the *fuṣūl* section of the anthology [B 119a; D 114a; H 171; ed. Ruḥayyil, 347], أعرض كلامي على جهابذة المعاني وأطباء ذو[124] العقول, "I attribute my words to the eminent scholars and the physicians possessing a [remarkable] intellect," the latter looks more general and probably more correct than the edited version. This might either be due to a later adaptation by the anthologist or the rendering of an earlier draft version by al-Ǧāḥiẓ that flew into the 'Ǧidd' later in an adapted manner. Ruḥayyil connects this sentence with the three preceding ones into one paragraph, as she does oftentimes at other places.

Similar deviations can be found between a part of the edited text of 'al-Ḥāsid wa-l-maḥsūd', والغل نتيج الحسد، وهو رضيعه، وغصن من أغصانه، وعون من أعوانه، وشبعة من شعبه، وفعل من أفعاله[125], "rancor is the conclusion of envy, even its infant, one of its branches, one of its aiders, one of its shoots, and one of its acts" and the version found in the *fuṣūl* part of the anthology [B 126b; D 121b; H 182; ed. Ruḥayyil, 362, 4–5], وأنا شعبة من شعبه، وفعل من أفعاله، وعون من أعوانه، وحدث[126] من أحداثه, "I am one of its branches, one of its acts, one of its aiders, and one of its occurrences," where, again, the 1st person singular is employed. Also here, the anthology's version might, on first sight, represent an earlier, more general version as a kind of draft that has been used later and fitted into the context. Although a later generalization by the anthologist is possible as well, the addition of "occurrences" would be unexpected. However, the obvious assumption of the presence of detached earlier draft notes only that have been incorporated into later works is not that clear at all, for several preceeding sentences stem from the 'Ḥāsid' as well, show similar deviations, and follow the same order as in the edited texts. In some other instances, the sequence of sentences in the *fuṣūl* is also in accordance with the edited texts, as, for example, with regard to the 'Kitmān al-sirr', though with regard to others, there are deviations from this order, as, for example, with regard to the 'Ǧidd' and the 'Manāqib al-Turk'[127]. Therefore, it would also be possible that the compiler had the complete work, though probably in an earlier version, at his disposal. A change or adaptation by the compilator himself still does not seem very likely, as copying the parts as found in the extant

---

[122] Sawā'ir al-'amṯāl, ed. Saʿd (nt. 23).
[123] Al-Ǧāḥiẓ, al-Rasā'il al-'adabiyya, ed. Bū Mulḥim, 336, l. 13.
[124] ذي B.
[125] Al-Ǧāḥiẓ, al-Rasā'il al-'adabiyya, ed. Bū Mulḥim, 123, ll. 15–16.
[126] حديث B.
[127] Though cf. supra, nt. 12.

edited works would not have led to a need for adaptation. The existence of an independent work consisting of these sentences in an earlier state to be separated later is, given the contentual incoherence, not to be assumed.

## 5. Comparison of longer parts with edited texts

Looking exemplarily at the relation of longer excerpts found in the anthology to the respective extant transmitted version, there is in the case of the 'Wukalā'' a piece containing two additional sayings found in the anthology that is surprisingly missing in the transmitted version, both of which regarding anger. The one is attributed to the forefathers generally (al-salaf), the other, a ḥadīṯ, even to the Prophet himself via Abū Huraira, and this part containing both sayings is well connected to the preceding and the subsequent sentence ("during many days...Know that..."). Following المصروع [128] the insertion runs [B 103b; D 98a; H 143; ed. Ruḥayyil, 302, 7–303, 2 ]:

في الأيام الكثيرة، وقد [129] قال بعض السلف: أقرب ما يكون العبد من غضب الله إذا غضب.

وذكروا عن أبي هريرة أن [130] رسول الله صلّى الله عليه وسلّم قال: ليس الشديد بالصرعة، إنما الشديد من [131] يملك نفسه عند الغضب. واعلم أن الغمر [132]

"...during many days. Some forebears said: 'The servant [that is, man] comes most close to God's anger when he gets angry.'[133] They mentioned, on the authority of Abū Huraira, that God's Messenger, may God's blessings be upon Him, said: 'A strong person is not someone putting down others, yet someone who rules himself during anger.' [134] Know that exuberance..."

On first sight, a situation contrary to that regarding the discussed opening of the biographical sketches that is shared with the 'Bayān' could be assumed here, namely, the anthology's version being more elaborate here, and there seems to be no easily discernible reason for a later adaptation by al-Ǧāḥiẓ himself by shortening the version intended for publication, except assuming a non-Muslim addressee or audience and, therefore, omitting traditions, which is not likely. There is also no plain reason to assume that al-Ǧāḥiẓ might have found fault

---

[128] Al-Ǧāḥiẓ, 'al-Wukalā'', al-Rasā'il al-'adabiyya, ed. Bū Mulḥim, 228, 6.
[129] و D.
[130] B. رضي الله عنه أنه : أن.
[131] الذي Ṣaḥīḥ al-Buḫārī bi-ḥāšiyat al-Imām al-Sindī, 4 voll., Beirut 1998; vol. 4, 130, no. 6114.
[132] وإنّ الغمر ed. Bū Mulḥim (nt. 85), 228, l. 7.
[133] Also found, for example, as ascribed to Alī ibn al-Ḥusayn in Qiṣaṣ al-ʿArab, ed. I. Šams al-Dīn, Beirut 2002, vol. 1, 108, though to "some of the forebearers," that is, as here, in Abī al-Ḥasan al-'Mawardī, 'Adab al-dunyā wa-l-dīn, ed. M. K. Rāǧiḥ, Beirut 1985 267.
[134] This ḥadīṯ is found in al-Buḫārī's collection (nt. 129) as no. 6114 and, as noticed by Ruḥayyil, also in Mālik's 'Muwaṭṭā'' (cf. A. Bewley (tr.), Al-Muwatta of Imam Malik Ibn Anas. The First Formulation of Islamic Law, London 1989 (reprint Milton Park 2010), 383, § 47.3, no. 12), as well as in Ibn ʿAbd Rabbihī's 'al-ʿIqd al-farīd' (nt. 84), vol. 2, 160.

or discomfort with that text later, especially as the saying is, as noted by Ruḥayyil, already found in Mālik, though also in al-Buḥārī, there is no clear indication of its spuriousness that might have prevented al-Ǧāḥiẓ himself from using it later on[135]. Also, as the other parts selected for the anthology do not bear marks of an alteration of the text by the compiler, there is no sufficient reason to assume this to have happened just here. However, the extant version is denoted as incomplete at this place[136], thus, an omission in the transmission of that originally edited version seems conceivable as well, though less likely, as similar shortenings within the text are not frequent or found at all.

The expected opposite case, that is, a shorter version that is transmitted in the anthology in comparison to a version containing additional parts, thus, a possible shortening by a selecting compiler, is, for example, given in the case of the 'Risāla fī nafy al-tašbīh'[137].

## III. Preliminary Conclusion

While, indeed, most of the cases considered here seemingly point to the anthology's preserving material that might have been some kind of older material than found in the edited versions and that might be a kind of preparatory notes and sketches, this hypothesis cannot generally be upheld as the insertion in the 'Wukalā'' that is not found in the edited version might underline, unless an omission in the process of transmission of the text of the edited version, an intentional removal by al-Ǧāḥiẓ, or the influence of, for example, a scribe of al-Ǧāḥiẓ when assuming dictations or preparing manuscript copies is taken into account. Nonwithstanding the possibility of several parallel versions being in circulation simultaneously, it may cautiously be concluded that the anthology might in most cases contain material predating the extant edited versions of some works.

Besides, while the anthology is edited in completeness, though based on only one of at least three available manuscripts and in the uncorrected sequence of the Hyderabad manuscript, while several previous partial editions relied on the Ahlwardt manuscript only, it still seems helpful to study the interrelation of the manuscripts and the content of the anthology and consider its manuscripts in any future editions.

---

[135] It also does not seem likely that it was omitted due to the transmission by Mālik, for even though Mālik's legal school might not have gained prominence with al-Ǧāḥiẓ's audience or a particular addressee of that work (cf. Lassner, The Shaping of 'Abbāsid Rule (nt. 12), 45, for the Ḥanafites' predominance at Baghdad), there is no direct connection with his legal school, especially as it is also recorded by Buḥārī later, and this would also not explain the omission of the neutral *salaf* saying.

[136] As *faṣlun minhu*, al-Ǧāḥiẓ, al-Rasā'il al-'adabiyya, ed. Bū Mulḥim, 228.

[137] The last parts of the Risāla fī nafy al-tašbīh, ed. Bū Mulḥim, al-Rasā'il al-kalāmiyya, 211, l. 4, and 211, ll. 7–11, are not found in the anthology as in ms. B, fol. 42b.

## In the Footsteps of a "Singular Treatise" ('De Fato' III,3). Two Items to be Added to the Catalogue of Coluccio Salutati's Library

Valérie Cordonier (Paris)*

In the late 14th century, one of the largest personal libraries of ancient texts in Europe was that of Coluccio Salutati, an eminent and influential man of letters who had settled in Florence in 1372 to spend the rest of his life there after his rich career in various communes as a notary, a secretary, a chancellor and a judge. Throughout his life, he restlessly sought to acquire manuscripts and subjected many of them to textual criticism, identifying their sources, establishing the authorship of several works and their place in ancient literature, an attitude that situates him among the leading figures of Italian Humanism between, on the one side, Lovati, Mussato and Petrarch and, on the other, Bruni[1]. Salutati's library as such was the object of a landmark study published in 1963 by Berthold Louis Ullmann, who has listed more than a thousand manuscripts, some of which are extant[2]. However, missing from Ullmann's list of codices collected by Salutati was one book that had a certain influence on his thinking and, more generally, on the debates on human agency, determinism and divine government in early modern times: The 'Liber de bona fortuna' (henceforth 'LdBF'), a Latin compilation of two chapters on good fortune taken from the 'Magna Moralia' (1206b30–1207b19) and the 'Eudemian Ethics' (1246b37–1248b11), compiled around 1265 and then included in the Aristotelian corpus for many years[3]. In

---

* CNRS, SPHERE (UMR 7219), Centre d'Histoire des Sciences et des Philosophies Arabes et Médiévales, Université Paris Diderot-Paris 7.
[1] On the student years of Coluccio Salutati (16 February 1331–4 May 1406) and on his activities as a notary or secretary in various communes in the area of Bologna, as a chancellor (among others in Todi and in Rome) and as a judge of the Merchant's Court in Lucca, cf. Ronald G. Witt, Hercules at the Crossroads: the Life, Works, and Thought of Coluccio Salutati, Durham, N. C., 1983, esp. 251–252. On Salutati's textual criticism, see R. Weiss, Gli Studi Greci di Coluccio Salutati in: Miscellanea in onore di Roberto Cessi, vol. 1, Rome 1958, 349–356. For general and more recent discussions, cf. R. G. Witt, Coluccio Salutati in the Footsteps of the Ancients, in: A. MacDonald/Z. R. W. M. von Martels/J. R. Veenstra (eds.), Christian Humanism (Studies in Medieval and Reformation Traditions 142), Leiden 2009, 3–12 and J.-Y. Tillette, Coluccio Salutati à la croisée des chemins. Structures, sources, méthodes et intentions du "De laboribus Herculis", in: Polymnia 3 (2017), 148–185, esp. 150–152.
[2] B. L. Ullmann, The Humanism of Coluccio Salutati, Padova 1963, 129–209.
[3] The text was the object of an online edition: Aristoteles Latinus, Ethica Eudemica (fragmentum; Liber de bona fortuna, Translatio Moerbekana, Recensio Vulgata, textus praevius praeparatus a

Salutati's treatise 'On Fate and On Fortune' written from 1396 to 1399 (henceforth 'DFF'), the opuscule, called a "singular treatise" (*"singularis tractatus"*), is the object of an accurate discussion[4].

This discussion has already caught the attention of Ronald G. Witt: In an essay published in 1977, he has stressed that 'DFF' III,3 marks the first appearance of the term *impetus* in Salutati's work; but given the absence of any edition of the 'LdBF' and of an extensive study of this treatise at this time, Witt failed to realize the origin of the term *impetus* in the opuscule and to grasp its meaning as well as the set of doctrines to which it was linked in this treatise. Instead, he explained *impetus* in the light of the physical doctrines of some contemporary authors, such as Francis of Marchia and Blasius of Parma[5]. Then, in 1989, the presence of the Aristotelian source behind 'DFF' III,3 was noticed by Charles Trinkaus in his study on Salutati's 'Critique of Astrology'; however, in the note devoted to this source, he seems to assume (or, at least, he himself causes) some confusion between the 'LdBF' and the 'Magna Moralia'. At any rate, he does not take into account that the opuscule contains, besides the claim that fortune is due to some kind of natural impetus, a claim that Salutati presents as his own thesis, namely that fortune stems from divine providence[6]. Moreover, none of the scholars having studied 'DFF' III,3 have realized the presence of another scholastic source behind this text: the literal commentary on the opuscule entitled 'Sententia de bona fortuna' (henceforth 'SdBF') written by Giles of Rome around 1275–1278[7]. This source has escaped notice for the same reasons as has the 'LdBF' itself, although the importance of some others works by Giles for Salutati's thinking was acknowledged. Indeed, while the presence of his 'Commentary on the Sentences' in Salutati's library was well established since Ullman's study, some doctrinal similarities between 'DFF' and Giles' "Pauline-Augustin-

---

Valérie Cordonier, Aristoteles Latinus Database, Release 3 (ALD-3), 2016, online (restricted access under URL: <http://www.brepolis.com>)

[4] For this discussion, cf. Coluccio Salutati, De Fato et Fortuna, ed. C. Bianca, Firenze 1985, 131, l. 61–133, l. 166. The phrase "singular treatise" appears on 131, l. 62. The meaning of this chapter for the long reception history of the 'LdBF' was recently highlighted by M. Roick, Pontano's Virtues: Aristotelian Moral and Political Thought in the Renaissance, London e.a. 2017, 152 and 274, nt. 195.

[5] R. G. Witt, Salutati and Contemporary Physics, in: Journal of the History of Ideas 38 (1977), 667–672, esp. 670–671, where physical discussions are quoted.

[6] Ch. Trinkaus, Coluccio Salutati's Critique of Astrology in the Context of His Natural Philosophy, in: Speculum 64,1 (1989), 46–68, esp. 62, nt. 49.

[7] For a first assessment of the importance of this commentary in the history of Western thought, see V. Cordonier, Aristotle theologized: the importance of Giles of Rome's "Sententia de bona fortuna" to the Late Medieval and Renaissance Peripatetism, in: P. Porro (ed.), Doctor Fundatissimus. Giles of Rome: His Thought and Influence. International Colloquium on the Occasion of the 700th Anniversary of His Death (1316) (in press). For an edition of selected parts, see V. Cordonier, Une lecture critique de la théologie d'Aristote: le "Quodlibet VI, 10" d'Henri de Gand comme réponse à Gilles de Rome, in: V. Cordonier/T. Suarez-Nani (eds.), L'aristotélisme exposé: aspects du débat philosophique entre Henri de Gand et Gilles de Rome (Dokimion 38), Fribourg 2014, 81–180.

ian" doctrine of prescience, predestination and divine providence expressed in the 'Tractatus de predestinatione, prescientia, paradiso, purgatorio et inferno' were rightly noticed by Trinkaus[8].

The presence of the 'LdBF' and of Giles' commentary behind 'DFF' III,3 is worth mentioning not only with regard to our knowledge of the Humanist libraries as such. For in the case of Salutati's views on good fortune and fate, a precise account of the scholastic texts used by him allows for a better assessment of the content and originality of his doctrine[9]. To put it another way: His reading of the 'LdBF' is a case in which Quellenforschung is of particular relevance for the history of ideas. The aim of the present study is to present arguments for the inclusion of the 'LdBF' as well as the literal commentary on it by Giles in our catalogue of Salutati's library. For this purpose, I propose a guided tour of Salutati's 'DFF' III,3, in the form of a close reading of all the sections of it that deal with the Aristotelian treatise. This close reading will follow Salutati's chapter step by step, providing an English translation of all the passages that directly concern the 'LdBF'. After a presentation of Salutati's treatise, I will analyze the way in which the author summarizes the doctrine found in the 'LdBF' (I.); in the three central parts of the essay, I will explain the problematic point that he identified very soon (II.). I will then come to the doctrine that, as the author claims, supposedly rectifies the Aristotelian view of fortune (III.-IV.). Finally, I will analyze the way in which the author, at the end of the discussion, responds to two main objections that might be formulated against his own views, one being taken from the *exempla* from Classical Antiquity and the other stemming from some kind of astrological reading of the 'LdBF' (V.).

## I. Summarizing the "singular treatise": fortune as an irrational nature

Salutati's 'DFF' consists of a prologue followed by five "treatises" (*"tractatus"*): the first deals with "the order of causes" (*de ordine causarum*), the three subse-

---

[8] The presence of Giles' 'Commentary on the Sentences' in Salutati's library is attested by ms. Vat. Lat. 836, which contains the first book of this work, owned by the Humanist: cf. Ullman, The Humanism of Coluccio Salutati (nt. 2), 182, C. Bianca, Introduzione, in: Coluccio Salutati, De fato et fortuna, ed. Bianca (nt. 4), lxxiv and C. Luna, Il Codice Vat. Lat. 836, in: L.-J. Bataillon (ed.), La production du livre universitaire au Moyen Age, Paris 1988, 253–264. The similarities between the 'DFF' and Giles' doctrine of predestination were noticed by Ch. Trinkaus, In our image and likeness: humanity and divinity in Italian Humanist Thought, Notre Dame 1995, 93 with nt. 105.

[9] The importance of the scholastic sources to Salutati's thought has been largely recognized, but these sources have rarely been subjected to a precise intertextual study. For example, the names of Albert the Great, Aquinas and Bonaventure are just mentioned in passing by E. Petersen, Some remarks on Coluccio Salutati's "De fato et fortuna", in: Cahiers de l'Institut du Moyen-âge grec et latin 18 (1976), 5–17. A more precise account of the Medieval background of Salutati's thought is given by Ch. Trinkaus, In our image and likeness (nt. 8), 61–74 and 91–93.

quent treatises with the notions of fate (*fatum*), fortune (*fortuna*) and chance (*casus*) respectively, and the final treatise with the more concrete issue of the origin of the wars in Perugia and of the different ills that regularly affect mankind (*unde clades provenerint perusine et alia mala que quotidie patitur genus humanum*). We know from Salutati's correspondence that the first treatise that was written is the one on fate (11 chapters, finished in 1396, circulating for a while as a separate work); then, he wrote the treatises on fortune (13 chapters) and chance (1 chapter), one on the order of causes (3 chapters) and, lastly, the fifth (1 chapter) and the prologue[10]. The work in its final state was finished in 1399[11]. The discussion of the 'LdBF' takes place in one of the central chapters, in the course of the third treatise devoted to the notion of fortune (*fortuna*). The chapter as a whole is devoted to, following the title given to it by Salutati, "the fact that certain philosophers understand fortune as a kind of heavenly benevolence or malevolence that follows us in all the things that we undertake" (p. 129, l. 1–3, ed. Bianca [nt. 4],: "*Quod aliqui philosophorum sumunt fortunam pro quadam celesti benignitate vel malitia que nos in cunctis que gerimus prosequatur*"). However, the issue of astral influence announced in the title of the chapter is treated only in its final part, after a long discussion which is, following the map sketched by Salutati himself, organized in two main sections.

The first section is a study of the ideas of the "moral philosophers", the second a study of the ideas of the "natural philosophers"; this second section also includes "more divine matters"[12]. Basically, the section on the ideas of moral philosophers contains a discussion of supposedly fortunate famous men on the basis of historical texts from antiquity (p. 129, l. 16-p. 131, l. 60). The second section on the ideas of natural philosophers consists in a discussion of the 'LdBF' (p. 131, l. 61 – p. 134, l. 66). This structure of Salutati's discussion of fortune in this chapter suggests that the main relevance of the Medieval opuscule has to do not with moral philosophy or with anthropology, but rather with natural philosophy and theology. So we might now skip the discussion of the ideas of the moral philosophers to analyze only the second section, on natural philosophy and theology. There the treatise is soon presented as a crucial piece of evidence in the debate, insofar as it is supposedly written by Aristotle, whom Salutati names the "prince of the philosophers" (*philosophorum princeps*).

---

[10] The distinction between different compositional layers in Salutati's 'DFF' was made by W. Rüegg, Entstehung, Quellen und Ziel von Salutatis "De fato et fortuna", in: Rinascimento 5 (1954), 143–190, esp. 150–151. This article was meant as an abbreviated form of what was supposed to be the introduction to Rüegg's unfinished edition of the treatise. Cf. infra nt. 11.

[11] For the chronology, cf. Rüegg, Entstehung, Quellen und Ziel (nt. 10) and R. G. Witt, Toward a Biography of Coluccio Salutati, in: Rinascimento 16 (1976), 19–34, esp. 34 and recently C. Bianca, Introduzione (nt. 8), XIII–XV, who endorses Witt's chronology with some refinements. On XV–XVI, Bianca rightly insists that the link between *fortuna* and *casus* is already strong in the 'LdBF'; the same holds true for Aristotle's 'Physics'.

[12] Coluccio Salutati, De Fato et Fortuna, III,3, ed. Bianca, 129, ll. 13–16: "*Videamus ergo quid morales in hac re sentiant quidve naturales. Sed moralium prius videnda doctrina quo mox in naturalia divinioraque veniamus.*"

He first gives a short summary of the so-called singular treatise, which runs as follows:

> "This fortune, which is commonly called 'good', Aristotle, the prince of the philosophers, defines in a singular treatise. He negates that it is an art, since <in this case> it would be a work of reason, which does not correspond to <the notion of> fortune. Nor does he claim it to be <equal to> God's benevolence, lest this supreme Majesty would seem to be unfair as He does not only favour those who are unworthy and without merit, but this good fortune many times does happen to bad people and those who would merit many punishments. <So>, we are left to understand it as being a kind of nature from which impetuses issue without any process of reasoning; when we are moved by them, we favourably reach the things we desire. This is the doctrine of good fortune (*de bona fortuna sententia*) in this short book – if I do not err."[13]

In the apparatus of her edition of Salutati's treatise, Concetta Bianca rightly refers to a particular passage in the first chapter of the 'LdBF' (1207a3–13)[14]. This text contains two arguments given by Aristotle to exclude the identification of good fortune with human intelligence (1207a3–6) and with divine care (1207a6–13). But, contrary to what might be suggested by Bianca's apparatus, this is far from being the end of the story, for the assessment of the identification of fortune with human intelligence and divine care taken from the 'Eudemian Ethics' is continued in the second chapter of the treatise. Indeed, in the first chapter, Aristotle starts his inquiry by saying that the tendency of some people to succeed with regularity might be due to the nature of these individuals (1206b38–1207a2), their intelligence (1207a2–5) or divine intervention (6–11). After these options have been evaluated (1207a11–35), the second option is immediately excluded, while the first very soon emerges as the preferred argument, but is reformulated to include the notion of divine inspiration: good fortune is said to be a "nature without reason" ("*natura sine ratione*") that carries an individual towards "good things"; but it is impossible to identify the reasons behind this, as if the individual were inspired by divine intervention: The fortuned man "has an impetus to good things and obtains these without reasoning", being unable to explain why he does so (1207a35–1207b5)[15]. This explana-

---

[13] Coluccio Salutati, De Fato et Fortuna, III,3, ed. Bianca (nt. 4), 131, ll. 61–71: "*Hanc fortunam, quam bonam vocant, philosophorum princeps Aristotiles singulari tractatu diffiniens, negans ipsam artem, quoniam opus esset rationis, que fortune non congruit, nec minus inficians ipsam esse Dei benivolentiam, ne summa illa maiestas videatur iniqua cum non solum immeritos aliquando confoveat et indignos, sed plerumque contingat hec bona fortuna malis quicque mereantur cuncta supplicia, naturam quandam relinquit intelligi, a qua sint sine discursu ratiocinationis impetus, quibus moti feliciter ad illa que concupiscimus pervenimus. Hec est de bona fortuna, nisi fallor, in illo libello sententia.*"

[14] Cf. the editorial remark to Coluccio Salutati, De Fato et Fortuna, ed. Bianca (nt. 4), 131, ll. 61–71, "Aristoteles, *De bona fortuna, praesertim Magna Moralia* 2,8, 1207a3–13"; the passage is quoted below in nt. 15.

[15] Aristotle, Liber de bona fortuna I, ed. Cordonier (nt. 3), 1207a35–1207b5: "*Est igitur bona fortuna sine ratione natura. Bene fortunatus est enim sine ratione habens impetum ad bona et hec adipiscens, hoc autem est nature. In anima enim inest natura tale quo impetu ferimur sine ratione ad que utique bene habebimus. Et si quis interroget sic habentem, 'propter quid hoc placet tibi operari', 'Nescio', inquid, 'sed placet michi', simile patiens hiis qui a deo aguntur. Et enim a deo vecti sine ratione impetum habent ad operari aliquid.*"

tion – provisional and imprecise –, on which the reader of the first chapter is left hanging, is developed in the second chapter, which unambiguously privileges the theological hypothesis: This culminates in the thesis of God as the sole and ultimate mover behind the impulsions that drive an individual to their success and happiness (1248a22–39)[16].

This section from the 'Eudemian Ethics' on the divine origin of all movements of the human appetite was the most quoted in Aquinas. It was first used by him in a work that has played a decisive role in the promotion and reception of the 'LdBF', as far as it contains the very first quotes of the chapters forming the opuscule, namely the third book of the 'Summa contra gentiles'. In this book, precisely in chapter 89, he quotes this section from the 'Eudemian Ethics' in order to confirm, with the help of a philosophical authority, that God is the cause not only of human will, but also of all its movements (*"Quod motus uoluntatis causatur a Deo et non solum potentia uoluntatis"*)[17]; the very same passage – and exclusively this one – was then regularly used in Aquinas' later works, in his reflections on divine grace and on God's influence on human choices[18]. After

---

[16] Aristotle, Liber de bona fortuna II, ed. Cordonier (nt. 3), 1248a22–39: *"Quod autem queritur hoc est, quid motus principium in anima. Palam quemadmodum in toto deus, et omne illud: mouet enim aliquo modo omnia quod in nobis diuinum. Rationis autem principium non ratio, sed aliquid melius. Quid igitur utique erit melius et scientia et intellectu nisi deus? Virtus enim intellectus organum. Et propter hoc, quod olim dicebatur, bene fortunati vocantur qui si impetum faciant, dirigunt sine ratione existentes, et consiliari non expedit ipsis: habent enim principium tale quod melius intellectu et consilio, qui autem rationem, hoc autem non habent, neque diuinos instinctus, hoc non possunt. Sine ratione enim existentes adipiscuntur. Et horum prudentium et sapientium velocem esse diuinatiuam, et solorum non eam que a ratione oportet suscipere, alii quidem propter experientiam, hii autem propter consuetudinem in considerando uti, deo autem per se. Hoc et bene videt et futurum et presens, et quorum periit ratio sic."*

[17] Cf. Thomas Aquinas, Summa contra gentiles, lib. III, c. 89, ed. Commissio Leonina (Opera omnia XIV), Roma 1926, 273b, ll. 7–19, transl. V. Bourke, Saint Thomas Aquinas, Summa contra gentiles, Book III: Providence, Part II, Notre Dame 1955 (²1975), 37, n. 4: "Again, an argument that is pertinent is offered by Aristotle in Book VIII of the 'Eudemian Ethics' (1248a25–b5), as follows: there must be a cause for the fact that a person understands, deliberates, chooses, and wills, for every new event must have some cause, but if its cause is another act of deliberation, and another act of will preceding it, then, since one cannot go on to infinity in these acts, one must reach something that is first. Now, a first of this type must be something that is better than reason, but nothing is better than reason and intellect except God. Therefore, God is the first principle of our acts of counsel and of will." On the importance of this work by Aquinas, written during his sojourn at the Papal Curia in Italy at the beginning of the 1260s, cf. V. Cordonier, La doctrine aristotélicienne de la providence divine selon Thomas d'Aquin, in: P. D'Hoine/G. van Riel (eds.), Fate, Providence and Moral Responsibility in Ancient, Medieval and Early Modern Thought. Studies in Honour of Carlos Steel, Leuven 2014, 495–515.

[18] Aquinas quoted this passage as a *"capitulum de bona fortuna"* or, more rarely, under the label *"liber de bona fortuna"*. A list of explicit citations of this passage in the work of Thomas was provided, on the basis of the 'Index Thomisticus' established by Roberto Busa, by R.-A. Gauthier, Thomas d'Aquin, Somme contre les Gentils, Introduction, Paris–Bruges 1993, 82. The only quotation referring to the extract from the 'Eudemian Ethics' as a "treatise" is Aquinas' De sortibus, c. 4, ed. Commissio Leonina (Opera omnia XLIII), Roma 1976, 235, ll. 259–260. On Aquinas' use of the chapters, cf. V. Cordonier, Sauver le Dieu du Philosophe: Albert le Grand, Thomas d'Aquin, Guillaume de Moerbeke et l'invention du "Liber de bona fortuna" comme alternative autorisée à l'interprétation averroïste de la doctrine aristotélicienne de la providence divine, in:

Aquinas, this passage remained a frequent reference until the Renaissance. A good example of its use can be found in the treatise 'De fato' composed by Pietro Pomponazzi in 1520. Although this treatise was actually occasioned by Pomponazzi's reading of Alexander of Aphrodisias' 'De fato' (translated by Girolamo Bagolino in 1516), it proves to owe more to Latin scholasticism than to the late ancient philosophical tradition[19]. In the five books that constitute the work, seven explicit quotations from the 'LdBF' can be found. Quite interestingly, all these quotations can be traced back to the same section of the text, to the end of the second chapter, where Aristotle argues that every human desire is ultimately moved by God[20].

Coming back to Salutati, it is now worth noticing that this author, contrary to Aquinas and Pomponazzi, does not quote this famous passage from the 'Eudemian Ethics'. However, it is clear that he knew that this text formed the second chapter of the 'LdBF'. It is seemingly from a passage in this second chapter of the 'LdBF' that he drew the term "art", which appears in the opening of his summary of the text (p. 131, ll. 62–63: "He negates that it [fortune] is an art"): The term *ars* appears only in the second chapter (1247a6 and 1247a16), not in the first chapter of the treatise. However, Bianca's apparatus only refers to the first chapter of the 'LdBF' – without exploiting the second chapter. Her decision is understandable: When she studied Salutati's 'De Fato', the content of this treatise was only little known to specialists of Medieval philosophy and even less to scholars working on Renaissance thought. Since then, the text has been made available online, the authorship of this Latin translation has been identified and its textual tradition has been studied as well as its relations to the translation of the very last chapter of the 'Eudemian Ethics' (on *kalokagathia*)[21]

---

L. Bianchi (ed.), Christian Readings of Aristotle from the Middle Ages to the Renaissance (Studia Artistarum 29), Turnhout 2011, 65–114.

[19] G. Di Napoli, Libertà e fato in Pietro Pomponazzi, in: Studi in onore di Antonio Corsano, a cura di A. Lamacchia, Manduria 1970, 175–220; M. L. Pine, Pietro Pomponazzi. Radical Philosopher of the Renaissance, Padova 1986, 309; V. Perrone Compagni, Critica e riforma del Cristianesimo nel "De fato" di Pomponazzi, in: P. Pomponazzi, Il fato, il libero arbitrio e la predestinazione, a cura di V. Perrone Compagni, Torino 2004, LIX; R. Ramberti, Il problema del libero arbitrio nel pensiero di Pietro Pomponazzi. La dottrina etica del "De fato". Spunti di critica filosofica e teologica nel Cinquecento, Firenze 2007, 148. I thank Tommaso de Robertis for these references.

[20] These are the following: Pietro Pomponazzi, Libri quinque de fato, de libero arbitrio et de praedestinatione, ed. R. Lemay, Lucani 1957, 43, ll. 2–5; 48, l. 12- 49, l. 2; 120, ll. 10–14; 168, ll. 4–5; 207, l. 9- 208, l. 15; 243, ll. 1–3; 248, l. 26- 249, l. 3; 305, l 29–306, l. 19; 307, l. 19- 308, l. 5. This list, as well as the bibliography in the preceding footnote, has been provided by Ye Yang in her paper "The Reception of *De Bona Fortuna* in Pietro Pomponazzi's *De fato* (1520)", submitted during the academic year 2009–2010 at the KU Leuven. I thank Ye Yang for allowing me to use the results of her work.

[21] Cf. V. Cordonier/C. Steel, Guillaume de Moerbeke traducteur du "Liber de bona fortuna" et de l'"Ethique à Eudème", in A. M. I. van Oppenraay (ed.), The Letter before the Spirit: The Importance of Text Editions for the Study of the Reception of Aristotle (Aristoteles Semitico-Latinus 23), Leiden–Boston 2012, 401–446 and Cordonier, Sauver le Dieu du Philosophe (nt. 18). On the confidential reception of the chapter on *kalokagathia*, cf. V. Cordonier, Traduction, translittération, réinterprétation: la "*kalokagathia*" chez Albert le Grand, in: Chôra. Revue

and to the complete Latin version of the 'Magna Moralia' that has circulated approximately at the same time as the 'LdBF' under the name of Bartholomaeus of Messana[22]. Moreover, the philosophical content of the later text is now rather well known and so are the lines of its reception in the 13th century[23]. Consequently, there is now absolutely no doubt that when Salutati names the text as a "singular treatise", he has the opuscule in mind, not the longer work translated by Bartholomy. But it remains that Salutati's account of Aristotle's doctrine of fortune and his subsequent critical reading of the text is selective. And it is selective not for textual, but for doctrinal reasons as will be shown in what follows.

## II. Why did Aristotle "separate fortune from God's goodness"?

After having summarized the content of the 'LdBF', the author of 'DFF' goes on to criticize its philosophical content. In the present essay, two main steps of this criticism will be distinguished: a *pars destruens* and a *pars construens*. The first will be addressed in this section of the present essay and the second in the two following sections (III.–IV.). The first part of this critical discussion focuses on the main shortcoming that Salutati has identified in Aristotle's doctrine of good fortune, namely the fact that the Stagirite has "separated" this notion from God's goodness. This assumption is taken for granted by Salutati, who starts the discussion by formulating his surprise concerning such a separation:

"Among these <claims>, I just wonder – and I do this as, whatever appears to us concerning the deliberations and the fortunes of men, nevertheless, because God is the author and the chief of all things, one cannot imagine that anything happens contrary to His justice – why he [*sc.* Aristotle] has separated it [*sc.* good fortune] from

---

d'Etudes Anciennes et Médiévales. Philosophie, théologie, sciences 15–16 (2017–2018), 219–253.

[22] Bartholomy of Messina, who was active at the court of Sicily between 1258 and 1266, belongs to the most important promoters of the rediscovery of Aristotle's philosophy in the 13th century. See V. Cordonier, La version latine des "Magna moralia" par Barthélémy de Messine et son modèle grec: le ms. Wien, ÖNB, phil. gr. 315 (V), in: P. De Leemans (ed.), Translating at the court: Bartholomew of Messina and the cultural life at the court of king Manfred of Sicily (Mediaevalia Lovaniensia, Series I), Leuven 2014, 337–382.

[23] Cf. Cordonier/Steel, Guillaume de Moerbeke traducteur du "Liber de bona fortuna" et de l'"Ethique à Eudème" (nt. 21); Cordonier, La doctrine aristotélicienne de la providence divine selon Thomas d'Aquin (nt. 18), 495–515; V. Cordonier, Réussir sans raison(s). Autour du texte et des gloses du "Liber De bona fortuna Aristotilis" dans le manuscrit de Melk 796 (1308), in: A. Speer/D. Wirmer (eds.), 1308. Eine Topographie historischer Gleichzeitigkeit (Miscellanea Mediaevalia 35), Berlin–New York 2010, 704–770; V. Cordonier, Noblesse et bon naturel chez les lecteurs du "Liber de bona fortuna" de Thomas d'Aquin à Duns Scot: histoire d'un rapprochement, in: A. Palazzo/F. Bonini/A. Colli, La nobiltà nel pensiero medievale (Dokimion 41), Fribourg 2016, 99–134.

God's goodness, given that it is impossible that God be unjust (for, in accordance with His unbound power and His essence, He dispenses in His charges everything that seems appropriate to Him), and <given> that it is not the faculty of the human creature, which is finite, to constitute a doctrine concerning the judgment and the potency of His immensity, <a potency> that is the reason of all things in the sense that it is not subject to any kind of reason. Indeed, God makes good things in such a way that everything that He makes cannot lack true and natural justice. And how presumptuous it would be of the human intellect (regardless of how enlightened it is), to condemn God, the first cause of everything that no philosophy has <ever> negated, for injustice or for error!"[24]

The phrasing of this passage, with its strikingly long Latin sentence which itself contains several well-articulated subordinate clauses, is typical for the "humanist" search for literary elegance. But despite this refined expression, one might notice the radicality of the theses expressed here. First, a point that strikes the reader is the author's insistence on the incapacity of the human mind to obtain an adequate picture of God's magnitude and, more precisely, of His potency. This insistence brings Salutati close not only to Henry of Gent († 1293), who had, in his 'Quodlibet' VI,10 (1281–1282), sharply defended the omnipotence of the Christian God against Giles of Rome's purely philosophical exegesis of the 'LdBF' in his 'SdBF', but also to Bishop of Paris Etienne Tempier, who had, in March 1277, issued a decree against 217 errors, a large number of which concerned God's action and potency[25]. Like Bishop Tempier and Henry, Salutati refuses to discuss God's action in purely philosophical terms. Like Henry, he considers that Aristotle's definition of good fortune as a kind of irrational nature was the fundamental thesis of the philosophical doctrine of good fortune – a definition that he sharply rejects. For Salutati, any attempt to approach good fortune in purely philosophical and natural terms (as opposed to the "supernatural") would be deeply presumptuous; this presumption is precisely the root of Aristotle's error in the 'LdBF'. Hence the opposition posited by Salutati between the supposed Aristotelian account of fortune from which God is excluded and a Christian approach that recognizes the divine origin of every kind of event including those that are attributed to chance.

---

[24] Coluccio Salutati, De Fato et Fortuna, III,3, ed. Bianca (nt. 4), 131, l. 71–132, l. 84: "*Ex quibus solum illud admiror – quod cum quicquid nobis de consiliis et fortuniis hominum appareat, Deo tamen omnium autore et duce, suspicari nefas sit aliquid preter iusticiam evenire – cur ipsam a Dei separaverit bonitate quandoquidem Deum (liberam quippe potestatem et essentiam in suis distribuendo muneribus, quicquid sibi facere placuerit), impossibile sit iniustum esse nec sit humane creature facultas, que finita est, de illius immensitatis arbitrio atque potentia, que sic omnium ratio est, quod nulli subiaceat rationi, ferre sententiam. Sic enim bona facit Deus, quod quicquid fecerit vera naturalique iusticia carere non possit. Et quanta presumptio est intellectus humani (quantocumque lumine polleat) Deum, primam omnium causam, quam nulla negaverit philosophia, de iniusticia vel errore damnare.*"

[25] Cf. V. Cordonier, Une lecture critique de la théologie d'Aristote (nt. 7), 81–180. See also the interesting comment by Trinkaus, Coluccio Salutati's Critique of Astrology (nt. 6), 68: "Salutati [...] seems therefore to have been part of a spreading tendency since the Condemnations of 1277 to grasp the created universe more in its contingencies and its particulars."

This opposition is typical for Salutati's later thought. For, as was made clear by Ronald G. Witt, among others, his thought was first fundamentally classical, following an interest in classical civilization that sparked during his student years at Bologna, where he was exposed to the classicism of Albertino Mussato. This interest intensified after his contact, either in 1359 or 1361, with the Petrarchan circle in Florence, which included, among others, Boccaccio. Later, this interest in Classical thought was challenged by Christian reasoning, so that Salutati felt he had to choose between secular humanism and Christian beliefs[26]. At any rate, the composition of the 'DFF' took place during a period in which the author decisively came to embrace Christian thought. This work was intended to vindicate his strong faith in the control of divine providence over natural and historical occurrences and, at the same time, his equal conviction concerning the autonomy of the human will[27]. However, such a narrative of Salutati's conversion does not suffice to grasp what kind of theology he assumed for himself. For this purpose, his reaction to the content of the 'LdBF' might be interesting. So let us take a look at his discussion of what he considers the Aristotelian doctrine of fortune:

> "So that one must fear or rather reprove the Philosopher all the more for the fact that, – for fear of unfairness or of injustice, which cannot be found in God –, he wanted that good fortune be other than divine goodness and benevolence, from which all our movements have not only their principle but also their process as such and their progress, since otherwise He would not be the first cause of everything, nor of all the effects – which it is foolish to claim and which it is at the same time all the more unholy to claim."[28]

This reproach formulated against Aristotle can be explained by the passage of the first chapter of the 'LdBF' that was quoted above in Bianca's apparatus and, more precisely, by the arguments given by the Philosopher before to equate fortune with a kind of "nature without reason" (1207a35–36: *"sine ratione natu-*

---

[26] Cf. Witt, Hercules at the Crossroads (nt. 1), 252–263, 293–295 and 355–367, who shows that the author's interest in Christianity first manifested itself in 1368–69: Prior to this period, his Christian beliefs were not as important to his thought and had not been integrated into his preoccupation with learning. After this period, Salutati's moral ideas became inseparable from theological views of grace and original sin. On this aspect of Witt's account of Salutati's thought, cf. A. Mazzocco, Classicism and Christianity in Salutati: Considerations in Light of Ronald G. Witt's "Hercules at the Crossroads, the Life, Works, and Thought of Coluccio Salutati", in: Italica 65.3 (1988), 251–263 and, more recently, Witt, Coluccio Salutati in the Footsteps of the Ancients (nt. 1), 11.

[27] Among others Witt, Hercules at the Crossroads (nt. 1), 326 and 407, Trinkaus, Coluccio Salutati's Critique of Astrology (nt. 6), 46.

[28] Coluccio Salutati, De Fato et Fortuna, III,3, ed. Bianca (nt. 4), 132, ll. 84–91: *"Ut pudendum sit, imo reprehendendum in tanto philosopho, quod propter iniquitatis vel iniusticie metum, que cadere non possint in Deo, bonam fortunam voluerit aliud esse quam bonitatem benevolentiamque divinam, a qua cuncti nostri motus nedum principium habent sed omnem exitum et progressum, quoniam alioquin omnium causa non esset nec ad omnes effectus prima; quod cum stultum sit dicere, plusquam impium est tenere."*

*ra*")²⁹. Aristotle justifies his refusal of the equation between good fortune and "some kind of God's care" (1207a6: "*cura quedam dei*") in the name of divine justice: indeed, a right and decent image of God is that according to which "He allots the goods and ills to the ones who are worthy <of them>" (1207a7–8), whereas such a rightness does not seem to be at work in the distribution of the goods of fortune. To equate fortune with God's care would mean to "make him [God] a bad judge or unjust; and this is not appropriate regarding God." (1207a10–11: *pravum ipsum iudicem faciemus vel non iustum. Et hoc non conueniens est deo*). And because it is clearly impossible to equate fortune with any kind of rational activity since "reason and knowledge seem to be something completely foreign to fortune" (1207a13–14), "what is left <as being> the most appropriately connected to good fortune is nature" (1207a17–18)³⁰. However, Aristotle's refusal to equate fortune with divine care is provisory in the 'LdBF' since, as has already been noted (above in Section I), the theological approach takes precedence in the second chapter of the opuscule, where Aristotle attributes the good fortune of some individuals to the fact that these individuals are moved by some kinds of "divine impulsions". In the end, the 'LdBF' implies both (i) the equation of fortune with God's causality and (ii) the equation of fortune with a kind of nature. Despite all this, Salutati assumes that the author of the treatise defines good fortune in exclusively natural terms, refusing to equate fortune with divine care.

Moreover, it is noteworthy to closely examine the claim that immediately follows Saluati's refusal of Aristotle's doctrine in the passage quoted above, namely the idea that God's benevolence is that "from which all our movements have not only their principle but also their process as such and their progress" (p. 132, ll. 88–89). The phrase "all our movements" (*cuncti nostri motus*) must be understood in the sense that had become common in the 13th century, that is, meaning not only all physical movements (that consist in moving the different parts of our physical bodies) but also all psychic movements that are ultimately responsible for the physical movements of every kind of animal and that consist in the so-called "affections of the soul" (which include, among others, desire and fear). From this period on – in which theological thinking was marked by the influence of a Peripatetic doctrine of motion –, it was possible to assume a correspondence between God moving "the whole of nature" and moving our souls (and, consequently, our bodies following the movements of our souls).

---

[29] Cf. supra nt. 14 and nt. 15.

[30] Aristotle, Liber de bona fortuna I, ed. Cordonier (nt. 3), 1207a6–17: "*Sed forte quidem bona fortuna est ut cura quedam dei. Aut hoc non utique videbitur? Deum enim dignificamus dominum existentem talium ut dignis distribuat et bona et mala, fortuna autem et que a fortuna ut vere velut utique contingit fiunt. Si autem eo tale attribuimus, pravum ipsum iudicem faciemus vel non iustum. Et hoc non conueniens est deo. Sed tamen extra quidem hoc in nichil aliud fortunam utique quis ordinabit. Itaque manifestum quod horum utique aliquid erit. Intellectus quidem utique et ratio et scientia omnino extraneum quid videtur esse. At vero neque cura et beniuolentia que a deo videbitur utique esse bona fortuna eo quod pravis eveniat: deum enim pravorum non verisimile curam habere. Restat igitur et conuenientissimum bone fortune est natura.*"

Consequently, this divine influence is the ultimate cause of the human striving for the supreme good. This correspondence was the object of a particular interest in chapter 89 of the third Book of Aquina's 'Summa contra gentiles'. In this chapter, Aquinas quotes the end of the chapter on good fortune from the 'Eudemian Ethics' to state that God is the ultimate cause not only of the human will as a faculty created by Him, but also of its movements – understanding the term "movement" in the sense just explained[31].

Such a claim, in assuming God's influence on all the human choices and actions, might seem a bit surprising to the reader, as it departs dramatically from what is traditionally supposed to be Salutati's view on human agency. And this is summarized by Trinkaus in the following way: "For Salutati man's dignity consists in his freedom to will and to act, which in turn rests on his creation in the divine image and on his extrication from sub-spiritual nature".[32] If this overall picture is right, one must admit that it seems to be contradicted by 'DFF' III,3 in the passage just mentionned: in discussing the 'LdBF', Salutati precisely omits the crucial term "will" that was brought into the debate on the Aristotelian opuscule, and he focuses on the theological dimension of the human decision to finally make God responsible of "all our movements" (without qualification). In this respect, a second point to note is the fact that this idea, coming from the 'LdBF'[33], is not acknowledged as Aristotelian by Salutati; rather, he claims that it is an alternative to the Aristotelian view. This marks Salutati's distance from the Medieval tradition, and also a kind of distortion of the very content of the opuscule discussed by the author. Indeed, Salutati uses a key idea of the treatise as a weapon against Aristotle, reproaching the latter for having finally rejected the equation he himself posited, namely that between good fortune and God's care. Hence, it is on the basis of a very selective and biased reading of Aristotle's text(s) that Salutati criticizes his doctrine of good fortune as being not only "frightening" and "reprehensible" (*pudendum ... reprehendendum*: p. 132, l. 91), but also "foolish" and "unholy" (*stultum ... impium*: p. 132, l. 91).

## III. Correcting the Philosopher: good fortune as "that which throws"

In the previous section of this essay, we have summarized the *pars destruens* of Salutati's discussion of the opuscule, showing both the Medieval roots of his reproach of Aristotle and its distanciation towards the scholastic tradition. I will

---

[31] Cf. Thomas Aquinas, Summa contra gentiles, lib. III, c. 89, ed. Commissio Leonina (nt. 17), 273, ll. 7–19, n. 2145.

[32] Cf. Ch. Trinkaus, In our image and likeness (nt. 8), 80. See also ibid., 83: "To Salutati the essence of the soul is its will [...] and the essence of the will is its freedom, its subjectivity" and 76–102. Cf. supra nt. 18.

[33] Aristotle, Liber de bona fortuna II, ed. Cordonier (nt. 3), 1248a22–39.

now start to analyze the *pars construens*, which will be treated in this and in the following section (IV.). In this section, I will examine a doctrine that Salutati puts forth and considers to be rationally justified and morally useful. This doctrine is presented as an alternative doctrine against Aristotle's equation between good fortune and the natural impetus. Salutati opens the presentation of his own doctrine in the following way:

> "Then, this good fortune is not an effect, but a cause that coexists with its effect, <it is> not an impetus inherent to the things moved, but <it is> rather that which throws. For, as each of our movements exists as long as it <comes> principally from God (in the sense that, when this first thrower ceases to move us, there is no impetus nor any movement in us), what might good fortune itself be except divine generosity that throws and moves us? And if this [*sc.* this generosity] does not move <us> there is no impetus at all, and if we are moved without this generosity, without God manifesting it in a perfectly just way, we neither attain[34] the effects nor favourably succeed."[35]

It was at the occasion of this passage that Ronald G. Witt noticed in 1977 that 'DFF' III,3 marks the first appearance of the term *impetus* in Salutati and that it probably refers to some contemporary physical views[36]. Some years later, Bianca refered to 'Magna Moralia' 2,8, 1207b6–11 in the critical apparatus of her edition of this passage (p. 132, l. 92–94)[37]. We now have more relevant texts to shed light on Salutati's discussion of good fortune in terms of impetus. First of all, there are the passages from the 'LdBF', in which the well-fortuned man is described as having an irrational impetus towards good things and obtains these without reasoning (1207a35–1207b5) and in which this particular kind of impetus is identified as an impulsion that comes from divinity (1248a22–39)[38]. But, above all, there are the developments that these ideas experienced in Giles of Rome's commentary on the 'LdBF' and, more precisely, the conceptual tools developed in this framework. These tools are the following: first, the idea that

---

[34] The term that I have translated by "to attain" is the deponent verb *pergo*.
[35] Coluccio Salutati, De Fato et Fortuna, III,3, ed. Bianca, 132, ll. 92–101: "*Est igitur hec bona fortuna non effectus sed effectui coexistens causa, non impetus qui rebus inheret motis sed illud potius quod impellit. Nam, cum omnis motus noster usque adeo principaliter a Deo sit quod, si desinat impellens illud primum, nos movere nullus omnino sit in nobis impetus sive motus, quid esse potest ipsa bona fortuna nisi divina benignitas que nos impellit et movet? Que si non moveat, impetus omnino non sint, et si sine illa benignitate moveamur, ipsam iustissime non adhibente Deo, nec in effectus pergamus nec feliciter dirigamur.*"
[36] R. G. Witt, Salutati and contemporary Physics (nt. 5), 669–671, where the following passages from 'DFF' III,3 are mentioned: 129, l. 16–130, l. 22; 131, ll. 68–70 and 132, ll. 92–106.
[37] Cf. Aristotle, Liber de bona fortuna I, ed. Cordonier (nt. 3), 1207b6–11: "At the same time, we do not have <the means> to call good fortune by an appropriate and proper name, but we frequently say that it is a cause, whereas cause is alien to the term. Indeed, a cause and that of which it is the cause is <something> else, and the cause in question <is> without an impetus which attains good things, namely <a cause> either of not obtaining ill or, conversely, of obtaining good when not expecting to obtain it."
[38] Id., ibid, 1207a35–1207b5–11 and id., Liber de bona fortuna II, 1248a22–39.

the origin of the impulsion leading to good fortune is ultimately God himself, as He is the ultimate and "principal cause" of all our movements" (p. 132, l. 95). Second, there is the understanding of this divine impulsion as "that which throws" (p. 132, l. 93–94). Both ideas are either explicitly present or implicitly indicated in Giles' 'SdBF'. It is interesting to consider these passages more closely in order to see how Salutati's reading of the 'LdBF' uses some ideas from Giles' commentary but in a different way and for another purpose.

The idea that God is the "principal cause" of all our movements is explicitly claimed in many passages of Giles' 'SdBF'. In all of them, it appears that the author understands this divine and principal cause as natural and that he claims absolute primacy of the principal cause over the secondary causes, including the natural impetus. For instance, commenting on the passage in which Aristotle says that "nature always tends to the good" (1247b21), Giles considers that this is the reason why natural impulsions are "prior" (1247b19–20), and he equates them with the divine impulsion as far as God is supposed to have the strongest efficiency[39]. But the most telling statements are to be found in an earlier passage: Here, Giles comments on the section in which well-fortuned men are compared by Aristotle to "the enthusiasts" (1207b3–5). This is supposed to show how the fortune at issue in the 'LdBF' is "reduced to God's benevolence"[40]. In this passage, he offers a complex justification for the fact that the author of the 'LdBF' puts emphasis not on the divine aspect of fortune but on its natural dimension. The main reason for this is, he says, that the aim of the Philosopher in this opuscule is to account for the diversity of destinies among human beings, a diversity which comes not from God himself – who influences all beings in a uniform way – but from the "the diversity of the recipients, or because of the secondary agents" (p. 148, ll. 160–161). Hence Aristotle's choice, Giles claims, to focus on the secondary causes, which are the actual explanatory factors of the diversity of destinies among human beings[41]. This focus probably

---

[39] Giles of Rome, Sententia de bona fortuna, 1247b19–21, ed. Cordonier (nt. 7), 155, ll. 375–382: *"Quanto igitur aliqua causa magis tendit in bonum, tanto est efficatior et effectiuior, quanto uero magis a bono deficit, tanto est defectiuior. Impetus ergo illi secundum quos magis tendimus in bonum sunt a causa principaliori et efficatiori. Cum ergo que sunt a causa priori et principaliori sint priora et principaliora, impetus naturales secundum quos semper tendimus in bonum sunt a causa priori et principaliori quia sunt ab ipso deo, et per consequens sunt priores et principaliores, quod declarare uolebamus."*

[40] Id., ibid., 1207b2–4, 147, l. 124–149, l. 184. For a close analysis of this crucial section, cf. V. Cordonier, Giles of Rome on the reduction of fortune to divine benevolence: the creative error of a Parisian theologian in the 1270s, in: A. Speer/M. Mauriège (eds.), Irrtum – Error – Erreur. (Miscellanea Mediaevalia 40), Berlin–New York 2018, 231–256

[41] Giles of Rome, Sententia de bona fortuna, 1207b2–4, ed. Cordonier (nt. 7), 148, l. 153–149, l. 170: *"Dubitaret forte aliquis, cum bona fortuna de qua hic principaliter intenditur sit a deo mouente et ab aptitudine naturali secundum quam percipere possumus motionem illam et agere secundum eam, quare philosophus magis attribuit bonam fortunam ipsi nature uel ipsi dispositioni naturali quam beniuolentie diuine. Videtur autem eam magis attribuendam esse beniuolentie diuine, quia effectus magis attribuendus est principali agenti quam instrumentali. Dicendum quod secundum sententiam philosophi, deus, quantum est de se, uniformiter agit et non diuersificatur actio sua nisi propter diuersitatem recipientium uel propter secunda agentia. Id ergo quod in effectibus est uniforme non uariatum secundum philosophum attribuendum est prime cause uniformiter agenti et mouenti; quod uero diuersificatur in entibus attribuendum est diuersitati recipientium uel agentibus secundis.*

explains why the exact role of God in good fortune is very rarely explained and mentionned by Giles. This leads us to the second idea, isolated above in Salutati's text and announced as coming from Giles: the idea that fortune is ultimately "that which throws".

The idea that fortune is ultimately "that which throws" and that the later is equal to the impulsion coming from God is present only in an implicit form in Giles' explanations of fortune. To see this, the innovative passage in which he presents the mechanism of the origin of fortune as comparable to that which causes a physical object to be thrown (a die, a javelin, or any other object) needs to be scrutinized more closely. In the text in which the dice thrower is quoted just as an example (1247a22–23), Giles finds a pretext to specify the conditions that are necessary for fortune to come about, establishing an analogy between the occurrence of a fortunate event and the mechanism at work in the throw of a die. By drawing a rigid parallel between the travel of a die towards a good number and that of an individual towards a fortunate effect, he thus identifies the factors influencing their trajectories: The die's final position is defined by (i) its configuration (given that no cube is perfectly equilateral), (ii) its position in the hand of the thrower (this determines an orientation towards one side), and (iii) the force with which or the direction in which the die is cast by the hand of the thrower; similarly, the fact that an individual benefits from a fortunate effect can be attributed to (i) his impulsion towards the good, (ii) his perception of this impulsion, and (iii) his execution of this impulsion[42]. Giles' explanation

---

*Quare cum non omnes sint bene fortunati, immo in hoc sit maxima diuersitas, quia aliqui sunt bene fortunati, aliqui male, et unus et idem uno tempore fortunate agit qui alio tempore infortunate operatur, ideo philosophus bonam fortunam, licet referat ipsam in dei beniuolentiam et in deum mouentem naturam totam tamquam in causam uniuersalem, attribuit tamen ipsam naturali impetui tamquam cause particulari et proprie."* Cf. Cordonier, Giles of Rome on the reduction of fortune to divine benevolence (nt. 40), 248.

[42] Giles of Rome, Sententia de bona fortuna, 1247a22–23, ed. Cordonier (nt. 7), 149, l. 190–150, l. 214: *"Dubitaret ergo aliquis quomodo fortuna de qua hic intenditur assimilatur casu taxillorum. Dicendum quod ad hoc quod taxillus cadat in hoc puncto magis quam in alio, ex triplici de causa, quantum ad presens spectat, potest contingere. Primo ex dispositione taxilli, secundo ex situ quem habet in manu, tertio ex impulsu secundum quem a manu impellitur. Ex dispositione quidem taxilli uenit ibi plus unus punctus quam alius, si taxillus in una superficie sit amplior uel longior quam in alia uel si propter plumbum et limationem habet aliquam dispositionem in una parte quam non habet in alia. [...] Secundo, hoc contingit ex situ quem habent in manu, quia secundum quod aliter et aliter situantur in manu, sic sunt apti nati ut cubent in alio et alio puncto. [...] Tertio, hoc contingit ex impulsu, quia ut magis et minus uel ut aliter et aliter impellitur taxillus, iacit alium et alium punctum. Quare quod ista concurrant (ut quod sic sit situatus taxillus in manu, et quod sic sit dispositus et quod neque plus neque minus impellitur, nisi quam requirit optatus punctus), sit per accidens et a casu, ludus taxillorum, nisi adhibeatur uersutia et malitia, est casualis et fortuitus. Simile est itaque de casu taxillorum et de fortuna, quia sicut ex fortuna est quod illa ibi concurrant et ueniat optatus punctus, sic ex fortuna est quod omnia hec concurrant ut quod habemus impetus et quod eos percipiamus et agamus secundum eos, secundum quos agendo consequamur bona."* and 1207b2–4, 148, l. 153–149, l. 170: *"Dubitaret forte aliquis, cum bona fortuna de qua hic principaliter intenditur sit a deo mouente et ab aptitudine naturali secundum quam percipere possumus motionem illam et agere secundum eam, quare philosophus magis attribuit bonam fortunam ipsi nature uel ipsi dispositioni naturali quam beniuolentie diuine. Videtur autem eam magis attribuendam esse beniuolentie diuine, quia effectus magis attribuendus est principali agenti quam instrumentali. Dicendum quod secundum sententiam philosophi deus, quantum est de se, uniformiter agit et non diuersificatur actio sua nisi propter diuersitatem recipientium uel propter secunda agentia. Id ergo quod in effectibus est*

of the process of fortune in terms of casting a die only assumes the presence of some kind of thrower without discussing or even affirming it explicitly. Salutati, on the contrary, explicitly affirms the primacy of "that which throws" and identifies it with fortune as far as this throwing principle is equal to the impetus responsible for the fortunate events.

Comparing Salutati's discussion with Giles', another difference appears as striking and is even more meaningful: this is the absence of the two other factors that were distinguished by Giles in addition to "divine impetus" (or impulse) to account for a fortunate effect. For when Salutati develops his own doctrine of fortune using some elements from the tradition of the commentaries on the 'LdBF', he neither makes mention of the necessity for the human being receiving this impulse to "perceive" it in some way or another nor of the necessity to perform an act according to this impetus. The absence of these two factors mentioned by Giles in discussing the throwing of the die is a significant omission (if not deliberate and conscious): It is in line with Salutati's interpretation of fortune, the guiding principle of which is the idea of the primacy of God's initiative in this process. To sum up: Here again, as was already the case in the preceding section of the 'DFF', Salutati starts by referring to an idea present in the 'LdBF', to finally criticize and rectify the content of the opuscule. In both sections, he integrates into his criticism of Aristotle some views taken from the Medieval tradition: in the preceding section, he endorsed Aristotle's doctrine of the divine origin of the movements of the human soul (1248a22–39)[43], while in this section, he implicitly refers to the scholastic idea that, if one removes God's impulsion, which is the "principal mover", then the impulsion itself will cease.

## IV. From divine benevolence to grace

We have seen how Salutati referred to some ideas present in Giles' 'SdBF', treating them in an original way and presenting a doctrine that consists in a selective reading of Giles' account of good fortune and, in particular, of the passage in which it is compared to the casting of a die. In this section, we will see how Salutati goes further in developing an explanation of good fortune, not only allotting the first role to the thrower, but also crediting him with some particular qualities and potencies that were precisely avoided by Giles in commenting on the 'LdBF' and are typical for the Christian God. The subsequent

---

*uniforme non uariatum secundum philosophum attribuendum est prime cause uniformiter agenti et mouenti; quod uero diuersificatur in entibus attribuendum est diuersitati recipientium uel agentibus secundis. Quare cum non omnes sint bene fortunati, immo in hoc sit maxima diuersitas, quia aliqui sunt bene fortunati, aliqui male, et unus et idem uno tempore fortunate agit qui alio tempore infortunate operatur, ideo philosophus bonam fortunam, licet referat ipsam in dei beniuolentiam et in deum mouentem naturam totam tamquam in causam uniuersalem, attribuit tamen ipsam naturali impetui tamquam cause particulari et proprie."*

[43] Aristotle, Liber de bona fortuna II, ed. Cordonier (nt. 3), 1248a22–39.

section of Salutatis' presentation of the "right" doctrine of fortune runs as follows:

> "Indeed, this generosity is an agent of a type that abandons neither its action nor its effect but <that>, in existing unceasingly for both, or rather <acting> on both, moves our impetuses, directs them favorably and, at the same time, connects our actions to their effects. The instrument <of such an action> is our impetus, through which we are acted upon and moved as instruments of the first cause, whereas that which, in converging <with these impetuses> provokes good fortune, good impetuses and good effects, is nothing other than divine generosity that, in not leaving <us>, makes the impetuses favorable and renders the effects favorable. Indeed, no one <is> happy because he has these or those movements, but <he is so> because divine generosity is present with him, <a generosity> that renders the impetuses praiseworthy and brings some unexpected effects."[44]

Here again, it is interesting to compare Salutati's approach to that of certain Medieval traditions. For this purpose, let us analyze the first sentence of this passage, which provides the justification for the following claims. Salutati synthetically expresses some views that were justified much more elaborately by scholastic thinkers, and he draws a conclusion on the basis of them that is new in comparison to their systems. (i) In the first part of the sentence ("Indeed [...] its effect"), one finds the idea that God, or the first cause, acts on every creature in a continuous way. This is in line with Aquinas' understanding of creation as a pure relationship between God and creatures, together with his claim of the identity of conservation and creation held in 'De Potentia' 5.1 and with Giles' interpretation of these claims[45]. (ii) Then ("in existing [...] favorably"), one finds the idea that God, because he is fundamentally good, moves our souls towards the good in a similar way as he moves all of nature, and that he does this by creating an impetus in our souls. This idea was developed by Giles on the basis of assumptions made by Aquinas in commenting on Aristotle ('Nicomachean Ethics', Book I, and 'Metaphysics', Book Lambda), and expressed in Giles'

---

[44] Coluccio Salutati, De Fato et Fortuna, III,3, ed. Bianca (nt. 4), 132, l. 101–133, l. 112: "*Est equidem ista benignitas agens quoddam, quod nec actionem deserit nec effectum, sed utrique, imo super utrumque, indesinenter existens, et impetus nostros movet et feliciter dirigit et nostris actionibus connectit effectus. Instrumentum est impetus noster, quo nos, velut instrumenta prime cause, et agimus et movemur, id autem, quod concurrens bonam fortunam efficit, bonos impetus et bonos effectus, non est nisi divina benignitas, que non discedens felices facit impetus et felices reddit effectus. Nullus enim felix quoniam habet istos vel illos motus, sed quoniam sibi divina benignitas coexistit, que laudabiles reddit impetus et inoptatos ducit effectus.*" I have translated *inoptatus* (literally: "unwanted") as "unexpected". Indeed, the literal translation "unwanted" does not seem to fit to the idea expressed here by Salutati, since it would be contradictory to claim that a given human agent does not want to be happy (and well-fortuned). Hence, the term *inoptatus* should be understood here as a kind of synonym of the term *inopinatus*, which is very frequent in Medieval texts dealing with good fortune and especially in the 'LdBF'.

[45] On this, cf. G. Pini, Being and Creation in Giles of Rome, in: J. A. Aertsen e. a. (eds.), Nach der Verurteilung von 1277. Philosophie und Theologie an der Universität von Paris im letzten Viertel des 13. Jahrhunderts. Studien und Texte (Miscellanea Mediaevalia 28), Berlin–New York 2001, 390–409, here 394–396.

'SdBF'[46]. (iii) Finally, at the end of the sentence ("and [...] effects"), one finds the idea that God connects this or that particular action to this or that kind of effect. Such a concept was absent in Aquinas and Giles, and it was even criticized by the former in his 'Summa contra gentiles' (attributed to "some Muslim theologians")[47]. In short: While Thomas and Giles agree that God is able to forecast the future goods that human beings will obtain due to this or that action, Salutati goes one step further, formulating a particularly strong version of what we can call "metaphysical occasionalism" (a certain view of causation, according to which created beings have no proper efficacy and need the intervention of their creator for every action).

Let us now go further into the following sentences. A first phrasing that might seem awkward is that the impetus is an instrument of divine action (p. 132, l. 105: "The instrument etc."). Concerning this claim, Bianca refers to a passage of Aquinas' doctrine of sacraments[48]. But here again, a more relevant reference is Giles' 'SdBF', in which one finds an explicit discussion of the respective parts played by the principal and the secondary agents in the production of well-fortuned effects[49]. Another surprising phrasing in Salutati's claim is the idea that we are, through the impetus, "acted upon and moved" as instruments of the first cause (p. 132, l. 106). This couple of terms might seem strange to a reader who is more familiar with Classical Latin – where this passive use of the verb "to act" can even sound erroneous. A similar phrasing can be found in Giles' 'SdBF' in the passage quoted above, in which Aristotle compares the well-fortuned men to the "enthusiasts"[50]. Finally, there is the verb "to converge",

---

[46] Cordonier, Giles of Rome on the reduction of fortune to divine benevolence (nt. 40), 240–241.

[47] Indeed, this book basically concerns the issue of the felicity constituting the final end of human acts (cc. 1–63) and God's activity towards different kinds of beings (cc. 64–163). In the second of these sections, chapters 64–83 are devoted to God's action in the world through secondary agents. In this place, Aquinas often criticizes the Arab theologians who destroy, according to him, the consistency of secondary causality. Aquinas, after having stated that God governs all things and preserves them in being (cc. 64–65), establishes that the only way to create being is to act by divine power (c. 66), that "God is the cause of operation for all things that operate" (c. 67), and that the Arab theologians who "take away proper actions from natural things" (c. 69) are wrong, because the same activity can be attributed at the same time both to the First Principle and to the secondary agents that are to be found in the created world (c. 70).

[48] Thomas Aquinas, Summa Theologiae III, q. 62, a. 1, ed. Comissio Leonina, Roma 1903, 132, l. 105). However, such a reference is only partially satisfactory. In this article of the part of this 'Summa', devoted to the theory of the Catholic sacraments in general, Aquinas uses the distinction between a principal cause (which is God, unique in his ability to distribute grace) and a secondary cause (which are the sacraments, on the basis of which God's grace is distributed). He emphasizes the fact that the secondary cause owes all its efficiency to the principal cause. But in this discussion, Aquinas makes no mention of the notion of *impetus* nor does he refer to the Aristotelian doctrine of good fortune.

[49] Giles of Rome, Sententia de bona fortuna, 1207b2–4, ed. Cordonier (nt. 7), 148, l. 153–149, l. 170 (quoted above in nt. 42). Cf. Cordonier, Giles of Rome on the reduction of fortune to divine benevolence (nt. 40) 246–249.

[50] See Giles of Rome, Sententia de bona fortuna, 1207b3–5, ed. Cordonier (nt. 7), 148, ll. 137–148: "[...] *Notandum etiam quod ait quod bene fortunatus est simile patiens hiis qui a deo aguntur, quia deus secundum istum ordinem quem uidemus, quantum est de se, similiter mouet, tamen propter diuersitatem*

which again occurs a little later (p. 134, l. 155: *concurrere*). This verb, as it is used here by Salutati, is a key to correlate God's actions with secondary causes causing the acts of the things in the sublunary region (in Aristotle's dichotomic worldview) and, more particularly, to provoke good fortune under certain conditions. It is interesting to note that the same verb can be found in Giles, but it is applied differently there. The verb *concurrere* was used by Giles in the course or at the end of the sections containing the explanation of good fortune in terms of casting a die. At that point, Giles insists that fortune ultimately arises from a convergence of the three factors distinguished in analogy to the cast of a die[51].

Compared to Giles' 'SdBF', the verb *concurri* is used quite differently in Salutati's 'DFF' III.3: Instead of using it for an exclusively immanent analysis of the process of good fortune, it is used to insist on the importance and necessity of a constant intervention of the first and transcendent principle in the states of the world. Of course, this thesis does not come out of nowhere in Salutati's argument: It results from Salutati's occasionalism. He had first insisted on the distinction between the impetuses that are "inherent to the things moved" and "that which throws" (p. 132, ll. 93–94); he also explained that the first term of this distinction is dependent on the second one, that is, that the action of the "first thrower" is necessary for the very existence of impetuses and movements in us (p. 132, ll. 94–98). He then draws the conclusion resulting from these premises, and he develops a clearer picture of this process on this basis, naming the first cause "divine generosity" (p. 133, ll. 112–113) and saying that this generosity "converges" with the second cause which is, in this particular case, the human impetus, leading to a fortunate effect. And he continues as follows:

"Indeed, who is happier than he who is favored by divine goodness? <And> who is poorer than he who is abandoned by this benevolence?[52] There can be no good

*recipientium non omnes similiter percipiunt huius motum. Quantum est ergo ex parte dei, bene fortunati sunt simile patientes omnibus aliis qui aguntur et qui mouentur a deo quia, ut dictum est, secundum istum ordinem quem uidemus, deus omnes, tam bene fortunatos quam alios, similiter agit siue agitat et mouet. Tamen non omnes similiter aguntur et mouentur, sed qui habent naturam talem et sic dispositam quod impetu dei aguntur, hii secundum sententiam philosophi bene fortunati sunt. Utrum autem deus posset facere preter istum ordinem et posset quantum est de se dissimiliter mouere, non est presentis speculationis."*

[51] Giles of Rome, Sententia de bona fortuna, 1247a35–1247b1, ed. Cordonier (nt. 7), 150, ll. 206–214: "*Quare quod ista* concurrant *(ut quod sic sit situatus taxillus in manu, et quod sic sit dispositus et quod neque plus neque minus impellitur, nisi quam requirit optatus punctus), sit per accidens et a casu, ludus taxillorum, nisi adhibeatur uersutia et malitia, est casualis et fortuitus. Simile est itaque de casu taxillorum et de fortuna, quia sicut ex fortuna est quod illa ibi* concurrant *et ueniat optatus punctus, sic ex fortuna est quod omnia hec* concurrant *ut quod habemus impetus et quod eos percipiamus et agamus secundum eos, secundum quos agendo consequamur bona.*" and ibid., 151, ll. 251–256: "[…] *Sed ut dictum est, quasi simile est de fortuna sicut de casu taxillorum. Nam etsi aliqui taxilli de se sunt apti ut magis cadant in uno puncto quam in alio, tamen quia illa aptitudo non sufficit ad hoc quod semper ueniat ille punctus, sed oportet ibi* concurrere *determinatus situs taxilli et determinatus impulsus, cum huiusmodi impulsus sit per accidens, casus taxillorum, nisi quis malitiose ludat, est casualis et a fortuna.*"

[52] In the apparatus of her edition of Salutati's treatise, Bianca refers to Thomas Aquinas' 'Summa contra gentiles' III,92 (133, ll. 114–115). In fact, this reference, which was undoubtedly in the back of Salutatis's mind as he discussed the Aristotelian treatise, has no particular pertinence for this very passage. This particular chapter from the 'Summa contra gentiles' seems to be

fortune for men if the benevolence of the superior divinity is absent. And the latter, as He is the craftsman and the legitimate cause of everything, transmits to His works their being as well as their ability to act and also adds to all this the privilege of fortune.[53] So what kind of nature[54] or what kind of natural impetus did the Philosopher define to be good fortune? For it is impossible that there are in us all the <qualities> that are required by good fortune when the grace of divine benevolence does not always coexist <with them>. Indeed, everything that this nature or impetus has in terms of happiness or success does not come from itself, but from this generosity; and, more precisely, it is nothing other than this generosity being coherent to it [*sc.* to the nature and impetus], that makes, by its presence, that actions [*litt.*: things] that would in themselves lack happiness be favorable."[55]

This passage is striking due to its particularly elaborated phrasing. Alongside the many rhetorical questions used here[56], a particularly refined clause is the one translated as "when the grace of divine benevolence does not coexist <with them>" (p. 133, l. 120: "*nisi semper divine benivolentie gratia coexistat*"). Actually, another translation would be possible, which renders the addition of "with them" useless: instead of understanding *divine benivolentia* as a genitive form related to *gratia* (as it is the case in the translation above), one might take it as a dative form related to *coexistat* and translate: "when the grace does not coexist with divine benevolence". It is actually not easy to decide which of these two readings is the most appropriate. Is it possible that Salutati has precisely chosen this particular phrasing in order to maintain both options? At any rate, it remains that this couple, *benivolentia* and *gratia*, captures an essential feature of his doctrine of fortune as it was developed in the 'DFF' III.3, namely the convergence of two kinds of "divinities" that are, on the one side, the God of the philosophers

---

more present to Salutati's reflections in the subsequent paragraph, where he discusses two topics that are at the forefront in this chapter, namely: the issue of the efficacy of the human acts and that of astral influence (133, l. 125–134, l. 143).

[53] What seems to be meant here by the neutral term *fortuna* is exclusively good fortune.

[54] Here as in the beginning of 'DFF' III.3, the author assumes that Aristotle's definition of fortune is expressed in 'LdBF' 1207b3–5 with the formula "nature without reason" (1207b35–36, cf. supra ntt. 13 and 15): This assumption is in line with Giles' understanding of the treatise, according to which this very passage captures a key doctrine in the treatise. Salutati is not happy with this definition because it does not take into account the decisive role of God in the process.

[55] Coluccio Salutati, De Fato et Fortuna, III,3, ed. Bianca (nt. 4), 133, ll. 112–124: "*Quis enim felicior quam cui divina bonitas favet? Quis miserior quam quem illa benivolentia derelinquit? Nulla potest esse homini bona fortuna, si desit supremi numinis benivolentia; quod cum omnium sit opifex et legitima causa, operi suo tam fieri quam esse tradit et fortune privilegium superaddit. Quam ergo naturam vel quos naturales impetus diffinivit Philosophus esse bonam fortunam, cum non possint in nobis tales esse quales bona fortuna requirit, nisi semper divine benivolentie gratia coexistat? Totum enim quod illa natura vel impetus habet felicitatis atque successus non a se est, sed ab illa benignitate; imo nichil aliud est quam coherens ipsa benignitas, que presentia sua facit ut illa felicia sint que de se felicitate carerent.*"

[56] I speak of "rhetorical questions" because all the questions of this passage clearly contain their response implicitly. So, the implicit answers to the first two questions are that no-one is happier than he who is favoured by divine goodness, and no-one poorer than he who is abandoned by this benevolence. As for the implicit answer to the third question, it is that it is nonsense to define good fortune as a kind of nature.

(the first principle, the "benevolence" of which was discussed at lenghth by Giles of Rome) and, on the other, the personal God present in Scripture and accepted by Catholic doctrine (the only God who is able to give "grace"). These two figures that were separated in the course of the discussion are now supposed to converge in one and the same "superior divinity" (p. 133, l. 115: "*supremum numen*").

## V. The success of bad people and the problem of astral influence

In the subsequent section of 'DFF' III.3, Salutati addresses two kinds of objections that a hypothetical adversary might formulate against his doctrine of good fortune. The starting point of the first objection is given by the examples of Ancient characters who were successful though having badly acted. The second objection is based on some arguments starting from the importance of astral influence in human life. Let us begin here with the first objection. Its starting point is the examples of ancient people who "succeeded" in their political or social lives, but did so on the basis of a behavior that could not be easily explained as being inspired by God or by divine goodness. At this point, Salutati only names three figures (Lucio Sylla, Alexander the Great, Crescus), referring the reader to the longer explanation given in the first part of the chapter, where the opinions of the "moral philosophers" were addressed: Here, their success, obtained despite of their immorality, seems to contradict Salutati's claim of the divine origin of good fortune[57]. To solve this first objection, he answers that the presumed "good fortune" of these famous characters is actually false, because they were not truly happy. After all, it is actually impossible to be truly happy in this lowly world. Moreover, he says, "there is nothing more unhappy than the success <obtained> on the basis of perfidy", and the most profound perfidy is that of the will, because the root of morality lies in the human will even more than in the "efficacy" to perform the actions for which the will had finally opted (p. 133, l. 140 – p. 134, l. 144); all this is testified by Virgil in his description of Dido's death ('Aeneis', IV, 653 and 655–657)[58].

---

[57] Coluccio Salutati, De Fato et Fortuna, III.3, ed. Bianca (nt. 4), 133, ll. 125–130: "*Sed iam video quid obicere possit qui se, ut contradicat, armabit. Dicet enim fortunatos communiter appellari quibus sic omnia succedant ad votum, quod tam domi quam foris, tam toga quam bello, claritudine quadam emineant inter suos et apud alios cari consiliis Marte vero terribiles habeantur, sicuti de Sylla et Alexandro vel Cresco prefati sumus.*" Cf. ibid., 129, l. 4–131, l. 60, where these figures were quoted following Plutarch's Lives, Titus Livius and Petrarca. Cf. supra section I.

[58] Ibid., 133, l. 130–134, l. 151: "*Verum est tamen istos non fuisse felices; quod quidem tanto cum assensu tantaque cum largitate fatebor, quod incunctanter affirmem nec posse quemquam in hac vita nec unquam aliquem fuisse felicem. [...] Nichil infelicius quam in re scelerata successus; fortunatum est et felix tam virtuosa atque laudabilia perfecisse quam velle. Quod si detur ista posse dividere, eligam potius, si quid sentiam scire cupis, efficaciam deficere quam voluntatem. Tota quidem laus actionum nostrarum virtutisque perfectio penes voluntatem est, cuius rectitudo, si defecerit, nec laus deberi potest nec actus esse virtutis nec virtutis habitum generare. Hac autem bona fortuna se felicem gloriabatur apud Virgilium amans Dido, dicens: 'Vixi et quem dederat cursum*

This passage contains almost no trace of the Medieval tradition. 'Almost', because it is possible to perceive, in Salutati's distinction between the will itself and the efficacy to perform the chosen acts, an echo of a distinction made by Aquinas in 'Summa contra gentiles' III,92, a chapter, in which the following issue is addressed: "How a given individual can be said to be well-fortuned and how man is helped by superior causes" ("*Quomodo dicitur aliquis bene fortunatus, et quomodo adiuuatur homo ex superioribus causis*"). This chapter is indeed a crucial reference for the reception of the 'LdBF' as far as it is the only passage in which Aquinas quotes and discusses the chapter on good fortune in the 'Magna moralia', combining this text with the chapter from the 'Eudemian Ethics', thus anticipating a compilatory gesture that gave birth to the opuscule and is documented only later in the manuscript tradition[59]. In a passage of this chapter that was often discussed in the Renaissance, Aquinas, who had thus far focused on the elective phase of "man's choice", temporarily leaves behind the study of this aspect of human action, instead focusing on the execution of the chosen action or its accomplishment (*exitus*), considering the actions of healing, planting or fighting as relevant examples: this distinction between the effects of fortune on the human will and its effects on the human "efficacity" to perform the actions for which the will had opted, is precisely that used by Salutati in the passage just summarized[60].

Let us now come to the second objection, which is based on the assumption that good fortune has to be identified with a kind of beneficial astral influence. In discussing this objection, Salutati clearly refers to the scholastic tradition again. This is his discussion of the astrological account of good fortune:

> "Neither do I ignore that some people consider that good fortune is <equivalent> to the configuration of the heavens and to some kind of happy accident of birth.[61] As

---

*fortuna peregi, urbem preclaram statui, mea menia vidi, ulta virum penas inimico a fratre recepi, felix, heu nimium felix, si littora tantum nunquam Dardanie tetigissent nostra carine."*

[59] Thomas Aquinas, Summa contra gentiles, lib. III, c. 92, ed. Commissio Leonina (nt. 17), 279a–282b. On the importance of this text, and for a close analysis of it, see V. Cordonier, Sauver le Dieu du Philosophe (nt. 18).

[60] Thomas Aquinas, Summa contra gentiles, lib. III, c. 92, ed. Commissio Leonina (nt. 17), 280b, l. 44–281a, l. 19: "*Consequitur autem homo ex superioribus causis et aliud auxilium, quantum ad exitus suarum actionum. Cum enim homo et eligere habeat, et prosequi quae eligit, in utroque a causis superioribus adiuuatur interdum, vel etiam impeditur. Secundum electionem quidem, ut dictum est, inquantum homo vel disponitur ad aliquid eligendum per caelestia corpora; vel quasi illustratur per Angelorum custodiam; vel etiam inclinatur per operationem divinam. Secundum executionem vero, inquantum homo consequitur ex aliqua superiori causa robur et efficaciam ad implendum quod elegit. Quae quidem non solum a Deo et ab Angelis esse potest, sed etiam a corporibus caelestibus, inquantum talis efficacia in corpore sita est. Manifestum est enim quod etiam inanimata corpora quasdam vires et efficacias a caelestibus corporibus consequuntur, etiam praeter eas quae ad qualitates activas et passivas elementorum consequuntur, quas etiam non est dubium caelestibus corporibus esse subiectas: sicut quod magnes attrahat ferrum, habet ex virtute caelestis corporis, et lapides quidam et herbae alias occultas virtutes. Unde nihil prohibet quod etiam aliquis homo habeat ex impressione caelestis corporis aliquam efficaciam in aliquibus corporalibus faciendis, quas alius non habet: puta medicus in sanando, et agricola in plantando, et miles in pugnando.*"

[61] Behind the English expression "accident of birth" is the Latin phrase *felix fatum*, which literally means "a happy fate".

I agree with them on the fact that God converges <with secondary causes> to <make> the acts of the things here below[62] both by Himself and with the help of celestial influence, in the same way I would negate that this influence [i.e. of the stars] would have any kind of power without the first cause; instead, I would claim that <it> has absolutely no power and does nothing except what was present in the will of the first cause, and <it cannot> render human thoughts, impetuses and acts fortunate since their only adjuvant factor and their only happiness is God's generosity and grace alone. And when this is absent, there can certainly not be any good fortune. Rather, on the basis of this nature or this impetus that the Philosopher defines as being good fortune, we are sometimes pushed towards the highest unhappiness, when this grace is absent, as far as this fortune is nothing other than success according to <our> wishes even if we commit a sin – and nothing more unhappy than this can be thought of."[63]

At the beginning of this extract of Salutati's discussion, we might wonder who exactly these people are ("*aliqui*"). In the critical apparatus of her edition, Bianca refers to a passage in Aristotle's 'Physics' in which he discusses the opinion of "some" (that is, Empedocles) who considered that the celestial and cosmic orders are due to some kind of chance (*casus*), as well as to Aquinas' commentary on this Aristotelian chapter[64]. But the passages indicated by Bianca have actually no clear relation to Salutati's discussion. A much more directly relevant reference is to be found in a passage quoted by Bianca elsewhere: 'Summa contra gentiles', III,92, where Aquinas quotes, for the first time, the two chapters forming the 'LdBF' and uses them as a basis for a very long and innovative discussion of the idea that good fortune is the product of good birth[65]. Salutati does not present the details of Aquinas' arguments here. Instead, he immediately clarifies the conditions under which a possible role of the stars might be admitted in the explanation of "fortunate" events. Their role is admis-

---

[62] The phrase "here below" refers, of course, to the sublunary world in Aristotle's famous dichotomic worldview.
[63] Coluccio Salutati, De Fato et Fortuna, III,3, ed. Bianca (nt. 4), 134, ll. 152–166: "*Nec me latet aliquos velle bonam fortunam esse constellationem et nativitatis nostre quoddam felix fatum, quibus, sicut consentiam Deum ad inferiorum istorum actus et per se et cum celorum influentia concurrere, sic negaverim hanc influentiam sine prima causa quicquam posse, imo prorsus asseram nichil posse vel facere nisi quod in prime cause fuerit voluntate nec etiam fortunare quidem cogitationes impetus et actus humanos, quoniam horum secundatrix et felicitas sit sola Dei benignitas et gratia; que si desit, bona fortuna prorsus esse non possit. Imo illa natura sive impetu, quam Philosophus bonam fortunam esse diffinit, in summam infelicitatem infelicitatum aliquando protrudimur, si desit illa gratia, quandoquidem ista fortuna nichil aliud est nisi successus ad votum, etiam si peccata committimus, quo nichil potest infelicius cogitari.*"
[64] Coluccio Salutati, De Fato et Fortuna, ed. Bianca (nt. 4), 134, ll. 152–154. Bianca actually writes: "Aristoteles, Phys. 2, 4, 196a25" and "cf. Thomae Aquin. Phys. 2, 6, 10, n.13". The second reference corresponds to a passage of the Aristotelian text other than 196a25. Cf. Thomas Aquinas, Commentary on Aristotle's Physics, trans. by R. J. Blackwell/R. J. Spath,/W. E. Thirlkel, introduction by V. J. Bourke, foreword by R. McInerny, Notre Dame 1999, 104–106 (which corresponds to the passage where Aquinas discusses 196a25) and 118–119 (which corresponds to the passage where Aquinas discusses 198a2–13).
[65] Thomas Aquinas, Summa contra gentiles, lib. III, c. 92, ed. Commissio Leonina (nt. 17), 280a, l. 3–280b, l. 43.

sible, he says, provided that it remains clear that the celestial bodies only act under the guidance of God himself and have no other causality than the one that they receive from him; on the contrary, God is, being the ultimate principle and cause of everything, able to act "both by Himself and with the help of celestial influence" (*"per se et cum celorum influentia"*: p. 134, l. 154–155). This twofold claim constitutes the answer to a question that was left open by Aquinas in 'Summa contra gentiles', III,92, despite the lengthy explanation of the workings of good fortune. Salutati's distinction of two possible modes of God's action echoes a distinction between God's immediate actions and his actions that are mediated by the stars, which was developed in the last third of the 13th century. This distinction played a particularly important role in the Condemnation issued by Tempier, Bishop of Paris, in March 1277, and in the discussion held, in approximately the same period, between Henry of Ghent and Giles of Rome concerning the 'LdBF'.

As was already noticed by Trinkaus, the issue of astral influence is crucial to Salutati, in particular in 'DFF' III.3[66]. But to deal with this complex subject, Salutati first discusses the issue of the causes of good fortune more generally on the basis of an implicit debate with the Philosopher. So, at the occasion of his discussion of the issue of astral influence he does not develop any new argument; rather, he applies the leading principles of the critique of the *LdBF* already expressed in the course of the chapter. So it is not surprizing to find here the equation between the ultimate and necessary causality of all things and "God's generosity and grace alone" (*sola Dei benignitas et gratia*: p. 134, l. 160). If one goes back to the beginning of the discussion, one sees that there Salutati mentionned only God's "benevolence" (*benivolentia*: p. 131, l. 64), a term that was already present in Giles' *SdBF* and that was even the object of a discussion of its own there[67]. Between these two extreme parts, the appearance, in the course of the chapter, of the notions of divine "goodness" (*bonitas*: p. 131, l. 74 and p. 133, l. 113), "generosity" (*benignitas*: p. 132, l. 97–98, l. 108 and l. 111; p. 133, l. 122 and l. 123; p. 134, l. 160) and, finally, being first associated with the "generosity", "grace" (*gratia*: p. 134, l. 160 and l. 163) appears characteristic of Salutati's approach and marks a difference to Giles': While the latter, in this commentary, had clearly advocated a purely philosophical approach to fortune and even to God's government of creation, Salutati precisely refuses this select-

---

[66] According to Trinkaus, Coluccio Salutati's Critique of Astrology (nt. 6). 62: "A primary aim of Salutati in writing his *De Fato and Fortuna* was to combat the conception of the universe that he associated with astrology: if astrology is a valid science, this would tend to destroy free will, which he wishes instead to reconcile with divine will. It would also attribute what passed for fortune to the materially determined influence of the heavens. [...] Hence his efforts to prove instead that fortune and chance are the work of divine providence."

[67] Giles of Rome, Sententia de bona fortuna, ed. Cordonier (nt. 7), 1207a30–36, 145, l. 62–146, l. 65: "*Et quia huiusmodi bona fortuna de qua hic principaliter est sermo est quodammodo diuina, ut patebit circa finem huius libelli, ideo quodammodo reduci habet in diuinam beniuolentiam.*"

ive approach and adopts a more integrative view of good fortune that is based on the idea of divine grace and that also takes into account the Christian notion of "sin" (*peccatum*: p. 134, l. 165).

## VI. Conclusion

It is now possible to add to our catalogue of Salutati's personal library two items that are closely related, the first being the 'LdBF' ascribed to Aristotle from the 1260s and the second being Giles of Rome commentary on this text, the 'SdBF'. Let us start here with the 'LdBF'. The present analysis made clear (in section I) that Salutati's reading of what he calls a "singular treatise" is based on two chapters of the 'LdBF' and not only on its first chapter. At the same time, this reading has proved to be partial as far as the author reduces Aristotle's doctrine to an equation of good fortune and an irrational nature, without connecting this nature to any kind of divine influence and without taking into account the end of the opuscule, where the Philosopher considered God as the cause of all psychic movements. The absence of this passage, frequent in Aquinas and in late scholastic thinkers, highlights Salutati's distance to the Aristotelian doctrine of psychic impetus and a Thomist account of the human will, as well as his endeavour to maintain a clearly anti-deterministic psychology. Then (in section II), it was seen how Salutati, on the basis of this reductive reading of the opuscule, claims the divine origin of well-fortuned events and reproaches Aristotle for having omitted it by separating fortune from God's goodness, hence contradicting the idea of divine justice. It was then seen (in section III) how Salutati, in contrast to this doctrine, explicitly equates good fortune and "that which throws" (that is, with God or with the impulse transmitted by him to things) and how he (section IV) expressed this idea using some terms discretely imported from the traditional Christian theology such as that of "grace". Finally, we have seen how (section V) he used the conclusion reached before to deny an idea that was traditionally associated with the 'LdB', namely that fortune comes from the stars.

The second item to be added to Salutati's library is Giles of Rome's 'SdBF'. This commentary has shown to be an important point of reference for Salutati; the emphasis put on Aristotle's equation of good fortune and a "nature without reason", the analysis of the process of fortune in terms of a kind of throwing, the model and terminology of the "concurrence" of diverse causes in it and even the notion of benevolence (*benivolentia*) itself prove to go back to this commentary by Giles. In the absence of any exhaustive recension of the manuscripts of Giles' 'SdBF', it was not possible to identify the document used by Salutati to comment on the opuscule in 'DFF' III.3, but it appears now that he had some copy of this work by Giles at hand and that this was probably on the same shelf as the 'LdBF'. This might suggest continuing the inquiry on the textual tradition of this important work from the Scholastic Age. But besides the identification of the texts used by Salutati, a close comparison between 'DFF' III.3 and Giles' 'SdBF' was interesting at a doctrinal level too, revealing some original specificities of Salutati's thought. Indeed, it is not sufficient to say that, for Salutati, fortune and fate are understood as temporal manifestations of the eternal divine providence, since this was actually the common view since Boethius at least. What distinguishes the conception of fortune in Salutati is the way in which he conceives of the link between God, or the first principle, and the world and, in particular, the proper actions of creatures. And in this respect, the comparison between Giles and Salutati served to show some original aspects of Salutati's thought. Among these claims, the most important and striking is the idea that fortune is to be equated to "that which throws", which is, at the same time, the impetus and God himself, who constantly converges with the secondary causes in the world.

# Der Bücherkatalog des Jakob Püterich von Reichertshausen im Kontext spätmittelalterlicher Adelsbibliotheken: Ordnungsprinzipien und Literaturkritik

Frank Fürbeth (Frankfurt a. M.)

Die Büchersammlung des Münchner Patriziers Jakob Püterich von Reichertshausen zählt mit denjenigen des Kölner Arztes Amplonius Bercka de Ratingen und des Nürnberger Arztes Hartmann Schedel zu den prominentesten Privatbibliotheken des Spätmittelalters im deutschsprachigen Raum[1]. Die Unterschiede sind allerdings größer als die Gemeinsamkeiten: Während die Amploniana und die Schedelsche Sammlung durch Stiftung oder durch Verkauf frühzeitig in einer institutionellen Sammlung aufgegangen und dadurch in ihrem damaligen Bestand erhalten geblieben sind, ist die Bibliothek Püterichs verloren. Anders als bei den beiden anderen Sammlungen existiert auch kein Bibliotheksverzeichnis im eigentlichen Sinne; Püterich hatte einen Teil seiner Bücher in einem strophisch verfassten ‚Ehrenbrief‘ der Erzherzogin Mechthild von Rottenburg vorgestellt und zur Abschrift angeboten. Daraus ergibt sich nun schließlich auch der wesentliche Unterschied zu den Sammlungen des Amplonius und Schedels: Bei den beiden Ärztebibliotheken handelt es sich um gelehrte Sammlungen, die aus einem spezifischen beruflichen Interesse angelegt wurden und in ihrer Struktur der Maßgabe zeitgenössischer Wissensordnungen folgen; die Sammlung Püterichs dagegen verdankt sich einem rein privaten Interesse, das, so zumindest die Meinung der Forschung, im Wesentlichen gekennzeichnet sei durch die rückwärtsgerichtete Verklärung einer untergegangenen ritterlichen Adelskultur. Diese Auffassung soll im Folgenden einer kritischen Prüfung unterzogen werden; Anlass dazu ist nicht nur die im Jahr 2015 erfolgte Entdeckung eines zweiten Textzeugen des ‚Ehrenbriefs‘ durch Klaus Graf, sondern vor allem die bislang unberücksichtigt gebliebene innere Ordnung und Form der von Püterich gebotenen Bücherliste, die im Kontext spätmittelalterlicher Wissens- und Bibliotheksordnungen sowie im Vergleich zu zeitgenössischen Adelsbibliotheken untersucht werden soll.

---

[1] Cf. L. Buzas, Deutsche Bibliotheksgeschichte des Mittelalters (Elemente des Buch- und Bibliothekswesens 1), Wiesbaden 1975, 127, 130 und 133.

## I. Die Büchersammlung Jakob Pütterichs von Reichertshausen im Spannungsfeld von genealogischer und literaturhistorischer Forschung

Jakob (III.) Püterich von Reichertshausen entstammte einem Münchner Patriziergeschlecht, das seit 1189 in München nachweisbar ist[2]. Sein Stammvater Ludwig I. Püterich war mit Weinhandel groß geworden und hatte 1334 das Gericht Reichertshausen gekauft[3], was diese Linie zum bayrischen Landadel zugehörig werden ließ; dessen Söhne Hans und Heinrich besaßen 1369 zusammen das größte bürgerliche Vermögen in München[4]. Jakob Püterich (III.) wurde nach 1410 geboren[5] und ist am 21. Februar 1469 gestorben[6]. Er war dreimal verheiratet; von Interesse für das Folgende ist, dass er seinen um oder vor 1450 erstgeborenen Sohn nach dem Vater von Wolframs Romanhelden Parzival ‚Gamuret' nannte[7]. Sein Vater, Jakob (II.) Püterich, gehörte als Vertreter des niederen Adels zum Rat Herzog Albrechts III. von Bayern-München[8]; Jakob Püterich selbst wurde 1467 täglicher Rat bei Albrecht IV[9].

Die Position Jakob Pütterichs von Reichertshausen in der sechsten Generation einer Familie, die es mit ihrer Handelstätigkeit zum größten Besitz in München und zur Mitgliedschaft im bayerischen niederen Adel sowie in die damit verbundenen Ämter geschafft hatte, bestimmt nun auch den Charakter und Inhalt des genannten ‚Ehrenbriefs', in dem auch die Teilkataloge von Mechthilds und von Pütterichs Buchbesitz enthalten sind, dessen Kern aber eigentlich eine Liste des

---

[2] A. Schmidtner, Zur Genealogie der Pütrich, in: Oberbayerisches Archiv 36 (1877), 152–172; id., Genealogie der Pütriche, in: Oberbayerisches Archiv 41 (1882), 44–89; H. Stahleder, Beiträge zur Geschichte Münchner Bürgergeschlechter im Mittelalter. Die Wilbrecht, Rosenbusch und Pütrich, in: Oberbayerisches Archiv 114 (1990), 227–281.

[3] Stahleder, Beiträge (nt. 2), 255.

[4] H. Lieberich, Landherren und Landleute. Zur politischen Führungsschicht Baierns im Spämittelalter (Schriftenreihe zur bayerischen Landesgeschichte 63), München 1964, 149, nt. 853.

[5] Das Datum ist zu erschließen aus der Heirat seiner Eltern Jakob II. und Martha Vollrat im Jahr 1410. Stahleder, Beiträge (nt. 2), 269. Die anders lautende Datierung auf das Jahr 1400 in den einschlägigen Lexikonartikeln (K. Grubmüller, [Art.] Püterich, Jakob, von Reichertshausen, in: ²Verfasserlexikon 7, 1989, 918–923 und B. Bastert, [Art.] Püterich v. Reichertshausen, Jakob (III.), in: NDB 20, 2001, 763–764), die sich auf die eigene Altersangabe Pütterichs im ‚Ehrenbrief' stützen, wäre entsprechend zu diskutieren.

[6] Nach einem Stiftungsvermerk in einem aus der Bibliothek Pütterichs stammenden Exemplar der ‚Schwarzwälder Predigten': „*Item es ist ze mercken das der edel und vest Jacob Pütreych von Reycerczhausen gestorben ist nach Christi gepurd tawsent vyerhundert und in dem newn und sechzigisten jare des nachsten ertag vor sant Peters stůlfeyr*" [= 21. Februar] (Cgm 305, Bl. Iv). Zitiert nach U. Montag, Pütterichs ‚Ehrenbrief' heimgekehrt. Cgm 9220 der Bayerischen Staatsbibliothek, in: KulturStiftung der Länder und der Bayerischen Staatsbibliothek (ed.), Jakob Püterich von Reichertshausen. Der Ehrenbrief. Cgm 9220 (Patrimonia 154), München 1999, 45–53, hier 50.

[7] Zu Gamuret I. Püterich cf. Stahleder, Beiträge (nt. 2), 272. Das Geburtsjahr Gamurets ist ungefähr dadurch zu erschließen, dass er 1465 Herzog Wolfgang an die Universität Bologna begleitete.

[8] Lieberich, Landherren (nt. 4), 146 und 148, nt. 843.

[9] Lieberich, Landherren (nt. 4), 134.

bayerischen Adels ist. Es geht nämlich nicht eigentlich um die Bücher Püterichs, sondern um den letzten Schritt seines sozialen Aufstiegs: der Zugehörigkeit zu diesem hohen Adel, oder, wenn diese nicht zu erreichen ist, zumindest um die Anerkennung einer prinzipiellen Gleichrangigkeit durch dessen Seite. Das Vehikel dieser Anerkennung ist nun aber wiederum der Buchbesitz und die dadurch demonstrierte literarische Kennerschaft Püterichs.

Der ‚Ehrenbrief' ist in zwei Handschriften überliefert, die beide aus dem Ende des 16. Jahrhunderts stammen. Die erste, lange Zeit als einzig erhaltener Textzeuge des ‚Ehrenbriefs' bekannte und zur Grundlage aller Editionen gemachte Handschrift befand sich bis 1783 in dem Stift S. Andrae a. d. Treisen und ist zusammengebunden mit dem 1578 in Frankfurt gedruckten Turnierbuch von Georg Rüxner und Johann von Francolin. Der handschriftliche Teil enthält foll. 1r–16r den ‚Ehrenbrief' Püterichs und 17r–27v die sog. ‚Turnierreime' Johann Hollands, gefolgt foll. 28r–36v von einer Teilabschrift des 1598 gedruckten ‚Bayerisch Stammenbuch' von Wiguleus Hund[10]. In dieser Handschrift ist der Adelsliste im ‚Ehrenbrief' jeweils in der linken Spalte jeder Seite eine farbige Abbildung des dem einzelnen Geschlecht zugehörigen Wappens hinzugefügt und durch entsprechende Numerierung der Wappen sowie der Nennung des Geschlechts im ‚Ehrenbrief' eindeutig zugeordnet (Strophen 30–47)[11]. Da im ‚Ehrenbrief' selbst keine Rede von den Wappen ist und dieser auch nicht auf solch eine Zugabe angelegt ist, muss es sich hier um eine Zutat des Abschreibers oder seiner Vorlage handeln; der insgesamt aus fünf Turnier- und Wappentexten bestehende Sammelband oder zumindest der aus drei Texten bestehende handschriftliche Teil stellt sich somit dar als ein typischer Vertreter einer Gattung von Wappen- und Turnierbüchern, die als Ausdruck einer spezifisch ritterlich-höfischen Kultur des späten Mittelalters und der frühen Neuzeit gelten können und die dann zu „Instrumenten gezielter Standespolitik" avancierten, als „die nachgewiesene Turnierteilnahme [...] zum Kriterium der Standeszugehörigkeit" gemacht wurde[12].

Mit der Auflösung des Stifts St. Andrae kam die Handschrift im Jahr 1783 in das Augustiner-Chorherrenstift Herzogenburg, wo sie bis vermutlich bis zum Ende des zweiten Weltkriegs verblieb; in den sechziger Jahren tauchte sie dann im Zürcher Antiquariatshandel auf und gelangte 1965 in die Kölner Sammlung

---

[10] Die Angaben folgen den Handschriftenbeschreibungen bei F. Behrend/R. Wolkan (eds.), Der Ehrenbrief des Püterich von Reichertshausen, Weimar 1920 [Faksimile und Kommentar], 8–15 sowie des Katalogs der Sammlung Ludwig: A. v. Euw/J. M. Plotzek, Die Handschriften der Sammlung Ludwig, vol. 4, Köln 1985, 267–272, und des Verkaufskatalogs des Antiquariats Dr. Jörn Günther, Katalog 5. Handschriften und Miniaturen aus dem deutschen Sprachgebiet, Hamburg 1997, 225–228.

[11] Faksimile bei Behrend/Wolkan (eds.), Ehrenbrief (nt. 10), und KulturStiftung (ed.), Jakob Püterich (nt. 6).

[12] Cf. A. Ranft, Adlige Wappen-, Turnier-, Haus- und Familienbücher. Zur Notationspraxis von Wappen- und Namenlisten, in: H.-D. Heimann (ed.), Adelige Welt und familiäre Praxis. Aspekte der „privaten Welt" des Adels in böhmischen, polnischen und deutschen Beispielen vom 14. bis zum 16. Jahrhundert, Potsdam 2000, 115–139, hier 124.

Irene und Peter Ludwig[13], wo sie katalogisiert wurde[14] und 1983 mit der gesamten Sammlung Ludwig an das J. Paul Getty Museum in Malibu verkauft wurde[15]. Für Martha Mueller, die 1985 eine Edition des ‚Ehrenbriefs' vorlegte, galt die Handschrift zu dieser Zeit als verschollen[16]. 1997 stand die Handschrift erneut zum Verkauf und wurde noch im selben Jahr von der Bayerischen Staatsbibliothek erworben, wo sie sich heute unter der Signatur Cgm 9220 befindet. 1999 legte die Bayerische Staatsbibliothek aus Anlass dieses Neuzugangs ein Faksimile des ‚Ehrenbriefs' vor[17]; mittlerweile kann der gesamte Sammelband aber auch online als Digitalisat eingesehen werden[18].

Einen zweiten Textzeugen des ‚Ehrenbriefs' hat Klaus Graf im Jahr 2015 entdeckt, was er zu Recht „als kleine altgermanistische Sensation" wertete[19]. Die Abschrift befindet sich in der sog. Trenbach-Chronik, die heute unter der Signatur HS StA 0327 im Niederösterreichischen Landesarchiv in St. Pölten aufbewahrt wird und ebenfalls als Digitalisat online zur Verfügung steht[20]. Die St. Pöltener Handschrift[21] besteht zum größten Teil aus der genannten Trenbach-Chronik[22] und enthält weiter eine Anleitung zum Kampf-Fechten[23], eine Abhandlung über das Turnier[24], den ‚Ehrenbrief' mit der ganzseitigen Abbildung Püterichs, wie sie auch in der Münchner Handschrift zu finden ist, hier allerdings

---

[13] Günther, Katalog (nt. 10), 225.
[14] V. Euw/Plotzek, Handschriften (nt. 10).
[15] Günther, Katalog (nt. 10), 131.
[16] M. Mueller, Der ‚Ehrenbrief' Jakob Pütrichs von Reichertshausen, die ‚Turnierreime' Johann Hollands, der ‚Namenkatalog' Ulrich Fuetrers. Texte mit Einleitung und Kommentar, Diss. masch. New York 1985, 5.
[17] KulturStiftung (ed.), Jakob Püterich (nt. 6).
[18] URL: <http://daten.digitale-sammlungen.de/~db/0010/bsb00104095/images/> (Stand 06.03.2019).
[19] Klaus Graf, Fiktion und Geschichte: Die angebliche Chronik Wenzel Grubers, Greisenklage, Johann Hollands Turnierreime und eine Zweitüberlieferung von Jakob Püterichs Ehrenbrief in der Trenbach-Chronik (1590), in: Frühneuzeit-Blog der RWTH vom 10. Februar 2015. URL: <http://frueheneuzeit.hypotheses.org/1847> (Stand 06.03.2019).
[20] URL:<https://www.noela.findbuch.net/php/view.php?ar_id=3695&link=485320537441x333#&rotation=0&zoom=0.000029248318221708904&path=d8c7c76be1e66b6e30353538f6373f3637c76bf7d46ec76bf7d46ec56efdd0c76bf7d46e6be1eeecefc76bf7d46ec1eeecef6be1e1e16be1e1e1c739f13f&brightness=0.5&posX=0&posY=0&contrast=0.> (Stand 06.03.2019).
[21] Eine Beschreibung liegt auch im Archiv noch nicht vor URL: <https://www.noela.findbuch.net/php/main.php?ar_id=3695&be_kurz=485320537441&ve_vnum=16#485320537441x333> (Stand 06.03.2019). Graf gibt nur z.T. die Folio-Angaben und nennt nicht alle Texte der Handschrift. Das Folgende nach dem Digitalisat.
[22] „*Khürczer Begriff des Herkhommens, Lebenns, vnnd Thuen, des Alten, Edln vnnd Rittermessigen Geschlechts, der Trenbeckhen von Trenbach etc.*", foll. [I]r–261v, mit zahlreichen, teils ganzseitigen Wappen- und Figurenzeichnungen und der wiederholten Insertion von Horoskopen (foll. 148r–250r). Darin eingeschoben fol. 132v die sog. ‚Greisenklage' mit nebenstehendem ganzseitigen Bild (fol. 133r) eines gebeugten alten Mannes.
[23] foll. 263r–267v (263r Bild zweier fechtender Kämpfer).
[24] „*Von dem Ritterlichen Kürczweil dem Tvrnier*", foll. 269r–279v (268v ganzseitiges Bild eines Turniers).

ohne die Wappenabbildungen[25], ein ‚Vermerk des Pfalzgrafen Ludwig'[26] sowie die ‚Turnierreime' Johann Hollands[27]. Auffällig ist, dass sowohl in der Münchner wie in der St. Pöltener Handschrift die ‚Turnierreime' Johann Hollands im Gegensatz zu allen anderen Überlieferungszeugen[28] in einer Gemeinschaft mit dem ‚Ehrenbrief' stehen (in der St. Pöltener Handschrift allerdings unterbrochen durch den ‚Vermerk'); dies spricht dafür, dass beide Abschriften eng zusammen gehören. Ob dabei die Münchner Fassung des ‚Ehrenbriefs' tatsächlich eine direkte Abschrift des St. Pöltener Textzeugen ist, wie Klaus Graf vermutet, muss allerdings vorläufig offen und einer genaueren Rezensio[29] vorbehalten bleiben; möglich ist selbstverständlich auch, dass sie beide auf eine gemeinsame verlorene Vorlage zurückgehen, wofür ebenfalls einige Indizien sprechen[30].

In beiden Überlieferungsträgern steht der ‚Ehrenbrief'[31] also im Kontext von Adelsgenealogien und Wappenbüchern, was zwar seinem Kern, einer Auflistung

---

[25] foll. 280r–299v (280r die Abbildung Püterichs, 280v leer).

[26] „*Vermerckh des sighafftigen durchleüchtigen hochgebornen fürsten vnd herrn herrn Ludwigen Pfalzgrauen bei Rhein Herczog in obern vnnd Nidern baiern geschicht vnd vrkund des verkundes der Reichstat Gienngen*", foll. 301r–305v mit Aufstellungsplan des Heeres von Ludwig dem Reichen in der Schlacht von Giengen am 19. Juli 1462. Cf. dazu Andreas Buchner, Krieg des Herzogs Ludwig des Reichen, mit Markgraf Albrecht Achilles von Brandenburg, München 1842, 80–84 („Schlacht bei Giengen"). Im Aufstellungsplan („*das viert glid in der mite [...] auf der tennckh seiten*") nennt auch *Thoman Trenbakh* und *Ortolff Trenbackh* (fol. 303r), was wohl der Grund für die Aufnahme des Textes in die ‚Trenbach-Chronik' war.

[27] foll. 306r–311r (unvollständig; Abbruch des Textes mit l. 241; 306r eine Abbildung Hollands, 306v leer).

[28] Graf, Fiktion (nt. 19), nennt für die ‚Turnierreime' neben der Münchner und der St. Pöltener Handschrift noch folgende Handschriften: Cgm 1952 (1554); Cgm 1317 (1560); München, BSB, Cod. icon. 390; Philadelphia, University of Pennsylvania, Rare Book and Manuscript Library, Ms. Codex 819; Johann Sigmund Brechtel, Turnierchronik der Freiherren von Leublfing (1617).

[29] Cf. dazu den Anhang; insbes. p. 482 mit ntt. 165–167.

[30] Graf, Fiktion (nt. 19) will zwar davon ausgehen, „dass die St. Pöltener Handschrift der Münchner als Vorlage für Ehrenbrief und Turnierreime gedient hat", weist aber auch darauf hin, dass der Cgm 9220 „einige durchaus anspruchsvolle Änderungen" besitze. Ein zweites Indiz ergibt sich vielleicht aus Folgendem: In der St. Pöltener Handschrift gibt der Kompilator seine Quelle für den ‚Ehrenbrief' und die ‚Turnierreime' an: „*Doch habe ich nit vnderlassen wollen einen brief, der Ehrenbrief genannt so Jacob Püterich ein Edlmann vnnd Teüsch poet im Jahre 1462 geschriben, vnnd ich aus ainem gar alten p*ů*ch z*ů *Sanndt Mörthen abgeschriben / Jtem auch aines alten Heroldten gedicht in Reimen verfaßt so mir v[on] Wolf[gang] Latius, Khay: Majestät historicus, in Wien 1563 auß ainem alten Pergamen Büechlin abz*ů*schriben geben*" (fol. 279r). Der zweite Teil ist sehr ähnlich einer Bemerkung vor der Abschrift der Turnierreime in der Münchner Handschrift: „*Diese nachuolgende Reimb seint mir durch H. D. Lazium Rhöm. Khay: Mt: physicum ausz einem alten pergament puechlein zu lesen worden. Die hat er mir alsdann auf mein beger abschreiben lassen vnnd zugeschickt ausz wien 1564. 9. Septemb.*" (Zitat nach Behrend/Wolkan (eds.), Ehrenbrief (nt. 10), 10). Da die St. Pöltener Handschrift 1590 und die Münchner Handschrift gegen Ende des 16. Jahrhunderts entstanden ist, darf man annehmen, dass beide Datierungen der Abschrift der ‚Turnierreime' auf 1563 bzw. auf den 9. September 1564 nicht auf die Schreiber selbst zurückgehen. Die genauere Datierung in der Münchner Handschrift sowie die unterschiedliche Bezeichnung von Lazius einmal als Arzt, einmal als Historiker lassen auch eine gemeinsame Vorlage ausschließen.

[31] Ich zitiere im Folgenden mit der Angabe der Strophenzahl nach der Ausgabe von Mueller, Ehrenbrief (nt. 16). Für den hier besonders interessierenden Katalog Püterichs beziehe ich mich auf die Transkription in Anhang.

der bayerischen turnierfähigen Adelsgeschlechter, nicht aber dem Text als Ganzem entspricht. Tatsächlich ist der ‚Ehrenbrief' nämlich ein hybrider Text, der einerseits mit seinen 148 Strophen als *lied* erscheint, andererseits aber durch die Adressierung an die Herzogin Mechthild von der Pfalz und die dazu gehörigen epistolaren Formeln als Brief gelten will. Als solcher kann er in *salutatio* (Str. 1–30), *narratio* (Str. 31–70/73), *petitio* (Str. 74–90) und *conclusio* (Str. 145–148) gegliedert werden, wobei die Strophen mit den Bücherlisten als Nachtrag (Str. 91–144) zu werten wären[32]. Der Brief stellt sich tatsächlich als Ehrung der Herzogin dar, die von den zeitgenössischen Literaten als Mäzenatin und Mittelpunkt eines von der Forschung des 19. Jahrhunderts so genannten ‚Musenhofs' in Rottenburg angesehen wurde[33]: eine Ehrung einerseits durch das mehrfach wiederholte Lob ihres Ansehens (Str. 2, 5, 8, 9, 17), ihrer Schönheit (Str. 4), ihrer „*saelde*" (Str. 8) und ihrer Tugend (Str. 10, 16, 18), andererseits durch ein fast die gesamte *salutatio* durchziehendes Akrostichon „*Möcht Hielt Geboren Von Baiern Pfalz Graf Im Bei Rein Erz Herzogin In Osterreich Mutter Halb Von Saff Foi Ein Enickel Des Römischen Khunig Rue Brächt*"[34]. Äußerer Anlass des Briefs war eine Begegnung Püterichs mit Margarethe von Parsberg („*von Parszberckh Gredt*", Str. 6)[35], die er als Freundin („*puel*", Str. 56) Mechthilds bezeichnet; Margarethe habe ihm in derart leuchtenden Farben von Mechthilds Hofhaltung in Rottenburg und von ihrer Tugend berichtet, dass er sich selbst kaum würdig fühle, ihr auch nur als Stubenheizer zu dienen (Str. 22)[36], wie überhaupt sein hohes Alter von „*sechzig*

---

[32] So der Gliederungsvorschlag von Mueller, Ehrenbrief (nt. 16), 9–10.
[33] Ph. Strauch, Pfalzgräfin Mechthild in ihren litterarischen Beziehungen. Ein Bild aus der schwäbischen Litteraturgeschichte des 15. Jahrhunderts, Tübingen 1883; B. Theil, Literatur und Literaten am Hof der Erzherzogin Mechthild von Rottenburg, in: Zeitschrift für Württembergische Landesgeschichte 42 (1983), 125–144; B. Duijvestijn, Niederländische Dichtung in der Privatbücherei der Pfalzgräfin Mechthild (1418/19–1482), in: E. Cockx-Indestege/F. Hendrickx (eds.), Miscellanea Neerlandica II. Opstellen voor Dr. Jan Deschamps ter gelegenheid van zijn zeventigste verjaardag: geestelijke en wereldlijke literatuur, vakliteratuur, taalkunde, Leuven 1987, 251–261; A. Karnein, Mechthild von der Pfalz as Patroness: Aspects of Female Patronage in the Early Renaissance, in: Medievalia et Humanistica NS 22 (1995), 141–170. Gegen die Existenz eines ‚Musenhofs' argumentiert Ch. Wand-Wittkowski, Pfalzgräfin Mechthild und ihr literarischer Zirkel. Ein Irrtum der Mediävistik, in: Internationales Archiv für Sozialgeschichte der deutschen Literatur 30 (2005), 1–27.
[34] Der Hinweis auf das Akrostichon erstmals bei R. Spiller, Studien über Ulrich Füetrer, in: Zeitschrift für deutsches Altertum NF 27 (1883), 262–294, hier 279 sq. Spiller liest das Akrostichon weiter bis Strophe 47: „*Vnnd Tochter Pasz Lüd Solch ain Pfaltz Graf Bey Otting Rhein Hertzogin Von Ir In In Bayern*", wobei er allerdings darin keinen Sinn erkennt und so auf eine grundlegende Textverderbnis schließt.
[35] Das Geschlecht derer von Parsberg wird auch in Püterichs ‚Ehrenbrief' genannt (Str. 35); bei Margarethe von Parsberg könnte es sich vielleicht um die Tochter des Konrad von Parsberg handeln, der von Margarethe von der Pfalz, Witwe des Herzogs Karl des Kühnen von Lothringen, am 24. August 1434 als Testamentsvollstrecker eingesetzt wurde (L. Germain de Maidy, La famille Parspergaire (XVe–XVIe siècles), Nancy 1887, 8). Margarethe von der Pfalz war die Tochter des Kurfürsten Ruprecht von der Pfalz und damit die Tante Mechthilds.
[36] Jenseits bloßer Bescheidenheitstopik sieht allerdings P. Strohschneider, Ritterromantische Versepik im ausgehenden Mittelalter. Studien zu einer funktionsgeschichtlichen Textinterpretation der „Mörin" Hermanns von Sachsenheim sowie zu Ulrich Fuetrers „Persibein" und Maximilians I.

*jaren*" ihm nun gebiete, „*amorschaft*" zu „*vermeiden*" (Str. 24 sq.). Es sind dies natürlich alles Topoi des Frauenpreises und der dazugehörigen Selbsterniedrigung, gepaart mit einer Altersklage und einer *laudatio temporis acti*, ironisiert noch durch die wörtliche Zitierung seiner Ehefrau, die ihn als „*laap*" („Laffe") bezeichnet und ihn ermahnt, doch eher einen jungen Mann nach „*werder min*" werben zu lassen, „*das tuet sich baß im füegen*" (Str. 36). Erst nach dieser elaborierten literarischen Selbstinszenierung kommt Püterich mit seinem eigentlichen Anliegen: Er habe nämlich von Margarethe gehört, dass die besten Geschlechter Bayerns Mechthild unbekannt seien, weshalb er ihr nun den turnierfähigen Adel vorstellen wolle.

Dies erfolgt in der genannten Auflistung von insgesamt 122 bayerischen Adelsgeschlechtern (Str. 30–47), wobei Püterich das nach Auffassung der Forschung etwa 40 Jahre ältere ‚Turnierbuch' des Herolds und Wappendichters Johann Holland[37], z. T. sogar in wörtlicher Übernahme, benutzt; gegenüber Holland lässt er 14 Familien aus, weil diese ausgestorben waren oder nicht mehr an Turnieren teilnahmen, und fügt neun hinzu, die Holland noch nicht als turnierfähig kannte[38]. Der für Püterich wesentliche Punkt ist, dass er sein eigenes Geschlecht, weil nicht zum Altadel gehörig, selbstverständlich nicht in diese Liste aufnehmen konnte; er schmuggelt sich selbst aber gleichsam über die Hintertür hinein, indem er am Ende der Aufzählung darauf hinweist, dass er selbst sich ‚in manchem Turnier habe schlagen lassen' (Str. 70), gleichwohl aber die Würde (des Turnieradels, so kann man ergänzen), die er in diesem Brief anderen beigelegt habe, sich ihm (noch) nicht genähert habe (Str. 70)[39]. Sinn der Aufzählung

---

„Teuerdank" (Mikrokosmos 14), Frankfurt a. M. e. a. 1986, 87–90, in der Passage eine obszöne Anspielung auf ein sexuelles Verhältnis, das Mechthild nach Auskunft der ‚Zimmerschen Chronik' mit einem Ofenheizer in Rottenburg gehabt haben soll.

[37] Johann Holland soll um 1415 im Auftrag Kaiser Sigismunds eine gereimte Aufzählung des turnierfähigen bayerischen Adels erstellt haben (H. Rosenfeld, [Art.] Holland, Johann, in: ²Verfasserlexikon 4, 1983, 106–108). Diese Datierung beruht auf den Angaben Hollands in den ‚Turnierreimen', der sich wiederum auf ein zu Schaffhausen 1392 veranstaltetes Turnier bezieht. Da dieses Turnier wohl eine Erfindung des Herolds Georg Rüxner in seinem ‚Turnierbuch' von 1530 ist, geht Graf, Fiktion (nt. 19) davon aus, dass es sich auch bei den ‚Turnierreimen' um eine spätere Arbeit handele, von der nur gesagt werden könne, dass sie vor der ältesten Handschrift aus dem Jahr 1554 entstanden sei. Von daher könne auch nichts mehr über die Abhängigkeit Püterichs von den ‚Turnierreimen' oder umgekehrt geschlossen werden.

[38] Vergleich der beiden Texte bei Behrend/Wolkan (eds.), Ehrenbrief (nt. 10), 10–13.

[39] „*wie woll ich mich tuen schlachen / hab lan in turnei gschwündt, / so wolt sich doch nicht nachen / die wirde mir, das ich hieß turneis gschindt / in disem brief, den ich eurn gnaden schicke, / wie woll zue mangen malle / ich hab gesucht den turnei oft und dickhe*". Behrend/Wolkan (eds.), Ehrenbrief (nt. 10), 23. Die Übersetzung von *gschindt* ist problematisch; A. Goette, Der Ehrenbrief des Jakob Püterich von Reichertshausen an die Erzherzogin Mechthild, Diss. Straßburg 1899, 13, übersetzt mit „Raufbold", was aber keinen Sinn ergibt. Bernd Bastert, Der Münchner Hof und Fuetrers ‚Buch der Abenteuer'. Literarische Kontinuität im Spätmittelalter (Mikrokosmos 33), Frankfurt a. M. e. a., 1993, 91, nt. 193, schlägt dagegen eine Konjektur der Handschrift vor und will *turnaiß gsindt* lesen; seine Übersetzung des Passus lautet: „Obschon ich mich in Turnieren schlagen ließ, konnte ich doch nicht die Würde erlangen, in diesem Brief, den ich Euer Gnaden (= Mechthild) schicke, unter den Turnieradel (*turnaiß gsindt*) gerechnet zu werden, wie häufig und engagiert ich auch Turnierveranstaltungen besuchte."

wie des ganzen Ehrenbriefs, so könnte man vermuten, wäre unter dieser Perspektive wohl, Mechthild für eine Unterstützung des sozialen Aufsteigers Püterich bei der Krönung seiner Karriere, die offizielle Aufnahme in den tunierfähigen Adel Bayerns, zu gewinnen. Die Geneigtheit Mechthilds für Püterichs nur indirekt ausgesprochenes Anliegen scheint Püterich nun aber nicht allein durch das elaborierte Lob der Herzogin gewinnen zu wollen, sondern auch durch die Demonstration der Tatsache, dass beide durch ihre literarischen Neigungen, sozusagen über alle Standesunterschiede hinweg, schon auf gleicher Stufe stehen: dazu dienen nicht nur die vielfältigen literarischen Anspielungen, die beide in ihrer Kennerschaft verbinden, und die literarische Faktur des ‚Ehrenbriefs' selbst, sondern vor allem die Aufzählung von Püterichs Buchbesitz, die nicht von ungefähr als Gegenbild zu seiner Adelsliste erscheint und wie diese nach einer inneren Ordnung literarischen Adels strukturiert ist, die es im Folgenden genauer zu untersuchen gilt.

Dass dieser Aspekt bislang noch nicht gesehen wurde, liegt vor allem an dem genealogisch-historiographischen Interesse einerseits und den bibliotheksgeschichtlich-literarhistorischen Interesse andererseits, unter denen der ‚Ehrenbrief' Püterichs in der Forschung vor allem behandelt wurde. Die ehemals Andraeer, dann Herzogenburger, heute Münchner Handschrift hatte aufgrund ihres Charakters als Wappen- und Turnierbuch zuerst das Interesse der Genealogen und Historiker gefunden. Den Anfang machte dabei der Augustiner Raimund Duellius, der sie in S. Andrae gefunden und 1725 eine erste Edition in den Druck gebracht hatte[40]. Schon fünfzig Jahre später allerdings, in der Nachfolge der von Bodmer veranstalteten Erstausgabe der „schwäbischen" Minnesänger[41] und der damit iniitierten Beschäftigung mit der „altdeutschen Literatur", entdeckte Johann Chr. Adelung den Druck von Duellius als „Schatz von Entdeckungen […] der aus ihm zu graben war"[42]. Zwar hielt er den ‚Ehrenbrief' als ganzen für „ein unordentliches Allerley von hundert verschiedenen Dingen, von welchen man sich wundern muß, wie sie in einem hochadeligen Kopfe zusammen kommen können"[43], aber er entdeckte und edierte nun Püterichs Bücherliste als literarhistorische Quelle: „Aber gesegnet sey seine Asche für diesen Mischmasch! Denn unter andern fällt es ihm auch ein, der Erzherzoginn ein Verzeichnis der in seiner Bibliothek befindlichen Gedichte und Ritterbücher mitzutheilen […] und bey dieser Gelegenheit lernen wir verschiedene Deutsche Dichter des Schwäbischen Zeitraumes kennen, von welchen bisher nicht das

---

[40] R. Duellius, Excerptorum Genealogico-Historicorum Libri Duo. […] Appendix I. Joannis Hollandi et Jacobi Putrichii Rythmis Saec. XV. de familiis Bojoariae, quae ludis equestribus interfuerunt. […], Leipzig 1725.
[41] J. Bodmer, Proben der alten schwäbischen Poesie des 13. Jahrhunderts. Aus der Manessischen Sammlung, Zürich 1748.
[42] Jacob Püterich von Reicherzhausen. Ein kleiner Beytrag zur Geschichte der Deutschen Dichtkunst im Schwäbischen Zeitalter. Seinen in Leipzig zurück gelassenen Freunden gewidmet von Johann Christoph Adelung, Leipzig 1788, 5.
[43] ibid., 4.

mindeste bekannt war".⁴⁴ Mit diesen beiden Veröffentlichungen waren die beiden Paradigmen jeder wissenschaftlichen Beschäftigung mit dem ‚Ehrenbrief' bis heute festgelegt: zum einen die Fokussierung auf den genealogisch-adelsgeschichtlichen Wert des Geschlechter- (und Wappen-)katalogs, zum anderen die Auswertung der Bücherlisten als Quellenzeugnis für die Bibliothekslandschaft des südwestdeutschen Adels, wobei es, wie zu dieser Zeit in der Bibliotheksgeschichtsforschung üblich, weniger um übergreifende kultur- und sozialgeschichtliche Fragestellungen⁴⁵ als vielmehr um den aufzählenden Nachweis des Vorhandenen ging⁴⁶. Diese beiden Fokussierungen mögen auch dafür verantwortlich sein, daß keine der Editionen des ‚Ehrenbriefs', von denen seit Duellius insgesamt immerhin sieben vorgelegt worden sind⁴⁷, modernen Ansprüchen genügt⁴⁸.

Die Literaturgeschichte hat sich vor allem unter überlieferungsgeschichtlicher Perspektive mit dem ‚Ehrenbrief' beschäftigt, indem sie ihn als Zeugnis für die literarische Interessensbildung im 15. Jahrhundert⁴⁹ sowie für die Verluste der

---

⁴⁴ ibid., 4.
⁴⁵ Cf. F. Fürbeth, Privatbibliotheken des Spätmittelalters und der frühen Neuzeit. Forschungsstand und -perspektiven, in: M. Embach/A. Rapp (eds.), Zur Erforschung mittelalterlicher Bibliotheken. Chancen – Entwicklungen – Perspektiven (Zeitschrift für Bibliothekswesen und Bibliographie. Sonderband 97), Frankfurt a. M. 2009, 185–208.
⁴⁶ Deutlich etwa in der Edition der beiden Listen von Mechthilds und Püterichs Besitz in dem Quellenwerk: Mittelalterliche Bibliothekskataloge Deutschlands und der Schweiz (im Folgenden MBKD), vol. I, Die Bistümer Konstanz und Chur, bearb. v. P. Lehmann, München 1918, 281–283 (Mechthild); und vol. IV, 2, Bistum Freising, bearb. v. G. Glauche, Bistum Würzburg, bearb. v. H. Knaus, München 1979, 705–714 (Püterich).
⁴⁷ 1725 Duellius, Exzerptorum (nt. 40); 1788 Adelung, Püterich (nt. 42); 1848 Th. v. Karajan, Der Ehrenbrief Jacob Püterichs von Reicherzhausen, in: Zeitschrift für deutsches Altertum 6 (1848), 31–59; 1899 Goette, Ehrenbrief (nt. 39); 1920 Behrend/Wolkan (eds.), Ehrenbrief (nt. 10); MBKD (nt. 46); 1985 Mueller, Ehrenbrief (nt. 16).
⁴⁸ Duellius, Exzerptorum (nt. 40) hat die Handschrift transkribiert, wobei ihm allerdings zahlreiche Fehler unterlaufen sind; Adelung, Püterich (nt. 41) wiederum druckt Duellius nach. Von Karajan, Ehrenbrief (nt. 47) hat eine Abschrift der Handschrift benutzt und diese bis auf wenige Lesefehler relativ getreu wiedergegeben. Goette, Ehrenbrief (nt. 39) scheint nicht der Handschrift, sondern dem Abdruck von Karajan zu folgen, denn er übernimmt dessen Lesefehler (z. B. *vom Pliudental* statt *ns. vom plueden thal*; Str. 103, 5. Richtig wäre *vom pluenden thal*; in der Abschrift oder ihrer Vorlage ist wohl der Nasalstrich ausgefallen); gleichzeitig konjiziert er an zahlreichen Stellen. Behrend/Wolkan (eds.), Ehrenbrief (nt. 10) geben zwar ein Faksimile; der begleitende Textabdruck gibt allerdings nicht die Handschrift wieder, sondern, unter gleichzeitiger Normalisierung des Textes, die Fassung Goettes, was wiederum durch die hier stillschweigend übernommenen Konjekturen zu erkennen ist (z. B. Str. 102, 3 ein gegen die Hs. eingefügtes *gmacht*). Die Edition der MBKD (nt. 46) folgt dem Faksimile von Behrend/Wolkan, übernimmt jedoch die Lesarten und Konjekturen Goettes. Mueller, Ehrenbrief (nt. 16) schließlich hatte ebenfalls als Grundlage das Faksimile, wobei sie den Text sehr getreu abdruckt; im Gegensatz zu allen anderen Editionen gibt sie auch diakritische Zeichen wie etwa den u-Strich wieder. Auch Mueller übernimmt die Konjekturen Goettes, verzeichnet dies allerdings, anders als Behrend/Wolkan, in den Lesarten.
⁴⁹ K. Grubmüller, Der Hof als städtisches Literaturzentrum. Hinweise zur Rolle des Bürgertums am Beispiel der Literaturgesellschaft Münchens im 15. Jahrhundert, in: id. e. a. (eds.), Befund und Deutung. Zum Verhältnis von Empirie und Interpretation in Sprach- und Literaturwissenschaft.

deutschen Literatur des Mittelalters auswertete[50]. Erst in jüngerer Zeit hat sich eine integralere Sichtweise auf den ‚Ehrenbrief' etabliert, wobei insbesondere die literarische Faktur als Versuch der Selbstinszenierung und der Teilhabe an der ritterlich-höfischen Kultur der Zeit in den Blick genommen wird: Der ‚Ehrenbrief' wird interpretiert als „Entwurf eines eigenen Lebensbildes im Versuch der Literarisierung", womit „die Exklusivität des literarischen Spiels als bewußt eingesetztes privilegiertes Statuskennzeichen sozialer Gruppen" verstanden werden könne[51]. „Püterichs Bestreben, dem höheren Adel zumindest im turniersportlichen Engagement gleichzukommen […] kann […] vielleicht auch zur Erklärung seiner ausgeprägten Vorliebe für die alten, adlige Lebensformen seiner Meinung nach vermutlich exemplarisch repräsentierenden Ritterepen beitragen."[52] Allerdings verstellt der Blick auf den vermeintlichen Gegensatz „zweier gegensätzlicher literarischer Interessensrichtungen in der Mitte des 15. Jh.s: einer konservativen, die J(akob) P(üterich) für sich in Anspruch nimmt, und einer modernen, die ihm nur aus Titeln von Mechthilds Bibliothek entgegentritt"[53], nach wie vor, dass es Püterich zum einen nicht um den Gegensatz zu Mechthild in der Unterschiedlichkeit ihres Buchbesitzes geht, sondern um die verbindende Gemeinsamkeit ihrer literarischen Kennerschaft, und zum anderen, wesentlicher noch, dass es sich bei den von Püterich aufgezählten weltlichen Büchern eigenen Besitzes eben nicht nur um „Ritterepen"[54], „Ritterliteratur"[55] oder „Ritterromane"[56] handelt, sondern dass er ausweislich der inneren Ordnung seine Bücherkatalogs verschiedene Gruppen literarischer Texte unterscheidet.

## II. Püterichs Buchsammlung im Kontext spätmittelalterlicher Adelsbibliotheken des deutschsprachigen Raums

Nach seinem Adelskatalog kommt Püterich darauf zu sprechen, dass Margarethe von Parsberg bei ihrem Abschied ihm noch einen Brief von Herzog Otto,

---

Festschrift Hans Fromm, Tübingen 1979, 405–427, hier 419–421; M. Backes, Das literarische Leben am kurpfälzischen Hof zu Heidelberg im 15. Jahrhundert. Ein Beitrag zur Gönnerforschung des Spätmittelalters (Hermaea N.F. 68), Tübingen 1992, 188 sq.

[50] Für P. J. Becker, Handschriften und Frühdrucke mittelhochdeutscher Epen. Eneid, Tristrant, Tristan, Erec, Iwein, Parzival, Willehalm, Jüngerer Titurel, Nibelungenlied und ihre Reproduktion und Rezeption im späteren Mittelalter und in der frühen Neuzeit, Wiesbaden 1977, ist der ‚Ehrenbrief' einer der Kronzeugen für die verlorenen Textzeugen mittelhochdeutscher Literatur.

[51] Ch. Rischer, Literarische Rezeption und kulturelles Selbstverständnis in der deutschen Kultur der „Ritterrenaissance" des 15. Jahrhunderts. Untersuchungen zu Ulrich Fuetrers „Buch der Abenteuer" und dem „Ehrenbrief" des Jakob Püterich von Reichertshausen (Studien zur Poetik und Geschichte der Literatur 29), Stuttgart e. a. 1973, 92 sq.

[52] Bastert, Hof (nt. 39), 91.

[53] Grubmüller, Püterich (nt. 5), 921 sq.

[54] Bastert, Hof (nt. 39), 91; Rischer, Rezeption (nt. 51), 90.

[55] Rischer, Rezeption (nt. 51), 91.

[56] A. Klein, Der Literaturbetrieb am Münchner Hof im fünfzehnten Jahrhundert (Göppinger Arbeiten zur Germanistik 652), Göppingen 1998, 106.

dem Vetter Mechthilds, ausgehändigt habe, worin dieser ihn um ein Exemplar des ‚Ritterbuchs vom Pockh' zur Abschrift gebeten habe (Str. 91 sq.). Da er es selbst nicht besitze und nur ein Exemplar bei einem Ritter Ulrich Flädenitz aus dem Steierlande in der Hand gehabt habe (Str. 93), wolle er diese Bitte zum Anlass nehmen, um Mechthild eine Liste seiner Bücher, insbesondere die „*von ritterschaft*", zuzuschicken, damit sie daraus auswähle, was ihr gefalle; im Gegenzug erbitte er von ihr einen „*zetl*" mit ihren Büchern (Str. 95). Diese Liste mit insgesamt 94 Büchern sei ihm in der Zwischenzeit von Erasmus von Tor überbracht worden, wobei er 23 davon nicht kenne (Str. 97) und die er in den folgenden zwei Strophen mit ihren Titeln aufführt (Str. 98–99). Er selbst besitze insgesamt 164 Bücher, die er ihr alle separat „*in einer gschrifft bezeichent*" habe (Str. 120); aus dieser nicht erhaltenen Liste seines Buchbesitzes wählte er wiederum 38 Titel aus, die er im Einzelnen mit den jeweiligen Autoren, soweit er sie kennt, vorstellt (Str. 100–116; cf. Anhang). Beide Bücher- oder besser: Titellisten haben die außerordentliche Prominenz Püterichs für die Bibliotheks- und die Literaturgeschichte bewirkt und sind, wie gezeigt, von letzterer insbesondere als vermeintliches Zeugnis zweier gegensätzlicher literarischer Interessensrichtungen in der Mitte des 15. Jahrhunderts herangezogen worden, wobei für die konservative Jakob Püterich stehe und für die moderne Mechthild[57]. Diese dichotomisierende Unterscheidung scheitert allerdings schon allein daran, dass die beiden Interessensprofile ja jeweils nur aus den Differenzmengen der beiden Sammlungen, also den 23 Büchern, die Püterich nicht kennt, und den 38 Büchern, die Mechthild nicht kennt, erschlossen wird; die Schnittmenge der beiden Sammlungen ist mit 71 Büchern Mechthilds, die Püterich bekannt sind, bzw. mit 126 Büchern, die Püterich Mechthild gegenüber nicht für erwähnenswert hält, demgegenüber wesentlich, d. h. dreimal bzw. sogar fast sechs Mal größer; aus diesem gemeinsamen Buchbesitz oder zumindest ihrer Kenntnis wäre zuvörderst das literarische Interesse beider zu rekonstruieren.

Nun ist, im Gegensatz zu Mechthilds Sammlung, von Püterichs Buchbesitz leider nur wenig erhalten geblieben; nachdem man lange Zeit nur versucht hatte, die von Püterich genannten Werke mit noch existierenden Handschriften zu identifizieren[58], ist erst anlässlich des Neuzugangs des ‚Ehrenbriefs' in München auf zwei Bücher aus Püterichs Besitz in der Bayerischen Staatsbibliothek hingewiesen worden. Es handelt sich dabei um völlig unspektakuläre, um nicht zu sagen: alltägliche Texte spätmittelalterlicher Frömmigkeitspraxis, die durchaus

---

[57] Cf. supra p. 466.
[58] Mueller, Ehrenbrief (nt. 16), 24, nennt die Wolfenbütteler Handschrift von Wolframs ‚Willehalm' und die Münchner Handschrift Cgm 44 von Ulrichs von Liechtenstein ‚Frauendienst'. F. W. v. Kries, Textkritische Studien zum Welschen Gast Thomasins von Zerclaere (Quellen und Forschungen zur Sprach- und Kulturgeschichte der germanischen Völker N.F. 23 [147]), Berlin 1967, 67 sq. vermutet vorsichtig, dass die Handschrift Wolfenbüttel, Herzog August Bibl., Cod. 37.19 Aug. 2° des ‚Welschen Gastes' im Besitz Püterichs gewesen sein könnte, da das Wappen der von Seckendorf in die Inndendeckel geklebt worden sei und Püterich in zweiter Ehe mit einer geborenen von Seckendorf verheiratet war.

auch in Mechthilds Bibliothek vorhanden gewesen sein könnten: um die Predigten des sog. Schwarzwälder Predigers (Cgm 305 und 306) und um Auszüge aus der ins Deutsche übersetzten ‚Legenda aurea' des Jacobus de Voragine (Cgm 306)[59]. Es sollen daher, um die Außergewöhnlichkeit oder auch die Normalität der beiden Interessensprofile besser bewerten zu können, die anderen Adelsbibliotheken im deutschsprachigen Raum zum Vergleich herangezogen werden.

Eine Zusammenstellung des Buchbesitzes aller spätmittelalterlichen Adelsbibliotheken im deutschen Raum, wozu einerseits die Provenienzvermerke, andererseits die erhaltenen Buchkataloge herangezogen werden könnten, fehlt. Zwar ist eine Provenienzauswertung für einzelne Handschriftenbestände schon vorgenommen worden[60], und auch einzelne Kataloge sind von der Forschung schon entsprechend ausgewertet worden[61], eine ins Detail gehende Zusammenschau steht aber noch aus[62]. Ich stütze mich daher im Folgenden nur auf die mir bekannten Katalogeditionen und Bibliotheksrekonstruktionen, die in ihrer Gesamtheit eine gewisse Repräsentativität garantieren mögen; von der Auswertung einzelner Provenienzzuweisungen sehe ich aus demselben Grund ab.

Unter Ausklammerung der beiden Bibliotheken Püterichs und Mechthilds komme ich auf insgesamt 20 nachweisbare Adelsbibliotheken bis zum Ende des 15. Jahrhunderts (in chronologischer Reihenfolge): (1) Ritter Eberhard von Schambach (Inventar von 1376 mit 26 Titeln und 10 unbenannten Bänden)[63], (2) Pfalzgraf Ludwig III. zu Heidelberg (Schenkungsverzeichnis von 1438 mit 152 Werken)[64], (3) Graf Ludwig von Öttingen zu Maihingen (Inventar von 1430

---

[59] Montag, Ehrenbrief (nt. 6), 50 (gleichlautende Einträge auf den Vorsatzblättern von Cgm 305 und 306 „*der selb obgenant Jacob Pútreych hat diese zway puecher geordent und geschafft in dises swesterhauß das man nent der Puetreych selhawß*"). – K. Schneider, Die deutschen Handschriften der Bayerischen Staatsbibliothek München. Die mittelalterlichen Handschriften aus Cgm 4001–5247, Wiesbaden 1996, 452, deutet vorsichtig an, dass der Cgm 5064, der einen Heinrich von Mügeln zugeschriebenen Psalmenkommentar enthält, aus Püterichs „Bibliothek stammen könnte". Schneider stützt sich auf den Besitzeintrag fol. 1r „*Das buch ist meiner liebn muoter Ursula von Freiberg*", da Püterich mit einer Ursula von Freyberg zu Aschau in zweiter Ehe verheiratet war. Allerdings ist die Handschrift dem Eintrag nach von Ursula von Freyberg an ihr Kind vererbt worden und nicht an Jakob Püterich; da Ursula vor Jakob gestorben ist, ist nicht anzunehmen, dass die Handschrift nach ihrem Tod vorher an Püterich gegangen ist.

[60] A. Erhard, Untersuchungen zum Besitz- und Gebrauchsinteresse an deutschsprachigen Handschriften im 15. Jahrhundert nach den Beständen der Bayerischen Staatsbibliothek München, Diss. München 2012.

[61] W. Fechter, Das Publikum der mittelhochdeutschen Dichtung (Deutsche Forschungen 28), Frankfurt a. M. 1935; Becker, Handschriften (nt. 50).

[62] Eher unter sozialhistorischer Perspektive sind geschrieben: E. Pleticha, Adel und Buch. Studien zur Geisteswelt des fränkischen Adels am Beispiel seiner Bibliotheken vom 15. bis zum 18. Jahrhundert, Neustadt an der Aisch 1983; Ch. Reinle, Auf Spurensuche. Recherchen zu Bibliotheken der Ritterschaft im Süden und Südwesten des Alten Reiches, in: K. Andermann (ed.), Rittersitze. Facetten adligen Lebens im Alten Reich (Kraichtaler Kolloquien 3), Tübingen 2002, 71–109.

[63] MBKD (nt. 46), IV, 1, 494 sq.

[64] Historia et Commentationes Academiae […] Theodoro-Palatinae, vol. I, Mannheim 1766, 406–420; F. Wilken, Geschichte der Bildung, Beraubung und Vernichtung der alten Heidelberger Büchersammlungen, Heidelberg 1817, 95–104.

mit 13 Titeln)⁶⁵, (4) Kurfürsten von Sachsen zu Wittenberg (Inventar von 1434 mit 31 Titeln)⁶⁶, (5) Grafen von Katzenelbogen zu Darmstadt (Inventar von 1444 mit 37 Titeln)⁶⁷, (6) Hzg. Ludwig VII. von Bayern-Ingolstadt zu Neuburg (Inventar von 1446 mit 5 Titeln)⁶⁸, (7) Grafen von Ortenburg (Inventar Mitte 15. Jh. mit 13 Titeln)⁶⁹, (8) Graf Wilhelm von Öttingen (Inventar von 1460/67 mit 76 Titeln)⁷⁰, (9) Anton von Annenberg (Rekonstruktion von ca. 250 Bänden um 1470)⁷¹, (10) Graf Everwyn von Bentheim (Inventar mit 12 Titeln)⁷², (11) Graf Johann IV. von Nassau zu Breda († 1475) (Rekonstruktion von 29 Hss.)⁷³, (12) Pfalzgraf Friedrich I. zu Heidelberg (Inventar von 1476 mit 107 Bänden)⁷⁴, (13) Herzogin Margarethe von Savoyen († 1479) zu Stuttgart (Rekonstruktion von 23 Hss.)⁷⁵, (14) Graf Kuno von Manderscheid-Blankenheim († 1489) (Rekonstruktion von 42 Hss.)⁷⁶, (15) Freiherr Werner der Ältere von Zimmern († 1495) (Rekonstruktion von 68 Hss.)⁷⁷, (16) Herzog Eberhard im Bart († 1496) zu Urach (Rekonstruktion von 25 Hss.)⁷⁸, (17) Elisabeth von Volkensdorff (Inventar des 15. Jh. mit 47 Titeln)⁷⁹, (18) Wirich von Daun zu Oberstein († 1501)

---

⁶⁵ MBKD (nt. 46), III, 1, Bistum Augsburg, bearb. v. P. Ruf, München 1932, 157 sq.
⁶⁶ W. Lippert, Der älteste kursächsische Katalog aus dem Jahre 1437, in: Neues Archiv für sächsische Geschichte und Altertumskunde 16 (1895), 135–139.
⁶⁷ G. Landau, Die Bibliothek der Grafen von Katzenelbogen in Darmstadt, in: Archiv für hessische Geschichte und Altertumskunde 7 (1853), 190–192.
⁶⁸ MBKD, III, 1 (nt. 65), 153.
⁶⁹ MBKD (nt. 46), IV, 1, 15 sq.
⁷⁰ MBKD, III, 1 (nt. 65), 158–161.
⁷¹ F. Fürbeth, Die spätmittelalterliche Adelsbibliothek des Anton von Annenberg. Ihr Signaturensystem als Rekonstruktionshilfe, in: R. Schlusemann e. a. (eds.), Sources for the History of Medieval Books and Libraries, Groningen 2000, 61–78.
⁷² T. Sodmann (ed.), Jacob van Maerlant, Historie van den Grale und Boek van Merlin. Nach der Steinfurter Handschrift, Köln–Wien 1980, 35 sq.
⁷³ H. Brinkman, The composition of a fifteenth-century aristocratic library in Breda. The books of John IV. of Nassau and Mary van Loon, in: Quaerendo 23 (1993), 162–183.
⁷⁴ G. Kattermann, Ein Bücherverzeichnis des Kurfürsten Friedrich I. von der Pfalz, in: Zeitschrift für die Geschichte des Oberrheins NF 50 (1937), 44–57.
⁷⁵ H. Lähnemann, Margarethe von Savoyen in ihren literarischen Beziehungen, in: I. Kasten (ed.), Höfische Literatur und Klerikerkultur. Wissen – Bildung – Gesellschaft (Encomia-Deutsch), Tübingen 2002, 158–173.
⁷⁶ A. R. Deighton, Die Bibliothek der Grafen von Manderscheid-Blankenheim, in: Archiv für Geschichte des Buchwesens 26 (1986), 259–283; H. Beckers, Handschriften mittelalterlicher deutscher Literatur aus der ehemaligen Schloßbibliothek Blankenheim, in: Die Manderscheider. Eine Eifeler Adelsfamilie. Herrschaft. Wirtschaft. Kultur, Köln 1990, 57–82.
⁷⁷ H. Modern, Die Zimmern'schen Handschriften der k. k. Hofbibliothek. Ein Beitrag zur Geschichte der Ambraser Sammlung und der k. k. Hofbibliothek, in: Jahrbuch der kunsthistorischen Sammlung des Allerhöchsten Kaiserhauses 20 (1899), 119–180; Th. Gottlieb, Zimmernsche Handschriften in Wien, in: Zeitschrift für deutsche Philologie 31 (1899), 303–314.
⁷⁸ R. Cermann, Die Bibliothek Herzog Eberhards im Bart von Württemberg (1445–1486), in: Scriptorium 51 (1997), 30–50.
⁷⁹ Mittelalterliche Bibliothekskataloge Österreichs, V, Oberösterreich, bearb. v. H. Paulhart, Wien–Köln–Graz 1971, 145–147.

(Rekonstruktion von 4 Hss.)[80], (19) Ortolf d. Ä (†1475) u. Ortolf d. J. von Trenbach (†1502) (Rekonstruktion von 11 Bänden mit 25 Werken)[81], (20) Grafen Otto VII. (†1494) und Friedrich II. (†1503) von Hoya (Inventar mit 31 Bänden)[82].

Der Hochadel überwiegt mit 14 Bibliotheken bei weitem, wobei er nicht unbedingt die größten Sammlungen besitzt: Anton von Annenberg etwa, ein Südtiroler Niederadliger, hatte ca. 250 Bücher, wovon der Großteil jedoch verloren ist. Dies ist allerdings die Ausnahme; berechnet man die arithmetische Durchschnittsgröße, so liegt der Hochadel mit etwa 43 Bänden pro Sammlung leicht vor dem Niederadel mit genau 30 Bänden pro Sammlung (unter Nichtberücksichtigung des Ausreißers Anton von Annenberg).

Vom statistischen Durchschnitt gesehen liegt der Bücherbesitz Mechthilds von Rottenburg mit insgesamt 94 Büchern bei etwa dem doppelten Umfang desjenigen ihrer Standesgenossen, der Besitz Püterichs mit 164 Büchern aber schon bei dem mehr als Fünffachen desjenigen seiner Standesgenossen. Unter diesem Aspekt können die beiden also mit gutem Recht als außergewöhnliche Büchersammler ihrer Zeit und ihres Standes bezeichnet werden, wobei allerdings berücksichtigt werden muss, dass dies nur für den Durchschnitt gilt; Mechthilds Vater, Ludwig III., und ihr Bruder Friedrich besaßen noch größere Bibliotheken, und auch Püterichs Besitz wird wie gesagt von dem Antons von Annenberg noch übertroffen.

Es bleibt noch die Frage nach den jeweiligen Interessensprofilen zu beantworten. Dabei sollen allerdings nicht die einzelnen Sammlungen miteinander verglichen werden, sondern es soll eine statistische Erfassung der genannten Werke und Gattungen vorgenommen werden, um so einerseits die häufigsten und damit beliebtesten Bücher feststellen und andererseits ein durchschnittliches Interessensprofil erkennen zu können.

Lässt man die für den Vergleich mit der Sammlung Püterichs nicht relevanten lateinischsprachigen und urkundlichen Bücher unberücksichtigt, so bleiben von insgesamt 1029 noch 488 deutschsprachige Werke. Darunter macht mit 166 Texten die erbauliche Literatur ein Drittel aus, die wissensvermittelnde Literatur einschließlich der Medizin ist mit 97 Texten vertreten (19,9 %) und das Recht nur mit 40 Werken (8,2 %). Ebenfalls nur in kleiner Zahl vorhanden ist die Geschichte mit 33 Texten (6,8 %); nur wenige Texte sind aufgrund des Inventareintrags nicht zu identifizieren (28 = 5,7 %). Die zweitgrößte Gruppe hinter den erbaulichen Werken ist nun die Literatur mit 124 Texten, also rund einem

---

[80] H. Beckers, *Der püecher haubet, die von der tafelrunde wunder sagen*. Wirich von Stein und die Verbreitung des 'Prosa-Lancelot' im 15. Jahrhundert, in: W. Schröder (ed.), Wolfram-Studien IX. Schweinfurter 'Lancelot'-Kolloquium 1984, Berlin 1986, 17–45.

[81] G. Steer, Hugo Ripelin von Straßburg. Zur Rezeptions- und Wirkungsgeschichte des „Compendium theologicae veritatis" im deutschen Spätmittelalter (Texte und Textgeschichte 2), Tübingen 1981, 246–262; Erhard, Untersuchungen (nt. 59), 49–129.

[82] H. Oncken, Die ältesten Lehnsregister der Grafen von Oldenburg und Oldenburg-Bruchhausen, in: Schriften des Oldenburger Vereins für Altertumskunde und Landesgeschichte 9 (1893), 45–56.

Viertel der Gesamtzahl. Nur eine kleine Minderheit darunter sind Lieder und Sprüche (11 Bände), bei dem größten Teil handelt es sich um erzählende Literatur (113 Texte).

Welche Werke sind nun am häufigsten vertreten? Bei der erbaulichen Literatur ist dies erwartungsgemäß die Bibel mit 17 Exemplaren[83], gefolgt von Psalterien (13 Ex.)[84], Gebetbüchern (10 Ex.)[85], (teils glossierten) Evangelien (8 Ex.)[86] und dem Passional (7 Ex.)[87]. Dazu kommen das ‚Leben der Altväter' (5 Ex.)[88], die ‚24 Alten' (3 Ex.)[89], die ‚Brandanlegende' (3 Ex.)[90], die ‚Dreikönigslegende' (3 Ex.)[91], die ‚Visiones Georgii'[92], der ‚Belial' (4 Ex.)[93] und die ‚Erkenntnis der Sünde' von Heinrich von Langenstein (5 Ex.)[94]. Auch bei den juristischen Texten finden sich hauptsächlich die Standardwerke: der ‚Schwabenspiegel' (9 Ex.)[95], der ‚Sachsenspiegel' (10 Ex.)[96], die ‚Summa Johannis' (4 Ex.)[97] sowie einige nicht näher bezeichnet Lehens- (2 Ex.)[98] und Rechtsbücher (4 Ex.)[99]. In der wissensvermittelnden Literatur überwiegt die Medizin mit 16 Arzneibüchern[100]; ansonsten finden sich in größerer Zahl noch Kalendarien (3 Ex.)[101], Feuerwerksbücher (3 Ex.)[102], der ‚Renner' Hugos von Trimberg (3 Ex.)[103], das ‚Schachzabelbuch' Konrads von Ammenhausen (8 Ex.)[104] und die ‚Reisen' des Johannes von Mandeville (10 Ex.)[105], wobei die letzteren drei wegen ihres lehrhaft-erbaulichen Inhalts ebenso gut in die Gruppe der erbaulichen Literatur eingeordnet werden könnten. Relativ gering ist das geschichtliche Interesse; hier sind es in der Hauptsache Weltchroniken, die vorhanden sind (12 Ex.)[106].

---

[83] In den Sammlungen Nr. 3, 4, 5, 8, 9, 11 (2 Ex.), 13 (3 Ex.), 14, 15 (2 Ex.), 17 (3 Ex.), 20.
[84] In den Sammlungen Nr. 1, 3 (3 Ex.), 4, 7, 8, 9, 11, 15 (2 Ex.), 20 (2 Ex.).
[85] In den Sammlungen 3 (6 Ex.), 17 (4 Ex.).
[86] In den Sammlungen 3, 7, 11 (2 Ex.), 14, 17 (2 Ex.), 20.
[87] In den Sammlungen Nr. 3 (2 Ex.), 4, 5, 11, 13, 15.
[88] In den Sammlungen Nr. 1 (2 Ex.), 3, 11, 13.
[89] In den Sammlungen Nr. 3, 13, 20.
[90] In den Sammlungen 5, 13, 17.
[91] In den Sammlungen 3, 5, 14.
[92] In der Sammlung 19 (3 Ex.).
[93] In den Sammlungen 3, 13, 19 (2 Ex.).
[94] In den Sammlungen Nr. 3, 8, 11, 17, 19.
[95] In den Sammlungen 9, 12, 14, 15, 19. Das in den Sammlungen 3, 8 und 20 (2 Ex.) als ‚Kaiserrecht' bezeichnete Werk meint wohl auch den Schwabenspiegel.
[96] In den Sammlungen 3 (2 Ex.), 4, 9, 15, 20 (5 Ex.).
[97] In den Sammlungen 3, 11, 12, 20.
[98] In der Sammlung 17 (2 Ex.).
[99] In den Sammlungen 5, 7, 17 (2 Ex.).
[100] In den Sammlungen 1 (2 Ex.), 3 (2 Ex.), 9 (2 Ex.), 13, 16 (3 Ex.), 17 (5 Ex.), 19.
[101] In den Sammlungen 1 (2 Ex.), 15.
[102] In den Sammlungen 3 (2 Ex.), 8.
[103] In den Sammlungen 3, 11, 14.
[104] In den Sammlungen 3, 10, 11, 13, 14 (2 Ex.), 15, 19.
[105] In den Sammlungen 3 (3 Ex.) 4, 7, 8, 14 (2 Ex.), 15, 19.
[106] In den Sammlungen 4 (2 Ex.), 11, 15 (2 Ex.), 20, 3 (‚Chronik von Päpsten und Königen'; 2 Ex.), 7 (‚Chronik vom Anfang der Welt'), 12 (‚Chronica regum'), 14 (‚Kaiserchronik'), 17 (‚Römische Chronik').

Eine typische deutsche Adelsbibliothek des 15. Jahrhunderts würde im Kern also, geht man nach den meistvorhandenen Werken, folgende Bücher enthalten: eine Bibel, ein Gebetbuch, ein Psalterium, ein glossiertes Evangelienbuch, eine Legendensammlung sowie ein paränetisches Werk wie etwa die ‚Erkenntnis der Sünde' von Heinrich von Langenstein, ergänzt um moralisch unterweisende Werke wie das ‚Schachzabelbuch'. Dazu kämen der Schwabenspiegel, ein Arzneibuch und eine Weltchronik. Dass die Sammlung Jakob Püterichs von Reichertshausen auch alle diese Werke enthalten hat, viele davon auch in mehreren Exemplaren, wie bei manchen anderen Adelsbibliotheken zu sehen, ist wohl mit großer Wahrscheinlichkeit anzunehmen; die beiden von ihm dem Püterich-Regelhaus gestifteten Handschriften bieten ja genau diese Art von paränetisch-unterweisender Literatur.

Damit bleibt aber die Frage nach der Besonderheit seiner Sammlung, also nach den von ihm genannten in seinem Besitz befindlichen literarischen Werken. Hier bietet die Auswertung der anderen Adelsbibliotheken ein nun nicht mehr überraschendes Bild. An der Spitze stehen hier die Werke Wolframs von Eschenbach: der ‚Willehalm' mit neun Exemplaren[107], der ‚Parzival' mit drei Exemplaren[108] und der im Mittelalter und noch von Püterich Wolfram zugeschrieben ‚Jüngere Titurel' mit fünf Exemplaren[109]. Im statistischen Durchschnitt gesehen besitzt also fast jede deutsche Adelsbibliothek des 15. Jahrhunderts ein Werk von Wolfram von Eschenbach. In der Beliebtheit folgen andere Vertreter des höfischen Romans: der ‚Lancelot' (4 Ex.)[110], der ‚Tristan' Gottfrieds von Straßburg (4 Ex.)[111], der ‚Wilhelm von Orlens' des Rudolf von Ems (4 Ex.),[112] der ‚Wigalois' Wirnts von Grafenberg (3 Ex.)[113], der ‚Lohengrin' (2 Ex.)[114], ‚Tandareis und Flordibel' des Pleier (2 Ex.)[115] und der ‚Erec' Hartmanns von Aue (2 Ex.)[116]. Auffällig ist, dass die Heldenepik insgesamt nur in wenigen vereinzelten Exemplaren vertreten ist[117]. Auch diejenige zeitgenössische Literatur, die Mechthild besitzt und die Püterich deshalb als ihm unbekannt hervorhebt, ist kaum vorhanden; bezeichnend ist, dass sie nur in solchen Sammlungen vorkommt, deren Besitzer, wie Wirich von Daun[118] und Kuno von Manderscheid[119], mit

---

[107] In den Sammlungen 3 (2 Ex.), 7, 10, 14 (2 Ex.), 15 (2 Ex.), 18.
[108] In den Sammlungen 10, 17 (2 Ex.).
[109] In den Sammlungen 3, 8, 9, 15,17.
[110] In den Sammlungen 10 (2 Ex.), 14, 18.
[111] In den Sammlungen 1, 4, 14 (2 Ex.).
[112] In den Sammlungen 11, 14, 16, 17.
[113] In den Sammlungen 4, 14, 17.
[114] In den Sammlungen 13, 19.
[115] In den Sammlungen 14, 16.
[116] In den Sammlungen 7, 17.
[117] ‚Nibelungenlied' (in der Sammlung 9), ‚Sigenot' (13), ‚Ortnit', ‚Hugdietrich', ‚Wolfdietrich' (3), ‚Dietrich von Bern', ‚Laurin' (3), ‚Rosengarten' (4, 3), *Herr Plick und Herr Laurin* (1), *Alt heldenbuch* (15).
[118] Sammlung 18: ‚Margarete von Limburg'.
[119] Sammlung 14: ‚Margarete von Limburg', ‚Pontus und Sidonia', ‚Loher und Maller'.

Mechthild in literarischem Austausch standen, oder die mit Mechthild verwandt waren, wie ihre Schwägerin Margarethe von Savoyen[120] und ihr Sohn Eberhard der Bärtige[121].

Sieht man nun die Bibliothek Püterichs vor diesem Hintergrund einer typischen spätmittelalterlichen Adelsbibliothek, so ist sie als Sammlung gewiss nicht einzigartig: die 126 Bücher, die Püterich nicht im Einzelnen aufführt, dürften dem üblichen Bestand aus religiös-erbaulichen, rechtlichen, medizinischen und geschichtlichen Werken entsprochen haben, deren Kenntnis auch bei Mechthild vorauszusetzen ist. Aber auch die von ihm besonders hervorgehobenen und explizit genannten Werke finden sich zum großen Teil, und manche davon mehrfach, auch bei seinen Standesgenossen wieder: ‚Titurel' [1], ‚Parzival' [2], ‚Willehalm' [3], ‚Lohengrin' [4], ‚Tristan' [5], ‚Iwein' [6], ‚Das erste Buch Willehalms' [7] (d. i. Ulrich von dem Türlin, ‚Arabel')[122], ‚Das letste Buch Willehalms' [8] (d. i. Ulrich von Türnheim, ‚Rennewart')[123], ‚Lancelot' [9], ‚Wigalois' [10], Rudolf von Ems, ‚Willehalm von Orlens' [14], Ulrich von Etzenbach, ‚Alexander' [16][124], Stricker, ‚Karl' [17][125], ‚Wittich vom Jordan' [20] (d i. die ‚Heidin')[126], Johann von Würzburg, ‚Wilhelm von Österreich' [22], ‚Herzog Ernst' [23][127], eine Geschichte Trojas [25][128], ‚Ackhers störung' [27] (d. i. wohl ein Auszug aus der ‚Österreichischen Reimchronik' Ottokars von Steiermark)[129], ein Hoheliedkommentar [28][130], Heinrich von Langenstein, ‚Erkenntnis der Sünde' [30], Otto von Passau, ‚Die 24 Alten' [31], Johannes von Neumarkt, ‚Hieronymus-Briefe' [34][131] und Reinbot von Durne, ‚Georgs-Legende' [37][132].

Nur ein Minderteil ist nicht in den zeitgenössischen Adelsbibliotheken vorhanden, ist aber ansonsten mehr oder minder gut überliefert[133]: Der Pleier, ‚Garel vom blühenden Tal' [11], 2 Hss; Konrad Fleck, ‚Flor und Blanscheflur' [12], 4 Hss.; Thomasin von Zirklaere, ‚Der welsche Gast' [13], 25 Hss.; ‚Wigamur' [15], 3 Hss.; ‚Graf May' [21] (d. i. ‚Mai und Beaflor'), 2 Hss; ‚Die Kreuzfahrt des Landgrafen Ludwigs des Frommen' [24], 1 Hs.; Ulrich von Liechtenstein, ‚Frauendienst' [26], 3 Hss.; ‚die gloß auch um den salter' [29] (d. i. Heinrich

---

[120] Sammlung 13: ‚Heidin', Elisabeth von Nassau-Saarbrücken, ‚Herpin'.
[121] Sammlung 16: ‚Malagis', ‚Reinolt von Montalban'.
[122] Auch in den Sammlungen 14, 15.
[123] Auch in den Sammlungen 14, 15.
[124] Ein ‚Alexander' findet sich auch in den Sammlungen 4 und 10, wobei es sich aber nicht sagen lässt, um welchen der zahlreichen Alexandertexte es sich jeweils handelt.
[125] Auch in der Sammlung 15.
[126] Auch in der Sammlung 13.
[127] Auch in der Sammlung 3.
[128] Auch in den Sammlungen 3, 15, 20.
[129] Als ‚Akkons Zerstörung' auch in der Sammlung 15.
[130] Auch in der Sammlung 15.
[131] Auch in der Sammlung 19.
[132] Eine Georgs-Legende auch in der Sammlung 10.
[133] Die Überlieferungszahlen folgen den Angaben im ‚Handschriftencensus' (www.handschriftencensus.de).

von Mügeln („Österreichischer Bibelübersetzer'), Psalmenkommentar), 71 Hss.; Lamprecht von Regensburg, ‚Tochter Syon' [32], 4 Hss.; Heinrich von Veldeke, ‚Servatius-Legende' [33], 2 Hss.; Heinrich von Burgeis, ‚Der Seele Rat' [36], 1 Hs. Drei der von Püterich aufgeführten Titel sind dagegen nicht oder nicht eindeutig zu identifizieren: Abbickh von Hohenstain, ‚Hzg. Hainreich von der Teiferbrukh' [18][134], ‚Gotfridt vom Prabantlande' [19][135] sowie Johannes Andreae, ‚Hieronymus-Briefe' [35][136] und sind daher wohl zur verlorenen Literatur des Mittelalters zu zählen.

Wenn aber die Sammlung Püterichs im Vergleich zu den anderen Adelsbibliotheken der Zeit nicht einzigartig ist, sondern mit zahlreichen Werken der Literatur durchaus dem typischen Sammlungsinteressen seiner Standesgenossen entspricht – dass manche der von ihm genannten Titel nur eine schmale Parallelüberlieferung haben und manche ganz verloren sind, widerspricht dem nicht; auch dies ist typisch für die Adelsbibliotheken der Zeit und generell für die Beschaffungsmöglichkeiten spätmittelalterlicher Literatur – dann stellt sich die grundsätzliche Frage, weshalb Püterich überhaupt diese Auswahl von 37 Werken Mechthild gegenüber aufführt. Dass er damit einfach nur mit seinem Buchbesitz imponieren wollte, ist aus zwei Gründen unwahrscheinlich: erstens war Mechthild von ihrem Heidelberger Umkreis wesentlich größere Bibliotheken gewöhnt; und zweitens hätte diese Funktion auch, vielleicht sogar besser, ja die *gschrift* erfüllt, die er ihr mit einem Gesamtinventar seiner Bibliothek hatte zukommen lassen. Weil zahlreiche der von ihm genannten Werke weit verbreitet waren, kann auch nicht die Demonstration der Exquisithet seiner Bibliothek der Grund sein. Der einzig mögliche Schluss bleibt, dass es ihm nicht auf die Nennung der Titel selbst ankam, sondern auf die Art und Weise ihrer Präsentation.

Dies zeigt schon der Vergleich mit der Liste der 23 Bücher, die ihm aus Mechthilds Bibliothek unbekannt sind; Püterich genügen dafür zwei Strophen, womit diese Aufzählung tatsächlich den Charakter eines Inventars gewinnt. Für seine eigenen Bücher benötigt er dagegen 17 Strophen; die Werke werden nicht bloß benannt, sondern beschrieben. Der Eindruck drängt sich auf, dass es ihm

---

[134] Cf. nt. 147.
[135] Cf. nt. 148.
[136] Da Püterich vorhergehend schon die ‚Vita' des Hieronymus in der Übersetzung des Bischofs von Olmütz [34] genannt hatte (Das Leben des Heil. Hieronymus in der Übersetzung des Bischofs Johannes VIII. von Olmütz, ed. A. Benedict, Prag 1880, LXII, Hinweis die Textnennung bei Püterich), kann es sich es sich bei der zweiten ‚Vita' von Johannes Andreae [35] eigentlich nicht noch einmal um denselben Text handeln, wenn Püterich hier nicht sehr ungenau formuliert (*in annder weiß betrachtet* deutet auf einen zweiten Text hin). Tatsächlich ist der ‚Hieronymianus' von Johannes Andreae nicht nur von Johannes von Olmütz, sondern im 15. Jahrhundert auch von Heinrich Haller und mehrfach anonym übersetzt worden (Cf. E. Bauer, [Art.] ‚Hieronymus-Briefe', in: ²Verfasserlexikon 3 (1981), 1233–1238, ²Verfasserlexikon 11 (2004), 658). Ein bislang unbekanntes Fragment einer weiteren Übersetzung findet sich im Landeskirchlichen Archiv Kassel (URL: <http://www.handschriftencensus.de/25581> (Zugriff 13.03.2019).

hier nicht allein um einen Katalog geht (den er ja mit der *gschrift* schon geliefert hatte), sondern um eine besondere Präsentation seines Buchbesitzes. Dabei steht für ihn aber nicht die materiale Seite seiner Codices im Vordergrund, über die er kein Wort verliert, sondern die literarische Faktur.

## III. Die Präsentation des Buchbesitzes – literarische Wertungen und Ordnungsprinzipien

Bekanntlich wird der Großteil der mittelalterlichen Bibliotheken nach zwei alternativen Modellen geordnet, wobei immer die Bibel als Wort Gottes und Anfang der Schöpfung den obersten Rang einnimmt[137]. In den klösterlichen Bibliotheken, die von Cassiodors ‚Institutiones' und dem darin entworfenen Lese- und Bildungsprogramm geprägt wurden, steht die Bibel an erster Stelle; es folgen die Auslegungen, zuerst die der Kirchenväter, dann die Heiligenlegenden als *imitationes christi*, die paränetischen Schriften und schließlich die weltliche Literatur, insbesondere der *artes liberales*, die zum Verständnis der Bibel notwendig sind. Die universitären Bibliotheken spiegeln dagegen den Weg der intellektuellen Ausbildung wider; am Anfang stehen hier die *artes liberales*, die allerdings im Zuge der Rezeption der arabischen Wissenschaften ihr Curriculum völlig verändert haben und auf die höheren Studien vorbereiten; am Ende steht die Theologie als Auslegungswissenschaft der Bibel, wobei mit Medizin und Jura noch zwei *scienciae lucrativae* zwischengeschaltet sind.

Wie der Bitte um Entschuldigung Püterichs an Mechthild dafür, „*das ich die weltlich puech zue ersten sprach / und nit die geistlich puech hab furgeruckhet*" (St. 117), zu entnehmen ist, war Püterich die klösterliche Ordnung, oder vielleicht allgemeiner: die Hierarchisierung von Buchbesitz nach der Maßgabe ihrer Nähe zum göttlichen Wort durchaus bekannt. Daß er nun stattdessen den ‚Titurel' als „*das haubt ab teutschen puechen*" (Str. 100) an die Spitze seiner Bücherliste setzt, hat zwar sicherlich für den konservativen Rezipienten einen gewissen blasphemischen Zug, wird aber von der von Püterich in selbstironischen Ton dargestellten Münchner Hofgesellschaft eher als kindisch oder närrisch angesehen, die ihm deshalb das „*hůtel*" (Str. 117) wiedergeben wolle[138]. Für Püterich selbst steckt eine grundlegende Änderung in der Bewertungsprogrammatik von Büchern da-

---

[137] Cf. A. Derolez, Les Catalogues de Bibliothèques (Typologie des Sources du Moyen Age Occidental 31), Turnhout 1979, 30–35; D. Nebbiai-Dalla Guarda, Classifications et classements, in: A. Vernet (ed.), Histoire des bibliothèques françaises. Les bibliothèques médiévales du Ve siècle à 1530, Paris 1989, 373–393; F. Fürbeth, Sachordnungen mittelalterlicher Bibliotheken als Rekonstruktionshilfe. In: A. Rapp/M. Embach (eds.), Rekonstruktion und Erschließung mittelalterlicher Bibliotheken. Neue Formen der Handschriftenpräsentation (Beiträge zu den Historischen Kulturwissenschaften 1), Berlin 2008, 87–103.

[138] Die Interpretation dieses Verses *gebt im das hůtel wider* ist unsicher. Goette, Ehrenbrief (nt. 39), 109, vermutet darunter ein „Kinderhütchen", Bastert, Hof (nt. 39), 89, dagegen die „Narrenkappe als äußeres Zeichen eines verkehrten Verhaltens".

hinter: es geht ihm nicht mehr primär um den Inhalt, sondern um die literarische Machart bzw. die zugrunde liegende Könnerschaft des Verfassers. Dies ist nämlich der wesentliche Unterschied seines Katalogs zu dem von ihm ausschnitthaft gebotenen Inventar der Bücher Mechthilds. Während dort nur die Titel genannt werden[139], gibt er bei seinen Büchern den Verfasser an und den Grad von dessen Kunstfertigkeit: Wolfram habe den ‚Titurel' *„mit ticht so gar durchfeinet"* (1), den ‚Parzival' (2), den ‚Willehalm' (3) und den ‚Lohengrin' (4) *„mit alle gemacht und zesamen gepunnden"*, während Gottfried den ‚Tristan' (5) nur *„besahet"* und Hartmann den ‚Iwein' (6) *„gemahet"* haben. Insgesamt scheint Püterich vier Kategorien von literarischer Qualität zu unterscheiden: die absolute Könnerschaft Wolframs, die Püterich mit Termini aus der höheren Textilkunst beschreibt[140]; eine knapp darunter stehende, aber nicht die Qualität Wolframs erreichende Kunstfertigkeit, für die Püterich vielleicht Begriffe der Wappenblasonierung benutzt (Thomasin habe den ‚Welschen Gast' *gezieret*, Rudolf von Montfort den ‚Wilhelm' *„grinisiert"*[141]; Str. 104), eine durchschnittliche literarische Fähigkeit, die Püterich mit dem allgemeinen *tihten* benennt, aber noch einmal durch entsprechende Adverbien differenziert (der Stricker habe *„bedichtet lobeleichen"*, 18; Rüdiger von Hinkhofen *„tihtet fürwar"*, 22; Johann von Würzburg *„tihtet vil schon"*, 23); und schließlich eine fast schon abwertend erscheinende Bezeichnung, die auf das bloße Herstellen und Mitteilen ohne jede weiter poetische Qualität abzuheben scheint (*„besahet"*, 5; *„gemahet"*, 6; *„berihtet"*, 13).

Nun könnte man selbstverständlich die unterschiedlichen Bezeichnungen auch einfach damit erklären, dass Püterich hier schlicht nach Variation in den Dichtungs-Verben sucht; dagegen scheinen mir aber zwei Gründe zu sprechen. Zum einen wählt Püterich für seinen ‚Ehrenbrief' statt des für die höfischen Romane typischen Paarreims die artifizielle Strophenform des ‚Titurel', den er ja für ein Werk Wolframs hält; diese Wahl ist damit nicht nur eine Hommage an Wolfram, sondern eben auch der Ausweis eigener Kenner- und Könnerschaft durch die Beherrschung der elaboriertesten, im Sinne Püterichs also der besten Dichtungsform. Zum zweiten scheint aber Püterich mit diesen unterschiedlichsten Dichtungs-Bezeichnungen auf den Literatur-Exkurs in Gottfrieds Tristan (V. 4619–4818)[142] zu rekurrieren, den er nach Ausweis seines Bücherkatalogs ken-

---

[139] *„Malagis, Reinalt, Minpurg und die Morein / Khatarein von Serins, / Grisel, Melusin und statschreibers püechlin"* etc. (Str. 98).

[140] *durchvînen* mit schönheit durchdringen (*durchfeinte schöne kleider*): M. Lexer, Mittelhochdeutsches Handwörterbuch, vol. 1., Leipzig 1872, 491.

[141] Das Verb *grinisieren* bzw. *grimsieren* ist in den einschlägigen mittelhochdeutschen Wörterbüchern nicht nachzuweisen; das Verbbildungslexem *-ieren* deutet auf französischen Ursprung hin. A. Tobler/E. Lommatzsch/P. Blumenthal, Altfranzösisches Wörterbuch, Stuttgart 2002, kennen zwar ein entsprechendes Verb nicht, es könnte aber vermutet werden, dass es sich um ein Verb der heraldischen Fachsprache handelt, wo es allerdings auch nicht nachzuweisen ist. (J. Parker, A Glossary of Terms Used in Heraldry, New Edition Newton Abbot 1970). Es muss wohl auch an dieser Stelle von einer Textverderbnis ausgegangen werden.

[142] Gottfried von Straßburg, Tristan, vol. 1, Text, ed. K. Marold. Unveränderter fünfter Abdruck [...] von W. Schröder; vol. 2, Übersetzung von P. Knecht, Berlin–New York 2004.

nen muss: Dort hat er nicht nur die Metaphern der Textilkunst für die literarische Kritik finden können[143], sondern vor allem auch das Vorbild einer literarischen Hierarchisierung. Während Gottfried dort Hartmann von Aue für seine „*kristallînen wortelîn*" („kristallenen Wörter", V. 4627) und die Fähigkeit lobt, seine Dichtungen „*mit worten und mit sinnen*" zu „*durchverwen und durchzieren*" („so recht farbig und prächtig zu gestalten", ll. 4622 sq.), greift er einen Ungenannten an (hinter dem gemeinhin Wolfram vermutet wird[144]), „*der des hasen geselle sî und ûf der wortheide hôchsprünge und wîtweide mit bickelworten welle sîn*" („der des Hasen Geselle sei und auf der Wortheide große Sprünge machen und weit umher rare Schummelwörtlein zupfen möchte", ll. 4636–4639)[145]. Die Bewertung Gottfrieds kehrt Püterich als Verehrer Wolframs geradewegs um: Wolfram ist durch seine Dichtkunst der Veredler der Erzählung, während Gottfried und mit ihm dann auch Hartmann nur als bloße Handwerker („Macher") gesehen werden.

Da Püterich seine Bücher allerdings nicht absteigend von Wolfram zu Gottfried präsentiert, sondern, abgesehen von Wolframs Werken, gute und seiner Meinung nach weniger gute Bücher scheinbar bunt durcheinander mischt, muss es noch ein anderes Kriterium für die Ordnung seines Katalogs geben. Dies ist natürlich zum einen die schon erwähnte von ihm selbst genannte, wenn auch auf den Kopf gestellte Unterscheidung zwischen geistlichen und weltlichen Büchern (Str. 117). Es ist aber ein Irrtum der Forschung, wenn man unter den weltlichen Büchern Püterichs ausschließlich ‚Ritterromane' oder ‚Ritterepik' verstehen will[146]. Dies beruht auf einer allzu modernen Lesart von Püterichs Altersklage, in dem Püterich konzediert, dass es ihm nun nicht mehr gut anstehe, „*der ritterleichen puech*" zu besitzen und er stattdessen besser geistliche Literatur lese (Str. 119). Die Germanistik denkt dabei offensichtlich sofort an die Romane der Artusrunde[147], um die es sich ja in der Tat bei den gerade genannten Werken einer ersten Gruppe von Püterichs weltlichen Bücher handelt [1–15]; Püterich meint aber nicht nur die Artus-Ritter, sondern auch die realen Ritter des Mittelal-

---

[143] „*von Steinnahe Blikêr, diu sîniu wort sint lussam. si worhten vrouwen an der ram von golde und ouch von sîden, man möhtes undersnîden mit kriecheschen borten.*" („Köstlich sind die Worte des Bligger von Steinach, von edlen Damen wurden sie aus Gold und Seide gewebt: Sie sind es wert, eingefasst zu werden mit griechischen Borten." Tristan, ll. 4689–4695).

[144] Cf. Th. Vennemann, Gegen wen polemisierte Gottfried von Straßburg? – Des Hasen geselle und die *vindære wilder mære* („Tristan", vv. 4636–4688), in: W. Tauber (ed.), Aspekte der Germanistik. Festschrift für Hans-Friedrich Rosenfeld (Göppinger Arbeiten zur Germanistik 521), Göppingen 1989, 147–172.

[145] Cf. S. Müller-Kleimann, Gottfrieds Urteil über den zeitgenössischen deutschen Roman. Ein Kommentar zu den Tristanversen 4619–4748 (Helfant-Studien S 6), Stuttgart 1990.

[146] Cf. supra p. 466 mit ntt. 54–56.

[147] Cf. Rischer, Rezeption (nt. 51), 90 sq. („Die Reihenfolge der Ritterepen, die Püterich im Anschluss an die Werke Wolframs als seinen Besitz aufführt, ist kaum durch Wertprinzipien strukturiert, vielmehr scheinen günstiger Reim und sporadische inhaltliche Zusammenhänge (cf. e.g. 105) den Katalog zu bestimmen. Lediglich eine gewisse Rangfolge der literarischen Berühmtheit wird eingehalten: Auf Gottfrieds ‚Tristan' folgen Hartmanns ‚Iwein' [...] und eine Episode aus der Reimchronik Ottokars von Steiermark [...] Nach der Ritterliteratur nennt Püterich seine Handschriften der geistlichen Literatur").

ters, deren Taten er in einer zweiten Gruppe von historiographischen Werken ordnet.

Die Gruppe beginnt mit der Geschichte Alexanders [16] und endet vor dem Übergang zur geistlichen Literatur mit einem Werk namens ‚Ackhers störung' [27]. Die innere Ordnung scheint chronologisch zu sein, wobei immer in Anschlag gebracht werden muss, dass die moderne Datierung nicht derjenigen entsprechen muss, die Püterich vor Augen hatte. Das Leben und die Taten Alexanders († 323 v. Chr., Nr. 16) jedenfalls sind historisch gesehen sicherlich an den Anfang zu stellen, gefolgt von Strickers Bericht über die Taten Karls des Großen († 814, Nr. 17). Da die Erzählung von ‚Herzog Hainrich von der Teiferbrugkh' [18] bislang nicht identifiziert werden konnte[148], muss auch die Datierung offen bleiben, während mit ‚Gotfridt vom Prabantlande' [19], „*durch den vnns gott sein heiligs grab hersandte*", nur Graf Gottfried von Bouillon († 1100), der erste Regent des Königsreichs Jerusalem, gemeint sein kann; bei dem von Püterich genannten Werk könnte es sich um eine Reimfassung des wenig später in Prosa gedruckten Texts von ‚Gotfrieds Eroberung des heiligen Grabes' gehandelt haben[149]. Der Inhalt der von Püterich genannten ‚Taten des Wittich von Jordan' [21] ist nicht zu datieren; Wittig von Jordan ist der Held zweier Redaktionen einer mittelhochdeutschen Versnovelle (‚Heidin' II u. III), in denen er auf Brautwerbungsfahrt zahlreiche Abenteuer im Orient bestehen muss[150]. ‚Graf May' [22] wiederum ist der Protagonist von ‚Mai und Beaflor', der als Regent des Fürstentums Achaia auf dem Peleponnes seinem Onkel bei einen Krieg gegen die Heiden in Spanien hilft; die Handlung wird deshalb auf die Zeit der Kämpfe Ferdinands von Kastilien (1217/52) datiert[151]. Auch im ‚Wilhelm von Österreich' von Johann von Würzburg geht es um einen Krieg zwischen Christen und Heiden, der durch historische Bezüge in die Zeit des dritten Kreuzzugs und der Belagerung von Damiette (1218) verortet werden kann[152]. Um welche der zahlreichen Fassungen es sich bei dem von Püterich genannten ‚Herzog Ernst'

---

[148] Goette, Ehrenbrief (nt. 39), 102 sq. weist auf einen Teilnehmer des ersten Kreuzzuges hin, dessen Name „Heinrich von Tyverbruggen" gelautet habe; es handelt sich dabei allerdings um einen Bürger, keinen Herzog. Auch Mueller, Ehrenbrief (nt. 16), 137, kann hier nicht weiterhelfen, erwähnt aber mit Goette die Nennung eines „Heinrich von Teyferspurgk" bei Ulrich Fuetrer, der sich aber „auf dieses Werk aus Pütrichs Bücherei" beziehe. Immerhin hat es der unbekannte Autor bis zu einem Eintrag im ‚Verfasserlexikon' gebracht: B. Wachinger, [Art.] Abbickh von Hohenstein, in: ²Verfasserlexikon 1 (1978), 5.

[149] Apud Hans Bämler: Augsburg 1482 (GW M38384). Hinweis bei Goette, Ehrenbrief (nt. 39), 103. Nach Mueller, Ehrenbrief (nt. 16), 137, handele es sich bei der Vorlage des Druckes um eine anonyme (allerdings nicht gereimte) Übersetzung der ‚Historia Hierosolymitana' des Robertus Monachus (um 1112/18). Insgesamt sind fünf Übersetzungen der ‚Historia' erhalten, von denen aber nur zwei vor Püterichs ‚Ehrenbrief' entstanden sind. Cf. B. Haupt, [Art.] Robertus Monachus, in: ²Verfasserlexikon 8 (1992), 115–117.

[150] L. Pfannmüller (ed.), Die vier Redaktionen der Heidin (Palaestra 1908), 1911. Identifizierung bei Mueller, Ehrenbrief (nt. 16), 133.

[151] Cf. W. Fechter, [Art.] ‚Mai und Beaflor', in: ²Verfasserlexikon 5 (1985), 1163–1166.

[152] Cf. I. Glier, [Art.] Johann von Würzburg II, in: ²Verfasserlexikon 4 (1983), 824–827.

[23] handelt, kann aus der bloßen Titelangabe im ‚Ehrenbrief' nicht geschlossen werden; allen Fassungen ist aber der Erzählkern gemeinsam, dass Herzog Ernst von Bayern nach der Ächtung durch den Kaiser das Reich verlassen muss und, nach einem Umweg durch den Orient, im Heiligen Land ebenfalls gegen die Heiden kämpft. Auch wenn der Sagenhintergrund auf das 10. und 11. Jahrhundert deutet, muss die Handlung ausweislich der Spuren der Kreuzzüge doch im 12. oder 13. Jahrhundert spielen[153]. Der Tod des Landgrafen Ludwig III. von Thüringen, der nach dem Titel des nächsten Werks vor „*Akhers auf seiner rittersfert*" [24] erfolgt sein soll, bezieht sich auf die Belagerung von Akkon 1191; in der von Püterich wohl gemeinten ‚Kreuzfahrt Landgraf Ludwigs des Frommen' werden allerdings als Augenzeugen der Kämpfe Teilnehmer des vierten Kreuzzugs von 1228 genannt.[154] Die ‚Tat von Troia' [25] (wobei auch hier nicht klar ist, ob und um welchen der zahlreichen Trojaromane des Mittelalters es sich handelt) fällt chronologisch zwar aus der Reihe, aber der Schauplatz ist wieder der Mittelmeerraum mit Griechenland und einem nicht näher lokalisierten Troja. Bei dem von Püterich nicht näher spezifizierten Buch des Ritters Ulrich von Liechtenstein [26] könnte es sich um dessen ‚Frauenbuch' (um 1257) oder um dessen ‚Frauendienst' (1255) handeln. Die Wahrscheinlichkeit spricht für den ‚Frauendienst': nicht nur, weil eine Handschrift aus dem Besitz eines Bekannten Püterichs, des Münchner Rentmeisters Matthias Pretzel stammt[155], sondern vor allem, weil in diesem sich autobiographisch gebenden Bericht Ulrichs von seinen Turnierfahrten Venedig erreicht wird (Str. 472) und er sich später nach Aufforderung seiner Minnedame einer „*vart über mer*" (Str. 1314) unterziehen soll[156]. Das letzte Werk dieser Gruppe, ‚Ackhers störung' [27], passt wieder chronologisch wie vom Schauplatz her: bei diesem Auszug aus Ottokars ‚Reimchronik'[157] geht es um den endgültigen Verlust von Akkon, der letzten Bastion der Kreuzfahrer, im Jahr 1291.

Das Ordnungsprinzip der genannten zwölf Werke scheint mir damit deutlich zu sein. Es wird ein heilsgeschichtlicher Rahmen aufgespannt, der von dem Übergang des persischen auf das griechische Reich unter Alexander dem Großen über die *translatio imperii* durch Karl den Großen bis zur Wiedereroberung des Heiligen Grabes reicht; die in der Gruppe anschließenden Werke konzentrieren sich auf die Kämpfe um das Heilige Land bis zum endgültigen Verlust Akkons. Das verlorene Werk des unbekannten Albig von Hohenstein über einen gewis-

---

[153] Cf. H. Szklenar/H.-J. Behr, [Art.] ‚Herzog Ernst', in ²Verfasserlexikon 3 (1981), 1170–1191.
[154] Cf. D. Huschenbett, [Art.] ‚Die Kreuzfahrt Landgraf Ludwigs des Frommen', in: ²Verfasserlexikon 5 (1985), 372–376.
[155] Mueller, Ehrenbrief (nt. 16), 140; bei der Handschrift handelt es sich um Cgm 44.
[156] Ulrich von Liechtenstein, Frauendienst, ed. F. V. Spechtler (Göppinger Arbeiten zur Germanistik 485), Göppingen 1987, 105 und 249.
[157] So die Vermutung von Mueller, Ehrenbrief (nt. 16), 140. Cf. B. Hatheyer, Das Buch von Akkon. Das Thema Kreuzzug in der Steirischen Reimchronik des Ottokar aus der Gaal. Untersuchungen, Übersetzung und Kommentar (Göppinger Arbeiten zur Germanistik 709), Göppingen 2005

sen ‚Hainrich von der Teiferbrugkh' [18] müßte unter dieser Prämisse, da es noch vor der ‚Eroberung des Hlg. Grabes durch Gottfried von Brabant' [19] aufgeführt wird, in dem Zeitraum von Anfang des neunten bis zum Ende des elften Jahrhunderts spielen; aller Wahrscheinlichkeit ging es aber wohl auch dabei um eine Kreuzzugsepisode.[158] Auch die nicht konkret in diesem Kontext einzuordnenden Werke knüpfen aber dennoch durch ihre Handlungsorte im mittelmeerischen Raum an den heilsgeschichtlichen Zusammenhang an, wobei selbst solche Texte wie die ‚Geschichte Trojas' oder die ‚Turnier-Autobiographie' Ulrichs von Liechtenstein nicht zuletzt deshalb in diese Gruppe passen, weil sie in der ersten Gruppe der ‚Ritterromane' fehl am Platze wären.

Damit komme ich zu den verbindenden wie zu den differenzierenden Merkmalen zu der Gruppe der ersten 15 von Püterich aufgeführten Werke. Die Gemeinsamkeit beider Gruppen besteht nun nicht allein darin, dass es sich bei ihnen, wie von Püterich betont, um weltliche Bücher handelt; Püterich hat auch darin Recht, dass beide Gruppen auch „ritterliche Bücher" umfassen. Dies meint aber nicht im modernen Sinn ‚Ritterromane', sondern gilt für die zweite Gruppe deshalb, weil die historischen Personen als Ritter aufgefasst und dargestellt werden. Dies betrifft selbst die antike Literatur, denn bekanntlich mediaevalisiert das Mittelalter auch dessen Personal und stattet es mit allen Attributen höfischer und ritterlicher Kultur aus; das ‚Buch von Troja' etwa beginnt mit der Feststellung, dass der Fürst Jason „*nach mänlicher ritterschaft*" trachtete und ein „*vollkomer ritter*" wurde[159]. Der Unterschied beider Gruppen aber ist, dass es sich einmal um Ritter des arturischen Romans handelt, der auch schon im Mittelalter als fiktionale Literatur verstanden wurde[160], und zum anderen um reale Ritter, deren Taten, auch wenn wir die Berichte heute als Romane verstehen, als tatsächlich geschehen angesehen wurden[161].

## IV. Resümee

Püterich präsentiert Mechthild von Rottenburg eine Reihe von Werken, die für ihn durch ihre besondere Kunstfertigkeit ausgezeichnet sind. Diese Kunst-

---

[158] Der von Goette, Ehrenbrief (nt. 39), 102 sq. als Teilnehmer des ersten Kreuzzugs genannte „Heinrich von Tyverbruggen" (cf. nt 147) käme so wieder zu einem gewissen Recht. Zu denken wäre aber auch, berücksichtigte man die frühnochhochdeutsche Diphthongierung des langen ‚i' zu ‚ei' und die bairische Nähe von ‚f' und ‚b', eine frühere Namensform als Heinrich von der Tiberbrücke (oder Tiberburg).

[159] Das „Buch von Troja" von Hans Mair. Kritische Textausgabe und Untersuchung, ed. H.-J. Dreckmann, München 1970, 7.

[160] Cf. W. Haug, Literaturtheorie im deutschen Mittelalter von den Anfängen bis zum Ende des 13. Jahrhunderts, 2. überarb. u. erw. Auflage Darmstadt 1992, 126, zur „Überlegenheit der Literatur über die bloße Faktizität" im ‚Iwein' Hartmanns von Aue.

[161] Cf. F. P. Knapp, Historiographisches und fiktionales Erzählen in der zweiten Hälfte des 12. Jahrhunderts, in: id., Historie und Fiktion in der mittelalterlichen Gattungspoetik, vol. 2, Heidelberg 2005, 15–37.

fertigkeit wird von ihm wiederum differenzierend benannt, wobei er dem ‚Titurel', der seiner Meinung nach von Wolfram von Eschenbach stammt, als „*haubt ab teüschen Büechern*" den höchsten Rang einräumt. Aber auch die von ihm genannten geistlichen Bücher werden solcherart charakterisiert: Heinrich von Veldeke, von dem schon Gottfried von Straßburg meinte, dass er „*sîne wîsheit ûz Pegases ursprunge nam*"[162], hat die Servatius-Legende auch nach Püterich „*zu heiligem ticht*" gebracht. Der von Püterich nach dieser Kategorie der literarischen Kunstfertigkeit ausgewählte und präsentierte Teil seiner Bibliothek wird nun noch einmal in drei Gruppen geordnet: der letzte Teil umfasst die geistliche Literatur, die nach dem üblichen Modell von der Bibel (hier Evangelien und Psalter) über die paränetische Literatur bis zu den Heiligenlegenden hierarchisiert ist. Die beiden ersten Gruppen bilden zusammen die weltliche Literatur, bei der Püterich aber zuerst die höfische Literatur und dann die historiographischen Werke aufführt.

Wie Püterich selbst konzediert, stellt er damit die übliche Ordnung auf den Kopf; wesentlich bemerkenswerter aber scheint mir, dass er überhaupt eine Ordnung zugrunde legt. Dies nämlich ist bei den oben angeführten privaten Adelsbibliotheken der Zeit nirgends festzustellen; zwar wird durchaus die Bibel, nicht zuletzt wohl auch deshalb, weil es sich bei ihr im materiellen wie im religiösen Sinn um ein besonders wertvolles Buch handelte, an den Anfang der Inventare gestellt, danach folgt aber der sonstige Besitz meist in bunter Reihenfolge.[163] Ein differenziertes Ordnungssystem ist unter den privaten Bibliotheksbesitzern der Zeit nur bei den Gelehrten vorhanden, die damit natürlich der universitären Wissenssystematik folgen. Diese allerdings verzeichnen ihre literarischen Bücher überhaupt nicht oder fassen sie zusammen unter einer Gruppe *Libri vulgares in lingua Theotonica*[164]. Püterichs Bibliothek ist daher tatsächlich einzigartig in seiner Zeit: aber nicht, weil sie sich im Bestand wesentlich von denen seiner Adelsgenossen unterscheidet, sondern weil die Präsentation der für Mechthild ausgesuchten Auswahl von einem hohen Ordnungsbewusstsein zeugt, das sich auf poetologische Kategorien stützt.

Anhang: Jakob Püterich von Reichertshausen, 'Ehrenbrief', Str. 100–116.

Transkription der Handschrift HS StA 0327 im Niederösterreichischen Landesarchiv St. Pölten, foll. 293v–295v (P). Dieser Textzeuge hat gegenüber der

---

[162] Gottfried von Straßburg, Tristan (nt. 142), ll. 4728 sq.
[163] Cf. etwa das Inventar der Elisabeth von Volkensdorff (nt. 79), 146 sq.: zuerst werden Bibel, Psalter, Evangelium bis zum Martyrium der Hl. Katharina genannt, dann folgen ‚Welscher Gast', das ‚Buch der Natur', eine römische Chronik, mehrere Arzneibücher, aber auch der ‚Titurel', der ‚Parzival' und ein Rechtsbuch bunt gemischt.
[164] Katalog der Bibliothek Hartmann Schedels, in: MBKD (nt. 46), III, 3, Bistum Bamberg, bearb. v. P. Ruf, München 1939, 805–844, hier 833 sq.

Abschrift in Cgm 9220, pp. 22–23 (M) die besseren Lesarten,[165] die an einer Stelle sogar die Konjektur Goettes bestätigen[166]. Die alternativen Lesarten von M sind kursiv in eckige Klammern gesetzt. Nur eine Schreibung von M scheint die bessere zu sein[167], so dass vielleicht beide unabhängig voneinander auf eine gemeinsame Vorlage zurückgehen. Die Transkription löst die wenigen Abkürzungen auf und führt moderne Interpunktion und Großschreibung von Eigennamen ein. Aufgelöste Abkürzungen und Konjekturen stehen in spitzen Klammern.

100.
Ich hab den [1] Titurell,
das haubt ab teüschen Büechern.
Wer mich des widerpell,
der finndet khampff, ob er den rucht ze suechen,
das nie sein gleich ward funnden in allen sachen
mit ticht so gar durchfeinet,
als in dan hat Wolfram von Eschenbach<en>.

101.
Auch mer denn [2] Parcziuale,
[3] Sannd Wilhalms puech das annder
vnnd [4] Lohengrein mit alle
die dreü gemacht, glaub ich, zesamen pannd er.
[5] Von Straßburg Gotfridt Tristram hat besahet,
so hat [6] Hartman von Awe
beim prunn herr Ybein mit dem leben gemachet.

102.
Das [7] erst vnnd auch das [8] letste
Sannd Wilhalms puech<er> zwaÿ
hat svnnder rue vnnd reste
Vlrich von Türnhaim ticht [*ticht fe* M], ain hübscher laÿ.
Sam hat auch [9] Lanczilot von Sähenhofen
auß wälisch Vlreich gedichtet,
das mag man lesen schon in allen höfen.

103.
[10] Herr Wigileuß vom rath,
Wirent von Grafenberkh
voltichtet sein gethat;

samb hat gethan der [11] Plair auch das werckh,
vom plue<n>den thal herr Garell auch betichtet.
So hat [12] von Orlant Rupert
Flor Plantschefflur auß wälsch auch schon berichtet.

104.
Den [13] wälschen gast gezieret
hat Tomasin von Clär;
sam hat [14] Ruetolff grinisiret [*grimsiret* M]
von Montfort schon Wilhalbms mär
vnnd Ameleÿ der schönen, stolczen, werden.
So find ich [15] Wigamur (?)
seins tichters nit auf all diser erden.

105.
Wie nun herr [16] Alexannder
die welt bezwungen hat
Vlrich vil wol das vannd er
von Essenbach de<r>selbig seine that;
so hat der [17] Strickher wol den heiling Kharl
betichtet lobeleichen,
der khünig was ze Frannckhreich vnnd ze Arl.

106.
[18] Von der Teiferbrugkh Hainreiche,
ein herczog werd vnnd rain,
des abenteur geleiche
vnns dichtet hat Albikh [*Abbickh* M] von Hohenstain;
so <en>wais ich, wer [19] Gotfrid von Prabant lannde
in ticht vnns hab besunnen,
durch den vnns got sein heiligs grab her sanndte.

---

[165] E. g. Str. 114: *er hat di kirch gelernnet* (P) („hat die Kirche unterwiesen") statt *khurcz* (M).
[166] Str. 102: *ticht* fehlt M; Goette hatte hier *gemacht* konjiziert.
[167] Str. 109: *tat vor Troia* (M) statt *stat von Troia* (P). Richtig wäre wohl angesichts der lateinischen Titel ‚Gesta Troianorum' *tat von Troia*.

107.
[20] Herr Witich vom Jordan
den tichtet vnns fürwar [*fürwarer* M],
sein thun vnnd auch sein lan
von Hindechofen maister Ruedigar;
so hat [21] graf Maÿ seinen tichter nit benennet
darumb so ist er, fraue,
eurn gnaden nicht, noch niemanndt sonnst bekhennet.

108.
[22] Wilhelm von Österreiche
den tichtet vnns vil schon
ein schreiber tugentleiche,
von Wurczburg Hanns gehaißen was der mann.
So ist [23] von Baÿrn ain Ernnst auch getichtet,
ein herczog lobeleiche,
ich wais <nit>, von wem sein puech vnnß seÿ berichtet.

109.
So ist von Turinnger lannde
[24] Ludwig, lanndtgraff der hert,
Sannd Elspet man erkhande,
der starb vor Akh<er>s auf seiner rittersfert.
Das buech ich han, den ticht<er> find ich wenig;
so ist di [25] tat [*stat* P] von [*vor* M] Troia
bei mir, sein tichter ist mir widerspenig.

110.
Vnnd [26] von dem Liechtnstain [*Lüchtenstain* M]
Vlrich, ein ritter zier,
von im ein buech so rain
getichtet hat, das hab ich auch bei mir,
vnnd [27] Ackhers störunng auch ze maß bereimet;
wer auch das hab befunnden,
das waiß ich nit, oder zamen hab geleimet.

111.
[28] Gesanng von den gesanngen,
ein puech ich hab, der laut
thuet khunnth mit gloß vmbfanngen
der christenhait den gemahel vnnd die prauth,
alß Saloman den thechst hat auch besinnet
zu lieb der mörin edl,
di wider got zu ser im was gesinnet [*gemÿnnet* M].

112.
Die [29] gloß auch vmb den salter,
alß Niclas von der Leyrn,
die helt au<c>h in meim psalter,
mit seiner khunnst darin er thet nit feirn.
[30] Von Hessen Hainrich hat auch schon erfunden
durch herczog Albrechts liebe
von Österreich ein puech: khanntnuß der sünnden.

113.
[31] Von vier vnnd zwainczig alten
ein edl puech vil her
ist auch bei mir behalten;
von Passau Ott, des ordens prediger,
gerichtet [*berichtet* M] das. So hat auch gar vil schone
[32] von Regenspurg brueder Lamprecht
betichtet vol [*woll* M] die tachter von Sÿone.

114.
[33] Sanndt Seruassius legendt,
ein bischof zu Masstricht,
hat, wol vnnd schon bekhennt,
Hainrich von Veldekh bracht zu heiligem ticht;
sam hat [34] von Olmuncz bischof Hannß erkhennet
Jheronimuß heyligs leben,
vnnd wie, auch was er hab di kirch [*khurcz* M] gelernnet.

115.
Das hat auch hoch ersächtet
[35] Johannes von Anndre,
in annder weiß betrachtet
sein heiligs leben sanndt Jheronime;
darumb ich in zu herrn sunterlingen
in mein gemüet hab gnummen,
das er zu hymel vor gott mir helffe dinngen [*düngen* M].

116.
[36] Hainrich von Burkhauß
ain buech vom rath der seel
dem feindt zu widerstrauß
erzeuget hat; so ist [37] sanndt Jeorge schnell
dem ritter hulf beweisen in der note
zu diennst, pfalczgräuin edl
bei Rhein [*Rehin* M], hat er geticht, der herr Reinbote.

# Transversale Lektüren.
## Die Bibliothek des Frühhumanisten Sigmund Gossembrot

MICHAEL STOLZ (Bern)

‚Ich packe meine Bibliothek aus. Eine Rede über das Sammeln' – unter diesem Titel publizierte Walter Benjamin in der ‚Literarischen Welt' im Jahr 1931 eine nur wenige Seiten umfassende, sehr persönlich gehaltene Abhandlung über den Umgang mit Büchern[1]. Benjamin behandelte darin das „Verhältnis eines Sammlers zu seinen Beständen"; er evozierte die „Springflut von Erinnerungen, die gegen jeden Sammler anrollt, der sich mit dem Seinen befasst" und welche insbesondere eine Bibliothek zu einer nachgerade „magischen Enzyklopädie" werden lässt[2]. Gemäß einem an Jean Paul (‚Leben des vergnügten Schulmeisterlein Maria Wutz in Auenthal' von 1790) angelehnten Bonmot bezeichnete Benjamin als die „rühmlichste" Art, „sich Bücher zu verschaffen", jene, „sie selbst zu schreiben"[3]. Die „breite Straße des Bucherwerbs" aber, so Benjamin, sei „der Kauf": „Besitz und Haben", das „Taktische[]" und nicht zuletzt die Mobilität des „Passant(en)", der sich der Bücher wegen in Bewegung setze, würden zur Existenzform des Sammlers gehören; in diesem Zusammenhang ist von „Geld" und „Sachkunde" sowie von der „feine(n) Witterung" des Büchersammlers die Rede[4]. Die Bibliothek, so Benjamin, konkretisiere sich in der Subjektivität des Privatmanns, der seinem Besitz die ihm gemäße Eigenart des Sammelns, des zufälligen Erwerbs und der Konfrontation mit den Büchern aufpräge. Im Zeitalter der technischen Reproduzierbarkeit aber, so lässt sich mit Benjamin folgern, verschwindet die „Aura um ein Buch"[5]. Benjamin erklärt den Privatsammler zu einer aussterbenden Spezies; er zitiert in diesem Zusammenhang den Dialektiker Hegel und entwickelt daraus seine eigene Synthese: „(E)rst mit der Dunkelheit beginnt die Eule der Minerva ihren Flug. Erst im Aussterben wird der Sammler begriffen".[6]

---

[1] Der Beitrag ist abgedruckt in: W. Benjamin, Gesammelte Schriften, vol. IV, ed. T. Rexroth, Frankfurt am Main 1972, 388–396. Cf. B. Lindner, Zu Traditionskrise, Technik, Medien, in: B. Lindner unter Mitarbeit von Th. Küpper und T. Skrandies (eds.), Benjamin-Handbuch. Leben–Werk–Wirkung, Stuttgart–Weimar 2011, 451–464, bes. 451 sq. (mit weiterer Literatur).
[2] Zitate Benjamin, Ich packe meine Bibliothek aus (nt. 1), 388 sq.
[3] Ibid., 390.
[4] Zitate ibid., 391 sq.
[5] Zitat aus (Fragmente vermischen Inhalts:) Die Aufgabe des Kritikers, in: W. Benjamin, Gesammelte Schriften, vol. VI, edd. R. Tiedemann/H. Schweppenhäuser, Frankfurt am Main 1985, 171–175, hier 171. Cf. Lindner, Traditionskrise (nt. 1), 452b.
[6] Benjamin, Ich packe meine Bibliothek aus (nt. 1), 395.

Im Hinblick auf unsere eigene Gegenwart, die manche Zeitgenossen angesichts der Möglichkeiten elektronischer Reproduzierbarkeit als das Ende des Buchzeitalters ansehen, mögen Benjamins Worte geradezu prophetisch klingen. Wohl nicht zufällig haben sich Gelehrte wie der französische Historiker Roger Chartier angesichts der Medienrevolution der letzten Jahrzehnte gezielt der Erforschung des Lesens zugewandt. Phänomene des bibliophilen Sammelns, des Buchmarkts und der materiellen Eigenart schriftgebundener Trägermedien sind zum Gegenstand intensiver Forschungen geworden. Roger Chartiers Antrittsvorlesung am Collège de France von 2007 stand (gemäß einem Zitat des spanischen Barockschriftstellers Quevedo) unter dem Motto „Écouter les morts avec les yeux"[7]. Auch so kann Lesen verstanden werden: ‚den Toten mit den Augen zuhören'. Und in einem gemeinsam mit Guglielmo Cavallo herausgegebenen und in viele europäische Sprachen übersetzten Sammelband über ‚Die Welt des Lesens' hat Roger Chartier fast so etwas wie den Abgesang auf eine Jahrhunderte alte kulturelle Tätigkeit vorgelegt, die gegenwärtig angesichts der digitalen Medien einem grundlegenden Wandel unterliegt[8]: ‚Erst im Aussterben werden der Leser und Sammler, der *lector* und *collector*, begriffen', so möchte man im Anschluss an Walter Benjamin formulieren.

In dem erwähnten Band findet sich ein lesenswerter Beitrag des Renaissance-Forschers Anthony Grafton mit dem Titel *Der Humanist als Leser*[9]. Grafton nimmt dabei mehrfach auf Walter Benjamins Aufsatz Bezug, wenn er die Eigenart des frühmodernen Buchmarkts beschreibt. Er stellt dabei die durch den Buchdruck ausgelösten Wirkungen wie folgt dar:

> „Der Großhandel verdrängt den Einzelhandel, die uniforme Massenproduktion tritt an die Stelle der von den Schreibern ausgeübten handwerklichen Techniken. Damit wird das Buch zum ersten der vielen Kunstwerke, die durch ihre mechanische Reproduzierbarkeit einen fundamentalen Wandel erfahren haben. [...] Die emotionale Aufladung, die das Buch als Gegenstand mit sich führt, rührt nun mehr von seinem Ort in der persönlichen Erfahrung seines Eigentümers, von den Erinnerungen, die es wachruft, her als von der Schönheit seiner Ausstattung."[10]

Walter Benjamin ist in diesen Ausführungen Graftons beinahe mitzuhören. Grafton erinnert dabei an die von Mary und Richard H. Rouse erforschte Rolle

---

[7] R. Chartier, Écouter les morts avec les yeux (Leçons Inaugurales du Collège de France 195), Paris 2008.
[8] R. Chartier/G. Cavallo/R. Bonfil e. a. (eds.): Storia della lettura nel mondo occidentale (Storia e Società), Roma 1995; französische Ausgabe: Histoire de la lecture dans le monde occidental (L'univers historique), Paris 1997; englische Ausgabe: A history of reading in the West, Cambridge 1999, Taschenbuchausgabe (Studies in print culture and the history of the book) Amherst, Massachusetts 2003; deutsche Ausgabe mit Übersetzungen aus dem Englischen, Französischen und Italienischen: Die Welt des Lesens. Von der Schriftrolle zum Bildschirm, Frankfurt am Main–New York–Paris 1999.
[9] A. Grafton, Der Humanist als Leser, in: Chartier/Cavallo/Bonfil e. a. (eds.), Die Welt des Lesens (nt. 8), 263–312, 584–590.
[10] Ibid., 279. Die Verweise auf Benjamin ibid., 585, nt. 28, 587, nt. 51, 54.

der *cartolai*, der italienischen Schreibwarenhändler des 15. Jahrhunderts, die bereits vor der Erfindung des Buchdrucks einen systematisch funktionierenden Handel mit Manuskripten etabliert hatten[11]. Ähnliches wäre im Hinblick auf zeitgenössische Schreibwerkstätten des deutschsprachigen Raums, wie sie beispielsweise Diebold Lauber im elsässischen Hagenau betrieb, zu sagen[12]. Mit seiner Darstellung des spätmittelalterlichen und frühneuzeitlichen Buchmarkts beschreibt Grafton zugleich einen Lesertypus, dessen Ende Benjamin mit seinen Ausführungen zum privaten Sammler einläutet. Aus unserer eigenen, gegenwartsbezogenen Perspektive werden dabei als Eckpunkte die medialen Revolutionen einer zunächst drucktechnischen und dann elektronischen Reproduzierbarkeit sichtbar: die Erfindung der beweglichen Lettern im 15. Jahrhundert einerseits und die aktuelle digitale Wende des 21. Jahrhunderts andererseits.

Vor diesem Hintergrund soll im Folgenden – ausschnitthaft – die Büchersammlung des ehemaligen Augsburger Kaufmanns und Bürgermeisters Sigmund Gossembrot aus dem 15. Jahrhundert in den Blick genommen werden[13]. Dabei soll ‚Lesen' als Form des ‚Handels', aber auch des ‚Handelns' und ‚Verhandelns' – als Negotiation – verstanden werden, dies durchaus in Anschluss an den amerikanischen Literaturwissenschaftler Stephen Greenblatt, der das Zeitalter Shakespeares und der Renaissance als eines der dynamischen Zirkulation sozialer Energien auffasst[14]. Als ehemaliger Kaufmann verstand sich Gossembrot auf Usancen des zeitgenössischen kommerziellen ‚Handels'. Als Politiker war er aber

---

[11] Ibid. 280 sq. nach M. A. Rouse/R. H. Rouse, Cartolai, Illuminators and Printers in Fifteenth Century Italy. The Evidence of the Ripoli Press (UCLA University Research Library, Department of Special Collections, Occasional papers 1), Los Angeles 1988.

[12] Cf. zuletzt L. E. Saurma-Jeltsch, Spätformen mittelalterlicher Buchherstellung. Bilderhandschriften aus der Werkstatt Diebold Laubers in Hagenau, 2 voll., Wiesbaden 2001; Ch. Fasbender unter Mitarbeit von C. Kanz und Ch. Winterer (eds.), Aus der Werkstatt Diebold Laubers (Kulturtopographie des alemannischen Raums 3), Berlin–Boston 2012. Dazu auch unten, 496.

[13] Zu eigenen Vorarbeiten sei verwiesen auf den Beitrag von M. Stolz, Sigmund Gossembrot. Streiflichter auf seine Bibliothek und Lektürepraxis, in: Pirckheimer Jahrbuch 29 (2015), 123–157, wo auch die einschlägigen älteren Forschungsarbeiten genannt sind (123 sq., nt. 1). Cf. stellvertretend W. Wattenbach, Sigismund Gossembrot als Vorkämpfer der Humanisten und seine Gegner, in: Zeitschrift für die Geschichte des Oberrheins 25 (1873), 36–69; P. Joachimsohn, Aus der Bibliothek Sigismund Gossembrots, in: Centralblatt für Bibliothekswesen 11 (1894), 249–268, 297–307; K. Schädle, Sigmund Gossembrot, ein Augsburger Kaufmann, Patrizier und Frühhumanist, Diss. München 1938; F. J. Worstbrock, Imitatio in Augsburg Zur Physiognomie des deutschen Frühhumanismus, in: Zeitschrift für deutsches Altertum und deutsche Literatur 129 (2000), 187–201. Hinzuweisen ist auch auf eine Internetplattform des Augsburger Verlags Dr. Erwin Rauner, in dem die Gossembrot-Codices im Hinblick auf ihre Textinhalte zusammengestellt sind: URL: <http://webserver.erwin-rauner.de/wwwroot/sigismundus_goss_cod.asp> (Stand: 24. 4. 2019).

[14] Cf. zum methodischen Ansatz M. Stolz, *Otium et negotium*. Reading processes in Early Italian and German Humanism, in: E. Stead (ed.), Reading Books and Prints as Cultural Objects (New Directions in Book History), Cham 2018, 81–106, bes. 81 sq., nach St. Greenblatt, Shakespearean Negotiations. The Circulation of Social Energy in Renaissance England, Oxford 1988; dt. Übers. von Robin Cackett: Verhandlungen mit Shakespeare. Innenansichten der englischen Renaissance, Berlin 1990.

auch mit Formen des ‚Verhandelns' auf der Ebene des Gemeinwesens vertraut. In der Darstellung der ‚Augsburger Chronik' von 1479/81 (München, Bayerische Staatsbibliothek, Cgm 213, fol. 12v, Tafel 19) ist Gossembrot in der unteren Bildhälfte mit dem Augsburger Wappen, einer Zirbelnuss, als Angehöriger des Rats der Stadt dargestellt; die Szene zeigt, wie der Benediktinermönch Sigismund Meisterlin dem Augsburger Rat die von Gossembrot in Auftrag gegebene Stadtchronik (‚Cronographia Augustensium') überreicht (vgl. dazu auch unten, 487 sq.)[15].

Hinsichtlich seiner anwachsenden Bibliothek folgte Gossembrot den Prinzipien des Sammelns und systematischen Annotierens seiner Bücher – zumeist waren dies handschriftliche Exemplare, gelegentlich auch Frühdrucke. Charakteristisch für Gossembrots Umgang mit seiner Bibliothek ist ein planmäßiges Verfahren, Querverweise herzustellen, das an Hypertextlinks in den gegenwärtigen elektronischen Medien erinnert. Aus diesen Lesespuren lassen sich ‚transversale Lektüren' rekonstruieren, wie es der Titel dieses Beitrags besagt. Dabei werden in der synchronen Nutzung der Bibliotheksbestände diachrone Bezüge zwischen der Vergangenheit und Gossembrots eigener Gegenwart hergestellt. Die auf diese Weise fassbaren Formen des Sammelns, Annotierens und Referenzierens können als ‚Verhandlungen', als ‚Negotiationen', zwischen dem Vergangenen und dem Gegenwärtigen aufgefasst werden. Gossembrot vereinigte in seiner Bibliothek Texte der Antike, des Mittelalters und seiner eigenen Zeit, etwa zur Hussitenbewegung und zu den Konzilien von Basel und Florenz. Er betätigte sich als Sammler, wiederholt auch als Schreiber sowie als Leser und brachte dabei seine Notizen an. Seine Tätigkeit hatte auf diese Weise stets auch eine auf die eigene Gegenwart bezogene Dimension – sie zeugt von den sozialen Energien, die in den Texten und insbesondere in deren annotierend vollzogener Aneignung stecken. In diesem Horizont können ‚Lesen' und ‚Sammeln', *legere* und *colligere*, als Vorgänge des ‚Verhandelns' gelten, die auf den so verstandenen *lector* bzw. *collector* und dessen sozio-kulturelles Umfeld bezogen sind.

Blicken wir in einem nächsten Schritt auf dieses Umfeld und auf die Biographie unseres Büchersammlers[16]: Sigmund Gossembrot, dessen Vorname gele-

---

[15] Cf. zur Handschrift K. Schneider, Die deutschen Handschriften der Bayerischen Staatsbibliothek München. Cgm 201–350 (Catalogus codicum manu scriptorum Bibliothecae Monacensis V,2), Wiesbaden 1970, 47 sq.; U. Montag/K. Schneider, Deutsche Literatur des Mittelalters. Handschriften aus dem Bestand der Bayerischen Staatsbibliothek München mit Heinrich Wittenwilers ‚Ring' als kostbarer Neuerwerbung (Bayerische Staatsbibliothek. Schatzkammer 2003; Patrimonia 249), München 2003, 90–93 (nr. 31). Zu Gossembrots freundschaftlicher Beziehung zu Sigismund Meisterlin und der von Gossembrot veranlassten ‚Cronographia Augustensium' H. Müller, Habit und Habitus. Mönche und Humanisten im Dialog (Spätmittelalter und Reformation. Neue Reihe 32), Tübingen 2006, 138–174; G. M. Müller, *Quod non sit honor Augustensibus si dicantur a Teucris ducere originem*. Humanistische Aspekte in der ‚Cronographia Augustensium' des Sigismund Meisterlin, in: G. M. Müller (ed.), Humanismus und Renaissance in Augsburg. Kulturgeschichte einer Stadt zwischen Spätmittelalter und Dreißigjährigem Krieg, Berlin–New York 2010 (Frühe Neuzeit 144), 237–273.

[16] Cf. dazu ausführlicher Stolz, Gossembrot (nt. 13), 123–125 (mit weiterer Literatur).

gentlich auch als Sigismund begegnet, wurde 1417 in einer Augsburger Patrizierfamilie geboren. Nach dem Studium der Artes an der Universität Wien (1433 bis 1436, Abschluss als Bakkalaureus) wurde er Teilhaber der Handelsgesellschaft der Familie Artzt, der auch seine Ehefrau Ursula stammte. Später betätigte er sich in der Verwaltung seiner Heimatstadt, versah unter anderem die Ämter eines Rats (ab 1441), eines Richters (1441–1455), Sieglers (1457, 1459–60) und wirkte im Jahr 1458 als Bürgermeister. Als Angehöriger des Augsburger Rats ist er auch in der erwähnten Darstellung der Augsburger Chronik zu sehen. Einige der aus der Ehe mit Ursula Artzt hervorgegangenen Kinder nahmen ihrerseits wichtige Positionen im politischen oder kirchlichen Leben ein, so unter anderem der jüngste Sohn Georg als Rat Kaiser Maximilians und die Tochter Agatha als Nonne und Priorin des Colmarer Dominikanerinnenklosters Unterlinden. Einen Wendepunkt in Gossembrots Leben bildet das Jahr 1461, als er mit 44 Jahren beschloss, sich in die Johanniterkommende zum ‚Grünen Wörth' in Straßburg zurückzuziehen. Der Kaufmann und Bankier Rulman Merswin (1307–1382) hatte dort bereits im späteren 14. Jahrhundert eine Stiftung eingerichtet, in der vermögende Bürger und Adelige ihren Lebensabend verbringen konnten. Die Einrichtung wurde dank ihrer Bibliothek und der in ihrem Umkreis wirkenden Personen zu einem Zentrum der zeitgenössischen, zwischen spätmittelalterlicher und humanistischer Mentalität stehenden Gelehrsamkeit. Rulman Merswins persönliche Interessen hatten zudem die Ausbildung eines Schwerpunkts in der Rezeption und Produktion von mystischen Texten im Umkreis der sogenannten ‚Gottesfreunde' befördert[17].

Bereits in Augsburg verfügte Sigmund Gossembrot über eine stattliche Bibliothek, die er ab 1461 in die Straßburger Johanniterkommende überführte, um sich dort einem *otium cum litteris* zu widmen. In Straßburg setzte er seine gelehrten Studien bis kurz vor seinem Tod mit 76 Jahren am 31. Januar 1493 fort. Ganz offensichtlich vervollständigte er dabei auch seine Büchersammlung. Insbesondere aber versah er seine Handschriften, wohl zunächst noch in Augsburg, dann aber besonders im Johanniterkonvent ‚Zum Grünen Wörth' mit den erwähnten Anmerkungen und Querverweisen. Aus diesen Notaten lässt sich zum einen rein quantitativ Gossembrots Bibliothek rekonstruieren: Etwas mehr als 30 Codices der in den Verweisen erwähnten Handschriften sind erhalten und werden heute in europäischen Bibliotheken vorwiegend des deutschsprachigen Raums aufbewahrt; weitere etwa 70 Codices sind verloren.

---

[17] Cf. Ch. Krusenbaum-Verheugen, Figuren der Referenz. Untersuchungen zu Überlieferung und Komposition der ‚Gottesfreundliteratur' in der Straßburger Johanniterkomturei zum ‚Grünen Wörth' (Bibliotheca Germanica 58), Tübingen–Basel 2013; B. Fleith, *Remotus a tumultu civitatis?* Die Johanniterkommende zum ‚Grünen Wörth' im 15. Jahrhundert, in: St. Mossman/N. Palmer/F. Heinzer (eds.), Schreiben und Lesen in der Stadt. Literaturbetrieb im spätmittelalterlichen Straßburg (Kulturtopographie des alemannischen Raums 4), Berlin–Boston 2012, 411–467, speziell zu Gossembrots Aufenthalt im ‚Grünen Wörth' 461–465; Stolz, Gossembrot (nt. 13), 125 sq. (mit weiterer Literatur).

Sowohl in Augsburg als auch in Straßburg stand Gossembrot mit den politisch und geistig führenden Schichten seines Umfelds in Kontakt[18]. Für Augsburg, wo um Sigmund Gossembrot ein frühhumanistischer Kreis entstand, sind unter anderem der Bischof und Kardinal Peter von Schaumberg, dessen Sekretär Heinrich Lur sowie der Benediktinermönch und Chronist Sigismund Meisterlin zu nennen. Für die Straßburger Zeit lassen sich Kontakte zu dem Juristen Peter Schott d. J., zum Leiter der Lateinschule von Schlettstadt Ludwig Dringenberg, zu dem Prediger Geiler von Kaysersberg und zu dem noch jugendlichen, späteren Historiographen und Dichter Jakob Wimpfeling anführen.

Die aus den erhaltenen Handschriften und den darin überlieferten Querverweisen rekonstruierbare Bibliothek bietet ein breites Spektrum von Texten[19]: Neben antiker und spätantiker Literatur (u. a. von Cicero, Horaz, Ovid, Seneca, Boethius) stehen die Bibel und Schriften der Kirchenväter, ferner mittelalterliche Theologie und Predigten. Hinzu treten (Pseudo-)Historiographisches, mittelalterliche Wissenschaft, Poetik und Dichtung, einschließlich Texten in deutscher Sprache. Weitere Schwerpunkte bilden humanistische Literatur aus Italien, zeitgenössische Schriften (u. a. von Guarino Veronese, Enea Silvio Piccolomini, Albrecht von Eyb, Jakob Wimpfeling) sowie zahlreiche Briefe, die entweder aus älteren Quellen stammen oder sich auf Gossembrots soziales Umfeld und die von ihm bis in die Straßburger Jahre geknüpften Kontakte beziehen.

Nach grundlegenden Forschungsarbeiten, die weitgehend noch aus dem 19. Jahrhundert stammen (Wilhelm Wattenbach, Paul Joachimsohn), bedarf dieser Bestand einer neuerlichen Aufarbeitung: Auf der Basis der erwähnten Annotationen ist dabei einerseits der Bestand von Gossembrots Bibliothek zu rekonstruieren; andererseits gilt es die aus den Einträgen erschließbaren Lektürepraktiken zu dokumentieren. Hieraus lässt sich Aufschluss über Lesebestände, Lesegewohnheiten und Leseinteressen an der Schwelle des Druckzeitalters gewinnen. Zu diesem Zweck wird derzeit an der Universität Bern der Prototyp einer Datenbank aufgebaut, in welcher Gossembrots Notate mittels digitaler Karteikarten erfasst werden (URL: <http://www.gossembrot.unibe.ch>; Stand: 24. 4. 2019; im Folgenden kurz als Prototyp bezeichnet). Berücksichtigung finden dabei Querverweise auf erhaltene und nicht erhaltene Handschriften von Gossembrots Bibliothek, aber auch weitere Einträge von Gossembrots Hand. Das Darstellungsprinzip sei im Folgenden anhand einiger Einträge in der Handschrift München, Bayerische Staatsbibliothek, Clm 3941, erläutert (von der Startseite aus zugänglich über „Erhaltene Handschriften", cf. Abb. 2 in diesem Beitrag)[20].

---

[18] Cf. dazu ausführlicher Stolz, Gossembrot (nt. 13), 126–129.
[19] Cf. dazu ausführlicher ibid., 129–131.
[20] Cf. zur Handschrift: Die kleineren Dichtungen Heinrichs von Mügeln, ed. K. Stackmann, Abt. 1, Die Spruchsammlung des Göttinger Cod. Philos. 21 (Deutsche Texte des Mittelalters 50), Berlin 1959, vol. 1, LVIII–LXIV; A. Sottili, I codici del Petrarca nella Germania occidentale IV, in: Italia medioevale e umanistica 13 (1970), 281–467, hier 293–310; K.-A. Wirth, Neue Schriftquellen zur deutschen Kunst des 15. Jahrhunderts. Einträge in einer Sammelhandschrift des Sigmund Gossembrot (Cod. Lat. Mon. 3941), in: Städel-Jahrbuch 6 (1977), 319–408; Katalog der deutschsprachigen illustrierten Handschriften des Mittelalters, begonnen v. H. Frühmorgen-Voss, fortgeführt v. N. H. Ott zus. m. U. Bodemann u. G. Fischer-Heetfeld, vol. 1, nr. 9: Ars

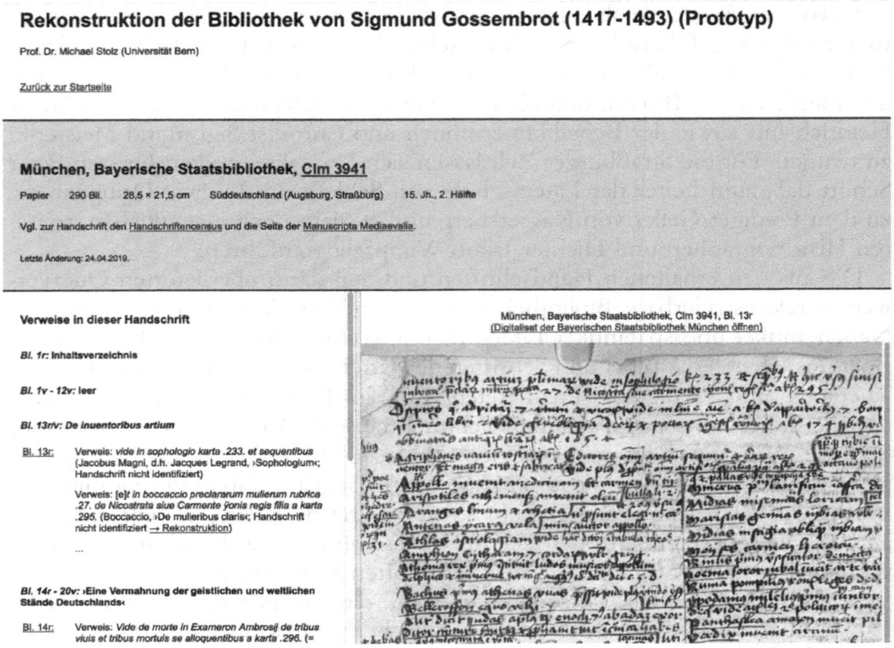

Abb. 1: Prototyp einer Datenbank zu Gossembrots Bibliothek (Universität Bern) mit Abbildung der Handschrift München, Bayerische Staatsbibliothek, Clm 3941, fol. 13r.

Zuoberst stehen kodikologische Angaben zur Handschrift (Beschreibstoff, Blattzahl, Format, Entstehungsräume und -zeit), die durch Links auf das Volldigitalisat der Bayerischen Staatsbibliothek (bei der Signatur) sowie auf die Angaben im ‚Handschriftencensus' und in der Seite ‚Miscellanea Mediaevalia' ergänzt sind. Am Beginn des Clm 3941 hat Gossembrot auf foll. 13r–13v eine Liste der ‚Erfinder der Künste und Wissenschaften' ([*De i*]*nuentoribus artium*) eingetragen[21]. Mit der für ihn charakteristischen Verweisformel *vide* („siehe', ‚vergleiche')

---

moriendi/Memento mori, München 1991, 271–328, hier 301 sq. (nr. 9.2.4); A. Sottili, Zur Verbreitung von Petrarca-Handschriften im Deutschland des 15. Jahrhunderts, in: R. Speck/F. Neumann (eds.), Francesco Petrarca 1304–1374. Werk und Wirkung im Spiegel der Biblioteca Petrarchesca, Köln 2004, 211–228, hier 223 mit nt. 89; J. Trede/A. Freckmann, Katalog der lateinischen Handschriften der Bayerischen Staatsbibliothek München. Die Handschriften aus Augsburger Bibliotheken, vol. 3: Domstift und Franziskanerobservantenkloster Heilig Grab. Clm 3831–3919, Streubestände gleicher Provenienz und Clm 3941 (Catalogus codicum manu scriptorum Bibliothecae Monancensis T. III, ser.nov. Ps. 3,3), Wiesbaden 2018, XXIX sq., 217–236; sowie Internetplattform Rauner (nt. 13) und URL: <http://www.handschriftencensus.de/14952> (Stand: 24. 4. 2019).

[21] Cf. ibid. (der in eckigen Klammern stehende Anteil des Wortlauts ist aufgrund eines Materialschadens nicht erhalten). Abkürzungen werden hier und im Folgenden stillschweigend aufgelöst. In den Transkriptionen des Prototyps stehen die aus Abkürzungen aufgelösten Wortanteile in

stellt er dabei Bezüge zu Bänden aus seiner Bibliothek her: Er erwähnt das ‚Sophologium' des Jacobus Magni (ein Florilegium antiker und mittelalterlicher Zitate über die Wissenschaft und Ethik, verfasst von Jacques Legrand, ca. 1360– 1415: *„vide in sophilogio karta .233. et sequentibus"*)[22] und Boccaccios Schrift ‚De mulieribus claris' von 1361/62 („[e]*t in boccaccio preclararum mulierum rubrica .27. de Nicostrata siue carmente yonis regis filia a karta .295.*")[23]. Die genauen Stellenangaben führt Gossembrot dabei jeweils über Abkürzungen an: *k* (für *karta*, ‚Blatt'), *r*$^{ca}$ (für *rubrica*, ‚Abschnitt'). Beide Handschriften sind bislang nicht identifiziert, worauf jeweils ein entsprechender Vermerk im Prototyp verweist. Bei solchen Handschriften führt ein Link auf eine entsprechende digitale Karteikarte, so etwa für die unbekannte Handschrift mit Boccaccios ‚De mulieribus claris'.

In der Karteikarte werden die von den Gossembrot-Handschriften ausgehenden Verweise dokumentiert (im Prototyp sind zusätzlich zum Münchener Clm 3941 Verweise aus den Handschriften Wolfenbüttel, Herzog August Bibliothek, 36.19 Aug. 2°, und Basel, Universitätsbibliothek, O I 10, verzeichnet), so dass sich mit sukzessive erweiterbaren Einträgen der Inhalt der verschollenen Codices rekonstruieren lässt. Dabei wird der entsprechende Eintrag durch die Stellenangabe eingeleitet, die der Querverweis enthält (etwa *Rubrica 27 / Karta 295* beim von Clm 3941, fol. 13r, ausgehenden Verweis). Danach wird der Verweis selbst mit der Blattangabe in der betreffenden Handschrift und mit einer Transkription angegeben. Ein vor der Handschriftensignatur in Klammern stehender Pfeil („→ ") öffnet beim Anklicken die digitale Karteikarte der jeweiligen Handschrift

---

Klammern. Cf. zu Charakteristika von Gossembrots Hand Ch. Kiening, Schwierige Modernität. Der ‚Ackermann' des Johannes von Tepl und die Ambiguität historischen Wandels (Münchener Texte und Untersuchungen zur deutschen Literatur des Mittelalters 113), Tübingen 1998, 61, im Zusammenhang mit der Handschrift Heidelberg, Universitätsbibliothek, Cod. pal. germ. 314 (nach Karin Schneider, brieflich 23. 11. 1996): charakteristisch sind „der stark verdickte d-Schaft, die gleichen Formen von h, g, und z oder das oben geschwungene Majuskel-J".

[22] Cf. zum Text N. F. Palmer, Art. ‚Jacobus Magni', in: K. Ruh e. a. (eds.), Die deutsche Literatur des Mittelalters. Verfasserlexikon, zweite, völlig neu bearbeitete Auflage, vol. 4, Berlin–New York 1983, 439–441; E. Beltran, L'idéal de sagesse d'après Jacques Legrand (Études augustiniennes), Paris 1989; sowie den Vermerk im Verzeichnis von Joachimsohn, Bibliothek (nt. 13), 262: „[Jacobus Magnus de Parisiis], Sophologium".

[23] Cf. Giovanni Boccaccio, De mulieribus claris, ed. V. Zaccaria (Tutte le opere di Giovanni Boccaccio 10), Verona 1967, Kap. 27, 112–119; dazu, jeweils mit weiterer Literatur, R. Müller, Ein Frauenbuch des frühen Humanismus. Untersuchungen zu Boccaccios ‚De mulieribus claris' (Palingenesia 40), Stuttgart 1992; D. Shemek, Doing and Undoing. Boccaccio's Feminism (‚De mulieribus claris'), in: V. Kirkham/M. Sherberg/J. L. Smarr (eds.), Boccaccio. A Critical Guide to the Complete Works, Chicago–London 2013, 195–204; M. Migiel, Boccaccio and Women, in: G. Armstrong/R. Daniels/St. J. Milner (eds.), The Cambridge Companion to Boccaccio, Cambridge 2015, 171–184; zum mittelalterlichen Verständnis der Nicostrata/Carmentis als Erfinderin des lateinischen Alphabets M. Stolz, Artes-liberales-Zyklen. Formationen des Wissens im Mittelalter, 2 voll. (Bibliotheca Germanica 47), Tübingen–Basel 2004, vol. 1, 544. Zum Nachweis in Gossembrots Bibliothek auch Joachimsohn, Bibliothek (nt. 13), 259: „Boccaccius [de Certaldo], Liber de praeclaris mulieribus"; K. Domanski, Lesarten des Ruhms. Johann Zainers Holzschnittillustrationen zu Giovanni Boccaccios ‚De mulieribus claris' (Atlas. Neue Folge 2), Köln 2007, 29 sq.

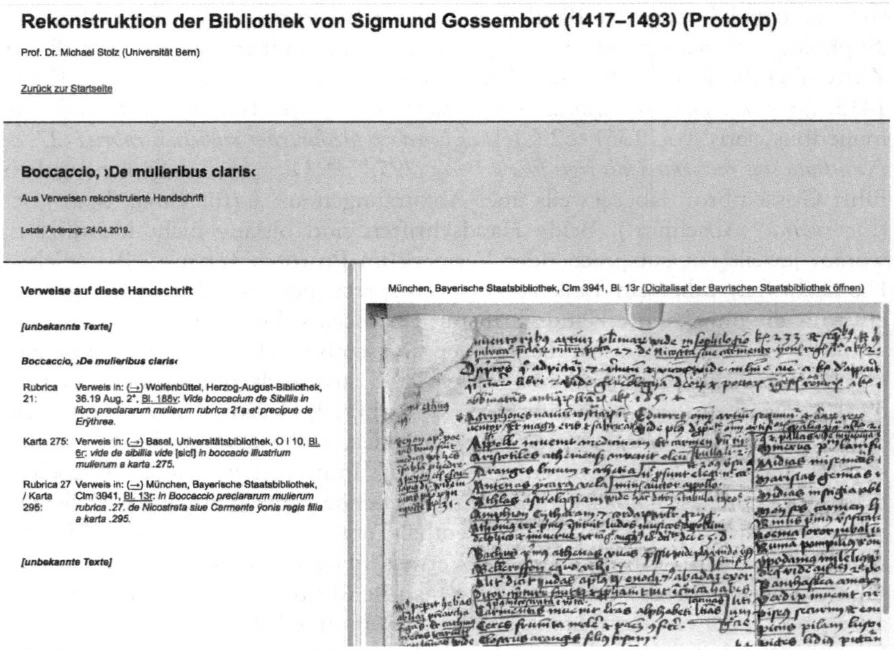

Abb. 2: Prototyp einer Datenbank zu Gossembrots Bibliothek (Universität Bern) mit Karteikarte zu einer bislang nicht identifizierten Handschrift mit Boccaccios ‚De mulieribus claris' und Verweis von der Handschrift München, Bayerische Staatsbibliothek, Clm 3941, fol. 13r.

in einem neuen Tab (s. u.); die Blattangabe ihrerseits ist mit einem Digitalisat verlinkt, welches im Fenster neben dem Eintrag eingeblendet werden kann (in Abb. 2 wird fol. 13r des Clm 3941 angezeigt).

Wie die digitalen Karteikarten mit Informationen zu den erhaltenen Handschriften angelegt sind, sei vorab anhand des Münchener Clm 3941 und einiger darin von Gossembrot eingetragenen Verweise erläutert. So ist in der erwähnten Handschrift auf foll. 14r–20v von anderer Hand ein bebildertes ständekritisches Gedicht in deutscher Sprache mit Totentanz- und Artes-Thematik eingetragen, das in der Forschung den Titel ‚Eine Vermahnung der geistlichen und weltlichen Stände Deutschlands' (auch ‚Augsburger Totentanz') trägt[24]. Gossembrot hat

---

[24] Cf. J. Bolte, Das Spiegelbuch. Ein illustriertes Erbauungsbuch des 15. Jahrhunderts in dramatischer Form, in: Sitzungsberichte der Preußischen Akademie der Wissenschaften, phil.-hist. Kl., 1932, VIII, Berlin 1932, 130–171 (danach der neuzeitliche Titel ‚Vermahnung …'); W. Stammler, Der Totentanz. Entstehung und Deutung, München 1948, 48–60 (danach der Titel ‚Augsburger Totentanz'); Ch. Kiening (u. Mitw. v. F. Eichberger), Contemptus Mundi in Vers und Bild am Ende des Mittelalters, in: Zeitschrift für deutsches Altertum und deutsche Literatur 123 (1994), 409–457, 482, hier 418, 433–436; id., Art. ‚Eine Vermahnung der geistlichen und weltlichen Stände Deutschlands', in: K. Ruh e. a. (eds.), Die deutsche Literatur des Mittelalters. Verfasserlexikon, zweite, völlig neu bearbeitete Auflage, vol. 10, Berlin–New York 1999, 290–293; A. Brei-

Transversale Lektüren 493

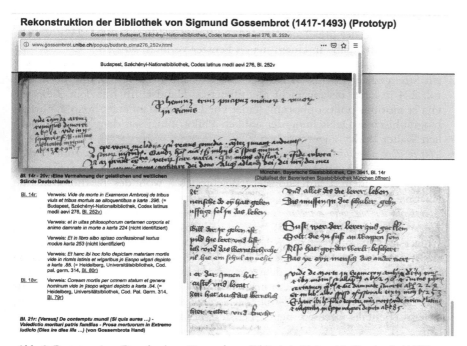

Abb. 3: Prototyp einer Datenbank zu Gossembrots Bibliothek (Universität Bern) mit Abbildung der Handschrift München, Bayerische Staatsbibliothek, Clm 3941, fol. 14r, und eingeblendeter Abbildung der Referenzhandschrift Budapest, Széchényi-Nationalbibliothek, Codex latinus medii aevi 276, fol. 252v.

diesen Text mit zahlreichen Anmerkungen, darunter auch den erwähnten Querverweisen, versehen. Auf fol. 14r des Clm 3941 finden sich (im Prototyp im nebenstehenden Digitalfaksimile angezeigt) in der rechten Spalte unterhalb der Seitenmitte Notate zur Todesthematik, die mit der Formel *Vide de morte* (im Sinne von: ‚vergleiche zum Thema Tod auch') eingeleitet sind: Die einzelnen Verweise sind entsprechend im Prototyp im Verzeichnis zu fol. 14r erfasst:

- „*Vide de morte in Exameron Ambrosij de tribus viuis et tribus mortuis se alloquentibus a karta .296.*": identifizierbar als Handschrift Budapest, Széchényi-Nationalbibliothek, Codex latinus medii aevi 276, mit dem ‚Hexameron' des Kirchenvaters Ambrosius (4. Jh., einer Auslegung der sechs Tage der Schöpfungsge-

tenbach, Der ‚Oberdeutsche vierzeilige Totentanz'. Formen seiner Rezeption und Aneignung in Handschrift und Blockdruck (Spätmittelalter, Humanismus, Reformation 88), Tübingen 2015, 218–303 (die ‚Vermahnung' als Rezeptionszeugnis des ‚Oberdeutschen vierzeiligen Totentanzes'; zu diesem unten, 494 sq.). Eine ausführlichere Fassung des Textes liegt in der Handschrift München, Bayerische Staatsbibliothek, Cgm 4930, foll. 3v–14r, vor. Textabdruck aus dem Clm 3941 bei Stolz, Artes-liberales-Zyklen (nt. 23), vol. 2, 733–748.

schichte, foll. 126r–185v), die auch das im Notat erwähnte Exempel der ‚Drei Lebenden und der drei Toten' enthält (in neuer Zählung auf fol. 252v, worauf über die Blattangabe in einem neuen Fenster verlinkt wird);[25]

- „*et in uitas philosophorum certamen corporis et anime damnate in morte a karta 224*": ein Streitgedicht über ‚den Körper und eine im Tode verdammte Seele' auf fol. 224 in einer bislang nicht identifizierten Handschrift mit dem ‚Liber de vita et moribus philosophorum' (einer vor 1326 entstandenen doxographisch-biographischen Darstellung der antiken Philosophie; seit dem 15. Jh. fälschlich Walter Burley zugeschrieben);[26]

- „*Et in libro albo spisso confessionali textus modus karta 253*": ein Text zum Thema Tod auf fol. 253 eines als weiß und ‚dick' bzw. ‚fest' (*spissus*) bezeichneten Buches mit einem ‚Confessionale' (‚Beichtbuch'), wohl des Bartholomäus de Chaimis (15. Jh.), einer ebenfalls nicht identifizierten Handschrift;[27]

- „*Et hanc ibi hoc folio depictam materiam mortis vide in ricmis latinis et wlgaribus jn Esopo wlgari depicto a karta .85.*": identifizierbar als Handschrift Heidelberg, Universitätsbibliothek, Cod. pal. germ. 314, mit Fabeln (u. a. dem ‚Der Edelstein' des Berner Dominikaners Ulrich Boner, bezeichnet als *jn Esopo wlgari*) und dem sogenannten ‚Oberdeutschen vierzeiligen Totentanz' (mit lateinischsprachigen Einsprengseln): „*in ricmis* [sic] *latinis et wlgaribus*"), eingetragen auf foll. 79r–80v (alte Zählung foll. 84–85, in der Handschrift noch sichtbar, worauf ebenfalls in einem neuen Fenster verlinkt werden kann).[28]

---

[25] Cf. zur Handschrift E. Bartoniek, Codices Latini Medii Aevi (Catalogus Bibliothecae Musei Nationalis Hungarici 12; Codices Manu Scripti Latini 1), Budapest 1940, 249–252; St. Cosacchi, Makabertanz. Der Totentanz in Kunst, Poesie und Brauchtum des Mittelalters, Meisenheim a. Glan 1965, 214–226; zur Stelle Kiening, Schwierige Modernität (nt. 21), 61; Internetplattform Rauner (nt. 13); zum seit dem 11. Jahrhundert belegten Exempel der ‚Drei Lebenden und der drei Toten' Kiening, Schwierige Modernität (nt. 21), 197 u. ö., sowie die grundlegende Untersuchung von K. Künstle, Die Legende der drei Lebenden und der drei Toten und der Totentanz, Freiburg i. Br. 1908; zum ‚Hexameron' des Ambrosius E. Dassmann, Art. ‚Ambrosius von Mailand (339–397)', in: G. Krause/G. Müller e. a. (eds.), Theologische Realenzyklopädie, vol. 2, Berlin–New York 1978, 362–386, hier 378.

[26] Cf. M. Grignaschi, Lo Pseudo Walter Burley e il ‚Liber de vita et moribus philosophorum', in: Medioevo. Rivista di storia della filosofia medievale 16 (1990), 131–190, Corrigenda et addenda ibid., 325–354; M. Laarmann, Art. ‚Walter, 10. W. Burley', in: N. Angermann e. a. (eds.), Lexikon des Mittelalters, vol. 8, München 1997, 1994–1995; sowie den Vermerk im Verzeichnis von Joachimsohn, Bibliothek (nt. 13), 261: „[Gualterus Burley], Vitae philosophorum, libellus niger textus modus".

[27] Cf. zum ‚Confessionale' des Bartholomäus von Chaimis E. Boaga, Art. ‚Bartholomaeus de Chaimis', in: W. Kasper e. a. (eds.), Lexikon für Theologie und Kirche, 3. völlig neu bearb. Aufl., vol. 2, Freiburg–Basel–Rom–Wien 1994, 41; sowie den Vermerk im Verzeichnis von Joachimsohn, Bibliothek (nt. 13), 259: „Bartholomaeus de Chaimis, Confessionale, codex albus textus modus".

[28] Cf. zur Handschrift Schädle, Sigmund Gossembrot (nt. 13), 58–60; Ch. Kiening, Schwierige Modernität (nt. 21), 493–496; M. Miller/K. Zimmermann, Die Codices Palatini germanici in der Universitätsbibliothek Heidelberg (Cod. Pal. germ. 304–495) (Kataloge der Universitätsbibliothek Heidelberg 8), Wiesbaden 2007, 56–66; Katalog der deutschsprachigen illustrierten Handschriften (nt. 20), vol. 4,1, nr. 37: Fabeln, bearb. v. U. Bodemann u. Mitarb. v. K. Domanski, München 2012, 228–231 (nr. 37.1.9); Internetplattform Rauner (nt. 13) und URL: <http://

In den erhaltenen Handschriften aus Budapest und Heidelberg finden sich an den im Prototyp verlinkten Stellen (jeweils am oberen Rand von fol. 252v der Budapester bzw. 79r der Heidelberger Handschrift) von Gossembrot eingetragene Rückverweise auf den Münchener Clm 3941 (wegen des einleitenden Verzeichnisses und des nachfolgenden Inhalts als commenda[tio] artium, ‚Empfehlung‘ oder ‚Erläuterung der Künste und Wissenschaften‘ bezeichnet).[29] Wie erwähnt, können Abbildungen aus diesen beiden Referenzhandschriften per Mausklick auf die jeweiligen Seitenangaben eingeblendet werden (in Abb. 3 ist dies bei fol. 252v der Budapester Handschrift erfolgt). Die hier jeweils vorliegenden Querverweise lassen – neben längeren Kommentaren und von Gossembrot verfassten Texten, etwa zum Klassikerstudium, die sich ebenfalls in den Handschriften finden[30] – Textgruppierungen und Bezeichnungsweisen von Dichtungen erkennen, aus denen sich vormoderne Formen von Textverständnis und Lektüreverhalten ableiten lassen.

Gossembrots Einträge in der Heidelberger Handschrift sind in der Datenbank ebenfalls erfasst. Auf der entsprechenden Karteikarte findet sich auch eine von Gossembrot auf einem Vorsatzblatt angebrachte Bücheranzeige (fol. 4*r,

---

www.handschriftencensus.de/4904> (Stand: 24. 4. 2019). Cf. zu Boners ‚Edelstein‘ die Ausgabe: Der Edelstein von Ulrich Boner, ed. F. Pfeiffer (Dichtungen des deutschen Mittelalters 4), Leipzig 1844, und die Neuausgabe: Ulrich Boner, Der Edelstein. Eine mittelalterliche Fabelsammlung. Zweisprachige Ausgabe Mittelhochdeutsch – Neuhochdeutsch, ed. M. Stange, Heidelberg–Neustadt a. d. W.–Basel 2016 (mit dem Nachwort 409–426); dazu K. Grubmüller, Meister Esopus. Untersuchungen zur Geschichte und Funktion der Fabel im Mittelalter (Münchener Texte und Untersuchungen zur deutschen Literatur des Mittelalters 56), Zürich–München 1977, bes. 297–374; zur Überlieferung U. Bodemann/G. Dicke, Grundzüge einer Überlieferungs- und Textgeschichte von Boners ‚Edelstein‘, in: V. Honemann/N. Palmer (eds.), Deutsche Handschriften 1100–1400. Oxforder Kolloquium 1985, Tübingen 1988, 424–468. Zum ‚Oberdeutschen vierzeiligen Totentanz‘ N. F. Palmer, Ars moriendi und Totentanz. Zur Verbildlichung des Todes im Spätmittelalter, in: A. Borst/G. v. Graevenitz/A. Patschovsky/K. Stierle (eds.), Tod im Mittelalter (Konstanzer Bibliothek 20), Konstanz 1993, 313–334, hier 313 mit nt. 2; Ch. Kiening, Art. ‚Oberdeutscher vierzeiliger Totentanz‘, in: K. Ruh e. a. (eds.), Die deutsche Literatur des Mittelalters. Verfasserlexikon, zweite, völlig neu bearbeitete Auflage, vol. 11, Berlin–New York 2004, 1074–1079; Breitenbach, Totentanz (nt. 24), zu Gossembrot und dem Heidelberger Cod. pal. germ. 314 bes. 121–146 (jeweils mit weiterer Literatur).

[29] Gossembrot gebraucht den grammatisch unkorrekten Begriff commenda und bezieht sich dabei wohl auf die Gattung der recommendationes, Universitätsreden, in denen die Absolventen (baccalaurei, magistri) der Fakultät ‚empfohlen‘ wurden, was oft auch mit einer ‚Empfehlung‘ der Fächer einherging. Cf. mit Bezug auf die Prager Universität Iohannes Hus Magister Universitatis Carolinae. Positiones, Recommendationes, Sermones. M. Jan Hus. Univerzitní promluvy, ed. A. Schmidtová (Státní pedagogické nakladatelství), Praha 1958, 206, 220; F. Šmahel, Die Quelle der ‚Recommendacio arcium liberalium‘ des Mag. Hieronymus von Prag, in: id., Die Präger [i.e. Prager] Universität im Spätmittelalter. Gesammelte Aufsätze. The Charles University in the Middle Ages. Selected Studies (Education and Society in the Middle Ages and Renaissance 28), Leiden 2007, 387–404, hier 389, nt. 6.

[30] Cf. dazu Müller, Habit und Habitus (nt. 15), 122–124; Stolz, Sigmund Gossembrot (nt. 13), 144, zum Briefwechsel mit dem ehemaligen Wiener Lehrer Konrad Säldner, und id., Otium et negotium (nt. 14), 94, zu einem Brief an Ludwig Dringenberg, den Rektor der Lateinschule von Schlettstadt (Sélestat) im Elsass (jeweils mit weiterer Literatur).

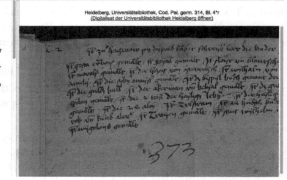

Abb. 4: Prototyp einer Datenbank zu Gossembrots Bibliothek (Universität Bern) mit Abbildung der Handschrift Heidelberg, Universitätsbibliothek, Cod. pal. germ. 314, fol. 4*r.

cf. Abb. 5). Darin werden Manuskripte aufgelistet, die in der oben erwähnten Werkstatt des Diebold Lauber zu Hagenau angefertigt worden sind und von denen etwa die Hälfte als illustriert (*gemavlt*) ausgewiesen ist. Vertreten sind unter anderem der höfische Roman mit ‚Tristan', ‚Parzival', ‚Wigalois', der Minne- und Abenteuerroman mit ‚Floris und Blanscheflur' oder ‚Wilhelm von Orlens', der Antikenroman mit Texten zur Troja- und Alexandersage sowie der Legendenroman mit dem ‚Orendel'. Es finden sich aber auch Fabel-, Exempel- und Legendensammlungen mit dem erwähnten ‚Edelstein', den ‚Gesta Romanorum' und ‚Der Heiligen Leben' sowie Rechtsliteratur mit der ‚Goldenen Bulle' und dem ‚Belial'[31]. Mit der Angabe „*zuo hagenow pý dýpold lavber schreýber lert die kinder*" verweist Gossembrot auf die Buchproduktion in Laubers elsässischer Schreibwerkstätte von Hagenau, die sich unweit von seinem Straßburger Domizil befand.

Aufzeichnungen von Gossembrots eigener Hand finden sich auch an anderen Stellen der Handschrift, so etwa auf fol. 100v mit Gossembrots Niederschrift einer *hýstoria Neminis*, einer Predigtparodie, die auf einen heute verlorenen Text

---

[31] Cf. Kiening, Schwierige Modernität (nt. 21), 144 sq.; Saurma-Jeltsch, Spätformen (nt. 12), vol. 1, 73 sq., 240 sq., 244 sq. (jeweils mit weiterer Literatur).

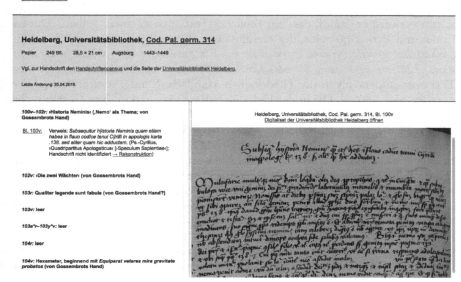

Abb. 5: Prototyp einer Datenbank zu Gossembrots Bibliothek (Universität Bern) mit Abbildung der Handschrift Heidelberg, Universitätsbibliothek, Cod. pal. germ. 314, fol. 100v.

wohl aus der zweiten Hälfte des 13. Jahrhunderts zurückgeht und im Mittelalter in verschiedenen längeren und kürzeren Fassungen zirkulierte (cf. Abb. 6)[32]. Gemäß diesem Textgenre werden Aussagen in der Bibel, in liturgischen Texten und bei antiken Autoren, die von *nemo* handeln (wie z. B. „*Deum nemo vidit unquam*", nach Io 1,18, fol. 110v, l. 14, in Abb. 5 zuunterst), personalisiert und auf einen ‚seligen Nemo' bezogen, der sogar mit dem Gottessohn verglichen wird.

---

[32] Cf. H. Denifle, Ursprung der Historia des Nemo, in: Archiv für Literatur- und Kirchengeschichte des Mittelalters 4 (1888), 330–348; P. Lehmann, Die Parodie im Mittelalter, München 1922, 240–244, bes. 133 sq.; Stuttgart ²1963, 176–178; M. Bachtin, Rabelais und seine Welt. Volkskultur als Gegenkultur. Aus dem Russ. von Gabriele Leupold, ed. R. Lachmann, Frankfurt am Main 1987, 458 sq.; M. Bayless, Parody in the Middle Ages. The Latin Tradition (Recentiores. Later Latin Texts and Contexts), Ann Arbor 1996, 57–86; zur weiteren literarischen und ikonographischen Tradition G. Calmann, The Picture of Nobody. An Iconographical Study, in: Journal of the Warburg and Courtauld Institutes 23 (1960), 60–104. Der Text ist nach der Heidelberger Handschrift ediert von W. Wattenbach, ‚Historia Neminis', in: Anzeiger für Kunde der deutschen Vorzeit NF 13 (1866), 361–367 und 393–397, sowie als „the Second Recension of the Long ‚Nemo'" in Bayless, Parody, 259–275 (hier auf der Grundlage der Handschrift Vatican, Biblioteca Apostolica Vaticana, MS lat. 2040, foll. 72v–74v, aus dem späteren 14. Jh.; neben der Heidelberger Handschrift führt die Herausgeberin, 259, Handschriften aus Oxford und London für diese Redaktion an).

Aus der Missachtung bzw. Negation der negativen Semantik des Personalpronomens ergibt sich der parodistische Effekt, dass dieser ‚Nemo' vollbringen kann bzw. darf, was eigentlich ‚niemandem' möglich bzw. erlaubt ist. Für den Nachweis von Belegstellen hat Gossembrot Lücken im Text belassen. In der Überschrift verweist er darauf, dass ein ähnlicher Text auch in einem gelben, dünnen Codex mit den ‚Apologien des Cyrillus' enthalten sei und zwar auf fol. 138: *„Subsequitur hÿstoria Neminis quam etiam habes in flauo codice tenui Cÿrilli in appologis karta .138. sed aliter quam hic adductam."* Er fügt also ausdrücklich an, dass der Text dort ‚anders' als in der Heidelberger Handschrift aufgezeichnet sei (*„aliter quam hic adductam"*)[33]. Die in der Farbe ihres Einbands und in ihrer Gestalt recht genau beschriebene Cyrillus-Handschrift ist nach aktuellem Kenntnisstand nicht erhalten. Ihr Inhalt lässt sich aber aus weiteren Verweisen in den Gossembrot-Handschriften recht genau ermitteln[34]. Der Link „ → Rekonstruktion" führt zu einer in der Datenbank enthaltenen digitalen Karteikarte, in der (wie schon für die Handschrift mit Boccaccios ‚De mulieribus claris') die aus verschiedenen Querverweisen erschließbaren Inhalte der verlorenen Handschrift aufgeführt sind.

Mit den von Gossembrot in der Heidelberger Handschrift erwähnten sogenannten ‚*appologis Cÿrilli*' ist eine lateinische Fabelsammlung gemeint, die als ‚Quadripartitus Apologeticus' oder ‚Speculum Sapientiae' unter dem Namen des Cyrillus in Umlauf war[35]. Der Name Cyrillus dürfte an den 386 verstorbenen Erzbischof von Jerusalem oder an den in den Jahrzehnten um 400 wirkenden

---

[33] Vermutlich handelt es sich um eine andere Textfassung. Auf fol. 101r verweist Gossembrot in einem Abschnitt, der Nemo als Gelehrten der freien Künste ausgibt (*„liberalibus scienciis … edoctus"*), auf weitere Belegstellen in der Version des Cyrillus-Manuskripts. Dort würde Nemo auch als Rechtsgelehrter (*conpositor legum*) und Musikexperte (*magnus in musica*) dargestellt: *„vide in alio nemine in appollogis cÿrilli"* (die Stelle findet sich etwa in der Seitenmitte in einer Zeile, neben der ein zweiter auf der Seite befindlicher Randeintrag beginnt; vgl. URL: <https://digi.ub.uni-heidelberg.de/diglit/cpg314/0245/image>. Es dürfte eine Textfassung sein, die jener des sogenannten „Combined Nemo" nahesteht, der in der Handschrift Sterzing, Stadtarchiv, ohne Signatur (Sterzinger Miszellaneen-Handschrift), foll. 11r–12v, überliefert wird; cf. Bayless, Parody (nt. 32), 303–306, bes. 304, ll. 38–44, und das Digitalfaksimile der Handschrift URL: <http://www.literature.at/viewer.alo?objid=14101&page=17&viewmode=fullscreen&rotate=&scale=2> (Stand: 24. 4. 2019).

[34] Joachimsohn, Bibliothek (nt. 13), der aus den von Gossembrot gesetzten Verweisen bereits Inhalte verschollener Handschriften erschlossen hat, erwähnt 259 einen Bruchteil, nämlich: „k. 142 *De grammatica et loyca*" (cf. unten, nt. 45), „k. 155 *Ricmi de cursibus mundi*" (unidentifiziert, cf. unten, nt. 51) und „k. 170 *[Poggio], Epistola de morte Hieronimi*" (cf. unten, nt. 48).

[35] Ausgaben: Speculum sapientie. Beati Cirilli episcopi, alias quadripartitus apologeticus vocatus, in cujus quidem proverbiis omnis et totius sapientiae speculum claret, feliciter incipit, in: Die beiden ältesten lateinischen Fabelbücher des Mittelalters: Des Bischofs Cyrillus Speculum sapientiae und des Nicolaus Pergamenus Dialogus creaturarum, ed. J. G. Th. Grässe (Bibliothek des Litterarischen Vereins in Stuttgart 148), Tübingen 1880, 1–124; Speculum sapientiae. Beati Cirilli episcopi, alias quadripartitus apologeticus vocatus, in cuius quidem proverbiis omnis et totius sapientiae speculum claret, feliciter incipit = Spiegel der Weisheit. Des seligen Bischofs Cyrillus Spiegel der Weisheit, auch vierteilige Apologie genannt, in deren Beispielen sich die Weisheit voll und ganz spiegelt, beginnt glücklich. Lateinisch – deutsch, edd. B. Esser/H.-J. Blanke, Würzburg 2014.

# Rekonstruktion der Bibliothek von Sigmund Gossembrot (1417–1493) (Prototyp)

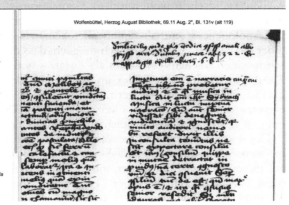

Abb. 6: Prototyp einer Datenbank zu Gossembrots Bibliothek (Universität Bern) mit Karteikarte zu einer bislang nicht identifizierten Handschrift mit dem ‚Quadripartitus Apologeticus' (‚Speculum Sapientiae') des Cyrillus und Verweis von der Handschrift Wolfenbüttel, Herzog August Bibliothek, 69.11 Aug. 2°, fol. 131v.

Kirchenlehrer und Kirchenvater Cyrill von Alexandrien erinnern. Tatsächlich handelt es sich wohl um ein Werk des sizilianischen Dominikaners Bonjohannes da Messina aus dem zweiten Viertel des 14. Jahrhunderts[36]. Wie der Titel ‚Quadripartitus Apologeticus' besagt, verteidigt der Text in vier Teilen die Kardinaltugenden und rügt deren Missachtung in diversen Lastern. Die zu diesem Zweck erzählten Fabeln handeln vorwiegend von Tieren, aber auch von Menschen.

Verweise auf diesen Text selbst scheinen sich in Gossembrots Notizen nicht erhalten zu haben. Allenfalls der erste der in die digitale Kartei (Abb. 7) aufgenommenen Belege könnte sich direkt auf den ‚Apologeticus' beziehen: Er findet sich in einer Handschrift mit juristischen und rhetorischen Texten: Wolfenbüttel, Herzog August Bibliothek, 69.11 Aug. 2°, fol. 131vb (nach alter Zählung

---

[36] Die älteste Handschrift stammt aus der Zeit um 1337 bis 1347; cf. ibid., 16, und U. Bodemann, Die Cyrillusfabeln und ihre deutsche Übersetzung durch Ulrich von Pottenstein. Untersuchungen und Editionsprobe (Münchener Texte und Untersuchungen zur deutschen Literatur des Mittelalters 93), München 1988, 2 sq.; ibid. 52, 99, nt. 38, ist auch Gossembrots Cyrillus-Handschrift nach Joachimsohn, Bibliothek (nt. 13), 259, und nach den Querverweisen in der Handschrift Wolfenbüttel, Herzog August Bibliothek, 69.11 Aug. 2°, foll. 131v und 189v, aufgeführt.

119b)³⁷. Dort hat Gossembrot oben auf fol. 131vb (nach alter Zählung 119b), am Anfang des ‚Liber consolationis et consilii' des Albertanus von Brescia, eines moralischen Traktats über das Thema der Vergebung in der städtischen Gesellschaft aus der Zeit um 1246/48 (foll. 130r–152r)³⁸, folgende Notiz angebracht: „*De mulieribus vide plus in codice confessionali albo spÿsso arcticulo de uirtutibus Senece. a karta .322. Et in appologis cÿrilli a kartÿ* (?) *.6. k.*" Er vermerkt also, dass sich ‚mehr' zu den im Text des Wolfenbütteler Manuskripts enthaltenen Aussagen über die Frauen in einem Artikel über die Tugenden von Seneca (in einer ‚dicken weißen' Handschrift wohl mit dem ‚Confessionale' des Bartholomäus von Chaimis)³⁹ und eben bei Cyrillus finde. Die neuzeitlichen Ausgaben des ‚Quadripartitus Apologeticus' enthalten nun aber keinen wirklich einschlägigen Abschnitt ‚über die Frauen'. Es wäre freilich möglich, dass der Text in Gossembrots Handschrift einen solchen – vielleicht als Zusatz – enthielt. Dann würde die erwähnte *Karta 6* am Anfang des Codex im Textbereich der Cyrillus-Fabeln stehen (auch im Heidelberger Cod. pal. germ. 314 ist Boners ‚Edelstein' ja ganz am Anfang eingetragen und Gossembrot verweist in Clm 3941, fol. 14r, mit der Bezeichnung *jn Esopo wlgari* ausdrücklich auf diesen initialen Text).

Der nächste mit einem Querverweis fassbare Eintrag der Cyrillus-Handschrift ist die bereits erwähnte *hÿstoria Neminis*, die auf fol. 138 lokalisiert wird. In Bezug auf diesen Verweis gibt es den interessanten Befund, dass dieselbe Blattangabe nicht nur in der Heidelberger Handschrift, sondern auch in einem weiteren Manuskript nachweisbar ist: Cambridge (Mass.), Harvard College Library / Houghton Library, MS Ger 74, fol. 18r (nach alter Zählung fol. 133r). Der in der zweiten Hälfte des 15. Jahrhunderts angefertigte Codex enthält Priameln und weitere Kleintexte, unter anderem von dem Nürnberger Dichter Hans Rosenplüt⁴⁰.

---

[37] Die alte Zählung „119" ist oben auf fol. 131v eingetragen und ist außerdem auf dem nebenstehenden fol. 132r getilgt. Cf. zur Handschrift O. von Heinemann, Die Augusteischen Handschriften, vol. 3. Cod. Guelf. 32.7 Aug. 2° — 77.3 Aug. 2° (Kataloge der Herzog-August-Bibliothek 6,3), Frankfurt am Main 1898, ²1966, 346–348.

[38] Vermittelt über Renaud de Louens' ‚Livre de Melibee et de Dame Prudence' von 1336 bezog Chaucer daraus ‚The Tale of Melibee' in den ‚Canterbury Tales'; cf. T. Sundby, Albertani Brixiensis Liber consolationis et consilii, ex quo hausta est fabula Gallica De Meliboe et Prudentia, quam, Anglice redditam et The tale of Melibe inscriptam, Galfridus Chaucer inter Canterbury Tales recepit, London 1873; G. Silagi, Art. ‚Albertanus v. Brescia', in: R. Auty e. a. (eds.), Lexikon des Mittelalters, vol. 1, München 1980, 290 sq.; The Riverside Chaucer. Third Edition, ed. L. D. Benson, Oxford 1988, 923 sq.

[39] Cf. e.g. die oben, 493sq., erwähnte Notiz zur ‚Vermahnung' in der Handschrift München, Bayerische Staatsbibliothek, Clm 3941, fol. 14rb: „*Vide de morte ... Et in libro albo spisso confessionali textus modus karta 253*", die Joachimsohn, Bibliothek (nt. 13), 259, auf das ‚Confessionale' des Bartholomäus von Chaimis bezieht.

[40] Cf. zur Handschrift E. Simon, Eine neu aufgefundene Sammelhandschrift mit Rosenplüt-Dichtungen aus dem 15. Jahrhundert, in: Zeitschrift für deutsches Altertum und deutsche Literatur 102 (1973), 115–133; Hans Rosenplüt, Reimpaarsprüche und Lieder, ed. J. Reichel (Altdeutsche Textbibliothek 105), Tübingen 1990, IX sq.; zu der in der Handschrift mit einer kolorierten Federzeichnung überlieferten sog. ‚Greisenklage', foll. 40r–40v: Katalog der deutschsprachigen illustrierten Handschriften (nt. 20), vol. 1, nr. 9: Ars moriendi/Memento mori, München 1991,

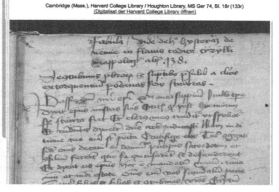

Abb. 7: Prototyp einer Datenbank zu Gossembrots Bibliothek (Universität Bern) mit Karteikarte zu einer bislang nicht identifizierten Handschrift mit dem ‚Quadripartitus Apologeticus' (‚Speculum Sapientiae') des Cyrillus und Verweis von der Handschrift Cambridge (Mass.), Harvard College Library / Houghton Library, MS Ger 74, fol. 18r.

Ob der hier rubrizierte Eintrag (Abb. 8, rechts im Bild) von Gossembrots Hand stammt, bleibt allerdings (anders als in der Heidelberger Handschrift) unsicher[41], und er weicht auch im Wortlaut von demjenigen der Heidelberger Handschrift ab. Jedenfalls aber nimmt er seinerseits auf die Cyrillus-Handschrift Bezug mit den Worten: „*Fabula | Vide de hoc hystoriam de nemine in flauio codice cyrÿlli (in) appologis a karta .138.*"[42] Es wird für das Cyrillus-Manuskript also dieselbe Blattzahl angegeben wie in der Heidelberger Handschrift. Allerdings ist der Verweis in der Handschrift aus der Houghton-Library sachlich ‚schief'. Denn letztere überliefert eine parodistische Invektive gegen die von Albrecht Achilles, dem

---

271–328, hier 277–279 (nr. 9.1.4); ferner URL: <http://www.handschriftencensus.de/6928> (Stand: 24. 4. 2019).

[41] Im Vergleich mit dem Eintrag in der Handschrift Heidelberg, Universitätsbibliothek, Cod. pal. germ. 314, fol. 100v (cf. Abb. 6), zeigen sich Unterschiede beispielsweise beim *h* (Schaft im Houghton-Manuskript mit Schleife, anders geformter Bogen), beim *y* (Schaft im Houghton-Manuskript fadenartig und abgeschrägt), beim *l* (Schaft im Houghton-Manuskript mit Schleife) und beim *g* (Unterbogen im Houghton-Manuskript weit geöffnet).

[42] Die Präposition *in* vor dem Nomen *appologis* ist durch Rasur getilgt.

Markgrafen von Ansbach und Kulmbach, ab 1470 Kurfürst von Brandenburg, 1480/81 gegenüber den Klerikern seines Landes erhobene Steuer. Hier erscheint ‚Nemo' nicht als Thema des Textes wie im Heidelberger Manuskript, sondern gibt eine Chiffre für den anonym bleibenden Autor ab[43]. Dass das Houghton-Manuskript ebenfalls zu Gossembrots Bibliothek gehört hat, belegt ein weiterer Eintrag in der Heidelberger Handschrift auf fol. 96v oben. Dort verweist Gossembrot am Beginn einer Predigtparodie über das Fasten ebenfalls auf die ‚Geschichte über Nemo' in der Cyrillus-Handschrift (*karta* 138) sowie in der Heidelberger Handschrift selbst (*karta 108*, heute fol. 101r), eher er am rechten oberen Seitenrand ergänzt: (*vide*) *et in codice .Tm . textus modus summe reimundi a karta .133.* – diese Ziffer entspricht exakt der alten Seitenzahl im Houghton-Manuskript[44].

Wie ein Blick auf die digitale Karteikarte zur Rekonstruktion der Cyrillus-Handschrift zeigt, vervollständigt sich in weiteren Einträgen das Profil des unbekannten Manuskripts (cf. Abb. 9): Im Münchener Clm 3941, der neben der oben erwähnten Liste zu den ‚Erfindern der Künste und Wissenschaften' und der ‚Vermahnung der geistlichen und weltlichen Stände Deutschlands' zahlreiche Texte zu den Artes liberales enthält, findet sich auf fol. 29v folgender Verweis auf eine Abhandlung ‚über Grammatik und Logik', die auf fol. 142 der Cyrillus-Handschrift steht: „*Item de grammatica et loyca scienciis vide plus parum in flauio codice de appollogis cirilli a karta .142.*"[45] – Im Münchener Clm 3560 fügt Gossembrot am Ende eines Auszugs aus dem ‚Liber visionum' der Mystikerin Elisabeth von Schönau aus dem 12. Jahrhundert (foll. 227v–233r) auf fol. 233rb einen Vermerk über die Vermählung des Teufels mit der Ungerechtigkeit an (*Item djabolus fecit connubium cum iniquitate*); daneben verweist er auf Ausführungen ‚über den verdorbenen Zustand der Welt', die sich auch in der Cyrillus-Handschrift auf fol. 157 (*a fine* – ‚nahe dem Ende'?) finden: „*Vide ad id de mundi peruerso statu in cyrillo appollogetico a fine a karta 157.*"[46]

Mit der Hussitischen Bewegung steht ein für fol. 170 verzeichneter Eintrag der Cyrillus-Handschrift in Zusammenhang. Oberhalb der von ihm in den Mün-

---

[43] Cf. zum Text Lehmann, Die Parodie im Mittelalter (nt. 32), 129–134, bes. 133 sq.; 2. Aufl., 89–92, bes. 91 sq.

[44] Die Abkürzung *Tm*, gefolgt von der Angabe *textus modus*, deutet wohl auf das Format (vielleicht Oktavformat, was mit der Größe der Handschrift von 20,2–4 × 14,5 cm vereinbar wäre); cf. zur Angabe *textus modus* Joachimsohn, Bibliothek (nt. 13), 297. Eine *summa reimundi* (z.B. die ‚Summa de paenitentia' des Raymundus de Penyafort, ein Werk für die Beichtpraxis aus der Zeit um 1235, oder deren versifizierte Form, die ‚Summula de Summa Raymundi' des Magister Adam aus der Mitte des 13. Jhs.) könnte im vorderen Teil des heute unvollständig erhaltenen Houghton-Manuskripts gestanden haben; cf. zu dessen Gestalt Simon, Sammelhandschrift (nt. 40), 116–118. Zur parodistischen Fastenpredigt (mit Abdruck) Wattenbach, ‚Historia Neminis' (nt. 32), 393–397.

[45] Cf. zum Eintrag auch Joachimsohn, Bibliothek (nt. 13), 259 („k. 142 *De grammatica et loyca*"), und Sottili, I codici del Petrarca IV (nt. 20), 297.

[46] Cf. zu Clm 3560 E. Rauner/B. Gullath, Katalog der lateinischen Handschriften der Bayerischen Staatsbibliothek München. Die Handschriften aus Augsburger Bibliotheken, vol. 1: Stadtbibliothek. Clm 3501–3661 (Catalogus codicum manu scriptorum Bibliothecae Monacensis. Tom. 3, Ser. nov. Ps. 3,1), Wiesbaden 2007, 230–236; zu Elisabeth von Schönau: P. Dinzelbacher, Mittelalterliche Frauenmystik, Paderborn–München–Wien–Zürich 1993, 78–101.

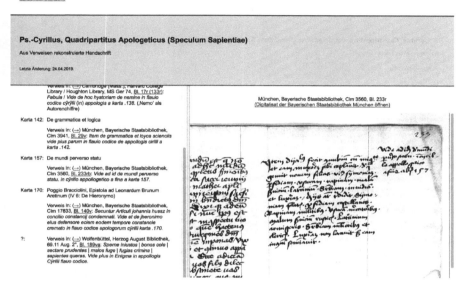

Abb. 8: Prototyp einer Datenbank zu Gossembrots Bibliothek (Universität Bern) mit Karteikarte zu einer bislang nicht identifizierten Handschrift mit dem ‚Quadripartitus Apologeticus' (‚Speculum Sapientiae') des Cyrillus und Verweis von der Handschrift München, Bayerische Staatsbibliothek, Clm 3560, fol. 233r.

chener Clm 17833, foll. 140v–141r, eingetragenen Glaubensartikel des auf dem Konzil von Konstanz am 6. Juli 1415 verurteilten und als Ketzer verbrannten Johannes Hus verweist Gossembrot auf einen Text über Hieronymus von Prag, der seinerseits am 30. Mai 1416 während des Konstanzer Konzils auf dem Scheiterhaufen hingerichtet wurde: *„Secuntur Articuli johannis hussz in concilio constancij condemnati. Vide et de jheronimo eius defensore eciam eodem tempore constancie cremato in flauo codice apologorum cÿrilli karta .170"*[47] Es dürfte sich dabei um die Darstellung

---

[47] Cf. zur Handschrift, die auf foll. 251r–318v auch das von einem schwäbischen Minoriten gegen Ende des 13. Jhs. verfasste Geschichtskompendium ‚Flores temporum' enthält, Sottili, I codici del Petrarca IV (nt. 20), 427–438 (mit weiterer Literatur); H. J. Mierau/A. Sander-Berke/B. Studt, Studien zur Überlieferung der ‚Flores temporum' (Monumenta Germaniae Historica. Studien und Texte 14), Hannover 1996, 61; P. Rosso, Tradizione testuale ed aree di diffusione della ‚Cauteriaria' di Antonio Barzizza, in: Humanistica Lovaniensia 53 (2004), 1–92, hier 14, nt. 45. – Auf foll. 141r–142v schließen sich Aufzeichnungen über den Tod von Johannes Hus und Hieronymus von Prag an; darunter befindet sich auf fol. 141v auch die Abschrift des Wortlauts einer Widerrufung, die Hieronymus am 23. September 1415 geleistet hat, was Gossembrot in einer Marginalie wie folgt vermerkt: *„Copia retractacionis jheronimo data quam publice legere et promulgare oportuit contra suam et suorum hereticorum sectam."* Cf. zu Hieronymus von Prag und den Vorgängen

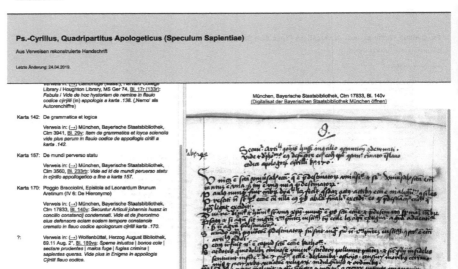

Abb. 9: Prototyp einer Datenbank zu Gossembrots Bibliothek (Universität Bern) mit Karteikarte zu einer bislang nicht identifizierten Handschrift mit dem ‚Quadripartitus Apologeticus' (‚Speculum Sapientiae') des Cyrillus und Verweis von der Handschrift München, Bayerische Staatsbibliothek, Clm 17833, fol. 140v.

von Hieronymus' Martyrium in einem der Briefe des Poggio Bracciolini (1380–1459) an Leonardo Bruni handeln[48]. Jedenfalls sind von diesem Humanisten und päpstlichen Sekretär weitere Texte in Gossembrots Handschriften überliefert[49].

---

auf dem Konstanzer Konzil J. Hoeren/W. Humpert, Hieronymus von Prag. Der Philosoph im Schatten von Jan Hus, Konstanz 2016, bes. 64–79; Th. A. Fudge, Jerome of Prague and the Foundations of the Hussite Movement, New York 2016, bes. 164–213; dt. Übers. von R. Behrens e.a, Hieronymus von Prag und die Grundlagen der hussitischen Bewegung (Studia Oecumenica Friburgensia 75), Münster 2017, bes. 173–221.

[48] So bereits die entsprechende Angabe bei Joachimsohn, Bibliothek (nt. 13), 259. Der Brief ist ediert in: Poggio Bracciolini, Lettere, vol. 2: Epistolarum familiarium libri, ed. H. Harth (Carteggi humanistici), Firenze 1984, IV,6, 157–163. Zu Poggio Bracciolini nach wie vor grundlegend E. Walser, Poggius Florentinus. Leben und Werke (Beiträge zur Kulturgeschichte des Mittelalters und der Renaissance 14), Leipzig–Berlin 1914; im Zusammenhang mit Poggios Wiederentdeckung von Lukrez' ‚De rerum natura' Stephen Greenblatt, The Swerve. How the World became Modern, New York–London 2011; dt. Übers. von K. Binder: Die Wende. Wie die Renaissance begann, München 2011.

[49] So in der Handschrift München, Bayerische Staatsbibliothek, Clm 3510A, foll. 115v–123r (*De infelicitate principum*), foll. 123v–130v (*De nobilitate*); vgl. Rauner/Gullath, Katalog der lateinischen

## Rekonstruktion der Bibliothek von Sigmund Gossembrot (1417–1493) (Prototyp)

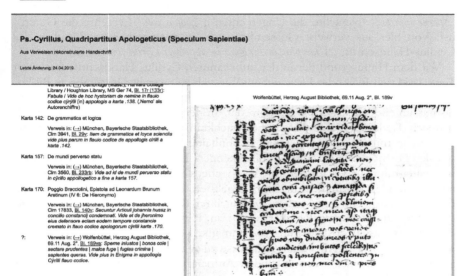

Abb. 10: Prototyp einer Datenbank zu Gossembrots Bibliothek (Universität Bern) mit Karteikarte zu einer bislang nicht identifizierten Handschrift mit dem ‚Quadripartitus Apologeticus' (‚Speculum Sapientiae') des Cyrillus und Verweis von der Handschrift Wolfenbüttel, Herzog August Bibliothek, 69.11 Aug. 2°, fol. 189v.

Ein nicht weiter lokalisierbarer und deshalb mit einem Fragezeichen versehener Text ist am Ende der digitalen Karteikarte verzeichnet (cf. Abb. 11). Die Angaben beruhen auf einem Eintrag in der erwähnten Handschrift Wolfenbüttel, Herzog August Bibliothek, 69.11 Aug. 2°, fol. 189v. Dort hat Gossembrot im Anschluss an eine Reihe von Rechtstexten einen Brief aufgezeichnet, der in konventioneller Leserichtung ‚in malam partem', rückwärts gelesen dagegen ‚in bonam partem' verstanden werden kann[50]. Am linken Rand findet sich, im rechten Winkel abgeschrägt, der folgende Eintrag:

*Sperne | bonos | sectare | malos | fugias | sapientes*
*iniustos | cole | prudentes | fuge | crimina | queras.*

---

Handschriften der Bayerischen Staatsbibliothek München. Clm 3501–3661 (nt. 46), 32–35, hier 34 sq. Zu Verweisen auf einen bislang nicht identifizierten Codex mit Poggios Fazetien (*liber niger*) vgl. Joachimsohn, Bibliothek (nt. 13), 265, und Internetplattform Rauner (nt. 13).

[50] Cf. den von Gossembrot oberhalb des Briefes angebrachten Kommentar: „*Amphiboloÿca epistola . que in contrarias partes potest intelligi . recte legendo in malam partem retrograde in bonam.*"

Auch hier ist die Leserichtung maßgebend, denn in der Horizontale ergeben die jeweils aus einem Imperativ bzw. Optativ mit Objekt bestehenden Syntagmen einen Sinn ‚in malam partem', während sich in der Vertikale, unter Beachtung der jeweils eingetragenen Längsstriche, ein Sinn ‚in bonam partem' herstellt: „*Sperne iniustos*" (‚verachte die Ungerechten'), „*bonos cole*" (‚verehre die Guten') usf. Von hier aus verweist Gossembrot auf ein entsprechendes Rätsel in der Cyrillus-Handschrift: „*Vide plus in Enigma in appologis Cyrilli flauo codice.*"[51]

Vor dem Hintergrund der in der unbekannten Cyrillus-Handschrift fassbaren Texte lässt sich folgendes Fazit ziehen: Wie sich zeigt, stellt Gossembrots Bibliothek ein überaus lohnendes Studienobjekt für die Erforschung des Frühhumanismus im süddeutschen Sprachraum dar. In den erhaltenen Handschriften bilden sich Traditionen abendländischer Buchkultur ab, es zeigen sich spezifische literarische Interessen und Lektüregewohnheiten des Sammlers, umrisshaft lassen sich Formen von Textverständnis erkennen. Das Beispiel des Cyrillus-Codex beinhaltet mit dem ‚Quadripartitus Apologeticus' einen Text im Gattungsbereich moralisierender Erzählliteratur. Ihm angelagert dürfte die auf zeitgenössische Ereignisse bezogene *hystoria de nemine* mit ihrer Kritik an der von einem weltlichen Fürsten auferlegten Klerikersteuer sein. Hinzu kommen didaktische Texte zu Wissenschaften des Triviums (Grammatik, Logik) und zur Morallehre („*de mundi peruerso statu*"). Aber auch Zeugnisse zu zeitgenössischen religiösen Bewegungen wie jener der Hussiten finden Aufnahme. Gossembrots Bibliothek ist damit auch ein wichtiges Dokument für mentale und soziale Spannungen des 15. Jahrhunderts. Dieser Eindruck verstärkt sich noch dadurch, dass sich in den Handschriften (was in diesem Beitrag nicht ausführlich behandelt werden konnte) Briefe erhalten haben, in denen sich Gossembrot mit Zeitgenossen seines gesellschaftlichen Umfelds an der Universität Wien, in Augsburg und später in Straßburg austauscht[52]. Seine Bibliothek erweist sich als ein Knotenpunkt sozialer Energien.

Das digitale Medium ermöglicht es, die in den Handschriften fassbaren Diskurse angemessen zur Darstellung zu bringen. Gerade die transversale Eigenart elektronischer Netzwerke bietet dabei ein Pendant zu den Bezugsetzungen, die Sigmund Gossembrot selbst in seinen Handschriften mittels der erwähnten Notate vorgenommen hat. Eine Präsentation der aus Gossembrots Verweisen rekonstruierbaren Handschriften im Internet birgt dabei auch die Chance, den ein oder anderen bislang nicht zuordenbaren Codex zu identifizieren. Dass dem Bestand der Gossembrot'schen Bibliothek und ihrem Umfeld durchaus existierende Manuskripte zugeteilt werden können, zeigen etwa der Fund der Handschrift Wolfenbüttel, Herzog August Bibliothek, 36.19 Aug. 2°, über den an

---

[51] Nicht weiter identifizierbar ist ein Vermerk bei Joachimsohn, Bibliothek (nt. 13), 259, wo der unbekannten Cyrillus-Handschrift für „*k(arta) 155*" auch „*Ricmi de cursibus mundi*" zugeordnet werden. Ein entsprechender Verweis in den Gossembrot-Handschriften ließ sich bislang nicht finden.

[52] Cf. dazu oben, nt. 30.

anderer Stelle berichtet werden konnte[53], oder die erst kürzlich erfolgte Entdeckung der rubrizierten Überschrift in der Handschrift der Houghton Library, die durch einen Besuch in der Houghton Library im Frühjahr 2018 und durch anschließende Internet-Recherchen ermöglicht wurde. Das hier anhand digitaler Karteikarten beschriebene Erschließungsverfahren könnte auch für vergleichbare Sammlungen genutzt und adaptiert werden. Zu erinnern wäre in diesem Zusammenhang an zeitgenössische Sammlungen wie die Bibliotheken von Hermann Schedel (1410–1485) in Nürnberg[54] oder von Konrad Peutinger (1465–1547) in Augsburg[55], aber auch an jüngere Bestände, etwa, um zwei für die Schweiz besonders relevante Beispiele zu nennen, die Bibliothek des hugenottischen Sammlers Jacques Bongars (1554–1612) aus den Jahrzehnten um 1600[56] oder die Schriften des Universalgelehrten Albrecht von Haller (1708–1777) aus dem 18. Jahrhundert[57].

Gossembrots Bibliothek ist in solchen Kontexten als ein über die Zeiten hin bewegliches Gut anzusehen. Der Augsburger Kaufmann und Ratsherr hat sie vom Wirkungsort seiner ‚vita activa' nach Straßburg verlagert, um sich dort einem ‚otium cum litteris' zu widmen. Dieses ‚otium' aber erweist sich als ‚negotium'. Durch die dadurch ausgelösten ‚Verhandlungen' kamen die damaligen Leser mit einer lange währenden Überlieferungstradition von Texten, aber auch mit den Menschen ihres sozialen Umfelds in einen produktiven Austausch und Dialog. Das digitale Medium unserer Tage setzt einen solchen Austausch fort und ermöglicht den Nachvollzug von Gossembrots Lektürepraktiken auch über große Distanzen hin. Es erscheint lohnend, diese Möglichkeiten zu nutzen, um Sigmund Gossembrots Bibliothek weiter zu erforschen.

---

[53] Cf. Stolz, *Otium et negotium* (nt. 14), 91–93.
[54] Cf. e.g. R. Stauber, Die Schedelsche Bibliothek. Ein Beitrag zur Geschichte der Ausbreitung der italienischen Renaissance, des deutschen Humanismus und der medizinischen Literatur, nach dem Tode des Verfassers hg. von O. Hartig (Studien und Darstellungen aus dem Gebiete der Geschichte 6, 2/3), Freiburg i. Br. 1908; und zuletzt F. Fuchs, Hermann Schedel und der Frühhumanismus in Eichstätt, in: J. Dendorfer (ed.), Reform und früher Humanismus in Eichstätt. Bischof Johann von Eych, Regensburg 2015, 117–132 (mit weiterer Literatur).
[55] Cf. H.-J. Künast/H. Zäh, Die Bibliothek Konrad Peutingers. Edition der historischen Kataloge und Rekonstruktion der Bestände, 2 voll., Tübingen 2003/2005 (Studia Augustana 11/14).
[56] Cf. G. Huber-Rebenich (ed.), Jacques Bongars (1554–1612). Gelehrter und Diplomat im Zeitalter des Konfessionalismus (Spätmittelalter, Humanismus, Reformation 87), Tübingen 2015.
[57] Vgl. das Projekt Haller online URL: <http://www.hist.unibe.ch/forschung/forschungsprojekte/haller_online/index_ger.html> (Stand: 24. 4. 2019).

VII. Missionsbibliotheken

VII. Miscellaneous

Bücher für die Mission. Johannes von Ragusa
und die Schriften über den Islam
im Basler Predigerkloster des 15. Jahrhunderts

Jacob Langeloh (Freiburg i. Br.) und Juliane Hauser (Koblenz)

## I. Einleitung

*„De quibus [...] plenius me informabo"*.[1] Dies verspricht der Dominikaner Johannes von Ragusa (1390/95–1443), als er am 9. 2. 1436 von Konstantinopel aus einen Brief an den Präsidenten des Basler Konzils Kardinal Giuliano Cesarini schreibt. Johannes hielt sich seit September 1435 in Konstantinopel auf, um im Auftrag des Konzils die Union mit der Ostkirche herbeizuführen. Doch worüber will er sich weiter informieren?

Johannes geht es um den Islam. Er spricht von großen Unstimmigkeiten unter den „Türken", die über eine Prophezeiung entstanden sein sollen[2]. Angeblich habe Muhammad gesagt, seine Religion werde nur 800 Jahre bestehen – und dieser Zeitpunkt war 1436 erreicht[3]. Es gebe noch vieles anderes, worüber die Muslime miteinander in Unstimmigkeit seien, worüber sich Johannes weiter erkundigen werde. Johannes sieht hier eine große Gelegenheit und wendet die Mitteilung zum Appell: Wenn die christlichen Kirchen die Union bewerkstellig-

---

[1] Dieser Beitrag entsteht aus dem Projekt „Die Auseinandersetzung der lateinischen Kirche des Westens mit dem Islam während des Basler Konzils (1431–1449) unter besonderer Berücksichtigung von Johannes von Ragusa (gest. 1443). Erschließung und Deutung neuer Quellen auf dem Hintergrund und dem Selbstverständnis des Konzils" unter der Leitung von Prof. Dr. Ulli Roth, das 2015–2019 von der Deutschen Forschungsgemeinschaft gefördert wurde.Brief 96 nach der Zählung in A. Krchňák, De vita et operibus Ioannis de Ragusio, Romae 1960/1961. Ediert ist der Brief in: Studi storici sul Concilio di Firenze. Con documenti inediti, o nuovamente dati alla luce sui manoscritti di Firenze et di Roma, ed. E. Cecconi, Firenze 1869, No. LXXVIII, CCVI–CCXI, hier: CCVI. Eine neue Edition dieses Briefs unter Einbeziehung der Mitschrift des Konzilsnotars Pierre Brunet (enthalten in Paris, BnF Lat. 15627) ist als Teil einer umfassenden Darstellung der Beschäftigung des Basler Konzils mit dem Islam 2019 erschienen als Jacob Langeloh, Der Islam auf dem Konzil von Basel (1431–1449). Eine Studie mit Editionen und Übersetzungen unter besonderer Berücksichtigung des Johannes von Ragusa, Wiesbaden (Corpus Islamo-Christianum. Series latina 10). Texte, die in diesem Band ediert sind, werden mit Titel und Zeilenangaben zitiert.

[2] *„Magna dubitatio orta est noviter inter Turcos de lege ipsorum."* Johannes von Ragusa, Brief 96, ed. Cecconi (nt. 1), CCVIII; ed. Langeloh (nt. 1), l. 94.

[3] *„[...] iam octingenti anni transierunt vel sunt in propinquo transitu [...]"*. Johannes von Ragusa, Brief 96, ed. Cecconi (nt. 1), CCVIII; ed. Langeloh (nt. 1), ll. 99–100.

ten und die christlichen Herrscher Frieden schlössen, wäre es ein Leichtes, nicht nur Griechenland, sondern sogar den größten Teil Asiens von den Muslimen zurückzugewinnen[4]. Mit der Implikation: Tut also bitte Eure Arbeit!

An diesem Kristallisationspunkt zeigt sich, wie der Islam mit dem Konzil von Basel verwoben war. Er war zunächst Feindbild und Motivator. Die Türkischen Feldzüge drangen immer weiter nach Europa vor, christliche Heere wurden besiegt, Christen als Sklaven verschleppt[5]. Das vom griechischen Kaiserreich kontrollierte Territorium schrumpfte stetig, Venedig war auf dem Rückzug, Ungarn bedroht. Die Kirchenunion war daher, wie Johannes unmissverständlich schreibt, nicht nur ein religiöses Anliegen, sondern ein Mittel, um der militärischen Bedrohung zu begegnen.

Doch auch auf anderen Ebenen war der Islam ein faszinierender Stoff. Johannes ging es offensichtlich nicht nur darum, die Schwäche des Gegners zu konstatieren, sondern er beabsichtigte und versprach, mehr über ihn herauszufinden. Dazu bot ihm sein Aufenthalt in Konstantinopel eine exzellente Gelegenheit. Und er konnte auf dem Konzil mit Interesse rechnen. Weitere Theologen nutzten den Anlass der großen Zusammenkunft, um ihre Kenntnisse auszutauschen, einige flochten ihr Wissen sogar in ekklesiologische[6] oder mariologische[7] Argumentationen ein.

In diesem Beitrag wollen wir die große Bandbreite des Interesses auf eine Person, einen Ort und einen Bücherbestand zuspitzen. Die Person wurde schon genannt: Johannes von Ragusa machte sein Versprechen wahr und brachte seine Eindrücke und Erfahrungen, aber auch eine Vielzahl von Büchern aus Konstantinopel mit – darunter viele griechische Manuskripte. Er brachte sie mit an den Ort, wo er während des Konzils wohnte: In das Basler Dominikanerkloster. Nach seinem Tod hinterließ er seine Bücher der Klosterbibliothek, von wo sie dann 1559 an die Universitätsbibliothek übergingen, wo die meisten auch heute

---

[4] „[...] *facile erit non solum Graeciam, sed et magnam partem Asiae ab hac nefandissima secta liberare.*", Johannes von Ragusa, Brief 96, ed. Cecconi (nt. 1), CCVIII; ed. Langeloh (nt. 1), ll. 139–140.

[5] Cf. die Beschreibung des Osmanischen Kriegssystems bei J. Jefferson, The Holy Wars of King Wladislas and Sultan Murad. The Ottoman-Christian Conflict from 1438–1444 (History of Warfare 76), Leiden–Boston 2012, 86–94.

[6] Cf. Heymericus de Campo bei F. Hamann, Der Koran als ekklesiologische Autorität bei Heymericus de Campo († 1460), in: Freiburger Zeitschrift für Philosophie und Theologie 50 (2003), 150–162 und F. Hamann, Das Siegel der Ewigkeit. Universalwissenschaft und Konziliarismus bei Heymericus de Campo (Buchreihe der Cusanus-Gesellschaft 16), Münster 2006.

[7] Cf. die Studien von Réjane Gay-Canton, die insbesondere die Vorgeschichte bei Marquard von Lindau beleuchten: R. Gay-Cantone, Lorsque Muḥammad orne les autels. Sur l'utilisation de la théologie islamique dans la controverse autour de l'immaculée conception de la fin du xive au début du xviiie siècle, in: Revue des sciences philosophiques et théologiques 94 (2010), 201–248; R. Gay-Cantone, Wenn Heiden und Juden den Christen zum Beispiel werden. Zur Kontroverse um die Empfängnis Marias im späten Mittelalter und in der frühen Neuzeit, in: Germanistik in der Schweiz 9 (2012), 15–28 sowie konkreter zum Konzil U. Roth/D. Scotto, Auf der Suche nach der Erbsünde im Koran. Die ‚Allegationes de peccatis primi parentis' des Juan de Segovia, Neulateinisches Jahrbuch 17 (2015), 181–218, hier 185–195.

noch liegen[8]. Aufgrund dieser Geschichte wissen wir recht gut, welche Bücher Johannes von Ragusa gehörten und welche er vermutlich gelesen hat. Aber natürlich besaß die Bibliothek auch bereits vorher Bestände über den Orient, die Johannes als Vorbereitung für seine Reise eingesehen haben könnte. Wenn wir also die Fragestellung auf die Bibliothek des Dominikanerklosters, die Person und die aus Konstantinopel mitgebrachten Bücher und Erfahrungen fokussieren, lassen sich folgende Fragen stellen: Was wusste Johannes über den Islam? Was konnte er in Basel vor seiner Reise erfahren und was waren, soweit man es erfahren kann, seine Interessen? Wie änderte sich die Situation durch Johannes Reise und seine Bücherbeschaffung[9]?

Vorab sei bemerkt, dass wir hier „Wissen über den Islam" sehr breit verstehen. Damit ist hier sowohl Wissen um die Religion wie auch um die islamisch geprägte Welt gemeint. Wenn diese Unterscheidung in der Forschung auch produktiv genutzt werden kann[10], so lassen sich die Texte oft nicht einer Seite präzise zuordnen: Die Verhältnisse und Sitten in der islamischen Welt werden fast immer auch als Ausdruck des Glaubens gedeutet.

## II. Frühe Kontakte des Johannes von Ragusa mit dem Islam

Erste Spuren der Auseinandersetzung mit Islam und Ungläubigen finden sich bei Johannes von Ragusa bereits in seinen Predigten, die er 1422 im Vorfeld des Konzils von Pavia-Siena (1422/23) und zu dessen Eröffnung hält. Er deutet darin die Türkengefahr als wichtigen Grund dafür, das Konzil zu veranstalten. In seiner Predigt mit dem nicht gerade subtilem Thema „*Ini consilium, coge concilium*" (Jes 16,3) spricht er davon, dass Türken, Tataren und Sarazenen wie reißende

---

[8] Cf. das Schenkungstestament K. Escher, Das Testament des Kardinals Johannes von Ragusio, in: Basler Zeitschrift für Geschichte und Altertumskunde 16 (1917), 208–212 und insbesondere die Bestandsrekonstruktion in A. Vernet, Les manuscrits grecs de Jean de Raguse († 1443), in: Basler Zeitschrift für Geschichte und Altertumskunde 61 (1961), 78–108 mit den Ergänzungen von R. William Hunt, Greek manuscripts in the Bodleian Library from the Collection of John Stojković of Ragusa, in: F. Leslie Cross (ed.), Studia Patristica Vol. VII, Berlin 1966, 75–82. Sehr hilfreich und mit einer Rekonstruktion des Gesamtbestandes des Klosters ist auch P. Schmidt, Die Bibliothek des ehemaligen Dominikanerklosters in Basel, in: Basler Zeitschrift für Geschichte und Altertumskunde 18 (1919), 160–254. Zur Größenordnung cf. auch B. Altaner, Zur Geschichte der Handschriftensammlung des Kardinals Johannes von Ragusa, in: Historisches Jahrbuch 47 (1927), 730–732. Den Übergang der Klosterbibliotheken in die Universitätsbibliothek beschreibt ebenfalls L. Heiligensetzer, 20. Die Basler Klosterbibliotheken, in: L. Heiligensetzer/A. Bigger/I. Trueb/U. Dill (eds.), Treffenliche schöne Biecher, Basel 2005, 122–125.

[9] Wir schließen hier an einen äußerst hilfreichen Überblick von Martin Steinmann an, den wir aufgrund unserer Forschungen deutlich erweitern konnten. Cf. M. Steinmann, Ältere theologische Literatur am Basler Konzil, in: R. Creytens/P. Künzle (eds.), Xenia Medii Aevi historiam illustrantia, Roma 1978, 471–482, hier 477–482.

[10] Cf. D. Joseph Wrisley, Situating Islamdom in Jean Germain's „Mappemonde spirituelle" (1449), in: Medieval Encounters 13 (2007), 326–346, der im Anschluss an Marshall Hodgson zwischen „Islam" und „Islamdom" unterscheidet.

Wölfe und tollwütige Hunde über die Christenschafe herfielen, was man in Konstantinopel, in Ungarn, in Spanien, ja in allen den Heiden benachbarten Ländern spüre[11]. Auch hier schon wird als ermöglichendes Moment die Schwäche und Spaltung der christlichen Kirchen formuliert, die sich durch eine Union beheben ließe. Ähnlich äußert er sich in der Eröffnungspredigt zum benannten Konzil[12].

Etwas mehr als sieben Jahre später – wie es nach dem Dekret ‚Frequens' sein sollte – wurde das Konzil von Basel eröffnet[13]. Das Konzil konnte bald einen großen Erfolg verbuchen. Nach harten Verhandlungen und umfassenden Disputationen gelang eine Einigung mit den Hussiten. Davon beflügelt wurde die nächste Aufgabe angegangen: die Wiedervereinigung mit der Ostkirche. Eine griechische Delegation, angeführt von Isidor von Kiew, handelte mit dem Konzil das Dekret ‚Sicut pia mater' aus, in dem die Bedingungen des Zusammenschlusses niedergelegt wurden[14]. Im Sommer 1435 wurde dann der Vizepräsident des Konzils, Johannes von Ragusa, nach Konstantinopel geschickt, um die Verhandlungen zum glücklichen Ende zu bringen.

Die Mission, die Johannes von Ragusa im Namen des Konzils antrat, betraf also zunächst nur peripher den Islam. Wie Johannes' Predigten im Zusammenhang mit Pavia-Siena und vereinzelte Verweise in den Konzilsakten bezeugen[15], wurde der Islam als Gefahr wahrgenommen, aber als eine solche, die in erster Linie politisch-militärisch zu besiegen war. Aber dennoch: Hat sich Johannes von Ragusa zuvor informiert? Und was hatte er zur Verfügung?

---

[11] „[…] *illam, inquam, hoc antiquo obmiso obbrobrio incircumcisorum et infidelium, Turchorum videlicet, Tartarorum atque Saracenorum principes et tirampni ut lupi rapaces et canes rabidi seviunt in oves Christi! Sentit nimirum Constantinopolitana ad presens, ut fertur, civitas, sentit Ungarorum regnum, senciunt cetere orienti propinque christianitatis partes Turchorum insaniem, senciunt et hii, qui a septentrione sunt, Tartarorum rabiem, nec Yspaniarum regna insultus Saracenorum varios ignorant.*" Predigt von Johannes von Ragusa vor Papst Martin V. am 7.12.1422 *„Ini concilium, coge concilium"* (Is 16,3). Ed. A. Patschovsky, in: W. Brandmüller, Das Konzil von Pavia-Siena 1423–1424. Band II: Quellen (Vorreformationsgeschichtliche Forschungen 16/2), Münster 1974, 89–124, hier 112–113.

[12] „*Consumitur namque cotidie christianitatis circumferentia, dum Turchorum gladius hos consumit ab oriente, hos Machometistarum ab occidente devorat ferocitas, dum a septentrione Tartarorum rabies cuncta depopulat, et inpietas Saracenorum ab Africa mari terraque singula perurit.*" Johannes von Ragusa, Sermo zur Eröffnung des Konzils von Pavia-Siena. *Fiet unum ovile et unus pastor* (Jo 10,16). Ed. A. Patschovsky, in: ibid., 125–157, hier 155.

[13] Cf. die eingehende Darstellung der Anfangszeit des Konzils in M. Decaluwé, A successful defeat. Eugene IV's struggle with the council of Basel for ultimate authority in the Church; 1431–1449 (Institut Historique Belge de Rome, Bibliothèque 59), Bruxelles 2009, 62 sqq.

[14] Corpus Christianorum Conciliorum Oecumenicorum Generaliumque Decreta II/2. The Great Councils of Latin Christendom. From Basel to Lateran V (1431–1517), edd. F. Lauritzen/N. H. Minnich/J. Stieber/H. Suermann/J. Uhlich, Turnhout 2013, Sessio 19 am 7.9.1434, 938–947.

[15] Beispielsweise in Monumenta conciliorum generalium seculi decimi quinti, Wien 1857–1935, vol. 2: 35; 37; 91 (hier werden die Türken als „*Teucri*" bezeichnet); 143. Weitere Belege finden sich im in vol. 4 (1935) enthaltenen Index.

## III. Reise- und Pilgerberichte als Quelle über den Islam?

Ein Mittel, mehr über den Orient zu erfahren, waren Reiseberichte und insbesondere Pilgermanuale[16]. Aus dem Dominikanerkloster stammt etwa ein älteres, dem Anschein nach vielgelesenes Exemplar der ‚Descriptio terrae sancta' des Burchardus von Monte Zion[17], welches im späten 13. Jahrhundert entstand und als Klassiker auf diesem Feld gelten kann[18], aber auch die Berichte des Burchardus von Straßburg, des Mönches Thietmar oder von Wilhelm von Boldensele waren vorhanden. Was wäre aus ihnen zu gewinnen?

Burchardus von Monte Zion steht offensichtlich in Austausch mit „Sarazenen". Er zitiert ihre Ortsbenennungen[19] und gibt Inhalte aus Gesprächen mit ihnen wieder[20]. Auf den Glauben kommt er kurz zu sprechen[21]. Im Ort Samaria gebe es keine Häuser mehr außer zwei Kirchen und die größere sei inzwischen zur Moschee umgewidmet. Die Kirche sei zuvor Johannes dem Täufer geweiht gewesen[22]. Ohne genauer den Grund anzugeben führt Burchardus aus, dass die Sarazenen Johannes ebenfalls sehr verehrten, nach Christus und seiner Mutter. Christus betrachteten sie als das wahre Wort Gottes, aber nicht als Gott. Maria sähen sie als jungfräulich empfangen und geblieben. Muhammad sei für sie der Bote Gottes[23]. Burchardus Aussagen über den Islam sind insofern stark eingegrenzt. Die positiven Aussagen über die christlichen Figuren werden aufgenommen, der Konflikt eher nur angedeutet – auch wenn Muhammad für ihn klarerweise *detestabilis* ist[24] und Sarazenen einige Pilger hinterlistig umgebracht haben[25].

Als er später noch einmal auf die Völkerschaften im Heiligen Land zu sprechen kommt, erwähnt er die Sarazenen in ähnlicher Weise. Sie verehren zwar

---

[16] Zur Thematik im Allgemeinen und den meisten Texten cf. Europäische Reiseberichte des späten Mittelalters. Eine analytische Bibliographie, edd. C. Halm, W. Paravicini, Frankfurt am Main ²2001, vol. 1: Deutsche Reiseberichte, bearb. von C. Halm.

[17] Basel, Universitätsbibliothek, A V 17, foll. 2r–20v.

[18] Erhalten sind über 100 Manuskripte, cf. J. Rubin, Burchard of Mount Sion's ‚Descriptio Terrae Sanctae': A Newly Discovered Extended Version, in: Crusades 13 (2014), 173–190.

[19] Zitiert nach Peregrinatores medii aevi quatuor. Burchardus de Monte Sion, Ricoldus de Monte Crucis, Odoricus de Foro Julii, Wilbrandus de Oldenborg; quorum duos nunc primum ed., duos ad fidem librorum manuscriptorum, ed. J. C. M. Laurent, Göttingen–Lipsiae ²1873. Im Folgenden zitiert mit Kapitel, Absatz und Seitenzahl aus dieser Edition. Hier: III,6, 32.

[20] Burchardus von Monte Zion, Descriptio, VII,46, ed. Laurent (nt. 19), 60.

[21] Ibid. VII, 17, 52–53.

[22] Gemeint ist wohl die St.-Johannes-Kathedrale (Samaria).

[23] „Sarraceni autem beatum Iohannem multum honorant post Christum et beatam uirginem, de ipso magna sencientes. Dicunt enim Christum ueraciter esse Uerbum Dei, Deum tamen esse negant. Beatam uirginem dicunt de Spiritu Sancto concepisse, uirginem peperisse et uirginem permansisse. Iohannem uero dicunt magnum et sanctissimum prophetarum fuisse. Machometum dicunt nuncium Dei fuisse et ad se tantum a Deo missum. Hoc legi in alcorano, qui est liber legis eorum.", ibid. VII,17 ed. Laurent (nt. 19), 53.

[24] Ibid. I,4, ed. Laurent (nt. 19), 22.

[25] „[...] *quidam peregrini locum illum uisitantes a Sarracenis insidiantibus fuerunt interfecti.*" Ibid. II,7, ed. Laurent (nt. 19), 25.

Christus und sehen ihn als von einer Jungfrau gezeugt, sprechen ihm aber das Leiden und den Tod ab. Ein Detail scheint Burchardus anders verstanden zu haben als die meisten mittelalterlichen Kritiker des Islams: Die Sarazenen würden auch anerkennen, dass er der Sohn Gottes sei, und ließen ihn einen Platz zur Rechten Gottes einnehmen. Muhammad nehme dann zur Linken Platz[26]. Das ist insofern erstaunlich, als eine der wichtigsten Kritiken am Islam lautet, sie würden behaupten, Gott könne keinen Sohn haben[27]. Zum Abschluss werden ihre ambivalenten Sitten zitiert: Sie seien sehr unrein, da sie Vielweiberei praktizierten, aber recht gastfreundlich, höflich und zuvorkommend[28].

Das Gesamtbild ist das eines zu akzeptierenden Zustandes, wie wilde Tiere oder Naturgewalten, die zwar gefährlich werden oder einen signifikanten Stein verrücken können[29], aber nicht der Feind schlechthin sind, welcher die „Sarazenen" und Türken im späteren Mittelalter werden.

Verfügbar in Basel, wenn auch ursprünglich im Kartäuserkloster[30], waren auch die ‚Relatio de itinere in Terram Sanctam' des Burchard von Straßburg sowie die ‚Itineraria in Terram Sanctam' des sogenannten Magister Thietmar[31]. Burchardus vermerkt ebenso wie sein Namensvetter gerne, wenn die Sarazenen den christlichen Gedächtnisstätten Ehre erweisen, so etwa bei einem Brunnen in „Neu-Babylon"[32]. Als Maria vor Herodes floh, habe sie sich dort verborgen und die Windeln des Kindes gewaschen, wie „es die menschliche Natur verlangte". Daher verehrten auch die Sarazenen diesen Brunnen und wuschen sich dort

---

[26] „Sunt eciam preter Latinos plures in ea gentes, ut Sarraceni. Qui Machometum predicant, et legem eius seruant. Dominum nostrum Ihesum Christum maximum prophetarum dicunt, et eundem, Spiritu Sancto conceptum, de uirgine natum fatentur. Negant tamen passum et mortuum, sed quando eis placet dicunt eum ascendisse celum, ad dextram Patris sedere, quia Filium Dei eum confitentur. Machometum uero contendunt sedere ad sinistram eius." Ibid. XIII,2 ed. Laurent (nt. 19), 89.

[27] „Christum [...] dei filium esse non credunt". Petrus Venerabilis, Schriften zum Islam, ed. R. Glei (Corpus Islamo-Christianum. Series latina 1), Altenberge 1985, 2. Erste Ergebnisse eines Forschungsprojekts unter Leitung von Ingrid Baumgärtner und Jonathan Rubin und unter Mitwirkung von Eva Ferro und Michael Schonhardt, das endlich die Überlieferung von Burchardus Werk beschreibt, lassen jedoch vermuten, dass hier eine korrumpierte Tradition in Laurents Edition eingeflossen ist.

[28] „Isti sunt immundi nimis. Tot uxores habent, quot pascere possunt. Peccant tamen nichilominus contra naturam, in singulis ciuitatibus habentes effebias. Sunt tamen hospitales multum et curiales et benefici." Burchardus von Monte Zion, Descriptio, XIII,2 ed. Laurent (nt. 19), 89.

[29] In Bezug auf Jo 21,5, wo Jesus seinen Jüngern am Seeufer erscheint: „Ubi eciam in lapide uidi tria uestigia Domini Ihesu lapidi impressa in die beati Augustini, cum ibi essem, sed cum postea in festo annunciationis redissem, Sarraceni lapidem illum detulerant de loco illo." Ibid., IV,9 ed. Laurent (nt. 19), 35–36.

[30] UB Basel, B X 35. Zur Provenienz: G. Meyer/M. Burckhardt, Die mittelalterlichen Handschriften der Universitätsbibliothek Basel. Beschreibendes Verzeichnis. Abteilung B: Theologische Pergamenthandschriften. Zweiter Band: Signaturen B VIII 11–B XI 26., Basel 1966, 780.

[31] Die Zuschreibung „Magister" zu Thietmar tritt nur in einigen Manuskripten auf und ist vermutlich falsch, cf. C. M. Thomsen, Burchards Bericht über den Orient. Reiseerfahrungen eines staufischen Gesandten im Reich Saladins 1175/1176 (Europa im Mittelalter 29), Berlin 2018, 444.

[32] Es handelt es sich um Fustāt nahe Kairo, cf. ibid., 519. Zur Rolle und Darstellung des Islam bei Burchardus von Straßburg cf. ibid., 290–307.

am Dreikönigstag. Diese Angewohnheit ermöglicht Burchardus einen kurzen Ausflug in den muslimischen Glauben. Er hält ihnen zunächst zugute, an die Empfängnis Marias durch den Heiligen Geist und ihre durchgängige Jungfräulichkeit zu glauben. Ebenso schrieben sie Christus zu, Prophet gewesen und in den Himmel gefahren zu sein. Doch erkennen sie nicht an, dass er Gottes Sohn, getauft, gekreuzigt, gestorben und begraben sei, wie er anhand des Apostolicums aufzählt. Hinsichtlich der Sohnschaft vertritt er also einen anderen Standpunkt als sein Namensvetter, ansonsten ist die Auflistung recht orthodox. Ein interessantes Detail ist noch, dass die Sarazenen für sich reklamieren, die wahren Nachfolger Christi zu sein, da sie sich wie er beschneiden ließen[33].

Kurz darauf wirft Burchardus einen kurzen Blick auf die Paradiesvision der Muslime, ebenfalls ein Klassiker. Sie glauben an ein diesseitiges Paradies, durch das vier Flüsse fließen, jeweils einer mit Honig, Milch, Wein und Wasser. Wer ins Paradies eintritt, erhält täglich eine Jungfrau, wer im Kampf gegen Christen stirbt, sogar zehn. Es sei ihm aber unmöglich gewesen zu erfahren, bemerkt er etwas sarkastisch, was mit den Frauen dieser Welt passiere und woher all die Jungfrauen kämen[34].

Im Großen und Ganzen entwirft auch Burchardus von Straßburg kein detailliertes Bild des Islam. Wieder begegnet uns die Abwägung von Ehrerbietung gegenüber den wichtigsten christlichen Figuren und der Unvollkommenheit dieser Ehrerbietung. Dazu kommt noch ein Blick auf die Paradiesvision, die zumindest einige weitere Kenntnisse voraussetzt.

Thietmar geht über diese Kenntnisse kaum hinaus, zumal er auch Burchardus als Quelle verwendet[35]. So berichtet er ebenfalls von der Marienverehrung angesichts des Brunnens in Fustat[36]. In der Beschreibung Mekkas liefert er einige

---

[33] „*Ad hunc fontem beata Virgo cum Salvatore nostro Herodis persecutionem fugiens fugerat et ibi per aliquod tempus latitabat, lavans ad fontem illum pannos pueri, ut natura hominis requirebat. Quapropter usque in hodiernum diem fons ille a Sarracenis in veneratione habetur, deferentes illuc cereos ad incensum, quando se ibi lavant. In Epiphania vero maxima multitudo illuc confluit de omni confinio et lavat se cum aqua predicta. Credunt autem Sarraceni beatam Virginem per angelum concepisse Iesum Christum peperisse et post partum virginem permansisse. Hunc filium virginis sanctum prophetam fuisse dicunt, et a Deo mirabiliter cum anima et corpore in celum assumptum celebrantes et eius nativitatem. Sed negant eum esse filium Dei et baptizatum, crucifixum, mortuum et sepultum. Certant etiam se habere legem Christi et apostolorum, quia circumcisi sunt, nos vero minime. Credunt etiam apostolos prophetas fuisse et plures martyres et confessores in veneratione habent.*" Ibid., 521.

[34] „*Item credunt Sarraceni se habere paradisum in terra, in quem post hanc vitam sint transituri, in quo credunt esse IIII flumina, unum scilicet de vino, secundum de lacte, tertium de melle, et quartum de aqua. Et omne genus fructuum ibidem dicunt nasci, et ibi pro velle comedent et bibent. Unusquisque eorum omni die pro voluptatis explemento nove virgini commiscetur, et si quis in proelio a Christiano moritur, cottidie in paradiso decem virginibus utitur. Sed quid de mulieribus istis contingat, que nunc sunt, vel quo deveniant virgines, que cottidie secundum eos corrumpuntur, mihi respondere ignorabant.*" Ibid., 523.

[35] „Thietmar benutzte Burchard als zuverlässige Ergänzung seines eigenen Erfahrungsberichtes für Regionen, die er selbst nicht besuchte, wobei er im Bedarfsfall Korrekturen oder Ergänzungen vornahm." Ibid., 453.

[36] Magistri Thetmari Iter ad Terram Sanctam anno 1217, ed. Titus Tobler, St. Galli 1851, 63. Wir verwenden diese ältere Edition, da sie das Basler Manuskript zugrunde legt.

"Fakten" über Muhammad und geht dann in gleichen Worten auf die fleischlich geprägte Paradiesvision ein[37]. Auch die Traktate von Wilhelm von Boldensele und Odorich von Portenau, die sich im gleichen Codex finden[38], gehen darüber nicht hinaus, obgleich sich bei Odorich als Anhang (fol. 60r) der Anfang einer Biographie von Muhammad findet[39].

Die Informationsdichte der Pilgermanuale hält sich also in Grenzen. Sie berichten größtenteils, so wie das Genre es auch verspricht, von der Reise zu den Orten der Heiligen Schrift und den dort empfundenen Emotionen und dienen dabei nicht nur der konkreten Orientierung im Heiligen Land, sondern insbesondere zum Nachvollzug zu Hause, der für viele die Reise ersetzen musste[40]. Exkurse zu den „Ungläubigen" treten insbesondere dann auf, wenn sie die Stätten, welche die christlichen Pilger aufsuchen, ebenfalls verehren. Standardwerke wie die ‚Legenda aurea' oder das ‚Speculum historiale', die in Basel mit Sicherheit verfügbar waren, allerdings nicht als Nachlass der Dominikanerbibliothek verzeichnet sind, hielten hier mehr Informationen bereit.

## IV. Spezifische Interessen und eigenhändige Notizen: Der ‚Tractatus quomodo Sarraceni sunt expugnandi' des Wilhelm von Adam und das ‚Fragmentum de statu Christianorum terrarum orientalium' des Johannes von Ragusa

Spezifischer auf die Frage, wie man den Sarazenen begegnen soll, antwortet Wilhelm von Adam in seinem ‚Tractatus quomodo Sarraceni sunt expugnandi'[41]. Das Werk entstammt den Kreuzzugsimpulsen, die auf den Fall Akkons an die Türken im Jahr 1291 reagierten. Die heute in Basel vorhandene Kopie, UB A I 32, stammt aus dem direkten Besitz des Johannes von Ragusa. Die Inhalte suggerieren, dass wir hier ein Panorama seiner persönlichen Interessen aus dieser Zeit vorliegen haben. Die erste Sinneinheit widmet sich den östlichen Kirchen und

---

[37] Magistri Thetmari Iter, ed. Tobler (nt. 36), 64–66.
[38] Basel, UB, E III 20, foll. 1r–26r bzw. 37r–59v. Edition von Christiane Deluz als Wilhelm von Boldensele, Liber de quibusdam ultramarinis partibus et praecipue de terra sancta, Paris 1972. Das Werk des Odorich findet sich in Odorich von Portenau, Relatio Fratri Odorico, in: A. van den Wyngaert (ed.), Itinera et relationes Fratrum Minorum saeculi XIII et XIV, Quaracchi-Firenze 1929, 413–495.
[39] Es handelt sich um den Anfang des IV. Kapitels aus der „Historia Orientalis" des Jacques de Vitry, cf. Jacques de Vitry, Histoire orientale. Historia orientalis, ed. J. Donnadieu, Turnhout 2008, 106.
[40] In der Vorrede des Burchardus von Monte Zion heißt es: „*Uerum uidens quosdam affici desiderio ea saltem aliqualiter imaginari, que non possunt presencialiter intueri, […] terram ipsam […], quantum potui, consideraui, et notaui diligenter, […]*." Magistri Thetmari Iter, ed. Tobler (nt. 36), 20.
[41] Basel, Universitätsbibliothek, A I 32. Digitalisiert unter URL: <https://www.e-codices.unifr.ch/de/list/one/ubb/A-I-0032> (Stand: 26.08.2019). Eine moderne Edition dieses Traktats findet sich in G. Constable, William of Adam: How to defeat the Saracens. Guillelmus Ade, Tractatus quomodo Sarraceni sunt expugnandi. Text and translation with notes, Washington, D.C. 2012.

beinhaltet neben zwei Traktaten ‚Contra Graecos' auch eine Abhandlung gegen die Kirchen der Armenier, Jakobiten und Nestorianer. Hinzu kommt ein Traktat über die Vorrangstellung der römischen Kirche. Was nun folgt, widmet sich größtenteils der Böhmischen Frage: Traktate von Hieronymus von Prag und Johannes von Palomar sind kombiniert mit Johannes von Ragusas eigener historiographischer Aufarbeitung, namentlich der ‚Initio et Prosecutio' des Konzils und des Triumphs ‚Quomodo Bohemi reducti sunt ad unitatem ecclesiae'[42]. Dazwischen liegt der genannte Traktat des Wilhelm von Adam.

Die Abhandlung Wilhelms beginnt mit einem Klagelied auf den Zustand der Christen im Heiligen Land. Im Laufe seiner Darstellung bringt er auch immer wieder seine Erfahrungen ein, die er als Missionar in diesen Landen erworben hat[43]. Dann widmet er sich der Behebung, interessanterweise mit einem sehr weiten, geostrategischen Blickwinkel, der ökonomische Faktoren mit einbezieht[44]. Die Stärke der Sarazenen werde gespeist vom Profitinteresse der christlichen Kaufleute, von den Abgaben der Pilger, der Schwäche des Kaisers von Konstantinopel und dem Kaiser der nördlichen Tataren sowie den Verbindungen zu indischen Kaufleuten. Alle diese Faktoren werden im Werk analysiert und „Lösungsansätze" formuliert.

Die meisten Traktate im Codex enthalten kleinere Anmerkungen von Johannes von Ragusa und anderen Händen und erlauben zumindest einige Rückschlüsse darauf, was die Leser interessierte. Im ‚Tractatus quomodo' sind zwei Stellen markiert: Auf fol. 152v findet sich ein kleines Markierungskreuz und auf fol. 154v setzt jemand – vermutlich der Schreiber selbst – ein „Nota" an den Rand und ergänzt wenig später drei Wörter, die beim Kopieren offensichtlich vergessen wurden. Auch wenn es nur zwei Stellen sind, so erscheinen sie doch höchst relevant für die Arbeit des Konzils.

Beide markierten Stellen gehören zum vierten Teil, in dem Wilhelm von Adam sich mit der Schuld des Kaisers von Konstantinopel auseinandersetzt und eine Reihe von Gründen dafür anführt, den Kreuzzug in Konstantinopel zu beginnen. Als sechsten Grund nennt er, dass es den Christen mehr zugutekomme[45]. Denn der Herrschaftsbereich der Sarazenen sei bis zu den Toren Konstantinopels ausgedehnt. Schreckliche Folgen schließen sich an, die Wilhelm mit eigenen Augen gesehen hat. Die Christen werden gefangen genommen und

---

[42] Foll. 167r–247v bzw. foll. 379r–473v. Johannes besaß auch andere Codices zu den Hussiten (etwa Basel, Universitätsbibliothek, A X 66, cf. Schmidt, Die Bibliothek (nt. 8), 208), aber hier scheint ein besonderer Fall vorzuliegen.

[43] Constable, William (nt. 41), 24.

[44] Diese holistische Perspektive erscheint so ungewöhnlich, dass Wilhelm von Adam in der kontrafaktischen Spekulation einige Verdienste erwarb, cf. H. G. Walther, Die Wiedereroberung des Heiligen Landes durch ein gesamtabendländisches Kreuzfahrerheer 1325/28 und die Öffnung des Seeweges nach Indien, in: M. Salewski (ed.), Was wäre wenn. Alternativ- und Parallelgeschichte: Brücken zwischen Phantasie und Wirklichkeit (Historische Mitteilungen, Beihefte 36), Stuttgart 1999, 81–90.

[45] Constable, William (nt. 41), 78–80. In Basel irrigerweise als „*tertia causa*" benannt, A I 32 (nt. 41), fol. 152r.

verkauft. Die christlichen Mütter geraten darüber in Verzweiflung. Sie sehen keinen Ausweg für ihre Kinder und wünschen sich, nie Mutter geworden zu sein[46]. Genau dieser Satz ist mit dem Kreuz markiert. In Konstantinopel zu beginnen, so Wilhelm, würde es ermöglichen, diese Praxis zu unterbinden und den griechischen und sonstigen Christen im Orient zu Hilfe zu kommen[47].

Die Randbemerkung „Nota" findet sich unter den Argumenten, warum man nicht nur in Konstantinopel den Weg beginnen, sondern es direkt erobern und im gleichen Atemzug die Griechen bestrafen sollte. Wilhelm fährt fort, die Vergehen der Byzantiner aufzulisten. Bei Betrachtung der Geschichte sei offenbar, so Wilhelm, mit wie viel Wohlwollen die Lateinische Kirche die Griechische behandelt hätte, selbst zu Lasten anderer Kirchen. Auf diese Wohltaten der „Mutter" (hier metaphorisch zu verstehen), habe die griechische Tochter aber nur mit Hochmut reagiert und Schismen erzeugt[48]. Das „Nota" findet sich hier direkt neben dem Satz, welcher die Vorrangstellung und Mutterschaft der westlichen Kirche affirmiert und diese Passage einleitet[49].

Wir möchten hier nur auf drei Dinge hinweisen: Erstens wird klar, dass die Dimensionen Kreuzzug, Ostkirche und Sarazenen nicht leicht zu trennen sind[50] – hier sind sie in einem Kodex gezielt zusammengestellt und Wilhelm von Adam vertritt die Position, ein erfolgreiches Vorgehen gegen die Ungläubigen beginne mit einer Maßregelung der Griechen. Zweitens wählt sich Johannes von Ragusa genau das Werk, das die Sarazenen aus einer besonders strategischen Perspektive angeht und wenig zu ihrem „Falschglauben" sagt, und verstärkt somit den Eindruck, dass man auf dem Konzil an dieser Front zunächst politisch-militärisch dachte. Drittens richtet sich ein besonderes Interesse, soweit es anhand der spärlichen Randbemerkungen diagnostiziert werden kann, auf zwei Punkte: die Vorrangstellung der römischen Kirche und die Leiden der Christen im türkisch besetzten Gebiet. Ersteres war sicher als Argument in den Unionsverhandlungen vorgesehen, letzteres ein leicht verständlicher Motivator für das Konzil. Eine ähnliche Strategie verfolgt Johannes von Ragusa in einem eigenhändigen Werk, das insofern als Echo zum ‚Tractatus quomodo' gelten kann.

Für Johannes eigene Beschäftigung mit dem Islam ist die Handschrift E I 1k der Universitätsbibliothek Basel[51] der herausragende Zeuge. Darin versammelt

---

[46] „*Desiderabant feminae matres non esse et filios natos esse [‚non' add. Constable] fore oblite desiderii feminei affectabant.*" A I 32 (nt. 41), fol. 152v.

[47] Constable, William (nt. 41), 84.

[48] Constable, William (nt. 41), 84–86.

[49] „*Qui autem antiquas historias mente retinet, Romana ecclesia ecclesiarum omnium mater inter omnes alias ecclesias exaltavit grecorum ecclesiam et promovit etiam cum quarundam aliarum ecclesiarum gravamine non modica et offensa.*" Constable, William (nt. 41),„ 84; A I 32 (nt. 41) fol. 154v.

[50] Scheinbar wurden die Argumente gegen verschiedene Häresien miteinander gemischt oder über Kreuz verwendet. Für Johannes wird ebenfalls ‚Victoria adversos impios Hebraeos' von Porchetus Salvaticus kopiert (Basel, Universitätsbibliothek, A V 18) und er hat die Kopie auf den ersten Seiten offensichtlich selbst durchgesehen (foll. 156v–160r seine Handschrift; ab foll. 162r andere Hand/Hände).

[51] Generelle Informationen zur Handschrift Basel, Universitätsbibliothek, E I 1k in: M. Steinmann, Unpublizierte Beschreibung, ca. 1986, zugänglich im Sonderlesesaal, die nun über die Webseite

sind kleinere Werke, die seine Auseinandersetzung mit dem Islam dokumentieren, wie auch Zeugnisse, welche Rückschlüsse auf die realweltlichen Anlässe erlauben. Die Handschrift beinhaltet eine Vielzahl von Themen, die bis zum Tod des Johannes reichen[52] und insbesondere Konzepte, die aus der eigenen Hand des Johannes von Ragusa stammen. Während seiner Konstantinopelreise ist dies kein Wunder, da die Abgesandten, wie Johannes klagt, keinen Notar zur Verfügung hatten[53] und die Preise der Notare in Pera deutlich zu hoch waren[54].

Die erste Schrift, welche Parallelen zum ‚Tractatus quomodo' aufweist, findet sich auf foll. 316r–317v in besagter Handschrift. Sie scheint unvollendet, denn der Text hört kurz nach Anbruch einer neuen Seite ohne *explicit* auf, und mit den drei letzten Wörtern „*Sed ut nostra*" sollte offensichtlich ein neuer Satz begonnen werden. Aloysius Krchňák hat darin einen Entwurf zu einer Predigt gesehen und sie in einen hussitischen Zusammenhang gestellt[55], Martin Steinmann hingegen schlug ‚Contra Saracenos' als Titel vor[56]. Uns scheint die Schrift aber eindeutig mit der Konstantinopelreise des Johannes zusammenzuhängen und wir habe dieses Schriftstück ‚Fragmentum de statu Christianorum terrarum orientalium' genannt[57]. Ein erstes Indiz für die Zugehörigkeit ist die Stellung in der Handschrift. Die Handschrift wurde, vermutlich von Bibliothekaren im Dominikanerkloster, irgendwann neu geordnet, beschnitten und war auch angekettet[58]. Ein übergeordnetes Prinzip, nach dem der Nachlass des Johannes in dieser Handschrift strukturiert worden wäre, ist nicht erkennbar. Dennoch gibt es sozusagen „Inseln der Ordnung" mehrerer aufeinanderfolgende Texte, die einen Zusammenhang bilden. Auf unser Fragment folgt unmittelbar ein Briefentwurf an den Konzilspräsidenten Giuliano Cesarini, der von der Ankunft der Konzilsgesandten in Konstantinopel handelt (fol. 318r). Darauf folgen zwei Tagebuchentwürfe, die sich auf Ereignisse kurz nach der Ankunft beziehen, und ebenfalls Grundlage für Briefe an das Konzil gewesen sein könnten[59]. Insofern wäre es naheliegend, dass der Text kurz vor der Ankunft, eventuell sogar unterwegs entstanden ist.

---

der Universität Basel abzurufen ist unter URL: <https://www.ub.unibas.ch/digi/a100/kataloge/mscr/mscr05/BAU_5_000117800_cat.pdf> (Stand: 26.08.2019).

[52] Cf. e.g. fol. 190r eine ‚Supplicatio ad Felicem V papam data de monasterio Casae Novae OCist, 1441.' Steinmann, Beschreibung (nt. 51), 5a.

[53] Johannes von Ragusa, Brief 96, ed. Cecconi (nt. 1), CCX; ed. Langeloh (nt. 1), ll. 181–186.

[54] Johannes von Ragusa, Brief 103, in: Concilium Basiliense. Studien und Quellen zur Geschichte des Concils von Basel, ed. J. Haller, Basel 1896–1936, vol. 1 (1896), 377–380, hier: 379; ed. Langeloh (nt. 1), ll. 66–70.

[55] Krchňák, De vita (nt. 1), 74 nennt es „*Fragmentum autographum sermonis*", datiert es auf etwa 1431 und sieht als Hauptthema die „*desolationes christianitatis in Oriente et in Europa, praesertim vero scelera Husitarum*".

[56] Steinmann, Beschreibung (nt. 51), 10.

[57] Johannes von Ragusa, Fragmentum de statu Christianorum terrarum orientalium, ed. Langeloh (nt. 1).

[58] Die Paginierung stammt von Heinrich Schretz OP, cf. Steinmann, Beschreibung (nt. 51), 24.

[59] Krchňák, De vita (nt. 1), 4a, 4b; E I 1k (nt. 51), foll. 319r und 319v; 318v ist leer.

Auch Inhalt und Intention des Textes stützen diese Einordnung. Es handelt sich um eine Klage darüber, wie die Stätten des Heiligen Landes von Ungläubigen besetzt sind und wie die dort wohnenden Christen misshandelt werden. Diese Klage wird an eine Gruppe *domini* adressiert, hinter der man leicht die Konzilsversammlung vermuten kann[60]. Die Klagen bleiben aber unkonkret, insbesondere wenn man sie mit den handfesten Berichten über gesehene und berichtete Gräueltaten vergleicht, die Johannes von Ragusa später in seine Briefe einflicht[61]. Der Fokus liegt mehr auf gelehrten Anspielungen wie dem schönen Wort des Sallust „*Concordia parvae res crescunt, discordia etiam maximae dilabuntur*" (Sall. Iug. 10,6), das den Auftakt macht[62]. Das Leiden und der Peiniger erscheinen im allegorischen Gewand. Muhammad wird dreimal als „Eber aus dem Wald" (Ps 80,14) benannt[63], der den Weinstock des Herren zerwühlt und kahlgefressen hat. Ebenfalls mit Schriftanspielungen beweint Johannes den Verlust des heiligen, ja des allerheiligsten Landes „das Haus Gottes und das Tor zum Himmel (Gen 28,17), aus dem die Könige, dem Fleisch nach die Vorfahren unseres Herrn Jesus Christus, und die Propheten, die Boten und Herolde unseres Glaubens rein hervortraten"[64].

Er beklagt weiter den Verlust und Niedergang vieler christlicher Länder und Provinzen, die Entweihung christlicher Stätten, die grausame Versklavung, die viele Christen erleiden und die sie durch Indoktrination wiederum zu Feinden des Christentums werden lässt[65], und greift damit das Thema auf, das auch innerhalb der Abschrift des ‚Tractatus quomodo' hervorgehoben wurde. Zum Abschluss des überlieferten Textes und offensichtlich am Höhepunkt seiner Rede ruft er seinem Publikum zu: „Oh wir armen Christen, oh wir Unvernünftigen! Seht, überall werden wir getötet, überall werden wir durchstoßen, von allen Seiten werden wir verwundet, von allen Seiten werden wir zerrüttet und spüren unsere Wunden nicht, nehmen unser Elend nicht wahr, erkennen unsere Übel nicht."[66] Das mag rhetorisch geschickt sein, originell ist es aber nicht und bedarf keiner sonderlichen Ortskenntnis. So akut er auch im 15. Jahrhundert sein mag, der Handel mit Sklaven stellte für das osmanische Reich schon lange einen wichtigen Wirtschaftsfaktor dar und der Verlust der heiligen Stätten war ebenfalls keine neue Entwicklung. Und doch, es findet sich zum Ende des Textes eine Randbemerkung, die auf Berichte und eigene Erfahrung verweist. Es heißt

---

[60] „*Quid dicam, domini, quid dicam de hereditate nostra, de civitate et patria nostra, de gloria nostra, de ipsa terra promissionis et civitate Ierusalem, in qua tot et tanta ipse dominus dignatus est pro nostra operari salute?*" Johannes von Ragusa, De statu, ed. Langeloh (nt. 1), ll. 93–95.

[61] Cf. insbesondere die Szene in Edirne, wo der türkische Sultan die „verrotteten und stinkenden Köpfe" der besiegten Ungarn in eine christliche Volksmenge werfen lässt. Johannes von Ragusa, Brief 101 vom 17. 11. 1436, ed. Cecconi (nt. 1), No. XCIII, CCLIII–CCLVI; ed. Langeloh (nt. 1), ll. 65–68.

[62] Johannes von Ragusa, De statu, ed. Langeloh (nt. 1), ll. 2–3.

[63] Hierbei handelt es sich um eine typische Bezeichnung für Ketzer.

[64] Johannes von Ragusa, De statu, ed. Langeloh (nt. 1), ll. 54–56.

[65] Johannes von Ragusa, De statu, ed. Langeloh (nt. 1), ll. 133–139.

[66] Johannes von Ragusa, De statu, ed. Langeloh (nt. 1), nt. zu l. 130.

dort: „*audivi enim a pluribus ex nostris et ipse pro parte vidi*"[67]. Im Text erscheint dafür kein Einfügungszeichen. Es wäre verlockend, hierin einen Nachtrag zu lesen. Johannes war es inzwischen möglich gewesen, das vorher *in genere* Benannte nun mit der realen Erfahrung vor Ort abzugleichen.

## V. Sarazenen als Vorbilder? Eine Rede des Demetrios Hyaleas

Kehren wir zur Frage zurück, wie sich Johannes auf seine Reise vorbereiten konnte. Über die Welt der „Sarazenen" konnte er, wie gesagt, einige Pilgermanuale konsultieren, Oberflächliches über ihren Glauben erfahren und die Literatur bot ihm ebenfalls eine Anleitung zu ihrer Bekämpfung. Es lag sowohl für ihn wie auch das Konzil nahe, genauere Informationen über den vielzitierten Gegner einzuholen. Einen öffentlichen Termin, bei dem er mehr hätte erfahren können, verpasste er allerdings knapp.

Am 8. 7. 1435 hielt ein Grieche namens Demetrios Hyaleas[68] eine Rede vor dem Konzil, die Informationen über die *infideles* enthält. Erhalten ist sie einerseits in einem Münchener Codex[69], bei dem der griechische Entwurf der Rede mit einer interlinearen lateinischen Wort-für-Wort-Übersetzung ergänzt wird. Eine saubere Reinschrift dieser Rede – mit einigen in griechischer Schrift geschriebenen Aussprachehilfen am Rand – findet sich im schon benannten Codex E I 1k[70], mithilfe derer „der Redner seinen Text den Konzilsvätern mühelos vorlesen [konnte]"[71]. Johannes war bereits am 24. Juni[72] nach Konstantinopel aufgebrochen und verpasste den Termin um ein paar Tage. Angesichts dessen, dass die Reinschrift der Rede sich in seiner Materialsammlung findet und er schon seit Mai als Abgesandter in der Unionsfrage fest stand[73], erscheint es allerdings denkbar oder sogar wahrscheinlich, dass er mit Demetrios im Gespräch war.

Er sei kein großer Redner und wolle gleich zur Sache kommen, so beginnt Demetrios seine Rede. In der Folge widmet er sich Themen, die für einen Grie-

---

[67] E I 1k (nt. 51), fol. 317r.
[68] Nach der Beschreibung und Editionsankündigung in K. Hajdú, Eine Rede an die Basler Konzilsväter und ihr unbekannter Autor, Demetrios von Konstantinopel, in: Byzantinische Zeitschrift 93 (2000), 125–132 wurde die Rede inzwischen in ihren verschiedenen Fassungen publiziert als K. Hajdú/I. Hajdú, Anecdota quaedam Isidori abbatis futuri cardinalis Rutheni, Demetrii Hyaleae, Theodori Agalliani praesulumque quorundam Graecorum ad Vnionem Sanctae Ecclesiae spectantia ediderunt, in: Cahiers de l'Institut du Moyen-Âge Grec et Latin 87 (2018), 39–179. Demetrios reiste als Notar des Kaisers schon deutlich früher zum Konzil, ibid. 41–43.
[69] Im München, BSB, Cod. Monac. gr. 142 befindet sich die Rede nach der alten Foliierung auf foll. 72r–83r. Diese Zählung liegt uns auch im Digitalisat vor, cf. auch Hajdú. Eine Rede (nt.), 125, nt. 3. Nach der neuen im gesamten Codex fortlaufenden Foliierung befindet sich die Rede auf foll. 174r–185r, cf. Hajdú/Hajdú, Anecdota (nt. 68), 89.
[70] E I 1k (nt. 51), foll. 49r–56r.
[71] Hajdú, Eine Rede (nt. 68), 126.
[72] A. Krchňák, De vita (nt. 1), 30.
[73] Ibid., 30.

chen besonders dringlich erscheinen müssen, in denen er aber auch das Wohl der gesamten Christenheit (*bonum Christianitatis*)[74] eingeschlossen sieht: Die Kirchenunion und die Bedrohung durch die Türken. Demetrios beschreibt die politische Lage im Westen, lobt die Verdienste des Kaisers Sigismund und hofft auf seine Hilfe gegen die Türken. Ein weiteres Lob gilt den Basler Konzilsvätern, dank deren Arbeiten ein Ende der Hussitenkriege in Sicht sei. Auch die Friedensverhandlungen in Arras schüren seine Hoffnung auf Hilfe gegen die Türken[75]. Doch gute Anfänge reichen nicht aus, um der Bedrohung erfolgreich zu begegnen.

Um dem Konzil diese Botschaft nahe zu bringen, greift Demetrios zu einer kontrastierenden Strategie. Er lobt den Gegner und tadelt die eigene Seite. Der erste Aspekt, der die Beschreibung der Muslime und ihrer Welt notwendig macht, soll uns hier besonders interessieren. Demetrios greift dieses Thema früh in seiner Rede auf, da man auf dem Konzil schon darüber gesprochen habe und die *infideles* eindeutig die größte Bedrohung der Christenheit darstellen. Es sei daher essentiell, über die Feinde genaueres zu erfahren und den Griechen so schnell wie möglich zu helfen, sonst sei es zu spät: „*Unde melius, quae sunt contra nos, intelligetis et nostram perditionem secuturam, si non citius ad melius nostra per vos providebuntur.*" (Hajdú/Hajdú, Anecdota (nt. 68), (4), 128.)

Demetrios verbindet die Charakterisierung der Gegner sofort mit der Schwäche der Christen. Die *infideles* würden vielen natürlichen Geboten folgen, ohne dass ein göttliches Gesetz sie dazu anleite, und dementsprechend über die Christen spotten, denen es selbst im Lichte der Erleuchtung nicht gelinge, grundlegende Gebote einzuhalten[76]. Die von der Natur gebotenen Gebräuche und die Gemeinschaft der *infideles*, die Demetrios im Anschluss beschreibt, seien äußerst nützlich, um im Krieg Erfolg zu haben und Verbündete zu werben.

Ein beachtlich großer Teil der Beschreibung betrifft die *philoxenia*, also die Gastfreundschaft. Sie ist den *infideles* sehr wichtig, sie bauen überall Herbergen, bieten sogar Speisen kostenfrei an, begleiten die Gäste mitten in der Nacht durch die Straßen und sind es sogar gewohnt, für deren Lebensunterhalt zu sorgen, egal welcher Religion die Reisenden angehören[77]. Sie suchen bisweilen

---

[74] Hajdú/Hajdú, Anecdota (nt. 68), (2), 128. Wir zitieren diese Edition, welche die verschiedenen Versionen der Rede durch Abschnittsnummerierung vergleichbar macht, jeweils mit Abschnittsnummer in Klammern und Seitenzahl.

[75] Hajdú, Eine Rede (nt. 68), 126.

[76] „*isti, gentes barbarae exsistentes et leges a Deo non habentes, ex natura multa legitima et hominum condecentia operantur; unde in his contrarios nos tamquam exsistentes odiunt et reprehendunt dicentes, quando nobiscum disputant, quia 'haec non solum naturae bona esse uidentur, sed etiam et a Christo ad uos Christianos bona traduntur. neque igitur naturae bona neque Christi doctrinas, quem Deum esse putatis, secuti estis'. haec contra nos dicunt. detegunt etiam omnia, quae contra nos ex nobis ipsis fiunt.*", ibid., (7), 129.

[77] „*susceptionem peregrinorum, quam Graeci philoxeniam uocant, magnum esse bonum putauerunt. propterea in omnibus regionibus et ciuitatibus et maxime in locis desertis hospitia ad peregrinorum susceptionem aedificant et escas sine solutione ministrant, immo et in medio noctis hospitatos per uiam ipsorum per sufficiens spatium conducere et ipsis, quicumque, cuiuscumque sint sectae, de uictu prouidere soliti sunt uel consueuerunt.*" Ibid., (7), 129.

so verzweifelt nach Essensgästen, dass sie wie Marktschreier auf den Straßen rufen[78]. Die *virtus liberalitatis* (9) ist für sie ein *bonum* und *honorificum* (9) und wird sozusagen zur Pflicht, denn wer keine Gäste hat, dem droht großes Unglück[79]. Diese Art der Gastfreundschaft und *largitas* wird von Demetrios als hinterlistig und eigennützig dargestellt. Sie wollen den Feind, also die Christen, sozusagen einlullen durch großzügige Geschenke und bewirken dadurch, dass die christlichen Reisenden größeres Vertrauen zu ihnen als zu den Leuten ihres eigenen Glaubens haben und verhindern so ebenfalls, dass sich Christen bei ihren Glaubensgenossen, die im Gebiet der Muslime leben, aufhalten[80].

Sie ehren und beschenken insbesondere diejenigen, die für sie kämpfen. „Jeder [der Muslime] gibt denjenigen, die neu zu ihnen kommen, irgendetwas von seiner Habe. Einer gibt ein Pferd, der andere Kleidung, wieder ein anderer ein Zelt oder Geld, oder sonst irgendetwas, das er hat und kann, damit man sie, wenn man das erste Mal zu ihnen gelangt, gleich für reich hält."[81] An die besonders Tapferen verschenken sie sogar Dörfer und Adelstitel, so dass die Herrscherfolge dort, wie Demetrios betont, *ex uirtutum strenuitate* geregelt wird, und nicht *ex generis nobilitate*, wie es im Westen geschieht – was Demetrios hier nicht ausspricht, aber worauf er offensichtlich anspielt[82].

Auch hinsichtlich der Geistlichen haben sie eine andere Lösung gefunden. Diejenigen *spiritualia tractantes*, die sich bei ihnen befinden, begnügten sich mit dem Notwendigsten, was materielle Güter angeht. Sie leben draußen, betteln um Brot und tragen außer Lendenschutz keine Kleidung[83]. Selbstkasteiung zur Unterdrückung der fleischlichen Lust steht bei ihnen auf der Tagesordnung. Teils leben sie auch in totaler Abgeschiedenheit in den Bergen oder sonstigen einsamen Orten. Sie meinen, dadurch Gott zu gefallen[84].

---

[78] „*uidebitis nempe in ciuitatibus, in uiis, in uillis, in campis ad prandium uel cenam clamantes, quicumque scilicet comedere uolunt, uidebitis etiam et uolentes currentes.*" Ibid., (8), 129.

[79] „*et cui nullus ex casu peregrinus occurrit, magnum sibi et suis diffortunium imminere putat.*" Ibid., (7), 129.

[80] „*unde nos in terra ipsorum ambulantes, ubi et Christiani ipsis subiecti habitant, maiori cum fiducia propter magnam ipsorum humanitatem ad ipsos quam ad nostros in fide declinamus. insuper neque sinunt nos ad nostros Turci illi applicare plateas [...]*" Ibid., (7), 129.

[81] „*[...] quilibet istis nouiter ad ipsos uenientibus, de quibus habet, largitur, unus quidem equum, alter autem uestimentum, alter tentorium, alter pecunias, alter aliud quid, de quibus habet et potest, ut istos in primo ad ipsos introitu diuites esse putares [...]*" Ibid., (11), 130.

[82] „*honorant igitur et certantes pro ipsis in tantum, quod pro paruo certamine ciuitates subito et uillas et dignitates donant et dominos ex nihilo creant, ut successio inter ipsos dominantes non ex generis nobilitate, sed operum strenuitate fiat, et solummodo sapientes et uiriles et iustos dignos et nobiles putant et omnibus aliis praehonorandos.*" Ibid., (9), 130.

[83] „*item intellexerunt spiritualia tractantes, quos apud se habent, non oportere aliquo modo praesentibus abuti, neque proprium uel superfluum extra necessitatem possidere et ad huiusmodi mandatorum complementum mendicatione panis ad portas uiuunt et nudi perambulant nihil aliud quam circa lumbos quadrupedum animalium pellicia ad cooperiendum humanam uerecundiam circumferentes.*" Ibid., (12), 131.

[84] „*rursus ad corporis castigationem pondera ferrea uel plumbea auribus inpendunt et aliis membris circumferunt, aliqui autem propter carnalium desideriorum suppressionem similia pondera membris occultis perforantes inponunt et sic Deo placere credunt; multos etiam ipsorum et ab hominibus totaliter separari accidit in montibus et locis desertis morantes.*" Ibid., (12), 131.

Für die restliche Bevölkerung sorgen sie, indem sie in Brücken investieren, kostenlose Fährdienste anbieten und diejenigen, die wenig oder nichts haben, täglich speisen, damit sie nicht betteln müssen[85]. Gegen die Feinde ihres Glaubens, also die Christen, die sich ihnen nicht untergeben, gehen sie hingegen erbarmungslos vor. Sie haben es sich zur Angewohnheit gemacht, „wie wilde Tiere gegen die Christen zu wüten"[86].

Wozu diese ausführliche Gegenüberstellung? Offensichtlich möchte Demetrios dem Konzil ein ganz spezifisches Bild des Gegners vermitteln. Die Muslime tun alles, um Menschen an sich zu binden, für sie zu sorgen und militärisch erfolgreich[87] zu sein, und sie tun dies aus Menschenfreundlichkeit. Im Gegensatz dazu muss das Verhalten der Christen besonders anstößig wirken. Sie streiten untereinander und gönnen sich nichts. Kein Wunder also, dass die Muslime sich immer weiter ausbreiten, während die Christen und besonders das Konzil in tiefem Schlaf liegen (*nobis semper dormientibus*) (15). Die Muslime dienen ihm somit als verzerrtes Gegen- und Idealbild. Sie handeln nach den Geboten der natürlichen Vernunft, allen geht es nach ihren Anforderungen gut – auch wenn hier zum Teil ein Scheinbild erzeugt wird –, niemand muss hungern. Wenn gegen die Glaubensfeinde Krieg geführt wird, dann mit Entschiedenheit. Es darf bezweifelt werden, dass diese Charakterisierung in allen Punkten zutrifft. Der primäre Zweck liegt jedoch beim Auditorium. Es soll durch die Betrachtung dieses vorbildlichen Handelns sich selbst erkennen – oder vielmehr nicht erkennen – und die entsprechenden Schlüsse ziehen: Würde man den „Ungläubigen" wenigstens in Teilen nacheifern, wäre man wahrscheinlich erfolgreicher.

## VI. Neue Perspektiven: Der ‚Libellus de notitia orbis'

Es gab also Materialien, die Johannes hätte lesen können, solche die er sich zusammenstellen ließ und schließlich solche, die dem Konzilsplenum vorgetragen wurden und deren Abschrift er sich im Nachhinein sicherte. Diese waren

---

[85] „*praeterea pontes aedificant et naues in aquis omnes gratis conducentes. tanta denique humanitate et maxime adinuicem superabundant, quod nullus unquam in eis inter proprios mendicus, neque aliquis aliquo modo, quia mox de propriis indigentibus succurrunt et panem non habentibus noctis tempore largiuntur, ne dies ipsa ipsum mendicantem inueniat.*" Ibid., (13), 131.

[86] „*insuper necessarium ipsis inuentum est contra inimicos fidei suae, scilicet contra Christianos illos, qui ipsis non subduntur, irremissibiliter suspirare; quos et inhumaniter tribulant, quantum possunt, immo nullum in ipsis saluum esse putant, nisi contra ipsos Christianos uiam pertranseant – hinc adeo, ut dictum est, contra nos saeuire consueuerunt, quod et tamquam artem huiusmodi certamine, sine quo plures uiuere non possunt, arbitrantur.*" Ibid., (13), 131.

[87] Demetrios beschreibt die militärische Kampfweise der Muslime als besonders effektiv gegen die Christen, da sie wenig schwere Waffen tragen und mit ihren Pferden sehr schnell seien. Ein Bild von Homer (Ilias II,469 sqq.) aufgreifend vergleicht er sie mit einem riesigen Schwarm Fliegen, der im Sommer um die Milch herumschwirrt: „*uideretis etiam ipsos in pugna contra inimicos et maxime contra Christianos tamquam secundum Homerum muscas in lacte aestatis tempore concurrentes*" Ibid., (10), 130.

sozusagen „brandheiß" und von einem Experten vorgetragen. Die Schlussfolgerung konnte allerdings keine andere sein als vorher. Eine Wiedervereinigung der Kirchen und eine militärische Zusammenarbeit von Lateinern und Griechen war dringend notwendig.

Das erste Indiz dafür, dass sich Johannes' Blickwinkel ändert, ist der eingangs zitierte Brief vom 9. 2. 1436, der zwar an Kardinal Cesarini adressiert ist, aber dennoch am 31. 8. 1436 vor dem Konzil verlesen wurde[88]. Johannes beginnt mit der Darstellung seiner Tätigkeiten als Gesandter – es ging darum, die Finanzmittel für die Durchführung der Union aufzubringen, über den Ort des Konzils einig zu werden und Botschafter an die Patriarchen der griechischen Kirche zu senden, um sie zum Unionskonzil einzuladen[89] – und leitet dann zu allgemeineren Nachrichten „aus dem Osten" über. Man darf davon ausgehen, dass diese Nachrichten sorgfältig ausgewählt sind. Die Inhalte haben wir eingangs zitiert: Die Muslime sind in hellem Aufruhr über eine nicht eingetroffene Prophezeiung. Doch woher hat Johannes diese Information, die er als brandneues Wissen (*orta est noviter*)[90] kennzeichnet?

Nun mag es einige Überlieferungen geben, welche die Frage einer islamischen Eschatologie berühren, aber eine Festlegung auf 800 Jahre ist, unserem Kenntnisstand gemäß, nicht verbreitet[91]. Seine Darstellung im Brief an das Konzil klingt so lebendig und aktuell, dass man eine mündliche Mitteilung vermuten sollte – oder könnte es eine andere Quelle geben?

Es besteht die Möglichkeit, dass hier doch ein Text zugrunde liegt. Es handelt sich um den ‚Libellus de notitia orbis' (1404) des Johannes von Sultania, der 1398 zum dritten Erzbischof dieses Namens im heutigen Soltaniyeh ernannt wurde und auch manchmal unter dem Namen Johannes de Galonifontibus geführt wird. Er verfasste dieses Werk im Jahr 1404, als er als Gesandter des Tatarenherrschers Timur Lenk europäische Herrscher aufsuchte[92]. Bekannt sind

---

[88] Krchňák, De vita (nt. 1), Nr. 96, 86.
[89] Ein Großteil dieser Darstellung, der vielleicht als zu repetitiv empfunden wurde, wurde nicht in die offizielle Dokumentation überführt und daher weder in den Editionen von Mansi und Cecconi (J. D. Mansi/L. Petit/J. B. Martin, Sacrorum conciliorum nova et amplissima collectio, Florentiae-Venetiis 1692–1769 [Neudruck Arnhem, Leipzig 1901–1927], vol. 29, 656–659; Cecconi, Studi storici (nt. 1), No. LXXVIII, CCVI–CCXI) noch in den „offiziellen" handschriftlichen Kopien erhalten. Im Kopialbuch des Konzilsnotars Pierre Brunet ist dieser Teil mit „*vacat*" gekennzeichnet. Die Edition Langeloh (nt. 1) enthält diesen Teil.
[90] Johannes von Ragusa, Brief 96, ed. Cecconi (nt. 1), CCVIII; ed. Langeloh (nt. 1), l. 94.
[91] Das Ende des Islam vorherzusagen hatte allerdings eine längere Tradition, cf. P. Engels, Wilhelm von Tripolis, Notitia de Machometo, De statu Sarracenorum (Corpus Islamo-Christianum. Series Latina 4), Würzburg-Alternberge 1992, 331 und die entsprechende Anmerkung Nr. 332 auf 432–433 mit weiteren Hinweisen und generell J. Victor Tolan, Saracens. Islam in the medieval European imagination, New York 2002, 194–213.
[92] Cf. A. Kern, Der „Libellus de notitia orbis" Johannes' III (de Galonifontibus?) O. P. Erzbischof von Sulthanyeh, in: Archivum fratrum praedicatorum 8 (1938), 82–123 und C. Casali, John of Sulṭāniyya, in: D. Thomas/A. Mallett (eds.), Christian Muslim Relations. A Bibliographical History, Leiden 2009–2018, vol. 5 (2013), 295–297.

heute sechs Handschriften[93]. Der Entdecker des Werks Anton Kern hat eine Teiledition auf der Basis zweier Handschriften aus Graz und Leipzig erstellt und dabei eine Auswahl getroffen, welche aus der Vielzahl von Themen, die Johannes von Sultania behandelt, jeweils einen kleinen Bestandteil herausgreift. Die vergleichsweise umfassende Abhandlung über Muhammad und die Sarazenen wurde dabei nur knapp berücksichtigt.

Könnte Johannes von Ragusa dieses Werk gekannt haben? In Basel sind zwei Handschriften erhalten, die voneinander abhängen und beide nach dem Ableben des Dominikaners entstanden sind[94]. Die ältere von beiden, Basel, Universitätsbibliothek A V 25, ist von einem Zisterzienser namens Balthasar von Zinna geschrieben, der seit 1436 Teilnehmer des Basler Konzils war und dem Konzil mindestens bis zum Jahr 1443 treu blieb[95]. Wann er nach Basel zurückkehrte ist unklar, aber offensichtlich verbrachte er von 1453 bis 1456 viel Zeit schreibend in der Bibliothek der Dominikaner, wobei er neben dem genannten Band auch viele Akten des Konzils kopierte[96]. Es erscheint uns hoch wahrscheinlich, dass er dabei Bestände des Klosters zur Vorlage nahm und dementsprechend eine weitere Kopie des ‚Libellus de notitia orbis' bereits vorhanden war. Im gleichen Band ist auch die knappe Einführung ‚Summa brevis contra Sarracenos' des Petrus Venerabilis enthalten[97], die wahrscheinlich einer Kopie des Corpus Islamolatinum entstammt und damit wiederum im Zusammenhang mit Johannes von Ragusa stehen könnte. Nehmen wir also an, Johannes von Ragusa hatte Zugang zu einer Kopie. Was hätte er erfahren können?

Das Wissen des Johannes von Sultania geht weit über das bisher Gesagte hinaus und seine Behauptung, er habe viel davon im persönlichen Gespräch und durch die Kenntnis der Landessprache erfahren, ist nicht leicht von der Hand zu weisen[98]. Sein Beschreibungswinkel ist derjenige, die Sarazenen unter anderen

---

[93] Casali, John (nt. 92), 297. T. Kaeppeli, Scriptores Ordinis Praedicatorum Medii Aevi, vol. 3, Romae 1980, 19 gibt für St. Pölten fälschlicherweise die Standnummer 214 statt (richtig) 63 an.

[94] Es handelt sich um Basel, Universitätsbibliothek, A V 25 sowie E III 17. Ihre Abhängigkeit wird allein durch die gliedernden Zwischenüberschriften deutlich, die sich in keinem der anderen erhaltenen Manuskripte finden.

[95] W. Hoppe, Kloster Zinna. Ein Beitrag zur Geschichte des ostdeutschen Koloniallandes und des Cistercienserordens, München 1914, 97–98.

[96] Im Explizit von Basel, Universitätsbibliothek, A I 31 notiert er, dass er sich zumindest 1453 in Basel befand, cf. das zitierte Kolophon in A. Patschovsky: Nikolaus von Buldesdorf. Zu einer Ketzerverbrennung auf dem Basler Konzil im Jahre 1446, in: H. Müller/J. Helmrath (eds.), Studien zum 15. Jahrhundert, Berlin–Boston 1994, 269–290, hier 271, ebenfalls digital publiziert in A. Patschovsky, Ketzer, Juden, Antichrist. Gesammelte Aufsätze zum 60. Geburtstag von Alexander Patschovsky, Göttingen 2001. Die Explicit-Vermerke in A V 25 beinhalten keine Ortsangaben. Zu Balthasars Leben cf. Katalog der datierten Handschriften in der Schweiz in lateinischer Schrift vom Anfang des Mittelalters bis 1550. Die Handschriften der Bibliotheken von Aarau, Appenzell und Basel, ed. B. M. von Scarpatetti, Dietikon-Zürich 1977, 253. Balthasars eigenhändige Abschriften sind dort unter Nr. 40, 67, 116, 129 und 228 verzeichnet.

[97] Basel, Universitätsbibliothek, A V 25, foll. 162r–164v.

[98] Eine Überprüfung, was seine Quellen waren oder gewesen sein könnten, ist derzeit nicht möglich und würde vermutlich eine kritische Edition und entsprechende Studien voraussetzen. Chia-

„Häretikern und Schismatikern"[99] einzuordnen. Insofern vergleicht er ihre Gebräuche häufig mit den Juden und christlichen Sekten, etwa den Arianern[100], und allgemein mit den „Heiden" (*pagani*). Zunächst spricht er über den Islam im Allgemeinen[101], dann schließt er eine Charakterisierung – oder vielmehr Diffamierung – Muhammads an[102].

Es wäre reizvoll, den vielen Hinweisen nachzugehen, die Johannes von Sultania hier gibt. Er berichtet von vier Untersekten, in welche die Muslime zerfielen, gemäß vier Schülern des Muhammad[103]. Er gibt dann einen knappen Überblick über die wichtigsten Gebote des Islam, etwa in Hinblick auf Beschneidung, Gebetszeiten, Speisegebote und Begräbnisriten[104]. Die Frage nach dem Weiterleben der Seele liefert ihm dann den Anlass zu einem Überblick über die Berührungspunkte von Christentum und Islam, also den Status von Christus und Maria sowie die Anerkennung des Evangeliums im Koran[105]. Anschließend gibt er einen konzisen Überblick über die falschen Meinungen (*errores*) dieser Religion[106]. Auch ihre Feste und der Wandel ihrer Geistlichen werden beleuchtet.

Die anschließende Charakterisierung des Muhammad beginnt mit dessen Jugend und jugendlicher Unterweisung in der Religion. Dann wendet sich Johannes Sergius zu, dem Nestorianermönch, der in vielen Lebensbeschreibungen des Muhammad die Rolle eines zwielichtigen Einflüsterers und Wunderbetrügers spielt. Auch hier werden drei fingierte Wunder erzählt, die Muhammads Prophetenstatus sichern sollten. Weitere „Fehler" seiner Lehre werden zitiert. Doch kommen wir nun endlich zur Passage, die Johannes von Ragusa interessiert haben müsste. Johannes von Sultania schreibt dort:

*„Quantum autem ad denotationem legis ipsius sunt duae opiniones: Prima ipsius Machumeti et suorum, secunda christianorum orientalium et doctorum. Prima opinio invenitur in Alcorano, quod ipse dixit ex parte dei legem illam duraturam per trecentos annos et aliquid ultra. Aliqui exponunt sic, quod octingentis annis et modicum plus [...]."*[107]

---

ra Casali spricht von einer Verbindung von westlichen und östlichen Quellen, cf. Casali, John (nt. 92), 297.
[99] Kern, Der Libellus (nt. 92), 96.
[100] „*participant* [...] *cum Arrio negantes equalitatem in sancta trinitate*", ibid., 96.
[101] Ibid., 96. Die Lücke in der Edition erstreckt sich in Kerns Grazer Haupthandschrift über die foll. 42v bis 49r.
[102] Ibid., 97–100. Auch hier ist eine größere Lücke zwischen foll. 49v und 56v sowie eine kleinere zwischen foll. 57v und 58r.
[103] Basel, Universitätsbibliothek, A V 25, fol. 121r. Da unser Fokus auf der Bibliothek des Dominikanerklosters liegt, verwenden wir hier das Basler Exemplar, ohne es damit als beste Überlieferung kennzeichnen zu wollen. Datiert ist neben den späten Basler Handschriften lediglich die Leipziger Handschrift, die aus dem Jahr 1412 stammt. Die von Kern verwendeten Handschriften aus Graz und Leipzig weisen bereits untereinander große Abweichungen auf, welche durch das Hinzuziehen der Basler Handschrift noch vermehrt werden.
[104] Ibid., foll. 121r–121v.
[105] Ibid., foll. 121v–122r.
[106] Ibid., foll. 122r–123v.
[107] Ibid., fol. 129r.

Diese Vorhersage werde durch eine Prophezeiung der armenischen Patriarchen Isaak und Nerses aus dem 4. Jahrhundert gestützt und zum Teil durch den Tatarenherrscher Timur Lenk eingelöst[108]. Den anderen Teil würde ein Kreuzfahrerheer der „Franken" besorgen. Die Reaktion der Muslime sei vielfältig: zum Teil fatalistisch, zum Teil panisch, zum Teil noch entspannt, da man nicht mit einem vereinten Kreuzfahrerheer rechne, solange die Christen in tiefer Sünde stünden und zwei verschiedene Päpste gleichzeitig hätten[109].

Diese Passagen könnten die Quelle für Johannes eingängige Charakterisierung der „neulich entstandenen" Unruhe unter den Ungläubigen sein. Ebenso würden sie dazu dienen, ein merkwürdiges Detail in den Briefen des Johannes von Ragusa zu erklären. Als weitere Ermunterung an das Konzil spricht er im eingangs genannten Brief davon, es hielte sich „das allgemeine Gerücht, dass Timur, der Kaiser der Tataren, der gewöhnlich Tamerlan genannt wird, sich anschickt, gegen den Herrn der Türken zu ziehen"[110]. Diese Stelle wirft große Probleme auf, da ja Timur Lenk schon 1405, also vor über 30 Jahren verstorben ist. Sollte Johannes damit einen seiner Nachfolger meinen[111]? Oder zieht er wiederum seine Informationen aus dem ‚Libellus de notitia orbis', den er als zeitgenössische Mitteilung deutet? Festzuhalten ist, dass das Werk des Johannes von Sultania deutlich über das hinaus geht, was bisher genannt wurde. Neben Sitten der Muslime werden umfassende religiöse Praktiken, Abweichungen vom Christentum und die Biographie des Propheten geschildert. Johannes von Ragusa greift allerdings zunächst das auf, was ihm für seine ursprüngliche Mission vielversprechend erscheint: Die Verwirrung unter den Muslimen und die Bedrohung durch Timur Lenk sollen die Christen ermutigen, selbst mutig voranzugehen.

---

[108] Kern, Der Libellus (nt. 92), 99.

[109] Kern, Der Libellus (nt. 92), 100: „*Quantum autem ad Sarracenos, habent per multas prophetias, per diversa tempora, quod omnino hoc debet compleri et in signum huius, quando leguntur huiusmodi prophetie, aliqui amare flent interitum et casum suum et credunt hoc esse verum sicut nos credimus Christum esse venturum. Secundo autem, aliqui custodiunt Christianos apud se ut aliquando, scilicet in adventu Francorum, sint in liberationem ipsorum; multique magni principes dicunt quod, postquam prophetia est et deus vult hoc, non oportet resistere, sed statim nos ponemus crucem in collo et adorabimus Christum, et erimus liberi. Sed ex hiis aliqui dubitant quare cum tempus appropinquat et tamen non est dispositio de exitu eorum. Ego autem audivi ad hoc ab aliquibus sapientibus qui dicebant: ‚Hoc impossibile est quod non erit. Sed quia non cito fit ex hoc est, quia magna peccata sunt inter illos Frankos et dissentiones. Ideo deus elongavit terminum hunc.' Et Turcus Baazica dicebat multociens populo suo: ‚Usque quo isti Franki habent duos papas, non timeo eis facere gwerram, sed quando erit unus, tunc oportet facere pacem cum eis.'*"

[110] „*Fertur hic vulgari fama, quod Timerbeus, vulgariter dictus Taberlanus, Tartarorum imperator, movit se ad veniendum contra hunc dominum Turcorum, qui et ultra solitum parat innumerabiles exercitus et disponit de Graecia transire in Asiam.*" Johannes von Ragusa, Brief 96, ed. Cecconi (nt. 1), CCVII; ed. Langeloh (nt. 1) ll. 83–86.

[111] Dass durchaus diplomatische Kontakte zwischen Osmanen- und Timuridenreich bestanden, verdeutlicht die Studie von C. Yüksel Muslu, The Ottomans and the Mamluks. Imperial Diplomacy and Warfare in the Islamic World, London–New York 2014.

## VII. Wissen und Anwendung: Johannes schreibt Bekenntniszettel für Franziskaner

„*Plenius me informabo*", schreibt Johannes von Ragusa im Februar 1436. Dass die Früchte dieser Auseinandersetzung offenbar werden, verdankt sich einem historischen Zufall. Im Dezember 1436 trafen drei Franziskaner in Konstantinopel ein, welche die Absicht hatten, dem Türkenherrscher den christlichen Glauben zu verkünden und dabei möglicherweise das Martyrium zu erleiden[112]. Sie strebten damit die Wiederbelebung des Martyriums an. Diese Absicht haben sie vor ihrer Abreise aus Konstantinopel mit einiger Hast im ‚Tractatus de martyrio sanctorum'[113] niedergelegt, der anschließend Albert von Sarteano zugehen sollte[114], der ebenfalls in die Unionsverhandlungen involviert war, vor allen Dingen aber als meisterhafter Prediger und Verfechter des Martyriums galt[115]. In diesem Werk entwerfen die Franziskanermönche sowohl eine Rechtfertigung des Martyriums wie auch Hinweise zur richtigen Strategie. Da die Ungläubigen „heutzutage" fast keine Fremdsprachen beherrschten, sei es oft sinnvoll, das zu Sagende schriftlich niederzulegen und ihnen zur Begutachtung zu überreichen[116].

Zwei nachgelassene Fragmente aus der Hand des Johannes von Ragusa, die ebenfalls im Codex Basel, Universitätsbibliothek, E I 1k enthalten sind, weisen genau diesen Charakter auf[117]. Sie sind als Ansprachen – beziehungsweise Anschreiben – an die Ungläubigen konzipiert. Ihr Duktus ist dabei höchst interaktiv. Die Gegenüber werden gebeten, ermahnt, ja angefleht, sich auf die Darstellung des Christentums und den Austausch rationaler Argumente einzulassen[118].

---

[112] Johannes von Ragusa notiert dies in seinem Tagebuchfragment (Krchňák, De vita (nt. 1), Nr. 4c, 54), das vermutlich auch Basis für einen Brief an das Konzil war, der heute nicht mehr erhalten ist. Cf. das ‚Fragmentum diarii III' in der ed. Langeloh (nt. 1) und cf. Brief 103, ed. Haller (nt. 54), 380, sowie ed. Langeloh (nt. 1), 382sqq.

[113] Anonymus, Tractatus de martyrio sanctorum, Basel um 1492, Hain-Copinger Nr. 10864. Die zwei erhaltenen Handschriften sind Rom, Biblioteca Vallicelliana, F 43 und Mailand, Biblioteca Ambrosiana, C 17 sup. Die den Islam betreffenden Teile aus den Kapiteln 1, 10, 11, 15, 17 und 18 werden ediert in Langeloh, Der Islam auf dem Konzil (nt. 1). Da der Frühdruck unpaginiert ist, zitieren wir sie nach der Lagenzählung.

[114] Tractatus de martyrio (nt. 113), h iii (5); ed. Langeloh (nt. 1), c. 18,34–42.

[115] Cf. E. Cerulli, Berdini, Alberto, in: Dizionario Biografico degli Italiani, Roma 1960–, vol. 8 (1966), 800–804.

[116] „*Sed quia horum temporum infideles omnes paene indocti sunt* [...] *necesse videtur, quod parva cedula et brevissima cum illis agatur*", Tractatus de martyrio (nt. 113), g iii (4); ed. Langeloh (nt. 1), c. 17,49–52.

[117] Sie finden sich auf foll. 505r–512r des Codex E I 1k (nt. 51), wobei die zwei unterschiedlichen Traktate ineinander verschachtelt sind. Beide weisen fragmentarischen Charakter auf. Das Ende des ersten Traktates, den wir ‚Confessio fidei coram Sarracenis' genannt haben, findet sich in Biblianders Koranausgabe.

[118] „*Oportet igitur, dilectissimi, pro vestra salute tam de deo quam de supradicta via, quae Christus est, aliter et plus sentire, quam in vestro Alchorano habeatis,* [...]" E I 1k (nt. 51), fol. 506v., T. Bibliander, Machumetis Saracenorum principis eiusque successorum vitae ac doctrina ipseque Alcoran. Quo velut authentico legum divinarum codice Agareni & Turcae, Basel 1543, 169; Johannes von Ragusa, Christianae fidei confessio coram Saracenis, ed. Langeloh (nt. 1), ll. 92–93.

Ihre potentiellen Gegenargumente werden antizipiert und beantwortet[119]. Zu diesem Zweck versucht Johannes von Ragusa, seine inzwischen umfassende Kenntnis des Islam zu dokumentieren[120]. Das erste Werk, die ‚Confessio fidei coram Sarracenis' greift dabei direkt auf die lateinische, von Petrus Venerabilis initiierte Koranübersetzung zurück. Hierbei werden Passagen zitiert, die ebenfalls im ‚Tractatus de martyrio sanctorum' vorkommen, so dass er diese Teile beigesteuert haben könnte. Dies wird gestützt davon, dass einige der Passagen im ‚Tractatus de martyrio', die denen der ‚Confessio fidei' besonders nahe sind, erst nachträglich am Rand ergänzt sind[121]. Das zweite Werk, ‚De conditionibus legum, scilicet Evangelii et Alchorani' verwendet ausführlich Argumente aus dem Werk ‚Contra legem Sarracenorum' des Riccoldo da Monte di Croce.

Die ‚Confessio fidei' wurde in die lateinische Koranausgabe Theodor Biblianders von 1543 aufgenommen, wobei Bibliander ironischerweise Riccoldo selbst als Autor vermutete[122]. Dass das Werk durchaus zur Verwendung vorgesehen war, wird insofern offensichtlich, als Johannes von Ragusa Pachomios Calogerus um eine Übersetzung ins Griechische bat, deren Anfang sich ebenfalls im Codex E I 1k findet[123]. Vollständig übersetzt ist die ‚Confessio fidei' in der Bibliander-Ausgabe, ohne dass man über die Herkunft der Übersetzung Informationen fände. Es ist davon auszugehen, dass Johannes von Ragusa die zuletzt genannten Werke alle nach Basel mitbrachte und dass sie zumindest zeitweise dort vorhanden waren. Von ihm stammte vermutlich die Druckvorlage des ‚Tractatus de Martyrio Sanctorum', sein Nachlass weist einen Band auf, in dem sich sowohl das Corpus Islamolatinum mit der Koranübersetzung Robert Kettons sowie Riccoldos ‚Contra legem Sarracenorum' befanden[124]. Alle drei Werke waren also in Basel zeitweise vorhanden, auch wenn sie es heute nicht mehr sind. Im Fall von Johannes von Ragusas Koranabschrift ist dies sogar klar dokumentiert, denn Theodor Bibliander gibt ein *Explicit* vollständig wieder, das die Vollendung des Codex durch Clemens den Polen von Wiślica auf Geheiß von Johannes von Ragusa am 31. Januar 1437 dokumentiert[125]. Spätestens im Februar 1436 hat sich die Perspektive des Johannes von Ragusa also gewandelt. Bücherfunde, ein unerwartetes Aufeinandertreffen und persönliche Erfahrung haben ihn dazu bewegt, Genaueres über den Gegner erfahren zu wollen, eine Sichtweise, die weit über die Kreuzzugsplanung hinausgeht.

---

[119] Beispielsweise: „*Sed fortasse dicetis, quod, sive mundus sive immundus fuerit, scimus, quia propheta domini fuit et multa praedixit et legem ut propheta tradidit.*" E I 1k (nt. 51), fol. 505v, ed. Langeloh (nt. 1). Für eine ausführliche Beschreibung des Verhältnisses der zwei Texte cf. Langeloh, Der Islam (nt. 1), 191–199.

[120] Editionen dieser Texte wurden inzwischen publiziert in Langeloh, Der Islam (nt. 1).

[121] Vallicelliana F 43 (nt. 114), insbesondere fol. 35rv.

[122] Bibliander, Alcoran (nt. 119), 166–178, hier: 166.

[123] E I 1k (nt. 51), fol. 514r. Cf. dazu auch K. Hajdú, Pachomios, Metropolit von Amaseia, als Handschriftenschreiber. Seine Schrift und die Identität von PLP 22216 und PLP 22221, in: Byzantinische Zeitschrift 94 (2001), 564–579.

[124] Vernet, Les manuscrits (nt. 8), 102.

[125] T. Bibliander, Machumetis Saracenorum principis eiusque successorum vitae, doctrina, et ipse Alcoran, Basel ²1550, 188.

## VIII. Fazit

Was konnte man also nun im 15. Jahrhundert dort im Basler Dominikanerkloster über den Islam erfahren? Die Antwort auf die Frage ist, wie wir dargestellt haben, eng verzahnt mit dem Schicksal und dem Erbe einer einzelnen Person. Johannes von Ragusa hatte einige Ressourcen zur Auswahl, bevor er die Reise nach Konstantinopel antrat. Er entschied sich für den konfrontativen Weg des Wilhelm von Adam, der einen Kreuzzug herbeischreiben wollte. Noch auf dem Weg nach Konstantinopel entwarf Johannes ein Echo dieser Herangehensweise und klagte den Konzilsvätern das Leid der Christen. Die Rede des Demetrios deutete in eine ähnliche Richtung: Er betonte die Humanität und die Kriegslust der Ungläubigen, um das Konzil zum Handeln zu bewegen.

Die Reiseerlebnisse des Johannes von Ragusa veränderten die Perspektive. Gerüchte über einen theologischen Dissens im Islam – vermutlich aus dem ‚Libellus de notitia orbis' – spornten ihn dazu an, sich mehr Einblicke in den Islam zu verschaffen. Er erwarb vor Ort entsprechende Texte. Eine Gelegenheit, seine Kenntnisse einzusetzen, bot eine fromme Mission. Die durchreisenden Franziskaner gaben ihm Anlass, zwei Werke für die direkte Auseinandersetzung mit Muslimen niederzuschreiben, und er ließ sie sogar ins Griechische übersetzen.

Die mit dieser Mission assoziierten Materialien endeten in der Bibliothek des Dominikanerklosters. Das, was in der Bibliothek vorhanden ist, folgt Johannes' Interesse: War er zuerst am Funktionieren der islamischen Welt und an ihrer militärischen Überwindung interessiert, was er bei Wilhelm von Adam, bei Demetrios von Konstantinopel und anderswo erfahren konnte, interessierte er sich nun für den Islam, wozu er Riccoldo da Monte di Croce, Kopien des Korans, den ‚Tractatus de martyrio sanctorum' und seine eigenen Werke mitbrachte.

Der Perspektivenwechsel von Johannes von Ragusa hing somit von kontingenten Faktoren ab: Begegnungen, Bücherfunden und Gelegenheiten. Sein Fazit lag aber eng an der friedensorientierten Agenda des Konzils, die von anderen Vertretern wie Johannes von Segovia dann mit Nachdruck auf den Islam ausgeweitet wurde. Johannes von Ragusa kann somit als ein erster Protagonist und Wegbereiter eines neuen Interesses am Islam gelten, ein Interesse, das unterstützt wurde und dokumentiert ist durch die Bibliothek der Dominikaner in Basel.

# Books and Libraries in South American Colonial Convents and Universities: How, Why, and What?

Roberto Hofmeister Pich (Porto Alegre)

## I. Introduction

Before saying anything about libraries in colonial South America[1], I have to say something about books. This is not so much a logical point, it is rather a fair recognition of the most impressive adventure if we compare two stories: (i) the story of higher education institutions in the early Latin American colonial period, and (ii) the story of how books came to the New World. The latter story is quite often a series of highly impressive events. As it happened with many thousands of books, it is simply amazing to follow the report of the journey that a single book had to make to arrive in a library of, for example, the viceroyalty of Peru. This was beautifully described in an article by Helen Razen, former librarian at the University of Iowa Libraries and currently the curator of the project Early Printed Books at the Convento de la Recoleta[2] in Arequipa:

---

[1] In fact, the paper concerns books and libraries in what is nowadays taken as "South America" – especially, the "Hispanic side" of it. The reason is very simple: this has been the research focus of the "*Scholastica colonialis*" project so far (cf. infra, in the main text). Similar stories and a similar exposition would be valid for the whole territory that is today called "Latin America".

[2] Helen Razen's projects and introduction into colonial libraries in Arequipa were supported by the bibliophile former banker, diplomat, lawyer, and Professor of Roman Law at the Universidad Católica San Pablo, in Arequipa, Álvaro Meneses Diaz. Álvaro Meneses Diaz and Helen Ryan (*née* Razen) conceptualized "The Preservation of Historical Libraries of Arequipa Project" and pioneered initiatives to recover the library of the Recoleta, by launching collaborations with local library officials and authorities, as well as with several book experts from U.S. universities and, of course, also by raising private funds to enable, for example, a two weeks visit and workshop of an international team of experts (from three U.S. universities, among them Gary Frost, Conservator for the University of Iowa Libraries and the famous leader of the project "The Future of the Book"). As a result, the entire library is today neatly organized and open to public guided tours. Moreover, there is a permanent office at the Recoleta, ran by Helen Ryan and Álvaro Meneses Diaz. The office is equipped with computers, printers, and scanners, and there is a small group of employees who work on realizing the dream of making the entire material of the library (especially old printed books) accessible through an online catalogue. See also Conservation, on URL: <https://www.lib.viowa.edu/preservation/conservation/> (last access: March 10, 2020); cf. G. Frost/H. Ryan, Preservation of Historical Libraries in Arequipa, in: Archival Products News 15:4 (2008), 1–4.

"Consider the journey of a book I've had the rare privilege to examine, a Catholic breviary published in 1697. A call-and-response worship device, bound with wooden boards and covered in tooled leather, it is printed in bold blacks and reds and features lush illustrations throughout. The massive tome measures 18 inches high, 12 inches wide, and six inches thick, and weighs in excess of 22 pounds. Not an easy book to carry around. Yet, not long after its publication, someone *did* carry it—all the way from its publishing house in Antwerp, down the thousand miles through Europe and the Iberian Peninsula to the city of Seville. There it was loaded onto a boat and transported down the River Guadalquivir to the Atlantic loading port of Sanlúcar, where, along with thousands of other books, it began a month-long journey to the Caribbean Sea. Arriving at one of the islands of the Lesser Antilles, it was offloaded and placed aboard a smaller vessel for transit through pirate-infested waters to the port of Nombre de Dios (later Portobelo), which lay on the Atlantic side of the Isthmus of Panama. The next leg of the journey, crossing the Isthmus itself, a mere 30 miles at its narrowest point, was a cursed ordeal. The shorter of the two possible routes took only four days but wended up into the mountains and along the Isthmus's spine on a perilously rugged and narrow path. The longer route, known as the Gorgona Trail, was safer, but required two weeks of hard travel down the Atlantic coast to the Charges River, a muddy mess harboring dangerous reptiles and malarial mosquitoes. […] Both routes led to the city of Panama, on the Pacific side of the Isthmus. From there, the breviary and its companion books were loaded onto galleons for the 1,400-mile voyage down the Pacific coastline to Lima […]. Once in Lima, where they often spent some time in the collections of private owners, books eventually made their way south some 630 miles, probably carried by mules through the mountains, to the southern city of Arequipa. Some of them may also have been shipped down the coast to the port of Islay, then hauled uphill another 70 miles by mule or oxcart to reach the city. In all, the breviary, which I could barely lug from one room to another, and whose precise route to the New World we can, of course, never truly know, traveled about 9,000 miles to reach its destination. It resides there still, in the Convent of the Recoleta, perched high above the Chili River in Arequipa."[3]

Similar stories might be told about how many thousands of printed books, during most of the colonial period – especially from the 16th to the end of the 18th century –, came from Europe to South America and found a place on the shelves of a convent or university library or even of a private library. In the territory that corresponds to the current boundaries of Peru alone (which is just a part of the colonial viceroyalty of Peru, thus leaving without consideration here the territory that would correspond to today's Ecuador or today's Bolivia), there is an estimation that the amount of pre-1800 holdings totals up to (at least) 76.000 items. It would be fascinating to describe the history of these books themselves, found in libraries of cities such as Arequipa, Cusco and Quito. Our librarian, Helen Razen, has individual stories regarding the members of a family of nearly 3.500 volumes from the Spanish Golden Age to be found in

---

[3] H. Razen, The Cloistered Books of Peru, in: The American Scholar, Spring (2017), 1–10. The article can also be found in URL: <https://theamericanscholar.org/the-cloistered-books-of-peru/#.WcKDja2ZM0p> (last access: March 10, 2020).

the "Recoleta de Arequipa" (Tafel 20) (out of some 20.000 items in that library itself and out of probably 20.000 early books only in the city of Arequipa, residing also in five other libraries, belonging to different institutions and Religious Orders of the Catholic Church)[4], which, irrespective of their contents, are mostly real treasures for rare-book dealers. Although this is not the main focus of this essay, we should mention, following Razen's article, that the history of the "book exodus" from Europe to Latin America famously began to be told by Irving A. Leonard in his work 'Books of the Brave' (1949)[5], among whose documental bases we find the records by "the office of the Spanish Inquisition". Leonard mentions, for example, a "1601 record of a single vessel carrying 10,000 books" from a Spanish harbor down to the New World. These, as most of the books carried westward, due to censorship measures, used to be "meticulously identified" before the vessels departed on their long journey through sees and oceans. Of course, this particular "flood of books" to Latin America might be viewed as a part of a new form of mercantile trade in the $16^{th}$–$17^{th}$ centuries – technically made possible by "Gutenberg's invention of moveable metal type" and the expanded "production of rag paper", as well as in answer to post-Renaissance and post-Reformation cultural, spiritual, scientific, and political demands, which transformed the printed book into the main vehicle for the preservation and "acquisition of literacy and learning" in general. The book trade also benefited from specific economic measures taken by the Spanish Crown, namely significant exemptions or at least reductions of taxes on all kinds of printings, which resulted in an enormous interest of merchants in this market, as they knew that their items were "highly valued" and could quite often be sold at double price "upon reaching American ports"[6].

Concerning merchants, it is also interesting to note that the first strong wave of interest in these holdings of South – and probably Latin – American colonial libraries, at least roughly since the last quarter of the $20^{th}$ century, was not initiated by scholars such as those interested in the history of Colonial[7] and Second Scholasticism, medieval or Renaissance studies and early modern thought. Neither was it instigated by international librarians, who could have been motivated by projects of universal cataloging or simply driven by the pure

---

[4] Razen, The Cloistered Books of Peru (nt. 3), 1–10.
[5] Famously, the story of the seelling of European imprints to Spanish colonies, especially Mexico and Peru, was told by I. A. Leonard, Books of the Brave: Being an Account of Books and of Men in the Spanish Conquest and Settlement of the Sixteenth-Century New World, Cambridge [Mass.] 1949.
[6] Razen, The Cloistered Books of Peru (nt. 3), 1–10.
[7] On a long-term research project on the history of Latin American scholasticism, cf. R. H. Pich/A. S. Culleton, SIEPM Project "Second Scholasticism": *Scholastica colonialis*, in: Bulletin de philosophie médiévale 52 (2010), 25–45; R. H. Pich/A. S. Culleton, *Scholastica colonialis* – Reception and Development of Baroque Scholasticism in Latin-American Countries, $16^{th}$–$18^{th}$ Centuries. The Two First Years of a Project, in: Bulletin de philosophie médiévale 54 (2012), 21–42; R. H. Pich, *Scholastica colonialis* [Project Report] – Commission III: Latin Philosophy, in: Bulletin de philosophie médiévale 56 (2015), 103–132.

love for books. Rather, it was occasioned by agents whose activities resemble those of contemporary rare-book book merchants[8]. Contemporary rare-book dealers were both interested in inventorying collections and, in some cases, selling books back to Europe or the Northern Hemisphere in general. There is a very special reason for such an interest. After all, during the First and above all the Second World War, the pillaging of cultural heritages, higher-education institutions, and university cities, as well the bombing of cities all over Europe by German or allied planes and armies, wiped out tens of millions of volumes – we are told that fire bombings wiped out "an estimated one-third of all books in German libraries". In a last remark about what Helen Razen has written about Arequipa, I want to stress that, according to her report, after "a random survey of 100 books in the Recoleta's collection" and "checking them against the WorldCat" and other important digital catalogs, she found that "18 are held in the same edition in only two or three other libraries in the world, six survive in only one other library, and four of the books are unique" or not reported "to exist in the same edition anywhere else"[9]. If we hypothetically calculate that roughly four percent of the pre-1800 books existing in Peruvian libraries – amounting to ca. 3.000 books – are similarly rare, it is very likely that "the count of unique books" will be "substantial"[10]. In fact, there is no necessary connection between professional inventorying and cataloging by international bibliophiles and book dealers and the thievery in Peruvian museums and libraries. But the robbery of books in those contexts is both a fact and a specialized activity. "In December 2002, armed bandits, aided by professional bookmen giving direction by cell phone, robbed the Franciscan Convent of Ocopa, in the mountains of central Peru, of its most valuable early books". And it is – unfortunately – internationally well-known that the National Library of Peru lost, over the past fifteen years, over "1.000 of its early books to professional thieves, often abetted by colluding employees"[11] (Tafel 21). The unique character of the existing collections of pre-1800 books in Latin American libraries – whose precise number is still unknown – is most evident; the need for both national and international projects with the purpose of cataloguing and digitizing such printed treasures – not to mention remaining manuscripts – is both obvious and urgent.

---

[8] So, e.g., (Italian) scholars from the Instituto Italo-Latino Americano di Roma made a digital catalogue of the old Jesuit Library in Cusco, whose holdings still exist today at the Universidad Nacional San Antonio Abad del Cusco (UNSAAC) – former Universidad San Antonio Abad del Cusco, a Catholic university founded in 1692. The library of the UNSAAC printed the digital catalogue in 36 volumes, registering one book per printed page. The digital catalogue corresponds exactly to the Inventario de la "Biblioteca de los Jesuitas" [IBJ], Cuzco 1938, with the difference that the former is a catalogue made in order to help the UNSAAC localize the books in its own library. Cf. G. Breccia/D. Fugaro, Instituto Italo-Latino Americano di Roma, Roma 1995–1996. They have also drafted a provisional catalogue of the libraries of La Recoleta, of the Convento de Santo Domingo, and of the Convento de la Merced, all in Arequipa.
[9] Razen, The Cloistered Books of Peru (nt. 3), 1–10.
[10] Ibid.
[11] Ibid.

## II. A Society of Learning?

At this point, one might wonder why so many books came from Europe to colonial South America in order to form libraries in hundreds of convents and colleges and several universities. Let us pay attention to these three kinds of institutions: (a) convents/monasteries/seminaries, (b) colleges and (c) universities. Of course, this connects the history of the book on the continent to the creation of a "society of Christian believers" and, on the Spanish territories of the continent, of a place for "high Spanish culture"[12]. Yet, this has to be put in more detailed terms: the trade of books to Latin America is connected to (a) "high Spanish culture" generally speaking, (b) "Catholic religious piety" and "Catholic missionary and evangelizing purposes" more narrowly, as well as (c) academic, intellectual, and scholastic purposes in particular. One of the most impressive discoveries of the past ten years of engagement in the project "*Scholastica colonialis*: Reception and Development of Baroque Scholasticism in Latin America, 16<sup>th</sup>–18<sup>th</sup> Centuries"[13] was that the Religious Orders – Dominicans, Franciscans, Augustinians, Mercedarians, Jesuits, etc. – invested large amounts in the formation of their personnel in and for colonial Latin America, that is, for priests, missionaries, theologians, and teachers (above all, college and university masters or professors). Higher education was provided roughly from the middle of the 16<sup>th</sup> century on in the houses of the Religious Orders and also in universities (already on May 12, 1551 a university was founded in Lima, which happens to be – officially taken – the oldest in Latin America)[14]. For learning purposes, the (expensive) acquisition of books and constitution of more or less comprehensive academic libraries was certainly a necessary condition[15].

---

[12] Expressions used by Razen, The Cloistered Books of Peru (nt. 3), 1–10.

[13] Cf. references in nt. 7.

[14] The Convento del Santísimo Rosário or Convento de Santo Domingo de Lima was founded 1535. On May 12, 1551, the Real Universidad de San Marcos was launched in its Chapter Room, which makes it the first one in South America and, formally at least, in Latin America *lato sensu*. After all, the Universidad Santo Tomás de Aquino in Santo Domingo (nowadays the Dominican Republic), which was founded in 1538, actually began to operate with royal approval only in 1558.

[15] Archives and libraries settled at Archives, still during the colonial period, seem to be at any rate a later phenomenon, from the 18<sup>th</sup> century on, especially after the expulsion of the Jesuits. One example of this is Biblioteca del Archivo Arzobispal de la Catedral de Arequipa (or: Archivo del Arcebispo de Arequipa, Archivo de Santo Domingo), a smaller, but still significant collection, whose majority of holdings are about moral philosophy and theology and about juridical themes (civil and canon law). Of course, the destiny of a large number of colonial libraries all over Latin America would be, from the 19<sup>th</sup> century on, National Archives, National Libraries, libraries of universities that were nationalized or integrated to the public system after the beginning of the Republican period, as well as libraries of public and private cultural institutes. One important example of this is the Archivo y Biblioteca Nacionales de Bolivia, founded October 18, 1883, where many holdings that originally belonged to the Convento de Santo Domingo can be found. The Convento de Santo Domingo in Sucre was founded 1545 by Fray Juan de Olías.

In a very early stage, the New World, having been more or less geographically mapped according to "Western-Euclidean" terms, was politically, ecclesiastically, and religiously divided. Already in the 16th century, it was divided into captaincies and viceroyalties (New Spain, Peru, New Granada, Santo Domingo, Chile, Guatemala, etc.), dioceses and arch-dioceses (whose jurisdiction more or less followed the political divisions of the Spanish royal patrons), and provinces and missionary areas of the Religious Orders. Coupled with these geographical divisions, we find specific kinds of institutions that were founded, above all, in what Church historians take as the second period of Spanish presence in the Americas, that is, not of "discovery" and "conquista", but of settlement and colonization[16], to support the Spanish and *criollo* elite society, the political, legal, and military apparatus, as well as the education of clergy and religious persons.

In all important "cities", thus, convents and/or colleges and/or universities were built. Some examples and short characterizations: (I) First, about universities: In Mexico as well as in Peru, the Spaniards early on created a university system modeled after those at the Universities of Salamanca and Alcalá de Henares. The Royal Pontifical University of Mexico was chartered by a royal decree of Philip II in 1548 and opened on September 21, 1551[17]. In Charcas (today's Sucre/Bolivia), the Spaniards founded the Universidad Mayor, Real y Pontificia de San Francisco Xavier de Chuquisaca in 1624, which was a center for revolutionary ideas at the beginning of the 19th century. In some cases, important cities had more than one University. In Bogotá (Colombia), for instance, there were the Universidad Tomística (founded in 1580 by the Dominicans)[18], the Universidad Javeriana (founded in 1623 by the Jesuits)[19], and the Universidad de San Nicolás de Bari (founded in 1698 by the Eremite Augustinians[20], offering degrees in Arts and Theology, later also in Law and Medicine). (II) Second, about "colleges": Several of the important "colegios" were founded by Dominicans, such as the Colegio Mayor de Nuestra Señora del Rosario in Santa Fé de

---

[16] J. Höffner, Kolonialismus und Evangelium. Spanische Kolonialethik im Goldenen Zeitalter, 2. verb. Aufl., Trier 1969, esp. 143–408.
[17] Cf. M. Beuchot, Historia de la filosofía en el México colonial, Barcelona 1996, 124 sqq. Cf. also H. Cerutti-Guldberg, Mexico, Philosophy in, in: E. Craig (ed.), The Routledge Encyclopedia of Philosophy, vol. 6, London–New York 1998, 344–348, at 344 sqq.
[18] Cf. e.g., Fray C. M. Alzate Montes, O.P., Prólogo – Nuestra repsonsabilidad ante el porvenir, in: Fray C. M. Alzate Montes e.a. (eds.), De la Tomística de Santafé a la Universidad Santo Tomás de Colombia en los últimos 50 años, Bogotá 2015, IX–X; R. Antolínez Camargo, Semblanza y memoria de filosofía y letras, in: Alzate Montes e.a. (eds.), De la Tomística de Santafé a la Universidad Santo Tomás 144–148.
[19] See also J. Del Rey Fajardo, S.J./G. Marquínez Argote, La enseñanza de la filosofía en la Universidad Javeriana colonial (1623–1767), Bogotá 2010: "Primera Parte: La Facultad de Artes y sus hombres", by José Del Rey Fajardo S.J., 21–238; "Segunda Parte: La Facultad de Artes Javeriana: Entre la tradición y la modernidad", by Germán Marquínez Argote, 239–283.
[20] See R. Pinzón Garzón, La filosofía en Colombia. Bilbiografia de los siglos XVI, XVII, XVIII (1ª. Parte) (Biblioteca Colombiana de Filosofia), Bogotá 1987, 92–96.

Bogotá, founded in 1653[21], where the *artes* were "heard" (*oídas*) by all students according to "the doctrine of Saint Thomas"[22], and where, after visiting the course of *artes*, students of the Colegio were able to select classes to obtain theology or law degrees[23]. Surely, the most renowned "colegios" that offered courses of "arts" or philosophy and/or classes in theology or law were those founded and controlled by Jesuits, such as the Colegio Mayor de San Bartolomé in Bogotá, which was founded on September 27, 1604[24]. Influential authorities, the intellectual, ecclesiastical, and political elite and the erudite Spanish-*criollo* society in Hispanic colonial America were in many cases educated in such institutions as well as in Jesuit schools that were focused on laymen and provided education, including the arts, prior to degrees in theology, law, and medicine, such as the Colegio Real de San Martín in Lima[25], which was founded in 1582[26].

---

[21] A historical-sociological approach to universities and higher-education institutions in the "Nuevo Reino de Granada" is offered by R. Silva, Universidad y sociedad en el Nuevo Reino de Granada. Contribución a un análisis histórico de la formación intelectual de la sociedad colombiana, Medellín 2009, 21–89.

[22] Cf. G. Hernandez de Alba, Crónica del muy ilustre colegio de Nuestra Señora del Rosario en Santa Fe de Bogotá 1, Bogotá 1940, 249.

[23] Cf. B. Villegas e. a., Tesoros del Colegio Mayor de Nuestra Señora del Rosario 350 Años, Bogotá 2003, 74–79, 111–12.

[24] Cf. M. Domínguez Miranda, Presentación general, in: Juan Martínez de Ripalda S.J. (1641–1704), De usu et abusu doctrinae Divi Thomae (Biblioteca Virtual del Pensamiento Filosófico en Colombia), Bogotá 2002, 20–21; Pinzón Garzón, La filosofia en Colombia (nt. 20), 96–98. An investigation of the old catalogues of the library of the Colegio de San Bartolomé reveals that the emphasis of its holdings laid on scholastic books, but that the library also possessed many humanistic and modern works as well. Cf. J. Del Rey Fajardo, La biblioteca colonial de la Universidad Javeriana de Bogotá, Santafé de Bogotá 2000. In a certain regard, by combining the ideals of humanistic-classical education and the teaching of – first and second – scholastic sources, we see in the Neo-Granadian milieu, especially in Jesuit institutions and teachings of philosophy, a combination of the *modus parisiensis* and the *Ratio Studiorum*; cf. J. B. Storck, Do *modus parisiensis* ao *Ratio Studiorum*: os jesuítas e a educação humanista no início da Idade Moderna, in: Revista História da Educação 20 (2016), 139–158. The famous theologian and philosopher Juan Martínez de Ripalda S.J. (1641–1704) was active at the Colegio de San Bartolomé from 1668 onwards; he was a student of philosophy and theology (beginning in 1663), professor (1677–1684) and rector (1682–1684) of the Universidad Javeriana; cf. J. Del Rey Fajardo, S.J., Catedráticos jesuitas de la Javeriana colonial, Bogotá 2002, 186–98.

[25] Diego de Avendaño S.J. (1594–1688), author of the Thesaurus indicus (6 Volumes, 1668–1686), for example, received his education at San Martín. Cf. Á. Muñoz García, Diego de Avendaño – Biografia y bibliografia, in: J. C. Ballón Vargas (ed. y coord.), La complicada historia del pensamiento filosófico peruano, siglos XVII y XVIII (Selección de textos, notas y estudios), vol. 2, Lima 2011, 299–343.

[26] There were, of course, exceptional cases. Inca Garcilaso de la Vega ("El Inca"), born in Cusco/Peru, in 1539, author of the 'Comentarios reales' (1609), did not visit any late-medieval pontifical and/or royal academy in the colonial period of Latin America. He was much closer to what we might call "medieval laicism". Without having received any formal higher education in humanistic studies – he only received elementary education at the Colegio de los Indios Nobles in Lima and had a short career in the army (1569–1570) –, Garcilaso de la Vega was nonetheless able to gather a refined library and to compose a work about the Incas, in which the weaknesses of European historiography about the New World, mainly due to their lack of using primary sources, were clearly indicated. Beyond that structural approach to the love of wisdom that

(III) Third, the Religious Orders had their own colleges, *studia*, and education centers, focused on the complete education of their personnel in the arts and theology. With a view to those colleges that also provided education (at least in the arts) to laymen, it could be affirmed that concerning the specific goal of pursuing theological studies the Jesuits, again, founded the most important colleges and schools. Yet, all other Religious Orders had their major centers – in convents and monasteries – for offering education according to the tradition of the Order, and it usually included the arts and theology. So, for example, in Arequipa, the Convento San Pablo Apóstol of the Dominicans was founded shortly after 1540, the Convento de la Merced of the Mercedarians was founded in 1551, and the Convento de San Francisco was founded in 1552[27]. The Convento de San Francisco, in Quito, was founded ca. 1535; in the colonial period, philosophy was taught at the Colegio de San Andrés – founded by Francisco Morales, ca. 1552, which was placed in the Convento[28]. All these institutions, related to Religious Orders, had sizeable libraries. But there were also diocesan and arch-diocesan institutions with substantial libraries, such as the Seminario San Antonio Abad del Cusco[29], founded in 1598. The Seminário de San Jerónimo, as such founded in 1622 by Fray Pedro de Perea y Diez de Medina, Bishop of Arequipa 1619–1630, was unique in Arequipa for higher education in the times of the Peruvian Viceroyalty[30]. Its library is an important source, since in the 17th–18th centuries it was considerably augmented due to donations of bishops (such as Dr. Pedro José Chávez de la Rosa y Galván) and later to the integration of the library of the expatriated Jesuits – whose education house was the Colegio de Santiago, founded in 1573. (IV) Fourth, I also want to call attention to the fact that, in the course of time, the structure of theological preparation and mission activity by Religious Orders basically demanded a central convent in the urban area and a *doctrina* on the mission field. Especially Dominicans and Franciscans provided in these *doctrinas,* in faraway *pueblos* and distant mission areas, a house

---

universally shapes human knowledge, it has been recognized by scholars that the Inca Garcilaso, in the second part of his 'Comentarios reales', i.e., his 'Historia general del Perú', carefully writes about the whole history of the Inca dynasty and builds his entire narrative according to the literary category of "tragedy", i.e., as a "a tragedy in prose", in José Durand's words – a literary form extraneous to the medieval world. From the first king of the Inca dynasty (i.e., Manco Cápac) until the last one (i.e., Tupac Amaru, who happened to be condemned for treason and was publicly murdered in 1572), El Inca describes a historical tragedy of a nation.

[27] A catalogue book written in 1921 is still in use. The library suffered severely after the earthquake 2001, when nearly all bookshelves collapsed.

[28] Cf. V. Muñoz Delgado, El pensamiento lógico, in: L. Robles (ed.), Filosofia iberoamericana en la época del Encuentro, vol. 1, Madrid 1992, 357.

[29] Juan de Espinoza Medrano (ca. 1632–1688) or "El Lunarejo", was Professor of Philosophy and Theology at the Seminário de San Antonio Abad del Cusco. He wrote the 'Philosophia thomistica seu Cursus philosophicus', Roma 1688.

[30] The only civil or university centers of higher education in the Viceroyalty of Peru in the 17th century were the universities of San Marcos de Lima (founded in 1551), San Francisco Xavier de Chuquisaca (founded in 1624), San Ignacio de loyola del Cusco (founded in 1692) and San Antonio Abad de Cusco (founded in 1692). All these institutions were located far away from Arequipa.

in which books were also needed, as well as houses in special areas destined for the recovery, spiritual guidance, and preparation of missionaries, which in some cases were on the outskirts of cities and received the name "recoletas". Again, the Recoleta de Arequipa, "established in 1648"[31], which "was built as a retreat [...] for the exhausted missionaries, who spent harsh decades in the mountains and jungles of Peru pursuing the conversion of new subjects to the Catholic faith"[32], was one of these recuperation and reflection houses equipped with libraries. And the Convent of Ocopa, in the middle of the Andean mountains[33], roughly between Lima and the Peruvian Amazon forest, was an example of a stationary house which was later also equipped with a library, books and material for study and spiritual guidance. At any rate, it was usually the house in the city that offered a kind of *studium generale* and hosted a more "academic" library. (V) As a fifth point regarding a society of learning that cared about investing in books and libraries, both on the institutional and the private level, I want to mention, but consciously leave aside, for the sake of brevity, the existence of private libraries by both learned lay- and clergymen, which were also a reality in Colonial South America[34].

## III. Academic Learning

At this point, we can only get an idea of the possible impact of books on such a project of learning institutions if we know what was read and at the disposal (above all in university and convent libraries) of Catholic intellectuals and learned citizens. Concerning this matter, the diversity and numbers are amazing. If we again take the library of the Recoleta in Arequipa as an example – that is, a library which is not as specialized as the library of the Convent of the Franciscans in the same city –, we find, according to the division of the subjects

---

[31] The Convento de la Recoleta (or the Convento de Recolección de San Jenaro de Arequipa) was founded in 1648.

[32] Razen, The Cloistered Books of Peru (nt. 3), 1–10.

[33] The Convento Franciscano de Santa Rosa de Ocopa was founded in 1725; it is located in the middle of the *cordillera* at 3.360 metres above sea level, in the Province of Concepción, close to the city of Huancayo. The Biblioteca del Convento de Santa Rosa has a hand catalogue (files); a digital catalogue was prepared for local and restricted use only. There is a significant amount of European and colonial imprints covering the period from the 15th–18th centuries – the amount of relevant books, however, surely does not surpass 6.000 volumes. Local consultations are allowed. The library catalogue has no register of manuscripts.

[34] E.g., the personal library of Fray Cristóbal de Torres O.P. (1573–1654), who was the Principal of the Colegio Mayor de Nuestra Señora del Rosario in Bogotá and possessed 175 early imprints, most of them theological and juridical works, could be mentioned. The personal library of Alfonso Briceño O.F.M. (1587–1668) comprised over 1.000 books; it was inventoried after his death, the complete list being located at the Archivo Episcopal de Caracas, with a copy available at the Franciscan Academy of History in Washington. Cf. R. Urdaneta, Alonso Briceño: primer filósofo de América, Caracas 1973, 99.

of the books, a "microcosm" of "Catholic Renaissance Europe". After all, the dissemination of ideas from Protestant Europe suffered from the strict censorious inspections of the Inquisitors and did not reach the New World in the colonial period, and the reading of works by Humanists, such as Erasmus and Thomas More, was controlled as well. In a typical early modern scholastic library, such as the Biblioteca de La Recoleta, about 40 % of pre-1800 imprints were religious (devotional and spiritual) books, about 60 % were theological and philosophical – including the works of Church Fathers, medieval authors in $15^{th}$, $16^{th}$ and $17^{th}$-century printings, and the "scholastic" books of $16^{th}$ to $18^{th}$-century authors. Also, there was a significant body of volumes "on civil and canon law" as well as "a good number of dictionaries and grammars" (of Greek, Latin, and Spanish), a sample of "Greek and Latin classics" (works by Homer, Horace, Ovid, Cicero *et alii*), "along with works of [...] history, economics, science, and literature"[35]. According to the registers of the Recoleta, printed holdings from the $16^{th}$ and $17^{th}$ centuries were, for the most part, "published either in Northern Europe or Italy" (Lyon, Antwerp, Paris, Rome, Venice, etc.), and books printed on the Iberian Peninsula apparently stood out, in number, only in the $18^{th}$ century[36]. In fact, we must take a look at the *curricula* of the higher education institutions (above all the *curricula* of the arts and theology) and the specific courses that were taught or dictated – and later recorded in manuscripts and works that were effectively printed[37] –, to get an idea about the "what" and, above all, the "why" concerning those libraries. Regarding the "why", however, we also have to consider the ideals preset by the Orders regarding the spreading of the gospel and the creation of a quite pure late medieval Spanish Christian society and the promotion of real academic ambitions.

As an example of the academic learning *curriculum*, let us consider the education provided by the Franciscans of the Province of the Most Holy Trinity, under the jurisdiction of which were convents and colleges in Peru and Chile. I will offer a description of what happened in the "Colegio San Diego de Alcalá" in Santiago de Chile, the *curriculum* of which imitated that of renowned centers

---

[35] Razen, The Cloistered Books of Peru (nt. 3), 1–10.
[36] Ibid.
[37] Studies about authors such as Jerónimo Valera O.F.M., Alfonso Briceño O.F.M., Juan de Fuica O.F.M., Antonio Rubio S.J., Diego de Avendaño S.J., José de Aguilar S.J., etc., have been revealing with regard to what exactly was read by Latin American scholastic masters active at higher education institutions; cf. the publications produced by collaborators in the "*Scholastica colonialis* project", mentioned in publications referred to in nt. 7 above. On the contributions by contemporary researchers in that regard, e.g., by Walter B. Redmond, Mauricio Beuchot, and Ana Celina Lértora Mendoza, cf. R. H. Pich, Recepção e desenvolvimento da escolástica barroca na América Latina, séculos 16–18: notas sobre a contribuição de Walter Bernard Redmond, in: Scripta Mediaevalia 2 (2011), 1–22; R. H. Pich, Antecedentes à investigação filosófico-historiográfica da escolástica colonial: a contribuição de Mauricio Beuchot, in: Cauriensia 6 (2011), 37–64; A. S. Culleton, Antecedentes a la investigación filosófico-historiográfica de la escolástica colonial. La contribución de Celina Lértora Mendoza, in: Cauriensia 6 (2011), 23–35.

such as the Convento de San Francisco de Lima, where important Scotist masters, who I will mention later, had taught. The *curriculum* and daily life at the college "San Diego de Alcalá" were described in recent studies on one of its Masters of Arts, namely Juan de Fuica, by Abel Aravena Zamora[38].

The "Colegio San Diego de Alcalá de la Provincia de la Santísima Trinidad de Chile [de la Orden de los Frailes Menores de la Regular Observancia de Nuestro Seráfico Padre San Francisco]" was founded in 1678[39] and was one of the most important places of academic education in Chile, both for laypeople and religious men, long before the foundation of the "Real Universidad de San Felipe", the first university in Chile, in 1747[40]. It was intended as a kind of "School for Advanced Education". In 1681, the first body of teachers was appointed and its very first "Constitution"[41] took effect. We are told that the college, starting its activities in 1682, had 3 to 6 theologians (professors of theology) and 3 to 6 arts scholars (professors of arts), some of whom formerly belonged to the permanent staff of religious men living at the college. Students had a daily activity from 4 a.m. to 9 p.m., and a regular day looked like this: "4:00 Study; 6:00 Mass; 7:00 Quiet Study for Revising Lessons; 7:30 Lesson of First and of Arts; 9:00 Lesson of Ninth [Morals or Scripture for Theologians and Quiet Study for Artists]; 10:00 Lecture of Theology; 11:30 Lunch" (at the same time, usually the professor of moral theology read cases of conscience); "14:00 Praying of "Vísperas y Completas" and chanting of the *Tota Pulchra est Maria*; 15:00 Lesson of Second [Vísperas] and of Arts; 16:00 Scripture or Morals; 17:00 Lecture of Arts; 18:30 "Maytines", Mental Prayer and Discipline; 20:00 Dinner and then half an hour of silent prayer; 21:00 Silence"[42]. The complete course prescribed by the Colegio took six years, three years of the arts and three years of theology. Academic training also included daily lectures of theology and the arts, weekly examinations or disputes of two sorts – both on Saturday, for two hours each (the so-called *sabatinas*, beginning at 9 a.m., and the so-called

---

[38] Cf. A. Aravena Zamora, *Comentarios "Acerca del alma" según la doctrina del Doctor Sutil Duns Escoto, por Fray Juan de Fuica (1689) – Estudio biográfico e histórico y edición bilingüe Latín – Castellano*, Bogotá 2020, 23–28.

[39] The Colégio de San Diego de Alcalá operated from 1678 to 1812. Cf. Fr. B. Gutiérrez O.F.M., Catalogo de las casas de la Provincia Franciscana de La Santísima Trinidad (1553–1890), [Catalogo cronologico de los conventos y hospicios que ha tenido esta provincia de la Santísima Trinidad de Chile de la regular observancia de N. P. S. Francisco desde el año de 1553 hasta el de 1890, dispuesto por Fray Bernardino Gutiérrez, hijo de dicha Provincia], presentación y notas de Fr. R. Iturriaga C., Santiago de Chile 1994, 21–27.

[40] Cf. Aravena Zamora, *Comentarios "Acerca del alma"* (nt. 38), 23. Cf. also R. Iturriaga C., El Colegio San Diego de Alcalá, Santiago de Chile 1990, 10–20.

[41] Which contained 109 articles with 12 headings; they remained valid until 1732. See Aravena Zamora, *Comentarios "Acerca del alma"* (nt. 38), 24.

[42] *Constituciones 1681*, §§ 10–21, 3–4, apud Aravena Zamora, *Comentarios "Acerca del alma"* (nt. 38), 25.

*mensales*, beginning at 4 p.m.)[43] – as well as the so-called "lessons of twenty four hours" and many writing exercises[44].

Aravena Zamora also reports about the mechanisms used by Franciscans to find and select – through competition – both outstanding students and candidates for future chair holders (professors) of the arts at the College of San Diego de Alcalá. Essentially, candidates had to succeed in debates in the form of "oppositions" (*oposiciones*), and they might principally come from any Franciscan college belonging to the Province[45]. Moreover, every student had to participate in and pass at least three debates in the form of "oposiciones" before being considered eligible for the study of theology, which, at any rate, could take place only after the study of logic, of philosophy of nature and of metaphysics. Students of theology were also obliged to participate in the "twenty-four-hours" (*veinte y cuatro horas*) lessons, at the beginning of which the regent reader allocated each student a subject of the "Master of Sentences", who then had 24 hours to prepare a public talk, held in front of the college community. The *artistae* had to go through a similar examination called *"palestra"*[46].

Concerning learning methods, the memorizing of key passages was crucial, especially with regard to the students of the arts – that is, students who attended to the *cursus philosophicus*. Passages were simply read by teachers, and students were obliged to learn them by heart[47]. The Constitutions of the college also determined the contents to be studied. In dogmatic theology, which students had to attend for one and a half years, readers had to present entire works, such as 'De trinitate' by Augustine or 'De incarnatione' by Athanasius. However, it was recommended that theology students should not start with such difficult topics, but rather with treatises 'De Deo uno et trino' or 'De essentia Dei'[48]. On their turn, readers of the arts were required to present works by Aristotle in the form of *Summulae* and *Logica maius*, as well as the philosophy of nature or the 'Physica', 'De caelo et mundo', 'De generatione et corruptione', and 'De anima', and finally metaphysics. The Constitutions clearly stated that the teaching

---

[43] The academic activities or small events called *"sabatinas"* and *"mensales"* always took two hours. All students and members of the college were obliged to assist in them. In the *"sabatinas"*, one student posed a question, and the "readers" (*lectores*) replied to it. In the *"mensales"*, several students posed different questions, and the *lectores* selected one to be replied to. To the *mensales*, Franciscan students were allowed to invite religious men form other Orders in order to assist and take part in them.

[44] *Constituciones 1681*, § 5, n. 41, 7, apud Aravena Zamora, *Comentarios "Acerca del alma"* (nt. 38), 26.

[45] *Constituciones 1681*, § 6, n. 48, 8–9, apud Aravena Zamora, *Comentarios "Acerca del alma"* (nt. 38), 26.

[46] *Constituciones 1681*, § 6, n. 49, 9, apud Aravena Zamora, *Comentarios "Acerca del alma"* (nt. 38), 26.

[47] *Constituciones 1681*, § 5, n. 42, 7, apud Aravena Zamora, *Comentarios "Acerca del alma"* (nt. 38), 27.

[48] *Constituciones 1681*, § 11, n. 94, 16, apud Aravena Zamora, *Comentarios "Acerca del alma"* (nt. 38), 27–28.

of metaphysics did not just amount to the theory of the predicaments, emphasizing that both doctrines were not the same, since metaphysics concerned the concept of being and the *possibilitas entis, essentia et existentia, attributa entis*, etc.[49].

## IV. Why So Much Academic Learning?

Focusing on the demands of the *curricula* and the learning institutions provides a partial, material, explanation of why so many books and libraries were needed. But some links are still missing. In a review of the 2016 volume "*Scholastica colonialis*: Reception and Development of Baroque Scholasticism in Latin America, 16th–18th Centuries", edited by Roberto Hofmeister Pich and Alfredo Santiago Culleton[50], the Danish scholar Claus A. Andersen expressed his wonderment as to how Latin American scholastic traditions found their own intellectual path or whether they just prolonged – and repeated – European scholastic traditions. He questioned whether there was "anything at all of substantial interest in the works written by scholastic philosophers and theologians in this part of the New World." And, commenting on some of the essays in said volume, dedicated to Franciscan Scholastic thinkers from South America, and especially on one study focused on Jerónimo Valera (1568–1625), a Scotist Franciscan master who had studied at the Franciscan Convent in Lima and who, in 1610, published the first philosophical book printed in South America ever, a logic *ad mentem Scoti*, affirms the following:

> "[…], it strikes me that Valera's work on logic is remarkable for the simple reason that it was written at a time when comparable literature was hardly produced by Scotist authors in Europe, thus preceding both the beginning and the high tide of 17th century Scotist *Cursus philosophicus* literature by decades."[51]

---

[49] *Constituciones 1681*, § 10, n. 91, 15–16, apud Aravena Zamora, Comentarios "Acerca del alma" (nt. 38), 28. The sequence of subjects, "logics", "metaphysics", and "philosophy of nature" (sic!) is exemplified in the manuscript by Juan de Fuica, which is a complete *cursus philosophicus* dictated from 1687 to 1689; the courses on metaphysics and the philosophy of nature were dictated in the Colegio San Diego de Alcalá. Cf. Juan de Fuica [Ioannes de Fuica], Commentaria phylosophica ad mentem Doctoris Subtilissimi Patris Fratris Ioannis Duns Scoti Saccratissimi Ordinis Minorum, et Theologorum Principis; Per Patrem Fratrem Ioannem de Fuica ordinis eiusdem Regularis observantiae Provinciae Chilensis, Professorem olim Magistrem Studentium; nunc autem in Magno Beatae Mariae de Succursu Civitatis Sancti Jacobi Artium Cathedrae Moderatorem; Auditurus Adderit Frater Franciscus de Morales, eiusdem Alumnus, et [tan]ti Lectoris Discipulus. Anno Domini 1687, die 12 Aprilis. [foll. 1r–297v].

[50] R. H. Pich/A. S. Culleton (eds.), *Scholastica Colonialis*: Reception and Development of Baroque Scholasticism in Latin America, 16th–18th Centuries (Textes et Études du Moyen Âge 72) Barcelona–Roma 2016.

[51] Cf. C. A. Andersen on: Hofmeister Pich, Roberto – Santiago Culleton, Alfredo (eds.). *Scholastica Colonialis: Reception and Development of Baroque Scholasticism in Latin America, 16th–18th Centuries*. Barcelona – Roma: Fédération Internationale des Instituts d'Études Médiévales; Turnhout, Brepols Publishers (info@brepols.net), 2016. – 165 x 240 mm, VII + 338 p. – (*Textes et Études du Moyen Âge* 72), in: Archivum Franciscanum Historicum 111:1–2 (2018), 273.

In fact, in a couple of articles from the beginning of the last decade[52], I have called attention to the fact that Valera himself and those who appear as the official *censores* of his 1610 publication – officially allowing it – were aware and suspected that, regarding the place of logic in an early modern *cursus philosophicus*, Jerónimo Valera's course *ad mentem Scoti* was perhaps the first one in the entire Franciscan Order that had come to light[53].

I will return to the Franciscan Order in South America and its academic concerns below. But before doing so, I want to stress that the two Orders that invested most in education, colleges, books and libraries, etc. were, presumably, the Society of Jesus and the Franciscans. Jesuit libraries were the libraries of both colleges, above all the so-called "Colegios Máximos" – among which the absolute 'star' was the "Colegio Máximo San Pablo" in Lima, the library of which is said to have hosted about 43.000 books in 1750[54] – as well as of universities, which the Jesuits either founded and controlled from the beginning, such as the Universidad de San Gregorio in Quito/Ecuador, founded in 1622[55], or which they occupied over the years due to their eagerness in obtaining intellectual and public influence, such as the University of San Marcos in Lima. At the same time, the history of their books and libraries is the most difficult to track, as in 1767 they were dispossessed of everything overnight and expelled from the Hispanic empire[56]: with a few exceptions, the Society of Jesus never

---

[52] Cf. R. H. Pich, Notas sobre Jerónimo Valera e suas obras sobre lógica, in: Cauriensia 6 (2011), 169–202; R. H. Pich, Notas sobre Jerónimo Valera e suas obras sobre lógica, in: R. H. Pich/A. S. Culleton/M. L. Pulido (eds.), Ideas sin fronteras en los límites de las ideas – Scholastica colonialis: *status quaestionis* (Serie Estudios 7) Salamanca–Cáceres 2012, 179–212; R. H. Pich, *Scholastica colonialis*: Notes on Jerónimo Valera's (1568–1625) Life, Work, and Logic, in: Bulletin de philosophie médiévale 54 (2012), 65–107. M. Beuchot, The History of Philosophy in Colonial Mexico, translated by E. Millán, Washington, D.C. 1998, 140, concerning Scotism in Nueva España also affirmed that "[d]uring the eighteenth century, the Franciscans [in Mexico] followed the Scotist school to a greater extent than in previous centuries".

[53] Hyeronimus Valera, Commentarii ac quaestiones in universam Aristotelis ac subtilissimi Doctoris Ioannis Duns Scoti logicam, Lima, apud Franciscum a Canto, 1610, Aprobaciones: *"Por commission de nuestro muy Reverendo Padre fray Juan Venido Commissario General de todas las Provincias, y Custodias Del Piru, vi las Summulas y Logica compuesta por El muy docto Padre fray Hieronymo Valera Lector de Theologia jubilado, y Guardian deste Convento de Sant Francisco de Lima, y estan muy docta, y subtilmente tratadas todas las difficultades dela dicha Logica, y Sumulas, y assi seran de mucha utilidad para todas las Escuelas, y en particular para los estudios de nuestra Orden, por ser esta obra la primera que sale a luz en ella in via Scoti. Por lo qual me parece se deve imprimir, para que venga a manos de todos por el bien que resultara a los que le leyeren. Dada en este Convento de Sant Francisco de Lima en treze de Março de 1608. Fray Diego de Pineda."*

[54] L. Martín S.J., La conquista intelectual del Perú. El Colegio Jesuita de San Pablo 1568–1767, Barcelona 2001.

[55] Although we must keep in mind that the first attempted university in Quito was the Universidad de San Fulgencio, founded in 1603 by the Augustinians, who established a convent in 1573. Cf. also G. Moncayo, La Universidad de Quito. Su trayectoria en tres siglos 1551–1930, Quito 1944; P. y A. Costales, Los Agustinos: pedagogos y misioneros del pueblo (1573–1869), Quito 2003, here 62–81.

[56] Through the bull 'Dominus ac Redemptor', signed by Clement XIV on July 21, 1773, but published only on August 17 of the same year, the Society of Jesus was officially dissolved.

recovered the buildings and books they once possessed, as these were either destroyed, appropriated by other Religious Orders, or simply went to the viceroyalties and, later, to the state or Republican institutions, after the wave of independencies from 1810 onwards[57]. The largest amount of early-modern imprints to be found today in national libraries, such as in Peru (ca. 4.000), Chile (ca. 6.000)[58], and Ecuador (ca. 8.300)[59], and in early Republican university libraries in South America, such as the Universidad Central del Ecuador (3.000)[60],

---

[57] As regards colonial Ecuador, the Jesuit Father Francisco Piñas Rubio, a historian who works at the Biblioteca Aurelio Espinosa Pólit, in Quito/Ecuador, is probably the person best acquainted with the history of libraries, old imprints, and manuscripts in Ecuador, at least with respect to the colonial holdings of the Society of Jesus. Francisco Piñas Rubio S.J. published the largest part of his works in the Digital Library Miguel de Cervantes: F. Piñas, Catalogo de la Provincia de Quito de la Compañía de Jesús en la Colonia 1586–1767 (Biblioteca Virtual Miguel de Cervantes), Alicante 2006; Id., Resumen del Archivo de los Jesuitas del Colegio Máximo en la Real Audiencia de Quito (Biblioteca Virtual Miguel de Cervantes), Alicante 2006; Id., Inventario del Colegio Máximo de Quito de la Compañía de Jesús y sus haciendas durante su secuestro el 20 de agosto de 1767 (Biblioteca Virtual Miguel de Cervantes), Alicante 2007; Id., Cartas Annuas de la Compañía de Jesús en la Audiencia de Quito de 1587 a 1660 (Biblioteca Virtual Miguel de Cervantes), Alicante 2008; Id., El arquitecto hermano Marcos Guerra, S.J. y su obra (Biblioteca Virtual Miguel de Cervantes), Alicante 2008; Id., Inventario de la Universidad de San Gregorio de la Compañía de Jesús durante su secuestro en 1767 (Biblioteca Virtual Miguel de Cervantes), Alicante 2008; Id., Inventario del Colegio Seminario de San Luis de Quito y sus haciendas durante su secuestro en 1767 (Biblioteca Virtual Miguel de Cervantes), Alicante 2008; Id., Libro de composiciones de tierras del Colegio de la Compañía de Jesús hechas por Antonio de Ron em 1696 (Biblioteca Virtual Miguel de Cervantes), Alicante 2008; Id., Resumen de libros y papeles de los jesuitas y Colegio Máximo de Quito, expatriados (Biblioteca Virtual Miguel de Cervantes), Alicante 2011.

[58] Connected to the library is the Archivo Historico Nacional de Chile, in which both the catalogue of the Fondo Antiguo and of the Fondo Varios can be found and are also digitized. In the Fondo Antiguo, moreover, it is possible to find inventories (even digitized inventories) of other libraries, such as the inventory of the Biblioteca de la Casa Grande Nuestra Señora del Socorro, which was made in 1799 by Fray Jayme Esteve and Fray Gregório Vázquez.

[59] The Biblioteca Nacional del Ecuador was inaugurated on May 25, 1792. The catalogue in Casa de la Cultura Ecuatoriana – Biblioteca Nacional de Quito: Sección de libros antiguos y raros, siglos XV, XVI, XVII y XVIII, Quito 1959, 5–7 (and especially the Section "Incunables y libros raros y curiosos de los siglos XV, XVI, XVII y XVIII, de la Sección Llamada 'Hispanoamericana'"), was intended to show the general public of Ecuador the richness of the National Library, which possessed incunables, rare imprints from Europe, and rare editions from South America, including the first book printed in South America, namely the "Doctrina Cristiana y Catecismo para instrucción de los indios" (1584, by the publisher Antonio Ricardo), on request of the Consejo Provincial, which met in Lima in 1583. Cf. also M. Sánchez Astrudillo, Textos de catedráticos jesuitas en Quito colonial – Estudio y Bibliografia, Quito 1959.

[60] The Universidad Central del Ecuador was officially founded in 1826; its origin is related to the Universidad Central de Quito, and this last one was founded on the basis of the Real Universidad Pública Santo Tomás. I also want to mention S. M. Guerra B., La filosofia escolastica en Quito colonial 1534–1767, Quito 1976. This is the Index: 1. Introducción; 2. Visión Panoramica de la filosofia colonial; 3. La Escolastica Renacentista en Quito: 1534–1594; 4. La Restauración Escolástica em Quito: 1594–1688; 5. La Escolástica Decadente en Quito: 1688–1736; 6. La Escolástica Modernizante en Quito: 1736–1767; 7. Catálogo de Obras Coloniales de Filosofia (in which 256 works are listed, including both imprints and manuscritos, 274–338); 8. Bibliografia.

the Universidad Nacional Mayor de San Marcos in Lima (2500)[61] and the Universidade Nacional Mayor de San Andrés in La Paz (4000)[62], belonged to the Jesuits until 1767. In some cases, above all from the second half of the 18th century on, libraries of diocesan seminaries accommodated former Jesuit libraries as well, as, for example, in Arequipa, where the holdings of the Jesuits are to be found in the Seminario Diocesano de San Jerónimo (about 5000), as well as in Cusco, where a part of the books of the Jesuits are kept in the Seminary San Antonio Abad del Cusco (about 4000) (Tafel 22), while the other part was, until recently, quite messily stored in the basement of the library of the Universidad Nacional San Antonio Abad del Cusco (about 5000) (Tafel 23)[63].

In the case of the Jesuits, higher colleges and universities belonged to their international system of institutions for the formation of missionaries, religious men, and intellectuals. In many regards, they worked through an international network indeed: concerning the academic exchange of ideas, they created what we would nowadays call a 'global network of science and learning', and I dare say that in the 17th–18th centuries, the most important Jesuit centers – here: higher colleges – of education and learning were in Rome, Salamanca, Coimbra, Prague, and Lima. An excellent example of Jesuit academic learning in Peru is the religious authority, theologian, viceroyalty consultant, moral and legal thinker Diego de Avendaño, who was born in Sevilla in 1594 and died in Lima in 1688. In the "Ciudad de Los Reyes", Avendaño was educated by the Jesuits (in the Real Colegio San Martín), later becoming a Jesuit himself. After having taught at the University of Cusco, at the Colegio de Santiago of the Jesuits in Arequipa, and at the University of Charcas or Chuquisaca, Avendaño concluded his brilliant career as a professor of theology at the renowned Colegio Máximo San Pablo, the most prestigious college of the Jesuits on the continent. His most important works, namely the six monumental volumes of the 'Auctarium indicum', were published in Antwerp in the years 1668–1686[64]. These volumes, on

---

[61] That is, in the Archivo Historico de la Biblioteca de la Universidad Nacional Mayor de San Marcos. Noteworthy is also the Seminário Santo Toríbio de Mogrovejo in Lima, which was founded on December 7, 1590. Apparently, its old imprints and colonial holdings, which originally belonged to the library of the Universidad de San Marcos, have not yet been catalogued. The old library apparently contains some of the original volumes that were part of the first library of the Real Universidad de San Marcos.

[62] Founded October 25, 1830. These numbers are only rough estimates.

[63] Cf. nt. 8, above.

[64] Volume 1 of the 'Auctarium' was translated into Spanish. Cf. Diego de Avendaño, Thesaurus Indicus, Vol. I, Tít. I–IX (1668), edición, introducción y traducción de Á. Muñoz García, Pamplona 2001–2009 (4 voll.). Cf. Á. Muñoz García, Diego de Avendaño en su *Thesaurus Indicus*, in: Revista de Filosofia (Maracaibo) 36 (2000), 113–132; Id., La América de Avendaño: la ampliación y fin del Imperio, in: Cuadernos Salmantinos de Filosofia 30 (2003), 29–44; Id., Diego de Avendaño. Filosofía, moralidad, derecho y política en el Perú colonial, Lima 2003, 29–61, 63–75; Id., Algunas funciones de los Oidores, según Diego de Avendaño, in: Revista de Artes y Humanidades ÚNICA 9 (2004), 62–87; Id., Diego de Avendaño – Biografia y bibliografia, in: J. C. Ballón Vargas (ed. y coord.), La complicada historia del pensamiento filosófico peruano, siglos XVII y XVIII (Selección de textos, notas y estúdios), vol. 2, Lima 2011, 299–343. Cf.

the pages of which he was able to mention – quoting author, work, volume, disputation, distinction, chapter, and page – several dozens of different authors on a single page, can be taken as a mirror of a library of the Jesuits in Peru and also as a proof of the network mentioned above: especially in his defense of probabilism as a moral system, he dialogues with masters of Coimbra, such as Matheus Homem Leitonius, of Prague, such as Juan Caramuel and Rodrigo de Arriaga, of Salamanca, such as Pedro Hurtado de Mendoza, as well as of the Collegio Romano, such as John Azor and Juan de Lugo.

Of course, we might assume that the reason for many institutions, books, and libraries was the attempt of forming a learned Christian society in Latin America, of bringing "civilization" and "salvation" by means of education and the training of clergy and religious men. But I want to come back to the Franciscans now in order to give a simple answer or to defend a thesis about the "why" of so many books, institutions, libraries, and well-equipped convents and schools. Why so many books and libraries? The answer is in a sense simple, it is a mental trace that belongs to scholastic culture, the force of which is difficult to measure: I mean pure intellectual ambition coupled with the expectation of being academically recognized in an international sphere by peers as scholars working and living outside Europe[65], up to the point of imagining oneself in a network of learning and of pursuing the goal of writing and publishing a well-reflected *cursus philosophicus* or theological exposition in dialogue with European learning, not only repeating it, but advancing new reasons and offering innovative systematic expositions. Some of the largest remaining colonial libraries in South America belong to the Franciscans, although their registers are old and imprecise, and they are usually closed to the public. The library of the "Descalzos"[66] in Lima must host ca. 5.000 books, the Convento de San Francisco in Lima 10.000 or more[67], the Convento in Quito also more than 10.000[68], and the same holds true for the Convento de Cusco[69]. (Tafel 24) The Convento de Arequipa probably hosts about 7.000 early-modern imprints, not to mention the

---

also J. C. Ballón, Diego de Avendaño y el probabilismo peruano del siglo XVII, in: Revista de Filosofía (Maracaibo) 60:3 (2008), 27–43.

[65] J.-I. Saranyana, Una historia del pensamiento latinoamericano desde sus orígenes a nuestros días (autocrítica), in: Revista de Hispanismo Filosófico 13 (2008), 121–128; W. B. Redmond, Self-Awareness in Colonial Latin American Philosophy, Part I, in: Jahrbuch für Geschichte Lateinamerikas 41 (2004), 353–371.

[66] The Convento de los Descalzos in Lima was founded in 1595.

[67] The Convent belongs to the Província Franciscana de los Doce Apóstolos, which was founded in 1553.

[68] Cf. nt. 28 supra.

[69] There is a large collection of books from colonial times in the library; the only remaining catalogue is from 1947, and it is notoriously incomplete; access to the library is totally restricted. The original Convento de San Francisco, in Cusco, was founded in 1538.

Franciscans in Santiago (about 6.000)[70], Sucre (4.000)[71], and Potosí (4.000)[72]. The intensity of this ambition of developing a Scotist system in philosophy and theology is especially verified by 150 years of Scotism, which was cultivated in the Convento de San Francisco de Lima by Valera and continued in Chile through masters such as the glorious Alfonso Briceño and the less known, but nonetheless bright, Juan de Fuica – all three *criollos*.

In fact, it is possible to affirm that, in many cases, the philosophical education and production in South America, by masters who prepared and wrote their own contributions in Latin to the *cursus philosophicus* or to academic theology, was characterized by both a sense of affiliation to the entire world of science and learning (with libraries and books being the connection to that Iberian and European world) and a sense of regional identity and self-esteem, precisely due to their placing in the global sphere of intellectuality. So, for example, the work by Jerónimo Valera, author of the 'Commentarii ac quaestiones in universam Aristotelis ac subtilissimi Doctoris Ioannis Duns Scoti logicam'[73], is not only a remarkable testimony of the study, learning, and writing of philosophy, in this case of philosophical logic at the beginning of the 17$^{th}$ century, it is at the same time also a proof of the reception, influence, and development of John Duns Scotus's thought in the intellectual spheres of the Viceroyalty of Peru at those times[74].

This being said, I first want to highlight that the scholastic culture – as regards reading, book, and library culture – in college and university settings clearly gave

---

[70] The library of the Convento de los Franciscanos (founded in 1544 as the Convent of Nuestra Señora del Socorro) only has a manual catalogue book, which can be digitized upon approval.

[71] In Sucre, the Franciscans possess both a "Recoleta" (the Monasterio de La Recoleta was founded in 1601) and a "Convento" (the Convento de San Francisco was founded between 1539 and 1540).

[72] Concerning colonial imprints in Bolivia, see the remarkable studies published by J. M. Barnadas: J. M. Barnadas, Biblioteca Boliviana Antiqua – Impresos coloniales (1534–1825), voll. 1–2, Sucre 2008. Some colonial manuscripts were also reported by Id., Ensayo bibliográfico sobre el latín en Bolivia (EBLB) (Siglos XVI–XXI) (Cuadernos de Classica Boliviana I), La Paz 2005.

[73] On this, see also V. S. Céspedes Agüero, Lógica *in via scoti* de Jerónimo de Valera (1568–1625), in: Logos Latinoamericano 5 (2000), 157–171; R. H. Pich, Notas sobre Jerónimo Valera e suas obras sobre lógica, in: Cauriensia 6 (2011), 169–202; Id., *Scholastica colonialis*: Notes on Jerónimo Valera's (1568–1625) Life, Work, and Logic, in: Bulletin de philosophie médiévale 54 (2012), 65–107; Id., Jerónimo Valera's (1568–1625) Scotistic Account on the Nature and Properties of Logic, in: Mediaevalia – Textos e Estudos 31 (2012), 187–234.

[74] As e.g. G. Furlong, Nacimiento y desarrollo de la filosofia en el Rio de La Plata 1536–1810 (Publicaciones de La Fundación Vitoria y Suárez), Buenos Aires 1952, 137–138, talks about the introduction of Scotism, above all in theological aspects, at the University of Córdoba (today's Argentina), founded by Jesuits in the 17$^{th}$ century, as coinciding with the arrival of Jerónimo Valera's work there. According to V. S. Céspedes Agüero, La filosofia escotista de Jerónimo de Valera (1568–1625), in: J. C. Ballón Vargas (ed. y coord.), La complicada historia del pensamiento filosófico peruano, siglos XVII y XVIII (Selección de textos, notas y estudios), Lima 2011, 480 sqq., the fifth Provincial of the "Província de los Doce Apóstolos", Juan del Campo, introduced the thought of John Duns Scotus in Peru. Cf. also F. Barreda Laos, Vida Intelectual del Virreinato del Perú, Lima ³1964, 73.

Valera a sense of belonging to a kind of (universal) intellectual elite, which was at the same time expressed by a positive self-esteem concerning his Peruvian identity and the quality of the Peruvian academic outcomes. This is confirmed both by a testimony of Fray Buenaventura de Salinas y Córdova, in his 'Memorial de las historias del Nuevo Mundo Pirú', which takes *criollos* who read classes at the University in Lima into consideration[75], and by the Preface of Valera himself, who was a former student of the elite (Jesuit) school Colegio San Martín in Lima, where he was educated in grammar and rhetorics, before becoming a Franciscan friar. In this Preface to his volume, he endorses that it is fully possible that something good in philosophy could be done in Peru, just as something good can come from Nazareth and God the Almighty can make children of Abraham out of Peruvian stones[76].

---

[75] Fray Buenaventura de Salinas y Córdova, Memorial de las historias del Nuevo Mundo Pirú (Colección Clásicos Peruanos), Lima 1957 [1630], 172–173: "*No ay duda, sino que como Dios concurre con el cielo produciendo minas preciosas de oro, y planta, e inestimables margaritas, y finissimas esmeraldas; cria también vivicissimos ingenios, y floridissimos talentos: y como Potosí dá barras para enriquezer a España, puede esta Universidad enriquezer a toda Europa de sujetos ilustres en virtudes, claros en sangre, insignes en gobierno, y celebrados en letras. [...]. Si llegara allá aquel insigne varon F. Geronymo Valera, criollo del Pirú, hijo de hijos de aquesta insigne Universidad, padre desta santa Provincia de los Doze Apóstoles... ¿no lo reconocieran por centro de la sagrada Teología; por compendio de los sagrados cánones, y Leyes; y tan general en todas ciencias, que la que pudo ignorar, no la hallarían en el Dorado Círculo de la Encyclopedia?*"

[76] Hyeronimus Valera, Commentarii ac quaestiones in universam Aristotelis ac subtilissimi Doctoris Ioannis Duns Scoti logicam, Totum hoc opus in duas partes distributum offertur: prima continet breue quoddam Logicae Compendium quod vulgo solet Summa seu Summulae Dialecticae nuncupari Quaestiones prolegomenales, praedicabilia Porphirii, & Aristotelis Antepraedicamenta, Praedicamenta & post Praedicamenta. Secunda pars libros Perihermeniarum seu de interpretatione, libros priorum, Posteriorum, Topicorum & Elenchorum comprehendit. / Auctore R. P. F. Hyeronimo Valera Peruano Ordinis Minorum Regularis observantis, Provincia duodecim Apostolorum, Sacrae Theologiae Lectore iubilato & in Celeberrimo Limensi Conventu S. Francisci Guardiano / Ad Lectorem Praefacio: "*Forsam sciscitaberis (Lector optime) cur in hac feracissima praeclarissimorum ingeniorum aetate tam multiplici rerum cognitione referta, in qua innumerabiles phylosophandi Magistri quotidie prodeunt peritissime, & qui de proposita materia graviter ac subtiliter disputant non pauci, ita ut nihil tam amplius desiderari posse videatur, meae inopiae ac inscitiae periculum fecerim: Nec importunas Criticorum voces in meas aures numquid a Nazareth aut a Piru aliquid boni? Sussurrantes formidaverim. Tametsi tibi respondere possem, quod potens est Deus de Peruanis lapidibus suscitare filios Abrahae. Praeter missis tamen nonnullis causis quae meum animum inter aduersos fluctus ac reluctantes undas periclitantem, reique iam iam difficultati succumbentem excitarunt. Ingentem praeclarissimi nostri Doctoris subtilissimi Scoti amorem me inter has angustias constituisse scias. Ex quo enim primum ab insigni Martiniano Collegio in hac regia urbe Limensi sub gravissimorum patrum Societatis Iesu (quibus ut meis in litterarum studiis progenitoribus immortales gratias ago) tutella constituto, miris virtutibus exculto, omniumque scientiarum genere locupletato (quod merito possis omnium religionum in hoc Peruano orbe degentium seminarium appellare) in quo teneram meam aetatem in litterarum studiis addiscendis consumpsi, ad sacram seraphici Patris nostri Francisci religionem divinis auspiciis transitus, summis ut aiunt labiis Scoticam doctrinam degustare cepi, nihil magis in votis habui, quam ut eam tot animi conatu compararem. Cumque in dies quo magis doctoris in rebus omnibus disserendis nodisque Herculeis dissolvendis subtilitatem, in dialecticae salebris ac Meandris patefaciendis ingenium acutissimum, ac prope divinum, intimandis totius Phylosophiae arcanis summam profunditatem, in reconditis sacrae theologiae mysteriis aperiendis singulare intelligentiae donum, maximamque in quacumque eruditionis suppellectilem experier, ita meus animus ingenti quodam cepit inflammari desiderio, ut aliquantulum in ea instructus aliquod interni affectus symbolum exhiberem [...].*"

Second, I want to stress that Valera's work on logic testifies to the twofold structure of the logical *cursus* proposed at the Iberian and Spanish colonial faculties of arts, as a first part of higher philosophical education. In Valera's volume, we find the 'Summulae dialecticae' or the minor logic as well as the "questions" or rather 'Commentarii ac quaestiones...' on the 'Organon' of Aristotle. Of course, this presupposed that institutions of higher education in South America promoted a book culture focused on scholastic thought. It is quite noteworthy that, even under this common structure of presentation, Valera's work is a Scotist logic[77]. His goal was to present Aristotelian and Scotist logic, more precisely, Aristotle's works on logic[78] with the help of Scotist and Scotistic works about

---

[77] Hyeronimus Valera, Commentarii ac quaestiones in universam Aristotelis ac subtilissimi Doctoris Ihoannis Duns Scoti logicam, / Liber Primus de Introductione ad Logicam, ubi de natura praedicabilium, et de eorum proprietatibus ex Porphirio una cum quaestionibus subtilissimi D. Scoti. / Prooemium, 1–2: "*Totam Dialecticae artem brevi quadam manu contractam nostris tyronibus in Summularum tractatu proposuimus, ut inde facilior fieret aditus, ad ea quae fussiori methodo sunt a nobis enodanda in his Logicae commentariis, in quibus tradendis hunc ordinem obseruabimus, quod totum hoc opus in septem libros diuidemus. In primo, librum quem Porphyrius de quinque universalibus, ut introductionem ad perfectam Logicae Aristotelis intelligentiam conscripsit, elucidabimus. In secundo agemus, de his, quae pertinent ad primam operationem intellectus, ex quibus tamquam ex partibus materialibus sunt compositae propositiones. In tertio agemus de propositionibus ex quibus syllogismi conficiuntur: in quo duos libros quos Aristoteles de interpretatione tradidit, comprehendemus. In quarto de syllogismo in communi, et forma syllogismorum, in quo duos libros Priorum ab Aristoteli tradditos, aperiemus. In quinto de materia necessaria, ex qua syllogismus demonstrativus conficitur disseremus, in quo duos libros, quos de posteriori resolutione edidit Aristoteles explanabimus. In sexto agemus de syllogismo topico, et probabili, qui continebit octo libros topicorum Aristotelis. In septimo de syllogismo sophistico, qui elucidabit duos libros elenchorum: sic que totam Aristotelis Logicam pro nostro tenui captu absolvemus.*
*Et ut clariori methodo, maiorique distinctione procedamus, quemlibet librum in distinctiones, et distinctiones in quaestiones secabimus, ut hoc modo procedendi nostri Scholastici assuefacti, in libris sententiarum, ad quos totus hic noster labor dirigitur, facile procedant: in quaestionibus autem discutendis primo cum opus fuerit titulum declarabimus ut id, in quo dubitatio consistit percipiatur. Deinde doctorum placita referemus: postea iactis fundamentis cum id videbitur expedire, nostram sententiam aperiemus, rationibusque confirmabimus; ultimo tandem contrariorum argumenta dissolvemus, quem ordinem sicut, et faciliorem omnes doctores antiqui observarunt. Et quia quotquot hactenus Dialecticam sunt interpretati in primo ipsius operis vestibulo nonnullas quaestiones praemittunt, quas prooemiales appelant, in quibus quatuor illa, quae ex Aristotele 2 poster. c. 1 de una quaeque re perquiri solent: an sit res, quid sit, qualis sit, propter quid sit, eadem de logica investigant. An scilicet sit in rerum natura? Quid sit, id est, quae sit eius natura, et essentia? Qualis sit, quibus scilicet gaudeat proprietatibus? Propter quid sit, quod vel potest intelligi de eius obiecto, ad quod scilicet obiectum ordinetur, hoc enim est commune omnibus scientiis, ut sint propter suum obiectum, scilicet, de illius necessitate, hoc enim est dialecticae peculiare, quod omnibus scientiis deservit, modumque sciendi praebet, easdem quaestiones prooemiales praemittemus [...]*".

[78] The material produced by Latin American scholastic Masters of Arts were mainly textbooks, treatises, and lecture notes that were the result of exposing the *cursus philosophicus*. Aristotle's work were the basis of the *cursus philosophici* taught at Latin American institutions, which were then exposed and reformulated *ad mentem Thomae* or *ad mentem Scoti*. The "minor" logic was conceived after works such as Domingo de Soto's 'Summulae', the study of the "greater" logic included the 'Isagoge' of Porphyrius, Aristotle's 'Categories' and 'Posterior Analytics', and also the 'Topics' and 'Sophistical Refutations'. Cf. also W. B. Redmond, Latin America, Colonial Thought in, in: E. Craig (ed.), The Routledge Encyclopedia of Philosophy, vol. 5, London–New York 1998, 421–422.

logical issues – written by various authors of European Scholasticism, from the 14th to the 17th century. At the same time, Valera, while attempting to follow the Scotist *via*, elaborates his own questions on *logicalia*[79], revealing a conscious effort to achieve something new. Valera's teaching and academic production were influential. The line of Scotist authors influenced by him has been partially described. Among them, we find the Chilean Alfonso Briceño, who published his 'Controversiae' on Scotus's 'In Primum Sententiarum' in 1639 in Madrid[80], and Juan de Fuica (17th-18th century), author of a complete *cursus philosophicus*, dictated in Santiago de Chile and preserved in a single manuscript[81].

The reception of classical, medieval, and early-modern scholastic literature – that is, Latin scholastic books and ideas that were available in library – and the corresponding new works produced in Latin America can only be described, however, through an examination of colonial manuscript traditions. Colonial manuscript traditions are the heritage of colonial book and library traditions. Books and libraries are the very basis of a remarkable production of early-modern scholastic manuscripts, from all areas of theoretical and practical philosophy, which never became books themselves. The study of them is the main task of the "*Scholastica colonialis* Project"[82], which is geared towards a long-term exhaustive investigation of the development of Baroque Scholastic philosophy in Latin America – by far the largest amount of the early-modern scholastic literature catalogued and to be catalogued, investigated and to be investigated, are Latin manuscripts. I believe that there are more than two thousand manuscripts to be studied and, within them, more than five thousand specific works. This impression was already provided by Walter B. Redmond in his *Bibliography of the Philosophy in the Iberian Colonies of America*, published in 1972, and he subsequently confirmed it[83]. Projects arose that were focused on inventorying and,

---

[79] And, truly, he made a contribution to theoretical philosophy (metaphysics). See, for example, R. H. Pich, The Account of Transcendental Concepts by Jerónimo Valera (1568–1625) in His *Summulae dialecticae* (1610), in: Quaestio 14 (2014), 273–288; Id., The Scotist Logic of Jerónimo Valera O.F.M. (1568–1625): Logic of Categories or Transcendental Logic?, in: Thaumazein 7:15 (2015), 3–21; Id., Jerónimo Valera (1568–1625) and His Scotist Account of Universals, in: R. H. Pich/A. S. Culleton (eds.), *Scholastica colonialis*: Reception and Development of Baroque Scholasticism in Latin America in Sixteenth to Eighteenth Centuries, Barcelona–Roma 2016, 223–270.

[80] Alfonso Briceño, Prima Pars Celebriorum Controversiarum in Primum Sententiarum Ioannis Scoti Doctoris Subtilis, voll. 1–2, Madrid: Typographia Regia 1639.

[81] Ioannes de Fuica, Commentaria phylosophica ad mentem Doctoris Subtilissimi Patris Fratris Ioannis Duns Scoti Saccratissimi Ordinis Minorum, et Theologorum Principis, Santiago de Chile 1687–1689, 297 sqq.

[82] Cf. again nt. 7 supra. Cf. also R. H. Pich/A. S. Culleton, The Challenge of Investigating Latin American Colonial Scholasticism, in: R. H. Pich/A. S. Culleton (eds.), *Scholastica colonialis*: Reception and Development of Baroque Scholasticism in Latin America in Sixteenth to Eighteenth Centuries, Barcelona-Roma 2016, 3–33.

[83] W. B. Redmond, Bibliography of the Philosophy in the Iberian Colonies of America, The Hague 1972, VII–VIII; cf. also S. Orrego Sánchez', SIEPM Project: The 'Second Scholasticism' (XVIth–XVIIth Centuries), in: Bulletin de philosophie médiévale 51 (2009) 37–39.

even more recently, on digitizing manuscripts, such as the remarkable "Biblioteca Virtual del Pensamiento Filosófico en Colombia", originally led by Prof. Manuel Domínguez Miranda in the Pontificia Universidad Javeriana, in Bogotá[84].

## V. Concluding Remarks

Indeed, I have only presented quite large Latin American colonial institutions and libraries in the present paper, but there were many smaller ones as well, which were unable to make themselves publicly as well-known as the big ones. We are told, for example, that officials of the National Library of Peru attempted to gather a detailed census of libraries from all over the country, and I believe that up to 50 colonial or viceroyal libraries still exist in Peru, "some doubtless within the crumbling colonial churches scattered throughout the mountains, high plains, and jungles"[85]. Regarding the preservation of such books, we have had, in a sense – and in many cases –, good fortune so far. This is also due to the fact that books found in libraries in Andean cities, in elevations over 2,000 m, were stored in places of "moderate climate of the sort that most modern libraries" can only "achieve through artificial air-control systems". It is a natural fact that "the altitude is inhospitable to most species of vermin that eat books; and mold, which can destroy whole collections in short order, is not a factor in this semi-arid setting"[86]. In spite of all this, however, the structures of the buildings are fragile, and they could easily be destroyed in a fire (as it happened with the Brazilian National Museum in 2018) or a devastating earthquake – this would tragically and silently be the end of their story, a story we yet try to figure out, but which remains essentially unknown until today with regard to the origin, use, numbers, and contents of the books. Technically, scholars know what to do to tell the stories of these volumes, namely promote projects of cataloguing and digitizing. The central practical question in all this is: Who is willing to finance such projects? This, of course, is a matter of interest and priority. As holds true for most South American countries, national identities built in the 19th century despised the colonial past, even in official historiography, and the national identities of the Republican times usually connect to the pre-Colombian era – the description and preservation of which in terms of cultural heritage are prioritized. At any rate, for any future inventorying and digitizing, the difficulty is, first of all, to gain access to colonial libraries, since it is never an easy task to get the permission of loyal Fathers and library

---

[84] The BVPFC was launched with the purpose of covering about 76 digital volumes from the colonial period (among them, only one printed book) and, within these or as discrete parts of them, about 330 different works; see Domínguez Miranda, Presentación general (nt. 24), 16–17.

[85] Razen, The Cloistered Books of Peru (nt. 3), 1–10.

[86] Razen, The Cloistered Books of Peru (nt. 3), 1–10.

guardians. Every contact and visit is hampered due to suspicions regarding the real intentions of the alleged bibliophiles. In fact, such an attitude has been both a hindrance for research and the most efficacious protection against thievery. If the most resolute researcher on earth takes the plane from their place to cities such as Lima, Arequipa, Cusco or Quito, and knocks on the doors of the Dominican and Franciscan fortresses in these cities, the friars will cordially talk to the visitor, but they will usually – if not always – kindly ask them to come tomorrow or in a week. The visitor, thus, will usually meet "Father Tomorrow" (Padre Mañana) and "Brother Next Week" (Fray Semana Que Viene), and tomorrow's or next week's agenda can easily change. Moreover, Fathers and Brothers obviously know that tomorrow or next week the visitor will have to return to their place. The way loyal Fathers and library guardians care about their books is fully legitimate, but it is also quite curious: their books are like their children, about which the parents do not know much indeed, but one's children are one's children. And although parents may not know their children well, parents may not even like them much, they nonetheless never give them up for adoption. The most resolute researcher will simply have to come again and try harder.

VIII. Bibel und Liturgie

„Bibliotheca".
# Die Bibel als transkulturelle Bibliothek von Geschichte und Geschichten

MATTHIAS M. TISCHLER (Barcelona)*

## I. Was war die Bibel im Mittelalter?

Wir müssen hier zunächst ein paar generelle Feststellungen zur Bibel als einem kanonischen Textensemble und einem zentralen Referenztext religiöser Kulturen treffen. Im Mittelalter waren Bibelhandschriften lebendige und authentische Beispiele für den ‚Gebrauch ihrer Texte', was bedeutet, dass sich in ihnen oft die Spannung zwischen Kanontheorie und -praxis widerspiegelt, wenn nämlich neben der normativen Folge der empfohlenen Texte weitere biblische oder sogar nicht-biblische Texte kopiert und damit auch gelesen wurden. Wir müssen folglich unser bisweilen irrtümliches Verständnis vom exklusiv ‚sakralen' oder ‚heiligen' Charakter der Bibel als Gottes offenbartes, inspiriertes Wort hinterfragen sowie von seiner völligen Unantastbarkeit, einer Vorstellung, die ohnehin eine unangemessene, wenn nicht paradoxe Sicht auf das Handschriftenzeitalter und seine unvermeidbaren Implikationen für die sich beim Kopieren ständig ändernden Texte verrät: Weder der biblische Text noch die Ordnung der biblischen Bücher noch das sich permanent wandelnde weitere Gerüst ihrer Paratexte (Prologe, Argumente und Kapitelverzeichnisse) waren jemals tatsächlich unantastbar. Ein biblisches Buch wurde zu einer Autorität, nicht weil es eine fixe innere oder äußere Form gehabt hätte, sondern weil es schlichtweg immer wieder neu gelesen wurde. Die spätantiken ökumenischen Kirchenkonzilien trafen keine ‚offiziellen' Entscheidungen über den Bibelkanon, sondern gaben Lektüreempfehlungen, weshalb wir in den Bibelhandschriften bis hinauf ins 12. und 13. Jahrhundert einen langen Prozeß der Autoritätsbildung erkennen können[1]. Wir müssen daher unsere dogmatischen Charakterisierungen von ‚nicht-biblischen'

---

\* Institució Catalana de Recerca i Estudis Avançats/Universitat Autònoma de Barcelona, Edifici B – Campus de la UAB, E-08193 Bellaterra.

[1] Das habe ich gezeigt in meiner Studie zum biblischen Erbe von Saint-Victor in Paris, der wahrscheinlich größten Sammlung an Bibelhandschriften im lateinischen Mittelalter: M. M. Tischler, Die Bibel in Saint-Victor zu Paris. Das Buch der Bücher als Gradmesser für wissenschaftliche, soziale und ordensgeschichtliche Umbrüche im europäischen Hoch- und Spätmittelalter (Corpus Victorinum. Instrumenta 6), Münster 2014.

oder gar ‚apokryphen' Texten innerhalb von Bibeln überdenken². Wenn wir die Bibel neu als die konstitutive und normative Orientierungsgröße einer religiösen Gesellschaft verstehen lernen, dann ist es völlig normal, in den jeweiligen Handschriften Spuren ihres konstitutiven und normativen Gebrauchs zur generellen Orientierung der Christen in ihren wechselnden historischen und sozialen Kontexten zu finden.

## II. Die Bibel als *bibliotheca*. Eine lebendige Bibliothek von Geschichte und Geschichten

In den letzten Jahren haben sich die Mittelalterstudien erneut auf die Erforschung von Bibliotheken oder Textsammlungen konzentriert, freilich nicht mehr allein im klassischen Verständnis der Bildungs- oder Kulturgeschichte, welche diese Speicher als materielle Umsetzungen von Wissen und Denken verstehen³. Die Erforschung von ‚Bibliotheken' ist inzwischen mehr an ihnen als einem ‚dritten Raum' interessiert, der zwischen den Räumen kultureller, religiöser und sozialer Kontexte und Begegnungen und jenem Textraum interagiert, der durch dieses Kontakte und Begegnungen geschaffen wird: der Raum des kulturellen und religiösen Gedächtnisses. In den materiellen und mentalen Räumen der Juden und Christen nahmen die Bibel und ihre Auslegung sicherlich den prominentesten Raum ein. Mit anderen Worten, das ‚Buch der Bücher', früh und häufig *bibliotheca* (βιβλιοθήκη) genannt⁴ und tatsächlich der erste und wichtigste Referenzpunkt der jüdisch-christlichen Wissensordnung, war eine ‚Bibliothek innerhalb einer Bibliothek'⁵ – entweder im Sinne einer einbändigen Bibel (Pan-

---

[2] Studien zum weitgehend ignorierten Phänomen nicht-biblischer Texte innerhalb von Bibelhandschriften werden hoffentlich zu einer der wichtigen Tätigkeiten innerhalb der künftigen Bibel-Studien. Ich kann hier nur erste Einblicke in das große Potential dieser Forschungsperspektive geben. Siehe auch unten nt. 10.

[3] Einige der im Folgenden vorgestellten und entwickelten Beispiele und Ideen wurden bereits präsentiert in M. M. Tischler/P. Marschner, The Bible in Historical Perception and Writing of the Transcultural Iberian Societies, Eighth to Twelfth Centuries, in: Medieval Worlds 5 (2017), 195–220 [mit 9 fig.], hier 196–202. Sie wurden nun aber konsequent kontextualisiert und mit weiterem Handschriftenmaterial sowie Beobachtungen und Folgerungen angereichert.

[4] Aus etymologischer Perspektive wurde dieser Terminus zuallererst gebraucht zur Bezeichnung von ‚Kollektionen von biblischen Texten bzw. Büchern': W. Wattenbach, Das Schriftwesen im Mittelalter, Leipzig ³1896 (etc.), 152–157, hier 398, nt. 5 und 542 mit nt. 3; O. Prinz, bibliotheca, -ae, in: Mittellateinisches Wörterbuch 1: A–B, München 1967, 1462 sq.; M. Teeuwen, The Vocabulary of Intellectual Life in the Middle Ages (CIVICIMA. Études sur le vocabulaire intellectuel du Moyen Âge), Turnhout 2003, 159 sq.

[5] Ein prominenter Fall einer Bibliothek dieser ‚Bibliotheken' innerhalb einer Bibliothek ist die Augustinerabtei Saint-Victor in Paris, die eine Bibliothek von Bibelhandschriften innerhalb seiner aus verschiedenen Bibliotheken zusammengestellten mittelalterlichen Buchsammlung besaß: Tischler, Die Bibel in Saint-Victor zu Paris (nt. 1), 116–125. Die Ambiguität des Begriffs *bibliotheca* in beiden Sinnrichtungen thematisiert Johannes Beleth, Summa de ecclesiasticis officiis, c. 60: „*Biblioteca est equivocum vel omonimum ad locum, ubi reponuntur libri, scilicet armarium, et ad magnum volumen compactum ex omnibus libris veteris et novi testamenti. Unde ex re nomen habet*", Iohannis Beleth

dekt)[6] oder einer vielbändigen Ausgabe von vorzugsweisen allen biblischen Büchern und Buchgruppen[7].

Trotz dieser Einsichten in den Charakter von Bibelausgaben seit der Spätantike wurden diese Aktivitäten zu oft von einem ausschließlich intrakulturellen und theologischen Standpunkt betrachtet,[8] so dass die viel komplexere Realität der sozialen, kulturellen und medialen Rolle dieser Ausgaben im dynamischen Prozess der kulturellen und religiösen Transformationen des Europa-Mediterraneums während des Früh- und Hochmittelalters vernachlässigt blieb. In sozialer und religiöser Hinsicht war die Herausgabe der Bibel ein permanentes und totales Phänomen, wenn auch mit erkennbaren Phasen erhöhter Aktivitäten in Zeiten vertiefter kultureller und religiöser Transformationen und/oder Stabilisierungsbemühungen. Die ältere Forschung zog hierbei nicht wirklich in Betracht, dass Bibelhandschriften – ob nun mit dem vollständigen Kanon oder nur einem Teil davon – im letzten der beste Ausdruck von jüdisch-christlicher Weltgeschichte waren. Jede ‚Bibel' lieferte quasi eine Geschichte en miniature, die zur stetigen Anpassung des chronologischen und historischen Rahmens von Gottes Geschichte mit der Menschheit einlud und somit zur permanenten Adaptierung des theoretisch geschlossenen Kanons des biblischen Wissens an die jeweils neuen gesellschaftlichen und religiösen Umstände und Erfordernisse[9].

---

Summa de ecclesiasticis officiis [2:] Textus – índices, ed. H. Douteil (Corpus Chistianorum. Continuatio Mediaevalis 41A), Turnhout 1976, 1–324, hier 109, ll. 8–9.

[6] Ich erinnere daran, dass der griechische Plural βιβλία ‚Bücher' bedeutet. Der lateinische Singular *biblia* für ‚Bibel' kommt erst seit dem 12./13. Jahrhundert in regelmäßigen Gebrauch: P. Lehmann, Mittelalterliche Büchertitel (Sitzungsberichte der Bayerischen Akademie der Wissenschaften. Philosophisch-historische Klasse, Jg. 1948, Nr. 4), München 1949 [Nachdruck in: id., Erforschung des Mittelalters 5, Stuttgart 1962, 1–93], 6–8; O. Prinz, biblia, -ae, in: Mittellateinisches Wörterbuch 1: A–B, München 1967, 1461 sq.; M. Duchet-Suchaux/Y. Lefèvre, Les noms de la Bible, in: P. Riché/G. Lobrichon (eds.), Le Moyen Âge et la Bible (Bible de tous les temps 4), Paris 1984, 13–23, hier 18–20.

[7] A. [M.] Mundó [i Marcet], ‚Bibliotheca'. Bible et lecture du Carême d'après saint Benoît, in: Revue bénédictine 60 (1950), 65–92 konnte zeigen, dass Benedikt von Nursia den Begriff „bibliotheca" zur Bezeichung der ganzen Bibel, aber auch einer einzelnen Büchergruppe innerhalb der Bibel (z. B. ‚Liber prophetarum', die Bücher Paralipomenon, ‚Liber Regum' oder ‚Liber Psalmorum') verwendete, d. h. für biblische Büchereinheiten zwischen zwei Buchdeckeln, und dass dieses Verständnis schon vor Benedikt existierte (und natürlich auch nach ihm). Wir haben es also mit dem variierenden Gebrauch des generellen Verständnisse von ‚Bücherspeicher' sowohl real (Repositorium) wie auch metonymisch (Büchersammlung als Speicher wie auch Textsammlung in einem einzelnen Codex, speziell im Fall der Bibel) zu tun. Zu den mittelalterlichen Namen der Bibel: Duchet-Suchaux/Lefèvre, Les noms de la Bible (nt. 6).

[8] B. Fischer, Bibelausgaben des frühen Mittelalters, in: La Bibbia nell'alto medioevo (Settimane di Studio del Centro Italiano di Studi sull'Alto Medioevo 10), Spoleto 1963, 519–600 [Nachdruck in: id., Lateinische Bibelhandschriften im frühen Mittelalter (Vetus Latina. Die Reste der altlateinischen Bibel 11), Freiburg 1985, 35–100] und 685–704 (Discussione).

[9] Zum Konzept von Kirchengeschichte als Geschichte der permanenten Lektüre und Exegese von Gottes Wort: R. Berndt, Kanon, Korpus, Kirche. Bibelrezeptionen als Paradigma der Kirchengeschichte, in: B. Jaspert (ed.), Kirchengeschichte als Wissenschaft, Münster 2013, 13–31.

Ein nahezu unbetretenes Forschungsgebiet in diesem Kontext sind die vielen ‚nicht-biblischen' Texte in den mittelalterlichen Bibelhandschriften[10]. Mir geht es hierbei nicht um das ebenso bisher vernachlässigte Phänomen von Bibelhandschriften als zentralen Stücken persönlicher oder institutioneller Büchersammlungen, die als Container unerwarteter Textüberlieferungen dienten, welche ihre Erklärung in den persönlichen Interessen und Entscheidungen ihrer Besitzer (Einzelpersonen, individuelle religiöse Gemeinschaften, Orden usw.) finden. Was ich hier unter die Lupe nehmen möchte, sind nicht irgendwelche später, in anderer Schrift oder abweichendem Stil ergänzte Texte[11], sondern vornehmlich solche nicht-biblischen Texte, die zu einer Bibelausgabe von einem sehr oder recht frühen Zeitpunkt ihrer Nutzung an gehörten oder hinzugefügt wurden und keine gravierenden formalen Unterschiede zum Grundbestand der biblischen Texte aufweisen. Ich fokussiere im Folgenden also nicht auf ‚apokryphe' oder ‚nicht-kanonische' biblische[12], sondern auf chronologische, biographische, historische, eschatologische, sibyllinische und apokalyptische Texte in mittelalterlichen Bibelhandschriften. Der Hauptgrund für diese Textaktualisierungen liegt im Konzept der Kanonisierung der Bibelbücher selbst[13]: das jüdisch-christliche

---

[10] Selbst die jüngsten Bibel-Studien beschäftigen sich mit dem Thema der Intertextualität fast ausschließlich vom theoretischen Standpunkt der Literaturwissenschaft aus, die biblische und para-biblische Texte *per se* analysiert ohne ihre individuelle materielle Überlieferung in spätantiken und mittelalterlichen Bibelhandschriften zu beobachten oder zu interpretieren: e.g. J. Berlinerblau, The Bible as Literature?, in: Hebrew Studies 45 (2004), 9–26; F. [A.] van Liere, An Introduction to the Medieval Bible (Introduction to Religion), New York 2014, 53–79; L. Doležalová, Measuring the Measuring Rod. The Bible and Parabiblical Texts within the History of Medieval Literature, in: Interfaces 4 (2017), 39–58. Eine Ausnahme im Bereich der lateinischen Bibel bilden die Studien von Laura Light, die sich jedoch allein auf Texte in spätmittelalterlichen Bibeln konzentriert, die mit Liturgie (Hl. Messe und Messoffizium) zu tun haben: L. Light, Non-biblical Texts in Thirteenth-Century Bibles, in: Medieval Manuscripts, their Makers and Users. A Special Issue of Viator in Honor of Richard and Mary Rouse, Turnhout 2011, 169–183; ead., The Thirteenth-Century Pandect and the Liturgy. Bibles with Missals, in: E. Poleg/L. Light (eds.), Form and Function in the Late Medieval Bible (Library of the Written Word 27. The Manuscript World 4), Leiden–Boston 2013, 185–215; ead., What was a Bible for? Liturgical Texts in Thirteenth-Century Franciscan and Dominican Bibles, in: Lusitania Sacra 34 (2016), 165–182. Systematische Forschung zu Paratexten in der griechischen Bibelüberlieferung wurde nun zum ersten Mal unternommen im Münchener ERC-Projekt Paratexts of the Bible, URL: <http://www.paratexbib.eu> (Stand: 27.08.2019).

[11] Eine Fallstudie zum häufigen Phänomen nicht-biblischer Texte in den Viktoriner Bibeln ist: M. M. Tischler, Nichtbiblisches Textmaterial in Viktoriner Bibeln. Funde, Klarstellungen, Ergänzungen, in: Archa Verbi 18 (2021) (in Druckvorbereitung).

[12] L. DiTommaso e. a. (eds.), The Embroidered Bible. Studies in Biblical Apocrypha and Pseudepigrapha in Honour of Michael E. Stone (Studia in Veteris Testamenti pseudepigrapha 26), Leiden–Boston 2018 (ohne intensivere Beschäftigung mit der lateinischen Tradition).

[13] Zur Differenz zwischen ‚Kanon' und ‚Archiv', d. h. zwischen Sammlungen von aktiv genutzten und passiv gespeicherten Grundtexten einer Kultur: A. Assmann, Canon and Archive, in: A. Erll/A. Nünning (eds.), Cultural Memory Studies. An International and Interdisciplinary Handbook (Media and Cultural Memory/Medien und kulturelle Erinnerung 8), Berlin–New York 2008, 97–107, wo freilich die ‚Bibliothek' als dritte, zwischen beiden Sammlungsarten vermittelnde Form des kulturellen Gedächtnisses fehlt. Zum Prozess der Kanonisierung und zum Konzept des Kanons (hauptsächlich der Bibel): G. K. Hasselhoff, Einführung. Das Thema

teleologische Zeitverständnis als *der* große Bruch mit der griechisch-römischen Perspektive auf Zeit und Geschichte schloss den Zeithorizont der Welt zwischen Schöpfung (Genesis) und Jüngstem Gericht (Apokalypse) und forderte zu typologischen Fortsetzungen und Erklärungen des biblischen Narrativs innerhalb des Zeitrahmens der beiden Testamente heraus, insbesondere für die Periode von den Aposteln über die eigene Zeit bis zum Ende aller Zeiten[14].

## III. Die Beziehung zwischen Bibelausgaben, Exegese und Geschichtsschreibung

### 1. Chronologische Orientierung

Die Bibel zu lesen bedeutete also Gottes Geschichte mit der Menschheit von Anfang bis Ende zu lesen und zu verstehen. Dieses exegetische Bemühen verlangte nach Hilfsmitteln zur chronologischen Orientierung innerhalb der Geschichte von Gottes Schöpfung von der Welt und Menschheit. Ein näherer Blick auf das mittelalterliche Handschriftenerbe fördert zahlreiche Argumente für diese chronologische bzw. historische Wahrnehmung von Bibelhandschriften im Mittelalter zutage. Bekannt ist etwa, dass der westgotische Bischof Theodulf von Orléans mit seiner Bibeledition die Ausgabe Isidors von Sevilla imitierte. Seine Bibeln liefern einen Annex mit chronologischem und exegetischem Material, so insbesondere der ‚Chronica minor' aus den ‚Etymologiae' des Isidor (V 39)[15]. Einige spätere iberische Bibelhandschriften, die offensichtlich Abkömmlinge einer älteren westgotischen Ausgabe sind, weisen dieselbe Chronik auf, führen den

---

‚Kanon', in: Zeitschrift für Religionswissenschaft 18 (2010), 131–136. Zum Kanon der Bibel in Theorie und Praxis: P. Brandt, Endgestalten des Kanons. Das Arrangement der Schriften Israels in der jüdischen und christlichen Bibel (Bonner biblische Beiträge 131), Berlin–Wien 2001; J. Barton/M. Wolter (eds.), Die Einheit der Schrift und die Vielfalt des Kanons/The Unity of Scripture and the Diversity of the Canon (Zeitschrift für die neutestamentliche Wissenschaft. Beihefte 118), Berlin–New York 2003. Neue komparative Forschungen zur Kanonisierung von normativer religiöser und säkularer Literatur: Eve-Marie Becker/Stefan Scholz (eds.), Kanon in Konstruktion und Dekonstruktion. Kanonisierungsprozesse religiöser Texte von der Antike bis zur Gegenwart. Ein Handbuch, Berlin–Boston 2012.

14 Im Folgenden kann ich nur eine Auswahl der Phänomene vorstellen, die inbesondere im Falle der Handschriften von der Iberischen Halbinsel weitere Detailforschung verdienen. Das Ziel dieses Beitrags ist es, für ein reiches Forschungsfeld zu sensibilisieren, das sich in all seinen Facetten zu erforschen lohnt, zumal die gegenwärtige Forschung in Spanien immer noch auf die klassische Frage der ‚Archäologie' von Bibelhandschriften fokussiert: A. Suárez González, Una lectura ‚arqueológica' de ‚nuestras' biblias medievales (siglos X–XIII ‚in.')", in: A. Hevia Ballina (ed.), Biblia y archivos de la Iglesia. Santoral hispano-mozárabe en las diócesis de España. Actas del XXVI Congreso de la Asociación celebrado en Bilbao (12 al 16 de septiembre de 2011) (Memoria Ecclesiae 38), Oviedo 2013, 163–214 [mit 13 fig.].

15 Fischer, Bibelausgaben (nt. 8), 593 sq. Hinsichtlich der reichen Bibliographie zu jeder einzelnen, im Folgenden behandelten Bibel kann ich nur ausgewählte Beschreibungen und Studien wie die maßgeblichen Handschriftenkataloge oder spezielle Untersuchungen zitieren.

Berichthorizont nun aber bis in die Regierungszeit des westgotischen Königs Receswinth fort (Spanische Ära 690, Weltära 5857 und christliche Ära 652)[16].
Eine andere Lösung wird von nordspanischen Bibeln seit dem 10. Jahrhundert angeboten, die offensichtlich ebenso eine ältere westgotische Bibelausgabe widerspiegeln[17]: Die Bibeln von León (960 und 1162)[18], San Juan de la Peña

---

[16] T. Ayuso Marazuela, Los elementos extrabíblicos de la Vulgata, in: Estudios bíblicos II 2 (1943), 133–187, hier 166–171; L. Vázquez de Parga, La Biblia en el reino astur-leonés, in: La Bibbia nell'alto medioevo (nt. 8), 257–280 und 337 sq. (Discussione), 269 sq. (mit einer Diskussion des offensichtlich irrtümlichen Datums). Die Handschriften sind eine verlorene westgotische Bibel aus der zweiten Hälfte des 10. Jahrhunderts aus San Pedro y San Tomás de Valeránica (hier am Anfang): M. Revilla, El Códice Ovetense de los Evangelios y la Biblia de Valvanera, in: La Ciudad de Dios 117 (1919), 393–399; ibid. 118 (1919), 23–28; La Biblia de Valvanera, ibid. 120 (1920), 48–55 und 190–210 [auch separat: Fragmenta Biblica Scurialensia, La Biblia de Valvanera y el Códices Ovetense de los Evangelios, El Escorial 1920], hier 50 und 53; Ayuso Marazuela, Los elementos extrabíblicos, 167; Calahorra, Archivo Catedralicio y Diocesano, Ms. III, foll. 4va–5rb: T. Ayuso Marazuela, La Biblia de Calahorra. Un importante códice desconocido, in: Estudios bíblicos II 1 (1941), 241–271 und 25 pl. [auch separat: Madrid 1942], hier 243 sq. und pl. IV (fol. 5r); Madrid, Biblioteca de la Real Academia de la Historia, Mss. 2–3, hier Ms. 2, foll. 4vb–6ra: E. Ruiz García, Catálogo de la sección de códices de la Real Academia de la Historia, Madrid 1997, 69–72, hier 69. Diese Bibel ist digitalisiert: URL: <http://bibliotecadigital.rah.es> (Stand: 27.08.2019). In León, Biblioteca de la Real Colegiata de San Isidoro, Ms. III. 2, fol. 181bis r/v ist nach den Kleinen Propheten eine Zusammenfassung von Isidors ‚Chronica minor' ergänzt: J. Pérez Llamazares, Catálogo de los códices y documentos de la Real Colegiata de San Isidoro de León, León 1923, 19–24, hier 21; A. I. Suárez González, Los códices III.1, III.2, III.3, IV y V. (Biblia, Liber capituli, Misal) (Patrimonio cultural de San Isidoro de León. B: Serie bibliográfica 2), León 1997, 268 und 304. In London, British Library, Add. 50003, fol. 222va folgen nach der Kopie der Tiburtinischen Sibylle (nt. 53) zunächst ein Leerraum und danach auf dem Rest des Blattes chronologische Texte unter den Rubriken „De etatibus seculi" und „Secundum hebraicam veritatem", wo der „presens annus" zunächst mit 1183, dann mit 1186 angegeben ist, was mit der Jahreszahl 1224 gemäß der Spanischen Ära übereinstimmt, die am Rand erwähnt wird. Zu anderem chronologischen Textmaterial in diesen und anderen iberischen Bibeln: Ayuso Marazuela, Los elementos extrabíblicos, 171–175.

[17] Erste Überblicke zu diesen Textmaterialien haben geliefert: Ayuso Marazuela, Los elementos extrabíblicos (nt. 16), 152–162; B. Fischer, Algunas observaciones sobre el ‚Codex Gothicus' de la R. C. de S. Isidoro en León y sobre la tradición española de la Vulgata, in: Archivos leoneses 15 (1961), 5–47, hier 21–23; Y. Załuska, Entre texte et image. Les stemmata bibliques au Sud et au Nord des Pyrénées, in: Bulletin de la Société nationale des antiquaires de France 1986, 142–152 und pl. III.

[18] León, Biblioteca de la Real Colegiata de San Isidoro, Ms. II, foll. 5v–10r: Pérez Llamazares, Catálogo (nt. 16), 4–18, hier 5 sq.; T. Ayuso Marazuela, La Biblia Visigótica de San Isidoro de León, in: Estudios bíblicos II 19 (1960), 5–24 und 6 pl., 167–200 und 7 pl., und 271–309; ibid. II 20 (1961), 5–43, 243–259 und 359–406, hier (1960), 12 und (1961), 11–13 [Nachdruck: id. (†), La Biblia Visigótica de San Isidoro de León. Contribución al estudio de la Vulgata en España (CSIC. Patronato 'Raimundo Lulio'. Instituto 'Francisco Suárez'), Madrid 1965, 8 und 99–101]; Fischer, Algunas observaciones (nt. 17), 9, 21 und 23; G. Chapman, The Floreffe Bible revisited, in: Manuscripta 35 (1991), 96–137 [mit 7 fig.], hier 118, nt. 20; A. I. Suárez González, Contenido del códice e identificación de sus miniaturas, in: A. Viñayo González (ed.), Codex Biblicus Legionensis. Veinte estudios, León 1999, 319–336 [mit 3 fig.], hier 319; León, Biblioteca de la Real Colegiata de San Isidoro, Ms. III. 1, foll.1v–5v (hier am Ende verstümmelt): Pérez Llamazares, Catálogo (nt. 16), 19–24, hier 19 sq.; Suárez González, Los códices (nt. 16), 261 und 281 sq.

(späteres 11. Jahrhundert)[19], Calahora (1183)[20] und die zweite Bibel von San Millán de la Cogolla (1210)[21] weisen illustriertes genealogisches Material mit teils sogar außerbiblischen biographischen, geographischen und chronologischen Daten zu den Patriarchen von Adam bis Jesus Christ sowie zu Frauen auf, die nicht in der Vulgata erwähnt werden. Diese Genealogien befinden sich am Anfang des Alten Testaments, folglich vor dem Buch Genesis, bilden auf diese Weise eine Parallele zum Anfang des Matthäus-Evangeliums am Beginn des Neuen Testaments und interagieren mit den hier (Mt 1, 1–17) und im Lukas-Evangelium (Lc 3, 23–38) platzierten Genealogien. Da diese illustrierten chronologischen und historischen Daten auf eine spätantike diagrammatische Chronik zurückgehen, die ursprünglich in separater Form überliefert wurde[22], unterstreicht die kombinierte Ausgabe von Vollbibeln und historisch kommentierten Genealogien erneut die Wahrnehmung der Bibel als Bibliothek der jüdisch-christlichen Geschichte und ihrer Geschichten, hier von der Schöpfung bis zur Inkarnation, doch jetzt in einer doppelten Form, da ihre zahlreichen Inhalte textlich und visuell harmonisiert werden.

Des Weiteren weisen einige nordspanische Bibeln auch Texte zur chronologischen Ordnung und Synchronisierung des Personals in den zahlreichen Büchern des Alten und Neuen Testaments auf. Die Bibeln von León (960 und 1162) enthalten am Ende des Alten Testaments ein Inventar der in den Makkabäerbüchern genannten Könige und am Anfang des Neuen Testaments einen Synchronismus für die Zeit von Adam bis zum Tod Jesu Christi[23], und die zweite Bibel

---

[19] Madrid, Biblioteca Nacional de España, Ms. 2 (olim A 2), foll. 1r–3v: M. de la Torre/P. Longás, Catálogo de códices latinos 1: Bíblicos, Madrid 1935, 12–17, Nr. 2, hier 17; T. Ayuso Marazuela, La Biblia de San Juan de la Peña, el manuscrito bíblico más antiguo de Aragón, in: Universidad 22 (1945), 1–48 [mit 6 fig.] [auch: (Contribucción al estudio de la Vulgata en España), Zaragoza 1945], hier 5, 13 sq., 16, 18 sq., 36, 43 sq., 50 und fig. 1 (fol. 1r); Chapman, The Floreffe Bible (nt. 18), 118, nt. 20; Suárez González, Una lectura ‚arqueológica', in: Hevia Ballina (ed.), Biblia y archivos de la Iglesia (nt. 14), 206, fig. 2 (fol. 1v).

[20] Calahorra, Archivo Catedralicio y Diocesano, Ms. III, foll. 5v–7v: Ayuso Marazuela, La Biblia de Calahorra (nt. 16), 244 und pl. V sq. (foll. 5v und 6v); A. Suárez González, La ‚Biblia de Calahorra'. Notas sobre sus carácteres externos, in: Berceo 134 (1998), 75–104 [mit 11 fig.], hier 87.

[21] Madrid, Biblioteca de la Real Academia de la Historia, Mss. 2–3, hier Ms. 2, foll. 1r–4r: Ruiz García, Catálogo (nt. 16), 69–72, hier 69.

[22] J.-B. Piggin, The Great Stemma. A Late Antique Diagrammatic Chronicle of Pre-Christian time, in: M. Vinzent (ed.): Papers Presented at the Sixteenth International Conference on Patristic Studies held in Oxford 2011, volume 10: The Genres of Late Antique Literature. Foucault and the Presence of Patristics. Patristic Studies (Studia Patristica 62), Leuven 2013, 259–277 [mit 6 fig.].

[23] León, Biblioteca de la Real Colegiata de San Isidoro, Ms. II, foll. 394ra und 395rb: Pérez Llamazares, Catálogo (nt. 16), 4–18, hier 12; Ayuso Marazuela, La Biblia Visigótica de San Isidoro de León (1960) (nt. 18), 18; id., La Biblia Visigótica de San Isidoro de León (1961) (nt. 18), 13–16 [Nachdruck: id., La Biblia Visigótica de San Isidoro de León [nt. 18], 14 und 102–104); León, Biblioteca de la Real Colegiata de San Isidoro, Ms. III. 3, foll. 59v und 61va: Pérez Llamazares, Catálogo, 19–24, hier 21; Suárez González, Los códices (nt. 16), 269 und 293.

von León (1162) und die zweite Bibel von San Millán de la Cogolla (1210) synchronisieren zudem am Ende der zu Beginn der Handschriften kopierten Genealogien die Namen der Propheten des Alten Testaments mit der römischen Geschichte von Romulus bis Julius Cäsar[24].

Demgegenüber bietet die Bibel von Lleida (1165) eine andere Lösung für die chronologische Orientierung ihrer Leser[25]. Zwischen den historischen Büchern des Alten Testaments und den Propheten- und Makkabäerbüchern befindet sich eine Doppelseite mit Kanontafeln, auf denen die Herrscher der beiden Königreiche Israel und Judah mit den Herrschern der Reiche der Babylonier, Meder und Perser bis hin zu den Makedoniern unter Alexander dem Großen synchronisiert sind. Hier findet sich zudem eine chronologische Ordnung der Propheten der Bibel, so dass diese neu zusammengestellten Daten eine Brücke zwischen den historischen und prophetischen Büchern der Bibel schlagen, für diese chronologische Orientierung liefern und schließlich den Zeithorizont sogar bis zum Entstehungsdatum der Bibel ausdehnen.

## 2. Erweiterte Bibeln: Fortsetzung der Kirchengeschichte

Die Idee, Bibelhandschriften mit geschichtlichen Fortsetzungen zu veröffentlichen, ist in der Tat sehr alt. Werfen wir zunächst einen Blick auf einige nicht-iberische Beispiele. So ergänzt beispielsweise der berühmte ‚Codex Ambrosianus' vom 6./7. Jahrhundert, das älteste erhaltene Alte Testament in Syrisch, seine vier Makkabäerbücher mit dem sechsten Buch von Flavius Josephus' ‚Bellum Iudaicum', um auf diese Weise die biblische Geschichte bis zum Jahr 70 n. Chr. fortzuführen *und* gleichzeitig für eine weitergehende, nun exklusiv christliche Geschichte offenzuhalten[26]. Diese Strategie der Fortsetzung der biblischen Ge-

---

[24] León, Biblioteca de la Real Colegiata de San Isidoro, Ms. III. 3, fol. 5v: nt. 18 (nicht erwähnt); Madrid, Biblioteca de la Real Academia de la Historia, Mss. 2–3, hier Ms. 2, foll. 3va–4ra und 4ra: nt. 21 (nicht erwähnt).

[25] Lleida, Arxiu Capitular, LC.0061 (olim s. n.), foll. 321v/322r: T. Ayuso Marazuela, La Biblia de Lérida. Otro importante códice casi desconocido, in: Universidad 21 (1944), 25–68 [mit 7 fig.] [auch: (Contribucción al estudio de la Vulgata en España), Zaragoza 1944], hier 30 und 44; E. Gros Bitría, Datación de la Biblia de Lérida, in: Ilerda 42 (1981), 169–235 und pl. 1–12, hier 202–204, 206 und fig. 5 (fol. 321v, Detail); A. Suárez González, La Biblia de Lérida. Apuntes para un estudio arqueológico, in: Estudios humanísticos. Geografía, historia, arte 20 (1998), 291–322 [mit 7 fig.], hier 294 und 321, fig. 1 (fol. 322r, Detail); E. Paleo Porta, La Biblia de Lleida. Una biblia gigante del siglo XII, in: Hevia Ballina (ed.), Biblia y archivos de la Iglesia (nt. 14), 587–601, 595.

[26] Milano, Biblioteca Ambrosiana, B. 21 inf., foll. 320v–330r: List of Old Testament Peshitta Manuscripts (Preliminary Issue), Leiden 1961, 28 sq. (ohne Erwähnung der nicht-biblischen Texte); S. [P.] Brock, The Bible in the Syriac Tradition (Gorgias Handbooks 7), Piscataway (NJ.) ²2006, 42 sq. und 115 sq.; Ph. M. Forness, Narrating History through the Bible in Late Antiquity. A Reading Community for the Syriac Peshitta Old Testament Manuscript in Milan (Ambrosian Library, B. 21 inf.), in: Le Muséon 127 (2014), 41–76 [mit 6 fig.], hier 49 sq., 56–59, 61, 69 und 74. Ein jüngerer, noch exquisiterer Fall wäre die Erweiterung des biblischen Erzählhorizonts durch ein biographisches Textkorpus zu Alexander dem Großen: Hamburg, Staats- und Universitätsbibliothek, Cod. philol. 122 weist die ‚Epistola Alexandri ad Aristotelem' (foll. 1r–4r) und

schichte wird im berühmten ‚Codex Gigas', einer Bibel des frühen 13. Jahrhunderts aus dem böhmischen Kloster Podlažice, auf die Spitze getrieben. Diese übrigens größte Handschrift der Welt ergänzt das Alte Testament nach den Makkabäern mit den historischen Werken des Flavius Josephus (und weiteren Werken) und das Neue Testament mit der Chronik der Böhmen von Cosmas von Prag[27]. Eine andere Lösung hält das berühmte ‚Book of Armagh', ein Neues Testament aus dem frühen 9. Jahrhundert aus Irland, parat, das eine Fortsetzung der frühen Geschichte der Kirche in Irland und Gallien durch biographische Texte zu den Heiligen Patrick und Martin von Tours liefert, welche die Bücher des Neuen Testaments umrahmen[28]. Diese Handschrift zeigt gleichsam die Materialisierung der generellen typologischen Beziehung zwischen den Evangelien, der weiteren biblischen Bücher der frühen Christengemeinschaften und spätantiker und frühmittelalterlicher Hagiographie. Im 12. Jahrhundert produzierte die Augustinerabtei Saint-Victor zu Paris eine ganze Sammlung an biblischen und patristischen Handschriften in vergleichbarer kodikologischer Gestalt und mit übereinstimmenden paläographischen und kunstgeschichtlichen Daten[29]. Die Bücher dieser Kollektion wurden im Refektorium gelesen, was zeigt,

---

die ‚Epitome Julii Valerii' (foll. 4r–9r) im zwei Kolumnen-Design einer italienischen Riesenbibel auf und wurde im Skriptorium der Admonter Riesenbibel Stiftsbibliothek, Cod. C und D in den 1060er Jahren geschrieben. H.-W. Stork/M. Gosch, La Lettre d'Alexandre le Grand à Aristote sur les merveilles de l'Inde dans un manuscrit de format atlantique de la Bibliothèque Publique et Universitaire de Hambourg (Cod. philol. 122), in: N. Togni (ed.), Les Bibles atlantiques. Le manuscrit biblique à l'époque de la réforme de l'Église du xi$^e$ siècle (Millenio medievale 110. Strumenti e studi N. S. 42), Firenze 2016, 267–286 [mit 5 fig.] und pl. 1–7, hier 281 fragen sich, ob dieses für die Alexander-Texte ungewöhnlich große Seitenformat nicht auf den beabsichtigten Gebrauch als Ergänzung zu einer Riesenbibel und somit auf ihre Lektüre in einem Refektorium hindeutet. Jedoch beachten beide Autoren nicht, dass diese neun Blätter (2 IV + 1) zu einer großformatigen Sammlung historischer und legendenhafter Texte der Antike und des Mittelalters gehört haben können. So zeigt das mehr oder weniger zeitgleiche italienische Geschichtskompendium Firenze, Biblioteca Medicea Laurenziana, LXV. 35 vergleichbare kodikologische Daten: M. M. Tischler, Einharts ‚Vita Karoli'. Studien zur Entstehung, Überlieferung und Rezeption 1–2 (MGH Schriften 48, 1–2), Hannover 2001, 440–449.

[27] Stockholm, Kungliga Biblioteket, Ms. A 148, foll. 118rb–178va: ‚Antiquitates Iudaicae', foll. 178va–200va: ‚De bello Iudaico', foll. 201ra–239ra: Isidor von Sevilla, ‚Etymologiae', foll. 240ra–252ra: Sammlung medizinischer Werke, und foll. 294ra–304rb: ‚Chronica Boemorum': A. Friedl, Kodex Gigas. Český iluminovaný rukopis románský v královské knihovně ve Stokholmu 1–2, Praha 1929, 18–21 und 87 sq.; Z. Uhlíř, The Codex Gigas, its Content and Function, in: Codex Gigas, the Devil's Bible. The Secrets of the World's Largest Book, Prague 2007, 17–44 [mit 38 fig.], hier 20, 23 sq., 28, 30, 40 und 42–44.

[28] Dublin, Trinity College, MS 52, foll. [1ra]–24va: Muirchu, ‚Vita S. Patricii', Tírechán, ‚Collectanea', …, ‚Liber Anguelí' und Patrick, ‚Confessio', und foll. 191ra–221va: Sulpicius Severus, ‚Vita S Martini', ‚Dialogi de S. Martino' und ‚Epistolae': E. A. Lowe[/B. Bischoff], Codices Latini Antiquiores 2: Great Britain and Ireland, Oxford 1935 [²1972], 42 Nr. 270; L. Bieler, Introduction, in: id. (ed.), The Patrician Texts in the Book of Armagh (Scriptores Latini Hiberniae 10), Dublin 1979, 1–56.

[29] Paris, Bibliothèque nationale de France, Ms. lat. 14395, Paris, Bibliothèque Mazarine, Ms. 47, Paris, Bibliothèque nationale de France, Ms. lat. 14396, Paris, Bibliothèque nationale de France, Ms. lat. 14245, II, etc.: Tischler, Die Bibel in Saint-Victor zu Paris (nt. 1), 53–59 und 57 mit nt. 3. Diese Viktoriner Handschriftensammlung ist die materielle Umsetzung der Kanontheorie

dass Bibelexegese als Mittel zum Verständnis des biblischen Kanons in seiner internen wie externen Geschichte betrachtet wurde und dass die Aufdeckung der historischen Perspektive der Bibel und die Wiederschrift ihrer Geschichte in Form von Exegese geistige Aktivitäten waren, die untrennbar miteinander verbunden waren[30].

Alle diese Phänomene führen uns vor Augen, dass die Bibel in ihren individuellen Teilen stets das Potential besaß, die jüdisch-christliche Geschichte fortzusetzen, die sie selbst aufgrund ihres beschränkten Bücherkanons nur bis zum 1. Jahrhundert repräsentierte.

### 3. Erweiterte Bibeln: Einbettung in globale, regionale und lokale Perspektiven

Ein anderes vielgestaltiges Phänomen von ‚erweiterten' Bibelhandschriften ist ihr globaler, regionaler oder lokaler Blick auf die Geschichte. Werfen wir erneut zunächst einen kurzen Blick auf Beispiele aus der nicht-iberischen Welt. Die Augustinerabtei Saint-Victor zu Paris hat uns den ersten Band einer im 11. Jahrhundert in Niederlothringen angefertigten Bibelausgabe bewahrt. Dieser Codex wird mit den später hinzugefügten ‚Annales Leodienses' und ‚Annales Fossenses' eröffnet, die eine Globalgeschichte aus regionaler Perspektive darbieten[31]. Es

---

des Hugo von Saint-Victor: R. Berndt, Gehören die Kirchenväter zur Heiligen Schrift? Zur Kanontheorie des Hugo von St. Viktor, in: Jahrbuch für Biblische Theologie 3 (1988), 191–199; Tischler, Die Bibel in Saint-Victor zu Paris, 55–57; id., Die Heilige Schrift als Sühneopfer? Beobachtungen und Überlegungen zur Stiftung der ältesten Viktoriner Lesebibel, in: A. Löffler/ B. Gebert (eds.), ‚Legitur in necrologio victorino'. Studien zum Nekrolog der Abtei Saint-Victor zu Paris (Corpus Victorinum. Instrumenta 7), Münster 2015, 259–269, hier 262–264.

[30] Die materielle Umsetzung dieses Doppelkonzeptes von Bibel- und Exegese-Lektüre ist offensichtlich sehr alt: Die berühmte Bibel-Stichometrie eines nordafrikanischen Donatisten aus der Mitte des 4. Jahrhunderts, zum ersten Mal publiziert von Theodor Mommsen im Jahr 1886, berechnet die Verse der Bibel und der ‚Opera' des hl. Cyprian von Karthago: Tischler, Die Bibel in Saint-Victor zu Paris (nt. 1), 290, nt. 1. Der hier erkennbare Buchladen, der wahrscheinlich in Karthago beheimatet war, bot folglich eine Bibeledition zusammen mit einer Werkausgabe dieses frühen Kirchenvaters an. Wir besitzen sogar noch frühe Handschriften, die diese Editionspraxis bezeugen: B. Bischoff, Scriptoria e manoscritti mediatori di civiltà dal sesto secolo alla riforma di Carlo Magno, in: Centri e vie di irradiazione della civiltà nell'Alto Medioevo (Settimane di Studio del Centro Italiano di Studi sull'Alto Medioevo 11), Spoleto 1963, 479–504 [Nachdruck in: id., Mittelalterliche Studien. Ausgewählte Aufsätze zur Schriftkunde und Literaturgeschichte 2, Stuttgart 1967, 312–327] und 551–557 (Discussione), hier 481 mit nt. 4.

[31] Paris, Bibliothèque nationale de France, Ms. lat. 14239, foll. 2r–22r: L. Delisle, Inventaire des manuscrits latins de Saint-Victor conservés à la Bibliothèque Impériale sous les numéros 14232–15175, in: Bibliothèque de l'École des Chartes 30 (1869), 1–79, hier 1; H. Köllner, Ein Annalenfragment und die Datierung der Arnsteiner Bibel in London, in: Scriptorium 26 (1972), 34–50 und pl. 9–11, hier 48 sq. mit nt. 60; id., Zur Datierung der Bibel von Floreffe. Bibelhandschriften als Geschichtsbücher?, in: Rhein und Maas. Kunst und Kultur 800–1400 2, Köln 1973, 361–376 [mit 22 fig.] und pl. 17, hier 363 mit nt. 12 sq., 364 mit nt. 22–24, 366–368 mit nt. 27 und 29 sq. (mit fig. 3 [fol. 16v] und fig. 5 [fol. 16v]), 372, 374 und 375 sq., nt. 12 sq., 22–24, 27 und 29 sq.; Chapman, The Floreffe Bible (nt. 18), 105 sq., 114, 116, 126 sq. Appendix A 2, 129 Appendix B, 129 sq. Appendix C 1 und C 3 und 132 Appendix D; Tischler, Die Bibel in Saint-Victor zu Paris (nt. 1), 308–312, 309 und 311 sq.

gibt aber noch einige weitere Beispiele für diese Kombination von globalisierenden Annalen und Vollbibeln, die vornehmlich aus Klöstern des Prämonstratenserordens des 12. Jahrhunderts stammen, nun aber zunehmend mehr oder weniger zeitgleiche Ausgaben darstellen: während die heute dreibändige Bibel der Abtei Parc (1148) die ‚Annales Parchenses' am Anfang des mit den Königebüchern startenden zweiten Bandes noch selbständig und damit wohl nicht in der originalen Position überliefern[32], weist die zweibändige Bibel von Arnstein (1172)[33] die ‚Arnsteiner Annalen' an ihrem Anfang auf und folgt hiermit dem Modell der ‚Annales Floreffienses', die sich am Beginn des ersten Bandes der Bibel von Floreffe oder besser: Florennes (ca. 1155) befinden[34]. Diese historische Perspektive auf die Bibel war zeittypisch und fand in der zeitgleichen ‚Historia scholastica' des Kanonikers und Viktoriners Petrus Comestor ihren erfolgreichsten Ausdruck: diese war eine Wiederschrift der biblischen Geschichte, die mit Exegese angereichert und mit der säkularen Geschichte synchronisiert war und folglich eine Synthese von Bibel, Exegese und Geschichte darstellte, die bereits in dem neuen Typ der glossierten Bibelbücher vorbereitet worden war, der seit dem späten 11. Jahrhundert in Laon, Paris und anderen Orten der Frühscholastik entwickelt worden war.

Eine andere Lösung zur Einbettung der Geschichte der Bibel in die Wahrnehmungswelt einer individuellen religiösen Gemeinschaft war die Erweiterung des chronologischen und geographischen Horizonts des Bibelkanons in die Zeit und Region eines konkreten Ortes der Christentumsgeschichte. Die Benediktinerabtei Saint-Maur de Glanfeuil etwa besaß einen Tourser Bibelpandekt aus dem 9. Jahrhundert (wahrscheinlich geschrieben unter Abt Adalhard, 834/843), die sog. ‚Rorico-Bibel', die an ihrem Ende mit mehr oder weniger zeitgenössischen hagiographischen und rechtlichen Texten aktualisiert wurde, die sich auf diese

---

[32] London, British Library, Add. 14788–14790, hier Add. 14789, foll. 1v–7v: Köllner, Annalenfragment (nt. 31), 49 mit nt. 60; id., Zur Datierung (nt. 31), 369 sq. mit nt. 43, 372 und 376, nt. 43; A. G. Watson, Catalogue of Dated and Datable Manuscripts c. 700–1600 in the Department of Manuscripts. The British Library 1: The text; ... 2, London 1979, 39 Nr. 109; Chapman, The Floreffe Bible (nt. 18), 105 sq., 116, 127 sq. Appendix A 3, 129 Appendix B und 132 Appendix D.

[33] Darmstadt, Universitäts- und Landesbibliothek, Hs. 4128 + London, British Library, Harley 2798–2799, hier Harley 2798, fol. 1r: Köllner, Annalenfragment (nt. 31); id., Zur Datierung (nt. 31), 362 mit nt. 9 sq., 364, 372 und 375, nt. 9 sq., 20 und 78; Watson, Catalogue (nt. 32), 128 Nr. 704; Chapman, The Floreffe Bible (nt. 18), 105 sq., 109, 115 sq., 119, nt. 27, 128 Appendix A 4, 129 Appendix B und 131 Appendix D. Der Teil in Darmstadt, ein Bifolium, ist immer noch nicht in einem gedruckten Katalog veröffentlicht. Es gibt lediglich eine interne maschinenschriftliche Beschreibung des Handschriftenbibliothekars Dr. Hermann Knaus, die mir Susan Kleine zugänglich gemacht hat (23. März 2019).

[34] London, British Library, Add. 17737–17738, hier Add. 17737, foll. 2v–23r: Köllner, Annalenfragment (nt. 31), 41 sq. mit nt. 33 und 47–50; id., Zur Datierung (nt. 31), 361–368 (mit fig. 2 [fol. 17v], fig. 4 [fol. 17v, Detail] und fig. 6 [fol. 17v, Detail]) und 372; Watson, Catalogue (nt. 32), 51, Nr. 194; Chapman, The Floreffe Bible (nt. 18), 105–116, 120, nt. 39, 41 und 46, 126 Appendix A 1, 129 Appendix B, 130 Appendix C 1–C 6, 131 Appendix D und 135–137 fig. 3–7 (foll. 11r, 17v, Detail, 17r, Detail, 17v, Detail, und 17v, Detail).

Abtei und das benachbarte Saint-Maur-des-Fossés, den späteren Besitzer der Handschrift, bezogen[35].

Vergleichbare intrakulturelle, aber auch transkulturelle Phänomene der Integration von historischem Textmaterial finden sich auch in einigen iberischen Bibeln, wie die folgenden Beispiele für eine lokale und regionale Verortung der jüdisch-christlichen Geschichte zeigen. Im zweiten Band der westgotischen Bibel von Santa María y San Martín de Albares (920)[36] kopierte der Diakon Johannes zwischen den Büchern Job und Tobit eine kurze ‚Vita S. Froilani', welche den Bischof Froilan († 905), den heiligen Patron der Diözese León, als Nachahmer Jobs, des perfekten Dieners Gottes, schildert[37]. Die gezielte Positionierung der Kopie dieser kurzen Bischofsvita zeigt, dass sie für die Leser aus typologischer Perspektive vorgenommen worden war, um Froilans Leben vor der Kontrastfolie des biblischen Job lesen zu können[38]. Die westgotische Bibel von San Miquel

---

[35] Paris, Bibliothèque nationale de France, Ms. lat. 3, foll. 393r–409v. Der meiste Platz wird hier von Texten zu dem Klosterheiligen von Glanfeuil eingenommen: foll. 393ra–393va: Brief des Odo von Glanfeuil, Mönch (nicht später als 856) und Abt (seit 861) von Saint-Maur de Glanfeuil und Abt von Saint-Maur-des-Fossés (seit 868), dann foll. 393va–394rb: Brief des Faustus von Montecassino über das Leben des hl. Maurus, der den Heiligen als ersten Abt von Glanfeuil einführt und seinen legendenhaften Aufenthalt in Frankreich schildert, in Wirklichkeit aber wohl ein Werk von Odo selbst ist, und schließlich foll. 394rb–407rb: ‚Vita et Miracula S. Mauri' von 863: Catalogus codicum hagiographicorum Latinorum antiquiorum saeculo XVI qui asservantur in Bibliotheca Nationali Parisiensi 1 (Subsidia hagiographica 2), Bruxelles 1889, 1–5; S. Berger, Histoire de la Vulgate pendant les premiers siècles du Moyen Âge, Paris 1893 [Nachdruck: Hildesheim–New York 1976], 400; Ph. Lauer, Bibliothèque Nationale, Catalogue général des manuscrits latins 1 (Nos 1–1438), Paris 1939, 2 sq., hier 3; W. Berschin, Biographie und Epochenstil im lateinischen Mittelalter 3: Karolingische Biographie 750–920 n. Chr. (Quellen und Untersuchungen zur lateinischen Philologie des Mittelalters 10), Stuttgart 1991, 371, 381, nt. 95 und 457.

[36] León, Archivo de la Catedral, Ms. 6, fol. 101rb: R. Beer/J. E. Díaz Jiménez, Noticias bibliográficas y catálogo de los códices de la Santa Iglesia Catedral de León, León 1888, 5–8, hier 7; Z. García Villada, Catálogo de los códices y documentos de la Catedral de León, Madrid 1919, 24 und 35–37, hier 36 und pl. 6 (fol. 101ra/rb); J. González [Fernández], San Froilan de León. Estudio crítico-biográfico, León 1946, 10 sq. und pl. I (fol. 101ra/rb); J. A. Cavestany, Nota a la vida de san Frolián de Juan Diácono, in: Archivos leoneses 30 (1976), 269–275, hier 269; J. M. Canal Sánchez[-Pagín], San Froilán obispo de León. Ensayo biográfico, in: Hispania Sacra 45 (1993), 113–146, hier 113 sq. mit nt. 1, 118, nt. 15, 131, 133 und 137 (fol. 101rb); A. Suárez González, La Biblia visigótica de la Catedral de León (Códice 6). Primeros apuntes para un estudio arqueológico, in: Estudios humanísticos. Historia 10 (2011), 179–196, hier 179 und 181 sq. mit nt. 15.

[37] Johannes Diaconus, ‚Vita S. Froilani episcopi Legionensis' [BHL 3180], ed. M. Risco, España sagrada 34: Contiene el estado antiguo de la Santa Iglesia esenta de Leon, Madrid 1784, 422–425, Nr. VIII; ed. González Fernández, San Froilán de León (nt. 36), XXVI; ed. C. Gil Atrio, Santos gallegos, Ourense 1968, 233 sq.

[38] Folglich liegt W. Berschin, Biographie und Epochenstil im lateinischen Mittelalter 4: Ottonische Biographie. Das hohe Mittelalter. 920–1220 n. Chr. 1: 920–1070 n. Chr. (Quellen und Untersuchungen zur lateinischen Philologie des Mittelalters 12, 1), Stuttgart 1999, 269 mit seiner Sicht richtig, während die Einschätzung von Froilan von León als neuem Jesaias, die J. Gil [Fernández], Judíos y cristianos en Hispania (s. VIII y IX) (Continuación), in: Hispania Sacra 31 (1978–1979), 9–88, hier 69 vorgeschlagen hat, zwar einen wichtigen, aber nicht den zentralen Charakterzug des Heiligen anspricht.

de Escalada, die 960 in San Pedro y San Tomás de Valeránica hergestellt worden war, zeigt Texte zum Erzengel Michael, darunter ein frühes Zeugnis der berühmten Erscheinung des Erzengels auf dem Monte Gargano (Kopie vom Ende des 10. Jahrhunderts)[39].

Demgegenüber ist die bereits im 12. Jahrhundert entstandene romanische Riesenbibel der Kathedrale von Huesca mit biographischen, historischen und rechtlichen Texten zur Geschichte der Diözese Huesca und ihren Besitzungen von frühester Zeit bis in die eigene Gegenwart und darüber hinaus regelrecht ‚vollgestopft'[40]. Am Anfang sind zwei originale Rechtstexte in Erinnerung an den lokal verehrten westgotischen Bischof Vinzenz von Huesca kopiert[41]. Ferner finden sich am Anfang und Ende der Handschrift Kopien weiterer Dokumente und Texte, die alle mit der Geschichte des Bistums von Huesca zu tun haben, darunter die berühmte ‚Divisio Wambae'[42] und mehrere Papsturkunden, die dem Bischof von Huesca entfremdeten Besitz bestätigen[43].

---

[39] León, Biblioteca de la Real Colegiata de San Isidoro, Ms. II, foll. 12v–13r und 11r: Pérez Llamazares, Catálogo (nt. 16), 4–18, hier 6; Ayuso Marazuela, La Biblia Visigótica de San Isidoro de León (1960) (nt. 18), 12 sq.; id., La Biblia Visigótica de San Isidoro de León (1961) (nt. 18), 16 sq. [Nachdruck: id., La Biblia Visigótica de San Isidoro de León (nt. 18), 8 sq. und 104 sq.]; Fischer, Algunas observaciones (nt. 17), 10, 14 und 46; Suárez González, Contenido del códice (nt. 18), 319; ead., Una lectura ‚arqueológica' (nt. 14), 197 mit nt. 143. Das Textmaterial zum hl. Michael ist später auch unter den Anhängen nach der Apokalypse in der León-Bibel von 1162 kopiert worden: León, Biblioteca de la Real Colegiata de San Isidoro, Ms. III. 3, foll. 215v–217r: Pérez Llamazares, Catálogo (nt. 16), 19–24, hier 23; Suárez González, Los códices (nt. 16), 274 und 293 sq. mit nt. 730; ead., Una lectura ‚arqueológica' (nt. 14), 197 mit nt. 144.

[40] Madrid, Museo Arqueológico Nacional, Ms. 1 (olim Ms. 485): T. Ayuso Marazuela, La Biblia de Huesca. Otro importante códice aragonés, in: Universidad 23 (1946), 160–209 [auch: (Contribucción al estudio de la Vulgata en España), Zaragoza 1946].

[41] Seine Besitzschenkung als Diakon an den Abt Victorianus von Asán in Aragón (29. September 550 oder 551) und sein Testament als Bischof von Huesca (foll. 1va–2ra): F. Fita [y Colomé], Patrología visigótica. Elpidio, Pompeyano, Vicente y Gabino, obispos de Huesca en el siglo VI, in: Boletín de la Real Academia de la Historia 49 (1906), 137–169, hier 148–166; Ayuso Marazuela, La Biblia de Huesca (nt. 40), 175; Á. Canellas Lopez (ed.), Diplomática Hispano-Visigoda (Publicación de la Institución ‚Fernando el Católico' 730), Zaragoza 1979, 126–128, Nr. 14 und 135 sq., Nr. 28; J. Fortacín Piedrafita, La donación del diácono Vicente al monasterio de Asán y su posterior testamento como obispo de Huesca en el siglo VI. Precisiones críticas para la fijación del texto, in: Cuadernos de historia Jerónimo Zurita 47–48 (1983), 7–70; P. de la Cruz Díaz Martínez, La estructura de la propriedad en la España tardoantigua. El ejemplo del monasterio de Asán, in: Studia Zamorensia Historica 6 (1985), 347–362 [mit 2 Karten].

[42] Der Konfraternitätsvertrag von Huesca und Jaca mit Tarbes, eine Urkunde des Bischofs Dominicus von Huesca (6. Juli 1259) und die Aragoneser Version der ‚Divisio Wambae' (foll. 2ra/rb und 3r–4rb): L. Vázquez de Parga, La División de Wamba. Contribución al estudio de la historia y geografía eclesiástica de la Edad Media española, Madrid 1943, 52 sq., Nr. 11 und Appendix V, 121–127; Ayuso Marazuela, La Biblia de Huesca (nt. 40), 161 mit nt. 6, 171 und 175.

[43] Zum einen vier Papstbullen von Eugen III. (foll. 345vb–346ra) und eine von Innozenz III. (fol. 346rb), die alle mit Huesca zu tun haben: Die Urkunden Eugens behandeln einen Besitzstreit zwischen Bischof Dodo von Huesca und Bischof Guillem Pérez von Roda de Isábena und sind an letzteren (JL Nr. 8934), Erzbischof Bernhard von Tarragona (JL Nr. 8935), Graf Ramon Berenguer IV. von Barcelona (JL Nr. 8936; alle Viterbo, 14. Juni 1146) und erneut an Bischof Guillem Pérez von Roda de Isábena (JL Nr. 9258, Langres, 30. April 1148) gerichtet. Die Bulle des Innozenz erlaubt Bischof und Kathedralkapitel von Huesca die Bestattung von Toten unter

Als ein letztes Beispiel sei hier der Heptateuch von Vallbona de les Monges angeführt, eine in katalanischer gotischer Minuskel der 1. Hälfte des 13. Jahrhunderts geschriebene Bibelhandschrift, die für die Gemeinschaftslektüre in diesem Zisterzienserinnenkloster genutzt wurde. Später hat eine Hand auf den freien letzten Seiten der Endlage eine Kopie des ‚Lebens der Martha von Tarascon'[44] nachgetragen, welche die religiöse Identität und Spiritualität dieses wichtigen katalanischen Konvents von adligen Zisterzienserinnen verrät[45].

*4. Erweiterte Bibeln: Prophetische und eschatologische Perspektiven*

Die bislang vorgestellten Beispiele für das ‚Leben mit der Bibel' im Mittelalter fordern uns dazu auf, ältere Bewertungen von ‚nicht-biblischen' (‚nicht-kanonischen', ‚apokryphen') Texten in Bibelhandschriften zu hinterfragen, da sie einerseits exzellente Indikatoren von chronologischem und historischem Denken, andererseits aber auch von regionalen und lokalen Verfügbarkeiten seltener Texte und dem Interesse an ihnen im Augenblick ihrer Herstellung sind. Freilich gibt es hier noch eine andere Perspektive auf die Bibel, die ich im engen Wortsinn ‚transkulturell' nennen möchte, was uns an den Grundcharakter dieser Büchersammlung erinnert: Die Bibel war und ist ein transkulturelles Buchprojekt, da sie ein bis heute andauerndes Übersetzungsprojekt (Sprachen, Inkulturation, Mission, interreligiöser Dialog, ...) war und ist und damit das wohl größte globale Buchprojekt seit der Antike und dem Mittelalter.

Ich spreche in diesem Zusammenhang nicht näher den prominenten Fall der jüdisch-christlichen Apokalypse von IV Esdra an, die insbesondere in etlichen lateinischen Bibelhandschriften der Iberischen Halbinsel überliefert wird und

---

Anwendung des Kirchenritus, aber ohne Läuten der Glocken, da über das Königreich Aragón das Generalinterdikt verhängt war (Ferentino, 23. Mai 1203; Potthast Nr. 1925). Zum anderen eine Urkunden König Peters II. von Aragón (1196–1213), die sechs Sklaven des Bischofs García von Huesca (1201–1236) in die Freiheit entläßt (Huesca, 7. Juli 1202) (fol. 346va): Fita y Colomé, Patrología visigótica (nt. 41), 149 sq.; Ayuso Marazuela, La Biblia de Huesca (nt. 40), 170 sq. und 175 sq.

[44] Vallbona de les Monges, Arxiu del Monestir, Ms. 11, foll. 226rb–228vb: ‚Vita S. Marthae' [BHL 5545]: J. Janini [Cuesta], Los manuscritos del monasterio de Vallbona (Lérida), in: Hispania Sacra 15 (1962), 439–452, hier 446. Die Kopie ist nicht erwähnt in V. Olivier, La Vie de Sainte Marthe de Tarascon. Édition, traduction et analyse historique, Montréal 2010, 170–174, Appendice A. Zu diesem Text auch: ead., Paraître vrai et se vouloir vrai. La ‚Vie' de sainte Marthe de Tarascon et la notion de vérité historique au Moyen Âge, in: Memini. Travaux et documents 19–20 (2016), 381–398. Eine Studie zu diesem neuen Textzeugen (mit Edition) und seinem spezifischen historischen und religiösen Kontext befindet sich in Druckvorbereitung: M. M. Tischler, New Manuscript Testimonies of the Spirituality of the Catalan Cistercian Abbey of Vallbona de les Monges, in: Analecta Cisterciensia 71 (2021).

[45] Im zisterziensischen Kontext thematisiert die biblische Figur der Martha den Konflikt zwischen *vita activa* und *vita contemplativa*, d. h. zwischen ihr und Maria: G. Constable, The Interpretation of Mary and Martha, in: id., Three Studies in Medieval Religious and Social Thought, Cambridge 1995, 1–141 [mit 18 fig.].

deren Textgeschichte und Bedeutung erst vor einigen Jahren Pierre-Maurice Bogaert analysiert hat[46]. Mein Forschungsinteresse ist hier mehr auf ein kurioses Phänomen in etlichen iberischen Bibeln gerichtet, das bislang kaum Aufmerksamkeit gefunden hat: Einige jüngere Kopien des 12. und 13. Jahrhunderts überliefern nämlich auch sibyllinische und eschatologische Texte und gewähren damit einen Einblick in den weiteren transkulturellen Hintergrund ihrer Entstehungszeit.

Quasi in ihrer Mitte, das heißt zwischen Davids Psalter und Salomons Büchern der Weisheit, weist die oben schon erwähnte Bibel von Lleida eine Kombination von eschatologischem Textmaterial auf: einen Überblick des Pseudo-Hieronymus zu den 15 Zeichen vor dem Jüngsten Gericht[47], ein Exzerpt aus Adsos von Montier-en-Der ‚De ortu et tempore Antichristi' und die Tiburtinische Sibylle[48]. Der sibyllinische Text erzählt eine in neun Phasen (*generationes*) gegliederte Weltgeschichte und widmet der Geschichte des Römischen Reiches und seinem letzten Herrscher, dem ‚letzten Kaiser', sowie Christi Geburt, Leben und Sterben (in der Mitte des Textes) besondere Aufmerksamkeit[49]. Dieser Text

---

[46] P.-M. Bogaert, IV Esdras (2 Esdras; 4–5-6 Ezra) dans les Bibles latines, in: Revue bénédictine 125 (2015), 266–304. Die ältesten iberischen Bibeln mit diesem Text sind León, Archivo de la Catedral, Ms. 15, foll. 8r/v und 11r/v (palimpsestierte Blätter mit IV Esr 7, 67–92a, 92b–115a, 117b–139a und 8, 2–6a, 8–38a und 39b–52), Toledo (?), 7. Jahrhundert: Beer/Díaz Jiménez, Noticias bibliográficas (nt. 36), 16–18 (Text nicht erwähnt); García Villada, Catálogo (nt. 36), 43–50, 44 und 50 (Text nicht erwähnt); E. A. Lowe[/B. Bischoff], Codices Latini Antiquiores 11: Hungary, Luxembourg, Poland, Russia, Spain, Sweden, The United States and Yugoslavia, Oxford 1966, 17, Nr. 1636 (Text nicht erwähnt); Madrid, Biblioteca de la Universidad Complutense, Ms. 31, foll. ccxxxirb–ccxxxviiiva, Toledo (?), ninth/tenth century: R. Miquélez [de Mendiluce]/[M.] Pilar Martínez, El Códice Complutense o la primera Biblia visigótica de Alcalá, in: Anales de la Universidad de Madrid. Letras 4 (1935), 204–219 [mit 8 fig.], hier 209; Madrid, Biblioteca Nacional de España, Vitr. 15–1, foll. 171va–179ra, Kastilen, ca. 1150/1160: de la Torre/Longás, Catálogo (nt. 19), 31–39, Nr. 7, hier 32 (fig. 171va, Detail) und 39; León, Biblioteca de la Real Colegiata de San Isidoro, Ms. III. 3, foll. 217v–235v, León, 1162: Pérez Llamazares, Catálogo (nt. 16), 19–24, hier 23; Suárez González, Los códices (nt. 16), 274 und 294 sq.

[47] Zu diesem Text C. Michaëlis, Quindecim Signa ante Judicium, in: Archiv für das Studium der neueren Sprachen und Literaturen 25 (1870), 33–60, hier 51 und 54–58 (ohne Identifizierung). Der Textvergleich zeigt, dass die hier vorliegende Version der Passage in Petrus Damiani, ‚Epistola' 92 (oder ‚Epistola' 93) nahesteht. Zu dieser Textversion: W. W. Heist, The Fifteen Signs before Doomsday, East Lansing (Mi.) 1952, 26–28.

[48] Lleida, Arxiu Capitular, LC.0061 (olim s. n.), foll. 269vc, 269vc–270ra und 270ra–270vc (Titel: „*Incipit liber sibillę*."): Ayuso Marazuela, La Biblia de Lérida (nt. 25), 29, 48 und 67; Gros Bitría, Datación (nt. 25), 181 sq., 188, 212–218 und 234; Suárez González, La Biblia de Lérida (nt. 25), 304 mit nt. 46 sq.; Paleo Porta, La Biblia de Lleida (nt. 25), 588, 590 und 593–595.

[49] ‚Sibylla Tiburtina', ed. E. Sackur, Sibyllinische Texte und Forschungen. Pseudomethodius, Adso und die Tiburtinische Sibylle, Halle an der Saale 1898, 177–187: ibid., 126–177 (erste grundlegende Studie); B. McGinn, Oracular Transformations. The ‚Sibylla Tiburtina' in the Middle Ages, in: I. Chirassi Colombo/T. Seppilli (eds.), Sibille e linguaggi oracolari. Mito, storia, tradizione (Ichnia 3), Pisa 1998, 603–644 (Überblick zum intellektuellen Hintergrund); A. Holdenried, The Bedan recension of the ‚Sibylla Tiburtina'. New Manuscript Evidence and its Implications, in: M. Herren e. a. (eds.), Latin Culture in the Eleventh Century. Proceedings of the Third International Conference on Medieval Latin Studies, Cambridge, September 9–12 1998, (Publications of The Journal of Medieval Latin 5/1), Turnhout 2002, 410–443 (Studie zur sog. Beda-

war auf der Iberischen Halbinsel seit der ersten Hälfte des 11. Jahrhunderts verfügbar[50] und wird in derselben Textfassung auch in einigen anderen iberischen Bibeln überliefert: so ursprünglich in Calahorra (1183), wo der betreffende Teil heute verloren ist[51], in San Millán de la Cogolla (1210)[52] und in Vic (1273)[53]. Dieses Panorama wird abgerundet von zwei berühmten historischen

---

Rezension); ead., The Sibyl and her Scribes. Manuscripts and Interpretation of the Latin ‚Sibylla Tiburtina' c. 1050–1500 (Church, Faith and Culture in the Medieval West), Aldershot 2006 (neue Studie zu den Handschriften und Interpretation aller bekannten Textversionen).

[50] Die frühere Forschung bezeichnete El Escorial, Real Biblioteca de San Lorenzo, Ms. &. I. 3., foll. 240r–242r als die älteste Kopie dieses Textes. Gemäß dem Kolophon auf fol. 242r ist sie von einem Dominicus im Jahr 1047 (noch in westgotischer Minuskel) geschrieben worden. Die Handschriften stammt aus Oviedo oder León – also nicht aus Toledo, wie L. Roach, The Legacy of a Late Antique Prophecy. The Tiburtine Sibyl and the Italian Opposition to Otto III, in: The Mediaeval Journal 5 (2015) 1–33, hier 2, 5 und 19 sq.; A. Holdenried, Christian Moral Decline. A New Context for the ‚Sibylla Tiburtina' (Ms Escorial &.I.3), in: W. Brandes e. a. (eds.), Peoples of the Apocalypse. Eschatological Beliefs and Political Scenarios (Millenium Studies 63), Berlin–Boston 2016, 321–336, hier 324 sq. und 332 sq. dachten – und gehörte früh der Königin Sancha von León (fol. 8v). Die jüngste nachweisbare Provenienz der Handschrift war im 17. Jahrhundert die Kathedrale von Zaragoza, also in Aragón, aber im 13. Jahrhundert lag sie in Toledo (fol. Ir: *liber tholetanus*): Sackur, Sibyllinische Texte (nt. 49), 127, 130–134, 136, nt. 1, 146, nt. 1, 172 und 177; G. Antolín [y Pajares], Catálogo de códices latinos de la Real Biblioteca del Escorial 2: e. I. 1. – K. III. 31., Madrid 1911, 331–336; A. Millares Carlo (†), Corpus de códices visigóticos 1: Estudio, ed. por M. Cecilio Díaz y Díaz e. a., Las Palmas de Gran Canaria 1999, 53 sq., Nr. 52; ibid. 2: Álbum, ed. por M. Cecilio Díaz y Díaz e. a., Las Palmas de Gran Canaria 1999, pl. 52 (fol. 157r); H. Möhring, Der Weltkaiser der Endzeit. Entstehung, Wandel und Wirkung einer tausendjährigen Weissagung (Mittelalter-Forschungen 3), Stuttgart 2000, 28 mit nt. 103 sq. und 352 mit nt. 22; Holdenried, The Sibyl (nt. 49), XVII, 10 sq., nt. 30 sq. und 33, 12 sq. mit nt. 34 sq. und 37 sq., 28 sq., 47, 49, 52, 85, 159, nt. 53, 164 sq. und 182; ead., Christian Moral Decline (alle jüngeren Publikationen zitieren nicht A. Millares Carlo); siehe jedoch M. Huglo, The ‚Musica Isidori' Tradition in the Iberian Peninsula, in: S. Zapke (ed.), Hispania Vetus. Musical-Liturgical Manuscripts from Visigothic Origins to the Franco-Roman Transition (9th–12th Centuries), Bilbao 2007, 61–92 [mit 6 fig.], hier 65, Nr. 9 und 75, Nr. 9 (mit der falschen Signatur „&.J.3").

[51] Ayuso Marazuela, La Biblia de Lérida (nt. 25), 48. Der zweite Band der Bibel fehlt und Calahorra, Archivo Catedralicio y Diocesano, Ms. III endet abrupt mit Sir 46, 17: id., La Biblia de Calahorra (nt. 16), 253 und 265; Suárez González, La ‚Biblia de Calahorra' (nt. 20), 77. Das Jahr 1183 wird als Datum unter den Texten zum Computus auf den ersten Blättern erwähnt, hier foll. 1r und 1v: Ayuso Marazuela, La Biblia de Calahorra, 243, 267 sq. und pl. Isq.; Suárez González, La ‚Biblia de Calahorra', 76, nt. 2. Es bezieht sich auf das erste Datum des Computus, jedoch ist es nicht sicher, ob diese Texte zur Originallage der Handschrift gehören.

[52] Madrid, Biblioteca de la Real Academia de la Historia, Mss. 2–3, hier Ms. 3, foll. 345rb–348ra (am Ende des Bandes nach der Apokalypse und einigen noch nicht bestimmten prophetischen Texten zur Ankunft Christi, aber vor Baruch): Ruiz García, Catálogo (nt. 16), 69–72, hier 71 (mit falschen Textidentifizierungen und einer oberflächlichen Beschreibung des Inhalts dieses Schlussstücks; siehe jetzt aber Suárez González, Una lectura ‚arqueológica' [nt. 14], 173, nt. 41). Obwohl sie L. DiTommaso (rec.), Holdenried, The Sibyl (nt. 49), in: Journal for the Study of the Pseudepigrapha 21 (2011), 73–76 kennt, erwähnt Holdenried, Christian Moral Decline (nt. 50) diese Handschrift nicht und bezieht sie auch nicht in ihre iberische Textgeschichte ein.

[53] London, British Library, Add. 50003, foll. 220vb–222va (Titel fol. 220vb: „*prologus sibille*"; fol. 221ra: „*Vaticinatio sybille*"), zwischen Ps und Prv usw. und mit demselben Überblick von Pseudo-Hieronymus zu den 15 Zeichen vor dem Jüngsten Gericht (fol. 220va; Titel: „*prologus sibille*") und dem Exzerpt aus Adsos von Montier-en-Der ‚De ortu et tempore Antichristi' (fol. 220va/

Bilderbibeln, die im späten 12. Jahrhundert in Pamplona entstanden sind und für deren Beschriftung der Illustrationen der jeweiligen eschatologischen Schlußabschnitte (mit der Parousie Christi) derselbe sibyllinische Text benutzt wurde[54]. Wenn wir berücksichtigen, dass der hl. Augustin antike Prophezeiungen außerhalb des biblischen Kanons als Zeugnisse des christlichen Glaubens bewertete und folglich ihre Rezeption im Mittelalter förderte, so können wir davon ausgehen, dass die Kopien der Tiburtinischen Sibylle in den iberischen Bibeln wohl nicht als Zeugnisse einer politischen Prophezeiung gelesen wurden, die sich auf das Römische und mittelalterliche Reich bezog, sondern als ein dezidiert christologischer Text, der in ausgewählten religiösen Zentren der transkulturellen iberischen Frontgesellschaften zirkulierte. Es war demnach eine wohlbedachte Entscheidung dieser christlichen Gemeinschaften ihre gegenwärtige gesellschaftliche und religiöse Situation aus der Perspektive einer Prophezeiung von Christi Wiederkommen zu betrachten. Klar ist auch, dass die Positionierung dieses Prosatextes nach dem liturgischen Buch des Psalter in den Bibeln von Lleida und Vic das komplementäre Argument für den liturgischen Gebrauch von anderen sibyllinischen Texten in Katalonien ist, den wir bereits seit dem frühen 9. Jahrhundert in Urgell und seit ca. 900 in Ripoll, zwei einflußreichen Zentren karolingischer Theologie und Liturgie in Katalonien, nachweisen können[55]. Demgegen-

---

vb; Titel: „*Prologus sibille*") direkt vor der Tiburtinischen Sibylle, also wie in der älteren Lleida-Bibel, ein Befund, der nicht in Betracht gezogen wurde von Gros Bitría, Datación (nt. 25), 188, 213, 215 und 234: G. Warner, Descriptive Catalogue of Illuminated Manuscripts in the Library of C. W. Dyson Perrins 1: Text, Oxford 1920, 262–265, Nr. 111, hier 262 und 264 sq.; Watson, Catalogue (nt. 32), 86, Nr. 422; The British Library catalogue of Additions to the Manuscripts 1956–1965 1: Descriptions, London 2000, 195–199, hier 198. Digitalisate von foll. 220va/vb und 221ra/rb sind veröffentlicht unter URL: <http://blogs.bl.uk/digitisedmanuscripts/2015/11/index.html> (Stand: 27.08.2019). Holdenried, The Sibyl (nt. 49), 38 mit nt. 18–20, 88, 125 mit nt. 45 und 184 kennt nur diese Bibel, welche die jüngste unter allen hier erwähnten ist. DiTommaso (rec.), Holdenried, The Sibyl (nt. 52), 75 erwähnt zumindest die Kopie in Madrid, Biblioteca de la Real Academia de la Historia, Mss. 2–3.

[54] Amiens, Bibliothèque municipale, Ms. 108, foll. 249r–251r und 255v; Augsburg, Universitätsbibliothek, Oettingen-Wallerstein, I. 2. 4° 15, foll. 267r–270r und 271v, demnach in beiden Fällen erneut am Ende des Bibelkanons: F. Bucher, The Pamplona Bibles. A Facsimile Compiled from Two Picture Bibles with Martyrologies Commissioned by King Sancho el Fuerte of Navarra (1194–1234). Amiens Manuscript Latin 108 und Harburg MS. 1, 2, lat. 4°, 15 1: Text, New Haven (Ct.)–London 1970, 20, 25, 37, 68, 95 sq., 108, nt. 46, 112, nt. 29, 147, nt. 153, appendix 1, 194 und appendix 2, 285–287; ibid. 2: Facisimile, New Haven (Ct.)–London 1970, pl. 555–559 und 568 (Amiens, Bibliothèque municipale, Ms. 108, foll. 249r–251r und 255v); Möhring, Weltkaiser der Endzeit (nt. 50), 355 mit nt. 53 sq. (mit dem irrtümlichen Singular „die Bilderbibel Sanchos VII. von Navarra († 1234)"); A. Rucquoi, Quelques remarques sur la Bible de Sanche le Fort (Ms. Amiens B.P. 108), in: Bulletin de la Société nationale des antiquaires de France 2012, 261–278 [mit 4 fig.], hier 265 und 271.

[55] In diesen kulturellen Zentren werden die bekannten ‚Versus sibyllinici' (inc.: „*Iudicii signum tellus sudore madescet …*") überliefert, die aus Augustinus, ‚De civitate Dei' XVIII 23 stammen, aber auch im Kontext von Quodvultdeus' ‚Sermo contra Iudaeos, paganos et Arianos', der kurz vor Weihnachten gelesen wurde, sowie unabhängig überliefert werden: B. Bischoff, Die lateinischen Übersetzungen und Bearbeitungen aus den ‚Oracula Sibyllina', in: Mélanges Joseph de Ghellinck, S. J. 1: Antiquité (Museum Lessianum. Section historique 13), Gembloux 1951, 121–147 [Nachdruck in: id. Mittelalterliche Studien. Ausgewählte Aufsätze zur Schriftkunde und Literaturge-

über verrät die Platzierung der Tiburtinischen Sibylle an das Ende der Bibeln der Rijoa-Gegend und von Navarra, also nach der Apokalypse (Calahora [?] und San Millán de la Cogolla) oder gar anstelle dieser (Pamplona), ihre apokalyptisch-eschatologische Lektüre im Hinblick auf das Wiederkommen Christi.

Offen bleibt in diesem biblischen Szenario des katalanisch-spanischen Hohen Mittelalters die Frage nach dem historischen Kontext der Einführung der Tiburtinischen Sibylle auf der Iberischen Halbinsel, da wir bislang keine sicheren älteren Kopien dieses Textes kennen[56]. Freilich gibt es einen weiteren, nahezu unbe-

---

schichte 1, Stuttgart 1966, 150–171], hier 126 mit nt. 14; N. Brocca, Lattanzio, Agostino e la ‚Sibylla maga'. Ricerche sulla fortuna degli ‚Oracula Sibyllina' nell'Occidente latino (Studi e testi tardoantichi 11), Roma 2011, 297–299; J. Magliano-Tromp, ‚Mundus origo'. A New Edition of ‚Sibylla maga' (5th–9th century), in: DiTommaso e.a. (eds.), The Embroidered Bible (nt. 12), 670–685, hier 673. Zur weiteren Orientierung zu dieser spezifischen Texttradition in Katalonien und Septimanien: H. Anglès [i Pàmies], La música a Catalunya fins al segle XIII, Barcelona 1935 [Nachdruck: Barcelona 1988], 288–302; M. Gómez Muntané (ed.), El Canto de la Sibila 2: Cataluña y Baleares, Madrid 1997, 11–18; ead., From the ‚Iudicii signum' to the Song of the Sybil. Early Testimony, in: Zapke (ed.), Hispania Vetus (nt. 50), 159–173 [mit 3 fig.], hier 165–169; L. de Castellet, ‚Sibylla adversus haereses'. Indicis de la presència dels versos sibiŀlins a la diòcesi d'Urgell a principis del segle IX, in: Interpontes. Annals de l'Institut d'Estudis Comarcals de l'Alt Urgell 3 (2014), 73–90 [mit 3 fig.]; ead., El Cant de la Sibiŀla, l'art romànic i la nit de Nadal, in: El Butlletí. Amics de l'art romànic del Bages 184 (2017), 7–11 [mit 4 fig.]. Das älteste Zeugnis der sibyllinischen Verse in Katalonien stammt aus Urgell, Anfang 9. Jahrhundert, wo sie über Quodvultdeus' ‚Sermo' überliefert werden und somit den liturgischen Kontext von Weihnachten bezeugen: Paris, Bibliothèque nationale de France, Ms. lat. 8093, fol. 36ra. Das älteste Zeugnis aus Ripoll ist eine Kopie von ca. 900: Barcelona, Arxiu de la Corona d'Aragó, Ms. Ripoll 106, fol. 92v, hier mit Neumen und erneut im liturgischen Kontext von Weihnachten: Zapke (ed.), Hispania Vetus, 314 sq. (mit fig.) [M. Gómez Muntané]. Weitere Zeugen der Verse werden in verschiedenen religiösen Gemeinschaften der Kirche von Narbonne (Septimanien und Katalonien) seit dem 11. Jahrhundert überliefert, so in den Offiziumslektionaren Paris, Bibliothèque nationale de France, Ms. lat. 5302, foll. 82rb–82va, Kathedrale von Carcassonne, 1. Hälfte des 11. Jahrhunderts, Paris, Bibliothèque nationale de France, Ms. lat. 5304, foll. 112va–113ra, Elne, 1. Hälfte des 11. Jahrhunderts, und in dem Brevierfragment Vic, Arxiu i Biblioteca Episcopal, Fragm. XI/1ra, Kathedrale von Vic, Mitte des 11. Jahrhunderts. In allen drei Fällen ist der liturgische Kontext erneut der von Weihnachten.

[56] Dieser Schlussabschnitt beruht auf M. M. Tischler, New Iberian Testimonies of the ‚Sibylla Tiburtina'. Observations on the History of Transmission and Reception in Catalonia and Northern Spain, Eleventh to Thirteenth Centuries, in: Revista catalana de teologia 45 (2020) (im Druck), wo die philologischen Details meiner Kollation aller bekannten iberischen Textzeugen der hier repräsentierten Textfamilie ausgebreitet werden. DiTommaso (rec.), Holdenried, The Sibyl (nt. 52), 74 sq. erwähnt nur zwei möglicherweise ältere Kopien: Leiden, Universiteitsbibliotheek, Voss. lat. Q. 69, foll. 1r–3v, nach E. A. Lowe[/B. Bischoff], Codices Latini Antiquiores 10: Austria, Belgium, Czechoslovakia, Denmark, Egypt, and Holland, Oxford 1963, 43, Nr. 1585 10./11. Jahrhundert, K. A. de Meyier, Codices Vossiani latini 2: Codices in quarto, Leiden 1975, 158 noch 10. Jahrhundert, Holdenried, Christian moral decline (nt. 50), 323, nt. 11 aber 11. Jahrhundert, und St. Gallen, Stiftsbibliothek, Cod. 905, pp. 897–899, ca. 900 (nicht 10. Jahrhundert), die bereits erwähnt, aber nicht vor Ort untersucht wurde von Holdenried, The Sibyl (nt. 49), 34 sq., 87 und 196. Die am Ende verstümmelte Leidener Kopie ist sicher eine Handschrift des 11. Jahrhunderts, das St. Gallener Exemplar weist diesen Text nicht auf. Zur komplizierten Textgeschichte der ‚Sibylla Tiburtina' vor 1047 bzw. 1000: A. Holdenried, Many Hands without Design. The Evolution of a Medieval Prophetic Text, in: The Mediaeval Journal 4 (2014), 23–42.

achtet gebliebenen iberischen Zeugen in derselben Textfassung, der aus Ripoll stammt und dort im 11. Jahrhundert kopiert wurde[57]. Im Unterschied zu den Zeugen in den oben genannten Bibelhandschriften ist die Ripoller Kopie Bestandteil eines Miszellancodex mit patristischen und mittelalterlichen Werken speziell zum katholischen Glauben. Die hier vorliegende Textfassung ist erneut Sackurs Version II und schließt mit dem Salier Konrad II. (1024–1039). Die Ripoller Kopie könnte demnach in der Zeit dieses Herrschers entstanden sein und damit in das Umfeld von Oliba, dem berühmten Abt von Ripoll und Bischof von Vic, gehören.

Die Kollation aller erwähnten Textzeugen zeigt, dass es einen gemeinsamen iberischen Archetyp gegeben haben muss, da die ältere Ripoller Kopie bereits Fehler aufweist, die sich in der jüngeren Kopie des Escorial und in der noch jüngeren Bibel von San Millan de la Cogolla nicht befinden. Abgesehen von ihrer anderen Positionierung der Tiburtinischen Sibylle weisen die katalanischen Kopien vor dem Prolog zu diesem Text den Traktat des Pseudo-Hieronymus zu den 15 Zeichen vor dem Jüngsten Gericht und das Exzerpt aus Adsos of Montier-en-Der ‚De ortu et tempore Antichristi' auf, brechen aber bereits mit dem sibyllinischen Vers *„Iudicii signum tellus sudore madescet ..."* am Ende der Sibylle ab und besitzen zudem – mit Ausnahme der Ripoller Kopie – nicht den wieder in Prosa geschriebenen Schlußparagraph *„Tunc iudicabit Dominus ... in secula seculorum. Amen"*, während die Kopien des Escorial und in der Bibel von San Millan de la Cogolla aus Oviedo/León bzw. Navarra den vollständigen Text der Tiburtinischen Sibylle mit dem Schlussparagraph in Prosa, dafür aber nicht die beiden eschatologischen Traktate davor aufweisen. Wie schon gesagt, muss es wegen einiger Fehler in der Ripoller Kopie, die nicht von den Zeugen im Escorial und in der Bibel von San Millán de la Cogolla geteilt werden, eine noch ältere iberische Kopie des Textes gegeben haben, die entweder nicht mehr erhalten oder noch nicht wiedergefunden ist[58]. Diese Kopie könnte Olibas Originalhandschrift gewesen sein, die er möglicherweise aus Italien (Rom)[59] mitgebracht

---

[57] Barcelona, Arxiu de la Corona d'Aragó, Ms. Ripoll 151, foll. 33r–37v: R. Beer (†)/Z. García [Villada], Bibliotheca Patrum Latinorum Hispaniensis 2 (Sitzungsberichte der Kaiserlichen Akademie der Wissenschaften in Wien, Philologisch-Historische Klasse 169, Nr. 2), Wien 1915 [Nachdruck: Hildesheim 1972], 74 sq., hier 74; A. M. Mundó [i Marcet], Estudis sobre el ‚De fide' de Baquiari, in: Studia Monastica 7 (1965), 247–303, hier 262. Die Handschrift ist nicht erwähnt in Möhring, Weltkaiser der Endzeit (nt. 50); Holdenried, The Sibyl (nt. 49); R. E. Lerner (rec.), Holdenried, The Sibyl (nt. 49), in: Cahiers de civilisation médiévale 53 (2010), 76–79; DiTommaso (rec.), Holdenried, The Sibyl (nt. 52); G. L. Potestà, The ‚Vaticinium of Constans'. Genesis and Original Purposes of the Legend of the Last World Emperor, in: Millenium. Jahrbuch zu Kultur und Geschichte des ersten Jahrtausends n. Chr. 8 (2011), 271–289. Die Handschrift ist digitalisiert unter URL: <http://pares.mcu.es> (Stand: 27.08.2019).

[58] Die in der Bibel von San Millan de la Cogolla überlieferte Textfassung ist die des Ripoll-Codex, und einige spezifische Varianten stimmen mit dem Escorial-Codex überein, aber letzterer kann keine Kopie des Ripoll-Codex sein, da dieser einige Irrtümer aufweist, die in der jüngeren Kopie fehlen.

[59] Holdenried, Many Hands (nt. 56), 39 sq. schlug versuchsweise das Kloster SS. Bonifacio ed Alessio in Rom als den italienischen Ursprungsort der (ersten Version der) lateinischen ‚Sibylla Tiburtina' vor. Zu Spuren des Interesses an apokalyptischen und eschatologischen Traditionen

hatte, da es auch die beiden Kopien in den katalanischen Bibeln aus Lleida und Vic gibt, die zur selben Textfamilie wie die erhaltene Ripoll-Kopie gehören, aber beide schon wegen ihres jüngeren Alters nicht Vorlage für diese gewesen sein können[60]. Die beiden katalanischen Bibeln wiederum zeigen ein sehr enges Verhältnis ihrer eschatologischen und sibyllinischen Texte mit individuellen Lesarten, und keine Textvariante der Kopie in der älteren Lleida-Bibel spricht gegen die Möglichkeit, dass diese die direkte Vorlage für den Text in der jüngeren Vic-Bibel gewesen ist.

Freilich läßt sich dieses ohnehin schon dichte katalanische Überlieferungspanorama noch um einen weiteren katalanischen Textzeugen bereichern. Hier kommt eine humanistische Kopie der Tiburtinische Sibylle aus dem 15. Jahrhundert ins Spiel. Dieser weitestgehend übersehene Zeuge aus Barcelona zeigt einen exzellenten Text und gehört ebenfalls zur rekonstruierten iberischen Textfamilie[61]. Nun bezeugt diese jüngste unter den bekannten iberischen Handschriften aufgrund korrekter Lesarten an Stellen, an denen alle erwähnten älteren katalanischen Kopien schon Varianten zeigen, und aufgrund einiger gemeinsamer Lesarten mit der Ripoller Kopie des 11. Jahrhunderts, erneut die Existenz einer

---

in diesem griechisch-lateinischen Kloster in Rom: L. Roach, Emperor Otto III and the End of Time, in: Transactions of the Royal Historical Society VI 23 (2013), 75–102, hier 78 mit nt. 13. Zur norditalienischen Benediktinerabtei Fruttuaria als möglichem Ort der (zweiten Version) des lateinischen Textes: Roach, The Legacy (nt. 50), 16 und 20–22; id., Apocalypticism and the Rhetoric of Reform in Italy around the Year 1000, in: M. Gabriele/J. T. Palmer (eds.), Apocalypse and Reform from Late Antiquity to the Middle Ages, London–New York 2019, 167–182, hier 176.

[60] Die Textfassung der Lleida-Bibel ist die des Ripoll-Codex, zeigt aber dieselben spezifischen Varianten wie die Vic-Bibel. Dies ist keine Überraschung, da beide Bibeln ein weiteres gemeinsames Merkmal aufweisen: beide haben am Ende des Psalters den apokryphen Ps 151 („*Pusillus eram…*"), Lleida, Arxiu Capitular, LC.0061 (olim s. n.), fol. 269vb und London, British Library, Add. 50003, fol. 220rb.

[61] Barcelona, Biblioteca de la Universitat, Ms. 124, foll. 91v–93v, Barcelona, 15. Jahrhundert. Kaum zufällig weist die Handschrift die ‚Sibylla Tiburtina' allein auf, also ohne die weiteren eschatologischen Traktate der katalanischen Bibeln. Allerdings ist hier die Sibylle mit einigen anderen eschatologischen Texten wie dem ‚Tractatus de tempore adventus Antichristi' eines Barceloniner Dominikaners von 1302 (foll. 1r–47v) und dem ‚Liber revelationum' des Pseudo-Methodius (foll. 47v–50v) überliefert. Der humanistische Sammler war also inbesondere an diesem Textgenre interessiert. Die Handschrift gehörte später dem Barceloniner Konvent der unbeschuhten Karmeliter Sant Josep, wo sie im Katalog Ms. 1359 war: F. [J.] Miquel Rosell, Manuscritos patrísticos existentes en la Biblioteca de la Universidad de Barcelona, in: Analecta Sacra Tarraconensia 17 (1944), 31–66 und 1 pl., hier 34–37; id., Inventario general de manuscritos de la Biblioteca Universitaria de Barcelona 1: 1 a 500 (Junta técnica de Archivos, Bibliotecas y Museos. Ediciones commemorativas del Centenario del Cuerpo Facultativo 1858–1958. 5), Madrid 1958, 161–165; Holdenried, The Sibyl (nt. 49), 91, 174 und 177 (vor Ort nicht konsultiert und mit dem falschen Datum „s. xiv/xv"); R. E. Lerner, Joachim haud posuit verba ista, in: G. L. Postestà/M. Rainini (eds.), „Joachim posuit verba ista". Gli pseudoepigrafi di Gioacchino da Fiore dei secoli xiii e xiv. Atti dell'8° Congresso internazionale di studi gioachimiti, San Giovanni in Fiore – 18–20 settembre 2014 (Opere di Gioacchino da Fiore. Testi e strumenti 27), Roma 2016, 171–182, 172 mit nt. 9 sq. und 180 nt. 9 sq. Die Handschrift ist digitalisiert unter URL: <https://bipadi.ub.edu/digital/collection/manuscrits/id/55269> (Stand: 27.08.2019).

älteren verlorenen oder noch nicht wieder identifizierten iberischen Kopie der Tiburtinischen Sibylle, die man wohl dem intellektuellen Umfeld Olibas zuweisen muss. Abschließend kann man also sagen, dass alle iberischen Kopien der Tiburtinischen Sibylle offensichtlich einen gemeinsamen katalanischen Vorfahren hatten, der wohl eine verlorene oder noch nicht wieder aufgefundene Ripoller Kopie gewesen ist, die Oliba oder ein anderes prominentes Mitglied seines adligen und religiösen Umfelds aus Italien (Rom) nach Katalonien gebracht hatte und dass dieses Modell zwei iberische Textfamilien generierte, von denen die eine in Katalonien, die andere in León und Navarra beheimatet war.

Sollte dieses Textpanorama zutreffen, dann könnte die Existenz der Tiburtinischen Sibylle in León und Navarra einen weiteren Transfer von Textressourcen von Ripoll und anderen katalanischen Bildungszentren nach Navarra und León seit der Zeit König Sanchos III. ‚des Großen' von Navarra[62] bezeugen, da die älteste nordspanische Kopie des Textes im Escorial früh im Besitz der Königin Sancha war, die mit dem späteren König Ferdinand I. von León und Kastilien, einem jüngeren Sohn des eben genannten Königs Sancho, verheiratet war. Die weitere Überlieferung der Tiburtinischen Sibylle in der Rioja-Gegend und in Navarra in Form der Bibel von Calahorra (?), der zweiten Bibel von San Millán

---

[62] Siehe den Briefwechsel zwischen Oliba von Ripoll und Vic und König Sancho: J. Pérez de Urbel, Sancho el Mayor de Navarra, Madrid 1950, 81 sq., 110–114, 130, 132, 169 sq., 173 sq., 215, 263, 282, 290, 292, 298–301, 309, 311, 316, 328 und 360; P. Linehan, History and the Historians of Medieval Spain, Oxford 1993, 167; J. M. Salrach [i Marès], ‚De l'esperit a la matèria'. Catalans en terra castellana a l'Alta Edat Mitjana, in: Acta Historica et Archæologica Mediævalia 26 (2005) 81–100, hier 90; G. Martínez Díez, Sancho III el Mayor. Rey de Pamplona, 'Rex Ibericus' (Memorias y biografías), Madrid 2007, 122 sq., 214–220, 234 sq., 253 und 255; C. de Ayala Martínez, Sacerdocio y reino en la España altomedieval. Iglesia y poder político en el Occidente peninsular, siglos VII–XII (Historia medieval), Madrid 2008, 260 sq. Die früheste Schlüsselfigur in diesem Austausch ist Pontius, einst Mönch von Ripoll und Abt von Sant Sadurní de Tavèrnoles, der später Bischof von Oviedo, dem alten Bischofssitz und der königlichen Stadt des neues Königreichs von León, wurde (1025) und nach der Verwüstung durch die Sarrazenen den Bischofssitz von Palencia wiedererrichtete (1034): Pérez de Urbel, Sancho el Mayor, 74, 82–84, 110, 114, 173 sq., 176, 178, 181, 215–217, 223, 282, 284, 289–294, 301, 318, 325 und 358–360, Nr. XXII; A. [M.] Mundó [i Marcet], Entorn de ‚Sancho el Mayor de Navarra', in: Butlletí de la Societat Catalana d'Estudis Històrics 1 (1952), 33–42, hier 34, 36 sq. und 39; id., Entorn de la carta de l'abat Oliba a Arnau Mir de Tost, in: Miscel·lània Anselm M. Albareda 1 [= Analecta Montserratensia 9 (1962)], Montserrat 1962, 207–216 und 1 pl. [Nachdruck: id., Obres completes 1: Catalunya 1: De la romanitat a la sobirania (Textos i estudis de cultura catalana 66), Barcelona 1998, 308–355], hier 213 mit nt. 21; M. Riu [i Riu], Poncio de Tabernoles, obispo de Oviedo, in: Homenaje al profesor Eloy Benito Ruano 1 [= Espacio, tiempo y forma III: Historia medieval 1 (1988)], Madrid 1988, 425–436; Linehan, History, 168, 175–177 und 182; Salrach i Marès, De l'esperit, 90–92; Martínez Díez, Sancho III el Mayor, 122, 167, 216, 218–229 und 249; de Ayala Martínez, Sacerdocio y reino, 267 sq.; J. P. Rubio Sadia, La penetración de la tradición litúrgica catalano-narbonense en el obispado de Palencia en el siglo XI, in: Miscel·lània litúrgica catalana 18 (2010), 243–278, hier 246–248. Zur Einführung der Liturgie der Kirche von Narbonne in Palencia und zur besonderen Rolle, die Kleriker und Mönche aus dem Bistum Urgell in diesem Liturgietransfer spielten: Rubio Sadia, La penetración; R. Ordeig i Mata, Dades sobre el clergat urgellès que introduí la litúrgia catalanonarbonesa al bisbat de Palència en el segle XI, in: Miscel·lània litúrgica catalana 20 (2012), 261–285.

de la Cogolla und den beiden Bilderbibeln von Pamplona gehört zu einer eigenen Textfamilie[63], doch aufgrund einiger Fehler in der ältesten erhaltenen nordspanischen Kopie dieses Textes im Escorial kann dieser nicht das originale Modell für die jüngeren Zeugen in der Rioja-Gegend und in Navarra gewesen sein. Wir müssen daher ein verlorenes gemeinsames Modell des 11. Jahrhunderts in diesem Raum annehmen, das vielleicht in Santa María de Nájera oder in Pamplona, den Residenzen des Königreichs Navarra zu dieser Zeit, gelegen hat. Weitere Einblicke in das tatsächliche Szenario der Textüberlieferung in dieser Region werden uns weitestgehend verwehrt, weil wir keine sicheren Aussagen zur Bibel in Calahorra treffen können, in der die Blätter mit dem sibyllinischen Text verloren gegangen sind. Die einzige sichere, da auf philologischer Basis beruhende Beobachtung, ist, dass die Textvarianten der lateinischen Zitate, die in den Bilderbibeln von Pamplona die Illustrationen von Christi Wiederkehr erläutern, wörtlich der Tiburtinischen Sibylle entnommen sind und eine besondere Nähe zur Kopie aufweisen, die in der zweiten Bibel von San Millán de la Cogolla überliefert wird. Da diese aus chronologischen Gründen aber nicht die Vorlage für die Bibeln in Pamplona gewesen sein kann, dürfte der Quellgrund für die sybillinischen Zitate in den Bilderbibeln von Pamplona die Calahorra-Bibel gewesen sein. Hierfür spricht zum einen, dass die für ihre Herstellung in Pamplona verantwortliche Person, Fernando Pérez de Funes, zur Funes-Familie gehörte, die den Bischofsstuhl von Calahorra in Person des Sancho de Funes (1117–1146), des früheren Abtes von Santa María de Nájera, innehatte, und zum anderen, dass Fernando Pérez vermutlich mit dem Archidiakon Fernandus Petri von Calahorra identisch ist, der in dieser Funktion 1222 und 1223 nachgewiesen ist. Sollten unsere Beobachtungen zutreffen, dann würden sie eine enge Verbindung zwischen Calahorra, Pamplona und San Millán de la Cogolla bezeugen und leicht die identische Positionierung der Tiburtinischen Sibylle am Ende aller dieser nordspanischen Bibeln erklären.

In Katalonien wurde eine Kopie des verlorenen oder noch nicht wieder identifizierten Ripoller Textmodells der Tiburtinischen Sibylle mit weiteren eschatologischen Texten zwischen den Psalter und den Weisheitsbüchern zunächst in der Lleida-Bibel platziert. Die kleinere Schrift dieser Textkopien und die kodikologischen Daten an dieser Stelle des Bibelkanons sprechen für eine originale Entscheidung in der Lleida-Bibel. Diese neue Folge von biblischen und nichtbiblischen Texten, die für liturgische Zwecke gedacht war, wurde schließlich in der Vicer Bibel von 1273, einem der letzten uns bekannten Zeugen der iberischen Textfamilie der Tiburtinischen Sibylle, nochmals kopiert.

---

[63] In jedem Fall zeigen die Kopie im Escorial-Codex und die jüngere Abschrift in der Bibel von San Millán de la Cogolla gemeinsame individuelle Varianten.

*"Evangelium est reportatur ad locum suum"*. Der Hort des liturgischen Buches angesichts von Dignität und Performativität

HANNS PETER NEUHEUSER (Köln)

Der karolingische Ordo Romanus I betrachtet es gemäß seiner Funktion als Normensammlung für gottesdienstliche Zeichenhandlungen als besonderes Anliegen, das liturgische Evangelienbuch in seiner spezifischen Handhabung und Bedeutung gleichsam zu ‚verorten'. Dabei mag vielleicht überraschen, dass sich die Ritenbeschreibungen des Ordo Romanus I nicht auf den Vortrag des Wortes Gottes als zentralen Vollzug der Wortgottesfeier beschränken, sondern sich ebenfalls dem Transport und der abschließenden Reponierung des Kodex widmen. Es wird deutlich, dass das in der (Papst-) Liturgie verwendete Buch ungeachtet seiner physischen Materialität nicht als Bibliotheksgut wahrgenommen wurde, sondern vielmehr einer anderen Kategorie angehörte, welche aus der Vielfalt der ‚Literaturgattungen' durch eine Sakralisation und den dynamischen Gebrauch herausgehoben war. Die Performativität des Buchritus stellt den Schriftträger damit in Gegensatz zum statischen Kontext trivialer Buchregale. Im Folgenden soll daher aus dem Blickwinkel der theologischen Mediävistik der besondere ‚Ort' des liturgischen Buches gekennzeichnet und in den hermeneutischen Zusammenhang gestellt werden.

I.

Das liturgische Buch erhält seine besondere Dignität durch seinen Bezug zum Wort, das Gott im Laufe der Heilsgeschichte „viele Male und auf vielerlei Weise zu den Vätern und den Propheten gesprochen hat, zuletzt durch seinen Sohn" (Hebr 1,1–2). Die Glaubenslehre beinhaltet die Zusage, dass auch weiterhin Gott dieses Wort an die Menschen richtet, insbesondere dann, wenn es in gottesdienstlicher Form liturgisch verkündigt wird und auf diese Weise die Gegenwart Gottes erlebt werden kann[1]. Mit dieser Lehre war es gelungen, eine synthetisierende Formel zu finden, um die Heilige Schrift als Ganzes und uneingeschränkt als Wort Gottes zu charakterisieren. Auf ähnliche Weise hatten ande-

---

[1] Cf. O. Nußbaum, Zur Gegenwart Gottes/Christi im Wort der Schriftlesung und zur Auswirkung dieser Gegenwart auf das Buch der Schriftlesungen, in: H. P. Neuheuser (ed.), Wort und Buch in der Liturgie. Interdisziplinäre Beiträge zur Wirkmächtigkeit des Wortes und Zeichenhaftigkeit des Buches, St. Ottilien 1995, 65–92, Quellennachweise 71–88.

re Vorstellungen, insbesondere die Lehre von der göttlichen Inspiration der anthropogenen Niederschrift und die Festlegung eines biblischen Kanons jeweils die Bibel insgesamt in den Blick genommen, wie auch der Urheber – im Gegensatz zur Vielzahl der menschlichen Schreiber, Kompilatoren, Übersetzer, Interpretatoren etc. – nur als der Eine gedacht werden konnte. Bereits in der Urkirche war etwa die Vielzahl der Evangelienredaktionen als Problem erkannt worden[2]. Durch die transzendierende Vorstellung von der Gegenwart Gottes/Christi in der liturgischen Verkündigung erhält das aus dem Evangelienbuch vorgetragene und gehörte Wort einen ähnlichen Charakter wie die in der Monstranz geschaute eucharistische Hostie. Die systematische Theologie hat diese Glaubenslehre auf die typologische Bandbreite der Gottesdienstbücher angewendet und in ihren Texten neben den wörtlichen Zitaten des Historischen Jesus (*verba ipsissima*) auch die Produkte der biblischen Schriftwerdung gesehen. Bereits der spätantike Kirchenvater Ambrosius hat in beinahe philologischer Akkuratesse die Provenienzen von Aussagen innerhalb des Messkanons erkannt, wo dieser den vom Bibeltext über das Geschehen bei Jesu Abschiedsmahl durchaus abweichenden eucharistischen Einsetzungsbericht aufnimmt[3]. Speziell Hugo von Sankt Viktor hat in der Mitte des 12. Jahrhunderts dezidiert die Schwierigkeit angesprochen, alle literarischen Textsorten der Heiligen Schrift als ‚Wort Gottes' anzusehen[4], einschließlich aller Wendungen, die eine kritische Leserschaft als verkürzt, überflüssig, unnötig oder unpassend empfinden könnte[5]. Gleichwohl haben die Viktoriner gerade auch die Texte der Jüdischen Bibel mit dem Attribut „heilig" versehen[6]. Aus liturgischer Sicht konnte die Schriftrepräsentanz um die rituelle ‚Mischung' von Texten aus der Bibel und anderen Quellen erweitert werden[7].

Allerdings hatte die liturgische Pragmatik wohl bereits seit der Spätantike zwei Typen der Schriftlesung und zahlreiche Formen von rezitativ und gesungen vorzutragenden Einzelversen unterschieden: Entsprechend gestaltete sich der Kosmos liturgischer Bücher, überragt von der solitären Stellung jenes Kodex, der das Evangelium in seiner Gänze oder in Leseabschnitten enthält. Die frühe Buchgeschichte dieser Literaturgattung bis ins hohe Mittelalter hat Klaus Gam-

---

[2] Cf. die bei H. Merkel, Die Pluralität der Evangelien als theologisches und exegetisches Problem in der Alten Kirche, Bern 1978, mitgeteilten urchristlichen Quellentexte zur Problematik.

[3] Cf. Ambrosius, De sacramentis 4, 14–16, ed. O. Faller (Corpus Scriptorum Ecclesiasticorum Latinorum 73), Wien 1955, 51–53.

[4] Cf. Hugo von St. Viktor, Didascalicon 4, ed. Ch. H. Buttimer, Washington 1939, 70–94.

[5] Cf. Hugo von St. Viktor, Didascalicon 6,9, ed. Buttimer (nt. 4), 126. Cf. 6,4, ed. Buttimer (nt. 4), 118.

[6] Cf. Hugo von St. Viktor, Didascalicon 4,1, ed. Buttimer (nt. 4), 70. Cf. hierzu R. Berndt, Exegese des Alten Testamentes. Die Grundstruktur christlicher Theologie bei den Viktorinern, in: R. Berndt (ed.), Bibel und Exegese in der Abtei Saint-Victor zu Paris, Münster 2009, 423–441, mit einem Vokabular zur Benennung der Heiligen Schrift.

[7] Cf. H. P. Neuheuser, Gotteswort und Menschensprache. Zur rituellen Präsentation des Bibeltextes in der dichotomen Wortliturgie, in: Th. Honegger e. a. (eds.), Gottes Werk und Adams Beitrag. Formen der Interaktion zwischen Mensch und Gott im Mittelalter, Berlin 2014, 256–273.

ber anhand von Handschriftenfunden rekonstruiert[8] – ein Befund, der eine höhere Authentizität aufweist als alle Versuche, liturgische Bücher einer idealen Typologie unterzuordnen. Die Ritualpraxis beförderte zudem die Weiterentwicklung der Buchtypen, insbesondere die Entstehung des Missale, das mit seiner kumulierten Textanordnung jedoch schon deshalb eine eigene Dignität ausprägte, weil es die von der Bibelfassung abweichende und der Arkandisziplin unterliegende Konsekrationsformel aufwies, die in einigen Kodizes bezeichnenderweise *Oratio periculosa* genannt wurde[9].

Ungeachtet der formalen und qualitativen Einwände, die gegen die Homogenität einer kanonischen Konstruktion des biblischen Textkorpus eingewendet werden können, hat die theologische Reflexion aller Zeiten doch die Grundauffassung vom Wort Gottes in der Heiligen Schrift – und somit gleichsam auch in den Kodizes – aufrechterhalten: Vor aller Augen steht die im Wesentlichen einheitliche *Sacra Scriptura*, die letztlich unangefochten der Lehre, dem Studium, der persönlichen Spiritualität und dem jüdischen und christlichen Gottesdienst als Grundlage dient. Liturgische Bücher, die an der Buchwerdung des Wortes Gottes partizipieren, nehmen nicht nur an Kanonbildung und Textkritik teil, sondern zudem am transzendenten *honor*. Die Christen setzten nicht nur die allgemeine Hochschätzung der Jüdischen Bibel fort[10], sondern wurden auch integriert in die „scribal culture" des Judentums[11] und die mediterrane Auffassung von „sacred books"[12], ja, Christen entwickelten eine eigenständige Form der blätterbaren Kodizes[13], „the revolutionary books"[14]. Dieser kulturhistorische und nicht zuletzt buchgeschichtliche Hintergrund ist zutiefst mit dem Wesen des frühen Christentums verbunden, das den *honor*, der dem Wort Gottes gebührt, zu deklinieren vermochte auf jedes einzelne Buchexemplar[15]. Die zivilisatorische Leistung der christlichen Buchkultur ist also eminent mit den religiösen Feierformen verbunden, welche evident auch die rituelle Handhabung und die angemessene Ausstattung der Kodizes erforderten. Diese Konnotationen

---

[8] Cf. K. Gamber (ed.), Codices liturgici latini antiquiores, voll. 1–3, Fribourg 1968, 1988.

[9] Cf. B. Fischer, Oratio periculosa. Eine altirische Bezeichnung für die Einsetzungsworte in der Messe, in: A. Gerhards e. a. (eds.), Prex eucharistica, vol. 3.1, Fribourg 2005, 237–241.

[10] Cf. Als Einführung: M. Sæbø (ed.), Hebrew Bible. The history of its interpretation, 3 voll., Göttingen 1996–2015.

[11] Cf. K. van der Toorn, Scribal Culture and the Making of the Hebrew Bible, Cambridge–London 2007.

[12] Cf. L. V. Rutgers (ed.), The Use of Sacred Books in the Ancient World, Leuven 1998. – Cf. schon den früheren religionsgeschichtlichen Überblick bei J. Leipoldt/S. Morenz, Heilige Schriften. Betrachtungen zur Religionsgeschichte der antiken Mittelmeerwelt, Leipzig 1953.

[13] Cf. C. H. Roberts e. a. (eds.), The Birth of the Codex, London 1983.

[14] Cf. St. G. Hall, In the Beginning was the Codex. The Early Church and its Revolutionary Books, in: R. Swanson (ed.), The Church and the Book, Woodbridge–Rochester 2004, 1–10.

[15] Aus der Fülle der Literatur cf. H. Y. Gamble, Books and Readers in the Early Church. A History of Early Christian Texts, New Haven–London 1995. – L. W. Hurtado, The Earliest Christian Artifacts. Manuscripts and Christian Origins, Cambridge 2006, cf. cap. 2: The Early Christian Preference for the Codex, 43–93.

sind indispensabel für die Einschätzung der Tatsache, dass die Bücher des Altardienstes zum Kontext der Heiligen Schrift gezählt werden, womit der erste ‚Hort' der liturgischen Bücher bestimmt sei.

## II.

Die bereits angedeutete Stellung des liturgischen Buches innerhalb des Gottesdienstes nimmt den dem Wort Gottes geschuldeten *honor* auf und bringt ihn performativ zur Geltung, d. h. dass in der Verkündigung nicht lediglich ein kognitiver Vorlesevorgang, vielmehr ein vollgültiger ritueller Vollzug zu erblicken ist. Bereits in der paradigmatischen Handlung Jesu bei seinem Besuch des Synagogengottesdienstes in Nazaret (Lk 4,16–30) wird deutlich, dass die rituellen Elemente des jüdischen Vortragsaktes (Aufstehen des Vortragenden, Anreichen des aufgeschlagenen Buches, Performanz des Vortrags, Schließen des Buches und Übergabe an den Synagogendiener, Niedersetzen, Auslegung) die inhaltlichen Aussagen unterstützend begleiten: Jesus nahm aktiv an der rituellen Wortverkündigung teil[16]. Die seit der Spätantike besonders gut zu beobachtende mimetische Liturgieauffassung hat an diese Elemente angeknüpft[17] und weitere hofzeremonielle *ornamenta* dem Buchritus angefügt. Der okzidentale Buchritus wird dann in seiner vollen Ausprägung erstmals sichtbar in der „Expositio antiquae liturgiae Gallicanae" des 7. Jahrhunderts[18] und vor allem in der frühmittelalterlichen Schilderung der römischen Papstmesse, wie sie im Ordo Romanus I niedergeschrieben ist[19]. Kurz zusammengefasst lassen sich folgende Aussagen zur Handhabung liturgischer Bücher unterscheiden[20]:

– Transport der Bücher durch die zugeordneten Dienste von der Papstresidenz im Lateranspalast zur Kirche, d. h. des Lektionars (*apostolus*) durch den Subdiakon und des Evangeliars durch den Archidiakon, wodurch gleichermaßen die distinkte Hierarchie von Buch und Amtsträger zum Ausdruck kommt (Nr. 20).
– An hohen Festtagen werden kostbarere Kelche und Patenen sowie *evangelia maiora* eingesetzt, wobei die Parallelisierung dieses Instrumentariums auffällt (Nr. 22).

---

[16] Cf. R. S. Bagnall, Jesus Reads a Book, in: The Journal of Theological Studies 51 (2000), 577–588. – J.-N. Aletti, Jésus à Nazareth (Lc 4,16–30). Prophétie, écriture et typologie, in: À cause de l'évangile, Paris 1985, 431–451. Beide Publikationen mit Angaben der älteren Literatur zum Thema.
[17] Cf. R. Kaczynski, Das Wort Gottes in Liturgie und Alltag der Gemeinden des Johannes Chrysostomos, Freiburg 1974, zum Ritus cf. 72–88. – A. Olivar, Les réactions émotionnelles des fidèles pendant la lecture solenne de l'écriture dans l'église des pères, in: *Mens concordet voci*. Festschrift für A.-G. Martimort, Paris 1983, 452–457.
[18] Cf. Expositio antiquae liturgiae Gallicanae 11, ed. E. C. Ratcliff, London 1971, 7.
[19] Cf. Ordo Romanus I, ed. M. Andrieu, Les ordines romani du haut moyen âge, vol. 2, Louvain 1948.
[20] Cf. das Folgende nach Ordo Romanus I, 20–65, ed. Andrieu (nt. 19), 73–90.

- Entsiegelung und Vorbereitung des Buches in der Sakristei durch den amtierenden Archidiakon unter Mithilfe eines Akolythen, der das Buch in verhüllten Händen hält (Nr. 30).
- Transport des Evangeliars durch den Akolythen in den Chorraum und Niederlegen des Kodex auf den Altartisch durch den Subdiakon (Nr. 31).
- Mitteilung des amtierenden Subdiakons als des Vortragenden der ersten Lesung an den Papst (Nr. 38), wodurch die personale Bindung zu Vollzug und Buch zum Ausdruck kommt.
- Nach dem nun folgenden Einzug des Papstes in die Kirche küsst dieser das Evangelienbuch und den Altartisch, wobei diese Reihenfolge zu beachten wäre (Nr. 51).
- Auf den ersten Teil des Wortgottesdienstes folgt der Vortrag der ersten Lesung durch den Subdiakon vom Ambo aus (Nr. 56).
- Der dem Zwischengesang folgende Evangelienvortrag beginnt mit dem Fußkuss des Papstes durch den amtierenden Diakon, dieser erhält den Segen, er nimmt das geschlossene Evangeliar vom Altartisch, küsst es, um dieses sodann in einer Prozession aus Subdiakonen mit dem Weihrauchfass und Akolythen mit Leuchtern zum Ambo zu tragen (Nr. 59). Nach geschehener Aufstellung öffnet der Subdiakon das Buch und der Diakon beginnt mit dem Vortrag des Evangeliums, der mit einem Grußdialog mit dem Papst endet (Nr. 61–63).
- Abschließend empfängt der Subdiakon das Evangelienbuch wieder, der es mit verhüllten Händen vor der Brust jenen Amtsträgern bringt, welche das Buch küssen dürfen (Nr. 64). Daraufhin legt er den Kodex in eine *capsa*, versiegelt sie und lässt das Buch *ad locum suum* zurückbringen (Nr. 65).

Wie aus dieser kurzen Skizze hervorgeht, kann die römische Wortliturgie mit ihrem Buchritus, der im ostkirchlichen Kulturkreis entsprechend interpretiert wurde[21], nicht mit einer bloßen ‚Mitteilung' aus der Heiligen Schrift verwechselt werden. Entscheidend ist vielmehr, dass hier zusätzlich eine Liturgie der Wort-Gottes-Verehrung entfaltet wurde, die eminente theologische und ästhetische Ausdrucksformen hervorbrachte, so dass in der Performativität des Aktes die geglaubte Gegenwart Gottes im liturgisch verkündigten Wort gefeiert werden konnte[22].

In Bezug auf die Aktualität der paraphrasierten karolingischen Quelle gilt es noch nachzutragen, dass durch die Charakterisierung der Ritenbeschreibung als universalkirchlichen Normtext davon auszugehen ist, dass die Bischöfe in ihren Diözesen ähnliche Liturgieabläufe inaugurierten; der ‚Ordo Romanus I' war als

---

[21] Zum liturgischen Buch im Byzantinischen Ritus cf. zuletzt E. V. Velkovska, The Liturgical Books of the Byzantine Rite. History and Culture, in: H. P. Neuheuser (ed.), Liturgische Bücher in der Kulturgeschichte Europas, Wiesbaden 2018, 137–154.

[22] Cf. E. Borsotti, Il libro dessigillato. Per una fenomenologia cerimoniale dell'evangeliario, in: V. Ascani (ed.), L'evangeliario nella storia e nella liturgia, Magnano 2011, 23–184. – Cf. die neuere Quellensammlung bei R. Tichý, Proclamation de l'évangile dans la messe en occident. Ritualité, histoire, comparaison, théologie, St. Ottilien 2016.

Mustertext für alle feierlichen Messen geworden, einschließlich des hier besonders interessierenden Wortgottesdienstes mit ihrem Buchritus – für die Kölner Kathedrale legt noch heute die Handschrift Dom 138 der Erzbischöflichen Diözesan- und Dombibliothek Zeugnis davon ab, dass sich die liturgischen Akteure des Domkapitels noch lange an diesem Mustertext (für den Buchritus foll. 7ʳsqq.) orientierten.

Die Hervorhebung der Performativität der Liturgiegestalt impliziert jedoch, dass sich unser Blick über den oben geschilderten Ritus der Papst- resp. Bischofsmesse hin erweitern muss auf die öffentlichen Prozessionen, die in besonderer Weise die Dynamik der Gottesdienste zum Ausdruck bringen. Obwohl nicht in allen Fällen eine Prozession mit stationären Lesungen verbunden war, so finden sich doch in den Quellen zu Prozessionsaufstellungen immer wieder Mitteilungen über die Handhabung besonderer liturgischer Bücher. Der Liber ordinarius des Kölner Doms aus dem ersten Drittel des 14. Jhs. berichtet als einer von vielen seiner Gattung von breit entfalteten liturgischen Umzügen, etwa bei der Prozession am Mittwoch der Bitttage[23]: Neben den Kreuzen und Fahnen des Domkapitels und der Kölner Kollegiatstifte tragen etliche der Kanoniker Reliquiare ihrer Kirchen, doch es heißt, dass hinter den Domkanonikern, also an prominenter Stelle, zwei Kanoniker des Mariengradenstiftes schreiten, welche ein Evangelienbuch (*librum evangeliare*) und einen kleinen Schrein tragen, zuletzt gehen die Dignitäre und der amtierende Hebdomadar. Entsprechend der rituellen Gesetzmäßigkeit der aufsteigenden Dignität rangiert das Evangeliar also in der abschließenden Gruppe und oberhalb der kleineren Reliquiare. Im Verlauf der Palmsonntagsprozession aller Kölner Stifte übernehmen die Kanoniker von St. Gereon beim Einzug in ihre Kirche die hochrangige Stabreliquie des hl. Petrus mit ihrer Kette, gemeinsam mit Weihwasser, Rauchfass und Plenar (*cum plenario*) aus den Händen der Domkanoniker[24], womit zugleich eine Hierarchie der liturgischen Bücher verdeutlicht wird. Ansonsten fungiert der Liber ordinarius, indem dieser die ‚Zuständigkeiten' anderer Typen liturgischer Bücher regelt und den Vortrag von rezitierten oder gesungenen Texten koordiniert. Jürgen Bärsch hat bei seiner Analyse des Essener Liber ordinarius bemerkt, dass die besonderen Erwähnungen des rituellen Buchgebrauchs in dieser Häufigkeit doch „überraschend" genannt werden müssen[25].

Die Einbettung in die rituelle Performanz gibt somit den zweiten ‚Hort' dieser liturgischen Bücher an.

### III.

Der Dignität des liturgischen Buches als Gefäß für das Wort Gottes entsprach seit der Spätantike die instrumentelle Ausstattung des Kodex selbst, aber auch

---

[23] Liber ordinarius des Kölner Doms, in: Köln, Historisches Archiv der Stadt Köln, Domstift, Akte 1p, hier foll. 55ʳ–55ᵛ.
[24] Liber ordinarius des Kölner Doms (nt. 23), fol. 15ᵛ.
[25] Cf. J. Bärsch, Die Feier des Osterfestkreises im Stift Essen, Münster 1997, 322.

seiner rituellen Umgebung, etwa die Hervorhebung des Verkündigungsortes, des Ambo[26]. Die Vortragskanzel mit einer (ggf. zweiläufigen) Treppenanlage und den umgebenden Schranken war traditionell aus wertvollen Baumaterialien gefertigt und als Gegenpol zum Altartisch konzipiert. Zumindest erwähnenswert ist, dass sich in Köln schon sehr früh, nämlich im 6. Jahrhundert, im Vorgängerbau des sog. Alten Doms und in der Kirche der Jungfrauen (St. Ursula) gleich zwei solcher Amboanlagen als Zeugen der elaborierten Wortliturgie nachweisen lassen[27].

Im Hinblick auf den Kodex selbst entfalteten die innere sorgfältige Schriftgestaltung und der äußere Buchschmuck eine Ästhetik, die über die Notwendigkeiten der utilitaristischen Handhabung hinausragt. Die Prachtkodizes des frühen und hohen Mittelalters weisen Buchdeckel mit Edelstein- und Emailverzierungen auf, die den hochgradigen Elementen des Altargeräts als *vasa sacra* – also Kelch, Patene, Pyxis, Monstranz – zumindest ebenbürtig waren: Sie stellen im Hinblick auf ihre bildhafte Gestaltung eine eigenständige Kunstgattung dar, die innerhalb der Gattung der Bucheinbände herausragen. Insbesondere der Vorderdeckel mit seinem hochrechteckigen Format hat eine Ikonizität ausgeprägt, die von Frauke Steenbock in eine provisorische Typologie gebracht worden war[28]. Das Bildportfolio gibt etwa mit dem lehrenden Christus oder den Bildzeichen der Evangelisten Hinweise auf den Inhalt des Buches, andere Elemente wie Rahmungen oder kreuzförmige Gliederungen nehmen formale Auszeichnungen vor. Das Gesagte betrifft auch die Buchkassetten, die schon im ‚Ordo Romanus I' Erwähnung finden und deren Gestaltung über den bloßen Buchschutz hinausgeht[29]. Im Barock und im Historismus ist das spezielle Anliegen der Einbände liturgischer Bücher zeittypisch umgeformt, aber nicht aufgegeben worden; im Gegenteil fand eine Integrierung der Schmuckelemente in jenen Formenkanon statt, der etwa die prachtvollen Altaraufbauten und die Paramente einschloss, um ein einheitliches ‚Bild' des liturgischen Geschehens anzustreben.

---

[26] Als mittelalterliches Referenzwerk gilt die noch bestehende Amboanlage von S. Clemente in Rom. Cf. zuletzt C. Valenziano, Ambone, aspetti historici, in: G. Bosseli (ed.), L'ambone. Tavola della parola di Dio, Magnano 2006, 87–100. Die nordalpine Situation behandelt aus archäologischer Sicht S. Ristow, Ambonen und Soleae in Gallien, Germanien, Raetien und Noricum im Frühmittelalter, in: Rivista di archeologia cristiana 80 (2004), 289–311. Cf. ansonsten die Bibliographie und das Abbildungsmaterial bei P. H. F. Jakobs, Die frühchristlichen Ambone Griechenlands, Bonn 1987.

[27] Cf. S. Ristow, Die frühen Kirchen unter dem Kölner Dom. Befunde und Funde vom 4. Jahrhundert bis zur Bauzeit des Alten Domes, Köln 2002, 61–63, 89–91 und 188–193.

[28] Nach der älteren Arbeit von F. Steenbock, Der kirchliche Prachteinband im frühen Mittelalter, Berlin 1965, erfreut sich das Thema besonderer Bucheinbände wiederum der Aufmerksamkeit; erwähnt seien nur J. Lowden, The World Made Visible. The Exterior of the Early Christian Book as Visual Argument, in: W. E. Klingshirn e. a. (eds.), The Early Christian book, Washington 2007, 13–47 und V. Ascani, Liturgia e iconografia. L'evangeliario e i programmi decorativi di codici liturgici medievali, in: Ascani (ed.), L'evangeliario (nt. 22), 199–209. – Cf. auch D. Ganz, Buch-Gewänder. Prachteinbände im Mittelalter, Berlin 2015.

[29] Cf. J. Rütz, Der Buchkastendeckel des Uta-Evangelistars in seiner Bedeutung für die Liturgie, in: Neuheuser (ed.), Wort und Buch in der Liturgie (nt. 1), 445–470.

Nach der vorstehenden Betonung der besonderen Stellung des liturgischen Buches stellt sich zwangsläufig die Frage nach der pragmatischen Handhabung, derer natürlich auch das Sakralgerät bedarf. Wie prekär diese Frage ist, entnehmen wir den obigen Hinweisen des ‚Ordo Romanus I', der als päpstliches Ritenbuch es nicht verschmäht, die eher organisatorischen Dinge des Transportes und der Sicherung des Kodex zu regeln. Die Verfügung, das Buch nach seinem rituellen Gebrauch seinem Ort zuzuführen (*in suo loco*), entspricht einer mehrfachen Sorge, die sich zuerst auf die Würde des Trägers des Wortes Gottes bezieht, dann aber gewiss auf die materielle Kostbarkeit. Sowohl die Sorge um den Erhalt der Dignität des Buches als auch die Gewährleistung des physischen Schutzes haben eine Reihe von pragmatischen Regelungen hervorgebracht, wobei die vorerwähnte, ebenfalls immens wertvolle Buchkassette (*capsa*) nur einen Ehrenschutz geboten haben dürfte. Liturgische Bücher erhielten wohl schon im frühen Mittelalter ihren Platz in den Sakristeien, und zwar in den Schränken gemeinsam mit dem sonstigen Altargerät. Dem Altar waren sie auch rechtlich zugeordnet, so dass für unabhängige Stiftungsaltäre eventuell eigene Repositorien im Altarblock unterhalb der Mensa geschaffen werden mussten[30]. Dass liturgische Bücher wie selbstverständlich zum Sakralgerät gehörten, ergibt sich im Umkehrschluss aus der Tatsache, dass sie Gegenstand von Sakrilegien werden konnten[31]. Ein Vergleich mit anderen Büchern verdeutlicht – auch wenn jene ebenso in der Liturgie benötigt wurden – die Sonderstellung von Kodizes im Altargebrauch: Der schon herangezogene Liber ordinarius des Kölner Doms erwähnt nämlich auch andere Schriftträger, welche keineswegs als Äquivalente zu Reliquiaren betrachtet wurden; gemeint sind Bücher in den Händen von betenden und singenden Prozessionsteilnehmern; so heißt es einmal lapidar: „*Ea quae interim cantantur in libris cantorum reperies.*"[32]

Der Zusammenhang liturgischer Bücher mit der Sakristeiorganisation führt uns zwangsläufig zum Gebiet der persönlichen Verantwortung. Hier muss unterschieden werden, ob wir die Sorge um die Texte, den rituellen Vollzug oder die praktische Aufbewahrung in den Blick nehmen. In den Domkapiteln und Kollegiatstiften bildeten sich, wie ähnlich in den Klöstern, durchaus distinkte Kompetenzen aus, die für den Gesamtbereich der Liturgieordnung zuständig waren. Dekan und Kustos hatten dafür zu sorgen, dass die richtigen Bücher mit korrekten Texten vorlagen resp. erneuert wurden, etwa wenn neue Heiligenfeste eingeführt worden oder Bücher verschlissen waren. Zuletzt hatte der Küster die Verantwortung für das Sakralgerät. Beispielhaft erfahren wir dies aus dem Liber ordinarius des Regularkanonikerstiftes St. Viktor in Paris. Im Kapitel „De officio

---

[30] Cf. J. Braun, Der christliche Altar in seiner geschichtlichen Entwicklung, vol. 1, München 1924, cf. cap. „Kastenaltäre mit Hohlraum als Schatzkammer und Schrank für Altargerät", 212–220.
[31] Cf. das Fallbeispiel bei H. P. Neuheuser, Das Sakrileg an einer spätmittelalterlichen Messbuchhandschrift. Maßnahmen zur Erneuerung des Sakralschutzes und zur präventiven Sicherung von Rechtsaufzeichnungen, in: Zeitschrift für Rechtsgeschichte. Kanonistische Abteilung 124 (93) (2007), 434–451.
[32] Liber ordinarius des Kölner Doms (nt. 23), fol. 57$^r$, ähnlich foll. 50$^v$ oder 52$^v$.

sacristae" zählt das Regiebuch bereits einleitend auf, was zu den Gegenständen seines Zuständigkeitsbereiches zählt, „*quae ad ministerium vel ad ornatum altaris et sanctuarii totiusque ecclesiae pertinent, libros quoque missales, epistolares et evangelia*"[33]. Davon werden unterschieden jene Bücher im Gebrauch der Gottesdienstgemeinde, und zwar sowohl für die Messfeier als auch für die Tagzeitenliturgie als auch für die Prozessionen. Für die Aufbewahrung und die Verteilung dieser Handbücher ist der Bibliothekar verantwortlich, der entsprechend einem gänzlich anderen Kapitel „De officio armarii" im Liber ordinarius vorgeht und zugleich die Ausgabe der Bücher „*ad instructionem vel ad aedificationem fratrum*" regelt[34]. Ein Verzeichnis von „*codices inventi s*[*un*]*t in armario*" ist für das Kloster Weissenburg überliefert: Eine Liste aus der 1. Hälfte des 11. Jahrhunderts stellt aber sowohl einfache Altarausgaben als auch solche mit verzierten Buchdeckeln („*cu*[*m*] *eburno et argento ornati*") neben Capitulare-Handschriften und Schriften des Cassiodor, Hieronymus etc.[35]

Liturgische Bücher wurden durch die faktische Kontextuierung mit Sakralgerät aufschlussreicherweise Gegenstand von Schatzverzeichnissen. So zeigt die um 1100 zu datierende Liste in einem Evangeliar des Kölner Georgsstiftes („*haec sunt ornamenta ecclesiae sancti Georgii*")[36] mehrere Positionen von Kodizes inmitten sonstigen Altargerätes, darunter zwei *ordines*, drei *missales*, fünf *missales libri*, drei *gradualia*, ein mit Gold, ein anderes mit Silber beschlagenes *plenarium*, ein *plenarium* ohne Beschlag, ein weiteres *lectionarium* sowie *pars alterius lectionarii*. Der Sakralzusammenhang der *ornamenta* wird in diesem Falle auch dadurch deutlich, dass die Liste in ein liturgisches Buch eingetragen wurde, von welchem man sich einen Sakralschutz erwartete[37].

Der Zusammenhang mit der ästhetischen Gestaltung des Altarraums sowie die Handhabung durch das Sakristeipersonal ordnen somit die Altarausgaben der liturgischen Bücher dem ‚Hort' des Sakral- und Kulturgutes zu.

## IV.

Die gleichsam ‚äußere' Bedeutungsaufladung liturgischer Bücher schärft den Blick auf die Texte und die durch Kodizes gewährleistete literarische und rituelle

---

[33] Paris, St. Viktor, Liber ordinarius 20, edd. L. Jocqué e. a. (Corpus Christianorum, Continuatio Mediaevalis 61), Turnhout 1984, 86–87, ll. 7–9.
[34] Paris, St. Viktor, Liber ordinarius 19, edd. Jocqué e. a. (nt. 33), 78–86.
[35] Wolfenbüttel, Herzog August Bibliothek, Cod. Guelf. 30 Weiss., foll. 105–106.
[36] Köln, Pfarre St. Maria Lyskirchen, Evangeliar des Kölner Georgsstiftes als Leihgabe im Museum Schnütgen, Inv.-Nr. B 61, fol. 215ʳ. Cf. A. von Euw, Das Evangeliar von St. Maria Lyskirchen. Bestimmung und Gebrauch einer mittelalterlichen Handschrift, in: Jahrbuch des Kölnischen Geschichtsvereins 64 (1993), 15–36, hier 19.
[37] Cf. H. P. Neuheuser, Rechtssicherung durch Sakralisierung. Die Eintragung von Rechtstexten in liturgische Handschriften, in: Zeitschrift für Rechtsgeschichte. Kanonistische Abteilung 121 (90) (2004), 355–405.

Überlieferung. Die mediävistisch-interdisziplinär tätige Forschung hat zu ihrer Erkundung zu Recht und mit Erfolg ein breites Untersuchungsinstrumentarium elaboriert, aus welchem in unserem Zusammenhang lediglich zwei Komponenten herausgegriffen seien: die Analyse der Textabhängigkeiten und deren kritische ‚Veranschaulichung' im kodikologischen Kontext. So erlaubt die Konstituierung von Textcorpora die Einordnung vieler Formulierungen in eine literaturhistorische Entwicklung einschließlich Datierung, Lokalisierung und theologiegeschichtlicher Verortung: Genannt seien vor allem die Typen der *Ordines Romani,* Sakramentare und Pontifikalien[38]. Weitaus weniger erforscht sind die teils sehr individuellen und nicht leicht zu typisierenden Paratexte der instruierenden Anleitungen zum Vollzug der Riten. Daneben sind bis ins hohe Mittelalter Mischtypen nachweisbar: So enthält der oben genannte Liber ordinarius des Kölner Doms aus dem ersten Drittel des 14. Jahrhunderts als Regiebuch zusätzlich zu den Paratexten auch längere Zitate aus den Textcorpora, da offensichtlich entsprechende Texthandschriften (Rollenbücher) nicht zugänglich waren. Hier greift nun die erwähnte zweite Komponente des Untersuchungsinstrumentariums, da die zeitgleich tatsächlich verfügbaren Rollenbücher ermittelt werden müssen. Ein *Liber ordinarius* könnte somit zwar als eine Art Führer zu Texten bezeichnet werden[39], nicht jedoch als Bibliothekskatalog, der Exemplare konkreter Handschriften nachweist. Mit dieser Charakterisierung wird also seine literaturgeschichtliche Bedeutung keineswegs geschmälert, wohl aber die vielleicht erhoffte Möglichkeit, den historischen Vollzug der Liturgie rekonstruieren zu können, welcher Texthandschriften (Rollenbücher) voraussetzt. Eine solche Rekonstruktion gelingt erst, wenn Text- und Handschriftenstemmata zur Deckung gebracht und mit dem zeitgenössischen liturgischen Usus harmonisiert werden können.

Liturgische Bücher bleiben also über diesen liturgischen Usus hinaus stets auch in die lebendige textgeschichtliche Entwicklung eingebettet.

V.

Die vorstehende Betrachtung der liturgischen Bücher als Derivate der Heiligen Schrift, als bestimmende Faktoren der rituellen Performanz, als Artefakte eines umgreifenden ästhetischen Kontextes, ferner als eminente Bestandteile des Sakralgutes sowie als literarische Überlieferungsträger darf freilich ihre dezidiert dienende Rolle und ihre passive materielle Existenz nicht verkennen: Letztlich handelt es sich um gegenständliche Gebilde, die äußerlich und inhaltsbezogen der Zeit unterworfen sind. Dieser Blickwinkel betrachtet sie hinsichtlich ihrer profanen Entstehung, ihrer Aufgabe zur Sicherung liturgischer Vollzüge und

---

[38] Cf. C. Vogel, Medieval Liturgy. An Introduction to the sources, Washington 1986, 61–271.
[39] Cf. J. Bärsch, Liber ordinarius. Zur Bedeutung eines liturgischen Buchtyps für die Erforschung des Mittelalters, in: Archa Verbi 2 (2005), 9–58.

ihres Schicksals bei der medialen Veränderung und Aussonderung: Eliminierung und Umformung betreffen auch liturgische Bücher, die als Kulturgut eingestuft sind. Diese Feststellung umfasst einen kulturhistorischen und einen theologischen Aspekt. In der erstgenannten Hinsicht hat gerade die jüngere Reflexion den gesamten christlichen und jüdischen Gottesdienst als Vollzug großer kultureller Bedeutsamkeit erkannt, die von den eingesetzten Medien gespiegelt wird: Raumnutzung, Texte, Musik, Kunst und vielfältige Interaktion bilden ein Phänomen, das nur unzureichend als ‚Gesamtkunstwerk' bezeichnet werden könnte. Die okzidentale Kulturgeschichte hat erwiesen, dass die ebenfalls eingesetzten Schriften bezüglich ihrer thesaurierenden und gewährleistenden Funktion bei der Stabilisierung solcher Handlungen unverzichtbar waren. Das rituell präsentierte Evangeliar wirkt hier geradezu als Symbol auch für diese Zusammenhänge. Im Gegensatz hierzu muss aus liturgiepragmatischer Sicht zusätzlich auf die Textsorte der Rubriken sowie auf jene *Libri ordinarii* hingewiesen werden, die als ‚Regiebücher' die liturgischen Handlungen idealiter beschreiben, aber aufgrund ihrer disziplinarrechtlichen Aussagekraft auch durchsetzen. Ihre Ausführungen werden nicht allein von der liturgietheologischen Forschung, sondern auch von anderen kulturwissenschaftlichen Disziplinen – nicht zuletzt die Musikwissenschaft, die Philologien, die Ethnologie und die Kunstgeschichte – für ihre Untersuchungen genutzt[40]. Jene Auswertungen schließen den retrospektiven Blick auf vergangene Situationen ein und rekonstruieren inzwischen modifizierte Gegebenheiten äußerer Umstände (e. g. Umbauten des Sakralraums, Beschaffung neuer Geräte und Gefäße) und theologie- und kirchengeschichtlicher Entwicklungen (e. g. Einführung neuer Feste, Adaption der Texte) etc. Die Menge der in den geistlichen Institutionen (Kollegiatstifte, Klöster, Pfarren) vorhandenen Kodizes ergibt sich aus der Durchsicht der alten Bibliothekskataloge[41], mehr noch der Schatzverzeichnisse[42] und Sakristeiinventare, aus der Erfassung der noch heute vorhandenen Materialien[43] sowie aus statistischen Rekonstrukti-

---

[40] Cf. W. Jacobsen, Probleme und Chancen der Liber-Ordinarius-Forschung für die Bau- und Kunstgeschichte. Methodische Vorüberlegungen zu einem neuen Forschungsgebiet, in: D. R. Bauer e. a. (eds.), Heilige – Liturgie – Raum, Stuttgart 2010, 175–182. – Ch. Caspers/L. van Tongeren, Libri ordinarii als Quelle für die Kulturgeschichte. Eine Einführung, in: Ch. Caspers/L. van Tongeren (eds.), Unitas in pluralitate. Libri ordinarii als Quelle für die Kulturgeschichte – Libri ordinarii as Source for Cultural History, Münster 2015, 1–14.

[41] Cf. das Projekt: B. Bischoff (ed.), Mittelalterliche Bibliothekskataloge Deutschlands und der Schweiz, 5 voll., München 1918–1989.

[42] Cf. das Projekt: B. Bischoff (ed.), Mittelalterliche Schatzverzeichnisse, München 1967. Die Kölner Situation solcher Listen untersuchte M. Groten, Schatzverzeichnisse des Mittelalters, in: A. Legner (ed.), Ornamenta ecclesiae. Kunst und Künstler der Romanik in Köln, vol. 2, Köln 1985, 149–155.

[43] Cf. das oben erwähnte Projekt von K. Gamber (nt. 8). – Lediglich auf Deutschland beschränkt, doch mit breiterem thematischen Anspruch ist das Projekt von S. Krämer (ed.), Handschriftenerbe des Mittelalters, 3 voll., München 1989, angelegt. – Lediglich in Bezug auf eine einzelne Bibliothek cf. P. Salmon (ed.), Les manuscrits liturgiques latins de la Bibliothèque Vaticane, 5 voll., Città del Vaticano 1968–1972.

onen, wie derjenigen von Uwe Neddermeyer[44], dessen bibliothekswissenschaftliche Hochrechnungen allein für die Zeit um 1500 in Europa noch von etwa einer halben Million Messbüchern ausgingen. Nur ein sehr kleiner Teil der echten liturgischen Bücher – also mit Ausklammerung der Literatur zur systematischen Liturgik – dürfte zu Nachschlagezwecken in den Bibliotheksregalen gestanden haben; die überaus meisten Liturgica befanden sich im Einsatz am Altar. Erst die Aussonderung dieser Kodizes aus dem unmittelbaren Dienst am Altar, im Chorgestühl oder bei der Kasualliturgie führte in diesen Fällen entweder zur Fragmentierung[45] oder zur Einverleibung in Bibliotheken.

Liturgische Bücher können ‚als Bibliotheksgut' ihren ‚Hort' innerhalb der kulturgeschichtlichen Schicksalsgemeinschaft finden, wobei der ästhetische Aspekt zwingend als Teil der theologiegeschichtlichen Realität begriffen werden muss.

Die Lehre vom gefeierten Wort Gottes, für welches das liturgische Buch gleichermaßen unverzichtbar als auch zeichenhaft einsteht, zeigt innerhalb des vorerwähnten theologiegeschichtlichen Kontextes die zeitgebundene Entwicklung an, wodurch wir an die eingangs vorgetragenen Überlegungen wieder anknüpfen können. Indizien an der Wende vom 20. zum 21. Jahrhundert verdeutlichen eine markante Relevanz dessen, was mit dem Topos des liturgischen Buches verbunden wird, für die Ordnungen gottesdienstlichen Lebens. Innerhalb des aktuellen Diskurses hat unsere These ihren *locus theologicus* in zentralen Fragenkomplexen: zur Bedeutung der Normativität von liturgischen Büchern, zur sprachlich-kognitiven Ausrichtung der Gottesdienste im Gegensatz zu ihrer rituellen Performanz, zur Aufgabe der Laien in Wortgottesdiensten, zur Bifunktionalität des Sakralraumes, letztlich zur Sakramentalität des Wortes und ihres Verhältnisses zur eucharistischen Sakramentalität[46]. Für die Tragfähigkeit der in der Patristik grundgelegten Formel von der Gegenwart Gottes/Christi im liturgisch verkündigten Wort – und damit für die vorstehend vorgenommene Charakterisierung des liturgischen Buches – spricht die Tatsache, dass das Theologumenon bis in die Gegenwart nichts von seiner Aktualität verloren hat, also keineswegs ein historisches Phänomen darstellt. Der Zeichencharakter verortet das Buch innerhalb dieses Theologumenons und grenzt dieses gegen die formale und statische Materialität des Buches als ‚Bibliotheksgut' ab.

---

[44] Cf. U. Neddermeyer, Von der Handschrift zum gedruckten Buch. Schriftlichkeit und Leseinteresse im Mittelalter und in der frühen Neuzeit, 2 voll., Wiesbaden 1998, 464–480 sowie die Statistiken 800–807.

[45] Cf. H. P. Neuheuser, Fragmente liturgischer Handschriften aus der Tradition der Lateinischen Ritenfamilie, in: Ibid./W. Schmitz (eds.), Fragment und Makulatur. Überlieferungsstörungen und Forschungsbedarf bei Kulturgut in Archiven und Bibliotheken, Wiesbaden 2015, 163–189.

[46] Cf. F. Eisenbach, Die Gegenwart Jesu Christi im Gottesdienst, Mainz 1982. – O. Nußbaum, Zur Gegenwart Gottes/Christi, in: Neuheuser (ed.), Wort und Buch (nt. 1), 65–92. – Wohl zuletzt D. Cyrus, A theological reflection on the sacramentality of Scripture as a prolegomenon for christian ecumenism, in: Questions liturgiques 98 (2017), 181–195. – Auswahlhaft nur im Hinblick auf die aktuellen Positionen cf. M. Figura, Zur Sakramentalität des Wortes Gottes, in: Internationale katholische Zeitschrift Communio 30 (2001), 27–43. – M. Sodi, Ipse loquitur. L'anamnèse dans la liturgie de la parole entre proclamation et actualisation, in: A. Lossky e. a. (eds.), Faire mémoire. L'anamnèse dans la liturgie, Città del Vaticano 2011, 189–208.

## Anhang: Kontextuelle Verortung liturgischer Bücher

Buchgattungen, liturgische Vollzüge, Orte und Akteure sowie verwendete Terminologie am Beispiel des Liber ordinarius des Kölner Doms von ca. 1322

| Buchgattung | Liturgische Kontextuierung |
|---|---|
| *in libro* | Nach der Weihnachtsmatutin tragen zwei Diakone den Anfang des Matthäusevangeliums vor (Mt 1,1–16), beginnend mit dem Initium *Liber generationis* sodann jeweils abwechselnd die Verse, bis auf den Schlussvers *de qua natus est Jesus, qui etc.* [i. e. vocatur Christus]. Den Text tragen sie vor, *ut in libro habetur*. Bei dem nicht näher bestimmten Buch könnte es sich vielleicht um ein Lektionar oder um ein Graduale handeln, doch ist bekannt, dass diese Lesung wegen ihrer besonderen Stellung in der Liturgie nicht selten einem anderen Buchtyp beigefügt ist. Mit einer gewissen Berechtigung kommt die Hs. 89b der Geistlichen Abteilung des Kölner Stadtarchivs in Frage (foll. 1v–2r). |
| *in scriptis* | Am Fest Mariä Reinigung nimmt der Weihbischof die Kerzenweihe vor, indem er Gebete vorträgt, deren Initien benannt sind, ferner geht er in den Präfationston über und singt die Präfation, *quem idem suffraganeus in scriptis habet* (fol. 9v). |
| Missale | Am Aschermittwoch wird in der Domsakristei durch den Stiftsdekan des Bonner Cassiusstiftes die Asche geweiht. Mit einem schwarzen Chormantel bekleidet, spricht er: *Adiutorium nostrum in nomine Domini*, entsprechend dem Text im Missale (*ut in libro missali*). Offensichtlich werden dem Messbuch auch die Segensgebete über die Asche entnommen (fol. 11r). <br> Nach Abschluss der Ölweihen am Hohen Donnerstag notiert LO Dom Köln nur kurz, dass nunmehr Kommunion und Vesper abgehalten werde, *ut in ordinario missali notatur* (fol. 29r). <br> Nach der Prozession am Ostermorgen beginnt am Hochaltar des Domes das Officium missae mit dem Introitusvers *Resurrexi*, wie es im Messordo enthalten ist (*ut in ordinario missarum continetur*) (fol. 43r). <br> Im Verlaufe der Prozession am Dienstag der Bittwoche betritt man die Kirche des Cäcilienstiftes und verrichtet dort die Missa de rogationibus, und zwar *ut in missali*, nämlich mit sieben Kollekten (*cum septem collectis*) (fol. 59r). <br> Der Priesterkanoniker, der zur Pfingstvigil als Hebdomadar fungiert, und die anderen Kleriker tragen rote Gewänder gemäß dem Missale (*induunt ornamenta rubra iuxta missale*) (fol. 65v). <br> Am Mittwochsquatember der Pfingstwoche findet keine Prozession statt, vielmehr liest der Subdiakon die Lesung mit dem Initium *Diligite iustitiam, ut supra in ordinario missali* (fol. 68r). <br> Am Fest der Verklärung des Herrn wird in der Messfeier zum ersten Mal der neue Wein eingesetzt, *vide missale de eadem* (fol. 74r). <br> Nach der Terz hält der Hebdomadar mit Assistenz an Allerseelen die Messe für die Verstorbenen, wobei Lesung und Evangelium vorgetragen werden, *ut in ordinario missarum habetur* (fol. 76v). |
| Kollektar | Nach der Austeilung der Asche am Aschermittwoch gehen die Kleriker (Priester, Diakon, Subdiakon) zum Dreikönigenschrein und verrichten dort die sieben Bußpsalmen und andere Gebete, darunter solche (*preces, collectae*), wie sie im Kollektar stehen (*ut in libro collectarum*). Der Priester betet dabei allein vor, während die anderen antworten (fol. 11v). <br> Zum Evangelienvortrag in der Mandatummesse am Hohen Donnerstag hat der jüngste Chorale das Evangelistar und das Kollektar (*collectenarium*) in den Raum des Mahles (*ad locum coenae*) gebracht. Im Kollektar findet sich wohl auch der Gesang des Chores mit dem Initium *In medio templi tui* (fol. 30r). |

| Buchgattung | Liturgische Kontextuierung |
|---|---|
| Plenar | Im Verlauf der Palmsonntagsprozession aller Kölner Stifte übernehmen die Kanoniker von St. Gereon beim Einzug in ihre Kirche die Stabreliquie des hl. Petrus mit ihrer Kette, gemeinsam mit Weihwasser, Rauchfass und Plenar (*cum plenario*) aus den Händen der Domkanoniker (fol. 15v). |
| Evangelistar | In der Palmsonntagsmesse, die alle Kölner Stifte in St. Gereon feiern, erfolgt der Vortrag des Evangeliums mit dem Initium *Cum appropinquasset* nach Mt 21,1 sqq. aus einem Evangelienbuch, das hierzu auf die linke Seite gelegt (*liber evangeliorum ponetur ad sinistrum latus*) und anschließend zurückgebracht wird auf den Platz, wo es ursprünglich gelegen hatte (*ad locum, in quo prius positus erat*) (fol. 16r). Zum Evangelienvortrag in der Mandatummesse am Hohen Donnerstag hat der jüngste Chorale das Evangelistar (*librum evangeliarem*) und das Kollektar in den Raum des Mahles (*ad locum coenae*) gebracht (fol. 30r). |
| Pontifikale | Im Rahmen der Konsekrationshandlungen des Hohen Donnerstags wird eine Reihe von Gebeten gesprochen, bei denen es zur Weihe des Krankenöls in zwei Fällen heißt: *ut in libro pontificali habetur*, ohne die Quellen der anderen Elemente anzusprechen. Denkbar ist, dass hier eine als unvollständig erachtete Pontifikalehandschrift ergänzt werden sollte (fol. 22r). |
| *parvum missale* | Nach Verrichtung der Kleinen Horen findet die Liturgie am Karfreitagmorgen am Hochaltar des Binnenchores statt. Nicht auf der Mensa, sondern unter einem eigenen Pult liegt ein kleines Missale (*parvum scamnum, sub quo ponetur parvum missale*), das wahrscheinlich dem Vortrag einer Lektion mit dem Initium *In tribulatione* nach Hos 6,1 sqq., der Lektion *Dixit Dominus ad Moisen et Aaron* nach Ex 12,1 sqq. sowie der Johannespassion dient. Danach wird das Missale auf den Altar des Binnenchors gebracht (*finita passione liber missale ponetur ad locum altaris sancti Petri*) (foll. 31v–32v). Noch während des eucharistischen Teils der Karfreitagsliturgie wird das Missale zum Altar in der südlichen Marienkapelle getragen (*missale ponetur ad locum altaris sanctae Mariae*), doch bleibt unklar, woher der Priester die restlichen Gebetsteile nimmt. Nach Abschluss dieser Liturgie wird die Vesper vorbereitet und das Missale zurück auf den Altar des Binnenchors getragen (*reponendo ad locum altaris sancti Petri librum missale*), ohne dass ein Bezug der folgenden Gebete zum Buch erwähnt wird (fol. 35v). |
| Benediktionale | Nach der Non der Ostervigil leitet der Hebdomadar des Domes die Segnung des Osterfeuers, wobei der ältere der Choralen das Buch hält, nämlich das Benediktionale (*librum benedictionis, ex quo legitur*) (fol. 38r). |
| Liber ordinarius | Zur Feier des Markusfestes findet sich der lapidare Verweis auf einen noch nicht identifizierten größeren Liber ordinarius (*vide ordinarium maiorem*). Da es sich bei den entsprechenden Vollzügen um eine Prozessionsliturgie handelt, ist hiermit wahrscheinlich kein Messordinarium gemeint, sondern eventuell die wohl aus dem 12. Jh. stammende Vorgängerhandschrift des Domordinarius von ca. 1322 (fol. 46v). |
| Kantorenlibelli | Bei der Erwähnung von Gesängen, die während der Prozession am Lanzenfest zu singen sind, wird pauschal auf die Bücher der Kantoren verwiesen (*cantores in suis libellis habent*) (fol. 50v). Eine ähnliche Formulierung steht fol. 52v zur Prozession am Freitag nach dem dritten Ostersonntag, ferner fol. 57r zur Prozession am Montag der Bittwoche. |

| Buchgattung | Liturgische Kontextuierung |
|---|---|
| (Voll-) Evangeliar | Die Prozession am Montag der Bittwoche zeigt in der Reihenfolge der Teilnehmenden an prominenter Stelle, nämlich nach den Domkapitularen, zwei Kanoniker der Stiftskirche St. Mariengraden in Albe und Chormantel, deren einer das Reliquiar, der andere das Evangelienbuch trägt (*portat librum evangeliare*). Das Buch dient nicht als Vorlage für Lesungen, sondern besitzt als Äquivalent zu dem beigeordneten Reliquiar Zeichencharakter. Es war daher wohl mit einem herausragenden Buchdeckel versehen (fol. 55v). |
| Memorienbuch | Am Severinsfest gehen die Domkapitulare und die Kanoniker der Kölner Kollegiatstifte nach der Messe zur Severinskirche. Wenn der Kanoniker, der als Kantor fungiert, nicht seines Amtes walten sollte, verteilen die Angehörigen der Schola (*choraules*) die dem Kanoniker zustehende Präsenz unter sich, *de quibus vide librum memoriarum* (fol. 76r). |

# The Library in the Liturgy. The Liturgy in the Library

Andrew J. M. Irving (Groningen)

Nearly fifty years ago, the American behavioural archaeologist Michael Schiffer posed the fundamental question of whether "the spatial patterning of archaeological remains reflects the spatial patterning of past activities"[1]. In other words, to what extent is the disposition of objects in an archaeological site a 'fossil' record, as it were, of the actual operation of a long extinct society? Schiffer's influential argument underlined a necessary distinction between what he called the "archaeological context", that is the materials that have passed through a cultural system and are now the objects of investigation, and the "systemic context", by which is meant the complex flow of processes in which a durable object participates in its life, each of which is associated with one or more locations[2]. The fact that the same type of object can enter the archaeological record at many points in its life, and that sedentary societies of increasing populations tend to discard objects that are no longer in use some distance away from the site of use, means that objects of long and of short use-life end up in the same refuse areas. For this reason, Schiffer argued that a more sophisticated analysis was required to determine the link between the location at which an artefact is found in its archaeological context with the spatially organized behaviour of elements in their systemic contexts[3].

In this chapter, I attempt to address the question of the relationship between spaces and the proximities between them, liturgical books, and the ways in which these books are used. In other words, how might the distinction between "archaeological contexts" and "systemic contexts" help us to understand more precisely the use life of the book object and its relationship to the spaces in which it was and is used, and found?

We must acknowledge at the outset that the investigation of a medieval or modern library that is still in use, in which the "system" of both the space of

---

[1] M. Schiffer, Archaeological Context and Systemic Context, in: American Antiquity 37 (1972), 156–165 at 156. See also: id., Formation Processes of the Archaeological Record, Albuquerque 1987.

[2] Schiffer distinguishes five processes in a basic flow model for consumable objects: procurement, manufacture, use, maintenance, discard, reuse (recycling, lateral cycling); transport and storage may occur either separately or in combination between any of the processes.

[3] Schiffer, Archaeological Context (nt. 1), 163.

the library and the resources within it is still in operation[4], implies a relatively open-ended consideration of the various transformations of the site and its book objects it by cultural and natural agents. It also may require the inclusion of evidence external to the archaeological record itself, for the earlier use-sites of extant medieval books may not be able to be determined by physical remains in the site itself, but only deduced by external written evidence. The "archaeological systems" in which are found the material remains of abandoned, incinerated, collapsed, or buried libraries, such as the famous library of Herculaneum, or the remarkable remains of the second-century Roman library unearthed in Cologne in 2018[5], can be distinguished from the systemic context more easily because of intervening deposits, or by the freezing effect of sudden destruction.

Nevertheless, Schiffer's argument for a distinction between archaeological and systemic behavioural contexts, does help us, I would argue, to look at our objects, medieval liturgical manuscripts, more carefully. The visually accentuated organization of a library, the deliberately cultivated appearance of continuity in use, and our own seeming familiarity with what one is to do (or not do) in a library with the objects that a library contains, easily trick us into thinking that this kind of space, and the activities that define it constitute the native environment for all of the objects it currently houses. The tempting assumption is that we know what the liturgical book object does, how it was used, and what its meaning as a book was and is, because we are cued by the rarefied library space in which it is presently found. This is, of course, as deluding an inference, as the assumption that a midden tells us the entirety of the use-life of a broken dish, or that the meaning and use of an intricately worked reliquary is best understood by its location in the vault or vitrine of a museum.

In the following pages I will explore some of the implications of attempting to take seriously the changing spatial relationships between liturgical manuscripts, their proximities to each other, and their uses. I will do so in three uneven steps. First, I will explore the development of liturgical manuscripts that combine and articulate multiple texts within a single volume, serving, as, as it were, as single-volume libraries that eliminate by integration the most basic spatial separation entailed by the copying and binding of distinct texts and liturgical genres in separate volumes. Second, I will sketch some evidence for the location of liturgical manuscripts in the medieval monasteries, and the implications of this evidence for our understanding of both a 'library' and a 'liturgical book'; this section will treat in some detail the case of liturgical books and their locations

---

[4] In a vivid analogy, Martin Carver compares such archaeological investigation in lived-in spaces to an operation on a still-conscious patient; id., Archaeological Investigation, London–New York 2009, 8.

[5] M. Oehlen, Bei Bauarbeiten: Archäologen entdecken älteste Bibliothek Deutschlands, in: Kölner Stadt Anzeiger, 25 July 2018, URL: <https://www.ksta.de/kultur/bei-bauarbeiten-archaeologen-entdecken-in-koeln-aelteste-bibliothek-deutschlands-31008560> (last access on February 22, 2020).

at the Abbey of Montecassino. Third, I will attempt to explore what happens to the liturgical manuscript when it passes into the modern space known as a 'library'.

## I. The Liturgical Book as One-Volume Library

The visual homology between the singular *armarium* (containing a collection of sacred codices), and the singular codex (containing a collection of independent works) is well known. Perhaps its most famous example is found in the illumination which was designed as the opening image of the pandect copy of the Vulgate bible produced at Wearmouth-Jarrow in Northumbria at the beginning of the eighth century, and now known as the Codex Amiatinus[6]. Inspection of the image by Sabrina Magrini and Herbert Kessler at the Biblioteca Laurenziana has revealed that this image of Ezra before an open and filled *armarium* was in fact drypoint traced from an earlier pandect, the Codex Grandior described in Cassiodorus' 'Institutions', which contained a pre-Vulgate translation of the scriptures, and had been brought to the monastery from Italy in the early 680s[7]. In the original Italian version, the scholar Cassiodorus, who himself seems to have had a habit of referring the whole of sacred scripture as a kind of "heavenly bookcase"[8], was depicted seated before an open armarium containing the per-

---

[6] Firenze, Biblioteca Laurenziana, Amiatino 1, fol. 4r (Vr). Literature on the manuscript is legion; the most comprehensive recent study is that of C. Chazelle, The Codex Amiatinus and its 'Sister' Bibles, Scripture, Liturgy, and Art in the Milieu of the Venerable Bede (Commentaria 11), Leiden–Boston 2019; see 320–336 for a detailed discussion of the image of Ezra and its interpretation. A high-resolution digital reproduction of the Ezra image can be found on the British Library website at <https://www.bl.uk/collection-items/codex-amiatinus> (last access on 20 February 2020), and in the CD-ROM of the manuscript, published by SISMEL: L. Ricci, La Bibbia Amiatina riproduzione integrale su CD-ROM del manoscritto, Firenze 2000, fol. 4r; printed copies of the image are available in numerous surveys of late-antique and early medieval illumination, including J. Williams, Imaging the Early Medieval Bible, University Park PA 1999, plate X, and L. Speciale, Amiatinus. Codex, in: Enciclopedia dell'arte medievale, Roma 1991–2002, vol. 1, 505–507 at 506.

[7] See P. Meyvaert, The Date of Bede's 'In Ezram' and His Image of Ezra in the Codex Amiatinus, in: Speculum 80 (2005), 1087–1133 at 1117 sq. (fig. 9); Magrini and Kessler undertook the on-site investigation at Meyvaert's request. Richard Gameson noted the presence of holes along the drypoint outlines of several elements in the image; R. Gameson, Codex Amiatinus, Making and Meaning (Jarrow Lecture 2017), Jarrow 2017, 44. The identification of the model for the figure as Cassiodorus has been assumed by scholars at least since the 1960s; see B. Fischer, Codex Amiatinus und Cassiodor, in: Biblische Zeitschrift, NF 6 (1962), 57–79, reprinted in B. Fischer, Lateinische Bibelhandschriften im frühen Mittelalter (Aus der Geschichte der lateinischen Bibel 11), Freiburg i. B. 1985, 9–34 at 24; R. Bruce-Mitford, The Art of the Codex Amiatinus (Jarrow Lecture 1967), Jarrow 1967, see 9–14.

[8] See the conclusion of Cassiodorus' Expositio psalmorum 150,6 (Conclusio psalmorum), ed. M. Adriaen (Corpus Christianorum. Series Latina 98), Turnhout 1958, 1330, ll. 178–180: "*Quid enim in isto caelesti armario scripturarum diuinarum inuenire non possis?*" (trans. P. Walsh, Explanation of the Psalms (Ancient Christian Writers 51–53), Mahwah NJ 1991, vol. 3, 466).

fect number of nine carefully labelled sections of sacred scripture, both Old and New Testament. But in the process of tracing, as Paul Meyvaert has argued, the Italian figure was transformed from Cassiodorus, whose image likely puzzled the Northumbrian scribes since Cassiodorus' 'Institutions' was unknown at the monastery at this time, into the appropriately vested priestly scribe Ezra, who is helpfully tagged in a couplet copied in the head margin above the image: "*Codicibus sacris hostili clade perustis / Esdra Deo fervens hoc reparauit opus*"[9]. In Bede's contemporaneous commentary 'In Ezram', Ezra was himself interpreted as a figure of Christ, "true king and priest": as Ezra restored the scriptures to the people of Israel in a restored temple that had been defiled and ruined by enemy destruction, so Christ restores the inner faith and love of those who have been stained or damaged by sin, through baptism and penance[10]. The image of the singular open bookcase containing its series of nine carefully labelled scriptural books, serves then at the opening of the codex, both to underline the "unity of Christian scripture despite its varied contents"[11], and to connect this image of bookish integrity with the divine work of human restoration.

Given its extraordinary size and weight[12], we may infer that the Codex Amiatinus was not intended as a book for regular liturgical reading. Furthermore, at this point pandects were still rare. Single volumes containing the full four gospels, of use in the Mass liturgy and in the monastic night office of twelve-lections, were, in contrast, ubiquitous – from the small country parish near Tivoli which in the year 471 received a donation of four books including one "*euangelia IV*"[13], to resource-rich monasteries such as the Abbey of Montecassi-

---

[9] "The sacred books having been consumed by fire through enemy aggression, Ezra, zealous for God, restored this work", trans. R. Marsden, The Text of the Old Testament in Anglo-Saxon England (Cambridge Studies in Anglo-Saxon England 15), Cambridge 1995, 120, nt. 58.

[10] Bede, In Ezram et Neemiam libri III, lib. II, ed. D. Hurst (Corpus Christianorum. Series Latina 119A), Turnhout 1969, 307, ll. 765–771. The dating of the work is contested. Meyvaert now argues that it was composed as a "kind of companion to the [Ezra] image", written while the Codex Amiatinus was being produced in the early eighth century; P. Meyvaert, The Date of Bede's 'In Ezram' (nt. 7), 1125 (against his earlier arguments for a date in the late 720s).

[11] Chazelle, The Codex Amiatinus (nt. 6), 401.

[12] The Codex Amiatinus' 1030 folios measure c.505 x 340 mm (written space: 360–375 x 260 mm); the manuscript weighs over 34kg; see R. Gameson, The Cost of the Codex Amiatinus, in: Notes and Queries 39 (1992), 2–9. Recent research by Jiří Vnouček as part of the Leverhulme project 'Insular Manuscripts AD 650–850: Networks of Knowledge' overturns earlier assumptions that the folios are of calf-skin. Vnouček argues that the manuscript is composed entire of goat and sheep skin, following contemporary Italian practice; see <https://www2.le.ac.uk/projects/insularmss/workshops/2017/summary> (last access on 20 February 2020). It should be noted however, that irrespective of its exceptional proportions, the manuscript contains annotations and neumes that indicate that it was marked up for liturgical readings during Holy Week in the eleventh century, when it had already reached Monte Amiata. See M. Gorman, Manuscript Books at Monte Amiata in the Eleventh Century, in: Scriptorium 56 (2002), 225–293 at 228.

[13] First noted by Jean Mabillon, De re diplomatica libri IV, Lutetiae Parisiorum 1681, 462; see D. Nebbiai Dalla Guarda, Bibliothèques en Italie jusqu'au XIIIe siècle. État des sources et premières recherches, in: G. Lombardi/D. Nebbiai Dalla Guarda (eds.), Libri, lettori e biblioteche dell'Italia medievale (secoli IX–XV). Fonti, testi, utilizzazione del libro (Documents, Études, et Répertoires 64), Roma–Paris 2000, 7–130 at 60.

no, whose late eleventh-century ordinal prescribes a procession including no fewer than seven evangelaries borne by subdeacons for the principal mass on Christmas day[14].

In the case of the book of the four gospels, unity in textual plurality was expressed by the deployment of the imagery of an architectural structure which accompanied Eusebius' paratextual table of gospel concordances[15]. From what appear to have been the relatively simple origins of a grid design with minimal ornamentation, such as that preserved in the tables of the late-seventh-century Book of Durrow[16], the Canon Tables soon developed into a kind of sumptuous defining threshold to the sacred space of the codex and all that it contained. At least as early as the sixth century in the Latin West, the tables were framed with gorgeously ornamented arcades of columns, frequently adorned with birds and fruit suggestive of paradise, or with the portraits and symbols of the evangelists[17]. This unprecedentedly ornate framing device served not only to compensate visually for the paratextual grid filled with numbers, which appeared to Nordenfalk to lack a certain solemnity[18], but also to frame, organize, and coherently communicate the gospels' sacred concordance, and thereby serve as a kind of "propyleum through which we approach the sanctum sanctorum of Holy Writ"[19].

While visual strategies were used to express the unitary containment of a plurality of texts within a single set of covers, it appears that early medieval evangelaries often also contain breaks in quiring that align with textual divisions between the gospels. In this way, and in tension with the illumination programme of the Canon Tables, the makers of these manuscripts preserve a kind of structural plurality within their unity. Frank Bischoff found that more than

---

[14] Breviarium sive ordo officiorum, 111, ed. T. Kelly (Spicilegium Friburgense 45), Fribourg 2008, 289.

[15] See M. Crawford, The Eusebian Canon Tables, Ordering Textual Knowledge in Late Antiquity, Oxford 2019. Crawford (43–44) finds the closest parallels in astronomical tables from Hellenistic Egypt.

[16] Dublin, Trinity College Library, MS 57, foll. 8r–10r; the manuscript is fully digitized: <https://digitalcollections.tcd.ie/home/#folder_id=1845&pidtopage=MS57_051&entry_point=27> (last access 20 February 2020). For early examples of the grid pattern see also Carl Nordenfalk's study of papyrus fragments of Greek Canon Tables found near Thebes: C. Nordenfalk, Canon Tables on Papyrus, in: Dumbarton Oaks Papers 36 (1982), 29–38.

[17] Sixth century Latin examples include: Città del Vaticano, Biblioteca Apostolica Vaticana, Vat. lat. 3806, foll. 1–2; Bergamo, Biblioteca del Clero di S. Alessandro, Cod. 227, flyleaf; London, British Library, Harley MS 1775, foll. 6r–15r.

[18] C. Nordenfalk, Die spätantiken Kanontafeln. Kunstgeschichtliche Studien über die eusebianische Evangelien-Konkordanz in den vier ersten Jahrhunderten ihrer Geschichte (Die Bücherornamentik der Spätantike 1), Göteborg 1938, vol. 1, 125.

[19] Nordenfalk, Canon Tables on Papyrus (nt. 16), 30. For the sacred spatiality created through illumination programmes in early gospel books see: B. Reudenbach, Der Codex als heiliger Raum. Überlegungen zur Bildausstattung früher Evangelienbücher, in: S. Müller/L. Saurma-Jeltsch/P. Strohschneider (eds.), Codex und Raum, Wiesbaden 2009, 59–84; T. Bawden, Describing Spaces. Topologies of Interlace in the St Gall Gospels, in: T. Frese/W. Keil/K. Krüger (eds.), Sacred Scripture / Sacred Space. The Interlacing of Real Places and Conceptual Spaces in Medieval Art and Architecture (Materiale Textkulturen 23), Berlin–Boston 2019, 11–36.

80% of his corpus of over one hundred evangelaries produced up to the midtwelfth century, predominantly of German origin, present the first text page or the initial page of Matthew on the first folio of a new quire, irrespective of the number of folios that preceded it. In other words, the page on which the text of Matthew begins, is structurally a new unit. Further, more than half of those manuscripts in his corpus that were produced before the mid-tenth century present quire irregularities that seem to be designed to ensure a break at the beginning of the texts of the Gospels of Mark, Luke, and John[20].

My own preliminary analysis of data gleaned from examination or existing descriptions of all Latin gospel books up to the turn of the ninth century finds that just under half of these manuscripts show some structural alignment between the opening of one or more gospel text and the opening of a new quire. On occasion, the alignment with the distinction of the texts seems even to be emphasized. The sixth-century North-Italian gospel book now preserved in Cividale del Friuli, for example, not only concludes each gospel with an irregular transitional quire in order that each new gospel may begin at the opening of a new quire, but also employs an independent quire numbering system for each gospel[21]. A small group of Irish gospel books produced in the eighth century maintain the structural independence of the four gospels by presenting each gospel on a single, irregularly sized quire[22]. One of this group, the eighth-century Book of Mulling, contains a subscription that tellingly refers to the written material that precedes it in the plural as "*haec volumina*". For this scribe, at least, the gospel was a plurality of volumes of irregular lengths, that though produced in a single unit of scribal activity, show some physical evidence of having been circulated or at least handled independently, before being brought

---

[20] F. Bischoff, Systematische Lagenbrüche: Kodikologische Untersuchungen zur Herstellung und zum Aufbau mittelalterlicher Evangeliare, in: P. Rück/M. Boghardt (eds.), Rationalisierung der Bucherstellung in Mittelalter und Frühneuzeit, Marburg a.d. Lahn 1994, 83–110 at 86 sq. Bischoff found that whereas in Ottonian and Salian manuscripts irregularity at the beginning of gospels is the rule, after 1200 regularity (i.e., a single quiring unit) is the norm, regardless of where of textual breaks or illumination patterns fall in the quire structure.

[21] Cividale del Friuli, Museo Archeologico, Biblioteca Capitolare, cod. CXXXVIII containing Matthew, Luke and John; Mark, from the same manuscript is now divided between Praha, Knihovna Metropolitní Kapitoly, Cim. 1 and Venezia, Tesoro della Basilica di San Marco, s.n.; see Laura Pani's description of the manuscript in C. Scalon/L. Pani (eds.), I codici della Biblioteca Capitolare di Cividale del Friuli (Biblioteche e Archivi 1), Firenze 1998, 358–364. A similar pattern is found in the sixth-century evangelary in Brescia (Biblioteca Quiriniana, s.n.); this purple-parchment codex concludes each gospel with an irregularly long quire, such the conclusion of the gospel text coincides with a conclusion of the quire.

[22] The eighth-century Irish pocket Gospel book known as the Cadmug Gospels for example, presents each gospel separately on a single, unusually large, and irregularly sized quire: Fulda, Hochschul- und Landesbibliothek, Bonifatianus 3; see R. Hausmann/H. Broszinski (eds.), Die Handschriften der Hessischen Landesbibliothek Fulda bis zum Jahr 1600, vol. 1: Die theologischen Handschriften der Hessischen Landesbibliothek Fulda, Wiesbaden 1992, 11–13. A similar irregular quiring structure in the Book of Dimma (Dublin, Trinity College Library, MS 59), and the Book of Mulling (Dublin, Trinity College, MS 60, foll. 1r–95v).

together, augmented with a ninth-century set of Canon Tables, and enshrined as though in a miniature *armarium*, in a small copper alloy box, elements of which may date to the early Middle Ages[23].

The liturgy's employment of multiple genres of texts of independent origins, in cycles which themselves arose independently of one another, spawned the creation and deployment of remarkably sophisticated techniques of textual integration and demarcation in the liturgical book. This phenomenon is perhaps best illustrated by the example of the plenary missal, which in a single volume combines, integrates, and yet carefully and precisely distinguishes readings, rubrics, prayers, chant, and other material of disparate origins for use in the celebration of the mass.

It used to be argued that the shift from the small library of liturgical books (epistle-book, gospel-book, chant-book(s), and the 'sacramentary' containing the celebrant's prayers) to a single integrated one-volume library called a plenary missal occurred sometime in the twelfth century, prompted, it was thought, by the proliferation of private masses, and by the concentration of liturgical roles in the person of the priestly officiant. Recent scholarship has challenged this historiography on a number of grounds, not least of which is the discovery of a simple arithmetical error in the counting of twelfth-century missals in French public libraries, that remained undetected and was therefore repeated in liturgical scholarship across languages for the following fifty years as part of the evidence for a twelfth-century shift from 'sacramentary' to the multi-text, multi-genre plenary missal[24].

A survey of evidence of mass books of any kind of Italian origin up to the turn of the twelfth century has found that manuscripts containing only the prayers of the mass without readings or chant ('sacramentaries') amount to just 24% of the group as a whole, whereas manuscripts integrating different genres of liturgical texts in series of propers within single volumes, amount to 67% of the group. The preference for including multiple genres within the covers of a single codex is even more evident if we combine the numbers of 'missals' with those manuscripts that although they contain primarily the celebrant's prayers, also include some additional liturgical material (readings, chant incipits, calendar, or pastoral material). When taken together, the total number of mass book manuscripts that in some fashion collect multiple genres within a single codex

---

[23] For a succinct, recent description of the manuscript, see B. Meehan, Book of Mulling [Moling], in: A. Carpenter/R. Moss (eds.), Art and Architecture of Ireland, vol. 1: Medieval c.400–c.1600, Dublin 2015, 236; for the shrine see P. Mullarkey, Book-Shrine of St. Moling, in the same volume, at 303. Discoloration on the outside folios of each gospel led McGurk to infer "a separate existence" for each quire before they were assembled; see P. McGurk, Latin Gospel Books from A.D. 400 to A.D. 800 (Les Publications de Scriptorium 5), Paris–Bruxelles–Amsterdam–Anvers 1961, 83.

[24] A. Irving, On the Counting of Mass Books, in: Archiv für Liturgiewissenschaft 57 (2015), 24–48 at 26–36.

amounts to 76% of the group[25]. The Italian sources suggest that this integration happened much earlier than previously thought. Already in the ninth century manuscripts which either fully interweave different genres or set them side by side in a single multi-genre volume constitute a majority of the group, and by the tenth century (two hundred years earlier than the dominance seen in the data from France) they represent two thirds of the surviving witnesses. Indeed some of our earliest mass book witnesses of any kind, such as the late seventh-century or turn-of-the-eighth-century palimpsted missal preserved in Montecassino, Archivio dell'Abbazia, cod. 271[26], and the mid-seventh-century palimpsested fragments of a mass ordo in Sankt Gallen, Stiftsbibliothek, Cod. 908[27], confidently combine and integrate readings and prayers in series articulated by means of rubrics, script of different modules, and illuminated letters of varying sizes.

The reasons for such an early combination and spatial integration of texts of independent genres and origins within individual mass book codices remain obscure. Two preliminary remarks can be made, however. First, it is clear that the assembly and integration of texts in the missal should not be straightforwardly read as the result of a change in ritual practice; the trend is too early for it to be purely the bibliographic trace of the rise of private masses, or of concentration of liturgical roles in the priestly celebrant. Second, the appearance in liturgical manuscripts of a large number and variety of scribal techniques intended to organize and articulate multiple texts on a single page appears to be exceptionally sophisticated and early when compared with other pluritextual manuscripts. Multiple and rigorously maintained differences in script modules, different types of script and colours of ink employed for distinct purposes, systematic use of high numbers of distinct grades of initials, hanging initials and the justification of rubrics to the right of the written space are all in use simultaneously in mass books in the eighth century. These scribal means of combining and distinguishing a plurality of texts within a singular codex are, of course, also seen in other types of pluritextual manuscripts. It is, however, their concentration on the mass

---

[25] See A. Irving, Mass By Design. Design Elements in Early Italian Mass Books, in: C. Dutschke/R. Clemens/B. Shailor (eds.), Les scribes et la présentation du texte / Scribes and the Presentation of Texts (Bibliologia), Turnhout (in press).

[26] Montecassino, Archivio dell'Abbazia, cod. 271, pp. 49–50, 63–66, 79–86, 91–96, 99–100, 103–106, 109–110, 115–116, 119–122, 125–126, 131–132, 135–138, 141–142, 145–146, 159–160, 261–262, 271–272; see E. A. Lowe, Codices latini antiquiores, Oxford 1934–1966, vol 3, 32 (nr. 376). The precise date of this indisputably early manuscript has been disputed; the textual analysis of Antoine Chavasse accords with the palaeographical analysis of Lowe: A. Chavasse, Les fragments palimpsestes du Casinensis 271 (Sigle Z 6). A côté de l'Hadrianum et du Paduense, un collatéral, autrement remanié, in: Archiv für Liturgiewissenschaft 25 (1983), 9–33 at 31–33.

[27] Sankt Gallen, Stiftsbibliothek, Cod. Sang. 908, pp. 157–158, 161–164, 167–168 (*scriptio inferior*); for a description of the palimpsest, see A. Wilmart, Missa catechumenorum, in: Revue bénédictine 27 (1910), 109–13.

book page from such an early date that warrants further investigation as a possible innovation in the development of manuscripts as one-volume libraries.

It was not only liturgical texts however that were physically integrated in these liturgical manuscripts. The twelfth-century Lectionarium Coloniense (a lectionary combined with excerpts of a sacramentary[28]), which contains a thirteenth-century list of the members of the Lambertusbruderschaft, provides an eloquent example of the liturgical manuscript as a kind of filing cabinet. Documentary evidence of all kinds, from important privileges, to small-scale donations of oil for altar lamps, from legal settlements, to lists of thousands of names of pilgrim visitors[29], was stored on the pages of liturgical manuscripts, especially gospel books. The ready-made filing space afforded by the pages of the liturgical book was ideal for such storage, both because the sanctity of the text itself, the book object, and the use-site, and because the treasure status of the object ensured that its guardians knew its location at all times.

## II. The Location of Liturgical Books in the Monastery

The question of where in a church or a monastic complex the liturgical books were located is, however, not quite as simple to answer as one might initially suppose. In a series of studies of monastic libraries, Teresa Webber has recently problematized the assumption of a neat correspondence between the function of liturgical books and their location with the monastic complex by pointing out plentiful evidence for far less discrete categories of liturgical and non-liturgical texts, uses, and spaces[30].

---

[28] Köln, Erzbischöfliche Diözesan- und Dombibliothek, Cod. 87 (Cologne (?); 12th century, with thirteenth-century addition of members of the Lambertusbruderschaft, foll. 211v–212r). The author wishes to thank Dr. Harald Horst of the Erzbischöfliche Diözesan- und Dombibliothek, who drew my attention to this manuscript, and who organized an exhibition of this and related manuscripts from the collection on the occasion of the delivery of the paper on which this chapter is based.

[29] The Cividale Gospels (nt. 21) contains over 1500 names of pilgrims copied onto its pages in the course of the ninth and tenth century; see U. Ludwig, L'Evangeliario di Cividale come 'Liber vitae'. Osservazioni sulle note commemorative nel Codex Forojuliensis, in: G. Ganzer (ed.), L'Evangeliario di San Marco, Udine 2009, 107–134.

[30] The author wishes to thank Professor Webber for generously sharing with me the text of her unpublished Henry Bradshaw Society Lecture entitled 'Liturgical Books and the Medieval Library', delivered in Cambridge on 27 April 2018; much of this section is indebted to her work. See also: T. Webber, The Libraries of Religious Houses, in: E. Kwakkel/R. Thomson (eds.), The European Book in the Twelfth Century, Cambridge 2018, 103–21; ead., Monastic Space and the Use of Books in the Anglo-Norman Period, in: Anglo-Norman Studies 36 (2004), 221–240; ead., Monastic and Cathedral Book Collections in the Late Eleventh and Twelfth Centuries, in: E. Leedham-Green/T. Webber (eds.), The Cambridge History of Libraries in Britain and Ireland, vol. 1 To 1640, Cambridge 2006, 109–125; ead., Cantor, Sacrist or Prior? The Provision of Books in Anglo-Norman England, in: K. Bugys/A. Kraebel/M. Fassler, Music, Liturgy and the Shaping of History, 800–1500, York 2017, 172–189.

Because of its wealth of surviving documentary evidence, and its remarkably intact medieval collection, the library of Durham Cathedral Priory provides a particularly good illustration of Webber's point. As Alan Piper's study of the priory's libraries made clear[31], books were located all over the church and monastic complex at Durham: in *armaria* along the cloister arm running along the nave wall, containing a sub-collection of books for novices; in carrells or niches in the cloister walls; in a "spendement" between the south transept and the chapterhouse, which contained older, presumably less-frequently-studied manuscripts and the monastery's archives; at various altars within the church, often in locked cupboards designed for this purpose, but sometimes chained to the altars themselves[32]; and in various chapels. Books for use in the refectory were, in the mid-fourteenth century, kept in a cupboard next to the entrance to the infirmary, in immediate proximity to the refectory door[33]. A canon law collection was conveniently located in the part of the spendement closest to the chancellor's office[34]; and books (both liturgical, and those preserving the names of deceased monks, and of donations), sometimes kept within a distinct "*armariolum*", were associated both in practice and in location with particular shrines, especially with the shrine of St Cuthbert[35].

The broad spatial distribution of the books of Durham, the documentary evidence of their "systemic contexts", is by no means exceptional in the later Middle Ages[36]. At Durham, we have no record of the precentor's collection, but it does not seem to have been solely composed of liturgical books: a twelfth-century inscription in a copy of Aelfric's 'Grammar' records that it belonged to the precentor's cupboard ("*de armario precentoris*"); unfortunately it is not known where this cupboard was located[37]. Fourteenth century lists of the sacristan's collection at Durham evince a meagre collection of missals. In the inventory of the sacristy in 1338 just two "*missalia defectiva*" are listed, one of which contained prayers alone[38], and in 1353–1354 the sacristy's book holdings are recorded as including just seven missals (one of which was listed as out on loan) and five "other books"[39]. The paucity is puzzling. It may indicate that missals in regular use were actually located elsewhere, and that, as Piper argued, the books record-

---

[31] A. Piper, The Libraries of the Monks of Durham, in: M. Parkes/A. Watson (eds.), Medieval Scribes, Manuscripts and Libraries. Essays Presented to N. R. Ker, London 1978, 213–249.
[32] Ibid., 238, nt. 76.
[33] Ibid., 230.
[34] Ibid., 223.
[35] For example the "*armariolum pro libris custodiendis*" recorded amongst the moveable goods of the "*capella*" in the 1446 inventory of the monastery; see J. Raine (ed.), Historiae dunelmensis scriptores tres, London 1839, cclxxxvi.
[36] See R. Gameson, The Medieval Library (to c. 1450), in: Leedham-Green/Webber (eds.), The Cambridge History of Libraries in Britain and Ireland, vol. 1: To 1640 (nt. 30), 13–50 at 16 sq..
[37] Piper, The Libraries of the Monks of Durham (nt. 31), 216.
[38] J. Fowler (ed.), Extracts from the Account Roles of the Abbey of Durham (Publications of the Surtees Society 99, 100, 103), Durham 1898–1901, vol. 2, 375.
[39] Ibid., 382.

ed in the sacristy were intended as stock for loan to other houses[40]. In this instance, record of the site of the book object neither indicates that the book was used at the site (or in the adjacent church), nor that the book was in use elsewhere in the priory, but rather provides evidence of the use of the sacristy as a readily accessible storage site for liturgical books not actually used there. Nor is it the case that the liturgical items were all located at the sites of liturgical activity, or, as we might be tempted to imagine, nearby in the collection of the sacristy. At Durham and elsewhere, liturgical books are also recorded in non-chapel spaces and alongside non-liturgical books: in the mid-fourteenth century, for instance, a missal and a psalter were recorded in the list of goods of the almoner's office at Durham[41].

On the other hand, books that were certainly not intended to be used during liturgical celebrations are not infrequently found in what are undeniably predominantly liturgical collections and sites. The high degree of physical and spiritual security of the sacristy made it an ideal location for the storage of precious books, no matter what their content. We have already mentioned the presence Aelfric's 'Grammar' in the precentor or chief liturgical officer's collection at Durham. A more illustrious example of what must be taken as a widespread phenomenon is supplied by the record of the choice of Gerard of Cremona's nephew to deposit the famous scientific translator's works in the sacristy of the church of S. Lucia in Cremona[42]. In this case, the sacristy also functioned as a scientific borrowing library. The Cremonese chronicler records that over a hundred years after the original deposit, the works "are for the most part extant in the sacristy of the church, in the same form as master Gerard translated them in his own hand on paper, although very many are lost because certain people, having borrowed them to make copies, did not wish to return them, and no one remembered to ask for them back"[43].

Important records, not strictly speaking of liturgical use, were not infrequently located at the site of the liturgical cult. In the late sixteenth-century, the author of the Rites of Durham recalled that the *Liber vitae* in which the names of the community's members and benefactors had been written for over 450 years, was kept on the high altar. It is conceivable that a now-lost companion volume "conteininge the reliques jewels ornaments and vestments that were given to the church by all those founders", is to be identified with a locked volume

---

[40] Piper, The Libraries of the Monks of Durham (nt. 31), 238.
[41] Ibid.
[42] The account is preserved in notes added shortly after 1314 to Riccobaldo da Ferrara's Pomerium Ravennatis Ecclesiae, ed. G. Zanella, Note cronistiche del cremonese Gasapino Antegnati (sec. XIII–XIV) da un manoscritto del 'Pomerium Ravennatis Ecclesie' di Riccobaldo da Ferrara, Cremona 1991. A translation of the relevant passage can be found in: M. Leino/C. Burnett, Myth and Astronomy in the Frescoes at Sant'Abbondio in Cremona, in: Journal of the Warburg and Courtauld Institutes 66 (2003), 273–288 at 284. I thank Charles Burnett for drawing my attention to this work.
[43] Trans. Leino/Burnett, Myth and Astronomy (nt. 42), 284.

recorded in 1433 as being chained to the high altar[44]. Moreover, as Webber has amply illustrated, the flexibility and the ongoing development of non-scriptural readings in the night office for saint's feast days, led to the frequent marking up of sections of copies of what might otherwise be considered non-liturgical books, such as Bede's 'Historia ecclesiastica', for use during the office, in semi-liturgical chapter meetings in the morning, or collations in the evening[45].

In some instances, liturgical books formed part of what we might call a permanent non-loanable collection of '*libri communes*'[46]. These liturgical books seem to have served not primarily as books for use in the performance of liturgical duties per se, but rather as learning tools and memory aids both inside and outside the performance of the liturgical offices. In the versions of the customary of Fruttuaria prepared for the Cluniac monasteries of Ochsenhausen and Garsten, for instance, whereas child oblates were expected to master the chanting of the psalms and hymns purely by imitative practice and were expressly forbidden to consult books to do so, lettered novices were permitted to retain in their possession a psalter and a hymnary for up to a year, and to use it in the liturgy during this learning period[47].

The 'Liber ordinis' of the canons of Saint-Victor in Paris, prepared under Abbot Gilduin sometime before 1139, prescribes that the books which are needed daily "*sive ad cantandum sive ad legendum*" should be laid out in an appropriate place where every brother could have access to them[48]. The same order goes on to instruct the *armarius* to ensure that he lay out among the books necessary for the performance of the liturgy other books which look to the instruction and edification of the brothers such as passionals, the lives of the Fathers, and homiliaries. As Webber has pointed out, here books for daily use ("*qui cotidie ad manum habendi sunt*" as the ordinal puts it), are both stored together and laid out together whether they are liturgical or not[49]. Moreover, it should be noted that these books-for-daily-use are themselves neatly distinguished in the ordinal from the books classified as "*minores et non cotidian[i]*". The latter may be borrowed by individual canons, but they are always to be kept apart from the "libri communes", whose privileged status in the daily life and work of the community is strictly guarded by their safe-keeping in a "*commune servatorium*"[50].

---

[44] Piper, The Libraries of the Monks of Durham (nt. 31), 237.
[45] See Webber's discussion of the significance of marginal lection numbers in historical works: Webber, Monastic Space and the Use of Books (nt. 30), 230 sq.
[46] See D. Nebbiai-Dalla Guarda, La bibliothèque commune des institutions religieuses, in: Scriptorium 50 (1996), 254–268.
[47] Consuetudines frutuarienses – Sanblasianae, IIIb, 988, edd. L. Spätling/P. Dinter (Corpus Consuetudinum Monasticarum 12), Sieburg 1985, vol. 2, 265. The manuscript preserving the Ochsenhausen customary dates from the mid twelfth century; the copy of the Garsten customary is from the early thirteenth century.
[48] Liber ordinis, 19, edd. L. Jocqué/L. Milis (Corpus Christianorum. Continuatio Mediaevalis 61), Turnhout 1984, 81.
[49] Webber, Liturgical Books and the Medieval Library (nt. 30).
[50] Liber ordinis, 31, ed. Jocqué/Milis (nt. 44), 146, l. 35.

A slight shift in the significance of the term "*libri communes*" can be observed in the list of books in the possession of the Premonstratensian Abbey of Arnstein in the last quarter of the twelfth century[51]. First, the scribe of the list arranges the six divisions of the abbey's book collection between columns reminiscent of Canon Tables, thereby employing the architectural metaphor to propose a structurally unified six-part collection (*libri communes, libri s. Gregorii, libri s. Augustini, libri s. Ambrosii, libri s. Jeronimi,* and *libri s. Bede*): a view of the whole that is, one might infer, liable to cross-referencing. Second, while the list of "*libri communes*" does contain an evangelary, homiliaries, pandect bibles, passionaries, and other books for common reading such as saints' lives, and Cassian's 'Collationes', the books for liturgical and musical instruction are absent. The only psalter recorded in the list is a scholarly triplex edition; and the list of "*libri communes*" includes a two-volume work of Eugippius (probably his 'Excerpta' of the works of Augustine), Isidore's 'Etymologies', Angelominus of Luxeuil's 'Commentary on the Books of Kings', Haimo of Auxerre's 'Commentaries on the Apocalypse and the Acts of the Apostles', Haimo of Bazoches's 'Summa decretorum', and even Peter Lombard's 'Sentences'[52]. In the Arnstein lists, manuscripts that could be read in preparation for and during liturgical and chapter offices are thus grouped with a series of works that, as, Nebbiai-Dalla Guarda has noted, should be understood as reference tools for common study, distinct from the works of the venerable fathers of the Latin tradition[53].

The disappearance of liturgical books from the "libri communes" is complete in the 1338 inventory of the books of the "*libraria communis*" or "*magna libraria*" of the well-endowed College of Sorbonne in Paris[54]. This chained library for use by the socii of the College was intended to ensure that a good copy of a work was always available for consultation by masters and students: "*ut omnes possint videre, etiam si unum tantum sit volumen, quia bonum commune divinius est quam bonum unius*"[55]. It served, in other words, as a teaching library composed of "course reserves" for masters and students[56]. In this case, the "common" collection did not include liturgical manuscripts: just two manuscripts related to the

---

[51] London, British Library, MS Harley 3045, foll. 47v–49r; ed. T. Gottlieb, Über mittelalterliche Bibliotheken, Leipzig 1890, 293–298.
[52] The list of "*libri communes*" is given in Gottlieb, Über mittelalterliche Bibliotheken (nt. 47), 295.
[53] Nebbiai-Dalla Guarda, La bibliothèque commune (nt. 42), 264.
[54] The 1338 inventory is preserved in Paris, Bibliothèque nationale de France, NAL 99, pp. 1–353 (formerly Bibliothèque de l'Arsénal, Ms 885); ed. L. Delisle, Le cabinet des manuscrits de la Bibliothèque nationale, Paris 1881, vol. 3, 9–114. For the history of library, see: R. Rouse/ M. Rouse, La bibliothèque du college de Sorbonne, in: A. Vernet/C. Jolly (eds.), Histoire des bibliothèques françaises, Paris 1988–1992, vol. 1, 113–123.
[55] Extract from 1321 statue, ed. A. Franklin, La Sorbonne, ses origines, sa bibliothèque. Les débuts de l'imprimerie à Paris et la succession de Richelieu d'après des documents inédits, Paris 1875², 45 sq.; cited by Nebbiai-Dalla Guarda, La bibliothèque (nt. 42), 261.
[56] On the distinction in function between the "*magna*" and "*parva libraria*", see H. de Vleeschauwer, 'Libraria magna' et 'libraria parva' dans la bibliothèque universitaire du XIIIe siècle, in: Mousaion 7 (1956), 3–60.

liturgy appear in the inventory of the "*libraria communis*", both apparently liturgical commentaries[57]. Curiously, liturgical volumes do, however, appear in the inventory of the College's "parva libraria", an unchained library, which held more specialized literature for research purposes, and duplicates that could be borrowed by the masters. Forty-three liturgical books, in no clear order, are grouped in this inventory at the close of the lists of theological works, and immediately before a section of grammatical works. Nothing is known about the spatial disposition of the "parva libraria" at this point, but a plausible conjecture that these liturgical volumes served as spares that could be loaned to masters as individual need arose is given some support by contemporary loan and return records of the library[58].

## *Liturgical Books at the Abbey of Montecassino*

Frequently, however, the relationship between liturgical manuscripts, the spaces in which they were found, and their uses is much more difficult to discern from the available evidence, even in relatively well-documented institutions. A more detailed consideration of evidence from one of the most important monastic book collections on the Italian Peninsula, that of the Abbey of Montecassino, will serve to illustrate the problem.

Three famous booklists associated with the late eleventh-century abbot Desiderius (1058–1087) are preserved in the near-contemporary abbey Chronicle which was itself compiled by a succession of Cassinese librarians[59]. The first includes a series of seven mostly liturgical manuscripts, all with treasure bindings or sumptuously decorated, in a long list of "*ornamenta ecclesiastica*" which Desiderius either obtained, redeemed from pawnbrokers, or ordered to be made sometime between his accession in 1058 and the consecration of a magnificent new

---

[57] 'Racionale divinorum officiorum' (presumably the extensive and highly popular work of liturgical commentary by William Durandus) and a Raciones tocius officii ecclesiastici per totum annum'; Delisle, Le cabinet des manuscrits (nt. 50), 74.

[58] Deslisle provides editions of loan and return records in: Delisle, Le cabinet des manuscrits (nt. 50), vol. 2, 142–208; see 187: "*Magister Michael habet* [...] *himnos*" (ed. from Paris, Bibliothèque nationale de France, Latin 15726); "*Anno Domini MCCCXI istos libros tenet magister guillelmus larch(er)* [...] *missale*" (ed. from Paris, Bibliothèque nationale de France, Latin 16545). A fourteenth-century list of loans and returns preserved on the flyleaves of Paris, Bibliothèque nationale de France, Latin 15748, 15755, and 15959 includes a record of the borrowing, which the borrower was later permitted to keep (Deslisle, 191): "*Robertus de … vidimus breviarium* [...] *Breviarium non habuimus quia sibi concessit eum societas*".

[59] Leo Marsicanus/Guido/Petrus Diaconus, Chronica monasterii casinensis, ed. H. Hoffmann (Monumenta Germaniae Historica. Scriptores 34), Hannover 1980; Hoffmann identified Leo as the author of I,1–III,32; Guido continued the work, III,33–95; Petrus Diaconus edited Guido's work and continued the Chronicle until the year 1138 (IV,130). For a detailed treatment of the lists, see F. Newton, The Scriptorium and Library of the Abbey of Monte Cassino 1058–1105, Cambridge 1999, 21 sqq. and 254–267.

abbey basilica in 1071[60]. The liturgical books are clearly grouped in the list with treasure objects: these books are church ornaments not primarily because of their liturgical content, but because of the sacred nature of their texts, their importance to the community, and the relatedly sumptuous quality of their bindings or decoration which are described in some detail. A second list of *ornamenta*, presented at the end of the 'Chronicle's' account of Desiderius's abbacy itemizes the ecclesiastical treasure that could be found at the abbey at the time of the "bibliophile abbot's" death in 1087[61]. Most, but not all of these items seem to be able to be identified with books in the first list, or in earlier records of book donation in the Chronicle. The author of this commemorative list, however, seems to be less concerned to describe the binding than to note the donor, and beginning with Desiderius own "*evangelium ipsius*" he adds a series of prestigious gospel book donations: one each by an emperor, a pope, an empress, an illustrious abbot, and two by a certain brother Firmus, a contemporary abbey steward.

The longest list of works copied at Desiderius's command, referred to by Francis Newton as "The General Desiderian Book Catalogue" comprises seventy-five items, and is inserted at the conclusion of the extensive account of the abbot's remarkable building campaigns[62]. The list begins with Augustine, is grouped loosely by author or genre, and concludes with a series of classical works ending with Donatus. In the middle of the inventory appears a series of twelve liturgical books and items for common reading, interrupted on one occasion by a group three collections of patristic sermons and writings, and on second by two commentaries, one on the liturgy, and another on the Rule; it is possible the ordering of these latter works suggests that they too were deployed in common reading[63]. Notably, the vast majority of the treasure books, liturgical or not, are not included here. This does not appear to be the result of a thorough-going distinction between treasure and non-treasure books however. The series of liturgical items opens rather abruptly, following a short group of works by Bede, with an "*evangelium maiorem*[!]" which is described as being decorated with gold and jewels, in which Desiderius placed relics of the True Cross, and of the clothing of St John the Evangelist[64]. It is possible, but not cannot be

---

[60] Chronica monasterii casinensis, III, 18, ed. Hoffmann (nt. 59), 384–385. The books listed are: an epistolary for use at the mass, a copy of the 'Rule of Benedict', two "*sacramentoria*[!]", two evangelaries, a further epistolary, a gradual ("*libellum ad cantandum in gradu sive ante altare*"), and a 'Vita of Sts Benedict', Maur, and Scholastica.

[61] Chronica monasterii casinensis, III, 74, ed. Hoffmann (nt. 59), 456 sq.

[62] Chronica monasterii casinensis, III, 63, ed. Hoffmann (nt. 59), 444 sqq.

[63] Chronica monasterii casinensis, III, 63, ed. Hoffmann (nt. 59), 445: "[…] *Evangelium maiorem auro et lapidibus pretiosis ornatum, in quo has reliquias posuit: De ligno Domini et de vestimentis sancti Iohannis evangeliste. Sermones Elonis pape. Sermones Gregorii Nazanzeni. Doctrinam partum. Sacramentorum cum martirologio. Sacramentorum aliud. Ordo episcopalis. Gualfridum de officiis. Super regulam. Passionaria totius anni, libros quattuor. Antiphonaria de die, duo in choro semper abenda. Antiphonarium de nocte. Vitas patrum. Instituta patrum. Actus apostolorum cum epistolis canonicis et apocalipsin. Epistolas Pauli. Paralipomenon* […]".

[64] Chronica monasterii casinensis, III, 63, ed. Hoffmann (nt. 59), 445, ll. 4 sqq.

taken as certain that this entry refers to same item succinctly styled *"evangelium ipsius"* in the inventory of treasure at the time of Desiderius's death[65].

Where were all these books? The inclusion of a deluxe copy of the Rule of Benedict[66] in a series of items of (potential) use in the liturgy on the basis of the shared treasure and sacred quality of the objects on the one hand, and the presence of at least one treasure-bound liturgical book in a list otherwise comprised of theological, historical, monastic, liturgical, scientific, and classical texts with undistinguished bindings on the other makes it difficult to infer that the Desiderian lists in themselves present distinct collections, stored separately, used in different places, or by different persons.

The Chronicler does record that Desiderius' extensive building campaign on the acropolis included the construction of what he called, with a librarians's eye to capacity, a "small but perfectly adequate little building", located just to the east of the apse of the new basilica, and dedicated exclusively, it seems, to book storage[67]. Despite the diminutive size of the building, doubtless soon put under some strain by an intensive period of book production and acquisition, the exceptional nature of the construction in the 1070s of a free-standing building solely intended for the storage of books should not be underestimated. However

---

[65] Chronica monasterii casinensis, III, 74, ed. Hoffmann (nt. 59), 457, l. 8. Newton has argued that both entries can be identified with the evangelistary still preserved at the Abbey, Montecassino Archivio dell'Abbazia, cod. 229; see Newton, Scriptorium and Library (nt. 59), 28 sq. On basis of script and illumination, Montecassino 229 can certainly be securely attributed to Montecassino during the earlier part of Desiderius' abbacy; E. A. Lowe considered it "probably Desiderian"; E. Loew, The Beneventan Script. A History of the South Italian Minuscule (Sussidi Eruditi 33–34), Roma ²1980, vol. 2, 77. Fragments of other deluxe mass evangelistaries produced at Montecassino in the period survive, however, and the question of whether the deluxe gospel book referred to in Chronicle is to be identified with this manuscript, or another extant or lost manuscript must remain open; see A. Irving, (Not) Identifying a Desiderian Evangelistary Fragment. BAV Vat. lat. 10644, f. 28r–31v, in: Scriptorium 66 (2012), 109–155. If the General Book Catalogue's record of a *"sacramentorum aliud"* could be identified with one of the two sacramentaries bound in silver in the pre-1071 list of church ornaments, this would entail that a second codex with a treasure binding is recorded in the General Catalogue, albeit with a binding that is not explicitly mentioned. Despite the rarity of sacramentaries at Montecassino and in the Beneventan Zone as whole, the identification is by no means certain however. Newton excludes the possibility, suggesting a neat distinction between the items listed in the pre-1071 list of treasure-quality church ornament and those of the General Desiderian Catalogue; Newton, Scriptorium and Library (nt. 59), 257. One might further observe that the pairs of sacramentaries in the two lists do not match: while in the church ornament list (Chronica monasterii casinensis, III, 18, ed. Hoffmann, 384), the two sacramentaries are listed without distinction, in the General Catalogue (Chronica monasterii casinensis, III, 63, ed. Hoffmann, 445), one of the two is described as being combined with a martyrology.

[66] Chronica monasterii casinensis, III, 18, ed. Hoffmann (nt. 59), 383, ll. 20 sq.: *"Codicem etiam regule beati Benedicti pulchro nimis opere deintus comptam deforis argento vestivit. Similiter fecit et de sacramentoriis altaris uno et altero […]."*

[67] Chronica monasterii casinensis, III, 10, ed. Hoffmann (nt. 59), 372, ll. 13 sqq.: *"[…] palatium quod dudum Richerius abbas ab orientali parte monasterii inchoatum ad solarium usque perduxerat, opere satis decenti perfecit iuxtaque ipsum versus ecclesiam parvulam quidem, sed competentem plane, in qua libri reconderentur, edeculam fabricavit."*

the absence of sources prevents us from determining with any certainty whether any of the liturgical books in the Desiderian lists (or indeed any of the many other liturgical manuscripts known to have been produced at Montecassino in this period, but not included in these lists) were stored in this building, kept in the church, in the *"bicamerat[a] domu[s] ad thesaurum ecclesiastici ministerii recondendum"* which Desiderius had built adjoining the northern apse of his new basilica[68], or in some other location in the monastic complex.

The plenary missal Montecassino 540, produced at Montecassino around the time the Chronicle was written at the turn of the twelfth century, furnishes the sole piece of material evidence that explicitly ties an extant manuscript to a specific location in the Abbey. A note at the conclusion of the manuscript records that in the late thirteenth century, two hundred years after its production, the missal was donated by Abbot Bernardo Aiglerio (1263–1282) to the dependent convent of Piumarola, approximately 12 km from the Abbey, on the occasion of its refounding after apparent abandonment[69]. The re-established convent does not appear have survived long – less, it seems, than one hundred years. The missal, however, found its way back to the mother house, and there sometime in the first half of the fifteenth century, the then abbot, Pirro Tomacelli (1414/1415–1437) added a note in the foot margin of p. 193, that on pain of excommunication forbad the removal of the missal from the altar of St. Gregory in the basilica, to which it was to be forever chained[70].

The first complete inventory of the Abbey's collection was prepared around 1469 at the behest of Pope Paul II (1464–1471), who was then commendatory abbot of Montecassino[71]. The compiler of the catalogue takes particular care to itemize individual works within volumes in the collection, and to note their age, their script, and condition. He is less concerned, however, to indicate where in the monastic complex the books were located. For the most part, one is left to wonder whether the works listed in the first twenty-six pages of the printed edition of the inventory – including thirteen evangelaries (two of which were particularly sumptuously decorated) and thirteen evangelistaries (one of which

---

[68] Chronica monasterii casinensis, III, 26, ed. Hoffmann (nt. 59), 395, ll. 20 sqq. The precise meaning of the adjective *"bicamerata"* is unclear: the room may have been double-vaulted, or divided in two in some other way. The same phrase is used to describe the treasury constructed for the Cassinese church of St Martin, renovated between 1071 and 1075: *"Circa eandem vero ecclesiam bicameratam domum ad ornamenta eiusdem ecclesie recondenda construxit"* (Chronica monasterii casinensis, III, 33, ed. Hoffmann [nt. 59], 408, ll. 24 sq.).

[69] For the history of the convent of S. Maria in Plumbarola (now Piumarola), see: H. Bloch, Monte Cassino in the Middle Ages, Cambridge MA 1986, vol. 1, 173 sq.

[70] See M. Dell'Omo, Cassino. Archivio dell'Abbazia di Montecassino, in: L. Buono/R. Casavecchia/M. Palma/E. Russo (eds.), I manoscritti datati delle province di Frosinone, Rieti e Viterbo (Manoscritti datati d'Italia 17), Firenze 2007, 5–44 at 7: *"sub pena hobedientie non removeatur ab altari sancti Gregorii et semper tegatur. P(irrus) abbas Casinensis manu propria scripsi."*

[71] The inventory is preserved in Città del Vaticano, Biblioteca Apostolica Vaticana, Vat. lat. 3961, foll. 1r–23r; foll. 1r–18v and 21r–22v are edited in M. Inguanez, Catalogi codicum casinensium antiqui (saec. VIII–XV) (Miscellanea Cassinese 21), Montis Casini 1941, 17–47.

is recorded as having silver covers) – were stored in the *aediculum*, or in Desiderius' *domus bicamerata* in whatever form these spaces may have survived the disastrous earthquake of 1349. Or perhaps some of the books were in an upstairs "*libraria*" with windows, whose dilapidated state is reputed to have appalled Boccaccio during his visit to the Abbey in 1362[72].

This first section of the inventory is followed by a list of documents in the Abbey's archives[73], which, as Dell'Omo has argued, suggests that the Abbey's books and archival material may have been kept together at this point. There follows a rubric which at last appears to shed some light on the location of Cassinese liturgical books, since it is entitled "*libri qui tenentur in ecclesia*". This division opens with no fewer than twenty-three missals and twelve manuals. Further subdivisions of liturgical manuscripts follow – *breviaria*, *libri impnorum*, *orationalia*, *antiphonaria*, and *processionalia*, and it seems not unreasonable to infer that these too were kept "in ecclesia". But what does this phrase actually mean? Several of the entries in this section indicate an intended use-site of the liturgical book – *pro ecclesia, pro choro, pro infirmaria, pro dormitorio, pro dispensa, pro turre* – and, in the case of several missals an altar is specified: *pro s. Gregorio, pro altari s. Marie, pro s. Iohanne, pro s. Nicolao, s. Bartolomeo*. These phrases hint at the possibility that these books were not only used in specific places within the church or elsewhere in the monastic complex, but were also stored there, as we saw at Durham, though still deemed part of the "church" collection.

In any case, the locative phrase "*in ecclesia*" should not be taken to suggest that this large collection of books, by the implication of its stated proximity to ritual space, was necessarily used in the course of ritual performance in the basilica. First, several of the items in the inventory are clearly marked as being in poor or incomplete condition[74]. Second, many others are described as having

---

[72] Boccaccio's account of his visit is recalled in Benvenuto da Imola's Comentum super Dantis Aldigherii Comoediam, edd. W. Vernon/J. Lacaita, Florentiae 1887, vol. 5, 301 sq. According to Benvenuto's account, when Boccaccio asked a monk to grant him access to the "*libraria*", the monk showed him an "tall flight of stairs" ("*altam scalam*") and bid him: "*ascende, quia aperta est!*". Within the library, the intrepid humanist found "a place of such a great treasure without door or key; and once he entered he saw weeds growing in the widows, and all the books and shelves covered with a thick layer of dust". It is not clear whether or to what extent the deliberately humorous account, which predictably at once praises the monastic library and disparages its custodians, reflects an actual book storage space within the Abbey. If the visit was in 1362, as Baglio et al. have argued, the account neglects to mention that the Abbey was severely damaged by an earthquake in 1349, and struggled to recover in the decades that followed. See M. Baglio/M. Ferrari/M. Petoletti, Montecassino e gli umanisti, in: G. Avarucci/R. Borraccini Verducci/G. Borri (eds.), Libro, scrittura, documento della civiltà monastica e conventuale nel basso medioevo (secoli XIII–XV) (Studi e Ricerche 1), Spoleto 1999, 183–238 at 196; C. Scaccia-Scarafoni, Vicende storiche della biblioteca cassinese, in: Accademie e biblioteche d'Italia 3 (1929), 307–329 at 319.

[73] 'Registra monasterii casinensis' and 'Tabule eree emnumenta [monumenta] perpetua sacri monasterii casinensis', ed. Bibliotheca Casinensis, vol. 1, Montis Casini 1873, LXXXVIII–XCI.

[74] E.g.: Città del Vaticano, Vat. lat. 3961, fol. 21r (ed. Inguanez, Catalogi [nt. 71], 44): "*Item aliud totum interruptum ubi deficiunt multi quaterni inc. ab oratione s. Placidi.*"

formerly belonged to now defunct dependencies[75]. In other words, the "in ecclesia" collection stored numerous items withdrawn from ritual use side by side with other items still in use. Third, the "in ecclesia" collection includes numerous liturgical items explicitly labelled as books that could not be used in the Cassinese liturgical context: a rubric groups twenty-three "*breviaria non secundum monasticum*", under which heading is curiously included a "*breviarium magnum secundum Cistercienses*"[76]. It is difficult to interpret what these books were doing "in the church". If, as we have shown, a liturgical space does not hold exclusively books whose contents could be used in liturgical celebrations, and collections of liturgical books are not exclusively kept in liturgical spaces, it is also true that even liturgical books kept in or at least associated with liturgical spaces may not actually ever be used or even be intended to be used for liturgical performance in that site or elsewhere in the monastery.

## III. The Liturgy in the Library

Even luxury objects such as liturgical books possess a certain slow-motion transience, that, by reason of material fragility, wear, damage, and textual or ritual obsolescence, diminishes their capacity to be used in the rituals for which they were made. Then, if we are lucky, and they have not already been recycled for their precious materials, or lost, they are consigned to "libraries", "archives," or perhaps a "museum" or "art gallery" where they are grouped with objects with which they may have never been formerly associated, in quite new kinds of "espaces conçus", to use Henri Lefebvre's evocative phrase[77]. In the final step of our consideration of the interplay between space, liturgical books, and their use, we shall attempt to follow the medieval liturgical books of Montecassino a step further, into the era of the modern library.

Around 1505–1506, less than forty years after Paul II's inventory of the Cassinese books and archives, the liturgical manuscripts of Montecassino were included in a project to insert *ex libris* marks in all of the manuscripts in the Abbey's possession. Sequentially ordered numbers were added in the foot margin of the first or second folios of the manuscripts, and are a familiar sight to researchers working on Cassinese manuscripts preserved at the Abbey or located elsewhere. This intervention has allowed the current Abbey archivist, dom Mariano Dell'Omo, to reconstruct the order of the list from 1–1207, with many gaps for items now missing[78]. What emerges from the reconstruction is a clear order of

---

[75] E.g.: Città del Vaticano, Vat. lat. 3961, fol. 21v (ed. Inguanez, Catalogi [nt. 71], 44): "*Item aliud manuale s. Nicolai de Ciconia inc. 'In Xpi nomine'.*"
[76] Città del Vaticano, Vat. lat. 3961, foll. 21v–22r (ed. Inguanez, Catalogi [nt. 71], 44).
[77] H. Lefebvre, La production de l'espace, Paris ⁴2000.
[78] Dell'Omo, Cassino. Archivio dell'Abbazia di Montecassino (nt. 70), 18–20 and 27–42 (Tabella A,1).

topics in the sequence, in which liturgical manuscripts (including passionalia and homiliaries) seem to have been grouped largely towards the end of the collection, occupying numbers 960–1205.

It should be noted however, that individual liturgical manuscripts are dotted throughout this early sixteenth-century numbering, appearing in sequence next to manuscripts that have little or no connection to liturgical content, use, or practice. The late eleventh-century evangelary now numbered Montecassino, Archivio dell'Abbazia, cod. 211, for example, bears an *ex libris* number of 300 which places it following a series of works by Bede, and immediately prior to a codex containing the letters of Jerome and John Cassian's 'De institutis'. The late-eleventh century copy of the 'Pontificale Romano-Germanicum' now numbered Montecassino, cod. 451, is placed in this sequence between a copy of works of Augustine (Montecassino, cod. 166), and a manuscript containing saints' lives (Montecassino, cod. 463), while a near contemporary copy of the same pontifical now in the Barberini fonds of the Vatican Library (Città del Vaticano, Biblioteca Apostolica Vaticana, Barb. lat. 631) appears much latter in the sequence, immediately following a copy of Pierre Bersuire's 'Reductorium morale' (Montecassino, cod. 473). These irregularities await explanation. While the bestowal of ex libris marks and numbers does imply the uniform imposition of a certain quantified order on the Cassinese manuscript collection, it is difficult to know to what extent this order was reflected in the material disposition of the manuscripts in a single space, or in different locations in the monastery. The ambiguity we have identified in earlier lists should give us some pause in this respect.

More concrete information regarding spatial disposition is provided in an incomplete list of books finished, as far as it goes, on the 27 December, 1601[79]. This list is organized in relation to parts of the room in which the books were evidently kept: the left side, the right side, and a third ordo whose location is not specified, but presumably was opposite the entrance to the room. The location of the Abbey's "*bibliotheca*" is by this time securely identifiable. Since the end of the sixteenth century it had been located in the upper ambulatory in a spacious room located between the chapter room and the *caldarium*[80]. For the first time in the Abbey's long history, the general location of the space, and the sequence of the manuscripts within the room is made very clear by the invento-

---

[79] The unedited list is preserved in Città del Vaticano, Biblioteca Apostolica Vaticana, Barb. lat. 3074, foll. 225r–246v; a digital reproduction of the microfilm of the manuscript is available online at: <https://digi.vatlib.it/view/MSS_Barb.lat.3074> (last access 20 February 2020); see Dell'Omo, Archivio dell'Abbazia di Montecassino (nt. 70), 19.

[80] The interior of the new library, constructed in 1572–1575, is described by Placido Petrucci the custodian of the library and archives (1577–1589) in his 'Descriptio sacri monasterii', published in: A. Caravita, I codici e le arti a Monte Cassino, Monte Cassino 1870, vol. 3, 163–176 at 175. The library design of an open "salone" was in perfect keeping with what has been called a "révolution architecturale" in the design of libraries in the sixteenth century; see A. Masson, Le décor des bibliothèques du Moyen Âge à la Révolution, Genève 1972, 69–71.

ry. It is difficult, however, to discern any content-related logic to the order in which the books were evidently organized. Carefully noting items that are out of order, or missing, the author records a sequence of numbers from 1–507, that suggests that liturgical books were scattered throughout the room, with as little attention to the textual content of what they stood next to as any of the other books in the collection: an evangelistary *"de tempore et de sanctis"* (nr. 262), was sandwiched between a brief series of works on the Rule (nr. 256–261), and series of historical manuscripts (nr. 263–269) [81]; a Cassinese breviary (nr. 423) was found between Gregory's Dialogues (nr. 213), and two commentaries on Aristotle (nr. 416–417) [82].

The present numbering of the Cassinese manuscript book collection, which has survived two further displacements within the monastery, and escaped the destruction caused by Allied bombing in the Second World War, is that devised in 1673 by the librarian Antonio Collicelli (d. 1699). To his numbers (the sequence of which similarly does not reflect a topical organization) were later added two additional markers that provide final evidence for spatial organizations of the liturgical manuscripts in the Cassinese collection. Between 1683 and 1685 a series of numbers were added to the spine of the new bindings so admired by Mabillon during his visit to the Abbey in November 1685[83]. The numbers sequentially organize the volumes from largest to smallest – perhaps providing a clue to the arrangement of the books on shelves of differing heights. This numeration positions, for example, an epistolary (Montecassino, cod. 224), between two Dominican theological works: a copy of Bartholomew of Concordio's 'Summa de casibus conscientiae' (Montecassino, cod. 176) and Thomas Aquinas's 'Commentary on the Second Book of the Sentences' (Montecassino, cod. 315): the new bindings of all three volumes measure 31.5 cm in height[84]. Lastly, in 1869 letters of the alphabet were added to the books that reflected the collection's spatial arrangement into thematic categories, including "Liturgia", which, curiously, is distinct from "Messali e Breviari"[85].

## Conclusion

These new spatial dispositions of old books and the implied practices that they reflect raise some new and interesting questions regarding the value, meaning, and use or dis-use of the at once transient and durable object at the heart of this chapter: the medieval liturgical book. We have identified the tension

---

[81] Città del Vaticano, Biblioteca Apostolica Vaticana, Barb. lat. 3074, fol. 243v.
[82] Ibid., fol. 245r–v.
[83] Jean Mabillon, Museum italicum, Lutetiae Parisiorum 1687, vol. 1, 122.
[84] Dell'Omo provides a useful chart of the numbers and sequence of measurements with cross references to current shelfmarks: Dell'Omo, Cassino. Archivio dell'Abbazia di Montecassino (nt. 70), 43–44 (Tabella B).
[85] Caravita, I codici e le arti (nt. 80), vol. 3, 553.

between spatial integration and distinction, singularity and multiplicity, as central to the history of the liturgical book and of its development as an object. Attention to the material form of liturgical manuscripts raised, in turn, questions concerning their locations and uses, since it may be reasonably hoped that the tracing of spatial practices may afford insight into what these books were used for, or how they were understood, at least at the brief moments in time for which we have evidence.

What has been discovered, is a picture of a "systemic context" that is at once perhaps just what we might expect, given our own proclivity to move, store, retrieve, discard, and perhaps even forget books in a variety of thinly related locations, and, at the same time, reveals that the categories of "liturgical" and "non-liturgical", "sacred" and "profane", "use", "storage" and "discard", do not always adequately reflect the groupings of the medieval book-object users themselves.

The advent of systems of numbers in the Cassinese collection at the beginning of the sixteenth century afforded, it seems, for the first time a conception of an sequentially ordered entirety, albeit one in which thematic groupings were not absolute. The abstract conception of the whole, bestowed by the numbered *ex libris* marks on the book objects themselves was the necessary precursor to the late-seventeenth-century "salone", in which the room itself suggested a unity. The use of shelves arrayed along the walls, and of a system to group books by height, created a powerful display chamber, leaving the centre of the room open, and the gaze of the visitor uninterrupted as he wondered at the neat, vertical rows of assembled books, whose newly uniform parchment bindings served to hint, by repetition, at infinitude. The liturgical books here configured were now only small parts of in intricate regime of display: perhaps for the first time the entire collection, garnered over centuries, was visible at once, as soon as the visitor entered the room, and sat like Ezra before his books.

IX. Bibliotheca mystica

Making Mysticism. *Theologia mystica* als historische Kategorie
der Wissensordnung in der Katalogisierungspraxis
der Erfurter Kartause*

Marieke Abram (Freiburg i. Br.), Gilbert Fournier (Freiburg i. Br.)
und Balázs J. Nemes (Freiburg i. Br.)

„Der Kartäuserorden ist bislang ein Stiefkind der Mediävistik geblieben", stellte Wolfram D. Sexauer 1978 fest[1]. Auch wenn diese Beobachtung aus Sicht verschiedener mediävistischer Einzeldisziplinen mittlerweile als überholt gelten darf, ließ sie sich in Bezug auf die Germanistik zwanzig Jahre später erneuern: „Die deutsche Philologie hat das literarische Erbe der Kartäuser offiziell nicht angetreten"[2]. An dieser Diagnose hat sich seitdem nicht viel geändert. Wohl sind in den letzten zwanzig Jahren Beiträge erschienen, die sich ausgewählten Zeugen kartäusischer Handschriften- und Textkultur sowie der deutschsprachigen Literatur kartäusischer Provenienz widmen[3], eine so breite Aufmerksamkeit

---

\* Der vorliegende Beitrag ist im Rahmen des DFG-Projektes ‚Making Mysticism. Mystische Bücher in der Bibliothek der Kartause Erfurt' (Projektleitung: Dr. Balázs J. Nemes, Deutsches Seminar/Germanistische Mediävistik, Universität Freiburg und Dr. Antje Kellersohn, Universitätsbibliothek Freiburg) entstanden. Wir danken Dr. Susanne Bernhardt und Christopher Martin für die korrigierende Durchsicht des Manuskripts.

[1] W. D. Sexauer, Frühneuhochdeutsche Schriften in Kartäuserbibliotheken. Untersuchungen zur Pflege der volkssprachlichen Literatur in Kartäuserklöstern des oberdeutschen Raums bis zum Einsetzen der Reformation, Frankfurt a. M. 1978, 19.

[2] C. Fasbender, Die deutsche Philologie und das Erbe der Kartäuser, in: J. Ganz/M. Früh (eds.), Das Erbe der Kartäuser, Salzburg 2000, 134–146, hier 134.

[3] Cf. etwa N. F. Palmer, Beobachtungen zu einer Gruppe von schwäbischen Mystik-Handschriften des 15. Jahrhunderts, in: W. Haug/W. Schneider-Lastin (eds.), Deutsche Mystik im abendländischen Zusammenhang, Tübingen 2000, 605–652; C. Fasbender, ‚Von der Wiederkehr der Seelen Verstorbener'. Untersuchungen zur Überlieferung und Rezeption eines Erfolgstextes Jakobs von Paradies, Heidelberg 2001; B. J. Nemes, Ein wieder aufgefundenes Exzerpt aus Mechthilds von Magdeburg ‚Lux divinitatis', in: Zeitschrift für deutsches Altertum und deutsche Literatur 137 (2008), 354–369; R. Wetzel: *Spricht maister Eberhart*. Die Unfestigkeit von Autor, Text und Textbausteinen im Cod. Bodmer 59 und in der Überlieferung weiterer mystischer Sammelhandschriften des 15. Jahrhunderts, in: B. Fleith/R. Wetzel (eds.), Kulturtopographie des deutschsprachigen Südwestens im späteren Mittelalter. Studien und Texte, Berlin 2009, 301–325; H. Riedel-Bierschwale, Das ‚Laiendoctrinal' des Erhart Groß. Edition/Untersuchung, Münster 2009; W. Williams-Krapp, ‚Frauenmystik' in Nürnberg. Zu einem bisher unbekannten Werk des Kartäusers Erhart Groß, in: R. Bentzinger e. a. (eds.), Grundlagen. Forschungen, Editionen und Materialien zur deutschen Literatur und Sprache des Mittelalters und der Frühen Neuzeit, Stuttgart 2013, 181–195. Ergänzend kommen germanistische Untersuchungen hinzu, die die Überlieferung und Rezeption jener Autoren und Werke (Tauler, Ruusbroec, ‚Geistbuch', ‚Theologia deutsch' etc.)

wie etwa der volkssprachigen Textkultur der Dominikanerinnen und der Dominikaner ist den Kartäusern in der Germanistik jedoch nicht zuteilgeworden.

An der Erforschung der Erfurter Kartause, die einen „kolossale[n]", „auch für Germanisten attraktive[n] Gegenstand"[4] darstellt, zeigt sich, dass es sich hier um ein echtes Desiderat handelt. Die Tatsache, dass sie als Literaturraum bislang nicht ins Blickfeld der germanistischen Forschung gerückt ist, lässt sich wohl damit erklären, dass es bis auf Jakob von Paradies, Johannes Hagen und einen als Bruder N. bekannt gewordenen Kartäuser keinen Erfurter unter den Autoren des Ordens gibt, der als Verfasser deutschsprachiger und/oder als Übersetzer lateinischer Schriften bezeugt wäre[5]. Tatsächlich bietet die Erfurter Kartause ein innovatives Forschungsfeld für die Germanistik in erster Linie nicht über ihre Hausautoren, sondern vor allem über ihre heute in alle Winde verstreute Büchersammlung bzw. ihren Katalog, den Volker Honemann als „den wohl umfangreichsten und von seiner Struktur wie der Erschließungstiefe wohl anspruchsvollsten Bibliothekskatalog des Mittelalters"[6] charakterisiert hat. Dieser vom Bibliothekar Jakob Volradi († 1498) um 1475 angelegte und von mehreren Mitarbeitern (darunter auch der oben genannte Bruder N.) bis in die 1520er Jahre weitergeführte Standortkatalog sollte dem beträchtlichen Bücherzuwachs Rechnung tragen, der unter dem Priorat von Johannes Rötlos (1414–1449) einsetzte und sich in der zweiten Hälfte des 15. Jahrhunderts intensivierte[7]. Er tritt uns in einer zusammengesetzten Handschrift (Erfurt, Bistumsarchiv, Hs. Hist. 6) entgegen, die nicht nur Erschließungshilfen zum Standortkatalog, sondern auch eine Reihe von Beitexten enthält, deren Verhältnis zueinander und vor allem

---

in diachroner Perspektive behandeln, die auch im Bibliotheksbestand der Erfurter Kartause vertreten waren.

[4] C. Fasbender, Erfurt, in: M. J. Schubert (ed.), Schreiborte des deutschen Mittelalters. Skriptorien – Werke – Mäzene, Berlin–Boston 2013, 119–149, hier 119.

[5] Zu Johannes Hagen und Jakob von Paradies siehe die entsprechenden Artikel im ‚Verfasserlexikon' (2. Aufl., ed. K. Ruh). Zu Bruder N. als Verfasser einer deutschsprachigen Predigt zum 25. Sonntag nach Pfingsten „über die fünf Gärten" (*de quinque ortulis*) cf. M. Eifler, „Ich habe sehr neugierig gesucht und gelesen und fast alle Bücher der Bibliothek unseres Hauses durchgelesen". Beobachtungen zur Lektüre- und Studienpraxis in der Erfurter Kartause am Beispiel der Sammelhandschrift des Bruders N., in: Mitteilungen des Vereins für Geschichte und Altertumskunde von Erfurt 73 (2012), 103–132, hier 118, 127. Für einen Überblick über die germanistisch relevanten Autoren des Kartäuserordens cf. H. Rupprich, Die deutsche Literatur vom späten Mittelalter bis zum Barock, vol. 1, neubearb. von H. Heger, München ²1994, 325–328.

[6] V. Honemann, Erfurter Kartäuser als Literarhistoriker. Die ‚Literaturkundliche Übersicht' des ‚Registrum librarie' der Kartause Salvatorberg, in: M. J. Schubert e. a. (eds.), Mittelalterliche Sprache und Literatur in Eisenach und Erfurt, Frankfurt a. M. 2008, 40–67, hier 40.

[7] Erahnen lässt sich dieser Zuwachs aus der Tatsache, dass das einst einem „Passionale in theutonico" (alte Signatur: G 29) beigefügte, seit 1836 jedoch verschollene Bücherverzeichnis von 1412 die Zahl der damals verfügbaren Bücher mit 321 angibt, cf. P. Lehmann (ed.), Mittelalterliche Bibliothekskataloge Deutschlands und der Schweiz, vol. 2: Bistum Mainz, Erfurt, München 1928, 373,1 sq. Hundert Jahre später beläuft sich der durch den Katalog dokumentierte Bestand auf mehr als 1000 Exemplare.

zum Standortkatalog einer genaueren kodikologischen und inhaltlichen Untersuchung bedarf[8].

In seiner 1928 vorgelegten Edition hat Paul Lehmann (nt. 7) den Inhalt von Hs. Hist. 6 insofern selektiv wiedergegeben, als er den Standortkatalog, das Schlagwortregister und die literaturkundliche Übersicht zwar mitgeteilt, das ‚Prohemium longum' jedoch übergangen hat[9]. Auch den Standortkatalog selbst hat er nur unvollständig ediert. So wurden etwa die einleitenden Erläuterungen zu bestimmten Signaturengruppen nur partiell abgedruckt (siehe dazu weiter unten). Dies hat sich als eine Fehlentscheidung erwiesen, denn auch und gerade das von Lehmann Ausgeblendete lässt darauf schließen, dass weiten Teilen des Standortkatalogs ein kompositorisch wohl durchdachtes, in Form von Erläuterungen reflektiertes und auf geistliche Vervollkommnung, genauer: auf die Teilhabe an den Geheimnissen der *theologia mystica* ausgerichtetes theologisches Ordnungssystem zugrunde liegt[10]. Dabei handelt es sich um ein im deutschsprachigen Raum besonderes Modell der Organisation einer spätmittelalterlichen Bibliothek, das von seiner Anlage her, welche auf ein spirituelles Vollkommen-

---

[8] Auf den ursprünglich in 18 Signaturengruppen eingeteilten Standortkatalog (foll. 1*r–v, 43r–143v) folgt eine literaturkundliche Übersicht (foll. 148v–170v), die aus einer zunächst chronologisch, dann systematisch (nach den geistlichen Orden) geordneten Autorenliste mit bio-bibliographischen Informationen besteht. An Erschließungshilfen wird dem Leser zudem ein in drei Teilen über die Handschrift verteiltes, unvollendet gebliebenes Schlagwortregister geboten (foll. 1v–12v, 175v–181v, 264r–287r). Auf den restlichen Blättern stehen folgende Texte: Auszüge aus ‚De laude scriptorum' des Johannes Trithemius (foll. 2*r–3*r), das sog. ‚Prohemium longum' (foll. 13r–42v), die (angebliche) Abschrift des Aristeas-Druckes ‚Tractatus de 72 interpretibus' (foll. 171r–175r), ein Auszug aus Ps.-Burleys ‚Liber de vita et moribus philosophorum', cap. 75 (fol. 175r) und der Kölner Druck von Werner Rolevincks ‚Fasciculus temporum' von 1481 (foll. 182r–263r). Für das vollständige Digitalisat von Jakob Volradis ‚Registrum librarie': cf. URL: <http://dl.ub.uni-freiburg.de/diglit/hs-hist-6> bzw. <https://making-mysticism.org/mirador> (Stand: 09. 06. 2020).

[9] Nachträglich ediert von A. Märker, Das ‚Prohemium longum' des Erfurter Kartäuserkatalogs aus der Zeit um 1475. Edition und Untersuchung, 2 voll., Bern e. a. 2008. Zum ‚Prohemium' cf. D. Wassermann, Wissenschaft und Bildung in der Erfurter Kartause im 15. Jahrhundert. Ein anonymer Kommentar aus dem Bibliothekskatalog von St. Salvatorberg, in: J. Helmrath/H. Müller (eds.), Studien zum 15. Jahrhundert. Festschrift für Erich Meuthen, vol. 1, München 1994, 483–503; A. Märker, Schweigen und Lesen. Das ‚Prohemium longum' des Erfurter Kartäuserkatalogs als Wissenschaftspropädeutik am Ende des 15. Jahrhunderts, in: S. Lorenz (ed.), Bücher, Bibliotheken und Schriftkultur der Kartäuser. Festgabe zum 65. Geburtstag von Edvard Potkowski, Stuttgart 2002, 383–397.

[10] Cf. J. de Ghellinck, Les catalogues des bibliothèques médiévales chez les chartreux et un guide de lectures spirituelles, in: Revue d'ascétique et de mystique 25 (1949), 284–298; E. von Ivánka, Apex mentis. Wanderung und Wandlung eines stoischen Terminus, in: Zeitschrift für katholische Theologie 72 (1950), 129–176; E. Kleineidam, Die theologische Richtung der Erfurter Kartäuser am Ende des 15. Jahrhunderts. Versuch einer Einheit der Theologie, in: E. Kleineidam/H. Schürmann (eds.), Miscellanea Erfordiana, Leipzig 1962, 247–271 (in überarbeiteter Form wieder abgedruckt unter dem Titel: Die Spiritualität der Kartäuser im Spiegel der Erfurter Kartäuser-Bibliothek, in: M. Zadnikar/A. Wienand (eds.), Die Kartäuser. Der Orden der schweigenden Mönche, Köln 1983, 185–202); E. von Ivánka, Plato Christianus. Übernahme und Umgestaltung des Platonismus durch die Väter, Einsiedeln 1964, 315–317; Märker, ‚Prohemium longum', vol. 1 (nt. 9), 473–499.

heitskonzept abzielt, allein mit der ‚Tabula librorum' des Renaud de Béthencourt, Novizenmeister der Abtei Saint Denis bei Paris († um 1395), verglichen werden kann[11]. Der Bibliothekskatalog ebenso wie die Zusammensetzung der Bibliothek der Erfurter Kartause stellen demnach ein diskursgeschichtlich herausragendes Paradigma einer kulturellen Wissensformation dar, dessen Erforschung einen wichtigen Beitrag zu aktuellen Debatten um die religiöse Schriftkultur des Spätmittelalters zu leisten verspricht.

Bemerkenswert für einen Altgermanisten ist die Präsenz volkssprachigen Schrifttums vor allem in jenen Teilen des Katalogs, die nach heutiger Nomenklatur mystische Literatur erfassen[12]. Es scheint, als hätte der Bibliothekar deutsche Texte in die vorherrschend lateinische Bibliothek der Mönche aufgenommen, weil sie ‚mystische' Texte waren (die oben genannte ‚Tabula librorum' des Renaud de Béthencourt weist dagegen keine volkssprachigen Schriften auf)[13]. Sollte bei der Konstruktion der Bibliothek tatsächlich ein Wissen über den Zusammenhang von Volkssprachlichkeit und ‚Mystik' vorhanden gewesen sein, so wäre dieser Befund aus kulturhistorischer Sicht von außerordentlichem Gewicht, ließe sich doch damit zeigen, dass angesichts einer weitgehenden und selbstverständlichen Dominanz des Lateins die Volkssprache als kulturell bewährtes sprachliches Medium der zur Debatte stehenden Texte auch im Rahmen einer lateinischen Mönchsbibliothek akzeptiert wurde. Wie die entsprechenden Texte im Katalog und den darin verzeichneten Handschriften als ‚mystische' Texte präsentiert werden und was das ‚Mystische' an diesen und anderen Texten im Verständnis des Bibliothekars ausmacht, gilt es im Rahmen des Freiburger DFG-Projektes ‚Making Mysticism. Mystische Bücher in der Bibliothek der Kartause Erfurt' (2018–2021) zu klären, dessen Vorstellung der vorliegende Beitrag gewidmet ist[14].

---

[11] Zu der in den 1960er Jahren entdeckten ‚Tabula', deren geistliches Vollkommenheitskonzept sich an der Drei-Wege-Lehre des Dionysius Areopagita orientiert, cf. A. Vernet, Renaud de Béthencourt, un programme de lectures spirituelles à l'abbaye de Saint-Denis à la fin du XIV$^e$ siècle (1972), in: id., Études médiévales, Paris 1981, 346–349; D. Nebbiai-Dalla Guarda, La ‚Tabula librorum' de Renaud de Béthencourt, in: Archives d'histoire doctrinale et littéraire du Moyen Âge 54 (1987), 103–170 (mit Edition); ead., Des rois et des moines. Livres et lecteurs à l'abbaye de Saint-Denis (XIII$^e$–XIV$^e$ siècle), in: F. Autrand e. a. (eds.), Saint-Denis et la royauté, Paris 1999, 355–374.

[12] Deutschsprachiges fand ansonsten vor allem in die für deutsche Texte reservierte, heute nicht mehr vorhandene Signaturengruppe Q Eingang, cf. Lehmann, Mittelalterliche Bibliothekskataloge, vol. 2 (nt. 7), 235.

[13] Einen guten Überblick über die (spärliche) Präsenz deutschsprachiger Texte in jenen systematischen Katalogen, die in der Reihe ‚Mittelalterliche Bibliothekskataloge Deutschlands und der Schweiz' erschienen sind, gibt C. Bauer, Geistliche Prosa im Kloster Tegernsee. Untersuchungen zu Gebrauch und Überlieferung deutschsprachiger Literatur im 15. Jahrhundert, Tübingen 1996, 33–37. Cf. in diesem Zusammenhang auch B. J. Nemes, Eckhart lesen – mit den Augen seiner Leser. Historisch mögliche Eckhart-Lektüren im Augustinerchorherrenstift Rebdorf, in: Jahrbuch der Meister Eckhart Gesellschaft 11 (2017), 165–195 (mit weiterführender Literatur zum Thema ‚Laienbrüderbibliotheken').

[14] Für weiterführende Informationen cf. URL: <https://making-mysticism.org> (Stand: 09. 06. 2020). Dieses in Zusammenarbeit mit der Abteilung eScience der Universitätsbibliothek

Von besonderer Bedeutung für das Freiburger Projekt ‚Making Mysticism' sind die Signaturengruppen D (als Teil der Signaturenklasse DEF) und I, in denen Autoren und Werke der, so wörtlich, mystischen Theologie (*theologia mistica*)[15] und der Visions- und Offenbarungsliteratur (*revelationes*) verzeichnet sind. Anders als der Bibliothekskatalog der Erfurter Kartäuser, der eine dezidierte Unterscheidung zwischen Büchern zur *theologia mistica* auf der einen Seite und der *revelationes* auf der anderen Seite vornimmt, werden die entsprechenden Texte beider Gruppen in der aktuellen Forschung eher unter dem einen, weiten Begriff der ‚Mystik' subsumiert. Diese Konstellation lenkt den Blick auf die historischen Anfänge der Kategorienbildung ‚mystisch'. Sie zu erforschen, ist nicht nur für die philologische, sondern auch für die theologie- und philosophiegeschichtliche Forschung des Mittelalters bis hin zur Neuzeit relevant. Der Erfurter Bibliothekskatalog bietet die Gelegenheit, anhand historisch bezogener Bibliotheksbestände und der sie bestimmenden diskursiven Ordnungen – also fernab aller anachronistischen Kategorisierungen – dem ‚Making mysticism' nachzugehen. Es gilt zu fragen, wie die *theologia mystica* im Katalog als historische Ordnungskategorie konstituiert wird und wie sie sich als solche zur (literatur-)historiographischen Beschreibungskategorie ‚Mystik' verhält.

Diese Forschungsaufgabe wurde in den letzten Jahren mit wachsendem Nachdruck angemahnt[16], aber bis heute nicht in Angriff genommen. Man hat in diesem Zusammenhang darauf hingewiesen, dass sich eine genaue Untersuchung der Spezifika der mittelalterlichen Überlieferung als ergiebig erweisen könnte, um dem zeitgenössischen Verständnis von mystischer Literatur auf die Spur zu kommen[17]. Auch wurde der Blick auf die Organisation von mittelalterlichen

---

Freiburg aufzubauende Portal stellt eine kollaborative Arbeitsumgebung dar, in die nicht nur die im Rahmen des Projektes erhobenen Forschungsdaten und die erarbeiteten Forschungsergebnisse, sondern u.a. auch das Digitalisat des mittelalterlichen Bibliothekskatalogs, die virtuelle Rekonstruktion der projektrelevanten Signaturengruppen und deren genetische Edition implementiert werden.

[15] Bei Begriffen, die dem Katalog wörtlich entnommen sind, wird die dort verwendete Schreibweise übernommen und in den Nominativ bei Erhaltung des Numerus übertragen. Wortwörtliche Zitate werden mit Anführungszeichen eigens gekennzeichnet.

[16] Cf. C. Burger, Hildegard von Bingen – eine Mystikerin? Visionen und Streben nach der Einigung mit Gott im hohen Mittelalter – theologische Reflexion über Mystik und demütige Bußhaltung im späten Mittelalter, in: Ä. Bäumer-Schleinkofer (ed.), Hildegard von Bingen in ihrem Umfeld, Würzburg 2001, 123–136; id., Mystische Vereinigung – erst im Himmel oder schon auf Erden? Das Doppelgesicht der geistlichen Literatur im 15. Jahrhundert, in: B. Hamm/V. Leppin (eds.), Gottes Nähe unmittelbar erfahren. Mystik im Mittelalter und bei Martin Luther, Tübingen 2007, 97–110; B. Hamm, ‚Gott berühren'. Mystische Erfahrung im ausgehenden Mittelalter. Zugleich ein Beitrag zur Klärung des Mystikbegriffs, in: ibid., 449–473; id., Der Weg zum Himmel und die nahe Gnade: Neue Formen der spätmittelalterlichen Frömmigkeit am Beispiel Ulms und des Mediums Einblattdruck, in: U. Hascher-Burger e. a. (eds.), Between lay piety and academic theology, Leiden–Boston 2010, 453–496.

[17] Cf. W. Williams-Krapp, *Wir lesent daz vil in sölichen sachen swerlich betrogen werdent*. Zur monastischen Rezeption von mystischer Literatur im 14. und 15. Jahrhundert, in: E. Schlotheuber e. a. (eds.), Nonnen, Kanonissen und Mystikerinnen, Göttingen 2008, 263–278, hier 267; id., Mystikdiskurse und mystische Literatur im 15. Jahrhundert, in: F. Löser e. a. (eds.), Neuere Aspekte germanistischer Spätmittelalterforschung, Wiesbaden 2012, 261–285, hier 262.

Bibliothekskatalogen gelenkt, könnte doch, so Burkhard Hasebrink, die Diskussion um den Mystikbegriff sehr davon profitieren, „die Verwendung des Begriffs ‚mystisch' gerade in einem bibliotheksgeschichtlichen Kontext, in dem es um Kategorien von kulturellen Wissensordnungen geht, auf seine spezifischen Verwendungsweisen hin zu untersuchen"[18]. Dass sich die Erfurter Kartause und ihr Bibliothekskatalog für eine solche Untersuchung besonders eignen, macht die von Hasebrink entdeckte Handschrift der Armutspredigt Meister Eckharts deutlich, denn „sie hatte ihren historischen Ort in einer Bibliotheksabteilung für Bücher mystischer Theologie", deren Profil „erst noch zu beschreiben [wäre]"[19]. Dass eine solche Beschreibung durchaus lohnend sein kann, offenbart die vor allem unter Philosophiehistorikern nicht abschwellende Diskussion um die Frage, wie mystisch eigentlich Eckhart ist. Umso spannender ist es, wenn eine – wohlgemerkt – deutsche Predigt Eckharts im Spätmittelalter unter der bibliothekarischen Ordnungskategorie ‚mystisch' erfasst wird. Es stellt sich die Frage, was sich aus der Sicht historisch bezeugter Bibliotheksbestände und der sie bestimmenden diskursiven Ordnungen über ‚Mystik' sagen und wie sich diese historisieren lässt.

Der vorliegende Beitrag ist in drei Teile gegliedert. In Teil I steht die Wissensordnung, auf der der Katalog basiert, im Zentrum. Zunächst werden die Signaturengruppen A–Q des Katalogs mit ihren thematischen Ausrichtungen vorgestellt und dann die vier Ordnungsprinzipien erläutert, mit denen die Erfurter Bibliothekare die Signaturen und den Buchbestand erschlossen haben. In Teil II wird der konzeptionelle Bezug zwischen Signaturengruppe und Bücherbeschreibungen am Beispiel der Signaturengruppe D aufgezeigt und die Systematik der Inhaltsaufnahme eines Buches beschrieben, mit deren Hilfe der Katalog ein ganz eigenes geistliches Profil entwickelt. Teil III setzt an einem der Ordnungsprinzipien des Katalogs an und skizziert thesenhaft dessen Relevanz für die Schreib- und Kompilationspraxis der Kartause. Anhand einer der Textsorten (*revelationes*), die für die Signatur I konstitutiv ist, gilt es zu zeigen, dass es neben dem Katalog weitere Ebenen in der hier als Text- und Deutungsraum begriffenen Bibliothek gibt, die für die Frage nach der Mystik als historische Kategorie der Wissensordnung der Erfurter Kartause aufschlussreich sind.

## I. Die Wissensordnung im Katalog

Die Erfurter Bibliothekare stützten sich bei der Strukturierung des Katalogs auf den Vergleich mit der Architektur eines *edificium spirituale* oder einer *fabrica*

---

[18] B. Hasebrink, *Sermo profundissimus*. Die Armutspredigt Meister Eckharts im Spiegel einer Handschrift aus der Kartause Erfurt, in: figurationen 8.1 (2007), 47–59, hier 51. Cf. in Bezug auf die Verortung von ‚Frauenmystik' in der Signaturengruppe I auch B. J. Nemes, Mechthild im mitteldeutschen Raum. Die Moskauer Fragmente und andere Handschriftenfunde zur Rezeption des ‚Fließenden Lichts der Gottheit' und seiner lateinischen Übersetzung, in: Zeitschrift für deutsches Altertum und deutsche Literatur 142 (2013), 162–189, hier 185–188.

[19] B. Hasebrink, Die ‚Armutspredigt' in der Kartause Erfurt. Ein Fundbericht, in: Jahrbuch der Meister Eckhart Gesellschaft 2 (2008), 269–275, hier 271.

*sive domus spiritualis*[20]. Hierbei handelt es sich um eine Architektur, die der Bibliothekar Volradi und seine Mitarbeiter, wie Bruder N., angewandt haben, um den Bücherbestand der Bibliothek und die darin enthaltenen Wissensgebiete systematisch zu ordnen[21]. Um diese Wissensordnung besser zu verstehen, soll zunächst die Aufmerksamkeit auf die verschiedenen Signaturengruppen und ihre Themengebiete gerichtet werden, bevor erörtert wird, wie diese den Katalog als spirituelles Haus konstituieren.

### 1. *Die thematische Ausrichtung der Signaturengruppen*

Die nachfolgende Tabelle bietet eine vorläufige Übersicht über die zentralen Bestandteile des Erfurter Katalogs. Die Gliederung der Tabelle umfasst vier Spalten: Die erste Spalte listet die erhaltenen Signaturengruppen von A bis O[22] auf; die zweite gibt die Anzahl der vergebenen Signaturen pro Gruppe an[23]; die dritte bietet den Folioumfang der Einleitungen zu den einzelnen Signaturengruppen[24] und der auf die Einleitungen folgenden Bücherbeschreibungen; die vierte informiert über die thematische Ausrichtung jeder Signaturengruppe.

| Signaturen-gruppe | Anzahl der vergebenen Signaturen | Erfurt, BA, Hs. Hist. 6 Einleitungen & Beschreibungen | | Thema |
|---|---|---|---|---|
| A | 63 | 41v–43r, 41*r–v | 43r–50r | corpus iuris canonici cum apparatibus et collectis summariis |
| B | 58 | 50v–53v | 54r–55v | biblie textus cum concordantiis et directoriis |

---

[20] Der Vergleich mit dem spirituellen Haus ist an vielen Stellen im Katalog zu finden, beispielsweise: Jakob Volradi, Registrum librarie (nt. 8), foll. 43r, 52r, 67r, 67v, 82r, 100r, 122r; Lehmann, Mittelalterliche Bibliothekskataloge, vol. 2 (nt. 7), 248,28; 249,1; 271,1,5,17–18; 272,2; 297,11; 298,17–18,22; 338,20; 375,21–22,25,31,37–38; 376,7; 441,24–27.
[21] Kleineidam, Spiritualität, in: Zadnikar/Wienand (eds.), Kartäuser (nt. 10), 188.
[22] In der Gesamtübersicht werden noch die Signaturengruppen OO, P und Q angekündigt, doch sind diese Katalogteile heute nicht mehr erhalten, cf. Jakob Volradi, Registrum librarie (nt. 8), fol. 1*v; Lehmann, Mittelalterliche Bibliothekskataloge, vol. 2 (nt. 7), 235,40–236,4, 243,10,38–41; cf. Eifler, Beobachtungen (nt. 5), 107.
[23] Hinsichtlich der Anzahl der Signaturen weisen wir darauf hin, dass unsere Zählung die Nummerierung im Katalog wiedergibt. Die eigentliche Anzahl der Signaturen ist jedoch höher. Vielfach haben die Bibliothekare nicht nur, beispielsweise, eine Signatur A 3 vergeben, sondern diese in A 3 *primo* und A 3 *secundo* aufgeteilt. Ferner gibt es Fälle, in denen Signaturen übersprungen, überklebt und radiert wurden oder verloren gingen. Auch blieben einige Signaturen leer. Eine präzise Auflistung wird zu einem späteren Zeitpunkt veröffentlicht werden.
[24] Bei der Folioangabe der Einleitungen in der Tabelle wird noch nicht zwischen den verschiedenen Kategorien von Einleitung unterschieden. So zeigt sie noch nicht, wie die Einleitungen und die nachfolgenden Beschreibungen ineinander übergehen. Auch sei hier bemerkt, dass die Tabelle verschiedene Details nicht wiederspiegelt, da wir für die umfassende Charakterisierung der Einleitungen und der Systematik des Katalogs noch weitere Untersuchungen anstreben.

| Signaturen-gruppe | Anzahl der vergebenen Signaturen | Erfurt, BA, Hs. Hist. 6 Einleitungen & Beschreibungen | | Thema |
|---|---|---|---|---|
| C | 110 | 58r–v | 59r–64r | commenta et expositiones biblie |
| DEF | | 67r | | *Einleitung zu D, E und F* |
| D | 20 | 67v–69v | 69v–74r | libri pro theologia occulta divinissima, que dicitur mistica |
| | | | | *Nachwort zu D auf fol. 74r* |
| DF | 15 | 74v | 74v–75r | *Additionen zu D und F* |
| E | 40 | 76r–77r, 76*r | 77v–80r | secunda via anagogica per communem et scholasticam theologiam |
| F | 97 | 82r–83v | 84r–93v | tertia via anagogica per compunctiones, meditationes, puras orationes, sedulas devotiones et gratiarum actiones |
| G | 33 | 94r | 95r–98²v | libri historiarum tam veteris quam novi testamenti, passionalia, cronice, legende sanctorum, gesta et doctrine philosophorum |
| H | 150 | 99r–100r, 99*r–99**v | 100v–117v | sensus tropologicus, moralitas |
| I | 18 | 118r | 118r–119r | exempla, revelationes |
| K | 24 | 119v | 120r–121v | ars medicina |
| L | 117 | 122r | 122r–132Dv | doctores approbati |
| M | 32 | 134r | 134r–135r | vocabularia, grammaticalia |
| N | 51 | 136Ar | 136Av–136Cv | artes liberales, scientie speculative, scientie naturales |
| O | 119 | 139r | 139r–143v | sermones sacri |

Hinsichtlich der Einleitungen sei bemerkt, dass diese in drei Kategorien eingeteilt werden können[25]. Alle Signaturengruppen haben kurze Einleitungen, die nur wenige Zeilen in Auszeichnungsschrift umfassen und die thematische Ausrichtung der jeweiligen Signatur umreißen. Ergänzend dazu gibt es bei vielen Signaturen weiterführende, nicht in Auszeichnungsschrift verfasste Erläuterungen, die von ihrem Umfang her einige Zeilen bis mehrere Seiten umfassen können. Besonders lange Einleitungen haben die Bibliothekare für A, B, C, D, E, F und H geschrieben. Sie zeichnen sich nicht nur durch ihren Umfang, son-

---

[25] Das DFG-Projekt ‚Making Mysticism' plant eine Edition der Einleitungen zu allen Signaturengruppen (inkl. dem Nachwort zu D), die Lehmann 1928 teilweise nur unvollständig ediert hat. Die geplante Edition wird zudem eine differenziertere Typologie der verschiedenen Einleitungen und Informationen über deren Quellen bieten. Zur Besonderheit der Einleitungen der Signaturengruppen cf. de Ghellinck, Les catalogues (nt. 10), 287.

dern auch durch ihre Struktur aus, denn sie wurden – Mosaiktraktaten nicht unähnlich – aus thematisch passenden Zitaten zusammengesetzt. Ferner gibt es den Fall der Signaturengruppen übergreifenden Einleitung, die die betroffenen Signaturen (konkret: D, E und F) zusätzlich als eine Einheit ankündigt. Zuletzt sei auf einen Sonderfall hingewiesen: Zu D gibt es nicht nur eine Einleitung, sondern auch noch ein Nachwort.

Schon allein der Umfang bestimmter Einleitungen ist ein aussagekräftiges Indiz dafür, dass die Wissensordnung im Katalog vor allem auf das kanonische Recht (A), die Bibel (B), Bibelkommentare (C) und die mystische Theologie (D) mit ihren beiden Wegen (E und F) sowie die Bücher, die dem tropologischen Sinn (H) dienen, ausgerichtet wurde. Diese Signaturengruppen setzen zugleich als Bauelemente gemeinsam das spirituelle Haus zusammen. Bei der Lektüre der Einleitungen wird deutlich, dass alle Signaturengruppen in Beziehung zu dieser in Form einer Architekturmetapher präsentierten Wissensordnung stehen. Aus diesem Grund lohnt sich der kursorische Blick auf die thematische Ausrichtung der einzelnen Signaturengruppen von A bis Q, die hauptsächlich auf die kurzen Einleitungen und die Gesamtübersicht beschränkt bleibt[26].

In der kurzen Einleitung zur Signaturengruppe A wird auf einen Bücherschrank (*armarium*) verwiesen, der Werke aus dem kanonischen Recht (*corpus iuris canonicis*) und die damit einhergehenden Apparate (*apparatus*), *summaria* und *summe* umfasst[27]. In der anschließenden Signaturengruppe B werden Bibeltexte mitsamt den einschlägigen Konkordanzen und *directoria* beschrieben und dem historischen Schriftsinn der Bibelexegese zugeordnet[28]. Inhaltlich betrachtet ist B mit der Signaturengruppe C verknüpft, die Kommentare und Expositionen zur Bibel enthält und die mit dem allegorischen Schriftsinn verbunden wird[29].

Eine enge inhaltliche Verwandtschaft zeichnet auch die Signaturengruppen D, E und F aus, wofür unter anderem die gemeinsame Einleitung steht[30]. Laut dieser gemeinsamen Einleitung bieten D, E und F Lektürestoff für die andächti-

---

[26] In den kurzen und langen Einleitungen wird unterschiedlich ausführlich auf die thematische Ausrichtung einer Signaturengruppe eingegangen, wobei erklärt wird, welchen Nutzen die aufgelisteten Werke haben und wie eine Signaturengruppe sich in das spirituelle Haus integriert. Eine tiefergehende Analyse werden wir nach entsprechend umfassenden Untersuchungen noch publizieren. Zur Interpretation der thematischen Ausrichtung der einzelnen Signaturengruppen cf. Kleineidam, Spiritualität, in: Zadnikar/Wienand (eds.), Kartäuser (nt. 10), 188–199; de Ghellinck, Les catalogues (nt. 10), 288–297; Märker, ‚Prohemium longum', vol. 2 (nt. 9), 357; Eifler, Beobachtungen (nt. 5), 107.

[27] Jakob Volradi, Registrum librarie (nt. 8), foll. 1*v, 43r; Lehmann, Mittelalterliche Bibliothekskataloge, vol. 2 (nt. 7), 242,21–22; 248,26–27.

[28] Jakob Volradi, Registrum librarie (nt. 8), fol. 52r; Lehmann, Mittelalterliche Bibliothekskataloge, vol. 2 (nt. 7), 270,34–35.

[29] Jakob Volradi, Registrum librarie (nt. 8), fol. 58r; Lehmann, Mittelalterliche Bibliothekskataloge, vol. 2 (nt. 7), 278,35–36.

[30] Für die Einleitung, die von Lehmann nicht vollständig ediert wurde, cf. Jakob Volradi, Registrum librarie (nt. 8), fol. 67r; Lehmann, Mittelalterliche Bibliothekskataloge, vol. 2 (nt. 7), 296,38–298,3.

gen und aufrichtigen Brüder (*devoti et sinceres fratres*), die im Verstand (*intellectus*) erleuchtet und im Affekt (*affectus*) entflammt werden möchten. Zudem wird diesen drei Signaturengruppen der anagogische Schriftsinn der Bibelexegese zugewiesen[31]. Während D als erster anagogischer Weg (oder *via mistica*) bezeichnet wird, bilden E und F den zweiten und dritten Weg (oder *via illuminativa* und *via purgativa*) zur verborgenen mystischen Wahrheit[32]. Die Bücher in E führen mithilfe des Verstandes (*intellectus*) und durch die *theologia communis et scolastica* bzw. *theologia speculativa et scolastica*[33] zum Göttlichen. Die Bücher in F reinigen den Affekt (*affectus*) und den Willen (*voluntas*) mittels Reue, Meditation, Gebet, Andacht und Lobpreisung: „[...] *per compunctiones, meditationes, puras orationes, sedulas devotiones et gratiarum actiones*"[34].

In der Signaturengruppe D finden sich die Bücher der heiligsten, verborgenen Theologie (*theologia occulta divinissima*), nämlich der mystischen Theologie. Demgemäß wird der *apex mentis* und die *sinderesis* dieser Gruppe zugeteilt[35]. Die weiteren Erläuterungen in der kurzen Einleitung greifen teilweise Formulierungen aus dem ersten Kapitel von ‚De mystica theologia' des Dionysius Areopagita auf[36]. Darin wird beispielsweise erklärt, dass es um die unwissende Erhebung des *apex mentis* zum super-substanziellen Strahl (*radius supersubstantialis*) der göttlichen Finsternis (*divine tenebre*) und zur vereinenden Erkenntnis (*agnitio unitiva*) des Höchsten geht. Hierbei werde der *apex mentis* oberhalb von *mens* und *cognitio* von allem vollkommen losgelöst und im Brand der Liebe (*ardor amoris*) entfacht. Der *apex* werde ferner unvermittelt (*immediate*) und ohne einen ‚Spiegel aller Kreaturen' (*speculum creature*) nach oben bewegt[37]. Allem Anschein nach wird dem *apex* ein direkter Zugang zum Göttlichen zugesprochen, der der Vermittlung durch die Kreaturen nicht bedarf. Auf dieser Stufe wird der Schöpfer nicht mehr durch die Betrachtung der Schöpfung erkannt.

Noch vor der Signaturengruppe E wurde eine Gruppe DF hinzugefügt und später wieder überklebt. In DF befanden sich jene Bücher, die inhaltlich zu D

---

[31] Jakob Volradi, Registrum librarie (nt. 8), fol. 1*v; Lehmann, Mittelalterliche Bibliothekskataloge, vol. 2 (nt. 7), 242,26–31.
[32] Jakob Volradi, Registrum librarie (nt. 8), fol. 67r; Lehmann, Mittelalterliche Bibliothekskataloge, vol. 2 (nt. 7), 297,16–298,2. Cf. Kleineidam, Spiritualität, in: M. Zadnikar/A. Wienand (eds.), Kartäuser (nt. 10), 191.
[33] Jakob Volradi, Registrum librarie (nt. 8), foll. 67r, 82r; Lehmann, Mittelalterliche Bibliothekskataloge, vol. 2 (nt. 7), 297,19–26, 338,28.
[34] Jakob Volradi, Registrum librarie (nt. 8), fol. 67r; Lehmann, Mittelalterliche Bibliothekskataloge, vol. 2 (nt. 7), 297,33–34.
[35] Jakob Volradi, Registrum librarie (nt. 8), fol. 67v; Lehmann, Mittelalterliche Bibliothekskataloge, vol. 2 (nt. 7), 298,5–7.
[36] P. Chevallier, Dionysiaca, vol. 1, Bruges 1937, 568. Hierbei handelt es sich nicht um ein direktes Zitat, sondern um eine Paraphrase, die nicht unbedingt aus der Feder des Bibliothekars stammen muss, sondern das Zitat aus einem Kommentar zu ‚De mystica theologia' des Dionysius Areopagita sein könnte. Die Signaturengruppe D wird durch diese Paraphrase von Anfang an in die Kommentartradition dieses Werkes des Areopagiten gestellt.
[37] Jakob Volradi, Registrum librarie (nt. 8), fol. 67v; Lehmann, Mittelalterliche Bibliothekskataloge, vol. 2 (nt. 7), 298,6–16.

und F passten, die aber abseits gelagert wurden oder defekte Bücher ersetzen sollten. DF umfasste somit entweder Materie, die wie D auf die supermentale Verzückung (*supermentales excessus*) durch ekstatische Erhebungen (*extatice elevationes*) ausgerichtet war oder wie F auf Andachten (*devotiones*) mittels innerster Gebete (*intime orationes*). Allerdings wurden unter DF auch Werke beschrieben, die thematisch nicht zu D oder F passen, sondern durch Bindung („*ex ligatura libri*") zufällig Teil mancher Signaturen in DF wurden[38].

Die Signaturengruppe E versammelt Bücher, die den kognitiven und erfassenden Vermögen und Kräften der Seele dienlich sind, nämlich den Kräften des Verstandes (*intellectus*), der Vernunft (*ratio*) und der Intelligenz (*intelligentia*). Der Fokus liegt hierbei jedoch auf der Erkenntnis Gottes (*cognitio Dei*), sowohl seiner Eigenschaften wie auch seiner Vollkommenheit, und auf der Erkenntnis der himmlischen Mysterien (*celestia misteria*), die die Seele auf spekulative und kontemplative Weise („*speculative et contemplative*") zu erlernen hat. Selbst wenn die beschriebenen Werke in E den zweiten anagogischen Weg zur geheimen mystischen Theologie erklären, sind sie noch ‚geschmacklos' („*sine gustu*"), womit wohl gemeint ist, dass sie noch keine Erfahrung des Göttlichen implizieren, sondern vorerst nur intellektuelle Erkenntnisse darüber[39]. Die Signaturengruppe F umfasst Bücher, die sich nicht (wie jene von E) an die intellektuellen Seelenvermögen richten, sondern die dem affektiven Seelenvermögen (*potentia anime affective*) und dem Rationalen (*rationale*), nämlich dem Willen (*voluntas*), dienen. Das affektive Seelenvermögen soll mit Hilfe der Texte aus F auf der *via purgativa* durch andächtige Gebete (*devote orationes*) und durch den frommen Affekt des Herzens (*pius cordis affectus*) in der Vertraulichkeit mit Gott und in der Gottesfreundschaft (*Dei familiaritas et amicitia*) wachsen („*sumat incrementum*")[40].

Mit der Signaturengruppe G entfernen wir uns wieder von den anagogischen Inhalten. Im Fokus stehen hier die Geschichtsbücher des Alten und Neuen Testaments, Passionale, Chroniken, Heiligenlegenden sowie die Taten (*gesta*) und Lehren der Philosophen. Diese Bücher vereint, dass sie zum besseren Verständnis der heiligen Schrift und der Schriften der heiligen Doktoren wie Hieronymus, Augustinus von Hippo und dem Historiker und Theologen Paulus Orosius beitragen[41]. Die unter der Signaturengruppe H aufgelisteten Bücher dienen dem tropologischen Schriftsinn und der Morallehre. Unter anderem werden hierbei die eingegossenen und erworbenen theologischen Tugenden (*virtutes infuse et acquisite theologicales*), die Kardinaltugenden (*virtutes cardinales*) und die Laster (*vitia*) thematisiert[42].

---

[38] Jakob Volradi, Registrum librarie (nt. 8), fol. 74v; Lehmann, Mittelalterliche Bibliothekskataloge, vol. 2 (nt. 7), 324,22–33.
[39] Jakob Volradi, Registrum librarie (nt. 8), fol. 77r; Lehmann, Mittelalterliche Bibliothekskataloge, vol. 2 (nt. 7), 326,40–327,4.
[40] Jakob Volradi, Registrum librarie (nt. 8), fol. 82r; Lehmann, Mittelalterliche Bibliothekskataloge, vol. 2 (nt. 7), 338,6–13.
[41] Jakob Volradi, Registrum librarie (nt. 8), fol. 94r; Lehmann, Mittelalterliche Bibliothekskataloge, vol. 2 (nt. 7), 366,26–30.
[42] Jakob Volradi, Registrum librarie (nt. 8), foll. 1*v, 100r; Lehmann, Mittelalterliche Bibliothekskataloge, vol. 2 (nt. 7), 242,38–41, 375,21–22.

Die Signaturengruppe I versammelt Bücher, die dem historischen Schriftsinn zugeordnet werden und die *exempla* und Offenbarungen (*revelationes*) umfasst[43]. Ein Blick in die nachfolgenden Bücherbeschreibungen zeigt, dass hierbei auch die Vertreterinnen der heute sogenannten Frauenmystik gemeint sind (siehe dazu Teil III weiter unten).

Unter dem Buchstaben K beschreiben die Bibliothekare der Kartause medizinische Werke[44]. Obwohl es sich hier nicht um ein theologisches Wissensgebiet handelt, deuten die 24 vergebenen Signaturen dieser Gruppe darauf hin, dass die Mönche ein beträchtliches Interesse an medizinischer Literatur hatten. Danach folgt die auch im Hinblick auf die geistliche Architektur der Bibliothek wichtige Signaturengruppe L mit Werken einzelner anerkannter Doktoren[45]. Einige von ihnen (Gregorius der Große, Hieronymus, Augustinus, Ambrosius von Mailand, Isidor von Sevilla, Bernhard von Clairvaux, Thomas von Aquin, Bonaventura und Jean Gerson) erhielten eigene Auflistungen, die teils mehrere Signaturen umfassen[46]. Die Signaturengruppen M und N haben wie K keinen direkten Bezug zum spirituellen Programm des Kartäuserkatalogs, listen aber eine große Anzahl an Werken auf. Dem Bücherschrank mit dem Buchstaben M wurden Wörterbücher (*vocabularia*) und Grammatiken über die Eigenschaften der Wörter (*gramaticalia de proprietatibus vocabulorum*) unter 32 Signaturen zugeordnet, die der gesamten Bibliothek dienen sollen[47]. Eine für die Benutzer der Bibliothek ähnlich nützliche, nicht theologische Kategorie steht unter dem Buchstaben N mit 52 vergebenen Signaturen: Gemeint sind die freien Künste (*artes liberales*), die spekulativen Wissenschaften (*scientie speculative*) und die Naturwissenschaften (*scientie naturales*). Freilich seien diese, so der Bibliothekar, von sich aus kaum für die Beschäftigung (*occupationes*) durch die Mönche und ihre Sitten (*mores*) geeignet. Obwohl mit diesen Werken das spirituelle Programm der Kartause nicht wirklich bedient wurde, sah der Bibliothekar darin doch einen Nutzen, wohl mindestens im Sinne eines Nachschlagewerkes: „*ad habendum quandoque recursum in dubiis et alias*". Nützlich war der Bücherschrank N auch für ‚arme Studenten' (*pauperes studentes*) sowie für die Freunde (*amici*) und Vertrauten (*familiares*) der Kartause[48].

---

[43] Jakob Volradi, Registrum librarie (nt. 8), fol. 118r; Lehmann, Mittelalterliche Bibliothekskataloge, vol. 2 (nt. 7), 430,19–21.

[44] Jakob Volradi, Registrum librarie (nt. 8), fol. 119v; Lehmann, Mittelalterliche Bibliothekskataloge, vol. 2 (nt. 7), 435,30.

[45] Jakob Volradi, Registrum librarie (nt. 8), fol. 122r; Lehmann, Mittelalterliche Bibliothekskataloge, vol. 2 (nt. 7), 441,23.

[46] Jakob Volradi, Registrum librarie (nt. 8), foll. 122r–132dv; Lehmann, Mittelalterliche Bibliothekskataloge, vol. 2 (nt. 7), 441,31–475,19. Cf. de Ghellinck, Les catalogues (nt. 10), 295 sq.

[47] Jakob Volradi, Registrum librarie (nt. 8), fol. 134r; Lehmann, Mittelalterliche Bibliothekskataloge, vol. 2 (nt. 7), 475,21–23.

[48] Jakob Volradi, Registrum librarie (nt. 8), fol. 136ra; Lehmann, Mittelalterliche Bibliothekskataloge, vol. 2 (nt. 7), 480,23–32. Zu den universitären „*pauperes*" cf. R. C. Schwinges, Deutsche Universitätsbesucher im 14. und 15. Jahrhundert. Studien zur Sozialgeschichte des alten Reiches, Stuttgart 1986, 441 sq. (zum niedrigen Anteil von ‚armen Studenten' an der ausgesprochen teuren Erfurter Universität cf. ibid. 456 sq.) und M. Teeuwen, The Vocabulary of Intellectual Life in the Middle Ages, Turnhout 2003, 131, nt. 446. Zum Stellenwert der Signaturengruppe N im Erfurter Katalog, der weitaus höher war, als in der kurzen Einleitung zu N angedeutet,

Zuletzt enthält der Katalog in seiner überlieferten Form die Signaturengruppe O, die wieder in die theologische Thematik eingeordnet werden kann. Im designierten Buchstaben sah der schreibende Bibliothekar ein mystisches O ohne Ende und Anfang: „*quasi O mistice sine fine et principio*". Dementsprechend wurden hier Predigten (*sermones sacri*) versammelt, die an den prägenden theologischen Auftrag der Kartäuserbibliothek von Erfurt anknüpfen[49]. Die nachfolgenden Signaturengruppen OO, P, Q werden in der Gesamtübersicht zwar angekündigt, sind aber im Standortkatalog wegen Textverlust nicht mehr vertreten. P enthielt ursprünglich Breviere, wobei diese Inhaltsangabe später durchgestrichen und P (wie O und OO) der Predigtliteratur zugeordnet wurde. Q umfasste laut durchgestrichener Notiz Bücher in der Volkssprache: „*Hic sunt repositi libri in vulgari sermone conscripti*"[50].

## 2. Die Hierarchie der Wissensgebiete

Der bisherige Blick in den Katalog zeigt nicht nur die thematische Ausrichtung der einzelnen Signaturengruppen, sondern verweist auch auf den im Katalog anzutreffenden vierfachen Schriftsinn der Bibelexegese: historisch (B, I), allegorisch (C), anagogisch (D, DF, E, F) und tropologisch oder moralisch (H)[51]. Die Signaturengruppen L und O bedienen alle vier Schriftsinne[52]. Beide, die der jeweiligen Signatur eigene thematische Ausrichtung und der vierfache Schriftsinn, bilden Ordnungsprinzipien, zu denen zwei weitere hinzukommen, die ebenfalls die Erfurter Wissensordnung maßgeblich mitbestimmen. Das dritte Ordnungsprinzip ist die bereits erwähnte Architektur des spirituellen Hauses, die an verschiedenen Stellen beschrieben wird und einige Signaturengruppen als architektonische Bauelemente zueinander in Beziehung setzt[53]. Das vierte Ordnungsprinzip entspringt einem Vergleich der Signaturengruppen D, E und F mit den menschlichen Seelenvermögen. Im Folgenden wird die bisherige Darstellung durch das dritte und vierte Ordnungsprinzip ergänzt, wobei deutlich werden soll, dass alle vier einander in der Wissensordnung des Kataloges bedingen.

---

lohnt sich die Lektüre von Kapitel V.6 im ‚Prohemium longum', cf. Märker, ‚Prohemium longum', vol. 1 (nt. 9), 107–115.

[49] Jakob Volradi, Registrum librarie (nt. 8), fol. 139r; Lehmann, Mittelalterliche Bibliothekskataloge, vol. 2 (nt. 7), 490,11–18. Cf. Kleineidam, Spiritualität, in: Zadnikar/Wienand (eds.), Kartäuser (nt. 10), 199.
[50] Für bibliographische Angaben cf. nt. 22.
[51] Cf. Kleineidam, Spiritualität, in: Zadnikar/Wienand (eds.), Kartäuser (nt. 10), 190 sq.
[52] Jakob Volradi, Registrum librarie (nt. 8), foll. 122r, 139r; Lehmann, Mittelalterliche Bibliothekskataloge, vol. 2 (nt. 7), 441,28–30, 490,11–12.
[53] Die Deutung der Wissensordnung gemäß der im Katalog beschriebenen Architektur in Zusammenhang mit dem vierfachen Schriftsinn findet sich auch bei de Ghellinck, Les catalogues (nt. 10), 295 sq.; Kleineidam, Spiritualität, in: Zadnikar/Wienand (eds.), Kartäuser (nt. 10), 188, 190 sq.

Ivánka interpretierte die Wissensordnung des Katalogs aufgrund seiner Beschäftigung mit der Lehmannschen Edition folgendermaßen: „Das Fundament ist demgemäß die *historia sive historialis sensus biblie*, die Wände sind Schriftauslegung, Glaubenslehre, Dogmatik, Philosophie, Morallehre, Andachts- und Betrachtungsbücher, so daß sich das Dach von zwei Seiten her erhebt, der intellektuellen und der moralisch-affektiven"[54]. Obwohl seine Interpretation der Wissensordnung im Kern zutreffend ist, beginnt diese nicht erst bei der Signaturengruppe B und dem historischen Schriftsinn. Doch wie Ivánka eröffnen auch de Ghellinck und Kleineidam ihre Erläuterungen zum Katalog mit B und nicht mit der Signaturengruppe A. Kleineidam hält B sogar für die „erste wesentliche Abteilung im Katalog"[55]. Sie haben insofern recht, als die eigentliche Architektur des spirituellen Hauses mit der Bibel beginnt. Der Katalog jedoch umfasst in gewisser Weise auch das ‚Grundstück', auf dem das Haus mit den vier Schriftsinnen steht.

Die Signaturengruppe A mit dem kanonischen Recht verteidigt den Frieden im spirituellen Haus. Als solches sind diese Bücher nicht Teil des spirituellen Hauses, sondern vergleichbar mit den Mauern (*muri*) und dem Außenwerk (*antemurale*) rundherum, die den Verwirrungen (*conturbationes*) beschützend entgegentreten. Das spirituelle Gebäude, so erwähnt der Bibliothekar auch hier, entsteht aus dem vierfachen Schriftsinn[56]. Dementsprechend bildet die Signaturengruppe B mit den Bibeltexten, Konkordanzen und *directoria* das ‚historische' Fundament (*fundamentum*) des spirituellen Hauses[57]. Auf diesem Fundament erheben sich die ‚allegorischen' Wände (*parietes*) mithilfe der Bibelkommentare in C. Im ‚anagogischen' Dach lenken die beiden Dachseiten, die für den intellektuellen bzw. den affektiven Zugang zum Göttlichen stehen, den Blick auf D und damit auf die Spitze des spirituellen Hauses. Letztere umfasst die verborgene mystische Theologie gemäß Dionysius Areopagita und führt damit zur ursprünglichen Einheit und zu Gott. Durch die Werke der Signaturengruppe H ist schließlich der tropologische oder moralische Schriftsinn vertreten, der das spirituelle Haus mit Tugenden schmückt und bemalt („*exornat et depingit*"). Die in der Signaturengruppe L vertretenen *doctores* fungieren als wachsame Architekten (*vigiles architectores*) des spirituellen Gebäudes[58].

---

[54] Ivánka, Apex mentis (nt. 10), 148; id., Plato Christianus (nt. 10), 316. Für „*historia sive historialis sensus biblie*" cf. Jakob Volradi, Registrum librarie (nt. 8), fol. 52r; Lehmann, Mittelalterliche Bibliothekskataloge, vol. 2 (nt. 7), 271,18.

[55] Kleineidam, Spiritualität, in: Zadnikar/Wienand (eds.), Kartäuser (nt. 10), 190; de Ghellinck, Les catalogues (nt. 10), 288 sq.

[56] Jakob Volradi, Registrum librarie (nt. 8), fol. 43r; Lehmann, Mittelalterliche Bibliothekskataloge, vol. 2 (nt. 7), 248,27–32.

[57] Jakob Volradi, Registrum librarie (nt. 8), fol. 52r; Lehmann, Mittelalterliche Bibliothekskataloge, vol. 2 (nt. 7), 271,1,17–19. Zum Stellenwert der Bibel als „Quellgrund für das gesamte geistliche Leben und für alle Theologie" cf. Kleineidam, Spiritualität, in: Zadnikar/Wienand (eds.), Kartäuser (nt. 10), 189 sq.

[58] Jakob Volradi, Registrum librarie (nt. 8), foll. 52r, 58r, 67v, 82r, 100r, 122r; Lehmann, Mittelalterliche Bibliothekskataloge, vol. 2 (nt. 7), 270,34–272,5, 278,35–279,2, 298,17–22, 338,20–23, 375,37–376,13, 441,24–25.

Die restlichen Signaturengruppen, die keine expliziten architektonischen Elemente bilden, lassen sich in zwei Gruppen einteilen: in jene Wissensgebiete, die zur Theologie gehören (G, I, O), und in jene, die als nützliche Wissensgebiete in der Kartäuserbibliothek zur Verfügung standen, aber nicht dem theologischen Thema untergeordnet werden können (K, M, N).

Die im Katalog durch den Vergleich mit dem spirituellen Gebäude und in Verknüpfung mit dem vierfachen Schriftsinn dargestellten Zusammenhänge zwischen den verschiedenen Wissensgebieten belegen das Primat der Theologie als konstituierenden Fokus, wobei das spirituelle Haus im Zentrum des Katalogs steht, während die nicht-theologischen Signaturengruppen als grundsätzlich nützlich außen vor gelassen werden. In der langen Einleitung zu B wird diese Hierarchie durch den Bibliothekar klar formuliert: „*Cetere vero omnes facultates maiores et minores subserviunt quelibet pro modo suo pro hac fabrica et ancillantur quasi subalterne et reducende ad hanc theologicam facultatem, que omnium scientiarum summa et architectonica est*"[59]. In dieser durch die Theologie dominierten Hierarchie nimmt die mystische Theologie mit ihren beiden Wegen noch eine gesonderte Rolle ein. Dies führt uns zum vierten Ordnungsprinzip: Das spirituelle Haus und das Dach im Besonderen stehen nämlich allegorisch für die menschliche Seele und den Geist[60].

Der Dachseite E werden, wie bereits erwähnt, die Seelenvermögen Verstand, Vernunft und Intelligenz zugeordnet, während die Dachseite F mit dem Affekt und dem Willen verglichen wird. Die Dachspitze steht für den *apex mentis* als höchste Spitze des Geistes und für *sinderesis*. In der der Signaturenklasse DEF vorangestellten Einleitung wird *sinderesis* wiederum als die höchste affektive Kraft der Seele bezeichnet: „*potentia anime affectiva suprema*"[61]. Dies ist hier insofern spannend, als in der kurzen Einleitung zu D betont wird, dass in der Erhebung der Geistesspitze nur noch der Affekt das Göttliche ‚berührt', während in der Ausübung jede intellektuelle und spekulative Erkenntnis annulliert wird: „*Ubi solus affectus plus tangit et in ipso actuali exercitio omnis intellectualis cognitio et speculativa rescinditur*"[62]. Hieraus lässt sich eine Positionierung in der durch Hugo von Balmas ‚Quaestio difficilis' ausgelösten Streitfrage über die Rolle des Verstandes in der Kontemplation hypothetisch formulieren. Hugo von Balma, der nach ersten Erkenntnissen jene Autorität ist, die in den Einleitungen des Erfurter Kartäuserkatalogs neben Gerson am häufigsten zitiert wird, formulierte

---

[59] Jakob Volradi, Registrum librarie (nt. 8), fol. 52r; Lehmann, Mittelalterliche Bibliothekskataloge, vol. 2 (nt. 7), 272,1–4.

[60] An den folgenden beispielhaften Stellen ist die Rede von *fabrica mentis*, *domus anime* oder *templum mentis*: Jakob Volradi, Registrum librarie (nt. 8), foll. 43r, 52r, 58r, 67r, 100r, 139r; Lehmann, Mittelalterliche Bibliothekskataloge, vol. 2 (nt. 7), 249,1; 271,37; 278,38–279,1; 297,7–8; 375,31; 490,14.

[61] Jakob Volradi, Registrum librarie (nt. 8), fol. 67r.

[62] Jakob Volradi, Registrum librarie (nt. 8), fol. 67v; Lehmann, Mittelalterliche Bibliothekskataloge, vol. 2 (nt. 7), 298,12–13. Cf. Kleineidam, Spiritualität, in: Zadnikar/Wienand (eds.), Kartäuser (nt. 10), 193.

in dem als ‚Quaestio difficilis' ausgewiesenen Teil seiner ‚Theologia mystica' folgende schwierige Frage: „*Et queritur utrum, scilicet anima, secundum suum a[f]fectum, possit aspirando vel desiderando moveri in Deum, sine aliqua cogitatione intellectus praevia vel concomitante*"[63]. Diese Frage wurde von Gerson, Cusanus, Kaspar Aindorffer von Tegernsee, Vinzenz von Aggsbach, Bernhard von Waging und Dionysius dem Kartäuser intensiv diskutiert, wobei entweder eine radikal affektive Auffassung eingenommen wurde oder eine gemäßigte, die dem Intellekt ein gewisses Maß an Beteiligung einräumte[64]. Entsprechend der vorrangigen Stellung der höchsten affektiven Kraft als *sinderesis*, die auch dann noch aktiv ist, wenn jede intellektuelle und spekulative Erkenntnis ruhen muss, lässt sich im Erfurter Kartäuserkatalog eine Positionierung im Sinne der affektiven Auslegung der ‚Mystischen Theologie' des Dionysius Areopagita vermuten[65]. Blickt man allerdings in die Lehmannsche Edition, sieht man schnell, dass er große Teile der Einleitung zur Signaturenklasse DEF und der langen Einleitungen zu den Signaturengruppen D, E und F nicht veröffentlicht hat[66]. Gerade in diesen mosaikartigen Einleitungen widmet der Bibliothekar sich ausführlich den verschiedenen Seelenvermögen, die es auf ihre Quellen hin noch umfassend zu untersuchen gilt. Eine neue vollständige Edition der Einleitungen und deren Analyse wird der Frage nachgehen, inwiefern diese aus ihren ursprünglichen Kontexten herausgegriffenen Zitate nicht nur thematisch, sondern auch argumentativ sinnvoll zusammengefügt wurden[67]. Erst wenn sich eine konsequente Argumentation aus den mosaikartigen Einleitungen herauslesen lässt, wird das im Katalog gehandhabte Seelenmodell greifbar und eine Positionierung der Bibliothekare im berühmten Mystikstreit des 15. Jahrhunderts möglich. Ebenso wird die Seele mit ihren Vermögen als viertes Ordnungsprinzip für die Wissensordnung des Katalogs erst vor diesem Hintergrund klar zum Vorschein treten, wodurch Fra-

---

[63] Hugues de Balma, Théologie mystique, edd. F. Ruello/J. Barbet, vol. 2, Paris 1996, 182. Hugos ‚Theologia mystica' bzw. ‚De triplici via' wird im Katalog unter D 2, D 11 tertio und D 20 genannt und beschrieben (cf. dazu pp. 645 und 647 in diesem Beitrag). Die ‚Quaestio difficilis' wird auch unter D 2 und D 20 eigenständig aufgelistet, cf. Jakob Volradi, Registrum librarie (nt. 8), foll. 70v, 71*v, 73v; Lehmann, Mittelalterliche Bibliothekskataloge, vol. 2 (nt. 7), 302,3–10, 314,23–24, 322,25–27.

[64] Cf. E. Vansteenberghe, Autour de la docte ignorance: une controverse sur la théologie mystique au XV$^e$ siècle, Münster 1915, bes. 109 sq.; K. Ruh, Geschichte der abendländischen Mystik, vol. 3, München 1996, 101 sqq.; A. M. Haas, Mystik im Kontext, München 2004, 270 sqq.; U. Treusch, Bernhard von Waging († 1472), ein Theologe der Melker Reformbewegung, Tübingen 2011, 138–198; G. Signore/A. Dlabačová/M. Abram, Between Norms an Books. Constructing Authority in the Fifteenth Century, in: S. Boodts e. a. (eds.), Shaping Authority. How Did a Person Become an Authority in the Middle Ages and the Renaissance?, Turnhout 2016, 389–437, hier 418–422.

[65] Für Auseinandersetzungen mit dem Erfurter Katalog in Zusammenhang mit dem Mystikstreit cf. Kleineidam, Spiritualität, in: Zadnikar/Wienand (eds.), Kartäuser (nt. 10), 194 sq.; Eifler, Beobachtungen (nt. 5), 111–115.

[66] Cf. Kleineidam, Spiritualität, in: M. Zadnikar/A. Wienand (eds.), Kartäuser (nt. 10), 185.

[67] Cf. nt. 25.

gen wie das hierarchische Verhältnis der beiden Dachseiten zueinander beantwortet werden können.

Deutlich ist bereits jetzt, dass die beiden Dachseiten den menschlichen Geist als *via illuminativa* und *via purgativa* zur Vervollkommnung mittels der *via mystica* in D führen, von wo aus die Erhebung über die Dachspitze hinaus in die mystische Gottesvereinigung möglich wird. Dies könnte als Indiz dafür gewertet werden, dass die Bibliothekare die mystische Theologie als Leitprinzip im spirituellen Haus, der *domus anime*, aufgefasst haben. Mit Kleineidam lässt sich die mystische Literatur in D als das „Herzstück der Religion" für die Erfurter Kartäuser umschreiben[68]. Da die Mönche der Kartause den Katalog am Eingang zur Bibliothek fanden[69], konnten sie im Prinzip diese Literatur in der Erfurter Kartäuserbibliothek mit der im Katalog dargelegten Leseanleitung für eine spirituelle und kontemplative Lebensweise ausfindig machen und sie wie einen Wegweiser zur mystischen Gottesvereinigung studieren[70]. Damit wäre die mystische Theologie nicht nur die Dachspitze, sondern in ihr würden alle in der Kartause vertretenen Wissenschaften kulminieren oder dieser untergeordnet sein. Diese Auffassung über den hohen disziplinären Stellenwert der mystischen Theologie teilten die Erfurter Bibliothekare mit Dionysius dem Kartäuser, ihrem Zeitgenossen in der Roermonder Kartause. Dieser kürte die Erkenntnis Gottes zum Ziel aller Wissenschaften. Die Wissenschaft schlechthin für die Gotteserkenntnis war für ihn die mystische Theologie gemäß Dionysius Areopagita, dem Vater der *theologia mystica*, der mit seinen Werken in der Signaturengruppe D stark vertreten ist[71].

## II. Die Bücherbeschreibungen des Katalogs und die *theologia mystica*

Fragt man nach den Regeln der Katalogisierung bei den in Mitteleuropa verbreiteten Kartäusern im Spätmittelalter, so bekommt man oft als Antwort, die Regeln wären in dem Maße einheitlich gewesen, dass man eine gewisse Uniformität oder zumindest nahe Verwandtschaft zwischen Katalogen und Katalogisie-

---

[68] Für die hierarchische Wissensordnung mit der mystischen Theologie an der Spitze cf. Kleineidam, Spiritualität, in: Zadnikar/Wienand (eds.), Kartäuser (nt. 10), 187.
[69] Cf. nt. 75 mit Text.
[70] de Ghellinck, Les catalogues (nt. 10), 289, 290, 295.
[71] Dionysius der Kartäuser, ‚De contemplatione', in: Doctoris esctatici D. Dionysii Carthusiani opera omnia, vol. 41 [=Opera minora, vol. 9], Tournai 1912, 135–289, hier l. 1, a. 3., 138: „*Primo autem et maxime contemplatio ipsam concernit Divinitatem, cuius cognitio omnium finis esse debet scientiarum ac notitiarum.*" Für die disziplinäre Identifizierung der Kontemplation, die zur Gotteserkenntnis führt, mit der mystischen Theologie des Dionysius Areopagita, cf. id, l. 3, a. 1, 256: „*Contemplatio autem Dei de qua iam locus et sermo est, illam respicit theologiam quomodo divinorum eminenter conscius secretorum theologicissimus Dionysius in Mystica theologia descripsit.*" Die Werke von Dionysius Areopagita finden sich in den Signaturen D 5 primo, D 5 secundo, D 11 tertio, D 17, D 20, cf. Jakob Volradi, Registrum librarie (nt. 8), foll. 71*r, 71*v, 73r, 73v; Lehmann, Mittelalterliche Bibliothekskataloge, vol. 2 (nt. 7), 308,34, 309,7–8, 314,42–43, 318,30–31, 322,38–40, 323,6–7.

rungspraktiken voraussetzen kann⁷². Allerdings hat bereits Heinrich Schreiber festgestellt, dass Bibliothekskataloge „aus der Praxis" heraus entstanden und dass bei der Katalogisierung alles, inklusive der Bücherbeschreibungen, „auf den Brauch an[kam]"⁷³. Was gelebte Praxis bedeutet, erkennt man auf den ersten Blättern des Standortkatalogs der Erfurter Kartause. Auf fol. 43r wurde der Platz für die Einleitung der Signaturengruppe A schlecht eingeschätzt, die Schriftgröße der langen Einleitung und der Bücherbeschreibungen nicht differenziert, das Layout der Beschreibungen noch nicht einheitlich behandelt. Ebenso wurden römische und arabische Ziffern willkürlich in der Nennung der alphanumerischen Signaturen verwendet und die Buchstaben ständig wiederholt. Diese Beobachtungen sprechen nicht dafür, dass es ein vorgegebenes Modell für die Anlage des Katalogs gab. Standardisierung ist vielmehr Ergebnis der fortschreitenden Arbeit am Katalog. Einmal etabliert wird das Modell von späteren Bibliothekaren weitergepflegt. In dieser Hinsicht darf der Erfurter Katalog als durchaus paradigmatisch gelten. Weniger paradigmatisch erscheint er in Bezug auf jenes „feste theologische Prinzip"⁷⁴, nach dem er, wie in Teil I dargelegt, aufgebaut ist. Umso interessanter erscheint die Frage, ob dieses theologische Prinzip auch auf die unterste Ebene des Standortkatalogs, auf die Bücherbeschreibungen ausstrahlt, ob die Wissensordnung und die Katalogisierungspraxis in Verbindung stehen. Anders gefragt: Wie verhalten sich die Beschreibungen der Bücher zu jener Auffassung der *theologia mystica*, die im Standortkatalog der Erfurter Kartause vertreten ist? Um diese Frage zu beantworten, müssen zunächst die besonderen Merkmale der Bücherbeschreibungen im Erfurter Bibliothekskatalog kurz erläutert werden.

### 1. Die Merkmale der Bücherbeschreibungen

Wie von einem Standortkatalog zu erwarten ist, beschreibt das *registrum* den Inhalt einer *libraria*, die aus *armaria* besteht. Ein Wissensgebiet ist auf einen oder mehrere Bücherschränke verteilt. Von der Sammlung der Bücher des kanonischen Rechts (Signaturengruppe A) wird in der Gesamtübersicht (fol. 1*r–v) gesagt, dass sie sich „an vorderster Stelle befindet und sofort zugänglich ist", das heißt, sie wurde höchstwahrscheinlich in der unmittelbaren Nähe des Ein-

---

[72] Cf. P. Lehmann, Bücherliebe und Bücherpflege bei den Karthäusern, in: Scritti di storia e paleografia. Miscellanea Francesco Ehrle, vol. 5, Rom 1924, 364–389, hier 365 sq. Über die Katalogisierungsordnungen, vor allem in den deutschen Kartausen, cf. H. Schreiber, Quellen und Beobachtungen zur mittelalterlichen Katalogisierungspraxis bes. in deutschen Kartausen, in: Zentralblatt für Bibliothekswesen 44 (1927), 1–19 und 97–118, hier 12 sqq.; A.-S. Dominé, Être bibliothécaire en Chartreuse. La gestion des bibliothèques cartusiennes aux XVᵉ et XVIᵉ siècles, in: F. Henry (ed.), L'historien face au manuscrit. Du parchemin à la bibliothèque numérique, Louvain-la-Neuve 2012, 43–56.
[73] Schreiber, Quellen und Beobachtungen (nt. 72), 11 sq.
[74] Kleineidam, Spiritualität, in: M. Zadnikar/A. Wienand (eds.), Kartäuser (nt. 10), 187.

gangs zur Bibliothek aufgestellt[75]. Jeder Bücherschrank zählt mehrere Regale oder *scampni*, wo die Bücher aufbewahrt werden. Alle genannten lateinischen Begriffe kommen im *registrum librarie* und in den anderen Bibliotheksinstrumenten vor[76]. Ihre Verwendung macht die konkrete Bibliothek, die durch den Standortkatalog erfasst wird, teilweise sichtbar. Mit anderen Worten: Die Bibliothek und der Standortkatalog stehen in direkter Beziehung zueinander. Der Standortkatalog soll dafür sorgen, dass die Bücher in der Bibliothek aufgefunden werden können: Ihre Anordnung in der Bibliothek spiegelt sich im Katalog wider[77]. Deswegen müssen auch alle Brüder Zugriff auf das *registrum librarie* haben und wissen, wo es aufbewahrt wird: am Ende des Bücherschranks des Kanonischen Rechts, unter der Signatur A 55[78], also im Eingangsbereich der Bibliothek.

Die Signaturengruppen des Erfurter Standortkatalogs sind, wie oben beschrieben, je einem Wissensgebiet gewidmet. Sie bestehen aus der Auflistung der Beschreibungen der handschriftlichen und gedruckten Bücher, die dem entsprechenden Wissensgebiet zugeteilt sind. Die Bücherbeschreibungen selbst folgen einer bestimmten Systematik, so dass man von einem regelrechten Beschreibungsformular ausgehen kann[79]. Sie bieten einleitend eine kurze Charakterisierung, danach die Inhaltsaufnahme eines jeden Buches. Die Kurzcharakterisierungen bestehen aus Signatur und *titulus*, beide in Auszeichnungsschrift geschrieben, sowie aus kurz gefassten, nicht mehr in Auszeichnungsschrift ge-

---

[75] Jakob Volradi, Registrum librarie (nt. 8), fol. 1*r: „*Hoc registrum hic in libraria inter libros iuris canonici [...]. Et hic locus est primus et promptior ad manum omnibus volentibus aliquid querere in libraria in quam si forte alibi poneretur*"; Lehmann, Mittelalterliche Bibliothekskataloge, vol. 2 (nt. 7), 239,38 und 40; 240,1–2.

[76] Aus Platzmangel wird im Folgenden nur auf wenige Stellen verwiesen, wo die Fachtermini in der Erfurter Handschrift bezeugt sind: Die Bücherregale (*scampni*) werden in der Beschreibung der Signatur O 68 des Standortkatalogs erwähnt: „*Iste numerus 68 hic et in scampno est duplicatus seu bis positus ex errore*" (Jakob Volradi, Registrum librarie (nt. 8), fol. 142r; Lehmann, Mittelalterliche Bibliothekskataloge, vol. 2 (nt. 7), 500,34–35); von Bücherschränken (*armaria*) ist in der Einleitung der Signaturengruppen A und B die Rede, cf. Jakob Volradi, Registrum librarie (nt. 8), foll. 41v, 43r; Lehmann, Mittelalterliche Bibliothekskataloge, vol. 2 (nt. 7), 248–249, 271. Cf. Märker, ‚Prohemium longum', vol. 1 (nt. 9), 300. Zur Vieldeutigkeit des Wortes *armarium* im Mittelalter cf. J.-F. Genest, Le mobilier des bibliothèques d'après les inventaires médiévaux, in: O. Weijers (ed.), Vocabulaire du livre et de l'écriture au Moyen Âge. Actes de la table ronde, Paris 24.–26. septembre 1987, Turnhout 1989, 136–154, hier 141–149 (das Erfurter *registrum librarie* wird im Zusammenhang mit den Bücherschränken auf p. 146 erwähnt).

[77] Jakob Volradi, Registrum librarie (nt. 8), fol. 1*r: „*In hoc folio in generali quasi continetur materia totius librarie. Et quomodo libri talem ordinem habent secundum quem collocantur in ipsa libraria*"; Lehmann, Mittelalterliche Bibliothekskataloge, vol. 2 (nt. 7), 239,34–35.

[78] Jakob Volradi, Registrum librarie (nt. 8), fol. 1*r: „*[A] 55 ¶ Registrum librarie*", und fol. 48 primo: „*[A] 55 Registrum librarie. Huius registri continentia signatur in cedula prima hic infixa*"; Lehmann, Mittelalterliche Bibliothekskataloge, vol. 2 (nt. 7), 239,36–37, 266,10–11. Die *cedula* ist Folio 1*, alte Zählung: 48 secundo.

[79] Zu Bücherbeschreibungen im Spätmittelalter cf. Schreiber, Quellen und Beobachtungen (nt. 72), 97–118; D. Nebbiai-Della Guarda, La description du livre au XV[e] siècle: pratiques et modèles, in: M. Ornato/N. Pons (eds.), Pratiques de la culture écrite en France au XV[e] siècle. Actes du Colloque international du CNRS. Paris, 16.–18. mai 1992, Louvain-la-Neuve 1995, 473–497.

schriebenen Erläuterungen, die sich auf das Buch, auf einen seiner Texte oder auf einen der darin vertretenen Autoren beziehen. Wie es im Umgang mit Bibliotheksbeständen üblich war, wurden diese Angaben (die Kurzcharakterisierung der Bücher und die weiterführenden Erläuterungen), auch auf den *codices* der Kartause Salvatorberg direkt angebracht. Dies ist etwa beim Vorderdeckel der Handschrift Weimar, HAAB, Fol. 27 der Fall[80], wo drei Pergamentschilder die Angaben des *registrum librarie* (fol. 70r) mit geringfügigen Varianten bietet:

| Erfurt, BA, Hs. Hist. 6 | Weimar, HAAB, Fol. 27 |
|---|---|
| D.1 primo.[81] | D.I. |
|  | Sermones de concepcione uerbi eterni et de quibusdam festis. VIII. |
| ¶ SERMONES IN LATINO AD UNITIVAM DEI COGNICIONEM TRAHENTES. Docetur enim in eis diffuse et sparsim, quibus et quantis laboribus et studiis, mens rationalis, ad internam tranquillitatem componatur, vt sic divinum verbum concipiat, deum supermentali lumine videat, et eo intime fruatur, in quo consistit finis omnium humanorum desideriorum. ¶ Denique docetur in eisdem, quomodo lumen divine sapiencie in anima deuota efficit mentis ad deum continuam eleuacionem, diuine claritatis assimilacionem et transformacionem, et mentis transformate, cum ipso deo perfectissimam vnionem. ¶ Vnde et presens liber prius tali titulo dictus est Sermones de concepcione verbi eterni. | SERMONES IN LATINO AD UNITIUAM COGNICIONEM TRAHENTES. Docetur enim in eis diffuse et sparsim, quibus et quantis laboribus et studiis, mens [r]ac[i]onalis, ad internam tranquillitatem [c]omponatur, vt sic diuinum verbum concipiat, deum supermentali lumine videat, et intime fruatur, in quo consisti[t] finis omnium humanorum desideriorum. ¶ Denique docetur in eisdem, quomodo lumen [d]iuine sapiencie, in anima deuota efficit mentis ad deum continuam eleuacione[m], et di[u]ine claritatis assimilacionem et transformacionem, et mentis transfor[m]ate, cum ipso deo perfectissimam vnionem. Et cetera plura que theologie mistice. |

Die kurze inhaltliche Charakterisierung der heute Weimarer Handschrift steht zweifelsohne in Beziehung zur Einleitung der Signatur D 1 primo im Standortkatalog. Der Hinweis auf die *theologia mystica* am Ende des Titelschildes ist für den Eintrag im Katalog redundant, weil die Einleitung zur Signaturengruppe D diese thematische Ausrichtung bereits ausführlich behandelt hat. Beim aktuellen Stand der Forschung lässt sich nicht feststellen, ob die heute Weimarer Handschrift die Quelle des Katalogeintrags ist oder ob, umgekehrt, der Katalog als Vorlage zur Charakterisierung der Handschrift diente. Die zweite Annahme scheint wegen der Wichtigkeit dieser Kurzcharakterisierung im Standortkatalog der Erfurter Kartause wahrscheinlicher[82].

---

[80] Beschreibung: B. C. Bushey/H. Broszinski, Die lateinischen Handschriften bis 1600, vol. 1, Wiesbaden 2004, 139–142.

[81] Eine spätere Hand hat *primo* in roter Tinte hinzugefügt.

[82] Ein weiteres Beispiel findet sich beim bereits erwähnten Bruder N. Dieser verweist in einem seiner Rapiarien (Weimar, HAAB, Q 51) auf die verwendeten Werke der Bibliothek mit Signaturen und *tituli*, wie sie auf den Büchern angebracht sind. Cf. Eifler, Beobachtungen (nt. 5), 113 nt. 46: „[…] *habetur sub littera D 11 in libro, qui intitulatur ‚Speculum perfeccionis' […]*", oder 116 nt. 57: „*Item in libro, qui intitulatur ‚De visione dei' et ‚De docta ignorancia' sub littera D 19 […].*" Auch

Die Inhaltsaufnahme im Katalog besteht aus der Auflistung der Werke, die in einem Buch versammelt sind. Jedes neue Werk wird durch abwechselnd rot und blau eingetragene Paragraphenzeichen eingeleitet, wodurch die dargebotenen Informationen auch optisch klar gegliedert werden. Im ausführlichsten Fall einer Werkbeschreibung bietet der Katalog Angaben zum Namen des Autors und zum Titel des Werkes bzw. zu dessen Struktur, Inhalt und Zustand (*integraliter, excerptum...*). Angegeben wird darüber hinaus, ob es sich um eine Übersetzung handelt, in welcher Sprache (*in vulgari, in Theutonicum*) das Werk verfasst ist und ob Beitexte (*registrum, tabula...*) vorhanden sind. Auch gibt es Kommentare. So etwa werden in Form eines Kommentars die Autorzuschreibungen des Öfteren angezweifelt und diskutiert. Beispiele dafür sind der ‚Stimulus amoris' unter der Signatur D 9 primo, für den der Bibliothekar Bonaventura, Hugo von Sankt Viktor oder andere als möglichen Autor diskutiert[83] oder ein Text wie ‚De fine religiosae perfectionis', der unter der Signatur D 10 secundo als ‚De adherendo Deo' überliefert ist und von dem es heißt, er werde Albertus Magnus zugeschrieben[84]. Kommentiert wird zudem die Qualität und der Einfluss eines Werkes, so dass der Standortkatalog jenseits der literaturkundlichen Übersicht (foll. 148v–170v) „sehr viele und zum Teil tiefschürfende literarhistorische Informationen enthält"[85]. Dies lässt sich etwa an der ‚Summa Halensis' (Signatur E 8)[86] oder an Bonaventuras ‚Breviloquium' (Signatur E 35) ablesen. Im Fall des letztgenannten Textes erfolgt seine inhaltliche Charakterisierung in enger Anlehnung an Johannes Gersons Traktat ‚De libris legendis a monacho'[87]. Selten wird das Incipit des jeweiligen Werkes in den Inhaltsbeschreibungen mitgeteilt, wenn überhaupt, dann vor allem bei Predigten[88]. Des Weiteren wird bei der Erfassung des Buch-

---

der Standortkatalog verweist mit Signatur und *titulus* auf Bücher. So lautet der Querverweis zu C 1: „*Tractatus de duobus preceptis caritatis. Aliqui asscribunt b. Thome de Aquino, eciam habetur circa libros b. Dyonisii, D 19*", cf. Jakob Volradi, Registrum librarie (nt. 8), fol. 59r; Lehmann, Mittelalterliche Bibliothekskataloge, vol. 2 (nt. 7), 279,25–26. Die Signatur D 19 wurde in D 17 umgeändert. cf. Jakob Volradi, Registrum librarie (nt. 8), fol. 73v; Lehmann, Mittelalterliche Bibliothekskataloge, vol. 2 (nt. 7), 319, 24–26.

[83] Jakob Volradi, Registrum librarie (nt. 8), fol. 71v; Lehmann, Mittelalterliche Bibliothekskataloge, vol. 2 (nt. 7), 310,18–19. Über diesen Eintrag, besonders über die Zuschreibung des ‚Stimulus amoris' cf. F. Eisermann, ‚Stimulus amoris'. Inhalt, lateinische Überlieferung, deutsche Übersetzungen, Rezeption, Tübingen 2001, 284–286.

[84] Jakob Volradi, Registrum librarie (nt. 8), fol. 71*rb; Lehmann, Mittelalterliche Bibliothekskataloge, vol. 2 (nt. 7), 311,12–13. Der Text wird heute Johannes von Kastl zugeschrieben, cf. J. Sudbrack, Johannes von Kastl, in: K. Ruh (ed.), Die deutsche Literatur des Mittelalters. Verfasserlexikon, vol. 4, Berlin e. a. 1983, coll. 652–658.

[85] Honemann, Erfurter Kartäuser, in: Schubert e. a. (eds.), Mittelalterliche Sprache (nt. 6), 65.

[86] Jakob Volradi, Registrum librarie (nt. 8), fol. 77v; Lehmann, Mittelalterliche Bibliothekskataloge, vol. 2 (nt. 7), 328,30–329,2.

[87] Jakob Volradi, Registrum librarie (nt. 8), fol. 79*r; Lehmann, Mittelalterliche Bibliothekskataloge, vol. 2 (nt. 7), 336,18–337,2. Der Bibliothekar schreibt eigentlich Gersons Traktat ab, cf. Jean Gerson, Oeuvres complètes, vol. 9, Paris 1973, 612–613.

[88] de Ghellinck, Les catalogues (nt. 10), 286 sq. Kleineidam behauptet das Gegenteil, cf. Kleineidam, Spiritualität, in: Zadnikar/Wienand (eds.), Kartäuser (nt. 10), 187.

inhaltes Vollständigkeit angestrebt, wie die ausführliche Auflistung der Predigten Taulers in D 3 über drei Seiten hinweg (foll. 70v–71v) illustriert. Kleinere Texte wurden mit sicherem bibliothekarischem Blick erkannt und registriert. Dies zeigt sich beispielhaft an den Listen der ‚Errores condemnati' oder der ‚Opiniones magistri Sententiarum quae communiter non tenentur', die in den meisten Fällen nur eine spärliche Menge an *articuli* enthalten[89]. Dass einzelne Texte bei der Inhaltsaufnahme übersehen wurden und nachgetragen werden mussten, kommt selten vor.

Aus den vorangehenden Ausführungen zu den Hauptmerkmalen der Bücherbeschreibungen im Standortkatalog geht eindeutig hervor, dass die materiellen Aspekte der einzelnen Bücher vom Bibliothekar vernachlässigt wurden. Einband, Schreibstoff (Papier oder Pergament) und Schriftart werden nur selten beschrieben. Sofern es überhaupt dazu kommt, geschieht dies, um vorhandene Exemplare voneinander zu unterscheiden. Dies lässt sich in der Signaturengruppe B, die sich mit der Bibel befasst, beobachten, in der der Bibliothekar mehrere *Biblia rubea, alba, in gracili littera* u.s.w. verzeichnet[90]. Ähnliches zeigt sich bei zwei *Dubia*-Sammlungen in den Signaturen E 22 und E 23, die anhand ihrer Einbände (*in viridi corio, in rubeo corio*) voneinander unterschieden werden. Nur an wenigen Stellen wird angegeben, dass ein Werk gedruckt (*impressa*) vorliegt. Format- und Bandangaben fehlen vollständig.

Die Vorstellung, die der Bibliothekar von der Bibliothek und dem Katalog entwickelt, kommt auch in den Beschreibungskriterien zum Vorschein. Es ist kaum zu übersehen, dass er die Einzeltexte den Büchern, die *libri* den *codices* vorgezogen hat. Es ging ihm nicht nur um die Sicherung und Verwaltung eines Buchbestandes, sondern vor allem darum, sich wissenschaftlich – durchaus im heutigen Sinne – zu betätigen. In dieser Hinsicht kennzeichnend ist das Fehlen von Stichwörtern im Erfurter Bibliothekskatalog, die das beste verwaltungstechnische Mittel darstellen, um den Besitz eines Bestandes zu sichern[91]. Auch die Aufzählung aller in einem Sammelband enthaltenen Werke, die sonst der Besitz-

---

[89] Siehe als Beispiel die Signatur E 2 in Jakob Volradi, Registrum librarie (nt. 8), fol. 77v; Lehmann, Mittelalterliche Bibliothekskataloge, vol. 2 (nt. 7), 327,25–28, wo die Verurteilung von Wilhelm von Auvergne (1241–1244) und die *Articuli in quibus non sustinetur magister sentenciarum a modernis doctoribus* erwähnt werden. Zu diesen Listen cf. L. Bianchi, Gli articoli censurati nel 1241/1244 e la loro influenza da Bonaventura a Gerson, in: F. Morenzoni/J.-Y.Tilliette (eds.), Autour de Guillaume d'Auvergne († 1249), Turnhout 2005, 155–171; C. Angotti, Les listes des *Opiniones Magistri Sententiarum quae communiter non tenentur*: forme et usage dans la *lectio* des Sentences, in: P. W. Rosemann (ed.), Medieval Commentaries on the Sentences of Peter Lombard, vol. 3, Leiden e. a. 2015, 79–144.

[90] Zur Sorgfalt, die man der Beschreibung von Bibelhandschriften in den mittelalterlichen Bibliothekskatalogen angedeihen ließ, cf. P. Petitmengin, La Bible à travers les inventaires de bibliothèques médiévales, in: P. Riché/G. Lobrichon (eds.), Le Moyen Âge et la Bible, Paris 1984, 31–53, hier 48 sq.

[91] Zu den Stichwörtern und ihrer Beliebtheit in den Bibliothekskatalogen der deutschen Kartäuser cf. Schreiber, Quellen und Beobachtungen (nt. 72), 17–18 und 109–111.

sicherung dient⁹², steht hier eher im Zeichen eines Interesses an den Inhalten. In diese Richtung weist auch die Auslassung der Folioangaben im Katalog. Allem Anschein nach wurde auf die vollständige Erfassung der materiellen Aspekte eines Buches verzichtet; stattdessen stehen bibliographische Aspekte im Mittelpunkt⁹³. Ganz anders als die Inhaltsverzeichnisse, die in den Vorderspiegeln der Bücher stehen und Seitenangaben enthalten, um Texte gezielt nachschlagen zu können, löst der Katalog die Autoren und Werke mit der skizzierten Vorgehensweise von ihren Überlieferungsträgern ab. Im Katalog kommt es offenbar vor allem auf das Vorhandensein, die Präsenz eines Werkes in der Bibliothek an. Dementsprechend schafft der Erfurter Katalog eine Bibliothek, die ausschließlich aus Autorennamen und Titelwerken besteht. Sie ähnelt unter diesem Gesichtspunkt der Bibel, die als eine einheitliche Textsammlung verstanden und deswegen seit Hieronymus als *bibliotheca* bezeichnet wurde⁹⁴. Wie prägend das Modell der Bibel für das Erfurter *registrum librarie* ist, muss nicht mehr gezeigt werden⁹⁵. Dennoch scheint die mit dem Ausdruck „Standortregister" verbundene Vorstellung, die sich seit Paul Lehmanns Edition in der Forschung eingebürgert hat⁹⁶, korrekturbedürftig zu sein. Denn der Standortkatalog entspricht keineswegs der „vorgeschriebenen Katalogform" zur Sicherung von Büchern, wie es bei Heinrich Schreiber heißt⁹⁷, sondern eher Albert Derolez' Idee des mittelalterlichen Bibliothekskatalogs, der nicht nur Sicherungs- und Verwaltungs-, sondern auch wissenschaftsorganisierende Funktionen hat⁹⁸. Eine solche offenere Auffassung eignet sich besser für die Charakterisierung von großangelegten Bibliothekskatalogen des Spätmittelalters und der Frühen Neuzeit.

---

92 Ibid., 5.
93 Man vergleiche etwa die Beschreibung der Signatur D 5 primo (Jakob Volradi, Registrum librarie (nt. 8), fol. 71*ra; Lehmann, Mittelalterliche Bibliothekskataloge, vol. 2 (nt. 7), 308,13–309,6, bes. 308,16 und 23 sq.), die allerdings von Bruder N. hergestellt wurde.
94 A. Mundó, „Bibliotheca". Bible et lecture du Carême d'après saint Benoît, in: Revue bénédictine 60 (1950), 65–92, bes. 71–78; M. Duchet-Suchaux/Y. Lefèvre, Les noms de la Bible, in: Riché/Lobrichon (eds.), Le Moyen Âge et la Bible (nt. 90), 12–23, bes. 12–14. Laut P. Lehmann hat sich ab dem 12. und 13. Jahrhundert das Wort *biblia* eingebürgert und dann *bibliotheca* verdrängt, cf. P. Lehmann, Mittelalterliche Büchertitel, Erstes Heft, München 1949, 6. Die patristische Exegese des apokryphen vierten Esdras-Buch bietet auch die Möglichkeit, die Bücher der Bibel-*bibliotheca* mit den (hebräischen) Buchstaben zu verknüpfen, woran sich der Bibliothekar vielleicht orientiert, wenn er die ersten Signaturengruppen auflistet: A: *Armarium*, B: *Biblie* und C: *Commenta*. Beispiele bei Mundó, ibid., 74 sq.
95 Nachzulesen bei de Ghellinck, Les catalogues (nt. 10), 289; Kleineidam, Spiritualität, in: M. Zadnikar/A. Wienand (eds.), Kartäuser (nt. 10), 189 sq.
96 Lehmann, Mittelalterliche Bibliothekskataloge, vol. 2 (nt. 7), bes. 233 sq., 248.
97 Schreiber, Quellen und Beobachtungen (nt. 72), 3 sq.
98 A. Derolez, Les catalogues de bibliothèques, Turnhout 1979, 20 sq.

## 2. *Die signaturorientierten Inhaltsbeschreibungen*

Die Art und Weise, wie Bücher beschrieben werden, stellt ein Indiz dafür dar, welche wissenschaftlichen Absichten der Bibliothekar im Standortkatalog der Kartause Salvatorberg verfolgt. Das wohl beste Beispiel dafür bietet die Beschreibung der Signatur D 2, bei der Paul Lehmann an zwei Stellen, wie so oft, Text ausgelassen hat[99]. In der Handschrift Erfurt, BA, Hist. 6, foll. 70r–v liest man:

> [D] **2 ¶ GERSONIS TRACTATUS DUO** de theologia mistica. Diuersa et bona notabilia sparsim posita per totum librum deseruiencia pro triplici ascensu mentis in deum siue pro triplici via, que seruanda est in acquisicione theologie mistice, scilicet pro via purgativa, illuminativa et vnitiva.
> ¶ Regula beati Basilii.
> ¶ Regula b. Augustini ff. 12[100].
> ¶ Regula b. Francisci[101].
> ¶ Tractatus vniuersitatis Wiennensis de XXIIIIor senioribus, in quo repellitur quedam heresis et error quorundam[102].
> ¶ Primus liber siue tractatus egregii doctoris cancellarii Parisiensis Johannis Gerson de theologia mistica speculatiua continet sub 44 consideracionibus octo partes siue materias principales.
> 1. De quibusdam preambulis ad theologiam misticam.
> 2. De natura anime rationalis et sex potentiis eius.
> 3. De luminositate dictarum potenciarum.
> 4. De contemplacione, meditacione et cogitacione.
> 5. De tribus oculis anime et de tribus affectionibus correspondentibus.
> 6. De acquisicione theologie mistice et de X eius differenciis ad theologiam speculatiuam.
> 7. De amore et eius triplici proprietate et de raptu et extasi.
> 8. De vi amoris, qui amantem vnit cum deo et stabilit et requiescere facit.
> ¶ Secundus liber eiusdem Gersonis est de theologia mistica practica, in quo tradit sub duodecim consideracionibus siue industriis, modos et vias, quibus ad theologiam misticam habeatur accessus, videlicet quid sit theologia mistica et in qua vi reponitur et de differentia eius ad speculativam theologiam et que ad hoc [nachgetragen, gleiche

---

[99] Lehmann, Mittelalterliche Bibliothekskataloge, vol. 2 (nt. 7), 301,23–302,11. Lehmann kürzt die Punkte 2–7 der Aufzählung sowie die Beschreibung des zweiten Buchs von Gerson ab „*videlicet quid sit theologia mistica*".

[100] Der Verweis auf die Signatur wurde später nachgetragen. Hier wie auch an anderen Stellen besteht der Querverweis auf die mit Großbuchstaben überschriebenen Signaturengruppen in der Regel aus doppelt geschriebenen Kleinbuchstaben.

[101] Unter den drei ersten Titeln findet man die monastischen Regeln von Basilius, Augustinus und des Franziskanerordens, die auch im Schlagwortregister erwähnt werden, cf. Jakob Volradi, Registrum librarie (nt. 8), fol. 276vb; Lehmann, Mittelalterliche Bibliothekskataloge, vol. 2 (nt. 7), 247,17.

[102] Nikolaus von Dinkelsbühl, Gutachten ‚De viginti quattuor senioribus', 17. Oktober 1420, in: W. Schmidt (ed.), Die vierundzwanzig Alten Ottos von Passau, Leipzig 1938, 353–362.

Hand: opus] sanctissimum aggrediendum et finiendum necessaria sunt et accomoda, vt obseruentur, et que eciam perturbare soleant operantem, vt ipsa sic vitentur[103].

¶ Gerson ad Carthusienses de perfectione religionis et de moderamine[104].

¶ Gersonis Dyalogus de perfectione cordis. Ibidem subiungitur nucleus summarie eiusdem dyalogi[105].

¶ Tractatus multum magistralis et vtilis De exposicione sacre scripture et quomodo res et quomodo dictiones in ea significent diuersimode.

¶ Epistola b. Augustini ad comitem Bonifacium et est multum moralis epistola et precipue de perfectione virtutis iusticie[106].

¶ Tractatus cuiusdam Carthusiensis, videlicet Hugonis de Palma, de triplici via ascendendi ad deum per amorem et sunt tres iste vie, scilicet purgativa pro incipientibus, illuminativa pro proficientibus, vnitiva pro perfectis, et sic dividitur ipsum opus in tres partes principales et scriptum est ad explanandum theologiam misticam, quam beatissimus Dyonisius didicit a b. Paulo apostolo[107].

[¶] Questio difficilis ‚Vtrum anima secundum suum affectum possit aspirando vel desiderando moueri in deum sine aliqua cogitacione intellectus preuia vel concomitante'[108].

Die Signatur D 2 bietet einige der weiter oben vorgestellten Merkmale einer für den Erfurter Kartäuserkatalog typischen Bücherbeschreibung. Es sei besonders darauf hingewiesen, dass bei der Werkauflistung auch die Reihenfolge der Werke in der seit 1836 verschollenen Handschrift D 2 mit großer Wahrscheinlichkeit beibehalten wurde. Aus Vergleichen zwischen den Bücherbeschreibungen im Katalog und den erhaltenen Handschriften hat sich nämlich gezeigt, dass der Bibliothekar die Texte in der Reihenfolge der Handschrift konsequent aufzählt. Der Text, der für den *titulus* der Handschrift ausgewählt wurde, Gersons Traktat ‚De mystica theologia', steht an vierter und fünfter Stelle in der Inhaltsaufnahme. Offensichtlich hat der mittelalterliche Bibliothekar die zwei Bücher in Gersons Traktat als zwei eigenständige Werke betrachtet, eine für das Mittelalter übliche Auffassung[109]. Das Gleiche gilt für die ‚Theologia mystica' und die ‚Quaestio difficilis' des Hugo von Balma[110]. Beide werden jeweils mit einem eigenen Para-

---

[103] Ioannis Carlerii de Gerson, De mystica theologia, in: Ioannis Carleri de Gerson, De mystica theologia, ed. A. Combes, Lucani 1958.
[104] Johannes Gerson, Brief an Guillaume Minaudi aus der Grande Chartreuse, Lyon, 30. Oktober 1422, in: Jean Gerson, Œuvres complètes, vol. 2, ed. P. Glorieux, Paris e. a. 1969, Nr. 49, 232–245.
[105] Johannes Gerson, Dialogus de perfectione cordis, in: Jean Gerson, Œuvres complètes, vol. 8, Paris 1971, Nr. 413, 116–133.
[106] Mehrere augustinische Briefe an Bonifatius sind bekannt.
[107] Hugues de Balma, Théologie mystique, edd. F. Ruello/J. Barbet, vol. 1, Paris 1995, 124–269; id., Théologie mystique, edd. Ruello/Barbet, vol. 2 (nt. 63), 8–181.
[108] Hugo de Balma, Quaestio difficilis, in: Hugues de Balma, Théologie mystique, edd. Ruello/Barbet, vol. 2 (nt. 63), 182–233.
[109] Zur Entstehung der zwei Teile der ‚Theologia mystica' des Johannes Gersons, zwischen 1402 und 1408, cf. A. Combes, La théologie mystique de Gerson. Profil de son évolution, vol. 1, Rom e. a. 1963, 112–117.
[110] Die Form der ‚Theologia mystica' von Hugo von Balma steht nicht eindeutig fest. Ruello nimmt an, dass der Traktat aus fünf Teilen besteht, inklusive der ‚Quaestio difficilis', cf. Hugues de Balma, Théologie mystique, edd. F. Ruello/J. Barbet, vol. 1 (nt. 107), 14, nt. 1. Allerdings lässt

graphenzeichen versehen, wodurch sie im Katalog als eigenständige Werke gelten. Außerdem zeugt die Beschreibung der Signatur D 2 davon, dass Inhalte möglichst vollständig erfasst werden – sowohl auf der Ebene der Handschrift als auch auf der Ebene der einzelnen Texte. Die Beschreibung soll den Inhalt des *codex* umfassend wiedergeben, was in der Bibliotheksgeschichte bereits seit längerer Zeit üblich war[111]. Oft bleiben Werkbeschreibungen in den Katalogen des Mittelalters allerdings summarisch und dies ist sogar bei Bibliothekskatalogen der Fall, die eine Verwandtschaft mit dem Erfurter Standortkatalog aufweisen. Einer dieser Kataloge ist der Standortkatalog der Abtei Sankt Viktor (OESA) in Paris, der 1514, einige Jahre nach dem Neubau der Bibliothek, von Claude de Grandrue, angelegt wurde. Hier wird ebenfalls die vollständige Erfassung des Bücherinhalts angestrebt[112], während die Werkbeschreibungen kurz ausfallen. Auch wird auf die Inhalte selten eingegangen. Gersons Traktat ‚De mystica theologia' wird unter der Signatur NN 5 des Pariser Standortkatalogs folgendermaßen beschrieben: „*De mistica theologia, continens XLIII [sic] considerationes, et habet octo partes seu materias principales*".[113] Die beschriebene Pariser Handschrift enthält offensichtlich nur das erste Buch über die spekulative mystische Theologie[114]. Der gleiche Traktat wird noch zweimal im Katalog behandelt, aber nie so ausführlich wie in NN 5. Für eine Abtei, die über eine außergewöhnlich reiche Sammlung von Gersons Werken verfügt, zu der auch einige Autographe zählen, ist dies erstaunlich. Im Erfurter Bibliothekskatalog dagegen wird der mystische Traktat des Pariser Kanzlers viel ausführlicher beschrieben. Die komplette Titelreihenfolge der acht Teile der *theologia mystica speculativa* wird mitgeteilt, während der Nutzen der *theologia mystica practica* aus dem Prolog des Buches zitiert wird, wie aus der folgenden Tabelle hervorgeht:

---

sich gelegentlich auch feststellen, dass die ‚Quaestio difficilis' in der Überlieferung des Traktats fehlt, cf. Hugues de Balma, Théologie mystique, edd. Ruello/Barbet, vol. 1 (nt. 107), 113 sq.

[111] Man denke beispielsweise an die Bibliothekskataloge des Collège de Sorbonne (1274–1275) und der Abtei von Saint-Pons-de-Thomières (OSB, 1276), cf. R. H. Rouse, The Early Library of the Sorbonne, in: Scriptorium 21 (1967), 42–71 und 227–251, hier 245–251; L. Delisle, Le cabinet des manuscrits, vol. 2, Paris 1874, 536 sq. Zu diesen Bibliothekskatalogen cf. Rouse, ibid., 51–55; G. Fournier, Listes, énumérations, inventaires. Les sources médiévales et modernes de la bibliothèque du collège de Sorbonne (Première partie: les sources médiévales), in: Scriptorium 64 (2011), 158–215, hier 185 sq.; A. Besson, Medieval Classification and Cataloguing. Classification Practices and Cataloguing Methods in France from the 12th to 15th Centuries, Biggleswade 1980, 49–53. Im Spätmittelalter werden die Bibliothekskataloge immer vollständiger. Dennoch begnügen sich viele mit der Angabe des ersten oder wichtigsten Titels.

[112] G. Ouy, Les manuscrits de l'abbaye de Saint-Victor. Catalogue établi sur la base du répertoire de Claude de Grandrue (1514), vol. 1, Turnhout 1999, 56–60.

[113] Ibid., 326.

[114] Ibid., 330 (NN 9), 334 (NN 12). Über Johannes Gerson in der Abtei Sankt Viktor in Paris, cf. D. Calvot/G. Ouy, L'oeuvre de Gerson à Saint-Victor de Paris. Catalogue des manuscrits, Paris 1990, wo die erwähnten Handschriften beschrieben sind.

| Erfurt, BA, Hs. Hist. 6, fol. 70r | Gerson, ‚De mystica theologia'[115] | |
|---|---|---|
| | Seite | Text |
| ¶ Secundus liber eiusdem Gersonis est de theologia mistica practica, in quo tradit sub duodecim consideracionibus siue industriis, | 125, 2–5 | […] in partem secundam de theologia mistica practice conscripta ab eodem sub duodecim considerationibus sive industriis. |
| modos et vias, quibus ad theologiam misticam habeatur accessus, | 125, 13–14 | […] modos et vias, quibus ad theologiam misticam habeatur accessus. |
| videlicet quid sit theologia mistica et in qua vi reponitur et de differentia eius ad speculativam theologiam | 125, 15–16 | […] quid sit mistica theologia et in qua vi reponitur et de differentia eius ad speculativam theologiam […] |
| et que ad hoc opus sanctissimum aggrediendum et finiendum necessaria sunt et accomoda, vt obseruentur, et que eciam perturbare soleant operantem, vt ipsa sic vitentur. | 126, 20–22 | […] que ad hoc opus aggrediendum finiendumque necessaria sunt vel accomoda, ut observentur; que etiam perturbare solent operantem, ut vitentur […] |

Auch ein zweites Werk der Signatur D 2 wird sorgfältig beschrieben. Es ist der Traktat ‚Theologia mystica' des Kartäusers Hugo von Balma, der hier unter dem Titel ‚De triplici via' eingetragen wurde. Diesmal stammt die Inhaltsbeschreibung aus der Feder des Bibliothekars, aber sie ist trotzdem genauso präzise wie die von Gerson übernommene Beschreibung seines eigenen Traktats. Kein Wort ist überflüssig: Der Aufstieg zu Gott wird *per amorem* erreicht, die drei Wege werden als *via purgativa, illuminativa* und *unitiva* bezeichnet und sie sind für die Anfänger, die Fortgeschrittenen und die Vollkommenen vorgesehen. Schließlich wird der Traktat als Kommentar (*explanatio*) des gleichbetitelten Werks des Dionysius Areopagita gekennzeichnet. Diese Beschreibung gibt genau die Gliederung und den Tenor des Traktats Hugos von Balma wieder. Der Bibliothekar schöpfte für seine Beschreibung aus dessen Prolog, ohne, wie bei Gerson, direkt zu zitieren[116]. Mit den gleichen Worten taucht die Beschreibung noch einmal unter der Signatur D 20 auf[117].

An dieser Stelle lassen sich die negativen Folgen der ausgelassenen Inhaltsangaben in der Lehmannschen Edition besser einschätzen. Sie beruhen auf einem mangelhaften Verständnis der Funktion der Bücherbeschreibungen in ihrem Verhältnis zur Wissensordnung des Erfurter Bibliothekskatalogs. Bei der Beschreibung der Handschrift D 2 rückt der Bibliothekar einzelne Werke in den Vordergrund, die für die Einordnung der Handschrift in die Signaturengruppe

---

[115] Cf. nt. 103.
[116] Hugues de Balma, Théologie mystique, edd. Ruello/Barbet, vol. 1 (nt. 107), 126,8–12 (Dionysius Areopagita und der Vorzug der Liebe), 128,14–18 (der Aufstieg zu Gott mithilfe der Liebe), 130,1–6 (die drei Wege und die Liebe) und 130,1–132,4 (die *via purgativa* und die Anfänger).
[117] Exzerpte dieser Schrift werden auch unter der Signatur D 11 tertio registriert, cf. Jakob Volradi, Registrum librarie (nt. 8), foll. 71*vb, 73v; Lehmann, Mittelalterliche Bibliothekskataloge, vol. 2 (nt. 7), 314,23–24, 322,25–32.

D ausschlaggebend waren. Dabei wurden zwei offensichtlich ‚mystische' Werke vorgezogen. Ihr Beitrag zur *theologia mystica* wird ausführlich erläutert. Dementsprechend betont die Einleitung der Beschreibung der Signatur D 2, dass die Handschrift verschiedene und gute Dinge enthält, die für die Aneignung der *theologia mystica* nützlich sind. Erneut wird diese Theologie mit den drei Wegen des Aufstiegs der Seele zu Gott in Verbindung gebracht. Einleitung und Inhaltsaufnahme tragen zu einer an der Signaturengruppe orientierten Beschreibung der Handschrift D 2 bei. Mit anderen Worten, der Inhalt der Handschrift D 2 wird auf eine Weise beschrieben, die ihre Aufnahme in die Signaturengruppe D, wo bekanntlich die Werke der *theologia mystica* vertreten sind, rechtfertigt. Diese Tatsache überrascht nicht, wenn man bedenkt, welche Bedeutung den Vertretern der affektiven Auffassung der mystischen Theologie[118] in der übergeordneten Einleitung zu den Signaturengruppen D, E und F oder in der Einleitung und im Schlusswort der Signaturengruppe D eingeräumt wird[119]. Die Signatur D 2 bildet keine Ausnahme: Oftmals wird der „Nutzen" des jeweiligen Bandes für die mystische Theologie in den Bücherbeschreibungen des *registrum librarie* hervorgehoben.[120] Was für die Signatur D 2 und Gersons Traktat ‚De mystica theologia' gilt, lässt sich beispielsweise auch beim ‚Stimulus amoris'[121] unter der Signatur D 9 primo oder bei Rudolfs von Biberach ‚De septem itineribus aeternitatis' unter der Signatur D 12 beobachten.

Die vollständigen und signaturorientierten Beschreibungen des Bücherinhaltes sind zweifellos ein charakteristisches Merkmal des Standortkatalogs der Erfurter Kartause. Diese Beschreibungsweise spielt eine wichtige Rolle bei der Zuweisung der Bücher zu einer bestimmten Signaturengruppe. Eine andere Frage, die Gegenstand der weiteren Forschungsarbeit im Projekt ‚Making Mysticism' sein wird, ist der Umgang mit Werken, die über verschiedene Signaturengruppen hinweg verstreut sind, wie beispielsweise die Dekalogerklärung des Heinrich von Friemar. Die oben beschriebene Katalogisierungspraxis entspricht dabei nicht dem „Geschmack" eines einzelnen Bibliothekars, wie von Joseph de Ghellinck angenommen[122], sondern wird von dessen Nachfolgern weiter gepflegt.

---

[118] Zum Verhältnis von Johannes Gerson zu Hugo von Balma cf. Combes, La théologie mystique, vol. 1 (nt. 109), 98–103; J. Fisher, Gerson's Mystical Theologie: A New Profile of its Evolution, in: B. P. McGuire (ed.), A Companion to Jean Gerson, Leiden–Boston 2006, 205–248, bes. 232 und 238–239. Laut Combes gibt es 34 Berührungspunkte zwischen den zwei Traktaten und der Kanzler hätte an der Autorschaft Bonaventuras gezweifelt, cf. Combes, La théologie mystique, vol. 1 (nt. 109), 102, nt. 93 und nt. 95.

[119] Cf. nt. 25.

[120] Cf. Jakob Volradi, Registrum librarie (nt. 8), fol. 72r; Lehmann, Mittelalterliche Bibliothekskataloge, vol. 2 (nt. 7), 315,7–33, bes. 14–15: „[…] *hic liber [Rudolf von Biberach, ‚De septem itineribus aeternitatis'] devotissimus et utilissimus ad misticam theologiam […]*". Dazu M. Schmidt, Einleitung, in: Rudolf von Biberach. De septem itineribus aeternitatibus. Nachdruck der Ausgabe von Peltier 1866 mit einer Einleitung in die lateinische Überlieferung und Corrigenda zum Text, Stuttgart–Bad Cannstatt 1985, IX–XLIV, hier XXI.

[121] Cf. Eisermann, ‚Stimulus amoris' (nt. 83), 286 sq.

[122] de Ghellinck, Les catalogues (nt. 10), 291: „Visiblement, les ouvrages rangés dans cette section [D] ont intéressé l'auteur, car il en donne longuement la description avec, de temps à autre, une remarque utile, indice du goût qu'il a pris à les parcourir".

Zum Schluss muss man nach den Gründen für die Verwendung einer signaturorientierten Beschreibung fragen. Es ist in erster Linie eine Folge des festen theologischen Prinzips, nach welchem die Bibliothek aufgebaut wurde. Seine Durchsetzung greift tief in das *registrum librarie* ein, wie am Beispiel der Buchbeschreibung von D 2 gezeigt wurde. Die Bücherbeschreibungen wurden zweifellos durch das leitende theologische Prinzip bestimmt. Die Wahl der signaturorientierten Beschreibung ist außerdem durch das Streben nach der vollständigen Erfassung des Buchinhaltes bedingt. Was dabei die Bibliothekare vor ein gewichtiges Problem stellte, ist die Verwaltung der Sammel-, Misch- oder zusammengesetzten Handschriften[123]. Im Spätmittelalter mehren sich die Hilfsmittel, die zur Auffindung der Werke dienen. Einige davon sind in den deutschen Kartausen besonders beliebt wie etwa die alphabetischen Materien- und/oder Autorenregister[124]. Die Handschrift Erfurt, BA, Hs. Hist. 6 enthält ein derartiges (mangelhaftes) Schlagwortregister und eine literaturkundliche Übersicht. Beide sind mit zahlreichen Querverweisen auf die Büchersignaturen und den Standortkatalog (*in registro*) versehen[125]. Das Erfurter *registrum librarie* bietet ein weiteres werkimmanentes Mittel: die Querverweise auf andere Exemplare am Ende der Werkbeschreibungen. Im Vergleich zu Instrumenten wie dem Schlagwortregister und der literaturkundlichen Übersicht oder auch den Querverweisen sind die signaturorientierten Bücherbeschreibungen anderer Natur. Sie gewährleisten durch eine gezielte Inhaltsbeschreibung einer Handschrift den thematischen Fokus der jeweiligen Signaturengruppe. Dies ist nicht selbstverständlich, da eine Handschrift auch Texte umfassen kann, die nicht zum Thema der Signaturengruppe gehören[126]. Somit verhindert die signaturorientierte Inhaltsbeschreibung die sonst unumgängliche Auflösung der thematischen Anordnung des Erfurter Standortkatalogs. Diese Beschreibungsweise hat wenig Anklang in den Katalogisierungspraktiken des Spätmittelalters und der Frühen Neuzeit gefunden, außer etwa in der Abtei Sankt-Viktor in Paris[127]. Die signaturorientierte Beschreibung im *regist-*

---

[123] Derolez, Les catalogues (nt. 98), 21 sq. und 35–38.
[124] Zu den Registern oder Indices, besonders in den deutschen Kartausen, cf. Schreiber, Quellen und Beobachtungen (nt. 72), 16 sq.; Derolez, Les catalogues (nt. 98), 40–42; W. Milde, Der Bibliothekskatalog des Benediktinerklosters Nienburg (Saale) von 1473. Ein Katalog mit alphabetischem Index, in: Mitteldeutsches Jahrbuch für Kultur und Geschichte 5 (1998), 43–63.
[125] Zu den Verweisen auf den Standortkatalog cf. Lehmann, Mittelalterliche Bibliothekskataloge, vol. 2 (nt. 7), 245,13–14, 247,3–4, 540,25, 584,29–30, 587,25 und 588,39–589,1.
[126] So findet man etwa in der von Bruder N. geschriebenen Handschrift mit der Signatur D 5 primo mehrere Werke (z. B. geographische, astronomische und astrologische Traktate von Peter von Ailli), die unter dem Titel „*Materia extranea*" zusammengefasst werden, cf. Jakob Volradi, Registrum librarie (nt. 8), fol. 71*r; Lehmann, Mittelalterliche Bibliothekskataloge, vol. 2 (nt. 7), 308,38–309,309,3.
[127] Cf. nt. 112. Die Auffassung einer Anordnung des Bibliothekskatalogs von 1514 nach den vier Auslegungsarten der Heiligen Schrift in Anspielung auf das Erfurter *registrum librarie* wurde in der Vergangenheit vertreten, cf. V. Gerz-von-Büren, Étude des classements de bibliothèques anciennes pour essayer de comprendre le rôle culturel de la bibliothèque de St. Victor de Paris, in: Codices manuscripti 12 (1986), 1–26, bes. 2, 8 sq, 10, 11. Die Auffassung von Gerz-von-Büren lässt sich nicht am Material überprüfen.

*rum librarie* der Kartause Salvatorberg zeigt, wie unterschiedlich die Praktiken der Bibliotheken hinsichtlich der Katalogisierung waren. Letztlich stellt sich für jeden einzelnen Katalog die Frage nach dem Zweck, wobei auch vieles „auf den Brauch"[128] der jeweiligen Bibliothek ankommt.

### III. Die Signaturengruppe I und ihr Verhältnis zur ‚mystischen Theologie'

Um das Verhältnis der Signaturengruppe I zur *theologia mystica* zu bestimmen, genügt es nicht, den Blick allein auf den Katalog und auf die unter I versammelten Texte – Exempla und Offenbarungen – zu richten, denn ihre Ausgliederung in eine eigene Signaturengruppe verleitet zu der Annahme, dass sie nichts mit ‚Mystik' zu tun haben. Der Eindruck täuscht. Dass speziell die Offenbarungstexte nicht nur aus heutiger, sondern auch aus zeitgenössischer Sicht als ‚mystisch' definiert werden können, wird deutlich, wenn man auch nach der Präsenz und Funktion dieser Texte in der Exzerpier- und schriftstellerischen Praxis einzelner Erfurter Kartäuser fragt. Damit rücken Beschreibungsebenen in der als Text- und Deutungsraum begriffenen Bibliothek in den Blick[129], die für die Frage nach der Mystik als historische Kategorie der Wissensordnung in der Erfurter Kartause nicht weniger aufschlussreich sind als der Katalog selbst.

Die Signaturengruppe I umfasst laut Einleitung „*libros de diversis exemplis et revelationibus*"[130]. Während die Offenbarungen vor allem mit namentlich genannten Frauen verbunden sind, zeichnen sich die *exempla*, zu denen auch *miracula*, *similitudines* und *diversa collecta* gezählt werden[131], durch Anonymität aus. Was dieses scheinbar heterogene Material verbindet, ist ein historisch-referentielles

---

[128] Cf. nt. 73.

[129] Zur theoretischen Fundierung dieses Ansatzes cf. B. J. Nemes, Trampelpfade historischer Textdeutung. Die mittelalterliche Überlieferung und ihre spatialen Ordnungen, in: B. Fleith e. a. (eds.), De l'(id)entité textuelle au cours du Moyen Âge tardif (XIIIe–XVe siècle), Paris 2017, 295–322, hier 312–317.

[130] Jakob Volradi, Registrum librarie (nt. 8), fol. 118r; Lehmann, Mittelalterliche Bibliothekskataloge, vol. 2 (nt. 7), 430,19–20. Zu dieser Signaturengruppe cf. J. Mangei, Kartäuserorden und Visionsliteratur im Mittelalter und in der Frühen Neuzeit, in: Lorenz (ed.), Bücher (nt. 9), 289–316; D. D. Martin, Carthusians as Advocates of Women Visionary Reformers, in: J. M. Luxford (ed.), Studies in Carthusian Monasticism in the Late Middle Ages, Turnhout 2008, 127–153; Nemes, Mechthild (nt. 18); L. H. McAvoy, „O der lady, be my help." Women's Visionary Writing and the Devotional Literary Canon, in: The Chaucer Review 51 (2016), 68–87 und M. Eifler, Zur Rezeption von mystischen Viten und Offenbarungen bei den Kartäusern und Benediktinern in Erfurt in der zweiten Hälfte des 15. Jahrhunderts, in: C. Emmelius/B. J. Nemes (eds.), Mechthild und das ‚Fließende Licht der Gottheit' im Kontext. Eine Spurensuche in religiösen Netzwerken und literarischen Diskursen im mitteldeutschen Raum des 13.–15. Jahrhunderts, Berlin 2019, 303–336.

[131] Cf. Jakob Volradi, Registrum librarie (nt. 8), foll. 118v, 119r; Lehmann, Mittelalterliche Bibliothekskataloge, vol. 2 (nt. 7), 434.9.15.24.

Textverständnis im Sinne des in weiten Teilen des Katalogs als Ordnungsprinzip obwaltenden vierfachen Schriftsinns der Bibelexegese (siehe dazu Teil I, Seite 633sq.). Dieser Bezug, der auch für die Lektüre der unter B versammelten biblischen Bücher konstitutiv ist, wird in der kurzen Einleitung zur Signaturengruppe I unmissverständlich herausgestellt: „*et subordinatur hic sensui historico*"[132]. Von daher überrascht es nicht, wenn es daselbst heißt, die *exempla* und *revelationes* bezögen sich auf Ereignisse, die faktisch stattgefunden hätten und bestimmten Personen zuteilgeworden seien („*factis quibusdam personis*"). Allem Anschein nach versteht der Bibliothekar die Revelationen in einem lebensweltlich-referenzialisierenden Sinn als Erfahrungsberichte. Dadurch wird der für das Verständnis der Signaturengruppe I wichtige Aspekt der persönlichen Erfahrung bereits in der Einleitung eingeblendet.

Wer jene *persone* sind, die sich durch *revelationes* auszeichnen, wird deutlich, wenn man sich der inhaltlichen Beschreibung jener Handschriften zuwendet, die der Bibliothekar unter der Signatur I zusammenführt. Sieht man von der ersten Signatur einmal ab, die nicht zufällig an ein (heute verschollenes) Exemplar der Johannesapokalypse vergeben wurde, mit dem die auch für die folgenden Katalogeinträge wichtige Tradition göttlich inspirierter Rede anzitiert wird[133], handelt es sich um Offenbarungen, die vor allem mit Frauen in Verbindung stehen. Wir identifizieren die dort genannten Frauen heute als ‚Mystikerinnen' und ordnen die von ihnen oder über sie verfassten Werke der ‚Frauenmystik' zu. Diese Praxis erscheint aus der Sicht des Erfurter Bibliothekskatalogs insofern diskussionsbedürftig, als die heute als ‚frauenmystisch' geltenden Werke hier wider Erwarten nicht unter einer als ‚mystisch' deklarierten Signaturengruppe subsumiert, ja nicht einmal in jenem spirituellen Haus (*domus spiritualis*) untergebracht werden, dessen Dachspitze die zur Signatur D gehörenden Werke der *theologia mystica* bilden (siehe dazu Teil I, Seite 635).

Die hier skizzierte Konstellation lenkt den Blick nicht nur auf die Anfänge der Kategorienbildung ‚frauenmystisch', die es wissenschaftshistorisch zu eruieren gilt; sie rückt auch die historischen Anfänge der Ordnungskategorie ‚mystisch' ins Blickfeld einer wissensarchäologisch orientierten Forschung, wenn man bedenkt, dass die unter I erfassten Offenbarungstexte in der Exzerpier- und schriftstellerischen Praxis einzelner Erfurter Kartäuser durchaus in die Nähe jener Werke der Signaturengruppe D geraten konnten, die im Katalog *per definitionem* als ‚mystisch' galten. Als exponiertes Beispiel für dieses Phänomen kann das vom anfangs genannten Bruder N., einem an der mystischen Theologie stark interessierten Mitarbeiter des Bibliothekars, angelegte Rapiarium Ms. theol. lat.

---

[132] Jakob Volradi, Registrum librarie (nt. 8), fol. 118r; Lehmann, Mittelalterliche Bibliothekskataloge, vol. 2 (nt. 7), 430,20–21.

[133] Darüber hinaus spielt auch hier der Aspekt des Selbsterlebten eine wichtige Rolle, wenn es in der auf den *titulus* folgenden Kurzcharakterisierung heißt: „*Apokalipsis beati Johannis [...] secundum quas revelationes sibi factas recepit*", cf. Jakob Volradi, Registrum librarie (nt. 8), fol. 118r; Lehmann, Mittelalterliche Bibliothekskataloge, vol. 2 (nt. 7), 430,22–23.

oct. 89 der Berliner Staatsbibliothek angeführt werden, das lateinische und deutsche Texte aus dem Bereich der *theologia mystica* und der *revelationes* zusammenführt und diese unter übergreifenden thematischen Gesichtspunkten einem klosterinternen Lesepublikum erschließt, das erklärtermaßen nicht aus *incipientes* (fol. 53v) bzw. *anhabenden luten* (fol. 269r), also nicht aus Anfängern auf dem Weg zur *unio mystica*, sondern aus Fortgeschrittenen besteht[134]. Bemerkenswert ist diese Handschrift auch deswegen, weil sie die Lektüreempfehlungen einer Person enthält, die sich in einer Notiz auf dem vorderen Innenspiegel als ein in Fragen der geistlichen Lebensführung Erfahrener (*expertus*) vorstellt[135]. Dieses Fallbeispiel zeigt, dass es Beschreibungsebenen im Text- und Deutungsraum Bibliothek gibt, an denen die diskursiven Ordnungen des Katalogs in Fluss geraten beziehungsweise neu verhandelt werden, so dass ein über den Bibliothekskatalog hinausweisendes Corpus von ‚mystischen' Texten entsteht, welches auch die unter der Signaturengruppe I erfassten Offenbarungswerke miteinschließt.

Den wichtigsten Hinweis dafür, dass die von Frauen verantworteten Offenbarungsschriften ins Umfeld der *theologia mystica* gehören, scheint der in der Einleitung der Signaturengruppe I artikulierte Erfahrungsbezug zu liefern, denn dieser Bezug bestimmt auch Bruder N.'s Verständnis der *theologia mystica* als ‚Expertenliteratur', das heißt, als eine auf persönlicher Erfahrung (*experientia, experimentum*) basierende Literatur. Dies lässt sich einem bislang nicht edierten und daher wenig beachteten lateinischen Traktat von Bruder N. entnehmen[136], der die mit Jakob von Paradies († 1465)[137] und Johannes Hagen († 1475)[138] verbundene hausinterne Beschäftigung mit Themen der *theologia mystica* weiterführt und autograph in der Weimarer Handschrift Q 51 überliefert ist, die als Sammlung eben-

---

[134] Zur Handschrift cf. B. Braun-Niehr, Die theologischen lateinischen Handschriften in Octavo der Staatsbibliothek zu Berlin Preußischer Kulturbesitz, vol. 1, Wiesbaden 2007, 138–157 und demnächst B. Braun-Niehr/C. Emmelius/B. J. Nemes/C. Squires, *synt szere tyff vnde dynen nicht vor anhabende lute*. Mechthild-Rezeption in der Kartause Erfurt im Spiegel einer neu entdeckten Handschrift des ‚Fließenden Lichts' und seiner lateinischen Übersetzung (Arbeitstitel).

[135] Cf. K. Niehr, „J'ai este en mult de tieres" – Reales, fiktives, legendäres Expertentum im Mittelalter. Das Beispiel Villard de Honnecourt, in: Wolfenbütteler Notizen zur Buchgeschichte 39 (2014), 13–28, hier 28 nt. 33.

[136] Zu diesem Text cf. Burger, Mystische Vereinigung (nt. 16), 106–108 und Eifler, Beobachtungen (nt. 5), 112–115. Die Edition des Traktats wird von Kees Schepers (Antwerpen) vorbereitet.

[137] Cf. Stanisław Porębski, Jakub z Paradyża. Opuscula inedita. Wydał, wstępem i notami krytycznymi opatrzył, Warschau 1978; J. Auer, Die ‚Theologia Mystica' des Kartäusers Jakob von Jüterbog († 1465), in: J. Hogg (ed.), Die Kartäuser in Österreich, vol. 2, Salzburg 1981, 19–52; D. Mertens, Jakob von Paradies (1381–1465) über die mystische Theologie, in: J. Hogg (ed.), Kartäusermystik und -Mystiker, vol. 5, Salzburg 1982, 31–46; J. Stoś, Die mystische Theologie des Jakob von Paradies, in: Mediaevalia. Textos e estudos 23 (2004), 367–380; id., Die mystische Theologie des Jakob von Paradies, in: Theologie und Philosophie 79 (2004), 90–98.

[138] Cf. J. Klapper, Der Erfurter Kartäuser Johannes Hagen, 2 voll., Leipzig 1960/1961; S. M. Metzger, The ‚Tractatus de mistica theologia' by Ioannes de Indagine, O.Cart. († 1475), in: R. Hofmeister Pich/A. Speer (eds.), Contemplation and Philosophy: Scholastic and Mystical Modes of Medieval Philosophical Thought, Leiden 2018, 599–674.

falls von Bruder N. angelegt wurde[139]. Wie wichtig das Moment der Erfahrung des Göttlichen für Bruder N. ist, macht sein Urteil über Johannes Gerson im besagten Traktat deutlich. Mit seiner Schrift schaltet sich Bruder N. in eine Jahrzehnte zurückliegende Kontroverse zwischen Johannes Gerson († 1429) und Jan van Schoonhoven († 1432) über die mystische Theologie des Jan van Ruusbroec († 1381) ein, indem er die gegensätzlichen Positionen des Streits zusammenstellt und diese auch kommentiert. So heißt es in Bezug auf Gerson gleich am Anfang des Traktats: „*In theologia magister et doctor egregius, sed in theologia mistica inexpertus*" (Weimar, HAAB, Q 51, fol. 238v). Sein Urteil über die fehlende Kompetenz von Gerson in Fragen der mystischen Theologie begründet Bruder N. mit Hinweis auf Stil und Inhalt (*stilus et materia*) der von Gerson verfassten zahlreichen Schriften (*opuscula*) zur *theologia mystica*, legten sie doch Zeugnis dafür ab, dass Gerson das, worüber er schreibt, nicht aus persönlicher Erfahrung kenne: „*quod ea que scripsit non habuit in vita*" (Weimar, HAAB, Q 51, fol. 238v). Im weiteren Verlauf seines Traktats nennt Bruder N. eine Reihe von in den Signaturengruppen D und I vertretenen lateinischen und deutschen Werken, deren Verfasser beziehungsweise Protagonisten er als „*experti in materia de vera contemplatione*" ausweist (Weimar, HAAB, Q 51, fol. 245v). Im Zusammenhang von *revelationes* sind das vor allem Frauen wie Mechthild von Magdeburg (*Mechtildis*), Mechthild von Hackeborn (*Mechildis*)[140] oder Hildegard von Bingen (cf. Weimar, HAAB, Q 51, fol. 246r). Die intrikate Spannung zwischen *experti* und *inexperti*, auf die es Bruder N. ankommt, ist nicht nur im Hinblick auf den ambivalenten Status von „Experten der Vormoderne zwischen Wissen und Erfahrung"[141], sondern auch und vor allem im Hinblick auf die nicht versiegende und teilweise polemisch geführte Forschungskontroverse ein bemerkenswerter Befund, die den mystischen Charakter eines Textes an seinen Erfahrungsbezug koppelt und ihn daran misst[142].

---

[139] Cf. M. Eifler/B. C. Bushey (eds.), Die lateinischen Handschriften bis 1600, vol. 2, Wiesbaden 2012, 280–331; Eifler, Beobachtungen (nt. 5).

[140] Zu den vom Bibliothekar Volradi eingeführten Schreibweisen des Namens Mechthild als Merkmal, um Visionärinnen gleichen Namens voneinander zu unterscheiden, cf. B. J. Nemes, Von der Schrift zum Buch – vom Ich zum Autor. Zur Text- und Autorkonstitution in Überlieferung und Rezeption des ‚Fließenden Lichts der Gottheit' Mechthilds von Magdeburg, Tübingen–Basel 2010, 230 sq.

[141] Cf. U. Friedrich/H. Röckelein (eds.), Experten der Vormoderne zwischen Wissen und Erfahrung, Berlin 2012. Cf. in diesem Zusammenhang auch B. Reich/F. Rexroth/M. Roick (eds.), Wissen, maßgeschneidert. Experten und Expertenkulturen im Europa der Vormoderne, Berlin 2012 und F. Rexroth/T. Schröder-Stapper (eds.), Experten, Wissen, Symbole. Performanz und Medialität vormoderner Wissenskulturen, Berlin 2018.

[142] Eine solche Lesart findet sich heutzutage vor allem in theologischen Beiträgen, auch wenn es hier durchaus Ansätze gibt, die die kontextuelle Bestimmtheit nicht nur des sprachlichen Ausdrucks, sondern auch des Erfahrungsmomentes selbst für interpretationsrelevant erachten, siehe dazu den Forschungsüberblick bei B. J. Nemes, Grenzüberschreitungen in der Mystik? Neuere theologische Ansätze im Umgang mit einem (inter)kulturellen Phänomen, in: Studia Universitatis Babes-Bolyai. Theologia Catholica Latina 56/2 (2011), 15–36. Vom persönlichen Erfahrungssubstrat gänzlich entkoppelt liest man dagegen ‚(frauen-)mystische' Texte in der neueren germanistisch-mediävistischen Forschung, auch wenn es selbst hier zuletzt Stimmen gab, die die gängi-

Vor diesem Hintergrund empfiehlt es sich, nach Semantik, Stellenwert und Funktion von ‚Erfahrung' (*experientia, experimentum*) in den Schriften von Bruder N. über die mystische Theologie zu fragen, spielt doch der Aspekt der Erfahrung bei der Konstitution eines erweiterten Corpus von ‚mystischen' Texten in der Exzerpier- und schriftstellerischen Praxis dieses auch an der Genese des Bibliothekskatalogs beteiligten Erfurter Kartäusers eine wichtige Rolle[143]. Daher bietet sein Verständnis von *theologia mystica* als ‚Expertenliteratur' die seltene Gelegenheit, um den in der interdisziplinären Mystikforschung so kontrovers diskutierten Erfahrungsbegriff am exemplarischen Einzelfall zu untersuchen und historisch zu perspektivieren. Inwieweit die in diesem Zusammenhang gemachten Beobachtungen auf die Signaturengruppe I übertragbar sind und ob vom postulierten Erfahrungssubstrat der *revelationes* her Verbindungen zu der als höchste affektive Kraft in der Seele herausgestellten *sinderesis* und damit zur ‚mystischen' Signaturengruppe D bestehen (siehe dazu Teil I, pp. 630 und 635 sq.), wird ebenfalls zu klären sein. Dabei darf der kataloginterne Zusammenhang von I mit der Signaturengruppe B auch nicht außer Acht gelassen werden, da beide dem historischen Schriftsinn dienen. Auf diese Weise ließe sich rekonstruieren, wie der Begriff der *revelationes* in I verwendet wird, welche Bedeutungstraditionen er aktiviert und wie er in die zeitgenössische Diskussion um den Erkenntniswert der religiösen Erfahrung semantisch eingebunden wurde.

## Schlusswort

Mittelalterliche Bibliothekskataloge liefern mehr als eine schlichte Bücherliste und bieten mehr als die mechanische Wiedergabe eines Bücherbestandes. Sie lassen, so Louis Fabre, eine neue Bibliothek entstehen, die sozusagen aus sich selbst hervorgeht („une Bibliothèque nouvelle qui sort pour ainsi dire d'elle-même")[144]. Wie eine materiell vorhandene Bibliothek auf der Ebene des Katalogs in eine intellektuelle überführt wird, lässt sich an der „Bibliothèque nouvelle" der Erfurter Kartause besonders gut studieren. Zwar basiert sie auf den physisch vorhandenen Büchern der Kartäuserbibliothek, doch sind für die ‚neue

---

ge literaturwissenschaftliche Lesart für einseitig erachten, cf. H. Haferland, Das Ich auf Rasur. Visionen als autobiographische Episoden bei Hildegard von Bingen, Elisabeth von Schönau, Mechthild von Magdeburg und Gertrud von Helfta, in: S. Glauch/K. Philipowski (eds.), Von sich selbst erzählen. Historische Dimensionen des Ich-Erzählens, Heidelberg 2017, 389–464.

[143] Eine rege Beschäftigung mit ‚frauenmystischen' Texten lässt sich auch bei Johannes Hagen beobachten, cf. Nemes, Von der Schrift zum Buch (nt. 140), 231 sq. Die in der Klosterbibliothek aufbewahrte Revelationsliteratur war nicht nur Johannes Hagen, sondern auch Jakob von Paradies wohl vertraut. Besonders hinzuweisen ist hier auf seinen Traktat über die mystische Theologie, denn hier werden die visionär begnadeten Frauen und ihre Offenbarungen den Mönchen und professionellen Theologen als nachahmenswerte Vorbilder empfohlen, cf. Auer, ‚Theologia Mystica' (nt. 137), 33–52 und Mertens, Jakob von Paradies (nt. 137), 43.

[144] L. Fabre, Discours préliminaire, in: Catalogue des livres de la bibliothèque publique, Paris–Orléans 1777, I–VIII, hier VI.

Bibliothek' in erster Linie nicht die Bücher, sondern die darin enthaltenen Texte konstitutiv. Dies lässt sich an den Inhaltsaufnahmen und den Einleitungen der einzelnen Signaturengruppen ablesen: Die Inhaltsaufnahmen verzeichnen zwar den Inhalt eines Buches, doch stellen sie dabei einzelne Texte heraus, die für das Profil der jeweiligen Signaturengruppe von besonderer Bedeutung sind; die Einleitungen unterstreichen ihrerseits dieses Interesse an den Textinhalten insofern, als sie aus einer Fülle von mosaikartig zusammengesetzten, doch nicht als solche ausgewiesenen Zitaten bestehen, die wiederum Werken entstammen, die für das Profil der jeweiligen Signaturengruppe ausschlaggebend sind. Die Zusammenschau von Einleitungen und Bücherbeschreibungen und die Beachtung der darin entworfenen Ordnungsprinzipien verdeutlichen, wie eine neue, eine ‚mystische' Bibliothek aus der Praxis der Katalogisierung entsteht und ihrerseits auf diese Praxis zurückwirkt.

Die in den Erfurter Bibliothekskatalog eingeschriebenen und im vorliegenden Beitrag beschriebenen semantischen Operationen weisen den Katalog der Kartause als ein hermeneutisch hoch bedeutsames Instrument für die „Archäologie räumlicher Wissensordnungen"[145] aus. Die Wissensarchitektur des Katalogs auf Stellenwert und Bedeutung der *theologia mystica* als historische Kategorie der Wissensordnung hin zu erforschen, ist das Hauptanliegen des Freiburger Projektes ‚Making Mysticism'. Es macht sich somit zur Aufgabe, die Bibliothek nicht nur als Text-Raum, sondern auch als Deutungsraum der in ihr enthaltenen Texte zu begreifen, wohlwissend, dass bereits die Signierung und räumliche Einordnung eines Buches auf dem Bücherregal einen Akt der Deutung darstellen[146]. Mit einer solchen Ausrichtung leistet das Projekt einen Beitrag zur Historisierung des Mystikbegriffs, wird doch hier an einem zentralen Untersuchungsgegenstand erstmals erforscht, wie die Kategorie ‚mystisch' historisch als Kategorie einer Wissensordnung verwendet wurde.

---

[145] R. Felfe/K. Wagner, Museum, Bibliothek, Stadtraum. Räumliche Wissensordnungen 1600–1900, in: R. Felfe/K. Wagner (eds.), Museum, Bibliothek, Stadtraum. Räumliche Wissensordnungen 1600–1900, Berlin 2010, 3–22, hier 18.
[146] Cf. aus der Perspektive frühneuzeitlicher Bibliotheken U. J. Schneider, Der Ort der Bücher in der Bibliothek und im Katalog am Beispiel von Herzog Augusts Wolfenbütteler Büchersammlung, in: Archiv für Geschichte des Buchwesens 59 (2005), 91–104, hier 91.

# How to Use a Well-Stocked Library: Erfurt Carthusians on the *Industriae* of Mystical Theology[*]

STEPHEN M. METZGER (Vatican City)

In 1962 Erich Kleineidam highlighted the importance of the library of the Charterhouse in Erfurt to understand the texts on mystical theology produced by members of that community, especially Jakob von Jüterbog and Johannes Hagen[1]. Relying upon the medieval catalogue of that library, first edited by Paul Lehmann[2], Kleineidam established the intellectual orientation (Richtung) of the monks. He provided short summaries of works and authors contained in sections of the library. Unsurprisingly, when dicussing the works of mystical theology preserved in the library (in section D), a subject of special interest for Carthusian monks, Kleineidam pointed to the significance of Hugh of Balma and Jean Gerson[3]. Indeed, Gerson played a critical role in the intellectual formation of the Erfurt Carthusians, partly due to his well-known admiration for the Order[4]. The second codex listed in the medieval catalogue under the category of mystical theology (D.2) contained the treatises by both Hugh and Gerson, with Gerson's appearing first in the manuscript according to its entry in the catalogue[5]. As we will see, this codex provides a hermeneutical key with which to understand the mystical theology of Jakob von Jüterbog and Johannes Hagen[6].

---

[*] I would like to dedicate this article to the memory of Dennis Martin, who did so much in the United States for the study of fifteenth-century Carthusians.
[1] E. Kleineidam, Die theologische Richtung der Erfurter Kartäuser am Ende des 15. Jahrhunderts. Versuch einer Einheit der Theologie, in: E. Kleineidam/H. Schürmann (eds.), Miscellanea Erfordiana (Erfurter theologische Studien 12), Leipzig 1962, 247–271; this essay was reprinted in 1983 as: id., Die Spiritualität der Kartäuser im Spiegel der Erfurter Kartäuser-Bibliothek, in: M. Zadnikar/A. Wienand (eds.), Die Kartäuser. Der Orden der schweigenden Mönche, Köln 1983, 185–202. I will refer to the 1962 printing.
[2] P. Lehmann, Mittelalterliche Bibliothekskataloge Deutschland und die Schweiz 2. Bistum Mainz-Erfurt, München 1928, 239–593.
[3] Kleineidam, Richtung (nt. 1), 261–262; this significance was later confirmed by D. Mertens, Jakob von Paradies (1381–1465) über die mystische Theologie, in: J. Hogg (ed.), Kartäusermystik und -mystiker. Dritter internationaler Kongress über die Kartäusergeschichte und -Spiritualität 5 (Analecta Cartusiana 55), Salzburg 1982, 31–46.
[4] Kleineidam, Richtung (nt. 1), 265.
[5] Lehmann, Mittelalterliche Bibliothekskataloge (nt. 2), 301–302.
[6] In 1982, Mertens indicated how Jakob von Jüterbog's mystical theology was a synthesis of the works by Hugh and Gerson; this essay will demonstrate the truth of Merten's supposition.

Considered in relation to his confrères, Jakob von Jüterbog was no doubt the most well-known monk in the Erfurt Chaterhouse during his lifetime[7]. He was born in a small village near the town of Jüterbog in Brandenburg around the year 1381 to a family of poor farmers. Around 1403 he entered the Cistercian monastery of Paradies, 75 kilometers east of Frankfurt an der Oder in present-day Poland[8]. In 1420 he began studies at the University of Krakow, completing his Bachelor of Arts in 1421 and then his Masters in 1423. He was a *Baccalareus Biblicus* around 1425–1426 and in 1430 a *Baccalaureus Sententiarius Formatus*. He was promoted to Master of Theology on 29 January 1432. By all accounts, he was a quite successful professor of theology and a celebrated preacher. He eventually became the Abbot of his monastery. He attended the Council of Basel in 1441 and two years later entered the Erfurt Charterhouse, where he would remain for the next 22 years[9]. He died in 1465.

As an expert of theology in the scholastic mode of the schools and universities, it is perhaps not surprising that Jakob penned only one work of mystical theology[10]. This is a two-part work that combines his 'De actionibus humanis quantum ad bonitatem' and 'De theologia mystica', which Ludger Meier listed separately in his inventory of works by Jakob[11]. The treatise that is simply titled 'De mystica theologia' survives in fifteen manuscripts[12]. In 1978 Stanisław Porębski published a simple transcription of one of the witnesses to this text now preserved in Wrocław, Biblioteka Uniwersytecka, Cod. I.F.280, foll. 259v–281r[13]. Porębski transcribed the contents of the entire codex. Unfortunately, he did not look at any other witnesses for the texts, nor did he provide references for any of the sources used by Jakob beyond scriptural quotations. For this

---

[7] The following short summary of his life is taken from S. Autore, Jacques de Jüterbock, in: E. Amann (ed.), Dictionnaire de théologie catholique, vol. 8.1, Paris 1924, 297-298.

[8] His travels have led scholars to refer to him by many names in the scholarly literature: Jacobus de Clusa, Jacobus Carthusiensis, Jakob von Paradies, and Jakob von Jüterbog. I will refer to him only by this last designation in this essay.

[9] Unfortunately, that is about all that we know about Jakob except for his writings. Unlike Johannes Hagen, he does not seem to have written any inventories of his works, which, in the case of Johannes, were smattered with biographical details, and the account of his life that might have been included in the library's catalogue written by the librarian Jacobus Volradi has been lost.

[10] An inventory of Jakob's works was published in L. Meier, Die Werke des Erfurter Kartäusers Jakob von Jüterbog in ihrer handschriftlichen Überlieferung (Beiträge zur Geschichte der Philosophie und Theologie des Mittelalters 37.5), Münster i.W. 1955; Mertens, Jakob von Paradies, 40-44, shows how the two parts fit together.

[11] Meier, Die Werke (nt. 10), 23, no.18 and 68, no.86.

[12] Id., ibid., 68; Meier listed only 12 manuscripts, but three more were noted by D. Mertens, Jacobus Carthusiensis. Untersuchungen zur Rezeption der Werke des Kartäusers Jakob von Paradies (1381–1465) (Studia zur Germania Sacra 13), Göttingen 1976, 311; see also Mertens, Jakob von Paradies (nt. 3), 32.

[13] Jacobus de Clusa, Opuscula inedita, ed. S. Porębski (Textus et studia historiam theologiae in Polonia excultae spectantia 5), Warszawa 1978, 250-312. I will henceforth cite Jakob's 'De theologia mystica' as Jacobus de Clusa, De theologia mystica, ed. Porębski.

reason, he completely ignored the fact that Jakob lifted whole passages and sections directly from the treatise on mystical theology by Jean Gerson.

While Jakob wrote only one treatise on mystical theology, his younger confrère Johannes Hagen, who died in 1475, wrote at least two, if not three, distinct treatises on the subject[14]. Seen form a purely secular perspective, Johannes enjoyed a successful career as a Carthusian. He was chosen Prior of several Charterhouses, included his own at Erfurt. He did once run afoul of his superiors because of a controversy that he had with none other than Jakob von Jüterbog on the Order's involvement with the 'care of souls' and parish ministry[15]. In an inventory of his works that survives in Erfurt, Domarchiv, Hs. Hist. 1, Johannes gives two separate entries for a work by him on mystical theology[16]. These are currently preserved in manuscripts in libraries at Weimar and Paderborn respectively[17]. Part of a third treatise was recently discovered in Moscow by Mikhail Khorkov[18]. Unlike Jakob, who was a celebrated and well-known Master of Theology before joining the Carthusian community in Erfurt, Johannes did not take a degree at a university beyond that of Arts. He began to study law but abandoned the scholarly life in favor of being a Carthusian. After a period of ten years spent in prayer and private study, his superiors pressed him to use his erudition for the benefit of his Order and the Church[19]. The result was a massive literary production that ranks him with Augustine and Denys the Carthusian as one of the most prolific authors of the Middle Ages[20].

Because Johannes' training was in law, he often addressed legal issues and concerns, including ones about the status of religious and the legal privileges associated with certain communities, especially the Carthusians, in many of his writings. A large section of his surviving works are dedicated to answering specific legal questions. Indeed, he garnered such a reputation for learning and insight

---

[14] The most comprehensive study of the life and works of Johannes Hagen remains J. Klapper, Der Erfurter Kartäuser Johannes Hagen. Ein Reformstheologe des 15. Jahrhunderts, 2 voll. (Erfurter theologische Studien 9–10), Leipzig 1961; see also S. M. Metzger, The *Tractatus de mistica theologia* by Ioannes de Indagine, O.Cart. († 1475), in: R. Hofmeister Pich/A. Speer (eds.), Contemplation and Philosophy: Scholastic and Mystical Modes of Medieval Philosophical Thought. A Tribute to Kent Emery, Jr. (Studien und Texte zur Geistesgeschichte des Mittelalters 125), Leiden 2018, 599–674.
[15] Metzger, Tractatus (nt. 14), 607.
[16] Klapper published his (sometimes poor) transcription of this manuscript in the second volume of his study of Johannes' life and works. Cf. Metzger, Tractatus (nt. 14), 609–613, for the various versions and witness of Johannes' mystical treatises.
[17] Weimar, Herzogin Anna Amalia Bibliothek, Hs. Q.50, foll. 1r–60v, and Paderborn, Erzbischöfliche Akademische Bibliothek, Cod. 118, foll. 162vb–173rb.
[18] Metzger, Tractatus (nt. 14), 611, nt. 48; see also the third installment of my inventory of Johannes' manuscripts, S. M. Metzger, Note: A Few More Manuscripts of Ioannes de Indagine, O.Cart., in: Bulletin de philosophie médiévale 58 (2016), 450–451.
[19] Metzger, Tractatus (nt. 14), 601–606.
[20] One can glimpse the enormity of his literary production in the three installments of my inventory of his manuscripts all of which are published in the Bulletin de philosophie médiévale 50 (2008), 51 (2009), and 58 (2016).

that he was sought far and wide to give his opinion on a variety of topics. As Dennis Martin has argued, Johannes is rightly regarded as a medieval "public intellectual"[21]. What may have begun as a way to use his, albeit scant, legal training for the good of the Order, resulted in his being consulted on a wide range of philosophical and theological issues, as well as those of daily life. Not least in this regard were questions concerning mystical theology and spiritual devotion. Indeed, the style of the treatise preserved in Paderborn, EAB, Hs. 118, indicates that he may have written it to give counsel to a fellow monk or perhaps someone outside of the Charterhouse on how to achieve mystical contemplation, although such an approach to a text of mystical theology is not an uncommon trope that originates in the writings of pseudo-Dionysus the Areopagite, the founder of the genre[22].

Given the public renown of both Jakob von Jüterbog and Johannes Hagen, it stands to reason that they would be well aware of contemporary debates in the Church on a wide variety of issues. During the fifteenth-century a controversy erupted over the nature of mystical theology, provoked by the polemical writing of the German Carthusian Vincent of Aggsbach, a monk of the house in Tegernsee. At issue was whether at the highest level of mystical rapture and contemplation there was a union of such love that it could be called purely affective, a position often ascribed to the Carthusian Hugh of Balma, or whether in addition to an overflowing of divine love there was also present to some degree understanding or intellectual knowledge (*intellectus*), a more nuanced position that Vincent found particularly reproachful in the treatises of Jean Gerson and Nicholas Cusa[23]. Given that scholars have focused such attention on the parameters of this debate, it is not surprising that Kleineidam, Mertens, and several others have concentrated on this aspect of mystical theology when reporting the conceptions of Jakob von Jüterbog and Johannes Hagen.

Both Erfurt Chartermonks were greatly indebted to the writings of Hugh of Balma and Jean Gerson, the works of whom were preserved together in a single

---

[21] D. D. Martin, Carthusians as Public Intellectuals: Cloistered Religious as Advisors to Lay Elites on the Eve of the Protestant Reformation, in: C. M. Bellitto/D. Z. Flanagin (eds.), Reassessing Reform. A Historical Investigation into Church Renewal, Washington, D.C. 2012, 232–253.

[22] Metzger, Tractatus, (nt. 14) 609–613, esp. 612–613. It is the text in the Paderborn manuscript, which will be the basis for this study; an edition of this text appears in Metzger, Tractatus, 636–674.

[23] There is a robust scholarly literature on this controversy; of particular note are E. Vansteenberghe, Autour de la Docte Ignorance. Une controverse sur la théologie mystique au XVe siecle (Beiträge zur Geschichte der Philosophie des Mittelalters 15), Münster i.W. 1915; Hugues de Balma, Théologie mystique (Sources Chrétiennes 408–409), edd. F. Ruello/J. Barbet, Paris 1995; D. D. Martin, Fifteenth-Century Carthusian Reform: The World of Nicholas Kempf (Studies in the History of Christian Thought 49), Leiden 1992; id., Carthusian Spirituality: The Writings of Hugh of Balma and Guigo de Ponte, New York 1997; P. Guinan, The Influence of Hugh of Balma's 'Viae Sion Lugent', in: J. Hogg (ed.), The Mystical Tradition and the Carthusians 14 (Analecta Cartusiana 130), Salzburg 1997, 5–49; K. M. Ziebart, Nicolaus Cusanus on Faith and the Intellect: A Case Study in 15th-Century *Fides-Ratio* Controversy (Brill's Studies in Intellectual History 225), Leiden 2014.

codex in the Charterhouse (D.2). They borrowed, for the most part silently without any attribution or other indication, extensive passages from the treatises by both authors[24]. There were, of course, exceptions to this. For example, both Jakob and Johannes at some point in their respective treatises quote the famous line from the Book of Lamentations, "*Viae Sion lugent*", with which Hugh began his work, an overt indication of the importance of that treatise for both of them[25].

The influence of these two authors on the theories of Jakob and Johannes extended far beyond the confines of the parameters of the debate concerning the extent to which the rational mind obtained some degree of discursive understanding of the Godhead in mystical vision and rapture. Indeed, they constituted the main authorities upon which the two monks relied for the entirety of their treatises. Jakob and Johannes, like Gerson, adopted Hugh's three-fold scheme for the stages of mystical theology: purgative, illuminative, and unitive (*via purgativa, via illuminativa*, and *via unitiva*)[26]. Similarly, Jakob and Johannes roughly divided their treatises into speculative and practical parts, as Gerson had done in a more formal and structural way[27]. Gerson's division of his treatise into an examination of the speculative and practical dimensions of mystical theology are equivalent to two books. Rather than dividing their treatises formally into these two sections, Jakob and Johannes integrated their explanations of the speculative and practical aspects of theology into their treatises.

The importance of Hugh of Balma and Jean Gerson for the conception of mystical theology according to Jakob and Johannes is most clearly apparent in their consideration of the *industriae* or 'industrious efforts' or 'excercises' that can aid one in attaining mystical contemplation[28]. Hugh was the first to present practical efforts that one could perform in the the pursuit of contemplation. For him, these were concrete steps that one could follow, such as the appropriate time of day for contemplative prayer or the proper postures to use while praying. The entirety of the practical treatise in Jean Gerson's mystical theology is dedicated to his explanations of *industriae*, a term and an idea that he borrowed directly from Hugh[29].

---

[24] Such a practice is not surprising or particularly shocking, especially given the fact that traditionally the corpus of texts concerning mystical theology was considered the common inheritance of all who were interested in the subject, of whom the Carthusians took particularly pride in being experts.

[25] Jacobus de Clusa, De theologia mystica, ed. Porębski (nt. 13), 251, l. 17, and Metzger, Tractatus (nt. 14), 638, l. 6.

[26] Jacobus de Clusa, De theologia mystica, ed. Porębski (nt. 13), 258, ll. 20–22, and Metzger, Tractatus (nt. 14), 622–631.

[27] Mertens, Jakob von Paradies (nt. 3), 32–36.

[28] Hugues de Balma, Théologie mystique, edd. Ruello/Barbet (SC 409) (nt. 23), 92–130; in addition to the Latin text published by Ruello, I also rely on the English translation in Martin, Carthusian Spirituality (nt. 23), 129–141.

[29] C. Casagrande/S. Vecchio, Les passions, la mystique, la prière affectivité et dévotion dans la pensée de Jean Gerson, in: Revue Mabillon 85 (2013), 109

Gerson, however, did not simply repeat the thirteenth-century Carthusian's list. Rather, Gerson expands the concept and pushes the limits of the term 'practical' when applied to the notion of *industriae*. As we shall see, there is no consideration of the physical postures that one can adopt for prayer. Gerson prefers to view the *industriae* as the interior work that one needs to do in order to dispose oneself properly for contemplation. For example, when he considers the pious meditations that cause affectivty in the subject in his eleventh *industriae*, Gerson begins with a discription of the kinds of reading and the vocalized prayers that one can undertake for that end. Surprisingly, his discussion leads him into a consideration of the affective nature of contemplation and mystical union[30]. In addition, the last *industria* that Gerson investigates counsels that one should flee bodily phantasms and turn the mind solely to the understanding of pure intelligence. He admits with a touch of irony that even in this most practical consideration of the exercises that facilitate mystical vision, he has lapsed back into a speculative examination[31]. In both of these cases, Gerson has turned away from the imminently practical acts that can be performed to uplift the soul for contemplation to a further speculative examination of the nature of mystical theology.

Jakob and Johannes' presentation of *industriae* in their treatises betray the influence of both of these authorities. Consequently, a comparison of their respective lists of the *industriae* related to mystical theology and an examination of similarities and differences between certain *industriae* allows for a fuller understanding of the importance and influence of Hugh of Balma and Jean Gerson in their conception of mystical theology and the practical work that can be done to attain mystical union. In other words, rather than limit a discussion of the role of Jean Gerson in the writings of Jakob and Johannes to his conception of the relationship between the affective and intellectual dimensions of contemplation, which proved so controversial to Vincent of Aggsbach, an analysis of the extent to which each author appropriated Gerson's ideas to their understanding of *industriae* provides a different perspective on how fifteenth-century Carthusians made use of his theories. As shall become clear, Jakob relies much more heavily upon the work of Gerson, while, by contrast, Johannes' *industriae* betrays the sharper influence of Hugh of Balma. Nevertheless, both authors synthesized these two authorities in a way analogous to the contents of the Charterhouse's manuscript D.2.

---

[30] Ioannis Carlerii de Gerson De mystica theologia, ed. A. Combes (Thesaurus Mundi), Lugano 1958, 197–208, esp. beginning at 201, ll. 59–63: "*Obiciet autem mox aliquis dictum esse superius quod amor est initium radixque affectionis cuiuslibet alterius; si non processerit igitur amor, timor et spes quomodo subintrabunt.*" I will rely on the translation of Gerson's treatise that appears in Jean Gerson, Early Works, translated by B. P. McGuire (Classics of Western Spirituality), New York 1998; for this *industria*, cf. 322–327.

[31] Ioaniis Carlerii de Gerson, De mystica theologia, 213.77–79: "*Sed ecce nescio quo pacto dum practicam professus sum misticam theologiam, relabor rursus in speculativam, sed non supervacue*"; Jean Gerson, Early Works (nt. 30), 330.

## I. *Industriae*: The Legacy of Hugh of Balma

Hugh of Balma was the first to introduce the notion of *industriae* or 'exercises' into the discourse surrounding mystical theology. He presented a modest list of seven tasks that one could do in the pursuit of mystical union during his discussion of the "unitive way", the third part of his treatise on mystical theology, 'Viae Sion Lugent'[32]. These are rather modest endeavors that Hugh proposed to the contemplative as ways to aid her growth and pursuit of contemplation. The first is to become accustomed to contemplation. The wayfarer is not naturally able to gaze fully on the divine light and must do "warm-up" exercises to become acquainted with this unfamiliar practice. To help with this, it is useful to turn to spiritual heros who currently enjoy the full radiance of the divine majesty. For this reason, the second *industria* is to consider the saints in glory, perhaps praying to one in particular, as well as to pray to the angels, thereby conditioning the mind to the task at hand[33].

After these two preparatory exercises, Hugh turns to three fundamental ones. The third exercise concerns one's posture during prayer. Hugh proposes seven different postures that one should consider each taken from Scripture. One can stand like Moses, bend one's knees and face downward like Solomon, prostrate oneself or be seated like Mary Magdalene, kneel and fall on one's face in imitation of Christ's agony in the Garden, stand with arms and body outstretched like Christ on the Cross, or pray inwardly while standing erect and gazing upwards like the Apostles during Christ's Ascension. By paying attention to the position of the body, one disciplines both mind and body to be focused upon contemplative prayer. Building upon this, in the fourth and fifth *industriae*, Hugh focuses on the proper time and place for contemplation. One needs to establish a habit both to aid the person in becoming accustomed to such prayer and devotion but also so that if one deviates from the schedule, one notices and is saddened by the omission. Hugh counsels that the proper time is at night and that the proper place should be private[34].

In the final two *industriae*, Hugh provides advice concerning appropriate subjects for meditation. In the sixth he considers the notion of spiritual food. Just as one grows weary of the same food day after day, so one can become bored by the same spiritual nourishment. In order to combat this fatigue, Hugh recommends changing the way in which one prays and the subject for one's meditations. He proposes that one should ponder the Lord's Passion, carefully considering all of its elements from the nature of Christ's suffering flesh to reflecting on his various wounds. When one tires of these meditations, it is useful to shift to begging for mercy and pray for one to become more compassionate of the

---

[32] The following summary is based on Hugues de Balma, Théologie mystique, edd. Ruello/Barbet (nt. 23), 92–130, and translated in Martin, Carthusian Spirituality (nt. 23), 129–141.
[33] Martin, Carthusian Spirituality (nt. 23), 130–132.
[34] id., ibid., 132–136.

sins of others. As in the previous *industriae*, variety is necessary but one needs also habituation so as not to give up when one finds contemplative prayer too tedious. The final exercise and safeguard against boredom is to employ different methods of verbal prayer, which can include singing hymns and praying the Psalms, an ancient and perhaps fundamental way to lift the mind to God[35].

Hugh's presentation of *industriae* had a profound influence upon later writers. Jean Gerson found much fruit for his understanding of mystical theology in the writing of Hugh of Balma, and, as shall be mentioned below, incorporated many of the themes and ideas in Hugh's work into his own treatise. Indeed, he was so taken with Hugh's list of *industriae* that he dedicated the entire second book of his own treatise on mystical theology to a practical consideration of the subject, i.e., *industriae*. He greatly expands upon Hugh's list, retaining only three (time, place, and food) of Hugh's by name. The two great intellectuals of the Erfurt Charterhouse, who knew Hugh and Gerson's treatises from one codex in the monastery's library (D.2), combined the work of these two great lights to forge their own presentation of the nature of mystical theology. Jakob von Jüterbog essentially reproduced Gerson's scheme, and, as we will see, lifted whole passages and even paragraphs from Gerson's writings, although he was equally indebted to the work of Hugh. Johannes Hagen also presented a more composite conception of the *industriae* of mystical theology that combined many elements from both Hugh and Gerson, although, as we shall show, he seems in the end to stay more closely aligned with Hugh's view of the *industriae*. Johannes greatly augmented the number of *industriae*, presenting a list of twenty exercises that one may usefully undertake in the pursuit of contemplation.

The following table presents the *industriae* of all four authors for the purposes of comparison.

| Hugh of Balma | Jean Gerson | Jakob von Jüterbog | Johannes Hagen |
|---|---|---|---|
| *(1) adsuefactio* <br> *(2)... necesse est ut illos qui in ephitalamio cum ipso laetantur in gloria totis visceribus adorando inclinet...* <br> *(3) ... in modo quoad corpus, quantum ad orantes in unitivis desideriis existendi.* <br> *(4) ratio temporis* <br> *(5) ratio loci* <br> *(6) ... de illa quae est ex multiplicatione spiritualium ferculorum, quia, secundum quod* | *(1) prima notat Dei vocationem attendere* <br> *(2) secunda cognoscere propriam complexionem* <br> *(3) tertia officium vel statum propriam aspicere* <br> *(4) quarta semet extendere ad perfectionem* <br> *(5) quinta occupationes effugere* <br> *(6) deponere curiositatem* <br> *(7) longanimitatem [patience] assumere* <br> *(8) passionum origines animadvertere et affectionum* <br> *(9) tempus ydoneum et* | *(1) Prima industria est corde, ore et opere et omni exercitio interiori se humiliare...* <br> *(2) Secunda industria – propriam complexionem agnoscere* <br> *(3) Tertia industria – Dei vocationem intendere* <br> *(4) Quarta industria – officium proprium et statum personam suae attente speculari* <br> *(5) Quinta industria – semetipsum extendere ad perfectionem non est cuiquam* | *(1) Prima quod quilibet suam uocacionem consideret, sicut uocatus est.* <br> *(2) Secunda industria ut quilibet suam complexionem et inclinacionem attendat...* <br> *(3) Tercia industria quod gradatim ascendere discat...* <br> *(4) Quarta industria ut curiositatem excludat...* <br> *(5) Quinta industria quod uniuerse passiones restringantur inordinate...* <br> *(6) Sexta industria fugere ... occupaciones...* |

---

[35] Martin, Carthusian Spirituality (nt. 23), 136–141.

| Hugh of Balma | Jean Gerson | Jakob von Jüterbog | Johannes Hagen |
|---|---|---|---|
| *videmus in naturali refectione animalium corporum...*<br>*(7) oratio: psalmi et hymni* | *locum inquirere*<br>*(10) sompno et cibo indulgere moderanter*<br>*(11) meditationibus piis affectionum generativis silenter insistere*<br>*(12) spiritum a fantasmatibus amovere* | *dicendum*<br>*(6) Sexta industria – occupationes fugere*<br>*(7) Septima industria – prae amore istius suavissimae unionis nil refugere asperitatis, stante libera rectae rationis*<br>*(8) Octava industria – curiositatem deponere*<br>*(9) Nona industria – passiones et affectiones animi et earum origines non ignorare*<br>*(10) Decima industria ex precedenti sequitur: speciem a phantasmatibus avertere*<br>*(11) Undecima industria: tempus et locum idoneum quaerere*<br>*(12) Duodecima industria: somno et cibo moderanter indulgere*<br>*(13) Tridecima industria: meditationbus piis affectuum generativis similiter insistere, patet ex prioribus* | *(7) Septima industria est usus temporatus in alimentis ut non fiat excessus in superfluis...*<br>*(8) Octaua industria ut queratur locus aptus...*<br>*(9) Nona industria est de tempore quoniam tempus nocturnum est magis quietum.*<br>*(10) Decima industria est corporis disposicio...*<br>*(11) Undecima industria ut ... ideo frequenter ad ea in spiritualibus exerciciis aspiret, et ascensiones in corde suo per meditaciones...*<br>*(12) Duodecima industria ut uariis exerciciis se occupet...*<br>*(13) Terciadecima industria ... semper tendat ad ulteriora et perfectiora...*<br>*(14) Quartadecima ut de imperfectione ad perfectionem cottidie transeat...*<br>*(15) Quintadecima ut omnia exercicia faciat ordinante et non interrupte...*<br>*(16) Sextadecima industria quod homo humile ualde ponat in corde suo fundamentum...*<br>*(17) Decimaseptima industria quod in omnibus exerciciis attendat cordis puritatem...*<br>*(18) Decimaoctaua industria quod puritatem tandem ordinet ad caritatem...*<br>*(19) Decimanona industria quod anima studeat se uirtutibus pro posse ornare...*<br>*(20) Uicesima industria ut non solum inordinatos affectus sed eciam uniuersa fantasmata de corde abiciat et inutiles cogitaciones, tanquam muscas immundas...* |

As one can see, the similarities in subject matter and topics across the columns is clear. In what follows, we shall focus on four areas that exemplify the relationship between these four authors: time and place, posture, curiosity and humility, and the avoidance of phantasms.

## II. Time and Place

Just as according to Aristotle one needs good habits in order to become virtuous[36], so too does the pursuit of divine contemplation require that the wayfarer becomes habituated to the task. The human person cannot rise to the heights of mystical love haphazardly but must set out a certain time and place for such exercises. Hugh of Balma writes in the fourth *industria* that choosing the proper time for prayer is akin to selecting the proper time for eating[37]. It is necessary for the refection of the soul and will provide her with just as much satisfaction if not more so. Drawing on the Psalms, Hugh finds that it is at night that the soul longs to be united to her bridegroom the most[38].

Setting aside a proper place for prayer, the fifth *industria* according to Hugh, is as important as choosing the proper time each day. Hugh, as a Carthusian monk, believes strongly in the need for public prayer. Of course, the monks of a Charterhouse prayed at all times of the day and night, so it would not be impossible for the Night Office or 'Matins' to be the proper time for contemplation. But the benefit of praying publicly is not so much for the practitioner himself; rather the public act provides a worthy example to be imitated by other people, leading them to higher things in a way that is more efficacious than preaching sermons or writing treatises[39]. Consequently, for the benefit of the aspiring contemplative, it is necessary to find some hidden place[40]. This is in accordance with the teaching of Christ himself, who counseled that one should pray secretly in a closed chamber[41]. Hugh acknowledges that this is not a particularly easy exercise to practice because the snares and tricks of the devil are

---

[36] Aristotle, Nicomachean Ethics II, 1 (1103a14–19).
[37] Hugues de Balma, Théologie mystique, edd. Ruello/Barbet (nt. 23), 106, ll. 4–12: "*Sicut enim videmus in necessitudine corporis, quod esca sibi competens semel vel bis in die, tempore suo, ei proprinatur, sic anima quae in amore vivere desiderat, hora debita et tempore congruo, lumbos suos accingendo se praeparet, et tempus orationi constituat, ut pane vivo in tali amore refecta cotidiano convivio non privetur, cum multo/nobilius, multo suavius, ab amante istud inveniatur convivium, quam in pastu corporis carnis refectio sentiatur.*"
[38] Id., ibid., 110, ll. 26–29: "*Tunc enim in amplexum Domini sui inardescat consurgere, sicut pervigil custos de nocte consurgens pro omnibus suis, pro quibus Dominus suus seipsum Patri viventem hostiam immolavit.*"
[39] Id., ibid., 110, l. 12–112, l. 18: "*Tu ergo debes in loco publico et aperto orationi insistere, ut alii simpliciores per tuum exemplum manuductive superius adtrahuntur, non ut ista sanctitate tuum proprium profectum desideres, sed per te multitudo non modica ad consimile tibi spirituale exercitium, multo plus exemplo vitae quam verbo doctrinae eminentius provocetur.*"
[40] Id., ibid., 112, l. 1–4: "*Ideo locus occultus requiratur, ut ex illo per quod debet consequi unitivi amoris gloriam, per omissionem curcumstantiae non incidat in ruinam, non tamen propriam sententiam.*"
[41] Mt. 6, 6.

the most pointed against those who wish to distinguish themselves at night in quiet contemplation in their rooms. He reminds his reader, therefore, that to pursue this practice is to behave like an experienced soldier. In this example the one who so ardently burns for the love and union with God recognizes the attacks of those hostile to it and will be able to cleverly overcome such attempts. The habit of daily nighttime contemplation is a strong defense against the temptations to which one could succumb[42].

Jean Gerson combines his explanation of the need for a suitable time and place into one *industria*, his ninth[43]. He is much more open to a variety of times and places that might be conducive to mystical contemplation. Indeed, he advises that the aspirant should seek a time and a place that is most convenient for her, as different people with different routines will have different needs and obligations. That being said, Gerson thinks that the best time for such activity is after digestion when the body is both satisfied and calmed and the demands of the day are completed[44]. He does not have a strong opinion about what place is most suitable for practicing the discipline of contemplation. He recognizes the advantage of a hidden place that is free from distraction and that such a location is quite suitable for many people. He also acknowledges that the beauty and divine presence that is associated with a sacred place can also be quite conducive to the mind's ascent[45].

Jakob von Jüterbog follows Gerson's combination of time and place into one *industria*, his eleventh[46]. Jakob also allows for variety in people's devotion. He remarks that some people prefer to pray in darkness, others in a brightly lit room, some in silence, and others with sweet music, which includes singing and the playing of instruments. Therefore, like Gerson, he believes that there is no one way to pursue mystical contemplation, except for those who are bound to monastic discipline and have a routine commanded to them by the rules of the community[47]. Unsurprisingly, he writes that the best time for such contemplative prayer is after one has eaten and digested[48]. It is noteworthy that it is precisely

---

[42] Hugues de Balma, Théologie mystique, edd. Ruello/Barbet (nt. 23) 112, l. 6–114, l. 12.

[43] Ioannis Carlerii de Gerson De mystica theologia, ed. Combes (nt. 30), 182–191.

[44] Id., ibid., 186, ll. 65–75: "*Nichilominus, quantum humanum respicit industriam, arbitramur horam convenientiorem illam esse ad hoc ipsum postquam cibus digestus est et cure mundane seposite, dum insuper observator adest nemo, qui gemitum lugubrem, qui suspiria ex ymo pectore eruta, qui rugitus amaros, qui plangaros interruptos, qui prostrationes humiles, qui mandentes oculos, qui faciem nunc rubore nunc pallore suffusam, qui apalmas utrasque tensas cum oculis ad celum, qui pectoris crebras tunsiones, qui fixa terre vel altaribus oscula, qui supplices alios gestus et signacula membris impressa notare potuit.*"

[45] Jean Gerson, Early Works (nt. 30), 316–317.

[46] Jacobus de Clusa, De theologia mystica, ed. Porębski (nt. 13), 301–302.

[47] Id., ibid., 301, ll. 10–22: "*Sequatur unusquisque contemplativus id, quod bonum visum fuerit in oculis suis, exceptis regularibus, quibus disciplina certa ad observantias posita est, ne de singularitate notari queant sicut ille singularis ferus, qui depastus est vineam, ne scandali causam praebeat, aliqui in silentio, aliqui in dulcibus sonis sonantis Ecclesiae hauriunt devotionem, in canticis spiritualibus vel avium, organorum, musicalium clavium, cymbalorum, figellorum, citharis, odoramentis. Et quod alios ad lasciviam, illos incitat ad mentis excessum.*"

[48] Id., ibid., 301, ll. 25–31: "*De tempore aid David: 'Septies in die laudem dixi tii supra' etc., 'media nocte sugebam', hora tamen haec putatur convenientior, postquam cibus digestus est et animae mundae conquieverunt*

in that paragraph where Jakob quotes and paraphrases the most from Gerson. Jakob, perhaps betraying his formation as a Cisterican and then a Carthusian monk who prized the vow of stability, remarks that one must have one set location for prayer[49], but he does not go into any more depth on the topic than that.

As we saw in the table above, Johannes has the most extensive list of *industriae*. His tally of twenty profitable exercises for the attainment of mystical contemplation far exceeds that of his confrère Jakob and his authorities Hugh and Jean Gerson. Such a robust examination of practical efforts allows him to give a separate entry for time and place. It should be noted, however, that in comparison to the other three authors under examination, Johannes' treatment of the individual *industriae* is brief, amounting to no more than a single explanatory paragraph for most items. And yet, it is not simply the length and size of Johannes list of *industriae* that accounts for his having a separate treatment of the proper time and place for mystical contemplation like Hugh of Balma. His rationale for such things also follows closely that of Hugh rather than Gerson and Jakob. Johannes speaks of the need for a quiet and secret place for prayer and emphasizes the benefit of the Psalms for contemplation, which echoes what we saw above in the text of Hugh, as well as asserts that the most suitable time for contemplation is at night. Part of his rationale, however, echoes Gerson, because he believes that nighttime is the most convenient as the person settles in for sleep and the process of digestion is at an end[50].

## III. Postures

Hugh of Balma lists seven postures that aid the mind's ascent[51]. All of these are based on Scriptural models and correspond to the way in which a person acted in the scriptural text. The first is to stand up straight with one's hands raised like Moses. One could also bend his knees and face downwards like King Solomon. The next two are based upon the actions of Mary Magdalene, who laid prostrate with tears before the Lord and then who sat at the Master's feet. Christ also provides an excellent model for the posture to use while praying. In

---

*observatore absente et nullo vidente nisi Deo et angelis, in cubiculo repansat sponsus et ibi sancta connubia exspectanda."*

[49] Id., ibid., 301, ll. 31–36: *"Anima sedendo et quiescendo fit prudens. Corporalis situatio illa convenientior est. Sic valet animus in sua pace satis stabiliri, ubi corpus in eodem situ fixum manere didicerit."*

[50] Metzger, Tractatus, 666, ll. 1–13: *"Octava industria ut queratur locus aptus, scilicet occultus et quietus, ut non impediatur ab exterioribus tamen dulcis psalmodia sepe animi sursum in spiritualibus levat et vires anime et corporis recreat ut fiat apta ad celestia bona. ... Nona industria est de tempore quoniam tempus nocturnum est magis quietum; ideo magis aptum tamen prius sompnus est capiendus et celebranda digestio ne humores ascendentes impediant suauitatem contemplacionis. Similiter tenebrosus locus aptus est et tempus tenebrosum, ne uisus uagetur ad accipiendas distractiones et mentis euagaciones."*

[51] Hugues de Balma, Théologie mystique (SC 409), edd. Ruello/Barbet (nt. 23), 102–104.

the Agony in the Garden before his Passion, Christ wept on his knees and then fell on his face. The Crucifixion can also be imitated as one stretches out one's arms and body as far as possible, just as Christ was on the Cross. Finally, Hugh suggests the posture of the Apostles during the Lord's Ascension who prayed inwardly while standing and gazing upwards. Johannes Hagen simply copies all seven postures into his *industria* on the subject[52].

Jean Gerson and Jakob von Jüterbog, however, do not have a separate discussion for the appropriate postures for contemplative prayer. Rather they incorporate a short discussion of the posture and disposition of the body that might be the most conducive to helping the mind's ascent in their discussion of time and place. For example, Jean Gerson states, as one might expect from the preceding, that the best posture is the one that is most conducive to disposing the mind for contemplation[53]. Jakob does not even provide that kind of detail but rather simply states, as we saw above, that staying in one place is the best and that one should choose the bodily situation or posture that is the most convenient, a rather brief paraphrase of his most important authority, Gerson[54].

## IV. To Caste Aside Curiosity and Emphasize Humility

By contrast to the foregoing, there is one category of *industriae* that Jean Gerson, Jakob von Jüterbog and Johannes Hagen share that does not originate in the 'Viae Sion Lugent' of Hugh of Balma: a consideration of curiosity. Curiosity is a rather vexed notion in the Christian tradition with many scriptural authorities, theologians, and even canon law speaking out against its dangers[55]. With regard to mystical theology, it provokes a kind of paradox. The principle

---

[52] Metzger, Tractatus, 666, ll. 14–25: "*Decima industria est corporis disposicio, scilicet ut quandoque prosternatur ut Maria Magdelena ante pedes Ihesu, quandoque flexis genubus ut Salamon quando orauit, quandoque procidat in faciem sicut legitur Christus fecisse in oracione, quandoque manus extendat sicut Moyses quando Aaron et huc tenuerunt manus eius extensas, et quandoque expandat sicut Christus in cruce, quandoque sursum respiciat sicut discipuli tempore Ascensionis Christi quia eleuatis manibus Christo ascendente respexerunt in celum. Et quilibet consideret habitudinem sui corporis et in qua disposicione maiorem graciam et quietem senserit in ea, se exercicere amplius poterit. Tamen valet multum sursum respectio ut eciam motum corporis ostendat se appetere gaudia celestia et non ea que in terris sunt diligere.*"

[53] Ioannis Carlerii Gerson De mystica theologia, ed. Combes, 182, l. 12–183, l. 19: "*Amplius sunt in locis varii modi componendi corpus vel aptandi ad contemplationem. Hic stat, ille geniculatur, ille prosternitur toto corpore, hic pronus, hic supinus iacet, hic faciem mediam sub genua locat, alter eam manu operit, sedet alter innixus cubito uni vel duobus, sublevat oculos alius quantum valet sursum, alter deorsum figit, hac illacque alius circumducit, sistit alius gressum, alter ambulat.*"

[54] Cf. nt. 48, supra.

[55] The literature concerning the vice of curiosity is extensive. I treated the subject and its role in scholastic thought and medieval jurisprudence in S. M. Metzger, Gerard of Abbeville, Secular Master, on Knowledge, Wisdom and Contemplation, vol. 1 (Studien und Texte zur Geistesgeschichte des Mittelalters 122.1), Leiden 2017, 150–151; to the best of my knowledge, Edward Peters and Richard Newhauser's comprehensive study of the vice of curiosity, long-anticipated, has still not been published.

is generally that the Christian should not seek those things that are above her, and yet that is, in a sense, precisely what the mystic is trying to do, ascend the holy mountain to see and be joined to God in the most intimate way in this life.

In his treatise on mystical theology, Jean Gerson recognizes the danger that curiosity poses to the seeker of contemplation. He, therefore, dedicates his sixth *industria* to casting aside curiosity. While Gerson introduces this specific exercise in his examination of the practical work that one can do to attain mystical vision, this is not to say that such a notion would be alien to Hugh of Balma. Indeed, given that the first step of mystical theology is the 'purgative way', it would seem quite appropriate that one should be keenly aware of the dangers that curiosity can play to draw one away from the pursuit of this goal. Nevertheless, Hugh did not think it necessary to counsel a specific exercise to combat this danger. In this way, Gerson's inclusion of an *industria* to fight against the sin of curiosity, and its appropriation by Jakob von Jüterbog and Johannes Hagen in their treatises, provides a piece of critical evidence for the importance of Gerson's conception in the Erfurt Charterhouse.

Gerson begins his analysis of the dangers of curiosity and how it should be cast aside with a quotation from Bernard of Clairvaux[56]. Bernard had written that curiosity is the study of useless things[57]. The main thing when trying to overcome the sin of curiosity is to recognize this fact and flee that human presumption that leads to pride[58]. For this reason, Gerson gives sixteen ways in which pride can be curtailed[59].

Two points are especially worthy of comment. First, to avoid curiosity successfully, one must begin with self-knowledge. In this regard, Gerson adheres to the tradition that has often been called "Christian Socratism," a principle that Gerson no doubt found most especially in the writings of Bernard[60]. Only by means of a thorough understanding of oneself and one's habits and predilections can the devotee be on guard against those moments when the temptation to curiosity is strongest and the greatest danger of falling into the sin of pride presents itself.[61] This is particularly true for those seeking mystical contempla-

---

[56] Ioannis Carlerii Gerson De mystica theologia, ed. Combes (nt. 30), 154–165.
[57] Bernardus Claraevallensis, De gradibus humilitatis et superbiae X, 28 (Patrologia latina 182), 957B: "*Curiositas est studium circa inutilia aut magis circa utiliaquam expedit, decet vel liceat.*"
[58] Ioannis Carlerii Gerson, De mystica theologia, ed. Combes (nt. 30), 156, ll. 25–30: "*Quis igitur secure nisi in domino gloriabitur? Ve, ve tibi humana presumptio, quando has et similes gratias reperire est apud maledictionis filios, vel in augmentum sue dampnationis pro usu ingratissimo doni Dei, vel ad aliorum eruditionem, vel qualiumcumque laborum suorum velut falsorum ac inutilium premio temporali.*"
[59] Id., ibid., 157–165.
[60] P. Courcelle, Connais-toi, toi-même: de Socrate à Saint Bernard, 2 voll., Paris 1974; cf. also C. Trottmann, Bernard de Clairvaux et l'infléxion du socratisme Chrétien, in: Cîteaux 63 (2012), 45–61.
[61] Ioannis Carlerii Gerson De mystica theologia, ed. Combes (nt. 30), 161, ll. 98–103: "*Ut consideret homo seipsum et quantum valet. Fit hoc ad purgationem maris magni spaciosi et spiritualis, quod ex nimia quiete, sicut et materiale, sordes contrahere solet, quas agitatio commotioque depellunt.*"

tion because it is in this theology that one might be tempted to recognize that one is in possession of a secret or hidden knowledge that is at odds with, or outstrips, that provided by revelation and the theological tradition. Second, the aspirant for mystical union should remain focused upon those things that are higher and sweeter than the typical domain of human knowledge and love. In this way, the knowledge and love that is obtained in mystical contemplation cannot be considered useless or base but rather uplifting and divine[62]. It, therefore, avoids the danger of curiosity as defined by Bernard of Clairvaux.

Although he does not include the sixteen items by which one can overcome pride and curiosity, Jakob is clearly indebted to Gerson for this *industria*. He begins his text with the same quotation from Bernard and he lifts whole passages from Gerson's text. The following table provides a clear indication of this dependence:

| Ioannis Carlerii Gerson De mystica theologia | Jakob von Jüterbog, De theologia mytica, ed. Porębski |
|---|---|
| *Curiositas est studium circa inutilia aut magis circa utilia quam expedit, decet vel liceat*[63]. ... <br><br> ... *ut inde vilior sis et abiectior in oculis tuis, visa perspicacius indignitate, in comparatione recogitate divinitatis, sis insuper contra temptationum tela robustior, ut ferventior quoque in amore Dei et proximi, ut demum viam mandatorum Dei currendo inveniaris abilior*[64]. | *Curiositas est studium circa inutilia, quam liceat, doceat et expediat; magis fidelis disicipulus attendere debet in hac theologia, ut in oculis suis vilior sit et abiectior visa perspecacius in dignitate sua, in comparatione recognitatae divinitatis, quam ut alii ostentaturus sublimitatem eius aut ipse cogniturus, quia utique ex veracissimis sanctorum attestationibus fide certa eam recepit. Curiositatis vero vitium inanescere facit hominem a seipso, quod et aliis occupari oportet, quod contrarium est huic theologiae, quae semper hominem trahit ad sui cognitionem et ad supernorum elevationem.* |
| *Tene et audiens contremisce quia sunt filii infideles et alieni, sunt servi nequam, quos aliquando cibare sustinet Pater celestis ex adipe hac frumenti et de petra melle satiat eos, quemadmodum apud aliquem prelatum vel principem videre est, qui paulo post condempnandis ad mortem mittit aliquotiens in carcerem de preciosis mense sue reliquiis. Propterea 'noli altum sapere, sed time', recogitans quia gratia contemplationis numeratur inter gratias gratis datas, que sunt fides et spes aut prophetia aut aliqua similis virtus, que dantur nonumquam reprobis et sine caritate viventibus. Quis igitur secure nisi in domino gloriabitur? Ve, ve tibi humana presumptio, quando has et similes gratias reperire est apud maledictionis filios, vel in augmentum sue dampnationis pro usu ingratissimo doni Dei, vel* | *Sunt aliqui et servi nequam, quos aliquando cibari sustinet Pater caelestis ex adipe hac frumenti, et de petra melle satuari eos. Quemadmodum apud aliquem de principibus vel praelatis est videre, qui condemandis paulo ante mortem mittit aliquotiens in carcerem de pretiosis suae mensae reliquiis. Ideo timendum est semper, cum gratis contemplationis numeratur inter gratias gratis datas, quia sicut fides, spes, prophetia, et aliae virtutes possunt esse informes et sine caritate. Quis igitur secure, nisi Deo gloriabitur? Vae igitur humanae praesumptioni, quando has et similes gratias spirituales doni Dei* |

---

[62] Id., ibid., 161, ll. 103–105: "Ne queratur donum Dei quasi pro meritis. *Fit hoc ut innotescat si gratis anima timet Deum, si parata est scilicet obsequi sibi propriis expensis tribulationum et dolorum.*"
[63] Id., ibid., 154, ll. 1–2.
[64] Id., ibid., 154, l. 10–155, l. 14

| Ioannis Carlerii Gerson De mystica theologia | Jakob von Jüterbog, De theologia mytica, ed. Porębski |
|---|---|
| *ad aliorum eruditionem, vel qualiumcumque laborum suorum vel falsorum ac inutilium premio temporali*[65]. | *vel ad aliorum aedificationem, vel pro qualicumque laborum suorum velut falsorum ac inutilium praemio transitorio. Et desiderium eorum aufert eis Deus, scilicet iratus, sicut olim de filiis Israel carnes coturnicum desiderantium, adhuc escae eorum erant in ore ipsorum. Et ira Dei ascendet super eos*[66]. |

In contrast to Jakob's minute dependency and quotation to Gerson, Johannes Hagen succinctly summarizes the general principles. He writes that to cast off curiosity means to not be pleased vainly in this contemplation and to despise all other things that do not have the same grace. The grace of such a devotion is always diminished by vanity and curiosity. Therefore, it is necessary to humiliate oneself and learn in the dryness of the heart. Here, Johannes gives a brief allusion to the restraint that is required of the passions, a principle that he also took from Gerson and Jakob, that one wants to receive the grace of contemplation not with excessive joy but metaphorically speaking with a "dry heart" so that one is restrained in the joy that one feels. An excess of joy includes the danger of breeding both pride and curiosity. Therefore, one should focus on the grace of God and not the consolation of one's own ability or power[67].

Consequently, humility becomes the key principle upon which to evade the danger of pride and curiosity. Gerson, quite naturally, had incorporated humility into his discussion of the dangers of curiosity, but Jakob thought humility was so important, keeping in many ways with the 'purgative way' as the first step of mystical contemplation, that he placed it first in his list of *industriae*. Interestingly, after a simple definition and explanation of the importance of humility, he provides explanations of this humility from Scripture, all of which are women, beginning with the Syrophoenician woman who humbled herself to ask Christ to perform an exorcism on her daughter. These examples of faithful and devoted women provide a glimpse of Jakob's preoccupation with women, especially religious women, as models of contemplation which characterizes his entire treatise[68].

---

[65] Id., ibid., 155, l. 14–156, l. 30.

[66] Jacobus de Clusa, De mystica theologia, ed. Porębski (nt. 13), 294–295. These are the first two paragraphs of this *industria* quoted in full. One can see the correspondence quite clearly to the excerpted passages from Gerson's text.

[67] Metzger, Tractatus (nt. 14), 664, ll. 23–30: "*Quarta industria ut curiositatem excludat et non sibi in hac contemplacione uane placeat neque alios que hanc graciam non habent despiciat. Sepe enim subtrahitur gracia deuocionis racione uanitatis et curiositatis, ut sic homo humilietur ut amplius per afflictionem mentis purgetur ut eciam discat aliis compati in ariditate cordis et ut sciat graciam esse Dei, quando habet spirituales consolaciones et non propriis uiribus, et futuram timeat famem apud inferos, quia ibi est maxima ariditas cordis que nunc prefiguraretur in mentis ariditate.*"

[68] One wonders if this betrays that the intended audience for the treatise was for a community of women religious. I intend a fuller study of this aspect of Jakob's treatise.

Johannes Hagen also dedicates an *industria* to the practice of humility, but unlike Jakob, who is no doubt his proximate source, he places this one not at the beginning (he begins with a consideration of one's call or vocation) but rather as number sixteen of twenty, and twelve places down from his item for curiosity. He states that the wisdom of mystical theology is hidden from the proud. Therefore, one must start with the lowest both in terms of one's own disposition with regard to the self and with regard to the steps of knowledge[69]. This conforms to his fundamental principle that mystical theology begins with the knowledge of temporal good and creation and rises by degrees to the knowledge of God, which is wholly subsumed into divine love.

## V. Avoiding Phantasms

This is the most important question. To cast off phantasms is to see things with a pure understanding, stripped of all intervening, temporal and accidental (in the Aristotelian sense) characteristics. According to the Peripatetic tradition that came to dominate philosophical theology in the thirteenth century, because the item that the senses perceived could not be physically present in the mind, an intervening image or phantasm needed to be produced for the purposes of cognition. Once the form was abstracted from matter and made known to the intellect by means of the phantasm, then the mind could compare this image to the universal and have a true act of understanding[70]. Of course, when it comes to the knowledge of God, no phantasm could adequately contain the true nature of the divinity, which would be required for a accurate act of intellection. The phantasm would need to be greater than God. In this way, the term 'phantasm' contains a double meaning. On the one hand, a phantasm is one of the products of the process of cognition that results in an intelligible species and renders knowledge of the world possible. On the other hand, it is another word for an image, and, indeed, it is in a strict sense a false image that attempts to represent the world around the mind so that an act of understanding can take place. The Erfurt Carthusians take the meaning of the term to be according to this second sense.

Theologians considering the nature of mystical contemplation and vision exploited both of these meanings. On the one hand, no part of the process of cognition and discursive reasoning can have any part to play at the level of mystical vision. Therefore, while knowledge always precedes love because we cannot love what we do not know, there shall come a point when the ability of a human to know things becomes impossible in the face of the enormity and immensity of the Godhead. The pursuit of mystical vision and union would

---

[69] Metzger, Tractatus (nt. 14), 668, ll. 5–17.
[70] This principle of medieval Peripatetic philosophy is well-known; see my discussion of it in the context of Gerard of Abbeville, in Metzger, Gerard of Abbeville, vol. 1 (nt. 55), 268–270.

result in a total annihilation of the soul and the mind into divine love, leaving behind any vestige of discursive rational reasoning[71]. On the other hand, the meaning of the word 'phantasm' also points to the idea that all images, but especially false images, draw the wayfarer away from the knowledge and love of God that is her proper end. Hugh of Balma understood that the knowledge of phantasms in no way aided mystical contemplation, not only because they would be a barrier to the true knowledge of God, but also because at the highest level of vision there is no knowledge but only affection as the mind dissolves into the pure love of God[72]. Interestingly, Jean Gerson included the avoidance of phantasms as the last *industria* on his list of practical exercises.

Jakob von Jüterbog also incorporated the casting aside of phantasms into his list of *industriae*. He focuses on that secondary aspect of a 'phantasm' described above, that of a false image that pulls the mind away from the true knowledge of God. He believes that one must work hard to drive the phantasms from the mind so that the wayfarer can be akin to the "deer [that] longs for streams of water"[73]. Essential to this avoidance of phantasms is a healthy fear of the Lord and the doing of true penance. He fears that as one progresses in the pursuit of contemplation the false phantasms will assail the mind. More than just an aspect in intellectual cognition that impedes the knowledge of God, the appearance of phantasms actively blocks the pursuit of mystical vision[74].

Johannes Hagen follows Jakob in this regard. He writes that not only must one cast aside inordinate affections but also all of the phantasms and useless knowledge that are in the heart. These should be expelled like unclean flies. Whatever is not properly of God, that is all knowledge of creatures and all unknown reasonings, should be ignored so that the focus is solely on God[75]. In this way, the soul and God can say to one another: "My lover belongs to me and I to him"[76]. This is precisely the same quotation, with which Jakob ends his *industria* on phantasms, thus clearly indicating that Johannes is abridging and paraphrasing much from Jakob's treatise.

---

[71] This is, for example, the position of Richard of Saint-Victor in his 'Benjamin minor'.
[72] This aspect of Hugh's thought is nicely explained and summarized in the Introduction to Martin, Carthusian Spirituality (nt. 23), 25–34; see also K. Emery, Jr., The Image of God Deep in the Mind: The Continuity of Cognition according to Henry of Ghent, in: J. A. Aertsen/K. Emery, Jr./A. Speer (eds.), Nach der Verurteilung von 1277. Philosophie und Theologie an der Universität von Paris im letzten Viertel des 13. Jahrhunderts. Studien und Texte (Miscellanea Medievalia 28), Berlin 2001, 88–89.
[73] Ps 42, 1 (New American Bible).
[74] Jacobus de Clusa, De theologia mystica, ed. Porębski (nt. 13), 300, l. 6–301, l. 6.
[75] Metzger, Tractatus (nt. 55), 669, ll. 3–9: "*Uicesima industria ut non solum inordinatos affectus sed eciam uniuersa fantasmata de corde abiciat et inutiles cogitaciones, tanquam muscas immundas, et studeat sursum se erigere ad Deum et quitquit Deus non est excludat ut sic exclusis omnibus creaturis et racionacionibus ignotis ad Creatorem omnium et summum bonum tendat, et tandem in amorosos amplexus ruat et dicat, 'Dilectus meus michi et ego illi qui pascitur inter lilia', et est benedictus in secula seculorum. Amen.*"
[76] Ct 2, 16 (New American Bible).

None of these ideas are original to Jakob von Jüterbog, however. He lifted the entirety of his understanding of this *industria* from the text of Jean Gerson, as this brief extract of the texts by each author in the table below indicates:

| Jean Gerson | Jakob von Jüterbog[77] |
|---|---|
| *Posuimus itaque theologiam misticam esse amorem ecstaticum, qui consequitur ad intelligentiam ipsius spiritus, que intelligentia utique caret nubibus phantasmatum*[78]; ... *proficeret meditari quomodo totus mundus iste sensibilis ad animam rationalem per sensus corporis ingreditur et circulo quodam intelligibili ac pulcherrimo ipse mundus a Deo derivatus in eum reducatur; unde res ab ipso egredientes quanto imperfectiores distantioresque profluunt, tanto amplius materiales et quadam crassitudine corpulentiores inveniuntur. Perspicuum est hoc in elementis et mixtis; videmus etiam in lumine solari, quod continue plus grossescit, ut sic loquamur, dum densiori medio se miscet. Fit autem in recursu ad Deum converse condicio: abeunt namque magis ac magis tum in quamdam spiritualitatem*[79]. *Amplius vero, si divinum Dyonisium edoctum... inveniemus eum tradere modum avertendi se a phantasmatibus corporeis ut, abnegatis omnibus, que vel sentiri, vel ymaginari possunt et intelligi, ferat se spiritus per amorem in divinam caliginem, ubi ineffabiliter et supermentaliter Deus cognoscitur. Dat exemplum de statuifico sculptore, qui ex ligno vel lapide partes abradens forma agalma pulcherrimam, hoc est simulacrum, per solam ablationem. Conformiter spiritus removens omnia per abnegationem qualia potest hic cognoscere, que utique suam gerunt secum imperfectionem vel potentialitatis vel dependentie vel privationis vel mutabilitatis, invenit tandem omnibus hiis ablatis agalma Dei, hoc est notitiam tamquam rei actualissimae sine privatione, necessarie, sine mutabilitate*[80]. | *Decima industria ex praecedenti sequitur: speciem a phantasmatibus avertere. Nam mystica nostra theologia, quae consistit in ecstatico amore, consequitur intelligentiam puram ipsius spiritus, quae intelligentia caret nubibus phantasmatum. Etiam apud exercitatos mechanicos perspicuum est meditari, quo modo per sensus corporis ingreditur et circulo quodam pulcherrimo et intelligibili ipse mundus derivatur a Deo reducitur in eum. Unde res ab eo egredientes quanto imperfectiores distantioresque profluunt, tanto amplius materiales et quadam crassitudine corpulentiores inveniuntur, ut patet in elementis, et lumine solari, quidem continue plus ingrossescit, dum densiori medio se immiscet, fit autem in recursu ad Deum converse condicio, abeunt magis et magis in spiritualitatem.* *Item sanctus Dionysius huius theologiae mysticae praeceptor tradit modum avertendi se a phantasmatibus corporeis, ut abnegatis omnibus, quae vel sentiri, vel imaginari possunt, vel intelligi, ferat se spiritibus per amorem in divinam caliginem, ubi ineffabiliter et supermentaliter cognoscitur Deus. Dat exemplum de statuifico vel sculptore, qui ex ligno vel lapide id est imaginem et simulacrum per solam ablationem. Conformiter spiritus removens per abnegationem, hoc est abstractionem, omnia, qualia potest hic cogitare, quae utique suam hic secum gerunt in perfectionem vel potentialitatis, vel dependentiae. Invenit tandem his ablatis agalma Dei, hoc est notitiam tamquam rei actualissimae sive privatione sive mutabilitate sive defectu.* |

In presenting his views on the need to avoid phantasms for the attainment of mystical vision, Jakob has shortened or paraphrased Gerson's text, when he was not quoting it verbatim, while retaining its essential meaning. Interestingly, in so doing, Jakob emphasizes that Gerson, like Hugh, maintained that there is no space for *intellectus* at the highest reaches of mystical contemplation and rapture. In this way, much like the codex the monastery's library, Jakob and his confrère Johannes brought Hugh and Gerson into harmony.

---

[77] Jacobus de Clusa, De theologia mystica, ed. Porębski (nt. 13), 299–301.
[78] Ioannis Carlerii Gerson De mystica theologia (nt. 30), 208, ll. 6–11.
[79] id., ibid., 209, ll. 13–24.
[80] id., ibid., 210, l. 34, 210, l. 37–211, l. 50.

## VI. Conclusion

In the second half of the fifteenth century, the discussion of the nature of mystical theology and contemplation were of particular moment. The Carthusian Vincent of Aggsbach had provoked a controversy on the subject with his criticism of Nicholas of Cusa and by extension Jean Gerson. Because this contemporary debate concerned members of the Order of Chartreux, it seems a reasonable assumption that two of the most-celebrated Erfurt Carthusians, Johannes Hagen and Jakob von Jüterbog would have been aware of the controversy concerning mystical theology in Bavaria. If they were aware of it, as seems likely, the two monks did not let the controversy temper the content of their treatises or provoke them to enter into the arena of polemic.

Rather, Johannes' and Jakob's treatises on mystical theology are a part of their own interest in mystical theology. In their texts, Jakob and Johannes presented a synthesis and summary of the mystical theology of Hugh of Balma and Jean Gerson, one that unites the two squarely into the affective tradition of mystical theology. In this way, their work mimics the contents of the codex D.2 in the library of the Erfurt Charterhouse. That Carthusian monks would want to harmonize a position on mystical theology that others might find discordant or heterodox is not surprising. As the self-proclaimed, and widely-acknowledged, experts in the spiritual life, the monks took it as their special prerogative to correct and preserve the insights of all authors in the genre[81]. The treatises of Jakob and Johannes therefore presented the ideas of Hugh and Jean Gerson not as being opposed but rather as those of two great authorities in the medieval library of mystical theology.

---

[81] K. Emery, Jr., Foreword: Margaret Porette and Her Book, in: Margaret Porette, The Mirror of Simple Souls, translated by E. Colledge, O.S.A. (Notre Dame Texts in Medieval Culture 6), Notre Dame, IN 1999, xxii-xxiii

# Between Mystical Theology and a New Model of Knowledge: The Works of Nicholas of Cusa in the Library of the Erfurt Charterhouse[*]

Mikhail Khorkov (Moscow)

As in many cases of copying and reading of Nicholas of Cusa's works that have taken place in late medieval monasteries[1], the reception of his writings in the Erfurt Charterhouse was by no means accidental. Although in some places it was nothing more than a simple one-step process, in Erfurt, unlike other important intellectual centres, this phenomenon took a number of stages – from personal acquaintance of the Erfurt Carthusians with Nicholas of Cusa to multiple reproductions of his writings and getting them into the Carthusian library along with the marginal comments they received during the rewriting and reading processes.

Nicholas of Cusa's active contacts with the Erfurt Carthusians began during his legation journey to Germany (1451–1452), when he visited Erfurt, where he stopped for almost two weeks, from May 29 to June 9, 1451[2]. There he met two of the leading Carthusians (Jacob de Paradiso, alias Iacobus of Jüterbog[3], or Iacobus de Clusa, and John de Indagine, alias Johannes Hagen[4]) and dis-

---

[*] The paper is based on studies supported in 2016–2017 by MWK-Fellows COFUND Fellowship Programme (this project receives funding from the European Union's Horizon 2020 research and innovation programme under the Marie Skłodowska Curie grant agreement No 665958), in 2017–2018 by the Fellowship Programme of the Polish Institute of Advanced Studies (PIASt), and in 2019–2020 by Johan Peter Falck Fellowship Programme of the Swedish Collegium for Advanced Study (SCAS).

[1] H. G. Senger, Nikolaus von Kues: Leben – Lehre – Wirkungsgeschichte, Heidelberg 2017, 219.

[2] J. Koch, Das Itinerar der Legationsreise 1451/52, in: J. Koch, Nikolaus von Cues und seine Umwelt (Untersuchungen zu Cusanus-Texte, IV. Briefe, 1. Sammlung), Heidelberg 1948, 123–124; E. Meuthen/H. Hallauer (eds.), Acta Cusana. Quellen zur Lebensgeschichte des Nikolaus von Kues, vol. 1, Hamburg 1996, 921–926; E. Kleineidam, Universitas Studii Erffordensis. Überblick über die Geschichte der Universität Erfurt, vol. 1: Spätmittelalter 1392 – 1460 (Erfurter Theologische Studien 14), Erfurt 1997, 192.

[3] L. Meier, Die Werke des Erfurter Kartäusers Jakob von Jüterbog in ihrer handschriftlichen Überlieferung (Beiträge zur Geschichte der Philosophie und Theologie des Mittelalters 37,5), Münster 1955.

[4] J. Klapper, Der Erfurter Kartäuser Johannes Hagen: Ein Reformtheologe des 15. Jahrhunderts, vol. 1: Leben und Werk (Erfurter Theologische Studien 9), Leipzig 1960, vol. 2: Verzeichnis seiner Schriften mit Auszügen (Erfurter Theologische Studien 10), Leipzig 1961; E. Kleineidam, Die Theologische Richtung der Erfurter Kartäuser am Ende des 15. Jahrhunderts. Versuch einer Einheit der Theologie, in: E. Kleineidam/H. Schürmann (eds.), Miscellanea Erfordiana (Erfurter Theologische Studien 12), Leipzig 1962, 247–271; M. Eifler, „*Ut non solum mihi, sed aliis prodesset*

cussed with them a series of important questions that seem to concern not only practical issues of monastic reform, but probably also theoretical problems of the nature of mystical experience, contemplation, meditation, and the role of philosophy (especially ancient philosophy, first of all, Plato and Aristotle) for a contemplative religious life. The latter seems very likely, given the frequency and duration of their conversations, as well as the correspondence that is now considered lost. At least the writings of the participants of these meetings, written around 1450/51, suggest, albeit indirectly, that such a dialogue could actually take place. These texts clearly emphasize the positions of the parties, which have surprisingly many similarities, but at the same time show considerable differences.

In the case of Nicholas of Cusa, this is a series of texts written in Central Italy during the summer of 1450 and known as 'De idiota' dialogues[5], while in connection with Jacob de Paradiso and John de Indagine I refer to their treatises on mystical theology, not all of which have yet been published. According to earlier research, Jacob de Paradiso wrote only one treatise of this kind (although originally it was very likely composed of two parts, or more precisely, of two different texts) that was critically edited and published in Warsaw in 1978[6]. John de Indagine wrote at least two versions of the text under the title 'De mystica theologia'. On the first version of this treatise, which is preserved as part of the manuscript Weimar, Herzogin Anna Amalia Bibliothek (HAAB), Q 50, foll. 1$^r$ – 60$^v$, John de Indagine himself reports that he wrote this text around 1451[7]. The second version has been preserved in a manuscript from the Archbishop's Academic Library in Paderborn[8]. Unfortunately, the more or less precise chronological framework for this version cannot be clarified unambiguously because of lack of supporting sources. But taking into account John de Indagine's usual way of composing texts that was associated with detailed compilations for each

---

*mea lectio*". Autographe und Unika des Erfurter Kartäusers Johannes Hagen in einer Weimarer Handschrift, in: B. Wagner (ed.), Katalogisierung mittelalterlicher Handschriften. Methoden und Ergebnisse (Das Mittelalter 14,2), Berlin 2009, 70–87; S. Metzger, The Manuscripts of Writings by Ioannes Hagen de Indagine, O.Cart., in: Bulletin de philosophie médiévale 50 (2008), 175–256.

[5] K. Flasch, Nikolaus von Kues: Geschichte einer Entwicklung. Vorlesungen zur Einführung in seine Philosophie, 3. Aufl., Frankfurt a. M. 2008, 251.

[6] Jakub z Paradyża, Opuscula inedita (Textus et studia historiam theologiae in Polonia excultae spectantia 5), ed. S. A. Porębski, Warszawa 1978, 249–312.

[7] Erfurt, Bistumsarchiv, Ms. Hist. 1, foll. 257$^v$; 336$^v$–338$^r$; Klapper, Der Erfurter Kartäuser Johannes Hagen, vol. 2 (nt. 4), 132, 145 sq.

[8] Ioannes de Indagine, Tractatus de mystica theologia, Paderborn, Erzbischöfliche Akademische Bibliothek, Ms. 118, foll. 162$^{vb}$–173$^{va}$. I am deeply grateful to Dr. Stephen Metzger, who kindly gave me a great opportunity to get acquainted with his studies of this text and his work on the preparation of its edition. Thanks to his efforts, this text was recently published: Ioannes de Indagine, Tractatus de mystica theologia, ed. S. Metzger, in: R. Hofmeister Pich/A. Speer (eds.), Contemplation and Philosophy: Scholastic and Mystical Modes of Medieval Philosophical Thought. A Tribute to K. Emery, Jr. (Studien und Texte zur Geistesgeschichte des Mittelalters 125), Leiden 2018, 636–674.

topic, there is no reason to consider it as an earlier version of the Weimar text. At least the concepts formulated in it can hardly be considered as derived from earlier ideas than those found in the Weimar version. Most likely, the work on both versions lasted a long time almost in parallel, and very probably with some interruptions. In addition to long treatises on mystical theology attributed to John de Indagine, a number of smaller fragments, devoted to the same topic and preserved among his manuscripts, should also be considered. For example, in the Russian State Library in Moscow, a four-page fragment on mystical theology ('De mystica theologia') has been preserved as a part of the extensive manuscript Fonds 201, No. 35 (old shelf mark H 135 of the Erfurt Carthusian Library), foll. 157$^r$–158$^v$. This text is considered an autograph by John de Indagine. Its connections with other versions of his treatises on mystical theology are as yet unclear and require further investigation[9].

It may seem astonishing that Cusanus' legation journey of 1451–1452 to Germany and his work on the text of the 'De idiota' dialogues shortly before it were supposed to belong to different narratives, although in reality they undoubtedly form the same story. As a result, in the vast majority of studies on Cusanus' biography, the separation between his work on the text of the 'De idiota' dialogues and the legation journey to Germany is a common stereotype. For some inexplicable reason, the researchers also never paid enough attention to the visit of Nicholas of Cusa to Erfurt, although the stop in this city was one of the longest and most important throughout the whole journey. As an exception, one could only mention publications devoted to the local history of Erfurt in the fifteenth century[10]. However, they do not change the prevailing historiographic situation.

In this context, the current situation in the research literature can be illustrated by a couple of the most representative examples. The first example comes

---

[9] Erfurt, Bistumsarchiv, Ms. Hist. 6, foll. 116$^v$–117$^r$; P. Lehmann (ed.), Mittelalterliche Bibliothekskataloge Deutschlands und der Schweiz, vol. 2: Bistum Mainz: Erfurt, München 1928 (reprint 1969), 426 sq.; D. Barow-Vassilevitch/M.-L. Heckmann (eds.), Abendländische Handschriften des Mittelalters und der frühen Neuzeit in den Beständen der Russischen Staatsbibliothek (Moskau), Wiesbaden 2016, 206–213; M. Khorkov, Mystische Theologie zwischen Universität und Kartäuserkloster (Fonds 201, Nr. 35 der Russischen Staatsbibliothek, Moskau), in: N. Ganina/ K. Klein/C. Squires/J. Wolf (eds.), Deutsch-russische Kulturbeziehungen in Mittelalter und Neuzeit. Aus abendländischen Beständen in Russland (Akademie gemeinnütziger Wissenschaften zu Erfurt, Sonderschriften 49 = Deutsch-russische Forschungen zur Buchgeschichte 4), Erfurt 2017, 193–199; S. Metzger, A Few More Manuscripts of Ioannes de Indagine, O.Cart., in: Bulletin de philosophie médiévale 58 (2016), 447–452; M. Khorkov, Wie ein Kartäuserbibliothekar arbeitet: Zur Entstehungsgeschichte und Struktur der Hs. Fonds 201, Nr. 35, der Russischen Staatlichen Bibliothek in Moskau, in: S. Excoffon/C. Zermatten (eds.), Sammeln, kopieren, verbreiten. Zur Buchkultur der Kartäuser gestern und heute (Analecta Cartusiana 337), Saint-Étienne 2018, 257–266.

[10] W. Mägdefrau, Kaiser und Kurfürsten im späten Mittelalter. Thüringen und das Reich von Friedrich dem Streitbaren bis Maximilian I., Erfurt 2001, 69 – 70; Kleineidam, Universitas Studii Erffordensis (nt. 2), 192.

from the book 'Nikolaus von Kues. Geschichte einer Entwicklung' by Kurt Flasch:

"Vor der Trockenlegung der pontinischen Sümpfe war das römische Klima ungesund. Hinzu kam die Pest. So flohen der Papst und seine engste Umgebung trotz des Jubiläumsjahres im Sommer 1450 in die Marken. Cusanus hatte einige Monate Muße, danach mußte er wieder reisen; von Anfang 1451 bis März 1452 war er auf der großen Legationsreise nach Deutschland. Am 15. Juli 1450 schrieb er in Rieti an einem Tag den ersten Dialog ‚Über die Weisheit', ‚De sapientia'; an zwei Augusttagen verfaßte er in Fabriano den zweiten Dialog ‚Über die Weisheit'. Beide Schriften zusammen bilden den ersten Teil eines Triptychon. Dessen Mittelstück oder zweiten Teil stellt der Dialog über den Geist (‚De mente') dar; er ist im Kloster Valle Castro bei Fabriano geschrieben. [...] Diese Schriften werden dadurch zusammengehalten, daß es sich um drei Unterhaltungen handelt, die ein *Idiota* führt. Ein *Idiota* hieß damals ein Ungebildeter oder ein Laie."[11]

("Before draining of the Pontine Marshes, the Roman climate was unhealthy. In addition, there was the plague. So, despite the Anniversary Year, the Pope and his closest companions left for the Marches in the summer of 1450. Cusanus had some months of leisure, after which he had to travel again; from the beginning of 1451 to March 1452, he was on the great legation journey to Germany. On July 15, 1450, in Rieti, he wrote the first dialogue 'On Wisdom', 'De sapientia'; on two days in August, he wrote the second dialogue 'On Wisdom' in Fabriano. Both writings together form the first part of a triptych. Its centre-piece or second part represents the dialogue about the mind ('De mente'); it is written in the Valle Castro Monastery near Fabriano. [...] These writings are held together by the fact that they represent three conversations conducted by an idiot (*idiota*). At that time, an uneducated man or a layman was called *idiota*").

The second description belongs to Jasper Hopkins:

"His journey during 1451 and the first quarter of 1452 led him to visit such centers of spirituality as the Benedictine monasteries at Melk and Salzburg, the religious congregations at Deventer, Diepenveen, and Windesheim – in addition to visiting such centers of episcopal power as Trier, Mainz, Cologne, and Aachen. We have no reason to believe that this journey of reform led him, when en route from Salzburg to Munich, to make a detour to the Benedictine abbey at Tegernsee. The Abbey's records inform us only of a subsequent sojourn, between May 31 and June 2, 1452."[12]

---

[11] Flasch, Nikolaus von Kues (nt. 5), 251. Cf. K. Flasch, Nikolaus von Kues in seiner Zeit. Ein Essay (Reclam Universal-Bibliothek 18274), Stuttgart 2004, 50–58; J. Gelmi, Nikolaus von Kues (1401–1464). Leben und Wirken eines Universalgenies auf dem Brixner Bischofsstuhl. Zum 550. Todestag. 2., erweiterte Aufl., Brixen 2014, 39–41.

[12] J. Hopkins, Nicholas of Cusa's dialectical mysticism, 2nd ed., Minneapolis 1988, 3. This point of view could be compared to a newer description of the legation journey of Nicholas of Cusa, which is also not without a preconceived opinion and one-sidedness that, if disproportionally asserted, turn out to be inaccurate, cf. M. Watanabe/G. Christianson/T. M. Izbicki (eds.), Nicholas of Cusa: A Companion to his Life and his Times, Burlington 2011, 314: "After leaving Spittal an der Drau sometime after Monday, January 25, 1451, Nicholas of Cusa went on to Salzburg, Mattsee, Passau, Wiener Neustadt, Vienna, Melk, Lambach, Salzburg (again), Munich, Andechs, Freising, Landshut, Regensburg, Eichstätt, Nuremberg, Bamberg, Würzburg, Erfurt and Halle.

Hopkins' position can be viewed as indicative of the situation that has developed in the Cusanus studies, namely, that for general interpretations of Cusanus' life and work, the debates between Nicholas of Cusa and the Benedictine monks of Tegernsee, which have been studied in more detail, remain to be of far greater importance than his discussions with the Erfurt Carthusians. Both Flasch's and Hopkins' positions are influential and internationally recognized, and therefore they hardly could have been rejected easily. However, it is not that they are completely wrong in their statements, but that they do not notice, and moreover, they neglect a lot of important things that would be interesting to finally pay attention to.

So, important and previously unknown details about the legation journey of Nicholas of Cusa to Germany in 1451–1452 can be found in a fifteenth-century world chronicle ('Cronica brevis a principio mundi usque hodie scilicet anno 1467') from the University Library of Wrocław (manuscript Wrocław, Biblioteka Uniwersytecka, Cod. IV. F. 54, foll. 115–255)[13]. The prologue to it says that it was composed under the supervision of the Erfurt Carthusian monk John de Indagine[14]. Erfurt is named in it as one of the most important goals of the whole route, while Tegernsee and Bavaria are, quite expectedly, not mentioned at all: *"Anno sequenti* [...] *chusa* [...] *venit quasi cadem via d'ytalia per austriam in erffordiam magdeborch"* ("The following year, [the Cardinal from] Cusa [...] went to negotiate from Italy through Austria to Erfurt [and] Magdeburg").[15]

The time and place of the origin of this chronicle, namely, Frankfurt on the Oder, where John de Indagine lived for some years at the beginning of the 1460s[16], are associated with the beginning of a reinterpretation of the works of Nicholas of Cusa by the East German Carthusians (whose most important intellectual and spiritual centre always remained in the Erfurt Charterhouse[17]), followed by their systematic reception. In general, the Wrocław chronicle contains six text passages, reporting on the activities of Nicholas of Cusa and dis-

---

Most of these places were located within the Salzburg church province. His activities at these places in the initial stages of his legation deserve, and have received, close attention."

[13] Metzger, The Manuscripts (nt. 4), 237.

[14] Wrocław, Biblioteka Uniwersytecka, Cod. IV. F. 54, fol. 122ʳ: "[...] *orare pro editore fratre Johanni Hagen Cartusiensis* [...]."

[15] Wrocław, Biblioteka Uniwersytecka, Cod. IV. F. 54, fol. 251ʳ [243ʳ].

[16] S. Metzger, The 'Tractatus de mystica theologia' by Ioannes de Indagine, O.Cart. († 1475), in: Hofmeister Pich/Speer (eds.), Contemplation and Philosophy (nt. 8), 603.

[17] M. Eifler, „Ich habe sehr neugierig gesucht und gelesen und fast alle Bücher der Bibliothek unseres Hauses durchgelesen". Beobachtungen zur Lektüre- und Studienpraxis in der Erfurter Kartause am Beispiel der Sammelhandschrift des Bruders N, in: Mitteilungen des Vereins für Geschichte und Altertumskunde von Erfurt 73 (2012), 103–132, esp. 105: "Die Erfurter Kartause war personell an zahlreichen Neugründungen beteiligt und wurde zum ‚Hauptkloster' der niederdeutschen Provinz". Cf. E. Potkowski, Die Schriftkultur der Stettiner Kartäuser, in: S. Lorenz (ed.), Bücher, Bibliotheken und Schriftkultur der Kartäuser. Festgabe zum 65. Geburtstag von E. Potkowski (Contubernium. Tübinger Beiträge zur Universitäts- und Wissenschaftsgeschichte 59), Stuttgart 2002, 173.

cussing some of his ideas on the reformation of monasteries and on the practice of indulgences[18] – more than of anyone of his contemporaries, including popes, emperors and kings! Of particular value, obviously, is the fact that John de Indagine personally knew Nicholas of Cusa and met him in Erfurt to discuss his reform plans. Equally important is that John de Indagine himself was then actively involved for many years in the reform of Benedictine monasteries in East Germany on behalf of Nicholas of Cusa[19]. The 'World Chronicle' from the University Library of Wroclaw has never been studied previously, and the information it offers has never been included in the multivolume edition of the documents concerning the life and activities of Nicholas of Cusa, the 'Acta Cusana'.

No less interesting are other aspects of Nicholas of Cusa's contacts with the Erfurt Carthusians. First and foremost, it should be noted that in the above-mentioned writings of all three authors of the fifteenth century, the main attention is focused on the figure of the wise layman. There are many publications on the meaning of this figure in the 'De idiota' dialogues of Nicholas of Cusa from theoretical and historical points of view. I will not go into their detailed analysis here because, in my opinion, they often not only give very abstract answers, but also formulate their research questions in an extremely abstract way, apparently, because they do not take into account the specific historical context of Cardinal Cusanus' life around 1450. Of course, one can find many common elements between understanding the new role of the laity in the *devotio moderna* or in the literature of Italian humanism, and these elements are not completely meaningless for systematic or comparative research studies[20]. How-

---

[18] Wrocław, Biblioteka Uniwersytecka, Cod. IV. F. 54, foll. 246ʳ, 248ʳ, 250ᵛ [242ᵛ], 251ʳ [243ʳ], 255ʳ, 262ᵛ.

[19] Meuthen/Hallauer (eds.), Acta Cusana (nt. 2), 921 – 926. John de Indagine's work on monastic reform in East Germany is also evidenced by his writings on some of the issues of the observant monastic reform, written for the monks of the Benedictine monastery Monnikienigeborch (Nienburg on the Saale, between Leipzig and Magdeburg), where he appears to have spent some time during the 1450s and 1460s. Copied by a Benedictine scribe, these texts are preserved in the manuscript St. Petersburg, Russian National Library, Ms. Lat.O.I.30, foll. 219ʳ–264ᵛ, 266ʳ–270ᵛ, esp. fol. 219ʳ: "*Venerabilis pater Johannes de Indagine Cartusiensis composuit*", fol. 264ᵛ: "*Venerabilis pater Johannes de Indagine Cartusiensis domus Salvatoris prope Erffordiam in suburbia complevit istud tractatum utilem anno Domini 1458. In die Theodori martire scriptus in Monnikieniegeborch anno 1469 et in vigilia Jacobi apostoli finitus*", fol. 270ᵛ: "*Venerabilis pater Johannes de Indagine Karthusiensis*". Cf. O. N. Bleskina/S. A. Davydova/M. G. Logutova (eds.), Catalogus codicum manuscriptorum latinorum, qui in Bibliotheca Publica Petropolitana asservantur: Theologia, St. Petersburg 2015, 253–254; Metzger, A Few More Manuscripts (nt. 9), 451–452.

[20] For some such studies see: M. L. Führer (ed.), Nicholas of Cusa, The Layman on Wisdom and the Mind (Renaissance and Reformation texts in translation 4), Ottawa 1989, 12–16; A. Kijewska (ed.), Mikołaj z Kuzy, Laik o umyśle (Ad fontes 7), Kęty 2008, 15–33; Senger, Nikolaus von Kues (nt. 1), 49–53, 123–126; K. Yamaki, Anregung und Übung: Zur Laienphilosophie des Nikolaus von Kues (Texte und Studien zur Europäischen Geistesgeschichte, Reihe B, 15), Münster 2017; P. Casarella, Word as Bread. Language and Theology in Nicholas of Cusa (Buchreihe der Cusanus-Gesellschaft 21), Münster 2017, 89–164, 202–229.

ever, they don't help us much in finding a clear answer to the question of why Nicholas of Cusa wrote his 'De idiota' dialogues in the summer of 1450, when he was preparing to travel to Germany, not earlier and not later. But when we read the texts of the Erfurt Carthusians, which were written around 1450, the answer becomes immediately clear. And, of course, one must not forget that when dealing with the Erfurt Carthusian monks, Nicholas of Cusa pursued not only theoretical but also (and mainly) ecclesiastical and political goals: he wanted to gain their support for his plans of an observant monastic reform, which should be implemented in the country where a large part of the clergy adhered to conciliarist and anti-Papal positions at that time. Therefore, the legation journey of Nicholas of Cusa to Germany must have been extremely difficult and even dangerous, so that during the summer of 1450 he had to prepare for it very carefully. In other words, in the summer of 1450 Nicholas of Cusa simply did not have the opportunity for a peaceful and relaxing "philosophical" vacation in the sun-lit Italian province, no matter how much contemporary authors fantasize about it.

What makes the position of the Erfurt Carthusians distinctive in a way, that might have attracted Cusanus's attention? In their view, the layman is much better equipped to understand wisdom than learned theologians and philosophers since he is humbler than learned people. For example, this idea is repeated many times in the treatise on mystical theology of Jacob de Paradiso, who was perhaps the most influential spiritual writer[21] and one of the leaders of the Erfurt Carthusian monastery during the visit of Nicholas of Cusa to Erfurt. Here are some of his typical formulations that illustrate his understanding of the layman whom he also calls an "idiot" (*idiota*), and that is exactly what Nicholas of Cusa does in his 'De idiota' dialogues:

"*Et sic quilibet etiam laicus vel mulier potest mentem suam liquefacere in amore Dei*"[22]; "[...] *ut omnes mundi sapientes confutet, cum vetula vel rusticus pascuarius ad istius sapientiae consurrectionem perfecte possit attingere, dum tamen praedicto modo se praeparet, quod nulla philosophica scientia nec moralis industria apprehendit*"[23]; "[...] *per idiotas a me repletos divina sapientia docui.*"[24]

The figure of the wise and humble layman is also massively present in John de Indagine's works on mystical theology. Thus, in the treatise 'On mystical theology', preserved in the Weimar manuscript Herzogin Anna Amalia Bibliothek (HAAB), Q 50, he says that the humble ones (*humiles*) understand the truths of mystical theology much easier, faster and deeper than the men who

---

[21] J. Stoś, Die Mystische Theologie des Jakob von Paradies, in: M. C. Pacheco/J. F. Meirinhos (eds.), Intellect et imagination dans la Philosophie Médiévale. Actes du XI$^e$ Congrès International de Philosophie Médiévale de la S.I.E.P.M., Porto, du 26 au 31 août 2002, vol. 4 (Mediaevalia. Textos e estudos 23), Porto 2004, 367–380; id., Mistrz Jakub z Paradyża i devotio moderna, Warszawa 1997.

[22] Jakub z Paradyża, Opuscula inedita, ed. Porębski (nt. 6), 270, ll. 12–14.

[23] Ibid., 275, ll. 5–9.

[24] Ibid., 284, ll. 29–30.

are educated in secular sciences ("*in omni sapientia mundi eruditi*")[25]. The explanation for why this is happening is quite self-evident: humble people are simple in their intellectual ambitions and do not claim to know more than what they receive directly from God, to whom they are connected in an act of fiery affective love. In order to achieve it, thinking must humble itself; in other words, it must be transformed into unlearned thinking[26]. Only then, through affective love of God, does humble human thinking impart divine wisdom. Therefore, it is not accidental that the encounter with divine wisdom happens in the "valley of humility" ("*in valle humilitatis*"), where strong human affects become subtle and spiritual[27], because the affect, on which mystical theology is based, is a noble affect that has freed itself from all worldly passions: "*Mistica autem theologia […] in affectu nobilius consistit.*"[28]

In the Paderborn treatise on mystical theology, John de Indagine describes mystical theology as an "irrational" and "foolish" way that leads uneducated people, or, in other words, idiots, to the knowledge of God:

"*Et uocat ipsam 'irracionabilem', quia nec racio ipsam apprehendit neque racione acquiritur neque inuestigacione studiosa nec eciam utitur racione in suo usu sed tantum amore amentem uocat, id est, sine mente et intellectu quia nec ipsa in suo exercicio utitur intellectum nec ad ipsam perueniri potest per intellectum sed solum per affectum et amorem ferventissimam; 'stultam' uocat, quia sine usu omnimode intellegencie in solo affectu consurgit quam nullus apprehendere potest intellectus.*"[29]

It can hardly be considered mere coincidence that Nicholas of Cusa is analysing in his work in a consistent and comprehensive manner the same philosophical topics about which the Erfurt Carthusians Jacob de Paradiso and John de Indagine write in their own treatises on mystical theology. And although we do not yet have any obvious evidence that Nicholas of Cusa was familiar with these texts of the Erfurt Carthusians (or at least with their short summaries) in the summer of 1450, we cannot completely exclude this possibility. At the moment, however, it is still a question for future studies. Despite that, it is quite possible to say with good reason that Nicholas of Cusa used the same figure of thought in his dialogues as the Carthusians did, when he writes about a humble layman who understands the depths of divine wisdom and criticizes the scholars that they cannot really understand wisdom, because they are self-conceited and do not know true humility:

"*Orator: Ut audio, cum sis idiota, sapere te putas. Idiota: Haec est fortassis inter te et me differentia: Tu te scientem putas, cum non sis, hinc superbis. Ego vero idiotam me esse cognosco, hinc humilior.*

---

[25] Weimar, HAAB, Ms. Q 50, foll. 41ᵛ–42ʳ.
[26] Ibid.
[27] Ibid., fol. 50ʳ.
[28] Ibid., fol. 41ᵛ.
[29] Ioannes de Indagine, Tractatus de mystica theologia, cap. 6, Ms. Paderborn, Erzbischöfliche Akademische Bibliothek, Cod. 118, fol. 167ʳᵃ; Ioannes de Indagine, Tractatus de mystica theologia, ed. Metzger (nt. 8), 651, ll. 12–19.

*In hoc forte doctior exsisto. Orator: Quomodo ductus esse potes ad scientiam ignorantiae tuae, cum sis idiota? Idiota: Non ex tuis, sed ex dei libris."*[30]

On the basis of what has been said, it seems reasonable to ask whether the figure of the layman in the 'De idiota' dialogues was originally nothing other than a message addressed to the Erfurt Carthusians that Cardinal Cusanus had similar views, and that he therefore was counting on their support for his plans to reform the German monasteries. Most likely, only after a while, the figure of the wise layman and the theory connected with it turned into a historical and philosophical topos that "characterizes" in the most illustrative way the "original" and "innovative" thinking of Nicholas of Cusa "as a whole".

In view of this highly probable fact, it is hardly surprising that there are many similarities between the works of Nicholas of Cusa and the Erfurt Carthusians. First of all, as already mentioned, it is the figure of the layman which is the leitmotif of the writings analysed in this study, both by Nicholas of Cusa and by the Erfurt Carthusians. Second, there is the key importance of wisdom for mystical theology, to the extent that wisdom unites it with philosophy, other forms of theology, and ascetic practice. In this vein, discussions on wisdom seem important to understand the role and status of mystical theology clearly. Third, the aforementioned manner of reasoning, i.e. from a layman's point of view, in combination with the terminology used, speaks in the clear language of a critical attitude towards a scholastic approach to mystical theology. Fourth, according to the theories of all three authors, wisdom (regardless of what is meant by it) is attained directly, just as the mystical experience knows no mediator between human soul and God. These common elements in the writings of three important spiritual authors of the fifteenth century were hardly accidental. So, there is good reason to assume that there is a close connection between these texts, as well as between their authors.

Thus, one cannot exclude that the 'De idiota' dialogues were written in connection with the preparation of the legation journey of Nicholas of Cusa to Germany in 1451–1452. It is very likely that they were primarily addressed to the monks of the Erfurt Charterhouse. Of course, it does not exclude other addressees, who, however, have not yet been identified. But even if these other possible addressees did exist, Cusanus' message was designed for them in such a way that they could read and perceive it after some time, and for most of them this is exactly what happened sooner or later. In other words, it means that the 'De idiota' dialogues could have been written in the context of Cardinal Cusanus' preparations for his legation journey to Germany and his meeting with the Erfurt Carthusians. There is every reason to believe that this meeting was also accompanied by his discussion with these monks about the essence of

---

[30] Nicolaus de Cusa, Idiota de sapientia, n. 4, in: Nicolai de Cusa Opera omnia iussu et auctoritate Academiae litterarum Heidelbergensis ad codicum fidem edita, vol. V: Idiota de sapientia – de mente, edd. L. Baur/R. Steiger, duas appendices adiecit R. Klibansky, Hamburg 1983 (= h V), 6–7.

wisdom and mystical theology. At least the surviving texts of its participants confirm that this is very likely. It is also clear that the context of this discussion went far beyond Erfurt[31].

As for the main differences between the positions of Cardinal Cusanus and the Erfurt Carthusians, they indicate the central moments, which each of the participants in the discussion could not refuse, despite the closeness in many other topics. First of all, Nicholas of Cusa could not agree with the Erfurt Carthusian monks' understanding of wisdom and mystical theology as an irrational and affective experience. At the same time, he used the figure of the wise layman in his 'De idiota' dialogues, which also played an important role in the writings of the Erfurt Carthusians, and was in complete agreement with their criticism of university theology and mundane sciences. Faced with a difficult political and ideological situation in Germany, one which required him to be better prepared for his legation journey, Cusanus tried to find arguments in his dialogue with the Erfurt Carthusians that would enable him to bring them to his side on the important issue of monastic reform. For this purpose, he used the same figures of thought in his writings of the summer of 1450 which were also typical for the texts on mystical theology of the Erfurt Carthusians. At the same time, these arguments were designed to keep his own rationalist position regarding the interpretation of wisdom and mystical theology intact. So, he found the arguments in favour of direct knowledge of divine wisdom primarily in Plato's dialogues as his own handwritten marginalia show[32], first of all, in the 'Phaedrus', which his partners in the discussions in Erfurt could not read at the time because in the mid-fifteenth century, they still did not have a copy of that text in their possession and, as it seems, were not particularly keen to get it. Apparently, such a thoughtful strategy helped Nicholas of Cusa to find new reliable allies among the Erfurt Carthusians for his plans to reform the monasteries in Thuringia and Saxony. But no less important is the fact that at the same time each of the participants in the discussion had no reason to abandon their main theories. This is perhaps why the Erfurt Carthusians were able to easily include Nicholas of Cusa's works in their library when the Erfurt confreres of John de Indagine copied some of Cusanus' writings and put them together into their anthologies of mystical texts[33], later known as two manuscripts from the second half of the fifteenth century: Weimar, Herzogin Anna Amalia Bibliothek (HAAB), Ms. Q 51 (previously: Erfurt, Carthusian monastery Salvatorberg, Ms.

---

[31] Metzger, The 'Tractatus de mystica theologia' by Ioannes de Indagine (nt. 16), 609: Erfurt Carthusian "treatises on mystical theology are a part of a vibrant discussion concerning the nature of mystical theology and contemplation occurring in Erfurt and Eastern and Central Germany simultaneous to the debate in Tegernsee and Southern Germany".

[32] Bernkastel-Kues, St. Nikolaus-Hospital, Ms. 177 (= Codex Cusanus 177), foll. 102$^v$–111$^v$.

[33] P. Wilpert, Die Entstehung einer Miscellanhandschrift des 15. Jahrhundert, in: Mittellateinisches Jahrbuch 1 (1964), 34–47; A. Märker, Das ‚Prohemium longum' des Erfurter Kartäuserkatalogs aus der Zeit um 1475 (Lateinische Sprache und Literatur des Mittelalters 35), Bern 2008, 457–461, 492–495.

D 51), and Eisleben, Turmbibliothek St. Andreas, Ms. 960 (previously: Erfurt, Carthusian monastery Salvatorberg, Ms. D 19).

The first manuscript originated in the Erfurt Charterhouse at the end of the fifteenth century, perhaps under the influence of mystical theology of the Erfurt Carthusian monk John de Indagine, and it once belonged to this Carthusian community. It is a huge collection of spiritual, devotional and mystical texts, anonymous as well as written by or attributed to the most important representatives of medieval spirituality like Augustine of Hippo, Honorius Augustodunensis, Francis of Meyronnes, Robert Grosseteste, John of Kastl, Hugh of Saint Victor, Nicholas of Dinkelsbühl, John Ruusbroec, John Tauler. But the main and most important difference from many other late medieval manuscript collections comprising this kind of texts is that it contains selected works of Nicholas of Cusa. Their presence in this Carthusian *rapiarium*-collection of devotional and spiritual texts is quite unusual, but the inclusions seems to have been a conscious choice of an anonymous compiler. This anonymous Carthusian monk was also the writer at least of one other collected theological and spiritual manuscript (composed from 1482 to 1485 in the Erfurt Charterhouse and written in Latin and German), in which Mechthild of Magdeburg, John Tauler, 'Kuttenmann' and Hugo de Balma were excerpted, in some cases also the same passages from the same texts as in the manuscript Weimar, HAAB, Q 51 (now Berlin, SBB-PK, Ms. theol. Lat. oct. 89)[34].

The second manuscript, Eisleben, Turmbibliothek St. Andreas, 960, was previously known as Ms. D 19 of the library of the Erfurt Carthusian monastery Salvatorberg. Now, after the library of the Lutheran-Evangelical community of St. Andrew has been relocated to a new building, it is stored in the newly built Martin Luther Archive (Lutherarchiv) in Eisleben. The manuscript contains several of Cusanus' treatises copied by the Erfurt Carthusian librarian Jacobus Volradi in the period from 1466 to 1487: 'De quaerendo deum', 'De visione dei', 'De docta ignorantia', 'De coniecturis', 'Apologia doctae ignorantiae', 'De sapientia', 'De mente', 'De filiatione', 'De dato patris luminum', 'De genesi', 'De deo abscondito', 'De theologicis complementis', some sermons, 'Compendium' (chapter eight). The origin of the manuscript is clearly associated with the reform activities of the Erfurt Carthusians in East and Central Germany in the middle and second half of the fifteenth century, initiated by Nicholas of Cusa during his stay in Erfurt in 1451.

This manuscript was only once studied in some detail[35], and thereafter remained without appropriate attention among Cusanus researchers. Although Paul Wilpert's brilliant and very elaborate article still has not lost its outstanding

---

[34] B. Braun-Niehr (ed.), Die theologischen lateinischen Handschriften in Octavo der Staatsbibliothek zu Berlin Preußischer Kulturbesitz, vol. 1: Ms. theol. lat. Oct. 66–125 (Staatsbibliothek zu Berlin Preußischer Kulturbesitz. Kataloge der Handschriftenabteilung. Reihe 1. Handschriften, 3,1), Wiesbaden 2007, 138–157.

[35] Wilpert, Die Entstehung einer Miscellanhandschrift (nt. 33), 34–47.

intellectual value, there is no study of the numerous and sometimes very extensive marginalia to the treatises of Nicholas of Cusa that are contained in this manuscript, and there is also no description of them. However, these marginalia are obviously of no small importance for the understanding of the purpose and meaning of the reception of the works of Nicholas of Cusa by the Erfurt Carthusians.

In general, these marginalia are distinguished by one characteristic feature, which could be regarded as significant for the Carthusian interpretation of the works of Nicholas of Cusa included in the Eisleben manuscript. Namely, the monks who wrote them are purposefully looking for intertextual dependencies and parallels between various works of Cusanus. Whenever possible, they are referring to them directly in their marginalia, which sometimes look like small comments or reader-oriented notes. For obvious reasons, I confine myself here to a few typical examples illustrating this general trend.

For example, in a brief comment on the title of chapter nine of the second book of 'De docta ignorantia', which is devoted to the topic 'De anima sive forma universi' ('The soul, or form, of the universe')[36], the commentator remarks: "*Pro declaratione huius capituli vide in 'De visione dei' X capitulo 'Video te domine infinitatem'*."[37] Thus, he refers to a passage from another work, written much later than 'De docta ignorantia', which is also included in the Eisleben manuscript[38].

In terms of content, the marginalia to the second book of 'De docta ignorantia' seem very interesting from a philosophical point of view. In this regard, it is very curious and somewhat unexpected that the marginalia to the well-known "proto-Copernican" 'Corollaries regarding motion' ('Correlaria de motu') from 'De docta ignorantia' (second book, chapters 11–12, nn. 156–174) which might certainly be of overwhelming interest to a modern reader, are completely absent both in the Eisleben and Weimar manuscripts. The commentator of the Eisleben manuscript focuses his attention on other passages, and his choice is not always obvious, if one compares it with modern interpretations of the philosophy of Nicholas of Cusa. As a rule, the marginalia to this book serve to explain or clarify terminology or theory with which the reader might not be quite familiar. In this case, the commentator often refers to the texts of well-known or more familiar authorities such as Thomas Aquinas or William of Auvergne. The last of these two theologians is named in the manuscript at least twice as "Wilhelmus Parisiensis"[39].

---

[36] Nicolaus de Cusa, De docta ignorantia II, cap. IX, in: Nicolai de Cusa Opera omnia iussu et auctoritate Academiae litterarum Heidelbergensis ad codicum fidem edita, vol. I: De docta ignorantia, nn. 141–148, ed. R. Klibansky, cuius post mortem curaverunt W. Beierwaltes/H. G. Senger, Leipzig 1932 (= h I), 89–94; English translation: J. Hopkins (ed.), On Learned Ignorance (De docta ignorantia) by Nicholas of Cusa, 2$^{nd}$ ed., Minneapolis 1985, 81–85.

[37] Eisleben, Turmbibliothek St. Andreas, Ms. 960, fol. 52$^v$.

[38] Eisleben, Turmbibliothek St. Andreas, Ms. 960, foll. 11$^r$–28$^v$, here foll. 15$^v$–16$^r$.

[39] Eisleben, Turmbibliothek St. Andreas, Ms. 960, foll. 32b$^r$ (this smaller folio is inserted, together with fol. 32a, between foll. 32 and 33 of the Eisleben manuscript right in the middle of Nicholas of Cusa's work 'De quaerendo deum'), 53$^r$.

In the last case, the commentator evidently refers to the theory of magnetism formulated by William of Auvergne, who, based on the example of the lodestone's ability to magnetize a small piece of iron, compares in his work 'De universo' the motion of the celestial spheres to magnetic induction and the moon's effect on the waters of the sea to the attraction of the magnet for iron[40]. Apparently, keeping this in mind, the Carthusian commentator implicitly refers also to discussions of magnet and magnetism in other works of Nicholas of Cusa ('De sapientia' I, n. 16; 'De pace fidei', n. 40; 'Idiota de staticis experimentis', n. 175; and, last but not least, numerous references in Cusanus' sermons), among which the first work, 'De sapientia', is also present in the Eisleben manuscript in full and without abbreviations. At the same time, in a passage from the second book of 'De docta ignorantia', next to which this margin is written and to which it should be related, there is no mention of a magnet. As it appears, the association with a magnet is caused here by the philosophical terminology discussed by Cusanus in connection with the theory of the world soul and does not concern any special theory of magnetism[41].

More specifically, Nicholas of Cusa says that if one agrees with the Platonists that the world soul as the first cause of the universal movement is intelligible and determined by necessity, then it must be unknowable for the human intellect. And, consequently, it is impossible to say anything in detail about the degree and form of its activity or passivity, for example, to calculate precisely the speed, force and trajectory of movement of various objects we observe. However, as the Carthusian commentator, who obviously agrees with Cusanus' criticism, notes in his margin, the magnet is precisely what is fully understood by our human intellect as a particular object attracting other particular [metal] objects: "*Wilhelmus Parisiensis in suo 'Universo': magnitum est quod intellectus nostrum intelligit.*"[42] It is clear from this statement that the world soul and its movement can also

---

[40] Guillelmus Alverniensis, De universo, 1, pars 50, c. 43; 2, pars 3, c. 13, 152, in: Guillelmus Alverniensis, Opera omnia, vol. 1, Paris 1674 (reprinted in Frankfurt a. M. 1963), 648, 1002–1003, 1062; P. Duhem, Le système du monde: Histoire des doctrines cosmologique de Platon à Copernic, vol. 9, Paris 1958, 10, 21. The library of the Erfurt Carthusian monastery Salvatorberg kept a manuscript with excerpts from this text of William of Auvergne, which John de Indagine supposedly wrote by his own hand ("*Exerpta Indaginis ex diversis libris et auctoribus*"); the manuscript is now part of the manuscript collection of the Newberry Library, Chicago, as Ms. 67.3, foll. 124$^r$–126$^r$: "*Wilhelmus parisiensis in universo corporali, qui liber dicitur sapientialis*", foll. 145$^r$–147$^v$: extracts from William of Auvergne, De universo, Book 2. Description of the manuscript: P. H. Saenger (ed.), A Catalogue of the Pre-1500 Western Manuscript Books at the Newberry Library, Chicago–London 1989, 128; Metzger, The Manuscripts (nt. 4), 190–191; cf. Klapper, Der Erfurter Kartäuser Johannes Hagen, vol. 2 (nt. 4), 124. The manuscript was recorded as "C 142" in the late medieval catalogue of the Erfurt Carthusian Library: Erfurt, Bistumsarchiv, Ms. Hist. 6, fol. 117$^v$; Lehmann (ed.), Mittelalterliche Bibliothekskataloge, vol. 2 (nt. 9), 428 sq. This fact indicates that the Erfurt Carthusian monks were well informed about William of Auvergne's theory of magnetism.

[41] Nicolaus de Cusa, De docta ignorantia II, cap. IX, nn. 141–142, h I, ed. Klibansky (nt. 36), 89–90.

[42] Eisleben, Turmbibliothek St. Andreas, Ms. 960, fol. 53$^r$.

be well known by the human mind. At least that is the conclusion at which Nicholas of Cusa arrives. Thus, the commentator's acceptance of Cusanus' teachings is not in doubt in this case. Apparently, he agrees with Nicholas of Cusa's theory, because the idea that the human mind is able to cognize the first principle of movement is more consistent with the mystical doctrine of the direct cognition of God that the human soul can reach, regardless of whether it is achieved affectively or rationally.

A similar commenting technique is also present in some other marginalia: In the marginalia to the chapter eight of the second book of 'De docta ignorantia', in which the topic of the existence of absolute possibility is discussed, the attention of the Carthusian commentator is attracted by a discussion of the relationship between form and matter when a carpenter cuts out wooden spoons[43]. As it is well known from his work, Nicholas of Cusa denies the existence of absolute possibility (or absolute potency) as a result of his reflections on the positions of Platonists, Peripatetics, Stoics and followers of Hermes Trismegistus, because every possibility is contracted (*contracta*), and therefore it cannot be absolute: "*Nos autem per doctam ignorantiam reperimus impossibile fore possibilitatem absolutam esse*" ("Through learned ignorance we find that it would be impossible for absolute possibility to exist").[44] This example is philosophically important in this case because it allows to show clearly that the form of a spoon cut from a piece of wood does not arise from the potentiality of the parts of the wood being removed, but from the activity of the master who cuts out the spoons. And when the Carthusian commentator draws his attention to this passage, noticing in his margin that those who do not know the art of cutting spoons cannot make the actual form of a spoon out of a potential spoon in a piece of wood, he certainly also has in mind 'De idiota' dialogues of Nicholas of Cusa that he also copied in full and included in the Eisleben manuscript (foll. 271$^r$–275$^v$, 282$^r$–290$^v$).

Let me sum up. At first glance, it may seem that the marginalia to the works of Nicholas of Cusa, which are found in the Erfurt Carthusian manuscripts, are of a casual and spontaneous nature. Sometimes it may even appear that they are not related to the text to which they are written. However, on closer examination, it turns out that they very often represent cross-references to other texts or other chapters of the same text. In other words, these marginalia are not so much direct comments on the text next to which they are written. Most likely, they have a clear purpose to be a guide how to read and understand the text, a librarian's advice, addressed to the reader of the text, and his recommendations on how to interpret this or that passage of the text in the system of its intertextual relations with other passages of other texts and sometimes with other, better

---

[43] Nicolaus de Cusa, De docta ignorantia II, cap. VIII, nn. 134 – 135, h I, ed. Klibansky (nt. 36), 87.
[44] Nicolaus de Cusa, De docta ignorantia II, cap. VIII, n. 136, h I, ed. Klibansky (nt. 36), 87; English translation: Hopkins (ed.), On Learned Ignorance (nt. 36), 80.

known or more authoritative, authors. Thus, the marginalia of the Carthusian commentator form a common field of meaning with the commented text. Apparently, it also corresponds to the original intention of the Erfurt Carthusian librarian to organize books within the library as a system of interrelated texts and meanings that could help readers in their own practice of reading and reflecting on what they read. In other words, the Carthusian commentator aspires to interpret all the works of Nicholas of Cusa as a unified system of knowledge, regardless of the historical context of Cusanus' writings and their chronology. Moreover, it could be said that the Carthusian commentator from Erfurt was one of the first, if not the very first, of the interpreters who have influenced the origin, establishment and dissemination of this intertextually systematic and totally unhistorical point of view on everything written by the Cardinal from Cusa – a view that, in a very strange and completely ill-conceived form, still massively dominates Cusanus studies around the world.

# Herz und Geist vereint:
# Die Bibliothek des Nikolaus von Kues als Memorialraum

MARCO BRÖSCH (Bernkastel-Kues/Trier)

## I. Einleitung

Als der große Kardinal, Philosoph und Theologe Nikolaus Cusanus am 11. August 1464 in Todi in Umbrien verstarb, vermachte er den größten Teil seines Besitzes dem St. Nikolaus-Hospital in Kues an der Mosel, das von ihm und seiner Familie in seinem Heimatort als Armen- und Altenheim gegründet wurde. Obwohl die von ihm ausgestellte Stiftungsurkunde bereits vom 3. Dezember 1458 datiert, wurde das Haus – das er selbst nicht mehr zu Gesicht bekam – erst 1465, also ein Jahr nach seinem Tod, eröffnet[1].

Die hohe Wertschätzung, die Cusanus selbst der Stiftung entgegenbrachte, zeigt sich nicht nur darin, dass er das Hospital in seinem Testament als Universalerbe einsetzte[2], sondern vor allem auch in dem Wunsch, dass sein Herz nach

---

[1] Zum St. Nikolaus-Hospital und zu seiner Geschichte: J. Marx, Geschichte des Armen-Hospitals zum h. Nikolaus zu Cues, Trier 1907; J. Koch, Das St. Nikolaus-Hospital in Kues an der Mosel, in: id., Kleine Schriften, vol. 1 (Storia e Letteratura 127), Rom 1973, 625–629; F. Schmitt, Chronik von Cues, Bernkastel-Kues 1981, 174–187; M. Hensel-Grobe, Das St. Nikolaus-Hospital zu Kues. Studien zur Stiftung des Cusanus und seiner Familien (15.–17. Jahrhundert) (Geschichtliche Landeskunde 64), Stuttgart 2007; S. Tritz, „... uns Schätze im Himmel zu sammeln." Die Stiftungen des Nikolaus von Kues (Quellen und Abhandlungen zur mittelrheinischen Kirchengeschichte 125), Mainz 2008, 33–173; M. Watanabe, Kues: The Hospital, in: id., Nicholas of Cusa – A Companion to His Life and His Time, edd. G. Christianson/T. Izbicki, Farnham/Burlington 2011, 355–362; M. Brösch, Nachleben und Erbe, in: id./W. A. Euler/A. Geissler/V. Ranff (eds.), Handbuch Nikolaus von Kues. Leben und Werk, Darmstadt 2014, 117–128, sowie M. Brösch/W. A. Euler, Caritas und christlicher Humanismus im Denken des Nikolaus von Kues. Sein Menschenbild und seine Hospitalsgründung, in: C. Stiegemann (ed.), Caritas. Nächstenliebe von den frühen Christen bis zur Gegenwart. Katalog zur Ausstellung im Erzbischöflichen Diözesanmuseum Paderborn, Petersberg 2015, 234–245.

[2] Bernkastel-Kues: Hospitalsarchiv, Urk. 48B: „*Hospitale etiam predictum constitut heredem generalem omnium et singulorum bonorum suorum presentium et futurorum ubique existentium.*" Zitiert nach der Edition von G. Kortenkamp, Die Urkunden des St. Nikolaus-Hospitals in Bernkastel-Kues an der Mosel, ed. vom St. Nikolaus-Hospital/Cusanusstift (Geschichte und Kultur des Trierer Landes 3), Trier 2004, 133–140. Zum Testament des Nikolaus von Kues cf. auch Marx, Geschichte des Armen-Hospitals (nt. 1), 248–253; G. Neusius, Das Testament des Nikolaus von Kues, in: Litterae Cusanae 1 (2001), 15–21; W. Schmid/S. Tritz, Sorge für das Diesseits mit Blick auf das Jenseits. Das Testament des Kardinals Nikolaus von Kues von 1464, in: W. Reichert/G. Minn/R. Voltmer (eds.), Quellen zur Geschichte des Rhein-Maas-Raumes. Ein Lehr- und Lernbuch, Trier 2006, 193–225; Tritz, Stiftungen (nt. 1), 68–77; Brösch, Nachleben und Erbe, (nt. 1), 105–109 und zuletzt M. Brösch, Das Testament des Nikolaus von Kues und seine

Kues gebracht werden sollte. Hier wurde es schließlich in der Hospitalskapelle unmittelbar vor dem Hochaltar beigesetzt[3], während sein Körper die letzte Ruhestätte in seiner Titularkirche S. Pietro in Vincoli in Rom fand. Eine schriftliche Anordnung für die Herzbestattung in Kues sucht man dagegen vergeblich.

Dies ist allerdings nicht verwunderlich angesichts der noch im 15. Jahrhundert gültigen Bulle ‚Detestande feritatis' von 1299/1300. Hintergrund dieser päpstlichen Urkunde war der allgemeine, vor allem seit den Zeiten der Kreuzzüge weit verbreitete Brauch, die Körper hochgestellter Persönlichkeiten, die fern ihrer Heimat verstorben waren, so zu präparieren, dass sie bzw. bestimmte Teile ihres Körpers zum favorisierten Begräbnisort überführt werden konnten. In dieser Bulle stellte Papst Bonifaz VIII. unter anderem die Öffnung oder Zerteilung von Leichen zum Zweck einer separaten Bestattung unter Strafe der Exkommunikation, wozu auch das Herzbegräbnis zählte. Durch viele Dispense – vor allem für die französischen Könige – ausgehöhlt, verlor das Verbot weitgehend seine Bedeutung[4]. Entsprechend war der Brauch der separaten Körperbestattung vor allem in den führenden Kreisen des Adels und der Kirche seit Mitte des 14. Jahrhunderts wieder überall verbreitet[5].

Unter den Zeitgenossen des Nikolaus von Kues finden sich daher viele prominente Beispiele für ähnliche Begräbnisformen. Hierzu zählt der französische Kardinal Guillaume d'Estouteville (ca. 1412–1483), dessen Körper in der Basilika Sant' Agostino in Campo Marzio in Rom ruht und dessen Herz in der Kathedrale von Rouen beigesetzt wurde[6]. Auch der Trierer Erzbischof Jakob von Sierck (1398/99–1456) ließ sich an verschiedenen Orten beisetzen: Während sein Körper in der Trierer Liebfrauenkirche zwischen Hoch- und Heilig-Kreuz-

---

römischen Stiftungen, in: Mitteilungen und Forschungsbeiträge der Cusanus-Gesellschaft 35 (im Druck).

[3] Cf. Tritz, Stiftungen (nt. 1), 136–142; M. Gross-Morgen, Herzepitaph für Nikolaus von Kues, in: Horizonte. Nikolaus von Kues in seiner Welt. Eine Ausstellung zur 600. Wiederkehr seines Geburtstages. Katalog zur Ausstellung im Bischöflichen Dom- und Diözesanmuseum Trier und im St. Nikolaus-Hospital in Bernkastel-Kues, 19. Mai bis 30. September 2001, Trier 2001, 212 sq.; Brösch, Testament (nt. 2).

[4] Cf. E. A. R. Brown, Death and the Human Body in the Late Middle Ages: The Legislation of Bonifaz VIII on the Divison of the Corpse, in: Viator 12 (1981), 221–270, hier 266: „In the late fourteenth and fifteenth centuries dissections was widely practiced, and the problems posed by ‚Detestande feritatis' were formally and finally resolved by Clement VII in 1531 and by Prospero Lambertini, archbishop of Bologna and future Pope Benedict XIV in 1737."

[5] Zur allgemeinen Praxis der Herzbestattung cf. A. Dietz, Ewige Herzen. Kleine Kulturgeschichte der Herzbestattungen, München 1998 sowie E. Weiss-Krejci, Heart Burial in Medieval and Early Post-Medieval Central Europe, in: K. Rebay-Salisbury/M. L Stig Sørensen/J. Hughes (eds.), Body Parts and Bodies Whole. Changing Relations and Meanings, Oxford–Oakville 2010, 119–134.

[6] Cf. C. M. Richardson, Reclaiming Rome. Cardinals in the Fifteenth Century (Brill's Studies in Intellectual History 173), Leiden–Boston 2009, 442 sq.; M. J. Gill, Death and the Cardinal. The Two Bodies of Guillaume d'Estouteville, in: Renaissance Quarterly 54 (2001), 347–388 sowie Tritz, Stiftungen (nt. 1), 76, nt. 225.

Altar begraben wurde, fanden seine Eingeweide im Benediktinerkloster in Mettlach und sein Herz in der Kathedrale von Metz ihre letzte Ruhestätte[7].

Dabei galt besonders das Herz, in dem man den Sitz der Seele und das Wesen einer Person vermutete, als eines der edelsten Organe des menschlichen Körpers. Die Herzbestattung war somit Ausdruck einer engen Verbindung des Verstorbenen zu einer von ihm hochgeschätzten Einrichtung, sei es eine Kirche, ein Kloster oder wie im Fall des Nikolaus von Kues zu dem von ihm und seiner Familie gestifteten Hospital. Der Verstorbene konnte sicher sein, dass hier die Erinnerung an ihn – zum Beispiel in Form von liturgischem Gedenken bzw. von Messstiftungen – besonders lebendig bleiben würde.

Aufgrund des noch gültigen Verbotes verzichtete der Kardinal wohl darauf, eine schriftliche Anordnung für die separate Herzbestattung in seinem Vermächtnis zu hinterlassen. Um nicht seine gesamte Stiftungspolitik und die päpstlichen Privilegien, die er für sein Erbe besonders in Kues erwirken konnte[8], zu gefährden, konnten entsprechende Anweisungen nur mündlich im Kreise der engsten Vertrauten geäußert werden.

Anders sieht es hier hinsichtlich seiner umfangreichen Bibliothek aus und so enthält sein Testament vom 6. August 1464 einen Abschnitt zum Verbleib seiner Bücher, der bereits in der ersten Fassung seines Letzten Willens von 1461 enthalten war, in der Cusanus bestimmte: „Die Bücher, die sich bei ihm befinden und nicht ihm gehören, sollen den Eigentümern zurückgegeben werden; seine eigenen aber vermacht er seinem schon erwähnten Hospital. Sie sollen dorthin gebracht und dort aufbewahrt werden."[9]

Entsprechend dieser testamentarischen Bestimmung wurde die Bibliothek des Nikolaus von Kues, über die ein heute noch in Vicenza erhaltenes Inventar –

---

[7] Cf. I. Miller, Jakob von Sierck 1398/99–1456 (Quellen und Abhandlungen zur mittelrheinischen Kirchengeschichte 45), Mainz 1983, 255; W. Schmid, Der Bischof, die Stadt und der Tod. Kunststiftungen und Jenseitsfürsorge im spätmittelalterlichen Trier, in: M. Borgolte (ed.), Stiftungen und Stiftungswirklichkeiten: Vom Mittelalter bis zur Gegenwart (Stiftungsgeschichten 1), Berlin 2000, 171–257, hier 191; S. Heinz/B. Rothbrust/W. Schmid (eds.), Die Grabmäler der Erzbischöfe von Trier, Köln und Mainz, Trier 2004, 9 sq.; Tritz, Stiftungen (nt. 1), 137 und Brösch, Testament (nt. 2).

[8] Hierzu zählt e. g. die Testierfreiheit (*licentia testandi*), d. h. das Recht als Kardinal frei über sein Erbe verfügen zu dürfen. Diese war angesichts der noch bestehenden, im Konsens mit dem Kardinalskollegium in der Bulle ‚Ad exequendum' vom 12. November 1463 gefassten Anordnung, dass das Vermögen aller Prälaten und anderer Personen, die während des gerade laufenden Kreuzzuges gegen die Türken verstarben, zur Finanzierung dieses Krieges zurückgehalten werden konnte, besonders gefährdet. Nikolaus von Kues wurde von dieser und allen anderen Sondersteuern befreit. Zur Erlangung dieser Testierfreiheit finden sich noch drei päpstliche Urkunden im Hospital in Kues, die aus den Jahren 1450 (Urk. 21), 1461 (Urk. 43) und 1464 (Urk. 49) stammen. Cf. Kortenkamp, Urkunden (nt. 2), 68–70; 123 sq. und 141 sq. sowie Brösch, Testament (nt. 2).

[9] „*Item voluit, quod libri apud eum existentes et qui sui non sunt, restituantur illis, quorum sunt; suos autem libros omnes dedit et legavit dicto eius hospitali, volens illos ibidem adduci et reponi.*" Zitat und Übersetzung aus: Schmid/Tritz, Sorge für das Diesseits (nt. 2), 197.

zumindest teilweise – Auskunft gibt[10], daher von seinem Diener Heinrich Walpot im Jahre 1465 von Italien über die Alpen in das St. Nikolaus-Hospital nach Kues transferiert, wo sie sich heute noch größtenteils befindet. Was das Testament und das Inventar allerdings nicht verraten, ist eine Antwort auf die Frage, warum er seine Bibliothek überhaupt überführen ließ und wen er als eventuelle Nutzer seiner Bücher in Betracht zog?

## II. Das St. Nikolaus-Hospital und die Stiftungen des Nikolaus von Kues

Zur Beantwortung der Frage soll zunächst noch ein kurzer Blick auf die testamentarischen Stiftungen von Nikolaus von Kues geworfen werden[11]. Nach dem Testament des Kardinals, das noch in zweifacher Ausfertigung im Archiv des St. Nikolaus-Hospitals in Bernkastel-Kues erhalten ist[12], sollte der größte Teil seines Vermögens auf verschiedene Stiftungen aufgeteilt werden. So widmete er 2000 Kameraldukaten – d. h. ungefähr 2.660 rheinische Gulden – der Renovierung und Ausstattung seiner Titelkirche San Pietro in Vincoli in Rom, womit u. a. der heute noch erhaltene Rest des Altares von Andrea Bregno, aber auch ein neues Dach finanziert wurden[13].

Weitere 5.000 rheinische Gulden ließ er für eine Studienstiftung in den niederen Landen zurücklegen, mit denen 20 arme Scholaren finanziell unterstützt

---

[10] Vicenza, Archivio di Stato, Atti del Notario Bartolomeo d'Aviano, Cod. n. 4746, foll. 93r–95r; cf. G. Mantese, Ein notarielles Inventar von Büchern und Wertgegenständen aus dem Nachlass des Nikolaus von Kues, in: Mitteilungen und Forschungsbeiträge der Cusanus-Gesellschaft 2 (1962), 85–116. Bei den im Inventar angegebenen 167 Handschriften handelt es sich wohl nicht – wie gelegentlich vermutet – um die gesamte Bibliothek des Kardinals, sondern um jene Bücher, die Cusanus bei seiner Flucht von Brixen im Jahr 1460 in Vicenza deponiert hatte. Nur so lässt sich erklären, dass sich im Hospital noch viele Codices aus dem Besitz des Cusanus finden, die in der Liste von Vicenza gar nicht auftauchen. Cf. G. Neusius, Die Büchersammlung des Cusanus und die Bibliothek des St. Nikolaus-Hospitals, in: Libri Pretiosi 13 (2010), 43 sq.

[11] Cf. K. Corsepius, Die Stiftungspolitik des Nikolaus von Kues, in: A. M. Bonnet/R. Kran e. a. (eds.), Le Maraviglie dell'Arte: Kunsthistorische Miszellen für Anne Liese Gielen-Leyendecker zum 90. Geburtstag, Köln e. a. 2004, 45–68.

[12] Bernkastel-Kues: Archiv des St. Nikolaus-Hospitals, Urk. 48A und 48B. Eine dritte Ausfertigung des Testaments wird noch im Archiv der Santa Maria dell'Anima in Rom (Fasc. 8, Nr. 50) aufbewahrt. Cf. H. J. Hallauer, Das St. Andreas-Hospiz der Anima in Rom. Ein Beitrag zur Geschichte des Nikolaus von Kues, in: Mitteilungen und Forschungsbeiträge der Cusanus-Gesellschaft 19 (1991), 25–52, hier 33.

[13] Cf. Tritz, Stiftungen (nt. 1), 263–328 und Brösch, Nachleben und Erbe (nt. 1), 111–114.; außerdem: J. Röll, Nordeuropäisch-spätgotische Motive in der römischen Sepulkralskulptur des 15. Jahrhunderts: Das Epitaph des Nikolaus von Kues in S. Pietro in Vincoli, in: J. Poeschke (ed.), Italienische Frührenaissance und nordeuropäisches Spätmittelalter. Kunst der frühen Neuzeit im europäischen Zusammenhang, mit Beiträgen von F. Ames-Lewis e. a., München 1993, 109–128; T. Pöpper, Skulpturen für das Papsttum. Leben und Werk des Andrea Bregno im Rom des 15. Jahrhunderts, Leipzig 2010, 156–174.

werden sollten und woraus 1469 die ‚Bursa Cusana' in Deventer hervorging[14]. Darüber hinaus flossen weitere Gelder aus seinem Nachlass in einen Erweiterungsbau des St. Andreas-Hospitals in Rom, das in erster Linie kranken deutschen Mitgliedern der päpstlichen Kurie zur Verfügung stand[15].

Aber keine der genannten Stiftungen wurde so sehr von Cusanus berücksichtigt wie das St. Nikolaus-Hospital in Kues, das allerdings nicht nur von ihm allein, sondern von der gesamten Familie Kryfftz mitfinanziert wurde, die 1473 ohne einen direkten Nachkommen ausstarb. Allein die Baukosten der zwischen 1452 und 1456 errichteten Hospitalsanlage verschlangen die enorme Summe von 10.000 rheinischen Gulden, zu denen nochmals ein Stiftungskapital in Höhe von 20.000 Gulden hinzukam, das in Weinberge, Felder und andere Güter um Bernkastel und Kues investiert wurde. Mit den daraus erwirtschafteten Geldern sollte das Hospital als ein Armen- und Altenheim für 33 arme alte Männer über 50 Jahre mit gutem Leumund betrieben werden. Von den 33 Bewohnern sollten sechs Priester, sechs Adlige und 21 ‚gemeine Leute' sein, die sich in Kleidung und Verhalten an den Laienbrüdern der Augustiner-Chorherren der Windesheimer Kongregation orientieren mußten. Zur Hausgemeinschaft des Hospitals gehörten allerdings nicht nur die Bewohner, sondern auch der Rektor, ein ehrwürdiger Priester über 40 Jahre, sowie 6 Bedienstete, die sich um die Bewirtschaftung des Hospitals und die Verpflegung der Armen kümmern sollten[16].

Wie bei nahezu allen caritativen Gründungen war auch die Hospitalsstiftung in Kues für Cusanus und seine Familie sowohl Ausdruck der Frömmigkeit und der Nächstenliebe gegenüber den Mitchristen als auch eine Möglichkeit, die nachfolgenden Generationen – und hier ganz besonders die Hospitalsbewohner – an die Stifter zu erinnern, für deren Seelenheil sie beten sollten. „Darüber hinaus bietet die jeweilige Stiftung auch eine Möglichkeit der Selbstdarstellung und der Selbstinszenierung, d. h. der Präsentation von Freigebigkeit, wirtschaftlicher Potenz, ästhetischer Kompetenz, sozialem Rang und ethischen Ansprüchen, ganz im Sinne des irdischen Nachruhms."[17]

---

[14] Cf. Marx, Geschichte des Armen-Hospitals (nt. 1), 84–92; 260–265; M. J. F. M. Hoenen, Ut pia testatoris voluntas observetur. Die Stiftung der Bursa Cusana zu Deventer, in: I. Bocken (ed.), Conflict and Reconciliation. Perspectives on Nicholas of Cusa, (Brill's Studies in Intellectual History 126), Leiden–Boston 2004, 53–73 und Tritz, Stiftungen (nt. 1), 191–20; Brösch, Nachleben und Erbe (nt. 1), 115–117.

[15] Cf. H. Hallauer, Das St. Andreas-Hospiz (nt. 12), 25–52; Tritz, Stiftungen (nt. 1), 253–262; Brösch, Nachleben und Erbe (nt. 1), 110 sq. und M. Matheus, Nikolaus von Kues, seine Familiaren und die Anima, in: id. (ed.), S. Maria dell'Anima. Zur Geschichte einer ‚deutschen' Stiftung in Rom (Bibliothek des Deutschen Historischen Instituts in Rom 121), Berlin–New York 2010, 21–41.

[16] Cf. Marx, Geschichte des Armen-Hospitals (nt. 1), 52–81; Hensel-Grobe, Das St. Nikolaus-Hospital (nt. 1), 33, 86–89, 118–152; Tritz, Stiftungen (nt. 1), 113–119; Brösch, Nachleben und Erbe (nt. 1), 117–122 und Brösch/Euler, Caritas (nt. 1), 238–240.

[17] Brösch, Testament (nt. 2); cf. auch id., Nachleben und Erbe (nt. 1), 105; Schmid/Tritz, Sorge für das Diesseits (nt. 2), 203–205; sowie Tritz, Stiftungen (nt. 1), 23–31 und T. Lohse, 8 Gedenken und Kultus, 8.2 Lateinische Christen, in: M. Borgolte (ed.), Enzyklopädie des Stiftungswesens in mittelalterlichen Gesellschaften, vol. 2: Das soziale System Stiftung, Berlin 2016, 97 sq.

Das St. Nikolaus-Hospital in Kues ist dabei bis heute der zentrale Erinnerungsort an die ganze Familie Kryfftz, deren bedeutendstes Mitglied ohne Zweifel Nikolaus selbst war, der zu einem der ranghöchsten Geistlichen der römischen Kirche aufstieg. Nur in seinem Heimatdorf in Kues und nicht etwa in Rom, wo viele weit aus wohlhabendere Persönlichkeiten es sich leisten konnten, gigantische Palastanlagen zu errichten und ganze Stadtviertel umzugestalten, konnte er sicher sein, dass die Erinnerung an ihn und seine Familie bewahrt würde[18].

### III. Die Bibliothek des Nikolaus von Kues

Ein Schlüsselfaktor für den sozialen Aufstieg im Zeitalter der Renaissance und des Humanismus war ohne Zweifel Bildung. Dies gilt im besonderen Maße auch für Cusanus, der vom Sohn eines reichen Kaufmanns von der Mosel zum Kardinal und zu einem der einflussreichsten Gelehrten des 15. Jahrhunderts aufsteigen sollte. Hierbei spielte die eigene Büchersammlung eine besondere Rolle[19].

---

[18] Cf. S. Tritz, Stiftungen (nt. 1) 29; sowie Brösch, Nachleben und Erbe (nt. 1), 109 und id., Testament (nt. 2).

[19] Zur Bibliothek des Nikolaus von Kues allgemein cf. J. Marx, Verzeichnis der Handschriften-Sammlung des Hospitals zu Cues bei Bernkastel a. Mosel, Trier 1905, III–XII; P. Rotta, La biblioteca dal Cusano, in: Rivista di filosofia neo-scolastica 21 (1927), 22–47; W. Stockhausen, Die Cusanus-Bibliothek, in: Sankt Wiborada 5 (1938), 1–9; B. L. Ullman, Manuscripts of Nicholas of Cusa, in: Speculum 8 (1938), 194–197; P. O. Kristeller, A Latin Translation of Gemistos Plethon's ‚De fato' by Johannes Sophianos dedicated to Nicholas of Cusa, in: Niccolò Cusano agli inizi del mondo moderno. Atti del congresso internazionale in occasione del V centenario della morte di Niccolò Cusano, Bressanone 6–10 settembre 1964 (Facoltà di Magistero dell'Università di Padova 12), Firenze 1970, 175–193; G. Heinz-Mohr/W. P. Eckert (eds.), Das Werk des Nicolaus Cusanus. Eine bibliophile Einführung, Köln ³1981, 122–163; C. Bianca, La biblioteca romana di Niccolò Cusano, in: M. Miglio/P. Farenga/A. Modigliani (eds.), Scrittura biblioteche e stampa a Roma nel Quattrocento. Atti del 2° Seminario, 6–8 maggio 1982 (Littera antiqua 3), Città del Vaticano 1983, 669–708; ead., Niccolò Cusano e la sua biblioteca: note, ‚notabilia', glosse, in: E. Canone (ed.), Bibliothecae selectae da Cusano a Leopardi (Lessico Intellettuale Europeo 58), Firenze 1993, 1–11; W.-P. Hamm, Bibliothek des St. Nikolaus-Hospitals (Cusanus-Stift), in: B. Fabian (ed.), Handbuch der historischen Buchbestände in Deutschland, vol. 6, Hildesheim e. a. 1993, 132–134; C. Bianca, Le cardinal de Cues en voyage avec ses libres, in: R. de Smet (ed.), Les humanistes et leur bibliothèque, Actes du Colloque international, Bruxelles, 26–28 août 1999 (Travaux de l'Institut Interuniversitaire pour l'Étude de la Renaissance et l'Humanisme 13), Leuven e. a. 2002, 25–36; M.-A. Aris, Der Leser im Buch. Nicolaus von Kues als Handschriftensammler, in: A. Beccarisi/R. Imbach/P. Porro (eds.), Per perscrutationem philosophicam. Neue Perspektiven der mittelalterlichen Forschung. Loris Sturlese zum 60. Geburstag gewidmet (Corpus philosophorum teutonicorum medii aevi. Beihefte 4), Hamburg 2008, 375–391; H.-W. Stork, Bibliothek und Bücher des Nikolaus von Kues im St. Nikolaus-Hospital zu Bernkastel-Kues, in: S. Graef/S. Prühlen/H.-W. Stork (eds.), Sammler und Bibliotheken im Wandel der Zeiten. Kongress in Hamburg am 20. und 21. Mai 2010 (Zeitschrift für Bibliothekswesen und Bibliographie, Sonderbände 100), Frankfurt am Main 2010, 67–95; Neusius, Die Büchersammlung (nt. 10), 41–47; M. Watanabe, Kues: The Library in: id., Nicholas of Cusa, edd. Christianson/Izbicki (nt. 1), 363–370; J. B. Elpert, Some Remarks Regarding Nicholas of

Auch wenn keine Informationen aus der Schulzeit des Nikolaus von Kues vorliegen,[20] so ist er erstmals 1415/16 als junger Student an der Universität in Heidelberg im Matrikelbuch nachweisbar[21]. Dem Studium der Sieben Freien Künste folgten kirchenrechtliche Studien in Padua, die er 1423 erfolgreich als Doktor der Dekrete beendete[22]. Aus dieser Zeit stammen auch die ältesten mit Cusanus in Verbindung zu bringenden Handschriften in seiner Sammlung. Hierzu gehört Cod. Cus. 220 (foll. 152r–276v) mit einer eigenhändigen Nachschrift der ‚Lectura in librum II Decretalium', die sein Paduaner Lehrer, der berühmte Kanonist Prosdocimus de Comitibus, im April 1425 hielt[23]. Aufgrund seiner juristischen Ausbildung verwundert es nicht, dass seine Sammlung daher viele Rechtskodizes enthält[24].

Neben Prosdocimus de Comitibus lernte er in Padua aber ebenso eine Reihe weiterer einflussreicher italienischer Persönlichkeiten, Gelehrter und Bibliophiler kennen, denen er zeitlebens freundschaftlich verbunden war. Hierzu gehörte sowohl der italienische Kanonist und spätere Präsident des Basler Konzils[25] Kardinal Guilanio Cesarini, dem Nikolaus von Kues seine Schrift ‚De docta ignorantia' widmete, als auch dessen Schüler, der spätere Kardinal Domenico Capranica. Einer der engsten Vertrauten von Nikolaus von Kues war der Floren-

---

Cusa and His Manuscripts, in: Helmantica 63 (2012), 243–263; M. Cortesi, Edificare l'ignorante sapienza nel magazzino librario di Niccolò da Cusa, in: Niccolò Cusano. L'uomo, i libri, l'opera. Atti del LII Convegno storico internazionale, Todi, 11–14 ottobre 2015 (Atti dei convegni del Centro Italiano di Studi sul Basso Medioevo. Accademia Tudertina e del Centro di Studi sulla Spiritualità NS 29), Spoleto 2016, 1–37; S. Fiaschi, Saperi di base: grammatical e retorica fra I codici di Niccolò Cusano, in: ibid., 149–182; G. Pomaro, I manoscritti Lulliani di Cusano: lo 'status quaestionis', in: ibid., 183–222; C. Bianca, Cusano a Roma, in: ibid., 281–299; A. Fiamma, Nicholas of Cusa and the so-called Cologne School of the 13th and 14th centuries, in: Archives d'histoire doctrinale et littéraire du Moyen Age 84 (2017), 91–128; M. Cortesi, „Vidi N(icolaus) Car(dinalis)". A colloquio con Cusano editore di se stesso, in: P. Stoppacci (ed.), Collezioni d'autore nel Medioevo. Problematiche intellettuali, letterarie ed ecdotiche, Firenze 2018, 163–182.

[20] Die Legende von einer Ausbildung an der Lateinschule bzw. bei den Brüdern vom gemeinsamen Leben in Deventer wurde von Erich Meuthen bereits widerlegt. Cf. E. Meuthen, Cusanus in Deventer, in: G. Piaia, Concordia Discors: Studi su Niccolò Cusano e l'umanesimo europeo offerti a Giovanni Santinello, Padua 1993, 39–54.

[21] Cf. Acta Cusana. Quellen zur Lebensgeschichte des Nikolaus von Kues, vol. I, Lieferung 1: 1401–1437 Mai 17, ed. E. Meuthen, Hamburg 1976, nr. 11.

[22] Cf. E. Meuthen, Nikolaus von Kues 1401–1464. Skizze einer Biographie, Münster ⁷1992, 15.

[23] Cf. Marx, Verzeichnis (nt. 19), 217 sq. sowie A. Krchňák, Die kanonistischen Aufzeichnungen des Nikolaus von Kues in Cod. Cus. 220 als Mitschrift einer Vorlesung seines Paduaner Lehrers Prosdocimus de Comitibus, in: Mitteilungen und Forschungsbeiträge der Cusanus-Gesellschaft 2 (1962), 67–84; Bianca, Le cardinal de Cues en voyage (nt. 19), 27 und Acta Cusana I,1, ed. Meuthen (nt. 21), nr. 15.

[24] Cf. Neusius, Die Büchersammlung (nt. 10), 42.

[25] Zu den ungewöhnlichen Schätzen der Cusanus-Bibliothek in Kues zählt auch die Handakte Cesarinis (Cod. Cus. 168) aus seiner Zeit als Präsident des Basler Konzils, die nur in dieser Handschrift erhaltene Reformvorschläge enthält, wie z. B. Johannes Scheles ‚Avisamenta reformacionis in curia et extra' (foll. 203r–211r). Cf. H. Dannenbauer (ed.), Die Handakten des Konzilspräsidenten Cesarini, in: Concilium Basiliense, vol. 8, Basel 1936, 1–186, hier 109–130.

tiner Mathematiker und Astronom Paolo dal Pozzo Toscanelli, der in Padua Medizin studierte und mit Nikolaus von Kues im wissenschaftlichen Austausch stand. Cusanus widmete ihm 1445 seine mathematische Schrift ‚De transmutationibus geometricis' und ließ ihn als einen der Gesprächspartner in seinem Traktat ‚Quadratura circuli' von 1457 in Erscheinung treten. Umgekehrt war es Toscanelli, der Cusanus 1443 die vom Kamaldulenser-General Ambrogio Traversari angefertigte lateinische Übersetzung der ‚Mystischen Theologie' des Dionysios Areopagita (Cod. Cus. 43) übersenden ließ, um die Nikolaus den inzwischen bereits verstorbenen Ordensmann bereits 1436 gebeten hatte[26].

Über seinen Paduaner Studien- und Freundeskreis hinaus machte sich der Kaufmannssohn einen guten Namen unter den führenden italienischen Renaissancegelehrten und Humanisten wie Poggio Bracchiolini oder Niccolò Niccoli, die in ihm einen hervorragenden Handschriftenkenner, -forscher und -händler sahen, der in den Bibliotheken nach wertvollen antiken Texten fahndete und diese – durchaus karrierefördernd – in Italien veräußerte[27]. So entdeckte Nikolaus von Kues 1429 eine Handschrift mit 12 unbekannten Plautus-Komödien, die er an Kardinal Giordano Orsini verkaufte[28].

Wie ein roter Faden ziehen sich der Besuch von Bibliotheken und die Suche nach antiken Autoren, alten Rechtsdokumenten sowie seltenen theologischen oder philosophischen Texten durch das Leben des Nikolaus von Kues. Als er 1425 an der Universität in Köln tätig war und dort den niederländischen Scholastiker Heymeric de Campo kennenlernte, konnte er in der Kölner Dombibliothek den ‚Codex Carolinus', eine Zusammenstellung von Papstbriefen an die fränkischen Könige aus dem 9. Jahrhundert, einsehen[29]. Hier entdeckte er auch Aktenstücke des Provinziallandtags von Arles aus den Jahren 417/18[30], die Eingang

---

[26] Hierbei handelt es sich möglicherweise um Kues: St. Nikolaus-Hospital, Cod. Cus. 43, foll. 62v–64r; cf. Meuthen, Nikolaus von Kues (nt. 22), 19. So findet sich in einer Kopie der Dionysius-Übersetzung des Ambrogio Traversari (Vatikan: Bibliotheca Apostolica, Vat. Pal. lat. 149, fol. 243v) der Eintrag: „*Magister Paulus magistri Dominici physicus Florentinus magistro Nicolao de Cußa hos libros sic translatos 1443 transmisit.*" Cf. R. Haubst, Studien zu Nikolaus von Kues und Johannes Wenck aus Handschriften der Vatikanischen Bibliothek (Beiträge zur Geschichte der Philosophie und Theologie des Mittelalters 38,1), Münster 1955, 81; sowie Elpert, Some Remarks (nt. 19), 251 sq. und Acta Cusana. Quellen zur Lebensgeschichte des Nikolaus von Kues, Bd. I, Lieferung 2: 1437 Mai 17–1450 Dezember 31, ed. E. Meuthen, Hamburg 1983, nr. 573.

[27] Cf. H. Schnarr, Frühe Beziehungen des Nikolaus von Kues zu italienischen Humanisten, in: M. Thurner (ed.), Nicolaus Cusanus zwischen Deutschland und Italien, Berlin 2002, 187–213; außerdem: Heinz-Mohr/Eckert (eds.), Das Werk (nt. 19), 124 und Stork, Bibliothek (nt. 19), 69 sq.

[28] Heute: Vatikan: Bibliotheca Apostolica, Cod. Orsinianus, Vat. Lat 3870; cf. Bianca, Cusano a Roma (nt. 19), 285–288; Schnarr, Frühe Beziehungen (nt. 27), 209 sq.; Aris, Der Leser im Buch (nt. 19), 378 sq.; Neusius, Die Büchersammlung (nt. 10), 41; Stork, Bibliothek (nt. 19), 72 sq. und M. Cortesi, Edificare l'ignorante sapienza (nt. 19), 3.

[29] Heute: Wien, Österreichische Nationalbibliothek, Cod. 449; cf. Acta Cusana I,1, ed. Meuthen (nt. 21), nr. 27 und Stork, Bibliothek (nt. 19), 72.

[30] Cf. Meuthen, Nikolaus von Kues (nt. 22), 27.

fanden in seine erste große 1433/34 auf dem Basler Konzil verfasste Schrift ‚De concordantia catholica'.

Die auf diese Weise entdeckten Manuskripte verkaufte er nicht nur nach Italien, sondern versuchte sie auch für seine eigene Bibliothek zu erwerben oder zu kopieren. So reiste Cusanus 1428 nach Paris, um an der Sorbonne und in der Kartause von Vauvert Handschriften des katalanischen Theologen Raimundus Lullus zu studieren und auch abzuschreiben, worauf die eigenhändigen Exzerpte in Cod. Cus. 83 aus Llulls ‚Liber contemplationis' hinweisen[31]. Auf dem Hinoder Rückweg machte er noch einen Abstecher nach Laon, wo er in der dortigen Kathedralbibliothek die einzige vollständige Abschrift der ‚Libri Carolini', eine von fränkischen Theologen im Auftrag Karls des Großen verfasste Denkschrift zum byzantinischen Bilderstreit aus dem 8. Jahrhundert, einsah[32].

Eine weitere Reise führte ihn 1437/38 im Auftrag der papsttreuen Minderheit des Basler Konzils nach Konstantinopel, wo sich Nikolaus von Kues – neben seiner erfolgreichen diplomatischen Mission den byzantinischen Kaiser und Patriarchen von der Teilnahme an einem neuen Unionskonzil in Ferrara zu überzeugen[33] – auch für Handschriften interessierte. So konnte Cusanus in der dortigen Niederlassung der Franziskaner angeblich einen Koran in arabischer Sprache einsehen[34]. Allerdings erwarb er in Konstantinopel keine arabischen Manuskripte, sondern vielmehr einige griechische Handschriften[35]. Hierzu gehören unter anderem eine Katene zum Johannes-Evangelium (Cod. Cus. 18), einige Homilien von Johannes Chrysostomus (Cod. Cus. 47) sowie die Auslegungen der Ge-

---

31 Kues: St. Nikolaus-Hospital, Cod. Cus. 83, fol. 51r; cf. Marx, Verzeichnis (nt. 19), 84; Heinz-Mohr/Eckert (eds.), Das Werk (nt. 19), 140 sq. und Acta Cusana I,1, ed. Meuthen (nt. 21), nr. 59: „*Extractum ex libris meditacionum Raymundi, quos propria manu scripsit et dedit fratribus Cartusiensibus Parisius, per me Nicolaum Cueße 1428 inceptum feria II post Iudica in XL<sup>a</sup>.*" cf. E. Colomer, Nikolaus von Kues und Raimund Llull. Aus Handschriften der Kueser Bibliothek (Quellen und Studien zur Geschichte der Philosophie 2), Berlin 1961, 47; R. Haubst, Der junge Cusanus war 1428 zu Handschriften-Studien in Paris, in: Mitteilungen und Forschungsbeiträge der Cusanus-Gesellschaft 14 (1980), 198–205; E. Colomer, Zu dem Aufsatz von Rudolf Haubst ‚Der junge Cusanus war 1428 zu Handschriften-Studien in Paris', in: Mitteilungen und Forschungsbeiträge der Cusanus-Gesellschaft 14 (1982), 57–70; Bianca, Le cardinal de Cues en voyage (nt. 19), 27; Elpert, Some Remarks (nt. 19), 255–258 und Pomaro, I manoscritti Lulliani (nt. 19).
32 Cf. hierzu den Eintrag in Kues, St. Nikolaus-Hospital, Cod. Cus. 52, fol. 283vb zum ‚Opusculum LX capitolorum adversus Hincmarum Laudunensem' Hinkmars von Reims; außerdem Acta Cusana I,1, ed. Meuthen (nt. 21), nr. 65. Die Handschrift mit den ‚Libri Carolini' befindet sich heute unter der Signatur 663 in der Bibliothèque de l'Arsenal in Paris. Cf. R. Schieffer, Nikolaus von Kues als Leser Hinkmars von Reims, in: H. Wolff/J. Helmrath/H. Müller (eds.), Studien zum 15. Jahrhundert. Festschrift für Erich Meuthen, vol. 1, München 1994, 341–354.
33 Cf. Meuthen, Nikolaus von Kues (nt. 22), 49–55 und T. Woelki, Nikolaus von Kues (1401–1464). Grundzüge seiner Lebensgeschichte, in: Das Mittelalter 19,1 (2014), 15–33, hier 24–26.
34 Cf. Nicolaus de Cusa, Cribratio Alkorani, I, nr. 2, ed. L. Hagemann (Nicolai de Cusa opera omnia iussu et auctoritate academiae litterarum Heidelbergensis ad codicum fidem edita, vol. 8), Hamburg 1986, 5, ll. 11–13: „*(…) ad Constantinopolim perrexi, ubi apud Fratres Minores habitantes ad sanctam crucem repperi Alkoranum in Arabico, quem mihi in certis punctis fratris illi, prout sciverunt, explanarunt.*"
35 Cf. Acta Cusana I,2, ed. Meuthen (nt. 26), nr. 333.

dichte Gregors von Nazianz durch Niketas David Paphlagon (Cod. Cus. 48), die sich alle noch in der Cusanus-Bibliothek in Kues befinden[36].

Weitere griechische Handschriften, die Cusanus aus Konstantinopel mitbrachte, wie die Homilien Basilius' des Großen (Cod. Harl. 5576), ein griechisches Lektionar (Cod. Harl. 5588), Plutarchs ‚Vitae parallelae' und ‚Moralia' (Cod. Harl. 5692) sowie vermutlich eine Handschrift mit Dokumenten zu den ökumenischen Konzilien VI.–VIII. (Cod. Harl. 5665) werden heute in der British Library in London aufbewahrt[37]. Darüber hinaus verfügte er noch über zwei griechisch-lateinische Psalterien (Cod. Cus. 9 und 10) aus dem 9./10. Jahrhundert, die ältesten Handschriften der Cusanus-Bibliothek, die wohl aus der Bibliothek in Fulda stammen[38]. Neben diesen fünf griechischen Handschriften lassen sich in der Bibliothek des St. Nikolaus-Hospital aber auch sieben deutschsprachige und jeweils fünf hebräische sowie eine italienische Handschrift (Cod. Cus. 23) nachweisen[39].

Auch nach seiner Rückkehr aus Konstantinopel verpasste er kaum eine Gelegenheit, um in den verschiedenen Bibliotheken nach seltenen Textzeugen zu suchen und sich Abschriften davon zu besorgen. So ließ sich Nikolaus von Kues im Jahr 1444 – vermutlich in Mainz – eine Handschrift des unvollendet gebliebenen ‚Opus tripartitum' mit den verschiedenen lateinischen Schriftkommentaren und Predigten Meister Eckharts anfertigen, die er ausführlich kommentierte[40]. Bei der Handschrift aus Kues handelt es sich zudem um die umfangreichste

---

[36] Cf. Marx, Verzeichnis (nt. 19), 13 (Cod. Cus. 18), 42–44 (Cod. Cus. 47 und 48).

[37] Cf. die Beschreibungen in Mitteilungen und Forschungsbeiträge der Cusanus-Gesellschaft 10 (1973), 73–85 (Cod. Harl. 5576); 85–93 (Cod. Harl. 5692) und Mitteilungen und Forschungsbeiträge der Cusanus-Gesellschaft 8 (1970), 218–226 (Cod. Harl. 5588). Unklar ist, ob Cod. Harl. 5665 tatsächlich zu den Cusanus-Handschriften zählt, da sich darin keine entsprechenden Besitzvermerke mehr finden. Während sich Erich Meuthen (Acta Cusana I,2, ed. Meuthen [nt. 26], nr. 333) diesbezüglich eher vorsichtig äußert, ist Erich Lamberz sicher, dass Cod. Harl 5665 aus dem einstigen Besitz des Cusanus stammt. Cf. E. Lamberz, Vermisst und gefunden. Zwei Texte von Alexandria zur Bilderverehrung, die Akten des VII. Ökumenischen Konzils und eine Patriarchatsurkunde des 11. Jahrhunderts in einem griechischen Codex aus dem Besitz des Nikolaus von Kues (Harleianus 5665), in: Römische Historische Mitteilungen 45 (2003), 159–180. Zu den genannten Handschriften kommen noch zwei weitere griechische Manuskripte, die Cusanus in Konstantinopel erworben haben soll, nämlich die Schrift ‚Contra Eunomium' von Basilius dem Großen sowie ‚In theologiam Platonis' von Proklos, deren Verbleib allerdings unklar ist.

[38] Cf. Marx, Verzeichnis (nt. 19), 6 sq. Noch älter als diese beiden Handschriften ist ein irisches Juvencus-Fragment aus dem Ende des 7. Jahrhunderts, das als Einband für Cod. Cus. 171 diente. Cf. E. A. Lowe, Codices latini antiquiores. A Palaeographical Guide to Latin Manuscripts Prior to the Ninth Century, vol. 8, Oxford 1959, 42 sq. (Nr. 1172) außerdem M. Brösch/C. Winterer, Irische Schrift aus dem Frühmittelalter, in: A. Sorbello Staub (ed.), „Das Ganze im Fragment". Handschriftenfragmente aus kirchlichen Bibliotheken, Archiven und Museen, Bearbeitung C. Winterer, Petersberg 2015, 68–71.

[39] Cf. J. Marx, Verzeichnis (nt. 19), III–XII.

[40] Kues, St. Nikolaus-Hospital, Cod. Cus. 21; cf. Marx, Verzeichnis (nt. 19), 15–17; Heinz-Mohr/Eckert (eds.), Das Werk (nt. 19), 140 und S. Frost, Nikolaus von Kues und Meister Eckhart. Rezeption im Spiegel der Marginalien zum ‚Opus tripartitum' Meister Eckharts (Beiträge zur Geschichte der Philosophie und Theologie des Mittelalters, N.F. 69), Münster 2006.

und vollständigste Abschrift der lateinischen Schriften des Mystikers, die nur in vier weiteren Textzeugen überliefert sind[41].

Viele persönliche Eintragungen in den Handschriften des Kardinals geben dabei Aufschluss über die Bibliotheksbesuche, die er im Laufe seines Lebens unternahm und die ihn nach Brügge, Worms, Speyer, Mainz etc. führten[42]. Dabei waren diese Bibliotheksbesichtigungen nicht der Hauptgrund für die ausgedehnten Reisen, sondern geschahen nur am Rande, wenn Cusanus zum Beispiel Klöster und Kirchen visitierte oder als päpstlicher Legat auf diplomatische Missionen entsandt wurde. So nutzte er einen Aufenthalt im September 1444 auf dem Reichstag in Nürnberg, um 16 astronomische Handschriften (e. a. Cod. Cus. 207, 211 etc.) und seltene Messinstrumente zu erwerben, die vermutlich aus der Bibliothek des böhmischen Königs Wenzel IV. in Prag stammten. Entsprechend lautet hierzu eine Eintragung in Cod. Cus. 211, fol. 1:

„1444 war ich, Nikolaus von Kues, Propst von Münstermaifeld im Bistum Trier, als Gesandter des Papstes Eugen auf dem Reichstag in Nürnberg, der dort im Monat September gehalten wurde, weil einige wenige in Basel unter dem Vorwand eines Konzils als Gegenpapst Felix Herzog von Savoyen aufstellten. Auf dem Reichstag war der Römische König Friedrich III. mit den Kurfürsten. Ich kaufte dort eine ganze große Sphära, ein Astrolabium und ein Turketum, das Buch über den Almagast und fünfzehn andere Bücher für 38 rheinische Gulden."[43]

Auch auf den weiteren Lebensstationen des Nikolaus von Kues lassen sich immer wieder Kopieraufträge, Handschriftenerwerbungen, Buchgeschenke oder Bibliotheksaufenthalte nachweisen. So besuchte er auch auf seiner Legationsreise 1451/52 verschiedene Bibliotheken, darunter in Salzburg und Freising, worüber

---

[41] Cf. Heinz-Mohr/Eckert (eds.), Das Werk (nt. 19), 140.
[42] So heißt es einleitend zu einer unvollständigen Abschrift von Hrabanus Maurus, De universo, lib. XII–XXII, in der Handschrift London, British Library, Cod. Harl. 3092, fol. 1r von der Hand des Nikolaus von Kues: *„Prima pars huius Rabani Ethymologiarum habetur Brugis et vidi ad sanctam Donatianum in libraria et credo eciam Wormacie in ecclisa maiori et Spire et Maguncis."* Cf. Kritisches Verzeichnis der Londoner Handschriften aus dem Besitz des Nikolaus von Kues, in: Mitteilungen und Forschungsbeiträge der Cusanus-Gesellschaft 3 (1963), 16–100, hier 74–77; Acta Cusana I,1, ed. Meuthen (nt. 21), nr. 146, nt. 18; Aris, Der Leser im Buch (nt. 19), 381; Bianca, Le cardinal de Cues en voyage (nt. 19), 32 sq. und M. Cortesi, Edificare l'ignorante sapienza (nt. 19), 20.
[43] Cf. Marx, Verzeichnis (nt. 19), 202 sq. sowie Acta Cusana I,2, ed. Meuthen (nt. 26), nr. 596: *„1444 ego Nicolaus de Cußa prepositus Monasterii Treverensis dyocesis orator pape Eugenii in dieta Nure(m)bergensis, que erat ibidem de mense septembris ob ereccionem antipape Felicis ducis Sabaudie factam Basilee per paucos sub titulo concilii, in qua dieta erat Fridericus Romanorum rex cum electoribus, emi speram solidam magnam, astrolabium et turketum, Iebrum super Almagesti cum aliis libris 15 pro xxxviii florenis Renensibus."* Übersetzung nach Heinz-Mohr/Eckert (eds.), Das Werk (nt. 19), 151; außerdem K. Beyerle, Astronomische Handschriften vom böhmischen Königshofe, in: Mitteilungen des Instituts für österreichische Geschichtsforschung 39 (1922/23), 116–122; A. Krchňák, Die Herkunft der astronomischen Instrumente und Handschriften des Nikolaus von Kues, in: Mitteilungen und Forschungsbeiträge der Cusanus-Gesellschaft 3 (1963), 109–180; Bianca, Niccolò Cusano e la sua biblioteca, (nt. 19), 4 sq. und M. Cortesi, Edificare l'ignorante sapienza (nt. 19), 21 sq.

Cusanus selbst in einer Schlussnotiz zu einer Handschrift des 12. Jahrhunderts mit Burchards von Worms ‚Decretorum Libri XX' (Cod. Brux. 3819–20) Auskunft gibt. Darin verweist er auf interessante Bücher in den jeweiligen Beständen, darunter eine Abschrift der ‚Historia persecutionis Africanae provinciae' des Victor von Vita, über die Verfolgung der nicht-arianischen Christen in Nordafrika durch die Vandalenkönige Geiserich und Hunerich, die er in der Benediktinerabtei St. Peter in Salzburg vorfand, sowie eine weitere Abschrift mit elf Plautus-Komödien in der Dombibliothek in Freising[44].

Besonders in seiner Zeit als Fürstbischof von Brixen lassen sich viele Buchzugängen nachweisen, wie beispielsweise ein vollständig illuminiertes französisches ‚Pontificale Romanum' (Cod. Cus. 131), das Papst Nikolaus V. Cusanus anlässlich seiner Bischofsweihe im Jahre 1450 schenkte und das heute zu den wertvollsten Handschriften der Cusanus-Bibliothek zählt[45]. Aber auch in der Zeit nach seiner Vertreibung aus seinem Fürstbistum konnte er seine Büchersammlung stetig erweitern, wie das Beispiel einer Sammelhandschrift (Cod. Cus. 39) zeigt, die unter anderem Predigten und Briefe von Leo dem Großen sowie eine Abschrift der ‚Historia Bohemica' von Enea Silvio Piccolomini bzw. Papst Pius II. enthält und 1459 in Mantua, wohl im Umfeld des dortigen Fürstentages, angefertigt wurde, an dem Nikolaus von Kues seit Anfang Oktober auch persönlich teilnahm. Besonders die Abschrift der ‚Historia Bohemica', die Enea Silvio Piccolomini erst 1457 abgeschlossen hatte, gehört dabei zu den frühesten und verlässlichsten Textzeugen des Werkes, so dass die Vermutung naheliegt, dass die Abschrift auf eine Vorlage aus dem direkten Umfeld des Papstes zurückgeht[46].

Mit seinem breiten Wissen, das sich nicht nur auf Theologie und Philosophie beschränkte, sondern auch auf die Bereiche Geographie, Geschichte,

---

[44] So heißt es in der Handschrift Brüssel: Königliche Bibliothek, Cod. Brux. 3819–20, fol. 78v: „<In> Sancto Petro Salczburge Gesta Geiserici et Hunrici regum Wandalorum scripta per sanctum Victorem episcopum patrie Uttensis. Incipit prologus: Quondam veteres. Textus incipit: Sexagesimus nunc ut clarum est agitur annus. Tres parvi libelli et Eutropius [evtl. Eutrop: Breviarium ab urbe condita?] in eodem volumine. In ecclesia Salczburgensi sermones elegantes Petri Ravennatensis [Petrus Chrysologus], 2ª synodus et sexta, Hylarius contra Constantinum [Hilarius von Poitiers: Liber contra Constantium Imperatorum]. In Frisinga XI comedie Plauti". Cf. E. Van de Vyver, Die Handschriften aus dem Besitz des Nikolaus von Kues in der Königlichen Bibliothek zu Brüssel, in: Mitteilungen und Forschungsbeiträge der Cusanus-Gesellschaft 7 (1969), 129–145, hier 130–134 sowie Acta Cusana. Quellen zur Lebensgeschichte des Nikolaus von Kues, vol. I, Lieferung 3a: 1451 Januar – September 5, ed. E. Meuthen, Hamburg 1996, nr. 1022 und 1134.

[45] Cf. Stockhausen, Die Cusanus-Bibliothek (nt. 19), 5; P. Volkelt, Der Bildschmuck der Cusanus-Bibliothek, in: Mitteilungen und Forschungsbeiträge der Cusanus-Gesellschaft 4 (1964), 230–253; F. Ronig, Illuminierte Buchseiten aus den Handschriften der Bibliothek des St. Nikolaus-Hospitals. Zur Kunstgeschichte der abgebildeten Buchseiten, in: H. Gestrich (ed.), Zugänge zu Nikolaus von Kues. Festschrift zum 25jährigen Bestehen der Cusanus-Gesellschaft, Bernkastel-Kues 1986, 157–181; Heinz-Mohr/Eckert (eds.), Das Werk (nt. 19), 137.

[46] Cf. Marx, Verzeichnis (nt. 19), 33 sq. und Aeneas Silvius Piccolomini, Historia Bohemica, vol. 1: Historisch-kritische Ausgabe des lateinischen Textes, edd. J. Hejnic/H. Rothe, mit einer deutschen Übersetzung von E. Udolph (Bausteine zur slavischen Philologie und Kulturgeschichte N.F., B, 20,1), Köln–Weimar–Wien 2005, 136 und 195.

Astronomie, Medizin und Jura bezog, war er befreundet mit vielen italienischen Humanisten, wie beispielsweise Pietro Barbo (später Papst Paul II.), Francesco Todeschini-Piccolomini (später Papst Pius III.), Pietro Balbo, etc.[47] So war Nikolaus von Kues nicht nur im Besitz von vielen antiken Klassikern, wie zum Beispiel Strabons ‚Geographia, Lib. XI–XVII' (Cod. Cus. 156)[48], Horaz' ‚De arte poetica' und seinen Episteln I–II (Cod. Harl. 2621) sowie Vergils ‚Bucolica', ‚Georgicon' und den ersten vier Büchern der ‚Aeneis' (Cod. Harl. 2668)[49], sondern auch von einigen Handschriften mit humanistischen Texten wie Flavio Biondos ‚Roma instaurata' und ‚Italia illustrata' (Cod. Cus. 157)[50]. Mit großer Wahrscheinlichkeit erhielt Nikolaus von Kues die beiden letztgenannten Texte Flavio Biondos von dessen Sohn Gaspar, der wie der spätere erste Bibliothekar der Bibliotheca Vaticana, Giovanni Andrea dei Bussi, zu den Sekretären des Kardinals gehörte.[51] Von den drei bedeutendsten italienischen Autoren des Mittelalters besaß Cusanus einige lateinische Werke Francesco Petrarcas (Cod. Cus. 53, foll. 172r–222r; Cod. Cus.198–200) sowie Auszüge aus Giovanni Boccaccios ‚De casibus virorum illustrium'[52] und aus seiner ‚Genealogia deorum gentilium' (beide Cod. Cus. 64, foll. 247r–260v). Dafür sucht man in seiner Bibliothek vergeblich nach Texten von Dante Alighieri[53].

Cusanus' Bibliophilie beschränkte sich aber nicht nur auf das bloße Sammeln wertvoller Manuskripte, wie bei vielen seiner humanistischen Zeitgenossen, sondern er betrachtete die Texte als wichtige Quellen und Arbeitsgrundlagen für seine eigenen philosophischen und theologischen Arbeiten. Sein besonderes Interesse galt vor allem Autoren der antiken Philosophie und Patristik, so zum Beispiel Platon, Aristoteles, Proklos, Ps.-Dionysios Areopagita, Diogenes Laertius, Gregor von Nazianz, Johannes Chrysostomus, Augustinus etc.[54] Da viele

---

[47] Cf. E. Meuthen, Ein ‚deutscher' Freundeskreis an der römischen Kurie in der Mitte des 15. Jahrhunderts: Von Cesarini bis zu den Piccolomini, in: R. Bäumer/E. K. Chrysos/J. Grohe u. a. (eds.), Synodus. Beiträge zur Konzilien- und allgemeinen Kirchengeschichte. Festschrift für Walter Brandmüller (Annuarium historiae conciliorum 27–28), Paderborn 1997, 487–541; außerdem Kristeller, A Latin Translation, in: Niccolò Cusano (nt. 19), 182–188.

[48] Cf. Marx, Verzeichnis (nt. 19), 143.

[49] London: British Library, Cod. Harl. 2621 und Cod. Harl. 2668; cf. M. Sicherl, Kritisches Verzeichnis der Londoner Handschriften aus dem Besitz des Nikolaus von Kues. Dritte Fortsetzung, in: Mitteilungen und Forschungsbeiträge der Cusanus-Gesellschaft 10 (1973), 58–93, hier 59–68.

[50] Cf. Marx, Verzeichnis (nt. 19), 112 und 143 sq. und Heinz-Mohr/Eckert (eds.), Das Werk (nt. 19), 148.

[51] Cf. Bianca, La biblioteca romana (nt. 19), 691–701 und Kristeller, A Latin Translation (nt. 19), 184.

[52] Cf. M. Dallapiazza, Boccaccios ‚De casibus virorum illustrium' in Exzerpten einer Cusanus-Handschrift, in: Wolfenbütteler Renaissancemitteilungen 11 (1987), 49–57.

[53] Cf. Marx, Verzeichnis (nt. 19), 51–54 (Cod. Cus. 53); 70–74 (Cod. Cus. 64); 184–186 (Cod. Cus. 198–200); hierzu: Heinz-Mohr/Eckert (eds.), Das Werk (nt. 19), 124–127 und 142.

[54] Cf. H. G. Senger, Nikolaus von Kues, in: M. Landfester/H. Schneider (eds.), Der neue Pauly, Supplemente II, vol. 9, Stuttgart 2014, coll. 693 sqq sowie Heinz-Mohr/Eckert (eds.), Das Werk (nt. 19), 149 sq.

Texte nur im griechischen Original bzw. in Form von schlechten lateinischen Übersetzungen vorlagen, profitierte Nikolaus von Kues gleichfalls von seinen in Italien geknüpften Kontakten zu bedeutenden Übersetzern und griechischsprachigen Gelehrten, wie Leonardo Bruni, Pietro Balbi, Ambrogio Traversari oder dem aus Byzanz stammenden Kardinal Bessarion. So ließ Cusanus Bessarions lateinische Übertragung der ‚Metaphysik' des Aristoteles (Cod. Cus. 184), die er als die beste Übersetzung des Textes lobte, im Frühjahr 1453 in Rom kopieren und nach dem autographen Original korrigieren[55].

Mehr noch als mit Aristoteles setzte sich Nikolaus von Kues mit der Philosophie Platons und neuplatonischer Autoren sowie selbstverständlich mit vielen mittelalterlichen Denkern wie Albertus Magnus, Bonaventura, Meister Eckhart etc. auseinander[56]. Besonders erwähnenswert sind darüber hinaus der wohl einzig noch erhaltene Textzeuge mit den Predigten Ludolfs von Sachsen (Cod. Cus. 121)[57] sowie die autographe Abschrift des Cusanus gewidmeten ‚Monopanton, seu Redactio omnium Epistolarum beati Pauli' von Dionysius dem Kartäuser (Cod. Cus. 12, foll. 75r–113r)[58]. Einen wichtigen Sammelschwerpunkt bildeten darüber hinaus die Werke von Ps.-Dionysios Areopagita (Cod. Cus. 43–45) und Raymundus Lullus (Cod. Cus. 37, 81–88 und 118)[59].

Die intensive Beschäftigung des Kardinals vor allem mit den antiken und mittelalterlichen Denkern lässt sich nicht zuletzt anhand hunderter Marginalien und Notizen in vielen noch erhaltenen Handschriften nachweisen, wie in Cod. Cus. 185, 186 und 195 mit lateinischen Proklos-Übersetzungen[60]. Neben diesen

---

[55] Kues, St. Nikolaus-Hospital, Cod. Cus. 184, fol. 102v: „*Istam translacionem fecit reverendissimus dominus cardinalis Nicenus, que non posset esse melior, et feci corrigi librum ex originali de manu eiusdem d. cardinalis 1453.*" Cf. Acta Cusana. Quellen zur Lebensgeschichte des Nikolaus von Kues, nach Vorarbeiten von H. Hallauer und E. Meuthen, edd. J. Helmrath/T. Woelki, vol. II, Lieferung 2: 1453 Juni 1 – 1454 Mai 31, Hamburg 2016, nr. 3159; Stockhausen, Die Cusanus-Bibliothek (nt. 19), 7 und Aris, Der Leser im Buch (nt. 19), 387.

[56] Cf. Fiamma, Nicholas of Cusa and the so-called Cologne School (nt. 19), 99–109.

[57] Cf. Heinz-Mohr/Eckert (eds.), Das Werk (nt. 19), 140–142.

[58] Cf. Marx, Verzeichnis (nt. 19), 8 sq. (Cod. Cus. 12) und 117 (Cod. Cus. 121); hierzu H. G. Senger, Nikolaus von Kues. Leben – Lehre – Wirkungsgeschichte (Cusanus-Studien 12), Heidelberg 2017, 225.

[59] Cf. Marx, Verzeichnis (nt. 19), 31 sq. (Cod. Cus. 37); 38–42 (Cod. Cus. 43–45), 81–90 (Cod. Cus. 81–88) und 115 sq. (Cod. Cus. 118), außerdem Stockhausen, Die Cusanus-Bibliothek (nt. 19), 5 und Pomaro, I manoscritti Lulliani (nt. 19), 207–216. Neben den lateinischen Übersetzungen der Werke von Ps.-Dionysios Areopagita besaß Cusanus auch den Dionysios-Kommentar Alberts des Großen (Cod. Cus. 96); cf. Marx, Verzeichnis (nt. 19), 97 sq.

[60] Cf. H. G. Senger (ed.), Die Exzerpte und Randnoten des Nikolaus von Kues zu den lateinischen Übersetzungen der Proclus-Schriften, 2.1. Theologia Platonis. Elementatio theologica (Cusanus-Texte III. Marginalien 2. Proclus Latinus; Abhandlungen der Heidelberger Akademie der Wissenschaften, Philosophisch-Historische Klasse, Jahrgang 1986, 2. Abhandlung), Heidelberg 1986 und K. Bormann (ed.), Die Exzerpte und Randnoten des Nikolaus von Kues zu den lateinischen Übersetzungen der Proclus-Schriften, 2.2. Expositio in Parmenidem Platonis (Cusanus-Texte III. Marginalien 2. Proclus Latinus; Abhandlungen der Heidelberger Akademie der Wissenschaften, Philosophisch-Historische Klasse, Jahrgang 1986, 3. Abhandlung), Heidelberg 1986; cf. außerdem Stockhausen, Die Cusanus-Bibliothek (nt. 19), 6 sq.; Bianca, La biblioteca romana (nt. 19), 698 sq.; Bianca, Niccolò Cusano e sua biblioteca (nt. 19), 2 sq.; Aris, Der Leser im

Korrekturen, Kommentierungen und Arbeitsnotizen enthalten die Handschriften aber auch weitere Anmerkungen und Eintragungen von der Hand des Cusanus, die von Besitzeintragungen, Kaufvermerken, der Dokumentation seiner vielen Bibliotheksbesuche bis hin zu tagebuchartigen Eintragungen reichen können und nichts mit dem Inhalt des jeweiligen Buches zu tun haben[61]. So enthält beispielsweise Cod. Cus. 94 den folgenden Eintrag: „Am 8. Juli 1428 hatte ich einen Traum eines festlichen Mahles. Darum geriet ich in Furcht um meinen Vater. Und an jenem Tag erwarb ich dieses Buch, die ‚Sermones' des Raymundus und den Text der Sentenzen [des Petrus Lombardus]"[62].

Während sich viele dieser Eintragungen eher als persönliche Notizen bzw. private Aufzeichnungen beschreiben lassen, die Cusanus vermutlich zur eigenen Erinnerung verfasste[63], so haben wiederum andere Bemerkungen einen eher offiziellen bzw. dokumentarischen Charakter. Sie sind in erster Linie nicht an ihn selbst, sondern an eine spätere Leserschaft gerichtet, um die Nachwelt über bestimmte Ereignisse in seinem Leben des zu informieren. Hierzu gehört beispielsweise der bereits zitierte Eintrag in Cod. Cus. 211, in dem Nikolaus von Kues ausführlich über seine Tätigkeit als päpstlicher Orator auf dem Reichstag zu Nürnberg im Jahre 1444 berichtet.

Allen diesen Eintragungen gemein ist allerdings, dass es sich hierbei – wie Marc-Aeilko Aris in seinem Beitrag ‚Der Leser im Buch' hervorhebt – um Formen der Personalisierung und Individualisierung von z. T. sehr heterogenen Handschriften handelt, um diese – durchaus nach dem Vorbild seiner italienischen und humanistischen Freunde – als sein Eigentum bzw. als Teil seiner eigenen Privatsammlung zu kennzeichnen. „Diese frühen Besitzanzeigen unterscheiden sich deutlich von dem in seinen Brixener bzw. römischen Jahren übernommenen Brauch, Handschriften durch die Illuminierung des ersten Blattes als seiner Bibliothek zugehörig zu kennzeichnen. Zahlreiche Codices wurden eigens für ihn angefertigt und nicht zuletzt deshalb mit seinem Kardinalswappen und kostbarer Verzierung versehen. So präsentierte sich in den für ihn gefertigten Büchern zugleich der Auftraggeber mit seinen geistigen Interessen."[64]

Viele Beispiele lassen sich für diese in Einband, Schrift, Beschreibstoff und Illuminierung sehr aufwendigen Handschriften der Cusanus-Bibliothek angeben, angefangen von einer lateinischen Aristoteles-Ausgabe (Cod. Cus. 179), bei der

---

Buch (nt. 19), 388–390; Elpert, Some Remarks (nt. 19), 248–251 und Bianca, Le cardinal de Cues en voyage (nt. 19), 27 sq.

[61] Cf. Aris, Der Leser im Buch (nt. 19), 383.
[62] Kues: St. Nikolaus-Hospital, Cod. Cus. 94, hinteres Deckblatt: „*1428 8 die iulii habui sompnium convivii. Hinc timui de patro meo. Et illa die habui istum librum et sermones Raymundi et textum Sentenciarum*". Cf. Marx, Verzeichnis (nt. 19), 95 sowie Acta Cusana I,1, ed. Meuthen (nt. 21), nr. 61; Bianca, Niccolò Cusano e la sua biblioteca, (nt. 19), 6 und Aris, Der Leser im Buch (nt. 19), 384 sq. Bei den erwähnten Predigten von Raymundus Lullus handelt es sich möglicherweise um seine ‚Ars magna praedicationes' in Cod. Cus. 118, foll. 1r–192r, während sich der ‚Liber sententiarum' des Petrus Lombardus in Cod. Cus. 66 wiederfindet.
[63] Cf. Aris, Der Leser im Buch (nt. 19), 384 sq.
[64] Cf. Aris, Der Leser im Buch (nt. 19), 385.

vor allem das Eingangsblatt der 1453 von seinem Sekretär Peter von Erkelenz niedergeschriebenen ‚Nikomachischen Ethik' (fol. 79r) besonders illustriert wurde, über eine Prachthandschrift mit den Werken Ps.-Dionysios Areopagitas (Cod. Cus. 44), bis hin zu einer 1455 auf feinem italienischen Pergament geschriebenen Ausgabe mit den Briefen des Ambrosius von Mailand (Cod. Cus. 38). Alle drei Handschriften sind in ihrer Aufmachung nicht nur ähnlich gestaltet, sondern enthalten auch das Krebswappen des Kardinals[65].

Eine solche außergewöhnliche Buchausstattung enthalten nicht nur die Handschriften mit den von Cusanus besonders geschätzten Autoren und Texten, sondern auch seine eigenen Werke, allen voran die beiden heute unter den Signaturen Vat. lat. 1244 und Vat. lat. 1245 in der Bibliotheca Vaticana aufbewahrten Predigthandschriften, die die Sermones des Kardinals bis zum Jahr 1459 beinhalten. Im Unterschied zu dem sehr einfach als Gebrauchshandschrift gehaltenen Predigtautograph (Cod. Cus. 220) der Kueser Hospitalsbibliothek[66] handelt es sich bei den beiden vatikanischen Manuskripten um Prachthandschriften mit üppigem Rankenwerk und dem typischen Krebswappen des Kardinals auf Goldgrund am unteren Seitenrand. Dabei sticht die Eingangsseite von Vat. lat. 1244 nochmals besonders hervor, da sie neben einer szenischen Figureninitiale, die einen Löwen und zwei Knaben mit Flusskrebs darstellt, vier weitere Eckminiaturen mit Abbildungen des Gnadenstuhls, der Taufe sowie der Verklärung Christi enthält[67].

Wesentlich bescheidener, aber ebenfalls sehr aufwendig ausgestattet, präsentieren sich die beiden Pergament-Handschriften Cod. Cus. 218 und Cod. 219 mit seinen wichtigsten philosophischen und theologischen Werken, beginnend bei ‚De docta ignorantia' (1440) (Tafel 25) bis hin zu ‚De apice theoriae' (Ostern 1464), die Cusanus kurz vor seinem Tod nochmals persönlich korrigierte[68]. Hierbei handelt es sich nicht um eine private Ausgabe seiner Schriften für den Eigengebrauch, sondern vielmehr um die Ausgabe letzter Hand, mit der er als Philosoph und Theologe der Nachwelt in Erinnerung bleiben wollte. Entscheidend an der Zusammenstellung hat dabei sein Sekretär Peter von Erkelenz mitgewirkt, der wiederum um 1488 als Rektor des Kueser Hospitals den Erstdruck der Werkausgabe des Nikolaus von Kues bei Martin Flach in Straßburg in Auf-

---

[65] Cf. Marx, Verzeichnis (nt. 19), 32 sq. (Cod. Cus. 38); 39 sq. (Cod. Cus. 44), 167–169 (Cod. 179); Bianca, La biblioteca romana (nt. 19), 685; P. Volkelt, Der Bildschmuck der Cusanus-Bibliothek, in: Mitteilungen und Forschungsbeiträge der Cusanus-Gesellschaft 4 (1964), 230–253; F. Ronig, Illuminierte Buchseiten (nt. 45), 157–181 und Aris, Der Leser im Buch (nt. 19), 385 sq.

[66] Cf. Marx, Verzeichnis (nt. 19), 217 sq. und Heinz-Mohr/Eckert (eds.), Das Werk (nt. 19), 129–132.

[67] Cf. M.-H. Laurent, Bibliothecae Apostolicae Vaticanae codices manu scripti recensiti. Codices Vaticani Latini, Codices 1135–1266, Città del Vaticano 1958, 246–291 (Vat. lat. 1244 und 1245) und Aris, Der Leser im Buch (nt. 19), 386 sq.

[68] Cf. R. Klibansky, Zur Geschichte der Überlieferung der Docta ignorantia des Nikolaus von Kues, in: Nikolaus von Kues, Die belehrte Unwissenheit, III, ed. H. G. Senger, lateinisch – deutsch, Hamburg ²1999, 209–240, hier 226 sqq und Cortesi, „Vidi N(icolaus) Car(dinalis)" (nt. 19), 170 sq.

trag gab⁶⁹. Die unmittelbare Druckvorlage hierfür bildeten die beiden bereits vorgestellten Prachtcodices Cod. Cus. 218 und 219. Mit dem Druck sollte das philosophisch-theologische Erbe des Kardinals von der Mosel zusätzlich bewahrt und eine weitere Verbreitung finden.

Die Buchsammlung des Nikolaus von Kues war dadurch nicht nur ein reines Arbeitsinstrument für seine eigenen Studien, sondern im Zeitalter der Renaissance ebenso ein Statussymbol, um die eigene gesellschaftliche Stellung und die persönlichen Leistungen zu dokumentieren. Je höher Nikolaus von Kues in der kirchlichen Hierarchie aufstieg und je mehr er sich als Gelehrter einen Namen machte, desto aufwendiger wurden die Mittel zur Personalisierung und Individualisierung der Handschriften, beginnend mit einfachen handschriftlichen Eintragungen in seinen jungen Jahren, bis hin zur Gestaltung von wertvollen Prachtcodices im fortgeschrittenen Alter.

Dabei wurde eine solch aufwendige Buchgestaltung nicht nur aus persönlichen Gründen oder zur Beeindruckung der Zeitgenossen und Familiaren in Auftrag geben, sondern sollte im Wesentlichen ebenso dazu beitragen, dass die Erinnerung an ihn als Kardinal, Fürstbischof von Brixen und als bibliophiler Gelehrter auch in Zukunft noch wach bleiben würde. „Darin liegt auch das Streben begründet, die Bücher, in denen der Geist ihrer Besitzer waltete, an einen institutionell gesicherten Ort zu bringen, wo sie der Wirksamkeit des jedem Studierten wohlbekannten biologischen Gesetzes der ‚generatio et corruptio' des Aristoteles, des Werdens und Vergehens, entzogen für die Ewigkeit bewahrt bleiben."⁷⁰ Um seine Privatbibliothek auch für die Zukunft zu erhalten, verfügte Cusanus in seinem letzten Willen, dass diese vollständig von Italien nach Deutschland gebracht werden sollte.

Dabei hatten nur sehr wenige Privatbibliotheken das gleiche Glück wie die Sammlung des Nikolaus von Kues. Hierzu gehört zum Beispiel die ‚Biblioteca Amploniana' des Arztes Amplonius Rating de Berka (1363/64–1435), die dieser 1412 an das von ihm zur Versorgung und Förderung von Studenten gegründete Studienkolleg stiftete (heute Universität Erfurt)⁷¹ oder die Gelehrtenbibliothek des elsässischen Humanisten Beatus Rhenanus (1485–1547) in Schlettstadt, die er geschlossen der dortigen Lateinschule (heute: Humanistenbibliothek) vermachte⁷². Viele andere private Bibliotheken wurden dagegen nach dem Tod ihrer Besitzer aufgelöst, veräußert oder in größere Sammlungen integriert⁷³, so

---

⁶⁹ R. Klibansky, Zur Geschichte (nt. 68), 230 sqq.; Stork, Bibliothek (nt. 19), 79 und Cortesi, „Vidi N(icolaus) Car(dinalis)" (nt. 19), 175 sq.
⁷⁰ L. Buzás, Deutsche Bibliotheksgeschichte des Mittelalters (Elemente des Buch- und Bibliothekswesens 1), Wiesbaden 1975, 121.
⁷¹ Cf. T. Bouillon/B. Pfeil, Amplonius Rating de Berka und seine Büchersammlung. Bedeutung, Geschichte und zukünftige Perspektiven der Bibliotheca Amploniana, in: Mitteilungen des Vereins für die Geschichte und Altertumskunde von Erfurt 70 (2009), 31–53.
⁷² Cf. L. Buzás, Deutsche Bibliotheksgeschichte der Neuzeit (1500–1800) (Elemente des Buch- und Bibliothekswesens 2), Wiesbaden 1976, 87.
⁷³ Cf. Heinz-Mohr/Eckert (eds.), Das Werk (nt. 19), 122.

die Bibliothek des Nürnberger Humanisten Hartmann Schedel (1440–1514), die 1552 von seinen Nachkommen an Johann Jakob Fugger in Augsburg verkauft wurde, der sie wiederum 20 Jahre später dem bayerischen Herzog Albrecht V. für seine Hofbibliothek übertrug (heute: Bayerische Staatsbibliothek in München)[74], während sich von den Büchern eines Erasmus von Rotterdam oder Johannes Reuchlin heute kaum noch eine Spur findet.

Aufgrund seiner testamentarischen Verfügung blieb die Bibliothek des Nikolaus von Kues jedoch weitgehend erhalten. Sie umfasst heute, nicht wie noch von Jacob Marx in seinem Handschriftenkatalog überliefert 314, sondern vielmehr 316 Handschriften vom 9. bis zum 18. Jahrhundert, von denen noch ca. 270 Bücher auf Nikolaus von Kues selbst zurückgehen[75]. Im Laufe der Zeit erhielt die Bibliothek viele Zugänge, musste allerdings auch einige Abgänge verzeichnen, so zum Beispiel als im 17. Jahrhundert ca. 13–14 Handschriften an die Bollandisten in Antwerpen zur Erstellung der ‚Acta Sanctorum' ausgeliehen wurden, die heute in der Königlichen Bibliothek in Brüssel aufbewahrt werden[76]. Noch umfangreicher und schmerzhafter war der Verlust von ca. 48 Handschriften zu Beginn des 18. Jahrhunderts, die unter den Rektoren Schannen und Brechels nach England, d. h. vor allem an Robert Harley, 1. Earl von Oxford und Earl Mortimer, und an seinem Sohn Edward, verkauft wurden, deren Bibliothek seit 1753 zum Grundbestand des Britischen Museums (heute: British Library) in London gehört[77]. Insgesamt lassen sich noch ca. 80 Handschriften nachweisen, die sich einst in der Hospitalsbibliothek befanden und heute in Brüssel und London, aber auch in vielen anderen europäischen Bibliotheken wie in Brixen, Leiden, Münster, Oxford, Paris, Prag, Straßburg, Trier, Vatikan, Volterra etc. aufbewahrt werden[78].

---

[74] Cf. F. Fuchs, Hartmann Schedel und seine Büchersammlung, in: A. Schmid (ed.), Die Anfänge der Münchener Hofbibliothek unter Albrecht V., München 2009, 146–168, hier 156–159.

[75] Cf. Marx, Verzeichnis (nt. 19), VII und Bianca, La biblioteca romana (nt. 19), 677.

[76] Cf. E. Van de Vyver, Die Brüsseler Handschriften aus dem Besitz des Nikolaus von Kues, in: Mitteilungen und Forschungsbeiträge der Cusanus-Gesellschaft 4 (1964) 323–335; id., Die Handschriften aus dem Besitz des Nikolaus von Kues in der Königlichen Bibliothek zu Brüssel, in: Mitteilungen und Forschungsbeiträge der Cusanus-Gesellschaft 7 (1969), 129–145; id., Kritisches Verzeichnis der Brüsseler Handschriften, in: Mitteilungen und Forschungsbeiträge der Cusanus-Gesellschaft 14 (1980), 182–205; W. Krämer, Kritisches Verzeichnis der Brüsseler Handschriften aus dem Besitz des Nikolaus von Kues, in: Mitteilungen und Forschungsbeiträge der Cusanus-Gesellschaft (1980), 182–197.

[77] Cf. H. Hallauer, Habent sua fata libelli. Von der Mosel zur Themse: Handschriften des St. Nikolaus-Hospitals in der Bibliotheca Harleiana. Kritisches Verzeichnis der Londoner Handschriften aus dem Besitz des Nikolaus von Kues. Vorläufiger Abschluss, in: Mitteilungen und Forschungsbeiträge der Cusanus-Gesellschaft 17 (1986), 21–56 sowie Mitteilungen und Forschungsbeiträge der Cusanus-Gesellschaft 3 (1963), 16–100; 5 (1965), 137–161; 8 (1970), 199–237; 10 (1973), 58–103; 12 (1977), 15–71 und 15 (1982), 43–56; außerdem Heinz-Mohr/Eckert (eds.), Das Werk (nt. 19), 122; Stork, Bibliothek (nt. 19), 75; Neusius, Die Büchersammlung (nt. 10), 45 und M. Cortesi, Edificare l'ignorante sapienza (nt. 19), 12 sq.

[78] Cf. Bianca, La biblioteca romana (nt. 19), 677 sq. und Heinz-Mohr/Eckert (eds.), Das Werk (nt. 19), 122 sq.

Der größte Teil der Bibliothek des Kardinals blieb allerdings im St. Nikolaus-Hospital in Kues, wo sie im Laufe der Zeit durch weitere Zugänge vergrößert wurde, so zum Beispiel durch die Schenkung von fünf Handschriften durch den im Stift St. Kastor in Karden an der Mosel tätigen Kantor und Kanoniker Johannes Incus d. Ä. (um 1505), der dem Hospital zwei Handschriften, aber auch einige Inkunabeln vermachte[79]. Da es sich beim St. Nikolaus-Hospital in erster Linie um ein Armen- und Altenheim handelte, blieb es als eine der wenigen ähnlichen Einrichtungen im Rheinland von der Französischen Revolution und der darauf folgenden Säkularisation verschont. Auch die preußische Regierung versuchte vergeblich, die Cusanus-Bibliothek mit der Stadtbibliothek in Trier zu vereinigen[80].

Allen diesen Enteignungsversuchen zum Trotz konnte die Kueser Hospitalsbibliothek im Laufe des 19. Jahrhunderts sogar noch spektakuläre Zugänge verzeichnen, wie die ‚Springiersbacher Riesenbibel' (Cod. Cus. 8) aus dem 12. Jh. oder eine der frühesten Abschriften des ‚Liber scivias' Hildegards von Bingen (Cod. Cus. 63), die im Jahr 1210 im Benediktinerkloster St. Matthias in Trier angefertigt wurde[81]. Der letzte große Handschriftenkauf der Bibliothek stammt aus dem Jahr 2014, als das Hospital anlässlich des damaligen Cusanus-Jubiläums eine Sammelhandschrift aus dem ehemaligen Kölner Franziskanerkloster mit einer ripuarischen Abschrift der deutschen Vater-unser-Predigt des Nikolaus von Kues (Sermo XXIV) erwerben konnte (Cod. Cus. 220a)[82].

## IV. Der Bibliotheksraum in Kues

Nachdem die Büchersammlung des Kardinals 1465 von Italien nach Kues überführt wurde, bleibt unklar, wo sie zunächst im Hospital aufbewahrt wurde. Denn der Sakristei- und Bibliotheksanbau an der nördlichen Wand der Kapelle, in dem sich die Bibliothek heute befindet, wurde nicht zusammen mit der gesamten Hospitalsanlage zwischen 1452 und 1456 erbaut, sondern erst 40 Jahre später. Der Auftraggeber hierzu war Peter von Erkelenz, der letzte noch lebende Sekretär des Kardinals, der von ca. 1488 bis zu seinem Tod am 13. Juni 1494

---

[79] Cf. Marx, Verzeichnis (nt. 19), VI; 9 sq. (Cod. Cus. 13) und 109 (Cod. Cus. 110). Hierbei handelt es sich um eine Handschrift mit der ‚Historia scholastica' von Petrus Trecensis und ‚De missarum mysteriis' von Innozenz III. (Cod. Cus. 13) sowie eine Teilausgabe des ‚Malogranatum' (Cod. Cus. 110).

[80] Cf. H. Schiel, Ein Gutachten des späteren Domdekans Castello aus dem Jahre 1817 über den beabsichtigten Verkauf der Cusanus-Bibliothek, in: Kurtrierisches Jahrbuch 4 (1964), 35–43.

[81] Cf. Marx, Verzeichnis (nt. 19), VI; 6 (Cod. Cus. 8) und 69 sq. (Cod. Cus. 63); Heinz-Mohr/Eckert (eds.), Das Werk (nt. 19), 130 sq. (Cod. Cus. 8) sowe 138 sq. (Cod. Cus. 63) und Neusius, Die Büchersammlung (nt. 10), 45.

[82] Cf. M. Brösch, Eine neu erworbene Handschrift im St. Nikolaus-Hospital/Cusanusstift in Bernkastel-Kues, in: Cusanus Jahrbuch 6 (2014), 27–30.

das Hospital als Rektor leitete[83] und den Erweiterungsbau in Auftrag gab, nachdem sich die wirtschaftliche Lage des Hospitals wieder erholt hatte[84].

So findet sich im Archiv des Hospitals noch eine lange verschollene Rechnung aus dem Jahr 1494/95, nach der 366 rheinische Gulden für den Bau der *liberien* ausgegeben wurden.[85] Dabei war es in der Forschung lange Zeit umstritten, ob es sich hierbei tatsächlich um einen Neu- oder nur um einen Umbau handelte, wie Hans Vogts angesichts der vergleichsweise hohen Gesamtkosten in Höhe von 10 000 rheinischen Gulden für den Bau der gesamten Hospitalsanlage vermutete[86]. Auch wenn sich an der gleichen Stelle wohl schon seit den 1450er Jahren eine kleine Sakristei befand[87], so konnte eine dendrochronologische Untersuchung der verschiedenen Dachstühle des Hospitals im Jahre 2004 klarstellen, dass der über der Sakristei liegende Bibliotheksraum erst in den 1490er Jahren errichtet wurde[88].

Mit der späten Datierung des Anbaus auf das Jahr 1494/95 kann allerdings ausgeschlossen werden, dass der Kueser Bibliotheksraum zunächst als ein *studiolo*, also eine Art Studierzimmer nach italienischen Plänen konzipiert wurde, um Cusanus bei seiner Rückkehr nach Kues einen Rückzugsort für seine Studien zu schaffen[89]. Viel wahrscheinlicher ist dagegen, dass die Bibliothek – wie auch das gesamte Hospital mit seiner Kapelle, dem Refektorium, den Wohnzellen und natürlich dem Kreuzgang – nach einem klösterlichen Vorbild gestaltet wurde[90]. Und hier kann die Klosterbibliothek der Augustiner-Chorherren der Windesheimer Kongregation im nur ca. 16 km entfernten Eberhardsklausen als unmittelbares Modell gesehen werden. Auch wenn die dortige Wallfahrtskirche mit dem dazugehörigen Kloster erst zwischen 1465 und 1502 und damit nach der Hospi-

---

[83] Zu Peter von Erkelenz cf. E. Meuthen, Peter von Erkelenz (ca. 1430–1494), in: Zeitschrift des Aachener Geschichtsvereins 84/85 (1977/78), 701–744 sowie R. G. Czapla, Nicolaus Cusanus, Sebastian Brant und die Erkelenzer Familie Wymar. Geistige und geistliche Freundschaften an der Schwelle zur Neuzeit, in: Analecta Coloniensia 10/11 (2010/11), 151–186.

[84] Cf. Hensel-Grobe, Das St. Nikolaus-Hospital (nt. 1), 7–84 und Neusius, Die Büchersammlung (nt. 10), 44.

[85] Kues: Hospitalsarchiv, Best. R, Nr. 1, foll. 30r–31r; cf. Marx, Geschichte des Armen-Hospitals (nt. 1), 118, H. Vogts, Die Kunstdenkmäler des Kreises Bernkastel (Die Kunstdenkmäler der Rheinprovinz 15,1), Düsseldorf 1935, 107 sowie Hensel-Grobe, Das St. Nikolaus-Hospital (nt. 1), 272–275 mit Edition der Rechnung.

[86] Cf. Vogts, Die Kunstdenkmäler (nt. 85), 107; Tritz, Stiftungen (nt. 1), 125–129 und Hensel-Grobe, Das St. Nikolaus-Hospital (nt. 1), 272.

[87] Cf. Hensel-Grobe, Das St. Nikolaus-Hospital (nt. 1), 272 sq.

[88] Die entsprechende dendrochronologische Untersuchung der Dachstühle wurde vom Trierer Architekten Dipl.-Ing. Michael Leonhardt veranlasst, dem an dieser Stelle für die vielfältigen baugeschichtlichen Auskünfte herzlich gedankt sei. Cf. auch M. Neyses-Eiden/H. Burg, Bericht des Dendrochronologischen Forschungslabors am Rheinischen Landesmuseum in Trier 2004–2006, in: Trierer Zeitschrift 71/72 (2008/2009), 407–471, hier 412 sq. sowie Neusius, Die Büchersammlung (nt. 10), 44.

[89] Cf. Watanabe, Kues: The Library (nt. 19), 363 und Tritz, Stiftungen (nt. 1), 129, nt. 492.

[90] Cf. U. Craemer, Das Hospital als Bautyp des Mittelalters, Köln 1963, 90–92; Tritz, Stiftungen (nt. 1), 119–136; Brösch, Nachleben und Erbe (nt. 1), 123 und Brösch/Euler, Caritas und christlicher Humanismus (nt. 1), 234–245, hier 240 sq.

talsanlage in Kues erbaut wurde, so wurde die dortige Bibliothek samt der darunter liegenden Sakristei bereits 1491 und somit drei Jahre vor der Bibliothek in Kues errichtet[91].

Beim direkten Vergleich beider Bibliotheksräume lassen sich viele architektonische Parallelen und Ähnlichkeiten ausmachen, wie die nahezu gleich große Grundfläche, die im Fall von Kues 52 m² beträgt, während die Klosterbibliothek in Klausen mit 59 m² nur geringfügig größer ausfällt[92]. In beiden Bibliotheken befindet sich im Zentrum des Raumes eine runde Mittelsäule mit achteckigem Sockel (Einstützenraum), auf der vier spitzbogige Kreuzgewölbejoche mit einfachen Rippenprofilen ruhen (Tafel 26 und 27). Und schließlich wurden beide Bibliotheksräume direkt über der Sakristei in unmittelbarer Nähe zum Chorraum der Kapelle eingerichtet[93].

Neben den vielen Gemeinsamkeiten lassen sich auch einige Unterschiede feststellen: Während sich in der Klosterbibliothek von Eberhardsklausen noch die ursprünglichen spätgotischen Wandmalereien aus dem ersten Jahrzehnt des 16. Jahrhunderts mit 19 lebensgroßen Darstellungen von Propheten, Heiligen und Kirchenvätern erhalten haben[94], wurde der Bibliotheksraum in Kues dagegen durch den Einbau eines Rokoko-Altares im Jahr 1732 zusätzlich zu einer Privatkapelle des Rektors umgestaltet[95].

Bei einem Blick auf den Grundriss beider Anlagen (Tafel 28 und 29) lassen sich aber noch weitere Differenzen erkennen, so zum Beispiel hinsichtlich des Zugangs zu beiden Bibliotheksräumen. So kann die Klausener Klosterbibliothek nur vom Obergeschoss des Kreuzgangs, dort wo sich auch die einzelnen Zellen der Regularkanoniker befanden, betreten werden. Hierdurch hatten die Chorherren als Hauptnutzer der Bibliothek einen direkten Zugang zur Sammlung und konnten sich – sofern es ihnen erlaubt war – jeder Zeit ein Buch ausleihen und mit auf die Klosterzelle nehmen. Dabei war die Klosterzelle nicht nur Schlaf-

---

[91] Vogts, Die Kunstdenkmäler (nt. 85), 107 sq.; Hensel-Grobe, Das St. Nikolaus-Hospital (nt. 1), 274; Tritz, Stiftungen (nt. 1), 126 sq.; M. Brösch, Der historische Bibliothekssaal des Augustiner-Chorherrenklosters Eberhardsklausen aus dem 15. Jahrhundert, in: A. Rapp/M. Embach (eds.), Rekonstruktion und Erschließung mittelalterlicher Bibliotheken. Neue Formen der Handschriftenpräsentation (Beiträge zu den historischen Kulturwissenschaften 1), Berlin 2008, 23–44, hier 25–28; Stork, Bibliothek (nt. 19), 83–85; M. Brösch, Die Klosterbibliothek von Eberhardsklausen und ihre Bestände. Von den Anfängen bis ins 16. Jahrhundert (zugl. Trier, Univ., Diss., 2011), Trier 2010, 55–65; M. Brösch, Die Klosterbibliothek von Eberhardsklausen. Der Bibliotheksraum und die Wandmalereien im ehemaligen Augustiner-Chorherrenkloster, in: Libri Pretiosi 19 (2016), 37–57, hier 44–46.

[92] Die genauen Ausmaße in Kues betragen 8 x 6,5 m bei einer Scheitelhöhe von 4,65 m, in Klausen 7,58 × 7,82 m bei einer Scheitelhöhe von 4,90 m; cf. Brösch, Die Klosterbibliothek (nt. 91), 86.

[93] Cf. Brösch, Die Klosterbibliothek (nt. 91), 59.

[94] Zu den Wandmalereien cf. S. Kern/S. Scholz, ‚Nicht zu leerem Ruhm, sondern zu Deiner Erbauung.' Die Ausmalung der Bibliothek des ehemaligen Augustinerchorherrenklosters in Klausen. Mit einer Edition der Inschriften von Sebastian Scholz, in: Kurtrierisches Jahrbuch 46 (2006), 127–158; Brösch, Der historische Bibliothekssaal (nt. 91), 30–37; id., Die Klosterbibliothek (nt. 91), 86–96; 104–112; id., Der Bibliotheksraum und die Wandmalereien (nt. 91), 46–52.

[95] Cf. Vogts, Die Kunstdenkmäler (nt. 85), 119.

raum, sondern hatte zusätzlich den Charakter eines privaten Andachtsraumes, in den sich die einzelnen Regularkanoniker – als Ergänzung zur gemeinschaftlichen Andacht in der Kirche – zum individuellen Beten, Meditieren, Lesen oder zum Abschreiben von Büchern zurückziehen konnten[96].

Wenn man nun den Grundriss von Eberhardsklausen mit dem des St. Nikolaus-Hospitals in Kues aus der Zeit des späten 15. Jahrhunderts vergleicht, als der östliche Moselflügel, der die Wohnung des Rektors im zweiten Stock mit der Bibliothek verbindet, noch nicht gebaut war[97], so erkennt man, dass es sich beim Sakristei- und Bibliotheksbau um einen alleinstehenden Anbau zur Kapelle handelte, der von der restlichen Hospitalsanlage isoliert lag. Der einzige Zugang zur Bibliothek in Kues erfolgte über eine Wendeltreppe durch die Sakristei. Aufgrund der separaten Lage des Bibliotheksraumes stellt sich daher erneut die berechtigte Frage, wer als Nutzer der Buchsammlung überhaupt in Betracht kam.

Jacob Marx äußerte in seiner 1907 geschriebenen ‚Geschichte des Armen-Hospitals' zunächst die Vermutung, dass Nikolaus von Kues als potentielle Nutzer wohl an den Rektor und die gebildeten Präbendaten des Hospitals, d. h. die sechs verarmten Adligen sowie vor allem die sechs Kleriker gedacht habe[98]. Diese Hypothese scheint nicht sehr plausibel, wenn man die Bibliothek und ihre Bestände – sofern überhaupt vorhanden – mit anderen Hospitalsbibliotheken vergleicht.

Eine gute Vergleichsmöglichkeit bietet hier das Hôtel-Dieu in Beaune[99], das 1443 vom burgundischen Kanzler Nicholas Rolin (1376–1462) und seiner dritten Ehefrau Guigone de Salins als Hospital für Arme und Kranke beiderlei Geschlechts gestiftet und 1452 eröffnet wurde.[100] Wie das St. Nikolaus-Hospital

---

[96] Cf. Brösch, Die Klosterbibliothek (nt. 91), 145–150 und id., Der Bibliotheksraum und die Wandmalereien (nt. 91), 46. Zur Entwicklung und Bedeutung der Klosterzelle: T. Lentes, ‚Vita perfecta' zwischen ‚vita communis' und ‚vita privata'. Eine Skizze zur klösterlichen Einzelzelle, in: G. Melville und P. von Moos (eds.), Das Öffentliche und Private in der Vormoderne, Köln–Weimar–Wien 1998, 125–164.

[97] Der östliche Moselflügel, der erst eine direkte Verbindung zwischen Rektorenwohnung und der Bibliothek schuf, wurde zwischen 1754 und 1760 unter Rektor Stephan Schoenes für 14 000 Reichstaler erbaut. Cf. Marx, Geschichte des Armen-Hospitals (nt. 1), 43 sq. und 148; Vogts, Die Kunstdenkmäler (nt. 85), 108 sq. und Brösch, Die Klosterbibliothek (nt. 91), 63 sq.

[98] Cf. Marx, Geschichte des Armen-Hospitals (nt. 1), 50.

[99] Cf. E. Bavard, L'Hôtel-Dieu de Beaune, 1443–1880, d'après les documents recueillis par M. l'abbé Boudrot, Beaune 1881; H. Kamp, Memoria und Selbstdarstellung. Die Stiftungen des burgundischen Kanzlers Rolin (Beihefte der Francia 30), Sigmaringen 1993; B. Stephan, Stiftung und Stifter im 15. Jahrhundert. Das Hôtel-Dieu in Beaune und das St. Nikolaus-Hospital in Cues (zugl. Magisterarbeit, Universität Tübingen), Tübingen 1999; D. Sécula, Le ‚grand L'Hôtel-Dieu de Beaune' au XVe siècle: la fondation, le personnel et les bâtiments, in: Bruges à Beaune. Marie, l'Héritage de Bourgogne [à l'occasion de l'Exposition Bruges à Beaune, Marie, l'Héritage de Bourgogne, présentée à Beaune à la Porte de Marie de Bourgogne et à l'Hôtel-Dieu du 18 novembre 2000 au 28 févier 2001], Paris 2000, 141–158; Cl. Hugonnet-Berger/B. Fromaget/ E. Réveillon, The Hôtel-Dieu at Beaune, Paris 2005.

[100] Abgesehen vom großen Krankensaal, der allein 30 Betten fassen konnte, verfügte das Hôtel-Dieu in Beaune noch über weitere Räumlichkeiten für zahlende Gäste sowie für Schwerkranke. „Insgesamt lag die Anzahl der Krankenbetten wohl bei 60, wobei die großen Betten doppelt

in Kues verfügte auch das Hôtel-Dieu in Beaune zur Zeit Rolins über eine kleine Bibliothek („*l'estude ou petite librairie*"[101]), die ebenfalls im Obergeschoss des Südflügels unmittelbar neben der Kapelle untergebracht war und dem sogenannten Chambre-Dieu als eine Art Vorraum oder Windfang (*vestibule*) diente; durchaus vergleichbar mit einem klösterlichen *armarium*. Bei diesem Chambre-Dieu, das heute als Lagerraum genutzt wird und nicht mehr zugänglich ist, handelte es sich ursprünglich um einen Saal für reiche Gäste bzw. Patienten[102]. Durch ein kleines Fenster in der Kapellenwand hatten diese die Möglichkeit, von ihrem Krankenzimmer aus an den Gottesdiensten teilzunehmen[103]. Da die meisten Handschriften der *petite librairie* zwischen 1678 und 1683 vom französischen Finanzminister Jean-Baptiste Colbert für seine Privatsammlung erworben wurden und heute in der Nationalbibliothek in Paris aufbewahrt werden[104], befinden sich in Beaune heute nur noch wenige Handschriften, wie zum Beispiel eine illustrierte Bibel aus dem 14. Jahrhundert (Beaune, Archives de l'Hôtel-Dieu, layette 123 n° 1), die noch aus dem Besitz der Stifterfamilie stammen[105].

Dafür ist noch ein detailliertes Inventar aus dem Jahr 1501 erhalten[106], das neben Möbeln, Wandteppichen und anderen Gegenständen auch ca. 150 Handschriften und Inkunabeln aus der Anfangszeit des Hospitals auflistet. Hieraus geht hervor, dass in der dortigen Hospitalsbibliothek vor allem naturwissenschaftliche, d. h. vor allem medizinische, pharmazeutische und chirurgische Werke, wie die ‚Chirurgia magna' von Gui de Chauliac (Paris, BnF, ms. latin 7133A) oder das ‚Antidotarium Nicolai' (Paris, BnF, ms. latin 6954) aufbewahrt wurden, die wohl aus dem Besitz der dort angestellten Hospitalsärzte stammen. Darüber hinaus lagerten in der Bibliothek aber auch weitere Bücher – darunter Fabeln, Grammatiken, Bibelkommentare, juristische Werke etc., wie beispielsweise eine dreibändige Ausgabe des ‚Catholicon' von Johannes Balbus (Paris, BnF, ms. latin

---

belegt werden konnten. Das Spital konnte also im Notfall mehr als 100 Personen gleichzeitig aufnehmen, womit es zu den größten Spitälern Frankreichs der Zeit gehörte." Stephan, Stiftung, (nt. 99), 43, nt. 160; cf. Kamp, Memoria (nt. 99), 308.

[101] Cf. B. Blandin/M.-P. Lafitte, Les bibliothèques de Beaune à la fin du Xve siècle, in: Bruges à Beaune (nt. 99), 189–202.

[102] Cf. Hugonnet-Berger e. a., The Hôtel-Dieu, (nt. 99), 42 sq.; cf. Craemer, Das Hospital (nt. 90), 82–86.

[103] Cf. E. Bavard, L'Hôtel-Dieu de Beaune (nt. 99), 43–49, hier 48: „„L'Estude ou petite librairi' sert de vestibule à ‚la Chambre-Dieu', qui doit son nom ‚à ung oratoire regardant sur la grant autel de la Chapelle, d'où les malades peuvent ouyr messe.' Cette pièce, au temps de la fondation, a dans son ameublement un cachet aristocratique qui annonce qu'elle est destinée à de nobles hôtes (…)".

[104] Für ca. 40 Bände der BnF in Paris lässt sich noch eine Herkunft aus dem Hospital in Beaune nachweisen. Cf. Blandin/Lafitte, Les bibliothèques (nt. 101), 192.

[105] Cf. Kamp, Memoria (nt. 99), 240 sq. und Ch. Bigarne (ed.), Manuscrits de l'Hôtel-Dieu de Beaune, in: Mémoires de la Société d'histoire, d'archéologie et de littérature de l'arrondissement de Beaune 2 (1874/75), 140–144.

[106] Das Inventar von 1501 findet sich in J.-B. Boudrot, Petit cartulaire de l'Hostel-Dieu de Beaune, inventaires, bulles pontificales, lettres patentes des ducs de Bourgogne et des rois de France, Beaune 1880, 3–27.

7632¹⁻³) – die dem Hospital wohl von wohlhabenden Stiftern und Patienten vermacht wurden[107].

Die meisten Bücher befanden sich allerdings nicht in der Bibliothek, sondern wurden in verschiedenen Räumen im Hospital in Beaune verwahrt. Hierunter lassen sich vor allem viele französische Stunden- und Andachtsbücher – wie der ‚Livre des anges' von François Eximenes (Paris, BnF, ms. français 1000) – ausmachen, die im Besitz der Pflegeschwestern waren und evtl. auch zur Erbauung der reichen und lesefähigen Patienten genutzt wurden. Weitere Bücher, wie Predigtsammlungen, Bibelkommentare, aber auch eine Ausgabe der ‚Theologia naturalis sive liber creaturarum' von Raymundus de Sabunde (Paris, BnF, ms. latin 3134) gehörten den beiden Kaplänen des Hospitals und dienten diesen in erster Linie zur Vorbereitung auf ihre seelsorgerischen Pflichten[108]. Bei den meisten im Hôtel-Dieu in Beaune aufbewahrten Büchern handelte es sich also entweder um naturwissenschaftliche bzw. medizinische Werke oder aber um theologische bzw. spirituelle Schriften jeweils zur körperlichen und geistlichen Versorgung der Kranken[109].

Im Unterschied zu Beaune spielte zumindest die medizinische Versorgung im St. Nikolaus-Hospital in Kues, bei dem es sich in erster Linie um ein Armen- und Altenheim handelte, kaum eine Rolle, weshalb man unter den Bediensteten des Kueser Hospitals auch vergeblich nach Ärzten, Chirurgen oder Badern sucht, die nur im Bedarfsfall von außerhalb angefordert wurden[110]. Dennoch finden sich in der Bibliothek des Hospitals noch 19 medizinische Handschriften, die allerdings nicht als Nachschlagewerke für praktizierende Mediziner verwendet wurden, sondern auf die medizinisch-naturwissenschaftlichen Interessen des Nikolaus von Kues zurückzuführen sind[111].

Ähnliches gilt auch für die übrigen Handschriften der Cusanus-Bibliothek: Auch wenn sich darunter Bibeln, Predigtsammlungen, Erbauungstexte und liturgische Schriften befinden, die auf Rektoren, geistliche Präbendaten oder anderen Wohltäter zurückgehen und zumindest im Fall der meisten liturgischen Bücher, wie dem ‚Officium defunctorum' (Cod. Cus. 146), im Stift Verwendung fanden, so handelt es sich beim Kern der Sammlung doch um die private Bibliothek des Nikolaus von Kues, die weitgehend seine universelle Gelehrsamkeit widerspiegelt. Dies gilt umso mehr für die vielen philosophisch-theologischen Schriften

---

[107] Cf. Blandin/Lafitte, Les bibliothèques (nt. 101), 192–194.
[108] Cf. Blandin/Lafitte, Les bibliothèques (nt. 101), 194 sq. und Bigarne (ed.), Manuscrits (nt. 105), 140–144.
[109] Cf. Blandin/Lafitte, Les bibliothèques (nt. 101), 195.
[110] Cf. Hensel-Grobe, Das St. Nikolaus-Hospital (nt. 1), 150.
[111] Zu den medizinischen Handschriften der Cusanus-Bibliothek cf. F. J. Kuntz, Medizinisches bei Nikolaus Cusanus, in: Mitteilungen und Forschungsbeiträge der Cusanus-Gesellschaft 12 (1977), 127–136 sowie I. Müller, Nikolaus von Kues und die Medizin, in: K. Kremer/K. Reinhardt (eds.), Nikolaus von Kues 1401–2001. Akten des Symposions in Bernkastel-Kues vom 23. Mai bis 26. Mai 2001 (Mitteilungen und Forschungsbeiträge der Cusanus-Gesellschaft 28), Trier 2003, 333–350, hier 337–339.

der Kueser Bibliothek. So scheint es mehr als unwahrscheinlich, dass selbst die geistlichen Bewohner des St. Nikolaus-Hospitals – bei denen es sich in der Regel um einfache Kleriker und nicht um humanistische Gelehrte handelte – zur ‚Metaphysik' des Aristoteles (Cod. Cus. 184) oder gar zum ‚Opus tripartitum' Meister Eckharts (Cod. Cus. 21) griffen, um sich auf die Messe, das Breviergebet oder auf ihre seelsorgerischen Aufgaben im Hospital bzw. in den umliegenden Gemeinden vorzubereiten.

Wie in Beaune – aber auch in Eberhardsklausen – liegt der Bibliotheksraum im St. Nikolaus-Hospital in unmittelbarer Nähe zum Chorraum und zum Hochaltar der Hospitalskapelle, die in Kues durch ein kleines Fenster auch eingesehen werden kann. Dabei lässt sich nicht mehr feststellen, ob diese Öffnung bereits gegen Ende des 15. Jahrhunderts vorhanden war oder ob sie erst im 18. Jahrhundert bei der Umgestaltung der Bibliothek zur Privatkapelle des Rektors neu geschaffen wurde. Entsprechende Fenster finden sich auch in den anderen beiden Häusern, allerdings nicht in der Bibliothek selbst, sondern als eine Art Gebetsnische in Beaune im angrenzenden Chambre-Dieu sowie in Klausen im Vorraum zur Bibliothek. Die dort untergebrachten Patienten bzw. die alten und kranken Chorherren sollten von hier aus die Möglichkeit haben, an den Gottesdiensten und Gebetszeiten teilzunehmen[112].

Im Fall des Kueser Hospitals wird durch dieses Fenster eine direkte Blickverbindung zwischen Bibliothek und Hochaltar bzw. Herzgrab des Nikolaus von Kues geschaffen. Dabei besteht der Zweck von Hochaltar und Herzgrab nicht zuletzt darin, die Erinnerung an den Stifter wachzuhalten. So findet sich auf der mittleren Tafel des um 1460 in Köln vom ‚Meister des Marienlebens' als Passionstriptychon geschaffenen Hochaltares ein Porträt von Cusanus[113], das den Kardinal kniend und betend vor dem Gekreuzigten zeigt. Hierdurch soll nicht nur seine Passionsfrömmigkeit betont werden, sondern die Bewohner des Hospitals sollen durch das Bildnis an den Stifter erinnert und dazu angehalten werden, für sein Seelenheil zu beten. Der gesamte Chorraum der Kapelle bildet somit nicht nur das liturgische Zentrum der gesamten Hospitalsanlage, sondern auch den zentralen Memorialort für Nikolaus von Kues. Hierin wird auch der Bibliotheksraum mit einbezogen, der allein aufgrund seiner Lage im liturgischen Zentrum des Hospitals einen nahezu sakralen Charakter erhält[114].

Obwohl die Grabplatte für das Herzgrab und der Bibliotheksbau erst knapp 30 Jahre nach dem Tod des Kardinals durch seinen ehemaligen Sekretär Peter

---

[112] Cf. hierzu Brösch, Die Klosterbibliothek (nt. 91), 64 sq.
[113] Cf. Brösch, Nachleben und Erbe (nt. 1), 124 sq. sowie Vogts, Die Kunstdenkmäler (nt. 85), 124–126; H. M. Schmidt, Der Meister des Marienlebens und sein Kreis (Beiträge zu den Bau- und Kunstdenkmälern im Rheinland 22), Düsseldorf 1978, 32–37 und 174–176; G. Neusius, Passions-Triptychon, in: Horizonte. Nikolaus von Kues in seiner Welt (nt. 3), 214–217; Hensel-Grobe, Das St. Nikolaus-Hospital (nt. 1), 275–282; Tritz, Stiftungen (nt. 1), 142–154 und T. Foerster, Das Passionstriptychon im St. Nikolaus-Hospital von Bernkastel-Kues, in: Cusanus Jahrbuch 3 (2011), 55–89.
[114] Cf. Tritz, Stiftungen (nt. 1), 129.

von Erkelenz realisiert wurden, so kann man dennoch davon ausgehen, dass die grundsätzlichen Planungen zur Errichtung eines zentralen Erinnerungsortes in Kues noch auf Cusanus selbst zurückgingen. Daher ernannte er das St. Nikolaus-Hospital im Testament auch zu seinem Universalerben und fasst darin den Entschluss, seine Bibliothek nach Kues zu überführen. Ihm dürfte damit auch klar gewesen sein, dass mit dem Transfer seiner Büchersammlung in die ländliche Idylle von Kues die Zahl der potentiellen Nutzer seiner Bibliothek eher gering sein würde[115].

Wenn sich Nikolaus von Kues für seine Handschriftensammlung einen größeren Nutzerkreis gewünscht hätte, dann hätte er seine Bibliothek sicherlich seiner Studienstiftung, der späteren ‚Bursa Cusana' in Deventer, oder einer anderen Schule bzw. Universität vermacht[116]. Er wäre hier sicherlich dem Beispiel eines Amplonius Rating de Berka oder seines Freundes, des Kardinals Domenico Capranica, gefolgt, der im Jahr 1458 das ‚Collegium Capranica' in Rom für junge Männer im Alter von 15 bis 35 Jahren gründete, damit ihnen eine angemessene Priesterausbildung ermöglicht werden konnte. Um seine Stiftung mit adäquaten Büchern auszustatten, überließ Capranica dem Studienkolleg seine gesamte aus 387 Handschriften bestehende Privatbibliothek[117].

Im Fall der Cusanus-Bibliothek in Kues war die Zahl der nachweislichen Benutzer, Besucher oder Interessenten in der ersten Zeit nach der Überführung der Bibliothek von Italien nach Deutschland tatsächlich sehr überschaubar. Zu den ersten Nutzern gehörte daher zunächst der in der Lateinschule in Deventer als Rektor tätige Humanist und Lehrer des Erasmus von Rotterdam, Alexander Hegius, der 1488 der Cusanus-Bibliothek in Kues einen Besuch abstattete[118], evtl. auch Giovanni Pico della Mirandola[119], sowie ganz sicher der Heidelberger Humanistenkreis der ‚Sodalitas litteraria rhenana' um Johann von Dalberg, Johannes Reuchlin und Jakob Wimpfeling, die im Jahre 1496 auf den Spuren des Kardinals zu einer *peregrinatio Cusana* nach Kues aufbrachen[120].

---

[115] Cf. Neusius, Die Büchersammlung (nt. 10), 43.

[116] Zur Bursa Cusana cf. nt. 14.

[117] Cf. A. V. Antonovics, The Library of Cardinal Domenico Capranica, in: C. H. Clough (ed.), Cultural Aspects of the Italian Renaissance. Essays in Honor of Paul Oskar Kristeller, Manchester 1976, 141–159; Tritz, Stiftungen (nt. 1), 200 sq. und Richardson, Reclaiming Rome (nt. 6), 287 sq. sowie J. Dendorfer/Cl. Märtl, Papst und Kardinalskolleg im Bannkreis der Konzilien – von der Wahl Martins V. bis zum Tod Pauls II. (1417–1471), in: J. Dendorfer/R. Lützelschwab (eds.), Geschichte des Kardinalats im Mittelalter, mit Beiträgen von E. Anheim, B. Beattie e. a. (Päpste und Papsttum 39), Stuttgart 2011, 335–397, hier 394.

[118] Cf. J. C. Bedaux, Hegius poeta. Het leven en de Latijnse gedichten van Alexander Hegius (zugl. Leiden, Rijksuniv., Diss., 1998), Deventer 1998, 31–33 und 318 sq.; id., La lettera di Alexander Hegius a Wesel Gansfort: I libri scomparsi di Nicolaus Cusanus, in: Medioevo e rinascimento, N. S. 12 (2001), 203–208 und M. Cortesi, Edificare l'ignorante sapienza (nt. 19), 9–12.

[119] Cf. K. Flasch, Nikolaus von Kues und Pico della Mirandola, in: Mitteilungen und Forschungsbeiträge der Cusanus-Gesellschaft 14 (1980), 113–120.

[120] Cf. Der Ausdruck *peregrinatio Cusana* stammt aus einem Brief des Johann Vigilius an Konrad Celtis vom 15. November 1496, ediert in: Der Briefwechsel des Konrad Celtis, ed. H. Rupprich (Veröffentlichungen der Kommission zur Erforschung der Geschichte der Reformation und Gegenreformation; Humanistenbriefe 3), München 1934, 227–231, hier 229; F. Nagel, Profectio

Mit der testamentarischen Stiftung seiner Bibliothek an das St Nikolaus-Hospital in Kues wollte Cusanus seine Büchersammlung als Zeugnis seiner Bildung und Gelehrsamkeit geschlossen an einem Ort wissen, ohne dass er sich dabei allzu große Gedanken über die zukünftigen Nutzer machte. Zusammen mit dem Hochaltar und dem Herzgrab in der Hospitalskapelle diente die Bibliothek einem anderen Zweck, nämlich einen zentralen Gedenk- und Erinnerungsort an Nikolaus von Kues zu schaffen, an dem Herz und Geist des Kardinals und Universalgelehrten vereint sein sollten.

---

Cusana: Johannes Reuchlin und Nikolaus von Kues, in: Ruperto-Carola. Mitteilungen der Vereinigung der Freunde der Studentenschaft der Universität Heidelberg e. V. 15 (1963), 88–95; außerdem Neusius, Die Büchersammlung (nt. 10), 44; Stork, Bibliothek (nt. 19), 92 sq.; M. Cortesi, Edificare l'ignorante sapienza (nt. 19), 7–9; Senger, Nikolaus von Kues. Leben (nt. 58), 240 sq. und Cortesi, „Vidi N(icolaus) Car(dinalis)" (nt. 19), 180.

# X. Virtuelle Bibliotheken

X. Visuelle Hilfsmittel

# Eine virtuelle Bibliothek der Karolingerzeit: Die Fälscherwerkstatt Pseudo-Isidors

Daniel Ziemann (Budapest)

## I. Einleitung

Wenn es seine Person im westeuropäischen Frühmittelalter gegeben hat, die wusste, wie man von einer Bibliothek Gebrauch macht und wie man die Vorteile einer für die damalige Zeit reich ausgestatteten Handschriftensammlung ausnützt, dann war es zweifellos Pseudoisidor, eine Person oder wohl Personengruppe, die sich nicht nur permanent im Lesesaal aufgehalten haben muss, sondern die zugleich auch noch als Frucht der eigenen Lektüre die Bibliothek mit eigenen, und zudem auf lange Sicht äußerst erfolgreichen, Werken bereicherte.

Im Folgenden soll versucht werden, ein Blick auf das Benutzerverhalten Pseudoisidors zu werfen, und bestimmte Mechanismen zu analysieren, die für die Arbeitsweise dieses karolingischen Gelehrten bzw. der Gelehrtengruppe kennzeichnend sind. Dabei wird es nicht möglich sein, den momentan bei allen Fortschritten in jüngerer Zeit noch ungeklärten Fragen hinsichtlich der Autorschaft und vor allem den dem Werk zugrundeliegenden Motiven nachzugehen. Im Fokus der nun folgenden Überlegungen soll vielmehr die Frage nach dem Umgang mit den Quellen, also die Frage nach der Bibliotheksbenutzung und die in diesem Zusammenhang sich ergebenden Probleme stehen.

Das umfangreiche Werk Pseudoisidors bedurfte ausgeklügelter Strategien, um bei den Benutzern keinen Zweifel an der Authentizität aufkommen zu lassen. Die Gründe für die über Jahrhunderte hinweg erfolgreiche Verschleierung des eigentlichen Ursprungs der Texte und die breite Akzeptanz ihrer Authentizität scheinen zuweilen immer noch rätselhaft. Wie konnte eine große Masse völlig neuer und bis dahin unbekannter Texte binnen Kurzem jene unangefochtene Autorität erlangen, die den Pseudoisidorischen Fälschungen zuteilwurde? Im Folgenden soll versucht werden, eine der Techniken, mit denen beim Benutzer die Authentizität des Werks suggeriert wurde, näher zu beleuchten. Im Fokus stehen dabei Textbausteine, Satzelemente und Formulierungen, die einem bestimmten Kontext entnommen wurden und dann an mehreren Stellen, bisweilen auch in einem völlig anderen Kontext, Verwendung fanden. Diese Textbausteine, die im Zentrum der nun folgenden Untersuchung stehen sollen, sind inhaltlich von untergeordneter Bedeutung. Es geht dabei nicht um Kernsätze des Werks, sondern um Füllmaterial, um Passagen, die abgefasst wurden, um einen Rahmen für die Kernaussagen zu bilden, um die wichtigen Elemente so einzubetten, dass sie glaubwürdig erschienen. Es handelt sich dabei um gängige Formulierungen, um Satzteile, die wohl geläufig und bekannt und gerade deshalb in der Lage waren, Glaubwürdigkeit zu kreieren. Es waren wohl diese Textbausteine, die einen etwaigen Verdacht ausräumten, da man sie als vertraut wahrnahm, und damit als etwas, was den Texten Plausibilität verlieh. Für diese Bausteine möchte ich den Begriff der virtuellen Bibliothek benutzen, ein Begriff, der dazu beitragen könnte, die Arbeitsweise am Fälschungskorpus zu beschreiben. Damit ist das Vorhandensein eines im Gedächtnis karolingischer Intellektueller vorhandenen Repertoriums an Formulierungen gemeint, ähnlich einer Florilegiensammlung, nur eben nicht als Buch vorliegend, sondern im Gedächtnis verankert als Produkt einer reichen Lektüre von Werken der gleichen Literaturgattung, wie beispielsweise von Papstbriefen in Form kirchenrechtlicher Sammelhandschriften. Diese virtuelle Bibliothek umfasste natürlich in erster Linie die in der Liturgie wiederholten Bibeltexte und sicher auch Schlüsselstellen aus den am meisten verbreiteten patristischen Schriften. Angesichts der zahlreichen Handschriften kirchenrechtlichen Inhalts ist aber davon auszugehen, dass auch bestimmte kirchenrechtliche Passagen oder vielleicht nur bestimmte Formulierungen einigen Geistlichen in ähnlicher Weise geläufig waren und damit zu Wiedererkennungseffekten führen konnten, wann immer ein weiteres Stück dieser Textgattung gelesen wurde. Genau auf diesen Effekt scheinen die Pseudoisidorischen Fälschungen zu setzen. Wie dieses Mittel, also die Verwendung geläufiger Bruchstücke und Satzteile, vom Fälscher bzw. der Fälscherwerkstatt konkret eingesetzt wurden, soll im Folgenden anhand von wenigen Beispielen dargestellt werden. Zunächst soll aber kurz etwas zum pseudoisidorischen Werk selbst gesagt werden. Nach diesem kurzen Überblick und einigen Bemerkungen zu den aktuellen Forschungstendenzen werden die eben beschriebenen Textbausteine und ihre Verwendung im Textkorpus Pseudoisidors anhand einer kleinen Auswahl untersucht, bevor schließlich die Idee der „virtuellen Bibliothek" erläutert wird.

## II. Das Werk Pseudoisidors

Angesichts der leicht zugänglichen allgemeinen Überblicke zum Werk Pseudoisidors sollen an dieser Stelle nur einige kurze Bemerkungen erfolgen, die für die weitere Argumentation wichtig sind. Als Pseudoisidorische Fälschungen wird ein sehr umfangreiches Fälschungswerk bezeichnet[1]. Dieses besteht aus mehreren Teilen. Den wichtigsten Teil stellen die Pseudoisidorischen Dekretalen dar, die falschen Briefe der frühen Päpste von Clemens bis zu Gregor dem Großen, die in den Worten Emil Seckels von 1905 „kühnste und großartigste Fälschung kirchlicher Rechtsquellen, die jemals unternommen worden ist"[2]. Weiterhin zählt

---

[1] E. Seckel, Pseudoisidor, in: A. Hauck/J. J. Herzog (eds.), Realencyklopädie für protestantische Theologie und Kirche, vol. 16, Leipzig ³1905, 265–307.
[2] Seckel, Pseudoisidor (nt. 1), hier 267.

zu dem Fälschungskorpus eine Verfälschung einer spanischen Sammlung von Konzilien und Papstbriefen des 4. bis 8. Jahrhunderts – die sogenannten ‚Hispana Gallica Augustodunensis' (nach einer Handschrift aus der französischen Stadt Autun) –, darüber hinaus eine Sammlung gefälschter Kapitularien fränkischer Herrscher des 6. bis 9. Jahrhunderts, die ‚Capitularia Benedicti Levitae', eine kurze Sammlung zum Strafprozessrecht, die sogenannten ‚Capitula Angilramni', die angeblich Papst Hadrian I. dem Bischof Angilram von Metz übergeben haben soll, und die sogenannte ‚Collectio Danieliana'[3].

Die Pseudoisidorischen Dekretalen lassen sich in drei Teile untergliedern, der erste umfasst die Dekretalen von Clemens I. bis auf Melchiades (gest. 314), der zweite Konzilskanones und der dritte schließlich die Dekretalen von Papst Silvester (314–335) bis zu Papst Gregor II. (715–731).

Die Literatur zum Thema ist sehr umfangreich. Die maßgebliche Edition der Fälschungen ist für die Teile, die noch nicht durch die Arbeit aktueller Projekte ersetzt wurden, immer noch die Ausgabe von Paul Hinschius, ‚Decretales Pseudo-Isidorianae et capitula Angilramni' von 1863[4]. Auch wenn diese Edition in vielen Aspekten überholt ist und damals auch noch nicht alle verfügbaren Textzeugen bekannt waren, so erregt doch die mit den Methoden des 19. Jh. von Hinschius geleistete Identifizierung der jeweiligen, den Fälschungen zugrundeliegenden Quellen Bewunderung. 1905 verfasste Emil Seckel einen Überblicksartikel in der dritten Auflage der ‚Realencyklopädie für protestantische Theologie und Kirche' (Band 16), der nach wie vor eine der besten zusammenfassenden Darstellungen zum Werk Pseudoisidors bietet[5]. Für die aktuelle Forschung sind die Arbeiten von Klaus Zechiel-Eckes, der mit dem Kloster Corbie den mutmaßlichen Entstehungsort und mit Paschasius Radbertus einen heißen Kandidaten für die Urheberschaft des Fälschungswerkes wahrscheinlich gemacht hat, sowie die Arbeiten von Gerhard Schmitz, Steffen Patzold, Eric Knibbs, Courtney Booker, Clara Harder und anderen maßgeblich[6]. In der Publikation einer

---

[3] Es gibt mehrere sehr informative Webseiten zu den Pseudoisidorischen Fälschungen, die eine wird von Karl Georg Schon betrieben, der an einer Neuedition der Pseudoisidorischen Dekretalen arbeitete und dort Stück für Stück die neu edierten Texte zugänglich gemacht hat: URL: <http://www.pseudoisidor.mgh.de/html/> Diese Website wird seit 2010 jedoch nicht mehr aktualisiert. Auch Benedictus Levita ist auf einer ständig aktualisierten Webseite zugänglich. Sie wird von Prof. Dr. Gerhard Schmitz betrieben: URL: <http://www.benedictus.mgh.de/edition/edition.htm> (Stand: 05. 02. 2020). Dr. Eric Knibs, Assistant Professor of History am Williams College in Williamstown, MA, und seit Januar 2019 wissenschaftlicher Mitarbeiter bei den Monumenta Germaniae Historica, betreibt eine weitere zu Website zu Pseudoisidor: https://pseud-isidore.com.

[4] Decretales Pseudo-Isidorianae et Capitula Angilramni, ed. P. Hinschius, Leipzig 1863.

[5] Seckel, Pseudoisidor (nt. 1), 265–307.

[6] K. Zechiel-Eckes, Verecundus oder Pseudoisidor? Zur Geschichte der Excerptiones de gestis Chalcedonensis concilii, in: Deutsches Archiv für Erforschung des Mittelalters 56 (2000), 413–446; Id., Zwei Arbeitshandschriften Pseudoisidors (Codd. St. Petersburg F.v.I.11 und Paris lat.11611), in: Francia 27 (2000), 205–210; Id., Ein Blick in Pseudoisidors Werkstatt. Studien zum Entstehungsprozess der falschen Dekretalen. Mit einem exemplarischen editorischen Anhang (Pseudo-Julius an die orientalischen Bischöfe, JK †196), in: Francia 28 (2001), 27–90; Id., Auf Pseudoisidors Spur. Oder: Versuch, einen dichten Schleier zu lüften, in: W. Hartmann/G. Schmitz (eds.), Fortschritt durch Fälschungen? Ursprung, Gestalt und Wirkungen der pseudo-

Tagung in Köln im Gedenken an Klaus Zechiel-Eckes im Jahr 2013 sind viele der aktuell mit dem Thema beschäftigten Spezialisten vertreten[7]. Für die Nachwirkungen der Fälschungen bildet das von 1972 bis 1974 erschienene dreibändige Werk von Horst Fuhrmann zum Einfluss und zur Verbreitung der pseudoisidorischen Fälschungen die Grundlage[8].

Das Fälschungswerk fand Eingang in das Kirchenrecht und wurde breit rezipiert. Viele der dort vertretenen Ideen waren für die Reformbestrebungen der Kirche und den Suprematieanspruch des Papsttums ab dem 11. Jahrhundert maßgeblich. Zu „Funktion und Bedeutung des apostolischen Stuhls in den pseudoisidorischen Fälschungen" hat Clara Harder 2014 eine Monographie mit dem Titel ‚Pseudoisidor und das Papsttum' vorgelegt[9]. Es ist in diesem Zusammenhang durchaus erstaunlich, wie ein im 9. Jh. entstandenes Fälschungswerk zwei Jahrhunderte später eine solche Wirkung entfalten und zur wichtigen theoretischen Grundlage für den Anspruch der Päpste werden konnte[10].

Die Wirkmächtigkeit beruhte natürlich auf dem Glauben an die Authentizität der Texte. Pseudoisidor selbst spricht von einem „*Isidorus Mercator servus Christi*", der von achtzig Bischöfen beauftragt worden sei, alle greifbaren kirchenrechtli-

---

isidorischen Fälschungen. Beiträge zum gleichnamigen Symposium an der Universität Tübingen vom 27. und 28. Juli 2001 (Monumenta Germaniae Historica. Studien und Texte 31), Hannover 2002, 1–28; Id., Fälschung als Mittel politischer Auseinandersetzung. Ludwig der Fromme (814–840) und die Genese der pseudoisidorischen Dekretalen (Nordrhein-Westfälische Akademie der Wissenschaften und Künste. Vorträge G, Geisteswissenschaften 428), Paderborn–München–Wien–Zürich 2011; S. Patzold, Gefälschtes Recht aus dem Frühmittelalter. Untersuchungen zur Herstellung und Überlieferung der pseudoisidorischen Dekretalen (Schriften der Philosophisch-Historischen Klasse der Heidelberger Akademie der Wissenschaften 55), Heidelberg 2015; Id., Überlegungen zum Anlass für die Fälschung früher Papstbriefe im Kloster Corbie, in: K. Ubl/D. Ziemann (eds.), Fälschung als Mittel der Politik? Pseudoisidor im Licht der neuen Forschung. Gedenkschrift für Klaus Zechiel-Eckes (MGH Studien und Texte 57), Wiesbaden 2015, 153–172; E. Knibbs, Pseudo-Isidore at the Field of Lies: „Divinis Praeceptis" (JE +2579) as an Authentical Decretal, in: Bulletin of Medieval Canon Law New Series 29 ((2011–2012) [2013]), 1–34; Id., The interpolated Hispana and the origins of Pseudo-Isidore, in: Zeitschrift der Savigny-Stiftung für Rechtsgeschichte: Kanonistische Abteilung 130 (2013), 1–71; Id., Pseudo-Isidore in the A1 Recension, in: Ubl/Ziemann (eds.), Fälschung als Mittel (nt. 6), 81–95; Id., Ebo of Reims, Pseudo-Isidore, and the Date of the False Decretals, in: Speculum 92 (2017), 144–183; G. Schmitz, Verfilzungen. Isidor und Benedict, in: Ubl/Ziemann (eds.), Fälschung als Mittel, 127–151; Id., Die Synode von Aachen 836 und Pseudoisidor, in: Ph. Depreux/S. Esders (eds.), La productivité d'une crise/Produktivität einer Krise. Le règne de Louis le Pieux (814–840) et la transformation de l'Empire carolingien/Die Regierungszeit Ludwigs des Frommen (814–840) und die Transformation des karolingischen Imperiums (Relectio, Karolingische Perspektiven Band 1), Ostfildern 2018, 329–341; C. Booker, The False Decretals and Ebbo's fama ambigua: A Verdict Revisited, in: Ubl/Ziemann (eds.), Fälschung als Mittel, 207–242.

[7] Ubl/Ziemann (eds.), Fälschung als Mittel (nt. 6).

[8] H. Fuhrmann, Einfluß und Verbreitung der pseudoisidorischen Fälschungen. Von ihrem Auftauchen bis in die neuere Zeit (Schriften der Monumenta Germaniae Historica 24,1), Stuttgart 1972.

[9] C. Harder, Pseudoisidor und das Papsttum. Funktion und Bedeutung des apostolischen Stuhls in den pseudoisidorischen Fälschungen (Papsttum im Mittelalterlichen Europa 2), Köln–Weimar–Wien 2014.

[10] H. Fuhrmann, Pseudoisidor in Rom vom Ende der Karolingerzeit bis zum Reformpapsttum. Eine Skizze, in: Zeitschrift für Kirchengeschichte 78 (1967), 15–66.

chen Bestimmungen zu ordnen[11]. Zwar wurde die Echtheit auch immer wieder vereinzelt in Zweifel gezogen, und dies auch während des gesamten Mittelalters, schließlich aber war es auf der Grundlage der Beobachtungen zahlreicher Vorläufer 1628 David Blondel, ein reformierter Prediger in Houdan bei Paris „in seiner gründlichen und epochemachenden Arbeit", der den unwiderlegbaren Beweis erbrachte, dass eine Fälschung vorlag[12].

### III. Die Identifikation des Fälschers

Die jüngeren Forschungen zu den Pseudoisidorischen Dekretalen wurden maßgeblich durch Forschungen von Klaus Zechiel-Eckes vorangetrieben, der mehrere Vorlagenhandschriften identifizieren konnte, die beim konkreten Entstehungsprozess der Pseudoisidorischen Dekretalen eine Rolle gespielt haben müssen. Ansatzpunkte sind dabei einerseits die Handschriftenklassen, andererseits die von Pseudoisidor verwendeten Quellen. Im Umfang und der Art der Quellennutzung ist auch die eigentliche Leistung des Gesamtwerkes zu sehen. Statt auf eigene Formulierungen zurückzugreifen, wurden einzelne Sätze, Satzteile und Worte aus anderen, echten Quellen übernommen. Die benutzten Texte wurden teilweise wörtlich wiedergegeben, teilweise gekürzt oder leicht verändert aneinandergereiht. Emil Seckel verwendete den Begriff „Mosaik", das aus etwa 10 000 Einzelteilen, also Textpartikeln, zusammengesetzt wurde[13]. Die Identifikation dieser Teile bildete nicht nur die Grundlage für den Fälschungsbeweis, da Texte verwendet wurden, die den frühen Päpsten nicht zur Verfügung gestanden haben können, sie bilden auch die Grundlage für die Identifikation der Urheber. Sind die Texte erst einmal identifiziert, so lässt sich nachforschen, wo genau sie im 9. Jh. zur Verfügung standen. Dies müsste vor allem für sehr schwach verbreitete Texte gelten, von denen Pseudoisidor ebenfalls einige verwendet.

Klaus Zechiel-Eckes gelang die genaue Identifizierung ganz konkreter Handschriftenvorlagen indes nicht durch seltene Texte, sondern durch recht weit verbreitete[14]. Es handelt sich dabei zunächst um einen Codex der ‚Historia Tripartita' des Epiphanius-Cassiodor, einer aus Sokrates, Sozomenos und Theodoret von Kyros exzerpierten und ins Lateinische übertragenen Kirchengeschichte, die sich im Mittelalter großer Verbreitung erfreute. In einem Codex dieses Werks, St. Petersburg F. v. I. 11, konnte Klaus Zechiel-Eckes Randzeichen identifizieren, die genau diejenigen Stellen markierten, die für die falschen Dekretalen verwen-

---

[11] H. Fuhrmann, Pseudoisidor und die Bibel, in: Deutsches Archiv für Erforschung des Mittelalters 55 (1999), 189; Decretales, ed. Hischius (nt. 4), 19.
[12] D. Blondel, Pseudo-Isidorus et Turrianus vapulantes: seu editio et censura nova epistolarum omnium, quas ... Isidorus cognomento Mercator supposuit, Franciscus Turrianus Iesuita ... defendere conatus est, Genf 1628; Seckel, Pseudoisidor (nt. 4), 293.
[13] Seckel, Pseudoisidor (nt. 1), 272.
[14] Klaus Zechiel-Eckes, Ein Blick (nt. 6).

det wurden. Dieser Codex wurde zwischen 814 und 821 auf Anweisung Adalhards, des Abtes von Corbie, während seines Exils auf der Insel Noirmoutier geschrieben und befand sich im 9. Jh. im Kloster Corbie[15]. Die für Corbie typische Schrift, der sogenannte ab-Typ, sowie die erwähnten Randzeichen, die auch in anderen Handschriften aus Corbie zu finden sind, legen es nahe, dass diese Handschrift in der ersten Hälfte des 9. Jahrhunderts einem Leser in Corbie vorgelegen haben könnte. Einer dieser Leser markierte nun Stellen, die in den Pseudoisidorischen Dekretalen Verwendung fanden. Das gleiche Zeichensystem vermochte Klaus Zechiel-Eckes auch in anderen Vorlagenhandschriften aufzuspüren, so bei den von Pseudoisidor benutzten Konzilsakten von Chalkedon in der Bearbeitung des Rusticus im Codex Paris, BNF, lat. 11611, einem Codex, der in der ersten Hälfte des 9. Jh. in Corbie geschrieben wurde[16]. Ebenso gelang es ihm, die entsprechenden Randzeichen beim Codex Vatikan, Biblioteca Apostolica, Palatinus latinus 1719 zu entdecken, und zwar bei einem unter Pseudo-Ambrosius oder Pseudo-Alkuin bekannten Text ‚De dignitate humanae conditionis', der bei Pseudoisidor in einen Text des Pseudo-Anaclet eingebaut wurde[17]. Aufgrund der ersten beiden Handschriften und weiterer Indizien wie einiger wenig verbreiteter, aber von Pseudoisidor benutzter Texte, deren Existenz in der Bibliothek von Corbie im 9. Jh. wahrscheinlich gemacht werden konnte, verortete Zechiel-Eckes die Fälscherwerkstatt im Kloster Corbie. Als Urheber sah er den von 843/844 – 853 als Abt des Klosters fungierenden Paschasius Radbertus, dies jedoch vor allem aus politischen Gründen. Für eine stilistische und arbeitstechnische Übereinstimmung zwischen Pseudoisidor und den Werken des Paschasius Radbertus gibt es Hinweise, aber zurzeit noch keine Belege. Während die ersten beiden Handschriften, St. Petersburg F. v. I. 11 und Codex Paris, BNF, lat. 11611, dem Closter Corbie zuzuordnen sind, was für die erste Handschrift gesichert und für die zweite wahrscheinlich ist, so ist dennoch für die dritte Handschrift, die Randzeichen an einer von Pseudoisidor verwendeten Stelle aufweist, kein Bezug zu Corbie festzustellen. Die Schrift deutet auf eine Entstehung in Westdeutschland, als Bibliotheksheimat könnte Lorsch in Frage kommen[18]. Klaus Zechiel-Eckes hat somit das Kloster Corbie als Entstehungsort der Fälschung wahrscheinlich gemacht, der von ihm vorgeschlagene konkrete politische Anlass, die Bischofsabsetzungen der Jahre 835–836, besitzt indes nicht

---

[15] URL: <http://www.mgh.de/datenbanken/leges/pseudoisidor/corbie/> (Stand: 05.02.2020); Zechiel-Eckes, Ein Blick (nt. 6), 39–40; D. Ganz, Corbie in the Carolingian Renaissance (Beihefte der Francia 11), Sigmaringen 1990, 50, 53, 73, 143; B. Bischoff, Katalog der festländischen Handschriften des neunten Jahrhunderts (mit Ausnahme der wisigotischen) Teil 2: Laon-Paderborn, Wiesbaden 2004, 78 (VIII./IX. Jh.); E. A. Lowe (ed.), Codices Latini Antiquiores. A palaeographical guide to Latin manuscripts prior to the 9th century, part 11: Hungary, Luxembourg, Poland, Russia, Spain, Sweden, USA and Yugoslavia, Oxford 1966, part XI, No. 1606 (VIII. Jh.).

[16] Zechiel-Eckes, Ein Blick (nt. 6), 49–54.

[17] Zechiel-Eckes, Auf Pseudoisidors Spur (nt. 6), hier 6–9; Decretales, ed. Hinschius (nt. 4), Pseudo-Anaclet, Kap. 3, 72, ll.14–34.

[18] Ubl/Ziemann (eds.), Fälschung als Mittel (nt. 6), 6.

die gleiche argumentative Kraft wie die Analyse der betreffenden Codices. Damit ist auch die Beweiskraft für Paschasius Radbertus als möglichen Kandidaten auf einer anderen Ebene anzusetzen als die für die Benutzung der genannten Handschriften.

## VI. Die Quellen Pseudoisidors und die verwendeten Arbeitstechniken

Hinsichtlich der Verarbeitung des exzerpierten Textmaterials ist eine große Heterogenität festzustellen. Das Pseudoisidorische Fälschungskorpus enthält einige echte Texte, beziehungsweise ältere Pseudographen, darüber hinaus auch Texte, die auf nur wenigen Vorlagen beruhen und schließlich auch solche, die sehr komplex aus einer Vielzahl an Einzelpassagen zusammengestellt sind. Ein Beispiel für letztere Methode ist der von Klaus Zechiel-Eckes neu edierte Pseudo-Julius Brief mit über 30 unterschiedlichen Vorlagen aus denen jeweils mehrere Textpassagen entnommen wurden[19]. Innerhalb einzelner Textstücke konnten längere aus den Vorlagen entnommene Passagen[20] sich mit kürzeren Textschnipseln abwechseln[21]. Bisweilen wurden in den Vorlagenhandschriften einige Textpassagen markiert, aber nicht verwendet. Zechiel-Eckes sah hier die Möglichkeit von Zettelkästen, die als Materialsammlung angelegt worden sein könnten[22]. Andere in den Vorlagenhandschriften markierte Passagen wurden nicht wortwörtlich übernommen, sondern eher dem Sinn nach[23]. Häufig wurden Textelemente, die den Grundintentionen des Fälschungswerkes entsprachen, gekennzeichnet und dann bei der Übernahme leicht verzerrt in ihrer Aussage noch verstärkt[24].

Die hierbei verwendete Methode deutet auf einen gezielten Umgang mit den verfügbaren schriftlichen Vorlagen, von denen offenbar Auszüge erstellt wurden, die dann bei der Produktion der falschen Texte zur Anwendung kamen. Jedoch lässt sich nicht der gesamte Textproduktionsprozess auf diese Weise erklären. Andere Techniken müssen hinzutreten.

Der Erfolg der Fälschung beruht unter anderem auf der geschickten Komposition in Form eines aus tausenden von Einzelheiten zusammengesetzten Mosaiks. Diese Technik kreierte Glaubwürdigkeit. Im Folgenden soll es um eben diese Glaubwürdigkeitsstrategien gehen, die für den Erfolg der pseudoisidorischen Fälschungen eine maßgebliche Rolle spielen. Es steht außer Zweifel, dass bestimmte Textpassagen aufgrund thematischer Gesichtspunkte ausgewählt, abge-

---

[19] Zechiel-Eckes, Ein Blick (nt. 6), 89–90.
[20] Zechiel-Eckes, Ein Blick (nt. 6), 45.
[21] Zechiel-Eckes, Ein Blick (nt. 6), 46.
[22] Zechiel-Eckes, Ein Blick (nt. 6), 44, nt. 20.
[23] Zechiel-Eckes, Ein Blick (nt. 6), 44, nt. 21, und 48, nt. 36 und 37.
[24] Zechiel-Eckes, Ein Blick (nt. 6), 51–53.

schrieben und dann verarbeitet wurden. Dies gilt sicherlich für die ‚Historia Tripartita', bei der die entsprechenden Randzeichen entdeckt wurden. Sie wurde daher bisweilen auch in Form von längeren Passagen übernommen. Natürlich ist es durchaus denkbar und möglich, dass weitere Handschriften mit Randzeichen entdeckt werden. Jedoch ist gleichzeitig von anderen Techniken auszugehen, die eher im Bereich der Mnemotechnik angesiedelt sind. Eingängige Textelemente aus den Vorlagen scheinen mitunter unabhängig vom Kontext Eingang in andere Zusammenhänge gefunden haben. Dies betrifft sicher die natürlich zahlreichen Bibelstellen, die wohl nicht einzeln nachgeschlagen wurden, sondern im Gedächtnis waren. Darüber hinaus könnten auch andere Texte, bzw. eher Textbausteine, dafür in Frage kommen, deren Formulierung zu vielen Zusammenhängen passt.

Ein Beispiel hierfür lässt sich im Brief des Pseudo-Julius (JK † 196) finden. Dort sind drei Satzteile zu finden, zunächst „*occurreret veritas, si falsitas displeceret*"[25] („weil die Wahrheit entgegentreten würde, wenn die Falschheit Missfallen fände"), bald darauf „*nec suspicione caret*" („nicht frei vom Verdachte")[26], und schließlich gegen Ende des Briefes der Satz „*Merito namque causa nos respivit, si silentio faveamus errori*"[27] („Mit Recht trifft die Sache uns, wenn wir durch Schweigen den Irrthum nähren würden")[28]. Alle drei Bausteine sind dem 1. Kapitel des 21. Briefs Papst Coelestins I. (422–432), JK 381, aus dem Jahr 431 entnommen. Alle drei Satzteile bilden in der Vorlage zwei zusammenhängende Sätze: „*In talibus causis non caret suspicione taciturnitas, quia occurreret veritas, si falsitas displiceret. Merito namque causa nos respicit, si silentio foveamus errorem*"[29] („In solchen Dingen ist das Schweigen nicht frei vom Verdachte, weil die Wahrheit entgegentreten würde, wenn die Falschheit Mißfallen fände. Mit Recht trifft die Sache uns, wenn wir durch Schweigen den Irrthum nähren würden")[30]. Diese zwei Sätze sind nun auseinandergenommen und in den Pseudo-Julius Brief eingebaut worden, die ersten beiden Bausteine getrennt von einem Satzauszug aus einem Brief des Papstes Bonifatius I.[31], der letzte an einer späteren Stelle. Der eingeschobene Satz aus dem Brief des Papstes Bonifatius I. stammt aus einem Schreiben an die gallischen Bischöfe aus dem Jahr 419. Der Satz bezieht sich auf den wegen verschiedener Verbrechen angeklagten Bischof Maximus von Valence und ist vielfach verwendbar, denn er besagt „*…et nullus dubitat quod ita judicium nocens*

---

[25] Zechiel-Eckes, Ein Blick (nt. 6), 73, l. 40.
[26] Zechiel-Eckes, Ein Blick (nt. 6), 73, ll. 41–42, die Übersetzungen beziehen sich auf die Textvorlage, den 21. Brief des Papstes Cölestinus (422–432) an die Bischöfe Galliens. Sie sind entnommen aus: Die Briefe der Päpste und die an sie gerichteten Schreiben. vol. 2: Melchiades bis Anastasius I. (vom Jahre 402–440). ed. S. Wenzlowski (Bibliothek der Kirchenväter, 1. Serie, Band 35), Kempten 1877, 479, online auf URL: <https://www.unifr.ch/bkv/kapitel5024-2.htm> (Stand: 05.02.2020).
[27] Zechiel-Eckes, Ein Blick (nt. 6), 88, l. 348–349.
[28] Die Übersetzung aus Briefe der Päpste, ed. Wenzlowski (nt. 26), 479.
[29] Migne PL 50, col. 529A.
[30] Briefe der Päpste, ed. Wenzlowski (nt. 26), 479.
[31] JK 349, Migne PL 67, col. 266C; Zechiel-Eckes, Ein Blick (nt. 6), 73.

*subterfugit, quemadmodum ut absolvatur, qui est innocens, querit"* („Niemand also zweifelt, daß er das Gericht geflohen, weil er schuldig ist, sowie es der Unschuldige aufsucht, damit er freigesprochen werde")[32].

Die kurzen Satzelemente aus dem Brief Coelestins I., die diesen Satz einrahmen, stammen aus einem Brief, in dem es um Prosper und Hilarius geht, die von einigen Priestern Galliens als Anhänger des Pelagius angeklagt wurden[33]. Beide Themen, die Anklage gegen Prosper und Hilarius sowie gegen Maximus von Valence, sind für Pseudoisidor irrelevant. Im falschen Julius-Brief, in dem diese Passagen eingebaut werden, steht ein ganz anderer Sachverhalt im Vordergrund. Pseudoisidor versucht in diesem Brief, eine historische Situation zu kreieren, die zur Amtszeit Papst Julius I., der von 337–352 regierte, passte[34]. Der fiktive Brief ist adressiert an die orientalischen Bischöfe und richtet sich gegen die Arianer, indem er die römische Glaubenslehre im Orient zur Geltung bringen möchte. Die genannten Sätze wurden also aus dem Ursprungszusammenhang entnommen und in einen neuen Kontext eingebettet, der für die Zeit zwischen 337–352 Sinn machte. Beide Briefe, der Coelestins I. und der Bonifatius I., waren in den gängigen Kirchenrechtssammlungen, wie beispielsweise der des Dionysius Exiguus und der Hispana, verfügbar[35]. Die Satzausschnitte aus dem Brief Papst Coelestins tauchen auch an anderer Stelle auf, so in einem falschen Brief des Papstes Damasus. Dort in der Form „...*quoniam occurreret veritas, si falsitas displiceret, et merito nos qui summa eccleasiae tenere debemus gubernacula causa respicit, si silentio faveamus errori."* („...weil die Wahrheit entgegentreten würde, wenn die Falschheit Missfallen fände. Mit Recht trifft die Sache uns, die wir die höchste Leitung der Kirche tragen müssen, wenn wir durch Schweigen den Irrtum nähren würden")[36]. Hierbei wurde nur „*qui summa ecclesiae tenere debemus gubernacula*" („die wir die höchste Leitung der Kirche tragen müssen") eingeschoben. Ansonsten wurde der Wortlaut des ursprünglichen Textes beibehalten. Genau der gleiche Wortlaut mit dem Einschub findet auch beim falschen Brief Papst Johannes III. an die Bischöfe Germaniens und Galliens Verwen-

---

[32] Migne PL 67, col. 266C; Briefe der Päpste, ed. Wenzlowski (nt. 26), 322, online auf URL: <https://www.unifr.ch/bkv/kapitel4988.htm> (Stand: 05.02.2020).

[33] J. Chéné, Le semipélagianisme du midi de la Gaule d'après les lettres de Prosper d'Aquitaine et d'Hilaire à saint Augustin, in: Recherches de science religieuse 43 (1955), 321–341; C. M. Kasper, Der Beitrag der Mönche zur Entwicklung des Gnadenstreites in Südgallien, dargestellt an der Korrespondenz des Augustinus, Prosper und Hilarius, in: A. Zumkeller (ed.), Signum pietatis: Festgabe für Cornelius Petrus Mayer OSA zum 60. Geburtstag, Würzburg 1989, 153–183.

[34] Zum Leben und zu den Werken Papst Julius I. cf. The Correspondence of Pope Julius I. Greek and Latin text and English translation with introduction and commentary by Glen Louis Thompson, Washington 2015, xxvii–lxvi.

[35] F. Maassen und der Geschichte der Quellen und der Literatur des canonischen Rechts im Abendlande bis zum Ausgange des Mittelalters. vol. 1, Graz 1870, 251 (zum Brief des Papstes Bonifatius I. ‚Valentinae') und 255 (zum Brief Papst Coelestins I. ‚Apostolici verba').

[36] Decretales, ed. Hinschius (nt. 4), 515; URL <http://www.pseudoisidor.mgh.de/html/146.htm> (Stand: 05.02.2020).

dung³⁷. Es ist unwahrscheinlich, dass die Sätze in einem Zettelkatalog gespeichert wurden. Dagegen spricht vor allem, dass die Sätze im falschen Juliusbrief, dem ersten der genannten Beispiele, auseinandergerissen wurden. Es könnte sich stattdessen vielmehr um memorierte Textpassagen handeln, die man aus dem Gedächtnis immer wieder einstreuen kann, wenn es der Zusammenhang hergibt.

Ein weiteres Beispiel für die Mosaiktechnik ist ein Brief Leos des Großen, JK 405, an die Bischöfe Italiens. Auch dieser Brief war in der Kirchenrechtssammlung der Dionysio-Hadriana und in der Hispana enthalten und daher leicht zugänglich³⁸. In dem Brief geht es um die Manichäer. Er ruft seine Mitbischöfe zur Wachsamkeit auf. Sehr viele Anhänger und Lehrer der manichäischen Gottlosigkeit hätten seine Nachforschungen in Rom entdeckt, durch seine Wachsamkeit seien sie bekannt gemacht und durch seine Autorität und Strafsentenz unterdrückt worden. Nun aber seien Viele aus Rom geflohen und die Adressaten des Schreibens sollten wachsam sein.

> *„Aliter enim nobis comissos regere non possumus, nisi hos, qui sunt perditores et perditi, zelo fidei Dominicae persequamur; et a sanis mentibus, ne pestis haec latius divulgetur, severitate qua possumus abscindamus. Unde hortor dilectionem vestram, obtestor et moneo, ut qua debetis et potestis sollicitudine vigiletis ad investigandos eos; necubi occultandi se reperiant facultatem."* („Denn wir können die uns Anvertrauten nicht anders leiten, als wenn wir diejenigen, welche Verführer und Verführte sind, im Eifer für den Glauben des Herrn verfolgen und von den gesunden Geistern mit aller nur möglichen Strenge entfernen, damit diese Pest nicht weiter um sich greife. Deshalb ermahne, beschwöre und erinnere ich eure Liebe, dass ihr mit aller Sorgfalt, die euch geziemt und möglich ist, auf die Entdeckung derselben eure Wachsamkeit richtet und sie nirgends eine Möglichkeit finden, sich zu verbergen.")³⁹

Der Nebensatz *ne pestis haec latius divulgetur* (damit diese Pest nicht weiter um sich greife) findet nun Eingang in einige pseudoisidorische Dekretalen, so zum Beispiel in den zweiten Sother-Brief. Hier geht es um „*Ut sacratę feminę vel monachę non contingant sacra vasa vel sacratas pallas neque deferant incensum circa altaria*", also dass Nonnen und Mönche nicht das sakrale Gerät oder das Altartuch berühren sollten oder Weihrauch um den Altar herum tragen sollten⁴⁰. Der Satzteil über die Pest findet auch Eingang in den ersten Fabian-Brief Pseudoisidors. Dort

---

[37] Decretales, ed. Hinschius (nt. 4), 718; URL: <http://www.pseudoisidor.mgh.de/html/298.htm> (Stand: 05.02.2020): „*quoniam occurreret veritas, si falsitas displiceret. Et merito nos, qui summa ecclesiae tenere debemus gubernacula, causa respicit, si silentio faveamus errori.*"

[38] Maassen, Geschichte der Quellen (nt. 35), 257 (der Brief Papst Leos des Großen ‚In consortium').

[39] Leo der Große, Brief VII, PL 54, 621 D-622 A; die Übersetzung ist entnommen aus: Die Briefe der Päpste und die an sie gerichteten Schreiben. Von Linus bis Pelagius II. (vom Jahre 67–590). ed. S. Wenzlowski (Bibliothek der Kirchenväter, 1. Serie, Band 51), Kempten 1878, 54, online auf URL: <https://www.unifr.ch/bkv/kapitel5369-1.htm> (Stand: 05.02.2020).

[40] Decretales, ed. Hinschius (nt. 4), 124; URL: <http://www.pseudoisidor.mgh.de/austausch/029.pdf> (Stand: 05.02.2020), 375: „*Quapropter huius sanctae sedis auctoritate haec omnia vobis resecare funditus, quanto citius poteritis, censemus et, ne pestis haec latius divulgetur, per omnes provincias abstergi citissime mandamus. Ait enim apostolus: Despondii vos uni viro virginem castam exhibere Christo.*"

geht es um Gesetzesbrecher, die von einer Klage abgewiesen werden sollen[41]. Im pseudoisidorischen Lucius-Brief, der ebenfalls besagte Formulierung enthält, geht es wie in der Vorlage um Feinde und Häretiker der heiligen Kirche[42], ebenso im dritten Brief des Papstes Felix I.[43] Der erste Marcus-Brief bringt die Passage im Zusammenhang mit kirchlichen Amtsträgern, die nicht die Wahrheit predigen[44]. Der erste Anastasius-Brief übernimmt den gleichen Zusammenhang wie die Vorlage und übernimmt den Leo-Brief mit einer langen Passage[45], der Silverius-Brief übernimmt hingegen komplett die Formulierungen des ersten falschen Fabian-Briefs[46].

Interessant ist hierbei, wie mit dem entsprechenden Textabschnitt umgegangen wird. Der Kontext der Vorlage, also das Problem der Manichäer aus dem Brief Leos des Große ist für Pseudoisidor unerheblich. Dennoch nimmt er die Formulierung heraus und versetzt sie in einen anderen Kontext, wo sie ebenfalls

---

[41] Decretales, ed. Hinschius (nt. 4), 160; URL: <http://www.pseudoisidor.mgh.de/austausch/041.pdf> (Stand: 05.02.2020), 269: „*Idcirco, ut iam praelibatum est, mali sunt semper cavendi et bonis atque benivolis est inhaerendum ut periculum desidiae, quantum possumus, declinemus. Et ne pestis latius haec divulgetur, severitate, qua possumus, abscidamus quoniam non temeritas intervenit praesumptionis, ubi est diligentia pietatis.*"

[42] Decretales, ed. Hinschius (nt. 4), 180; URL: <http://www.pseudoisidor.mgh.de/html/046.htm> (Stand: 05.02.2020): „*Ideo fratres, hortor dilectionem vestram, obtestor et moneo, ut, qua debetis et potestis, sollicitudine vigiletis ad investigandos hereticos et inimicos sanctae dei ecclesiae, et a sanis mentibus, ne pestis haec latius divulgetur, severitate, qua potestis, pro viribus exstirpetis, quoniam, ut habbebit a deo dignae remunerationis praemium, qui diligentius, quod ad salutem commissae sibi plebis proficiat, fuerit exsecutus, ita ante tribunal domini de reatu neglegentiae se non poterit excusare, quicumque plebem suam contra sacrilegae persuasionis auctores noluerit custodire.*"

[43] Decretales, ed. Hinschius (nt. 4), 206; URL: <http://www.pseudoisidor.mgh.de/html/055.htm> (Stand: 05.02.2020): „*Ideo, fratres, hortor dilectionem vestram, obtestor et moneo, ut, qua debetis et potestis sollicitudine, vigiletis ad investigandos hereticos et inimicos sanctae dei ecclesiae et a sanis mentibus, ne pestis haec latius divulgetur, severitate, qua potestis pro viribus exstirpetis, quoniam, ut habebit a deo dignae remunerationis praemium, qui diligentius, quod ad salutem commissae sibi plebis proficiat, fuerit exsecutus, ita ante tribunal domini de reatu neglegentiae se non poterit excusare, quicumque plebem suam contra sacrilegae persuasionis auctores noluerit custodire.*"

[44] Decretales, ed. Hinschius (nt. 4), 454; URL: <http://www.pseudoisidor.mgh.de/html/128.htm> (Stand: 05.02.2020): „*Ideo, fratres, hortor dilectionem vestram, obtestor et moneo, ut, qua debetis et potestis sollicitudine, vigiletis ad investigandos hereticos et inimicos sanctae dei ecclesiae, et a sanis mentibus, ne pestis haec latius divulgetur, severitate, qua potestis, pro viribus exstirpetis, quoniam, ut habebit a deo dignae remunerationis praemium, qui diligentius, quod ad salutem commissae sibi plebis proficiat, fuerit exsecutus, ita ante tribunal domini de reatu neglegentiae se non poterit excusare, quicumque plebem suam contra sacrilegae persuasionis auctores noluerit custodire.*"

[45] Decretales, ed. Hinschius (nt. 4), 526; URL: <http://www.pseudoisidor.mgh.de/html/155.htm> (Stand: 05.02.2020): „*Aliter enim nobis commissos regere non possumus, nisi hos, qui sunt perditores et perditi, zelo fidei dominicae persequamur et a sanis mentibus, ne pestis haec latius divulgetur, severitate, qua possumus, abscidamus. Unde hortor dilectionem vestram, obtestor et moneo, ut, qua debetis et potestis sollicitudine, vigiletis et ad investigandos eos, nec ubi occultandi se repperiant facultatem.*"

[46] Hinschius, Decretales (nt. 4), 709; URL: <http://www.pseudoisidor.mgh.de/html/295.htm> (Stand: 05.02.2020): „*Pervertunt mores bonos colloquia mala. Idcirco, ut iam praelibatum est, mali sunt semper cavendi, et bonis atque benivolis est inhaerendum, ut periculum desidiae, quantum possumus, declinemus, et ne pestis haec latius divulgetur, severitate, qua possumus, abscidamus, quoniam non temeritas intervenit praesumptionis, ubi est diligentia pietatis.*"

zu gebrauchen ist, da sie einfach für viele Zusammenhänge passt. Andere Teile des Fälschungskomplexes übernehmen mitunter den Originalzusammenhang, vielleicht als Füllmaterial, oder sie übernehmen die Formulierung aus einem anderen gefälschten Brief, wo sie zusammen mit einem neuen Kontext einfach abgeschrieben wird. Interessanterweise ist Hinkmar von Reims derjenige, der ebenfalls den Leo-Brief zitiert, nämlich in seiner Schrift ‚De divortio Lotharii regis et Theutbergae reginae'[47].

## V. Die virtuelle Bibliothek

Was mit den Beispielen gezeigt werden soll, ist die Vermutung, dass nicht nur mit einer textbasierten Kompositionstechnik zu rechnen ist, sondern dass zusätzlich memorierte Elemente ins Spiel kommen könnten, Textbausteine, die vielleicht auswendig gelernt wurden oder die durch häufige Lektüre im Gedächtnis behalten wurden. In einigen Fällen werden diese Bausteine inhaltskonform benutzt, das heißt ihre Verwendung entspricht dem inhaltlichen Kontext der Vorlage, in anderen Fällen werden sie in andere Kontexte transportiert, die dann selbst einen neuen Zusammenhang kreieren können. Versuchshalber könnte man für dieses Phänomen den Begriff der virtuellen Bibliothek verwenden. Darunter soll ein Fundus an Sätzen oder Satzelementen verstanden werden, die Teil des kulturellen Gedächtnisses sind und vielen Menschen geläufig. Die Geläufigkeit kann vorhanden sein, ohne dass die Quelle immer bekannt sein muss. Der Satz „Die Axt im Haus erspart den Zimmermann" wurde sicher auch schon von Menschen verwendet, die Schillers ‚Wilhelm Tell' weder gelesen noch im Theater gesehen haben[48]. Ähnlich verhält es sich beispielsweise mit des „Pudels Kern"[49]. Diese Textbausteine könnten einer solchen, angelernten und memorierten virtuellen Bibliothek zuzuordnen sein. Für das Frühmittelalter sind im Intellektuellenkreis westfränkischer Klöster noch viel mehr solcher Bestandteile einer virtuellen Bibliothek zu vermuten, eventuell wurde eine solche auch ganz gezielt erlernt. Das Phänomen ist wohl bekannt, wenn es um Zitate der antiken Klassiker in mittelalterlichen Werken geht, die oftmals als Schultexte erlernt wurden. An bestimmten Orten hat man sich eventuell auch Kirchenrechtssammlungen durch teilweises Auswendiglernen angeeignet. Die moderne Gedächtnisforschung hat auf die Bedeutung assoziativer Elemente bei der Erinnerung hin-

---

[47] Hinkmar von Reims, De divortio Lotharii regis et Theutbergae reginae, ed. L. Böhringer (Monumenta Germaniae Historica, Concilia IV, Supplementum 1), Hannover 1992, 214, l. 27 und nt. 2.
[48] Schillers Werke Nationalausgabe, im Auftrag des Goethe- und Schiller-Archivs, des Schiller-Nationalmuseums und der Deutschen Akademie, edd. N. Oellers/S. Seidel, vol. 10: Die Braut von Messina. Wilhelm Tell. Die Huldigung der Künste, ed. S. Seidel, Weimar 1980.
[49] Johann Wolfgang Goethe, Faust, historisch-kritische Ausgabe, edd. A. Bohnenkamp/S. Henke/F. Jannidis; unter Mitarbeit von G. Brünning, K. Henzel, C. Leijser, G. Middell, D. Pravida, T. Vitt und M. Wissenbach, Göttingen 2018, l.1323.

gewiesen, auf das erleichterte Erlernen von sich wiederholenden Sequenzen und auf die Wirkung von Kontexten und Situationen[50]. Hinsichtlich der Textproduktion Pseudoisidors bedeutet das, dass man nicht nur mit aus dem Gedächtnis abgerufenen Elementen zu rechnen hat sondern diese sich, sofern sie mehrfach Verwendung finden, an bestimmte Kontexte binden können, bei denen sie dann abgerufen werden. Hier spielen diese vielleicht memorierten Elemente mit Florilegiensammlungen oder Exzerptsammlungen zusammen.

Diese Beobachtungen haben jedoch Konsequenzen für die Arbeit mit dem Text und das Auffinden von Quellen. Die Suche nach den Vorlagen müsste die unterschiedlichen Textlängen und den jeweiligen Inhalt noch stärker in den Blick nehmen, um sich der konkreten Arbeitsweise des Fälschers oder der Fälscherwerkstatt zu nähern. Schon Klaus Zechiel-Eckes wies auf die komplexen, aus einer Vielzahl von kleinen Einzelelementen zusammengesetzten Briefe hin, die – wie er es nannte – vom Meister selbst komponiert worden waren und solchen, die mehr den Charakter von Auftragswerken trugen, bei denen große Passagen abgeschrieben und übernommen wurden. Dies weist in Richtung einer fast automatisierten Textproduktion.

Abigail Firey zeigte jüngst, dass Corbie-Handschriften von Schreibergruppen, zum Teil auch von Frauenklöstern wie Soissons hergestellt wurden[51]. Eric Knibbs ging von mehreren Bearbeitungsstufen und damit auch unterschiedlichen Gruppen aus, um die verschiedenen Handschriftenklassen erklären zu können[52]. Dies alles deutet auf eine viel komplexere Entstehungsgeschichte, als dies vielleicht bisher angenommen wurde. Dazu gehört sicherlich auch, dass man der spezifischen Mosaiktechnik unter dem Aspekt von Memorierungsmethoden noch mehr Aufmerksamkeit zuwenden und vielleicht versuchen sollte, Muster zu entdecken, die etwas über eine spezifische Arbeitsweise verraten.

## VI. Zusammenfassung

Die hier vorgetragenen Eindrücke versuchten auf Grundlage des Werkes Pseudoisidors und der jüngeren Forschung zum Thema auf einige Randphäno-

---

[50] M. J. Carruthers, The Book of Memory: A Study of Memory in Medieval Culture, Cambridge 1990, ²2008; J. Coleman, Ancient and Medieval Memories: Studies in the Reconstruction of the Past, Cambridge 1992; F. A. Yates, The Art of Memory, Chicago 1966; Michael Jacob Kahana, Foundations of Human Memory, Oxford, New York 2012; J. Sutton/C. B. Harris/A. J. Barnier, Memory and Cognition, in: S. Redstone/B. Schwarz (eds.), Memory: History, Theories, Debates, New York 2010, 209–226; J. H. Byrne (ed.), Learning and Memory: A Comprehensive Reference, 4 voll., 2008, ²2017; M. J. Sekeres/M. Moscovitch/G. Winocur, Mechanisms of Memory Consolidation and Transformation, in: N. Axmacher/ B. Rasch (eds.), Cognitive Neuroscience of Memory Consolidation (Studies in Neuroscience, Psychology and Behavioral Economics), Cham 2017, 17–44.

[51] A. Firey, Canon Law Studies at Corbie, in Ubl/Ziemann (eds.), Fälschung als Mittel (nt. 6), 19–79.

[52] E. Knibbs, Pseudo-Isidore in the A1 Recension (nt. 6).

mene des Textproduktionsprozesses hinzuweisen, die einerseits naheliegen und keineswegs neue Erkenntnisse darstellen, andererseits aber auch in der feingliedrigen Quellensuche und Vorlagenanalyse manchmal aus dem Blick geraten können. Es geht dabei schlichtweg um das Nachdenken darüber, was das Auffinden eines Zitats oder einer sinngemäßen Entlehnung aus einer Vorlage im Einzelfall bedeutet. Was für Konsequenzen hat die Entschlüsselung aller Textbausteine für das Wissen über das Gesamtwerk und seine Entstehung? Der hier vorgetragene Beitrag konzentrierte sich auf allgemeine Textbausteine, eingängige Formulierungen, die in viele Kontexte eingepasst werden können. Die Verwendung dieser Textbausteine zeigte interessante Muster, teilweise eine völlige Loslösung vom ursprünglichen Kontext, manchmal auch eine eng am Ursprungszusammenhang orientierte Wiederverwertung. Für diese Bausteine sollte der Begriff der virtuellen Bibliothek die Möglichkeit eröffnen, über bestimmte Lern- und Mnemotechniken nachzudenken, die hinter der Verwendung dieser Bausteine stehen könnten. All diese Elemente könnten dazu beitragen, dem Geheimnis Pseudoisidors weiter auf die Spur zu kommen.

# Imagined and Real Libraries in the Case of Medieval Latin Translators from Greek and Arabic

Charles Burnett (London)

In the preface to John of Seville and Limia's early-mid twelfth century-translation of Thābit ibn Qurra's 'On Talismans' the translator tells us of his troubles wandering through the wild parts of Spain and desperately looking for a text to complete his knowledge of the science of the stars[1]. He happens to meet a 'magister' who comes to his rescue and from his library ("*armarium suum*"), which contains not a meagre number of books ("*in quo libri eius non pauci continebantur*"), he produces a small book written in the Arabic language ("*non magni corporis librum Arabico sermone conscriptum*") which turns out to be exactly the kind of book that he is looking for. The writer emphasizes the size of the library ('no small number of books'; 'the volumes of his books' – "*librorum suorum volumina*"), and the necessity to thoroughly search out ("*perquirere*") and then draw forth ("*proferre*") the required book. Is this all for dramatic effect? The story may not be literally true. The library has become part of a metaphor for searching out knowledge from the most hidden places. It is as much imagined as real[2].

What I would like to do in this article is to look at references to libraries by the Latin translators from Arabic and Greek as sources for their texts on science and philosophy, and then to show how their translations, in turn, became significant items in libraries, and to question to what extent the library has become a trope or a topos – one example of 'Fundgeschichte', of which there are several other varieties, such as the finding of a book in a cave, under the statue of Hermes, or embraced by, or under the head of the body of the ancient sage[3].

Roughly contemporary with John of Seville and Limia is the translator Hugo Sanctelliensis, attested in Tarazona in Northeast Spain in the mid-twelfth century. Amongst these are references to the origin or the sources of the books that he is translating: the "255 books of the Indians" from which the "Book of

---

[1] C. Burnett, "Magister Iohannes Hispalensis et Limiensis" and Qusṭā ibn Lūqā's De differentia spiritus et animae: A Portuguese Contribution to the Arts Curriculum? in: Mediaevalia. Textos e estudos 7–8 (1995), 221–267, here 252–255.

[2] An added layer to the fiction may be that the preface was added later, since it only occurs in manuscripts of the fourteenth century or later.

[3] The story of Hermes is told in Pseudo-Apollonius, Sirr al-khaliqa wa ṣanʿat al-ṭabīʿa, ed. U. Weisser, Aleppo 1979, 523–525; Latin trans. in Ps.-Apollonius de Tyane (Balīnūs): De secretis naturæ (Sirr al-khalīqa), in: Chrysopœia 6 (1997–1999), 1–154, here 152–153.

Aristotle on nativities and revolutions of nativities" has been compiled; "the most ancient volumes of the Greeks" amongst which a very old sheet containing some rules about "reading the shoulder-blade (of a sheep)" has been discovered – large numbers of books is a kind of leitmotif in the prefaces of Hugo's translations[4]. But in the case of a particularly recondite commentary on (or rather, criticism of) astronomical tables, by an otherwise unknown Arabic scholar called Ibn al-Muthannā, Hugo refers to an actual library. He tells us how his master and patron, Michael, Bishop of Tarazona, sought out the original Arabic text in the depository of Rueda de Jalón (*"armarium rotense"*), in the "more secret depths" of the book collection (*"inter secretiora bibliotece penetralia"*)[5]. From Classical sources (e.g. Servius' commentary on Vergil) we know that *penetrale* or *penetralia* are the innermost part or parts of a house or a temple[6]. Hugo seems to be referring to a space where books are kept, rather than just the collection itself. And this has a good chance of being a real library.

For, the last of the Islamic kings of Zaragoza (the Banū Hūd dynasty) had taken refuge in Rueda de Jalón, having been driven out of Zaragoza by the fanatical Almoravids in 1110. And we know that the Banū Hūd kings had access to a large range of scientific works. Yūsuf al-Mu'taman ibn Hūd, king of Zaragoza from 1081 to 1085, had written a comprehensive book on geometry called the 'Kitāb al-Istikmāl' (literally 'the book of the completion'), which included, as sources, Euclid's 'Elements' and 'Data', Theodosius's 'On Spheres', Menelaus's 'On Spherical Figures', the 'Conics' of Apollonius, Archimedes' 'On the Sphere and Cylinder', Eutocius's commentary on that work, Thābit ibn Qurra's treatise on amicable numbers, and (most recent of all) Ibn al-Haytham's 'Optics' (written 1011–21) – some of these being substantial works. Alfonso I of Aragon took the side of the Banū Hūd against the Almoravids, from whom he wrested Zaragoza in 1119. In the previous year he had conquered Tarazona, and Michael (Miguel Cornel) became the first bishop, holding the see until his death in 1151. The visit to the library is likely to have occurred before 1140 when the last of the Banū Hūd were offered a residence in the city of Toledo[7].

The reference to *secretiora penetralia* suggests that the library was large enough for there to be several rooms. But these words additionally evoke the obscure, occult, difficult-to-obtain, nature of the book sought by Michael, as well as a

---

[4] For these titles see C. Burnett, A Hermetic Programme of Astrology and Divination in mid-Twelfth-Century Aragon: The Hidden Preface in the Liber novem iudicum, in: C. Burnett/ W. Ryan (edd.), Magic and the Classical Tradition, London–Turin 2006, 99–118.

[5] C. Haskins, Studies in the History of Mediaeval Science, Cambridge MA 1924, ²1927, 73: "*quod ... in Rotensi armario et inter secretiora bibliotece penetralia tua insatiabilis filosophandi aviditas meruit repperiri.*"

[6] E. Forcellini, Lexicon totius latinitatis, 4 voll., Padua 1771: "*Penetrale vel penetralia dicitur omnis pars interior domus, vel templi, teste Servio ad Virg. 7. Aen. 59., adeo ut opus sit penetrare, h. e. penitus intrare.*"

[7] This story is told in most detail by G. T. Beech, The Brief Eminence and Doomed Fall of Islamic Zaragoza: A Great Center of Arabic and Jewish Learning in the Iberian Peninsula in the Eleventh Century, Zaragoza 2008.

real physical location. The impenetrability of the library enhances the occult nature of the subject itself.

A similar tone pervades Hermann of Carinthia's reference to the subject that he has been studying, when, in the preface to his 'On the Essences' (completed in Béziers in 1143) he refers specifically to the Arabic learning that he and his fellow translator, Robert of Ketton, have been studying in their "*adyta*", which literally means, from its Greek origin, "unapproachable sanctuaries"[8]. Hermann writes, addressing Robert:

> "When we came out from our *adyta*, the crowd milling around us were admiring with open mouths not so much ourselves as the outer trappings and elegant decorations that long vigils and our most earnest labour had acquired for us from the depths of the treasuries (*thesauri*) of the Arabs. ... How much they would value the undergarments, if it were lawful for them to look at them."[9]

Hermann goes on to say that he dared not reveal these undergarments "because I feared to commit the crime of Numenius (*ex adverso obstante metu Numenii criminis*)". He expected his readers to know the crime of Numenius from its mention in Macrobius's 'Commentary on the Dream of Scipio'. Macrobius writes:

> "Numenius was a philosopher too curious about hidden things. A dream revealed that he had offended the gods, for he had debased the Eleusinian mysteries by divulging an interpretation of them. In his dream he saw the goddesses of Eleusis themselves standing dressed as prostitutes before an open brothel."[10]

Hermann was evidently a colleague of Hugo and was also working 'in the valley of the Ebro' (Tarazona and Rueda de Jalón were both situated on tributaries of the river Ebro). Hermann and Hugo were interested in the same kind of works. But were the "*intimi Arabum thesauri* (the intimate treasuries of the Arabs)" also libraries, if not the very library of the Banū Hūd that Hugo's patron had exploited? Again, image and reality are difficult to separate.

The two words "books" and "treasury" are brought together in the prologue of another translation by John of Seville, this time of an astrological text by Māshā'allāh, which begins:

---

[8] Cf. Mythographus Vaticanus, III. 8. 16, ed. G. H. Bode, in: Scriptores rerum mythicarum Latini tres Romae nuper reperti, Celli 1834, 209, l. 29: "*Est autem adytum interior vel subterior pars templi dicta per antiphrasin, quod a paucis, id est solis sacerdotibus adeatur.*" ('adytum is the interior or underground part of a temple, named by antiphrasis, since it is approachable by few people, i.e. only by priests' – here "*adytum*" is confused with the Latin word '*aditus*' meaning 'approach').

[9] Hermann of Carinthia, De essentiis, ed. C. Burnett, Leiden–Cologne 1982, 70–73: "*Circumflua multitudo inhianter miraretur, non tanti personas pensans quantum cultus et ornatus spectans quos ex intimis Arabum thesauris diutine nobis vigilie laborque gravissimus acquisierat ... quanti pensarent si interulas ipsas contueri liceret!*"

[10] Macrobius, Commentarii in Somnium Scipionis, I, 2, 19, ed. J. Willis, Leipzig 1970, 7–8, interpreted by P. Dronke, Fabula, Leiden–Cologne 1974, 53.

"A certain wise man found a book among the books of the secrets of the stars, belonging to those (books) which kings had put in their treasuries (*thesaurizaverunt*)…"[11]

Treasuries, by definition, contained precious items, and it was not inappropriate that these should be the repositories of the valuable texts that the translators were advertising to potential readers[12].

We have the mention of books also in contemporary (mid-twelfth-century) translations of Greek scientific and philosophical literature. In the preface to the translation of Plato's 'Phaedo', made by Henricus Aristippus, archdeacon of Catania, in the spring of 1156 at the siege of Benevento, the translator addresses an Englishman whom he calls Roboratus, as follows:

> "You have in Sicily the libraries of Syracuse and Argos; there is no lack of Latin philosophy; Theoridus of Brindisi, who is skilled in Greek literature, is ready to assist; your Aristippus is here, whom you can use as a whetstone, if not as a cutting edge. You have at your disposal the Philosopher Hero's 'Mechanics'[13], which provides such a subtle treatment of the vacuum: how great is its power and how swift is the movement of something passing through it. You have Euclid's Optics, in which he discourses so truthfully and admirably about the nature of seeing that he substantiates mere conjectures by means of demonstrative reasoning. On the principles of the sciences you have Aristotle's 'Apodictice' ('Posterior Analytics'), in which, using axioms drawn from nature and from the senses, he treats of what is above and beyond nature and the senses. You have in your hands works of philosophy by Anaxagoras, Aristotle, Themistius, Plutarch and the other philosophers of renown. You will perhaps have come across the gist of these, at least while you effectively applied yourself to the study of medicine. But I can, in any case, offer you theological, mathematical, and meteorological theorems."[14]

A rich library indeed! He does not say, specifically, that he found Plato's 'Phaedo' (and the other dialogue he translated, the 'Meno') in one of these libraries, but the implication is that his translations are just two specimens of the richness of learning found in Sicilian libraries.

For the anonymous translator of Ptolemy's Almagest from Greek, writing in the same context, the quest for the original manuscript of the text becomes another 'Fundgeschichte'. He writes:

---

[11] Discussed by N. Weill-Parot in: La Biblionomia de Richard de Fournival, Le Speculum astronomiae et le secret, in: J. Ducos/C. Lucken (eds.), Richard de Fournival et les sciences au XIIIe siècle (Micrologus' Library 88), Florence 2018, 323–338.

[12] For another reference to *thesauri* see Plato of Tivoli's introduction to his translation of al-Battānī's 'De Scientia astrorum': "*Hac causa permotus, ego, Plato Tiburtinus, nostre lingue angustias qua maxime deficiebat, ex aliene lingue thesauris pro ingenii facultate ditare constitui*" (Moved by this reason, I decided as far as I could to enrich the poverty that especially besets our language from the treasuries of a foreign language): MS Paris, BNF lat. 7266, fol. 48r.

[13] Hero's 'Pneumatics' are most likely intended.

[14] Phaedo, interprete Henrico Aristippo, edd. L. Minio-Paluello/H. J. Drossaart Lulofs, London 1950, 89–90; translation by M. Angold, in: D. Gutas (ed.), Why We Translate (Handbuch der Orientalistik) (forthcoming).

"I was studying medicine at Salerno when I heard that one of the ambassadors sent by the king of Sicily to Constantinople – Aristippus by name – had received these books thanks to the generosity of the emperor and had conveyed them to Palermo. Fired by the hope of <obtaining> something so long and ardently desired, I did not shudder at the thought of howling Scyllae, I passed through Charybdis, I negotiated Etna flowing with lava, as I sought out the man, who, I hoped, would furnish me with the object of my desires. I at last found him near the Pergusan spring, where he was examining the miracles of Etna, at no small danger to himself."[15]

We are talking here not so much about libraries, as books that are conveyed from one place to another and exchanged as diplomatic gifts. An anonymous translator of the 'Book about the Diversity of the Nature, the Person and the Properties of the Persons' (i.e. about the Trinity controversy), tells us of the "rich collection of my books (*libellorum meorum thesaurus*)" which he brought back from Constantinople in or shortly before 1179[16], just as Daniel of Morley, after studying with Gerard of Cremona, the greatest of the Arabic-Latin translators in Toledo returned to England with "a precious multitude of books (*cum pretiosa multitudine librorum*)" in ca. 1175[17].

\*\*\*

Early in the next century the powerful image of searching for books in libraries is continued by Mark of Toledo (attested as a canon of the cathedral there between 1196 and 1216). In the preface to his translation of Galen's *De tactu pulsus* ('About diagnosis by the pulse'), he writes:

"According to the Gospel precept "Seek and you shall find, knock and it will be opened to you" (Luke, XI, 9), I searched diligently in the libraries/book collections (*armaria*) of the Arabs for another book to translate, and found Galen's 'About the Pulse', 'About the Usefulness of the Pulse' and 'On Problematic Movements', all in one volume, and my mind urged me to bring these to the notice of the Latins."[18]

Again, we have the mention of searching. Although no names of owners or institutions are given, the libraries, I suspect, were real. It is possible that the library of the Banū Hūd, which we encountered in Rueda de Jalón, was brought to Toledo when the last king of the Banū Hūd was persuaded to take up resi-

---

[15] C. Haskins, Studies (nt. 5), 191. Notice the similarity of tone to that of the story told at the beginning of this article – searching for someone who has the desired book.

[16] Haskins, Studies (nt. 5), 210–211, concerning the 'Liber de diversitate nature et persone proprietatumque personalium non tam Latinorum quam ex Grecorum auctoritatibus extractus'.

[17] Daniel of Morley, Philosophia, ed. G. Maurach, in: Mittellateinisches Jahrbuch 14 (1979), 204–255, here 212.

[18] M. T. d'Alverny, Marc de Tolède, traducteur d'Ibn Tūmart, in: Al-Andalus 16 (1951), 259–307, here 302: "*Deinde post hunc, iuxta illud Evangelicum: Querite et invenietis, pulsate et aperietur vobis, in armariis Arabum studiose querens alium quem transferrem librum, inveni Galieni De pulsu ac De pulsus utilitate atque Motibus membrorum liquidis uno volumine contentos, pulsavitque animus ut hos in Latinorum deducerem notitiam.*"

dence in Toledo in 1140. It may not be by chance that it was soon after this that Gerard of Cremona (born 1114) was translating many works from Arabic into Latin in the fields of geometry, astronomy, natural philosophy and medicine; many of his sources are the same as the sources for the 'Kitāb al-Istikmāl'.

So far there is nothing like the large intellectual storehouses of the past – the Greek libraries at Alexandria and Pergamum, the Villa of the Papiri in Herculaneum; the Islamic libraries of the *Bayt al-Ḥikma* in Baghdad, the tenth-century book collection of al-Nadīm, or even the Library of Córdoba which purportedly held 400,000 books, and whose titles filled a 44-volume catalogue in the time of al-Ḥakam al-Mustanṣir (ruled 961–976). During this period, as Tessa Webber has stressed, rooms or buildings specially designated for the storage and consultation of books did not even exist in Western religious institutions[19]. And even if the translators did have access to royal collections, in Byzantium or in the Islamic world, we may be dealing with a very small number of books.

It is significant that the medical works Mark of Toledo all came from the same volume. It was very common both in Arabic and in Latin for one manuscript (*unum volumen*) to contain several, if not dozens, of texts on the same or related subjects. One example is MS Paris, Bibliothèque nationale de France, ar. 2457, written in the mid tenth century, which consists of some fifty items, almost all of them mathematical, while MS Istanbul, Ayasofya 4832 written in ca. 1050 A.D contains 65 separate texts, some called a "letter" or "treatise" (*risāla*) others "a book" (*kitāb*), starting with letters and books by Thābit ibn Qurra, the tenth-century mathematician and magician (nos. 1–14); then two works by a grandson of Thābit (Ibrāhīm ibn Sinān, nos. 15–16), all these works being on geometry and astronomy; then follow three works by al-Qabīṣī, on arithmetic and geometry (nos. 17–19); then a work on meteorology by al-Nayrīzī (no. 20); then nine geometrical texts by Sahl al-Kūhī (nos. 21–28), then 37 works by al-Kindī on meteorology, cosmology and philosophy, interrupted by single works by Ibn al-Haytham (no. 52 on the quadrature of the circle) and al-Kūhī again (on the knowledge of the visible parts of the sky and the sea). And on the Latin side, there is British Library, Burney 275 (written between 1309 and 1316), which contains in its 561 folios Priscian, Cicero, and Pseudo-Cicero (for the trivium), Boethius, Aristotle, Euclid (in the translation of Adelard of Bath), and Ptolemy, translated by Gerard of Cremona (for the quadrivium).

---

[19] Cf. T. Webber, The Libraries of Religious Houses, in: E. Kwakkel/R. Thomson (eds.), The European Book in the Twelfth Century, Cambridge 2018, 103–121, here 105: "Library rooms or buildings specially designated for both the storage and consultation of books had been a creation of the ancient world, but were not reintroduced to Western Europe until the thirteenth century…The great libraries of antiquity…. were known… This knowledge may perhaps explain the evocation of a library in apparently discrete spatial terms, even if this was not a physical reality." The memory of ancient libraries may have enhanced the mystery of the library, invoked in this article.

Such books are libraries in themselves[20]. They bear witness that one does not have to have access to a library in order to translate a substantial number of texts: the availability of two or three large collections might be sufficient, even for a prolific translator such as Gerard of Cremona: it might have been enough for him to have one Arabic manuscript on dialectic, another on arithmetic, geometry and astronomy, a third on Aristotle's natural science, and a fourth on medicine (this last would have required more than one volume, but it was, after all, Gerard's profession). The history of translations in the West may repose on the history of single compendia, or single books containing large works. E.g., the systematic translation from Greek of Aristotle's works on natural science in Toledo – starting with Gerard of Cremona, and progressing through his pupil Alfred of Shareshill, to Michael Scot in the early thirteenth century – may have reposed on a single Arabic manuscript that contained all these works, or at the most two manuscripts, since Aristotle's 'De animalibus', in its 19-book version, translated by Scot, may have occupied a whole manuscript[21]. Similarly the 'Shifā" of Avicenna – whose gradual translation we can trace through the twelfth century, first with Avendauth, then with Dominicus Gundissalinus collaborating with Avendauth, then with an anonymous Toledan scholar, and finally with Gonzalvez of Burgos and Salomon picking up the text from exactly the same place where the anonymous translator got to in his translation ('Physics', Book 1, tractate 3, line 62, half way through a sentence) – may also have reposed on a single Arabic 'master'-text kept in the cathedral of Toledo[22].

Mark of Toledo's medical translations, as we have seen, came from a single manuscript. And this is not atypical. A collection of medical works was given by a 'Magister Herebertus medicus' to the cathedral of Durham in the mid twelfth century: 26 books are named; but several of these books were included in one volume (the phrase *in uno volumine* follows the mention of groups of *libri*), so that the whole donation consisted of only five or six manuscripts[23]. This was hardly a 'library'.

\*\*\*

But what happened to these books once they were translated? First of all, there are examples of several translations of one translator being collected together into one book. On the Arabic-Latin side we have MS Paris, Bibliothèque national de France, lat. 9335, which contains 26 translations by Gerard of Cre-

---

[20] Gerhard Endress has used this word to describe later Arabic examples in his article Philosophische Ein-Band-Bibliotheken aus Isfahan, in: Oriens 36 (2001), 10–58.
[21] C. Burnett, The Arabo-Latin Aristotle, in: A. van Oppenraay/R. Fontaine (eds.), The Letter before the Spirit. The Importance of Text Editions for the Study of the Reception of Aristotle (Aristoteles Semitico-Latinus 22), Leiden 2012, 95–105.
[22] Avicenna Latinus Liber primus naturalium tractatus tertius, ed. J. Janssens, Turnhout 2017, 2\*.
[23] The list of his donations is published in Catalogi veteres librorum ecclesiae cathedralis Dunelm, London 1838, 7–8.

mona himself. One major work which was not included in this manuscript, probably because of its size, namely Gerard's translation of Euclid's 'Elements', was copied by the same scribe into another manuscript (now Vatican, Ross. Lat. 579), where it is on its own. Twenty-five astrological translations, mostly by John of Seville, were copied into Paris, Bibliothèque national de France, lat. 16204 in the late twelfth century. A single scribe copied texts by Hugo Sanctelliensis into two manuscripts, probably within Hugo's lifetime: Oxford, Bodleian, Digby 159 and Cambridge, Gonville and Caius, 456/394. And there were probably more manuscripts in this collection, since the scribe of a large manuscript written in a single fifteenth-century hand, Bodleian, Savile 15 (362 fols), copied out Hugo's texts from both Digby 159 and Gonville and Caius 456, but added two more texts translated Hugo, Jafar's 'Liber imbrium' and Māshā'allāh's 'On Nativities', and the substantial 'Liber novem iudicum', which incorporates yet more of Hugo's translations, and is likely, in fact, to have been a compilation made by Hugo himself[24].

Another example of a one-volume (or rather two-volume) library is Thierry of Chartres's 'Heptateuchon'. We know that this collection of all the texts necessary for studying the seven liberal arts was put together in ca. 1141. Thierry himself refers to the collection as 'unum corpus voluminis'[25]. It included translations from Arabic by Adelard of Bath (al-Khwārizmī's astronomical tables and Euclid's 'Elements'). Hermann of Carinthia's advertisement of the translations of Arabic astronomical and astrological works, made by Robert of Ketton and himself, in his dedication to Thierry, as his teacher, of his translation of Ptolemy's 'Planisphaerium' (1143), suggests that he would have liked Thierry to include these translations works in a second edition of the 'Heptateuchon'[26].

About Gerard of Cremona's books, we have more information. We are told several times that they were taken back to Cremona with Gerard's body after his death (1187), and they were available for reading and copying in the church of Santa Lucia in the city. In fact, according to the Cremonese chronicler, Gasapino Antegnati, writing shortly after 1314,

> "these books, for the most part, are extant today in the sacristy of this church (Santa Lucia) in the same form as master Gerard translated them in his own hand on paper, although very many are lost because certain people, having borrowed them to make copies, did not wish to return them, and no one remembered to ask for them back."[27]

The sacristy was a common place for the books meant for common use to be kept[28]. And here we see a typical hazard for a library, when it is not well guarded!

---

[24] Burnett, A Hermetic Programme, in: Burnett/Ryan (eds.), Magic (nt. 4), 100–101.
[25] E. Jeauneau, Lectio Philosophorum, Amsterdam 1973; trans. R. Copeland/I. Sluiter, Medieval Grammar and Rhetoric, Oxford 2010, 439–443.
[26] The dedicatory preface is published in Burnett (ed.), De essentiis (nt. 9), 347–349.
[27] C. Burnett/M. Leino, Myth and Astronomy in the Frescoes at Sant'Abbondio in Cremona, in: Journal of the Warburg and Courtauld Institutes 66 (2003), 273–288.
[28] Webber, The Libraries of Religious Houses, in: Kwakkel/Thomson (eds.), The European Book (nt. 19), 106–107: "The books were generally stored in one or more recesses (with grooves and

One of the people who copied Gerard's translations from this library could have been "Girrardus Bereterius de Cremona" whose name reappears in MS Milan, Ambrosiana, C 292 Inf., a manuscript of Avicenna's 'Canon of Medicine' written at the end of the twelfth century:

*"Ego Girrardus Bereterius De Cremona feci primum librum et secundum. Et postea complevi de quarto libro."*[29]

Another visitor to St Lucia might have copied the works into Paris, BnF lat. 9335 and Vatican, Biblioteca apostolica, Ross. Lat. 579, since the hand is clearly of Northern Italy provenance.

Eventually translations were collected on a large scale by scholars whom we could call bibliophiles. The two most prominent of the thirteenth century collectors were Gonzalo Perez (known as 'Gudiel') in Spain, and Richard de Fournival in France. So, it is appropriate to conclude this paper with these two scholars.

Gudiel, progressively bishop of Cuenca (from 1272) and Burgos (from 1275) and Archbishop of Toledo (from 1280 until his death in 1299) compiled two surviving inventories of his goods (including his books). The one written up in 1273 (when he moved from Cuenca to Burgos) includes a substantial number of scientific texts, especially those translated from Arabic: 1) "Una Avicenna" (probably the 'Canon of Medicine'), 2) "Los libros de Aristotiles 'De naturis' en un volumen", 3) "cuatro quadernos de Ali Abenrage<l>, traladado de Nuevo", an astrological work, recently translated into Castilian, 4) Alfragano, Teodosio, Anaricio, Mileo – translations of Gerard of Cremona, which could be Madrid, BN, MSS 10010 and 10009 (or 10053), 5) "Todos los comentos de Avenrost, fueras poco, e es el primer original, scripto de la mano del transladador" (either Michael Scot, or, more likely Hermann the German), 6) "Siete quadernos de libro 'De animalibus', scriptos de la mano del trasladador" (again, either Michael Scot, or Pedro Gallego (d. 1267) who made a summary of the books, and 7) Ptolemy's 'Almagest', "Tablas d'astronomia d'Avencayt"[30].

The inventory of 1280 was written when Gudiel was about to take up the position of archbishop of Toledo. It Included copies of the new translations from Greek of William of Moerbeke, acquired in Viterbo, and written, probably specially for Gudiel in the hand of Petrus de Bafuinhe. These include translations of Aristotle, Alexander of Aphrodisias, Themistius, Simplicius and Proclus, which provide a unique testimony to the original text of William's translations. Included in the inventory is also "Item libri Tholomei 'De judiciis'" (probably William of Moerbeke's translation of the 'Tetrabiblos' from Greek), a very rare

---

rebates to accommodate shelves and doors) set into either the west-facing wall of the transept or adjacent sacristy/vestry".

[29] D. Jacquart, Les Traductions de Gérard de Crémone, in: J. Hamesse (ed.), Les traducteurs au travail. Leurs manuscrits et leurs méthodes, Turnhout 2001, 207–220, here 213.

[30] P. Linehan, The Mozarabic Cardinal: The Life and Times of Gonzalo Perez Gudiel, Florence 2004, 480–482.

text, and 'Ethica' which is presumed to be Hermann the German's translation of Averroes' 'Middle Commentary on the Nicomachean Ethics'.

Richard de Fournival was chancellor of the Cathedral of Amiens (d. 1259/60). The contents of his library are known through his detailed and well-organised catalogue which he calls his 'Biblionomia', and through the manuscripts that have been identified, especially by Alexander Birkenmajer, and more recently by Richard Rouse[31]. De Fournival may have had the advantage of inheriting books from his father, Roger de Fournival, who was a doctor and astrologer to the French king Philip Augustus II, and had direct access, it seems, to astrological translations produced in al-Andalus (including Paris, BnF 16208 and 16204). His son, trained as a doctor, as has been shown recently by Monica Green, is likely to have deliberately collected and brought together for the first time, or recovered, medical translations from Greek on the one side, and Arabic on the other, from Italy and Spain. The recent book on 'Richard de Fournival et les sciences au XIIIe siècle', edited by Joelle Ducos and Christopher Lucken, includes, besides Monica Green's article, contributions by Marc Moyon, Laure Miolo, Antoine Calvet, Nicolas Weill-Parot and, indeed, myself, which show how Richard de Fournival acquired translations in arithmetic, geometry, astronomy, astrology and alchemy, some of which are found uniquely in his library. It has been suggested that Paris, BnF, lat. 9335, which I have mentioned before as the earliest and most comprehensive collection of the works of Gerard of Cremona, ended up in his collection, on the basis that a sister manuscript (copied in the same hand, and also including Toledan material of the mid-twelfth century, but no translations of Gerard), now Paris BNF, lat. 15461, definitely was in De Fournival's collection.[32] Be that as it may, a substantial part of this library became, through the legacy of Gérard d'Abbeville, part of the foundation collection of the Sorbonne, and hence a valuable resource for the university of Paris. (Robert de Sorbon founded the library ca. 1254; Gérard's legacy occurred in 1272). This was a real and precious library.

But it was also an imagined, symbolic library[33]. Richard, as is well known, in his 'Biblionomia' describes his library as a "garden" ("*hortulus*"), which is divided into "flowerbeds" ("*areolae tabulatae*"). Each of these is devoted to a different subject, and the reader is invited to wander along the pathways dividing the flowerbeds and take his pick. The metaphors of the anthology or collection

---

[31] The latest information on the 'Biblionomia' is included in the articles in Ducos/Lucken (eds.), Richard de Fournival (nt. 11).
[32] M. Moyon, Arithmétiques et géométries au xiii$^e$ siècle d'après la Biblionomia: des traductions arabo-latines à Jordanus de Nemore, in Ducos/Lucken (eds.), Richard de Fournival et les sciences (nt. 11), 123–153, here 138.
[33] In fact, before the identifications made by Birkenmajer and Rouse with extant books, many scholars assumed that Richard de Fournival's library was entirely a fiction.

of flowers, and the picking of the fruits of learning, of course, are pervasive not only in Latin and the European vernaculars, but also in Greek and Arabic. The popular collection of 100 astrological aphorisms attributed to Ptolemy was called the καρπός in Greek, and *al-thamara* in Arabic (both meaning 'fruit'), and two of Abū Ma'shar's works were called in Latin 'flowers' (*"Flores de electionibus"* and simply *"Flores"*, where *"flores"* translates an Arabic word meaning 'Witty Sayings' – *"nukat"*). But the closest analogy to De Fournival's garden can be found in the biography of Gerard of Cremona, as told by his students (*socii*) soon after his death in 1187 where we read:

> "like a prudent man who, walking through green meadows, weaves a crown from flowers – not from all of them, but from the more beautiful ones – he (Gerard) read through the writings of the Arabs, from which he did not cease until the end of his life to transmit to Latinity…books on many subjects (*facultates*), whatever he esteemed to be the most choice' (an anthology of books)."[34]

But Richard evokes something else that is now familiar to us, in his 'Biblionomia'. There are some books that are *not* available to the general public. He writes

> "Besides those kinds (genera – we might substitute 'flowerbeds') that we have mentioned there is another kind consisting of secret texts whose profundity make them too precious to be exposed to public eyes… Thus a certain place should be assigned to them, which will admit no one except their owner."[35]

It has long been debated as to which books he is referring to—a likely candidate are the manuscripts on astrology that we know he owned, but are not in the 'Biblionomia'. But for our purposes it suffices to draw attention to the intrigue, the mystery that such words evoke, which is parallel to the mood evoked by Hugo Sanctelliensis when he describes how his own patron penetrated into the 'more secret depths' of the book collection of the last kings of the Banū Hūd. In both cases we are dealing with real libraries, but libraries which, like temples, have sacred interiors where the most secret and valuable knowledge is preserved.

---

[34] C. Burnett, The Coherence of the Arabic-Latin Translation Program in Toledo in the Twelfth Century, in: Science in Context 14 (2001), 249–288, here 276.

[35] L. Delisle, Cabinet de manuscrits de la Bibliothèque imperiale, 3 voll., Paris 1868, vol. II, 524b: *"Ceterum, preter illa quorum fecimus mentionem, est et aliud genus tractatuum secretorum, quorum profunditas publicis oculis dedignatur exponi… sed eis deputandus est certus locus, neminem preter dominum proprium admissurus."*

# Die virtuelle Bibliothek des Cosmas von Prag.
## Ein Beitrag zu den Anfängen der Bibliothek des Prager Domkapitels

Marie Bláhová (Prag)

## I. Die Anfänge der Bibliotheken in den böhmischen Ländern

Die Geburt der Bibliotheken in den böhmischen Ländern[1] und deren Entwicklung in der Entstehungszeit des böhmischen Staates und der ersten etwa drei Jahrhunderte seiner Existenz kann nur sehr bruchstückhaft rekonstruiert werden. Es fehlen die Hauptquellen, vor allem die Bücher selbst, die zu jener Zeit in Böhmen nachweislich zur Verfügung standen und die einer konkreten Bibliothek zugeordnet werden können. Bis jetzt gelang es nur, vereinzelte Manuskripte und einige als Makulatur im Einband jüngerer Bücher erhaltene Fragmente zu erfassen[2]. Verzeichnisse von Büchern böhmischer Eigentümer stammen durchweg aus späterer Zeit[3], das Alter der genannten Bücher kann nicht bestimmt werden, außerdem können nur in wenigen Fällen die genannten Bücher mit bekannten Handschriften identifiziert werden[4]. Konkretere Angaben über den Inhalt der ältesten böhmischen Bibliotheken bieten zum Teil Schriften von in Böhmen tätigen Verfassern, genauer gesagt die Quellen oder Vorlagen,

---

[1] Zu den Anfängen der Bücher und Bibliotheken in den böhmischen Ländern cf. I. Hlaváček, Die Formung der westslawischen Schrift-, Buch- und Bibliothekskultur unter dem Einfluß der lateinischen Kirche, in: Gli Slavi occidentali e meridionali nell'alto medioevo 30, 1983, 701–737; id., Rukopisy, jejich funkce a čtenáři v českém státě od nejstarších dob do husitství. (Stručný nástin problematiky), in: I. Hlaváček (ed.), Knihy a knihovny v českém středověku, Praha 2005, 19–35; I. Hlaváček/J. Krása, Naše knihy a knihovny ve středověku, in: M. Bohatcová e. a. (edd.), Česká kniha v proměnách staletí, Praha 1990, 46–69. – Diese Studie erschien im Rahmen des Universitätsprogramms PROGRES Q 09: Geschichte – der Schlüssel zum Verständnis der globalisierten Welt.

[2] Einen Katalog von Manuskriptfragmenten aus Bibliotheken und Archiven in Böhmen und Mähren (insgesamt 216 Schriftstücke aus der Zeit von der Wende des 8. und 9. Jahrhunderts bis zur Wende des 12. und 13. Jahrhunderts) erstellte D. Havel, Počátky latinské písemné kultury v českých zemích. Nejstarší latinské rukopisy a zlomky v Čechách a na Moravě, Brno 2018. Leider kann ihre Provenienz meistens nicht festgestellt werden.

[3] Mittelalterliche Bücherlisten erfasst I. Hlaváček, Středověké soupisy knih a knihoven v českých zemích: příspěvek ke kulturním dějinám českým, Praha 1966. Die ältesten echten Verzeichnisse stammen aus dem letzten Viertel des 13. Jahrhunderts.

[4] Wohl die einzige Ausnahme ist der komputistische Sammelband von Vyšší Brod. Cf. Hlaváček, Středověké soupisy (nt. 3), Nr. 189, 113.

die in ihren Werken verwendet wurden oder von denen sie sich inspirieren ließen.

Die Entstehung der Bibliotheken in den böhmischen Ländern hängt mit der Entwicklung der literarischen Bildung und der Schriftkultur zusammen, die in dieser Umgebung in engem Zusammenhang mit der Annahme und Festigung des Christentums und der Formierung des tschechischen Staates standen[5]. Es bestehen keine Zweifel, dass auch in den böhmischen Ländern noch im Hochmittelalter und teilweise sogar im Spätmittelalter eigene, zumeist nur kleine Bibliotheken lediglich bei den Kircheninstitutionen, den Kapiteln, Kirchen und Klöstern, bestanden, hier und da auch bei einzelnen höher gebildeten Geistlichen[6]. Die ältesten Bibliotheken waren die bei der Kirche auf der Prager Burg, die in den siebziger Jahren des 10. Jahrhunderts zur Bischofskirche wurde[7], sowie beim Priesterkollegium, dem späteren Domkapitel, das sich 1068 durch eine Maßnahme des Propstes Markus aus dem Kollegium der an dieser Kirche tätigen Priester konstituierte[8].

## II. Die Anfänge der Bibliothek des Prager Domkapitels

Die Anfänge dieser Bibliothek[9] können mit den Anfängen der Prager Kirche in Verbindung gebracht werden, als für regelmäßige Gottesdienste gesorgt und die Kirche mit liturgischen Gegenständen und Büchern ausgestattet werden musste. Die ersten Schriften wurden von bayerischen Missionaren bereits ab dem 9. Jahrhundert nach Böhmen gebracht. Nach Einrichtung des Prager Bistums im Jahr 976, das bis in die zwanziger Jahre des 11. Jahrhunderts mit aus Sachsen stammenden oder dort ausgebildeten Bischöfen besetzt wurde, kann mit einem Zustrom von Büchern gerade aus den sächsischen Klöstern und

---

[5] Zur Bildung in dieser Zeit cf. M. Bláhová, Artes und Bildung im mittelalterlichen Böhmen. (Vor der Gründung der Prager Universität), in: I. Craemer-Ruegenberg/A. Speer (eds.), Scientia und ars im Hoch- und Spätmittelalter (Miscellanea Mediaevalia 22), Berlin–New York 1994, 777–794; ead., Školy a vzdělání v přemyslovských Čechách, in: A. Barciak (ed.), Kultura edukacyjna na Górnym Śląsku, Katowice 2002, 324–348. Zur schriftlichen Kultur in Böhmen: M. Bláhová, Písemná kultura přemyslovských Čech, in: P. Sommer/D. Třeštík/J. Žemlička (eds.), Přemyslovci. Budování českého státu, Praha 2009, 508–529; Eadem, Vliv písemné kultury na rozvoj státu v přemyslovských Čechách, in: A. Barciak (ed.), Postęp i zacofanie w kulturze Europy środkowej (Kultura Europy środkowej XVIII), Katowice-Zabrze 2015, 158–169; Havel, Počátky (nt. 2), passim.
[6] Diese Situation verfolgt Hlaváček, Rukopisy (nt. 1), passim.
[7] Die Etablierung des Prager Bistums war ein langfristiger Prozess, der mit der Weihe von Bischof Thietmar im Jahr 976 seinen Abschluss fand.
[8] Cf. Cosmae Pragensis Chronica Boemorum II,26, edd. B. Bretholz/W. Weinberger (Monumenta Germaniae Historica, Scriptores rerum Germanicarum, Nova series II), Berlin 1923, 119. Zum Entstehen des Prager Domkapitels cf. Z. Hledíková, Pražská metropolitní kapitula, její samospráva a postavení do doby husitské, in: Sborník historický 19 (1972), 7 sq.
[9] Da bislang keine Geschichte der ältesten Bibliothek in Böhmen ausgearbeitet wurde, gehe ich hier von vereinzelten Erwähnungen und Hypothesen aus.

Kirchen gerechnet werden[10]. Diese ältesten Bände, ob nun bayerischer oder sächsischer Herkunft, sind nicht erhalten geblieben. Offenbar wurden sie durch häufigen Gebrauch beschädigt, so dass sie durch neue ersetzt werden mussten. Reste der ursprünglichen Bücher verwendete man bereits im 12. und Anfang des 13. Jahrhunderts als Makulatur zum Einbinden neuer Handschriften. Aus den an der Prager Kirche verwendeten Büchern wurden bislang in den Einbänden jüngerer Bücher das Fragment eines Regensburger Psalters vom Ende des 8. oder Anfang des 9. Jahrhunderts[11] sowie Fragmente von Lektionaren bayerischer Herkunft aus dem 9. Jahrhundert entdeckt[12]. Da die Trägerbücher der aus Regensburg stammenden Brünner Fragmente vom Beginn des 9. Jahrhunderts nicht bekannt sind[13], können sie nicht lokalisiert werden, ebenso wie eine Reihe von in böhmischen und mährischen Bibliotheken und Archiven erhaltenen Fragmenten[14]. Wann die Fragmente des Corveyer Sakramentars vom Anfang des 10. Jahrhunderts, die heute in der Nationalbibliothek der Tschechischen Republik aufbewahrt werden, genauer gesagt das Manuskript, aus dem sie stammen, nach Böhmen gelangt ist, kann nicht ermittelt werden, auch wenn ihre Beziehung zur Prager Kirche nicht ausgeschlossen werden kann[15].

Die ältesten heute in der Bibliothek des Prager Domkapitels aufbewahrten Manuskripte gelangten im Gegenteil zumeist später dorthin. Das Bruchstück eines Markusevangeliars aus dem 6. Jahrhundert[16] erwarb Karl IV. im Jahr 1354 in Italien. Ein berühmtes Manuskript bayerischen Ursprungs, das sog. Prager

---

[10] Detaillierter cf. hier weiter.
[11] Es wurde für den Einband des Homiliars aus der Mitte des 12. Jahrhunderts verwendet (sog. Homiliar von Opatovice), Národní knihovna České republiky (Nationalbibliothek der Tschechischen Republik), III.F.22). Cf. D. Havel, Zu den ältesten Handschriftenfragmenten aus böhmischen und mährischen Sammlungen, in: Ch. Gastgeber/Ch. Glassner/K. Holzner-Tobisch/ R. Spreitzer (eds.), Fragmente. Der Umgang mit lückenhafter Quellenüberlieferung in der Mittelalterforschung. Akten des internationalen Symposiums des Zentrum Mittelalterforschung der Österreichischen Akademie der Wissenschaften Wien, 19.–21. März 2009, Wien 2010, 122; id., Počátky (nt. 2), 73.
[12] Strahovská knihovna (Bibliothek des Prämonstratenserklosters Strahov), 548/zl. Sie wurden verwendet für die Innenseite des Einbanddeckels des Manuskripts von Milevsko, die heute in der Bibliothek des Prämonstratenserklosters Strahov aufbewahrt wird, DF III 1, und als Vorsatz der Handschrift Schlägl, Stiftsbibliothek, Cpl. 61; cf. Havel, Počátky (nt. 2), 74–77.
[13] Moravský zemský archiv v Brně (Mährisches Landesarchiv in Brno), G 1, Nr. 12.307/5 lat.; G 2/II – zlomky, Kart. 10n, Nr.726 C/34; Chicago, Newberry Library, Frag. 4. Cf. Havel, Zu den ältesten Handschriftenfragmenten (nt. 11), 122 sq.; Idem, Počátky (nt. 2), 77–98.
[14] Einen Katalog zumindest eines Teils der bekannten Fragmente erstellte Havel, Počátky (nt. 2), 71–371.
[15] Národní knihovna České republiky, III. B. 18; V. E. 9; XXIV. A. 140. Cf. Havel, Počátky (nt. 2), 79, 224. K. Kubínová, Pražský evangeliář Cim 2. Rukopis mezi zeměmi a staletími středověké Evropy, Praha 2017, 247, nimmt an, dass sie vom ersten Prager Bischof Thietmar nach Böhmen gebracht worden sein konnten. In die Zeit der „sächsischen Welle" des Prager Bistums (unter den Bischöfen Thietmar und Thiddag) legt die Akquisition des Manuskripts auch Havel, Počátky (nt. 2), 474.
[16] Archiv Pražského hradu, Knihovna pražské kapituly (Archiv der Prager Burg, Bibliothek des Prager Domkapitels), Cim. 1. Cf. Havel, Zu den ältesten Handschriftenfragmenten (nt. 11), 120.

Sakramentar vom Ende des 8. oder Anfang des 9. Jahrhunderts kam erst 1776 in den Bestand der Kapitelbibliothek, obwohl es sich wohl bereits früher in Böhmen befand[17]. Das bekannte Evangeliar aus der zweiten Hälfte des 9. Jahrhunderts, angefertigt für das Kloster Corvey, konnte Ende des 10. oder Anfang des 11. Jahrhunderts nach Prag gelangt sein, aber auch jederzeit später vor Mitte des 14. Jahrhunderts. In der zweiten Hälfte des 10. Jahrhunderts wurde es nämlich in Corvey kopiert, Mitte des 14. Jahrhunderts führte man es im Inventar des Prager Domschatzes[18]. Ein Homiliar aus dem frühen 9. Jahrhundert, das sich spätestens im 11. Jahrhundert in Böhmen befand und in der Bibliothek des Prager Domkapitels aufbewahrt wird, stammt aus der Bibliothek des Stifts Břevnov[19]. Nicht auf das Domkapitel im 10.–12. Jahrhundert können auch einige weitere Bücher bezogen werden, die im heutigen Bestand der Kapitelbibliothek erhalten sind und aus dieser Zeit stammen, denn die meisten kamen erst im Spätmittelalter und in der frühen Neuzeit in diese Bibliothek, zumeist aus den privaten Bibliotheken der Prager Domherren. Dies trifft auch für das berühmte Manuskript von Augustins Schrift ‚De civitate Dei' aus dem 12. Jahrhundert mit Abbildungen der Buchmaler Hildebert und Everwin zu[20]. Wann die Sankt-Veit-Apokalypse und das heutige Evangeliar von Zábrdovice, beides Handschriften bayerischer Herkunft aus der zweiten Hälfte des 11. Jahrhunderts, die für den böhmischen König Vratislav II. angefertigt wurden und Ende des 15. Jahrhunderts in der Kapitelbibliothek belegt sind, dorthin gelangten, ist nicht bekannt[21].

Aus der ältesten Periode der Prager Kapitelbibliothek ist ein fränkisch-sächsisches Evangeliar aus dem 9. Jahrhundert bekannt, das aus Regensburg stammte[22]. Ein Homiliar aus dem 10. oder 11. Jahrhundert, das heute ebenfalls in der Kapitelbibliothek aufbewahrt wird, befand sich jedoch ursprünglich im Stift Břevnov[23].

Festere Grundlagen erhielt die Bibliothek bei der Prager Kirche nach dem Entstehen des Prager Bistums. Bereits der erste Prager Bischof Thietmar (geweiht 976, †982), zuvor Mönch in einem sächsischen Kloster, kam nicht ohne

---

[17] Archiv Pražského hradu, Knihovna pražské kapituly, O 83. Cf. Havel, Počátky (nt. 2), 78.
[18] Archiv Pražského hradu, Knihovna pražské kapituly, Cim 2. Cf. Kubínová, Pražský evangeliář (nt. 15), 245–284; Havel, Počátky (nt. 2), 474, neigt zur Epoche der „sächsischen" Bischöfe, am ehesten wohl zu Thiddag.
[19] Archiv Pražského hradu, Knihovna pražské kapituly, A 156. Hierzu Z. Hledíková, Nejstarší břevnovský rukopis, in: I. Hlaváček/M. Bláhová (eds.), Milénium břevnovského kláštera (993–1093), Sborník statí o jeho významu a postavení v českých dějinách, Praha 1993, 41–52.
[20] Archiv Pražského hradu, Knihovna pražské kapituly, A 21.1.
[21] Cf. J. Pražák, O původu Svatovítské apokalypsy, in: Studie o rukopisech 1967, 43–68; P. Černý, Evangeliář zábrdovický a Svatovítská apokalypsa, Praha 2004.
[22] Archiv Pražského hradu, Bibliothek des Prager Domkapitels, B 66 (eine Beschreibung gibt A. Podlaha, Soupis památek místopisných a uměleckých. Knihovna kapitulní v Praze, Praha 1903, 158 sq.). Cf. Kubínová, Pražský evangeliář (nt. 15), 246; P. Černý, Karolínský franko-saský evangeliář. In: Otevři zahradu rajskou. Benediktini v srdci Evropy 800–1300, Praha 2014, 40 sq.
[23] Cf. A. Podlaha, Soupis rukopisů knihovny metropolitní kapituly pražské 1, Praha 1910, 163, Nr. 261; Kubínová, Pražský evangeliář (nt. 15), 249.

die notwendigsten liturgischen und theologischen Bücher aus, die er wahrscheinlich von seiner vorherigen Wirkungsstätte mitbrachte. Eine „nicht geringe Anzahl Bücher" brachte von seinen Studien in Magdeburg der zweite Prager Bischof Vojtěch/Adalbert mit[24]. Über deren Charakter ist nichts bekannt. Neben liturgischen und theologischen Werken konnten dies auch üblicherweise verwendete Grammatik- und Rhetoriklehrbücher gewesen sein, vielleicht auch historische Schriften[25]. Es waren jedoch sicherlich in einem der sächsischen Skriptorien erstellte Bände, am ehesten direkt in Magdeburg. Adalbert bereicherte die Bibliothek außerdem um eigene Texte, auch wenn diese keine selbstständigen Bücher waren. Aus seiner Bischofszeit stammt das älteste bekannte Manuskript, das sich nachweislich in der zweiten Hälfte des 10. Jahrhunderts in der Bibliothek der Prager Kirche befand. Es ist wiederum eine Handschrift bayerischer Herkunft, die Bußschriften und ein Kapitular enthält[26]. Ende des 10. Jahrhunderts (nach 992) und in der ersten Hälfte des 11. Jahrhunderts wurden einige bohemikale Texte nachgetragen oder eingebunden, konkret die Gedenkeintragung eines Edikts von Boleslav II.[27], die Abschrift eines Schreibens von Papst Stephan V. an den mährischen König Svatopluk aus dem Jahr 885[28] sowie zwei Texte von Bischof Adalbert, ‚Ammonitio et exortatio episcopalis'[29] und eine Abschrift der Predigt ‚Quia semel vestre caritatis'[30]. Diese Texte bestätigen nicht nur die Anwesenheit des Manuskripts in Prag, sondern auch das Vorhandensein einer bei der Prager Kirche tätigen Schreibergruppe[31].

Teil der Prager Kapitelbibliothek war offenbar auch eine weitere Handschrift süddeutscher Herkunft aus dem 9. Jahrhundert, wiederum eine Bußschrift, auf

---

[24] Cf. Cosmae Pragensis Chronica Boemorum (nt. 8), I,25, 46.

[25] D. Třeštík, Počátky Přemyslovců. Vstup Čechů do dějin (530–935), Praha 1997, 107 sq. nimmt an, dass Adalbert nach Böhmen die Regino-Chronik mitbrachte, zu der Adelberts „geistlicher Vater", der Erzbischof von Magdeburg Adalbert, eine Fortsetzung geschrieben hatte.

[26] Heute wird das Manuskript in der Bibliothek der Zisterzienserabtei Heiligenkreuz in Niederösterreich aufbewahrt (Stiftsbibliothek Heiligenkreuz, Cod. 217). F. Zagiba, Der Codex 217 der Stiftsbibliothek Heiligenkreuz in Niederösterreich als Quelle zur Kirchengeschichte Böhmens und Mährens, in: Millenium dioeceseos Pragensis 973–1973. Beiträge zur Kirchengeschichte Miteleuropas im 9.–11. Jahrhundert (Annales Instituti Slavici 8), Wien e. a. 1974, 64–72, betrachtete es als nützliches Hilfsmittel für die bayerischen Missionare. Zum Manuskript cf. Havel, Počátky (nt. 2), 79–95. Das Manuskript wurde später geändert und neu gebunden, so dass die derzeitige Anordnung der Texte nicht dem ursprünglichen Zustand entspricht (cf. Havel, Počátky (nt. 2), 85–88).

[27] Fol. 76r. Cf. Codex diplomaticus et epistolaris regni Bohemiae I, ed. G. Friedrich, Praha 1904–1907, Nr. 37. 43. Cf. Havel, Počátky (nt. 2), 89 sq.

[28] Fol. 5v–6v, 78r–81r. Codex (nt. 27), Nr. 26, 22–26; Regesta pontificum Romanorum sive repertorium privilegiorum et litterarum a Romanis pontificibus ante annum MCLXXXXVIII Bohemiae et Moraviae ecclesiis, monasteriis, civitatibus singulisque personis concessorum vel etiam Germania pontificia, ed. W. Könighaus, vol. V/3, (Provincia Maguntinensis), pars VII (Dioeceses Pragensis et Olomucensis), Gottingae 2011, 26 sq.

[29] Fol. 51r–53r. Edd. J. Zachová/D. Třeštík, Adhortace De ammonicione ad presbiteros a biskup Vojtěch, in: Český časopis historický 99 (2001), 287–289.

[30] Fol. 77r-v. Noch nicht ediert.

[31] Cf. Havel, Počátky (nt. 2), 89–95, 475.

deren letztem Folium in der zweiten Hälfte des 11. Jahrhunderts das Konzept von drei Antiphonen der Matutin des hl. Adalbert eingetragen wurde[32].

Weitere Bücher brachte Adalberts Nachfolger Bischof Thiddag (998 – 1017) nach Prag mit, ein Mönch des Klosters Corvey und Kaplan von Otto III.[33], der in den freien Künsten außerordentlich gebildet[34], und auch in der Medizin bewandert gewesen sein soll[35]. Für Böhmen wurde damals auch eine illuminierte Handschrift von Gumpolds Wenzellegende angefertigt, in Auftrag gegeben von der Gattin des Fürsten Boleslav II. Emma († 1006). Als Mittel zur Propagierung des Wenzelkults, der Teil der offiziellen Staatsideologie war, konnte das Manuskript seinen Platz auch in weltlichen Kreisen haben[36] und musste nicht Teil der Kapitelbibliothek sein.

Irgendwann nach 1032 sandte der Mönch von St. Emmeram Otloh (geb. um 1010, † 23. 11. kurz nach 1070) seinen Freunden nach Böhmen eine Matutinale für das ganze Jahr und vier weitere Bücher[37]. Es ist möglich, dass diese Bücher für das unlängst konsolidierte[38] Domkapitel bestimmt waren[39], eventuell für eines der böhmischen Benediktinerklöster.

Obwohl es über die im 11. und 12. Jahrhundert von den Prager Bischöfen und den Mitgliedern des Domkapitel verwendeten Bücher nur bruchstückhafte Berichte gibt[40], müssen zumindest die notwendigste liturgische, theologische und juristische Literatur, in der Domschule benutzte Lehrbücher, gegebenenfalls

---

[32] Österreichische Nationalbibliothek Wien, Cod. Lat. 1.322, fol. 79. Cf. D. Eben, Eine unbekannte Quelle zum Prager Offizium des hl. Adalbert, in: Hudební věda 51 (2014), 7–20; Havel, Počátky (nt. 2), 95–98.

[33] Thiddag, auch Thieddag, kam unter dem Abt Liudolf (965 – 13. 8. 983) ins Kloster Corvey. Cf. K. Honselmann (ed.), Die alten Mönchslisten und die Traditionen von Corvey (Abhandlungen zur Corveyer Geschichtsschreibung 6), Teil 1, Paderborn 1982, 39 unter Nr. 339 in Liber vitae (Thaddagus), Nr. 200 nach dem Verzeichnis aus dem 15. Jahrhundert (Thiadgerus) und Nr. 216 nach einer Abschrift vom Anfang des 16. Jahrhunderts (Thiaddagus). Hierzu auch H. H. Kaminsky, Studien zur Reichsabtei Corvey in der Salierzeit (Veröffentlichungen der Historischen Kommission Westfalens X, 4), Köln–Graz 1972, 27. Zu Thiddag cf. Die Chronik des Bischofs Thietmar von Merseburg und ihre Korveier Überarbeitung VII,56, ed. R. Holtzmann (Monumenta Germaniae Historica, Scriptores rerum Germanicarum, Nova series 9), Berlin ²1956, 468.

[34] Cosmae Pragensis Chronica Boemorum (nt. 8), I,31, 56.

[35] Cf. Die Chronik des Bischofs Thietmar von Merseburg VII,55, ed. Holtzmann (nt. 32), 468.

[36] Cf. I. Hlaváček/J. Krása, Naše knihy a knihovny ve středověku, in: Bohatcová e. a. (eds.), Česká kniha (nt. 1), 52. K. Kubínová, Dva rukopisy královny Emmy, In: Čechy jsou plné kostelů. = Boemia plena est ecclesiis. Kniha k poctě PhDr. Anežky Merhautové, DrSc, Praha 2010, 176–189, nimmt an, dass das Manuskript als Geschenk für das Grab des heiligen Wenzel in der Prager Bischofskirche gedacht war.

[37] Cf. S. Gäbe, Otloh von St. Emmeram 'Liber de temptatione cuiusdam monachi'. Untersuchung, kritische Edition und Übersetzung (Lateinische Sprache und Literatur 629), Gent e. a. 1999, 356, 358. Über den Verfasser und seine Schrift ibid., 33–52.

[38] Während der Verwaltung durch Probst Markus. Cf. hier oben.

[39] Cf. ebenfalls I. Hlaváček, Kniha v českém státě v době předhusitské (Několik poznámek a reflexí), in: Hlaváček, Knihy a knihovny (nt. 1), 145 sq.

[40] Cf. hier oben. Dies betrifft nicht nur die Prager Bischöfe, sondern das böhmische Milieu allgemein. Cf. Hlaváček, Kniha v českém státě (nt. 39), 145.

auch weitere Schriften vorhanden gewesen sein. In welchem Maß sich die Prager Bischöfe, die Kapitelwürdenträger oder die an der Prager Kirche tätigen Schreiber darum verdient machten, ist nicht mehr festzustellen, doch ist es sehr wahrscheinlich, dass zumindest jene Bischöfe, die engere Kontakte mit den europäischen Intellektuellenkreisen pflegten, auch zur Bereicherung der Bibliothek ihrer Kirche beitrugen. Konkret ist von Daniel I. (1148–1167) bekannt, dass er sich auf offiziellen Reisen auch Bücher anschaffte. Während seines Aufenthalts in Norditalien mit dem Heer Friedrich Barbarossas im Jahr 1158 entsandte er zum Beispiel seinen Kaplan Vincentius von der Belagerung Mailands nach Bologna, um die neueste Kodifikation des Kirchenrechts, die Dekrete, und andere Bücher zu kaufen[41].

Eine weitere größere Akquisition von Büchern für das Prager Domkapitel ist erst einhundert Jahre später belegt, Dekan Veit († 1271) stellte eine Matutinale für die Prager Kirche zusammen und beschaffte auf eigene Kosten Abschriften von Musikbüchern für den Gottesdienst. Auf eigene Kosten wurden Messbücher, Graduale, Antiphonare, Psalter, Hymnare, Kollektare, Breviere und zahlreiche Predigtensammlungen kopiert, die ältere, einfache und vom Alter abgenutzte Handschriften ersetzten[42]. Ab dem 13. Jahrhundert stehen im Übrigen häufiger Angaben über Buchgeschenke zur Verfügung, die der Bibliothek von Würdenträgern des Kapitels und Bischöfen gewidmet wurden[43].

### III. Bücherverluste

Die Kapitelbibliothek wurde jedoch nicht nur ausgeweitet, sondern zahlreiche Bücher wurden auch zerstört. Einige durch häufigen Gebrauch[44], andere bei katastrophalen Ereignissen wie der Besetzung der Prager Burg und den Kämpfen um die Burg zur Wende des 10. und 11. Jahrhunderts[45], oder dem Brand der Prager Burg während des Bürgerkriegs im Jahr 1142, als das Georgskloster niederbrannte und höchstwahrscheinlich auch das Kapitelhaus nicht verschont blieb[46]. Eine weitere Bedrohung stellte der Brand der Prager Burg Anfang des

---

[41] Cf. Letopis Vincencia, kanovníka kostela pražského, ed. J. Emler (Fontes rerum Bohemicarum II), Praha 1875, 445.

[42] Cf. Kosmova letopisu českého pokračovatelé VI. Příběhy krále Přemysla Otakara II., ed. J. Emler (Fontes rerum Bohemicarum II), Praha 1874, 321 sq.

[43] Genannt werden sie vom ältesten Inventar der Kapitelbibliothek, das 1354 erstellt wurde. Cf. A. Podlaha/E. Šitler, Chrámový poklad u sv. Víta v Praze. Jeho dějiny a popis, Praha 1903, VII–VIII (Nr. 197, 232).

[44] Cf. Příběhy krále Přemysla Otakara II., ed. J. Emler (Fontes rerum Bohemicarum II), Praha 1874, 321.

[45] Cosmae Pragensis Chronica Boemorum I,35–36, edd. Bretholz/Weinberger (nt. 8), 63 sq.

[46] Cf. Kosmova letopisu českého pokračovatelé I. Kanovník vyšehradský, ed. J. Emler (Fontes rerum Bohemicarum II), 235 sq.

14. Jahrhunderts dar[47]. Eine Katastrophe für die Bibliothek war schließlich die Hussitenrevolution, zu deren Beginn die Domherren Prag verließen und in Zittau Zuflucht nahmen[48].

## IV. Die literarische Tätigkeit der Prager Domherren

Eine gewisse Vorstellung von der Zusammensetzung der Bibliothek können die zeitgenössischen Schriften der Prager Domherren vermitteln, die bei ihrer Arbeit ältere Literatur benutzten, die sie gerade in der Kapitelbibliothek finden konnten. Aus der Umgebung der Prager Kirche sind in der verfolgten Zeit keine Verfasser von theologischen oder juristischen Schriften bekannt. Wohl nur Predigten[49], Antiphone[50], einfache Eintragungen in Nekrologien[51], ein Bischofskatalog[52] und einfache annalistische Eintragungen[53] belegen das Bestehen einer schriftlichen Kultur in den Kreisen der Prager Domkirche.

---

[47] Cf. Chronicon Francisci Pragensis III,1, ed. J. Zachová (Fontes rerum Bohemicarum, Series nova, tomus I.), Praha 1997, 144.

[48] Cf. Z. Hledíková, Das Prager Domkapitel und die Diözesanverwaltung im Zittauer Exil. in: M. Winzeler (ed.), Jan Hus. Wege der Wahrheit: Das Erbe des böhmischen Reformators in der Oberlausitz und in Nordböhmen, Görlitz 2015, 63–76.

[49] Die höchstwahrscheinlich in der Prager Bischofskirche geschriebenen Predigten wurden in ein Predigerhandbuch aus der Mitte des 12. Jahrhunderts abgeschrieben, das im Kloster Opatovice benutzt wurde (sog. Homiliar von Opatovice). Cf. Das Homiliar des Bischofs von Prag, ed. F. Hecht, Prag 1863; cf. K. Miklík, Opatovický homiliář, in: Časopis katolického duchovenstva 72/97 (1931), 93–100, 234–242, 373–376, 480–488, 641–648, 970–982; Z. Uhlíř, Bischof Hermann von Prag (?): Homiliarium quod dicitur Opatovicence, in: A. Wieczorek/H.-M. Hinz (eds.), Europas Mitte um 1000, Katalog, Stuttgart 2000, 277. P. Sommer, Duchovní svět raně středověké české laické společnosti, in: D. Třeštík/J. Žemlička (eds.), Svatý Vojtěch, Čechové a Evropa, Praha 1998, 155, nt. 10; id., Středověký kostel – svědectví Homiliáře opatovického, in: Historiografické a historické problémy středověku, Praha 2016, 43–46; D. Kalhous, Sv. Václav Homiliáře opatovického. K české státnosti 12. věku, in: H. Krmíčková/A. Pumprová/D. Růžičková/L. Švanda (eds.), Querite primum regnum Dei. Sborník příspěvků k poctě Jany Nechutové, Brno 2006, 357–365.

[50] Cf. Eben, Eine unbekannte Quelle (nt. 32).

[51] Das Nekrologium der Prager Kirche ist im Sammelband des Klosters Opatovice erhalten, der heute in der Österreichischen Nationalbibliothek in Wien aufbewahrt wird, Cod. 395. Hierzu F. Graus, Necrologium Bohemicum – martyrologium Pragense a stopy nekosmovského pojetí českých dějin, in: Československý časopis historický 15, 1967, 789–810. Das Martyrologium, das die Grundlage des Nekrologiums bildet, wurde nach einer Vorlage bearbeitet, die aus Halberstadt nach Prag gelangte. Im Prager Domkapitel wurde es noch Ende des 14. Jahrhunderts benutzt, cf. Graus, Necrologium Bohemicum, 796

[52] Cf. M. Bláhová, Středověké dějiny pražského biskupství jako pramen dějin církevní správy v Čechách, in: E. Kordiovský/L. Jan (eds.), Vývoj církevní správy na Moravě (XXVII. Mikulovské sympozium, 9. -10. října 2002), Mikulov – Brno 2003, 77–90.

[53] Es waren wohl keine zusammenhängenden Annalen, sondern „annalistische Eintragungen, offenbar recht zufällige, jedoch zeitgenössische." Cf. D. Třeštík, Anfänge der böhmischen Geschichtsschreibung. Die ältesten Prager Annalen, in: Studia Źródłoznawcze 23 (1978), 1–37; id., Počátky Přemyslovců (nt. 25), 104–107. Kritisch hierzu G. Labuda, Jeden czy dwa roczniki niemieckie u podstaw polskiego rocznikarstwa?, in: Studia Źródłoznawcze 39 (2001), 7–27.

## V. Cosmas von Prag

Der bedeutendste in Prag im 12. Jahrhundert tätige Autor war der Dekan des Prager Domkapitels Cosmas (ca 1045–21. Oktober 1125). Cosmas stammte aus einer Priesterfamilie, die ihrem Sohn eine gute Bildung geben konnte. In den siebziger Jahren des 11. Jahrhunderts studierte er an der Prager Domschule, später bildete er sich im „zweiten Athen", an der Domschule in Lüttich, weiter[54]. Zu seinen Lehrern gehörte der berühmte Mathematiker Meister Franco. Nach Böhmen kehrte er wahrscheinlich Mitte der achtziger Jahre des 11. Jahrhunderts zurück. Er wurde Domherr an der Prager Domkirche, wo er später Dekan war. In der zweiten Hälfte des zweiten Dezenniums des 12. Jahrhunderts begann er die böhmische Volks- und Staatsgeschichte – die Chronik der Böhmen – zu schreiben[55]. Gerade dieses Werk kann andeuten, welche Literatur Cosmas zur Verfügung stand, und mit welchen Büchern also die Bibliothek des Prager Domkapitels ausgestattet war. Die Chronik reflektiert selbstverständlich nicht sämtliche Literatur, nur die in einem historischen Werk „verwendbare", ob nun als dessen Quellen oder als stilistische Inspiration.

## VI. Cosmas' Quellen

Für den vorchristlichen Zeitabschnitt der Geschichte der Böhmen standen Cosmas keine schriftlichen Quelle zur Verfügung[56]. Bei der Auslegung der „historischen Periode" der böhmischen Geschichte, *„que vera fidelium relatio commendat"* (die eine glaubwürdige Darlegung garantiert)[57], also der Ereignisse ab der Taufe von Fürst Bořivoj (angeblich 894), die in der Chronik die Annahme des

---

[54] „..., *et altera Athenae nobiliter liberalium disciplinarum floret studiis,...*" Cf. Gozechini Scholastici Epistola ad Valcherum ibidem scholasticum, suum olim discipulum, ed. J.-P. Migne (Patrologiae cursus completus, Series latina, accurante, tomus 143), Parisiis 1882, col. 889. Über die Schule in Lüttich cf. E. Lesne, Les écoles de la fin du VIII$^e$ siècle à la fin du XII$^e$. Lille 1940, 349–361; P. Riché, Écoles et enseignement dans le Haut Moyen Age. Fin du V$^e$ siècle-milieu du XI$^e$ siècle, Paris ²1989. 165–167; H. Engelbrecht, Geschichte des österreichischen Bildungswesens. Erziehung und Unterricht auf dem Boden Österreichs, Wien 1982, 111; J. Stiennon, Les écoles liégeoises au Moyen Âge, in: Bulletin de l'Association des Amis de l'Université de Liège 1 (1967), 11–20; J. Stiennon/J. Deckers, Vie culturelle, artistique et religieuse du 7$^e$ au 15$^e$ siècle, in: J. Stiennon (ed.), Histoire de Liège, Toulouse 1991, 105–114.

[55] Cosmae Pragensis Chronica Boemorum, edd. Bretholz/Weinberger (nt. 8). Über Cosmas und seine Chronik cf. D. Třeštík, Kosmova kronika. Studie k počátkům českého dějepisectví a politického myšlení, Praha 1968; L. Wolverton, Cosmas of Prague. Narrative, Classicism, Politics, Washington D.C. 2015 (leider ohne Kenntnisse der neueren tschechischen Literatur). Die neue Literatur über Cosmas und seine Chronik wird erfasst in: M. Wihoda, Kosmova kronika a počátky českého historického myšlení, in: K. Hrdina/M. Bláhová/M. Moravová/M. Wihoda (eds.), Kosmas, Kronika Čechů, Praha 2011, 5–20; M. Bláhová, O Kosmovi a jeho kronice, in: K. Hrdina/M. Bláhová (eds.), Kosmova Kronika česká, Praha 2012, 211–245.

[56] Cf. Cosmae Pragensis Chronica Boemorum (nt. 8), Praefacio ad Gervasium magistrum, 4.

[57] Cosmae Pragensis Chronica Boemorum I,13 edd. Bretholz/Weinberger (nt. 8), 32.

Christentums symbolisiert, verweist Cosmas auf drei Texte, die historische Angaben enthalten, nämlich auf das Privilegium der mährischen Kirche, den Epilog von Mähren und Böhmen sowie auf das Leben des heiligen Wenzel. Das Privilegium ist zweifellos eine Urkunde, deren Identifizierung jedoch problematisch ist, der Epilog war offenbar eine heute unbekannte Schrift, das Leben des heiligen Wenzel ist eine der ältesten Legenden des heiligen Wenzel[58]. Das Leben des heiligen Adalbert schilderte Cosmas nach dessen Viten von Bruno und Canaparius[59], von denen insbesondere der Text von Canaparius den Chronisten auch stilistisch beeinflusste[60]. Diese Schriften befanden sich sicherlich auch in der Kapitelbibliothek. Ebenso verwendete Cosmas die ‚Vita' des Lütticher Bischofs Lambert aus der Feder des Lütticher Bischofs Stephan[61]. Diese Schrift brachte höchstwahrscheinlich Cosmas selbst von seinen Studien in Lüttich nach Böhmen mit.

Das chronologische Gerüst verdankte Cosmas jedoch dem Katalog der Prager Bischöfe und vereinzelten annalistischen Eintragungen, die – wenn auch unsystematisch – im Prager Domkapitel aufgezeichnet wurden[62]. Für einige Zeitabschnitte fand er allerdings keinerlei Quellen, so dass er in der Chronik nur die Jahreszahlen ohne weitere Angaben beließ[63]. Neben annalistischen Eintragungen über Ereignisse in Böhmen benutzte Cosmas auch einige Reichsannalen, vor allem den ersten Teil der Osterannalen aus Corvey[64], die offenbar Bischof Thiddag nach Böhmen mitgebracht hatte[65].

---

[58] Cosmae Pragensis Chronica Boemorum I,15, edd. Bretholz/Weinberger (nt. 8), 35. Zur Identifizierung dieser Quellen cf. Třeštík, Kosmova kronika (nt. 55), 54–57.

[59] Autorschaft und Entstehungsort des ersten Adalbertlebens, für dessen Autor der Mönch des Aventinklosters in Rom Canaparius betrachtet wurde, wurde von J. Fried, Gnesen – Aachen – Rom. Otto III. und der Kult des hl. Adalbert. Beobachtungen zum älteren Adalbertsleben, in: M. Borgolte (ed.), Polen und Deutschland vor 1000 Jahren. Die Berliner Tagung über den „Akt von Gnesen", Berlin 2002, 257 sq., in Frage gestellt. Cf. auch J. Hoffmann, Vita Adalberti. Früheste Textüberlieferungen der Lebensgeschichte Adalberts von Prag, Essen 2005, 14 sq. Dieser Hypothese widersprach im Bezug auf die eindeutigen römichen Reminiszenzen G. Labuda, W sprawie autorstwa i miejsca napisania Żywotu pierwszego Świętego Wojciecha, in: Studia Źródłoznawcze 43 (2004), 115–130.

[60] Cf. Třeštík, Kosmova kronika (nt. 55), 57 sq.

[61] Cf. Cosmae Pragensis Chronica Boemorum III,49, edd Bretholz/Weinberger (nt. 8), 221. Cf. Třeštík, Kosmova kronika (nt. 55), 58 sq.

[62] Cf. D. Třeštík, Kosmova kronika (nt. 55), 60–63.

[63] Zum Beispiel Cosmae Pragensis Chronica Boemorum I,39, edd. Bretholz/Weinberger (nt. 8), 72; II,13, 100 sq.; II,27, s, 120.

[64] Hierzu J. Prinz, Die Annalen, in: Die Corveyer Annalen. Textbearbeitung und Kommentar, ed. id. (Abhandlungen zur Corveyer Geschichtsschreibung 7), Münster in Westfalen 1982, 67; M. Bláhová, Historická literatura v českých knihovnách přemyslovského období, in: M. Polívka/M. Svatoš (eds.), Historia docet, Sborník prací k poctě šedesátých narozenin prof. PhDr. Ivana Hlaváčka, CSc., Praha 1992, 11–23, bes. 16 sq.

[65] Cf. J. Prinz, Vorwort, in: Die Corveyer Annalen, ed. id. (nt. 64), 67; K. H. Krüger, Studien zur Corveyer Gründungsüberlieferung (Abhandlungen zur Corveyer Geschichtsschreibung 9), Münster 2001, 140. In der Sázava-Redaktion der Cosmas-Chronik befinden sich auch einige Eintragungen aus den Hersfelder Annalen, beziehungsweise deren Bearbeitung in den Hildesheimer oder Quedlinburger Annalen, diese wurden jedoch wahrscheinlich erst vom Mönch von

Zur hauptsächlichen Inspirationsquelle wurde für Cosmas jedoch eine weitere in der Kapitelbibliothek aufbewahrte Schrift, die Weltchronik des Regino von Prüm. Aus ihr übernahm Cosmas einige Berichte, vor allem aber zahlreiche Formulierungen[66].

### VII. Die antike und frühchristliche Literatur

Cosmas Kenntnisse beschränken sich jedoch nicht nur auf mittelalterliche Annalen und Chroniken. Der erste böhmische Historiker besaß auch reiche Kenntnisse der antiken und frühchristlichen Literatur. Die griechischen und vor allem die römischen Verfasser waren ihm stilistische Inspiration und Vorbild für die Bearbeitung insbesondere der mythischen Periode der Geschichte Böhmens[67]. Von den antiken Dichtern ist aus Cosmas Werk an erster Stelle Vergilius zu hören, Cosmas zitiert jedoch auch Homer, Ovid, Lucanus und weitere Autoren. Unter den christlichen Dichtern kannte er Iuventius, Sedulius und Prudentius[68]. Von den Prosaschriftstellern verarbeitete Cosmas, ähnlich wie viele andere mittelalterliche Chronisten, vor allem Sallustius[69]. Dessen Formulierungen dienten Cosmas bei der Beschreibung von Schlachten ebenso wie bei der Charakteristik von Personen, auch zum Ausdrücken eigener Gedanken[70]. Andere Autoren, vor allem Justin und Hieronymus, kannte Cosmas, im Unterschied zu Sallustius, nur über Regino. Sehr gut kannte er aber den christlichen Theologen und Philosophen Boethius[71].

Es kann angenommen werden, dass Cosmas die meisten dieser Autoren aus seinen Lütticher Studien kannte und sich an zahlreiche Formulierungen aus den Texten dieser Verfasser erinnerte, ob nun aus den Originaltexten, aus Schulanthologien oder mittelalterlichen Florilegien. Einige Autoren zitiert er jedoch so

---

Sázava in die Chronik aufgenommen. In Bezug auf die Hildesheimer und Quedlinburger Annalen cf. Die Annales Quedlinburgenses, ed. M. Giese (Monumenta Germaniae Historica, Scriptores rerum Germanicarum 72), Hannover 2004, 144–152; M. Tomaszek, Annales Quedlinburgenses, in: G. Dunphy (ed.), Encyclopedia of the Medieval Chronicle 1, Leiden–Boston 2010, 81; T. Schauerte, Annales Hildesheimenses, in: ibid., 68.

[66] Cf. D. Třeštík, Kosmas a Regino. Ke kritice Kosmovy kroniky, in: Československý časopis historický 8, 1960, 564–587.

[67] Im Einzelnen cf. A. Kolář, Kosmovy vztahy k antice, in: Sborník filosofické fakulty University Komenského v Bratislavě III, Nr. 28, Bratislava 1925, 23–78.

[68] Cf. B. Bretholz, Einleitung, in: Cosmae Pragensis Chronica Boemorum (nt. 8), XXVII–XXVIII; A. Kolář, Kosmovy vztahy (nt. 67), 35–55.

[69] E.g. entlieh Adam von Bremen von Sallustius ganze Sätze, sobald sie auch nur ein wenig in seinen Kontext passten. Cf. A. Piltz, Die gelehrte Welt des Mittelalters, Köln–Wien 1982, 42.

[70] Hierzu cf. ebenfalls M. Bláhová, Die Freiheitsvorstellungen der böhmischen Intelligenz des frühen 12. Jahrhunderts (Der Begriff libertas bei Cosmas von Prag), in: D. Gobbi (ed.), Florentissima proles ecclesiae. Miscellanea, hagiographica, historica et liturgica Reginaldo Grégoire O. B. XII lustra complenti oblata, Trento 1996, 31–39.

[71] Cf. A. Vidmanová, Boëthius a Čechy, in: A. Vidmanová, Boëthius, poslední Říman, Praha 1981, 29–30.

genau, dass er sich ihre Texte nicht über mehr als vierzig Jahre gemerkt haben konnte und sie vor sich gehabt haben musste, als er diese Passagen seiner Chronik schrieb. Das betrifft insbesondere Boethius und dessen ‚Consolatio Philosophiae'[72]. Die Cosmas-Chronik ist ein Beleg, dass sich diese Schrift mindestens in einem Exemplar in der Prager Kapitelbibliothek befand[73]. Es ist möglich, dass sie Cosmas selbst aus Lüttich mitbrachte, wo diese Schrift in der zweiten Hälfte des 11. Jahrhunderts zur Pflichtlektüre gehörte[74].

Im Verlauf des 12. Jahrhunderts begann man an der Prager Domschule auch das Quadrivium zu unterrichten. Nach Böhmen gelangte damals offenbar auch eine Handschrift des Hauptlehrbuchs des Quadriviums, die ‚Mathematica quadrivialis' von Boethius. Ein Manuskript dieses aus der Wende des 10. und 11. Jahrhunderts stammenden Werks blieb bis heute erhalten[75].

Anders verhielt es jedoch wahrscheinlich mit den Texten antiker Autoren, aus denen Cosmas häufig nur frei zitiert, oder lediglich ihre Gedanken paraphrasiert. Diese Schriften mussten sich auch nicht in der Kapitelbibliothek befinden. Wahrscheinlich erinnerte sich Cosmas aus seiner Studienzeit an sie und paraphrasiert sie dann.

Zahlreiche Stellen in der Cosmas-Chronik verweisen verständlicherweise auf die Bibel. Sicherlich war die Kapitelbibliothek mit biblischen Texten gut ausgestattet, ganz abgesehen davon, dass die Bibel auch zur Grundausstattung der einzelnen Domherren gehörte und sie sich in Cosmas' persönlicher Bibliothek befand.

## VIII. Die Bibliothek des Prager Domkapitels in 9.–11. Jahrhundert

Aus den wenigen Andeutungen, Erwähnungen und seltenen konkreten Informationen kann Charakter und Zusammensetzung der Prager Kapitelbibliothek in den ersten drei Jahrhunderten des böhmischen Staates nur unbestimmt skizziert werden. Die überwiegende Mehrheit der Bücher enthielt sicher Texte, die der Liturgie dienten, vor allem Kalendarien, Breviere, Messbücher, Graduale, Antiphonare, Evangeliare oder zumindest Evangelistare, ebenfalls homiletische Handbücher. Weitere Werke, die wohl teilweise im Domkapitel entstanden, wurden zur Verbreitung der Heiligenkulte geschaffen. Teil der Bibliothek waren notwendigerweise juristische Schriften. Teilweise enthielt die Bibliothek ebenfalls dem historischen Gedächtnis des Kapitels selbst und des tschechischen Staates dienende Texte. Höchstwahrscheinlich befanden sich unter den Lehrbüchern und Studienhilfsmitteln neben grundlegenden Lehrbüchern der Grammatik und Rhetorik auch Schriften einiger antiker Autoren und Studienkompendien der

---

[72] Cf. A. Vidmanová, Boëthius (nt. 71), 30.
[73] Cf. A. Vidmanová, Boëthius (nt. 71), 30.
[74] Cf. A. Vidmanová, Boëthius (nt. 71), 29.
[75] Národní knihovna České republiky, IX C 6. Srv. A. Vidmanová, Boëthius (nt. 71), 30.

antiken Literatur. Erstaunlicherweise ist weder in den Bruchstücken noch in den Quellenerwähnungen die Bibel belegt, die ganz sicher in der Bibliothek in einer größeren Anzahl Exemplare vertreten war.

Die Anzahl der Bücher in der Kapitelbibliothek im 9. bis 12. Jahrhundert kann nicht näher ermittelt werden. Wenn der Biograph des Dekans Veit davon schreibt, dass Veit zahlreiche Bücher anschaffte, die ältere und mit der Zeit abgenutzte Bände ersetzten, so ergibt sich daraus weder eine konkrete Angabe über die Anzahl der alten und abgenutzten, noch über die der neuen Bücher. Die erhaltenen Fragmente und Handschriften sind sicherlich nur ein Bruchteil der damals vorhandenen Bücher, besagen jedoch nichts über deren Gesamtanzahl. Am Anfang handelte es sich gewiss nur um einzelne Bücher, gegen Ende des 12. Jahrhunderts wohl um dutzende Bände. Um die Mitte des 14. Jahrhunderts, als die Bücher der Kapitelbibliothek bereits erfasst wurden, näherte sich ihre Anzahl der 200[76].

Ebenso unbekannt ist die Anordnung der Bibliothek. Man kann nur annehmen, dass die zur Liturgie erforderlichen Bücher getrennt von den sonstigen Schriften aufbewahrt wurden, höchstwahrscheinlich in der Sakristei, während sich alle anderen Bücher in der Bibliothek befanden, wie dies in einigen Klosterbibliotheken des Hochmittelalters üblich war und wie die Prager Kapitelbibliothek Mitte des 14. Jahrhunderts angeordnet war, als man die Werke in *libri officii* und sonstige Bücher gliederte[77].

---

[76] Cf. Podlaha/Šitler, Chrámový poklad (nt. 43), VII–IX.
[77] Podlaha/Šitler, Chrámový poklad (nt. 43), VII, Nr. 197: De libris officii, X: Inventarium librorum.

# Tedacus Levi. The Many Lives of a Bibliographic Ghost

Saverio Campanini (Bologna)

>   …*quorum nec nomina certe nec*
>   *numerum noverim, nec valorem.*
>   Petrarca

Ghosts and libraries have always had an intense relationship, made popular by literature, one might think of the 'Révolte des Anges' of Anatole France[1] or of the alluring ghost-stories of the Medievalist Montague Rhodes James[2] and his epigons, to name only a few[3], but by no means confined to the realm of imagination. As the French usage shows, the word fantôme is employed to describe a bookmark or any other placeholder on the stacks of a library inserted to mark the absence of a book from its expected place[4]. Moreover, one registers the quite intuitive designation of "ghosts" for the presumptive books whose dubious existence is merely based on bibliographic descriptions. I will not delve in the metaphysics of librarianship, for tempting that it might appear: it will suffice to remark, as it appears obvious, that the library is perceived as a haunted location, if not for other reasons, because of the rules of its functioning. A library without a catalogue, in fact, is rather a collection of books with no order or sense, apart from its topographic disposition. Only the catalogue transforms an amorphous mass of paper into a powerful expansion of memory and a research tool. But what is a catalogue without the library? In the case of a lost library it amounts to the anatomy of melancholy or, as some people prefer to call it, a bibliography. The ghost haunting any library is, in my opinion, the bibliographic description of any bookish item, the hubris being the idea that the book could be, for any significant purpose, be substituted by its phantasmatic image or, in rather metaphysical terms, by its soul, which should be captured by the paraphernalia of librarianship. Every catalogue and even more so every bibliography, can be seen as a disembodied gathering of ghosts, longing for

---

[1] A. France, La révolte des anges, Paris [1914].
[2] Cf., e.g., M. R. James, Collected Ghost Stories, London 1931; see also P. J. Murphy, Medieval Studies and the Ghost Stories of M. R. James, Philadelphia 2017.
[3] Cf. the fortunate anthology Ghosts and Scholars. Ghost Stories in the Tradition of M. R. James, Selected and Introduced by R. Dalby and R. Pardoe, Wellingborough 1987.
[4] J. Bonnet, Des bibliothèques pleines de fantômes, Paris 2008; English translation (by S. Reynolds) Phantoms on the Bookshelves, London 2010.

incarnation in a real book. Any time we find a good match, the quest for a body by the penitent soul is for a moment satisfied, till we realize, with pleasure or consternation, that without our own body, without lending or giving our body (eyes, time, attention, memory, etc.) that is to say, without the body of a living reader, the book, or rather – the text, even if incorporated within any writing material, be it parchment or paper or the surface of a tablet – has just become another sort of ghost, a vampire, waiting for some fresh blood. Of all the elements that form modern descriptions of books, the prime and most essential ones are the title and the author, but this convenient arrangement is rather the product of early modern management of libraries than its cause. Many pre-modern books, in fact, are anonymous and the title is rather a relatively recent convention as it is proven by the fact that many Medieval books have had various titles before they would be forcefully stabilized in the age of printing and of universal normalization of the "soul" of the book. On the other hand, the names of mythical authors are known, whose works are irretrievably lost, and the same applies, for many book titles, such as the ones mentioned in the Bible, in the Talmud or in the Zohar, which do not correspond to books one can actually read. Lost books, such as the ones collected in a fantastic library in Giovanni Battista Marino's 'Adone', or books that never existed except for their author's name and/or title are the shadow, precarious and yet persistent, of the world of books. If the situation were not complicated enough the widespread practice of pseudepigraphy, the false attribution of an existing work to a famous author in order to accrue its prestige, to overcome theological hesitations concerning its contents but also for nobler reasons such as humility, the desire to efface the real author's personality in the persuasion that the work does convey teachings that are in accordance with the authentic doctrines of venerated figures, all these factors contribute to characterize the Middle Ages as the ideal epoch for imaginary libraries but also as the most favourable terrain for a critical, thus modern or post-Medieval, re-examination of the Medieval literary tradition and its transmission.

As a specific Jewish genre, Kabbalistic literature adds to all these characteristics, which are common to every branch of literature, be it Jewish, Christian or Moslem, a further set of difficulties: Kabbalah is perceived, not without the complicity of its authors, as part of revelation, which should terminate the question of authorship before it is raised, and even the titles of Kabbalistic books are quite often subject to change, so that the same work can be called, to name just a few examples, 'Sha'are tzedeq' (a title shared with other books as well) or 'Iggeret ha-qodesh' (attributed, among others, to Moshe ben Nachman and to Joseph Gikatilla), or, as it is the case of one of the classics of Kabbalah known as 'Sefer ha-Bahir' and 'Midrash rabbi Nechunyah ben ha-Qanah', also a nice instance of pseudepigraphy, surrounded as it is by an aura of esotericism and of sensational discoveries of apocryphal or, to borrow a term from Christian theology, deuterocanonical books. Kabbalah, when it was known at all, was often perceived, internally and externally at the end of the Middle Ages, among the first Christians who took an interest in it, as a compact, anonymous genre, and its works were construed as a homogeneous corpus of traditions, designated by the formula: "as the Kabbalists say" (*dicunt cabalistae*) or "the most secret theologians" (*secretiores theologi*) and similar expressions. Moreover, the vast majority of literary creations which could be ascribed to Kabbalah were collected in miscellaneous manuscripts, mostly without any indication of the author's name or of a clearly recognizable title. It should also be kept in mind that Medieval Judaism did not have large institutionalized repositories of books such as monastic libraries and the "portable temple", the Torah, in itself a library rather than a book, was the model for any miniaturized libraries, be they made of scrolls or of codices containing various books in one. Miscellaneous manuscripts, of course, were very much widespread in other religious traditions too, if not for other reasons, in order to spare precious writing material and binding costs, but considering the specificities of Kabbalistic literature and the absence of alternatives, one could go so far as to characterize miscellaneous manuscripts as the prototype of a specific Jewish Kabbalistic "Library", be that in the form of anthology or of large collections of Kabbalistic works, very well documented and preserved in numerous libraries. This peculiarity is reflected in the first approaches to the Kabbalah from the Christians: Pico della Mirandola, to name the pioneer of Christian Kabbalah[5], acquired an entire library of kabbalistic texts, which were mostly organized, as far as we can verify it[6] as Kabbalistic miscellanies, and had them translated into Latin, producing numerous manuscripts, also in the form of miscellanies, most of them albeit not all, still preserved at the Vatican Library. Not very different is the criterion utilized by the second generation of Christian Kabbalists, for example Johannes Reuchlin, Giles of Viterbo, Pietro Galatino and Francesco Zorzi: every one of them produced anthologies of heterogeneous Kabbalistic texts, often anonymous or generically attributed to "the Kabbalists".

If our previous assumption, according to which a collection of books becomes a library only through a catalogue, the very first who tried to organize a

---

[5] G. Busi, *"Who does not wonder at this Chameleon?" The Kabbalistic Library of Giovanni Pico della Mirandola*, in: Id., (ed.), Hebrew to Latin, Latin to Hebrew. The Mirroring of Two Cultures in the Age of Humanism, Berlin–Torino 2006, 167–196.

[6] Most notably in the case of ms. Hebr. 209 of the Bayerische Staatsbibliothek in Munich, since we know that the manuscript, a miscellany containing several Kabbalistic works, of which the *incipit* and the *explicit* are not always clearly marked and whose contents, with a significant confusion as to the titles and the precise contents of the works, are translated into Latin in the ms. Vat. Ebr. 190. The Hebrew text and the Latin versions are being published in the frame of the "Kabbalistic Library of Giovanni Pico della Mirandola", edited by G. Busi. So far two volumes have appeared in print: The Book of Bahir. Flavius Mithridates' Latin Translation, the Hebrew Text, and an English Version, ed. S. Campanini, Preface by G. Busi, Turin 2005. Four Short Kabbalistic Treatises. (Asher ben David, Perush Shem ha-Meforash; Isaac ben Jacob ha-Kohen, 'Inyan Gadol; Two Commentaires on the Ten Sefirot. Flavius Mithridates' Latin Translation, the Hebrew Text, and an English Version, ed. S. Campanini, Castiglione delle Stiviere 2019. The last volume, in preparation, will contain the 'Gate of Secrets' ('Sha'ar ha-Razim') of Todros ha-Levi Abulafia.

vast collection of materials attributing author's names and titles to a *mare magnum* of esoteric knowledge, was Johannes Reuchlin, the authentic father of Hebrew bibliography[7]. It is not by chance that Reuchlin added, to his 'De arte cabalistica', published in 1517, a bibliography of Kabbalistic literature, the very first one of its kind[8]. What Reuchlin listed in his introduction to the "art" of Kabbalah was not a mere book-list or a catalogue of a given library, such as, as we will see, the 'Bibliotheca rabbinica' published by Johannes Buxtorf the Elder, since Reuchlin listed not only the books he was able to find and identify, but also the authors and titles he knew only indirectly. The *desiderata*, thus, as well as the ghosts, alas, form the core of the organizing principle of a library, its most intimate utopian heart.

The story I would like to summarize here as an illustration of the preceding abstract considerations has a precise starting point, as it will become clear shortly, but I prefer to take a detour and begin its reconstruction from a very controversial book: the 'Colloquium Heptaplomeres', generally attributed to Jean Bodin, which circulated in manuscript during the modern age but was not printed, due to its corrosive anti-religious polemic, well into the positivistic age. Ludwig Noack published the 'Colloquium' in 1857[9] and there[10], but also much later, for example in Marion Leather Kunz's English translation of 1975[11], one reads, among the very learned words of the Jewish interlocutor, named Salomon, concerning the role of angels in mediating and executing God's will: "It is inconsistent with divine majesty to act through itself what it can perform through the action of angels. Harmonious with this is the statement of Jedacus the Levite (*Jedacus Levita*) in the Gate of Light that all things are filled with angels and demons from the depths of earth to the vault of heaven".

Noack annotated correctly that other mss. bear the variant reading "Bedacus". Now, the sentence concerning the angels and demons is found in the work titled 'Porta lucis', in Hebrew 'Sha'are Orah', translated into Latin by the convert Paulus Riccius and appeared in print in 1516. The work is therefore identified,

---

[7] Cf. S. Campanini, Wege in die Stadt der Bücher. Ein Beitrag zur Geschichte der hebräischen Bibliographie (die katholische bibliographische „Dynastie" Iona-Bartolocci-Imbonati), in: P. Schäfer/I. Wandrey (eds.), Reuchlin und seine Erben. Forscher, Denker, Ideologen und Spinner, Ostfildern 2005, 61–76.

[8] This bibliography has been studied in J. Reuchlin, L'arte cabbalistica (De arte cabalistica), edd. G. Busi/S. Campanini, Firenze 1996, LI-LXX and it has been used in order to reconstruct the items contained in Reuchlin's library; cf. also W. Von Abel/R. Leicht, Verzeichnis der Hebraica in der Bibliothek Johannes Reuchlins, Ostfildern 2005.

[9] J. Bodin, Colloquium Heptaplomeres de Rerum Sublimium Arcanis Abditis, ed. L. Noack, Schwerin 1857.

[10] On p. 56. For a "correct" version (Tedacus), see the anonymous French translation published in J. Bodin, Colloque entre sept scavans qui sont de differens sentimens, Des Secret cachez, des choses relevées, ed. F. Beriot, Genève 1984, 91.

[11] J. Bodin, Colloquium of the Seven about Secrets of the Sublime, Translation with Introduction, Annotations, and Critial Readings by M. Leathers Kuntz, University Park 1975, 72; cf. the review of this book by F. Secret in: Revue de l'histoire des Religions 189/2 (1976), 210–213, here 211.

but the author (and Bodin's source) remain unclear, since the book 'Sha'are Orah' is known to be the work of the Castilian Kabbalist Joseph Gikatilla. Jedacus or Bedacus Levita represent a more difficult problem since a rapid check in Gesner's 'Bibliotheca Universalis', although purporting to list all books published so far and hidden in some library, and even the lost ones (*extantium et non extantium*, as the elaborate title has it), does not seem to record an author by any of these names.

The universalist vocation, or the compulsive drive towards completeness of bibliography, be it Hebrew or other, does come to our aid, precisely at the point of desperation, when we could think of an irretrievable mistake and give up any hope to reconstruct the ways through which Salomon (or rather Bodin) came to his designation. The same title, 'Bibliotheca rabbinica', designates two quite different works: Johann Buxtorf the father listed some 300 hundred titles which formed his library, thus producing, and publishing in 1613[12] a catalogue, whereas his son, bearing the same name (for the joy of every bibliographer) maintained the title but enlarged the 'Bibliotheca rabbinica' in his 1640 edition[13] to a rather different project: he did not limit himself to mention real books he had personally seen, but added also books whose mention he found in previous literature or, such as in our case, he attributed an anonymous work to an author whose name he only knew through previous mentions in secondary literature. In Buxtorf jr.'s 'Bibliotheca' one finds, indeed, useful information in order to start to disentangle our bibliographic riddle. First of all, as Buxtorf informs us, not Jedacus (or Bedacus) Levita seems to be the correct form of this name, but rather "Tedacus" (and a quick control in Simler's 'Bibliotheca Instituta' of 1574, shows that the author is there, under the appropriate letter of the alphabet[14]). Buxtorf's entry brings two further bits of valuable information: Tedacus Levi should be the author of a 'Commentary on the Ten Sefirot', a hint which in itself is not very useful, since there are numerous commentaries on the 'Ten Sefirot', usually anonymous; more relevant is the fact, reported by Buxtorf jr. and already present in Simler's 'Bibliotheca' according to which the bibliographic entry derives from Johannes Reuchlin. The latter is thus, possibly, the source of Bodin's assertion, although the author of the 'Colloquium', or its textual tradition, added several mistakes, the misspelling of the name and the wrong attribution of the work. As a matter of fact, in the already mentioned 'De arte cabalisti-

---

[12] J. Buxtorf, De abbreviaturis Hebraicis Liber novus et copiosus: Cui accesserunt Operis Talmudici brevis recensio, cum eiusdem librorum et capitum Indice. Item Bibliotheca Rabbinica nova, ordine alphabetico disposita, Basel 1613.

[13] J. Buxtorf, De abbreviaturis Hebraicis Liber novus et copiosus: Cui accesserunt Operis Talmudici brevis recensio, cum eiusdem librorum et capitum Indice. Item Bibliotheca Rabbinica nova, ordine Alphabetico disposita. Editione hac Secunda Omnia castigatiora et locupletiora, Basel 1630.

[14] Bibliotheca Instituta et collecta primum a Conrado Gesnero, Deinde in Epitomen redacta et novorum librorum accessione locupletata, iam vero postremo recognita, et in duplum post priores editiones aucta, per Iosiam Simlerum Tigurinum, Zürich 1574, 643.

ca', published in 1517 Reuchlin mentions the name Tedacus in the list of authors and titles appended to his treatise[15] and attributes him a 'Commentary on the Ten Sefirot' ('De decem numerationibus cabalisticis')[16]. These two data, author and title, are in most cases sufficient for generating a bibliographic ghost, but Reuchlin goes further and quotes in several passages from this work[17]. This fact lends more credibility to the existence of Tedacus Levi or rather, to the existence of a Kabbalistic work attributed to him. In one passage, after having mentioned Tedacus Levi and his supposed Commentary on the Sefirot, he quotes immediately afterwards the text concerning the angels and the demons, attributing it correctly to the 'Porta lucis' ('Sha'are Orah') of Joseph Gikatilla (here called "Joseph Castiliensis")[18], thus helping us to solve, in part, the riddle of the 'Heptaplomeres'. It is therefore established as a fact that "Jedacus" or "Bedacus" are simple mistakes from an original "Tedacus", quoted by Reuchlin as the author of a Commentary on the Ten Sefirot. The name Tedacus is thus right in comparison to the wrong forms found in the tormented textual tradition of the 'Colloquium', but, since he was never mentioned before 1517 neither in print nor in any known manuscript, be it Hebrew or Latin, does he exist? And, if he has ever existed, is he really the author of a Commentary on the Sefirot, and which one, if it is still available, among the many that have survived to our days?

One the possible lives of "Tedacus Levi" coincides with the reconstruction of the occurrences of this name, after Reuchlin and, as we will see, always based on his sole testimony, in Western literature. In order to keep my contribution within reasonable limits of lenghth, I will try to avoid excessive details, even if this entire excursus stands or falls on details only, in the persuasion that what emerges from a brief sketch is an edifying story on the role of repetition and second-hand quotation in esoteric no less than exoteric knowledge. The function of a work such as the 'De arte cabalistica', with its numerous quotations in the original Hebrew or Aramaic and a helpful Latin translation, with its attributions, authoritative if not always correct, with its contextualization of Kabbalah in a Christian frame, in other words, its very nature of Kabbalistic "digest" was not to encourage readers to find the mentioned books, but rather to stop at this convenient address any time its readers would need some kind of Kabbalistic quotation to embellish their own works. In the "chain of emanation" bibliography proceeds, other than philology, for which the opposite is or should be the case, with the current of time, accumulating authorities without, as a rule,

---

[15] J. Reuchlin, De arte cabalistica, Pforzheim 1517, XIVv.
[16] Ibid., LXXVIIr.
[17] Beside the already mentioned passages, cf. ibid., LXIIr; LXIIIr; cf. Busi/Campanini, L'arte cabbalistica (nt. 8), LVIII.
[18] See the already mentioned passage in Reuchlin, De arte cabalistica (nt. 15), LXXVIIr, cf. also S. Campanini, Ut neminem latere possit. Riflessi dell'ebraismo nel Colloquium Heptaplomeres, in: K. F. Faltenbacher (ed.), Der kritische Dialog des Colloquium Heptaplomeres. Wissenschaft, Philosophie und Religion zu Beginn des 17. Jahrhunderts, Darmstadt 2009, 259–284, here 276–279.

questioning them. A few years after Reuchlin, the Venetian Franciscan and Christian Kabbalist Francesco Zorzi published an enlarged Kabbalistic bibliography, with more than 50 titles, in his 'De harmonia mundi', printed in Venice in 1525. Although this bibliography is based largely on books Zorzi did read, some authors and titles are just copied, for the sake of completeness, as it were, from previous authors, among which Reuchlin. Be that as it may, Tedacus Levi is mentioned among many authentic authors and correct titles. According to Zorzi, other than in Reuchlin's work, Tedacus Levi is listed among the authors of commentaries on the 'Sefer Yetzirah' (this piece of mis-information, completely isolated, will not need deconstruction)[19]. As to the chapter, a rich one indeed, of the variant spellings of the name of our ghost, it is worth remarking that, on the occasion of the French translation of the 'De harmonia mundi', published in 1578 by Guy Lefèvre de la Boderie, the name Tedacus is Gallicized in "Tedaque"[20]. Even before this translation, in 1556 Tedacus Levi continued his triumphal career by being quoted as an authority in the very fortunate 'Hieroglyphica' of Pierius Valerianus[21], reprinted many times afterwards, although the title is misquoted as "On the Twelve Sefirot" ('De duodecim numerationibus'). In 1564 Tedacus was mentioned in the 'Apologia' in favour of Kabbalah by Zorzi's pupil the Observant Franciscan Arcangelo da Borgonovo[22], and, in 1571 he appeared again, in the Italian form Tedaco, among the sources of Alessandro Farra's 'Settenario del'Humana riduttione'[23]. Even the bizarre encyclopedist Tommaso Garzoni quotes him in his 'Piazza universale' (1585)[24]. He was repeatedly quoted by Blaise de Vigenère, in his 'Traité des Chiffres' (1586)[25] and in the commentary to his translation of the Images of Philostratus (1615)[26]. Most aptly, since we are speaking of a ghost, Tedacus Levi is quoted in the 'Discours et histoire des Spectres' of Pierre Le Loyer (1605)[27]. He appears also in Pierre Camus' 'Diversitez' (1609)[28]. Camus is particularly interesting since, upon dis-

---

[19] F. Zorzi, De harmonia mundi, Venezia 1525, XXXv; cf. F. Zorzi, L'armonia del mondo, ed. S. Campanini, Milano 2010, CVII–CVIII; see already G. Busi, Francesco Zorzi: A Methodical Dreamer, in J. Dan (ed.), The Christian Kabbalah. Jewish Mystical Books and Their Christian Interpreters, Cambridge (Mass.) 1997, 97–125, here 119; S. Campanini, Le fonti ebraiche del De Harmonia mundi di Francesco Zorzi, in: Annali di Ca' Foscari 38/3 (1999), 29–74, here 63.

[20] F. Zorzi, L'harmonie du monde, divisée en trois cantiques, Paris 1578 [repr. Paris 1979], 61.

[21] P. Valerianus, Hieroglyphica sive de Sacris Aegyptiorum literis Commentarii, Basel 1556, p. 323. Cf. F. Secret, Notes sur Egidio da Viterbo, in: Augustiniana 27 (1977), 205–227, here 216.

[22] Apologia Fratris Archangeli de Burgonovo Agri Placentini Ordinis Minorum pro defensione doctrinae Cabalae contra Reverendum D. Petrum Garziam Episcopum Ussellensem Mirandulam impugnantem sed minime laedentem, Bologna 1564, 5v.

[23] A. Farra, Settenario dell'Humana riduttione, Casal Maggiore 1571, 43v and 45v.

[24] T. Garzoni, La Piazza universale di tutte le professioni del mondo, nobili et ignobili, Venezia 1585, 256 (clearly derived from Reuchlin's 'De arte cabalistica').

[25] B. de Vigenère, Traicté des Chiffres ou secretes manieres d'escrire, Paris 1586, 38a.

[26] Les Images ou Tableaux de platte peinture, Paris 1615, 584.

[27] P. Le Loyer, Discours des spectres, visions et apparitions des esprits, anges, demons, et ames, se monstrans visibles aux hommes, Paris 1605, 221. The book was reprinted also in 1608.

[28] P. Camus, Les diversitès, vol. II, Paris 1609, 201a.

cussing the problem of how to quote Kabbalistic literature, he openly confesses that he found it much easier, less expensive and much less tiresome to quote secondary literature rather than going long ways to seek out Kabbalistic books that have, among others, the inconvenient trait of being written in Hebrew. One year later the stunning biography of Joshua the patriarch published by the Jesuit Nicolaus Serarius, lists Tedacus Levi among the Kabbalistic authorities[29]. In the 'Bibliotheca classica sive Catalogus' officinalis of the erudite Georg Draud (1611), the name is deformed almost beyond recognition: "Rabini Thedacileni"[30]. The source of this error seems to be the 26 books of the 'De republica' of Pierre Grégoire (1596)[31], which influenced also the fortunate collection of various erudition titled 'Dies Caniculares' of the bishop Simone Maioli (vol. III, 1610)[32], where Draud, continuator and imitator of Maioli, found it.

One of the authors who most frequently quoted Tedacus Levi, quite often in the variant "Thedacus" is Robert Fludd, in his cosmogonic and medical works appeared in the twenties of the 17th century[33]. One of the most important sources for the "Fortleben" of Tedacus Levi, this time recorded as "Tedac" was certainly the much quoted 'De vita et morte Mosi' of Gilbert Gaulmin published in 1629[34]. The place of Tedacus Levi among the most revered Kabbalistic authors is consecrated in the baroque epoch through its quotation in the celebrated 'Oedipus Aegyptiacus' (1653) of the Jesuit Athanasius Kircher[35]. He is still one authority to be quoted in the learned works of the professor in Cambridge Joseph Mede (1677)[36]. One should not be induced to think that the name and the fame of this irretrievable author should be confined to the 16th and the 17th centuries: still in 1774 (depending on Gaulmin's authority) the 'De Ebraeorum veterum arte medica' of the German erudite Johann Simon Lindinger still

---

[29] N. Serarius, Iosue, ab utero ad ipsum usque tumulum, e Moysis Exodo, Levitico, Numeris, Deuteronomio; et e proprio ipsius libro toto, ac Paralipomenis, libris quinque explanatus, vol. I, Mainz 1609, 204.

[30] G. Draud, Bibliotheca classica sive Catalogus officinalis in quo singuli singularum facultatum ac professionum libri, qui in quavis fere lingua extant, quique intra hominum fere memoriam in publicum prodierunt, secundum artes et disciplinas, earumque titulos et locos communes, Authorum Cognomina singulis classibus subnexa, ordine alphabetico recensentur, Frankfurt am Main 1611, 441.

[31] P. Grégoire, De re publica libri sex et viginti, vol. I, Lyon 1596, 716.

[32] S. Maioli, Colloquiorum, sive Dierum Canicularium Continuatio seu Tomus Tertius, Frankfurt am Main [Helenopoli] 1610, 103.

[33] See, for example, R. Fludd, De Anatomia Triplici, Frankfurt am Main 1623, 204; 209; 259; 261; 261; the latter is part of the multi-volume project bearing the collective title 'Utriusque Cosmi Historia'; see also, Id., Philosophia sacra et vere Christiana seu Meteorologica Cosmica, Frankfurt am Main 1626, 223; Id., Morborum Mysterium sive Medicinae Catholicae Tomi primi tractatus secundus, Frankfurt am Main 1631, 468; Id., Philosophia Moysaica, Gouda 1636, 91v.

[34] G. Gaulmin, De vita et morte Mosis, Paris 1629, 210.

[35] A. Kircher, Oedipi Aegyptiaci, vol. II, Roma 1653, 343 (here the name is misspelled as "Tedacas").

[36] The Works of the Pious and Profoundly-Learned Joseph Mede, London 1677.

quotes him among his sources[37]. The first encyclopedias do not fail to list Tedacus Levi among their entries: as an example, it will suffice to quote the 'Grosses vollständiges Universal-Lexikon aller Wissenschaften' of Johann Heinrich Zedler (1744) or the 'Allgemeines Gelehrten-Lexikon' of Christian Gottlieb Jöcher (1751). Even the specialized catalogue of Jewish authors, published in Leipzig in 1817 by Philipp Yung, still has a Tedacus Levi on record[38].

So far only Christian authors who had difficulties of various nature to gain direct access to Jewish, and especially Kabbalistic sources, have been quoted, but if we check the first Hebrew bibliography written by a Jew, in the hope that, at least, Tedacus Levi should not be there or, more optimistically, to find a hint in order to identify him and his supposed work, we are out for a disappointment, since, in the very comprehensive bibliography bearing the curious title 'Sifte yeshenim' ('Lips of the Sleepers'), published in 1680, one finds, under the item *Eser sefirot* (10 Sefirot), the name of the author of a commentary, indicated as טדאכום הלוי (Tedakum ha-Lewi) as if its author, Shabbetay Bass, had actually seen the book[39]. The specific Hebrew form he uses, nevertheless, suffices to convince us that he depended on Buxtorf, as in other instances, and that he did not recognize the form of the name, to the point that he left the accusative "Tedacum" in his Hebrew rendering, simply because this is the form used by Buxtorf. Unsurprisingly, an appendix to the fourth and last volume of the 'Biblioteca Magna Rabbinica', prepared by the Cistercian Monk Giulio Bartolocci, added by Giuseppe Carlo Imbonati and appeared posthumous in 1697, lists, this time under the letter Taw, the phantomatic תדכוס (Tedakus) Levi[40]. The great classic of Hebrew bibliography, the Bibliotheca Hebrea, published in Hamburg by Johann Christoph Wolf in 1715[41], not oly repeats Bass' mistake and writes "טדאכום", but deduces from the absence of the usual asterisk in Gaulmin's index, accompanying all unpublished works only preserved in manuscripts, that the commentary on the Sefirot must have been printed, without being able to specify where nor when. One could have hoped to find some clues for the "Aufklärung", that is to say for the solution of this bibliographic riddle and for "Enlightenment" as well, in Gabriel Groddeck's Rabbinical appendix to Vincent

---

[37] J. S. Lindinger, De Ebraeorum Veterum Arte Medica, De Daemone, et Daemoniacis, Zerbst–Wittenberg 1774, 131.

[38] P. Yung, Alphabetische Liste aller gelehrten Juden und Jüdinnen, Patriarchen, Propheten und berühmten Rabbinen vom Anfange der Welt bis auf unsere Zeiten, nebst einer kurzen Beschreibung ihres Lebens und ihrer Werke, Leipzig 1817, 418. Yung, depending on earlier sources (probably Wolf, quoting in turn Gaulmin and Bass), spells the name as "Tedacum" and "Tedac".

[39] S. Bass, *Sifte yeshenim*, Amsterdam 1680, 70. As a matter of fact, the printing is not very readable, and it could also be deciphered as טראכו ם (Teracum).

[40] G. Bartolocci, Bibliotheca Magna Rabbinica de scriptoribus, et Scriptis Rabbinicis ordine Alphabeitco Hebraice, et Latine digestis [...] absoluta, aucta, et in lucem edita a Domino Carolo Ioseph Imbonato, Pars Quarta, Roma 1693, 446.

[41] J. Ch. Wolf, Bibliotheca Hebraea sive Notitia tum Auctorum Hebraeorum cuiuscunque aetatis, tum Scriptorum, quae vel Hebraice primum exarata vel ab aliis conversa sunt, ad nostram aetatem deducta, Hamburg–Leipzig 1715, 390.

Plakke's 'Theatrum anonymorum et pseudonymorum' (published posthumous in 1708)[42], but, with unassailable and yet disappointing self-assuredness, the author only hastens to remark that, if Tedacus wrote a commentary on the Ten Sefirot, he cannot be considered the author, but only the commentator. Put it differently, the situation does not change with the triumph of erudition in the 17th century, since it was still based on older sources, thus proving how difficult it is, to demonstrate the non-existence of a book or of an author, once it has been repeatedly quoted or mentioned. Tedacus Levi had been quoted too often to easily question his existence.

It was only the Wissenschaft des Judentums, at the beginning of the 19th century, with a new critical attitude, that finally gave the "Tedacus" problem, if not a solution, at least the foundations of some awareness that a problem existed. Leopold Zunz, in his pioneering work 'Zur Geschichte und Literatur', published in 1845, supposed that the form "Tedacus" was nothing else than a misreading of the Hebrew טדרוס, Todros, in turn derived from the Greek Theodoros, through the Spanish Todros[43]. Zunz proposed to identify the mysterious Tedacus Levi with Todros ha-Levi Abulafia, who lived in 13th century Spain and was a Kabbalist. This conjecture is more than plausible, as we will see, but it does not solve the problem entirely: it is not known, in fact, that Todros ha-Levi should have written a 'Commentary on the Sefirot' and, even less so, the words attributed to him by Reuchlin. Zunz's pupil, the greatest bibliographer of the 19th century, Moritz Steinschneider, being aware of the problem, proposed an insightful conjecture: since there are many commentaries on the Sefirot, Reuchlin might have attributed to Todros Ha-Levi Abulafia an anonymous commentary contained in a miscellany where also an authentic work of the same author was preserved[44]. We do not need to follow Steinschneider in his further hypotheses, in this case very much misguided by earlier sources, such as that the Commentary on the Sefirot might be identified with the 'Ma'areket ha-Elohut', based on a supposed attribution by Moshe Cordovero, of which none holds true, but the basic intuition of Steinschneider, although ignored or unacknowledged by his successors, will prove exact.

Meanwhile, classic bibliographers, such as Julius Fürst, in his 'Bibliotheca Judaica'[45] or even Isaac Benjacob in his 'Otzar ha-sefarim'[46], continued to list

---

[42] V. Plakke, Theatrum anonymorum et pseudonymorum, Hamburg 1708, 712. See also D. Mill, Catalecta Rabbinica in usum Scholarum Privatarum, Utrecht 1728, 143.

[43] L. Zunz, Zur Geschichte und Literatur, Berlin 1845, 432. See also M. Steinschneider, Jüdische Literatur, in Allgemeine Encyklopädie der Wissenschaften und Künste in alphabetischer Folge von genannten Schriftstellern bearbeitet und herausgegeben von J. S. Ersch und J. G. Gruber, Zweite Sektion, 27. Theil, Leipzig 1850, 403.

[44] M. Steinschneider, Catalogus librorum Hebraeorum in Bibliotheca Bodleiana, vol. II, Berlin 1860, col. 2680.

[45] J. Fürst, Bibliotheca Judaica. Bibliographisches Handbuch umfassend die Druckwerke der jüdischen Literatur einschließlich der über Juden und Judenthum veröffentlichten Schriften nach alfabetischer Ordnung der Verfasser bearbeitet mit einer Geschichte der jüdischen Bibliographie sowie mit Indices versehen, vol. III, Leipzig 1863, 413.

[46] I. Benjacob, Otzar ha-Sefarim, Vilna 1880, 451.

Tedacus, the latter in the rare variant "Teracus" (טראקוס), as if nothing happened[47].

In fact, almost nothing happened until Gershom Scholem went to New York in 1938. There, at the library of the Jewish Theological Seminary of New York, he found a Medieval manuscript which could solve the riddle. In what he later recalled as a "wahre Feierstunde"[48], he was able to identify many of the puzzling quotations found in Reuchlin's 'De arte cabbalistica' and, on top of it, he found that, at the beginning of the miscellaneous manuscript[49] identified, perhaps too hastily, as Reuchlin's source, a clumsy hand had written the solution to an achrostic poem, whose initials form the name Todros, being the beginning of Todros ha-Levi Abulafia's 'Sha'ar ha-Razim' ('Gate of Secrets'). Scholem supposed that the letter Resh could have been taken by Reuchlin as a Kaf, generating thus the form Tedacus. Moreover, since the vast majority of the texts contained in this miscellany were anonymous, one could conjecture that Reuchlin would attribute to the first name recalled in the manuscript all the adespotous texts found in it. This would have been indeed a spectacular discovery, especially provided that one could demonstrate that the manuscript preserved in New York had been the one used by Reuchlin and, on the other hand, that it contained all the texts Recuhlin attributes to Tedacus Levi. Scholem could not prove these points, and this is perhaps among the reasons, certainly not the only one, why he hesitated in announcing his "discovery" and in fact he did it only much later, upon receiving the Reuchlin-Prize from the birth town of the German Humanist Pforzheim in 1969 and in front of an unspecialized audience, a fact that allowed him to avoid venturing into thorny details. Only after Scholem's death in 1982, Moshe Idel suggested a convincing conjecture to solve the second of the riddles left unanswered by Scholem: during a conference on the Zohar held in 1987 he claimed that a passage found in the New York manuscript JTS 1887 was in fact an unknown fragment belonging to the layer of Zoharic literature called 'Midrash ha-ne'elam' ('The Hidden Midrash'): in that fragment one reads, although in a slightly different form, a sentence on the angels attributed by Reuchlin to Tedacus Levi[50]. Some years later, in 1993, the same scholar examined the ques-

---

[47] As a matter of fact Benjacob or the editors of his book-list, among which there was also M. Steinschneider in person, suggested that the form 'Teracus' might be a misspelling for 'Todros'.

[48] G. Scholem, Die Erforschung der Kabbala von Reuchlin bis zur Gegenwart. Vortrag gehalten anläßlich der Entgegennahme des Reuchlin-Preises der Stadt Pforzheim zu Pforzheim, am 10. September 1969, Pforzheim 1970, 12; reprinted in Id., Judaica 3. Studien zur jüdischen Mystik, Frankfurt am Main 1970, 252; cf also Pforzheimer Reuchlinpreis 1955–1993. Die Reden der Preisträger, Heidelberg 1994, 123; S. Campanini, Some Notes on Gershom Scholem and Christian Kabbalah, in; J. Dan (ed.), Gershom Scholem: In Memoriam, vol. II, in: Jerusalem Studies in Jewish Thought 21 (2007), 13–33.

[49] Signature: Halberstam 444, now Jewish Theological Seminary 1887.

[50] The article appeared first in a French translation and only afterwards in the Hebrew original: M. Idel, Fragment inconnu du Midrach ha-Néelam, in C. Mopsik (ed.), Le Zohar. Le Livre de Ruth, Lagrasse 1987, 205–216; Id., Qeta' lo yadua' mi-Midrash ha-Ne'elam, in: Jerusalem Studies in Jewish Thought 3 (1989), 73–89.

tion anew, this time adressing the first problem Scholem did not resolve beyond doubt and reaching the conclusion that, for different reasons, it was not very likely that Reuchlin did consult precisely this manuscript[51]. The most important among these reasons are the differences in wording: Idel assumes that Reuchlin would not have introduced so many variants if he had used precisely that manuscript. Moreover, ms. JTS 1887 does not show any signs of having been used or actively read by a Christian reader, neither marginal glosses nor underlining. Finally, the name "Todros" is clearly readable in the manuscript, so that the misreading "Tedacus" seems to presuppose that Reuchlin had at his disposal another miscellany, quite similar to the one preserved in New York, but such as to justify the discrepancies and presumably lost.

As a matter of fact, already during the Second world war Scholem was looking for such a manuscript. It was among the books of the Gerrer Rebbe, Abraham Mordecai Alter of Gur that such a manuscript was kept[52]. According to the handwritten catalogue of this collection, which circulated among bookdealers and served later for selling the collection in order to finance the transfer and the rescue of the chassidic dynasty to America, it seemed very close to the contents of the ms. Halberstam 444[53]. The manuscript was sold by the sons of the Rebbe and is now preserved in New York in the same collection[54] of the Halberstam manuscript. As to the hopes it might be identified with the one once possessed or perused by Reuchlin, it is again a source of disappointment since it was copied after Reuchlin's death. This late manuscript, of course, could be in turn a more faithful witness of an earlier model, this time coinciding with Reuchlin's manuscript. Nevertheless, a quick check, made easier by the fact that the manuscript is digitized and available online, suffices to disappoint us once more, since the achrosticon and its solution are even more clear than in the Halberstam 444. Therefore, if one does not want to conjecture that the scribe corrected the hypothetical original which should have been in the possession of Reuchlin, it could not be misread by the latter. Moreover, the readings preserved in the ms. Mic. 2194 are not closer to these found in Reuchlin's 'De arte cabalistica'.

Nevertheless, the bare fact of its existence is very interesting: one can safely state that the ms. Halberstam 444 is certainly no unicum. Even its peculiar

---

[51] M. Idel, Introduction to the Bison Book Edition, in: J. Reuchlin, *On the Art of the Kabbalah. De arte cabalistica*, Translated by S. and M. Goodman, Lincoln–London 1993, V–XXIX, esp. XVI–XIX.

[52] Cf. the reference to the catalogue of the manuscripts preserved by the Rebbe of Gur in G. Scholem, Seridim chadashim mi-kitve R. 'Azriel mi-Gerona, in: Sefer Zikkaron le-Asher Gulak u-li-Shemuel Klein, Jerusalem 1942, 201–222, here 204.

[53] A copy of the handwritten book-list was acquired by Scholem in 1938 but it seems that either the ms. 279 of that list had not been yet purchased by the Jewish Theological Seminary, or, less probably, that it escaped Scholem's attention.

[54] Signature JTS Mic. 2194. Cfr. B. Richler, Guide to Hebrew Manuscript Collections, Jerusalem 1994, 4–5.

textual configuration is paralleled in at least another manuscript and, if one follows Idel's theory, there must have been a third one, almost identical, i. e. Reuchlin's Vorlage. Moreover, in yet another manuscript[55], admittedly quite late, since it has been attributed to Ezra of Fano[56] and in any event it was copied in the second half of the 16th century, one finds the implicit attribution of the anonymous fragment from the 'Midrash ha-Ne'elam' to Todros ha-Levi with the ususl achrosticon derived from the poem found at the beginning of the Gate of Secrets. The least one can say is that Reuchlin, after all, was quoting, albeit inaccurately, an authentic Medieval Jewish attribution, and definitely not inventing it. He seems to have repeated a suggested authorship from an existing source and applyed to an entire corpus of heterogeneous texts copied in one manuscript by the same hand.

All of the manuscripts we have been discussing are miscellanies, a favourite shape for the transmission of Kabbalistic lore in the Middle Ages. Anthologies, to which genre even Reuchlin's panorama of Kabbalistic literature can be ascribed, provide the semantic context within which the naked text, since the author reveals itself as an elusive figure, finds its appropriate readability. The anonymous or pseudonymous text is what is left after the "chemical" analysis of critical investigation is completed. If one resists the temptation of evoking the, after all, reassuring ghost of the author, although the question of Todros' authorship of that fragment could be seriously reopened, we are left with the bare body, the corpus, of a literary tradition in search of a speaker who should be responsible for its utterances. In other words, if a book without a library is like a sentence without a context, the reasons of philology, that is to say the anatomy of the constituent parts of any given tradition, should not and, I am convinced, cannot do away without bibliography, that is the casual or intentional historical context within which intellectual traditions make sense of their heterogenous contents. This conclusion should not be read as an apology of Christian Kabbalah but rather as a plaidoyer for its historical legitimacy. If rhetorics allow to stretch our medical metaphor of anatomy to its diacronic limit, we could safely state that, beside anatomy, also physiology, as the science of the living body of knowledge, will always claim its rights.

---

[55] Preserved in the Biblioteca Palatina in Parma; sign. De Rossi 130; Parm. 2422; cf. B. Richler (ed.), Hebrew Manuscripts in the Biblioteca Palatina in Parma. Paleographical and codicological descriptions: M. Beit-Arié, The Jewish National and University Library – The Hebrew University of Jerusalem, Jerusalem 2001, 326–327, n. 1215.
[56] Cf. M. Benayahu, R. 'Ezra mi-Fano. Chakam u-mequbbal u-manhig, in: Sefer Yovel li-kvod morenu ha-ga'on R. Yosef Dov ha-Levi Soleveitchik, vol. II, Jerusalem 1984, 786–855, here 834–835.

## XI. Fortleben der Bibliotheken

# Ex Bibliotheca Aegidiana. Das Fortleben der Bücher Kardinal Egidio da Viterbos in der hebraistischen Bibliothek Johann Albrecht Widmanstetters

Maximilian de Molière (München)

In der Widmung seiner *editio princeps* des Neuen Testaments in syrischer Sprache, betitelt ‚Liber sacrosancti Evangelii de Jesu Christo', berichtet Johann Albrecht Widmanstetter von seinen Studien orientalischer Sprachen, die er zunächst in Deutschland und ab 1527 in Italien bei christlichen und jüdischen Gelehrten absolviert hat[1]. Unter seinen Lehrern hebt Widmanstetter besonders Kardinal Egidio da Viterbo hervor. Dieser habe ihn im Herbst 1532 zum gemeinsamen Studium arabischer und hebräischer Texte nach Rom eingeladen. Dieser Besuch sei jedoch durch den Tod seines Lehrers zu einem plötzlichen Ende gekommen. Jedoch profitierte Widmanstetter auch nach dem Verlust Egidios als Lehrer weiter von dessen Gelehrsamkeit. Er berichtet, Girolamo Seripando, der Erbe Egidio da Viterbos, habe ihm Zugang zu dessen Büchern gewährt: „Seripando war so außerordentlich liebenswürdig, mir das Studium [von Egidios] Bibliothek und der geheimnisvollen Kommentare, die [Egidio] mit eigener Hand geschrieben hatte, zu ermöglichen."[2] Die Beziehung Widmanstetters

---

[1] Die maßgeblichen Studien über Widmanstetters Person und seine hebraistische Bibliothek sind älteren Datums: H. Striedl, Die Bücherei des Orientalisten Johann Albrecht Widmanstetter, in: H. J. Kissling/A. Schmaus (eds.), Serta Monacensia. Franz Babinger zum 15. Januar 1951 als Festgruß dargebracht, Leiden 1952, 201–244. M. Müller, Johann Albrecht v. Widmanstetter 1506–1557: sein Leben und Wirken, München 1907. Der Autor dieses Aufsatzes arbeitet derzeit an einer umfassenden Studie über Widmanstetter, die auf einer vollständigen Neukatalogisierung seiner hebräischen Handschriften und Drucke fußt. Ein Teilergebnis ist mit dem folgenden Aufsatz erschienen: M. de Molière, Johann Albrecht Widmanstetter's Recension of the Zohar, in: Kabbalah: Journal for the Study of Jewish Mystical Texts 41 (2018), 7–52. Diese Arbeit entsteht unter der Betreuung von Prof. Dr. Eva Haverkamp (Universität München) und Dr. J. H. (Yossi) Chajes (Universität Haifa), denen ich an dieser Stelle für ihre Förderung meinen Dank aussprechen möchte.

[2] J. A. Widmanstetter, Liber sacrosancti Evangelii de Jesu Christo, Wien 1555, fol. [12b], „*factum est, ut Aegidius, postquam et Iustinianus ex hac vita, (et) Leo Eliberitanus, Catholica fide cum punica commutata Tunnerem migrasset, Arabicarum literarum dignitatem inter Christianos propè solus tueretur. Qui, ut à Hier(onimo) Seripando, gradu senatorio, quem ille moriens reliquit, dignissimo viro accepit, me Leonis audiendi causa in Aphricam, quod aestate superiore infeliciter tentaveram, denuò navigaturum, extremo vitae suae tempore Romam ad se invitavit, mihiq(ue) de Arabici sermonis praestantia (et) utilitate multa comemorando, author fuit, ut eius amorem, quem fatis ita fortasse impellentibus excitatu(s) in me intellexisset, ne deponerem: nam se quoq(ue) si vita incolumis foret, me, quo posset favore, studio (et) benevolentia adiuturu(m): quod etsi praestare ob vitae brevitatem nequiverit, tamen Seripandi beneficio singulari, omnem eius Bibliothecam, (et)*

zu Egidio hat auch Spuren in seiner umfassenden hebraistischen Bibliothek hinterlassen, die sich heute in der Bayerischen Staatsbibliothek München befindet. In den Besitz des bayerischen Herzogs Albrecht V. gelangte sie nach seinem Tod am 28. März 1557. Die Sammlung Widmanstetters besteht aus etwa 138 Handschriften und 60 gedruckten Büchern – insgesamt sind dies etwa 980 einzelne Titel[3]. Den Großteil dieser Bücher erwarb Widmanstetter vermutlich während seines langen Aufenthaltes in Italien von 1527 bis zum Jahre 1539. Ab den 1540ern war er in den Diensten kirchlicher Würdenträger und Fürsten nördlich der Alpen, wie König Ferdinand I. von Österreich[4]. Seine hohe Stellung nutzte er für den Erwerb weiterer seltener Bücher und konnte seine Agenten in Konstantinopel und sogar im Heiligen Land suchen lassen. Ein kleiner Teil der Bücher Egidio da Viterbos gehört heute ebenfalls zur christlich-hebraistischen Bibliothek Widmanstetters. Hierbei handelt es sich um vier Originalhandschriften und ein gedrucktes Buch. Darüber hinaus ließ Widmanstetter fünf Handschriften nach Vorlagen in Egidios Bibliothek kopieren[5].

Obwohl der Anteil Egidios an Widmanstetters Bibliothek zahlenmäßig gering ist, lässt sich anhand dieser Codices eine komplexe Beziehung zwischen Schüler und Lehrer nachvollziehen. Widmanstetter versah die kopierten Handschriften aus Egidios Bibliothek mit großformatigen Paratexten, die seinen Stolz über die Verbindung zu dem großen Gelehrten bekunden. Im Gegensatz dazu schweigt er über die Provenienz der originalen Handschriften, die er aus der Sammlung Egidios erworben hatte. Diese markierte er noch nicht einmal mit seinem Na-

---

*maxime secretos co(m)mentarios manu ipsius, notisq(ue) perplexis de rebus variis scriptos evoluere concessum fuit.*"

[3] Die publizierten Inventare der hebraistischen Bibliothek Widmanstetters bedürfen der Revidierung und Erweiterung, da sie nur Handschriften berücksichtigen und unvollständig sind. Cf. M. Steinschneider, Die hebräischen Handschriften der k. Hof- und Staatsbibliothek in München, München 1875 ²1895, 266. O. Hartig, Die Gründung der Münchener Hofbibliothek durch Albrecht V. und Johann Jakob Fugger, München 1917, 369–371.

[4] Dennoch zeigt seine erhaltene hebräischsprachige Korrespondenz, dass er Kontakt zu anderen christlichen Hebraisten (e.g. Andreas Masius, Paulus Fagius) und jüdischen Gelehrten (e.g. Elijah Levita, Baruch von Benevento) in ganz Europa hatte. Die Briefe Elijah Levitas, Andreas Masius' und weiterer Gelehrter wurden von Joseph Perles ediert und übersetzt. Cf. J. Perles, Beiträge zur Geschichte der hebräischen und aramäischen Studien, München 1884, 158–199, 203–208. Weitere Briefe vom Buchdrucker und Hebräischprofessor Paulus Aemilius sind in deutscher Übersetzung erschienen in H. Striedl, Paulus Aemilius an J. A. Widmanstetter. Briefe von 1543/44 und 1549. Aus dem Hebräischen übersetzt und kommentiert, in: H. Leuchtmann/R. Münster (eds.), Ars Iocundissima. Festschrift für Kurt Dorfmüller zum 60. Geburtstag, Tutzing 1984, 333–356.

[5] Bei den Originalhandschriften bzw. Drucken handelt es sich um Mss. München BSB 74, 92, 119, 215 und Res/2 A.hebr. 280. Die kopierten Handschriften sind Mss. München BSB 81, 96, 103, 217 und 219. Beschreibungen finden sich in Steinschneider, Die hebräischen Handschriften (nt. 3), passim. Verschiedentlich wurde von Forschern Ms. München BSB 285 Egidio zugeschlagen. Beispielsweise Perles, Beiträge zur Geschichte (nt. 4), 157. Diese Zuordnung geht wohl auf den Eintrag des Münchner Bibliothekars Felix von Oefele zurück, der im 18. Jahrhundert Material zu Widmanstetters Bibliothek sammelte. In einer Notiz auf fol. 9r identifizierte er fälschlicherweise die Randbemerkungen mit Egidios Hand. Die Handschrift enthält tatsächlich Randbemerkungen auf foll. 51v–53v, doch stammen diese eindeutig von Widmanstetter.

men als sein Eigentum, was Fragen über deren rechtmäßigen Erwerb aufwirft. Die meisten der kopierten Handschriften beschränken sich zwar darauf, den Text der Vorlagen genau wiederzugeben. In manchen seiner Kopien aus Egidios Sammlung stellte er den Text aber aufwendig um und erweiterte diesen sogar. Auch in der Auswahl der Texte für seine Bibliothek insgesamt setzte Widmanstetter andere Schwerpunkte als Egidio. Während sein Lehrer mehrheitlich kabbalistische Texte sammelte, erwarb der Schüler Bücher aus einem breiteren Spektrum von Themenfeldern.

Egidio da Viterbo war eine Persönlichkeit, die nicht alleine wegen seiner kirchlichen Ämter, nämlich Ordensgeneral des Augustinerordens und später Kardinal, den Respekt und die Bewunderung seiner Zeitgenossen und der Nachwelt erlangt hatte. Schon in seiner Jugend hatte er als gewandter Prediger auf sich aufmerksam gemacht[6]. Viterbo sammelte und studierte außerdem seit etwa 1500 mit großem Eifer und unter hohem Aufwand hebräische Handschriften und Drucke. Hebraisten wie Egidio bildeten eine intellektuelle Bewegung innerhalb des Humanismus, parallel zum Neu-Platonismus und anderen Strömungen, die auch als *philosophia perennis* bezeichnet werden, und in enger Wechselbeziehung mit diesen standen, hebräische Texte christlich interpretierten, um auf diesem Wege zu einer unverfälschten christlichen Lehre zurückkehren zu können[7]. Daher überrascht es nicht, dass viele der Anhänger dieser Strömungen auch maßgeblich Anteil an den Reformbewegungen innerhalb der katholischen Kirche hatten. So trat auch Egidio noch als einfacher Mönch den reformorientierten Observanten des Augustinerordens bei und setzte nach seiner Ernennung zum Ordensgeneral große Energien darin, den Orden insgesamt zu reformieren. In seinen Reden und Predigten, die er vor Päpsten und Kaisern hielt, verband sich Egidios Studium kabbalistischer Texte mit eschatologischen Erwartungen, die durch die politischen Ereignisse der Zeit geschürt wurden[8]. Die Sammlung Egidios ist heute auf Bibliotheken in Rom, Neapel, London, Paris und München zerstreut, was eine systematische Aufnahme des Bestands erschwert[9]. Der Stolz

---

[6] Cf. F. X. Martin, Giles of Viterbo as a Scripture Scholar, in: Egidio da Viterbo O. S. A. et il suo tempo: atti del V Convegno dell'Istituto storico Agostiniano, Roma-Viterbo, 20 – 23 ottobre 1982 (Studia Augustiniana historica 9), Rom 1983, 191–222, 195–196.

[7] Die folgenden Studien vermitteln noch immer einen Überblick über die damaligen Diskussionen: D. P. Walker, Orpheus the Theologian and Renaissance Platonists, in: Journal of the Warburg and Courtauld Institutes 16 (1953), 100–120, C. B. Schmitt, Perrenial Philosophy: From Agostino Steuco to Leibniz, in: Journal of the History of Ideas 27 (1966), 505–532. Eine wichtige Studie, die diese Strömungen verbindet, liegt vor mit W. Schmidt-Biggemann, Philosophia Perennis. Historical Outlines of Western Spirituality in Ancient, Medieval and Early Modern Thought, Dordrecht 2004.

[8] Eine umfassende Darstellung der kabbalistisch inspirierten Theologie Egidios wurde mit W. Schmidt-Biggemann, Geschichte der christlichen Kabbala (Clavis Pansophiae 10), Stuttgart 2012, 347–383. Ebenfalls weiterhin zentral sind F. Secret, Le Zôhar chez les kabbalistes chrétiens de la renaissance, Paris 1964, 106–126 und Martin, Giles of Viterbo (nt. 6).

[9] Eine Auswahl der wichtigsten Studien der neueren Zeit: E. Abate, Filologia e Qabbalah: la collezione ebraica di Egidio da Viterbo alla Biblioteca Angelica di Roma, in: Archivio italiano per la storia della pietà 26 (2013), 413–451; E. Abate/M. Mottolese, La Qabbalah in volgare: manoscritti dall'atelier di Egidio da Viterbo, in: S. U. Baldassarri/F. Lelli (eds.): Umanesimo e

Widmanstetters über seine Verbindung mit Egidio, der aus seinen großformatigen Notizen erkennbar wird, steht im starken Kontrast zu dem Schweigen mit dem er die originalen Handschriften Egidios in seiner Sammlung übergeht. Entgegen seiner sonstigen Gewohnheit markierte er diese Handschriften nicht mit seinem Namen als sein Eigentum, weshalb sie nur anhand seiner Randnotizen und durch Typenvergleiche mit anderen Einbänden Widmanstetters Sammlung zugeordnet werden können[10].

Obschon Widmanstetter in seiner Rolle als Besitzer von Handschriften Egidios häufig Erwähnung in Untersuchungen und Editionen findet[11], ist die Forschung bis heute auf seine eigenen Behauptungen, wie in seiner Widmung zum Neuen Testament, hinsichtlich seiner Beziehung zu Egidio angewiesen. Diese Lücke möchte der vorliegende Aufsatz schließen, indem er verstreute Hinweise wie Randbemerkungen oder Einbände in den Bibliotheken beider Gelehrter auswertet. Auf dieser Quellenbasis wird dieser Aufsatz einen Einblick in die Geschichte der christlich-hebraistischen Bibliothek Widmanstetters geben und deren vielfältige Beziehung zu den Büchern Egidio da Viterbos untersuchen. Der Aufsatz gliedert das Quellenmaterial in drei Gruppen: Egidios originale Bücher, die aus Egidios Bibliothek kopierten Handschriften und beide Bibliotheken in der Gesamtschau. Der erste Teil geht der Frage nach, wie Widmanstetter in den Besitz der Bücher Egidios kam. Die zugrundeliegende Lehrer-Schüler-Beziehung zwischen Egidio und Widmanstetter zieht die Frage nach sich, ob Widmanstetter sich mit dem physischen Erwerb von Handschriften auch Egidios Rezeption dieser Texte aneignete. Als Fallstudie wird im zweiten Teil die Beschäftigung beider Gelehrter mit dem ‚Zohar' betrachtet. Abschließend werden die beiden Sammlungen nach ihrer thematischen Gewichtung untersucht, um so die Unterschiede zwischen den beiden Hebraisten auf einer breiteren Basis herauszuarbeiten.

---

cultura ebraica nel Rinascimento italiano: Convegno internazionale di studi ISI Florence, Palazzo Rucellai, Firenze, 10 marzo 2016, Firenze 2016, 15–40; A. Tura, Un codice hebraico di cabala apartenuto a Egidio da Viterbo, in: Bibliothèque d'Humanisme et Renaissance 68 (2006), 535–543. Erst neuere Kataloge verzeichnen Provenienzen zuverlässig. Vorbildlich sind in dieser Hinsicht die Kataloge der französischen Nationalbibliothek (C. Ciucu, Hébreu 763 à 777: manuscrits de Kabbale (Manuscrits en caractères hébreux conservés dans les bibliothèques de France. Catalogues 6), Paris–Turnhout 2014) und der vatikanischen Bibliothek (B. Richler/M. Beit-Arié/N. Pasternak, Hebrew manuscripts in the Vatican Library. Catalogue. Compiled by the Staff of the Institute of Microfilmed Hebrew Manuscripts, Jewish National and University Library, Jerusalem, Città del Vaticano 2008.) Der Katalog der Bayerische Staatsbibliothek München weist hinsichtlich der Provenienzen Fehler und Lücken auf, cf. Steinschneider, Die hebräischen Handschriften (nt. 3), 264–266.

[10] Zu den Einbänden in Widmanstetters Bibliothek, cf. Striedl, Bücherei des Orientalisten (nt. 1), 236–241.

[11] Cf. nt. 12.

I.

Bis heute hält sich in der Forschung die Meinung, Girolamo Seripando hätte Widmanstetter die Erlaubnis gegeben, originale Bücher aus Egidios Bibliothek sowohl zu kaufen als auch sie zu kopieren, als Widmanstetter in den 1530ern in Rom lebte. So schreibt Robert Wilkinson: „Seripando […] konnte Widmanstetter mehrere Manuskripte aus Egidios Bibliothek geben; […] die nach Widmanstetters Tod an die Staatsbibliothek in München gingen."[12] Es scheint, dass spätere Forscher die anfangs zitierte Passage als Erklärung für die Anwesenheit sowohl der originalen Bücher Egidios als auch der Handschriften, die Widmanstetter aus der Bibliothek Egidios kopiert hatte, sahen. Diese Bewertung steht jedoch im Widerspruch zu Widmanstetters eigener Darstellung der Ereignisse im Vorwort zum ‚Liber sacrosancti Evangelii de Jesu Christo'. Er berichtete darin, Seripando habe ihm die Erlaubnis gegeben, Egidios Bücher zu studieren. Weder in seiner Einleitung, noch in irgendeiner der Handschriften selbst offenbarte Widmanstetter seinen Lesern, dass er originale Bücher aus der Bibliothek des berühmten christlichen Hebraisten in seinem Besitz habe. Um den Erwerb von Egidios Handschriften zu verstehen, müssen wir zunächst betrachten, wie Widmanstetter die aus Egidios Bibliothek kopierten Handschriften präsentierte. Erst im Vergleich dazu lässt sich erkennen, wie er mit den originalen Handschriften umging.

Insgesamt ließ Widmanstetter fünf Handschriften nach Vorlagen in Egidios Bibliothek kopieren. Alle diese Handschriften enthalten kabbalistische Texte, auf denen das Hauptinteresse Egidios und Widmanstetter lag. Am Beginn seines Exemplars von ‚Sefer ha-Peliyah' beschreibt Widmanstetter dieses als Abschrift nach einer Vorlage aus der Bibliothek Egidios, „Johann Albrecht Widmanstetter, Gelehrter des Rechts, ließ (dieses Buch) 1554 aus der Bibliothek Egidios in Rom kopieren"[13]. Diese Notiz dominiert eine Quartoseite am Anfang der Handschrift, die somit kein Leser übersehen konnte. Aus Widmanstetters Paratext spricht Stolz über die gewissermaßen vornehme Herkunft seiner Handschrift. Eine ähnlich auf monumentale Wirkung abzielende Notiz setzte er in Majuskeln an den Anfang der zweiten kodikologischen Einheit seiner Sammlung von Wer-

---

[12] R. J. Wilkinson, Orientalism, Aramaic, and Kabbalah in the Catholic Reformation: The First Printing of the Syriac New Testament (Studies in the History of Christian Traditions 137), Leiden–Boston 2007, 139: „Seripando […] was able to give Widmanstetter several manuscripts from Egidio's library; […] that passed after Widmanstetter's death into the Staatsbibliothek in Munich." Ähnlich interpretierten diese Stelle H. Rebhan/A. Schmid, Die Bibliothek Johann Albrecht Widmanstetters, in: A. Schmidt (ed.), Die Anfänge der Münchner Hofbibliothek unter Herzog Albrecht V (Zeitschrift für Bayerische Landesgeschichte. Beihefte 37), München 2009, 112–131, 121; und H. Bobzin, Der Koran im Zeitalter der Reformation. Studien zur Frühgeschichte der Arabistik und Islamkunde in Europa (Beiruter Texte und Studien 42), Stuttgart 1995, 299.

[13] Ms. München BSB 96, fol. [1r], „*Johannes Albertus Widmestadius Jurisc. Roma ex Bibliotheca Aegidiana describendum curavit MDLIIII. Allatus fuit ex urbe Wienna Austriaca IX octobr. MDLIIII.*"

ken des Kabbalisten Menachem Recanatis[14]. Der Zweck dieser Notizen war es offenbar, in den Augen der gelehrten Besucher seiner Bibliothek seinen eigenen Status zu erhöhen[15].

Das Schreiben von sorgfältigen Bemerkungen über Provenienz und Inhalt war eine der gelehrten Praktiken, mit denen Widmanstetter seine Bibliothek organisierte. Nachdem er ein Buch erworben hatte, fügte er für gewöhnlich jedem Band einen Index der enthaltenen Titel hinzu – entweder auf dem Einband oder auf einem der Vorsatzblätter[16]. Widmanstetter trug außerdem seinen Namen auf der ersten Seite jeder Handschrift und auf der Titelseite jedes gedruckten Buches ein und dokumentierte auf diese Weise seinen Besitz[17]. Die kodikologische und paläographische Untersuchung sämtlicher 138 hebräischen Handschriften in Widmanstetters Bibliothek ergibt, dass er seinen Namen in 89 % seiner Handschriften eintrug. Aus diesen bibliothekarischen Praktiken lässt sich erkennen, dass Widmanstetter seine Bibliothek sehr methodisch organisiert hatte.

Zwei Bücher, die aus Egidios Bibliothek stammen, enthalten außerdem Notizen, die beschreiben, wie Widmanstetter sie im Jahre 1543 bei einem Buchhändler namens „Zena" auf dem Campo de' Fiori in Rom kaufte[18]. Diese beiden Notizen sind die einzigen beiden Fälle, in denen Widmanstetter angibt, Bücher

---

[14] Ms. München BSB 103, fol. 115r, „*Rationes praeceptorum legis Mosaicae et expositio benedictionis mensae secundum cabalisticam traditionem autore Rabi Menahe(m) Ricinate. Describendum curavit ex bibliotheca Aegidiana Romae in monasterio Augustiniano extructa Io. Alb. a Wydmaestadio cogn(nomento) Lucretius. M.D.XXXVIII.*" („Die Begründungen der Vorschriften des mosaischen Gesetzes und eine Erläuterung des Tischgebets gemäß der kabbalistischen Überlieferung – geschrieben von Rabbi Menachem Recanati. Johann Albrecht Widmanstetter, genannt Lucretius, ließ (dieses Buch) aus der Bibliothek Egidios in Rom kopieren. 1538.")

[15] Nach Zeitzeugenberichten war Widmanstetter gewohnt, befreundete Gelehrte in seinem Studio umgeben von seinen Büchern zu empfangen. Cf. Georg Wicelius, Idiomata quaedam linguae sanctae in Scripturis Veteris Testamenti observata, Moguntiae 1542, A3b–A4a. Ein weiterer Bericht datiert in die Zeit des Regensburger Reichstages von 1541, als Martin Frecht und Wolfgang Musculus die Gelegenheit nutzten, die Widmanstetter'sche Sammlung zu besichtigen. Cf. Müller, Johann Albrecht v. Widmanstetter (nt. 1), 47.

[16] Da Widmanstetters eigener Katalog nicht mehr erhalten ist, sind diese Indices der einzige Hinweis auf seine Fähigkeit, Texte und Autoren der jüdischen Literatur zu identifizieren. Die Existenz des Katalogs erwähnt Martin Frecht, Cf. J. G. Schelhorn, Amoenitates literariae quibus variae observationes, scripta item quaedam anecdota et rariora opuscula exhibentur, Frankfurt a. M.–Leipzig 1730, 14, 470, zitiert in Müller, Johann Albrecht v. Widmanstetter (nt. 1), 47. So auch Reichsvizekanzler Georg Seld in einem Brief an den Humanisten Joachim Camerarius, datiert auf 28. Februar 1558. Abgedruckt in Hartig, Gründung der Münchener Hofbibliothek (nt. 3), 283–284.

[17] Zu Widmanstetters Namenseinträgen und deren Interpretation, cf. Striedl, Die Bücherei des Orientalisten (nt. 1), 241–244.

[18] Es handelt sich um einen heute verlorenen Kommentar zur ‚Ilias'. Diese Notiz ist nur noch in einem Notizbuch des Münchner Bibliothekars Felix von Oefeles überliefert, cf. Ms. München BSB Oefeleana 245, 51. Das zweite Buch ist Nikolaus von Lyras ‚De differentia translationis nostrae ab Hebraica in toto veteri testamento', Ms. München BSB Lat. 307, fol. 3r: „*Emptus Romae in Campo Floraw a Zena V. Xbris MDXLIII.*"

aus der Bibliothek von Egidio über einen Mittelsmann gekauft zu haben. Es fällt jedoch auf, dass sich in keinem der anderen originalen Bücher aus Egidios Bibliothek ein Besitzeintrag Widmanstetters findet. Die einzige Möglichkeit zu erkennen, dass diese Handschriften zu Widmanstetters Bibliothek gehört hatten, sind seine Indizes, seine eigenen Marginalnoten und die charakteristischen Bucheinbände[19]. Vergleicht man dies mit den ganzseitigen, monumentalen Paratexten, die den Ursprung seiner kopierten Handschriften zur Schau stellen, müssen Egidios Bücher insgesamt für Widmanstetter als christlicher Hebraist von großer Bedeutung gewesen sein. Wir haben gleichfalls gesehen, dass Widmanstetter die Inhalte seiner Bibliothek methodisch verzeichnet hatte. Daher erscheint es höchst unwahrscheinlich, dass er es ausgerechnet bei sämtlichen originalen Büchern Egidios versehentlich versäumte, seinen Namen einzutragen. Das Fehlen des Namens deutet darauf hin, dass Widmanstetter sich nicht als der Eigentümer dieser Handschriften betrachtete, da er diese bei der Unterzeichnung seines Namens sein Eigentum dokumentiert hätte.

Im Winter 1545 ereignete sich ein Vorfall, der aufzeigt, dass Widmanstetters rechtmäßiger Besitz bestimmter Bücher von seinen Zeitgenossen in Frage gestellt wurde. Die Stadt Landshut beschlagnahmte seine Bibliothek unter der Behauptung, er habe Bücher, die er aus Klosterbibliotheken ausgeliehen hatte, nicht zurückgegeben. Im Bemühen, seine Bücher zurückzuerhalten, schrieb Widmanstetter an seinen neuen Herrn, den Erzbischof Ernst von Salzburg, und bat ihn, sich für ihn bei der Stadt einzusetzen.

„Nachdem ich mich den nächstvergangenen summer E. F. Gn. mit Dienst verpflicht, unnd mein armuet von Landshuet hieher zufieren verordnet hab, Sein mir all meine puecher daselbst durch die Obrigkhaydt von wegen der puecher, so ich aus etlichen Klöstern auf mein gegebene bekhanntnussen enntlehnt, verbotten worden."[20]

Widmanstetter hatte demnach versucht, seine Bibliothek an seinen neuen Wohnort zu verlegen, ohne die Bücher zurückzugeben, die er aus Landshuter Klosterbibliotheken entliehen hatte. Die Art und Weise, wie Widmanstetter den Streit mit der Stadt darstellte, lässt erkennen, dass ihm daran gelegen war, gegenüber seinem Dienstherrn die Vorwürfe als Zweifelsfall darzustellen. Dennoch stellt sich die Frage, ob sich hier nicht ein mutwilliger Versuch erkennen lässt, entliehene Bücher ihren legitimen Besitzern zu entziehen.

Wie lässt sich auf Basis dieser Erkenntnisse der Fall der ungekennzeichneten Bücher Egidios in Widmanstetters Bibliothek bewerten? Im 16. Jahrhundert war es kein Einzelfall, dass private Gelehrtenbibliotheken sich nach dem Tod ihres

---

[19] Außerdem lässt sich erkennen, dass die Marginalnoten Egidios und Widmanstetter oft nebeneinander zu finden sind. Cf. Ms. München BSB 119.
[20] Widmanstetter an Erzbischof Ernst von Salzburg, undatiert (vor 1. Dezember 1545), BayHStA München, Salzburg Erzstift Lit. 209 c. Zitiert nach Müller, Johann Albrecht v. Widmanstetter (nt. 1), 88–89.

ursprünglichen Besitzers langsam auflösten[21]. Um nur ein Beispiel aus dem Kreis hebraistischer Sammlungen zu nennen, Ilona Steimann hat kürzlich die christlich-hebraistische Bibliothek von Domenico Grimani untersucht, die etwa gleichzeitig zu Egidios Sammlung entstand. Nach Grimanis Tod wurde diese wichtige Sammlung hebräischer Texte im Kloster Sant'Antonio in Venedig verwahrt. Obwohl es den Mönchen verboten war, die Bücher aus dem Kloster zu entfernen, gelangten viele Bücher in die Hände des Augsburger Kaufmanns Johann Jakob Fugger. Nachdem ein Brand die Klosterbibliothek im 17. Jahrhundert zerstörte, gehören die Bücher Fuggers ironischerweise zu den wenigen verbleibenden Überresten der Sammlung Grimanis[22]. Daher würde es nicht überraschen, wenn Egidio da Viterbos Bücher auf ähnliche Weise in Widmanstetters Besitz gekommen wären.

Egidios originale Bücher verdeutlichen Widmanstetters Haltung, zwar über die Bücher Egidios zu verfügen, jedoch nicht der legitime Eigentümer zu sein. Eine abschließende Bewertung ist aufgrund des Fehlens expliziter Aussagen problematisch, jedoch möchte ich vorschlagen, dass Widmanstetter versuchte, die Spuren seines unrechtmäßigen Erwerbs zu verwischen. Zuerst lieh er sich die Bücher von Seripando und nahm sie zusammen mit seiner eigenen Bibliothek mit, als er 1539 von Italien nach Deutschland zurückkehrte. Jedoch kennzeichnete er sie nie mit seinem Namen. Möglicherweise hatte Widmanstetter Angst, er könnte eines Tages von einem anderen Gelehrten entdeckt werden, der Egidios Hand kannte, und wie im Fall der Bücher aus den Ingolstädter Klosterbibliotheken über die Provenienz von Egidios Büchern zur Rede gestellt werden.

Diese Interpretation der Befunde in Widmanstetters Sammlung hat auch Folgen für unser Verständnis eines anderen Buches aus Egidios Bibliothek, Ms. München BSB 74. Diese wichtige Handschrift ist das originale Exemplar von ‚Masoret ha-Masoret', in welcher der große Grammatiker Elijah Levita auf dem Wege der Sprachwissenschaft die Entstehung des hebräischen Bibeltextes untersuchte[23]. Wie die anderen Handschriften Egidios weist diese weder einen Besitzvermerk noch Randbemerkungen Widmanstetters auf. Aus diesem Grund wurde Widmanstetters Besitz von früheren Forschern in Frage gestellt. Nachdem es nun eine Erklärung gibt, warum Widmanstetter seinen Namen nicht in Egidios originale Bücher eingetragen hat, kann man sie mit hoher Plausibilität seiner Bibliothek zuordnen.

---

[21] Beispielsweise lässt sich aus den Katalogen des Bologneser Gelehrten Gian Vincenzo Pinellis nachvollziehen, wie die Bibliothek nach seinem Ableben durch unkontrolliertes Leihen von Büchern stetig zusammenschmolz. Cf. A. Nuovo, Gian Vincenzo Pinelli's Collection of Catalogues of Private Libraries in Sixteenth Century Europe, in: Gutenberg-Jahrbuch 82 (2007), 129–144.

[22] Cf. I. Steimann, Jewish Scribes and Christian Patrons: The Hebraica Collection of Johann Jakob Fugger, in: Renaissance Quarterly 70 (2017), 1235–1281.

[23] Cf. Martin, Giles of Viterbo (nt. 6), 214–215. Noch immer grundlegend für Elijah Levita und dieses Werk ist G. E. Weil, Élie Lévita. Humaniste et Massorète (Studia Post-Biblica 7), Leiden 1963. Zu Widmanstetter insbesondere 245–247.

## II.

Die Handschriften, die Widmanstetter aus Egidios Bibliothek kopieren ließ, umfassen eine Anthologie der Schriften von Eleazar von Worms (Ms. München BSB 81), ‚Sefer ha-Peliyah' (Ms. München BSB 96), Schriften Menachem Recanatis (Ms. München BSB 103) und den ‚Zohar' (Mss. München BSB 217–219, 285). Im Folgenden werden zwei dieser Handschriftenprojekte vorgestellt, ihre Bedeutung für die Beziehung zu Egidio erörtert und diskutiert bis zu welchem Grad er sich die Lesart seines Lehrers aneignete. Um diese Handschriften zu erwerben, arbeitete sowohl mit Konvertiten als auch mit jüdischen Schreibern zusammen. Die Handschrift München BSB 81 ist eine nahezu perfekte Kopie von Egidios Sammlung der Werke Eleazar von Worms' (Ms. London BL 737). Diese Vorlage wurde 1515–16 von Elijah Levita angefertigt, der im Kolophon Egidio da Viterbo mit den folgenden Worten pries:

> „Ich schrieb dieses Buch für einen der gerechten unter den Völkern der Welt, einen ehrlichen und aufrechten Mann von den Priestern der Kultstätten St. Augustins. Sein Name ist Egidio da Viterbo, der Leiter und Vorsteher über alle genannten Priester und deren Kultstätten, die in allen Ländern der Christen sind."[24]

Widmanstetters Kopie dieser Abschrift stammt von dem jüdischen Schreiber Moses Gad ben Tovia und entstand 1555 auf dem Höhepunkt seiner Laufbahn als Vizekanzler am Hof König Ferdinands I. Moses kopierte nicht nur gewissenhaft die Texte der Vorlagenhandschrift, sondern auch das Kolophon wortwörtlich. Dabei ließ er den Namen Egidios aus, um Platz für den Namen seines Auftraggebers zu lassen. Elijah Levitas Nennung ersetzte er mit seinem eigenen Namen[25]. Wer den Namen Widmanstetters schließlich an die Stelle Egidios eintrug, lässt sich nicht feststellen. Es handelt sich möglicherweise um einen unbekannten Mittelsmann, der den Auftrag an einen geeigneten Schreiber vergeben hatte und die fertige Handschrift an Widmanstetter schickte, der zu dieser Zeit schon lange nicht mehr in Italien lebte, sondern am Hof König Ferdinands I. in Wien tätig war. Da der Schreiber sich offenbar nicht im Klaren war über die Bedeutung der kirchlichen Titel, die er Widmanstetter mit dem kopierten Kolophon zuschrieb, sah sich dieser gezwungen, sich schriftlich zu distanzieren. An den Fuß derselben Seite notierte er:

> „Bedenke: Elijah Levita, der Grammatiker, schrieb das Original, auf der diese Abschrift basiert für Kardinal Egidio, der damals im Jahre 5276[26] General des Augustinerordens war. [Elijah] wurde aus dem Kolophon von Moses, meinem Schreiber, ge-

---

[24] Cf. Ms. London BL 737, fol. 600v. Das hebräische Original ist abgedruckt in G. Margoliouth, Catalogue of the Hebrew and Samaritan Manuscripts in the British Museum, London 1915, 9–10.
[25] Cf. Ms. München BSB 81, fol. 369r.
[26] Widmanstetter verwendet hier die jüdische Ära nach der Erschaffung der Welt, wie er sie in der Vorlagenhandschrift vorgefunden hatte. 5276 entspricht im julianischen Kalender den Jahren 1515–1516.

tilgt. Dieser wies mir die Titel eines Vorstehers des Augustinerordens zu, nicht wissend, was er schrieb."[27]

Dieses Beispiel zeigt auf, dass die Verbindung von Widmanstetters Büchern mit Egidios Sammlung unter bestimmten Bedingungen Probleme aufwarf. Zwar wurde diese Handschrift rechtmäßig erworben, indem Widmanstetter sie abschreiben ließ, jedoch fürchtete er, durch die Unwissenheit seines Schreibers könnte der Eindruck entstehen, dass er sich unrechtmäßig kirchliche Titel erschleichen wollte. Seine schriftliche Distanzierung demonstriert aufs Neue, dass Widmanstetter seine Bücher und insbesondere die Kopien aus Egidio da Viterbos Bibliothek den Besuchern seiner Bibliothek zugänglich machen wollte und er darauf bedacht war, auf diesem Weg seine Außenwahrnehmung zu kontrollieren.

In den Jahren 1536 bis 1537 schuf Widmanstetter mit seinem Schreiber Francesco Parnas eine dreibändige Abschrift des ‚Zohars', deren Abschnitte teilweise umgestellt wurden, um als Kommentar zur Bibel zu dienen[28]. Diese Handschriften beruhten zu einem großen Teil auf der Handschrift von Widmanstetters Lehrer Egidio da Viterbo[29]. Durch einen sorgfältigen Vergleich der Handschriften lässt sich erkennen, dass Widmanstetter versuchte, die Schwächen der Originalhandschrift zu beheben, indem er Lücken im Text auffüllte und längere Passagen umsortierte. Ein Brief Egidio da Viterbos aus dem Jahr 1514 beschreibt seine Auffassung über die Natur des ‚Zohars' als Kommentar zur Torah, also den fünf Büchern Mose: „Am meisten erbitte ich (von dir), gründlich zu fragen, ob einer von euch nach Damaskus reisen wird. Diesen werde ich anweisen, den ‚Zohar' über die gesamte Bibel aufzuspüren."[30] Egidios Handschrift ist als Kommentar zu den Perikopen, den Abschnitten, die wöchentlich im synagogalen Gottesdienst verlesen werden, aufgebaut. Jeder Abschnitt in der Handschrift entspricht einer Perikope. Um dem Leser die Orientierung zu erleichtern, zitiert die Handschrift kurz den Bibeltext an und folgt dabei der Reihenfolge der biblischen Verse. Egidios eigene Handschrift enthält jedoch nur 28 von 52 Abschnitten und deckt damit nur etwas mehr als die Hälfte des Pentateuchs ab[31]. Diese

---

[27] Ms. München BSB 81, fol. 369r: „*Nota, Heliam Levita(m) grammaticu(m) exemplar unde hoc descriptum est, Cardinali Aegidio tum generali (sancti) Augustini scripsisse anno 5276 quem in hac conclusione secutus est Moses scriba meus, qui mihi tribuit titulos magisterii ordinis (sancti) Augustini, ignarus quid scriberet.*"

[28] Eine ausführliche Darstellung der ‚Zohar'-Handschriften Egidio da Viterbos und Widmanstetters habe ich bereits an anderer Stelle vorgelegt, cf. Molière, Widmanstetter's Recension of the Zohar (nt. 1). In der Tat wurde diese Anordnung kurze Zeit nach Widmanstetters Tod schon durch die beiden Drucke des ‚Zohars' in Cremona und Mantua zu der bis heute verbindlichen. Cf. D. Abrams, Kabbalistic Manuscripts and Textual Theory Methodologies of Textual Scholarship and Editorial Practice in the Study of Jewish Mysticism, Jerusalem–Los Angeles 2013.

[29] Cf. Ms. Roma Casanatense 2971.

[30] Egidio da Viterbo an Gabriele della Volta, 8. Mai 1514. Ms. Roma Angelica, Lat. 688, fol. 51r: „*Summa quaeso perquire diligentia an ex vestris aliquis Damascum petat: cui Zohar super totam Bibliam vestigandum committe.*"

[31] Eine Übersicht über die in Egidios Handschrift enthaltenen Perikopen ist bereits veröffentlicht in Secret, Le Zôhar (nt. 8), 37–38. Ein Vergleich der Versionen Egidios und Widmanstetters findet sich in Molière, Widmanstetter's Recension of the Zohar (nt. 1), 36–37.

Lücke, in Kombination mit seiner Auffassung des ‚Zohars' als Bibelkommentar, brachte ihn zu der Annahme, dass eine Handschrift des ‚Zohars' mit allen Perikopen existieren müsse und dass seine eigene Abschrift nur ein Fragment sei. Es ist keine Handschrift aus Egidios Besitz bekannt, die den Vorgaben entspricht, welche er in seinem Brief an della Volta skizzierte[32].

Widmanstetter nahm eine pragmatischere Haltung in Bezug auf den Erwerb seiner ‚Zohar'-Handschriften ein. Im Gegensatz zu seinem Lehrer, der vergeblich nach einer vollständigen Handschrift gesucht hatte, spürte Widmanstetter zusätzliche Handschriften auf, die weitere Texte enthielten, und vereinte diese mit Hilfe des Konvertiten und Schreibers Francesco Parnas zu einem Text. Im dritten Band seiner ‚Zohar'-Handschrift nennt Widmanstetter die Quellen aus denen er für seine Bearbeitung schöpfte:

> „Ich ließ sie [diese Handschrift] aus Handschriften kopieren, die Papst Clemens VII. unter großen Kosten in Asien und Afrika erwarb. Die in den beiden vorhergehenden Bänden des Zohars geschriebenen (Texte) stammen aus einer beneventinischen Handschrift, die R. Menachem Recanati zusammen mit seinen Schätzen seinen Erben hinterlassen hat und die er teilweise in seinen Kommentaren niedergeschrieben hat. All dies war im Codex Egidios enthalten."[33]

Darüberhinaus lässt Widmanstetters ‚Zohar' ein Verständnis dieses Texts erkennen, das der Konzeption Egidios ähnelte: Wie sein Lehrer betrachtete auch er den ‚Zohar' als einen Kommentar zur Bibel. Folgerichtig veränderte Widmanstetter in seiner Bearbeitung des ‚Zohars' diejenigen Merkmale des Textes, die seiner Vorstellung eines Kommentars widersprachen. Dies wird insbesondere im Text zur ersten Perikope, ‚Berešit' (Im Anfang), deutlich, deren innere Struktur Widmanstetter stark modifizierte. Hauptsächlich fügte er weiteres Material aus anderen Handschriften hinzu und band dieses in das Schema ein, das er seiner Version zugrundelegte. Um den anspruchsvollen, redaktionellen Anforderungen dieser Bearbeitung der Perikope gerecht zu werden, müssen Widmanstetter und sein Schreiber über ausgezeichnete Kenntnisse der zoharischen Handschriftentradition verfügt haben. Diese lässt sich beispielsweise daran erkennen, dass sie sorgfältig die Wiederholung der gleichen Textabschnitte vermieden und gelegentlich Egidios Text ersetzten, falls eine andere Handschrift eine vermeintlich bessere Lesart dieses Abschnitts enthielt[34].

---

[32] Cf. ibid., 10. Bezüglich der Einordung von Egidios Handschrift in die Texttradition des ‚Zohars', cf. ibid., 13–15.

[33] Ms. München BSB 218, fol. 5v, *„quae ex codicibus Clementi VII pontifici maximi providentia ex asia africaque magnis impendiis corrogatis transcribenda curavi. Nam quae in voluminibus duobus prioribus Zoharis scripta sunt, ex Beneventano codice, quem R. Menahem Recanatensis inter Thesauros suos haeredibus reliquerat, atque partim in suos commentarios transtulit, descripta fuerunt. illaque omnia Aegidianus codex habebat"*. Zu Widmanstetters Verständnis des ‚Zohars' und seinen Quellen, cf. Molière, Widmanstetter's Recension of the Zohar (nt. 1), 11–13.

[34] Cf. ibid., 10. Die Bearbeitung dieser Perikope wird detailliert beschrieben in ibid., 23–27. Die Veränderungen werden außerdem in einer Tabelle aufgeschlüsselt, cf. ibid., 38–41.

## III.

In einer Notiz, die Widmanstetter in einer griechischen Handschrift hinterließ, berichtete er, wie er 1533 in den vatikanischen Gärten über Nikolaus Kopernikus' neue Lehre des Heliozentrismus vor Papst Clemens VII. referierte und daraufhin vom Papst mit ebendieser Handschrift belohnt wurde[35]. Sein Interesse an Astronomie verfolgte er aber auch mithilfe hebräischer Texte, wie die ungefähr 70 astronomischen Texte und Tabellen zeigen, die sich in seiner hebraistischen Bibliothek finden[36]. Leider lässt sich nicht genau feststellen, wie weit er sie für seine astronomischen Studien nutzte, denn bis auf wenige Randnotizen in Ms. München BSB 91, die sich bibliographischen Fragen widmen, sind diese Handschriften nicht von ihm kommentiert worden. Im Gegensatz zu diesem starken Interesse für Astronomie ist auffallend, dass dieses und andere Themenfelder in Egidios Bibliothek nur mit geringen Zahlen vertreten sind. So findet sich der einzige astronomische Text Egidios in Ms. Roma Angelica 72, einer Sammelhandschrift, die zum größten Teil aus grammatikalischen Abhandlungen besteht. Zudem hat Egidio diesen Text nicht kommentiert. Dieser Befund deutet darauf hin, dass Egidio wahrscheinlich nicht an dem astronomischen Text interessiert war, als er dieses Manuskript kaufte. Aus diesen Gründen lässt sich die Astronomie auch als Themengebiet ausschließen, an dem Egidio interessiert war. Sein Schüler Widmanstetter brachte es dagegen auch in diesem Feld zu einer Meisterschaft, die von seinen Zeitgenossen gewürdigt wurde.

Zwar belegen die Handschriften, welche Widmanstetter aus Egidios Bibliothek kopieren ließ, seine intensive Beschäftigung mit Kabbalah, sie geben jedoch keinen repräsentativen Eindruck seiner Sammlung als ganze. Betrachtet man die literarischen Interessen, die sich in den Bibliotheken der beiden widerspiegeln, deutet sich die Eigenständigkeit Widmanstetters als Gelehrter von seinem Lehrer in dem wesentlich breiteren thematischen Spektrum seiner Bibliothek an. Aufgrund der anzunehmenden Verluste in Egidios Bibliothek und der Schwierigkeit diese aufgrund ihrer Zerstreuung zu rekonstruieren, können die hier vorgestellten Ergebnisse jedoch nur vorläufig sein, denn mit jeder neu aufgefundenen Handschrift ändert sich das Gesamtbild[37]. Zudem ist in Egidios Sammlung

---

[35] Der Papst belohnte ihn mit einer griechischen Handschrift, in welcher er diese Episode auf dem Vorsatzblatt festhielt, Ms. München BSB graec. 151: „*Clemens VII. pont(ifex) max(imus) hunc codicem mihi d(ono) d(edit) anno MDXXXIII Romae, postquam ei praesentibus fr(atri) Ursino Joh(anni) Salviato card(inalibus) Joh(anni) Petro episcopo Viterbien(sis) et Mathaeo Curtio Medico physico in hortis Vaticanis Copernicianam de motu terrae sententiam explicavi.*"

[36] Cf. Mss. München BSB 36, 70, 91, 109, 126, 128, 230, 233, 246, 249, 256, 261, 263, 289, 299, 304, 343, 327 und 340.

[37] Neben dem Druck in Widmanstetters Bibliothek (Res/2 A. hebr. 280) ist in der Forschungsliteratur bislang nur ein Druck aus Egidios Bibliothek bekannt. I. Sonne, Scelta di manoscritti e stampe della Biblioteca dell-Università israelitica di Roma, Roma 1935, 62, verzeichnet an der Università Israelitica di Roma Menachem Recanati, Peruš 'al ha-Torah, Venedig apud Bomberg 1523. Es ist wahrscheinlich, dass sich im Zuge erneuter Katalogisierungsprojekte frühneuzeitlicher Drucke diese Zahl erhöhen wird.

eine große Zahl von Texten nicht im hebräischen oder aramäischen Original erhalten, sondern nur in Form von Teilübersetzungen nachweisbar[38]. Beispielsweise beherbergt die Bibliothèque National de France mehrere lateinischsprachige Notizbücher Egidios, in welche er in einer Mischung aus Übersetzung, Paraphrase und Interpretation seine Notizen eintrug[39]. Oftmals sind die Handschriften, die er während dieser Arbeiten vor Augen hatte, nicht mehr erhalten. Damit sind diese Notizen die einzige Spur der verlorengegangenen Manuskripte.

Widmanstetters Bibliothek enthält zwar viele der kabbalistischen Texte in Egidios Bibliothek, jedoch decken sie sich nicht vollständig. Beispielsweise besaß Egidio mit Ms. Roma Casanatense 3105 den ‚Sefer ha-Ṣeruf‘, der fälschlicherweise Abraham Abulafia, einem spanischen Kabbalisten des 13. Jahrhunderts, zugeschrieben wurde[40]. Widmanstetter verfügte mit Ms. München BSB 285 seinerseits über eine Sammelhandschrift mit den Werken Abulafias. Der Gesamtanteil kabbalistischer Texte ist in Egidios Bibliothek jedoch höher. Dieses Ungleichgewicht ist auf Widmanstetters breitere Interessen zurückzuführen. In absoluten Zahlen hat Egidio jedoch tatsächlich weniger kabbalistische Texte in den Originalsprachen besessen[41]. Von den insgesamt 53 bekannten Handschriften aus Egidios Bibliothek enthalten 20 ausschließlich kabbalistische Texte, drei weitere sind mehrheitlich kabbalistischen Inhalts[42]. Die Zahl der Bände, die kabbalistische Werke enthalten, bewegt sich in Widmanstetters Bibliothek in derselben Dimension: 21 beinhalten ausschließlich kabbalistische Texte, acht weitere Bände enthalten diese Texte teilweise[43]. Das Bild verändert sich nicht wesentlich, wenn man die Zahlen der Texte zugrundelegt: Viterbo besaß 144 kabbalistische Texte in den Originalsprachen Hebräisch und Aramäisch und 44 auf Latein. Dagegen stehen in Widmanstetters Sammlung 184 Texte in den Originalsprachen. Erst wenn man die Gesamtzahl aller Texte in beiden Bibliothek zugrundelegt, zeigt

---

[38] Es ist problematisch, dafür eine genaue Zahl anzugeben, da die Kataloge Inhalte unterschiedlich genau beschreiben. Nach meinen bisherigen Recherchen gehe ich von etwa 60 Texten aus.

[39] Cf. Mss. Paris BNF Lat. 62, 98, 373, 527, 596, 597, 598, 3363, 3667, 8751 D, dazu kommt eine italienische Handschrift: Paris BN Ital. 612. Es ist zu beachten, dass diese Bücher auch Notizen von Egidios Informanten enthalten können.

[40] Diese Handschrift enthält weitere Texte, die Widmanstetter nicht besaß: wie Dunasch Ibn Tamims Kommentar zu ‚Sefer Yeṣirah‘, einen anonymen Kommentar zu ‚Maʿareket ha-ʾElohut‘ und Eliezer von Worms' ‚Halikot Tešuvah‘. Cf. G. Sacerdote, Catalogo dei codici ebraici della Biblioteca Casanatense, Firenze 1897, 602–604.

[41] Cf. Tabelle im Anhang.

[42] Cf. Mss. London BL 737, London BL 743, London Montefiore 319, München BSB 92, München BSB 119, München BSB 215, Roma Angelica 45, Roma Angelica 46, Roma Angelica Lat. 1253, Roma Casanatense 807, Roma Casanatense 2755, Roma Casanatense 2971, Roma Casanatense 3061, Roma Casanatense 3086, Roma Casanatense 3098, Roma Casanatense 3105, Roma Casanatense 3154, Vatican 189. Paris BNF Lat. 527, Paris BNF Lat. 598, Paris BNF Lat. 3667 und Vatican Lat. 5198.

[43] Cf. Mss. München BSB 76, 78, 81, 92, 96, 103, 112, 115, 119, 129, 131, 215, 217–219, 221, 228, 232, 240, 264, 285, 305, 311, 315, 325, 403, 409 und 4. A.hebr. 300. Es ist nicht verwunderlich, dass sich unter den kabbalistischen Texten nur ein Druck befindet. Unter jüdischen Gelehrten galt in dieser Zeit ein Tabu, mystische Ideen im Druck zu verbreiten.

sich, dass Egidio mit insgesamt 75,8 % hauptsächlich an Kabbalah interessiert war. In Widmanstetters Bibliothek stellt Kabbalah zwar die meisten Texte, jedoch dominiert dieses Genre mit einem Gesamtanteil von 21,3 % die Bibliothek nicht.

Auch in weiteren Sparten ähneln sich die beiden Bibliotheken. Beispielsweise liegen die Bestände an Bibeln bei beiden Gelehrten gleich auf. Insgesamt scheint Widmanstetter fünf hebräische Bibeln besessen zu haben[44]. Darunter ist die ‚Biblia Rabbinica' (Hebräisch ‚Miqra'ot Gedolot', Venedig 1524–25) des Buchdruckers Daniel Bomberg, die bedeutende mittelalterliche Kommentatoren wie Raschi und die aramäische Übersetzung ‚Targum Onqelos' enthält[45]. Eine ähnliche Ausstattung hatte Widmanstetter mit der Handschrift München BSB 114 vorliegen, die allerdings nur den Pentateuch abdeckt. Hebräisch, die Sprache des Tanachs (mit einigen Abweichungen identisch zum Alten Testament der Christen), war vermutlich schon um die Zeitenwende als gesprochene Sprache auf dem Rückzug. In der Spätantike wurden verschiedene Übersetzungen des Tanachs in das Aramäische angefertigt, das im Heiligen Land Umgangssprache war. Diese ‚Targumim' wurden im synagogalen Gottesdienst nach dem hebräischen Original verlesen. Christliche Hebraisten interessierten sich für diese jüdischen Übersetzungen beispielsweise deshalb, weil sie sich erhofften, durch diese Texte die Sprache studieren zu können, die Jesus Christus gesprochen hatte. Eine weitere Bibelausgabe Widmanstetters ist sein verlorenes Exemplar der ‚Konstantinopler Polyglotte'. Diese erscheint in keinem der Kataloge und lässt sich nur aus der Literatur Widmanstetters Bibliothek zuordnen[46]. Das Bild für Egidios Bibliothek ist in dieser Sparte ähnlich, denn er besaß sieben Bibeln im originalen Hebräisch, zwei lateinische Übersetzungen und zwei aramäische Übersetzungen (‚Targumim')[47]. Egidio besaß zwei hebräische Manuskripte, die ausschließlich Midraschim gewidmet waren und eine Handschrift mit fünf Midraschim in lateinischer Übersetzung[48]. Er besaß 54 midraschische Texte in zwölf Handschriften und einen Druck, die Widmanstetter aus Konstantinopel erwarb: ‚Otiyyot de-Rabbi 'Aqiva'[49]. Egidio besaß acht Bibel-Kommentare, darunter beispielsweise ‚Midraš Tanḥuma'[50]. In Widmanstetters Sammlung findet man 31 Texte in der

---

[44] Bei Widmanstetters Bibeln ist zu bedenken, dass die Bibeldrucke während des Zweiten Weltkriegs zerstört worden sind. München BSB 114, 2 B.or. 16, 4 B.or. 54, 2 B.or. 21. Die Bände wurden vor ihrer Vernichtung von Hans Striedl identifiziert und beschrieben. Seine Erkenntnisse publizierte er nach dem Krieg, cf. Striedl, Die Bücherei des Orientalisten (nt. 1), 215.

[45] In die Umstände der Entstehung und Gestaltung dieser bedeutenden Ausgabe gibt Heller einen Einblick, cf. M. J. Heller, The Sixteenth-Century Hebrew Book. An Abridged Thesaurus, Leiden 2004, 169.

[46] Cf. Perles, Beiträge zur Geschichte (nt. 4), 163.

[47] Cf. Paris BNF 15, Paris BNF 65, Paris BNF Lat. 62, Roma Angelica Lat. 44, Paris BNF 98 und Vatican Neof 1.

[48] Cf. beispielsweise Mss. Roma Angelica 61, Roma Casanatense 3061 und Paris BNF Lat. 3363.

[49] Cf. Mss. München BSB 77, 97, 114, 117, 205, 222, 224, 232, 239, 260, 315, 358 und 4 A.Hebr. 411.

[50] Cf. Mss. Roma Angelica 61, Roma Casanatense 3061 und Paris BNF Lat. 3363 (fünf auf Latein).

Originalsprache deren bekanntester ‚Midraš Rabba' ist[51]. Der derzeitige Stand der Auswertung von Egidios Bibliothek deutet an, dass er diese Quellenart nur wenig nutzte. In der Sammlung jüdische Kommentare übertraf Widmanstetter seinen Lehrer um ein Vielfaches und hatte damit potentiell die Möglichkeit, durch jüdische Bibelkommentare und Midraschim dem Bibeltext bislang unbekannte und potentiell ursprüngliche Interpretationen entlocken.

Die unterschiedlichen Gelehrsamkeitspraktiken und Sichtweisen der beiden Männer auf die jüdische Literatur lassen sich am deutlichsten anhand derjenigen Sparten aufzeigen, in denen sie die geringsten Überschneidungen aufweisen. Neben der Astronomie zeigen sich in weiteren Fachgebieten Divergenzen zwischen den beiden Bibliotheken. Beispielsweise besaß Egidio nur wenige philosophische Texte. Wilhelm Schmidt-Biggemann urteilt in seinem Portrait Egidios, seine Begegnung mit dem Aristotelismus während des Studiums habe ihn zu einem lebenslangen Gegner dieser Schule gemacht[52], der sich auch mit dem Averroismus auseinandersetzte. Noch als Student gab er im Jahre 1493 mehrere anti-averroistische Schriften Egidius Romanus' heraus. Darunter sind ‚Questiones de materia coeli' und ‚De intellectu possibili'[53]. Zu den wenigen philosophischen Texten, die sich seiner hebraistischen Bibliothek zuordnen lassen, gehört Averroes' ‚Mittlerer Kommentar zur Logik' des Aristoteles (Ms. Paris BNF 92). Eine weitere Handschrift (Ms. Roma Casanatense 3091) enthält zwar im letzten Drittel philosophische Texte, jedoch ist es wahrscheinlich, dass Egidio sie wegen der kabbalistischen Texte in den ersten zwei Dritteln erwarb. Stattdessen hing Egidio der Form des Neu-Platonismus an, wie er von dem Florentiner Gelehrtenkreis um Marsilio Ficino vertreten wurde[54]. Widmanstetter übertraf seinen Lehrer in diesem Feld mit 94 Texten. In vielen Fällen handelt es sich um Übersetzungen arabischer Kommentatoren des Aristoteles wie Averroes. Widmanstetter sammelte aber auch Werke jüdischer Philosophen wie Moses Maimonides oder Abraham Ibn Ezra[55]. Sein Exemplar von Samuel ben Moses Kimchis ‚Peruš Pereq Širah' (Ms. München BSB 239) versah er zwar am Rand mit Paraphrasen und Übersetzungen, dennoch bleibt unklar, mit welchem Ziel Widmanstetter philosophische Texte sammelte. Die Randbemerkungen beschränken sich hauptsächlich auf bibliographische Notizen. Eventuell erhoffte sich Widmanstetter, wie schon im Fall jüdischer Bibelkommentare und Midraschim, weitere Aufschlüsse über den Bibeltext.

---

51 Cf. Mss. München BSB 113, 114, 131, 239, 242, 251, 252, 255, 256, 257, 260, 262, 264, 273, 327. Dazu kommen folgende Drucke: 2 Inc.c.a. 1896, 2 A. hebr. 24, 2. A. hebr. 239, 2 A. hebr. 245, 2 A. hebr. 145, 4 A.hebr. 354 und 4 A.Hebr. 411.
52 Cf. Schmidt-Biggemann, Geschichte der christlichen Kabbala (nt. 8), 348.
53 Cf. Martin, Giles of Viterbo (nt. 6), 192.
54 Einen Überblick über Egidios Rezeption des Neu-Platonismus gibt J. W. O'Malley, Giles of Viterbo on Church and Reform: A Study in Renaissance Thought, 1968, 49–58.
55 Cf. Mss. München BSB 36, 91, 106, 107, 108, 110, 120, 201, 208, 221, 226, 239, 244, 246, 247, 263, 269, 272, 284, 289, 297, 307, 310, 315, 352 und 247.

Ein Fachgebiet, mit dem Widmanstetter gegenüber seinem Lehrer Egidio Neuland betrat, ist neben der Astronomie auch die Medizin – in Egidios Bibliothek finden sich nach heutigen Kenntnisstand keine medizinischen Werke. Will man nur nach der Anzahl urteilen, ist dieses Fach nach der Kabbalah mit etwa 109 Texten das größte, welches Widmanstetter in seiner hebraistischen Bibliothek aufgebaut hat[56]. In dieser Abteilung finden sich hebräische Übersetzungen von antiken Autoren wie Galen (Mss. München BSB 107, 228, 243 und 295) mitsamt der umfangreichen arabischen Kommentarliteratur, die ins Hebräische übersetzt worden ist. Darunter sind zudem Übersetzungen von arabischen Standardwerken, wie Abulcasis' ‚Al-Taṣrīf' (Ms. München BSB 321). Aber auch lateinische Werke las Widmanstetter in hebräischer Übersetzung, beispielsweise Lanfranco von Mailands ‚Chirurgia parva' (Ms. München BSB 271). Zwar kommentierte Widmanstetter drei dieser Handschriften, jedoch sind diese Randnotizen zu wenige und zu knapp, um ihm eine Kennerschaft der Materie zuzuerkennen.

Durch den Vergleich der Sammelschwerpunkte lässt sich deutlich erkennen, dass Widmanstetters hebraistische Interessen sich deutlich von denen Egidios absetzen. Betrachtet man den Anteil kabbalistischer Texte in Widmanstetters Bibliothek insgesamt, liegt dieser insgesamt bei nur 18,8 % gegenüber 75,8 % in Egidios Sammlung. Demnach hatte Egidio sich im Sinne der christlichen Hebraistik vollständig der Heiligen Schrift verschrieben, die er hauptsächlich versuchte durch sein Studium der Kabbalah zu durchdringen. Beide Männer besaßen in absoluten Zahlen Sammlungen mystischer Texte von vergleichbarer Größe. Das breite Spektrum von Themenfeldern in Widmanstetters Sammlung zeigt ein Muster, das sich in erheblichem Maße von Egidios Bibliothek unterscheidet. Bei den naturwissenschaftlichen und philosophischen Texten, die Widmanstetter sammelte, handelt es sich im hohen Maß um Übersetzungen. Im Mittelalter waren hunderte Werke aus dem Arabischen ins Hebräische übersetzt worden und boten damit den Lesern des Hebräischen eine der größten verfügbaren Sammlungen naturwissenschaftlicher und philosophischer Texte. Widmanstetter nutzte die große Zahl der Übersetzungen ins Hebräische, um neben der jüdischen Literatur auch Fachgebiete wie Philosophie, Medizin und Astronomie studieren zu können[57]. Somit lässt die Analyse seiner Bibliothek nach ihren Themenfeldern eine Sicht auf das Hebräische als Kanal zur Vermittlung wissenschaftlichen Wissens vermuten. Hebräische Übersetzungen waren demnach Teil seiner umfassenden Sammelstrategie, mithilfe derer Widmanstetter

---

[56] Cf. Mss. München BSB 85, 87, 107, 111, 127, 134, 214, 220, 228, 231, 241, 243, 250, 253, 271, 280, 286, 287, 288, 289, 292, 293, 295, 296, 297, 270 und 321.

[57] Die Grundlagen für die Erforschung dieser Literatur legte M. Steinschneider, Schriften der Araber in hebräischen Handschriften, ein Beitrag zur arabischen Bibliographie, in: Zeitschrift der Deutschen Morgenländischen Gesellschaft 47 (1893), 335–384. Ein neuerer Beitrag ist beispielsweise G. Freudenthal, Arabic and Latin Cultures as Resources for the Hebrew Translation Movement, in: G. Freudenthal (ed.), Science in Medieval Jewish Cultures., Cambridge 2012, 74–105.

Texte rezipieren wollte, die ansonsten garnicht oder nur schwer zugänglich waren. Inwieweit dieser Befund sich auf eine tatsächlich erfolgte intensive Beschäftigung mit diesen Fachgebieten übertragen lässt, muss freilich durch weitere Untersuchungen verifiziert werden.

## Schlussfolgerung

Dieser Aufsatz beleuchtet einige Verbindungen zweier hebraistischer Bibliotheken, die zwar oft erwähnt werden, bislang jedoch noch nicht vollständig verstanden werden. Der Besitz von Büchern, die mit exponierten Gelehrten wie Egidio da Viterbo verbunden waren, erhöhte in der Selbstdarstellung der Schülergeneration, der Johann Albrecht Widmanstetter angehörte, das eigene Renomée als Gelehrter. Zwar weisen die verfügbaren Informationen stark darauf hin, dass er sich nach dem Tod Egidios auf Wegen, die sich nicht mehr rekonstruieren lassen, einige der originalen Handschriften seines Lehrers unrechtmäßig aneignete. Dies könnte jedoch zu der paradoxen Situation geführt haben, dass er die wertvollen originalen Handschriften Egidios nicht offen zeigen konnte. Damit verbot sich die Einbindung in die Selbstpräsentation Widmanstetters. Die Frage, wie Widmanstetter diese Situation bewertete, und ob er sie aufzulösen versuchte, wird sich ohne neues Quellenmaterial nicht klären lassen.

In seiner Arbeit mit kabbalistischen Texten wuchs Widmanstetter über die Grundlagen hinaus, die er durch die Handschriften Egidios vermittelt bekommen hatte. Es ist bemerkenswert, dass er Egidios Verständnis des ‚Zohars' als Kommentar zur Bibel zwar teilte, er jedoch eine eigene konzeptuelle Umsetzung erdachte. Dies bezeugt seine methodische Unabhängigkeit, indem er weitere Handschriften in diese Konzeption einarbeitete. Widmanstetter erstellte eine Version des Textes, die es bislang nicht gegeben hatte und nahm damit die Arbeit der Herausgeber der Druckausgaben von Cremona und Mantua um zwanzig Jahre vorweg. Widmanstetter emanzipierte sich mit seinen Studien kabbalistischer Texte somit von seinem Lehrer Egidio da Viterbo.

Widmanstetters Loslösung von Egidio erweist sich ebenso in dem wesentlich breiteren thematischen Spektrum seiner Bibliothek. Die Breite der Texte, mit denen Widmanstetter sich auseinandersetzte, führt auch die Unschärfe des Begriffes „christlicher Hebraismus" vor Augen, wie er zu Beginn dieses Aufsatzes vorgestellt wurde. Denn während sich die Generation Egidio da Viterbos durch die hebräischen Quellen noch vordringlich eine Rückkehr zur ursprünglichen Wahrheit des Christentums erhoffte, erkannten spätere Hebraisten wie Johann Albrecht Widmanstetter in Übersetzungen die Möglichkeit, hebräische Texte auch für Themenfelder nutzbar zu machen, die nicht mit theologischen Fragestellungen verbunden waren. Wie Anthony Grafton und Joanna Weinberg in einem ähnlichen Zusammenhang bemerkten, fehlt im Werkzeugkasten der Philologen und Historiker bislang eine passende moderne Bezeichnung, welche der Bandbreite von Interessen jener Humanisten wie Widmanstetter, die hebräische Texte studierten, gerecht wird[58].

## Anhang

Die folgende Tabelle vergleicht die hebräischen und aramäischen Texte nach ihren Themenfeldern in den Bibliotheken Egidios und Widmanstetters. In den ersten zwei Spalten werden die Anzahl der Texte und in den zwei letzten Spalten der Anteil in Prozent an der gesamten Bibliothek aufgelistet.

|  | *Anzahl Widmanstetter* | *Anzahl Egidio* | *%Widmanstetter* | *%Egidio* |
|---|---|---|---|---|
| Kabbalah | 184 | 144 | 18,78 | 57,14 |
| Talmudkommentar | 122 | 1 | 12,45 | 0,40 |
| Medizin | 109 | 0 | 11,12 | 0,00 |
| Astronomie | 100 | 1 | 10,20 | 0,40 |
| Philosophie | 94 | 9 | 9,59 | 1,19 |
| Midrasch | 54 | 3 | 5,51 | 0,40 |
| Jüdische Philosophie | 51 | 3 | 5,20 | 3,57 |
| Talmud | 37 | 1 | 3,78 | 1,19 |
| Astrologie | 33 | 0 | 3,37 | 0,00 |
| Halacha | 33 | 1 | 3,37 | 0,40 |
| Bibelkommentar | 31 | 0 | 3,16 | 0,00 |
| Mathematik | 30 | 0 | 3,06 | 0,00 |
| Folklore | 18 | 0 | 1,84 | 0,00 |
| Jüdische Ethik | 18 | 0 | 1,84 | 0,00 |
| Dichtung | 15 | 1 | 1,53 | 0,40 |
| Grammatik | 12 | 6 | 1,22 | 2,38 |
| Liturgie | 6 | 0 | 0,61 | 0,00 |
| Wörterbücher | 5 | 8 | 0,51 | 3,17 |
| Predigt | 5 | 0 | 0,51 | 0,00 |
| Bibel | 5 | 9 | 0,51 | 3,57 |
| Masorah | 4 | 2 | 0,41 | 0,79 |
| Alchemie | 3 | 0 | 0,31 | 0,00 |
| Polemik | 3 | 0 | 0,31 | 0,00 |
| Mischnahkommentar | 3 | 2 | 0,31 | 0,79 |
| Responsa | 3 | 0 | 0,31 | 0,00 |
| Targum | 2 | 2 | 0,20 | 0,79 |
| Kabbalah (Latein) | 0 | 47 | 0,00 | 18,65 |
| Midrasch (Latein) | 0 | 5 | 0,00 | 1,98 |
| Bibelkommentar (Latein) | 0 | 5 | 0,00 | 1,98 |
| Talmud (Latein) | 0 | 2 | 0,00 | 0,79 |
| Bibel (Latein) | 0 | 2 | 0,00 | 0,79 |
| *Gesamtzahl* | 980 | 252 | | |

---

[58] Cf. A. Grafton/J. Weinberg, „I have always loved the holy tongue": Isaac Casaubon, the Jews, and a Forgotten Chapter in Renaissance Scholarship, Cambridge (Massachusetts) 2011, 290.

# Vom geplünderten Frauenkloster zur Genese der Mediävistik: Die Bibliothek der Academia Julia und der Beginn der Mittelalterstudien in Helmstedt

BERND ROLING (Berlin)

## I. Einleitung

Es ist heute allgemein bekannt, dass die Academia Julia in Helmstedt, die landesherrliche Universität des Hauses Braunschweig Wolfenbüttel, seit dem ausgehenden 17. Jahrhundert über eine der bemerkenswertesten Sammlungen an mittelalterlichen Handschriften verfügte, die Deutschland in dieser Zeit vorweisen konnte[1]. Verantwortlich für diesen majestätischen Bestand an Manuskripten waren zu Beginn vor allem die Säkularisationen der niedersächsischen Klöster gewesen, darunter Wöltingerode, Marienberg, aber auch Hamersleben oder Georgenberg, die Herzog Julius und sein Sohn Heinrich Julius in die Wege geleitet hatten[2]. Weitere ausgreifende Kollektionen, die sie fortan in greifbarer Nähe hatten, verdankten die Helmstedter der bisweilen skrupellosen Sammlertätigkeit des Matthias Flacius Illyricus und später auch den etwas weniger rücksichtslosen Bemühungen des großen Handschriftensammlers Marquard Gude, dessen Kollektion sich ebenfalls für die Wolfenbütteler Bibliothek erwerben ließ[3]. Schon früh waren die Sammlungen der Academia und der Bibliotheca

---

[1] Mein besonderer Dank für hilfreiche Diskussionen dieses Beitrags gilt zuvorderst Bertram Lesser, ohne den diese Arbeit nicht möglich gewesen wäre, außerdem meinen Mitarbeitern Benjamin Hübbe und Amira Aßmann, und Jochen Schevel und Alexander Winkler. Dieser Beitrag ist entstanden als Teil des DFG-Projektes ‚Der Aristotelismus in Helmstedt' und des Projektes ‚Late Medieval and Early Modern Libraries as Knowledge Repositories' der finnischen Akademie der Wissenschaften. Die Studie wurde ermöglicht durch das Projekt Lamemoli (Academy of Finland and University of Jyväskylä no. 307635, 2017–2021).

[2] Unter den älteren Arbeiten zur Bibliotheksgeschichte e.g. O. von Heinemann, Die herzogliche Bibliothek zu Wolfenbüttel, 1550–1810, Wolfenbüttel 1894 [ND Amsterdam 1969]; H. Schneider, Beiträge zur Geschichte der Universitätsbibliothek Helmstedt, Helmstedt 1924 oder P. Raabe, Das achte Weltwunder. Über den Ruhm der Herzog August Bibliothek, in: Wolfenbütteler Beiträge 1 (1972), 3–25.

[3] Sehr wertvoll zur Sammlertätigkeit Marquard Gudes, zum Erwerb seiner Handschriften und zu ihrer Katalogisierung sind die Beiträge von P. Carmassi, Einleitung, in: ead. (ed.), Retter der Antike. Marquard Gude (1635–1689) auf der Suche nach den Klassikern, Wiesbaden 2016, 7–22, T. Haye, Späthumanismus und Gelehrtenkultur im Zeitalter Marquard Gudes. Ein einführender Essay zu den Voraussetzungen im deutschsprachigen Raum, in: ibid., 25–36; W. Arnold, Bibliotheca Augusta: Erwerb von Handschriften im 17. Jahrhundert, in: ibid., 87–109 und

Julia in ihrem Wert erkannt und katalogisiert worden, zuerst von Elias Bodenburgh und Eberhard Ebbelinck im Jahre 1588; einige Jahre später sollte sich der Helmstedter Bibliothekar Johann Adam Lonicer dann auch der Kollektion des Flacius Illyricus annehmen[4]. Nach dem Ende der Helmstedter Universität und Zwischenstationen unter anderem in Göttingen liegen die Manuskripte heute wieder in großen Teilen in Wolfenbüttel. Intensiver hat man sich inzwischen der Rekonstruktion einzelner Klosterbibliotheken und ihrer geschlossenen Bestände angenommen, die für die Manuskriptsammlung der Helmstedter Universität die Grundlage geliefert hatten[5]. Ausgehend vom alten Wolfenbütteler Katalog Otto von Heinemanns werden die mittelalterlichen Handschriften aus Helmstedt von Bertram Lesser in Wolfenbüttel neu katalogisiert[6].

Im Folgenden sollen nicht die Zusammensetzung des Handschriftenbestandes und seine Genese verhandelt werden, sondern die Rolle, die diese ungewöhnliche Kollektion vor Ort, in Helmstedt, in der Ausbildung der vormodernen Mediävistik spielen konnte. Es war zuvorderst die Professorenschaft der Universität Helmstedt, die von ihm Gebrauch machte. Für diese Gelehrten mussten die Handschriften daher auch das Fundament ihrer eigenen Studien bilden, damit aber auch der Werke, die sie mit Hilfe dieses Bestandes verfasst hatten. In ganz Deutschland hatten die ersten Dekaden des 17. Jahrhunderts den langsamen Beginn mittelalterlicher Studien gesehen. Kaum zufällig war es Matthias Flacius Illyricus gewesen, eine der Hauptbeiträger der Wolfenbütteler Kollektionen, der selbst mit seinem ‚Catalogus testium veritatis' schon 1556 einen Auftakt gemacht hatte[7]. Seine gewaltige ‚Liste der Zeugen der Wahrheit' enthält Auszüge aus

---

B. Lesser, Longe maximum vero Bibliothecae Augustae ornamentum. Zur Geschichte und Katalogisierung der Codices Gudiani, in: ibid., 445–516.

[4] In jeder Hinsicht grundlegend zur Geschichte der Bibliotheksbestände und zur frühen Katalogisierung der Helmstedter Sammlungen ist B. Lesser, Einleitung, in: H. Härtel/C. Heitzmann/D. Merzbacher/B. Lesser, Katalog der mittelalterlichen Helmstedter Handschriften. Teil 1. Cod. Guelf. 1 bis 276, Wiesbaden 2012, dort I–LXXIX, ergänzend dazu id., Helmstedter Professoren als Handschriftenbibliothekare, in: J. Bruning/U. Gleixner (eds.), Das Athen der Welfen. Die Reformuniversität Helmstedt 1576–1810, Wolfenbüttel 2010, 262–269.

[5] Als wertvoller Überblick über den Georgenberger Handschriftenbestand e.g. die exzellente Rekonstruktion von J. Schevel, Bibliothek und Buchbestände des Augustiner-Chorherrenstiftes Georgenberg bei Goslar, Wiesbaden 2015, passim, zu Wöltingerode J. Kreutz, Die Buchbestände von Wöltingerode. Ein Zisterzienserinnenkloster im Kontext der spätmittelalterlichen Reformbewegungen, Wiesbaden 2014, passim.

[6] Als ältere Kataloge O. von Heinemann, Die Handschriften der Herzoglichen Bibliothek zu Wolfenbüttel. Abteilung 1. Die Helmstedter Handschriften (3 voll.), Wolfenbüttel 1884–88; id., Die Handschriften der Herzoglichen Bibliothek zu Wolfenbüttel. Abteilung 2. Die Augusteischen Handschriften (4 voll.), Wolfenbüttel 1890–1900 und id., Die Handschriften der Herzoglichen Bibliothek zu Wolfenbüttel. Abteilung 4. Die Gudischen Handschriften, Wolfenbüttel 1913. Ersetzt wird Heinemann jetzt schrittweise durch Härtel/Heitzmann/Merzbacher/Lesser, Katalog der mittelalterlichen Helmstedter Handschriften (nt. 4). Weitere Bände folgen.

[7] Matthias Flacius, Catalogus testium veritatis, qui ante nostram aetatem reclamarunt papae, opus varia rerum, hoc praesertim tempore scitu dignissimarum, cognitione refertum, ac lectu cum primis utile atque necessarium, Basel 1556. Weitere Auflagen und auch Übersetzungen sollten folgen. Ergänzend hierzu erschien noch eine weitere Sammlung, nämlich Matthias Flacius, Varia

diversen mittelalterlichen Satirikern, die als Autoritäten einer schon im Mittelalter einsetzenden Kritik an der papistischen Kirche zu gelten hatten und deren Aufgabe es im Wesentlichen war, als Vorläufer reformatorischer Anliegen zu dienen[8]. Eine gleichsam kryptoprotestantische Vorgeschichte hatte sich auf diese Weise mit den Texten des Mittelalters, darunter Walter von Châtillon, Bernard von Geist, Nigellus Wireker und vielen anderen, vor allem im 12. und 13. Jahrhundert angesiedelten Autoren schreiben lassen; zugleich war mit Flacius, der auch Otfrieds Evangelienharmonie herausgeben sollte, der Blick auf den einstmaligen Bestand der niedersächsischen Klöster gelenkt worden. Im Folgenden werden drei Dinge geleistet: Zunächst werde ich eine allgemeine Einführung in die Mittelalterforschung vor Ort in Helmstedt geben, die den Hintergrund bilden wird für die weiteren Ausführungen und in gewisser Weise auch ihre Negativfolie, vor der die wahren Helden strahlten. Dann möchte ich zwei Gestalten vorstellen, die die Existenz der Klöster in Niedersachsen und den Bestand der Helmstedter Bibliothek im Besonderen als Ausgangspunkt wählen konnten, um das Bild des Mittelalters und seiner Gelehrtenkultur im frühen 18. Jahrhundert neu zu konturieren, Johann Georg Leuckfeld und Polycarp IV. Leyser.

## II. Die Anfänge der Helmstedter Mittelalterforschung

Was hatte es mit der Erschließung des Mittelalters im frühen 18. Jahrhundert in Helmstedt auf sich[9]? Ein programmatisches Zeugnis darüber, wie sich die Mittelalterforschung sah, und was sie laut ihrer Selbstbeschreibung erreicht hat-

---

doctorum piorumque virorum, de corrupto ecclesiae statu poemata, ante nostram aetatem conscripta, Basel 1557.

[8] Zur Aufarbeitung der mittellateinischen Dichtung allgemein und Satire im Besonderen bei Matthias Flacius Illyricus T. Haye, Der Catalogus testium veritatis des Matthias Flacius Illyricus – eine Einführung in die Literatur des Mittelalters?, in: Archiv für Reformationsgeschichte 83 (1992), 31–47; P. Orth, Flacius und die *Varia doctorum piorumque virorum, de corrupto ecclesiae statu poemata*, in: A. Mentzel-Reuters/M. Hartmann (edd.), Catalogus und Centurien. Interdisziplinäre Studien zu Matthias Flacius und den Magdeburger Centurien, Tübingen 2008, 95–128 und G. Huber-Rebenich, Die Rezeption der mittellateinischen Satire bei Matthias Flacius Illyricus, in: T. Haye/F. Schnoor (edd.), Epochen der Satire. Traditionslinien einer literarischen Gattung in Antike, Mittelalter und Renaissance, München 2008, 173–190. Grundlegend zu den 'Magdeburger Zenturien', dem begleitenden Geschichtswerk, ist H. Bollbuck, Wahrheitszeugnis, Gottes Auftrag und Zeitkritik. Die Kirchengeschichte der Magdeburger Zenturien und ihre Arbeitstechnik, Wiesbaden 2014, dort zum Dekadenzmodell im Besonderen 370–383. Zu Matthias Flacius und seinem Echo außerdem M. Pohlig, Zwischen Gelehrsamkeit und konfessioneller Identitätsstiftung. Lutherische Kirchen- und Universalgeschichtsschreibung 1546–1617, Tübingen 2007, 301–338.

[9] Eine kurze Synopse des frühen Geschichtsunterrichtes in Helmstedt findet sich bei M. Maaser, Humanismus und Landesherrschaft. Herzog Julius (1528–1589) und die Universität Helmstedt, Stuttgart 2010, 145–149. Eine Zusammenschau der antiquarischen Studien in Helmstedt liefert M. Mulsow, Religionsgeschichte in Helmstedt, in: Bruning/Gleixner (edd.), Das Athen der Welfen (nt. 4), 182–189.

te, liefert uns ein Autor, der aus der Dynastie der Meiboms stammte, Hermann Dietrich Meibom[10], der Sohn Heinrich des Jüngeren und damit auch der Urenkel Heinrich des Älteren, des Dichters und Historikers[11]. Im Jahre 1701 hält Meibom in Helmstedt eine ‚Oratio de historiae Germaniae fontibus', die sich wie eine Bibliographie der Zeit präsentiert und auch als eine solche gelesen wurde[12]. Statt selbst einen Überblick über die Arbeit am Mittelalter in Helmstedt zu geben, soll nun Meibom sprechen. Bemerkenswert ist weniger, was Meibom in Helmstedt als Errungenschaft aufzählt, sondern, was er wegläßt. Weder die großen Arbeiten der Jesuiten, genannt sei nur Denis Petavius, noch die Bollandisten und Mauriner, oder die Arbeiten eines Petrus Lambecius in Wien und der österreichischen Benediktiner um Bernhard Pez waren Meibom einer Erwähnung wert, mochten sie auch noch so viel zur Erschließung des Mittelalters beigetragen haben[13]. Sie waren Katholiken. Meiboms Forschungsgeschichte fällt, mit wenigen Ausnahmen, lutherisch aus.

Für das Frühmittelalter, mit dem Meibom nach einem Referat der antiken Historiographen beginnt[14], waren vor allem die Einhard-Ausgabe Johann Boeclers aus Straßburg zu nennen und die Arbeiten zu den Karolingern von Johann Joachim Frantz[15], dazu die großen, schon zum Ende des 16. Jahrhunderts in

---

[10] Einige Bemerkungen zu Hermann Dietrich Meibom finden sich bei J. Bruning, Innovation in Forschung und Lehre. Die Philosophische Fakultät der Universität Helmstedt in der Frühaufklärung 1680–1740, Wiesbaden 2012, 126.

[11] Allgemein zu Heinrich Meibom dem Älteren, mit besonderer Berücksichtung seiner Dichtung L. Mundt (ed.), Heinrich Meibom d. Ä.: Poemata selecta – ausgewählte Gedichte (1579–1614), Berlin 2012, dort die Einleitung XI–XCVII, und auch schon die Grundlagenarbeit von I. Henze, Der Lehrstuhl für Poesie an der Universität Helmstedt bis zum Tode Heinrich Meiboms d. Älteren, Hildesheim 1990, dort 100–163.

[12] Hermann Dietrich Meibom, Oratio de genuinis historiae Germanicae fontibus, Helmstedt 1701, neugedruckt als Teil einer Bibliographie in Johann Georg Cramer, Brevis introductio in historiam rerum Germanicarum literariam, ubi maxime triumviri reficiendis rebus Germanorum, Conring, Sagittarius, Meibom, eorumque de genuinis historiae Germanicae fontibus dissertationes et iudicia recensentur, Leipzig 1717, dort 1–72.

[13] Ein Überblick über die katholische Geschichtsschreibung der Zeit gibt e.g. S. Benz, Katholische Historiographie im 17. Jahrhundert – was war vor Pez?, in: T. Wallnig/T. Stockinger/I. Peper/ P. Fiska (eds.), Europäische Geschichtskulturen um 1700 zwischen Gelehrsamkeit, Politik und Konfession, Berlin 2012, 43–74 und D.-O. Hurel, Cluny and Benedictine Erudition in Early Modern France. Political Issues and Monastic Reform, in: ibid., 305–326. Eine umfassende Synopse der Leistungen der Bollandisten findet sich bei J. M. Sawilla, Antiquarismus, Hagiographie und Historie im 17. Jahrhundert. Zum Werk der Bollandisten. Ein wissenschaftshistorischer Versuch, Tübingen 2009, dort bes. 472–627, eine ebensolche Würdigung der Leistungen Bernhard Pezs bei T. Wallnig, Gasthaus und Gelehrsamkeit. Studien zu Herkunft und Bildungsweg von Bernhard Pez OSB vor 1709, München 2007, dort 149–175.

[14] Meibom, Oratio de genuinis historiae Germanicae fontibus (nt. 12), 14–25.

[15] Einhard, Historia Caroli Magni Imperatoris Romani, ex praecipuis Scriptoribus eorum temporum concinnata, edd. Johann Joachim Frantz/Johann Heinrich Boecler, Straßburg 1644, und Johann Heinrich Boecler, De rebus saeculi a Christo nato IX et X per seriem Germanicorum Caesarum commentarius, Straßburg 1656. Als älteren Zugriff auf die Zeit Karls des Großen nennt Meibom vor allem Johannes Letzner, Historia Caroli Magni, des Grossmechtigsten, Christlichen Römischen und ersten Teutschen Keysers, von seiner Ankunft, Erziehung, löbli-

die Wege geleiteten Sammelausgaben mittelalterlicher Geschichtsschreiber und Chronisten, Regino von Prüm, Hermannus Contractus oder Lamperts von Hersfeld, wie sie Johannes Pistorius oder Justus Reuber und danach Christian Wurstisen und André du Chesne besorgt hatten[16]. Dazu kam die Kollektion Marquard Frehers, in der zum Beispiel die ‚Fuldenser Annalen' zu finden waren[17], oder Erpold Lindenbrogs, der den schon hinreichend geläufigen Adam von Bremen herausgegeben hatte. Melchior Goldast von Haiminsfeld hatte sich, wie Meibom weiß, um die Geschichtsschreiber des Frühmittelalters bemüht und Columba den Jüngeren und andere Autoren der Zeit bereitgestellt[18]. Dass der gleiche Goldast sich große Verdienste um die mittelhochdeutsche Literatur erworben hatte und als Leser und Bearbeiter der Manesse-Handschrift bekannt war[19], erscheint Meibom schon keiner Erwähnung mehr wert. Nur Chroniken und Historiographen waren, wie es schien, als Quellen des Mittelalters von Bedeutung. Nach Christian Paullini und Heinrich Canisius, der vor allem Texte zu den Welfen herausgegeben hatte[20], kennt Meibom als letzten überregionalen

---

chen und grossen Thaten, und gewaltigen Zügen, Kriegen, Schlachten und Reisen, Hildesheim 1602.

[16] Johannes Pistorius, Germanicorum scriptorum, qui rerum a Germanis per multas aetates gestarum historias vel annales posteris reliquerunt (3 voll.), Frankfurt 1583–1607; Justus Reuber, Veterum Scriptorum, qui Caesarum et imperatorum Germanicorum res per aliquot saecula gestas literis mandarunt, tomus unus, Hannover 1619, Christian Wurstisen, Germaniae historicorum illustrium quorum plerique ab Henrico III imperatore usque ad annum Christi, 1400, et ex iis quidem septem nunquam antea editi, gentis eius res gestas memoriae consecrarunt, tomus unus, Frankfurt 1585; André Du Chesne, Historiae Francorum Scriptores coaetanei, ab ipsius gentis origine, ad Pippinum usque regem, quorum plurimi nunc primum ex variis codicibus in lucem prodeunt (5 voll.), Paris 1636–1649.

[17] Marquard Freher, Germanicarum rerum scriptores aliquot insignes, hactenus incogniti, qui gesta sub regibus et imperatoribus Teutonicis, Frankfurt 1609–1624, Erpold Lindenbrog, Scriptores rerum Germanicarum septentrionalium, vicinorumque populorum diversi continentes historiam ecclesiasticam et religionis propagationem, Frankfurt 1609.

[18] Melchior Goldast von Haiminsfeld, Rerum Alamannicarum scriptores aliquot vetusti, a quibus Alamannorum qui nunc partim Suevis, partim Helvetiis cessere, historiae tam saeculares quam ecclesiasticae traditae sunt (3 voll.), Frankfurt 1606, und für die mittelhochdeutsche Literatur id., Paraeneticorum veterum: Pars I, Hannover 1606.

[19] Zu den Arbeiten Melchior Goldast von Haiminsfelds zur mittelhochdeutschen Literatur e.g. A. A. Baade, Melchior Goldast von Haiminsfeld. Collector, Commentator and Editor, New York 1992, 60–96; W. Harms, Des Winsbeckes Genius. Zur Einschätzung didaktischer Poesie des deutschen Mittelalters im 17. und 18. Jahrhundert, in: P. Wapnewski (ed.), Mittelalter-Rezeption. Ein Symposion, Stuttgart 1986, 46–59, hier 46–50; U, Seelbach, Mittelalterliche Literatur in der Frühen Neuzeit, in: C. Caemmerer/W. Delabar/J. Jungmayr (eds.), Das Berliner Modell der Mittleren Deutschen Literatur (Chloe 33), Amsterdam 2000, 89–115, hier 100–106 und G. Dunphy, Melchior Goldast und Martin Opitz. Humanistische Mittelalter-Rezeption um 1600, in: N. McLelland/H.-J. Schiewer/S. Schmitt (eds.), Humanismus in der deutschen Literatur des Mittelalters und der Frühen Neuzeit. XVIII. Anglo-German Colloquium, Hofgeismar 2003, 105–121.

[20] Heinrich Canisius, Lectionum antiquarum tomi VI, in quo antiqua monumenta numquam visa, edita (6 voll.), Ingolstadt 1601–04, Christian Franz Paullini, Rerum et antiquitatum Germanicarum syntagma, varios annales, chronica et dissertationes comprehendens, Frankfurt 1698.

Mediävisten nur noch Leibniz[21], dessen ‚Accessiones historicae' einige Jahre zuvor erschienen waren. Auch hier waren Chroniken wie die ‚Holsteinische Chronik' oder der ‚Chronographus Saxo' herausgegeben worden[22]. Der große Philosoph hatte im Auftrag des Hauses Braunschweig als Editor gearbeitet; schon 1693 war auch seine große Urkundensammlung in Druck gegangen[23], der sich später noch weitere vergleichbare Arbeiten anschließen sollten, vor allem die monumentalen, hunderte von Autoren umfassenden ‚Scriptores rerum Brunsvicensium'[24].

Meibom freilich hatte seine Rede in Helmstedt gehalten, als Erbe einer Familie, die an der Academia Julia seit vier Generationen Professoren für Geschichte, Medizin und Poetik gestellt hatten. Wie stand es mit der Mittelalterforschung in Helmstedt selbst? Meibom ist Lokalpatriot genug, um der Professorenschaft aus dem beschaulichen niedersächsischen Hinterland ein angemessenes Denkmal zu setzen[25]. Die Geschichte der Helmstedter Mittelalterforschung hatte mit dem Historiker und Genealogen Reiner Reineccius ihren Anfang genommen[26], und seinen Ausgaben Widukinds von Corvey, Thietmars von Merseburg, Helmholds und Alberts von Stade[27], außerdem seinen Schriften zur Geschichte der Sachsen[28]. Seine Arbeit wäre, wie Meibom betont, ohne den Rückgriff auf die Handschriftenbestände vor Ort nicht denkbar gewesen. Nach Reineccius hatten Conrad Rittershausen und Johann Joachim Mader die Bühne betreten, die beide zumindest mittelbar mit der Academia Julia in Verbindung standen. Im Fall von Rittershausen, der zumindest in Helmstedt studiert hatte und danach als Jurist

---

[21] Meibom, Oratio de genuinis historiae Germanicae fontibus (nt. 12), 25–28.

[22] G. W. Leibniz, Accessiones historicae, quibus utilia superiorum temporis historiis illustrandis scripta monumentaque nondum hactenus edita inque iis scriptores diu desiderati continentur (2 voll.), Hannover 1698–1700.

[23] G. W. Leibniz, Codex iuris gentium diplomaticus, Hannover 1693.

[24] G. W. Leibniz, Scriptores rerum Brunsvicensium illustrationi inservientes, antiqui omnes et religionis reformatione priores (3 voll.), Hannover 1707–1711.

[25] Meibom, Oratio de genuinis historiae Germanicae fontibus (nt. 12), 28–33.

[26] Eine gute Einführung in Leben und Werk von Reineccius gibt noch immer O. Herding, Heinrich Meibom (1555–1625) und Reiner Reineccius (1541–1595). Eine Studie zur Historiographie in Westfalen und Niedersachsen, in: Westfälische Forschungen 18 (1965), 5–22, hier 7–15; kurz zu ihm auch P. Zeeberg, Heinrich Rantzau (1526–98) and his humanist collaborators. The examples of Reiner Reineccius and Georg Ludwig Froben, in: E. Keßler/H. C. Kuhn (eds.), Germania latina – Latinitas teutonica. Politik, Wissenschaft, humanistische Kultur vom späten Mittelalter bis in unsere Zeit (2 voll.), München 2003, voll. 2, 539–552, hier 545–547.

[27] Annales Witichindi Monachi Corbeiensis, Familiae Benedictinae. Hg. von Reiner Reineccius, Frankfurt 1577, Chronici Ditmari Episcopi Merspurgii libri VII, hg. von Reiner Reineccius, Frankfurt 1580, Chronica Slavorum seu Annales Helmoldi, Presbyteri Buzoviensis in Agro Lubecensi. Hg. von Reiner Reineccius, Frankfurt 1581, Chronicon Hierosolymitarum, id est de bello sacro historia, exposita libris XII, Helmstedt 1584, und Chronicon Alberti, Abbatis Stadensis, a condito orbe usque ad auctoris aetatem. Hg. von Reiner Reineccius, Helmstedt 1587, Poeta Saxo, Annales de gesti Caroli Magni Imperatoris libri V, Helmstedt 1594.

[28] Zu nennen ist hier vor allem Reiner Reineccius, De Angrivariis, Angaria oppido et ibidem Widechindi Magni monumento commentatiuncula, Helmstedt 1620, und id., Commentatio de Saxonum originibus, Helmstedt 1620.

und Philologe tätig war, war es der ‚Ligurinus' des Gunter von Pairis, den der Gelehrte nach Celtis zutage gefördert hatte[29]. Johann Maders Gebiet war die Lokalgeschichte des Braunschweiger Hauses gewesen[30], dazu aber waren auch neue Ausgaben Thietmars, Adams von Bremen, der Chronik des Engelhus und sogar des Gervasius von Tilbury gekommen[31]. Alle diese Werke waren aus den Beständen der Academia Julia geschöpft worden. Als letzter großer Vertreter einer Beschäftigung mit dem Mittelalter muss sich für Meibom Hermann Conring benennen lassen, dessen Werke sich, wie Meibom zugibt, kaum überschauen lassen[32]. Heute dürfte Conring, der schon unter seinen Zeitgenossen einen legendären Ruf besaß[33], vor allem als Rechtshistoriker bekannt sein und als Verfasser von ‚De origine iuris Germani'[34]. Als einer der wenigen hatte sich Conring jedoch in Helmstedt nicht nur mit der politischen, sondern auch mit der Geistes- und Wissenschaftsgeschichte des Mittelalters befasst, doch waren seine Ausführungen in seiner Schrift ‚De antiquitatibus academicis' selbst eher summarisch gewesen. Zugleich hatte Conring keinen Hehl daraus gemacht, dass er der Geisteswelt des Mittelalters, bei aller Fachkompetenz der Schule von Salerno oder dem theoretischen Anspruch einzelner karolingischer Theologen wie Johannes

---

[29] Gunther von Pairis, Guntheri Ligurinus seu De rebus bestis Imperatoris Caesaris Friderici Primi, PP. Aug. cognomento Aenobarbi, sive Barbarossae libri X, ed. Konrad Rittershausen, Altdorf 1597, als erste Ausgabe und einzige Textgrundlage vorher Guntherus von Pairis, Ligurini De Gestis Imperatoris Caesaris Friderici primi Augusti libri decem, carmine heroico conscripti, ed. Conrad Celtis, Augsburg 1507.

[30] Zu nennen ist hier vor allem Joachim Johann Mader, Antiquitates Brunsvicenses, sive variorum monumentorum (...) sylloge, Helmstedt 1661 und das Chronicon Montis-Sereni sive Lauterbergense, ed. Joachim Johann Mader, Helmstedt 1665.

[31] Adam von Bremen, Historia ecclesiastica religionis propagatae gesta, ex Hammaburgensi potissimum atque Bremensis ecclesiis per vicina septentrionis regna libris IV repraesentans, ed. Joachim Johann Mader, Helmstedt 1666; Chronicon M. Theoderici Engelhusii, continens res ecclesiastiae et reipublicae, ed. Joachim Johann Mader, Helmstedt 1671; Gervasius von Tilbury, De imperio Romano et Gottorum, Lombardorum, Brittonum, Francorum commentatio, ed. Joachim Johann Mader, Helmstedt 1673.

[32] Eine bei weitem nicht vollständige Sammelausgabe existiert als Hermann Conring, Opera, ed. von Johann Wilhelm Göbel (7 voll.), Braunschweig 1730.

[33] Allgemein zu Conring als Historiker in Helmstedt z. B. Bruning, Innovation in Forschung und Lehre (nt. 10), 42–44, 48–57, 101–104; N. Hammerstein, Die Historie bei Conring, in: M. Stolleis (ed.), Hermann Conring (1606–1681). Beiträge zu Leben und Werk, Berlin 1983, 217–236 und jetzt vor allem C. Fasolt, Past Sense. Studies in Medieval and Early Modern European History, Leiden 2014, 313–463, zu ihm als Rechtshistoriker unter vielen z. B. M. Stolleis, Zur Bedeutung der juristischen Fakultät und insbesondere Hermann Conrings für die Universität Helmstedt, in: H. Schmidt-Glintzer (ed.), Die Reformuniversität Helmstedt 1576–1810. Vorträge zur Ausstellung ‚Das Athen der Welfen', Wiesbaden 2011, 173–188, hier 175–184 und auch C. Fasolt, Hermann Conring and the European History of Law, in: C. Ocker/M. Printy (eds.), Publics and Reformations: Histories and Reformations, Leiden 2007, 113–134.

[34] Hermann Conring, De origine iuris Germanici commentarius historicus, obiter de Justinianei iuris in scholas et fora reductione disseritur, Helmstedt 1643. Das Werk erhielt bis 1720 vier weitere Auflagen.

Scotus Eriugena, eher wenig abgewinnen konnte[35]. Es war ein Präludium der Neuzeit gewesen, das eine zu tiefgreifende Beschäftigung nicht verdiente. Dazu waren in Conrings Oeuvre unter anderem stark lutherisch gefärbte Studien zur Geschichte der Kurie gekommen[36], eine Stadtgeschichte Helmstedts und schließlich auch eine stark panegyrisch gehaltene Geschichte der ‚Bibliotheca augusta'[37].

Eigentlich hätte man erwarten sollen, dass Meibom seine Synopse der Geschichtswissenschaft in Helmstedt mit seiner eigenen Sippe beendet, doch war er vielleicht zu bescheiden, um ausgiebige Eulogien folgen zu lassen. Verschweigen will er dennoch nicht, dass auch sein Vater Heinrich Meibom der Jüngere unter Rückgriff auf die Arbeiten seines gleichnamigen Großvaters sich große Verdienste um die Herausgabe der mittelalterlichen Historiographie erworben hatte[38], unter anderem durch die Ausgaben der Chronik von Hermanns von Lerbeck und Widukinds vor Corvey[39]. Tatsächlich war es weitaus mehr an Material gewesen, wie ein kurzer Blick in den Werkkatalog zeigen kann. Neben diversen lokalen Klosterchroniken zu Berge an der Elbe oder Mariental[40], dessen Titular-Äbte die Professorenschaft in Helmstedt zum Teil stellte[41], dem Nachweis, dass Hugo von Sankt-Viktor Deutscher war und nicht Franzose[42], waren hier vor allem die vielleicht erwartbaren Arbeiten zur Geschichte der Sachsen zu nennen, die das Haus Meibom in den Dekaden vor Hermann Dietrich zu Papier gebracht hatte[43].

---

[35] Hermann Conring, De antiquitatibus academicis dissertationes sex, habitae in Academia Julia, Helmstedt 1651, dort Dissertatio III, 69–89. Auch dieses Werk sollte bis 1739 noch wiederholt neu gedruckt werden.

[36] Als Beispiele Hermann Conring, Historia electionis Alexandri VII Papae, Helmstedt 1657 oder id./Joachim Johann Mader (resp.), Exercitatio historico-politica de conciliis et circa ea summa potestatis auctoritate, Helmstedt 1675.

[37] Hermann Conring, De Bibliotheca Augusta, quae est in arce Wolfenbuttelensi ad illustrem et generosum Joannem Christianum Bar. A. Boineburg Epistola, qua simul de omni bibliotheca disseritur, Helmstedt 1661 und id., De antiquissimo statu Helmestadii et viciniae conjecturae, Helmstedt 1665.

[38] Meibom, Oratio de genuinis historiae Germanicae fontibus (nt. 12), 24 sq.

[39] Heinrich Meibom der Ältere/Heinrich Meibom der Jüngere, Rerum Germanicarum Tomi III (3 voll.), Helmstedt 1688, dort z. B. die Chronik Hermanns von Lerbecke mit Anmerkungen Meiboms, vol. 1, 491–548, und vorher als Hermann von Lerbecke, Chronicon Comitum Schwawenburgensium, Frankfurt 1620.

[40] Heinrich Meibom der Ältere, Chronicon Marienthalense. Opus posthumum, Helmstedt 1651; id., Chronicon Bergense, Helmstedt 1669.

[41] C. Römer, Zisterzienserkloster im Lutherischen Landesstaat. Mariental bei Helmstedt und seine Äbte 1568–1918, in: C. Römer (ed.), Das Zisterzienserkloster Mariental bei Helmstedt 1138–1988, 168–186, hier 172–182.

[42] Heinrich Meibom der Jüngere, De Hugonis de S. Victore patria Saxonia, in: Rerum Germanicarum Tomi III (nt. 39), vol. 3, 427–432.

[43] Zu nennen sind hier z. B. Heinrich Meibom der Ältere, De veteris Saxoniae finitimarumque regionum quarundam pagis ex mediae aetatis rerum scriptoribus Germanicarum commentariolum, Helmstedt 1610; Heinrich Meibom der Jüngere, Irminsula saxonica, hoc est eius nominis Idoli sive numinis tutelaris, apud antiquissimos Saxones paganos culti, Helmstedt 1659 oder id., De cervisiis potibusque et ebriaminibus extra vinum aliis commentarius, Helmstedt 1671.

Summiert man Meiboms Rückschau auf die Helmstädter Mittelalterforschung im frühen 18. Jahrhundert, so fallen einige Dinge auf. Wie schon angedeutet, war die Auseinandersetzung mit dem Mittelalter für die Helmstedter vom Luthertum geprägt; Ergebnis ihrer Arbeit war eine zuvorderst protestantisch konnotierte Geschichte der Epoche gewesen, die mit der Reformation zugleich als überwunden betrachtet wurde. Die Gelehrten der Braunschweiger Landesuniversität suchten die Kontroverse mit möglichen Gegenentwürfen, mit anderen Perspektivierungen des Mittelalters, wie sie in Paris, Lyon oder allgemein in Italien oder England entwickelt worden waren, nicht, ja sie ignorierten deren Vertreter weitgehend. Zugleich hatte man sich, wie auch andernorts in Deutschland, auf die politische Geschichte konzentriert und der Historie damit einen eher nationalen Zuschnitt gegeben. Conring, der ein Interesse an der Philosophiegeschichte des gesamteuropäischen Mittelalters entwickelt hatte, und zum Teil auch der jüngere Meibom, also Heinrich, der Vater Hermann Dietrichs, dem die lokalen Klöster am Herzen lagen, dürften die große Ausnahme gewesen sein. Gleichzeitig entgeht Meibom nicht, wie sehr die Editionspolitik und das professorale Interesse an der mittelalterlichen Geschichtsschreibung durch den Handschriftenbestand der Academia Julia vorgeprägt war. Die Arbeiten Reineckes oder Meiboms waren unmittelbar aus der Beschäftigung mit den Handschriften der säkularisierten Klöster und dem Raubgut des Flacius Illyricus hervorgegangen. Man wusste es und war, wie nicht zuletzt die Einlassungen Conrings zeigen, stolz darauf. Vielleicht lag es daher nahe, dass die Beschäftigung mit den lokalen Beständen irgendwann auch zu einer Aufwertung des Mittelalters selbst führen musste, und zwar vor allem zu einer Aufwertung des Mittelalters vor Ort. Das Vorurteil der Wertlosigkeit und kulturellen Unterlegenheit, das den Blick auf die Epoche vor der Reformation solange versperrt hatte, begann zu bröckeln.

## III. Johann Georg Leuckfeld und die Ehrenrettung der niedersächsischen Klöster

Im Jahre 1705 begann ein niedersächsischer Gelehrter seine Arbeit aufzunehmen, der den Blick auf die Klöster des niedersächsischen Hinterlandes entscheidend verändern sollte, Johann Georg Leuckfeld. Außerhalb der niedersächsischen Landesgeschichte dürfte Leuckfeld heute weitgehend vergessen sein[44]. Er stammte aus Heringen bei Nordhausen, hatte in Leipzig Theologie und Ge-

---

[44] Als Übersicht zu Leben und Werk Leuckfelds ist sehr wertvoll C. Berndt, Historia Leuckfeldii oder ausführliche Beschreibung von Leben und Werk des Johann Georg Leuckfeld, Auleben 2003, dort auch ein Werkkatalog, der die ungedruckten Schriften miteinschließt, 47–87. Eine erste Vita Leuckfelds mit Werkverzeichnis liefert schon Tobias Eckard, Lebens-Beschreibung Des Hochehrwürdigen und Hochgelahrten Herrn Johann George Leuckfelds, Weyland Pastoris Primarii zu Gröningen, Quedlinburg 1727.

schichte studiert und war später Pfarrer in Gröningen geworden. Sein Wirkungsradius war das niedersächsisch-thüringische Grenzgebiet, der Harz und sein Hinterland, in durchgehendem Austausch stand er jedoch auch mit der Universität Helmstedt und ihrer Professorenschaft, mit Leibniz und dem Hause Braunschweig-Wolfenbüttel. Einige Jahre wirkte Leuckfeld als Klosterrat an der Seite der evangelischen Äbtissin Gandersheims, Henriette Christine von Braunschweig-Wolfenbüttel, die ihn großzügig finanzierte. Ihre Ära als Äbtissin endete, als sie mit 42 ein uneheliches Kind bekam, ihren Dienst als Klostervorsteherin beenden musste und im Anschluss zum Katholizismus konvertierte[45]. Leuckfeld sollte zum Gründervater einer unpolemischen, protestantischen Klostergeschichte werden, die zu Beginn des 18. Jahrhunderts die Leistungen der lokalen Klöster, der Nonnen und Mönche und des vor Ort greifbaren Mittelalters zum ersten Mal zu würdigen in der Lage war. Unmittelbare Zulieferer und Stichwortgeber fand Leuckfeld in den Mitgliedern der Familie Meibom, deren Klostergeschichten er auswertete. Hinzu kamen diverse lokale Klostergeschichten aus der Mitte des 17. Jahrhunderts, die ohne Wirkung auf Leserschaft im Manuskript geblieben waren, und die ihm seine Gewährsleute überlassen hatten. Die Biographie Heinrichs des Älteren sollte Leuckfeld auch aus diesem Grunde selbst verfassen[46]. Sein entscheidender Gewährsmann in Helmstedt jedoch wurde Johannes Andreas Schmidt, ein Professor für Theologie, der sich vor allem als Historiker verstanden hatte[47]. Mit ihm sollte Leuckfeld eine lange Freundschaft verbinden.

Innerhalb von nicht einmal acht Jahren erstellte Leuckfeld zehn Klostergeschichten, von Klöstern, die sich alle in Niedersachsen und dem Harz verorteten. Leuckfeld wertete hunderte von Urkunden aus, die er im Regelfall selbst

---

[45] Allgemein zur Geschichte des evangelischen Reichsstiftes Gandersheim in Leuckfelds Zeit H. Goetting, Das Bistum Hildesheim. 1. Das reichsunmittelbare Kanonissenstift Gandersheim, Berlin 1973, 132–145. Ein Lebensbild Henriettes inklusive der unglücklichen Begleitumstände liefert U. Küppers-Braun, Fürstäbtissin Henriette Christine von Braunschweig-Lüneburg (1669–1753) oder: Kann eine Frau ohne ihr Wissen schwanger werden?, in: M. Hoernes/H. Röckelein (eds.), Gandersheim und Essen. Vergleichende Untersuchungen zu sächsischen Frauenstiften, Essen 2006, 225–244.

[46] Heinrich Meibom der Ältere, M. Heinrich Meybaums, Sen. Chronicon des Jungfräulichen Closters Marien-Berg vor Helmstedt, von wem dasselbige funditet, begabet und befordert worden, nebst einer kurtzen Nachricht von dem ehemaligen Serviten-Closter Himmel-Garten, und der Kirchen zu Rode bey Nordhausen, ed. Johann Georg Leuckfeld, Halberstadt 1723 und vorher schon id., M. Heinrich Meybaums, Sen., der Julius-Universität zu Helmstedt lange Jahre gewesenen Profess. Publ. Ordin. Chronicon des Jungfräulichen Closters Marien-Born in dem Magdeburgischen, von dessen erstern Anfang bis auf 1580, So aus Allerhand alten Monumenten, Briefen und Uhrkunden zusammen colligiret, und vor hundert Jahren von ihm verfertiget worden, ed. Johann Georg Leuckfeld, Leipzig 1720, dort auch die Vita Meiboms 1–16.

[47] Zur Gestalt Johann Andreas Schmidts B. Roling, Mechanik und Mirakel: Johannes Andreas Schmidt (1652–1726) und die technischen Grenzen des Wunders in Helmstedt, in: F. Rexroth/M. Mulsow (eds.), Was als wissenschaftlich gelten darf – Praktiken der Grenzziehung in Gelehrtenmilieus der Vormoderne, Göttingen 2014, 211–246, außerdem Bruning, Innovation in Forschung und Lehre (nt. 10), 119–122.

transkribierte und abdruckte, dazu Viten und Chroniken aller Art, die er ebenfalls auf mehr als viertausend Seiten reichlich dokumentierte. Ergebnis dieser Herkulesarbeit war nicht nur, dass die mittelalterlichen Sprengel des niedersächsischen Raums zum ersten Mal als Bildungslandschaft begriffen wurden; zum ersten Mal auch traten dessen Klöster mit ihren Bibliotheken, die vorher nur als Hort des Verderbens gegolten hatten, als epochenübergreifender Kulturträger in Erscheinung. Leuckfeld behandelt die Geschichte von Zisterzienserklöstern wie Walckenried im Südharz[48], Michaelstein und Amelungsborn bei Blankenburg im Harz oder Kelbra bei Mansfeld[49], Klöster von Prämonstratensern wie Poelde oder Ilfeld bei Nordhausen oder Sankt Marien in Magdeburg[50], Augustinerklöster wie Katlenburg[51], Benediktinerklöster wie das berühmte Bursfelde bei Göttingen[52], aber auch das bekannteste Damenstift des Mittelalters, Gan-

---

[48] Johann Georg Leuckfeld, Antiquitates Walckenredenses, oder historische Beschreibung der vormahls berühmten käyserl. freyen. 1. Handelnd von allerhand darinnen vorgegangenen Closter-Sachen, Leipzig 1705; und id., Antiquitates Walckenredenses, oder historische Beschreibung der vormahls berühmten käyserl. freyen. 2. Handelnd von unterschiedenen darin gelebten Closter-Personen, Leipzig 1705.

[49] Johann Georg Leuckfeld, Antiquitates Michaelsteinenses et Amelunxbornenses, das ist historische Beschreibung derer vormahls berühmten Cistercienser-Abteyen Michaelstein und Amelunxborn, worinnen von dererselben Lage, Stiftern, Erbauung, Gütern, Aebten, usw. gehandelt wird, Wolfenbüttel 1710 und id., Historische Beschreibung, Von Dreyen in und bey der Güldenen-Aue gelegenen Oertern, nemlich: Dem gewesenen Cistercienser-Closter S. Georgii zu Kelbra, nebst einer Genealogischen Nachricht von denen gelebten Graffen von Beichlingen, wie auch von denen alten Keyserlichen Pfaltzen Altstedt und Walhausen, Wolfenbüttel 1721.

[50] Johann Georg Leuckfeld, Antiquitates Poeldenses, oder Historische Beschreibung des vormahligen Stiffts Poelde, Praemonstratenser Ordens, worinnen von dieses Closters Nahmen, Stifftungs-Zeit, Landes-Gegend, wie auch unterschiedenen bey solchem Closter ehemahls gelebten, nun aber außgestorbenen Gräfl. und Edlen Geschlechtern, insonderheit aber von der noch florirenden Hohen, Adelichen Wurmischen Familie außführlich gehandelt wird, Wolfenbüttel 1707; id., Antiquitates Ilfeldenses, oder Historische Beschreibung des Closters Ilfeld, Praemonstratenser-Ordens, worinnen von dieses Stiffts-Alter, Landes-Gegend, Orthe, Nahmen, Aufbauung, Orden, Kirchen, Kayserl. Privilegien, wie auch deßen vorigen Landes-Herren, Stifftern, Aebten, Administratoren, Evangelischen Predigern, Schul-Rectoren, u.s.w. ausführlich gehandelt wird, Quedlinburg 1709 und später noch einmal id., Antiquitates Praemonstratenses oder historische Nachricht von zweyer ehmahls berühmten Praemonstratenser-Clöstern S. Marien in Magdeburg und Gottes-Gnade bey Calbe, worinnen von dero Ordens-Stiffter Norberto und seinem dasigen Begräbnisse, wie auch von ihren Fundationen, Güthern gehandelt, und dabey eine zulängliche Beschreibung von dem alten Gerichte unter dem hohen Baume mitgetheilet wird, Magdeburg 1721.

[51] Johann Georg Leuckfeld, Antiquitates Katelenburgenses, oder historische Beschreibung des ehmahligen Closters Katelenburg, Augustiner-Ordens Mäyntzischer Dioeces, worinnen von denen alten Katelenburgischen Graffen, dessen Ordens-Personen, Einweihung, Confirmation gehandelt wird, Leipzig 1713.

[52] Johann Georg Leuckfeld, Antiquitates Bursfeldenses, oder Historische Beschreibung des ehmaligen Closters Burßfelde, nebst Beyfügung Kurtzer Historischen Nachricht von denen Clöstern Ringelheim und S. Blasii in Northeim, Wolfenbüttel 1713. Posthum erschien zum Benediktinerorden noch id., Chronologia Abbatvm Bosavgiensium, oder Verzeichnüs derer vormals in dem berühmten Benedictiner-Closter Bosau bey Zeitz, gelebten Aebte, und einige Nachricht das Cistercienser-Frauen-Kloster betreffend, so vor Zeiten zu Ilmenau in Thüringen gestanden, Naumburg 1731.

dersheim, für deren Äbtissin er selbst tätig sein durfte[53]. Es soll hier nicht auf die Fülle der von Leuckfeld zutage geförderten Dokumente eingegangen werden und auf seine konkreten Erschließungsleistungen als Mediävist. Sie würden hier jeden Raum sprengen. Leuckfelds prominentester Fund dürfte die Heiratsurkunde der Kaiserin Theophanu gewesen sein[54]. Wichtig sind die Werturteile, die Leuckfelds Tätigkeit begleiteten. Leuckfelds Geschichte Michaelsteins und Amelungsborns oder Kelbras sind voll des Lobes über das kulturelle Kapital des Zisterzienserordens. Einige Jahre zuvor, 1700, hatte Johannes Andreas Schmidt in Helmstedt in einer Programmschrift zum ersten Mal auf die reiche Literatur zu den mittelalterlichen Reformorden hingewiesen, die seit der Mitte des 17. Jahrhunderts in katholischen Kreisen, oft in den Orden selbst, entstanden war[55]. Warum hatte niemand unter den Protestanten vor Ort, so Leuckfeld, Männer wie Augustin Sartorius, der die Erfolgsgeschichte des Ordens im Detail nachgezeichnet hatte, oder Gaspar Jongelingx, der sich vor allem um die Frauenklöster des Ordens bemüht hatte[56]? Warum hatte sich niemand die Arbeitsweise dieser Gelehrten zueigen gemacht? Weil er befürchtete, so Leuckfeld, dass er die „halb vermoderten und mit Staub und Gestanck angefüllten Brieffschaften" wieder ans Licht befördern musste, statt die „alten Schrifften" von „Motten, Mäusen und der Fäulniß verzehren" zu lassen? Der Erschließungsbedarf in der Geschichte der Männer- wie Frauenklöster vor Ort war gewaltig, ihre Würdigung stand noch immer aus[57].

---

[53] Johann Georg Leuckfeld, Antiquitates Gandersheimenses, oder Historische Beschreibung des Uhralten Kaeyserl. Freyen Weltlichen Reichs-Stiffts Gandersheim, worinnen von deßen alter Lands-Gegend Durchl. Stifftern, Orte ausführlich gehandelt wird, alles aus denen Archiven zusammengetragen und mit Registern versehen, Wolfenbüttel 1709.

[54] Eine wertvolle Rekonstruktion dieser Entdeckung liefert C. Berndt, Johann Georg Leuckfeld, Roswitha von Gandersheim und die Heiratsurkunde der Kaiserin Theophanu. Untersuchungen zum schriftlichen Hauptnachlass des Johann Georg Leuckfeld (1668 bis 1726) und Beispiele wissenschaftlicher Netzwerkarbeit im Zeitalter des Barock, in: Beiträge zur Geschichte aus Stadt und Kreis Nordhausen 36 (2011), 41–58, dort bes. 42–47.

[55] Johann Andreas Schmidt, Notitia ordinis Cisterciensis ex S. Bernhardi familia maxime illustris disputationibus publicis in breviarium theologiae polemicae cum Reformatis a CL. viro iuvene habendis praemissa, Helmstedt 1711.

[56] Leuckfeld, Historische Beschreibung, Von Dreyen in und bey der Güldenen-Aue gelegenen Oertern, c. 3, §§ 1–3 (nt. 49), 109–112, dazu Caspar Jongelincx, Notitia Abbatiarum Ordinis Cisterciensis per orbem universum, libros X complexa, in qua singulorum Monasteriorum origines, incrementa Regum Principum procerum Benefactorum, aliorumque Illustrium virorum diplomata, donationes, insignia Gentilitia Epitaphia, et id genus alia notatu digna cum ex ipsis locorum Archivis, tum ex variis scriptoribus selecta recensentur (10 voll.), Köln 1640 und Augustinus Sartorius, Cistercium Bis-Tertium seu Historia Elogialis, in qua Sacerrimi Ordinis Cisterciensis Anno Domini 1698 a sui origine sexies, seu Bis-ter Saecularis primordia, incrementa, praeclara gesta, merita in Ecclesiam, orbemque Christianum praerogativae, coelitus humanitusque concessae, Connexiones cum religiosis ordinibus, coenobiorum series per terras Austriacas atque etiam personae sanctimonia, martyrio, laboribus Apostolicis nova methodo recensentur, Prag 1700. Zwei Jahre später sollte Sartorius' monumentales Werk auch in deutscher Sprache erscheinen.

[57] Leuckfeld, Antiquitates Michaelsteinenses et Amelunxbornenses, Vorrede (nt. 49), s.p., die Bibliographie §§ 1–13, Zitat § 8 und § 9.

Kelbra war eines der Klöster gewesen, so Leuckfeld, die unmittelbar aus dem Reformgeist des Ordens und der Suche nach einem erneuerten Glauben entstanden waren[58], ebenso auch Walckenried. Es war, wie Leuckfeld schon in seiner Vorrede proklamiert, ein Ort des Studiums und der Bildung gewesen, den Adelheid von Walckenried im frühen 12. Jahrhundert in Gestalt dieses Ordenshauses aus genau diesen Gründen gestiftet hatte[59]. Leuckfeld rekonstruiert und referiert die Gründung und Ausstattung der Klöster materialreich, akribisch und trocken, zugleich aber läßt er keinen Zweifel daran, wieviel das niedersächsische Mittelalter diesen Klöstern zu verdanken hatte. Nicht anders verhielt es sich auch mit Bursfelde, das von Heinrich dem Fetten von Nordheim im Geiste eines Wilhelm von Hirsau und der Bewegung von Cluny begründet worden war. Warum hatte man auf protestantischer Seite, so fragt Leuckfeld, die Arbeiten eines André Du Chesnes oder Martin Marriers zur Reform von Cluny nie zu Rate gezogen[60]? Der gleiche moralische Anspruch hatte auch die Klöster der Prämonstratenser ausgezeichnet. Mochten auch, wie Leuckfeld betont, die Päpste des 11. Jahrhunderts „Hurenjäger, Strassenräuber, Hexenmeister" und im ganzen eher „liederliche Gesellen" gewesen sein, die Mönche des Klosters zu Pölden hatten hehre Ziele verfolgt[61]. Hervorgegangen aus einer Donation Heinrichs an Mathilde, war es nach den Verfallserscheinungen der Benediktiner und des Klerus das erklärte Ziel Norberts von Xanten und seiner Anhänger gewesen, die Unmoral zu beseitigen und die Bildung wiederherzustellen. Die Mönche und ihr Studienbetrieb waren, wie Leuckfeld mit Nachdruck unterstreicht, die Antwort auf die Krise des Bildungswesens gewesen, die ein Zeitzeuge wie Johannes von Salisbury in seinen Briefen gebrandmarkt hatte[62]. Die Klöster also galt es, als Bildungsinstanz wieder ins Recht zu setzen.

Am deutlichsten wird Leuckfeld mit Blick auf seine Aufwertung der Klosterkultur, als er auf Gandersheim zu sprechen kommt, seine eigentliche Arbeitsstätte. Gandersheim war nicht nur unmittelbar mit der Christianisierung Sachsens verbunden und hatte Sachsen, Goten wie Thüringern den Unglauben ausgetrieben, wie schon Meibom der Ältere betont hatte[63]. Das von den Liudolfingern begründete Stift hatte von seiner ersten Äbtissin, Hathumoda, der Tochter Liudolfs, bis zu Nr. 45, der schon genannten Henriette Christine von Braunschweig-Lüneburg, eine durchgehende Kette von gelehrten Frauen beherbergt, unter

---

[58] Leuckfeld, Historische Beschreibung, Von Dreyen in und bey der Güldenen-Aue gelegenen Oertern, c. 3, § 4 (nt. 49), 112–114.
[59] Leuckfeld, Antiquitates Walckenredenses, c. 3, §§ 1–5 (nt. 48), 18–25.
[60] Leuckfeld, Antiquitates Bursfeldenses, Vorrede, §§ 2–5 (nt. 52), s.p., dazu Martin Marrier/André Du Chesnes, Bibliotheca Cluniacensis, in qua ss. patrum abb. Clun. vitae, miracula, scripta, statuta, privilegia chronologiaque duplex, item catalogus abbatiarum, prioratuum, decanatuum, Paris 1614.
[61] Leuckfeld, Antiquitates Poeldenses, c. 2, (nt. 50), 4–7.
[62] Ibid., c. 9, 33–36, und id., Antiquitates Ilfeldenses, c. 8, §§ 1–3 (nt. 50), 54–57, dazu für Leuckfeld auch Johann Michael Heineccius, Nachricht von dem Zustand der Kirche in Goßlar, sowohl vor, als nach der Reformation, s.l. 1704, §§ 1–5, 1–9.
[63] Leuckfeld, Antiquitates Gandersheimenses, c. 1 (nt. 53), 1–9.

denen die berühmte Roswitha herausragen musste⁶⁴. Natürlich war es Panegyrik, die lokale Musenfürstin in eine Reihe mit der Verfasserin der Komödien und der ‚Gesta Ottonis' zu stellen. Schon Conrad Celtis hatte sich ja um Roswitha bemüht, Heinrich Schurzfleisch in Wittenberg gerade ihre Opera ein weiteres Mal herausgegeben⁶⁵. Leuckfeld fügt seiner Klostergeschichte dennoch eine Ausgabe des ‚Carmen de constructione coenobii Gandersheimensis' hinzu, das die aristokratische Ordensfrau ebenfalls verfasst und das er in den lokalen Beständen gefunden hatte, und eine niederdeutsche Chronik des Ordenshauses⁶⁶. Vor allem aber stellt er den vielen Quellen im Jahre 1709 eine programmatische Vorrede seines Freundes Johannes Andreas Schmidt voran, die erklären will, welche Funktionen das Kloster und seine Handschriftensammlung in der mittelalterlichen Gesellschaft wahrgenommen hatten. Mönchen wie Nonnen waren die Wahrer des historischen Gedächtnisses gewesen, wie Leuckfeld betont, Hüter der *memoria* und die eigentlichen Träger der Geschichtsschreibung. War es Zufall, so Leuckfeld, daß die Mehrzahl der Geschichtsschreiber der Epoche unter den Äbten und Mönchen zu finden waren, Hermannus Contractus, Lampert von Hersfeld, Marianus Scotus, Regino von Prüm oder Flodoard von Reims? Nein, denn die *Codices historici* waren in den Klöstern verwahrt worden. Sie waren also die Instanzen des Wissenstransfers gewesen⁶⁷.

Selbst wenn Leuckfelds Urteil von Lokalpatriotismus getragen war und vielleicht auch von jenem Kryptokatholizismus, der im Umfeld des Hauses Wolfenbüttel nicht ganz unpopulär war, zeigt er doch deutlich, dass man in Helmstedt und Umgebung in den Kreisen um Johannes Andreas Schmidt und Meibom das Mittelalter – vorsichtig formuliert – mit anderen Augen zu sehen begonnen hatte. Die lokalen Bibliotheksbestände sollten nicht länger ein Reservoir der Kirchenkritik sein, wie es noch Flacius Illyricus vorgeschwebt hatte. Die rhetorisch-polemische Dichotomie, die wie bei Flacius nur ein deutsches und protoprotestantisches Christentum auf der einen Seite kannte, das sich in der Gestalt eines Otfried von Weißenburg manifestierte, und ein lateinisches auf der anderen Seite, das aus degenerierten Papisten bestand, denen sich nur mit den Mitteln der Satire beikommen ließ, begann fragwürdig zu werden, ja, es fing an, sich konkret aus der Arbeit mit den Bibliotheksbeständen zu widerlegen. Hinzu kam, dass Sekundärliteratur zur Epoche bereits reichlich vorlag, doch eben bisher nur auf der Seite der Katholiken zu finden war.

---

⁶⁴ Ibid., c. 22, 209–268.
⁶⁵ Hrosvvithae, Illustris Virginis natione Germanicae, Gente Saxonica ortae, in monasterio Gandesheimensi quondam religiosae Sacerdotis opera, ed. Heinrich Schurtzfleisch, Wittenberg 1704.
⁶⁶ Leuckfeld, Antiquitates Gandersheimenses, c. 29–30 (nt. 53), 353–406.
⁶⁷ Ibid., Vorrede, Dem Günstigen Leser, s.p.

## IV. Polycarp Leyser IV. – Die Rechtfertigung der mittellateinischen Literatur

### 1. Gegen den protestantischen Dünkel: Wider den vermeintlichen Barbarismus des Mittelalters

Profitiert hatte vom Mentalitätswandel, den Leuckfeld miteingeleitet hatte, und der neuen Sicht auf das Mittelalter und seine Bibliotheksbestände jener Mann, der hier etwas ausführlicher behandelt werden soll, der Helmstedter Professor Polycarp Leyser IV. Man geht nicht fehl, wenn man Leyser als den Begründer der mittellateinischen Literaturgeschichte bezeichnet[68]. Auch Leysers Arbeit wäre ohne die Bestände der Academia Julia vor Ort nicht denkbar gewesen. Leyser stammte aus der Theologenfamilie der Leysers, war 1690 in Wunsdorf bei Hannover geboren worden und hatte, wie die Nachrufe auf seine Person vermerken, in Rinteln, Rostock, Wittenberg und Helmstedt studiert, unterbrochen von einem langen Aufenthalt in Straßburg. In Helmstedt, dem er immer verbunden blieb, heiratete er die Tochter des schon genannten Johannes Andreas Schmidt. Im Jahre 1718 erhielt Leyser in Helmstedt im Alter von 28 Jahren eine Professur für Poetik und Philosophie, 1726 wechselte er auf den besser dotierten Lehrstuhl für Geschichte. Zwei Jahre später starb er im Alter von 37 Jahren. Einige Jahre vor seinem Tod hatte Leyser wie so viele seiner Kollegen eine Liste von Werken veröffentlicht, die er in Druck gegeben hatte oder die noch in Vorbereitung waren[69]. Allein die erschienenen Arbeiten umfassen mehr als hundert oft sehr umfangreiche Titel, die zum Teil posthum in Sammlungen nachgedruckt wurden[70]. Schon seine Zeitgenossen hatten Leyser als Polyhistor apostrophiert, so dass den Betrachter in seinem Oeuvre parallel entstandene Studien zur wolffianischen Metaphysik[71], zur chinesischen Sprache[72], zu Leichenschauen[73], der Päpstin Johanna oder der Dichtung Antoine

---

[68] Kurz auf Leyser in Helmstedt geht ein Henze, Der Lehrstuhl für Poesie (nt. 11), 163 sq.; Bruning, Innovation in Forschung und Lehre (nt. 10), 128–131, und auch schon Friedrich Koldeweg, Geschichte der klassischen Philologie auf der Universität Helmstedt, Braunschweig 1895 [ND Amsterdam 1970], 130 sq. und 132 sq. Basis aller Biographie ist das ‚Elogium Polycarpi Leyseri polyhistoris Helmstadiensis', in: Polycarp Leyser, Opuscula, quibus iurisprudentia, historia et ars diplomatica illustrantur, Nürnberg 1800, 3–20.

[69] Polycarp Leyser, Conspectus scriptorum editorum et edendorum, Helmstedt 1719, ein weiterer Werkkatalog auch in der Leyser gewidmeten Gedenkschrift Supremum amoris officium viro altissimae et variae eruditionis gloria insigni Polycarpo Leysero, Helmstedt 1728, 25–27.

[70] Als Kollektionen Polycarp Leyser, Amoenitatum literariarum reliquiae, Leipzig 1729, und vorher schon id., Icon omnis generis doctrinae rariores quasdam lectuque dignissimas quaestiones ad rem literariam potissimum spectantes, Frankfurt 1722.

[71] Polcarp Leyser/Ludolph Paul Müller (resp.), Examen philosophiae Wolfianae philosophicum, Helmstedt 1724.

[72] Polycarp Leyser, Clavis linguae Siniciae Mulleriana orbi litterato restituenda, in: id.: Amoenitatum litterariarum reliquiae, dort Specimen II (nt. 70), 31–38.

[73] Polycarp Leyser/Rudolf Friedrich Telgmann (resp.): Dissertatio iuridica de frustranea cadaveris inspectione in homicidio, Helmstedt 1723. Die Arbeit wird 1731 neu aufgelegt.

Murets und Theodor Bezas nicht weiter verwundern[74]. Ein deutlicher Schwerpunkt Leysers hatte, wie zu erwarten, auf der Geschichte gelegen. Ähnlich wie seine Vorgänger Schmidt, Conring oder die Mitglieder der Familie Meibom hatte Leysers Interesse vor allem der Lokalgeschichte gegolten. Innerhalb von drei Jahren legt Leyser diverse Arbeiten zur Heraldik vor[75], eine Geschichte der Grafen von Wunsdorf[76], der Grafen von Ebersheim[77], außerdem eine Sammlung von Urkunden[78]. Ein Epicedium aus dem Jahren 1728 feiert Leyser wohl nicht zu Unrecht als den „Helmstedter Vater der Geschichte", als solchen, der „Herodot noch übertroffen" habe[79].

Leysers eigentliche Bedeutung liegt in der Aufarbeitung der lateinischen Literatur des Mittelalters, ein Unternehmen, aus dem zum Ende das Werk hervorgehen sollte, das ihn berühmt machte, die ‚Geschichte der lateinischen Dichtung des Mittelalters'[80]. Ihre Entstehung wäre, wie gleich deutlich werden wird, ohne den Rückgriff auf die Handschriftenbestände der Academia Julia nicht möglich gewesen, ja man darf sogar sagen, die gesamte apologetische Ausrichtung des Werkes, sein Wunsch, das Mittelalter als Epoche zu rechtfertigen und systematisch aufzuwerten, wäre ohne die vormalige Existenz der Klosterbibliotheken

---

[74] Polycarp Leyser, De Theodori Bezae juvenilibus poematibus lascivis relatio, in: id.: Amoenitatum litterariarum reliquiae ‚dort Specimen V (nt. 70), 80–92, und id., Johannes Vogtii Apologia pro Antonio Mureto Crimonis Sodomiae postulato, in: id., Amoenitatum literariarum reliquiae ‚dort Specimen VI (nt. 70), 93–116 und id., Prodromus novae ad Johannae Papissae vulgo dictae existentiam probandam demonstrationis praelectionibus ad historiam literariam praemissus, Helmstedt 1723.

[75] Polycarp Leyser, Sigillum maiestatis Brunsvicense praelectionibus publicis in historian universalem praemisit, Helmstedt 1725.

[76] Polycarp Leyser, Historia comitum Wunstorpiensium ex diplomatibus aliisque monumentis fide dignis maximam partem ineditis contexata, Helmstedt 1724. Eine zweite Auflage dieses Werkes erschien 1725. Eine schöne kommentierte Übersetzung besorgte E. Kaus, Polycarp Leyser, Geschichte der Grafen von Wunstorf, Bielefeld 2000, dort als Würdigung der historischen Arbeiten Leysers auch die Einleitung XIII–XVI.

[77] Polycarp Leyser, Historia comitum Ebersteinensium in Saxonia ex diplomatibus aliisque monumentis editis et ineditis contexata, Helmstedt 1724, dazu id., Polycarp Leyser, Genealogia comitum Blanckenburgensium, Reinsteinensium, Ebersteinensium et Hoiensium, Helmstedt 1724.

[78] Polycarp Leyser, Observata diplomatico-historica, Helmstedt 1727, eine Kollektion von neun Einzelschriften.

[79] Das über den Hintritt eines den Herodotum übertreffenen Historici weinende Elm-Athen wollte bey Beerdigung des Hoch-Edelgebohrnen und hochgelahrten Herrn, Herrn Polycarpi Leysers mit betrübter Feder vorstellen das Königl. und Herzogl. Convictorium, Helmstedt 1728, dort erscheint Leyser, fol. Av, als ‚Helmstedter Vater der Geschichte'.

[80] Zu Leysers Aufarbeitung des Mittellateinischen und die damit verbundene Barbarismus-Debatte in Teilen schon B. Roling, Die Geburtswehen der mittellateinischen Philologie: Polycarp Leyser IV. und das Mittelalter, in: G. Frank/V. Leppin (eds.), Die Reformation und ihr Mittelalter, Stuttgart 2016, 303–326, außerdem H. Zimmermann, ‚De medii aevi barbarie'. – Ein alter Gelehrtenstreit, in: K. Hauck/H. Mordek (eds.), Geschichtsschreibung und geistiges Leben im Mittelalter. Festschrift für Heinz Löwe zum 65. Geburtstag, Köln 1978, 650–669, und auch kurz C. Meier, Königin der Hilfswissenschaften? Reflexionen zu Geschichte, Selbstverständnis und Zukunft der Mittellateinischen Philologie, in: Frühmittelalterliche Studien 35 (2001), 1–21, dort kurz zu Leyser 4 sq.

gar nicht erst aufgekommen. Im Jahre 1719 veröffentlicht Leyser einen ersten Traktat, der die Stoßrichtung seiner Literaturgeschichte publizistisch vorbereiten sollte, die ‚Dissertatio de ficta medii aevi barbarie', ‚Über den vermeintlichen Barbarismus des Mittelalters', mit dem Untertitel ‚circa poesin latinam', also mit Blick auf ‚die lateinische Poesie'[81]. Ausdrücklich wendet sich Leyser hier gegen die Mittelalterpolemik, wie sie im Gefolge des Matthias Flacius Illyricus bis weit in das frühe 18. Jahrhundert die Auseinandersetzung mit dem Mittelalter begleitet hatte. Direkter Angriffspunkt Leysers war, wie er selbst zugibt, sein Helmstedter Kollege Herman Conring, der in seinem schon posthum 1703 veröffentlichten ‚Commentarius de scriptoribus' für die gesamte vorreformatorische Literatur des Früh- und Hochmittelalters lapidar behauptet hatte, es sei eine Epoche der ‚Barbarei' gewesen. Allgemeine *infelicitas* habe geherrscht, so Conring, ohne daß ein nennenswerter Dichter in Erscheinung getreten sei[82].

Das Klischee der Kulturlosigkeit des Mittelalters aber, das Leyser entkräften wollte, war schon lange vorher ein Topos einer ganzen Galerie von lutheranischen Traktaten gewesen, ja es war sogar, wie ich an anderer Stelle gezeigt habe, regelrecht kanonisiert worden[83]. Theologen wie Johann Zwinger oder Adam Rechenberg, oft Zeitgenossen Leysers, die im Gefolge eines Agrippa von Nettesheim, Juan Vives oder Erasmus argumentierten[84], und viele andere hatten den Terminus der ‚Barbarei' als Schlüsselbegriff favorisiert, wenn sie über das *medium aevum* sprachen, er war ein Emblem, in dem sich, wie man einhellig glaubte, die ganze Verwahrlosung der vorreformatorischen Epoche zusammenfassen ließ[85]. Für einen Theologen wie Adam Tribbechow, der 1665 die Schrift ‚De doctoribus scholasticis' verantwortet hatte[86], hatte sich das Mittelalter als

---

[81] Polycarp Leyser, Dissertatio de ficta medii aevi barbarie imprimis circa poesin latinam speciminibus non inelegantibus carminum editorum et ineditorum corroborata, Historiae poetarum medii aevi praemissa, Helmstedt 1719.

[82] Hermann Conring, De scriptoribus XVI. post Christum natum seculorum commentarius, Breslau 1703, Seculum VII, 81 sq., Seculum X, c. 1, 87.

[83] B. Roling, *Saeculum barbaricum* – Frühneuzeitliche Stereotypen in der Philosophiegeschichtsschreibung des Mittelalters, in: Frühmittelalterliche Studien 49 (2015), 275–297.

[84] Als Standardautoritäten z. B. Agrippa von Nettesheim, De incertitudine et vanitate scientiarum declamatio invectiva, c. 8, Köln 1531, fol. c7r–dr, deutsch als Agrippa von Nettesheim, Über die Fragwürdigkeit, ja Nichtigkeit der Wissenschaften, Künste und Gewerbe, c. 8, übersetzt von G. Güpner, Berlin 1993, 43–46, Juan Luis Vives, De disciplinis libri XII, septem de corruptis artibus, quinque de tradendis disciplinis, De causis corruptarum artium, III, Leiden 1636, 165–232, deutsch als Juan Luis Vives, Über die Gründe des Verfalls der Künste, ed E. Hidalgo-Serna, München 1990, 328–411.

[85] Johann Zwinger, Oratio inauguralis de barbarie superiorum aliquot seculorum, orta ex supina Linguae Graecae ignoratione, Basel 1661, dort bes. 24–53, neuaufgelegt in: Georg Heinrich Götze, Juventi Scholasticae literas Graecas discenti commendatus, Leipzig 1704, 83–134 oder Adam Rechenberg/Christian Juncker (resp.), De ineptiis clericorum Rom. litterariis, Leipzig 1690, bes. §§ 20–25, fol. Dv–D4v.

[86] Eine allgemeine Einschätzung des Tribbechows gibt E. Garin, Anedotti di storia della storiografia: La polemica contro la scolastica, I: Adamo Tribecchovio, in: id., Dal Rinascimento all'Illuminismo: Studi e ricerche, Pisa 1972, 195–205.

lange in Phasen gegliederte Epoche der Dekadenz dargeboten. Sie hatte mit Gregor dem Großen begonnen und war mit der Reformation endlich zu einem Abschluss gekommen. Pelagianismus und Fegefeuerglaube, Marienverehrung und Heiligenkult hatten das Volk im Dunkeln gehalten, sprachlicher Wildwuchs und vergorene Latinität, Küchenlatein und geistiges Unvermögen hatten diese Episode der Geschichte charakterisiert. Zugleich waren scholastische Haarspalterei, Distinktionswut und eine Selbstermächtigung der aristotelisch dominierten Philosophie über die wahre Theologie ihre wesentlichen Merkmale gewesen. Träger dieser Barbarei, so der mehrfach aufgelegte Tribbechow und mit ihm viele andere Autoren, war ebenso die Kurie gewesen und die verkommene Kirche. In den Klöstern waren es die Mönche, die sich für den Niedergang der Gelehrsamkeit und die Erosion der antiken Bildung verantwortlich zeichneten, wie Rechenberg es stellvertretend für viele andere formuliert. Wahrer Glaube und gottesfürchtige Theologie waren in ihren Zellen ebenso korrumpiert worden wie die lateinische Grammatik. Erst Luther hatte diesem ebenso kulturellen wie moralischen Niedergang ein Ende bereitet[87]. Noch viele andere Vertreter des akademischen Protestantismus, Zeitgenossen Leysers und Leuckfelds, hatten sich dieser Sichtweise auf die Klosterkultur des Mittelalters angeschlossen[88].

Dem Helmstedter Leyser waren die Vertreter der konfessionellen Propagandaliteratur wohlbekannt. Die scheinbare Allianz aus Humanismus, sprachlicher Perfektion und Lutheranismus, wie sie hier vertreten wurde, galt es, wie Leyser glaubte, in Frage zu stellen. Schon vorher hatte der Mann aus Helmstedt in anderen Arbeiten zwei wichtige Maximen formuliert. Literaturgeschichte, so Leyser, hatte frei von allen Vorurteilen zu sein, sie durfte weder Hagiographie betreiben noch zur Anklageschrift werden[89]. Und zum zweiten: Die Qualität der Poesie konnte ein Gradmesser für das kulturelle Niveau einer ganzen Epoche sein. Große Dichtung erforderte nicht nur Kenntnis in der Grammatik und Rhetorik. Um Rhythmus und Melodik, aber auch die Kohärenz der Inhalte zu garantieren, bedurfte es auch der Blüte der übrigen Wissenschaften, also auch der Philosophie[90]. Konnte eine Epoche also große Dichter vorweisen, so konnte sie auch sonst keine Zeit der Barbarei gewesen sein.

---

[87] Adam Tribbechow, De doctoribus scholasticis et corrupta per eos divinarum humanarumque rerum scientia liber singularis, Giessen 1665, dort bes. c. 3, 33–54.

[88] Unter vielen z. B. Christoph Binder, Scholastica theologia, in qua disseritur de eius causis, origine, progressu, ac methodo legendi Scholasticos, cum annexa expositione, quomodo doctrina Christi, ab Apostolis fideliter tradita, aliquot centuriis custodita, Frankfurt 1614, dort bes. c. 5–6, 56–126 oder Johann Himmelius, Tractatus de Canonicatu, Iure canonico, et Theologia scholastica, Jena 1632, dort bes. Sectio III, 669–757 und Adrian Heereboord, Meletemata philosophica, maximam partem Metaphysica, Leiden 1654, Epistola dedicatoria, 4 sq.; Samuel Werenfels, Dissertatio de logomachiis eruditorum, Amsterdam 1702 (zuerst 1688), c. 2, § 3, 24–26 oder Matthias Hagerup/Matthias Albert Haberdorf (resp.), Dissertatio historico-ecclesiastica de Theologia scholastica veteri, Kopenhagen 1717, Sectio II–IV, 5–12.

[89] Polycarp Leyser, Meditationes de genuina historia literaria, Wittenberg 1715, § 10, fol. B2rsq.

[90] Polycarp Leyser, Dissertatio de poesi disciplinarum principe, Helmstedt 1720, 5–12 und auch Polycarp Leyser, Programma de vera indole poeseos praelectionibus praemissum, Helmstedt 1718, passim und mit Blick auf die Philologie Polycarp Leyser, Discursus de reformatione disciplinarum necessitate, Helmstedt 1718, fol. 2vsq.

Leysers Schrift ‚Über die vermeintliche Barbarei des Mittelalters' präsentiert sich daher als Poetenkatalog, als Katalog von Dichtern, die in ihrer bloßen Existenz und Breite dem kulturellen Notstand des Mittelalters widersprechen mussten. Im fünften Jahrhundert, dem vermeintlichen Zivilisationsbruch, waren, wie Leyser beginnt, Gestalten wie Boethius, Cassiodor, Fulgentius oder Jordanes und Gregor der Große in Erscheinung getreten. Der Kirche war es in diesen Dekaden gelungen, das Erbe der Antike fruchtbar zu machen, und zugleich eine neue Form der Askese in Gestalt der Klosterkultur zu verbreiten, also die alte Welt auch moralisch hinter sich zu lassen. Zeugnisse nicht abreißender Qualität der folgenden Jahrhunderte waren Venantius Fortunatus, Eugenius von Toledo oder Columba der Jüngere, dann Theodulf von Orléans, Walafrid Strabo oder Paschasius Radbertus. Im zehnten Jahrhundert folgten Roswitha, Abbo von Fleury, Marbod von Rennes oder die Schule von Salerno, dann Petrus Riga, Johannes von Salisbury oder Heinrich von Settimello, schließlich Alanus ab Insulis oder Walter von Châtillon. Ihre Kette reichte bis zu Petrarca und Albertino Mussato. Formen- und Ideenreichtum, Epik, Elegie und Lehrgedicht, metrische Dichtung und Rhythmik, Hymnen und Vagantenstrophen boten ein Bild kulturell florierender Jahrhunderte, wie Leyser betont, die den Vergleich mit der Antike oder der Neuzeit nicht zu scheuen brauchten[91].

Woher aber rührte der Vorwurf der Barbarei, den die protestantischen Polemiker gegen das Mittelalter ins Feld geführt hatten? Leyser nennt zwei Ursachen, die direkt auf die Klöster und ihre Träger weisen, und zugleich das ideologisierte Bild, das die Protestanten von ihnen gezeichnet hatten. Die Mönche des Mittelalters hatten sich nicht in den Vordergrund gedrängt, ihrer Kopistentätigkeit jedoch verdankte sich, wie Leyser betont, die Bewahrung und Weitergabe des gesamten antiken Wissens, das ihre Schreibstuben weitergetragen hatten. Die kollektive Bescheidenheit dieser Mönche stand in krassem Gegensatz zum großspurigen Habitus der nachfolgenden Jahrhunderte. Man hatte diese Mönche zu Unrecht an den wenigen degenerierten Klerikern gemessen, die in den Satiren der Zeit in Erscheinung traten, statt ihre gewaltige Leistung zu würdigen. Dass diese Würdigung ausgeblieben war, so Leyser, war Ergebnis lutheranischer Selbstgefälligkeit gewesen und der Abgrenzungsstrategie ihrer Vertreter zuzuschreiben. Nur wenn die Zeit vor Reformation eine Epoche der Dunkelheit und des allgemeinen Verfalls gewesen war, so das Postulat, konnten die nachfolgenden Leistungen des Luthertums in angemessenem Licht erscheinen. Zum Ende aber war, wie Leyser tatsächlich unterstreicht, diese Überlegenheit eine Projektion und ein Konstrukt[92].

Leysers monumentale Geschichte der mittellateinischen Literatur referiert diese Einlassungen noch einmal zu Beginn[93]. Hinzu kam noch, wie Leyser deutlich

---

[91] Leyser, Dissertatio de ficta medii aevi barbarie (nt. 81), 3–62.
[92] Ibid., 63–69.
[93] Polycarp Leyser, Historia poetarum et poematum medii aevi decem post annum a nato Christo CCCC seculorum, Halle 1721. Eine unveränderte Neuausgabe erschien in Halle 1741. Der Erstdruck erschien als Reprint (2 voll.), Bologna 1969.

macht, daß die Kritik der mittellateinischen Literatur, die ihren Dichtern die Qualität abgesprochen hatte, den Mehrwert der mittelalterlichen Dichtersprache nicht hatte anerkennen wollen. War die bisweilen extravagante Bildsprache, die Verflechtung von Latein- und Volkssprache, nicht Ausdruck der Lebendigkeit einer Literatur[94]? Die eigentliche ‚Literaturgeschichte' des Jahres 1721 präsentiert sich als ausgearbeitete Fassung des Traktates von 1719. Aus etwa 200 Autoren, die auf 50 Seiten genannt wurden, werden nun 700, die auf 1200 Seiten behandelt werden, in Gestalt von Vita, Bibliographie, Werkverzeichnis und Testimonien. Natürlich stützt sich Leyser bei seinem Unternehmen auf die Arbeiten seiner Vorgänger und Zeitgenossen. Bibliographien, Autorenkataloge und Sammelausgaben des Mittelalters hatten durchaus vorgelegen, doch waren sie im Regelfall theologisch konnotiert gewesen. Zu denken war hier schon an Sigebert von Gembloux, Johannes Trithemius[95], an die auf ihnen aufbauende ‚Bibliotheca ecclesiastica' Aubert Le Mires[96], die ‚Analecta veterum' Jean Mabillons[97], die ‚Bibliotheca maxima patrum' Marguerin de la Bignes[98], und natürlich auch an die Arbeiten, die Leysers Zeitgenosse Meibom bereits aufgezählt hatte. Zusätzlich galt dies im Fall Leysers noch für die ‚Bibliothecae', die der Hamburger Johannes Albert Fabritius zeitgleich in Angriff genommen hatte und mit dem Leyser in unmittelbarem Kontakt stand[99], und für die großen Bibliographien der Engländer, John Bale, John Pitseus[100], die Handschriftenkataloge, die Männer wie Eduard Bernard und Thomas Smith im Gefolge Lelands in Oxford und Cambridge angelegt hatten[101], und schließlich Joachim Feller, der das gleiche für die Paulina in Leipzig geleistet hatte[102]. Eine Schlüsselrolle für Leyser spielten

---

[94] Ibid. (Reprint 1969), Praefatio, foll. 2r–3r und 1–4.

[95] Johannes Trithemius, De Scriptoribus Ecclesiasticis, sive per scripta illustribus in Ecclesia viris, cum Appendicibus duabus eorum qui vel à Tritthemio animadversi non fuere, vel seculo interim nostro scriptis suis quam maxime claruerunt, aut clarent adhuc, Liber unus, Köln 1546.

[96] Aubert Le Mire, Bibliotheca ecclesiastica, Nomenclatores VII. veteres S. Hieronymus, Gennadius Myssiliensi, S. Ildefonsus Toletanus, Sigebertus Gemblacensis, S. Isidorus Hispalensis, Honorius Augustodunensis, Henricus Gandavensis, scholiis illustrabat, Antwerpen 1639. Johannes Fabritius brachte 1718 eine erweiterte Ausgabe dieser Bibliographie heraus.

[97] Jean Mabillon, Vetera analecta, sive collectio veterum aliquot operum et opusculorum omnis generis, carminum, epistolarum, diplomatum, epitaphiorum (4 voll.), Paris 1675–1685, neuaufgelegt 1723.

[98] Marguerin de la Bigne, Maxima Bibliotheca Veterum Patrum et antiquorum Scriptorum Ecclesiasticorum (30 voll.), Lyon 1677–1707.

[99] Johann Albert Fabritius, Bibliotheca Latina mediae et infimae aetatis (6 voll.), Hamburg 1734–1746.

[100] John Bale, Illustrium maioris Britannie Scriptorum, hoc est Angliae, Cambriae ac Scotiae Summarium, in quasdam centurias divisum, Wesel 1549 und John Pitts, Relationes historicae de rebus anglicis quatuor partes complectens (2 voll.), Paris 1619.

[101] Edward Bernard, Catalogi librorum manuscriptorum Angliae et Hiberniae in unum collecti. Oxford 1697; Thomas Smith, Catalogus librorum manuscriptorum bibliothecae Cottoniae, Oxford 1696 und als Grundlage, wenn auch erst posthum herausgegeben John Leland, Commentarii de scriptoribus Britannicis (2 voll.), Oxford 1709.

[102] Joachim Feller, Catalogus codicum manuscriptorum bibliothecae Paulinae in Academia Lipsiensi, Leipzig 1686.

die bekannten ‚Adversaria' Caspar von Barths und dessen vor Similien strotzenden Ausgaben, unter denen die Edition des mittelalterlichen Historienepikers Wilhelm Brito herausragte[103]. Von Barth hatte in seinen ‚Adversaria' Dutzende mittellateinischer Dichter abgedruckt, darunter Matthaeus von Vendôme und Petrus Riga[104]. Bei fortschreitender Lektüre der Literaturgeschichte Leysers drängt sich allerdings der Eindruck auf, dass der Mann aus Helmstedt den großen Philologen aus Leipzig für einen Dilettanten hielt.

## 2. Niedersächsische Klosterkultur und das Zivilisationsniveau des Mittelalters

Um das Unternehmen Leysers richtig einzuschätzen, müssen wir uns die apologetische Ausrichtung der ‚Historia' und damit auch die Rolle der ‚Bibliotheca Julia' und der Helmstedter Handschriften ins Gedächtnis rufen. Um zu beweisen, dass die mittellateinische Literatur mit der neulateinischen oder antiken auf Augenhöhe stehen konnte, musste diese mittellateinische Literatur selbst zu Wort kommen. Leyser leistet dies in einer Batterie von Editionen, zum Teil in der Revision und Nachkollationierung bereits vorhandener Ausgaben, zu einem großen Teil aber durch die Bereitstellung neuen Materials. Man ahnt nun, welche Bibliotheksbestände sich hier Gehör verleihen durften, die Handschriften in Helmstedt und Wolfenbüttel und nicht zuletzt die von Marquard Gude aufgehäuften Manuskripte. Tatsächlich waren sie in ihrer bloßen Existenz der Beleg dafür, wie hoch das intellektuelle Niveau in den Klöstern, die diese Handschriften verwahrt hatten, wirklich gewesen war. Es waren zu einem erheblichen Teil diese auch von Leuckfeld beschriebenen Klöster Niedersachsens und ihre Nonnen und Mönche gewesen, die diese Handschriften, wenn nicht abgeschrieben und verbreitet, so doch mindestens verwahrt und offensichtlich auch gelesen hatten, und damit zu Zeugen des mittelalterlichen Bildungsniveaus in seiner gesamten Breite werden mussten. In der Leibniz-Bibliothek in Hannover lassen sich ‚Collectanea' finden, die Leyser für seine Literaturgeschichte angelegt hatte. Auch wenn sie nur einen Bruchteil des gesammelten Materials spiegeln können – und leider auch schwer zu lesen sind – zeigen sie doch, wie eifrig Leyser Handschriften exzerpiert hatte. Der Helmstedter Professor hatte weite Teile der ‚Aurora' des Petrus Riga kopiert, einen Grammatiker wie Johannes von Garlandia, eine Versdichtung zu Pyramus und Thisbe, aber auch Auszüge mittelalterlicher Marienhymnik und selbst neulateinische Bibeldichtung wie die ‚Jesuida' des Girolamo da Valle, wohl auch, um Vergleichsmaterial in der Hand zu haben. Schon

---

[103] Wilhelm Brito, Gulielmi Britonis Aremorici Philippidos libri duodecim, Caspar Barthius recensuit, et Animadversionum Commentario illustravit, Zwickau 1657.

[104] Caspar Barthius, Adversariorum commentariorum libri LX, quibus ex universa antiquitatis serie, omnis generis, ad vicies octies centum, auctorum, plus centum quinquaginta millibus, loci, eduntur praeterea ex vetustatis monumentis praeclara hoc opere non pauca, nec visa hactenus, nec videri sperata, Frankfurt 1648, dort Matthäus von Vendôme Liber XXXI, c. 16, coll. 1460–1463, oder aus der ‚Esther' des Petrus Riga Liber XXXI, c. 15, coll. 1456–1460.

ein Blick in diese Notizen zeigt, dass es sich durchgehend um Texte handelte, die ihm aus den Helmstedter Sammlungen zugängig waren[105].

Der Eindruck bestätigt sich bei der Lektüre der Literaturgeschichte selbst. Angesichts der Fülle an Material lassen sich hier nur einige Beispiele anführen. Vollständig druckt Leyser die Metra der ‚Consolatio philosophiae' des Boethius; sie werden aus drei Helmstedter Handschriften nachkollationiert, die damit zugleich das für Leyser augenfällige Faktum untermauern, dass diese Schlüsseltexte der lateinischen Tradition offensichtlich in den Beständen der Academia Julia besser überliefert waren als in allen bisherigen, die bisher nur die Inkunabeldrucke herangezogen hatten[106]. Ebenfalls aus Helmstedter Codices stammt die Ausgabe des ‚Laborintus' des Eberhard von Bethune aus dem frühen 13. Jahrhundert, das den mittelalterlichen Schulbetrieb behandelte und zugleich sprachlich dokumentieren konnte[107]. Aus dem Oeuvre des Johannes von Garlandia, einem Standardgrammatiker des Hochmittelalters, präsentiert Leyser seinen Lesern das ‚Opus synonymorum' und die ‚Mysteria ecclesiae'; Grundlage war hier ein Codex aus der Sammlung Gude, Nr. 267[108]. Im gleichen Fundus, als Nr. 196, hatte Leyser auch das medizinische Lehrgedicht ‚De compositione medicamentorum' des Aegidius von Corbeil entdeckt, ein ausgreifender Text, der mit Nachdruck bewahrheitete, wie eng Poesie, Wissenschaft und Wissenstransfer im lateinischen Mittelalter miteinander verbunden waren[109]. Vollständig aus Codices Gudes rekrutiert sich Leysers Edition der ‚Poetria nova' des Galfrid von Vinsauf, die ihm so wichtig war, dass er sie kurz darauf noch einmal separat nachdrucken ließ[110]. Konnte es einen aussagekräftigeren Zeugen für das Niveau dichterischer Produktion im Hochmittelalter geben, als die solange verdrängten, doch allgegenwärtigen Gebrauchspoetiken, die noch in humanistischer Zeit kommentiert worden waren? Direkt aus dem Besitz des Flacius Illyricus stammte die Handschrift des Petrus Riga, Codex 1046, aus dessen Bibelgedicht ‚Aurora' Leyser die ‚Esther' druckt, auch um, wie er betont, die mediokren Reproduktionen bei

---

[105] Polycarp Leyser, Animadversiones in historiam poetarum et poematum latinorum medii aevi (Leibnizbibliothek Hannover, MS. XLII 1819), dort z. B. ein Auszug aus der ‚Jesuida' foll. 16v–17v, ein Exzerpt aus der ‚Aurora' des Petrus Riga foll. 18r–77v, aus Johannes von Garlandia fol. 78r–87v, das ‚Pyramus et Thisbe'-Gedicht foll. 86r–88v, ein Marienhymnus foll 94rsq. Die ‚Jesuida' lag als Inkunabel vor; als mögliche Vorlage Hieronymus de Vallibus, Jesuida seu de passione Christi, Basel apud Michael Wenssler 1474.

[106] Leyser, Historia poetarum et poematum medii aevi (nt. 93), 105–138.

[107] Ibid., 796–854, als Vorlage hier unter anderem der Cod. Guelf. 608 Helmst., dort foll. 90r–114v, cf. auch Heinemann, Die Handschriften, Die Helmstedter Handschriften (nt. 6), vol. 2, 71 sq.

[108] Leyser, Historia poetarum et poematum medii aevi (nt. 93), 312–341, dazu Cod. Guelf. 267 Gud. Lat, und auch Heinemann, Die Handschriften, Die Gudischen Handschriften (nt. 6), 223 sq.

[109] Leyser, Historia poetarum et poematum medii aevi (nt. 93), 502–692, dazu Cod. Guelf. 196 Gud. Lat., dazu auch Heinemann, Die Handschriften, Die Gudischen Handschriften (nt. 6), 188.

[110] Leyser, Historia poetarum et poematum medii aevi (nt. 93), 861–971, dazu Galfrid von Vinsauf, Ars poetica ante quingentos annos conscripta, ed. Polycarp Leyser, Helmstedt 1724.

Barthius zu falsifizieren[111]. Die gleiche ‚Aurora' hatte Leyser auch in einem Manuskript des Kartäuserklosters zu Hildesheim gefunden[112].

Vor diesem Hintergrund muss natürlich auch gefragt werden, wie sich die aktuelle Lektüre Leysers in Helmstedt auf seine Poesiegeschichte auswirken konnte. Hatte der Helmstedter Professor besondere Manuskripte zu Rate gezogen? Auch hier nur einige Beispiele: Eine spätmittelalterliche Sammelhandschrift aus dem Augustiner-Kloster Georgenberg bei Goslar, Codex 185, entstanden wohl in Erfurt, hatte Leyser ein denkbar breites Spektrum an Texten geboten, die sich wie ein Florilegium des Schulbetriebes, aber auch monastischer Bildungsstandards lesen mussten[113]. Hier fanden sich nicht nur Auszüge aus Alanus ab Insulis, dem ‚Planctus naturae' und seinem ‚Liber parabolarum'[114], diverse Zeugnisse mittelalterlicher Fabeldichtung, die schon erwähnten ‚Pyramus und Thisbe'-Verse und viele andere ambitionierte Kleingedichte. Hier stieß Leyser auch auf die Elegien des Heinrich von Settimello und auf das ‚De contemptu mundi'-Gedicht des Bernhard von Morlay[115], Texte, die vor allem im Fall Heinrichs in einer artifiziellen Sprache Sinn und Grenze des menschlichen Lebens verhandelten[116]. Alle diese anspruchsvollen Gedichte druckt Leyser ab oder lie-

---

[111] Leyser, Historia poetarum et poematum medii aevi (nt. 93), 695–701, dazu Cod. Guelf. 1046 Helmst., dort foll. 182v–186r, dazu Heinemann, Die Handschriften, Die Helmstedter Handschriften (nt. 6), vol. 3, 29 sq.

[112] Cod. Guelf. 570 Helmst., dort foll. 132r–136r, dazu Heinemann, Die Handschriften, Die Helmstedter Handschriften (nt. 6), vol. 2, 49.

[113] Leyser, Historia poetarum et poematum medii aevi (nt. 93), 412–414, 453–497, 1022–1097, 2086–2088 (falsche Seitenzählung), 2092–2099, dazu Cod. Guelf. 185 Helmst., und als mustergültige Beschreibung Härtel/Heitzmann/Merzbacher/Lesser (nt. 4), Katalog der mittelalterlichen Helmstedter Handschriften, 230–236, und vorher Heinemann, Die Handschriften (nt. 6), Die Helmstedter Handschriften, vol. 1, 167–170, auch dort schon ein Hinweis auf Leyser. Ausführlich und wertvoll zu diesem Manuskript in Georgenberg und seinen Gebrauchsspuren auch Schevel, Bibliothek und Buchbestände (nt. 5), 189–220.

[114] Die Gedichte des Alanus ab Insulis konnten bereits eine Druckgeschichte vorweisen, dazu Alanus ab Insulis, Opera moralia, paraenetica et polemica, ed. Charles de Visch, Antwerpen 1654, hier der ‚Anticlaudianus', 321–417, und vorher als Beispiele Alanus ab Insulis, De planctu naturae liber, Leipzig apud Arnold von Köln 1494; id., Anticlaudiani singulari festiuitate, lepore et elegantia Poëtae, libri IX, Basel 1536; id., Anticlaudiani singulari festiuitate, lepore et elegantia Poëtae, libri IX, Venedig 1582.

[115] Auch im Fall Bernhards von Morlay lag ein Druck vor, nämlich Bernhard von Morlay, De vanitate mundi et gloria coelesti liber aureus, ed. von Eilhard Lubin, Rostock 1610.

[116] Zum heute kaum bekannten Heinrich von Settimello e.g. U. Pizzani, L'eredità di Agostino e Boezio, in: L'autobiografia nel medioevo, Spoleto 1998, 9–47, hier 46 sq., T. Ricklin, Quello non conosciuto da molti libro di Boezio. Hinweise zur Consolatio philosophiae in Norditalien, in: M. J. F. M. Hoenen/L. Nauta (eds.), Boethius in the Middle Ages. Latin and Vernacular Traditions of the Consolatio Philosophiae, Leiden 1997, 267–286, hier 268 sq. Der Text hatte als Frühdruck vorgelegen, dazu Heinrich von Settimello, Elegia de diversitate fortunae et Philosophiae consolatione, Lyon 1502. Eine Ausgabe war auch vor Leyser schon besorgt worden, nämlich als Heinrich von Settimello, Elegia de diversitate fortunae et Philosophiae consolatione, ed. Christoph Daum, s.l. 1684. Daum hatte zwei italienische Handschriften herangezogen, die ihm laut Titel Antonio Magliabecchi zugespielt hatte, doch wohl aus der Paulina in Leipzig stammten. Als jüngere Ausgabe, die jedoch mit gutem Grund keinen Gebrauch mehr von den

fert zumindest neue Lesarten. Wieder musste sich dem Leser des 18. Jahrhunderts die Frage aufdrängen: wieviel sagte es über das Bildungsniveau eines durchschnittlichen, vielleicht niedersächsischen Klosters, wenn diese Gedichte vor Ort kopiert, gelesen oder zumindest zur Verfügung gestellt worden waren? Leyser hatte noch andere vergleichbare Sammelhandschriften herangezogen, genannt sei nur Codex 622, der vielleicht eine vergleichbare Provenienz hatte[117]. Auch die geistliche Dichtung des Mittelalters, die Hymnen, um deren Ehrenrettung sich Leyser besonders bemühte, konnte der Gelehrte aus solchen Sammelhandschriften gewinnen. Genannt sei nur ein Manuskript, das Leyser einen ganzen Katalog an Texten bereithielt und das ihm wohl sein Schwiegervater Johannes Schmidt zugespielt hatte[118], Codex 1008, ein Antiphonare aus Minden aus dem 11. Jahrhundert, in dem Leyser Verse Radperts von St. Gallen, Notkers oder damals kaum geläufige Hymnen des Venantius Fortunatus wie dessen Gedicht ‚De passione' entdecken konnte[119]. Sie alle durften die ‚Historia' der mittellateinischen Literatur bereichern.

Leyser hatte neben seiner Geschichte noch weitere kleine Dichterausgaben zustande gebracht[120], doch war im Jahre 1728 bereits gestorben. Dass die Aufarbeitung des Mittelalters für ihn noch nicht zum Abschluss gekommen war, zeigt sein schon erwähnter ‚Conspectus' der Schriften, die noch in Vorbereitung waren. Angekündigt wurde hier nicht nur eine Universalgeschichte aller Sprachen, eine Geschichte der hebräischen Poesie und eine weitere der Gelehrsamkeit Indiens, sondern auch eine Universalgeschichte der Bildung, die wohl ausdrücklich auch dem Mittelalter Rechnung getragen hätte. Angesichts der manischen Schaffenskraft Leysers waren diese Ankündigungen wohl keine leeren Versprechungen. Ebenfalls annonciert hatte Leyser schon 1719 eine ‚Bibliotheca universalis', die das gesamte verfügbare Wissen nach neuer Methode ordnen sollte[121]. Tatsächlich verwahrt die Leibnizbibliothek zu Hannover die handschriftliche

---

vergleichsweise jungen Helmstedter Manuskripten macht, Heinrich von Settimello, Elegia, ed. C. Fossati, Florenz 2011.

[117] Cod. Guelf. 622 Helmst., dazu Heinemann, Die Handschriften, Die Helmstedter Handschriften (nt. 6), vol. 2, 83–85, auch dort z. B. ‚Pyramus et Thisbe', foll. 168r–175v oder die von Leyser, Historia poetarum et poematum medii aevi (nt. 93), 224 sq., korrigierte ‚Ecloga Theoduli' foll. 287r–296v.

[118] Leysers Schwiegervater Schmidt hatte den Codex als Grundlage für eine Disputation genommen, dazu Johannes Andreas Schmidt/Johannes Andreas Jussow (resp.), De cantoribus ecclesiae V. et N. Testamenti disputabit, Helmstedt 1708, 20–22.

[119] Leyser, Historia poetarum et poematum medii aevi (nt. 93), 168–170, 257 sq., 262–264, 274 sq., dazu Cod. Guelf. 1008 Helmst, und Heinemann, Die Handschriften, Die Helmstedter Handschriften (nt. 6), vol. 3, 7–9.

[120] Als weitere Arbeiten Leysers zur lateinischen Literatur des Mittelalters z. B. Walter Mape, Rhythmi bini de concordia rationis et fidei, ed. Polycarp Leyser, Helmstedt 1720, oder im Gefolge Meiboms Polycarp Leyser, Dissertatio de primis theologiae doctoribus e Saxonum gente, Hugone comite Blankenburgensi, Hermanno de Schildis, Thoma duce Brunsvicensi, occasione supremi gradus theologiae Henrici Philippi Gudensis, Helmstedt 1720.

[121] Leyser, Conspectus scriptorum editorum et edendorum (nt. 69), 7, und noch einmal id., Enumeratio scriptorum editorum et elaboratorum, Straßburg 1722, fol. 3v.

Fassung dieses Werkes, das man aus dem Nachlas Leysers im Jahre 1741 für „14 Thaler" ersteigert hatte. Es umfasst acht schwere von Leyser geschriebene Foliobände in einem Gesamtumfang von sicher mehr als 5000 Seiten[122]. Es wäre vermessen, hier einen Überblick über dieses monumentale Werk geben zu wollen, das auch aus konservatorischen Gründen derzeit nicht vollständig zugängig ist[123]. Wie es eine ‚Historia literaria' im Stile eines Daniel Georg Morhof in dieser Zeit einforderte[124], liefert Leyser eine vor Lesefrüchten strotzende, systematische und mit langen Kommentaren durchsetzte Universalbibliographie aller Wissenschaften[125]. Den Anfang macht die eigentliche ‚Historia eruditionis', die Buchgeschichte und ‚Historia literaria', die Leyser selbst als Bildungsgeschichte anlegt, dazu die Geschichte der Universitäten und Bildungszentren aller Art, die, wenn man Leyser glaubt, bei den alten Indern ihren Ursprung hatten. Leyser, der selbst etliche orientalische Sprachen beherrschte, beendet diesen Teil mit einem tausende von Lemmata umfassenden Gelehrtenlexikon[126]. Die ‚Doctrina philologica' des dritten Bandes präsentiert sich als Sprachenkatalog, zugleich aber auch als Enzyklopädie aller verfügbaren Literaturgattungen[127]. Die Geschichtswissenschaft, die den ganzen vierten Band ausfüllt, gibt Leyser Gelegenheit, auch die Arbeiten seiner Helmstedter Kollegen sprechen lassen[128]. Es folgen noch Rechtswissenschaft, Medizin, Botanik und Alchemie[129], eine ebenfalls monumentale Kirchen- und Theologiegeschichte, die zwei ganze Bände einnimmt[130], und schließlich im letzten Band Arithmetik, Architektur, Ethik, Physik und die allgemeine Philosophie[131].

---

[122] Polycarp Leyser, Bibliotheca universalis (Leibnizbibliothek Hannover, MS. XLII 1835) (8 voll.).
[123] Der zweite Band, der die ‚Bibliotheca pansophica, philologica, historica et mathematica' enthält, ist aus konservatorischen Gründen derzeit nicht einsehbar.
[124] Eine zeitgenössische Programmatik in unmittelbarer Nähe zu Leyser liefert z. B. Heinrich Johann Bytemeister, Programma, quo de praestantia ac vero usu historiae literariae eiusque genuina methodo commendatur atque academiae cives praelectiones privatas peramanter invitat, Wittenberg 1720, passim. Bytemeister, Professor für Theologie in Wittenberg, hatte Leyser auch eine Rede anlässlich seines Professurantritts gehalten, dazu id., Pentas dissertationum epistolicarum et programmatum academicorum, accedit pentas epistolarum D. Lyseri et D. Chladenii ad eundem atque testimoniorum publicorum, Helmstedt 1739, 1 sq.
[125] Allgemeine Überblicke über die Gattung der ‚Historia literaria' geben z. B die Beiträge von M. Gierl, Bestandsaufnahme im gelehrten Bereich: Zur Entwicklung der ‚Historia literaria' im 18. Jahrhundert, in: K. A. Vogel (ed.), Denkhorizonte und Handlungsspielräume. Historische Studien für Rudolf Vierhaus zum 70. Geburtstag, Göttingen 1992, 53–80, oder H. Zedelmeier, ‚Historia literaria'. Über den epistemologischen Ort des gelehrten Wissens in der ersten Hälfte des 18. Jahrhunderts, in: Das Achtzehnte Jahrhundert 1 (1998), 11–21. Zur ‚Historia literaria' in Helmstedt, wenn auch ohne Leyser, im Besonderen F. Grunert, Historia literaria in Helmstedt, in: Bruning–Gleixner (eds.), Das Athen der Welfen (nt. 4), 240–245.
[126] Leyser, Bibliotheca universalis (nt. 122), vol. 1 (ohne Seitenzählung).
[127] Ibid., vol. 3, s.p.
[128] Ibid., vol. 4, s.p. Ausgiebig referiert werden die Familie Meibom, Reineccius und Conring.
[129] Ibid., vol. 5, s.p.
[130] Ibid., vol. 6 und vol. 7, s.p., unterteilt noch einmal in die ‚Historiae ecclesiasticae historia' und die ‚Theologiae historia', die auch eine ausgreifende allgemeine Religionsgeschichte enthält.
[131] Ibid., vol. 8, s.p., überschrieben als ‚Matheseos historia'.

Bemerkenswert sind nicht die Fluten von Material, von greifbaren Publikationen aller Art, mit denen Leysers ‚Bibliotheca' wuchert, sondern, dass in dieser Bibliothek aller wissbaren Gegenstände das Mittelalter mit seinen Gelehrten, seinen Bibliotheken und tatsächlich auch seinen Mönchen einen gebührenden Platz einnehmen musste. Bei Leyser offenbart sich dies in vielen Rubriken in der Erwähnung der zum Teil so lange verschmähten Fachliteratur der Katholiken, aber auch der in der Integration der mittelalterlichen Theologen und Philosophen in die weiträumigen Gelehrtenkataloge. Vor allem aber fühlt sich der Mann aus Helmstedt auch in diesem, seinem letzten Werk noch einmal berufen, auf die Leitideen seiner Literaturgeschichte einzugehen. Ein weiteres Mal erinnert Leyser an das oft kolportierte Vorurteil, das Mittelalter sei eine Epoche des kulturellen Niederganges gewesen, deren Ende erst mit der Reformation und ihren humanistischen Vertretern eingeläutet worden sei, und nennt einen seitenlangen Katalog der Anhänger dieser These. Sie war dennoch falsch. Weder hatten die Mönche die Verheerungen der Völkerwanderung im schon christlichen römischen Reich herbeigeführt, noch hatten diese Mönche einen Beitrag zur Abwicklung der antiken Kultur geleistet, wie Leyser ein letztes Mal unterstreicht[132]. Im Gegenteil, die Mönche hatten diese Kultur gerettet. Wer die Jahre von 500 bis 1500 als Zeitalter der Barbarei und der Verwahrlosung ansprach, der kannte sie nicht; wer glaubte, mit der Buchdruckerkunst habe die Gelehrsamkeit ihren Anfang genommen, hatte nie eine mittelalterliche Bibliothek besucht. Eine universale Bibliothek musste diesen Bibliotheken den gebührenden Platz einräumen.

---

[132] Ibid., vol. 1, s.p., dort z. B. noch einmal ausdrücklich gegen aktuelle Schriften, die von Mittelalterpolemik getränkt waren, wie Johann Friedrich Nolte, De barbarie imminente epistola, Helmstedt 1715, Johann Franz Budde, De bonarum litterarum decremento nostra aetate non temere metuendo oratio, Jena 1714, oder vorher Andreas Christian Eschenbach, Dissertationes academicae varia antiquae sapientiae rituumque gentilium argumenta exponentes, accedunt eiusdem orationes binae, altera inauguralis, de imminente barbarie litterarum declinanda, altera in funere Caroli Velseri, Nürnberg 1705, und Andreas Christoph Calvisius/Johann Paul Gumprecht (resp.), Disputatio de causis incrementi post barbara saecula, Leipzig 1698.

# Ein europäisches Handschriftenportal.
# Ein Plan für das 21. Jahrhundert[1]

CHRISTOPH FLÜELER (Freiburg i. Ü.)

In der Schweiz gibt es in mehr als hundert öffentlichen und kirchlichen Bibliotheken, Archiven und Museen über 7100 Handschriften, die in lateinischer Schrift geschrieben wurden und zwischen dem 5. und dem Ende des 15. Jahrhunderts entstanden sind[2]. Wie überall sammeln sich die Handschriften besonders in einigen großen Bibliotheken. Nimmt man die Universitätsbibliothek Basel (1750 mss.), die Stiftsbibliothek St. Gallen (1500), die Berner Burgerbibliothek (850), die Zentralbibliothek Zürich (650), die Stiftsbibliothek Einsiedeln (450) und die Bibliothèque de Genève (250) zusammen, kumulieren sich allein in diesen sechs grössten Bibliotheken gut 70 % der in der Schweiz aufbewahrten mittelalterlichen, okzidentalen Kodizes. Die restlichen Handschriften, über 2000 an der Zahl, verteilen sich auf weitere Kantons- und Stadtbibliotheken, Klöster und Kollegiatsstifte, Archive (Staats-, Stadt- und Klosterarchive), Museen und zahlreiche kleine Institutionen, die zu ihren Sammlungen meistens kaum mehr als eine mittelalterliche Handschrift zählen. Die Schweiz hat ohne Zweifel einen großen Handschriftenbestand und sticht vor allem durch ihre eindrückliche Anzahl vorkarolingischer und karolingischer Handschriften hervor.

In dieser Zählung sind Privatsammlungen und Antiquariate nicht enthalten. Die Schätzung dieser Handschriftenbestände ist schwierig. Sie beruht auch in meinem Falle auf vertraulichen Informationen. Im Laufe der Jahre hatte ich mit etlichen Sammlern und Händlern Kontakt und natürlich hört man dies und das. Ich nehme somit an, dass in der Schweiz etwa 400 bis 500 mittelalterliche Kodizes in Privatsammlungen und Antiquariaten liegen[3]. Dies würde die Gesamtzahl mittelalterlicher Handschriften auf etwa 7500 bis 7600 erhöhen.

---

[1] Die Schlussredaktion wurde am 6. Februar 2020 abgeschlossen. Alle Internetadressen wurden an diesem Datum nochmals kontrolliert.

[2] Die Gesamtzahl mittelalterlicher Handschriften in öffentlichen und kirchlichen Institutionen (ohne Fragmente und Verwaltungsschriftgut) wurden von Ruedi Gamper für das Kuratorium „Katalogisierung der mittelalterlichen und frühneuzeitlichen Handschriften der Schweiz" berechnet. Die Gesamtzahl von 7097 Handschriften wird unterteilt in 33 Sammlungen mit mehr als 12 Handschriften (6957 mss.) und weitere in 63 Sammlungen mit weniger als 12 mss. (insgesamt 140 mss). (cf. URL: <http://www.codices.ch/bibliotheken.html>).

[3] Die Anzahl Handschriften in privater Hand lässt sich wohl nie genau schätzen, allein schon aufgrund der Tatsache, dass Antiquariate laufend kaufen und verkaufen und ein grosser Teil der Sammler ihren Besitz nie ganz offenlegen.

Von diesen Dokumenten wurden in den letzten 14 Jahren ±1650 mittelalterliche Kodizes auf dem schweizerischen Handschriftenportal ‚e-codices' (www.e-codices.ch) digital publiziert[4]. Das entspricht etwa 22 %. Das Ziel dieser virtuellen Bibliothek ist es, langfristig gesehen, alle mittelalterlichen Handschriften der Schweiz online zu edieren. Dieses Ziel ist immer noch sehr ambitioniert, da es mit grossen organisatorischen und finanziellen Herausforderungen verbunden bleibt. Es ist ein Langzeitprojekt, das unter günstigen Verhältnissen bestimmt noch zwei bis drei Jahrzehnte dauern wird.

An der Entstehung dieses Projekts war die Universität zu Köln nicht unwesentlich mitbeteiligt. Das Pionierprojekt ‚Codices electronici ecclesiae Coloniensis' (CEEC) von Manfred Thaller machte 2001 Furore[5]. Die Dom- und Diözesanbibliothek in Köln war weltweit die erste Handschriftenbibliothek, von der alle mittelalterlichen Handschriften vollständig digital reproduziert und auf dem Internet frei zugänglich erschlossen waren. Zusammen mit Ernst Tremp, dem damaligen Stiftsbibliothekar von St. Gallen, überlegte ich mir, ein ähnliches Projekt zu lancieren. Natürlich war ein solcher Plan mit einigen Risiken verbunden. Es muss daran erinnert werden, dass es damals im Jahre 2002 in der Schweiz noch keine digitale Bibliothek gab[6]. Die Öffentlichkeit interessierte diese Idee kaum oder noch nicht; dies geschah erst später. Ende 2004 wurde Google Books angekündigt und plötzlich waren digitale Bibliotheken ein öffentliches Thema[7]. Da jedoch der Schweizerische Nationalfonds zu diesem Zeitpunkt noch keine

---

[4] Von den derzeit 2214 Handschriften aus 88 Sammlungen stammen einige aus dem Ausland (12), enthalten andere Dokumenttypen (82 Fragmente, 30 neuzeitliche Autographe, 22 Urkunden, 19 Schriftrollen, 4 virtuelle Handschriften, 2 Wachstafeln) oder sind nach 1500 entstanden (394).

[5] Im Juni 2003 waren auf URL: <www.ceec.uni-koeln.de> schon 209 Kodizes mit 65701 Seiten online. Die Masterdateien wurden damals noch alle auf CD-ROMs gespeichert, die sich eindrücklich in einem Büroraum stapelten. Fotografiert wurde mit einer Nikon DXM1200, mit der studentische Hilfskräfte zwischen 400 bis 600 Seiten pro Tag aufnehmen konnten. Eine unkomprimierte TIFF-Datei war bei dieser 12MPix-Kamera 34MB gross. Die Webseite ist seit Abschluss des Projekts im Jahre 2005 wenig verändert worden.

[6] E-codices konnte am 14. September 2005 endlich online gehen. Andere digitale Bibliotheken entstanden in der Schweiz erst ab 2008, als die Rektorenkonferenz der Schweizer Universitäten (CRUS – Conférence des recteurs des universités suisses, heute: swissuniversities) mit der Beteiligung des ETH-Rates und des Bundesamtes für Berufsbildung und Technologie (BBT) das Innovations- und Kooperationsprojekt der Schweizerischen Universitätskonferenz (SUK) ‚e-lib.ch: Elektronische Bibliothek Schweiz' lancierte (URL: <www.e-lib.ch>). Von 2008 bis 2012 beteiligte sich das Projekt nicht nur an e-codices, sondern initiierte auch die anderen Plattformen wie e-rara (URL: <www.e-rara.ch> (online seit März 2010), Plattform für digitalisierte Drucke aus Schweizer Bibliotheken). E-manuscripta (URL: <www.e-manuscripta.ch>, Plattform für digitalisierte handschriftliche Quellen aus Schweizer Bibliotheken und Archiven) wurde im März 2013 aufgeschaltet, auf der vor allem neuzeitliche Quellen der Zentralbibliothek Zürich, der ETH-Bibliothek, der Universitätsbibliothek Basel und der Schweizerischen Nationalbibliothek publiziert werden (enthält auch 37 „Texte", sprich Handschriften des Mittelalters; Stand: Februar 2019).

[7] Das Pamphlet von J.-N. Jeanneney, Quand Google défie l'Europe. Plaidoyer pour un sursaut, Paris 2005 (dt. Googles Herausforderung. Für eine europäische Bibliothek, Berlin 2006) regte – trotz seines einfachen Strickmusters – mehrere europäische Initiativen an.

„Datenbanken" unterstützte und der Begriff „Digital Humanities" sich erst langsam in der akademischen Welt durchzusetzen begann[8], blieb uns diese wichtigste Forschungsförderung der Schweiz verschlossen. Trotzdem war uns klar: ein solches Projekt hat Potential. Vielleicht könnte zumindest ein Pilotprojekt durch andere Stiftungsgelder finanziert werden[9].

Am 26. August 2003 schickte mir dann Manfred Thaller ein Unterstützungsschreiben. Darin sicherte er uns nicht nur gratis die Installation und Benützung seiner Softwarelösung ‚kleio' zu, sondern verband unsere Kooperation gleich mit einer großen Vision, die dann kurz darauf in meinem ersten Antrag wie folgt Eingang fand: „Diese Konvention (mit Köln) ist so ausgelegt, dass die Integration des Servers mit den St. Galler Handschriften zusammen mit anderen vergleichbaren Servern zu einem Server ‚Europäische Handschriftenkultur' ermöglicht wird."[10] Ich deute diese hellsichtige Vision heute so, dass die Idee eines europäischen Handschriftenportals mit potentiell allen mittelalterlichen Handschriften schon damals irgendwie in der Luft lag. Fünfzehn Jahre später sind wir zwar von diesem Ziel immer noch weit entfernt, doch mit den hunderten von digitalen Handschriftenbibliotheken und der zunehmenden Interoperabilität wird heute konsequent der Weg dazu bereitet.

In den letzten 15 Jahren haben wir eine sehr dynamische Entwicklung beobachten können. In relativ kurzer Zeit sind explosionsartig in ganz Europa und Nordamerika digitale Handschriftenbibliotheken entstanden. Im Jahre 2002, als ich konkret damit begonnen habe, eine digitale Bibliothek in der Schweiz aufzubauen, gab es weltweit lediglich eine Handvoll digitaler Handschriftenbibliotheken, die mehr boten als eine kleine virtuelle Ausstellung mit einzelnen Abbildungen. Die meisten Bibliotheken legten keinen Wert auf den wissenschaftlichen Nutzen, sondern eher auf Spielereien wie digitales Blätterknistern. Die ins Netz gestellten Bilder waren lediglich ein kleines Schaufenster und noch bei weitem keine Bibliothek. Nur wenige, nicht mehr als eine gute Handvoll Bibliotheken publizierten vollständige Handschriften. Im Februar 2005 zählte

---

[8] Auch wenn Techniken der computergestützten Verfahren bis in die 1940er Jahre zurückreichen, setzte sich der Begriff „Digital Humanities" erst mit dem Handbuch von J. Unsworth/ S. Schreibman/R. Siemens, A Companion to Digital Humanities, New York 2004 langsam durch. Die ersten Projekte mit dem Kennwort „Digital Humanities" förderte der Schweizerische Nationalfonds erst ab 2008. Gleichzeitig wurden die Weichen anders gestellt, so dass beschlossen wurde, digitale Bibliotheken nicht vom Nationalfonds, sondern von der Rektorenkonferenz als Programm zu fördern.

[9] Da Google Books Europa herausforderte, wurde auch das Interesse von mehreren Stiftungen und staatlichen Institutionen geweckt. Jedenfalls folgte darauf das Goldene Zeitalter der Drittmittelakquirierung für digitale Bibliotheken, so auch in der Schweiz. E-codices konnte zuerst dank der Unterstützung von mehreren schweizerischen Stiftungen aufgebaut werden. Die intensive Unterstützung der Andrew W. Mellon Foundation (2008–2012) ermöglichte dann die Ausweitung auf alle Landesteile. Bisher wurden 7,6 Mio. CHF Drittmittel mit 64 erfolgreichen Anträgen eingeworben (Stand: Dezember 2018). Dazu kommen noch etwa gleichviele Eigenmittel. Ausser ganz am Anfang wurden fast alle eingereichten Anträge bewilligt.

[10] Der Brief von Manfred Thaller ist auf den 26. August 2003 datiert.

man etwa 500 vollständige Handschriften online (davon über 300 aus Köln)[11]. Meistens ließ jedoch die Qualität der Abbildungen zu wünschen übrig[12], Beschreibungen fehlten häufig ganz und Suchfunktionen waren weitgehend unbrauchbar. Heute gibt es mehr als 800 Bibliotheken mit Volldigitalisaten im Internet und die Anzahl digitaler Handschriften wächst jährlich um mehrere tausend[13].

Die Gesamtdigitalisierung mittelalterlicher Handschriften ist in den meisten Ländern noch weniger stark koordiniert als in der Schweiz[14]. Hingegen wurde die systematische Digitalisierung von einigen großen Handschriftensammlungen in den letzten zehn Jahren intensiv vorangetrieben. Darunter ist vor allem die Bibliothèque nationale de France[15], die British Library[16], die Bayerische Staats-

---

[11] Neben dem Flagship CEEC machten damals vor allem folgende Projekte auf sich aufmerksam: a) ‚Digital Scriptorium' (URL: <www.digital-scriptorium.org>) entstand schon 1997, konzentrierte sich jedoch aus technischen und finanziellen Gründen auf wenige Abbildungen einer Handschrift, b) die ‚Lawrence J. Schoenberg Collection' wurde vom bekannten Sammler und Internetpionier gefördert und enthielt 28 vollständig digitalisierte Handschriften mit Beschreibungen von Lisa Fagin Davis. Die Sammlung wurde 2011 den Penn Libraries geschenkt, welche heute die gesamte Sammlung von 280 Handschriften auf Penn in Hand: Selected manuscripts (URL: <http://dla.library.upenn.edu/dla/medren>) publiziert. Nicht mehr zugänglich ist c) die Publikation von Mikrofilmen der Bibliothèque municipale de Valenciennes, d) ‚Early manuscripts at Oxford University' (URL: <http://image.ox.ac.uk>) beeindruckte damals mit einer hohen Auflösung der Bilder. Heute wird die URL auf die Digital Bodleian umgeleitet. Die Präsentationen aus dem ersten Jahrzehnt unseres Jahrhunderts verschwinden nach und nach vom Netz oder werden bestenfalls in neue, modernere Datenbanken integriert. In der ursprünglichen Form sind zum Beispiel noch die wenigen Handschriften der Biblioteca Nazionale Centrale di Firenze (URL: <http://www.bncf.firenze.sbn.it/Bib_digitale/Manoscritti/home.html>) erhalten (schon damals kein Highlight!). Die Geschichte der frühen digitalen Handschriftenbibliotheken ist heute nicht mehr im Einzelnen darstellbar. Wie die ersten digitalen Bibliotheken aussahen, welches Design und welche Funktionalität sie hatten, ist auch im Falle von ‚e-codices' nicht mehr einsehbar. Mit den neuen Webanwendungen von 2014 wurde die alte archiviert und im letzten Jahr aus Versehen gelöscht.

[12] Noch lange hat sich die Vorstellung gehalten, dass im Internet, im Unterschied zu Druck, minderwertige Qualität ausreiche. So wurde 300 dpi als optimale Qualität definiert und für das Internet 72 ppi vorgeschlagen. Heute wird allgemein anerkannt, dass für den Druck zwar 300 dpi ausreichen, aber für die Präsentation im Internet mindestens 600 dpi zu bevorzugen sind.

[13] Die Anzahl digitalisierter Handschriften dürfte schon bei über 30 000–50 000 Handschriften liegen. Die sehr ungenaue Schätzung wurde aufgrund der Linksammlung DMMapp (574 Sammlungen) (URL: <https://digitizedmedievalmanuscripts.org>) und dem Monastic Manuscript Project von Albrecht Diem (865 Sammlungen) (URL: <http://earlymedievalmonasticism.org/listoflinks.html#Digital>) versucht.

[14] Klaus Gantert schätzt in Deutschland rund 13 000 Volldigitalisate, was wie in der Schweiz etwa 22 % der überlieferten Buchhandschriften entspräche; siehe: K. Gantert, Handschriften, Inkunabeln, Alte Drucke. Informationsressourcen zu historischen Bibliotheksbeständen, Berlin 2019, 85.

[15] Die digitale Bibliothek der Bibliothèque de France enthält zurzeit über 13 500 Handschriften in lateinischer Schrift zwischen 500 und 1500.

[16] Die digitale Bibliothek der British Library (URL: <www.bl.uk/manuscripts/Browse.aspx>) zeigt 13 034 Handschriften (manuscripts) an: Davon enthält nur ein Teil Handschriften in lateinischer Schrift zwischen 500 und 1500.

bibliothek[17] und die Biblioteca Apostolica del Vaticana[18] zu nennen. In Österreich wurde eine zentrale Datenbank aufgebaut, in Polen entsteht etwas Vergleichbares[19]. Und endlich, muss man fast schon erleichtert ausrufen, ist auch in Deutschland mit dem vielversprechenden ‚Handschriftenportal' der Weg zur Massendigitalisierung mit einem zentralen Zugang geebnet[20]. Die zahlreichen Initiativen weltweit lassen hoffen, dass in den nächsten Jahren sicher mit einem sehr starken Zuwachs an digitalisierten Handschriften zu rechnen ist.

Die Digitalisierung aller mittelalterlichen Handschriften Europas bleibt hingegen ein Ziel. Ein Ziel jedoch, das immer konkreter zu werden verspricht. Wenn nämlich immer mehr Handschriften online publiziert werden und die historische und philologische Forschung sich mehr und mehr auf das Internet verlagert, dann wird in absehbarer Zeit ein gemeinsames europäisches Portal die logische Konsequenz sein. Zu diesem Zeitpunkt stellt sich die Frage, welche Aufgaben wir dabei zu bewältigen haben. Ob ein solches Ziel überhaupt machbar sei? Ob es sich überhaupt lohnt, potentiell alle Handschriften digital zu edieren? Schliesslich: Welche Wirkung hätte ein solches Portal auf die Forschung und für die Wahrnehmung der Handschriften in unserer Gesellschaft?

Ich möchte mich an dieser Stelle nur auf zwei grundlegende Fragen konzentrieren:

1. Wenn ein solches Unternehmen in Angriff genommen wird, dann ist es wichtig zu wissen, mit welcher Anzahl Handschriften wir überhaupt zu rechnen haben.
2. Zweitens möchte ich die Frage stellen, ob eine Gesamtdigitalisierung oder zumindest die digitale Edition der Mehrheit der mittelalterlichen Handschriften überhaupt sinnvoll ist.

## I. Wie viele mittelalterliche Handschriften sind erhalten?

Man würde denken, dass jede Bibliothek weiss, wie viele mittelalterliche Handschriften sich in ihrer Sammlung befinden. Erstaunlicherweise kann ein Grossteil der Bibliotheken – zumindest ausserhalb des deutschsprachigen Raums – darüber keine verlässliche Auskunft geben. Einfach ist eine solche

---

[17] Auf OPACplus der Bayerischen Staatsbibliothek ergab die Einschränkung der Online-Ressourcen auf Handschriften 4428 Einträge. (URL: <https://opacplus.bsb-muenchen.de>).
[18] Die digitale Bibliothek des Vatikans (URL: <https://digi.vatlib.it/mss>) listet 17 587 digitalisierte Handschriften auf. Der Anteil mittelalterlicher Handschriften in lateinischer Schrift liegt wahrscheinlich über 50 %.
[19] Das Verzeichnis der digitalisierten Handschriften Österreichs enthält derzeit 2684 Volldigitalisate (cf. URL: <http://manuscripta.at/m1/digitalisate.php>). Die Datenbank in Polen gleicht nicht nur im Namen dem österreichischen Modell, URL: <http://manuscripta.pl>.
[20] URL: <https://handschriftenportal.de> (zurzeit noch ein Platzhalter).

Zählung nicht. Sie müsste verschiedene Abgrenzungsprobleme klären. Schon der Begriff „mittelalterliche Handschrift" ist unscharf. Welche Zeitspanne soll erfasst werden? Soll das 16. Jh. hinzugezählt werden – so wie dies im angelsächsischen Raum meistens getan wird – oder nur bis 1500, so wie dies die kontinentale Tradition tut? Sollen dabei alle europäischen Handschriften, einschliesslich der griechischen, hebräischen, slavischen, aber auch die arabischen und armenischen Handschriften, die alle in Europa entstanden sind, miteingeschlossen werden oder nur diejenigen in lateinischer Schrift? Auch der Begriff „Handschrift" ist unscharf. Zählt man nur Signaturen, fallen etliche Fragmente oder Schriftrollen darunter[21]. „Handschrift" oder „manuscrit" kann natürlich einen Kodex meinen, aber auch jedes handschriftliche Dokument, einschliesslich Urkunden. Trotzdem: man sollte diese Abgrenzungsprobleme auch nicht zu stark gewichten. Werden die Kriterien klar festgelegt, dann ist eine ziemlich genaue Zählung möglich. Auch der Aufwand einer Zählung ist nicht allzu hoch zu veranschlagen. Es müssten sich die Handschriftenbibliotheken nur auf klare Zählkriterien einigen. Trotzdem muss mit allem Nachdruck betont werden, dass beim heutigen Stand der Forschung eine solche Zählung noch nicht möglich ist, sondern nur eine Schätzung. In der folgenden Schätzung konzentrieren wir uns nur auf Kodizes (Buchhandschriften) in lateinischer Schrift (sic!) zwischen 500 und 1500.

Die Frage nach der Gesamtzahl der überlieferten mittelalterlichen Handschriften ist nicht ganz neu. Die erste Schätzung versuchte Ernest Cushing Richardson[22], der in den 1930er Jahren den ambitiösen, aber nie realisierten Plan für einen „Union World Catalog of Manuscript Books" fasste. In seinem Vorwort geht er etwa von einer Million Handschriften aus, eine Zahl, die er weder belegt noch begründet. Eine neuere Schätzung von Eltjo Buringh nimmt grob geschätzt 650 000 Kodizes an[23].

---

[21] Besonders deutlich ist dies bei alten Handschriften. Der grösste Teil, der über 2500 in den Codices Latini Antiquiores enthaltenen Schriften stammen aus fragmentarisch überlieferten Handschriften.

[22] L. J. Schoenberg/L. Ransom, Princely Pursuits: Hunting Manuscripts, in: J. H. Marrow/R. A. Linenthal/W. Noel (eds.) The Medieval Book. Glosses from friends & colleagues of Christopher de Hamel, Leiden 2010, 395–404. Richardson ging davon aus, dass es nicht viel mehr als eine Million Handschriftenbücher gibt. „The problem to be faced, therefore, is probably not much more than a million volumes, and half a million would probably meet the major needs of research scholars to the point of saving a total of centuries of good research time". (cf. E. C. Richardson, A Union World Catalog of Manuscript Books. Preliminary Studies in Method. vol. 1: The World's Collections of Manuscript Books: A Preliminary Survey, New York 1933, vi).

[23] E. Buringh, Medieval Manuscript Production in the Latin West. Explorations with a Global Database, Leiden 2011 (Global Economics History Series 6), 100: „If we assume that approximately half of the remaining 1.3 million Western European manuscripts are medieval we can make an estimate." (und nt. 5: „Such an assumption is only a first approximation"). An dieser Schätzung sind Zweifel anzumelden. Die Resultate seiner Arbeit gehen von einer internen Datenbank mit angeblich 13 000 Handschriften aus, die der Leser nicht überprüfen kann. Außerdem wird keine genaue Abgrenzung zwischen mittelalterlichen und modernen Dokumenten gemacht, vielmehr vermischt er wiederholt die Gesamtzahl mittelalterlicher und aller Handschriften. Uwe Neddermeyer hält zur Schätzung der Gesamtzahl fest: „Über die Menge der

Meine Schätzung geht einerseits von den bisher gezählten oder zumindest recht genau geschätzten Handschriftenbeständen einiger Länder aus. Wie eingangs erwähnt, kennen wir recht genau den Bestand mittelalterlicher Handschriften der Schweiz. Wir wissen auch, dass in Deutschland etwa 60 000 Kodizes aufbewahrt werden[24], in Österreich sollen etwa 25 000[25] – also eine erstaunlich hohe Anzahl – und in Polen 8 000 mittelalterliche Kodizes liegen[26]. Diese recht zuverlässigen Zahlen sind Fixpunkte für die statistische Berechnung weiterer Handschriftenbestände[27].

Andererseits gibt es mehrere umfassende Handschriftenverzeichnisse bestimmter Autoren und Werke, die überall in Europa stark verbreitet waren. Die ‚Legenda Aurea', unbestritten ein europäisches Phänomen, ist in über 1 000 mittelalterlichen Handschriften erhalten[28]. In Deutschland liegen 236, der Schweiz 32 und in Österreich 130 Kopien. Verglichen mit der Gesamtzahl überlieferter Handschriften, besitzt Deutschland 22 % aller ‚Legenda aurea'-Handschriften, die Schweiz 3,0 % und Österreich 12,4 %. Ebenfalls umfassend katalogisiert werden die Werke von Hugo von Sankt Viktor[29]. Die Handschriftenverbreitung weist zwar durchaus signifikante statistische Abweichungen auf, die einmal, wenn die mittelalterlichen Handschriften weltweit recht zuverlässig gezählt sein werden, noch viel aussagekräftiger werden dürften und für die Beurteilung der Wirkungsgeschichte und Buchgeschichte sehr aufschlussreich wären. Eine Stichprobe mit den verzeichneten Handschriften von Hugo von Sankt Viktor zeigt, dass in Deutschland 407 (22,0 %), in der Schweiz 39 (2,1 %) und in Österreich 265 (14,3 %) dieser Handschriften liegen.

---

aus dem Mittelalter überkommenen Handschriften herrschen bisher vage, bzw. völlig falsche Vorstellungen, die aus dem Studium einzelner Handschriftensammlungen entstanden sein mögen." Seine Schätzung beschränkt sich nur auf das Römische Reich, für das er die Gesamtzahl er 120 000–130 000 erhaltene Handschriften annimmt (U. Neddermeyer, Von der Handschrift zum gedruckten Buch. Schriftlichkeit und Leseinteresse im Mittelalter und in der frühen Neuzeit. Quantitative und qualitative Aspekte, Wiesbaden 1998 (Buchwissenschaftliche Beiträge aus dem Deutschen Bucharchiv München 61.1), 85–87).

[24] K. Gantert, Handschriften, Inkunabeln, Alte Drucke. Informationsressourcen zu historischen Bibliotheksbeständen, Berlin 2019, 85.

[25] Schätzung von Christine Glassner, Wien.

[26] Cf. URL: <http://manuscripta.pl/strona/about.htm>: „If, in the late nineteen-eighties, after the publication of the first guide by D. Kamolowa, Zbiory rękopisów w bibliotekach i muzeach w Polsce (1988), we assessed that the overall number of medieval manuscript books in Polish collections hardly exceeded 7 000, now it is estimated at ca. 8 000."

[27] In meiner Schätzung nicht berücksichtigt, ist die Zählung von angeblich 5 200 Handschriften in niederländischen Sammlungen, cf. URL: <http://www.mmdc.nl/static/site/collections/1030/Statistics.html>. Hier werden alle Handschriften bis 1550 gezählt, das heisst, etwa 20 % müssten nach unseren Kriterien abgezogen werden.

[28] B. Fleith, Studien zur Überlieferungsgeschichte der lateinischen Legenda aurea, Brüssel 1991.

[29] Ich konnte leider nur den Katalog von Rudolf Gloy benutzen. Seitdem wurden zahlreiche neue Handschriften entdeckt, die bestimmt auch die Mengenverhältnisse verändern. R. Gloy, Die Überlieferung der Werke Hugos von St. Viktor. Ein Beitrag zur Kommunikationsgeschichte des Mittelalters, Stuttgart 1976. Das Verzeichnis enthält 1847 Handschriften.

Tabelle 1: Mengenverhältnisse von Handschriften bezüglich der Gesamtüberlieferung

|  | Deutschland | Schweiz | Österreich |
|---|---|---|---|
| Legenda aurea (1063) | 22,2 % (236 mss.) | 3,0 % (32 mss.) | 12,4 % (130 mss.) |
| Hugo von Sankt Viktor (1847) | 22,0 % (407 mss.) | 2,1 % (39 mss.) | 14,3 % (265 mss.) |

Daraus wird ersichtlich, dass bei einigen sehr breit überlieferten Texten sich die Grössenverhältnisse der Gesamtheit aller mittelalterlichen Handschriften abbilden. Wenn also umfassende Verzeichnisse von sehr erfolgreichen Autoren, Werken oder Textgattungen statistisch erfasst werden, kann die Konsistenz der Mengenverhältnisse überprüft und daraus eine Hochrechnung der Gesamtzahl aller überlieferten Handschriften erstellt werden[30].

Fünf grössere Überlieferungen mit mehr als 1000 Handschriften – insgesamt also fünf Verzeichnisse mit mehr als 20 000 Handschriften – zeigten sich als geeignet[31].

1. Das Handschriftenverzeichnis des Aristoteles latinus mit etwa 2127 mss[32].
2. Das Verzeichnis der Augustinus-Handschriften mit nicht weniger als 14 306 Handschriften[33].
3. Das Verzeichnis für die Handschriften der ‚Legenda aurea'[34] mit 1063 Kodizes.
4. das Handschriftenverzeichnis der Werke des Albertus Magnus mit ebenfalls mehr als 1041 Handschriften[35].

---

[30] Diese Regelmässigkeiten zeigen sich selbstverständlich weniger bei volkssprachlichen Texten (zum Beispiel deutschsprachige Handschriften) und auch nicht bei national geprägten Traditionen, wie zum Beispiel dem frühen Humanismus (so zum Beispiel das ‚Iter italicum' von P. O. Kristeller, der den Humanismus stärker berücksichtigt).

[31] Nicht alle Kataloge eigneten sich für Schätzung. Ausgeschieden wurden die Codices Latini Antiquiores mit 2507 Einheiten und der Katalog der festländischen Handschriften des neunten Jahrhunderts (mit Ausnahme der wisigothischen Handschriften) von Bernhard Bischoff mit über 7600 Einträgen. Beide ergaben statistisch nicht relevante Daten. Bei den C.L.A. sind Länder mit einer älteren Schriftlichkeit (Schweiz mit 248 Dokumenten) viel stärker vertreten, als Länder, wo diese später einsetzte (Polen mit nur acht Dokumenten). Ausserdem sind die meisten Dokumente Fragmente und keine Kodizes. Der Katalog von Bischoff ist offensichtlich ungleichmässig tief angelegt, so werden in der Schweiz 922 Handschriften verzeichnet, aus Italien aber nur 524 Handschriften. Ebenfalls ungeeignet sind alle Verzeichnisse vulgärsprachlicher Handschriften wie der Handschriftencensus mit mehr als 26 000 deutschen Handschriften oder S. Krämer/ M. Bernhard, Mittelalterliche Bibliothekskataloge Deutschlands und der Schweiz, 3 voll., München 1989–1990.

[32] Aristoteles latinus. Codices descripsit Georgius Lacombe, in societatem operis adsumptis A. Birkenmajer, M. Dulong, Aet. Franceschini; supplementis indicibusque instruxit L. Minio Paluello, Roma 1939–1961. 3 voll.

[33] Die handschriftliche Überlieferung der Werke des heiligen Augustinus, Wien 1969- (bisher 11 Bände). Es fehlen leider Frankreich und Amerika.

[34] Cf. supra nt. 26.

[35] W. Fauser, Die Werke des Albertus Magnus in ihrer Handschriftlichen Überlieferung. Teil I: Die echten Werke, Münster 1982.

5. und schliesslich die Überlieferung der Werke von Hugo von St. Viktor mit 1847 verzeichneten Handschriften[36].

Meine Datenbank ordnete die fünf Handschriftenverzeichnisse nach Ländern mit den grössten Handschriftenbeständen, nämlich Deutschland, Frankreich, Italien, Grossbritannien, Österreich, den Vatikan, Spanien, Tschechische Republik, Polen, Belgien und die Schweiz. Alle anderen Länder scheinen weniger Handschriften zu haben und da bei kleineren Mengen die statistische Verteilung häufig verzerrt ist, werden alle restlichen Länder zusammengefasst, in der Annahme, dass diese zusammen eine schätzbare Grösse ergeben. Nach den heutigen Standorten geordnet, ergibt sich demzufolge folgende Anzahl Handschriften:

Tabelle 2: Anzahl Handschriften von fünf ausgewählten Handschriftenverzeichnissen verteilt auf Länder (inkl. Mengenverhältnisse)

|  | D | F | I | VAT | UK | A | E | CZ | Pl | CH | B | alia | TOTAL |
|---|---|---|---|---|---|---|---|---|---|---|---|---|---|
| Aristoteles latinus | 375 (17,6%) | 420 (19,7%) | 431 (20,3%) | 204 (9,6%) | 210 (9,9%) | 126 (5,9%) | 96 (4,5%) | 43 (2,0%) | 47 (2,2%) | 62 (2,9%) | 32 (1,5%) | 81 (6,7%) | 2127 (100%) |
| Augustinus | 4249 (29,7%) | – | 1541 (10,8%) | 672 (4,7%) | 1778 (12,4%) | 2136 (14,9%) | 502 (3,5%) | 758 (5,3%) | 390 (2,7%) | 630 (4,4%) | 771 (5,4%) | 879 (9,6%) | 14306 (100%) |
| Legenda aurea | 236 (22,2%) | 187 (17,6%) | 133 (12,5%) | 35 (3,3%) | 95 (8,9%) | 130 (12,2%) | 26 (2,4%) | 63 (5,9%) | 31 (2,9%) | 32 (3,0%) | 16 (1,5%) | 79 (8,1%) | 1063 (100%) |
| Albertus Magnus | 249 (23,9%) | 161 (15,5%) | 143 (13,7%) | 102 (9,8%) | 88 (8,5%) | 78 (7,5%) | 49 (4,7%) | 20 (1,9%) | 40 (3,8%) | 34 (3,3%) | 37 (3,6%) | 40 (7,2%) | 1041 (100%) |
| Hugo von S. Victor | 407 (22,0%) | 462 (25,0%) | 76 (4,1%) | 77 (4,2%) | 256 (13,9%) | 265 (14,3%) | 24 (1,3%) | 39 (2,1%) | 41 (2,2%) | 39 (2,1%) | 66 (3,6%) | 95 (5,0%) | 1847 (100%) |

Erneut gibt es grössere und geringere Abweichungen. Während zum Beispiel die statistische Abweichung bei den Handschriften in Deutschland nicht so gross ausfällt (17,6% der Aristoteles-latinus-Handschriften gegenüber 29,7% der Au-

---

[36] Cf. supra nt. 27.

gustinus-Handschriften), sind diese in Italien besonders gross (4,1 % der Hugo-St.-Viktor-Handschriften gegenüber 20,3 % der Aristoteles-latinus-Handschriften). Wie weit diese Abweichungen auf die unterschiedliche Überlieferung oder auf die Unvollständigkeit der Verzeichnisse zurückzuführen ist, kann zurzeit nicht mit Bestimmtheit gesagt werden. Abweichungen, die sich aus der unterschiedlichen Überlieferung ergeben, können wiederum durch die Erfassung von mehreren und unterschiedlichen Quellen an Konsistenz gewinnen, so dass hier zumindest aufgrund der hier erfassten Daten, die Gesamtzahl der mittelalterlichen Kodizes in den verschiedenen Ländern geschätzt werden kann.

Nimmt man zum Beispiel die Zählung von 7100 mittelalterlichen Handschriften der Schweiz als Massstab[37], dann dienen die Mengenverhältnisse dazu, die Gesamtzahl anderer Länder hochzurechnen:

Tabelle 3: Hochrechnung der Anzahl Handschriften auf der Basis der gezählten 7100 Handschriften der Schweiz

| CH | AL | Aug | LegAur | Albert | Hugo | MW[38] | |
|---|---|---|---|---|---|---|---|
| D | 42944 | 47886 | 52363 | 51'997 | 74095 | 53857 | 60000 |
| F | 48097 | – | 41491 | 33621 | 84108 | 51829 | 51829 |
| I | 49356 | 17367 | 29509 | 29862 | 13836 | 27986 | 27986 |
| VAT | 23361 | 7573 | 7766 | 21300 | 14018 | 14804 | 14804 |
| UK | 24048 | 20038 | 21078 | 18376 | 46605 | 26029 | 26029 |
| A | 14429 | 24072 | 28844 | 16288 | 48244 | 26375 | 25000 |
| US | 3894 | – | 3994 | 2924 | 4733 | 3886 | 3886 |
| E | 10994 | 5657 | 5769 | 10232 | 4369 | 7404 | 7404 |
| CZ | 4924 | 8543 | 13978 | 4176 | 7100 | 7744 | 7744 |
| PL | 5382 | 4395 | 6878 | 8353 | 7464 | 6495 | 8000 |
| CH | **7100** | **7100** | **7100** | **7100** | **7100** | **7100** | **7100** |
| B | 3665 | 8689 | 3550 | 7726 | 12015 | 7129 | 7129 |
| Alia | 5382 | 9906 | 13534 | 5429 | 12562 | 9363 | 9363 |
| Private | | | | | | 12814 | 12814 |
| TOTAL | | | | | | | 269088 |

Diese Schätzung zeigt, dass die Hochrechnung für Deutschland mit 53 857 Handschriften von der angenommenen Gesamtzahl von 60 000 um -10,24 % abweicht. Hingegen ergibt unsere Hochrechnung für Österreich ein Plus von 5,5 %. Nimmt man hingegen die angenommene Anzahl von Deutschland, also 60 000 Handschriften als Quotient, ergibt sich folgende Hochrechnung:

---

[37] Die Handschriften in Privatsammlungen werden getrennt berechnet.
[38] MW = Mittelwert aus AL, Aug, LegAur, Albert und Hugo.

Tabelle 4: Hochrechnung der Anzahl Handschriften auf der Basis der gezählten bzw. recht genau geschätzten 60000 Handschriften Deutschlands.

| D | 60000 | 60000 | 60000 | 60000 | 60000 | 60000 | 60000 |
|---|---|---|---|---|---|---|---|
| F | 67200 | – | 47542 | 38795 | 68108 | 55411 | 55411 |
| I | 68960 | 21760 | 33814 | 34458 | 11204 | 34039 | 34039 |
| VAT | 32640 | 9489 | 8898 | 24578 | 11351 | 17391 | 17391 |
| UK | 33600 | 25107 | 24153 | 21205 | 37740 | 28361 | 28361 |
| A | 20160 | 30162 | 33051 | 18795 | 39066 | 28247 | 25000 |
| US | 5440 | – | 4576 | 3373 | 3833 | 4306 | 4306 |
| E | 15360 | 7089 | 6610 | 11807 | 3538 | 8881 | 8881 |
| CZ | 6880 | 10704 | 16017 | 4819 | 5749 | 8834 | 8834 |
| PL | 7520 | 5507 | 7881 | 9639 | 6044 | 7318 | 8000 |
| CH | 9920 | 8896 | 8136 | 8193 | 5749 | 8179 | 7100 |
| B | 5120 | 10887 | 4068 | 8916 | 9730 | 7744 | 7744 |
| Alia | 7520 | 12412 | 15508 | 6265 | 10172 | 10376 | 10376 |
| Private | | | | | | 13772 | 13772 |
| TOTAL | | | | | | | 289215 |

Wenn wir nun zusätzlich von etwa 5% Handschriften in Privatsammlungen ausgehen, dann ergeben diese beiden Hochrechnungen 269 088 mss. in Tabelle 3, beziehungsweise 289 215 mss. in Tabelle 4. Mit dem gleichen Ansatz ergeben sich mit den circa 25 000 in Österreich eine Gesamtzahl von 287 181 und mit den circa 8000 Handschriften in Polen eine Gesamtzahl von 308 835.

Tabelle 5: Hochrechnung der Gesamtzahl mittelalterlicher Handschriften auf der Basis der gezählten bzw. recht genau geschätzten Anzahl Handschriften in fünf Ländern.

| | Quotient D | Quotient A | Quotient CH | Quotient Pl | Mittelwert | Schätzung Flüeler |
|---|---|---|---|---|---|---|
| D | **60000** | 57545 | 53857 | 68221 | 59906 | **60000** |
| F | 55411 | 53621 | 51829 | 60523 | 55346 | 55000 |
| I | 34039 | 36426 | 27986 | 36545 | 33749 | 34000 |
| VAT | 17391 | 19006 | 14804 | 18593 | 17448 | 17500 |
| UK | 28361 | 26620 | 26029 | 32857 | 28467 | 28000 |
| A | 28247 | **25000** | 26375 | 33224 | 28211 | **25000** |
| E | 8881 | 9578 | 7404 | 9566 | 8857 | 9000 |
| CZ | 8834 | 7322 | 7744 | 10147 | 8512 | 8500 |
| PL | 7318 | 7308 | 6495 | **8000** | 7280 | **8000** |

|  | Quotient D | Quotient A | Quotient CH | Quotient Pl | Mittelwert | Schätzung Flüeler |
|---|---|---|---|---|---|---|
| B | 7744 | 7307 | 7129 | 9134 | 7829 | 7800 |
| CH | 8179 | 8081 | **7100** | 9229 | 8147 | **7100** |
| Andere Länder | 14682 | 13524 | 13249 | 16663 | 14530 | 14500 |
| Privatsammlungen | 13772 | 13675 | 12814 | 14706 | 13742 | 14000 |
| TOTAL | 289215 | 287181 | 269088 | 308835 | 288580 | **288400** |
| [Abweichung] | 0,6 % | -0,1 % | -6,4 % | 7,5 % |  |  |

Aufgrund dieser Hochrechnung kann vorsichtig von einem Mittelwert von 288 580 Handschriften ausgegangen werden. Weltweit dürften etwa 290 000 zwischen 500 und 1500 geschriebene Kodizes in lateinischer Schrift erhalten sein.

Sicher wird diese Schätzung mit genaueren und vollständigeren Verzeichnissen verbessert werden. Hoffentlich wird diese bald einmal durch eine genaue Zählung ersetzt werden können. Die Schwächen dieser Schätzung lassen sich erst dann beheben. Es stellt sich nämlich die Frage, ob diese Verzeichnisse, auch wenn diese international angelegt sind, gerade in den Ländern, wo keine genaue Schätzung des Handschriftenbestandes (vor allem Italien, Spanien, Vatikan[39]) vorliegt, nicht vollständig sind und zwar in einem Mass, das statistisch relevant wäre. Zweifel können möglicherweise auch angemeldet werden, weil diese Schätzung ausschliesslich mit Autorenverzeichnissen erstellt wurde. In den Vereinigten Staaten sind aufgrund der Sammlerleidenschaft des 19. und 20. Jahrhunderts illuminierte Handschriften wie etwa Stundenbücher überproportional stark und unsere Autorenhandschriften wohl eher unterdurchschnittlich schwach vertreten. Tatsächlich legt ein neulich erstellter Census der amerikanischen Handschriften die Vermutung nahe, dass die Anzahl überlieferter Handschriften nicht bei geschätzten 4500 Handschriften liegt, sondern wesentlich höher[40]. Ob damit die Gesamtzahl nach oben korrigiert werden sollte, ist eher fraglich[41]. Die Schätzung könnte durchaus auch nach unten korrigiert werden und vielleicht näher bei 269 088 (gemäss Quotient: Schweiz) als bei 308 835 Handschriften (gemäss Quotient: Polen) liegen.

Für die Planung der Gesamtdigitalisierung und die Schätzung der Gesamtkosten ist die Menge überlieferter Handschriften grundlegend. Finanziell gesehen

---

[39] Der Vatikan hat die Anzahl mittelalterlicher Handschriften nie geschätzt. Nach freundlicher Auskunft von Christine Grafinger wird vermutet, dass mindestens 20 000 Handschriften aufbewahrt werden.

[40] M. Conway/L. Fagin Davis, Directory of Collections in the United States and Canada with Pre-1600 Manuscript Holdings, in: The Papers of the Bibliographical Society of America 109/3 (September 2015), 273–420. Die Angleichung an unsere Schätzung ist schwierig, da alle Handschriften bis 1600 erfasst werden.

[41] Die Abweichung liegt bei obengenannter Schätzung zwischen −6.7 % und +7.1 %.

wäre ein solches Unternehmen natürlich beachtlich. Bei einer qualitätsvollen Arbeit müssten schon etwa 1000–2000 Euro pro Handschrift berechnet werden, so dass sich Gesamtkosten von einigen hundert Millionen Euro ergeben würden. Ein solcher Plan kann nur dann funktionieren, wenn möglichst viel Arbeit von den mehr als 3000 Sammlungen als Eigenleistungen übernommen würde. Erfolgreich kann ein solches Unternehmens nur sein, wenn nicht nur die Interessen der Forschung, sondern auch der Öffentlichkeit geweckt werden.

## II. Welchen Nutzen würde die Gesamtdigitalisierung aller mittelalterlichen Kodizes erbringen?

Als ich im Dezember 2002, lange bevor ‚e-codices' starten konnte, mit Martin Steinmann eine mögliche Gesamtdigitalisierung der Schweizer Handschriften besprach, wies er darauf hin, dass in seiner langen Karriere als Handschriftenkonservator der Universitätsbibliothek Basel nur etwa 20 % aller mittelalterlichen Handschriften konsultiert worden seien. Die grosse Mehrheit sei im Laufe von 30 Jahren überhaupt nie im Lesesaal eingesehen worden. Die Frage, ob es sich lohne, mehr als die wenigen berühmten und von der Forschung gewünschten Handschriften digital zu edieren, stellte sich von Anfang an und muss mit jedem neuen Antrag erneut thematisiert werden. Schliesslich geht es ja auch darum, Geldgeber für immer wieder neue Teilprojekte zu begeistern.

Wiederum versuche ich aus meiner Erfahrung mit ‚e-codices' zu argumentieren. Wie gesagt sind derzeit schon über 22 % aller mittelalterlichen Kodizes der Schweiz digital publiziert. Bisher wurde nach bestimmten Auswahlkriterien digitalisiert. Forschungsrelevanz ist dabei nur eines von zehn Kriterien[42]. Schwer zugängliche Handschriften, um ein weiteres Auswahlkriterium zu nennen, die irgendwo in einer versteckten Sammlung liegen, lohnen sich schon deshalb, weil sonst diese Quellen kaum oder gar nicht studiert werden könnten. Wenn nun nach fünfzehn erfolgreichen Jahren die schönsten, berühmtesten und bekanntesten, aber auch die wissenschaftlich interessantesten Kodizes online stehen, darf durchaus die Frage gestellt werden, ob es sich lohnt, die restlichen zu erschliessen?

Grundsätzlich gilt: Die Erfahrung im Lesesaal kann nicht auf die digitale Bibliothek übertragen werden. Alle 2214 Handschriften auf ‚e-codices' werden jährlich mehr als sechzigmal angeschaut. Die Konsultation hat sich geändert. Konsultationen im Internet sind häufig kurz, doch interessierte Nutzer bleiben gerne mehr als eine halbe Stunde lang online[43]. In den letzten acht Jahren besuchten über 990 000 Nutzer (davon 190 000 wiederkehrende Nutzer) die

---

[42] Auswahlkriterien von e-codices cf. URL: <http://www.e-codices.unifr.ch/de/about/selection>.
[43] Im letzten Jahr dauerten 13 189 Sitzungen länger als eine halbe Stunde.

Webseite von ‚e-codices'[44]. Das Publikum ist gross, aber Forscher sind nur ein kleiner Teil davon. Heute darf jedermann Handschriften konsultieren; früher wurde dieses Vergnügen nur wenigen ausgewiesenen Forschern und Forscherinnen erlaubt. Ausserdem zeigt unsere Erfahrung, dass Laien vielfältige Interessen haben, zum Beispiel an lokalhistorischen Quellen, die sich häufig in kleinen Gemeinde- und Pfarrarchiven finden[45]. Das grosse öffentliche Interesse spiegelt sich auch in den sozialen Netzwerken, die Handschriftenbilder auf spielerische und phantasievolle Weise teilen[46]. Laien bevorzugen Handschriften mit Buchschmuck, aber sie lieben es, eine sehr grosse Auswahl von Bildern zur Verfügung zu haben.

Von 20 % forschungsrelevanten Handschriften auszugehen – was Martin Steinmann natürlich nie behauptete – wäre irreführend, weil die Interessen der Forschung sich mit dem Internet verändern. Werden neue Quellen publiziert, wird auch das Interesse geweckt. Sind mehr Quellen zugänglich, werden auch mehr Quellen untersucht. Gebetbücher, die sehr zahlreich sind und bisher wenig untersucht wurden, können heute besser untersucht werden, weil diese mehr und mehr digital vorliegen.

Das Bedürfnis nach digitalisierten Quellen hängt aber auch vom Forschungsansatz ab. Erstellt jemand eine kritische Edition eines viel überlieferten Textes nach der Lachmannschen Methode, wird er schliesslich nur wenige bedeutende Textzeugen zur Grundlage nehmen. Wenn er jedoch eine überlieferungsgeschichtliche Editionstechnik wählt, wird er mehr oder alle Textzeugen berücksichtigen. Bei bestimmten digitalen Editionen werden schliesslich sogar Abbildungen aller Quellen eingebunden, sodass alle editorischen Entscheidungen überprüft werden können. Literaturwissenschaftler sind traditionell dem langsamen, meditativen Lesen der Texte verpflichtet. Es gibt Philologen, die arbeiten Jahrzehnte an einer einzigen Handschrift. Buchwissenschaftler hingegen operieren gerne mit Zahlen und können – salopp gesprochen – auch über Bücher sprechen, ohne diese je gelesen zu haben.

Das Bedürfnis nach vielen Digitalisaten – bestenfalls eine Gesamtdigitalisierung – wird vor allem von Kodikologen, Spezialisten mit einem buchhistorischen Ansatz und Paläographen und Fragmentologen gewünscht. Kodikologie und Paläographie haben sich mit den digitalen Bibliotheken schon stark verändert. Während Bernard Bischoff noch ganze Bücher ohne Abbildungen publizierte und sogar Studenten Einführungswerke ohne Abbildungen zumutete, gehen heute beide Disziplinen primär von den Abbildungen aus. Schriftvergleiche können und sollen mit einer sehr grossen Anzahl von Dokumenten erstellt

---

[44] Ein Nutzer wird bei Google Analytics mit einer Client ID identifiziert. Es ist demzufolge offensichtlich, dass eine Person mit verschiedenen Computern und verschiedenen Browsern mehrere Client IDs hat.

[45] Siehe dazu das Teilprojekt „Schätze aus kleinen Sammlungen" (URL: <https://e-codices.unifr.ch/de/list/subproject/schaetze>).

[46] Am erfolgreichsten sind für mittelalterliche Handschriften Facebook, Pinterest und Twitter.

werden. „Distant reading" ist auch für die Handschriftenforschung ein anregendes Oxymoron. Es setzt jedoch viele Daten (Big Data) voraus. Durch digitale Bibliotheken entwickeln sich schliesslich digitale Methoden, die früher überhaupt nicht denkbar gewesen wären. Die systematische Erforschung von Handschriftenfragmenten ist ohne qualitätsvolle digitale Abbildungen und digitalen Beschreibungswerkzeugen überhaupt nicht denkbar. Die Fragmentologie, wie diese neue Disziplin genannt wird, ist ein besonders eindrucksvolles Beispiel dafür, wie die Digitalisierung von bisher kaum beachteten Quellen durch interoperable digitale Bibliotheken und digitale Werkzeuge auch neue Forschungsansätze ermöglicht[47].

Schliesslich ist es auch aus konservatorischen Überlegungen sinnvoll, eine Gesamtdigitalisierung anzustreben. Neben der Restaurierung ist die Digitalisierung ein unentbehrlicher Teil für den Schutz der wichtigsten Kulturgüter geworden, zu denen die Handschriften ohne Zweifel gehören. Restaurierung bzw. Konservierung und Digitalisierung schliessen sich keineswegs aus, sondern sind komplementär[48]. Eine qualitätsvolle Digitalisierung kann nicht nur den Text sichern, sondern kleinste Details festhalten und damit den Zustand der Handschrift zu einem bestimmten Zeitpunkt dokumentieren.

Grosses öffentliches Interesse, neue innovative Forschungsansätze und die Aufgabe der Bibliotheken ihre wertvollsten Schätze zugänglich zu machen und zu bewahren sind starke Argumente für die Gesamtdigitalisierung der mittelalterlichen Handschriften. Diese Relevanz zu zeigen, wird die Aufgabe der Promotoren eines europäischen Handschriftenportals sein.

---

[47] Cf. W. O. Duba/C. Flüeler, Fragments and Fragmentology, in: Fragmentology 1 (2018), 1–5 (DOI: 10.24446/a04a).
[48] Dazu C. Flüeler/A. Giovannini, Restoration and digitisation. A complementary approach, in: Care and conservation on manuscripts 15. Proceedings of the fifteenth international seminar held at the University of Copenhagen 2nd-4th April 2014, 203–213.

# Summaries

## I. Karolingische Bibliotheken

JOHANNA JEBE (Tübingen)
Bücherverzeichnisse als Quellen der Wissensorganisation

This essay is supposed to make lists of books fruitful by highlighting their independent source value as instruments of knowledge organization and for Carolingian thought, instead of reading them primarily as testimonies for the book holdings they were part of. To this end, it is especially focused on concrete practices (visual structuring, criteria of arrangement, etc.) in the manuscripts of the catalogues from Lorsch (father Pal. lat. 1877) and St. Gallen (Sang. 728), with which the directories relate knowledge to each other and prepare knowledge inventories even beyond departmental headings. An important result of this is that typical characteristics of individual catalogues become visible, which can be evaluated in interaction with their specific local environment. This will be shown by using the example of Lorsch to particularly examine the expectations of Carolingian elites on knowledge set out in writing, by scrutinizing the complex arrangement of knowledge in the St. Gallen catalogue regarding the cognition of the will of God in the form of the Bible, and finally by analysing alteritarian attributions of meaning concerning monastic texts as references to local orders of knowledge.

ERNST TREMP (St. Gallen/Freiburg i. Ü.)
Wie ein frühmittelalterlicher Gelehrter mit seiner Klosterbibliothek umgeht: Ekkehart IV. von St. Gallen (um 980 – um 1060)

During his long scholarly life, books were a constant companion and fundamental source of knowledge for Ekkehart IV, a master, poet, librarian and historian who worked in St. Gallen and temporarily in Mainz. Ekkehart's main work was the famous 'Casus sancti Galli', the history of his monastery in the 9$^{th}$ and 10$^{th}$ centuries. Numerous entries and glosses from his work on and with the books available to him in the monastery library bear witness to his hand in dozens of St. Gallen manuscripts still preserved today. They allow to draw up a profile of his scientific interests and his multifaceted master's diligence and enable experiencing the library as a space of knowledge. Above all, however, the 'Casus sancti Galli' offer a wealth of information on the library itself, its spatial conditions and organisation, the way it worked in the *scriptorium*, the relationship between library and archive, the sources used by the historian, the transfer of knowledge and exchange with other libraries. The 'Casus' are among the most frequently cited and well-researched historical sources of the early Middle Ages, but the subject area 'library' outlined here has not yet found a systematic presentation. This article encapsulates the observations that were made during the preparation of the new edition of the 'Casus'.

Dominik Trump (Köln) und Karl Ubl (Köln)
*Bibliotheca legum*: Das Wissen über weltliches Recht im Frankreich des 9. Jahrhunderts

This article deals with the methodological approaches and problems of quantifying legal knowledge in the manuscript culture of the early Middle Ages. In the first part, we present the "Bibliotheca legum" database which is dedicated to surveying all manuscripts of early medieval law codes that have been preserved or are attested in library catalogs. In the second part, we turn to the question of quantifying the loss of legal manuscripts from the Carolingian period. Using short case studies, we discuss the precise amount of lost manuscripts and reflect on the relevance of legal knowledge and written law in the early Middle Ages.

## II. Klosterbibliotheken

Katharina Kaska (Wien)
Schreiber und Werke – ein Vergleich paläographischer und textlicher Beziehungen am Beispiel der österreichischen Zisterzienserklöster Heiligenkreuz und Baumgartenberg als methodischer Zugang zur Untersuchung monastischer Netzwerke

The Cistercian abbey of Baumgartenberg (1141/2–1784) in Upper Austria was the second subsidiary foundation of Heiligenkreuz in Lower Austria. Thanks to recent research on the library and scriptorium of Heiligenkreuz, it is now possible to investigate the scribal and textual networks between these two monasteries. For this paper, four manuscripts from Baumgartenberg, today kept in the State Library of Upper Austria (Cod. 318, 319 and 328) and the Austrian National Library (Cod. 706), were chosen. They can be dated back to the middle to $3^{rd}$ quarter of the $12^{th}$ century and were at least partially copied by scribes that were active in both monasteries. Despite these close palaeographical ties, it can be shown that for all but one of the manuscripts it is highly unlikely that an exemplar from the mother house was used for the copy from Baumgartenberg. Instead, there are some indications of a local textual transfer from other monasteries.

Jindra Pavelková (Brno)
Mittelalterliche Handschriften in der Bibliothek des Klosters Velehrad

At the time of the abolition of the Cistercian monastery in Velehrad in 1784, the library of the monastery was relatively large. The manuscripts were also kept in that library. From the register that the Olomouc librarian Johann Nepomuk Alois Hanke von Hankenstein, prepared for the library in 1789, we know about 121 manuscripts, most of which were written between the 16th and 18th centuries. The catalog of manuscripts is divided into parchment manuscripts (10 volumes), paper (71 volumes) and 40 manuscripts from Christian Hirschmentzel, Velehrad's historian of the 17th century. Unfortunately, only a few of these manuscripts were identified in the library holdings, so we can only answer some specific questions concerning the medieval manuscripts from Velehrad based on this catalog.

HARALD HORST (Köln)
Wissensraum am Niederrhein im Wandel. Die Bibliothek des Kreuzherrenklosters Hohenbusch zwischen Spiritualität und Verweltlichung

The Crosier monastery of Hohenbusch near Erkelenz (Lower Rhineland) was founded in 1302 and repealed in 1802. Only 130 manuscripts and early prints from its library have remained, held by the Diocesan Library of Cologne and by libraries in Munich, Brussels, New York, etc. The reconstruction of the library of Hohenbusch relies on these remaining copies as well as on an inventory created in 1801. Thanks to this, a subset of about 300 titles can be verified. The article gives an analysis of the contents of this collection from a perspective of cultural history. Two snapshots from the years 1520 and 1700 reveal how the contents of the library changed, according to the needs of the monastery: The spiritual influence of the *devotio moderna* on the Crosiers caused a dominance of ascetic works and sermons until c. 1520. After 1520, however, the monastery first turned to humanism, whereas in the 17th century juridical literature prevailed – a consequence of pronounced administrative activities of the monastery, due to its increasing prosperity. Thus, we can verify that the (reconstructed) stocks of the library directly reflect the history, spirituality, and intellectual direction of the monastery. The library can be perceived as a "dynamic space of knowledge": On the one hand, it is a stationary institution that provides information to achieve new knowledge. On the other hand, it is subject to constant shifts that reflect the changing interests of the monastic community.

ANDREA COLLI (Cologne/Vercelli)
*Boni libri* or *scartafacia*? An Inventory of the Commentaries on the 'Sentences' as a Mirror of Theological Education at the Dominican *Studium* at Bologna (14th c.)

After drawing a map of all the commentaries on the 'Sentences', preserved in the monumental *domus pro libraria* of St. Dominic's Convent of Bologna in the 14th century, the present paper focuses on two particular case studies: the manuscripts A 913 (Bologna, Archiginnasio Library) and A 986 (Bologna, Archiginnasio Library). The analysis will provide an explanatory illustration of how the convent is actively and directly involved in several theological and philosophical discussions characterizing the Parisian milieu in the first decades of the 14th century. It will reveal that the library does not only reflect the geographical diffusion of texts, but also the concrete influence of some doctrines on the late medieval educational activity.

Hans-Joachim Schmidt (Freiburg i. Ü.)
Bücher im Privatbesitz und im Besitz der Konvente: Regelungen der Bettelorden

"The heavenly wisdom is like a fountain which flew in a channel through the books". This sentence, written by the Dominican general master Humbert de Romans, expresses how highly books were esteemed in all mendicant orders. They needed books for the studies that were necessary to prepare the friars for their activities of pastoral care, especially preaching. Books has to be read and they had to be at the disposal of the friars, even when they were transferred from one convent to another. But how could these private lectures and the constant availability of books be conciliated with the ideal of poverty, so important for the mendicant orders? The statutes of the Dominican order tried to solve this dilemma, but they did not succeed in conceiving unambiguous answers. Two sorts of libraries existed, namely that of the convents and that of the individual friars. Restrictions of these were promulgated in order to prevent a commercialization of the books and their transfer due to inheritance. Yet, the problematic situation continued and motivated debates and controversial decisions of the legislation of the Dominican order as well as of the other mendicant orders.

Martina Wehrli-Johns (Zürich)
*Libri in cella*: Beobachtungen zu den Privatbibliotheken observanter Dominikaner aus dem Basler Predigerkloster

The article sheds light on the private books of Observant Dominicans in Basel. The friary was reformed in 1429 by Johannes Nider OP († 1438) from Nürnberg and soon became an important center for the observant part of the Province of *Teutonia*. One of the main goals was to reestablish a school of theological studies and to provide a large library for that purpose. Every brother was urged to produce copies of books to fill up the "barns of the Lord", as Johannes of Mainz († 1457), first *lector theologiae*, writes in his Chronicle of the Reform. Before taken over by the library, the scribe was allowed to use those books privately as *libri in cella*. This practice was in conformity with the exposition of the rule of Saint Augustine by the fifth Master General, Humbert of Romans. To underline the importance of books for the Order of Preachers, Humbert develops, in the same chapter, the idea of a direct transfer of divine wisdom through books.

The Observant Nunneries of the Dominicans enjoyed the same high level of book culture. Their concept of books was equally based on the rule of Saint Augustine. It was, however, not communicated to them through the exposition of Humbert de Romans, but through the exposition of Ps. Hugo of Saint Victor, without direct reference to divine wisdom.

## III. Universitätsbibliotheken

STEVEN J. LIVESEY (Oklahoma)
Monastic Library and University Classroom: the Scholar-Monks of Saint-Bertin

Founded in the mid-seventh century, the Benedictine Abbaye de Saint-Bertin rapidly assumed an important position in the transmission of knowledge. Following an early period that included the administration of a school and assembling a library collection, Saint-Bertin contributed to the growing number of students attending late-medieval universities. In the early years, Paris was the preferred destination. By the end of the fourteenth century, several Saint-Bertin monks had taken degrees at Paris, then either returned to assume administrative positions at home or found such positions elsewhere. But when the University of Louvain opened in 1425, it provided an alternative that was both geographically closer and culturally more familiar to students of the region.

The paper discusses the role of several generations of scholar-monks at Saint-Bertin, who attended university, then returned to the monastery with their books and thereby helped to build the library collection, augmenting its holdings in new and significant ways. It focuses especially on Pierre d'Allouagne (fl. 1335–1360) and a small cohort of book collectors around him associated with the University of Paris, as well as on a handful of students at the end of the fifteenth century whose academic work was centered on the University of Louvain. In the process, it suggests not only how these book collectors and producers augmented the monastic library, but also how the surviving books help to understand the academic processes of the late medieval university better.

GILBERT FOURNIER (Paris/Freiburg i. Br.)
Une bibliothèque universitaire avant la lettre? La *libraria communis* du collège de Sorbonne (XIII$^e$–XVI$^e$ siècle)

The University of Paris was founded in 1215 at the latest. However, the libraries of its institutions are only documented in the 15th century. This article examines this discrepancy. The foundation of Robert de Sorbon († 1274) seems to have played a part in the delayed commencement of documentation. Right from the beginning, libraries were preferred: they were supposed to ensure the survival and the anchoring of the college in the academic landscape. Thus, the *libraria communis* collects authorities that by far exceed the theological facilities of the Foundation. They correspond to the division of the University of Paris into four faculties. Until the 16th century, the librarians of Sorbonne College adapted the arrangement of the catalogues to this pattern. The organisation according to the four faculties is also confirmed by the description of the library in the French translation of the *Cosmographia universalis* (1575) by François de Belleforest. Finally, the lending list of the library of Sorbonne College (1403–1530) reveals not only which books the library contained, but also sheds light on who read them.

This allows us to establish a relationship between the college and the University of Paris.

Marek Gensler (Łódź) and Monika Mansfeld (Łódź)
A Young Master and his Library: Walter Burley's Sources for Commenting on the ‚Parva naturalia'

Walter Burley's first period of intellectual activity was his regency at the Faculty of Liberal Arts in Oxford (1301–1307/8). As a young master, he was required to teach logic and natural philosophy. Some of the readings in these courses were obligatory, others were not. His set of commentaries on the *Parva naturalia* belonged to the latter group. In commenting on them, young Burley was looking for help – sometimes desperately – in the works of his older colleagues. The references to other authors give the readers valuable information not only about his growing erudition but also about the richness of the library collection of his native Merton College.

In all of the five commented texts, Burley supplements his knowledge about Aristotle's treatises not only with the commentaries of Averroes, but also with those by selected Latin masters. For *De sensu et sensato*, it is the commentary by Thomas Aquinas (Burley was one of his early fans at Oxford); for *De somno et vigilia*, it is the questions by Simon of Faversham; for *De longitudine et brevitate vitae*, it is a commentary by Simon of Faversham; for *De motu animalium*, it is an exposition by Peter of Auvergne. Burley's commentary on *De memoria et reminiscentia* is exceptional with regard to the absence of a leading authority (there are only some comments taken from Adam of Buckfield), but this can easily be explained by its sketchy character. In most commentaries, one can see references to Albert the Great, the main Latin authority on the subject at that time; in some, there are traces of his readings of Avicenna's *Liber sextus naturalium* as well as the *Canon of Medicine*. For a man in his twenties, this is fair enough.

Kent Emery, Jr. (Notre Dame)
Recourse to the Library and the Bookishness of Medieval Thought: Three Illustrative Examples from the Later Middle Ages

In Latin Christiandom, intellectual culture, notably the study of philosophy and theology, was inevitably 'bookish', and so throughout the Middle Ages became increasingly 'library-intensive', that is, reliant on regular access to large, systematic collections of books. This salient feature of the medieval practice of philosophy and theology has meant that its modern study, as developed by Western European and American scholars, has been singular among disciplines in the humanities in its pursuit of an ancient, nearly-unattainable ideal, "the marriage of philosophy and philology". The study of medieval philosophy and theology, consequently, is itself necessarily 'bookish' As subsequent developments have proved, however, this ideal is fragile, and, moreover, violates some of the deepest principles of modern thought. The relationship between philosophy and bookish erudition is scarcely self-evident; as Descartes observes, "though we have mastered all of the arguments of Plato and Aristotle, if yet we have not the capacity for passing a solid judgment on these matters" we shall not "become philosophers; we should have acquired the knowledge not of science, but of history." The distinction between "real philosophy" and "mere history" has cascaded throughout modern institutions of learning, notably in the influential Anglo-American school of analytic philosophy.

In this essay, I offer examples of differing relationships between thought and bookishness, in terms of different ways of composing and transmitting their writings, in three medieval writers, to the study of whose writings I have dedicated most of my scholarly research: the Carthusian monk, Denys the Carthusian (1402–1471), arguably the prime example of medieval bookishness; the Secular Master, Henry of Ghent († 1293), who introduced a significant grammatical and exegetical stratum into Scholastic philosophical discourse; the Franciscan Master, John Duns Scotus († 1308), who brings the 'deep' intelligible structure of thought to its verbal surface. In two Appendices, I present texts from editions, in preparation, of Henry of Ghent, 'Quodlibet III', and John Duns Scotus, 'Reportatio Parisiensis' Book I.

## IV. Hofbibliotheken

MARCEL BUBERT (Münster)
Karl V. von Frankreich (1364–1380), die Louvre-Bibliothek und die Eigenlogik höfischer Kultur. Wissensordnungen und Kulturtransfer im französischen Spätmittelalter

This article intends to analyze the epistemic diversity of the European Middle Ages by way of comparing medieval libraries with regard to their specific taxonomies and inventories. For this purpose, the internal logic of the famous library of Charles V of France will be studied in comparison to the libraries and epistemic orders of the university. Against the background of the differences between them, the assumption of a homogeneous "order of things" in the Middle Ages will be questioned. Finally, this study focusses on processes of communication and transfer between the "cultures" of the royal court and the university. In this context, the French translations of Aristotelian works by Nicole Oresme for Charles V will be analyzed and reinterpreted in terms of cultural transfer.

VANINA KOPP (Paris)
Sammeln, lesen, übersetzen: Die Pariser Louvrebibliothek im späten Mittelalter als Denk- und Wissensraum

The Louvre Library existed in the Royal French Residence of the Louvre from 1368 until 1429, when the English regent, Duke John of Bedford, took along the manuscripts from Paris. This collection of up to 950 manuscripts was the largest non-clerical and the first courtly library in the Western European Middle Ages. The first part of the article examines the library as a space of knowledge and its order: how the holdings came about and what was collected in which institutional framework. In this, the focus lies on a contextual history of the collection of manuscript holdings, which wants to highlight the phases of collection technology, but also the institutional embeddedness of the Louvre Library as well as its specific characteristics. The second part analysis the use of the library. What happened to the manuscripts, who read them, how did they circulate within the courtly network? Through the discussion of legal as well as astrological, historiographical and courtly literary genres, it will be shown which contents were preferred at court for which reasons, and from the perspective of cultural science, the use of the library shall be examined from various angles. The goal is to understand the library's anchoring at the French court and to demonstrate how political and cultural ties were articulated through manuscripts. The third part explores the non-material dimension of the library and the image of the reading king. The focus lies on the intellectual exchange about the manuscripts. How did translators interact with the court through their dedications and prologues, which representation and derivation of the well-read king did they choose for what purpose? The main aim in this is to differentiate precisely between assignments and dedications and to include the non-material dimension of an ideal library.

BRITTA MÜLLER-SCHAUENBURG (München)
Die päpstliche Bibliothek von Avignon in der Zeit Benedikts [XIII.] / Pedro de Lunas – Spiegelt sich der Besitzer in der Bibliothek? Bibliotheksanalyse als bildgebendes Verfahren

The papal library in Avignon is a research object that is as outstanding as it is already widely explored. With a newly developed method, using the help of a database and statistical evaluations, physical (manuscripts) as well as intellectual (book indexes, order of subjects) analytical "images" of the composition of the library can be presented, and the library can thus be "read" as an additional theological-ecclesiological source. The library in the period between 1396 and 1423 (the pontificate of Benedict [XIII]) has been compared to what we know about the intellectual horizon of Benedict [XIII]. A juridical-formalistic coinage of ecclesiology is confirmed, which is already known from his written work. But also a rich variety of additional details regarding the analytical "images", including their dynamics (for example, the rising and fading of subjects) become apparent. In the library, one can literally observe the shift of the contextualization of Jewish and Islamic sources and encounters from the crusade context to legal discussion.

CHRISTINE GRAFINGER (Gmunden)
Die Vatikanische Bibliothek. Von der päpstlichen Privatsammlung zum Ort der wissenschaftlichen Kommunikation

The inventory from the first pontifical year of Boniface VIII allows acquiring rather detailed knowledge of the Medieval papal book collection. Only a few books were brought to the new residence in Avignon. The palace library there, which was only available to a small circle, grew rapidly and became the most important collection of Christendom. Yet, only a few manuscripts of this library came back to Rome again. The founder of the Vatican Library, the humanist Nikolaus V, divided the collection into Latin and Greek manuscripts. Sixtus IV issued guidelines for personnel and administration. The librarian was obliged to keep accounts and catalogues, but also to register borrowed books. This register of borrowed books does not only shed light on the reading habits of the Curia, but also on the scientific research of humanists and scholars of that period.

## V. Stadtbibliotheken

SABRINA CORBELLINI (Groningen) and MARGRIET HOOGVLIET (Groningen)
Late Medieval Urban Libraries as a Social Practice: Miscellanies, Common Profit Books and Libraries (France, Italy, the Low Countries)

The historical study of libraries can be approached as the history of specific book collections, often defined by dedicated storage spaces and systems of classification. Next to these material features, libraries can also be considered as specific sets of social practices built around people interacting to facilitate the dissemination of books and texts. In this article, we use the perspective of social library practices for the investigation of the dissemination among lay people, most notably via "open access", of religious books and texts in urban centers in Northern France, Italy and the Low Countries during the long fifteenth century. We address multiple readership, peer-to-peer instruction, common profit books and libraries (in different material forms), as well as the sharing of knowledge as an act inspired by religious and ethical goals. The historical sources discussed show that common profit books and libraries were a Europe-wide practice, involving the responsibility of every single citizen.

CHRISTIAN SCHEIDEGGER (Zürich)
Die Stadtbibliothek Zürich und ihre Donatoren im 17. und 18. Jahrhundert

The Zurich Public Library (Bürgerbibliothek) was founded in 1629, partly to protect the reformed community in dangerous times. It was made possible by private initiatives and occasionally supported by the city's authorities. Although lacking public funds, the collection expanded considerably thanks to donations, both from private citizens and from foreign visitors. Most donations and gifts, consisting primarily of books and various objects for the cabinet of curiosities, were meticulously registered in the benefactors' book, an illustrated manuscript. The recorded entries for theologians, merchants, politicians, diplomats and refugees reveal numerous social connections and offer hints to the donor's motives. It is argued that book donations were not merely voluntary, but that they bear witness to a network of legal deposit, patronage systems and a fascinating gift economy as well as to a system of protestant bequests. The lavish generosity of the donors was of fundamental importance for the Zurich Public Library.

## VI. Privatbibliotheken

JENS OLE SCHMITT (Munich)
A Library of al-Ǧāḥiẓ

At least three manuscripts identified so far preserve a historic anthology of works ascribed to the classic Arabic prose writer al-Ǧāḥiẓ (d. 868/9), two of them presently located in Berlin (Ahlwardt 5032 and the hitherto neglected Or. Oct. 1499), the third in Hyderabad (Andhra Pradesh Government Oriental Manuscripts Library, Ar. 137 [though bound in an erroneous order]). Two of these manuscript give the compiler's name as Ḥamza Ibn al-Ḥasan al-Iṣfahānī (d. 970/1), which would underline the compilation's trustworthiness that was cast into doubt previously. As most of the excerpts in this anthology are traceable to known works by al-Ǧāḥiẓ (in some cases with remarkable variants), it is reasonably assumed that the unidentifiable parts are, indeed, authentic and perhaps parts of meanwhile lost works.

This paper looks into the relationship of parts preserved in this anthology to edited works, tries to identify an untraceable piece, and argues that, despite instances of deviation from extant edited works, the anthology seems to preserve authentic texts, though perhaps also older versions, and should be considered in future editions.

VALÉRIE CORDONIER (Paris)
In the Footsteps of a "Singular Treatise" ('De Fato' III,3). Two Items to be Added to the Catalogue of Coluccio Salutati's Library

In the late 14th century, one of the largest personal libraries of ancient texts in Europe was that of Coluccio Salutati: in 1963, Berthold Louis Ullmann listed more than a thousand manuscripts owned by this humanist thinker. However, missing from Ullmann's list was one book that had a certain influence on Salutati's thinking and, more generally, on the debates on human agency, determinism and divine government in modern times: the *Liber de bona fortuna*, a Latin compilation of two chapters on good fortune taken from the *Magna Moralia* and the *Eudemian Ethics*, made around 1265 and then included in the Aristotelian corpus. This opuscule is called a "singular treatise" in Salutati's *On Fate and On Fortune*

(1396–1399), and it is the object of a fierce discussion there (*DFF* III,3). This treatise also makes use of a commentary written by Giles of Rome around 1275–1278: the *Sententia de bona fortuna*. The presence of the Aristotelian opuscule and of Giles' exegesis behind *DFF* III,3 is worth mentioning, as it adds to our knowledge of Humanist libraries as such, but also allows for a better assessment of the content and originality of Salutati's doctrine of fortune and fate. For this purpose, the present essay proposes a guided tour through Salutati's *DFF* III,3, offering a close reading of its sections discussing Aristotle's doctrine of good fortune.

Frank Fürbeth (Frankfurt a. M.)
Der Bücherkatalog des Jakob Püterich von Reichertshausen im Kontext spätmittelalterlicher Adelsbibliotheken: Ordnungsprinzipien und Literaturkritik

The book collection of the Bavarian nobleman Jakob Püterich von Reichertshausen († 1469) is one of the most famous private libraries of late-medieval Germany. Due to its composition, Püterich is considered a nostalgic admirer of the lost knighthood. This paper will take a closer look at the inventory of the collection itself, because it is written in a very unusual way. It is part of a letter to the Duchess Mechthild von Rottenburg, and it is written in the artificial form of the so-called 'Titurel'-Stanza. The hypothesis is that Püterich wanted to present himself as a highly qualified connoisseur of literature; for this purpose, he evaluates the books he lists according to poetological criteria and arranges them in an order that is exactly the opposite of the usual order beginning with the bible.

Michael Stolz (Bern)
Transversale Lektüren. Die Bibliothek des Frühhumanisten Sigmund Gossembrot

Sigmund Gossembrot (1417–1493), a representative of early German humanism, has left a remarkable collection of books that so far has only partially been explored. After completing a busy career as a civil servant in Augsburg, Gossembrot moved to Strasbourg where he joined the convent of the Knights Hospitaller *zum Grünen Wörth* (the 'Green Isle') in order to study his books. Today, the surviving volumes are spread in libraries all over Europe (with a certain concentration on the Bavarian State Library in Munich). Gossembrot left numerous annotations on the pages that attest his manifold literary interests and his reading habits, embedded in the social environment of both imperial towns and beyond. The abundant glosses, including many cross-references to other works, also allow the reconstruction of the content of currently lost manuscripts. This article discusses methods of documenting and examining Gossembrot's library, including a digital database currently under construction on: www.gossembrot.unibe.ch.

## VII. Missionsbibliotheken

Jacob Langeloh (Freiburg i. Br.) und Juliane Hauser (Koblenz)
Bücher für die Mission. Johannes von Ragusa und die Schriften über den Islam im Basler Predigerkloster des 15. Jahrhunderts

The Council of Basel had set itself a great task: Re-uniting the Eastern and Western Churches. This union was also meant to forge a military alliance against the Ottomans. After promising negotiations with Greek emissaries at Basel, John of Ragusa was dispatched to Constantinople to reach a final agreement. In our contribution, we take a look at what interest John of Ragusa showed in the so called "Saracens" or "*infideli*", and what knowledge he could gain before, during, and after his journey. While an individual's knowledge may appear elusive, there is one library of the past that promises answers. During the council, John of Ragusa lived at the Dominican Monastery of Basel, worked in its library, and, upon death, bequeathed his personal library to it. A large number of these books can be found today at the University Library of Basel. They allow us to reconstruct some of John of Ragusa's reading and writing about Islam and to estimate how books he brought back from Constantinople contributed to the knowledge about Islam at the Council.

Roberto Hofmeister Pich (Porto Alegre)
Books and Libraries in South American Colonial Convents and Universities: How, Why, and What?

One of the most impressive discoveries of the past ten years of engagement in the project "*Scholastica colonialis*: Reception and Development of Baroque Scholasticism in Latin America, 16th–18th Centuries" was the huge investment that the Religious Orders made in the formation of their personnel in South America (above all on Spanish territory), during the so-called colonial period. Higher education was provided from the middle of the 16th Century on in the houses of the Orders and also in universities. For learning purposes the constitution of libraries was necessary. Anyone who has had the opportunity to visit South-American colonial convents, monasteries and seminaries gets a strong impression of the central role that libraries played in such institutions and wonders not only about the history and function of such libraries, but also about the "history of the book" in the continent. My paper aims at giving an answer to the following questions: (1) *How* did thousands of printed books come from Europe to South America during the colonial period and find a place on the shelves of a library? (2) *Why* did so many books come from Europe to South America in order to form libraries of convents, colleges and universities? This connects the history of the book in the continent to a wide project of creating a "society of Christian believers" and, to a significant extent on the Spanish territories in the continent, of making possible a place for "high Spanish culture". In order to get an idea of the possible impact of books on such a project, the following question has to be faced: (3) *What* was read and *what* was actually at the disposal (above all in university and convent libraries) to Catholic intellectuals and learned citizens? Although I pursue the aim of explaining how colonial libraries contributed to the religious, political and social project of a (new) Christianized civilization in South America, my focus lies on how such libraries characterize theological and philosophical education at those times.

## VIII. Bibel und Liturgie

MATTHIAS M. TISCHLER (Barcelona)
„Bibliotheca". Die Bibel als transkulturelle Bibliothek von Geschichte und Geschichten

In recent times, studies on the medieval Bible tend to reconsider older qualifications of non-biblical ('non-canonical', 'apocryphal') texts in Bible manuscripts, because they are disregarded but excellent testimonies of local chronological, historiographical and eschatological thinking, on the one hand, and of regional availabilities and interests of rare text material in the very moment of production on the other. A closer look at the rich Iberian biblical legacy has already shown that many Bibles offer interesting *specimina* of a chronological and historical reorientation that also seeks to integrate new sibylline, apocalyptic and eschatological texts in order to adapt the biblical canon to the specific socio-political setting of a society of permanent encounter and conflict with religious alterity. The contribution will give a first overview of these textual phenomena, especially in Iberian Bibles of the Early and High Middle Ages, and contextualize them in their local, regional and supra-regional circumstances of production and perception. In so doing, the contribution hopes to sensitize the readers to the medieval perception and use of the Bible as a transcultural library of global history and regional and local histories.

HANNS PETER NEUHEUSER (Köln)
„*Evangelium est reportatur ad locum suum*". Der Hort des liturgischen Buches angesichts von Dignität und Performativität

Liturgical books usually find their way into libraries only after being eliminated from ritual use. Due to the types of texts and songs contained in the codices, they can be metaphorically described as libraries, according to their biblical model. Yet, in medieval understanding, they belong to the sacred goods. By oscillating between their function as vessels for the Word of God and for liturgical-practical use, they offer numerous perspectives on the nature and significance of these books as well as on their significance for theological and cultural-historical orders of knowledge.

Andrew J. M. Irving (Groningen)
The Library in the Liturgy: The Liturgy in the Library

This chapter explores the relationship between liturgical books, the spaces in which they were kept, and the proximities between them, and the ways in which these books are used. Having drawn on the basic distinction between archaeological and behavioural contexts, the chapter opens with a consideration of the combination and integration of texts of independent origin in the formation of one-volume liturgical libraries. The second section traces the locations of liturgical books in medieval institutions. Evidence from a variety of monastic (notably Montecassino) and institutional settings reveals an ambiguous picture in which liturgical books are kept in a wide range of spaces, non-liturgical books are kept in liturgical or liturgy-related spaces, and liturgical books kept in liturgical spaces are clearly not used there. The final section follows the fate of the Cassinese medieval liturgical books through a series of configurations in the library from the early sixteenth century to the present day.

## IX. Bibliotheca mystica

Marieke Abram (Freiburg i. Br.), Gilbert Fournier (Freiburg i. Br.) und Balázs J. Nemes (Freiburg i. Br.)
Making Mysticism. *Theologia mystica* als historische Kategorie der Wissensordnung in der Katalogisierungspraxis der Erfurter Kartause

The Middle Ages did not know the usage of the concept of 'mysticism' as a category of historiographical classification. Therefore, the library of the Erfurt Charterhouse is all the more interesting: its late medieval shelf location catalogue reveals that it contained two sets of shelfmarks dedicated to mystical theology (*theologia mystica*) and to literature about visions and revelations (*revelationes*). In contradistinction to the shelf location catalogue, which distinguishes between *theologia mystica* and *revelationes*, in current scholarship, the authors and works of both groups are instead subsumed under the one broad concept of 'mysticism'. This constellation directs our attention to the formation of the category 'mystical' in the later Middle Ages, and it provokes the question as to what can be said about 'mysticism' from the perspective of a historically attested library collection and the discursive structures that determined its shape. Our essay offers approaches to this question from the perspectives of German literary scholarship, the history of libraries, and the history of philosophy, and it outlines the intellectual goals of the DFG-project 'Making Mysticism. Mystische Bücher in der Bibliothek der Erfurter Kartause'.

Stephen M. Metzger (Vatican City)
How to Use a Well-Stocked Library: Erfurt Carthusians on the *Industriae* of Mystical Theology

As members of a monastic order that was believed to be the summit and perfection of the Christian life, Carthusian monks were considered experts on matters of spirituality, contemplation, and mysticism. During the second half of the fourteenth century, a controversy erupted over whether mystical vision was purely affective or entailed some form of understanding. This debate, which was provoked by the Carthusian Vincent of Aggsbach, centered principally on the writings of Hugh of Balma and Jean Gerson. In the massive library of the Carthuisan monastery in Erfurt, there was one manuscript that contained the mystical treatises by both authors. Perhaps unsurprisingly, two of the great intellectuals of that Charterhouse, Jakob von Jüterbog and Johannes Hagen, composed treatises on mystical theology that synthesized these ideas of the two controversial authors.

This study considers the appropriation and use of the works of Hugh of Balma and Jean Gerson preserved in the Erfurt Charterhouse's singular codex through a study of 'De theologia mystica' by Jakob von Jüterbog and the 'Tractatus de mystica theologia' by Johannes Hagen. Rather than focusing on the speculative dimensions of mystical vision, this study concentrates on the practical aspects, especially the *industriae* or exercises that aided the contemplative to the level of vision. Special attention is given to four *industriae*: time and place, posture, curiosity and humility, and the avoidance of phantasms. In this way, it becomes clear that the compositions of Jakob and Johannes united the views of Hugh of Balma and Jean Gerson analogously to the way in which the two were preserved in the library's codex.

MIKHAIL KHORKOV (Moscow)
Between Mystical Theology and a New Model of Knowledge: The Works of Nicholas of Cusa in the Library of the Erfurt Charterhouse

The article is devoted to the study of some aspects of reception of Nicholas of Cusa's writings in the manuscripts from the Erfurt Charterhouse in the second half of the fifteenth century. It is based mostly on two manuscripts: Weimar, Herzogin Anna Amalia Bibliothek, Ms. Q 51, and Eisleben, Turmbibliothek St. Andreas, Ms. 960. Reconstructing the prehistory of this reception, the article points out that it most likely goes back to the time of Nicholas of Cusa's contacts with the monks of the Erfurt Charterhouse Salvatorberg during his legation journey to Germany (1451–1452). Nicholas of Cusa presented his rationalistic theory of wisdom and mystical theology in his 'De idiota' dialogues written in the summer of 1450, shortly before his journey. In contrast, the leading representatives of the Erfurt Carthusians, Jacob de Paradiso and John de Indagine, expressed their affective and irrationalistic views of wisdom in their writings on mystical theology. Apparently, these early controversies may provide the context for the later Cusanus reception in Erfurt. As the marginalia found in the manuscripts show, the distinctive feature of this reception was the intention of the Erfurt Carthusian librarians to provide Cusanus' texts copied in Erfurt with references to other Cusanian works or texts of other authors to make Nicholas of Cusa's concepts more understandable to readers.

MARCO BRÖSCH (Bernkastel-Kues/Trier)
Herz und Geist vereint: Die Bibliothek des Nikolaus von Kues als Memorialraum

Among the foundations of the cardinal, philosopher and theologian Nicholas of Cusa, the St. Nicholas Hospital/Cusanusstift in Kues, a home for the elderly and poor, donated by him and his family, occupies a special position. Nicholas of Cusa not only had his heart buried there in front of the high altar of the chapel, but he also bequeathed his entire private library to the hospital. The book collection was not only a working instrument for his studies, but also a status symbol of his social advancement and a mirror of his eventful life. By transferring the collection to Kues, where a separate library room was not built until 1494/95 on the model of the monastery library of Eberhardsklausen, Cusanus wanted to preserve his collection in one place, regardless of the question of possible users. Together with the 'heart grave' in the chapel, the library forms the central place of remembrance and commemoration of the cardinal from the Moselle.

## X. Virtuelle Bibliotheken

DANIEL ZIEMANN (Budapest)
Eine virtuelle Bibliothek der Karolingerzeit: Die Fälscher-Werkstatt Pseudo-Isidors

The paper analyzes some of the techniques that the author(s) of the Pseudoisidorian Forgeries might have used in order to render the forgeries more authentic, especially for readers who were familiar with the specific style of Canon law collections. The paper focuses on sentences that were extracted from authentic papal letters and then used as some sort of filling material for the respective new context of the forged papal decrees. These sentences do not convey a specific or important message. Instead, they present formulations that could fit many different situations and contexts. By reusing this material, the forgers created the appearance of authenticity as a well-known wording could evoke a feeling of recognition and familiarity among informed readers. These sentences were most probably not collected specifically for such a purpose, as they do not present any key ideas or important aspects. They were most probably not memorized consciously. Instead, it will be suggested to use the term "virtual library" for the techniques of storage and memorization by an intensive reading of papal letters. The versatility of these quite general sentences offered the forgers the opportunity to use them wherever they would make any sense.

CHARLES BURNETT (London)
Imagined and Real Libraries in the Case of Medieval Latin Translators from Greek and Arabic

This article considers the references to libraries by the Latin translators from Arabic and Greek, as sources for their texts on science and philosophy. These libraries can be imagined or evoked to support the authority of the translated work, or they can be real, or they can be both. In turn the translations entered libraries. In the cases of both origin and destination, the library took on the aura of a treasury of wisdom, which could only be entered by someone who was sufficiently initiated.

MARIE BLÁHOVÁ (Prag)
Die virtuelle Bibliothek des Cosmas von Prag. Ein Beitrag zu den Anfängen der Bibliothek des Prager Domkapitels

Despite a lack of sources, the author I endeavour to describe the beginnings of the oldest library in the Bohemian lands: the library of the Prague bishopric church or cathedral chapter, between the 9th and 12th centuries. In addition to isolated examples of extant manuscripts that can be linked to the chapter library and – more numerous – fragments of manuscripts as well as source reports on the acquisition of certain books, the paper looks at sources and literal models used in the chronicle of the Czechs written by the Prague dean, Cosmas († 21 October, 1125), the only known author of a large work, who worked during the period investigated within the Prague chapter. Apart from containing the required liturgical books, textbooks for cathedral school and legal records, the chapter library also included some works by ancient and early Christian authors (in particular Virgil, Sallustius and Boëthius) and medieval florilegia, alongside Czech and Imperial medieval chronicles, annals and legends.

SAVERIO CAMPANINI (Bologna)
Tedacus Levi. The Many Lives of a Bibliographical Ghost

The article traces the story of a "bibliographic ghost", the elusive reference to a Tedacus Levi who is said to have authored a commentary on the ten sefirot (in itself a very common genre within Kabbalistic literature) through the history of Hebrew bibliography. Far more than a success story of progress and enlightenment through elimination of medieval darkness, this chapter of Hebrew bibliography reveals itself as a convenient vantage point for analysing the complex relationship between library and catalogue, claiming rather boldly that it is necessarily phantasmatic, since the library could not exist without the catalogue, but the latter tends to supersede the former. The issue of organisation of knowledge is thus addressed for an individual case of book-hunt but it is not without implicit effects towards the definition of what a Kabbalistic library is or should be.

## XI. Fortleben der Bibliotheken

MAXIMILIAN DE MOLIÈRE (München)
*Ex Bibliotheca Aegidiana.* Das Fortleben der Bücher Kardinal Egidio da Viterbos in der hebraistischen Bibliothek Johann Albrecht Widmanstetters

This paper highlights some facets connecting the Christian-Hebraist libraries of Johann Albrecht Widmanstetter (1506–1557) and Egidio da Viterbo (1469–1532). Widmanstetter studied Kabbalah and Arabic for a short period of time under Egidio at Rome. After the death of his teacher, Widmanstetter had a series of copies made from exemplars in Egidio's library. In addition, some of his teacher's original books found their way into Widmanstetter's library. Based on a comparison of Widmanstetter's paratexts explicitly linking his copied manuscripts to Egidio's library, lacking, however, any explicit admission of ownership in the original manuscripts from Egidio's library, this papers argues that Widmanstetter acquired Egidio's original books illicitly. The manuscripts Widmanstetter copied from Egidio's library reveal that he adopted the preconceptions of his teacher concerning the 'Zohar' as a commentary on the Bible. Unlike Egidio, he rearranged the text and added new material in order to obtain a complete text. A comparison of the two libraries' thematic range demonstrates two distinct types of interest in Jewish literature: While Egidio da Viterbo favored the study of Kabbalistic texts, hoping to return to the roots of Christian doctrine, Widmanstetter collected texts from a broad range of topics beside Kabbalah (especially medicine, astronomy, and philosophy), exhibiting an awareness of the potential of Hebrew texts for questions outside the realm of theology.

BERND ROLING (Berlin)
Vom geplünderten Frauenkloster zur Genese der Mediävistik: Die Bibliothek der Academia Julia und der Beginn der Mittelalterstudien in Helmstedt

The study reconstructs the special impact the library of the Academia Julia in Helmstedt had on the formation of medieval studies in the 17th and 18th centuries. Founded by the Dukes of Braunschweig during the secularization of the monasteries of Lower Saxony, already 16th-century scholars like Rainer Reinecius or Heinrich Meibom made use of the large collection of manuscripts stored in the Helmstedt library.

A valuable survey of the first generation of historians, but also a document of self-perception, was presented in 1701 by a member of the famous Meibom family in Helmstedt, precisely by Hermann Dietrich Meibom in a public speech entitled 'Oratio de historiae Germaniae fontibus'. Meibom includes scholars like Marquard Freher or Erpold Lindenbrog, but proudly ends with the history of Helmstedt, its library and his own local ancestors. The second part of the paper introduces two key figures of medieval studies, situated in Helmstedt, Johann Georg Leuckfeld and Polycarp IV. Leyser. As one of the first early modern scholars interested in the former monasteries of Lower Saxony and their source-collections, Leuckfeld has written extensively about the monastic libraries in Northern Germany and revaluates the role nuns and monks played in the transmission of cultural heritage. Leyser wrote the first 'History of Medieval Latin Poetry' in 1721, based almost entirely on the material collected in the Helmstedt library. Against the old protestant prejudices, its manuscripts helped Leyser to develop a completely new picture of medieval poetry and its quality. Leyser's two-volume work had a sequel, a large 'Historia literaria' in eight volumes, which remained in manuscripts, but stressed the key ideas of 'History' even more. The result was a new appraisal of the Middle Ages that later historians could build on.

CHRISTOPH FLÜELER (Freiburg i. Ü.)
Ein europäisches Handschriftenportal. Ein Plan für das 21. Jahrhundert

The first digital manuscript libraries were created at the beginning of the 21st century and developed from an experimental phase from 2003–2015 into a central working tool for the entire field of medieval studies. Today, there are more than 800 manuscript libraries with digital offerings. It is to be expected that, within the next few years, both the number of manuscripts and their quality will increase considerably and that these libraries will one day unite to form a common European manuscript portal. Among the many questions accompanying this process, two are discussed in more detail. First, how many medieval manuscripts are there? An estimate concludes that there are some 290 000 codices worldwide, written in Latin script between 500 and 1500. Second, what benefit would be gained from a complete digitisation of all medieval manuscripts? It is argued that a complete digitisation would not only make an important contribution to the preservation and documentation of these cultural assets, but that it would also change the working methods and research questions, that is, fundamentally change medieval studies and alter the public perception of these sources.

# Anhang

# Verzeichnis der Handschriften

Aarau, Stadtarchiv
  II.562 a: 403

Admont, Stiftsbibliothek
  Cod. C: 567
  Cod. D: 567
  Cod. 399: 81
  Cod. 471: 87

Amiens, Archives communales
  BB 16: 387
  GG 582: 387
  GG 785: 387, 388

Amiens, Archives départementales de la Somme
  E 986: 384
  G 1134: 383
  G 1135: 383
  4G 2976: 383

Amiens, Bibliothèque municipale
  Ms. 108: 575
  Ms. 573: 385

Andhra Pradesh, Government Oriental Manuscripts Library
  Arab. 137: 411, 416, 417, 418, 419, 420, 425, 426, 428, 429

Augsburg, Universitätsbibliothek
  Oettingen-Wallerstein, I. 2. 4° 15: 575

Bamberg, Staatsbibliothek
  Msc. Med. 1: 85
  Msc. Bibl. 44: 37

Basel, Universitätsbibliothek
  A I 18: 180
  A I 20: 174, 180
  A I 31: 528
  A I 32: 518
  A II 30: 180
  A II 39: 180
  A V 17: 515
  A V 18: 520
  A V 25: 528, 529
  A VII 41: 182
  A X 21: 180, 181
  A X 66: 519
  A XI 42: 172, 181
  B X 35: 516
  E I 1k: 520, 523, 531, 532
  E III 17: 528
  E III 20: 518
  F III 15a: 9
  O I 10: 491

Barcelona, Arxiu de la Corona d'Aragón
  Ms. Ripoll 106: 576
  Ms. Ripoll 151: 577

Barcelona, Biblioteca de la Universitat
  Ms. 124: 578

Beaune, Archives de l'Hôtel-Dieu
  Layette 123 n°1: 713

Bergamo, Biblioteca del Clero di S. Alessandro
  Cod. 227: 600

Berlin, Staatsbibliothek Berlin – Preußischer Kulturbesitz
  Ahlwardt 5032: 411, 416, 417, 418, 419, 420, 425, 426, 428, 429, 430
  Ms. Or. Oct. 1499: 411, 416, 417, 418, 419, 420, 425, 426, 428, 429
  Ms. Theol. Lat. fol. 58: 200
  Ms. Theol. Lat. oct. 89: 651, 652, 689

Bern, Burgerbibliothek
  Cod. A 53: 179, 183
  Mss. h. h. XII 1: 403

Bernkastel-Kues, St. Nikolaus-Hospital
  Best. R, Nr. 1: 710
  Cod. Cus. 8: 709
  Cod. Cus. 9: 700
  Cod. Cus. 10: 700
  Cod. Cus. 12: 704
  Cod. Cus. 13: 709
  Cod. Cus. 18: 699, 700
  Cod. Cus. 21: 700, 715

Cod. Cus. 37: 704
Cod. Cus, 38: 706
Cod. Cus. 39: 702
Cod. Cus. 43: 698, 704
Cod. Cus. 44: 704, 706
Cod. Cus. 45: 704
Cod. Cus. 47: 699, 700
Cod. Cus. 48: 700
Cod. Cus. 52: 699
Cod. Cus. 53: 703
Cod. Cus. 63: 709
Cod. Cus. 64: 703
Cod. Cus. 66: 705
Cod. Cus. 81: 704
Cod. Cus. 82: 704
Cod. Cus. 83: 699, 704
Cod. Cus. 84: 704
Cod. Cus. 85: 704
Cod. Cus. 86: 704
Cod. Cus. 87: 704
Cod. Cus. 88: 704
Cod. Cus. 94: 705
Cod. Cus. 110: 709
Cod. Cus. 117: 704
Cod. Cus. 118: 704, 705
Cod. Cus. 121: 704
Cod. Cus. 131: 702
Cod. Cus. 146: 714
Cod. Cus. 156: 703
Cod. Cus. 157: 703
Cod. Cus. 168: 697
Cod. Cus. 171: 700
Cod. Cus. 177: 685
Cod. Cus. 179: 705, 706
Cod. Cus. 184: 704, 715
Cod. Cus. 185: 704
Cod. Cus. 186: 704
Cod. Cus. 195: 704
Cod. Cus. 198: 703
Cod. Cus. 199: 703
Cod. Cus. 200: 703
Cod. Cus. 207: 701
Cod. Cus. 211: 701, 705
Cod. Cus. 218: 706, 707
Cod. Cus. 219: 706, 707
Cod. Cus. 220: 697, 706
Cod. Cus. 220a: 709
Urk. 48A: 694
Urk. 48B: 691, 694

Bloomington, Indiana University, Lilly Library
Rickets Ms. 198: 179

Bologna, Archiginnasio Library
A 913: 136, 138, 141, 142, 145, 146, 147, 148, 149
A 920: 138
A 939: 139
A 974: 140
A 986: 136, 139, 150, 151, 152, 153, 154, 155
A 1024: 139
A 1029: 139

Bologna, University Library
1506: 138
1508: 138
1546: 140
1629: 140

Boulogne-sur-Mer, Bibliothèque des Annunciades
BM 11: 190
Cod. 16bis: 190
Cod. 18: 190
Cod. 20: 190
Cod. 25: 190
Cod. 34: 190
Cod. 35: 190
Cod. 36: 190
Cod. 40: 190
Cod. 44: 190
Cod. 48: 190
Cod. 51: 190
Cod. 52: 190
Cod. 56: 190
Cod. 58: 190
Cod. 60: 190
Cod. 74: 190
Cod. 102: 190
Cod. 106: 190
Cod. 107: 190
Cod. 188: 189, 190

Breslau, Biblioteka Uniwersytecka
Cod. I.F.280: 657
Cod. IV.F.54: 680, 681

Brno, Mährisches Landesarchiv
G 1, Nr. 12.307 /5 lat.: 748
G 2/II − zlomky, Kart. 10n, Nr. 726 C/34: 748

Brünn, Mährisches Landesarchiv
G12, Sig. Cerr I, 31: 97, 102

Brüssel, Algemeen Rijksarchief
    Fonds Universiteit Leuven, n. 711 (Acta Facultatis Artium): 195

Brüssel, Koninklijke Bibliotheek
    Cod. Brux. 3819: 702
    Cod. Brux. 3820: 702
    Ms. IV 111: 179
    Ms. IV 589: 130
    BR 15835 (3109): 190, 200

Budapest, Széchényi-Nationalbibliothek
    Codex latinus medii aevi 276: 493, 495

Calahorra, Archivo Catedralicio y Diocesano
    Ms. III: 564, 565, 574

Cambrai, Bibliothèque municipale
    Can. 54: 386
    Cod. 964 (862): 195, 197, 198, 204

Cambridge, Gonville and Caius College
    Ms. 394: 742
    Ms. 456: 742

Cambridge, Harvard College Library / Houghton Library
    Ms. Ger 74: 499, 500, 501, 503, 504, 505, 507

Chaumont, Bibliothèque de la Ville
    Cod. 78: 64

Chicago, Newberry Library
    Frag. 4: 748
    Ms. 67.3: 688

Cividale del Friuil, Museo Archeologico, Biblioteca Capitolare
    Cod. CXXXVIII: 601

Cologny, Fondation Martin Bodmer
    Cod. Bodmer 59: 621

Darmstadt, Universitäts- und Landesbibliothek
    Hs. 4128: 569

Den Haag, Koninklijke Bibliotheek
    70 H 50: 190

Dublin, Trinity College
    Ms. 52: 567
    Ms. 57: 600
    Ms. 59: 601
    Ms. 60: 601, 602

Duisburg, Landesarchiv Nordrhein-Westfalen Abteilung Rheinland
    Hohenbusch Akten (AA 0318) 14: 124
    Roerdepartment (AA 0633) 2688 I a: 133
    Roerdepartement (AA 0633) 2740: 124

Eisleben, Turmbibliothek St. Andreas
    Ms. 960: 686, 687, 688, 689

El Escorial, Real Biblioteca de San Lorenzo
    Ms. I. 3: 574

Erfurt, Bibliothek des Bistumsarchiv
    Hs. Hist. 1: 677
    Hs. Hist. 6: 623, 627, 628, 629, 630, 631, 632, 633, 634, 635, 636, 637, 639, 640, 641, 642, 643, 644, 647, 648, 649, 650, 651, 678, 688

Erfurt, Salvatorberg
    Ms. D. 19: 686
    Ms. D 51: 685, 686

Erfurt, Universitätsbibliothek
    312 4°: 238
    H 135: 678

Florenz, Biblioteca Laurenziana
    XXXIII: 143, 144
    Lat. Plut. 33 dext. 1: 143, 144, 145, 147, 148, 149
    Plut. XC inf. 32: 390, 391

Florenz, Biblioteca Nazionale
    Conv. Soppr. A 4 42: 143, 144, 145, 147, 148, 149
    C 4 991: 144, 145, 147, 148, 149
    Magl. XXXVIII 70: 392
    Palatino 73: 394
    II.I.71: 390, 391
    II.I.338: 391, 392
    II.III.409: 391
    II.IV.63: 391

Fulda, Hochschul- und Landesbibliothek
    Bonifatianus 3: 601

Genf, Bibliothèque de Genève
    Arch BPU Dd6: 403

Gent, Centrale Bibliotheek der Rijksuniversiteit
    95: 16

Graz, Universitätsbibliothek
    Cod. 149: 81

Cod. 475: 151, 152, 153
Cod. 737: 84, 86, 87
Cod. 835: 81

Göttweig, Stiftbibliothek
Cod. 63: 79, 81

Hamburg, Staat- und Universitätsbibliothek
Cod. philol. 122: 566: 567

Hannover, Leibnizbibliothek
MS. XLII 1819: 814
MS. XLII 1835: 817

Heidelberg, Universitätsbibliothek
Cod. pal. germ. 304–495: 494
Cod. pal. germ. 314: 491, 493, 494, 495, 496, 497, 499, 500, 501

Heiligenkreuz, Zisterzienserstift
Cod. 19: 78, 83
Cod. 23: 75, 83
Cod. 37: 72
Cod. 46: 72
Cod. 62: 77, 91
Cod. 75: 77, 93, 94, 95
Cod. 78: 67, 78
Cod. 84: 76
Cod. 85: 68
Cod. 100: 77, 79, 80, 81
Cod. 122: 72
Cod. 133: 77, 84, 85, 86, 87
Cod. 146: 72
Cod. 148: 77, 84, 88, 89
Cod. 154: 78, 82
Cod. 184: 73
Cod. 189: 83
Cod. 204: 75, 83
Cod. 215: 73
Cod. 217: 750
Cod. 250: 91, 92
Cod. 289: 72

Istanbul, Ayasofya
Ms. 4832: 740

Karlsruhe, Badische Landesbibliothek
Aug. Perg. 9: 16

Klosterneuburg, Stiftsbibliothek
Cod. 195: 85, 86, 87
Cod. 311: 81, 85

Krakau, Bibliotekà Jagiellońska
Cod. 1605: 274

Kremsmünster, Stiftsbibliothek
Cod. 37: 84, 86
Cod. 129: 144
Cod. 130: 93

Köln, Erzbischöfliche Diözesan- und Dombibliothek
Aa 1478: 131
Cod. 87: 604
Cod. 1008: 129
Cod. 1032: 130
Cod. 1038: 130
Cod. 1047: 130
Cod. 1053: 130
Cod. 1080: 129
Cod. 1094: 129, 130
Inc.a.110: 130, 131

Köln, Historisches Archiv
Akte 1p: 586, 588
Best. 350 (Franz. Verwaltung) A 5900e: 124
Hs. 89b: 593

Köln, Pfarre St. Maria Lyskirchen
Inv.-Nr. B 61: 589

Lambach, Stiftsbibliothek
Membr. Cod. XIV: 93

Leiden, Erfgoed Leiden en Omstreken
0501 Stadsarchief I, 395: 396
0501 Stadsarchief I, 80, Privilegeboek A: 397

Leiden, Universiteitsbibliotheek
BPL 135: 190
BPL 190: 190
Ltk 263: 396
Periz. Fol. 17: 36
Voss. Lat. Q. 69: 576
Voss. Lat. Q. 94: 190

Leipzig, Universitätsbibliothek
Cod. Lat. 527: 143, 144

León, Archivo de la Catedral
Ms. 6: 570
Ms. 15: 573

León, Biblioteca de la Real Colegiata de San Isidoro
Ms. II.: 564, 565, 571
Ms. III. 1: 564
Ms. III. 2: 564
Ms. III. 3: 564, 565, 566, 571, 573

Ms. IV.: 564
Ms. V.: 564

Linz, Oberösterreichische Landesbibliothek
  Cod. 271: 65
  Cod. 295: 65
  Cod. 318: 61, 71, 73, 74, 75, 77, 89, 90, 91, 92
  Cod. 319: 61, 65, 71, 73, 74, 75, 76, 77, 78, 80, 81, 82
  Cod. 328: 61, 65, 71, 73, 74, 75, 77, 83, 84, 86, 87, 88, 89
  Cod. 337: 71, 82
  Cod. 421: 65
  Cod. 422: 65
  Cod. 432: 65
  Cod. 473: 64
  Cod. 483: 65, 71
  Cod. 485: 65, 71, 76
  Cod. 706: 73

Lleida, Arxiu Capitular
  LC.0061: 566. 573, 578

London, All Souls
  Cod. 86

London, British Library
  Add. 18630: 238, 239
  Add. 14788–Add. 14790: 569
  Add. 14789: 569
  Add. 17737–Add. 17738: 569
  Add. 17737: 569
  Add. 50003: 564, 578
  BL 737: 783, 787
  Bl. 743: 787
  Burney 275: 740
  Cod. Harl. 1775: 600
  Cod. Harl. 2621: 703
  Cod. Harl. 2668: 703
  Cod. Harl. 2789-Har. 2799: 569
  Cod. Harl. 2789: 569
  Cod. Harl. 3045: 608
  Cod. Harl. 3092: 701
  Cod. Harl. 5576: 700
  Cod. Harl. 5588: 700
  Cod. Harl. 5665: 700
  Cod. Harl. 5692: 700
  Royal 19 C IV: 330

London, Lambeth Palace
  70: 238
  74: 238, 239

London, Magdalen College
  Cod. 80: 238, 239
  Cod. 146: 238, 239

London, Montefiore College
  Cod. 319: 787

London, Oriel College
  Cod. 12: 238, 239

Madrid, Biblioteca de la Real Academia de la Historia
  Ms. 1: 565, 566
  Ms. 2: 565, 566, 574, 575
  Ms. 3: 574, 575

Madrid, Biblioteca de la Universidad Complutense
  Ms. 31: 573

Madrid, Biblioteca Nacional
  Cod. 2: 565
  Cod. 6399: 365
  Cod. 10009: 743
  Cod. 10010: 743
  Cod. 10053: 743
  Vitr. 15–1: 573

Madrid, Museo Arqueológico Nacional
  Ms. 1: 571

Mailand, Biblioteca Ambrosiana
  C 17 sup.: 531

Milano, Biblioteca Ambrosiana
  B. 21 inf.: 566
  C 292: 743

Montecassino, Archivio dell'Abbazia
  Cod. 166: 615
  Cod. 176: 616
  Cod. 211: 615
  Cod. 224: 616
  Cod. 229: 611
  Cod. 271: 603
  Cod. 315: 616
  Cod. 415: 615
  Cod. 463: 615
  Cod. 473: 615

Moskau, Staatsbibliothek
  Fonds 201, No. 35: 678

München, Bayerisches Hauptstaatsarchiv
  Lit. 209: 781

München, Bayerische Staatsbibliothek
  2 A.hebr. 24: 789
  2 A.hebr. 145: 789
  2 A.hebr. 239: 789
  2 A.hebr. 245: 789
  4 A.hebr. 300: 787
  4 A.hebr. 354: 789
  4 A.hebr. 411: 788, 789
  2 Inc.c.a. 1896: 789
  Res / 2 A.hebr. 280: 776, 786
  Cgm 201–350: 487
  Cgm 231: 487
  Cgm 44: 467
  Cgm 305: 458, 468
  Cgm 306: 468
  Cgm 1317: 461
  Cgm 1952: 461
  Cgm 4001–5247: 468
  Cgm 4930: 493
  Cgm 5064: 468
  Cgm 9220: 458, 461, 482
  Clm 307: 780
  Clm 2551: 85, 86, 87
  Clm 3501–3661: 502, 505
  Clm 3510: 504
  Clm 3560: 502, 503, 504, 505
  Clm 3831–3919: 490
  Clm 3941: 489, 490, 491, 492, 493, 495, 499, 500, 501, 503, 504, 505
  Clm 6312: 16
  Clm 14537: 16
  Clm 15806: 95
  Clm 17833: 502. 503, 504, 505
  Clm 23873: 85
  Cod. 36: 786, 789
  Cod. 70: 786
  Cod. 74: 776, 782
  Cod. 76: 787
  Cod. 77: 788
  Cod. 78: 787
  Cod. 81: 783, 784, 787
  Cod. 85. 790
  Cod. 87: 790
  Cod. 91: 786, 789
  Cod. 92: 776, 787
  Cod. 96: 779, 783, 787
  Cod. 97: 788
  Cod. 103: 780, 783, 787
  Cod. 106: 789
  Cod. 107: 789, 790
  Cod. 108: 789

Cod. 109: 786
Cod. 110: 789
Cod. 111: 790
Cod. 112: 787
Cod. 113: 789
Cod. 114: 788, 789
Cod. 115: 787
Cod, 117: 788
Cod. 119: 776, 781, 787
Cod. 120: 789
Cod. 126: 786
Cod. 128: 786
Cod. 127: 790
Cod. 129: 787
Cod. 131: 787, 789
Cod. 134: 790
Cod. 201: 789
Cod. 205: 788
Cod. 208: 789
Cod. 214: 790
Cod. 215: 776, 787
Cod. 217: 783, 787
Cod. 218: 783, 785, 787
Cod. 219: 783, 787
Cod. 220: 790
Cod. 221: 787, 789
Cod. 222: 788
Cod. 224: 788
Cod. 226: 789
Cod. 228: 787, 790
Cod. 230: 786
Cod. 231: 790
Cod. 232: 787, 788
Cod. 233: 786
Cod. 239: 788, 789
Cod. 240: 787
Cod. 241: 790
Cod. 242: 789
Cod. 243: 790
Cod. 244: 789
Cod. 246: 786, 789
Cod. 247: 789
Cod. 250: 790
Cod. 251: 789
Cod. 252: 789
Cod. 253: 790
Cod. 255: 789
Cod. 256: 786, 789
Cod. 257: 789
Cod. 260: 788, 789
Cod. 261: 786
Cod. 262: 789
Cod. 263: 786, 789
Cod. 264: 787, 789

Cod. 269: 789
Cod. 270: 790
Cod. 271: 790
Cod. 272: 789
Cod. 273: 789
Cod. 280: 790
Cod. 284: 789
Cod. 285: 776, 787
Cod 286: 790
Cod. 287: 790
Cod. 288: 790
Cod. 289: 786, 789, 790
Cod. 292: 790
Cod. 293: 790
Cod. 295: 790
Cod. 296: 790
Cod. 297: 789, 790
Cod. 299: 786
Cod. 304: 786
Cod. 305: 787
Cod. 307: 789
Cod. 310: 789
Cod. 311: 787
Cod. 315: 787, 788, 789
Cod. 321: 790
Cod. 325: 787
Cod. 327: 786, 789
Cod. 340: 786
Cod. 343: 786
Cod. 352: 789
Cod. 358: 788
Cod. 403: 787
Cod. 409: 787
Cod. 2 B.or. 16: 788
Cod. 2 B.or. 21 788
Cod. 4 B.or. 54: 788
Cod. gracc. 151: 786
Cod. Heb. 209: 761
Cod. icon. 390: 461
Cod. Monac. Gr. 142: 523
Cod. Oefeleana 245: 780

Münster, Universitätsbibliothek
Cod. 92: 144
Cod. 527: 144

New York, Burke Library
Ms 10: 130

New York, Jewish Theological Seminary
Ms. Halberstam 444: 769, 770
Ms. Mic. 2194: 770
Ms. 279: 770
Ms. 1887: 769, 770

New York, Morgan Library
M. 333: 190

Olomouc, Wissenschaftliche Bibliothek
Archiv, Velehrad: 97, 98
Sig. M I 172: 119
Sig. M I 232: 105
Sig. M I 233: 104
Sig. M I 256: 114
Sig. M II 68: 106
Sig. M II 80: 110
Sig. M II 81: 104
Sig. M II 82: 103
Sig. M II 84: 103
Sig. M II 87: 102
Sig. M II 95: 113
Sig. M II 161: 103
Sig. M II 164: 104
Sig. M II 200: 110
Sig. M II 223: 111
Sig. M II 228: 106
Sig. M II 229: 107
Sig. M II 230: 106
Sig. M II 232: 115
Sig. M II 235: 107
Sig. M II 247: 112
Sig. M III 45: 102

Oxford, Bodleian Library
Digby 159: 742
Laud. misc. 276: 15
Savile 15: 742

Oxford, Merton College
Cod. 103: 143, 144

Paderborn, Erzbischöfliche Akademische Bibliothek
Cod. 118: 658, 659, 677, 683

Paris, Archives Nationales
MM 269: 226

Paris, Bibliothèque de l'Arsénal
Ms. 885: 608

Paris, Bibliothèque Mazarine
Ms. 47: 567
Ms. 3323: 209
Ms. 4204: 224

Paris, Bibliothèque nationale de France
Ar. 2457: 740
Fr. 1000: 714

Fr. 1882: 382
Fr. 1884: 382
Fr. 24287: 322, 337
Ital. 612: 787
Nal. 99: 210, 224, 225, 226, 227, 228, 229, 608
Nouv. Acq. Lat. 99: 235, 237
Lat. 3: 570
Lat. 15: 788
Lat. 62: 787, 788
Lat. 65: 788
Lat. 92: 789
Lat. 98: 787, 788
Lat. 373: 787
Lat. 527: 787
Lat. 597: 787
Lat. 597: 787
Lat. 1478: 354, 355
Lat. 1913: 66
Lat. 2997A: 190
Lat. 3134: 714
Lat. 3150: 347
Lat. 3360: 353
Lat. 3363: 787, 788
Lat. 3600: 349
Lat. 3667: 787
Lat. 4117A: 349
Lat. 4230: 353
Lat. 4419: 49
Lat. 5154: 349
Lat. 5302: 576
Lat. 5304: 576
Lat. 6113: 190
Lat. 6954: 713
Lat. 7133A: 713
Lat. 7266: 738
Lat. 8093: 576
Lat. 8751 D: 787
Lat. 9335: 741, 743, 744
Lat. 9561: 190
Lat. 11611: 726
Lat. 12226: 13
Lat. 12292: 91
Lat. 14239: 568
Lat. 14245: 567
Lat. 14395: 567
Lat. 14396: 567
Lat. 15461: 744
Lat. 15627: 511
Lat. 15726: 609
Lat. 15748: 609
Lat. 15755: 609
Lat. 15848: 263
Lat. 15959: 609

Lat. 16089: 309
Lat. 16204: 742, 744
Lat. 16208: 744
Lat. 16545: 609
Lat. 17385: 16

Parkminster, St. Hugh's Charterhouse
Ms. dd. 7: 257

Parma, Biblioteca Palatina
Sign. De Rossi 130: 771
Parm. 2422: 771

Philadelphia, University of Pennsylvania, Rare Book and Manuscript Library
Ms. Codex 819: 461

Pisa, Biblioteca del Seminario Arcivescovile S. Caterina
Cod. 44: 151, 152, 153

Prag, Bibliothek des Prämonstratenserklosters Strahov
548 /zl.:748
DF III 1: 748

Prag, Nationalbibliothek der Tschechischen Republik
III.B.18: 748
III.F.22: 748
V.E.9: 748
IX.C.6 Srv. A: 757
XXIV.A.140: 748

Prag, Bibliothek des Prager Domkapitels
A 21.1: 749
A 156: 749
B. 66: 200, 749
Cim. 1: 601, 748
Cim. 2: 749
O 83: 749

Quito, Biblioteca Nacional
XV: 548
XVI: 548
XVII: 548, 550
XVIII: 548

Rein, Stiftsbibliothek
Cod. 25: 81

Rom, Biblioteca Angelica
Lat. 44: 788
Lat. 688: 784

Lat. 1253: 787
Ms. 45: 787
Ms. 46: 787
Ms. 61
Ms. 72: 786

Rom, Biblioteca Casanatense
Ms. 807: 787
Ms. 2755: 787
Ms. 2971: 784, 787
Ms. 3061: 787, 788
Ms. 3086: 787
Ms. 3091: 789
Ms. 3098: 787
Ms. 3105: 787
Ms. 3154: 787

Rom, Biblioteca Corsini
Cod. 671: 367

Rom, Biblioteca Vallicelliana
F 43: 531, 532

Salzburg St. Peter, Stiftsbibliothek
Cod. a VIII 10: 93

Schaffhausen, Stadtbibliothek
Msc. Scaph. 57: 403

Schlägl, Stiftsbibliothek
Cpl. 61: 748

Siena, Biblioteca Comunale degli Intronati
F.III.4: 394

St. Florian, Chorherrenstiftsbibliothek
Cod. XI 73: 77, 91
Cod. XI 134: 79, 81

St. Gallen, Kantonsbibliothek
Ms 10: 403
VadSlg Ms. 312: 37

St. Gallen, Stiftsarchiv
Ms. C3 B55: 42

St. Gallen, Stiftsbibliothek
Cod. Sang. 21: 41
Cod. Sang. 53: 35
Cod. Sang. 96: 35
Cod. Sang. 159: 32
Cod. Sang. 168: 31, 34
Cod. Sang. 174: 34
Cod. Sang. 267: 19

Cod. Sang. 359: 39
Cod. Sang. 381: 44
Cod. Sang. 393: 31, 32, 34, 37, 41
Cod. Sang. 565: 45
Cod. Sang. 578: 44
Cod. Sang. 621: 31, 34, 40, 41, 42, 43
Cod. Sang. 728: 9, 12, 14, 19, 20, 21, 26, 28
Cod. Sang. 864: 37
Cod. Sang. 905: 576
Cod. Sang. 908: 603
Cod. Sang. 915: 26, 37, 43

Stockholm, Kungliga Bibliotheket
Ms. A: 567

St. Petersburg, Russische Nationalbibliothek
Ms. Lat.O.I.30: 681

St. Plöten, Niederösterreichisches Landesarchiv
Hs. StA 0327: 460, 481

Saint-Omer, Bibliothèque de l'agglomération
Cod. 14: 193
Cod. 15: 190
Cod. 33bis: 190
Cod. 42: 190
Cod. 70: 193
Cod. 72: 190
Cod. 73: 193
Cod. 77: 201
Cod. 91: 190
Cod. 97: 190
Cod. 150: 190, 201
Cod. 153: 190
Cod. 157: 190
Cod. 168: 190
Cod. 170: 193
Cod. 171: 201
Cod. 179: 190
Cod. 202: 190
Cod. 203: 193
Cod. 226: 201
Cod. 239: 192
Cod. 241: 193
Cod. 252: 190
Cod. 254: 190
Cod. 257: 190
Cod. 262: 193
Cod. 266: 190
Cod. 267: 190
Cod. 268: 190
Cod. 269: 190
Cod. 271: 201
Cod. 279: 190

Cod. 283: 193
Cod. 304: 193
Cod. 306: 190
Cod. 311: 190
Cod. 312: 190
Cod. 342bis: 190
Cod. 350: 190
Cod. 442: 193
Cod. 504: 191, 192, 193, 194
Cod. 585: 195, 197, 203, 204
Cod. 607: 195, 197, 198, 203, 204
Cod. 609: 202, 203
Cod. 615: 193
Cod. 616: 193, 194
Cod. 622: 193
Cod. 666: 190
Cod. 697: 190, 200
Cod. 706: 200
Cod. 764: 190
Cod. 765: 190
Cod. 775: 190
Cod. 813: 200

Straßburg, Archives départementales du Bas-Rhin
151 J 50: 56

Todi, Biblioteca Communale
Ms. 12: 271

Vallbona de les Monges, Arxiu del Monestir
Ms. 11: 572

Vatikan, Biblioteca Apostolica Vaticana
Arch. S. Pietro A 76: 366
Barb. Lat. 631: 615
Barb. Lat. 3074: 615, 616
Barb. Lat. 3180: 366
Barb. Lat. 3185: 135
Borgh. 50: 271
Borgh. 252: 353
Borgh. 286: 353
Borgh. 360: 347
Neof. 1: 788
Ottob. Lat. 2516: 359
Ross. Lat. 579: 742, 743
Vat. Chigi. Lat. B VII 114: 144, 145
Vat. Chigi. Lat. B VII 135: 143
Vat. Chigi. Lat. B VIII 135: 145
Vat. Ebr. 190: 761
Vat. Pal. Lat. 47: 200
Vat. Pal. Lat. 57: 8, 11, 13
Vat. Pal. Lat. 149: 698
Vat. Pal. Lat. 773: 56
Vat. Pal. Lat. 1719: 726
Vat. Pal. Lat. 1877: 8, 11, 12, 14, 15, 16, 17, 21, 24, 27
Vat. Lat. 189: 787
Vat. Lat. 836: 433
Vat. Lat. 876: 273
Vat. Lat. 1115: 144
Vat. Lat. 1135-Vat. Lat. 1266: 706
Vat. Lat. 1244: 706
Vat. Lat. 1245: 706
Vat. Lat. 2040: 497
Vat. Lat. 2151: 238, 239
Vat. Lat. 2181: 248
Vat. Lat. 3806: 600
Vat. Lat. 3870: 698
Vat. Lat. 3947: 372
Vat. Lat. 3949: 372
Vat. Lat. 3953: 372
Vat. Lat. 3959: 369
Vat. Lat. 3961: 612, 613, 614
Vat. Lat. 3964: 373, 374, 375
Vat. Lat. 3966: 373, 374, 375
Vat. Lat. 3989: 351
Vat. Lat. 5198: 787
Vat. Lat. 8566: 95
Vat. Lat. 10644: 611

Vatikan, Archivio Segreto Vaticano
Cam. Ap. Collect 490: 368
Indice 4 (Arm. LVI n. 45): 359
Reg. Av. 65: 361, 362
Reg. Av. 231: 364

Venedig, Biblioteca Medicea Laurenziana
Amiatino 1: 598, 599
LXV. 35: 567

Venedig, Biblioteca Nazionale Marciana
Ms. It V. 22 (5855): 390

Venedig, Tesoro della Basilica di San Marco
s.n.: 601

Vicenza, Archivio di Stato, Atti del Notario Bartolomeo d'Aviano
Cod. n. 4746: 694

Weimar, Herzogin Anna Amalia Bibliothek
Fol. 27: 640
Q 50: 658, 677, 682, 683, 685
Q 51: 640, 652, 653, 686

Wien, Österreichische Nationalbibliothek
Cod. 395: 753
Cod. 449: 698

Cod. 655: 93
Cod. 671: 65, 75, 76
Cod. 696: 65, 71, 76
Cod. 697: 71, 74, 75, 76, 78, 82, 92
Cod. 706: 61, 71, 74, 75, 77, 78, 83, 89, 91, 92, 93, 94, 95
Cod. 725: 65, 75
Cod. 726: 65, 71, 73, 75
Cod. 768: 65, 73
Cod. 776: 74, 75
Cod. 777: 75
Cod. 788: 85
Cod. 789: 65
Cod. 816: 65
Cod. 967: 76
Cod. 1045: 82
Cod. 1424: 143, 144, 145, 148, 149
Cod. 1438: 143, 144, 145, 148, 149
Cod. 1453: 271, 273, 276
Cod. 1550: 76
Cod. 14089: 257
Cod. Lat. 1.322: 751
Cod. palat. 473: 47
Cod. Phil. Gr. 315 (V): 438

Winterthur, Stadtbibliothek
Mscr. Fol. 222: 403

Wolfenbüttel, Herzog August Bibliothek
Cod. 32.7 Aug. 2°-77.3 Aug. 2°: 500
Cod 36.19 Aug. 2°: 491, 492, 506
Cod 37.19 Aug. 2°: 467
Cod 69.11 Aug. 2°: 499, 500, 501, 503, 504, 505
Cod. Guelf. 30 Weiss.: 589
Cod. Guelf. 81.17 Aug. 2°: 200
Cod. Gueld. 196 Gud. Lat.: 814
Cod. Guelf. 267 Gud. Lat.: 814
Cod. Guelf. 185 Helmst. 815

Cod. Guelf. 570 Helmst.: 815
Cod. Guelf. 608 Helmst.: 814
Cod. Guelf. 622 Helmst: 816
Cod. Guelf. 1008 Helmst: 816
Cod. Guelf. 1046 Helmst.: 815
Gud. Lat. 105: 190

Worcester, Cathedral and Chapter Library
Ms. F.69: 274

Zwettl, Stiftsbibliothek
Cod. 149: 85, 86, 87
Cod. 258: 81
Cod. 308: 88

Zofingen, Stadtbibliothek
Pb 74/b: 403

Zürich, Zentralbibliothek
3.2: 405
5.173: 405
Arch St 22: 399, 400, 401, 402, 403, 404, 405, 406
B II 636: 407
L 94: 404
Ms. B 89: 400
Ms. C 169: 404
Or 152: 403
T 14: 405
T 15: 405
T 16: 405
T 17: 405
T 18: 405
T 19: 405
T 20: 405
T 21: 405
T 22: 405
T 23: 405
T 24: 405

# Verzeichnis der Wiegen- und Frühdrucke

Altdorf 1597
Gunther von Pairis, Guntheri Ligurinus seu De rebus bestis Imperatoris Caesaris Friderici Primi, PP. Aug. cognomento Aenobarbi, sive Barbarossae libri X: 799

Amsterdam 1657–1664
J. Jansson, Novus atlas absolutissimus, das ist Generale Welt-Beschreibung: 405

Amsterdam 1680
S. Bass, Sifte yeshenim: 767

Amsterdam 1702
Samuel Werenfels, Dissertatio de logomachiis eruditorum: 810

Antwerpen 1639
Aubert Le Mire, Bibliotheca ecclesiastica, Nomenclatores VII. veteres S. Hieronymus,

Gennadius Myssiliensi, S. Ildefonsus Toletanus, Sigebertus Gemblacensis, S. Isidorus Hispalensis, Honorius Augustodunensis, Henricus Gandavensis, scholiis illustrabat: 812

Antwerpen 1654
Alanus ab Insulis, Opera moralia, paraenetica et polemica: 815

Antwerpen 1668–1686
Diego de Avendaño, Thesaurus Indicus: 540, 549

Augsburg 1482
Robertus Monachus, Historia Hierosolymitana: 478

Augsburg 1507
Guntherus von Pairis, Ligurini De Gestis Imperatoris Caesaris Friderici primi Augusti libri decem, carmine heroico conscripti, ed. Conrad Celtis: 799

Basel 1492
Anonymus, Tractatus de martyrio sanctorum: 531

Basel 1531
A. Alciati, Paradoxorum ad Pratum libri IV: 132

Basel 1536
Alanus ab Insulis, Anticlaudiani singulari festiuitate, lepore et elegantia Poëtae, libri IX: 815

Basel 1543
T. Bibliander, Machumetis Saracenorum principis eiusque successorum vitae ac doctrina ipseque Alcoran. Quo velut authentico legum divinarum codice Agareni & Turcae: 531, 532

Basel 1550
T. Bibliander, Machumetis Saracenorum principis eiusque successorum vitae ac doctrina ipseque Alcoran: 532

Basel 1552
Sebastien Munstere, La cosmographie vniverselle, contenant la situation de toutes les parties du monde auec leurs proprietez & appartenances: 214

Basel 1556
P. Valerianus, Hieroglyphica sive de Sacris Aegyptiorum literis Commentarii: 765
Matthias Flacius, Catalogus testium veritatis, qui ante nostram aetatem reclamarunt papae, opus varia rerum, hoc praesertim tempore scitu dignissimarum, cognitione refertum, ac lectu cum primis utile atque necessarium: 794

Basel 1557
Matthias Flacius, Varia doctorum piorumque virorum, de corrupto ecclesiae statu poemata, ante nostram aetatem conscripta: 794, 795

Basel 1560
Arnobius Iunior, Commentarii, pii iuxta ac eruditi in omnes Psalmos, per Desiderium Erasmum Roterodamum proditi et emendati: 131

Basel 1613
J. Buxtorf, De abbreviaturis Hebraicis Liber novus et copiosus: Cui accesserunt Operis Talmudici brevis recensio, cum eiusdem librorum et capitum Indice. Item Bibliotheca Rabbinica nova, ordine alphabetico disposita: 763

Basel 1630
J. Buxtorf, De abbreviaturis Hebraicis Liber novus et copiosus: Cui accesserunt Operis Talmudici brevis recensio, cum eiusdem librorum et capitum Indice. Item Bibliotheca Rabbinica nova, ordine Alphabetico disposita. Editione hac Secunda Omnia castigatiora et locupletiora: 763

Basel 1661
Johann Zwinger, Oratio inauguralis de barbarie superiorum aliquot seculorum, orta ex supina Linguae Graecae ignoratione: 809

Basel 1672
J. H. Ott, Annales anabaptistici: 405

Bologna 1564
Apologia Fratris Archangeli de Burgonovo Agri Placentini Ordinis Minorum pro defensione doctrinae Cabalae contra Reverendum D. Petrum Garziam Episcopum Ussellensem Mirandulam impugnantem sed minime laedentem: 765

Braunschweig 1730
Hermann Conring, Opera, 7 voll.: 799

Breslau 1703
Hermann Conring, De scriptoribus XVI. post Christum natum seculorum commentarius: 809

Casal Maggiore 1571
A. Farra, Settenario dell'Humana riduttione: 765

Córdoba 1617
Inca Garcilaso de la Vega, Historia General del Perú: 541

Florenz-Venedig 1692–1769
J. D. Mansi / L. Petit / J. B. Martin, Sacrorum conciliorum nova et amplissima collectio, vol. 29: 527

Frankfurt 1577
Reiner Reineccius, Annales Witichindi Monachi Corbeiensis, Familiae Benedictinae: 798

Frankfurt 1580
Reiner Reineccius, Chronici Ditmari Episcopi Mersepurgii libri VII: 798

Frankfurt 1581
Reiner Reineccius, Chronica Slavorum seu Annales Helmoldi, Presbyteri Buzoviensis in Agro Lubecensi: 798

Frankfurt 1583–1607
Johannes Pistorius, Germanicorum scriptorum, qui rerum a Germanis per multas aetates gestarum historias vel annales posteris reliquerunt, 3 voll.: 797

Frankfurt 1585
Christian Wurstisen, Germaniae historicorum illustrium quorum plerique ab Henrico III imperatore usque ad annum Christi, 1400, et ex iis quidem septem nunquam antea editi, gentis eius res gestas memoriae consecrarunt, tomus unus: 797

Frankfurt 1606
Melchior Goldast von Haiminsfeld, Rerum Alamannicarum scriptores aliquot vetusti, a quibus Alamannorum qui nunc partim Suevis, partim Helvetiis cessere, historiae tam saeculares quam ecclesiasticae traditae sunt, 3 voll.: 797

Frankfurt 1609–1642
Marquard Freher, Germanicarum rerum scriptores aliquot insignes, hactenus incogniti, qui gesta sub regibus et imperatoribus Teutonicis: 797

Frankfurt 1609
Erpold Lindenbrog, Scriptores rerum Germanicarum septentrionalium, vicinorumque populorum diversi continentes historiam ecclesiasticam et religionis propagationem: 797

Frankfurt 1614
Christoph Binder, Scholastica theologia, in qua disseritur de eius causis, origine, progressu, ac methodo legendi Scholasticos, cum annexa expositione, quomodo doctrina Christi, ab Apostolis fideliter tradita, aliquot centuriis custodita: 810

Frankfurt 1620
Hermann von Lerbecke, Chronicon Comitum Schwawenburgensium: 800

Frankfurt 1648
Caspar Barthius, Adversariorum commentariorum libri LX, quibus ex universa antiquitatis serie, omnis generis, ad vicies octies centum, auctorum, plus centum quinquaginta millibus, loci, eduntur praeterea ex vetustatis monumentis praeclara hoc opere non pauca, nec visa hactenus, nec videri sperata: 813

Frankfurt 1698
Christian Franz Paullini, Rerum et antiquitatum Germanicarum syntagma, varios annales, chronica et dissertationes comprehendens: 797

Frankfurt 1722
Polycarp Leyser, Icon omnis generis doctrinae rariores quasdam lectuque dignissimas quaestiones ad rem literariam potissimum spectantes: 807

Frankfurt am Main 1610
S. Maioli, Colloquiorum, sive Dierum Canicularium Continuatio seu Tomus Tertius: 766

Frankfurt am Main 1623
R. Fludd, De Anatomia Triplici: 766

Frankfurt am Main 1626
R. Fludd, Philosophia sacra et vere Christiana seu Meteorologica Cosmica: 766

Frankfurt am Main 1631
R. Fludd, Morborum Mysterium sive Medicinae Catholicae Tomi primi tractatus secundus: 766

Frankfurt am Main 1636
R. Fludd, Philosophia Moysaica: 766

Genf 1628
D. Blondel, Pseudo-Isidorus et Turrianus vapulantes: seu editio et censura nova epistolarum omnium, quas … Isidorus cognomento Mercator supposuit, Franciscus Turrianus Iesuita … defendere conatus est: 725

Giessen 1665
Adam Tribbechow, De doctoribus scholasticis et corrupta per eos divinarum humanarumque rerum scientia liber singularis: 810

Halberstadt 1723
Heinrich Meibom der Ältere, M. Heinrich Meybaums, Sen. Chronicon des Jungfräulichen Closters Marien-Berg vor Helmstedt, von wem dasselbige fundiret, begabet und befordert worden, nebst einer kurtzen Nachricht von dem ehemaligen Serviten-Closter Himmel-Garten, und der Kirchen zu Rode bey Nordhausen: 802

Halle 1721
Polycarp Leyser, Historia poetarum et poematum medii aevi decem post annum a nato Christo CCCC seculorum: 811, 814, 815, 816

Halle 1741
Polycarp Leyser, Historia poetarum et poematum medii aevi decem post annum a nato Christo CCCC seculorum: 811

Hamburg 1708
V. Plakke, Theatrum anonymorum et pseudonymorum: 768

Hamburg 1715
J. Ch. Wolf, Bibliotheca Hebraea sive Notitia tum Auctorum Hebraeorum cuiuscunque aetatis, tum Scriptorum, quae vel Hebraice primum exarata vel ab aliis conversa sunt, ad nostram aetatem deducta: 767

Hamburg 1734–1746
Johann Albert Fabritius, Bibliotheca Latina mediae et infimae aetatis, 6 voll.: 812

Hannover 1606
Melchior Goldast von Haiminsfeld, Paraeneticorum veterum: Pars I: 797

Hannover 1619
Justus Reuber, Veterum Scriptorum, qui Caesarum et imperatorum Germanicorum res per aliquot saecula gestas literis mandarunt, tomus unus: 797

Hannover 1693
G. W. Leibniz, Codex iuris gentium diplomaticus: 798

Hannover 1698–1700
G. W. Leibniz, Accessiones historicae, quibus utilia superiorum temporis historiis illustrandis scripta monumentaque nondum hactenus edita inque iis scriptores diu desiderati continentur, 2 voll.: 798

Hannover 1707–1711
G. W. Leibniz, Scriptores rerum Brunsvicensium illustrationi inservientes, antiqui omnes et religionis reformatione priores, 3 voll.: 798

Helmstedt 1584
Reiner Reineccius, Chronicon Hierosolymitarum, id est de bello sacro historia, exposita libris XII: 798

Helmstedt 1587
Reiner Reineccius, Chronicon Alberti, Abbatis Stadensis, a condito orbe usque ad auctoris aetatem: 798

Helmstedt 1594
Reiner Reineccius, Poeta Saxo, Annales de gesti Caroli Magni Imperatoris libri V: 798

Helmstedt 1610
Heinrich Meibom der Ältere, De veteris Saxoniae finitimarumque regionum quarundam pagis ex mediae aetatis rerum scriptoribus Germanicarum commentariolum: 800

Helmstedt 1620
Reiner Reineccius, De Angrivariis, Angaria oppido et ibidem Widechindi Magni monumento commentatiuncula: 798
Reiner Reineccius, Commentatio de Saxonum originibus: 798

Helmstedt 1643
Hermann Conring, De origine iuris Germanici commentarius historicus, obiter de Justinianei iuris in scholas et fora reductione disseritur: 799

Helmstedt 1651
Heinrich Meibom der Ältere, Chronicon Marienthalense. Opus posthumum: 800
Hermann Conring, De antiquitatibus academicis dissertationes sex, habitae in Academia Julia: 800

Helmstedt 1657
Hermann Conring, Historia electionis Alexandri VII Papae: 800

Helmstedt 1659
Heinrich Meibom der Jüngere, Irminsula saxonica, hoc est eius nominis Idoli sive numinis tutelaris, apud antiquissimos Saxones paganos culti: 800

Helmstedt 1661
Hermann Conring, De Bibliotheca Augusta, quae est in arce Wolfenbuttelensi ad illustrem et generosum Joannem Christianum Bar. A. Boineburg Epistola, qua simul de omni bibliotheca disseritur: 800
Joachim Johann Mader, Antiquitates Brunsvicenses, sive variorum monumentorum ... sylloge: 799

Helmstedt 1665
Hermann Conring, De antiquissimo statu Helmestadii et viciniae conjecturae: 800
Joachim Johann Mader, Chronicon Montis-Sereni sive Lauterbergense: 799

Helmstedt 1666
Adam von Bremen, Historia ecclesiastica religionis propagatae gesta, ex Hammaburgensi potissimum atque Bremensis ecclesiis per vicina septentrionis regna libris IV repraesentans: 799

Helmstedt 1669
Heinrich Meibom der Ältere, Chronicon Bergense: 800

Helmstedt 1671
Heinrich Meibom der Jüngere, De cervisiis potibusque et ebriaminibus extra vinum aliis commentarius: 800

Joachim Johann Mader, Chronicon M. Theoderici Engelhusii, continens res ecclesiastiae et reipublicae: 799

Helmstedt 1673
Gervasius von Tilbury, De imperio Romano et Gottorum, Lombardorum, Brittonum, Francorum commentatio: 799

Helmstedt 1675
Hermann Conring / Joachim Johann Mader (resp.), Exercitatio historico-politica de conciliis et circa ea summa potestatis auctoritate: 800

Helmstedt 1688
Heinrich Meibom der Ältere/Heinrich Meibom der Jüngere, Rerum Germanicarum Tomi III, 3 voll.: 800

Helmstedt 1701
Hermann Dietrich Meibom, Oratio de genuinis historiae Germanicae fontibus, Helmstedt 1701: 796, 798, 800

Helmstedt 1708
Johannes Andreas Schmidt / Johannes Andreas Jussow (resp.), De cantoribus ecclesiae V. et N. Testamenti disputabit: 816

Helmstedt 1711
Johann Andreas Schmidt, Notitia ordinis Cisterciensis ex S. Bernhardi familia maxime illustris disputationibus publicis in breviarium theologiae polemicae cum Reformatis a CL. viro iuvene habendis praemissa: 804

Helmstedt 1715
Johann Friedrich Nolte, De barbarie imminente epistola: 818

Helmstedt 1718
Polycarp Leyser, Discursus de reformatione disciplinarum necessitate: 810
Polycarp Leyser, Programma de vera indole poeseos praelectionibus praemissum: 810

Helmstedt 1719
Polycarp Leyser, Conspectus scriptorum editorum et edendorum: 807, 816
Polycarp Leyser, Dissertatio de ficta medii aevi barbarie imprimis circa poesin latinam speciminibus non inelegantibus carminum

editorum et ineditorum corroborata, Historiae poetarum medii aevi praemissa: 809, 811

Helmstedt 1720
Polycarp Leyser, Dissertatio de poesi disciplinarum principe: 810
Polycarp Leyser, Dissertatio de primis theologiae doctoribus e Saxonum gente, Hugone comite Blankenburgensi, Hermanno de Schildis, Thoma duce Brunsvicensi, occasione supremi gradus theologiae Henrici Philippi Gudensis: 816
Walter Mape, Rhythmi bini de concordia rationis et fidei: 816

Helmstedt 1728
Supremum amoris officium viro altissimae et variae eruditionis gloria insigni Polycarpo Leysero: 807

Helmstedt 1723
Polycarp Leyser, Prodromus novae ad Johannae Papissae vulgo dictae existentiam probandam demonstrationis praelectionibus ad historiam literariam praemissus: 808
Polycarp Leyser/Rudolf Friedrich Telgmann (resp.): Dissertatio iuridica de frustranea cadaveris inspectione in homicidio: 807

Helmstedt 1724
Galfrid von Vinsauf, Ars poetica ante quingentos annos conscripta: 814
Polycarp Leyser, Genealogia comitum Blanckenburgensium, Reinsteinensium, Ebersteinensium et Hoiensium: 808
Polycarp Leyser, Historia comitum Ebersteinensium in Saxonia ex diplomatibus aliisque monumentis editis et ineditis contexata: 808
Polycarp Leyser, Historia comitum Wunstorpiensium ex diplomatibus aliisque monumentis fide dignis maximam partem ineditis contexata: 808
Polcarp Leyser/Ludolph Paul Müller (resp.), Examen philosophiae Wolfianae philosophicum: 807

Helmstedt 1725
Polycarp Leyser, Sigillum maiestatis Brunsvicense praelectionibus publicis in historiam universalem praemisit: 808

Helmstedt 1727
Polycarp Leyser, Observata diplomatico-historica: 808

Helmstedt 1739
Heinrich Johann Bytemeister, Pentas dissertationum epistolicarum et programmatum academicorum, accedit pentas epistolarum D. Lyseri et D. Chladenii ad eundem atque testimoniorum publicorum: 817, 818

Hildesheim 1602
Johannes Letzner, Historia Caroli Magni, des Grossmechtigsten, Christlichen Römischen und ersten Teutschen Keysers, von seiner Ankunft, Erziehung, löblichen und grossen Thaten, und gewaltigen Zügen, Kriegen, Schlachten und Reisen: 796, 797

Ingolstadt 1601–1604
Heinrich Canisius, Lectionum antiquarum tomi VI, in quo antiqua monumenta numquam visa, edita, 6 voll.: 797

Jena 1632
Johann Himmelius, Tractatus de Canonicatu, Iure canonico, et Theologia scholastica: 810

Jena 1714
Johann Franz Budde, De bonarum litterarum decremento nostra aetate non temere metuendo oratio: 818

Kopenhagen 1717
Matthias Hagerup/Matthias Albert Haberdorf (resp.), Dissertatio historico-ecclesiastica de Theologia scholastica veteri: 810

Köln 1531
Agrippa von Nettesheim, De incertitudine et vanitate scientiarum declamatio invectiva: 809

Köln 1544
Thascius C. Cyprianus, Universa quae quidem extare sciuntur opera: 131
C. F. Lacantius, Opera: 131

Köln 1546
Johannes Trithemius, De Scriptoribus Ecclesiasticis, sive per scripta illustribus in Ecclesia viris, cum Appendicibus duabus eorum qui vel à Tritthemio animadversi non fuere, vel seculo interim nostro scriptis suis quam maxime claruerunt, aut clarent adhuc, Liber unus: 812

Köln 1609
Theodorus Petreius, O.Cart., Bibliotheca Cartusiana, sive Illustrium sacri Cartusiensis ordinis scriptorum Catalogus: 257

Köln 1640
Caspar Jongelincx, Notitia Abbatiarum Ordinis Cisterciensis per orbem universum, libros X complexa, in qua singulorum Monasteriorum origines, incrementa Regum Principum procerum Benefactorum, aliorumque Illustrium virorum diplomata, donationes, insignia Gentilitia Epitaphia, et id genus alia notatu digna cum ex ipsis locorum Archivis, tum ex variis scriptoribus selecta recensentur, 10 voll.: 804

Leiden 1636
Juan Luis Vives, De disciplinis libri XII, septem de corruptis artibus, quinque de tradendis disciplinis, De causis corruptarum artium, III: 809

Leiden 1654
Adrian Heereboord, Meletemata philosophica, maximam partem Metaphysica: 810

Leipzig 1494
Alanus ab Insulis, De planctu naturae liber: 815

Leipzig 1656–1660
M Berlich, Decisiones aureae, casus admodum pulchros, controversos et utiles continentes ... Nunc tertium editae ... 2 voll.: 132

Leipzig 1686
Joachim Feller, Catalogus codicum manuscriptorum bibliothecae Paulinae in Academia Lipsiensi: 812

Leipzig 1690
Adam Rechenberg/Christian Juncker (resp.), De ineptiis clericorum Rom: 809

Leipzig 1698
Andreas Christoph Calvisius / Johann Paul Gumprecht (resp.), Disputatio de causis incrementi post barbara saecula: 818

Leipzig 1704
Georg Heinrich Götze, Juventi Scholasticae literas Graecas discenti commendatus: 809

Leipzig 1705
Johann Georg Leuckfeld, Antiquitates Walckenredenses, oder historische Beschreibung der vormahls berühmten käyserl. freyen. 1. Handelnd von allerhand darinnen vorgegangenen Closter-Sachen: 803, 805
Johann Georg Leuckfeld, Antiquitates Walckenredenses, oder historische Beschreibung der vormahls berühmten käyserl. freyen. 2. Handelnd von unterschiedenen darin gelebten Closter-Personen: 803

Leipzig 1713
Johann Georg Leuckfeld, Antiquitates Katelenburgenses, oder historische Beschreibung des ehmahligen Closters Katelenburg, Augustiner-Ordens Mäyntzischer Dioeces, worinnen von denen alten Katelenburgischen Graffen, dessen Ordens-Personen, Einweihung, Confirmation gehandelt wird: 803

Leipzig 1717
Johann Georg Cramer, Brevis introductio in historiam rerum Germanicarum literariam, ubi maxime triumviri reficiendis rebus Germanorum, Conring, Sagittarius, Meibom, eorumque de genuinis historiae Germanicae fontibus dissertationes et iudicia recensentur: 796

Leipzig 1720
Heinrich Meibom der Ältere, M. Heinrich Meybaums, Sen., der Julius-Universität zu Helmstedt lange Jahre gewesenen Profess. Publ. Ordin. Chronicon des Jungfräulichen Closters Marien-Born in dem Magdeburgischen, von dessen **erstern**(sic?) Anfang bis auf 1580, So aus Allerhand alten Monumenten, Briefen und Uhrkunden zusammen colligiret, und vor hundert Jahren von ihm verfertiget worden: 802

Leipzig 1725
R. Duellius, Excerptorum Genealogico-Historicorum Libri Duo ... Appendix I. Joannis Hollandi et Jacobi Putrichii Rythmis Saec. XV. de familiis Bojoariae, quae ludis equestribus interfuerunt ...: 464

Leipzig 1729
Polycarp Leyser, Amoenitatum literariarum reliquiae: 807, 808

Leipzig 1788
Johann Christoph Adelung, Jacob Püterich von Reicherzhausen. Ein kleiner Beytrag zur Geschichte der Deutschen Dichtkunst im Schwäbischen Zeitalter. Seinen in Leipzig zu-

rück gelassenen Freunden gewidmet von Johann Christoph Adelung: 464

Lima 1584
Antonio Ricardo, Doctrina Cristiana y Catecismo para instrucción de los indios: 548

Lima 1610
Hyeronimus Valera, Commentarii ac quaestiones in universam Aristotelis ac subtilissimi Doctoris Ioanni Duns Scoti logicam…: 547, 552, 553

Lima 1630
Buenaventura de Salinas y Córdova, Memorial de las historias del Nuevo Mundo Pirú: 552

Lissabon 1609
Inca Garcilaso de la Vega, Comentarios reales de los incas o Primera parte de los comentarios reales: 540, 541

Lyon 1502
Heinrich von Settimello, Elegia de diversitate fortunae et Philosophiae consolatione: 815

Lyon 1530
A. Alciati, De verborum significatione libri quatuor: 132
A. Alciati, Ad rescripta principum commentarii: 132

Lyon 1596
P. Grégoire, De re publica libri sex et viginti: 766

Lyon 1677–1707
Marguerin de la Bigne, Maxima Bibliotheca Veterum Patrum et antiquorum Scriptorum Ecclesiasticorum, 30 voll.: 812

Madrid 1639
Alfonso Briceño, Prima Pars Celebriorum Controversiarum in Primum Sententiarum Ioannis Scoti Doctoris Subtilis, voll. 1–2: 554

Madrid 1784
Johannes Diaconus, Vita S. Froilani episcopi Legionensis: 570

Magdeburg 1721
Johann Georg Leuckfeld, Antiquitates Praemonstratenses oder historische Nachricht von zweyer ehmahls berühmten Praemonstratenser-Clöstern S. Marien in Magdeburg und Gottes-Gnade bey Calbe, worinnen von dero Ordens-Stiffter Norberto und seinem dasigen Begräbnisse, wie auch von ihren Fundationen, Güthern gehandelt, und dabey eine zulängliche Beschreibung von dem alten Gerichte unter dem hohen Baume mitgetheilet wird: 803

Mailand 1520
Michael Aignanus de Bononia, Quaestiones disputatae quattuor libros sententiarum: 170

Mannheim 1766
Historia et Commentationes Academiae … Theodoro-Palatinae, vol. 1: 468

Mainz 1542
Georg Wicelius, Idiomata quaedam linguae sanctae in Scripturis Veteris Testamenti observata: 780

Mainz 1609
N. Serarius, Iosue, ab utero ad ispum usque tumulum, e Moysis Exodo, Levitico, Numeris, Deuteronomio; et e proprio ipsius libro toto, ac Paralipomenis, libris quinque explanatus: 766

Mainz 1611
G. Draud, Bibliotheca classica sive Catalogus officinalis in quo singuli singularum facultatum ac professionum libri, qui in quavis fere lingua extant, quique intra hominum fere memoriam in publicum prodierunt, secundum artes et disciplinas, earumque titulos et locos communes, Authorum Cognomina singulis classibus subnexa, ordine alphabetico recensentur: 766

Naumburg 1731
Johann Georg Leuckfeld, Chronologia Abbatvm Bosaugiensium, oder Verzeichnüs derer vormals in dem berühmten Benedictiner-Closter Bosau bey Zeitz, gelebten Aebte, und einige Nachricht das Cistercienser-Frauen-Kloster betreffend, so vor Zeiten zu Ilmenau in Thüringen gestanden: 803

Nürnberg 1493
Hartmann Schedel, Liber chronicarum deutsch: 405

**Nürnberg 1705**
Andreas Christian Eschenbach, Dissertationes academicae varia antiquae sapientiae rituumque gentilium argumenta exponentes, accedunt eiusdem orationes binae, altera inauguralis, de imminente barbarie litterarum declinanda, altera in funere Caroli Velseri: 818

**Nürnberg 1800**
Polycarp Leyser, Opuscula, quibus iurisprudentia, historia et ars diplomatica illustrantur: 807

**Oxford 1696**
Thomas Smith, Catalogus librorum manuscriptorum bibliothecae Cottoniae: 812

**Oxford 1697**
Edward Bernard, Catalogi librorum manuscriptorum Angliae et Hiberniae in unum collecti: 812

**Oxford 1709**
John Leland, Commentarii de scriptoribus Britannicis, 2 voll.: 812

**Padua 1771**
E. Forcellini, Lexicon totius latinitatis, 4 voll.: 736

**Paris 1513**
Henri Estienne, Quincuplex Psalterium, Gallicum, Rhomanum, Hebraicum, Vetus, Conciliatum ... Secunda emissio: 130

**Paris 1517**
Johannes Majoris, Reportata super primum Sententiarum fratris Johannis duns Scoti: 274

**Paris 1520**
Henricus de Gandavo, Summa quaestionum ordinarium a. 13 q. 4: 291
Moses Maimonides, Dux seu Director dubitantium aut perplexorum: 286

**Paris 1550**
Gilles Corrozet, Les antiqvitez, histoires es singvlaritez de Paris, ville capitale du Royaume de France: 217

**Paris 1570**
Gervais Mallot, Les collèges sont absents de F. de Belleforest, L'histoire vniverselle dv monde ...: 216

**Paris 1572**
Gervais Mallot, Les collèges sont absents de F. de Belleforest, L'histoire vniverselle dv monde ... Nouuellement augmentée: 216

**Paris 1573**
Nicolas du Chemin, Les chroniques et annales de France: 217

**Paris 1575**
Michel Sonnius / Nicolas Chesneau, La cosmographie vniverselle de tovt le monde. ... Auteur en partie Mvnster, mais beaucoup plus augmentée, ornée & enrichie, par Francois de Belle-Forest, vol. 1: 214, 215, 216, 217, 218, 219
Michel Sonnius / Nicolas Chesneau, La cosmographie vniverselle de tovt le monde. ... Auteur en partie Mvnster, mais beaucoup plus augmentée, ornée & enrichie, par Francois de Belle-Forest, vol. 2: 214, 217

**Paris 1578**
F. Zorzi, L'harmonie du monde, divisée en trois cantiques: 765

**Paris 1579**
Nicolas Chesneau, Advertissement aux lecteurs catholiques dans l'Histoire de la vie, mort, passion, et miracles des Saintcs, vol. 1: 215

**Paris 1583**
Gervais Mallot, Il dédicacera au cardinal de Bourbon le dernier livre paru de son vivant, le Miroir de consolation: 215

**Paris 1586**
B. de Vigenère, Traicté des Chiffres ou secretes manieres d'escrire: 765

**Paris 1605**
P. Le Loyer, Discours des spectres, visions et apparitions des esprits, anges, demons, et ames, se monstrans visibles aux hommes: 765

**Paris 1609**
P. Camus, Les diversitès voll. II: 765

**Paris 1614**
Martin Marrier / André Du Chesnes, Bibliotheca Cluniacensis, in qua ss. patrum abb. Clun. vitae, miracula, scripta, statuta, privile-

gia chronologiaque duplex, item catalogus abbatiarum, prioratuum, decanatuum: 805

Paris 1615
Les Images ou Tableaux de platte peinture: 765

Paris 1619
John Pitts, Relationes historicae de rebus anglicis quatuor partes complectens, 2 voll.: 812

Paris 1627
Gabriel Naudé, Advis pour dresser une bibliotheque: 229

Paris 1629
G. Gaulmin, De vita et morte Mosis: 766

Paris 1636–1649
André Du Chesne, Historiae Francorum Scriptores coaetanei, ab ipsius gentis origine, ad Pippinum usque regem, quorum plurimi nunc primum ex variis codicibus in lucem prodeunt, 5 voll.: 797

Paris 1674
Guillelmus Alverniensis, Opera omnia, vol. 1: 688

Paris 1675–1685
Jean Mabillon, Vetera analecta, sive collectio veterum aliquot operum et opusculorum omnis generis, carminum, epistolarum, diplomatum, epitaphiorum, 4 voll.: 812

Paris 1687
Jean Mabillon, Museum italicum: 616

Paris 1719
J. Quetif / J. Echard, Scriptores Ordinis Praedicatorum, vol. 1: 150

Paris 1725
M. Felibien / G.-A. Lobineau, Histoire de la ville de Paris, vol. 1: 212

Pforzheim 1517
J. Reuchlin, De arte cabalistica: 764

Prag 1700
Augustinus Sartorius, Cistercium Bis-Tertium seu Historia Elogialis, in qua Sacerrimi Ordinis Cisterciensis Anno Domini 1698 a sui origine sexies, seu Bis-ter Saecularis primordia, incrementa, praeclara gesta, merita in Ecclesiam, orbemque Christianum praerogativae, coelitus humanitusque concessae, Connexiones cum religiosis ordinibus, coenobiorum series per terras Austriacas atque etiam personae sanctimonia, martyrio, laboribus Apostolicis nova methodo recensentur: 804

Quedlinburg 1709
Johann Georg Leuckfeld, Antiquitates Ilfeldenses, oder Historische Beschreibung des Closters Ilfeld, Praemonstratenser-Ordens, worinnen von dieses Stiffts-Alter, Landes-Gegend, Orthe, Nahmen, Aufbauung, Orden, Kirchen, Kayserl. Privilegien, wie auch deßen vorigen Landes-Herren, Stifftern, Aebten, Administratoren, Evangelischen Predigern, Schul-Rectoren, u.s.w. ausführlich gehandelt wird: 803, 805

Quedlinburg 1727
Tobias Eckard, Lebens-Beschreibung Des Hochehrwürdigen und Hochgelahrten Herrn Johann George Leuckfelds, Weyland Pastoris Primarii zu Gröningen: 801

Rom 1556
Aegidius Romanus, De regimine principum: 311, 312

Rom 1653
A. Kircher, Oedipi Aegyptiaci, vol. II: 766

Rom 1688
Juan de Espinoza Medrano, Philosophia thomistica seu Cursus philosophicus: 541

Rom 1693
G. Bartolocci, Bibliotheca Magna Rabbinica de scriptoribus, et Scriptis Rabbinicis ordine Alphabeitco Hebraice, et Latine digestis ... absoluta, aucta, et in lucem edita a Domino Carolo Ioseph Imbonato, Pars Quarta: 767

Rostock 1610
Bernhard von Morlay, De vanitate mundi et gloria coelesti liber aureus:815

Santiago de Chile 1687
Ioannes de Fuica, Commentaria phylosophica ad mentem Doctoris Subtilissimi Patris Fratris Ioannis Duns Scoti Saccratisimi Ordinis Minorum, et Theologorum Principis; Per Patrem Fratrem Ioannem de Fuica ordinis

eiusdem Regularis observantiae Provinciae Chilensis, Professorem olim Magistrem Studentium; nunc autem in Magno Beatae Mariae de Succursu Civitatis Sancti Jacobi Artium Cathedrae Moderatorem; Auditurus Adderit Frater Franciscus de Morales, eiusdem Alumnus, et [tan]ti Lectoris Discipulus: 546, 554

Straßburg 1480/81
Adolph Rusch: Biblica Latina cum Glossa ordinaria in II Cor. 5:7: 291

Straßburg 1500
Nicolaus de Cusa, Opuscula theologica et mathematica: 130, 131

Straßburg 1503
Areopagite, Opera: 261

Straßburg 1644
Einhard, Historia Caroli Magni Imperatoris Romani, ex praecipuis Scriptoribus eorum temporum concinnata: 796

Straßburg 1656
Johann Heinrich Boecler, De rebus saeculi a Christo nato IX et X per seriem Germanicorum Caesarum commentarius: 796

Straßburg 1722
Polycarp Leyser, Enumeratio scriptorum editorum et elaboratorum: 816

Utrecht 1728
D. Mill, Catalecta Rabbinica in usum Scholarum Privatarum: 768

Venedig 1523
Menachem Recanati, Peruš ʿal ha-Torah: 786

Venedig 1525
F. Zorzi, De harmonia mundi: 765

Venedig 1562
Aristoteles, De Anima libri tres, Cum Averrois Commentariis et Antiqua translatione suae integritati restituta ...: 243, 244
Aristoteles, De coelo, De generatione et corruptione, Meteorologicorum, De plantis cum Averrois Cordvbensis variss in eosdem commentariis, vol. 5: 243
Aristoteles, Opera cum Averrois Commentariis: 244, 286, 287

Averroes Cordubensis, Sermo do Substantia Orbis, vol. 9: 243

Venedig 1582
Alanus ab Insulis, Anticlaudiani singulari festiuitate, lepore et elegantia Poëtae, libri IX: 815

Venedig 1585
T. Garzoni, La Piazza universale di tutte le professioni del mondo, nobili et ignobili: 765

Venedig 1595
Avicenna, Arabum Medicorum Principis Canon Medicinae quo universa mediendi scientia pulcherrima et brevi methodo planissime explicatur: 247

Venedig 1662
Giovan Battista Nani, Historia della republica Veneta: 404

Wesel 1549
John Bale, Illustrium maioris Britannie Scriptorum, hoc est Angliae, Cambriae ac Scotiae Summarium, in quasdam centurias divisum: 812

Wien 1555
J. A. Widmanstetter, Liber sacrosancti Evangelii de Jesu Christo: 775

Wittenberg 1704
Hrosvvithae, Illustris Virginis natione Germanicae, Gente Saxonica ortae, in monasterio Gandesheimensi quondam religiosae Sacerdotis opera: 806

Wittenberg 1715
Polycarp Leyser, Meditationes de genuina historia literaria: 810

Wittenberg 1720
Heinrich Johann Bytemeister, Programma, quo de praestantia ac vero usu historiae literariae eiusque genuina methodo commendatur atque academiae cives praelectiones privatas peramanter invitat: 817

Wolfenbüttel 1707
Johann Georg Leuckfeld, Antiquitates Poeldenses, oder Historische Beschreibung des vormahligen Stiffts Poelde, Praemonstratenser Ordens, worinnen von dieses Closters

Nahmen, Stifftungs-Zeit, Landes-Gegend, wie auch unterschiedenen bey solchem Closter ehemahls gelebten, nun aber außgestorbenen Gräfl. und Edlen Geschlechtern, insonderheit aber von der noch florirenden Hohen, Adelichen Wurmischen Familie außführlich gehandelt wird: 803, 805

Wolfenbüttel 1709
Johann Georg Leuckfeld, Antiquitates Gandersheimenses, oder Historische Beschreibung des Uhralten Kaeyserl. Freyen Weltlichen Reichs-Stiffts Gandersheim, worinnen von deßen alter Lands-Gegend Durchl. Stifftern, Orte ausführlich gehandelt wird, alles aus denen Archiven zusammengetragen und mit Registern versehen: 804, 805, 806

Wolfenbüttel 1710
Johann Georg Leuckfeld, Antiquitates Michaelsteinenses et Amelunxbornenses, das ist historische Beschreibung derer vormahls berühmten Cistercienser-Abteyen Michaelstein und Amelunxborn, worinnen von dererselben Lage, Stiftern, Erbauung, Gütern, Aebten, usw. gehandelt wird: 803, 804

Wolfenbüttel 1713
Johann Georg Leuckfeld, Antiquitates Bursfeldenses, oder Historische Beschreibung des ehmaligen Closters Burßfelde, nebst Beyfügung Kurtzer Historischen Nachricht von denen Clöstern Ringelheim und S. Blasii in Northeim: 803, 805

Wolfenbüttel 1721
Johann Georg Leuckfeld, Historische Beschreibung, Von Dreyen in und bey der Güldenen-Aue gelegenen Oertern, nemlich: Dem gewesenen Cistercienser-Closter S. Georgii zu Kelbra, nebst einer Genealogischen Nachricht von denen gelebten Graffen von Beichlingen, wie auch von denen alten Keyserlichen Pfaltzen Altstedt und Walhausen: 803, 804, 805

Zerbst-Wittenberg 1774
J. S. Lindinger, De Ebraeorum Veterum Arte Medica, De Daemone, et Daemoniacis: 767

Zwickau 1657
Wilhelm Brito, Gulielmi Britonis Aremorici Philippidos libri duodecim, Caspar Barthius recensuit, et Animadversionum Commentario illustravit: 813

Zürich 1574
Ch. Froschover, Bibliotheca Instituta et collecta primum a Conrado Gesnero, Deinde in Epitomen redacta et novorum librorum accessione locupletata, iam vero postremo recognita, et in duplum post priores editiones aucta, per Iosiam Simlerum Tigurinum: 763

Zürich 1629
H. Ulrich, Bibliotheca nova Tigurinorum publico-privata selectiorum vararum linguarum, artium & scientiarum librorum: 400, 402, 407
H. Ulrich, Bibliotheca Thuricensium publico privata: 400

Zürich 1683
J. J. Wagner, Historia Bibliothecae Tigurinorum Civicae: 400

Zürich 1744
Catalogus librorum bibliothecae Tigurinae, vol. 1: 401

Zürich 1748
J. Bodmer, Proben der alten schwäbischen Poesie des 13. Jahrhunderts. Aus der Manessischen Sammlung: 464

s.l. 1617
Johann Sigmund Brechtel, Turnierchronik der Freiherren von Leublfing: 461

s.l. 1684
Heinrich von Settimello, Elegia de diversitate fortunae et Philosophiae consolatione: 815

s.l. 1704
Johann Michael Heineccius, Nachricht von dem Zustand der Kirche in Goßlar, sowohl vor, als nach der Reformation: 805

# Namenregister

Abate, E. 777
Abbickh von Hohenstain 474, 478, 482
Abbo Floriacensis 811
Abdallāh b. Ma'n b. Zā'ida 425
Abī al-Ḥasan al-Mawardī 429
Abraham Abulafia 787
Abraham Ibn Daud (Avendauth) 741
Abraham Ibn Ezra 789
Abraham Mordecai Alter 770
Abraham patriarcha 552
Abram, M. 174, 621–655
Abrams, D. 784
Abū al-Azhar al-Muhallab 414
Abū Ǧa'far Muḥammad bin Mūsā al-Ḫwārizmī (Algorismi) 742
Abū Ḥayyān al-Tawḥīdī 424, 425
Abū Huraira 429
Abū Isḥāq Ibrāhīm al-Ṣābi 415
Abū l-Faraǧ al-Isfahānī 425
Abū l-Qāsim Chalaf ibn ʿAbbās az-Zahrāwī (Abulcasis) 790
Abū l-ʿAtāhiya 425
Abū Maʿšar Jaʿfar ibn Muḥammad ibn ʿUmar al-Balkhī (Albumasar) 374, 745
Abū Nuwās 424
Abū Sahl al-Qūhī 740A
Abū Ya'qūb ibn Ishāq al-Kindī (Alkindus) 260, 740
Abū Yūsuf al-Mu'taman ibn Hūd 736
Abū ʿUthman ʿAmr ibn Baḥr al-Kinānī al-Baṣrī (al-Ǧāḥiẓ) 411–419, 424 sq., 427–430
Accursius 360
Achnitz, W. 172
Ackley, J. S.
Adalbero episcopus 42 sq.
Adalbertus (Vojtěch) Pragensis 750 sq., 755
Adalbertus Magdeburgensis 750
Adalhard abbas 569, 726
Adam 153
Adam Rechenberg 809
Adam, C. 253 sq.
Adamson, P. 412
Adamus Bremensis 756, 797, 799
Adamus Tribbechovius 809 sq.
Adelardus Bathensis 740, 742
Adelheid von Walckenried 805

Adelung, Johann Christoph 464
Adriaen, M. 294, 598
Adrian Heereboord 810
Adriana van der Woude 397
Aegidius Corboliensis 107, 814
Aegidius de Viterbo 761, 765, 775–792
Aegidius Romanus 116, 137, 141, 155, 251, 258, 264, 269, 311 sq., 335, 432 sq., 439, 443–449, 451, 454 sq., 789
Aelfric Grammaticus 605 sq.
Aemilius, P. 776
Aertsen, J. A. 151, 251, 267, 275 sq., 447
Agazio Guidacerio 374
Agrippa von Nettesheim, Heinrich Cornelius 809
Aicher, Laurentius 126
Aigner, G. 62
Akasoy, A. 411
Al-Aġānī 425
Al-Battānī 738
Al-Buḫārī, 430
Al-Durūbī 412, 415–420, 423
Al-Farġānī (Alfraganus) 743
Al-Fuṣūl al-muḫtāra 412, 420, 423
Al-Ḥāǧirī 412
Al-Ḥakam al-Mustanṣir 740
Al-Ḥawālida, 416
Al-Manṣūr 414
Al-Muhallab bin Abī Ṣufra 414
Al-Nadīm 740
Al-Nayrīzī (Anaritius) 740, 743
Al-Qabīṣī 740
Al-Qalwašandī 415
Al-Ṣāḥib Ibn ʿAbbād 424 sq.
Al-Šawwāf 415
Al-Ṭabḫī 424, 425, 426, 427
Al-ʿAbyāri 425
Alanus ab Insulis 811, 815
Alberigo, G. 157
Albert von Sarteano 531
Albert, M. 124
Albertanus de Brescia 500
Albertinus Mussatus 440, 811
Alberto Berdini 531
Albertus Löffler 174, 180, 182

Albertus Magnus 100, 105 sq., 135, 137, 224, 244 sq., 247, 258, 260, 266, 268 sq., 282, 287, 370, 433, 436, 437, 641, 704, 826–828
Albertus Stadensis 798
Albig von Hohenstein 479
Albrecht Achilles von Brandenburg 461, 502
Albrecht III. dux Bavariae 458
Albrecht IV. dux Bavariae 458
Albrecht V. dux Bavariae 708, 776, 779
Albrecht von Eyb 489
Albrecht von Haller 507
Alce, V. 135 sq.
Alcherus Claraevallensis 268
Alcuinus 16, 22 sq., 236, 335, 336,
Alcuinus, Ps. 726
Alejandro, M. 334
Alessandro Farra 765
Aletti, J.-N. 584
Alexander Aphrodisiensis 244 sq., 437, 743
Alexander de Villa Die 225
Alexander Halensis 138, 141, 144, 258, 269, 360
Alexander Hegius 716
Alexander Magnus 355, 451, 473, 479, 482, 566 sq.
Alexander VII (Fabio Chigi) papa 800
Alfonso X., rex Castellae et Legionis 334,
Alfonsus I. rex Aragonis 736
Alfredus Anglicus (Alfred of Shareshill) 741
Alī Bū Mulḥim 414, 425, 428–430
Alī ibn Abī l-Rijāl (Abenrage) 743
Alī Ibn al-Ḥusayn 429
Allen, M. I. 5, 20, 25
Alshaar, N. A. 424
Altaner, B. 513
Althoff, G. 307
Alvise Sagredo 404
Alzate Montes, C. M., O.P. 539
Amacher, U. 172
Amann, E. 657
Ambrosius Traversarius 261, 698, 704
Ambrosius, Aurelius 23, 35, 76, 87, 236, 250, 493, 582, 608, 632, 706
Ambrosius, Ps. 726
Ames-Lewis, F. 694
Amorós, L. 143
Amplonius Rating de Berka 457, 707, 716
Anacletus, Ps. 726
Anastasius bibliothecarius 261
Anastasius I. papa 728
Anaxagoras 244, 738
Andermann, K. 468
Andersen, C. A. 546
André du Chesne 797, 805
Andrea Bregno 694

Andrea, Giovanni 360
Andreae, Johannes 474, 483
Andreas Alciatus 132
Andreas Christian Eschenbach 818
Andreas Christoph Calvisius 818
Andreas Masius 776
Andrés, A. 85
Andrieu, M. 584
Angelominus von Luxeuil 608
Angermann, N. 494
Angilram von Metz 723
Anglès i Pàmies, H. 576
Angold, M. 738
Angotti, C. 191, 210–213, 219–222, 230 sq., 233, 312, 314, 322
Anheim, E. 322, 716
Anselmus Cantuariensis 192, 236, 291, 298, 305
Antolín y Pajares, G. 574
Antolínez Camargo, R. 539
Anton von Annenberg 469, 470
Antonio Barzizza 503
Antonio Magliabechi 815
Antonius de Azaro 100, 105
Antonius Magnus 25, 236
Antonovics, A. V. 716
Apollonius 736
Apollonius, Ps. 735
Apuleius Madaurensis 265
Arago, François 206
Aratus Solensis 189 sq.
Aravena Zamora, A. 544 sq.
Arcangelo da Borgonovo 765
Archimedes 736
Aribo, archiepiscopus 31–33
Aris, M.-A. 5, 10, 13, 17 sq., 244, 696, 698, 701, 704–706
Aristeas, Ps. 623
Aristoteles 120, 135, 149, 193, 195 sq., 198 sq., 20 sq., 230, 235, 239–241, 243–246, 249, 252, 254, 265–267, 275, 277, 280–282, 285–287, 292 sq., 295, 298 sq., 310, 314, 318 sq., 328 sq., 432–448, 450, 453, 455, 545, 547, 551–567, 616, 664, 677, 703–707, 715, 736, 738, 740 sq., 743, 789, 826–828
Arlt, W. 44
Armstrong, G. 491
Arnestus Pragensis 115
Arnobius iunior 131
Arnold, W. 793
Arnoldus Campion 257
Arot, D. 321
Artonne, A. 325
Artzt, U. 488
Ascani, V. 585

Asher ben David 761
Ashtiany, J. 425
Aßmann, A. 793
Asztalos, M. 195
Athanasius Alexandrinus 236, 285, 545
Aubert Fauvel 387
Aubert Le Mire 812
Auer, J. 652, 654
Augustinus Datus 110
Augustinus Sartorius 804
Augustinus Steuchus 777
Augustinus, Aurelius 12 sq., 20, 23, 26, 53, 57, 92, 94, 100, 120, 129, 131, 143 sq., 157, 161–163, 172, 175, 177, 179, 182 sq., 186, 193, 236, 250, 259, 266–268, 275 sq., 278, 283, 285, 287–291, 293 sq., 296–299, 302, 305, 332, 345, 347, 349, 370, 374, 392, 545, 574, 575 sq., 608, 610, 631 sq., 644 sq., 658, 686, 703, 729, 749, 815, 826–828
Augustinus, Ps. 15–17, 77, 92–94, 116, 268
Austin, J. L. 312
Autore, S. 657
Autrand, F. 308, 322–324, 331, 624
Auty, R. 500
Auzzas, G. 390
Avarucci, G. 613
Avril, F. 324, 331
Avril, J. 386
Axmacher, N. 733
Ayuso Marazuela, T. 564 sq., 571–574
Azor, John 550
Azriel ben Menahem mi-Gerona 770

Baade, A. A. 797
Babayan, K. 424
Babinger, F. 775
Bacha, M. 321–323
Bachtin, M. 497
Backes, M. 466
Bacon, Francis 159, 255
Baeumker, C. 143
Baffetti, G. 390
Baglio, M. 613
Bagnall, R. S. 584
Bagolino, Girolamo 437
Balard, M. 308
Balayé, S. 323
Baldassarri, S. U. 777
Baldus de Ubaldis 366
Balić, C. 272–274, 277
Ballón Vargas, J. C. 540, 549–551
Balthasar von Zinna 528
Bämler, H. 478
Baneth, D. 241

Barbet, J. 636, 645–647, 659 sq., 662, 664–667
Barbier, F. 201, 379
Barciak, A. 747
Barium, Giraldo 361
Barnier, A. J. 733
Barocelli, F. 315
Barow-Vassilevitch, D. 678
Barreda Laos, F. 551
Barret, S. 157
Bärsch, J. 586, 590
Bartholomaeus de Messina 438
Bartholomaeus Gavantus 108
Bartholomaeus Texerius 172, 185
Bartholomäus de Chaimis 494, 500
Bartocci, A. 168
Bartolocci, G. 767
Bartolomeo da San Concordio 616
Bartolomeo Platina 372, 373
Bartolus de Saxoferrato 366
Barton, J. 563
Bartoniek, E. 494
Baruch de Benevento 776
Basilius Bessario 369, 704
Basilius Caesariensis (Basilius Magnus) 24, 26, 236, 644, 700
Bastert, B. 458, 463, 466, 475
Bataillon, L. J. 169, 230, 251, 433
Battista, G. 393
Bauchant, Jaques 335
Bauer, C. 624
Bauer, D. R. 591
Bauer, E. 474
Bauer, T. 424
Bäumer-Schleinkofer, Ä. 625
Bäumer, R. 703
Baumgärtner, I. 342, 516
Baur, L. 684
Baura, E. 356
Bavard, E. 712 sq.
Bawden, T. 600
Bayless, M. 497 sq.
Bazán, B. C. 276
Beach, A. 24, 66, 68
Beaflor 478
Beattie, B. 716
Beatus Rhenanus 707
Beccarisi, A. 696
Becht-Jördens, G. 45
Bechtel, Johann Sigmund 461
Becker, E.-M. 563
Becker, G. 8, 199
Becker, J. 10, 13, 18, 22, 24, 126
Becker, P. J. 466
Beckers, H. 470

Beda Venerabilis 5, 12, 20 sq., 25, 236, 598 sq., 607 sq., 610, 615
Bedaux, J. C. 716
Bedos-Rezak, B. M. 328
Beech, G. T. 736
Beer, R. 570, 573
Behr, H.-J. 479
Behrend, F. 459, 461, 463, 465
Behrens, R. 504
Beierwaltes, W. 305, 687
Beit-Arié, M. 771, 778
Beleth, Johannes 560
Bellitto, C. M. 659
Beltran, E. 491
Benayahu, M. 771
Benedict, A. 474
Benedictus de Nursia 23–26, 38, 120, 236, 561, 610 sq.
Benedictus II. papa 26
Benedictus Levita 723
Benedictus XII. papa (Jacobus Fournier) 191
Benedictus XIII. antipapa (Pedro de Luna) 339–344, 347 sq., 350–356, 364–366,
Benedictus XIII. papa (Francesco Orsini) 339
Benedictus XIV (Prospero Lambertini) 692
Bengtson, J. B. 402
Benjamin, Walter 484–486
Bennet, H. S. 380
Benson, L. D. 500
Benthin, C. 6
Bentzinger, R. 621
Benvenuto Rambaldi da Imola 613
Benz, S. 796
Berengarius Turonensis 236
Berg, D. 159 sq.
Berger, A. 309
Berger, P. L. 5
Berger, S. 202, 570
Berges, W. 337
Beriot, F. 762
Bériou, N. 210, 312
Berlich, M. 132
Berliére, U. 190
Berlin, A. 328
Berlinerblau, J. 562
Bern abbas 45
Bernard, S. 204
Bernardinus Senensis 395
Bernardus Ayglerius 612
Bernardus Claraevallensis 62, 66, 68, 76, 84, 88 sq., 99, 102, 104, 112, 129, 236, 256, 360, 397, 632, 669 sq.
Bernardus Claraevallensis, Ps. 102, 116
Bernardus Morlanensis 815

Bernasconi Reusser, M. 65, 67, 69
Berndt, C. 801, 804
Berndt, R. 79–81, 322, 339, 343, 354 sq., 357, 362, 364, 366, 561, 568, 582
Bernhard Pez 796
Bernhard von Geist 795
Bernhard von Waging 636
Bernhard, M. 826
Bernhardt, S. 621
Bernhardus de Tarragona 571
Bernhardus Guidonis 366
Berschin, W. 7 sq., 19, 34, 44 sq., 54, 570
Bersuire, Pierre 615
Berthier, J. J. 157, 162 sq., 175, 177
Berthod, Anselme 199
Bertolà, M. 373 sq.
Bertoldi, M. E. 372
Bertram, M. 53
Bertrand, O. 308, 328, 330
Besson, A. 646
Beyerle, F. 57
Beyerle, K. 701
Beuchot, M. 539, 543
Bewley, A. 429
Biagio Pelacani da Parma 432
Bianca, C. 432–437, 443, 447–451, 453, 696–699, 701, 703–705, 708
Bianchi, L. 230 sq., 437, 642
Bianco, M. 390
Bibliander, T. 531 sq.
Bieler, L. 567
Bigarne, C. 713 sq.
Bigger, A. 513
Billet, F. 383
Birkenmajer, A. 207, 227, 744, 826
Bischoff, B. 10 sq., 16–18, 51 sq., 55 sq., 190, 567, 568, 573–576, 591, 726, 826
Bischoff, F. 600 sq.
Bissen, J.-M. 144
Bitterlich, M. 160, 164
Bláhová, M. 746–758
Blaise de Vignère 765
Blanchard, J. 336
Blandin, B. 713 sq.
Blanke, H.-J. 498
Blaxkwell, R. J. 453
Bleskina, O. N. 681
Bligger von Steinach 477
Blinder, K. 504
Bloch, H. 612
Bloch, M. 206 sq.
Blonde, Jean 234
Blume, D. 45
Blumenfeld-Kosinski, R. R. 336

Blumenthal, P. 476
Boaga, E. 494
Boccaccio, Giovanni 366, 440, 491, 498, 613, 703
Bocken, I. 695
Bode, G. H. 737
Bödecker, H. E. 325
Bodemann, U. 489, 494 sq., 499
Bodin, Jean 762 sq.
Bodmer, J.-P. 399, 464
Boese, H. 259 sq.
Boethius, Anicius Manlius Severinus 193, 202, 236, 252, 256, 265, 278, 280 sq., 305, 310, 456, 489, 740, 756 sq., 811, 814 sq.
Bogaert, P.-M. 573
Boghardt, M. 601
Bohatcová, M. 746, 751
Bohnenkamp, A. 732
Böhringer, L. 732
Boiadjiev, T. 261
Boleslav II. rex Boemorum 750 sq.
Bollbuck, H. 795
Bolte, J. 492
Bomberg, Daniel 788
Bombolognus Bononiensis 138
Bonaventura 138, 141, 144, 155, 160 sq., 169, 258, 269, 360, 366, 370, 374, 433, 632, 641 sq., 648, 704
Bondeelle-Souchier, A. 72
Boner, Ulrich 494, 495, 500
Bonfil, R. 485
Bongar, Jaques 507
Bonifatius I. papa 728 sq.
Bonifatius VIII. papa (Benedetto Caetani) 318, 355, 359, 361, 362, 374, 692
Bonini, F. 151, 154, 438
Bonjohannes de Messina 499–505
Bonnet, A. M. 694
Bonnet, J. 759
Boodts, S. 636
Booker, C. 723 sq.
Boretius, A. 48
Borges, Jorge Luis 235
Borgnet, A. 247
Borgolte, M. 305, 307, 693, 695, 755
Bořivoj I. 754
Bormann, K. 704
Borraccini Verducci, R. 613
Borri, G. 613
Borsotti, E. 585
Borst, A. 495
Boselli, G. 587
Bossier, F. 286 sq.
Boucher, C. 329, 332, 338

Bouchet, F. 327
Boudet, J.-P. 315, 328, 334, 352
Boudrot, J.-B. 713
Bouillon, T. 707
Bourassa, K. 332, 336
Bourke, V. J. 436, 453
Bouter, N. 66
Boutet, D. 336
Bouwman, A. 397
Boyle, L. E. 139, 371
Brams, J. 286 sq.
Brand, A. J. 397
Brandes, W. 574
Brandmüller, W. 514, 703
Brandt, P. 563
Brant, S. 710
Brauer, M. 327, 334
Braun-Niehr, B. 652, 686
Braun, J. 588
Breccia, G. 537
Breil, Bernhard I. 63
Breitenbach, A. 492
Bretholz, B. 747, 752, 754–756
Brewer, K. S. 158
Briceño, Alfonso, O.F.M. 542 sq., 551 sq.
Briggs, C. F. 311
Briguglia, G. 318
Brilli, E. 332
Brinkman, H. 469
Brînzei, M. 191
Briquet, C. M. 204 sq.
Brocca, N. 576
Brock, S. P. 566
Brösch, M. 691–717
Broszinski, H. 601, 640
Brown, E. A. R. 692
Brown, J. V. 266
Brown, S. F. 275
Brown, W. C. 58
Brudecki, P. 118
Brundage, J. A. 316
Brunet, Pierre 511, 527
Brunetto Latini 311, 314, 319
Bruni, Leonardo 431
Bruning, J. 794–796, 799, 807, 817
Brünning, G. 732
Bubert, M. 305–320
Bucher, F. 575
Buchmayr, F. 63
Buchner, Andreas 461
Buchner, R. 57
Bugys, K. 604
Büll, F. 10
Bünz, E. 128

Buono, L. 612
Burchardus de Monte Sion 515 sq., 518
Burchardus de Strasburgo 515–517
Burckhardt, M. 516
Burg, H. 710
Burger, C. 625, 652
Buringh, E. 53 sq., 57 sq., 824
Burke, P. 317
Burkert, W. 357
Burkhart, L. 359
Burmeister, K. H. 214 sq., 218
Burnett, C. 195, 606, 735–745
Burns, R. I. 334
Busa, R. 436
Bushey, B. C. 640, 653
Busi, G. 761 sq., 763, 765
Butterfield, D. J. 190
Buttimer, C. H. 582
Büttner, F. 307
Büttner, H. 4
Buzás, L. 475, 707
Byrne, D. 335
Byrne, J. H. 733

Cackett, R. 486
Caemmerer, C. 797
Caesar, Gaius Julius 335, 566
Calcidius 244
Callistus III. papa (Alfonso de Borgia) 369
Callus, D. 238
Calmann, G. 497
Calvet, A. 744
Calvot, D. 646
Campanini, S. 759–771
Canal Sánchez, J. M. 570
Canellas Lopez, Á. 571
Canone, E. 696
Capitani, O. 136
Caramuel y Lobkowitz, Juan 550
Caravita, A. 615 sq.
Cariboni, G. 66, 68, 76
Carmassi, P. 793
Carmody, F. J. 311
Carolus Aurelianensis (Charles de Valois, duc d'Orléans) 322
Carolus de Visch 815
Carolus I. rex Angliae 404
Carolus I. rex Burgundiae 381
Carolus II. de Burbonia 215
Carolus II. dux Lotharingiae 462
Carolus IV. imperator Sacri Romani Imperii 325, 568, 748
Carolus Magnus rex Francorum et imperator Romanorum 33, 35, 38 sq., 42, 58, 326, 335 sq., 473, 478 sq.

Carolus V. rex Francorum 305, 308, 311–319, 321–337
Carolus Velserus 818
Carolus VI. rex Francorum 323–327, 329, 332, 336
Carpenter, A. 602
Carpenter, John 380
Carqué, B. 322
Carroll, Lewis 235
Carruthers, M. J. 733
Carver, M. 597
Casagrande, C. 660
Casali, C. 527, 528
Casarella, P. 681
Casavecchia, R. 612
Caspar Barthius 813, 815
Caspers, C. 591
Cassiodorus, Flavius Magnus Aurelius 5, 23, 32, 236, 598 sq., 725, 811
Castaldi, L. 85, 87 sq.
Castelli Gattinara, E. 207
Catto, J. I. 269 sq.
Catullus, Gaius Valerius 368
Cavallo, G, 207, 485
Cavicchi, C. 383
Cazelles, R. 326
Céard, J. 214
Cecconi, E. 511, 527
Ceglar, S. 87
Celeyrette, J. 317
Cermann, R. 469
Černý, P. 749
Cerroni, J. P. 97, 99, 102
Cerulli, E. 531
Cerutti-Guldberg, H. 539
Céspedes Agüero, V. S. 551
Cessi, R. 431
Chadel, Jean 372
Chaix, G. 258
Chajes, J. H. 775
Chapelot, J. 324
Chapman, G. 564, 565, 568, 569
Chartier, R. 207, 213, 485
Chatelain, E. 230
Chaucer, Geoffrey 500
Chavasse, A. 603
Chazelle, C. 599
Chené, J. 729
Chenu, M.-D. 233
Cherubino da Spoleto 392
Chesnau, Nicolas 214 sq.
Chevallier, P. 630
Chevenal, F. 306
Chevillier, André 221

Chiesa, P. 85, 87
Chirassi Colombo, I. 573
Christ, G. 341
Christ, K. 3 sq., 183 sq.
Christian Franz Paullini 797
Christian Juncker 809
Christianson, G. 679, 691, 696
Christianus Urtisius 797
Christine de Pizan 332–337
Christoph Binder 810
Christoph Daum 815
Chrysos, E. K. 703
Ciaralli, A. 56
Cicero, Marcus Tullius 235, 344, 356, 361, 364, 368, 370, 489, 543, 740
Cicero, Ps. 740
Cisne, J. L. 53
Ciucu, C. 778
Clara Assisiensis 158
Clark, J. G. 190
Clark, L. 386
Classen, W. 133
Claude de Grandrue 218
Clavadetscher, O. P. 34
Clemens I. papa 722 sq.
Clemens IV. papa (Guido Fulcodius) 226
Clemens V. papa (Betrand de Got) 361
Clemens VI. papa (Pierre Roger) 349
Clemens VII. papa (Giulio de' Medici) 692, 785 sq.
Clemens XIV. papa (Giovanni Vincenzo Antonio Ganganelli) 547
Clemens, R. 603
Clough, C. H. 716
Clovis Brunel, M. 325
Cochelin, I. 24
Cockx-Indestege, E. 462
Codoñer, C. 85
Coelestinus I. papa 728 sq.
Colbert, Jean-Baptiste 713
Coleman, J. 327, 733
Colin, M.-A. 383
Colledge, E. 257, 675
Colli, A. 135–156, 438
Colli, V. 342
Collicelli, Antonio 616
Collins, R. 57, 200
Colomban, S. 76
Colombini, Giovanni 393
Colombo, V. 412–414
Colomer, E. 699
Columbanus Luxoviensis 24–26, 811
Columbanus de Iona 797
Combes, A. 645, 648, 661, 666, 668 sq.

Connoly, M. 380
Conrad Celtis 716, 806
Conrad de Romersheim 227
Conrad Rittershausen 798 sq.
Conradus de Montepuellarum 309, 310
Conradus de Saxonia 99, 105
Conradus II. imperator Sacri Imperi Romani 31, 37, 577
Conradus Teutonicus 115
Constable, G. 260, 518–520, 572
Contamine, G. 330
Contrenis, J. 22
Conway, M. 830
Coolen, C. 200
Coopland, G. W. 336
Copeland, R. 742
Coppens, C. 230
Coppieters 't Wallant, B. 92–95
Copsey, R. 140
Corbechon, Johann 335
Corbellini, S. 174, 379–398
Cordez, P. 211, 233 sq.
Cordonier, V. 431–456
Cornelius a Lapide 116
Cornelius Celsus 374
Corrozet, Gilles 217
Corry, M. 392
Corsano, A. 437
Corsepius, K. 694
Cortesi, M. 697 sq., 701, 706–708, 716 sq.
Cosma de Villiers 140
Cosma, A. 332
Cosmas Pragensis 567, 746, 754–757
Costales, P. y. A. 547
Costerus, Franciscus 109
Cottingham, J. 253 sq.
Courcelle, P. 669
Courtenay, W. J. 192, 271
Craemer-Ruegenberg, I. 747
Craemer, U. 710, 713
Craig, E. 539, 553
Craloh abbas 35
Cramer, A. 118
Crawford, F. S. 282
Crawford, M. 600
Crecens 451
Creytens, R. 513
Crispin, J. 5, 323
Cristóbal de Torres episcopus 542
Croizy-Naquet, C. 207, 316
Cross, F. L. 513
Culleton, A. S. 536, 543, 546, 547, 554
Cursi, M. 389
Cygler, F. 157, 162

Cyprianus Carthaginiensis 131, 370, 568
Cyrillus Alexandrinus 236, 283
Cyrillus Alexandrius 499
Cyrillus Hierosolymitanus 498
Cyrus, D. 592
Czapla, R. G. 121, 131, 710
Czerny, A. 79

D'Abbeville, Gérard 210 sq., 313
D'Acunto, N. 66, 68, 76
d'Alençon, E. 158
d'Alverny, M.-T. 260, 739
D'Amato, A. 135 sq.
d'Andrea del Pannocchia Riccomanni, Antonio 391–393
d'Avray, D. 169
d'Hoine, P. 436
d'Orgemont, P. 326
Da Filicaia, Antonio 390 sq., 393 sq., 396
Da Gai, V. 332
Dachon, R. 362, 364
Daiber, H. 411–414
Dalby, R. 759
Dallapiazza, M. 703
dal Pozzo Toscanelli, Paolo 698
Damasus I. papa 729
Dan, J. 765, 769
Daniel Morlanensis 739
Daniel Pragensis 752
Daniels, A. 142 sq., 145–147
Daniels, R. 491
Dannenbauer, H. 697
Dannenberg, L.-A. 164
Dante Alighieri 366, 613, 703
Dassmann, A. E. 494
Daub, F.-W. 411
Daudin, Jean 331
David Blondel 725
David rex 573
Davis, N. Z. 329, 405
Davydova, S. A. 681
de Aguilar, José 543
de Arriaga, Rodrigo 550
de Avendaño, Diego 540, 543, 549, 550
de Ayala Martínez, C. 579
de Becdelièvre, V. 324, 327
de Boer, J.-H. 310, 315
de Castellet, L. 576
de Certeau, M. 206
de Espinoza Medrano, Juan 541
de Fuica, Juan 543 sq., 546, 551, 554
de Ghellinck, J. 223, 575, 623, 628 sq., 633 sq., 637, 641, 643, 648
de Hamel, C. 824

de la Cruz Díaz Martínez, P. 571
de la Pena, R. 334
de la Rosa y Galván, Pedro José Chávez 541
de la Torre, M. 565
de Labrune, F. 399
de Laplane, H. 201
de Leemans, P. 249, 438
de Libera, A. 224
de Lugo, Juan 550
de Mendoza, Pedro Hurtado 550
de Meyier, K. A. 576
de Mézières, Philippe 332, 336
de Molière, M. 775–792
de Monsserat, Cosimo 369
de Montaigu, Gérard 325
de Olías, Juan 538
de Persle, Raoul 331, 332
de Pommerol, M.-H. J. 339, 344, 354, 355, 364, 365
de Rab, Augustinus 346
de Rijk, L. M. 142
de Ripalda, Juan Martínez, S.J. 540
de Robertis, T. 437
de Ron, Antonio 548
de Rubais, F. 10
de Sacrobosco, Johannes 310
de Salins, Nicolas 381
de Sandre Gasparini, G. 390
De Smet, D. 266
de Smet, R. 696
de Sorbon, Robert 313
de Trémaugon, Évrard 330, 332, 333
de Villalonga, Arsenio 368
de Vleeschauwer, H. 207–211, 213, 608
de Winter, P. M. 322
de Wiślica, Clemens 532
Deavaux, J. 331
Decaulwé, M. 514
Decker, A. 8, 56
Decker, B. 150
Deckers, J. 754
Decorte, J. 266, 291–294
Deighton, A. R. 469
Del Campo, Juan 551
Del Rey Fajardo, J., S.J. 539, 540
Delabar, W. 797
Delcorno, C. 390, 391
Delisle, L. 191, 210 sq., 219, 225–229, 313 sq., 383, 568, 608 sq., 646, 744 sq.
Dell'Olmo, M, 612–616
Delogu, D. 333
Deluz, C. 518
Demandt, A. 159
Demetrios Hyaleas 523–526

Demeulenaere, R. 92–95
Democritus 244
Demouy, P. 326
Dendorfer, J. 507
Denifle, H. 155, 230, 497
Denis Foulechat 321, 337
Depreux, P. 18, 724
Deroche, F. 323
Derolez, A. 7, 225, 227 sq., 322, 397, 475, 643, 649
Derville, A. 194
Descartes, René 253–255, 276 sq.
Deschamps, J. 462
Desgrugillers, N. 326
Desiderius abbas 609–613
Desportes, P. 383
Dessì, R. M. 390, 394
Destrez, J. 251
Detl, W. 6
Deuffic, J.-L. 232, 322
Deutinger, R. 62
Devaux, J. 330
Dey, H. W. 24
di Cambio, Arnolfo 361
di Giovanni Guinigi, Michelle 389, 390
Di Napoli, G. 437
Di Sante, A. 372
di Tofano, Giovanni 394
di Tommaso, L. 562, 574–577
Díaz de Bustamente, J. 85
Díaz Jiménez, E. 570, 573
Díaz y Díaz, M. C. 85, 574
Dicke, G. 128, 495
Diebold Lauber 496
Diem, A. 23 sq.
Diem, W. 414
Dienst, H. 62
Dierse, U. 341
Dietl, C. 62
Dietrich von Bern 472
Dietz, A. 692
Dill U. 513
Dinter, P. 607
Dinzelbacher, P. 502
Diogenes Laertius 703
Dionysius Areopagita, Ps. 67, 236, 256, 261, 630, 636 sq., 645, 647, 659, 698, 703 sq., 706
Dionysius Cartusianus 130, 255–262, 269, 636 sq., 658, 704
Dionysius Exiguus 729
Dionysius Petavius 796
Dlabačová, A. 174, 636
Doci, V. S. 172
Dod, B. G. 292

Dodo episcopus 571
Dolbeau, F. 173, 207
Dold, A. 55
Dolezalek, G. 49 sq.
Doležalová, L. 562
Domanski, K. 491, 494
Domenico Capranica 697, 716
Domenico Cavalca 391, 394
Domenico Grimani 782
Dominé, A.-S. 638
Domínguez Miranda, M. 540, 555
Dominicus de Guzmán 158
Dominicus Gundissalinus 741
Donati, G. 369
Donati, S. 244
Dondaine, H. F. 261
Dongelmanns, B. 397
Dönitz, S. 341
Donnadieu, J. 518
Döpfner, Julius 355
Dora, C. 34, 36, 44
Dorfmüller, K. 776
Döring, D. 125
Douais, A. 169
Douais, C. 150
Doucet, V. 170
Douchet, L. 388
Douteil, H. 561
Draud, G. 766
Dreckmann, H.-J. 480
Drews, W. 307
Dringenberg, Ludwig 495
Dronke, P. 737
Drossaart Lulofs, H. J. 738
Du Chemin, Nicolas 217
Duba, W. O. 192 sq., 833
Duchet-Suchaux, M. 561, 643
Ducos, J. 314, 315, 738, 744
Duellius, Raimund 464, 465
Dufal, B. 332
Duft, J. 4, 9 sq., 13, 34 sq., 159
Duhem, P. 688
Duijvestijn, B. 462
Duin, J. J. 251
Dulong, M. 826
Dumont, S. D. 271, 274
Dunasch ibn Tamim 787
Dunphy, G. 756, 797
Durand, José 541
Durandus de S. Porciano 141, 258
Dutschke, C. 603

Ebbesen, S. 246
Ebbo Remensis 724

888    Namenregister

Eben, D. 751, 753
Eberhard Ebbelinck 794
Eberhard von Friaul 56
Eberhard von Schambach 468
Eberhardus Bituniensis 225, 814
Eberhardus I. dux Virtembergiae 469, 473
Ebersperger, B. 52
Eccardus I. Decanus 30, 32, 44 sq.
Eccardus II. Palatinus 30–32, 36 sq.
Eccardus IV. 29–45
Eccardus Matisconensis 57
Echard, J. 150
Eckard, T. 801
Eckermann, W. 393
Eckert, W. P. 696, 698 sq., 700–704, 706–709
Eckhart, Meister 185, 624, 626, 700, 704, 715
Edward Bernard 812
Edward III. rex Angliae 318
Edward IV. rex Angliae 323
Edwards, T. 340
Egger, C. 46, 67, 69
Egger, F. 172
Egli, J. 31 sq., 37, 42
Ehlers, J. 62
Ehrenschwendtner, M.-L. 182–184, 186
Ehrle, F. 352, 359, 361
Eichenberger, F. 492
Eifler, M. 622, 627, 629, 640, 650, 652 sq., 680
Eilhard Lubinus 815
Einhardus 35, 796
Eisenbach, F. 592
Eisenberg, C. 317
Eisenbichler, K. 393
Eisenhut, H. 40–43
Eisermann, F. 641, 648
Ekbert von Schönau 502
El-Rouayheb, K. 424, 427
Eleazar de Worms 783, 787
Elfassi, J. 87
Elias Bodenburgh 794
Elias Levita 776, 782 sq.
Elisabeth von Nassau-Saarbrücken 473
Elisabeth von Schönau 502, 654
Elisabeth von Volkensdorff 469, 481
Elizabetha I. regina Angliae 404
Elm, K. 129, 159, 162, 167
Elpert, J. B. 696, 698 sq., 705
Embach, M. 40, 126, 344, 465, 475, 711
Emden, A. B. 203, 315
Emecho von Schönau 502
Emery, K. 151, 250–302, 658, 673, 675, 677
Emler, J. 752
Emma von Böhmen 751
Emmelius, C. 650, 652

Empedocles 244
Endres, M. 305
Endress, G. 741
Engelbert, P. 56
Engelbrecht, H. 754
Engels, P. 527
Engilbert abbas 36
Engler, C. 179, 183, 185
Epiphanius Scholasticus 725
Erasmus Roterodamus, Desiderius 131, 542, 708, 716, 809
Erhard, A. 468
Erll, A. 562
Ernst von Salzburg 781
Ersch, J. S. 768
Esch, A. 52 sq., 56
Escher, K. 513
Esders, S. 724
Esdras scriba 598 sq., 617, 573
Esposito, M. 8
Esser, B. 498
Esteve, Jayme 548
Étienne Tempier 439, 454
Euclides 310, 736, 738, 740, 742
Eugenius III. papa (Bernardus Paganelli) 571
Eugenius IV. papa (Gabriele Condulmaro) 701
Eugenius IV. papa (Gabriele Condulmer) 368, 370, 514
Eugenius Toletanus 811
Eugippius 13, 608
Euler, W. A. 691, 695, 710
Eusebius Caesariensis 21, 23, 600
Eutocius 736
Euw, A. v. 459, 460, 589
Evans, G. R. 252, 270
Everwinus illuminator 749
Everwyn von Bentheim 469
Excoffon, S. 678
Ezechiel propheta 374
Ezra ben Isaac Fano 771

Faber, D. 397
Faber, P. 369
Fabian, B. 696
Fabius Vigilius 135–140, 149 sq., 154 sq.
Fabre, L. 654
Fagin Davis, L. 66, 68, 822, 830
Faini, M. 392
Faller, O. 582
Falmagne, T. 65 sq., 68
Falque, I. 174
Faltenbacher, K. F. 764
Farenga, P. 696
Farge, J. K. 215

Fasbender, C. 486, 621 sq.
Fasolt, C. 799
Fassler, M. 604
Faucon, M. 362
Fauser, W. 137, 826
Faustus de Montecassino 570
Fazio degli Uberti 392
Febvre, L. 207
Fechter, W. 468, 478
Federico Frezzi 392
Felfe, R. 655
Felibien, M. 212
Felix Hemmerlin 181
Felix I. papa 731
Felix sanctus 400
Felix V. antipapa (Amadeus III. dux Sabaudiae) 521, 701
Felix von Oefele 776, 780
Felten, F. J. 5
Fentress, E. 24
Feo Belcari 393
Ferdinandus I. imperator Sacri Romani Imperii 776, 783
Ferdinandus I. rex Castellae 579
Ferdinandus II. imperator Sacri Romani Imperii 114, 118
Ferdinandus III. imperator Sacri Romani Imperii 113
Ferdinandus III. rex Castellae et Legionis 478
Ferdinandus Petri de Calahorra 580
Ferrari, M. 66, 68, 76, 613
Ferro, E. 516
Fery-Hue, F. 324, 327
Fiamma, A. 697, 704
Fiaschi, S. 697
Fichtenau, H. 62
Fieback, A. 162
Fierro, M. 425
Fiesoli, G. 394
Figura, M. 592
Fill, H. 86
Finch, C. E. 11
Fingernagel, A. 61, 65, 69, 75, 79, 82 sq., 90
Firey, A. 51, 733
Fischer-Heerfeld, G. 489
Fischer, B. 561–564, 583, 598
Fischer, J. 648
Fiska, P. 796
Fita y Colomé, F. 571
Flanagin, D. Z. 659
Flasch, K. 677, 679 sq., 716
Flavius Blondus 703
Flavius Josephus 566 sq.
Flavius Mithridates 761

Fleck, K. 473
Fleisch, I. 357
Fleith, B. 488, 621, 650, 825
Fleming, Sir Oliver 403
Flieder, V. 61
Flodoardus Remensis 806
Flodr, M. 97
Floremundus Raemundus 120
Florianus Nezorin 112
Flüeler, C. 29, 53, 203, 311, 819–833
Fobes, F. H. 241
Foerster, T. 715
Fohlen, J. 368
Folcuinus Lobiensis 200
Fontaine, R. 741
Forcellini, E. 736
Forness, Ph. M. 566
Foronda, F. 329
Fortacín Piedrafita, J. 571
Fossati, C. 816
Foucault, M. 6 sq., 207, 229, 305, 306, 341
Fournier, G. 206–237, 312, 322, 621–655
Fournier, P. 150
Fowler, J. 605
Fraenkel, B. 328
France, Anatole 759
Francesco Parnas 784 sq.
Franciscus Assisiensis 158, 361, 544, 644
Franciscus de Marchia 432
Franciscus de Mayronis 686
Franciscus Georgius Venetus (Francesco Zorzi) 761, 765
Franciscus I. imperator Sacri Romani Imperii 63
Franciscus I. rex Francorum 323
Franciscus II. imperator Sacri Romani Imperii 63
François de Belleforest 213–219, 233
François Eximenes 714
Frank, G. 808
Frank, I. W. 178
Franklin, A. 221, 226, 235, 314, 608
Frati, L. 136–138, 140
Frecht, Martin 780
Freckmann, A. 490
Freculphus Lexoviensis 5, 20, 25
Fredegarius Scholasticus 21, 47
Freiträger, A. 131
Fremmer, A. 390
Frenken, G. 56
Frese, T. 600
Freudenthal, G. 790
Frey, D. 62
Fridericus I. Barbarossa imperator Sacri Romani Imperii 752, 799

Fridericus I. comes Palatinus 469, 470
Fridericus II. de Hoya 470
Fridericus III. imperator Sacri Romani Imperii 701
Fried, J. 755
Friedl, A. 567
Friedman, R. L. 142 sq., 145, 161
Friedrich von Baumgartenberg 62 sq.
Friedrich, G. 96, 750
Friedrich, M. 307
Friedrich, U. 6 sq., 653
Frigg, S. 34
Frioli, D. 4, 70, 85
Fröde, T. 402
Froger, J. 44
Froilani, S. 570
Fromaget, B. 712
Fromm, H. 466
Froschauer, R. 40
Frost, G. 534
Frost, S. 700
Frugoni, A. 206, 361
Früh, M. 621
Frühmorgen-Voss, H. 489
Fuchs, F. 507, 708
Fudge, T. A. 504
Fuetrer, Ulrich 460, 462, 466, 478
Fugaro, D. 537
Fugger, Johann Jakob 708, 776, 782
Fuhrmann, H. 724 sq.
Fulgentius Ruspensis 236, 811
Fürbeth, F. 5, 7, 9, 19, 344, 457–483
Furlong, G. 551
Fürst, J. 768
Füssel, M. 310, 315
Füssel, S. 125

Gäbe, S. 751
Gabel, M. 353
Ğābir, S. 425
Gabriel Naudaeus 229 sq., 233, 235
Gabriel, A. L. 194
Gabriel, D. 312
Gabriele della Volta 784 sq.
Gabriele, M. 578
Gaetano Maria Merati 108
Gal, G. 145
Galderisi, C. 331
Galderisi, P. 338
Galenus, Claudius 244, 286 sq., 739, 790
Galfredus de Vino Salvo 814
Galindo Romeo, P. 340, 365
Gamber, K. 582, 583, 591
Gamble, H. Y. 583

Gameson, R. 598 sq., 605
Gamper, R. 37, 65, 67, 69, 819
Ganina, N. 678
Gantert, K. 822, 825
Ganz, D. 35 sq., 44, 587, 726
Ganz, J. 621
Ganzer, G. 604
Gaposchkin, C. 333, 334
Garand, M.-C. 69
García de Gúdal 572
García Villada, Z. 570, 573, 577
García y García, A. 157
Garfton, A. 791 sq.
Garibaldi, V. 361
Garin, E. 809
Garnier, J. 383
Gasapino Antegnati 606, 742
Gaspar Jongelinus 804
Gastgeber, C. 748
Gaulmin, G. 766 sq.
Gaunthier, R.-A. 436
Gautier, M. 323
Gay-Cantone, R. 512
Ġazāl, M. F. 426
Gebert, B. 568
Geert Groote (Gerardus Magnus) 129
Geiler von Kaysersberg 489
Geisberg, M. 203
Geisericus rex Vandalorum 702
Geith, K.-E. 8, 54
Gelasius I. papa 22
Gelmi, J. 679
Genest, J.-F. 211, 639
Genet, J. 329
Gennadius Massiliensis 22, 27, 267, 283, 812
Gensler, M. 238–249
Geoffroy Le Moal 232
Georg Heinrich Götze 809
Georg Ludwig Froben 798
Georgios Gemistos Plethon 696
Georgius Lacombe 826
Geraldus Odonis 203
Gerardus Comitis 185
Gerardus Cremonensis 360, 606, 739–745
Gerardus de Abbatisvilla 207 sq., 210 sq., 221, 224, 231, 251, 668, 672, 744
Gerardus de Vliederhoven 129
Gerardus de Zutphania 122
Gerhalds, A. 583
Gerhoh Laureshamensis 16 sq.
Germain, Jean 513
Germann, M. 399
Gertrud von Helfta 654
Gervasius Tilberiensis 799

Gerz-von-Büren, V. 649
Gesner, Conrad 763
Gestrich, H. 702
Getty, Jean Paul 460
Geudens, C. 196
Geuenich, D. 42
Geyser, J. 143
Giacomo Caetani Stefaneschi, 361
Gian Vincenzo Pinelli 782
Giard, L. 206, 233
Gibson, N. 411
Gierl, M. 817
Giese, M. 756
Gignaschi, M. 494
Gikatilla, Joseph 760, 763 sq.
Gil Atrio, C. 570
Gil Gernández, J. 570
Gil, M. 203
Gilduin 607
Gill, M. J. 692
Gilles Malet 324, 327
Gillespie, V. 386
Gilson, É. 266, 306
Ginzburg, C. 206
Giocarinis, K. 228
Giordano Orsini 698
Giovan Battista Nani 404
Giovanni Andrea die Bussi 703
Giovanni Lorenzi 374
Giovannini, A. 833
Girard Goguye de Beaune 381, 382
Giraud, C. 219
Girolamo da Valle 813
Girolamo Seripando 775, 779, 782
Gisela de Suevia imperatrix Sacri Romani Imperii 31, 37 sq.
Giuliano Cesarini 511, 527, 697
Giustiniani, A. 286
Glassner, C. 748, 825
Glauch, S. 654
Glauche, G. 465
Glei, R. 516
Gleixner, U. 794 sq., 817
Glier, I. 478
Glorie, Fr. 290
Glorieux, P. 142, 156, 208, 210 sq., 220–225, 227, 234, 313, 386
Gloy, R. 825
Gobbi, D. 756
Godefridus Bullionensis 474, 478, 482
Godefridus de Brabantia 480
Godefridus de Fontibus 224, 251, 260, 270, 272, 275–277, 292–294, 298 sq., 300, 313
Godefridus de Strasburgo 471, 476 sq., 481 sq.

Godman, P. 57
Goehring, B. 289
Goethe, Johann Wolfgang von 732
Goette, A. 463, 465, 475, 478, 480, 482
Goetting, H. 802
Goetz, H.-W. 25
Golein, Jean 311, 326, 335
Golob, N. 41, 70
Gómez Muntané, M. 576
González Fernández, J. 570
Gonzalo Pérez Gudiel 743
Goodman, M. 770
Goodman, S. 770
Goosmann, E. 21
Goris, W. 139, 151
Gorman, M. M. 7, 13, 599
Gorochov, N. 156, 212, 218, 308, 315
Gosch, M. 567
Gossembrot, Agatha 488
Gossembrot, Georg 488
Gossembrot, Sigismund 484, 486–507
Gottlieb, T. 4, 9, 72, 469, 608
Gottschalk von Heiligenkreuz 65, 72, 78 sq., 83
Gouguenheim, S. 157
Goy, R. 82
Goyens, M. 314, 315
Grabmann, M. 136, 139, 143, 150 sq.
Graef, S. 696
Graevenitz, G. v. 495
Graf, D. T. 151
Graf, K. 457, 460, 461, 463
Grafinger, C. 339, 342 sq., 359–375, 830
Grafton, A. 371, 485, 486
Grant, E. 328
Grässe, J. G. T. 498
Graus, F. 753
Gray, M. 386
Greco, A. 369
Green, M. 744
Greenblatt, S. 486, 504
Gregorio Dati 392
Gregorius I. papa (Gregorius Magnus) 23, 44, 72, 84, 87–89, 130, 236, 250, 276 sq., 293 sq., 300, 608, 616, 632, 722, 810 sq.
Gregorius III. papa 723
Gregorius Nazianzenus 12, 15, 610, 700, 703
Gregorius Turonensis 21, 23, 47
Gregorius XI. papa (Pierre Roger de Beaufort) 344, 362, 364
Gregorius XII. papa (Angelo Correr) 368
Grenier-Braunschweig, L. 224
Grenzmann, L. 7
Grimald von Weißenburg 19, 29
Gröbel, F. 341

Groddeck, G. 767
Grohe, J. 703
Gröning, Martin 374
Gros Bitría, E. 384, 566, 573, 574
Gross-Morgen, M. 692
Groß, Erhart 621
Groten, M. 591
Gruber, J. G. 768
Gruber, Wenzel 460
Grubmüller, K. 128, 465 sq., 495
Grunert, F. 817
Gruys, A. 69
Gsell, B. 62
Gualfridus Strabo 610, 811
Gualterus Burlaeus (Walter Burley) 99, 115, 238–249, 494, 623
Gualterus de Castellione (Walter de Châtillon) 795, 811
Gualterus de Douai 226
Guazzelli, Pietro Demetrio 372
Guerra, Marcos S.J. 548
Guerra, S. M. B. 548
Guibertus Tornacensis 360
Guidi, P. 362
Guido Casinensis 609
Guido Terreni 349
Guigo Carthusiensis II. 257
Guigo de Ponte 659
Guigone de Salins 712
Guiliano Cesarini 521
Guillaume d'Ortolan 354
Guillaume d'Estouteville 692
Guillaume de Fillastre 202
Guillelm Pérez episcopus 571
Guillelmus a S. Theodorico 87
Guillelmus Alaunovicanus 273
Guillelmus Alvernus 642, 687 sq.
Guillelmus Anglicus 141
Guillelmus Autissiodorensis 360
Guillelmus Curti 217
Guillelmus de la Mare 150
Guillelmus de Lancea 115
Guillelmus de Moerbeka 239 sq., 259 sq., 292 sq., 295, 436, 743
Guillelmus de Montmorency 210
Guillelmus de Ockham 202 sq., 230, 318, 343
Guillelmus de Ware 138, 141–145, 147, 149, 156
Guillelmus Durandus 326, 609
Guillelmus Fichetus 233
Guillelmus Hirsaugiensis 805
Guillelmus Petrus de Godino Baionensis 139, 150–152, 154–156
Guillelmus Senonensis 193
Guillelmus Tripolitanus 527

Guillermus Barberii 383
Guillermus Tardivius Aniciensis 233
Guinan, P. 659
Guldentops, G. 353
Gullath, B. 502, 504
Gumbert, J. P. 69
Guntbert de Saint-Bertin 200
Günther, J. 459, 460
Günther, S. 425
Guntherus Parisiensis 799
Günzel, S. 341
Gutas, D. 738
Gutenberg, Johannes 536
Gutiérrez, B. 544
Gutiérrez, D. 159
Guy de Chauliac 713
Guy Flamenc 387
Guyot-Bachy, I. 326
Guyot, B. G. 230, 251

Haas, A. M. 636
Haaß, R. 123
Habel, E. 341
Hachmeier, K. U. 415
Hadrianus I. papa 723
Haefele, H. F. 30, 34, 39 sq., 42
Haferland, H. 654
Hagemann, L. 699
Hahn, U. 407
Haidinger, A. 65, 67 sq., 71–73, 75 sq., 78, 82, 84 sq., 88, 91, 93
Haimo Autissiodorensis 608
Haimo de Basochis 608
Hajdú, I. 523, 524
Hajdú, K. 523, 524, 532
Halitgarius Cameracensis 46
Hall, St. G. 583
Hallauer, H. J. 676, 681, 694 sq., 704, 708
Haller, H. 474
Haller, J. 521, 531
Halm, C. 515
Hamann, F. 512
Ḥamaza Ibn al-Ḥasan al-Iṣfahānī 411, 415, 425–427
Hamblin, C. L. 202
Hamesse, J. 139, 150, 194 sq., 265, 281, 285 sq., 743
Hamm, B. 625
Hamm, W.-M. 696
Hammerstein, N. 799
Hänel, G. 48
Hänerlein, M. 403
Hanke von Hankenstein, J. A. 97–120
Hannerich, L. L. 169

Hannibaldus de Ceccano 220, 222, 234
Harder, C. 723 sq.
Harf-Lancner, L. 207
Hariulfus Aldenburgensis 8, 20, 24
Harley, Edward 2nd Earl of Oxford and Earl Mortimer 708
Harley, Robert 1st Earl of Oxford and Earl Mortimer 708
Harms, W. 797
Harper, A. 424
Harris, C. B. 733
Harting, O. 507, 776, 780
Härtl, H. 794, 815
Hartmann Schedel 405, 457, 481, 708
Hartmann von Aue 471, 476 sq., 480, 482
Hartmann, M. 795
Hartmann, W. 19, 29, 50, 723
Hartmannus Sangallensis 30, 43 sq.
Hartmotus Sangallensis 19, 29, 36
Hartog, F. 206
Hārūn, ʿA. 417, 419
Hascher-Burger, U. 625
Häse, A. 8, 11–18, 20, 23 sq., 54, 55
Hasebrink, B. 184 sq., 626
Hasenohr, G. 381, 382
Haskins, C. 736, 739
Hasselhoff, G. K. 562
Hatheyer, B. 479
Hathumoda abbatissa 805
Hatto I. abbas 16
Haubst, R. 698 sq.
Hauck, A. 722
Hauck, K. 808
Haug, A. 44
Haug, W. 480, 621
Hauser, J. 511–533
Hausmann, R. 601
Havel, D. 746–751
Haverkamp, A. 126
Haverkamp, E. 775
Hawke, D. M. 413
Haye, T. 53, 793, 795
Hecht, F. 753
Heckmann, M.-L. 678
Hedeman, A. D. 326, 332
Hegel, Georg Wilhelm Friedrich 484
Heiligensetzer, G. 64 sq., 75
Heiligensetzter, L. 513
Heimann, H.-D. 459
Heinemann, A. 412
Heinrich Canisius 797
Heinrich Johann Bytemeister 816
Heinrich Julius Herzog von Braunschweig-Wolfenbüttel 793

Heinrich Meibom maior 796, 800, 802, 805
Heinrich Meibom minor 796, 800 sq.
Heinrich Schurzfleisch 806
Heinrich Ulrich 399, 400, 402, 407
Heinrich von Burgeis 474, 483
Heinrich von Friermar 648
Heinrich von Langenstein 473
Heinrich von Mügeln 473, 489
Heinrich von Nordheim 805
Heinrich von Veldke 474, 481, 483
Heinricus scriba 78, 82
Heinz-Mohr, G. 696, 698 sq., 700–704, 706–709
Heinz, S. 693
Heinzer, F. 488
Heinzle, G. F. 54
Heist, W. W. 573
Heitzmann, C. 794, 815
Hejnic, J. 702
Heller, M. J. 788
Hellgardt, E. 31, 37 sq., 41
Helmicus de Zutphania 122
Helmoldus Stadensis 798
Helmrath J. 528, 699, 704
Helschinger, D. 62
Héméré, Claude 210
Hendrickx, F. 462
Henke, S. 732
Henking, C. 43
Henri II. de Rohan 403
Henricus Almannus 271
Henricus Aristippus 738
Henricus Bate 259
Henricus de Cervo Coloniensis 139
Henricus de Eyndonia
Henricus de Frimaria, Senior 181
Henricus de Gorrichem 181
Henricus de Langenstein 129
Henricus de Talheim 271
Henricus Gandavensis 140–142, 255, 258, 262–272, 274–278, 282, 289 sq., 292–294, 296, 298, 300, 302, 432, 439, 454, 673, 812
Henricus III. imperator Sacri Romani Imperii 37, 797
Henricus VII. imperator Sacri Romani Imperii 474, 478, 480
Henricus Merseburgensis 99, 104
Henricus Petrus 214
Henricus Riß 174
Henricus Schretz 174
Henricus Septimellensis 811, 815 sq.
Henricus Seuse 179, 381
Henricus Spondanus 111
Henricus Stephanus 130
Henricus Tobling 99

Henricus Totting de Oyta 106
Henriette Christine von Braunschweig-Wolfenbüttel 802
Henry, F. 638
Hensel-Grobe, M. 691, 695, 710 sq., 714 sq.
Hentschel, F. 44
Henze, I. 796
Henzel, K. 732
Heraclitus 244
Herbers, K. 357
Herding, O. 798
Herebertus medicus 741
Hermann Conring 799–801, 808 sq., 817
Hermann Dietrich Meibom 796–801, 806, 812, 816
Hermann I. abbas 63
Hermann II. abbas 63
Hermann Schedel 507
Hermann von Lerbeck 800
Hermann von Sachsenheim 462
Hermannus Alemanus 743 sq.
Hermannus Contractus 797, 806
Hermannus Dalmata (Hermann von Kärnten) 737
Hermannus de Carinthia 260
Hermannus Pragensis 753
Hermannus Tepelstensis 115
Hermans, C. R. 131
Hermes Trismegistus 374, 688
Hernández de Alba, G. 540
Herodes rex 516
Herodotus 371
Heron Alexandrinus 738
Herren, M. 573
Hertner Klee, Jean Martin 405
Hertner Klee, Vincent 405
Hervaeus Natalis 140, 142, 192
Hervé, J.-C. 308
Herzog, J. J. 722
Hevia Ballina, A. 563
Heymericus de Campo 512, 698
Hicks, E. 334, 336
Hidalgo-Serna, E. 809
Hieronymus de Vallibus 814
Hieronymus Pragensis 495, 503, 504, 519
Hieronymus, Sophronius Eusebius 12, 15, 20–23, 27, 32 sq., 76, 236, 250, 344, 357, 384, 474, 483, 608, 615, 631 sq., 756, 812
Hieronymus, Ps. 67
Hilarius Pictaviensis 370, 702
Hildebertus illuminator 749
Hildebold Coloniensis 8, 56
Hildebrandt, R. 32
Hildegard von Bingen 625, 654, 709

Hilgert, M. 7
Hillenbrand, E. 167
Hincmarus Remensis 699, 732
Hinschius, P. 723, 730 sq.
Hinz, H.-M. 753
Hiob 37 sq., 276 sq., 294, 570
Hirschbiegel, J. 329
Hirschmentzl, C. G. 98
Hittmaier, R. 62 sq.
Hiver de Beauvoir, A. 322
Hlaváček, I. 97, 476 sq., 749, 751, 755
Hledíková, Z. 747, 749, 753
Hludovicus Augustus 57
Höcker, B. 424
Hodel, P.-B. 160
Hodgson, M. 513
Hödl, L. 144
Hoenen, M. J. F. M. 224, 310, 695, 815
Hoeren, J. 504
Hoernes, M. 802
Hoffmann, H. 37, 52, 609–612
Hoffmann, J. 755
Hoffmans, J. 293
Höffner, J. 539
Hofmeister Pich, R. 534–556, 652, 658, 677, 680
Hoftijzer, P. 397
Hogg, J. 652, 656, 659
Holandi, Johannis 459, 460, 461, 463, 464
Holdenried, A. 573–578
Holter, K. 64 sq., 75, 91
Holtz, L. 217
Holtzmann, R. 751
Holzem, A. 357
Holzner-Tobisch, K. 748
Homem Leitonius, Matheus 550
Homer 526, 543, 756
Homolka, W. 424
Honegger, T. 582
Honemann, V. 495, 622, 641
Honneth, A. 6
Honorat, Bovet 332
Honorius Augustodunensis 686, 812
Honorius III. papa (Cencius Savelli) 230
Honselmann, K. 751
Hoogvliet, M. 379–398
Hopkins, J. 679 sq., 687, 689
Hoppe, W. 528
Horatius 37, 370, 489, 543, 703
Horn, N. 49
Horst, H. 121–134, 604
Horstmann, A. 307, 325
Hossfeld, P. 287
Hottin C. 321, 322, 323
Houwen, L. A. J. R. 5

Hoyer, W. 161
Hrabanus Maurus 5, 11, 16 sq., 22, 46, 700 sq.
Hranitzky, K. 64 sq., 69
Hrdina, K. 754
Hrosvitha Gandersheimensis 806, 811
Hübbe, B. 793
Huber-Rebenich, G. 507, 795
Huber, M. 6
Hughes, J. 692
Huglo, M. 574
Hugo Argentinensis 181
Hugo Capetus rex Francorum 333
Hugo de Balma 635 sq., 645–648, 656, 659–669, 686
Hugo de Folieto 129
Hugo de S. Victore 67, 77–80, 82, 183, 233, 236, 261, 316, 360, 568, 582, 641, 686, 800, 825–828
Hugo de S. Victore, Ps. 183 sq., 186
Hugo Ripelin de Strasburgo 470
Hugo Sanctelliensis 735–737, 742, 745
Hugo von Trimberg 470
Hugo, Victor 206
Hugonet-Berger, C. 712 sq.
Humbertus de Romanis 157, 161–163, 175–184
Humpert, W. 504
Humpoletz, Christian III. 63
Hund, Wiguleus 459
Hunericus rex 702
Hunt, R. W. 513
Hurel, D.-O. 796
Hurst, D. 599
Hurtado, L. W. 583
Hus, Jan 495, 503, 504, 735
Huschenbett, D. 479
Huygens, R. B. C. 64
Hylarius beatus 236

Ibn al-Haytām (Alhazen, Avennathan) 736, 740
Ibn al-Muthannā 736
Ibn Rušd (Averroes) 241–244, 246, 249, 252, 266, 276, 282, 286 sq., 293, 299, 374, 744, 789
Ibn Saḥnūn 425
Ibn Sīnā (Avicenna) 244, 246 sq., 249, 265–267, 278–282, 374, 741, 743
Ibn Tūmart 739
Ibn ʿAbd Rabbihī 425, 429
Ibrāhīm Ibn Sinān 740
Idel, M. 769–771
Ijsewijn, J. 194
Ildefonsus Toletanus 812
Imbach, R. 306, 310 sq., 333 sq., 696
Imbonati G. C. 767
Inca Garcilaso de la Vega 540 sq.

Indra, G. 88
Inguanez, M. 612–614
Innes, M. J. 25
Innocentius III. papa (Lotario dei Conti di Segni) 96, 360, 571, 709
Innocentius IV. papa (Sinibaldo de Fieschi) 361
Innocentius IV. papa (Sinibaldus de Flesco) 122, 220
Innocentius V. papa (Petrus de Tarantasia) 140, 155, 258, 269
Inyan Gadol 761
Iosue patriarcha 766
Irenaeus Lugdunensis 370 sq.
Irving, A. J. M. 596–617
Irwin, R. 424
Isaac ben Jacob ha-Kohen 761, 768 sq.
Isaac Casaubon 792
Isaac patriarcha 530
Isidorus Hispalensis 23, 67, 77, 84–87, 236, 359, 366, 563 sq., 573 sq., 608, 632, 812
Isidorus Hispalensis, Ps. 721–727, 729–734
Isidorus Thessalonicensis 369, 514
Iso Sangallensis 30, 32
Israhel van Meckenem, d. J. 203
Iturriaga, R. C. 544
Iustinus Martyr 756
Iuvenalis, Decimus Iunius 370
Iuventius 756
Izbicki, T. M. 679, 691, 696

Jackson, R. A. 326
Jacob A. von Questenberg 374, 374
Jacob, Louis 233
Jacobsen, W. 591
Jacobus Benedictus de Dacia 222, 234
Jacobus Bielski a Biela 104
Jacobus Carthusiensis (Jakob von Paradies/Jakob von Jüterbog) 621, 652, 654, 656–661, 663 sq., 666–677, 682 sq.
Jacobus de Lusanna 155
Jacobus de Voragine 99, 101, 105, 113, 468
Jacobus I. rex Angliae 404
Jacobus Magni 491
Jacobus Metensis 150
Jacobus Patavinus 192
Jacobus Riser 174
Jacobus Syrus 283
Jacobus Venetus 239, 282
Jacquart, D. 315, 743
Jakob I. von Sierck 692 sq.
Jakob Wimpfeling 716
Jakobs, P. H. F. 587
James, M. R. 759
Jan van Ruusbroec 621, 653, 686

Jan van Schoonhoven 653
Jan, L. 753
Janini, J. 572
Jannidis, F. 732
Janssen, R. 122, 128
Janssens, J. 266, 741
Jansson, Jan 405
Jaques de Vitry 518
Jaspert, B. 561
Jauß, H. R. 319
Jaymes, D. 404
Jean Gerson 129, 181, 256 sq., 336, 386–388, 632, 635 sq., 641 sq., 644–648, 653, 656, 658–661, 663 sq., 666–671, 673–675
Jean de Valois, duc de Berry 322, 324
Jean Jouffroy 372
Jean le Catalographe 212, 227 sq., 235
Jean Paul 484
Jean VI de Bliecquère 201
Jean-Baptiste Pie ou Pio 214
Jeanneney, J.-N. 820
Jeauneau, É. 742
Jeay, C. 328
Jebbe, J 3–28
Jefferson, J. 512
Jeggle, C. 403
Jehan de Bouchy 387
Jeremias propheta 374
Jeschke, T. 151
Jesus Christus 25, 94, 100, 109, 111, 144, 146, 152 sq., 176, 251, 267, 269, 281 sq., 284 sq., 294 sq., 300, 516 sq., 529, 565, 573 sq., 580 sq., 587, 599, 662, 664 sq., 667 sq., 671, 775, 779, 788
Joachim Camerarius 780
Joachim Feller 812
Joachimsohn, P. 486, 489, 491, 498 sq., 502–506,
Joachimus Florensis 209, 374
Jöcher, C. G. 767
Jocqué, L. 607
Jodocus Badius Ascensius 286, 291
Jodocus Metzlerus 38
Johann Adam Lonicer 794
Johann Albert Fabritius 812
Johann Albrecht Widmanstetter 775–792
Johann Franz Budde 818
Johann Friedrich Nolte 818
Johann Georg Cramer 796
Johann Georg Leuckfeld 795, 801–806, 810
Johann Himmelius 810
Johann Joachim Frantz 796
Johann Joachim Mader 798–800
Johann Martin Chladenius 817
Johann Paul Gumprecht 818

Johann Virgilius 716
Johann von Dalberg 716
Johann von Eych 507
Johann von Francolin 459
Johann von Würzburg 473, 476, 478, 483
Johann Wesel (Gansfort) 716
Johann Wilhelm von Göbel 799
Johann Zwinger 809
Johanna I. regina Navarrae 218
Johannes Andreas Jussow 816
Johannes Andreas Schmidt 802, 804, 806–808, 816
Johannes apostolus 39, 94, 102, 176, 285, 294, 296, 300, 302, 385, 601, 610, 651, 699
Johannes Balbus 101, 106, 713
Johannes Baptista 105 sq., 515
Johannes Boeclerus 796
Johannes Bötschner 174
Johannes Burgi 343
Johannes Buridanus 202 sq., 318
Johannes Buxtorf maior 762 sq., 767
Johannes Buxtorf minor 763
Johannes Calvinus 215 sq.
Johannes Cassianus 24, 77, 89–92, 236, 256 sq., 608, 615
Johannes Chrysostomus 129, 236, 371, 584, 699, 703
Johannes Climacus 256
Johannes Damascenus 316
Johannes de Galonifontibus (Johannes Sultaniensis) 527
Johannes de Garlandia 813 sq.
Johannes de Indagine (Johannes Hagen) 622, 652, 654, 656–661, 663 sq., 667–669, 671–678, 680–683, 685 sq., 688
Johannes de Moguntia 172, 174, 179–181
Johannes de Montibus Cuthnis 109
Johannes de Neapoli 140
Johannes de Ragusa 173, 179, 511–533
Johannes de Ripa 139, 141
Johannes de Segovia 512, 533
Johannes de Versiaco Altissiodorensis 181
Johannes Diaconus 44, 570
Johannes Duns Scotus 139, 141–144, 255, 258, 262, 267, 269–277, 289 sq., 297, 370, 544, 546 sq., 551 sq.,
Johannes Flamingus 195, 198 sq., 202 sq.
Johannes Guallensis 195, 198 sq., 202
Johannes Herolt 100, 119
Johannes Hispalensis 735, 737, 742
Johannes Hohenloch 174, 182
Johannes II. rex Francorum 326, 330
Johannes III. papa 729
Johannes Incus maior 709

Johannes IV von Nassau 469
Johannes Januensis de Balbis 227
Johannes Letzner 796
Johannes Meyer 174, 178–180, 182–186
Johannes Nider 172
Johannes Ocellus 474, 483
Johannes Olomucensis 115
Johannes Parisiensis Quidort 141 sq., 154
Johannes Pecham 150
Johannes Pistorius 797
Johannes Platearius 107
Johannes presbiterus 236
Johannes Reuchlin 708, 716 sq., 761–765, 768–771
Johannes Richardus 383
Johannes Rötlos 622
Johannes Salisberiensis 321, 337, 805, 811
Johannes Sarracenus 261
Johannes Schele 697
Johannes Scotus Eriugena 261, 799 sq.
Johannes Sophianos 696
Johannes Sterngacius 141
Johannes Stoef de Bourburch 193
Johannes Sultaniensis 527–530
Johannes Tauler 621, 642, 686
Johannes Terborch 122
Johannes Tolhopf 374
Johannes Treverensis 32
Johannes Trithemius 623, 812
Johannes von Kastl 641, 686
Johannes von Mandeville 470
Johannes von Neumarkt 473
Johannes von Tepl 491
Johannes Wenck 698
Johannes Went Anglicus 139, 141, 155
Johannes Wyss 182
Johannes XXII. papa (Jaques Arnaud Duèze) 349, 362
John Bale 812
John Colop 380
John Davenant 404
John of Lancaster, I. Duke of Bedford 323
John Pitseus 812
Johnstone, T. M. 425
Jolly, C. 229, 608
Joqué, L. 589
Jordanes 811
Jordanus de Saxonia 160 sq.
Jordanus Nemorarius 744
Joseph Mede 766
Joseph sanctus 578
Josephus II. imperator Sacri Romani Imperii 63, 96, 102
Jouhaud, C. 213

Juan de Palomar 519
Julianus Toletanus 12
Julius Herzog von Braunschweig-Wolfenbüttel 793, 795
Julius, Ps. 723, 727–729
Jullien de Pommerol, M.-H. 207, 209, 234, 322
Jung, R. 357
Jungmayr, J. 797
Jürgensmeier, F. 10
Jurkowski, M. 386
Justinianus I. imperator 56
Justus Reuber 797
Juvencus, Gaius Vettius Aquilinus 700

Kaczynski, B. M. 13
Kaczynski, R. 584
Kaelble, H. 317
Kaeppeli, T. 138–140, 151, 172, 175, 528
Kahana, M.J. 733
Kahl, U. 402
Kalhous, D. 753
Kaluza, Z. 212, 224
Kaminsky, H. H. 751
Kamolowa, D. 825
Kamp, H. 712 sq.
Kamp, N. 23
Kanovník, I. 752
Kanz, C. 486
Kapriev, G. 261
Karajan, T. v., 465
Karas, J. 120
Karl, R. 317
Karnein, A. 462
Karsch-Haack, F. 424, 427
Kaska, K. 61–95
Kaspar Aindorffer von Tegernsee 636
Kasten, I. 469
Kattermann, G. 469
Katzenberger, K. 120
Kaus, E. 808
Kautz, M. 11, 16, 51
Kay, R. 228
Keil, W. 600
Keller, H. 130
Kellersohn, A. 621
Kelly, S. 334
Kelly, T. 600
Kennedy, H. 413, 424
Kern, A. 527 sq.
Kern, S. 711
Kéry, L. 50
Keßler, E. 798
Kessler, H. 598
Kettson, R. 532

Khalidi, T. 412
Khan, G. 414
Khorkov, M. 658, 676–690
Kiening, C. 491 sq., 494, 496
Kijewska, A. 681
Kintzinger, M. 184
Kirchner, Athanasius 766
Kirkham, V. 491
Kissling, H. J. 775
Klapper, J. 652, 658, 676 sq., 688
Klatt bibliothecarius, VI
Klein, A. 466
Klein, K. 678
Kleindienst, T. 323
Kleine, S. 569
Kleineidam, E. 623, 629 sq., 633–638, 641, 643, 656, 659, 676, 678
Klemm, E. 69
Klibansky, R. 684, 687–689, 706 sq.
Klingshirn, W. E. 587
Knapp, F. P. 480
Knaus, H. 465, 569
Knecht, P. 476
Knibbs, E. 723 sq., 733
Koch, J. 676, 691
Kock, T. 122, 129, 179
Kolář, A. 756
Koldeweg, F. 807
Köllner, H. 568, 569
König-Pralong, C. 230, 333, 334
König, D. G. 341
Königshaus, W. 750
Konrad von Ammenhausen 470
Konrad von Parsberg 462
Kopp, V. 307 sq., 312–316, 321–338
Kordiovský, E. 753
Kortenkamp, G. 691, 693
Kössinger, N. 40 sq.
Kottje, R. 46
Kouamé, T. 212, 231
Kraebel, A. 604
Krämer, S. 591, 826
Krämer, W. 708
Kramp, J. M. 183
Kran, R. 694
Kranich-Hofbauer, K. 70
Krása, J. 746, 751
Krause, G. 494
Krauß, S. 122
Krchňák, A. 511, 521 sq., 527, 531, 697, 701
Kremer, K. 714
Kreutz, J. 794
Kreuz, G. 90, 92
Kries, F. W. v. 467

Kristeller, P. O. 696, 703, 716, 826
Kritzeck, J. 260
Krmíčková, H. 753
Kropp, M. 412
Krüger, K. 600
Krüger, K. H. 755
Krüger, S. 309
Krusenbaum-Verheugen, C. 488
Krynen, J. 326, 333, 334, 336
Kubínová, K. 748 sq., 751
Kücükhüseyin, S. 341
Kuhn, H. C. 798
Künast, H.-J. 507
Kunigunde Niklasin 184 sq.
Kuno von Manderscheid-Blankenheim 469, 472
Künstle, K. 494
Kuntz, F. J. 714
Kunze, S. 341
Künzle, P. 179, 513
Küpper, T. 484
Küppers-Braun, U. 802
Kurz, F. 62
Kuttner, S. 316
Kwakkel, E. 604, 740, 742

Laarmann, M. 494
Labuda, G. 753, 755
Lacaita, J. 613
Lachmann, R. 126, 497
Lackner, F. 65, 67 sq., 71–73, 75 sq., 78 sq., 82, 84, 89, 91, 93
Lactantius, Lucius Caecilius Firmianus 131
Lafaurie, J. 331
Laffitte, M.-P. 226, 713 sq.
Lafleur, C. 310
Lagrange, F. 424 sq.
Lähnemann, H. 469
Lalou, E. 324
Lamacchia, A. 437
Lambertini, R. 135 sq., 138
Lambertus Hersfeldensis 797, 806
Lambertus Leodiensis 755
Lamberz, E. 700
Lampen, W. 144
Lamprecht von Regensburg 474, 483
Landau, G. 469
Landfester, M. 703
Lanfrancus Mediolanensis 790
Lange, C. 425
Langeloh, J. 511–533
Langenstein, H. v. 470 sq.
Lanoë, G. 383
Lassner, J. 413, 430
Latham, J. D. 425

Lauber, Diebold 486
Laurent, J. C. M. 515 sq.
Laurent, M.-H. 135–140, 150, 154 sq., 706
Laurentius Pignon Burgundus 155
Laurer, Ph. 570
Lauritzen, F. 514
Lazius, Wolfgang 461
Le Camus, J. D. F. 124
Le Goff, J. 333
Le Jeune, Jean 372
Le Roux de Lincy, A. 322
Leather Kunz, M. 762
Lebeuf, Abbé
Lechner, J. 139
Leclercq, J. 89
Ledoux, A. 143 sq.
Leedham-Green, E. 604 sq.
Lefebvre, H. 614
Lefèvre de la Boderie, Guy 765
Lefèvre, Y. 561, 643
Legner, A. 591
Legrand, Jaques 491
Lehmann, P. 8, 19–21, 25, 28 sq., 54 sq., 465, 497, 502, 561, 622–624, 627–639, 642–644, 647–651, 656, 678
Lehmann, Y. 221
Lehrs, M. 203
Leibniz, Gottfried Wilhelm 777, 798, 802
Leicht, R. 762
Leijser, C. 732
Leino, M. 606, 742
Leinweber, J. 159
Leinweber, M. 8, 11, 18, 21, 27
Leipoldt, J. 583
Lelli, F. 777
Lemaitre, N. 308
Lemay, R. 437
Lentes, T. 712
Leo I. papa (Leo Magnus) 237, 366, 702, 730–732
Leo Marsicanus 609
Leo XIII. papa (Vincenzo Gioacchino Pecci) 245, 361
Leonard, I. A. 536
Leonardo Bruni 504, 704
Leonardus abbas 110
Leonhardt, M. 710
Leopardi, Giacomo 696
Leopoldus III., sanctus 62
Leppin, V. 625, 808
Lerel, Colin 387
Lerner, R. E. 577, 578
Lértora Mendoza, A. C. 543
Lesne, É. 54, 754

Lesser, B. 793 sq., 815
Lestringant, F. 213 sq., 217
Leu, U. B. 399
Leuchtmann, H. 776
Leupold, G. 497
Lexer, M. 476
Leyhs, G. 3
Licht, T. 10, 13, 18, 22, 126
Lickteig, F. B. 159
Lieberich, H. 458
Light, L. 562
Lindenbrog, Erpold 797
Lindinger, J. S. 766
Lindner, B. 484
Linehan, P. 579, 743
Linenthal, R. A. 824
Linus papa 730
Lippert, W. 469
Litschel, H. 65
Livesey, S. J. 189–205
Livius, Titus 361, 364, 370, 451
Lobineau, G.-A. 212
Lobrichon, G. 561, 642 sq.
Loër, D. 262
Löffler, A. 343, 354, 366, 568
Löffler, K. 9 sq., 19, 56
Logutova, M. G. 681
Löhr, G. 159
Lohse, T. 695
Lombardi, G. 599
Lommatzsch, E. 476
Long, M. 390
Longás, P. 565
Longère, J. 233
Longpré, E. 144
Lorenz, S. 623, 650, 680
Lösel, E.-M. 405
Löser, F. 625
Lossky, A. 592
Lot, F. 8, 20, 24
Lottin, O. 151
Lourdaux, W. 26
Lovati, Lovato 431
Lowden, J. 587
Lowe, E. A. 567, 573, 576, 603, 611, 700, 726
Lucanus 756
Lucas evangelista 94, 565, 601
Lucchesi, C. 136–139, 141 sq., 149, 151, 154 sq.
Lucken, C. 738, 744
Lückerath, C. A. 49
Luckmann, T. 5, 306
Lucretius, Titus Carus 190, 504
Ludolph Paul Müller 807
Ludolphus abbas 751

Ludolphus de Saxonia 704, 805
Ludovicus de Anjou 329
Ludovicus Germanicus 19, 29
Ludovicus I. Pius 48, 58, 723 sq.
Ludovicus III. comes Palatinus 468, 470
Ludovicus III. de Thuringia 479, 483
Ludovicus IX. dux Bavariae 461
Ludovicus IX. rex Gallorum 326, 333, 334
Ludovicus VII. dux Bavariae 469
Ludovicus XI. de Oettinga 468
Ludwig, Irene 460
Ludwig, Peter 460
Ludwig, U. 42, 604
Luna, C. 433
Lur, Heinrich 489
Lusignan, S. 216, 330, 331
Luther, Martin 128, 215 sq., 625, 810
Lutter, C. 62
Lützelschwab, R. 716
Luxford, J. M. 650

Maaser, M. 795
Maassen, F. 729 sq.
Maaz, W. 3
Mabillon, Jean 599, 616, 812
MacAvoy, L. H. 650
MacDonald, A. 5, 431
Macken, R. 141 sq., 145, 262, 282
Macrobius Ambrosius Theodosius 737
Mägdefrau, W. 678
Magliano-Tromp, J. 576
Magnani, A. 151
Magrini, S. 598
Mahometus propheta 260, 511–518, 522, 528, 529
Maier, A. 353, 366, 367, 368
Maierù, A. 156, 218
Maillard, J.-F. 308, 323, 335
Maimonides, Moyses 286, 789
Mair, Hans 480
Maître, L. 190
Major, J. 274
Malanot, Guillaume 404
Malik Ibn Anas Iman 429
Mālik Muwaṭṭaʾ 429 sq.
Malik, J. 353
Mallett, A. 527
Mallot, Gervais 215 sq.
Manco Ćapac rex Incarum 541
Manetti, G. 369,
Manetti, R. 394
Manfredi, A. 361 sq., 368–374
Manfredus rex Siciliae 438
Mangei, J. 650

Mangeot, Ph. 206
Mansfeld, M. 238–249
Mansi, J. D. 527
Mantese, G. 694
Manz, L. 305
Marbodius Rhedonensis 811
Marcellus 30
Marcolino, V. 138
Marcus evangelista 601
Marcus Toletanus 739–741
Margarethe de Sabaudia 469, 473
Margarethe von der Pfalz 462
Margarethe von Limburg 472
Margarethe von Parsberg, 462 sq., 466
Margolin, J.-C. 214
Margoliouth, G. 783
Marguerin de la Bignes 812
Marguerite Porete 675
Maria (mater Dei) 34, 64, 99, 102, 105 sq., 115, 144, 154, 169, 386, 391, 516 sq., 529, 570
Maria (soror Marthae) 572
Maria Crescentia Hoess 120
Maria Magdalena 662, 667
Maria Nicolburga 119
Marianus Scotus 806
Marichal, R. 219
Marino, Giovanni Battista 760
Märker, A. 623, 633, 639, 685
Marks, R. 386
Marmursztejn, E. 231, 318
Marold, K. 476
Marquard Freher 797
Marquard Gudius 793, 813
Marqard von Lindau 512
Marquínez Argote, G. 539
Marrow, J. H. 824
Marschner, P. 560
Marsden, R. 22, 599
Marsico, C. 369
Marsilio Ficino 789
Marsilius de Inghen 202 sq.
Marsilius de Padua 209, 318
Martha (soror Mariae) 572
Martianus Capella 44
Martimort, A.-G. 584
Martin Flach der Ältere 131, 706
Martín Iglesias, J. C. 85
Martin Marrier 805
Martin Opitz 797
Martin, C. 238, 621
Martin, D. D. 650, 656, 658, 660, 662 sq., 673
Martin, F. X. 777, 782, 789
Martin, H.-J. 230, 340
Martin, J. B. 527

Martín, L., S.J. 547
Martin, R. M. 151
Martin, T. 8, 11, 18, 21, 27
Martinaud, S. 160
Martínez Díez, G. 579
Martinius sanctus 374, 567
Martinus cantor 193
Martinus Polonus 366
Martinus V. papa (Oddone Colonna) 514, 716
Märtl, C. 716
Marx, J. 691, 695–697, 700–706, 708–710, 712
Māshā' Allāh ibn Atharī 742
Masolini, S. 196
Masser, A. 26
Masson, A. 615
Matheus, M. 695
Matiasovits, S. 67
Matter, A. 22
Matthaeus apostolus 565, 601
Mattheaus Vindocinensis 813
Matthias Albert Haberdorf 810
Matthias Corvinus 308, 323, 335
Matthias Flacius Illyricus 793–795, 801, 806, 809, 814
Matthias Hagerup 810
Maurach, G. 739
Maurer, H. 34
Mauriège, M. 444
Mauritius Hassiae Langravius 114
Maurus Casinensis 610, 570
Maurus Servius Honoratus 736
Mausbach, J. 143
Mauss, M. 329
Maximilianus I. imperator Sacri Romani Imperii 462, 488
Maximus glossator 261
Maximus Valentinensis 728
Mazzanti, G. 136
Mazzocco, A. 440
McGinn, B. 573
McGuire, B. P. 648, 661
McGurk, P. 602
McInerny, R. 453
McKitterick, R. 4 sq., 10, 16, 19, 22 sq., 25, 46, 53 sq., 56 sq.
McLelland, N. 797
Meale, C. M. 340
Mechthild von Hackeborn 653
Mechthild von Magdeburg 621, 626, 650, 652 sq., 686
Mechthild von Rottenburg 457 sq., 462–468, 470, 472–476, 480 sq.
Meehan, B. 602
Meens, R. 24

Meerseman, G. G. 155, 174
Meier-Staubach, C. 6, 130, 808
Meier, L. 657, 676
Meirinhos, J. 265, 682
Meisterlin, Sigismund 487, 489
Melchiades papa 723, 728
Melchior de Harod de Senevas 405
Melchior Goldast von Haiminsfeld 797
Mélet-Sanson J. 321
Meliadò, M. 151
Meloy, J. L. 412
Melville, G. 157, 162, 712
Menachem ben Benjamin Recanati 780, 783, 785 sq.
Meneghin, A. 392
Menelaus 736
Meneses Díaz, Á. 534
Mengis, S. 182
Mentgen, G. 328
Mentzel-Reuters, A. 795
Menut, A. D. 308, 318, 319
Mercati, G. 273
Merhautové, A. 751
Merkel, H. 582
Merlo, G. G. 390
Mersch, M. 341
Mersiowsky, M. 58
Merswin, Rulman 488
Merten, L. 319
Mertens, D. 652, 654, 656 sq., 659 sq.
Mertes, K. 424
Merzbacher, D. 794, 815
Metzger, S. M. 251, 289, 652, 656–675, 677 sq., 680, 685
Meuthen, E. 676, 681, 697–705, 710
Mews, C. 268
Meyer, G. 516
Meyvaert, P. 598 sq.
Michael Aiguania de Bolonia 170
Michael Scotus 741, 743
Michael Wenssler 814
Michaëlis, C. 573
Michalski, C. 274
Middell, G. 732
Mierau, H. J. 503
Miethke, J. 318
Migiel, M. 491
Miglio, M. 696
Migne, J.-P. 79, 89, 280 sq., 283–286, 754
Miguel Cornel 736
Mihirig, A. 411, 427
Miklík, K. 753
Milde, W. 3 sq., 8, 18, 20 sq., 24, 649
Milis, L. 607

Milkaus, F. 3
Millares Carló, A. 574
Miller, I. 693
Miller, M. 494
Millet, H. 352, 383
Millet, O. 214
Milner, St. J. 491
Minaude, Guillaume 645
Minio-Paluello, L. 202, 280 sq., 292, 738, 826
Minn, G. 691
Minnich, N. H. 514
Miolo, L. 744
Miquel Rosell, F. J. 578
Miquélez de Mendiluce, R. 573
Mitterand, François 321
Modern, H. 469
Modigliani, A. 369, 696
Moeglin, J. 326
Moeller, B. 182
Möhle, H. 244
Möhring, H. 574–577
Mokry, S. 355
Molinier, E. 361
Möller, K. 317
Momelin Le Riche 200 sq.
Mommsen, T. 568
Moncayo, G. 547
Monfrin, J. 220, 223, 229, 322, 339, 344, 355, 364 sq.
Monnet, P. 397
Monok, I. 308, 323
Montag, U. 458, 487
Montgomery, J. 412
Mopsik, C. 769
Morales, Francisco 541, 546
Moran, J. A. 380
Morard, M. 210, 219, 312
Moravová, M. 754
Moravwskeho, M. 114
Mordek, H. 46–49, 52, 55, 808
Moreau, T. 334, 336
Morenz, S. 583
Morenzoni, F. 642
Morhof, Daniel Georg 817
Mortier, D. A. 157
Morus, Thomas 542
Moscovitch, M. 733
Mose ben Jakob Cordovero 768
Mose Gad ben Tovia 783
Moss, R. 602
Motis Dolader, M. A. 352
Mottolese, M. 777
Moulin, C. 40
Mountain, W. J. 290

Moyon, M. 744
Moyses 176, 294, 300, 662, 667
Mueller, M. 460, 461, 462, 465, 467, 478, 479
Mulchahey, M. 136
Mullarkey, P. 602
Müller-Kleinmann, S. 477
Müller-Schauenburg, B. 339–358
Müller, A. 157
Müller, G. M. 487, 494
Müller, H. 354, 355, 487, 495, 528, 699
Müller, I. 714
Müller, J. P. 141 sq.
Müller, M. 775, 780 sq.
Müller, N. 70
Müller, R. 491
Müller, S. 203, 600
Müller, St. 31, 33, 37
Mulsow, M. 795, 802
Mundó i Marcet, A. M. 76, 357, 561, 577, 579, 643
Mundt, L. 796
Münkler, M. 305
Muñoz Delgado, V. 541
Muñoz García, Á. 549, 540
Münster, R. 776
Münster, Sebastian 213–215, 218, 233
Müntz, F. 369, 373
Murano, G. 135–137, 155, 174, 251
Murdoch, D. 253 sq.
Muretus, Marcus Antonius 807 sq.
Murphy, P. J. 759
Mūsā Ruḥayyil, D. 412, 415–420, 424, 427 sq., 430
Muscat, P. 143
Musculus, Wolfgang 780
Mussato, Albertino 431

Naaman, E. 424, 425
Nachmanides, Moyses 760
Nagel, F. 716
Najmabadi, A. 424
Napoleo I. imperator Franciae 123
Nauta, L. 815
Nebbiai-Dalla Guarda, D. 7, 9, 20 sq., 208–212, 223, 229, 231, 233, 235, 308, 312, 322 sq., 344, 475, 599, 607 sq., 624, 639
Nechutová, Jana 753
Neddermeyer, U. 592, 824 sq.
Negri, S. 151
Nehunya ben ha-Qanah 760
Neidiger, B. 171–174, 179, 181
Nemes, B. J. 621–655
Nenzioni, G. 151
Nerbano, M. 395

Nerses I. Magnus 530
Nessi, S. 361
Nestorius haereticus 90
Neuheuser, H. P. 581–595
Neumann, F. 490
Neumann, H. 172
Neusius, G. 691, 694, 696–698, 708–710, 715–717
Newhauser, R. 668
Newton, F. 609–611
Neyses-Eiden, M. 710
Niccolò Albergati 369
Niccolò Niccoli 698
Niccolò Niccolini 368
Nicolaus Copernicus 786
Nicolaus Cusanus 131, 207, 258–260, 355, 636, 659, 674, 676–710, 712, 714–717
Nicolaus de Cabrio 361
Nicolaus de Dinkelspuhel 644, 686
Nicolaus de Gorra 181, 193
Nicolaus de Lyra 336, 352, 366, 780
Nicolaus de Ultricuria 212
Nicolaus de Welehrad 100, 110 sq.
Nicolaus III. papa (Giovanni Gaetano Orsini) 359
Nicolaus IV. papa (Girolamo Masci d'Ascoli) 359
Nicolaus Kempf 659
Nicolaus Oresmius 308, 311, 314, 317–319, 328, 330 sq., 336
Nicolaus Rolin 712 sq.
Nicolaus Serarius 766
Nicolaus Stor de Swysnicz 130
Nicolaus V. papa (Tommaso Parentucelli) 356, 368–371, 374, 702
Niehr, K. 652
Nieto, Soria, J. M. 329
Nievergelt, A. 39, 65, 67, 69
Nigellus Wireker 795
Niketas David Paphlagon 700
Nikolaus von Buldesdorff 528
Nissen, P. J. A. 258
Noack, L. 762
Noel, W. 824
Noeske, N. 341
Noone, T. B. 289
Norbertus Xantensis 805
Nordenfalk, C. 600
Notcerus I. Balbulus 22, 25, 30, 34, 38–40, 44, 816
Notcerus II. Medicus 30
Notcerus III. Labeo 30 sq., 37 sq., 41
Noyelle de Puys 385
Numenios 737

Nünning, A. 562
Nuovo, A. 782
Nußbaum, O. 581, 592
Nys, L. 203

O'Caroll, M. 159
O'Malley, J. W. 789
O'Meara, C. F. 326
Obbema, P. F. J. 190
Oberlé, G. 224
Obert, C. 217
Ochsenbein, P. 4, 22, 44
Ocker, C. 799
Odbert abbas 190
Odo de S. Maur de Glanfeuil 570
Odofredus 361
Odorico da Pordenone 518
Odoricus de Foro Julii 515
Oehlen, M. 597
Oellers, N. 732
Oexle, O. G. 307
Okolowisz, J. 353
Oliba de Rivipollensis 577, 579
Oliger, L. 160
Oliva, A. 138
Olivar, A. 584
Olivier, V. 572
Omont, H. 323
Oncken, H 470
Ordeig i Marta, R. 579
Orelli, H. G. 405
Origenes 12, 23, 32, 236 sq., 283
Ormrod, W. M. 318
Ornato, M. 639
Orrego Sánchez, S. 554
Orth, P. 795
Ortolf von Trennbach maior 470
Ortolf von Trennbach minor 470
Osbertus Anglicus 139
Osterwalder, P. 34
Ostorero, M. 328
Otfried von Weißenburg 795, 806
Otheline Heliote 382
Otloh von Sankt Emmeran 751
Otmar sanctus 34
Ott, J. H. 405
Ott, N. H. 489
Otten, W. 13
Ottheinrich von der Pfalz 8
Otto Frisingensis 62 sq.
Otto I. Magnus imperator Sacri Romani Imperii 33
Otto II. imperator Sacri Romani Imperii 33, 36 sq., 755

Otto II. von Pfalz-Mosbach 466
Otto III. imperator Sacri Romani Imperii 574, 578, 751
Otto VII. von Hoya 470
Otto von Passau 473, 483, 644
Ottocarus I. rex Bohemiae 96
Ottokar von Steiermark 473, 477, 479
Ouy, G. 7, 218, 646
Ovidius 489, 543, 756

Pacheco, M. C. 682
Pachomios Calogerus 532
Pagolo die Piero del Persa 394
Palazzo, A. 259, 438
Paleo Porta, E. 566, 573
Palma, M. 612
Palmer, J. T. 578
Palmer, N. F. 402, 488, 491, 495, 621
Panella, E. 172
Pani, L. 601
Pannatz, Arnold 374
Pansters, K. 256
Paolo dal Pozzo Toscanelli 698
Paquet, J. 194
Paravicini-Bagliani, A. 328, 357, 361, 364, 366
Paravicini, W. 308, 515
Pardoe, R. 759
Parisse, M. 157
Parker, J. 476
Parkes, M. B. 194 sq., 386, 605
Paschasius Radbertus 236, 723, 726 sq., 811
Pasternak, N. 778
Pastor de Serrescuderio 192 sq.
Pastore, S. 393
Patricius sanctus 567
Patschovsky, A. 495, 514, 528
Patze, H. 162
Patzold, S. 33, 723 sq.
Paulhart, H. 63, 469
Paulmier-Foucart, M. 157
Paulus apostolus 20, 25 sq., 290 sq., 296 sq., 300, 302, 383, 406, 610, 645
Paulus de Santa Maria 180
Paulus de Thebis Anachoreta 162
Paulus Fagius 776
Paulus II. papa (Pietro Barbo) 371, 612, 614, 702, 716
Paulus Orosius 34, 40–43, 631
Paulus Riccius 762
Paulus V. papa (Camillo Borghese) 368
Paulus Vellehradensis 100, 109
Pavelková, J. 96–120
Payan, P. 364
Pearsall, D. A. 340

Pedro de Perea y Diez de Medina 541
Pelagius 23, 89, 729
Pelagius II. papa 730
Pellat, C. 411 sq., 424, 425
Pellegrini, L. 135, 154 sq.
Pelster, F. 138, 140
Peltier, H. 648
Peper, I. 796
Pérez de Funes, F. 580
Pérez de Urbel, J. 579
Pérez Llamazares, J. 564 sq., 571, 573
Perles, J. 776, 788
Perrault, Dominique 321
Perret, N.-L. 311
Perrone, V. 437
Pertz, G. H. 63
Perush Shem ha-Meforash 761
Peters, E. 668
Petersen, E. 433
Petit-Radel, C.-L.-F. 210
Petit, L. 527
Petitmengin, P. 642
Petkov, K. 336
Petoletti, M. 613
Petrarca, Francesco 331, 366, 397, 431, 451, 490, 502 sq., 703, 759, 811
Petreiro, Theodor 109
Petrucci, Armando 389, 392
Petrucci, Placido 615
Petruccio da ÍAquila 395
Petrus Alverniensis 140 sq., 248 sq.
Petrus apostolus 25, 294, 300, 586
Petrus Aureoli 144, 347
Petrus Balbus 704
Petrus Bertius 233
Petrus cantor 44
Petrus Chrysologus 702
Petrus Comestor (Petrus Trecensis) 99, 104, 569, 709
Petrus de Alliaco (Pierre d'Ailly) 649
Petrus de Alvernia 310, 311, 318
Petrus de Bafuinhe 743
Petrus de Ercelens (Peter von Erkelenz) 131, 706, 709 sq., 715 sq.
Petrus de Lemovicis 313
Petrus Diaconus 609
Petrus Galatinus 761
Petrus Gallego 743
Petrus Hispanus 202
Petrus II. rex Aragonum 572
Petrus Lambecius 796
Petrus Lombardus 138, 141 sq., 149, 161, 170, 191, 212, 252, 312, 316, 608, 705
Petrus Martyr 35

Petrus Pictaviensis 260
Petrus Riga 811, 813 sq.
Petrus Venerabilis 260, 516, 528, 532
Petschenig, M. 90, 92
Peutinger, Konrad 507
Pexa, A. 62 sq.
Peyrafort-Huin, M. 324, 327
Pfaff, C. 70
Pfannenmüller, L. 478
Pfeiffer, F. 495
Pfeil, B. 707
Pfiffer, Candidus I. 63
Philipowski, K. 654
Philippe le Hardi 322
Philippi, S. 51
Philippus apostolus 294, 300
Philippus Cabasolle 362
Philippus II. rex Francorum 208, 334, 744
Philippus II. rex Hispaniae 539
Philippus IV. rex Francorum 218, 318
Philostratus 765
Piaia, G. 697
Pich, R. H. 554
Pickavé, M. 139, 151
Pico della Mirandola, Giovanni 716, 761
Pierfrancesco de Giovagne 395
Pierio Valeriano Bolzanio, Giovanni 765
Pierre Ammeilh de Brenac 364
Pierre Camus 765
Pierre d'Allouagne 189, 191–194, 199, 202
Pierre De Foix 366
Pierre de Villepreux 210
Pierre Grégoire 766
Pierre Le Loyer 765
Pieter Adornes 397
Pietro, S. 366
Piggin, J.-B. 565
Pignatelli, C. 331
Pilar Martínez, M. 573
Piltz, A. 756
Piñas Rubio, Francesco, S.J. 548
Pine, M. L. 437
Pini, G. 447
Pinzón Garzón, R. 539 sq.
Piper, A. 605–607
Piper, P. 43
Pippinus I. 21
Pippinus III. rex Francorum 797
Pirro Tommacelli 612
Pittiglio, G. 332
Pius II. papa (Enea Silvio Piccolomini) 371, 489, 702
Pius III. papa (Francesco Todeschini-Piccolomini) 703

Pizzani, U. 815
Plakke, V. 767 sq.
Planas-Badenas, J. 355
Plato 244 sq., 254, 265, 286, 292, 298, 677, 685, 703 sq., 738
Plato Tiburtinus 738
Plautus, Titus Maccius 698, 702
Pleier 471
Pleticha, E. 468
Plinius secundus 334, 370
Plotzek, J. M. 459, 460
Plutarchus 371, 451, 700, 738
Podkoński, R. 239
Podlaha, A. 749, 752, 758
Poeschke, J. 694
Pogam, P.-Y. 361
Poggio Bracchiolini 504, 698
Poggius Florentinus 504, 505
Pohl, W. 10
Pohlig, M. 795
Poirel, D. 67
Pökel, H.-P. 424 sq.
Poleg, E. 562
Policia, S. 389
Polívka, M. 755
Pollmann, K. 13
Polybius 371
Polycarp IV. Leyser 795, 807–818
Pomaro, G. 697, 699, 704
Pomerantz, M. A. 425
Pomponazzi, Pietro 437
Pons, N. 639
Pontius de Oviedus 579
Pöpper, T. 694
Porębski, S. 652, 657, 660, 666, 671, 677, 682
Pormann, P. 412
Porphyrius 196 sq., 374, 552, 553
Porro, P. 150, 432, 696
Post, G. 228
Potestà, G. L. 577 sq.
Potin, Y. 321, 323, 325, 329
Potken, Johannes 374
Potkowski, E. 623, 680
Pottenstein, U. v. 499
Pottier, C. 306
Poulain, M. 323
Powicke, F. M. 203, 315
Pravida, D. 732
Pražák, J. 749
Pretzel, Mathias 479
Prévost, Jean 384
Printy, M. 799
Prinz, J. 755
Prinz, O. 357, 560 sq.

Priscianus Caesariensis 740
Pritz, F.-X. 62 sq.
Proba, Faltonia Betitia 344
Proclus 236, 259 sq., 700, 703 sq., 743
Proctor, C. 424
Prosdocimus de Comitibus 697
Prosper Aquitanus 12 sq., 236, 729
Prosper de Reggio Emilia sanctus 275
Prosperi, A. 393
Prudentius, Aurelius Clemens 236, 756
Prügl, T. 172
Prühlen, S. 696
Ptolemaeus I. rex Aegypti 335
Ptolemaeus II. Philadelphus 335, 336
Ptolemaeus, Claudius 335, 362, 374, 738, 740, 742, 745
Pulido, M. L. 547
Pumprová, A. 753
Purchart II. 31
Püschel, R. 333
Putallaz, F. X. 142
Püterich von Reichertshausen, Jakob 457–468, 470–480
Püterich, Gamuret I. 458
Püterich, Hans 458
Püterich, Heinrich 458
Püterich, Jakob II. 458
Püterich, Ludwig I. 458

Quetif, J. 150
Quidort, Jean 318
Quillet, J. 331, 335
Quintana, Jean 226
Quintilianus, Marcus Fabius 370
Quṣṭā ibn Lūqā 735

Raabe, P. 793
Rabanus frater 129
Racinet, P. 191
Radding, M. C. 56
Rāġiḫ, M. K. 429
Rahner, K. 270
Raimundus Berenguer IV. Barcinonesis 571
Raimundus de Pennaforti 99, 103
Raimundus Lullus 231, 237, 699, 704 sq.
Raimundus Sabundus 714
Raine, J. 605
Rainer, T. 307
Rainini, M. 578
Ramakers, B. 395
Ramsay, N. 380
Randi, E. 230
Ranff, V. 691
Ranft, A. 459

Ransom, L. 824
Rapp, A. 5, 40, 344, 465, 475, 711
Rasch, B. 733
Rashdall, H. 203, 315
Ratbertus Sangallensis 30, 33 sq., 39 sq., 816
Ratcliff, E. C. 584
Rathmann-Lutz, A. 333
Rauner, E. 22, 25, 486, 502, 504
Rautenberg, U. 307
Raven, J. 63
Raven, W. 411
Razen, H. 534–543, 555
Rebay-Salisbury, K. 692
Rebhan, H. 779
Rebmeister-Klein, K. 212, 234
Reboulet, P. 399
Reccesvindo rex Visigothorum 564
Reckwitz, A. 5, 7
Redig, D. 371
Redmond, W. B. 543, 550, 553 sq.
Redstone, S. 733
Reeve, M. D. 190
Reginald Pecock 380
Reginbertus Augiensis 54
Reginmar episcopus 72
Regino von Prüm 756, 797, 806
Regoliosi, M. 369
Regourd, A. 411
Regula sancta 400
Reich, B. 653
Reichel, J. 500
Reichert, B. M. 164 sq., 167
Reichert, W. 691
Reichler, C. 213
Reimitz, H. 46
Reinbot von Durne 473
Reiner Reineccius 798, 801, 817
Reinhardt, K. 714
Reinholt von Montalban 473
Reinle, C. 468
Reminius sanctus 110
Renaud de Béthecourt 623
Reudenbach, B. 600
Reuke, L. 411
Reusens, E. 195, 202
Réveillon, E. 712
Revilla, M. 564
Rex Smith, G. 425
Rexroth, F. 7, 307, 309, 316, 319, 653, 802
Rexroth, T. 484
Reynaud, J.-P. 206
Reynolds, L. D. 190
Reynolds, S. 759
Ribailler, J. 291

Ricardo, Antonio 548
Ricci, L. 598
Riccoldo da Monte di Croce 532, 533
Richard de Fournival 207, 227, 383, 738, 743–745
Richardson, C. M. 692, 716
Richardson, E. M. 824
Richardus de Bromwich 143
Richardus de Mediavilla 258, 269
Richardus de S. Victore 82, 236, 291, 298, 347, 349, 673
Richardus Fishacre 140, 155
Richardus Fitzralph 168 sq.
Richardus Knapwell 150
Riché, P. 561, 642 sq.
Richler, B. 770 sq., 778
Richmond, C. 386
Richter, W. 61
Ricklin, T. 306, 815
Ricobaldus Ferrariensis 606
Ricoldus de Monte Crucis 353, 515
Riedel-Bierschwale, H. 621
Rief, J. 161
Rigon, A. 390
Rischer, C. 466, 477
Rischpler, S. 64
Risco, M. 570
Ristow, S. 587
Rita, A. 374
Ritzerfeld, U. 341
Riu, M. 579
Roach, I. 574
Roach, L. 578
Roberts, C. H. 583
Robertus Ketenensis 737, 742
Robertus Anglicus 96
Robertus Castrensis 260
Robertus de Andegavorum 334
Robertus de Cursone 208, 216
Robertus de Sorbonio 194, 210, 221, 744
Robertus de Tumbalena 84, 87
Robertus Grosseteste 261, 343, 686
Robertus Halifax 140 sq.
Robertus Holcot 140, 155
Robertus II. rex Francorum 333
Robertus Kilwardby 96, 270
Robertus Monachus 478
Robertus Wlach 117
Robiglio, A. A. 141, 150
Robinson, P. 386
Robles, L. 541
Rochais, H. 89
Röckelein, H. 653, 802
Roger de Fournival 744

Rogerius Baconus 158
Rogers, N. 323
Röhrkasten, J. 170
Roick, M. 432. 653
Roland, M. 69
Rolevinck, Werner 623
Rolin, Nicolas 381
Roling, B. 793–818
Röll, J. 694
Romanus cantor 39, 44
Romeo, G. 342
Römer, C. 800
Romulus conditor 566
Ronig, F. 702, 706
Rosemann, P. W. 252, 642
Rosenfeld, H.-F. 463, 477
Rosenplüt, Hans 500
Rosenthal, F. 427
Rosseau, P. 24
Rosset, F. 235
Rössl, J. 85
Rosso, P. 503
Roth, F. W. E. 502
Roth, U. 511 sq.
Rothbrust, B. 693
Rothe, H. 702
Rotta, P. 696
Rouse, M. A. 169, 173, 221, 314, 316, 322, 485 sq., 562, 608
Rouse, R. H. 169, 173, 211, 221–223, 225–227, 229–231, 251, 314, 316, 322, 485 sq., 562, 608, 646, 744
Rowson, E. K. 424, 427
Rozzo, U. 389
Ruanp, E. B. 579
Rubin, J. 516
Rubio, A. 543
Rück, P. 601
Rucquoi, A. 575
Rudegerus 69, 71, 76, 82
Rüdiger von Hinkhofen 476, 483
Rudolf von Biberach 648
Rudolf von Ems 471, 473
Rudolf von Monfort, 476
Rudolph Friedrich Telgmann 807
Rudolphus Bumann 174
Rüegg, W. 434
Ruello, F. 636, 645–647, 659 sq., 662, 664–667
Ruf, P. 469, 481
Ruh, K. 32, 40, 491 sq., 495, 622, 636, 641
Ruiz García, E. 564 sq., 574
Ruodmann abbas 43
Ruppich, H. 622, 716
Rusch, A. 291

Russo, E. 612
Rutgers, L. V. 583
Rütz, J. 587
Ruvio Sadia, J. P. 579
Rüxner, Georg 459, 463
Růžičková, D. 753
Ryan, H. (Razen) 534
Ryan, W. 736, 742

Saada, A. 325
Saar, M. 6
Sacerdote, G. 787
Sackur, E. 573 sq., 577
Sadan, J. 412
Sadouki, A. 412
Sæbø, M. 583
Saenger, P. H. 688
Säldner, Konrad 495
Salewski, M. 519
Salinas y Córdova, Buenaventura 552
Sallustius Crispus 364, 370, 756
Salmon, Pierre 332, 336, 591
Salomo III. Constantiensis 35, 37, 40, 42
Salomo rex 176, 333–335, 337, 573, 662, 667
Salrach i Marés, J. M. 579
Salutati, Coluccio 431–435, 437–456
Samaran, C. 7
Šams al-Dīn, I. 413, 419, 429
Samuel ben Moses Kimchi 789
Samuel propheta 16
Samuel Werenfels 810
Sancha de Castella 574, 579
Sánchez Astrudillo, M. 548
Sánchez Martín, M. 84–86
Sanchi, L.-A. 214
Sancho de Funes 580
Sanctius VII. rex Navarrae 575, 579
Sander-Berke, A. 503
Sänger, P. 195, 207
Santinello, G. 697
Saranyana, J. I. 550
Saurma-Jeltsch, L. E. 486, 496, 600
Sauvage, Pierre 387
Savino, G. 394
Sawilla, J. M. 796
Saʿd, F. 415, 426, 428
Scaccia-Scarafoni, C. 613
Scalon, C. 601
Scarpatetti, B. M. v. 528
Scase, W. 380
Schaab, R. 22, 34
Schabel, C. 143
Schädle, K. 486
Schaer, R. 322

Schäfer, P. 762
Scharf, R. 126
Scharff, T. 130
Schauerte, T. 756
Scheeben, H. 160 sq.
Scheidegger, C. 399–407
Schelhorn, J. G. 780
Schepers K. 652
Schevel, J. 793 sq., 815
Schickmayr, Eugen I. 63
Schieffer, R. 58, 699
Schiel, H. 709
Schiewer, H.-J. 797
Schiffer, M. 596
Schiffmann, K. 66
Schiller, Johann Christoph Friedrich 732
Schlöder, C. 124
Schloessinger, M. 413
Schlomo Jizchaki (Rashi) 788
Schlotheuber, E. 625
Schluseman, R. 469
Schmale, F.-J. 25
Schmaus, A. 775
Schmaus, M. 143 sq.
Schmid, A. 708, 779
Schmid, K. 43
Schmid, P. 126
Schmid, W. 691, 693, 695
Schmidt-Biggemann, W. 777, 789
Schmidt-Glintzer, H. 799
Schmidt, A. 779
Schmidt, H. M. 715
Schmidt, H.-J. 157–171
Schmidt, M. 648
Schmidt, P. 173, 180, 182, 513
Schmidt, W. 644
Schmidtke, S. 424
Schmidtner, A. 458
Schmidtová, A. 495
Schmitt, A. 424
Schmitt, C. B. 777
Schmitt, F. 691
Schmitt, F. S. 291
Schmitt, J. O. 411–430
Schmitt, S. 797
Schmitz, G. 723 sq.
Schmitz, W. 592
Schmuki, K. 34
Schnarr, H. 698
Schneewind, W. 404
Schneider-Lastin, W. 621
Schneider-Ludorff, G. 407
Schneider, H. 703, 793
Schneider, J. 31, 33, 158

Schneider, J. H. J. 310
Schneider, K. 182, 184, 487, 491
Schneider, U. J. 655
Schneidmüller, B. 305, 307
Schnerb-Lièvre, M. 330, 332 sq.
Schneyer, J. B. 130
Schnoor, F. 34, 795
Schnyder, R. 35
Schoeler, G. 412, 424
Schoenberg, L. J. 824
Scholastica de Nursia 610
Scholem, G. 769 sq.
Scholl, C. 307
Scholz, S. 10, 563, 711
Schon, K. G. 723
Schönberger, R. 142, 233
Schonhardt, M. 516
Schott, Peter junior 489
Schreiber, H. 638, 643, 649
Schreibmann, S. 821
Schretz, H. 521
Schriewer, J. 317
Schrimpf, G. 8, 11, 18, 21, 27
Schröder-Stapper, T. 319, 653
Schröder, W. 470, 476
Schrott, G. 159
Schubert, A. 102
Schubert, M. J. 622, 641
Schuh, M. 310
Schuller-Juckes, M. 64
Schulz, D. 47
Schürmann, H. 623, 656, 676
Schütte, J. M. 315
Schütz, A. 306
Schützeichel, R. 6
Schwarz, B. 733
Schweppenhäuser, H. 484
Schwerdt, A. 342
Schwerdtfeger, E. 10
Schwinges, R. C. 632
Schwob, A. 70
Scotto, D. 512
Searle, J. R. 312
Sebastianus Brant 131
Seckel, E. 722 sq., 725
Secret, F. 762, 765, 777, 784
Sécula, D. 712
Sedulius 756
Seelbach, U. 797
Segonds, A. Ph. 331
Seidel, S. 732
Sekeres, M. J. 733
Seld, G. 780
Sellheim, R. 412

Semedrinsky, V. 118
Semmler, J. 26
Seneca, Lucius Annaeus 235, 265, 356, 364, 368, 489, 500
Senger, H. G. 676, 681, 687, 703 sq., 706, 717
Senocak, N. 168 sq.
Serjeant, R. B. 425
Servatus, Lupus 18
Severino Polica, G. 159
Sexauer, W. D. 621
Shabbetai ben Joseph Bass 767
Shailor, B. 603
Sharon, M. 413
Sharpe, R. 139
Shemek, D. 491
Sherberg, M. 491
Sherman, C. R. 337
Shevchenko, N. 329
Shiel, J. 202
Shield, A. L. 241, 244
Shooner, H. V. 137
Sicard, P. 82
Sicherl, M. 703
Siemens, R. 821
Sigebertus Gemblacensis 812
Sigismundus imperator Sacri Romani Imperii 463, 524
Signore, G. 174, 180, 636
Silagi, G. 500
Silva, R. 540
Silvester I. papa 236, 723
Simader, F. 65, 69 sq., 75 sq., 82
Simmler, Josias 763
Simon Favershamensis 246, 248 sq.
Simon, E. 500 sq.
Simon, N. S. 124
Simone da Cascia 392 sq.
Simonin, M. 214 sq., 217
Simplicius 244, 743
Sindolf monachus 40
Sintram monachus 35
Šitler, E. 752, 758
Sixtus IV. papa (Francesco della Rovere) 368, 371 sq., 374
Sluiter, I. 742
Šmahel, F. 495
Smarr, J. L. 491
Smeyers, M. 195 sq., 203
Smith, G. 289
Sneijders, T. 390
Socrates 295
Socrates Scholasticus 725
Sodi, M. 592
Sodmann, T. 469

Sofer, J. 424
Sohn, A. 159, 213, 314
Solente, S. 327
Solvi, D. 158
Somigli, E. 394 sq.
Sommer, P. 747, 753
Sonderegger, S. 34, 41
Sonnius, Michel 214 sq.
Sorbello Staub, A. 700
Sørensen, M. L. S. 692
Sottili, A. 490
Souffrin, P. 331
Souter, A. 15–17
Sozomenos, Salamanes Hermeias 725
Spath, R. J. 453
Spätling, L. 607
Spechtler, F. V. 479
Speciale, L. 598
Speck, R. 490
Speer, A. 151, 251, 261, 267, 275 sq., 307, 309, 353, 411, 438, 444, 652, 658, 673, 677, 680, 747
Spengler, O. 342
Spettmann, H. 143 sq.
Spiegel, G. M. 326
Spiller, R. 462
Spilling, H. 70
Spreitzer, R. 748
sq.ires, C. 652, 678
Stackmann, K. 489
Stahleder, H. 458
Stammler, W. 172, 492
Stange, M. 495
Staub, M. 397
Staubach, N. 122, 129 sq.
Stauber, R. 507
Stead, E. 486
Steckel, S. 5 sq., 22
Steel, C. 436–438
Steenbock, F. 587
Steer, G. 470
Stegmüller, F. 138–142, 145, 170
Steiger, R. 684
Steiner, H. 19, 29, 33
Steinmann, I. 782
Steinmann, M. 173, 180, 513, 520 sq.
Steinschneider, M. 768 sq., 776, 790
Stelzer, W. 64 sq., 75
Stephan Schoenes 712
Stephan, B. 712 sq.
Stephanus Fliscus de Soncino 100, 110
Stephanus Harding 100, 110 sq.
Stephanus Irmy 174
Stephanus Langton 360

Stephanus Leodiensis 755
Stephanus sanctus 26
Stephanus V. papa 750
Sterrett, J. 386
Stevens, J. 385
Stieber, J. 514
Stiegemann, C. 691
Stiennon, J. 754
Stierle, K. 495
Stockhausen, W. 696, 702, 704
Stockinger, T. 796
Stolleis, M. 799
Stolz, M. 484–507
Stone, M. E. 562
Stoothof, R. 253 sq.
Stoppacci, P. 31, 697
Storck, J. B. 540
Stork, H.-W. 567, 696, 698, 708, 711, 717
Stoś, J. 652, 682
Stotz, P. 40
Stratford, J. 323
Strauch, P. 462
Strecker, K. 31
Striedl, H. 775 sq., 778, 780, 788
Strohschneider, P. 462, 600
Stroick, C. 282
Studt, B. 503
Sturlese, L. 174, 696
Stutzmann, D. 61, 65 sq., 68
Suárez González, A. 563, 565 sq., 570 sq., 574
Suarez-Nani, T. 432
Suchý, Jan 109
Suckale-Redlefsen, G. 37
Sudbrack, J. 641
Suermann, H. 514
Suetonius Tranquillus 361
Sulla, Lucius Cornelius 451
Sullivan, T. 204
Sulpicius Severus 567
Sutton, J. 733
Švanda, L. 753
Svatopluk I. rex Moraviorum 750
Svatoš, M. 755
Swanson, R. 583
Sylla, E. 328
Symone du Puys 385
Szklinik, M. 207
Szklenar, H. 479
Szombathy, Z. 425

Tancredus Bononiensis 99, 103
Tannery, P. 253 sq.
Tauber, W. 477
Ṭawqān, Q. Ḥ. 417

Teeuwen, M. 211, 218, 222, 225, 228, 560, 632
Teeuwen, P. 259
Terentius 33, 36, 368
Terstra, N. 393
Tertullianus, Quintus Septimus Florens 370
Tesnière, M.-H. 308, 314, 316, 322, 324, 327, 335 sq.
Thābit ibn Qurrah 735 sq., 740
Thaller, M. 820 sq.
Themistius 244, 738, 743
Theodor Bibliander 532
Theodoretus 725
Theodoricus Carnotensis (Thierry von Chartres) 742
Theodoricus Engelhus 799
Theodoricus I. de Metz 38
Theodoricus Monachus 198 sq.
Theodoricus Regis 195, 202 sq.
Theodorus Agallianus 523
Theodorus Beza 808
Theodorus Petreius Carthusiensis 257
Theodorus von Celle 122
Theodosius I. imperator Imperii Romani 57, 335 sq.
Theodosius Tripolitanus 736, 743
Theodulfus Aurelianensis 563, 811
Theophanu uxor imperatoris Sacri Romani Imperii 804
Theoridus de Brundisiis 738
Théry, G. 268
Thiddag Pragensis 748 sq., 751, 755
Thietmarus Merseburgensis 515–518, 798 sq.
Thietmarus Pragensis 747–749
Thirlkel, W. E. 453
Thomas a Kempis 129
Thomas Anglicus 143
Thomas apostolus 381
Thomas Bodley, Sir 402
Thomas de Aquino, 116, 135, 137, 141, 143, 150–152, 154–156, 192, 203, 230, 244 sq., 247–249, 256–258, 264, 267–275, 315, 318, 342, 366, 370, 374, 433, 436 sq., 442, 447 sq., 449, 452–456, 540, 553, 616, 632, 641, 687
Thomas de Celano 158
Thomas de Hibernia 115
Thomas Gallus 261
Thomas Molitor de Heidelberg 180
Thomas Smith 812
Thomas, D. 527
Thomas, P. 386
Thomasin von Zerclaere 467, 473, 476, 482
Thompson, J. C. 13
Thomsen Thörnqvist, C. 202
Thomsen, C. M. 516

Thomson, G. L. 729
Thomson, R. 604, 740, 742
Thucydides 371
Thulin, C. 190
Thurner, M. 698
Tichý, R. 585
Tiedemann, R. 484
Tillette, J.-Y. 431, 642
Timur Lenk 527, 530
Tischler, M. M. 353, 559–580
Tobit 570
Tobler, A. 476
Tobler, T. 517, 518
Todros ha-Levi Abulafia 761, 768 sq., 771
Togni, N. 567
Tolan, J. V. 527
Tomann, M. 62
Tomasso Garzoni 765
Tomaszek, M. 756
Tortelli, Giovanni 369,
Toscano, B. 361
Toussaint, S. 261
Trapp, A. 138
Traver, A. 289
Trede, J. 490
Trelenberg, J. 305
Tremp, E. 29–45, 65, 67, 69, 159, 820
Trenbakh, Ortolff 461
Trenbakh, Thoman 461
Třeštík, D. 747, 750, 753–756
Treusch, U. 636
Trinkhaus, C. 432, 433, 439, 440, 442, 454
Tripier, M. S. 235
Tritz, S. 691–696, 710, 715 sq.
Tropper, C. 63
Trottmann, C. 261, 669
Trueb, I. 513
Trump, D. 46–58
Tucci, P. 318
Tuilier, A. 210 sq., 226
Tupac Amaru rex Incarum 541
Tura, A. 778
Turcan-Verkerk, A.-M. 65 sq., 68, 76
Tutilo Sangallensis 30, 35 sq., 39 sq., 44

Ubl, K. 46–58, 318, 724, 726, 733
Udalricus de Augusta 35, 42, 45
Udalricus scriba 74, 83 sq., 88, 90 sq.
Udolph, E. 702
Ugé, K. 189, 200
Uhlich, J. 514
Uhlíř, Z. 567, 753
Ullmann, B. L. 431–433, 696
Ulrich Flädenitz aus dem Steierlande 467

Ulrich von Etzenbach, 473
Ulrich von Liechtenstein 467, 473, 479, 480, 483
Ulrich von Türnheim 473, 482
Ulricus de Argentina 258 sq.
Umstätter, W. 9 sq., 19
Unsworth, J. 821
Uphoff, J. 396
Urbanus IV. papa (Jacobus Pantaléon) 226
Urbanus V. papa (Guillaume de Grimoard) 344, 362, 364
Urdaneta, R. 542
Uribe Escobar, F. 158
Ursula von Freyberg 468
Utz Tremp, K. 180
Uyūn al-Sūd, M. B. 416

Valenziano, C. 587
Valera, Hieronymus O.F.M. 543–547, 551, 553 sq.
Valerius Maximus 370
Van Belle, A. 195
van Burink, A. 87
Van de Abeele, B. 334
Van de Vyver, E. 702, 708
van den Wyngaert, A. 518
van der Toorn, K. 583
van der Vlist, E. 397
van Gelder, G. J. 424
Van Hulthem, C. 200
van Liere, F. A. 562
van Loon, M. 469
van Maerlant, J. 469
van Oppenraay, A. M. I. 437, 741
van Riel, G. 436
van Riet, S. 246, 279–281
van Tongeren, L. 591
Vander Elst, S. 336
Vanderputten, S. 189, 390
Vanhamel, W. 266
Vanscheidt P. 51
Vansteenberghe, E. 636, 659
Varese, C. 393
Vath, Johannes 309
Vázquez de Parga, L. 564, 571
Vázquez, Gregorio 548
Vecchio, S. 660
Vedrenne-Fajolles, I. 328
Veenstra, J. R. 431
Vegetius, Publius Flavius Renatus 36
Velkovska, E. V. 585
Velten, H. R. 6
Venantius Fortunatus 811, 816
Vendrix, Ph. 383
Vennemann, T. 477

Verbraken, P.-P. 88, 94
Verdeyen, P. 87
Verger, J. 156, 159, 170, 213, 219 sq., 222, 230, 308, 312, 314, 336, 353
Vergilius 361, 366, 370, 451, 703, 736, 756
Verheijen, L. 162, 175, 288 sq.
Verhelst, D. 26
Vernet, A. 7, 200, 229, 314, 322, 381, 475, 513, 608, 624
Vernon, W. 613
Veronese, Guarino 489
Vescovini, G. F. 315
Vespasiano de Bisticci 369
Veyne, P. 207
Vezin, J. 211, 340
Vial, C. 412
Victor anachoreta 32
Victor II. papa (Gebhardus) 34
Victor monachus 35
Victor Vitensis 702
Vidmanová, A. 756 sq.
Vidukindus Corbeius 798, 800
Vielhaber, G. 88
Vielliard, J. 209
Vierhaus, R. 817
Villard de Honnecourt 652
Villegas, B. 540
Vilviano di Bindo Vincenti 394
Viñayo González, A. 564
Vincent de Beauvais 333
Vincent, M. 565
Vincentius episcopus 571
Vincentius Lerinensis 26
Vincentus Bellovacensis 361
Vinzenz von Aggsbach 636, 659, 661, 675
Vitt, T. 732
Vittore Branca 389
Vives, Juan 809
Vladislav Jindřich 96
Vnouček, J. 599
Vogel, C. 341, 590
Vogel, K. A. 817
Vögelin, S. 404
Vogts, H. 710–712, 715
Voight, E. 229
Volkelt, P. 702, 706
Vollrat, Martha 458
Vollrath, H. 58
Volradi, Jakob 622 sq., 627, 629–637, 639, 641–644, 647–651, 657, 686
Voltmer, R. 691
von Abel, W. 762
von Aich, F. 86
von Balthasar, H. U. 270

von den Steinen, W. 44
von Euw, A, 35 sq.
von Heinemann, O. 500, 793 sq., 814–816
von Ivánka, E. 623, 634
von Martels, Z. R. W. M. 431
von Moos, P. 712
von Scarpatetti, B. M. 9, 173, 180–182
von Schaumberg, Peter 489
von Schönebeck, J. B. C. 124 sq., 133
Voorhoeve, P. 411
Vuillemin-Diem, G. 292 sq., 295

Wach, B. 343
Wachinger, B. 478
Wagner-Döbler, R. 9 sq., 19
Wagner, B. 126, 677
Wagner, J. J. 400
Wagner, K. 655
Walafried Strabo 703
Walker, D. P. 777
Wallnig, T. 796
Wallraff, M. 357
Walser, E. 504
Walsh, J. 257
Walsh, K. 169
Walsh, P. 598
Walther, H. G. 519
Waltramus Sangallensis 30, 43 sq.
Walz, D. 45
Wand-Wittowski, C. 462
Wandrey, I. 762
Waning, R. 319
Wapnewski, P. 797
Warburg, A. 125
Warnar, G. 174
Warner, G. 575
Watanabe, M. 679, 691, 696, 710
Watson, A. G. 569, 575, 605
Wattenbach, W. 486, 489, 497, 560
Watzl, H. 62
Webber, T. 604 sq., 607, 740, 742
Weber, H. 144
Wegener, L. 307
Wehrli-Jones, M. 171–186
Weigel, H. 46
Weijers, O. 150, 156, 191, 211, 217–219, 222, 225, 230, 232, 318
Weil, G. E. 782
Weill-Parot, N. 328, 352, 738, 744
Weinberg, J. 791 sq.
Weinberger, W. 747, 752, 754 sq.
Weinfurter, S. 10, 22, 126, 305
Weingartner, J. 62
Weiss-Krejci, E. 692

Weiss, R. 431
Weisser, U. 735
Wellbery, D. E. 37
Wenceslaus I. dux Bohemiae 755
Wenzlowski, S. 728, 730
Werner von Zimmern senior 469
Werner, K. F. 57
Wesel, G. 169
Wettlaufer, J. 308
Wetzel, R. 621
Whitman, Walt 235
Wiborada sancta 34, 36, 44 sq.
Wicelius, G. 780
Widrich von Stein 470
Wieczorek, A. 753
Wieland, G. 62, 305, 310
Wielockx, R. 251, 260, 264, 282
Wienand, A. 623, 627, 629 sq., 633–638, 641, 643, 656
Wihoda, M. 96, 754
Wijsman, H. 322
Wilbrandus de Oldenborg 515
Wilhelm Brito 813
Wilhelm I. von Öttingen, 469
Wilhelm von Adam 518–533
Wilhelm von Boldensele 515, 518
Wilken, E. 468
Wilkinson, R. 779
Willems, R. 285, 294, 296
Willhelm Florisz Herrmann 396, 397
William Ames 404
Williams-Krapp, W. 621
Williams, J. 598
Williams, R. 285
Willigisus sanctus 32
Williman, D. 362
Willing, A. 182, 184
Willis, J. 737
Willoughby, J. M. W. 380
Wilmart, A. 603
Wilpert, P. 685 sq.
Wilson, G. A. 262, 266
Wimpfeling, Jakob 489
Wind, P. 70
Windler. C. 406
Winkelmüller, M. 44
Winkler, A. 793
Winocur, G, 733
Winterer, C. 486, 700
Winzeler, M. 753
Wippel, J. F. 251
Wirich von Daun-Oberstein 469, 472
Wirmer, D. 438
Wirnts von Grafenberg 471, 482

Wirth, K.-A. 489
Wissenbach, M. 732
Witt, R. G. 431, 432, 434, 440, 443
Wittenwiller, Heinrich 487
Wittich von Jordan 473, 478, 483
Woelki, T. 699, 704
Wolf, J. 678, 767
Wolff, H. 699
Wolfram von Eschenbach 458, 467, 471, 476, 477, 481 sq.
Wolfson, H. A. 241
Wolkan, F. 459, 461, 463, 465
Wollasch, J. 23
Wolo monachus 39
Wolter, M. 563
Wolverton, L. 754
Wormald, P. 57
Worstbrock, F. J. 486
Wright Jr., J. W. 424, 427
Wrisley, J. 513

Yamaki, K. 681
Yates, F. A. 733
Ye, Y. 437
Ymmo abbas 31 sq., 37
Yosef Dov ha-Levi Soloveitchik 771
Ysambert, Nicolas 226
Yüksel Muslu, C. 530
Yung, Philipp 767

Zaccagnini, G. 135
Zaccaria, V. 491
Zachová. J. 750, 753
Zadnikar, M. 623, 627, 629 sq., 633–638, 641, 643, 656
Zagiba, F. 750
Zäh, H. 507
Zainer, J. 491
Załuska, Y. 564
Zanella, G. 606
Zapke, S. 574, 576
Zechiel-Eckes, K. 723–728, 733
Zedelmaier, H. 6, 307, 341, 817
Zedler, Johann Heinrich 767
Zeeberg, P. 798
Zehetmayer, R. 73
Žemlička, J. 96, 747, 753
Zemon Davis, N. 228
Zermatten, C. 678
Ziebart, K. M. 659
Ziegler, C. 85
Ziegler, E. 4
Ziemann, D. 721–734
Zim, R. 386
Zimmer, P. 172
Zimmermann, A. 260
Zimmermann, H. 808
Zimmermann, J. 341
Zimmermann, K. 494
Zimmermann, M. 223
Zumkeller, A. 729
Zunz, L. 768

Abbildungen

Appendix A

# Abbildungsnachweise

Tafeln 1–11: Stiftsbibliothek St. Gallen
Tafeln 12–13: Bibliothèque Nationale de France
Tafeln 14–16: Bibliotheca Apostolica Vaticana
Tafel 17a: Royal Museum of Fine Arts Antwerp (on Loan at Museum M, Leuven)
Tafel 17b: Foto: Sabrina Corbellini / Margriet Hoogvliet
Tafel 18: Stadtbibliothek Zürich
Tafel 19: Bayerische Staatsbibliothek München
Tafeln 20–24: Fotos: Roberto Hofmeister Pich
Tafel 25: Foto: Erich Gutberlet/ © St. Nikolaus-Hospital/Cusanusstift, Bernkastel-Kues
Tafel 26: Foto: Dirk Nothoff/ © St. Nikolaus-Hospital/Cusanusstift, Bernkastel-Kues
Tafel 27: Foto: Marco Brösch
Tafel 28: Graphik: Patrick Mai, Trier, nach einem Grundriss aus: Marx, Geschichte des Armen-Hospitals (cf. S. 691, nt. 1)
Tafel 29: Graphik: Patrick Mai, Trier, nach einem Grundriss aus: W. Weber, Baugeschichtliche Untersuchungen an der Wallfahrtskirche St. Maria in Klausen, in: M. Persch / M. Embach und P. Dohms [eds.],500 Jahre Wallfahrtskirche Klausen [Quellen und Abhandlungen zur mittelrheinischen Kirchengeschichte 104], Mainz 2003, 204).

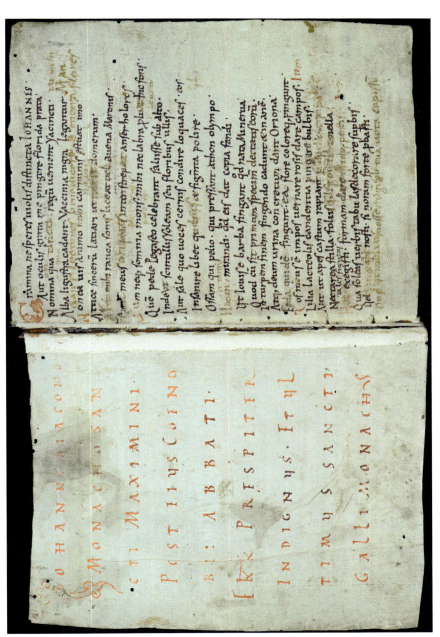

Cod. Sang. 393, Liber benedictionum, p. 2 + 3: Titelseite und Beginn des Widmungsgedichtes an Johannes.

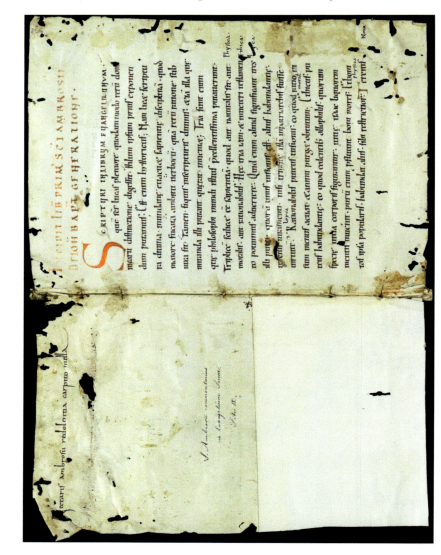

Cod. Sang. 96, Ambrosius, Homiliae in evangelium Lucae, p. 2 + 3; p. 2 oben der von Ekkehart in den ‚Casus' c. 112 zitierte Vers.

Cod. Sang. 53, Evangelium longum, p. 10 + 11: gemäß Ekkehart von Salomo III. geschaffene Initialen I und C.

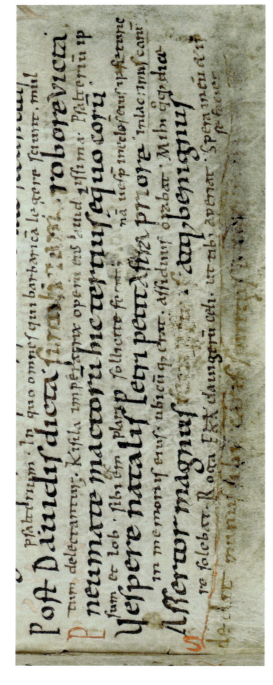

Cod. Sang. 393, Liber benedictionum, p. 155: Ausschnitt: Glosse Ekkeharts über den Besuch der Kaiserin Gisela im Jahr 1027.

Abbildungen zum Aufsatz Ernst Tremp  Tafel 5

Cod. Sang. 359, Cantatorium, Einband.

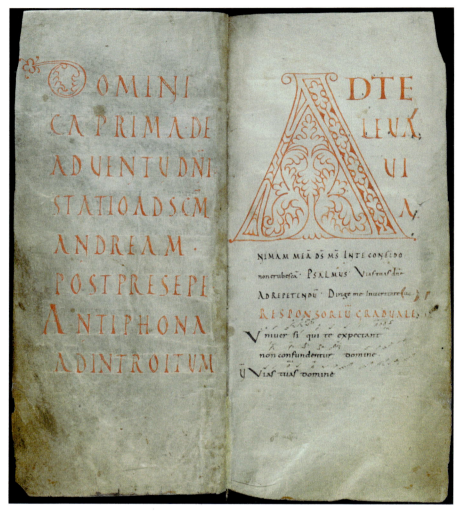

Cod. Sang. 359, Cantatorium, p. 24 + 25.

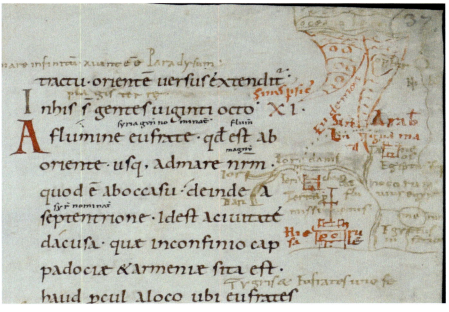

Cod. Sang. 621, Orosius, Historiae adversum paganos, p. 37b: Palästinakarte Ekkeharts.

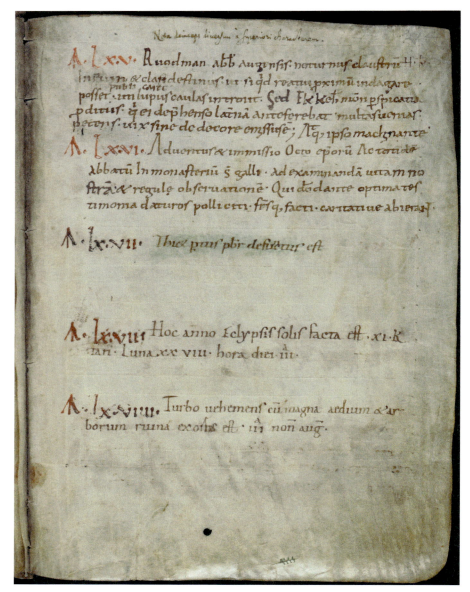

Cod. Sang. 915, Kapiteloffiziumsbuch, p. 214: Annales Sangallenses maiores, Einträge Ekkeharts zu den Jahren 965 und 966.

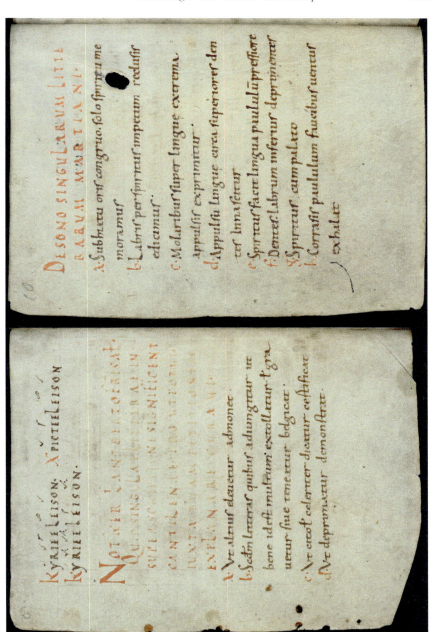

Cod. Sang. 381, Prosar, p. 6: Brief Notkers; p. 10: Exzerpt aus Martianus Capella.

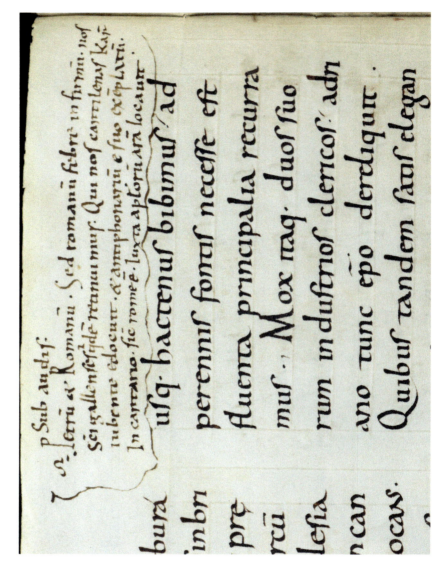

Cod. Sang. 578, Johannes Diaconus, Vita Gregorii Magni, p. 54b:
Glosse Ekkeharts zu den römischen Sängern Petrus und Romanus.

Desunt & alia multa. que & apud nos comanet fegut. & que uulgo de eo cōcinnantur uel canuntur. De qb, · crebro

fuerito. ubi iseruo di eberhardo benigne susceperit. & prophetie spm abeo audiuit qd non amplius se cōuiram di. [Pluria maiora sya q̄dā que hic inscribuntur.

|xui|| eo qd reliquias quas magnentiū loco & in augiensi monasterio adfui. augustā ad urbē & in oratorio scē di genitricis cui ym nis & psalmodus religiose collocauit.

Cod. Sang. 565, Bern von Reichenau, Vita sancti Uodalrici tertia, p. 373: Hinweis Ekkeharts auf Lücken.

Stilisierter Karl V. beim Lesen aus Denis Foulechats Übersetzung des Policraticus (1372), Paris, BnF ms. fr. 24287, fol. 2r.

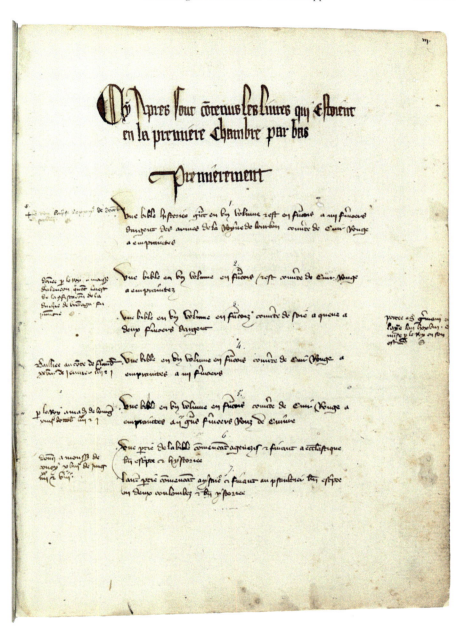

Beginn des Inventars der Louvrebibliothek mit Notizen zu Buchentnahmen in den Margen, Paris BnF ms. fr. 2700, fol. 3r.

Tafel 14 — Abbildungen zum Aufsatz Christine Grafinger

Palazzo Apostolico, alte Bibliothek, griechischer Saal.

Abbildungen zum Aufsatz Christine Grafinger  Tafel 15

Vatikanische Museen, Pinakothek (Musei Vaticani, Pinacoteca): Melozzo da Forlì, Sixtus IV. ernennt Platina zum Bibliothekar.

Tafel 16   Abbildungen zum Aufsatz Christine Grafinger

Ospedale di Santo Spirito in Sassia, Sala Lancisi, Fresko, XV. Jhdt. (anon.) Sixtus IV. besucht die Bibliothek zusammen mit seinem Neffen und Bibliothekar Bartolomeo Palatina.

Rogier van der Weyden, Seven Sacraments Altarpiece, Royal Museum of Fine Arts Antwerp (on loan at Museum M, Leuven) (Detail).

Tafel 17b    Abbildungen zum Aufsatz Sabrina Corbellini/Margriet Hoogvliet

A book cage in a pillar on the outside Le Mans cathedral's choir. The fifteenth-century text reads: "Magister Guills Thelardi huius ecclesiae canonicus dedit istud breviarium pro usu indigentium grati[...] deum pro eo" (Magister Guilles Thelardi, canon of this church has given this Breviary for use by those who do not have one. Thank God for this).

Tafel 18

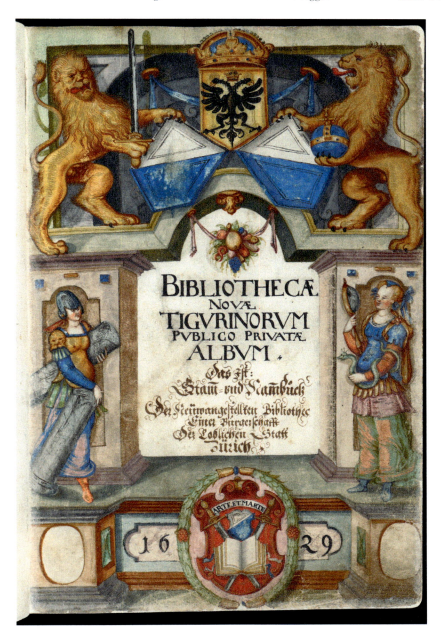

Die allegorisierende Titeleinfassung des Donatorenbuchs der Stadtbibliothek Zürich zeigt das Zürcher Doppelwappen mit Reichsschild, die Tugenden „Klugheit" und „Tapferkeit" und das Bibliothekswappen „Arte et Marte": durch Wissenschaft und Waffen sollte das Staatswesen und der Glaube der Reformierten verteidigt werden.

Tafel 19 — Abbildungen zum Aufsatz Michael Stolz

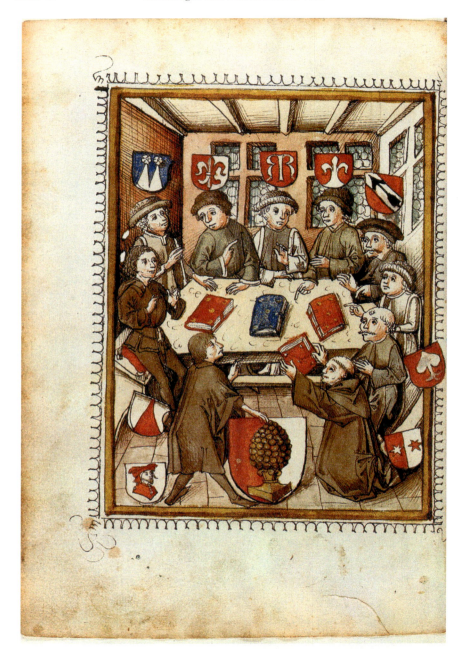

München, Bayerische Staatsbibliothek, Cgm 213, fol. 12v
(Sigismund Meisterlin überreicht dem Augsburger Rat seine Chronik).

Abbildungen zum Aufsatz Roberto Hofmeister Pich  Tafel 20

Biblioteca de los Franciscanos Recoletos (Recoleta de Arequipa / Peru).

Tafel 21  Abbildungen zum Aufsatz Roberto Hofmeister Pich

Biblioteca del Convento de Santa Rosa de Ocopa / Peru.

Abbildungen zum Aufsatz Roberto Hofmeister Pich       Tafel 22

Biblioteca del Seminario San Antonio Abad del Cusco / Peru.

Tafel 23   Abbildungen zum Aufsatz Roberto Hofmeister Pich

Biblioteca (libros de los Jesuitas) de la Universidad Nacional San Antonio Abad del Cusco / Peru.

Abbildungen zum Aufsatz Roberto Hofmeister Pich    Tafel 24

Biblioteca del Convento Maximo de los Franciscanos del Cusco / Peru.

Das Hauptwerk des Nikolaus von Kues ‚De docta ignorantia' in der Handschrift Cod. Cus. 218, fol. 1r.

Abbildungen zum Aufsatz Marco Brösch  Tafel 26

Die Cusanus-Bibliothek im St. Nikolaus-Hospital, 1494/95.

Tafel 27 Abbildungen zum Aufsatz Marco Brösch

Die Klosterbibliothek von Eberhardsklausen, 1491.

Abbildungen zum Aufsatz Marco Brösch  Tafel 28

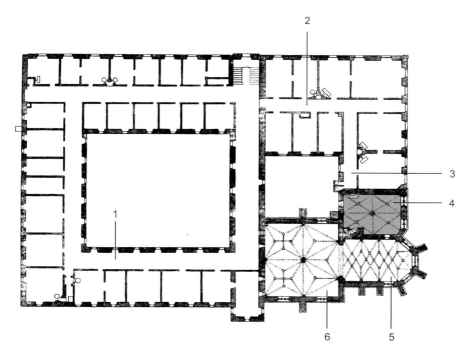

1. Obergeschoß des Kreuzganges mit den Zellen der Stiftsbewohner
2. Rektorenwohnung
3. Ost- bzw. Moselflügel (im 18. Jh. errichtet)
4. Cusanusbibliothek
5. Chorraum der Kapelle
6. Hauptschiff der Kapelle

Grundriss vom Obergeschoss des St. Nikolaus-Hospitals in Bernkastel-Kues.

Tafel 29  Abbildungen zum Aufsatz Marco Brösch

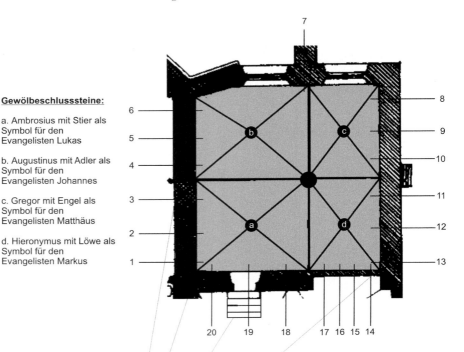

**Gewölbeschlusssteine:**

a. Ambrosius mit Stier als Symbol für den Evangelisten Lukas

b. Augustinus mit Adler als Symbol für den Evangelisten Johannes

c. Gregor mit Engel als Symbol für den Evangelisten Matthäus

d. Hieronymus mit Löwe als Symbol für den Evangelisten Markus

**Wandmalereien:**

1. Moses
2. David
3. Evangelist Johannes
4. Kaiser
5. Papst
6. Thomas von Aquin
7. Kruzifix (nicht erhalten)
8. Augustinus
9. Gregorius
10. Hieronymus
11. Ambrosius
12. Johannes Chrysostomos
13. Bernhard von Clairvaux
14. Johannes Gerson
15. Dominikus
16. Franziskus
17. Nikolaus von Tolentino
18. Flavius Josephus
19. Maria / Apokalyptische Frau
20. Augustiner Chorherr

Grundriss von Kirche und Klosterbibliothek in Eberhardsklausen.